KB158635

제 4 판 머리말

이 책의 제 3 판이 나온 지 1년밖에 되지 않았지만 제 4 판을 내게 되었다. 우선 지난 1년 동안 민법이 한 차례 개정되었고, 민사 특별법령으로 「이자제한법 제 2 조 제 1 항의 최고이자율에 관한 규정」, 「대부업 등의 등록 및 금융이용자 보호에 관한 법률 시행령」, 「주택임대차보호법 시행령」 등이 개정되었다. 그런가 하면 분묘기지권에 관한 대법원 전원합의체 판결처럼 중요한 대법원판결도 여러 건 선고되었다. 이들 개정 법령과 중요 판결은 책에 곧바로 반영하지 않으면 안 되는 것들이다. 그래서 서둘러 1년 만에 개정판을 내게 된 것이다.

그 외에 이 책의 제 4 판에서 크게 달라진 점은 다음과 같다.

이 책은 잘 다듬어져 있는 편이지만, 그래도 유심히 살펴보니 책의 내용을 충실하고 정확하게 이해할 수 있도록 설명을 보충해주거나 표현을 고쳐야 할 곳들이 보였다. 그리하여 부분적으로 내용을 보충하고 표현을 수정했다. 때로는 책에서 들고 있는 사례를 좀 더 바람직한 것으로 바꾸기도 했다.

저자는 이번에 「신민법사례연습」 책도 개정하여 제 6 판(2022년, 박영사)을 펴냈다. 「기본민법」 책에는 그 책을 인용하는 곳이 있는데, 그 인용부분을 새 책인 제 6 판에 맞추어 수정하였다.

저자는 이 「기본민법」을 처음 펴낼 때, 특별한 사정이 없으면 개정 주기를 2년으로 하려고 생각하였다. 그런데 이번 개정까지는 매번 개정을 앞당겨야 할 사정이 생겼다. 그래서 채 2년이 되기 전에 개정판을 내왔다. 그런데 앞으로는 되도록 2년의 주기를 지키려고 한다. 물론 예전처럼 특별한 사정이 생기면 그때는 앞당길 수밖에 없다.

이 책이 나오는 데에는 여러 분의 도움이 있었다. 우선 이화여대 법전원의 김화 부교수는 이 책으로 학부에서 민법을 강의하다가 학생들을 위해 고쳐주면 좋을 곳들을 발견하여 저자에게 알려주셨다. 그리고 박영사 편집부의 김선민 이사는 이 책을 아주 훌륭하게 만들어주셨다. 또 조성호 기획이사는 언제나처럼 책이 제때 나올 수 있도록 열심히 도와주셨다. 이분들을 포함하여 도와주신 모든 분께 깊이 감사드린다.

2022년 1월
송 덕 수

머 리 말

민법은 참으로 방대하고 깊이를 가늠하기 어려운 과목이다. 그래서 멋모르고 처음부터 자세하게 쓰인 책으로 공부하다가는, 그 양과 깊이에 치여서 기본적이고 중요한 내용과 지엽적인 내용을 구별하지도 못하고 헤맬 수밖에 없게 된다.

그런 점을 생각하여 저자는 10년쯤 전에 우선 민법의 중요개념과 기본원리를 익히게 하고 민법의 전반적인 내용을 개괄적으로 쉽게 알 수 있도록 하는 책을 펴냈다. 그것이 저자의 「신민법입문」(박영사)이다. 그 책이 요즘 민법을 처음 공부하는 초심자들에게 충실한 길잡이가 되고 있는 모양이다.

그런데 독자들 중에 「신민법입문」을 공부하고 바로 저자의 「신민법강의」(박영사)나 「민법총칙」(박영사) 등의 낱권 교과서를 읽는 것이 퍽 부담스럽다고 하는 이들이 있었다. 이 분들은 「신민법입문」보다는 많은 내용을 담고 있으면서 「신민법강의」나 저자의 낱권 교과서보다는 양이 적은 책을 펴내주기를 원했다. 후자의 책들을 보다보면 무엇보다도 수많은 판례와 많은 설명 때문에 기본적인 내용을 놓치는 일이 허다하다는 것이다. 그런가 하면 법과대학에서 강의를 하는 교수님들 중에 그와 같은 책이 꼭 필요하다고 하는 분도 적지 않았다.

이런 의견들을 접하고서 저자는 상당한 기간 동안 고심을 거듭한 끝에 양과 깊이의 면에서 「신민법입문」과 「신민법강의」의 중간 정도인 책을 펴내기로 마음먹었다. 그런데 공부를 하거나 이론을 파악하기가 어려운 것은 전통적인 재산법, 즉 민법총칙부터 채권법각론에 이르는 부분이기 때문에, 「친족상속법」은 거기에서 제외하기로 하였다. 그리고 책의 제목은 「기본민법」이라고 정하였다.

책을 펴내기로 결심한 뒤에는 좋은 책을 쓰기 위해 필요한 구상을 해야 했다. 먼저 본문 전체의 양과 그 안의 네 부분(민법총칙·물권법·채권법총론·채권법각론)의 세부적인 양을 잠정적으로 정하고, 그 전체에 대하여 이론을 어느 정도의 깊이로 서술하고 판례는 어떻게 선별하여 기술할 것인지 방침을 세워야 했다. 그 외에 체제나 형식 등 기술적인 문제도 결정해야 했다.

그 후에는 사전에 정한 계획에 따라 차근차근 집필을 해나갔다. 그 과정에서 가장 어려웠던 것은 각 부분이 고르게 일정한 양을 넘지 않게 하면서도 내용의 깊이를 한결같게 유지하는 일이었다. 그런가 하면 중요한 내용이 누락되지 않게 하는 일도 어렵지만 대단히 필요한 일이었다. 그래서 집필을 시작하기 전에 생각을 많이 하고 그 생각이 오래 지속되게 하면서 빠르게 써 내려갔다. 그렇게 서둘러서 집필을 하였지만 역시 책을 쓰는 일은 언제나 그렇듯이 쉽지 않았다. 그래도 참고 성실하게 쓰고 나니 탈고를 할 수 있었다.

저자는 이 책의 본문을 700면 정도로 쓰고자 하였다. 그런데 실제로 집필을 하면서 보니 중요한 내용을 빠짐없이 포함시키면서 그 정도의 양으로 펴내는 것은 비현실적이라고 생각되었다. 그래도 희망을 버리지 않고 목표에 근접하기 위해 끊임없이 노력했다. 그 결과 본문을 738면으로 완결하였다. 이는 적어도 양의 면에서 저자의 처음 목표에는 다소 못 미치는 것이지만 이 책이 담고 있는 내용을 생각하면 목표를 초과달성한 것이라고 할 수 있다. 그래서 저자는 적어도 양과 내용의 질 면에서 충분히 만족하고 있다.

이 책은 이론적으로 중요한 것은 모두 담고 있다고 할 수 있다. 다만, 추가적이거나 심화적인 논의는 되도록 제외하였다. 그리고 판례 가운데 기본적인 것은 모두 포함시켰다. 그에 비하여 다음 단계에서 살펴보아야 하거나 지엽적인 판례는 되도록 담지 않았다. 또한 민법 각 부분의 균형은 비교적 잘 이루어졌다고 믿는다.

이 책이 저자의 바람대로 민법을 공부하는 독자들에게 좋은 동반자가 되어 주기를 기대한다.

이 책이 나오기까지는 기관이나 개인의 도움을 많이 받았다. 우선 2016년－2018년 이화여자대학교 교내연구비의 지원을 받았다. 저자는 2016년 이화여대의 인문사회계 교수로는 최초로 이화펠로우로 선정되어 3년간 특별지원을 받았다. 그 지원이 이 책을 펴내는 데 큰 힘이 되었다. 그리고 저자에게 「기본민법」 책을 펴내도록 오래 전부터 권하고 격려해 주신 홍정선 교수님도 고마우신 분이다. 또한 이 책의 출간을 적극적으로 권하고 도와주신 박영사의 조성호 기획이사, 책을 깔끔하게 만들어주신 편집부 김선민 부장의 도움을 잊을 수 없다. 원고의 정리는 이화여대의 신영미 선생님이 방과 후의 시간을 이용하여 도와주었다. 그리고 저자의 대학원 제자이면서 한국법학원 전문위원인 홍윤선 박사와 이선미 위원은 원고를 아주 세세하게 읽고 작은 문제점까지 하나하나 지적해 주었다. 이 분들을 비롯하여 도와주신 모든 분들에게 깊이 감사드린다.

2018년 3월

송 덕 수

차 례

제 1 편 민법총칙

제1장 서 론

제2장 권 리

제 3 장 법률행위

제7장 물 건

제 2 편 물 권 법

제 1 장 서 론

제 2 장 물권의 변동

제3장 점유권과 소유권

제 4 장 용익물권

제 5 장 담보물권

제 3 편 채권법총론

제 1 장 서 론

제 2 장 채권의 발생

제 3 장 채권의 목적

제 4 장 채무불이행과 채권자지체

제 5 장　책임재산의 보전

제 6 장 다수당사자의 채권관계

제 8 장 채권의 소멸

제 4 편 채권법각론

제 1 장 계약총론

제 2 장 계약각론

제 3 장 사무관리

제 4 장 부당이득

제 5 장 불법행위

일러두기

· 이 책은 독서의 편의를 위하여 각주를 두지 않고, 각주에 둘 사항은 괄호 안에 두 줄의 작은 글씨로 처리하였다.

· 주요 관련사항은 본문에 두되, 글자의 크기를 줄여서 구별되게 하였다.

· 이 책에 인용된 민법 등 모든 법령은 현재의 것이다(2021. 9. 30. 기준).

· 판례는 판례공보(2021. 9. 15.자까지)에 수록된 것을 중심으로 검토하여 기본적이고 중요한 것 위주로 인용하였다.

· 이 책에서 좀 더 자세한 내용을 보게 할 때에는, 저자의 낱권 교과서 · 사례연습책 · 판례교재의 해당부분을 적어 놓았는데, 그럴 경우 그 책들은 다음의 괄호와 같이 줄여서 표현하였다.

송덕수, 민법총칙, 제 6 판, 박영사, 2021 (민법총칙)
송덕수, 물권법, 제 5 판, 박영사, 2021 (물권법)
송덕수, 채권법총론, 제 6 판, 박영사, 2021 (채권법총론)
송덕수, 채권법각론, 제 5 판, 박영사, 2021 (채권법각론)
송덕수, 친족상속법, 제 5 판, 박영사, 2020 (친족상속법)
송덕수, 신민법사례연습, 제 6 판, 박영사, 2022 (송덕수, 신사례)
송덕수 · 김병선, 민법 핵심판례220선, 박영사, 2021 (핵심판례)

· 이 책에는 관련부분을 찾아보는 데 편리하게 하기 위하여 본문의 옆에 일련번호, 즉 옆번호를 붙였다. 그리고 참조할 곳을 지시할 때는 이 옆번호를 사용하였다. 색인의 경우에도 마찬가지이다. 옆번호는 이 책의 총 4편에 대하여 각 편별로 차례로 A B C D를 부여한 다음, 그것에 하이픈(-)을 하고 이어서 1부터 일련번호를 붙였다. 그리하여 제 1 편 민법총칙은 A-1, 제 2 편 물권법은 B-1, 제 3 편 채권법총론은 C-1, 제 4 편 채권법각론은 D-1부터 시작한다.

· 이 책에 인용된 법령 가운데 민법규정은 법명(法名) 없이 조문으로만 인용하였다. 그리고 나머지의 법령은 그 명칭을 써서 인용하되, 몇 가지 법령은 약칭을 썼다(전부 또는

일부에서). 그러한 법령 중 중요한 것들의 본래의 명칭은 다음과 같다.

가담법(또는 가등기담보법): 「가등기담보 등에 관한 법률」
가소: 가사소송법
가소규: 가사소송규칙
가족: 「가족관계의 등록 등에 관한 법률」
가족규칙: 「가족관계의 등록 등에 관한 규칙」
공간정보구축법: 「공간정보의 구축 및 관리 등에 관한 법률」
공익법인법: 「공익법인의 설립 · 운영에 관한 법률」
근기법: 근로기준법
대부업법: 「대부업의 등록 및 금융이용자 보호에 관한 법률」
민소: 민사소송법
부동산실명법: 「부동산 실권리자 명의 등기에 관한 법률」
부등법: 부동산등기법
부등규칙: 부동산등기규칙
부등특조법: 「부동산등기 특별조치법」
비송(또는 비송법): 비송사건절차법
실화책임법: 「실화책임에 관한 법률」
약관법: 「약관의 규제에 관한 법률」
입목법: 「입목에 관한 법률」
주임법: 주택임대차보호법
집합건물법: 「집합건물의 소유 및 관리에 관한 법률」
채무자회생법: 「채무자회생 및 파산에 관한 법률」

· 판결 인용은 양을 줄이기 위하여 다음과 같은 방식으로 하였다.
 (예) 대법원 1971. 4. 10. 선고 71다399 판결 → 대판 1971. 4. 10, 71다399.
· 문헌이나 판례 앞에 「동지」(同旨)라고 표시한 경우에 그것은 「같은 취지」라는 뜻이다.

제1편

민법총칙

제 1 장 서 론

I. 민법의 의의

1. 서 설

A-1

민법은 실질적으로 파악될 수도 있고, 형식적으로 파악될 수도 있다. 그리고 그에 따른 민법을 각각 실질적 의미의 민법(실질적 민법), 형식적 의미의 민법(형식적 민법)이라고 한다. 전자는 보통 법질서 안에서 민법이 차지하는 지위를 밝히는 방법으로 정의되며, 후자는 민법이라는 이름의 법률을 가리킨다.

뒤에 보는 바와 같이, 두 가지의 민법 가운데 민법학의 대상으로 되는 것은 실질적 민법이다. 따라서 둘 중 실질적 민법이 보다 중요하다.

2. 실질적 민법

민법을 실질적으로 파악하면 그것은 사법(私法)의 일부로서 사법관계(私法關係)를 규율하는 원칙적인 법, 즉 사법의 일반법(일반사법)이라고 할 수 있다. 이에 의하면 민법은 우선 법의 일부이고, 그 가운데 사법이며, 사법 중에서도 일반법이다.

(1) 민법은 법의 일부이다

사람은 가족·사회·국가에 소속되어 공동생활을 하고 있다. 그런데 공동생활에서 질서가 유지되려면 일정한 규칙에 따라서 행동하여야 한다. 공동생활에서 지켜야 할 규칙은 규범이라고도 하는데, 그러한 사회규범에는 법·도덕·관습·종교 등 여러 가지가 있다. 이들 가운데 법은 국가권력에 의하여 그 실현이 강제된다는 점에서 다른 사회규범과 구별된다.

이러한 법은 하나의 법규범을 가리키는 것이 아니고, 헌법을 정점으로 하여 어느 정도 체계를 이루고 있는 여러 규범을 의미한다. 그 때문에 법을 법체계라고 한다. 그리고 규범의 체계를 질서라고 하므로, 법은 법질서라고도 한다. 결국 법·법체계·법질서는 모두 동의어이다.

민법은 이러한 법질서(법)의 일부이다.

A-2 (2) 민법은 사법이다

일반적으로 법은 크게 공법과 사법으로 구별된다. 이렇게 법을 공법과 사법으로 나누는 경우에 민법은 사법에 해당한다.

1) 공법과 사법의 구별

(가) 구별에 관한 학설 공법과 사법을 어떠한 표준에 의하여 구별할 것인가에 관하여는 아직까지 정설이 없다. 그에 대한 학설로는 i) 불평등관계(권력·복종관계)를 규율하는 법이 공법이고 평등·대등관계를 규율하는 법이 사법이라고 하는 성질설(저자의 견해, 즉 사견도 같음), ii) 국가 기타 공공단체 상호간의 관계 또는 이들과 개인과의 관계를 규율하는 법이 공법이고 개인 상호간의 관계를 규율하는 법이 사법이라고 하는 주체설 등이 있다(자세한 사항은 민법총칙 [2] 참조).

(나) 판 례 판례는 성질설을 취하고 있는 것으로 보인다(대결 2006. 6. 19, 2006마117 등).

(다) 공법·사법 구별의 필요성 공·사법의 구별은 대단히 어려운 일이지만 다음과 같은 이유에서 유지되어야 한다. 첫째로 공법과 사법은 지배하는 법원리가 다르기 때문이다. 특히 사적 자치는 사법에서만 적용된다. 둘째로 구체적인 법률관계에 관하여 명문 규정이 없을 때 거기에 적용되어야 할 법 또는 법원칙을 결정하기 위해서도 공·사법의 구별이 필요하다. 셋째로 현행 재판제도상 행정사건과 민사사건의 구별 표준을 위하여서도 필요하다.

2) 사법의 내용 사법에는 재산관계를 규율하는 재산법과 가족관계를 규율하는 가족법(신분법)이 있고, 재산법에는 전형적인 것으로 물권법·채권법이 있고 이제는 상속법도 재산법에 속한다(상속법을 여전히 가족법이라고 하는 견해도 있음).

A-3 (3) 민법은 일반법이다

1) 일반법과 특별법의 구분 법은 일반법과 특별법으로 나누어진다. 일반법은 사람·사항·장소 등에 특별한 제한 없이 일반적으로 적용되는 법이고, 특별법은 일정한 사람·사항·장소에 관하여만 적용되는 법이다. 법을 일반법·특별법으로 구별하는 이유는 동일한 사항에 대하여서는 특별법이 일반법에 우선하여 적용되기 때문이다(특별법 우선의 원칙).

2) 일반법으로서의 민법 사법을 일반법과 특별법으로 나눈다면, 민법은 일반법이다(일반사법). 즉 그것은 사람·사항·장소에 관계 없이 널리 적용된다.

3) 특별사법 일반사법인 민법에 대하여 많은 특별사법이 있다. 그 가운데 가장 중

요한 것이 상법이다. 상법은 상기업에 관한 특별사법이다.

(4) 민법의 그 밖의 성질

1) 실 체 법　　법에는 실체법과 절차법이 있다. 실체법은 직접 법률관계 자체 즉 권리·의무에 관하여 규정하는 법이고, 절차법은 법률관계(권리·의무)를 실현하는 절차를 정하는 법이다. 실체법이 정하는 내용은 그것이 지켜지지 않는 때에는 절차법에 의하여 실현된다.

법을 실체법과 절차법으로 나눈다면, 민법은 실체법에 속한다. 민사에 관한 절차법의 대표적인 예로는 민사소송법·민사집행법·가사소송법을 들 수 있다.

2) 행위규범 · 재판규범　　민법은 각 개인이 지켜야 할 규범(행위규범)이면서 아울러 재판시 법관(법원)이 지켜야 할 규범(재판규범)이기도 하다.

3. 형식적 민법

A-4

민법을 형식적으로 이해하면 민법은 「민법」이라는 이름을 가진 성문의 법전을 가리킨다. 즉 1958년 2월 22일에 공포되어 1960년 1월 1일부터 시행된 법률 제471호를 말한다. 형식적 민법은 실질적 민법과 구별하기 위하여 「민법전(民法典)」이라고 표현되기도 한다.

4. 두 민법 사이의 관계와 민법학의 대상

(1) 두 민법 사이의 관계

실질적 민법과 형식적 민법은 일치하지 않는다. 민법전(형식적 민법)은 실질적 민법법규 모두를 담고 있지 못하다. 그런가 하면 민법전 안에는 실질적 민법이 아닌 공법적인 규정도 들어 있다(예: 법인의 이사·감사·청산인에 대한 벌칙규정인 97조, 채권의 강제집행 방법에 관한 389조 등). 한편 실질적 민법에는 민법전 외에 민법의 부속법령, 민사특별법령, 공법 내의 규정 등도 있다. 그리고 민사에 관한 관습법은 불문법이지만 실질적 민법에 속하게 된다.

이처럼 두 민법은 일치하지 않지만, 둘은 아주 밀접한 관계에 있다. 민법전이 실질적 민법의 중심을 이루고 있기 때문이다.

(2) 민법학의 대상: 실질적 민법

민법학의 대상이 되는 민법은 실질적 민법이다. 따라서 앞으로의 논의는 민법전에 한정하지 않고 실질적 민법 전부에 관하여 이루어지게 된다.

Ⅱ. 민법의 법원(法源)

1. 서 설

A-5

(1) 법원의 의의와 종류

우리는 앞에서 사법관계에 적용되는 원칙적인 법(일반사법)이 실질적 민법임을 보았다. 그런데 실질적 민법에 관한 그러한 개념 정의는 매우 추상적이어서 어떤 것이 그에 해당하는지를 구체적으로 알려 주지 못한다. 여기서 실질적 민법이 구체적으로 어떤 모습으로 존재하는지를 살펴볼 필요가 있다. 그것이 민법의 법원의 문제이다.

법원에는 성문법과 불문법이 있다. 성문법(제정법)은 문자로 표시되고 일정한 형식 및 절차에 따라서 제정되는 법이며, 성문법이 아닌 법이 불문법이다. 각 나라는 성문법과 불문법 가운데 어느 것을 제1차적인 법원으로 인정하느냐에 따라 성문법주의 국가와 불문법주의 국가로 나누어진다.

(2) 법원에 관한 민법규정과 그에 따른 법원의 순위

민법은 제1조에서 「민사에 관하여 법률에 규정이 없으면 관습법에 의하고 관습법이 없으면 조리에 의한다」고 규정하고 있다. 이를 나누어 설명한다.

우선 제1조에서 법률을 최우선 순위의 법원으로 규정하고 있는데, 이것은 우리나라가 민사에 관하여 성문법주의를 취하고 있음을 보여 준다. 그리고 그 규정에서의 「법률」은 헌법이 정하는 절차에 따라서 제정·공포되는 형식적 의미의 법률만을 가리키는 것이 아니고 모든 성문법(제정법)을 뜻한다고 하여야 한다. 판례도 같은 태도를 취하고 있다(대판 1983. 6. 14, 80다3231).

한편 제1조는 법원으로 법률(성문법), 관습법, 조리의 세 가지만을 그 순위와 함께 규정하고 있다. 그런데 그러한 규정에도 불구하고 규정에 없는 판례 등이나 규정되어 있는 조리에 관하여 법원성이 다투어지고 있으며, 관습법과 성문법 사이의 우열관계도 논의되고 있다.

A-6

2. 성문민법

민법 제1조의 규정상 우리나라에서는 성문법(제정법)이 제1차적인 법원이 된다. 성문법에는 법률·명령·대법원 규칙·조약·자치법 등이 있다.

(1) 법 률

여기의 법률은 형식적 의미의 법률이다. 법률에는 민법전과 민법전 이외의 법률이 있다.

민법이라는 이름의 법률인 민법전은 민법의 법원 중에서 가장 중요한 것이다. 다만,

민법전 가운데에는 실질적 민법이 아닌 규정도 소수 포함되어 있기는 하다(97조·389조 등).

민법전을 보충 또는 수정하기 위하여 제정된 특별 민법법규(예: 이자제한법, 「보증인 보호를 위한 특별법」, 주택임대차보호법), 공법에 속하는 법규(예: 농지법, 특허법) 중의 여러 규정, 민법전에 규정되어 있는 실체적인 민법법규를 구체화하기 위한 절차를 규정한 민법 부속법률(예: 부동산등기법, 「가족관계의 등록 등에 관한 법률」)도 민법의 주요한 법원이다.

⑵ 명 령

명령은 국회가 아닌 국가기관이 일정한 절차를 거쳐서 제정하는 법규이다. 명령에는 법률에 의하여 위임된 사항을 정하는 위임명령(예: 「민법 제312조의 2 단서의 시행에 관한 규정」)과 법률의 규정을 집행하기 위하여 필요한 세칙을 정하는 집행명령(예: 각종 특별법규의 시행령)이 있으며, 제정권자에 의하여 대통령령·총리령·부령으로 나누어진다. 이러한 명령도 민사에 관하여 규정하고 있으면 민법의 법원이 된다.

⑶ 대법원 규칙

대법원은 법률에 저촉되지 않는 범위 안에서 소송에 관한 절차, 법원의 내부규율과 사무처리에 관한 규칙을 제정할 수 있는데(헌법 108조), 이에 따라 대법원이 제정한 규칙도 민사에 관한 것은 민법의 법원이 된다(예: 부동산등기규칙, 공탁규칙).

⑷ 조 약

헌법에 의하여 체결·공포된 조약과 일반적으로 승인된 국제법규는 국내법과 같은 효력을 가지므로(헌법 6조 1항), 조약으로서 민사에 관한 것은 민법의 법원이 된다.

⑸ 자 치 법

지방자치단체가 법령의 범위 안에서 그 사무에 관하여 제정한 「조례」(지방의회의 의결을 거침)와 지방자치단체의 장이 법령 또는 조례가 위임한 범위 안에서 그 권한에 속하는 사무에 관하여 제정한 「규칙」도 민사에 관한 것은 민법의 법원이 된다.

3. 불문민법

A-7

⑴ 관 습 법

1) 의 의 관습법이라 함은 사회생활에서 스스로 발생하는 관행(관습)이 법이라고까지 인식되어 대다수인에 의하여 지켜질 정도가 된 것을 말한다. 그러므로 관습법이 성립하려면 ① 관행(어떤 사항에 관하여 사람들이 되풀이하여 행위하는 상태)이 존재하여야 하고, ② 그 관행이 법규범이라고 의식될 정도에 이르러야 한다(법적 확신의 취득). 그리고 판례는 ②가 인정되려면 헌법을 최상위 규범으로 하는 전체의 법질서에 반하지 않을 것을 요구한다(대판(전원) 2005. 7. 21, 2002다1178[핵심판례 6면]). 위의 두 요건 가운데 ②의 요건을 갖추지 못한 경우에는 관습법이 되지 못하고 사실인 관습에 머물게 된다(관습과 관습법의 구별에 관하여는 A-70 참조). 민법은 제1조에서 관습법이 민법의 법원이 됨

을 명문으로 규정하고 있다.

관습법은 그 자체가 법원(法源)이기 때문에 법원(法院)은 당사자의 주장을 기다릴 필요가 없이 직권으로 확정·적용하여야 한다(통설임. 대판 1983. 6. 14, 80다3231[핵심판례 4면]). 그러나 실제에 있어서 법원이 관습법의 존재를 알지 못하는 경우가 많을 것이고, 그때에는 당사자의 주장이 필요할 것이다(대판 1983. 6. 14, 80다3231[핵심판례 4면]).

2) **효력**(성문법과의 우열관계) 관습법이 법원으로 인정된다고 하더라도 그것과 배치되는 성문법이 이미 존재하고 있는 경우에는 성문법과의 우열관계가 문제된다. 제 1 조는 명문으로 관습법이 성문법을 보충하는 효력만 가지고 있는 것으로 규정하고 있다. 판례도 관습법이 「법령」에 대하여 보충적 효력을 가짐을 분명히 하고 있다(대판(전원) 2005. 7. 21, 2002다1178[핵심판례 6면]).

A-8 (2) 조 리

조리는 사물(事物)의 본질적 법칙 또는 사물의 도리(道理)를 가리킨다. 제 1 조는 재판할 수 있는 법원이 전혀 없는 경우에 조리에 따라 재판하여야 한다고 규정하고 있다. 여기서 조리가 법원인지 문제된다. 조리가 법원인지에 관하여 학설은 i) 인정설과 ii) 부정설(사견도 같음)로 나뉘어 있다.

(3) 판 례

판례는 법원의 재판(판결·결정)을 통하여 형성된 규범을 가리킨다. 그리고 판례를 법이라고 하면 판례법이라고 부를 수 있을 것이다.

판례가 법원인가에 관하여 학설은 인정설과 부정설(사견)로 나뉘어 대립하고 있으며, 부정설이 다수설이다.

Ⅲ. 민법전의 연혁과 구성

A-9

1. 민법전의 연혁

(1) 민법전 제정 전

우리나라는 조선시대까지만 하여도 사법에 관한 한 불문법국가였다. 우리나라에서 여러 가지의 법전이 편찬되기도 하였으나, 그 내용은 대부분 공법이었고, 사법규정은 단편적으로 흩어져 있었을 뿐이다.

조선 후기에 이르러 정부의 주도로 민법전을 편찬하려고 하였으나 그 계획도 성공하지 못하였다. 그러다가 1910년 한국을 식민지로 만든 일본은 「조선에 시행할 법령에 관한 건」이라는 긴급칙령을 발포하여 우리나라에 시행할 법령은 조선총독의 명령(「제령(制令)」이라고 함)으로 제정할 수 있도록 하였다. 그 후 1912년 3월 18일에는 제령 제 7 호로 「조선민사령(朝鮮

民事令)」을 제정하였으며, 그에 의하여 일본의 민법전과 각종 특별법 등이 우리나라에 「의용(依用)」(다른 나라의 법을 그대로 적용함)되게 되었다. 일제강점기에 이 조선민사령에 의하여 우리나라에 의용된 일본민법을 의용민법이라고 한다(일부 문헌은 이를 구민법이라고 함).

1945년 우리나라는 일본으로부터 해방되었으나 다시 미국의 군정 하에 들어갔다. 그리고 의용민법이 여전히 적용되던 상황은 그때에도 변함이 없었다.

(2) 민법전의 제정과 개정

1) 민법전의 제정 1948년 정부가 수립된 후 정부는 민법전 편찬사업에 착수하여 1953년 민법초안이 완성되었다. 이 민법초안은 1954년 정부제출법률안으로 국회에 제출되었고, 거기에서 수정을 받은 후 국회를 통과하였다. 그리고 1958년 2월 22일 법률 제471호로 공포되었으며, 1960년 1월 1일부터 시행에 들어갔다. 제정 당시 본문은 1111개조이고 부칙이 28개조이었다. 이것이 우리의 현행 민법전이다.

우리 민법은 근본적으로 일본민법을 바탕으로 하여 제정되었다. 일본민법과 다른 점은 프랑스민법에서 유래한 제도를 많이 제거하고 그것 대신에 독일민법이나 스위스민법상의 제도를 삽입하였다는 것이다(여기에 만주민법이 크게 참고되었다). 그 결과 우리 민법은 독일민법 제1초안과 프랑스민법의 요소가 섞여 있는 일본민법에 비하여 독일민법 쪽에 훨씬 가깝게 되었다. 그러고 보면 우리 민법은 적어도 재산법에 관한 한 일본민법을 통하여 독일민법을 계수(다른 민족·국가에서 발달한 법을 수용하는 현상)한 셈이다. 다만, 친족법과 상속법은 일본법이나 다른 근대민법의 영향이 적으며, 거기에는 우리의 전통적인 윤리관이 많이 반영되어 있다.

2) 민법전의 개정 민법전은 제정된 뒤 모두 서른 한 차례 개정되었다(2021. 9. 30. 기준). 이러한 개정에 의하여 민법전의 친족편(제4편)·상속편(제5편)은 입법 당시와는 매우 다른 모습으로 바뀌었다(자세한 내용은 민법총칙 [27] 참조). 그에 비하여 재산법(민법전 제1편－제3편)은 변화가 적은 편이다.

2. 민법전의 구성과 내용

A-10

(1) 민법전의 구성

민법전의 구성(편별) 방법에는 로마식(인스티투티오네스식) 편별법과 독일식(판덱텐식) 편별법의 두 가지가 있다. 전자는 민법전을 인사편(人事編)·재산편(財産編)·소송편(訴訟編)으로 나누는 방식이고, 후자는 총칙(總則)·물권(物權)·채권(債權)·친족(親族)·상속(相續)의 5 편으로 나누는 방식이다. 독일식 편별법은 논리적·추상적이며, 무엇보다도 총칙편을 두고 있는 것이 큰 특징이다. 우리 민법은 독일식 편별법을 따르고 있다.

(2) 민법전의 내용

우리 민법전은 모두 5 편으로 이루어져 있다. 제1편 총칙, 제2편 물권, 제3편 채권, 제4편 친족, 제5편 상속이 그것이다. 이 가운데 제2편의 물권법과 제3편의 채권법은 본래의 전형적인 재산법이고, 현재에는 제5편의 상속법도 재산법이라고 하여야 한다. 그리고 제4편 친족법은 가족법이라고 부르기도 한다. 한편 제1편 총칙은 민법 전체에 적용되는 원칙적인 규정을 모은 것이다.

(3) 민법규정의 효력상 분류

민법규정 가운데에는 당사자의 의사에 의하여 그 적용을 배제할 수 없는 규정이 있는가 하면, 당사자에 의하여 그 적용을 배제할 수 있는 규정도 있다. 앞의 것을 강행규정(강행법규)이라고 하고, 뒤의 것을 임의규정(임의법규)이라고 한다. 강행규정·임의규정의 구별에 관하여는 뒤에 설명한다(A-92 참조).

A-11 (4) 민법총칙의 내용

제1편 총칙은 모두 7 장으로 이루어져 있다. 통칙(通則), 인(人), 법인(法人), 물건(物件), 법률행위(法律行爲), 기간(期間), 소멸시효(消滅時效)가 그것이다. 이들 중 법원(法源)과 신의성실·권리남용 금지의 원칙을 규정한 제1장 통칙을 제외하면, 권리의 주체, 권리의 객체, 권리의 변동원인 또는 그에 관련된 사항을 차례로 규정한 셈이다. 제2장 인(人)과 제3장 법인(法人)이 권리의 주체이고, 제4장 물건은 권리의 객체 가운데 물권의 객체이고, 제5장 법률행위와 제7장 소멸시효는 권리변동 사유이며, 제6장 기간은 권리변동에 관련된 사항이기 때문이다.

민법총칙 규정의 실질적 성격에 관하여 우리의 학자들은 대단히 소극적이다. 즉 그 규정들은 형식적으로는 재산법뿐만 아니라 가족법에까지도 널리 적용되어야 하지만, 그 대부분은 재산법만을 생각해서 만들어진 것이므로 그러한 규정은 가족법에는 적용되지 않는다고 한다.

Ⅳ. 민법의 기본원리

A-12 ### 1. 개 관

우리 민법전은 근대민법전(프랑스민법·독일민법·스위스민법·일본민법)을 모범으로 하여 만들어졌다. 그런데 이러한 근대민법전들은 개인주의·자유주의라는 당시의 시대사조에 따라 모든 개인은 태어날 때부터 완전히 자유이고 서로 평등하다고 하는 자유인격의 원칙(인격절대주의)을 기본으로 하여, 이를 사유재산제도 내지 자본주의 경제조직에 실현시키기 위하여 사유재산권 존중의 원칙, 사적 자치의 원칙, 과실책임의 원칙의 세 원칙을 인정하였다. 이 세 원칙을 근대민법의 3대원리라고 한다. 근대민법전을 바탕으로 한 우리 민법전에서도 근대민법의 이 3대원리는 기본원리로 되고 있다.

나아가 우리 민법전은 3대원리 외에 그것을 제약하는 여러 제도도 두고 있다. 이를 포괄하여 사회적 조정(sozialer Ausgleich)의 원칙이라고 할 수 있을 것이다. 그리고 우리 민법전은 사회적 조정의 원칙을 19세기에 성립한 프랑스민법·독일민법에 비하여 더욱 강화하고 있다.

2. 3대원리

(1) 사유재산권 존중의 원칙

사유재산권 존중의 원칙은 각 개인의 사유재산권에 대한 절대적 지배를 인정하고, 국가나 다른 개인은 이에 간섭하거나 제한을 가하지 않는다는 원칙이다. 사유재산권 가운데 가장 대표적인 것이 소유권이기 때문에 이 원칙은 소유권 절대의 원칙이라고도 한다. 민법은 제211조에서 사유재산권을 보장하고 있다.

(2) 사적 자치의 원칙

사적 자치의 원칙은 개인이 법질서의 한계 내에서 자기의 의사에 기하여 법률관계를 형성할 수 있다는 원칙이다. 사적 자치의 원칙은 3대원리 가운데에서도 가장 핵심적인 원칙이다. 사적 자치의 내용으로는 계약의 자유, 단체결성의 자유, 유언의 자유, 권리행사의 자유 등이 있다. 사적 자치의 원칙은 채권법, 특히 계약법에서 두드러지게 작용한다.

(3) 과실책임의 원칙

과실책임의 원칙은 개인이 타인에게 가한 손해에 대하여는 그 행위가 위법할 뿐만 아니라 동시에 고의 또는 과실에 기한 경우에만 책임을 진다는 원칙이다. 민법은 제390조, 제750조를 비롯한 여러 규정에서 이 원칙을 규정하고 있다. 이 원칙이 두드러지게 작용하는 것은 특히 불법행위(타인에게 위법하게 손해를 가하는 행위)에 있어서이다.

[참고] 민법상의 책임요건으로서의 고의(故意)와 과실(過失)

과실책임의 원칙상 민법(사법)에 있어서 책임이 발생하려면 행위자에게 고의 또는 과실이 있어야 한다. 고의는 자기의 행위로부터 일정한 결과가 발생할 것을 인식하면서도 그 행위를 하는 것이고, 과실은 자기의 행위로부터 일정한 결과가 생길 것을 인식했어야 함에도 불구하고 부주의로 말미암아 인식하지 못하는 것이다. 고의와 과실은 이처럼 구별되지만 — 형법에서와 달리 — 민법에서는 책임의 발생 및 범위 면에서 둘은 차이가 없는 것이 원칙이다. 그리하여 민법규정에서는 고의라는 표현은 따로 쓰지 않고 과실만으로 표현하는 것이 보통이다(예: 201조 2항·385조 2항·392조 그러나 고의나(고의 또는) 과실이라고 한 규정도 적지 않다. 390조 단서·391조 등이 그렇다). 그때에는 고의는 과실에 포함되는 것으로 해석된다.

3. 사회적 조정의 원칙

사회적 조정의 원칙은 사적 자치를 비롯한 3 대원리를 일반적으로(양 당사자에 대하여) 또는 내부적으로(우월한 일방 당사자에 대하여만) 제약하는 원리이다. 그 구체적인 예로는 신의칙(2조 1항), 권리남용 금지(2조 2항), 사회질서(103조), 폭리행위 금지(104조), 제607조·제608조, 임대차에 있어서의 강행규정

(652조 참조), 제761조(정당방위·긴급피난), 유류분제도(1112조 이하) 등을 들 수 있다. 이 원칙은 오늘날에는 민법에서보다 특별법 제정시에 더욱 강하게 인정되고 있다. 근로기준법을 비롯한 노동법, 이자제한법, 「보증인 보호를 위한 특별법」, 주택임대차보호법 등이 그 예이다.

V. 민법전의 적용범위

A-13 민법전의 적용범위는 사항·때(時)·인(자연인과 법인)·장소의 네 가지에 관하여 살펴보아야 한다.

1. 사항에 관한 적용범위

민법은 사법의 일반법이기 때문에 개인의 사법관계에 관한 것이면 그 모두에 적용된다. 다만, 상법을 비롯한 특별사법이나 민사특별법규에 따로 규정이 있는 경우에는, 특별법 우선의 원칙에 의하여 제1차적으로 그 특별법이 적용되며, 그 법에 규율되지 않은 사항이 있으면 보충적으로 민법이 적용된다.

2. 때(時)에 관한 적용범위

일반적으로 법률은 그것의 효력이 생긴 뒤에 발생한 사항에 관하여서만 적용되는 것이 원칙이다. 이를 법률 불소급의 원칙이라고 한다. 그런데 이 원칙은 입법에 의하여서는 배제될 수도 있다.

현행 민법은 1960년 1월 1일부터 시행되고 있다(부칙 28조). 그러므로 그 시행일 이후에 발생한 사항에 관하여는 널리 적용된다. 그런데 민법은 부칙 제2조 본문에서 「본법은 특별한 규정 있는 경우 외에는 본법 시행일 전의 사항에 대하여도 이를 적용한다」고 규정하여 소급적용을 인정하고 있다. 그런가 하면 그 단서에서는 「이미 구법에 의하여 생긴 효력에 영향을 미치지 아니한다」고 하여 기득권의 침해를 금지하였다.

A-14 3. 인(人)에 관한 적용범위

(1) 사람(자연인)

민법은 모든 우리나라 국민에게 적용된다. 그가 국내에 있든 외국에 있든 묻지 않는다. 이러한 태도를 속인주의라고 하는데, 그것은 국민주권에 의한 결과이다.

다른 한편으로 민법은 우리나라의 영토 내에 있는 외국인에게도 적용된다. 이를 속지주의라고 하며, 그것은 영토주권에 의한 것이다. 그런데 속인주의·속지주의의 결과 외국에 있는 한국인이나 한국에 있는 외국인은 두 법의 적용을 모두 받게 되는 문제가 생긴다. 따라서 이러한 경우에 어떤 법(이른바 준거법)을 적용할 것인가를 정하여야 한다. 우리의 법률 중에는 「국제사법」이 그에 관하여 규정하고 있다.

(2) 법 인

우리 민법상 권리의 주체에는 사람(자연인) 외에 법인도 있다. 이러한 민법상의 법인에 민법이 적용되는 것은 당연하다(부칙 6조도 참조).

4. 장소에 관한 적용범위

민법은 우리나라의 모든 영토 내에서 적용된다.

Ⅵ. 민법의 해석과 적용

A-15

민사에 관하여 어떤 다툼이 발생하면 그에 적용될 수 있는 법(법원)을 찾아 그것을 해석한 후 그 다툼에 적용하여야 한다.

1. 민법의 해석

(1) 민법해석의 의의

일반적으로 법의 해석이라고 하면 법규가 가지는 의미나 내용을 확정하는 것을 말하며, 이는 법의 적용의 전제가 된다.

민법의 해석은 민법의 모든 법원에 관하여 필요하다. 즉 민법전을 비롯한 성문 민법법규 외에 불문법인 관습법이나 판례에 대하여도 해석은 필요하다. 그러나 가장 중요하고 어려운 것은 성문 민법법규, 그 가운데에서도 민법전의 해석이다.

여기서 법의 해석이라고 하는 것은 학리해석(학설적 해석)을 가리킨다. 그것은 학자와 법관을 포함한 모든 법률가가 할 수 있다. 이러한 법률가들의 해석이 엇갈리는 경우에 최종적으로 의미를 가지는 것은 법원(法院), 그중에서도 최고법원이 행한 해석이다.

A-16

(2) 해석의 방법

1) 문리해석(문자적 해석) 문리해석은 법규범의 문언의 의미를 밝히는 해석이다. 문리해석에 있어서는 문법원칙·일반적인 언어사용법·법률가의 전문용어를 고려하여 해석하여야 한다. 문리해석은 모든 해석자가 반드시 거쳐야 하는 법해석의 출발점이다.

2) 논리해석(체계적 해석) 논리해석은 어느 규정을 해석하면서 법규의 다른 관련 규정도 고려하여 전체가 체계적으로 조화를 이룰 수 있도록 하는 해석이다.

3) 역사적 해석 역사적 해석은 입법 당시의 자료를 참조하여 하는 해석이다. 이에 의하면 입법자의 의도가 잘 파악될 수 있다. 역사적 해석에 있어서 이용될 수 있는 자료

로는 여러 가지가 있겠으나, 일반적으로 가장 중요한 것은 기초자의 기초이유서이다.

4) **목적론적 해석** 목적론적 해석은 법의 목적(정신·취지)에 따라 법규를 해석하는 방법이다. 이 목적론적 해석이 가장 우월한 해석방법이다.

A-17

⑶ 해석의 구체적인 기술

방금 설명한 방법들에 의하여 해석을 하는 경우에 사용할 수 있는 해석의 기술(技術)에는 여러 가지가 있다. 우선 반대해석은 규정되지 않은 사항에 대하여 반대의 결과를 인정하는 해석이다(예: 184조 1항을 반대해석하여 시효이익을 시효완성 후에는 포기할 수 있다고 해석하는 것. A-234 참조). 유추해석은 규정이 없는 유사한 사항에 관하여 규정된 것과 같은 결과를 인정하는 해석이다(예: 법인 아닌 사단에 법인에 관한 규정의 결과를 인정하는 것). 그리고 확장해석은 규정의 문언을 문자가 가지는 뜻보다 더 넓게 해석하는 것이고, 축소해석은 문자가 가지는 뜻보다 좁혀서 해석하는 것이다.

[참고] 준용(準用)과 유추(類推)

유추와 비슷한 법률술어로 준용이 있다. 유추는 법해석의 한 방법으로서 규정이 없는 유사한 사항에 대하여 어떤 규정의 결과를 인정하는 것인 데 비하여, 준용은 입법 기술상의 한 방법으로서 법규를 제정할 때 법규를 간결하게 할 목적으로 다른 유사한 법규를 유추적용하도록 규정하는 것이다(예: 12조 2항).

A-18

⑷ 해석에 의한 법률의 틈의 보충

법의 해석은 법규의 의미를 밝히는 것에 한정되지 않는다. 만일 법규가 불완전하여 규율되지 않은 틈이 있는 경우에는 그 틈을 채우는 것도 필요하다. 법률의 틈은 입법 당시부터 존재하는 것일 수도 있고, 사후에 생긴 것일 수도 있다.

틈을 채우는 해석의 결과 어느 하나의 법률규정이 규율되지 않은 다른 경우에 확장하여 적용될 수도 있다. 그런가 하면 다수의 법률규정의 기초에 놓여 있는 법원칙에 의하여 그 틈이 보충될 수도 있다(채무불이행의 하나의 유형인 불완전이행 내지 불완전급부가 그 예이다. C-57 이하 참조). 이들 가운데 앞의 경우를 법률유추(Gesetzesanalogie)라고 하고, 뒤의 경우를 — 다수의 법률규정이 유추적용되는 — 법유추(Rechtsanalogie)라고 한다.

⑸ 해석의 두 가지 사명

민법의 해석에는 두 가지 사명이 있다. 그 하나는 민법의 해석이 사람이나 사건에 따라서 달라지지 않아야 한다는 법적 안정성 내지 일반적 확실성이고, 다른 하나는 구체적인 경우에 타당한 결과를 가져와야 한다는 구체적 타당성이다. 민법해석은 법적 안정성과 구체적 타당성을 최대한 조화시키는 방향으로 행하여야 한다. 그런데 만약 아무리 노력하여도 둘이 조화를 이룰 수 없다면 법적 안정성을 우선시켜야 한다. 판례도, 법해석의 목표는 법적 안정성을 저해하지 않는 범위 내에서 구체적 타당성을 찾는 데 두어야 할 것이라고 하여(대판(전원) 2013. 1. 17, 2011다83431; 대판 2017. 12. 22, 2014다223025 등), 법적 안정성의 우위를 인정하고 있다.

2. 민법의 적용

A-19

법의 적용이란 구체적인 생활관계에 법규를 적용하는 것을 말한다. 즉 추상적인 법규를 대전제로 하고 구체적인 생활관계를 소전제로 하여 3단논법으로 결론을 도출하는 것이다. 이러한 법의 적용을 하려면 먼저 대전제인 법규의 내용을 확정하는 것이 필요하며, 그것이 앞에서 본 법의 해석이다. 다음에는 구체적인 생활관계가 법규가 추상적으로 정하는 요건을 구비하였는지 검토하여야 한다. 이를 사실인정이라고 한다. 사실인정의 결과 요건이 구비되었다고 인정되면 법규에서 정한 법률효과가 주어진다.

제 2 장 권 리

A-20

Ⅰ. 법률관계

1. 의 의

사람의 사회생활은 여러 가지 모습으로 행하여진다. 친구와 함께 찻집에서 담소를 즐기기도 하고, 서점에 가서 공부할 책을 구입하기도 한다. 그런데 이러한 생활관계가 모두 법에 의하여 규율되는 것은 아니다. 사람의 생활관계 가운데에는 법에 의하여 규율되는 것이 있는가 하면 그렇지 않은 것도 있다. 이 중에 「법에 의하여 규율되는 생활관계」를 법률관계라고 한다. 위의 예 중 앞의 것은 법률관계가 아니고, 뒤의 것은 법률관계이다.

비법률관계의 대표적인 예로 호의관계가 있다. 호의관계는 법적인 의무가 없음에도 불구하고 호의로 어떤 행위를 해 주기로 하는 생활관계이다. 친구의 산책에 동행해 주기로 한 경우, 어린 아이를 그 부모가 외출하는 동안 대가를 받지 않고 돌보아 주기로 한 경우가 그 예이다. 이러한 호의관계는 법의 규율을 받지 않기 때문에 약속을 위반하여도 법적 제재를 받지 않는다.

법률관계는 법률제도와 구별하여야 한다. 법률제도는 법에 의하여 규율되고 있는(즉 법이 만들어 낸) 조직 내지 설비로서 추상적인 것이다. 그에 비하여 법률관계는 그러한 법률제도가 특정한 사람 등에 의하여 구체화된 경우이다. 예컨대 「매매」에 관하여 논의하면서 당사자를 예정하지 않고서 하는 경우는 법률제도의 문제이며, A·B라는 특정인이 물건을 사고 파는 경우라면 법률관계의 문제이다.

A-21

2. 내 용

(1) 법률관계는 사람의 생활관계의 일종이므로, 궁극적으로는 사람과 사람의 관계, 즉

법에 의하여 구속되는 자와 법에 의하여 보호되는 자의 관계로 나타난다. 여기서 앞의 사람의 지위를 의무라고 하고, 뒤의 사람의 지위를 권리라고 한다면, 결국 법률관계는 권리·의무관계라고도 할 수 있다(그러나 능력·주소 등과 같이 권리·의무관계가 아닌 예외적인 경우도 있다). 그 결과 법률관계의 주된 내용은 권리·의무이다.

법률관계에서의 권리·의무는 하나일 수도 있고, 여러 개일 수도 있다. 예컨대 A가 B에게 그의 집을 팔기로 한 경우에는 A와 B 사이의 매매라는 법률관계에 의하여 매수인 B는 집의 소유권이전청구권·점유이전청구권(인도청구권)을 가지고 매도인 A는 이에 대응하는 의무를 지게 되며, 다른 한편으로 A는 매매대금 지급청구권을 가지고 B는 이에 대응하는 의무를 지게 되어, 세 개의 권리·의무가 존재하게 된다.

(2) 법률관계의 내용은 앞에 설명한 기본적인 권리·의무에 한정되지 않는다. 법률관계에는 기본적인 권리·의무 외에 신의칙에 의하여 일정한 행위의무가 있을 수도 있다. 가령 기계의 매매에 있어서 매도인은 기계의 사용방법을 알려 주어야 할 의무가 있다. 판례는 이러한 의무를 대체로 「신의칙상의 부수의무」라고 하나, 사견으로는 급부의무 이외의 행위의무를 짧게 줄여서 「기타의 행위의무」라고 한다(그 자세한 내용은 C-27 참조). 법률관계에는 또한 취소권·해제권·상계권과 같은 특별한 권리가 있을 수도 있다.

그 밖에 법률관계에는 권리나 의무로 환원되지 않는 보호이익이나 부담·제한도 존재할 수 있다. 따라서 법률관계를 단순한 권리·의무관계만으로 생각하여서는 안 된다.

3. 법률관계의 규율

법률관계는 권리의 면에서 파악할 수도 있고, 의무의 면에서 파악할 수도 있다. 그런데 근대민법에 있어서는 법률관계가 권리본위로 규율되고 있다. 우리 민법도 마찬가지이다.

Ⅱ. 권리와 의무의 의의

1. 권리의 의의

A-22

(1) 권리의 본질이 무엇인가에 관하여 우리나라에서는 권리는 「일정한 이익을 누리게 하기 위하여 법이 인정하는 힘」이라고 하는 권리법력설(權利法力說)이 지배적인 견해(즉 통설)로 주장되고 있다.

(2) 권리와 구별하여야 하는 개념으로 권한, 권능, 권리반사 내지 반사적 효과(이익)가 있다.

권한은 타인에게 일정한 법률효과를 발생하게 하는 행위를 할 수 있는 법률상의 지위 또는 자격을 말한다. 예컨대 대리인의 대리권, 법인 이사의 대표권 등이 그에 해당한다.

권능은 권리의 내용을 이루는 각각의 법률상의 힘을 가리킨다. 가령 소유권이라는 권리에 대하여 그 내용인 사용권·수익권·처분권은 권능이다.

권리반사 또는 반사적 효과(이익)는 법률이 특정인 또는 일반인에게 일정한 행위(작위·부작위)를 명함에 의하여 다른 자가 누리는 이익을 말한다. 예컨대 채무가 없는 줄 알면서 채무를 변제한 자는 그것의 반환을 청구할 수 없는데(742조 참조), 이때에 반환청구를 당하지 않는 자가 수령한 것의 소유권을 가지게 되는 것은 권리가 아니고 반사적 이익에 지나지 않는다.

A-23

2. 의무의 의의

(1) 의무는 법률상의 구속이다. 그리하여 의무자는 그의 의사와 관계 없이 의무를 이행하여야 한다. 의무에는 어떤 행위를 적극적으로 하여야 하는 경우(작위의무)가 있는가 하면(예컨대 매도인의 소유권이전의무, 매수인의 대금지급의무), 어떤 행위를 소극적으로 하지 않아야 하는 경우(부작위의무)도 있다.

권리와 의무는 서로 대응하여 존재하는 것이 보통이다. 예컨대 매수인의 소유권이전청구권에 대응하여 매도인의 소유권이전의무가 있게 된다. 그러나 언제나 그러한 것은 아니다. 권리만 있고 의무는 없는 경우가 있는가 하면(가령 취소권·해제권·상계권 등과 같은 형성권의 경우), 의무만 있고 권리는 없는 경우도 있다(가령 50조의 등기의무, 86조의 신고의무, 93조의 공고의무).

(2) 본래의 의무와 구별하여야 할 것으로 간접의무(Obliegenheit)가 있다. 간접의무란 그것을 부담하는 자가 반드시 이행하여야 하는 것은 아니지만 그가 그것을 이행하지 않으면 유리한 법적 지위의 상실과 같은 불이익을 입게 되는 의무를 말한다. 제528조의 승낙연착의 통지의무가 그 예이다.

Ⅲ. 권리(사권)의 종류

A-24

1. 내용에 의한 분류

사권은 그 내용이 되는 사회적인 생활이익을 표준으로 하여 재산권·인격권·가족권(신분권)·사원권으로 나눌 수 있다. 이는 권리에 관한 가장 기본적인 분류이다. 그리고 여기서 특히 중요한 것은 재산권이다.

(1) 재 산 권

재산권은 쉽게 표현하면 경제적 가치 있는 이익을 누리는 것을 목적으로 하는 권리라고 할 수 있다. 그러나 이는 정확하지 않다. 왜냐하면 전형적인 재산권인 채권 가운데는 금전으로 가액을 산정할 수 없는 것도 있고(373조 참조), 부양청구권(974조 이하 참조)과 같이 가족권에도 경제적 가치가 있는 권리가 있기 때문이다. 재산권을 정확하게 정의한다면, 재산권은 권리자의 인격이나 친족관계를 떠나서 존재하는 권리라고 할 수 있다.

재산권의 대표적인 것으로는 물권·채권·지식재산권이 있다. 그리고 이제는 상속권도 재산권이라고 해야 한다(민법총칙, [41] 참조).

1) 물 권 물권은 권리자가 물건 기타의 객체를 직접 지배해서 이익을 얻는 배타적 권리이다. 물권은 법률 또는 관습법에 의하여서만 창설될 수 있는데(185조 참조), 우리 민법전이 인정하고 있는 물권으로는 점유권·소유권·지상권·지역권·전세권·유치권·질권·저당권의 8가지가 있고, 관습법상의 물권으로 판례에 의하여 확인된 것으로는 분묘기지권·관습법상의 법정지상권이 있다.

2) 채 권 채권은 특정인(채권자)이 다른 특정인(채무자)에 대하여 일정한 행위(이를 보통 급부라고 하는데, 이행행위라고 함이 더 낫다)를 요구할 수 있는 권리이다. 채권은 계약·사무관리·부당이득·불법행위 등 여러 가지 원인에 의하여 발생하는데, 그 발생원인 가운데에는 계약이 가장 중요하다.

3) 지식재산권 지식재산권은 발명·저작 등의 정신적·지능적 창조물을 독점적으로 이용하는 것을 내용으로 하는 권리이다. 특허권·실용신안권·디자인권(구 의장권)·상표권·저작권 등이 이에 속한다.

4) 상 속 권 상속권은 상속개시 후 상속인이 가지는 권리이다.

⑵ 인 격 권

A-25

인격권은 권리의 주체와 불가분적으로 결합되어 있는 인격적 이익을 누리는 것을 내용으로 하는 권리이다. 생명·신체·명예·신용·정조·성명·초상·창작·사생활에 대한 권리가 이에 해당한다. 민법은 인격권에 관하여 일반적인 규정을 두고 있지 않으며, 제751조에서 타인의 신체·자유·명예를 침해하는 것은 불법행위가 된다고 하고 있을 뿐이다.

⑶ 가족권(친족권·신분권)

가족권 또는 친족권은 친족관계에 있어서의 일정한 지위에 따르는 이익을 누리는 것을 내용으로 하는 권리이다. 구체적으로는 친권·후견인이 가지는 권리·배우자가 가지는 권리·부양청구권 등이 있다. 가족권은 의무적 색채가 강하다.

⑷ 사원권(社員權)

이는 단체의 구성원이 그 구성원이라는 지위에서 단체에 대하여 가지는 권리를 통틀어서 일컫는 말이다. 사원권에는 민법상 사단법인의 사원의 권리, 주식회사의 주주의 권리 등이 있다.

A-26

2. 작용(효력)에 의한 분류

권리는 그것을 행사하는 경우에 어떻게 작용하는가, 즉 어떤 효력이 생기는가에 따라 지배권·청구권·형성권·항변권으로 나누어진다.

(1) 지 배 권

지배권은 타인의 행위를 개재시키지 않고서 일정한 객체에 대하여 직접 지배력을 발휘할 수 있는 권리이다. 물권이 가장 전형적인 지배권이고 지식재산권·친권·후견권·인격권도 이에 속한다.

지배권의 효력으로는 대내적 효력과 대외적 효력이 있다. 전자는 객체에 대한 직접적인 지배력이고, 후자는 제3자가 권리자의 지배를 침해할 수 없다는 효력 즉 권리불가침의 효력이다.

(2) 청 구 권

청구권은 특정인이 다른 특정인에 대하여 일정한 행위를 요구할 수 있는 권리이다. 예컨대 주택 매수인의 주택 소유권이전청구권은 매도인의 소유권이전행위를 요구할 수 있는 권리이다. 따라서 지배권과 달리 그 객체인 주택을 직접 지배할 수 있는 것이 아니다.

청구권에 해당하는 권리로는 채권을 들 수 있다. 앞에서 본 것처럼 채권과 청구권은 정의가 같다. 그렇다면 둘은 같은 권리인가? 그렇지 않다. 우선 ① 채권과 청구권은 존재하는 면이 다르다. ② 청구권은 채권으로부터만 생기는 것이 아니고 물권·지식재산권·상속권·가족권으로부터도 생긴다. 이렇게 볼 때 채권과 청구권은 동일한 것이 아니며, 청구권은 채권의 본질적인 내용을 이루고 있을 뿐이다.

그렇기는 하지만 특히 채권법의 영역에서 청구권이라는 용어가 채권과 동의어로 자주 쓰이고 있다. 소유권이전채권 대신 소유권이전청구권이라고 하는 것이 그 예이다.

청구권이라고 불리지만 실질에 있어서는 형성권이라고 해석되는 경우가 있다. 지료증감청구권(286조)·지상물매수청구권(283조 2항·285조 2항) 등이 그 예이다.

(3) 형 성 권

형성권은 권리자의 일방적인 의사표시에 의하여 법률관계를 발생·변경 또는 소멸시키는 권리이다. 형성권에는 권리자의 의사표시만 있으면 효과가 발생하는 것과 법원의 판결이 있어야 비로소 효과가 발생하는 것이 있다. 전자의 예로는 법률행위의 동의권(5조·13조 1항)·취소권(140조 이하)·추인권(143조 이하)·상계권(492조)·계약의 해제권 해지권(543조) 등이 있고, 후자의 예로는 채권자취소권(406조)·재판상 이혼권(840조)·친생부인권(846조) 등이 있다.

⑷ 항 변 권

항변권은 상대방의 청구권의 행사에 대하여 그 작용을 저지할 수 있는 권리이다. 항변권은 상대방의 청구권의 존재를 전제로 한다. 즉 상대방의 청구권은 인정하면서 그 작용만을 저지하는 권리이다.

항변권에는 청구권의 행사를 일시적으로 저지할 수 있는 연기적 항변권과 영구적으로 저지할 수 있는 영구적 항변권이 있다. 전자의 예로는 쌍무계약의 당사자가 가지는 동시이행의 항변권(536조), 보증인이 가지는 최고·검색의 항변권(437조)이 있고, 후자의 예로는 상속인의 한정승인의 항변권(1028조)이 있다.

소송절차에서 법관은 항변권의 요건이 구비되어 있고 권리자가 이를 주장·인용하는 경우에만 항변권을 고려할 수 있으며, 주장이 없는 경우에 직권으로 고려하지는 못한다.

3. 그 밖의 분류

A-27

⑴ 절대권 · 상대권

절대권은 모든 자에게 주장할 수 있는 권리이며 대세권(對世權)이라고도 한다. 그에 비하여 상대권은 특정인에 대하여서만 주장할 수 있는 권리이며 대인권(對人權)이라고도 한다. 물권·지식재산권·친권·후견권 등의 지배권은 절대권에 해당하고, 채권 등의 청구권은 상대권에 해당한다.

⑵ 일신(一身)전속권 · 비전속권

일신전속권(귀속상의 일신전속권)은 권리의 성질상 타인에게 귀속될 수 없는 것, 즉 양도·상속 등으로 타인에게 이전할 수 없는 권리이고, 비전속권은 양도·상속이 가능한 권리이다. 가족권·인격권은 대부분 일신전속권이고, 재산권은 대체로 비전속권이다.

⑶ 주된 권리 · 종된 권리

권리 가운데에는 하나의 권리가 다른 권리를 전제로 하여 존재하는 경우가 있다. 이때 전제가 되는 권리가 주된 권리이고, 그것에 종속되는 권리를 종된 권리라고 한다. 예컨대 원본채권과 이자채권, 피담보채권과 저당권은 주된 권리·종된 권리의 관계에 있다.

⑷ 기성(旣成)의 권리 · 기대권

기성의 권리는 권리의 성립요건이 모두 갖추어져서 이미 성립한 권리이고, 기대권은 권리발생요건 중 일부분만 갖추고 있는 상태에 대하여 법이 주고 있는 보호이다. 조건부 권리(148조·149조)·기한부 권리(154조)가 기대권의 예이다.

Ⅳ. 권리의 경합

A-28

1. 의의와 모습

동일한 당사자 사이에서 하나의 사실이 둘 이상의 법규가 정하는 요건을 충족시켜 둘 이상의 권리가 발생하는 경우가 있다. 예컨대 A의 기계를 임차하고 있는 B가 임대차계약의 기간이 만료되었음에도 불구하고 그 기계를 A에게 반환하지 않은 경우에는, A는 임대차계약에 기하여 반환청구권을 가지며(654조·615조), 그것과 별도로 소유권에 기하여 반환청구권(213조)도 가지게 된다. 이와 같은 것을 권리의 경합이라고 한다.

권리의 경합의 경우에 수개의 권리는 목적을 같이하기 때문에 그 가운데 어느 하나를 행사하여 목적을 달성하게 되면 다른 권리도 같이 소멸한다. 그러나 각각의 권리는 독립하여 존재하고, 별개로 행사될 수 있으며, 각기 따로 시효 기타의 사유로 소멸할 수 있다.

권리의 경합은 청구권에 관하여 존재하는 때가 많다. 그와 관련하여 특히 동일한 사실이 채무불이행의 요건과 불법행위의 요건을 갖추는 경우에 채무불이행에 의한 손해배상청구권과 불법행위에 의한 손해배상청구권이 경합하는가가 논란되고 있으며, 이 경우에 다수설과 판례(대판(전원) 1983. 3. 22, 82다카1533; 대판 1989. 4. 11, 88다카11428 등)는 청구권의 경합을 인정한다(자세한 사항은 D-282 참조).

2. 법규경합(법조경합)

동일한 사실이 둘 이상의 법규가 정하는 요건을 충족시키지만, 그중의 한 법규가 다른 법규를 배제하는 것일 때에는, 그 한 법규만 적용된다. 그리고 그 결과로 권리도 하나만 발생하게 된다. 이를 법규경합(법조경합)이라고 한다. 법규경합은 해당하는 여러 법규가 특별법(특별규정) 또는 일반법(일반규정)의 관계에 있는 경우에 자주 일어난다. 가령 공무원이 그 직무를 행함에 있어서 고의 또는 과실로 위법하게 타인에게 손해를 가한 경우에는, 민법 제756조와 국가배상법 제2조가 경합하지만, 특별법의 규정인 후자가 일반법의 규정인 전자에 우선하여 적용되어 국가배상법에 의한 손해배상청구권만 발생한다.

Ⅴ. 권리의 행사와 의무의 이행

A-29

1. 권리행사의 의의

권리의 행사란 권리의 내용을 현실화하는 과정을 말한다. 가령 소유권자가 소유물을 소비하거나 다른 자에게 파는 것이 그에 해당한다.

2. 권리의 충돌과 순위

동일한 하나의 객체에 관하여 여러 개의 권리가 존재하는 경우가 있다. 그러한 경우에는 때에 따라서 그 객체가 모든 권리를 만족시킬 수 없게 된다. 이를 가리켜 권리의 충돌이라고 한다. 이러한 권리의 충돌에 있어서는 권리자 모두가 만족할 수 없기 때문에 누가 우선하여(또는 동등하게) 권리를 행사할 수 있는가, 즉 권리의 순위의 문제가 생긴다.

충돌하는 권리가 물권들인 경우에는 원칙적으로 그들 사이에 순위가 정하여져 있다. 소유권과 제한물권(민법이 규정하는 물권 중 점유권·소유권 이외의 물권) 사이에서는 제한물권이 우선한다. 제한물권들 사이에서는 그것이 다른 종류일 때에는 원칙이 없고 법률규정에 의하여 순위가 정해지나, 같은 종류일 때에는 먼저 성립한 물권이 우선한다. 한편 채권에 있어서는 본래 채권자 평등의 원칙이 있어서 같은 채무자에 대한 여러 채권이 모두 평등하게 다루어진다. 그런데 이 원칙이 그대로 지켜지는 것은 파산의 경우에 한하며, 파산의 경우가 아닌 때에는 각 채권자가 임의로 채권을 실행하여 변제받을 수 있다. 그 결과 채권을 먼저 행사하는 자가 이익을 얻게 된다. 이를 선행주의(先行主義)라고 한다. 그런가 하면 동일한 객체에 대하여 물권과 채권이 성립한 경우에는 직접적인 지배권인 물권이 채권에 우선하게 된다. 그러나 이러한 권리들의 순위 원칙에 대하여는 법률상 많은 예외가 인정된다.

3. 권리행사의 한계

A-30

(1) 서　설

민법은 제2조 제1항에서 「권리의 행사와 의무의 이행은 신의에 좇아 성실히 하여야 한다」고 하고, 동조 제2항에서 「권리는 남용하지 못한다」고 규정하고 있다. 이들은 권리행사(의무이행 포함)의 한계를 명문으로 규정한 것이다. 그중 앞의 것이 신의성실의 원칙(신의칙)이고, 뒤의 것이 권리남용 금지의 원칙이다.

(2) 신의성실의 원칙

1) 의　의　　권리의 행사와 의무의 이행은 신의에 좇아 성실히 하여야 한다(2조 1항)는 원칙을 신의성실의 원칙 또는 — 이를 간단히 줄여서 — 신의칙이라고 한다. 여기서 신의성실이라 함은 상대방의 신뢰를 헛되이 하지 않도록 성의를 가지고 행동하는 것을 말한다.

2) 법적 성격

(가) 3대원리의 제약원리　　신의칙은 사회적 조정의 원칙의 일부로서 사적 자치 등 3대원리의 지나친 폐해를 예외적으로 제한하는 제약원리이다.

(나) 일반조항(백지규정)　　민법 제2조 제1항은 일반적인 민법규정들과 달리 구체적인 요건이 규정되어 있지 않다. 그리고 법률효과도 없다. 이와 같이 내용(특히 요건)이 구체적으

로 정하여져 있지 않은 법률규정을 일반조항 또는 백지규정이라고 한다. 신의칙은 제103조와 더불어 가장 대표적인 일반조항이다.

(다) **재판규범 · 행위규범** 신의칙은 다른 민법규정과 마찬가지로 법관을 구속하는 재판규범이면서 아울러 일반인에 대한 행위규범이기도 하다.

(라) **강행규정** 제 2 조 제 1 항은 강행규정이고, 신의성실의 원칙에 반하는지는 당사자의 주장이 없더라도 법원이 직권으로 판단할 수 있다(대판 1998. 8. 21, 97다37821).

(마) **민법의 모든 분야에 적용되는 규정** 제 2 조 제 1 항은 신의칙을 권리의 행사와 의무의 이행에 관하여 적용되도록 규정하고 있다. 그러나 권리와 의무는 사법관계 자체라고 할 것이므로 그 규정은 법률 및 법률행위의 해석에 의하여 당사자에게 어떠한 권리가 생기는지를 결정하는 데에도 적용된다고 하여야 한다. 다른 한편으로 그 규정은 민법의 첫 부분에 두어진 것으로 보아 모든 사법관계에 대하여 일반적으로 적용된다고 하여야 한다. 그렇지만 실제로는 채권법 분야에서 가장 실효성이 크다.

(바) **권리남용과의 관계** 다수설(사견도 같음)과 판례(대판 2007. 1. 25, 2005다67223 등 참조)는 권리행사가 신의성실의 원칙에 반하는 경우에는 권리남용이 된다는 입장에 있다.

A-31 **3) 기 능**

(가) **개 설** 신의칙의 작용을 유형화해 보면 해석기능·보충기능·수정기능·금지기능의 네 가지로 표현할 수 있다. 그런데 이들 기능은 반드시 서로 완전하게 구분되는 것은 아니고 어느 정도 겹칠 수도 있다. 그리고 그것들만이 전부라고 할 수도 없다.

(나) **해석기능** 신의칙은 법률과 법률행위를 해석하여 그 내용을 보다 명확하게 하는 기능이 있다. 이를 해석기능이라고 할 수 있다. 여기서 신의칙은 해석의 표준이 되어 법과 법률행위의 합리적인 의미를 밝혀준다.

(다) **보충기능** 신의칙은 법률이나 법률행위에 있어서 규율되지 않은 틈이 있는 경우에 그 틈을 보충하는 기능이 있다.

(라) **수정기능** 신의칙은 이미 명백하게 확정되어 있는 법률이나 법률행위의 내용을 수정하는 기능이 있다. 아주 사소한 채무불이행을 이유로 계약 전체의 해제를 인정하지 않는 것(D-71 참조)은 해제규정의 법리(544조)가 수정된 것이라고 할 수 있다. 한편 판례는 계속적 보증뿐만 아니라 일반보증에 있어서도 신의칙에 반하는 특별한 사정이 있는 경우에는 보증인의 책임을 합리적인 범위로 제한할 수 있다고 한다(계속적 보증의 경우: 대판 1998. 6. 12, 98다8776 등. 일반보증의 경우: 대판 2004. 1. 27, 2003다45410). 이들은 신의칙에 의하여 법률행위의 내용이 수정된 예이다.

(마) **금지기능** 신의칙에는 구체적인 행위가 신의성실에 반하는 경우에 그 행위의 효과를 금지(무력화)하는 기능인 금지기능이 있다. 이 금지기능에 의하여 채무이행 행위가 신의성실에 반하면 채무불이행으로, 권리행사가 신의성실에 반하면 권리남용으로 평가되

게 된다. 선행행위에 모순되는 행위가 금지된다는 것과 그중에 포함되는 실효의 원칙도 금지기능에 의한 것이라고 할 수 있다.

A-32

4) 신의칙이 구체화된 하부원칙　학자들에 의하여 신의칙이 구체화된 원칙으로 논의되는 것이 몇 가지 있다. 권리남용 금지의 원칙, 사정변경의 원칙, 실효의 원칙 등이 그것이다. 이들 가운데 권리남용 금지의 원칙에 관하여는 뒤에 따로 보기로 하고, 나머지의 원칙들을 차례로 보기로 한다.

(가) 사정변경의 원칙　사정변경의 원칙은 법률행위의 기초가 된 사정이 후에 당사자가 예견하지도 못했고 또 예견할 수도 없었던 중대한 변경을 받게 되어, 처음의 효과를 그대로 유지하는 것이 부당한 경우에, 법률행위의 내용을 개조하거나 계약을 해제·해지할 수 있다는 원칙이다. 민법에는 이 원칙에 입각한 규정이 많이 있다(218조·286조·557조·627조·628조·661조·689조 등). 그런데 이를 일반적으로 인정하는 규정은 두고 있지 않다. 그럼에도 불구하고 학자들은 대체로 신의칙의 파생적 원칙으로 이 원칙을 인정하고 있다(사견도 같음).

판례는 과거에는 사정변경의 원칙을 인정하지 않았고, 특히 그에 기한 해제권의 발생은 분명하게 부인하였다(대판 1963. 9. 12, 63다452). 그런데 근래에는 하나의 판결에서 사정변경으로 인한 계약의 해제를 법리로서 인정하였고(대판 2007. 3. 29, 2004다31302[핵심판례 290면]), 그 법리가 계속적 계약관계에서 사정변경을 이유로 계약의 해지를 주장하는 경우에도 적용된다고 하였으며(대판(전원) 2013. 9. 26, 2012다13637; 대판(전원) 2013. 9. 26, 2013다26746), 얼마 전에는, 「계약 성립의 기초가 된 사정이 현저히 변경되고 당사자가 계약의 성립 당시 이를 예견할 수 없었으며, 그로 인하여 계약을 그대로 유지하는 것이 당사자의 이해에 중대한 불균형을 초래하거나 계약을 체결한 목적을 달성할 수 없는 경우에는 계약준수 원칙의 예외로서 사정변경을 이유로 계약을 해제하거나 해지할 수 있다」고 하여(대판 2017. 6. 8, 2016다249557 등), 명백하게 사정변경의 원칙을 인정하였다. 그리고 판례는 예전부터 계속적 채권관계, 특히 계속적 보증관계에 있어서만은 사정변경을 이유로 한 권리를 인정하여 왔다(대판 2002. 5. 31, 2002다1673 등 다수의 판결).

A-33

(나) 모순행위 금지의 원칙　모순행위 금지의 원칙은 어떤 행위를 한 자가 후에 그와 모순되는 행위를 한 경우에 그 모순되는 행위의 효력을 인정하지 않는다는 원칙을 말한다. 이는 영미법상의 금반언(禁反言)의 법리와 유사하다. 모순행위 금지의 원칙에 대하여 논의하고 있는 문헌은 모두 이 원칙의 인정에 찬성한다. 그리고 판례는 한편으로 이 원칙이 적용될 수 있는 경우에 관하여 모순행위 금지의 원칙의 적용을 명시적으로 언급하지는 않으면서 신의칙 위반을 이유로 같은 결과를 인정하고 있다. 그런가 하면 다른 한편으로 「금반언 및 신의칙」 또는 「신의칙이나 금반언의 원칙」을 명시적으로 언급하면서 판단한 예도 많이 있다(대판 2000. 4. 25, 99다34475 등 다수).

A-34

(다) 실효의 원칙　일반적으로 실효의 원칙이라 함은 권리자가 그의 권리를 오랫동

안 행사하지 않았기 때문에 상대방이 이제는 더 이상 권리의 행사가 없으리라고 믿은 경우에 그 후에 하는 권리행사는 허용되지 않는다는 원칙을 말한다.

실효의 원칙에 대하여 우리 문헌들은 모두 이를 인정하고 있다.

그리고 판례는 ① 권리자가 권리를 장기간(또는 상당기간) 행사하지 않아 상대방이 권리불행사를 신뢰하게 된 경우, ② 권리행사의 기회가 있어서 그것을 기대할 수 있었는데도 행사하지 않아 상대방이 이를 신뢰하게 된 경우, ③ 위 ① ②의 요건을 모두 갖춘 경우 등 세 가지 전부에 대하여 실효를 인정하는 태도를 취하고 있다. 구체적으로는 1년 4개월 전에 발생한 해제권을 장기간 행사하지 않고 오히려 잔금채무의 이행을 최고한 경우(대판 1994. 11. 25, 94다12234), 근로자들이 면직된 후 퇴직금을 청구하여 아무런 이의나 조건의 유보 없이 수령하였고 그로부터 9년 후 해직공무원보상법에 따라 보상금까지 수령하고서 면직처분 무효확인의 소를 제기한 경우(대판 1992. 12. 11, 92다23285 등), 해고된 근로자가 퇴직금을 이의 없이 수령하고 그로부터 상당한 기간이 경과된 후에 해고무효의 소를 제기한 경우(대판 2005. 10. 28, 2005다45827 등. 그러나 반대의 사정이 엿보이는 때에는 예외를 인정한다(대판 2005. 11. 25, 2005다38270 등 참조))에 실효를 인정하였다. 그에 비하여 소유권 내지 소유자의 실효인정에는 신중한 태도를 보이고 있다(대판 2002. 1. 8, 2001다60019 등). 그 밖에 인지청구권에는 실효의 원칙이 적용되지 않는다고 한다(대판 2001. 11. 27, 2001므1353).

A-35 **5) 신의칙의 적용에 있어서 유의할 점** 신의칙은 그 구체적 내용이 확정되어 있지 않다. 그 때문에 자칫 법률의 해석에 의하여 달성하기 어려운 문제가 생기면 곧바로 신의칙으로 달려갈 위험이 도사리고 있다. 학자들이 신의칙의 남용을 우려하는 이유가 여기에 있다(이른바 일반조항에의 도피). 이러한 지적은 깊이 새겨야 할 것이다. 신의칙은 현재의 법으로서는 도저히 용인할 수 없는 경우에, 그것도 그럴 만한 정당한 이유가 있는 때에 한하여 고려하여야 한다.

판례는, 국가의 소멸시효 완성 주장(대판 2005. 5. 13, 2004다71881), 특정채무를 보증하는 일반보증의 경우에 채권자의 권리행사(대판 2004. 1. 27, 2003다45410)가 신의칙에 비추어 용납할 수 없는 경우에는, 그 주장을 예외적으로 배척할 수 있으나, 그것은 자칫하면 법적 안정성(위 둘째 판결에서는 법적 안정성과 함께 사적 자치의 원칙도 들고 있음)을 해할 수 있으므로 그 적용에 있어서 신중을 기할 것이라고 한다(대판 2015. 10. 15, 2012다64253도 같은 취지임). 그런가 하면, 유효하게 성립한 계약상의 책임을 공평의 이념 또는 신의칙과 같은 일반원칙에 의하여 제한하는 것은 사적 자치의 원칙이나 법적 안정성에 대한 중대한 위협이 될 수 있으므로, 채권자가 유효하게 성립한 계약에 따른 급부의 이행을 청구하는 때에 법원이 그 급부의 일부를 감축하는 것은 원칙적으로 허용되지 않는다고 한다(대판 2016. 12. 1, 2016다240543. 전단에 관하여 동지: 대판 2015. 10. 15, 2012다64253 판결 등 참조).

⑶ 권리남용 금지의 원칙

A-36

1) 의 의 권리남용 금지의 원칙이란 권리행사가 신의칙에 반하는 경우에는 권리남용이 되어 정당한 권리의 행사로서 인정되지 않는다는 원칙이다.

2) 법적 성격 권리남용 금지의 원칙의 법적 성격은 신의칙에 대한 것이 거의 그대로 타당하다. 그리하여 그것은 3대원리의 제약원리이다. 그리고 제2조 제2항은 요건(및 효과)이 구체화되어 있지 않은 백지규정이다. 또한 재판규범이면서 행위규범이다. 그리고 강행규정이다(판례도 같은 태도이다. 대판 1989. 9. 29, 88다카17181). 마지막으로 그 원칙은 비록 물권법에서 발전하였지만 민법의 모든 영역에 걸쳐 널리 적용된다. 물론 실효성이 가장 큰 분야는 물권법이다.

A-37

3) 권리남용의 요건 민법 제2조 제2항은 권리남용의 요건과 효과를 규정하고 있지 않다. 그것은 학설·판례에 맡겨져 있는 셈이다. 그런데 그 요건과 효과는 행사되는 권리가 어떤 것인가에 따라 다르다. 그리하여 일률적으로 설명할 수 없으나, 일반적인 요건으로 몇 가지를 들 수는 있다.

㈎ 권리행사 권리남용이 되려면 그 당연한 전제로서 권리행사라고 볼 수 있는 행위가 있어야 한다. 여기서 권리행사라고 하는 것은 널리 법적 효과를 주장하는 모든 행위를 가리킨다.

이 요건과 관련하여 권리의 불행사도 남용으로 될 수 있는지가 문제된다. 여기에 관하여 다수설은 불성실한 불행사는 남용이 되며, 그 효과로서 실효를 생각해 볼 수 있다고 한다(사견은 다름. 민법총칙 [57] 참조).

㈏ 신의칙 위반 권리남용으로 되려면 권리행사 행위가 신의칙에 반하여야 한다. 이는 사회질서 위반, 정당한 이익의 흠결, 이익의 현저한 불균형, 권리의 경제적·사회적 목적에의 위반, 사회적 이익의 균형의 파괴 등 여러 가지로 표현되기도 한다. 그러나 어느 것이든 매우 추상적인 기준이어서, 권리남용으로 되는지 여부는 구체적인 경우에 개별적으로 모든 사정을 참작하여 그러한 사정 위에서 권리행사를 하는 것이 신의칙에 비추어 허용되어야 하는지를 판단하여야 한다.

㈐ 주관적 요건이 필요한지 여부

A-38

(a) 학 설 민법 제2조 제2항은 권리남용 금지를 일반적·객관적으로 규정하여 권리자의 가해목적이라는 주관적인 요소는 요건으로 하지 않고 있다. 그리하여 학자들은 대부분 가해의 의사나 목적은 권리남용의 요건이 아니라고 한다(사견도 같음).

(b) 판 례 대법원이 권리남용인지 여부를 판단한 사안은 크게 두 부류로 나누어진다. 그 하나는 「권리남용의 요건」을 명시적으로 기술하는 경우이고, 다른 하나는 어떤 권리행사가 신의칙 등에 반하여 권리남용으로 되는지만을 언급하는 경우이다. 이는 아마도 본래의 권리남용 금지 영역(즉 물권법 분야)과 신의칙에 의한 금지 영역(기타 분야)

에 의한 구분인 듯하다.

이 가운데 전자에 있어서는 권리남용의 요건으로 가해의 의사라는 주관적인 요건을 제시한다. 그런데 그러한 판결들에서는 그 대부분의 것에서 토지소유자의 소유권행사가 권리남용으로 되는지가 다투어졌다. 다만, 하나의 판결에서 중혼 취소가 남용인지에 관하여 판단하였고(대판 1993. 8. 24, 92므907), 다른 하나의 판결(대판 1988. 6. 28, 87다카2699)에서는 건물임대인의 임대차계약의 해지가 문제되었을 뿐이다(여기서도 실질적으로는 소유권의 행사가 문제된 셈이다). 그리고 근래의 판결 가운데에는 「토지소유자가 그 토지의 소유권을 행사하는 것이 권리남용에 해당한다고 할 수 있으려면」 주관적·객관적 요건이 필요하다고 특별히 제한적으로 판시하는 것도 있다(대판 1994. 11. 22, 94다5458 등). 그 밖에 상계권(대판 2003. 4. 11, 2002다59481) 또는 상표권 행사가 권리남용이 되기 위하여 주관적 요건이 반드시 필요한 것은 아니라고 한다(대판 2007. 1. 25, 2005다67223).

이들을 종합하여 판단하면, 우리 판례가 가해의 의사라는 주관적 요건을 필요로 하는 것은 — 적은 예외가 있기는 하지만 — 토지소유권 행사에 한정되어 있다고 할 수 있다. 그것은 토지소유권의 행사를 원칙적으로 제한하지 않으려는 의도에서일 것이다. 그런데 근래 몇몇 판결에서는 그 경우에 있어서도 「주관적 요건은 권리자의 정당한 이익을 결여한 권리행사로 보여지는 객관적인 사정에 의하여 추인할 수 있다」고 하여(대판 1993. 5. 14, 93다4366[핵심판례 12면]; 대판 2010. 2. 25, 2009다79378 등) 주관적 요건의 완화를 시도하고 있다.

한편 권리남용 요건을 명시하지 않는 경우에는 주관적 요건을 의식하지 않고 거의 객관적 요건만으로 남용 여부를 판단하고 있다.

㈑ 기 타 권리를 행사하는 자의 고의·과실도 요건이 아니다. 그리고 위법성도 요건이 아니라고 하여야 한다.

A-39 **4) 권리남용의 효과** 권리행사가 남용으로 인정되면 권리행사의 효과가 발생하지 않는다. 그런데 남용의 구체적인 효과는 권리의 종류와 남용으로 인한 결과에 따라 다르다. 일반적으로 말한다면, ① 행사되는 권리가 청구권이면 법은 그것의 실현을 도와주지 않는다. ② 형성권의 행사가 남용인 경우에는 본래 발생하여야 할 효과가 생기지 않는다. ③ 남용으로 인하여 타인에게 손해가 발생하면 손해배상책임을 지게 되며, 다른 한편으로 권리행사의 정지·장래에의 예방·손해배상의 담보도 청구할 수 있다. ④ 경우에 따라서는 남용된 권리의 박탈도 생각할 수 있다. 그러나 이는 친권(924조 1항)과 같이 법률에 규정이 있는 때에 한하여 고려할 수 있을 뿐이다. 왜냐하면 권리남용 금지는 권리 자체의 제한이 아니고 권리행사의 제한에 지나지 않기 때문이다.

A-40

4. 의무의 이행

의무의 이행이란 의무자가 의무의 내용을 실현하는 행위를 하는 것을 말한다. 그것은 의무의 내용에 따라 작위행위일 수도 있고 부작위행위일 수도 있다. 예컨대 금전채무에 있어서는 금전지급행위가, 건축을 하지 않기로 한 채무에서는 건축을 하지 않는 부작위 행위가 의무이행이다.

의무의 이행은 의무를 발생시킨 계약 또는 법률규정에 맞게 하여야 한다. 그뿐만 아니라 신의에 좇아 성실하게 하여야 한다(2조 1항).

Ⅵ. 권리의 보호

1. 서 설

A-41

권리가 의무자나 그 밖의 자에 의하여 침해되는 경우에는 그에 대한 구제가 필요하게 되는데, 이것이 곧 「권리의 보호」의 문제이다. 과거에는 권리자가 스스로의 힘으로 권리를 구제하는 사력구제(私力救濟)가 인정되기도 하였으나, 근대에 와서는 권리구제는 원칙적으로 국가구제(공력구제(公力救濟))에 의하고 사력구제는 부득이한 경우에 한하여 예외적으로만 인정된다.

2. 국가구제

국가가 권리를 보호하는 제도로는 재판제도와 조정제도가 있다.

(1) 재판제도

의무자가 이행을 하지 않거나 다른 방법으로 권리가 침해된 경우에는, 권리자는 법원에 재판을 청구할 수 있다(헌법 27조 · 101조).

(2) 조정제도

조정은 판사 — 또는 그와 학식 · 덕망이 있는 자로서 구성되는 조정위원회 — 가 당사자들의 주장을 서로 양보하게 하고 필요하면 중재의견을 제시하여 당사자들로 하여금 합의에 의하여 다툼을 원만하게 해결하게 하는 절차이다.

3. 사력구제

A-42

다른 나라와 마찬가지로 우리 민법에서도 사력구제는 국가구제를 기다릴 여유가 없는 경우에 한하여 예외적으로 인정될 뿐이다. 그런데 그와 관련하여 민법은 정당방위와 긴급피난이 불법행위로 되지 않는다는 규정만 두고 있으며, 일반적인 규정이 없다.

(1) 정당방위

정당방위란 타인의 불법행위에 대하여 자기 또는 제3자의 이익을 지키기 위하여 부득이 타인에게 손해를 가하는 행위이다. 정당방위는 민법상 허용된다. 정당방위가 행위자의 불법행위로 되지 않아서 행위자에게 손해배상책임을 발생시키지 않는다는 데 대하여는 민법이 명문으로 규정하고 있다(761조 1항).

⑵ 긴급피난

긴급피난은 급박한 위난을 피하기 위하여 부득이 타인에게 손해를 가하는 행위이다. 긴급피난은 정당방위와 달리 적법한 침해에 대하여도 행하여질 수 있다. 이 긴급피난도 민법상 허용되며, 긴급피난행위도 정당방위처럼 불법행위로 되지 않는다(761조 2항).

⑶ 자력구제

자력구제는 청구권(물권적·채권적·가족권적 청구권)을 보전하기 위하여 국가기관의 구제를 기다릴 여유가 없는 경우에 권리자가 스스로의 힘으로 권리를 실현하는 행위이다. 자력구제와 정당방위·긴급피난의 차이에 관하여 통설은 후자들이 현재의 침해에 대한 방위행위인 데 대하여 전자는 주로 과거의 침해에 대한 회복인 점에서 다르다고 한다(사견도 같음).

민법은 자력구제에 관하여는 점유의 침탈이 있는 경우에 대하여만 규정을 두고 있다(209조). 그러나 점유침탈 이외의 경우에도 자력구제는 인정되어야 한다.

법률행위

제 1 절 권리변동의 일반이론

Ⅰ. 서설(법률요건에 의한 법률효과의 발생) A-43

사람(법인의 경우도 마찬가지이다)의 생활관계 가운데 법의 규율을 받는 생활관계를 법률관계라고 하며, 법률관계는 대부분 권리의무관계(권리본위로 표현하면 권리관계)로 나타난다. 그런데 법률관계는 세상에 존재하지 않던 것이 처음으로 생겨나는가 하면(발생), 다른 것으로 바뀌기도 하고(변경), 또한 없어지기도 한다(소멸). 법률관계의 이러한 변화, 즉 발생·변경·소멸을 통틀어서 법률관계의 변동이라고 한다. 그리고 법률관계는 결국 권리관계로 나타나므로 법률관계의 변동은 권리의 변동(발생·변경·소멸)이라고 할 수 있다.

이와 같은 법률관계의 변동 내지 권리의 변동은 일정한 원인이 있는 경우에 그 결과로서 발생한다. 이 법률관계(권리)변동의 원인이 되는 것을 법률요건이라고 하고, 그 결과로서 생기는 법률관계(권리)변동을 법률효과라고 한다. 예를 들어 본다. A는 B에게 그가 가진 그림 한 점을 100만원에 사라고 하였고, B는 그러겠다고 하였다. 이 매매계약의 결과로 B는 A에 대하여 그림의 소유권이전청구권을 가지게 되고, A는 B에 대하여 대금 100만원의 지급청구권을 가지게 된다(568조 참조). 이 예에서 B와 A에게 채권이 발생하게 되는 것이 곧 법률효과이고, 그 법률효과 발생의 원인이 된 매매계약이 법률요건이다.

Ⅱ. 권리변동(법률효과)의 모습 A-44

권리의 발생·변경·소멸을 줄여서 권리의 변동이라고 한다. 이것은 권리의 주체의 입장에서 보면 권리의 득실변경(得失變更)(취득·변경·상실)이 된다.

1. 권리의 발생(취득)

권리의 발생은 곧 권리의 취득인데, 이에는 원시취득과 승계취득이 있다.

(1) **원시취득**(절대적 발생)

원시취득은 타인의 권리를 바탕으로 하지 않고서 원시적으로 취득하는 것이다. 원시취득되는 권리는 세상에 새로이 생겨난다(절대적 발생). 가옥의 신축에 의한 소유권취득, 선점(252조)·습득(253조)·선의취득(249조 이하)에 의한 소유권취득, 인격권의 취득이 그 예이다.

(2) **승계취득**(상대적 발생)

승계취득은 타인의 권리를 바탕으로 하여 취득하는 것이다. 물건매매에 의한 소유권취득(물건매매에 의한 채권 취득은 원시취득이다), 상속에 의한 권리취득이 그 예이다. 승계취득은 다시 이전적 승계와 설정적(창설적) 승계로 나누어진다.

이전적 승계는 구 권리자의 권리가 동일성을 유지하면서 신 권리자에게 이전되는 경우이다. 이전적 승계에는 각각의 권리가 각각의 취득원인에 의하여 승계되는 특정승계와, 하나의 취득원인에 의하여 여러 개의 권리가 한꺼번에 승계되는 포괄승계가 있다. 물건매매에 의한 소유권취득은 특정승계에 해당하고, 상속·포괄유증·회사합병에 의한 권리취득은 포괄승계에 해당한다.

설정적 승계는 구 권리자의 권리는 그대로 있으면서 신 권리자가 그 권리 위에 제한적인 내용의 권리를 새로이 취득하는 것이다. 소유권 위에 지상권·저당권 등의 제한물권이 설정되거나 임차권이 취득되는 경우가 그 예이다.

2. 권리의 소멸(상실)

권리의 소멸은 권리의 주체의 입장에서는 권리를 상실하는 것이다. 권리의 소멸에는 절대적 상실(소멸)과 상대적 상실(소멸)이 있다. 전자는 권리 자체가 사회에서 없어져 버리는 것이다. 목적물의 멸실에 의한 권리의 소멸이 그에 해당한다. 그에 비하여 후자는 주체가 변경되는 경우이다. 이는 다른 면에서 보면 승계취득 중 이전적 승계이다.

A-45

3. 권리의 변경

권리의 변경은 권리가 동일성을 유지하면서 주체·내용 또는 작용에 있어서 변화가 있는 것이다. ① 주체의 변경은 다른 면에서 보면 권리의 이전적 승계취득이다. ② 내용(객체)의 변경은 권리의 내용이 질적으로 또는 양적으로 변경되는 것이다. 물건의 인도채권이 채무불이행으로 인하여 손해배상채권으로 변하는 것(390조 참조)은 전자의 예이고, 물건 위에 제한물권(지상권·저당권 등)이 설정되는 것은 소유권의 내용이 감소되는 점에서 후자에 해당한다. ③ 작용의 변경은 권리의 작용(효력)에 관하여 변경이 있는 것으로서, 선순위저당권의 소멸로 인한 저당권 순위의 승진이 그 예이다.

〈권리변동의 모습〉

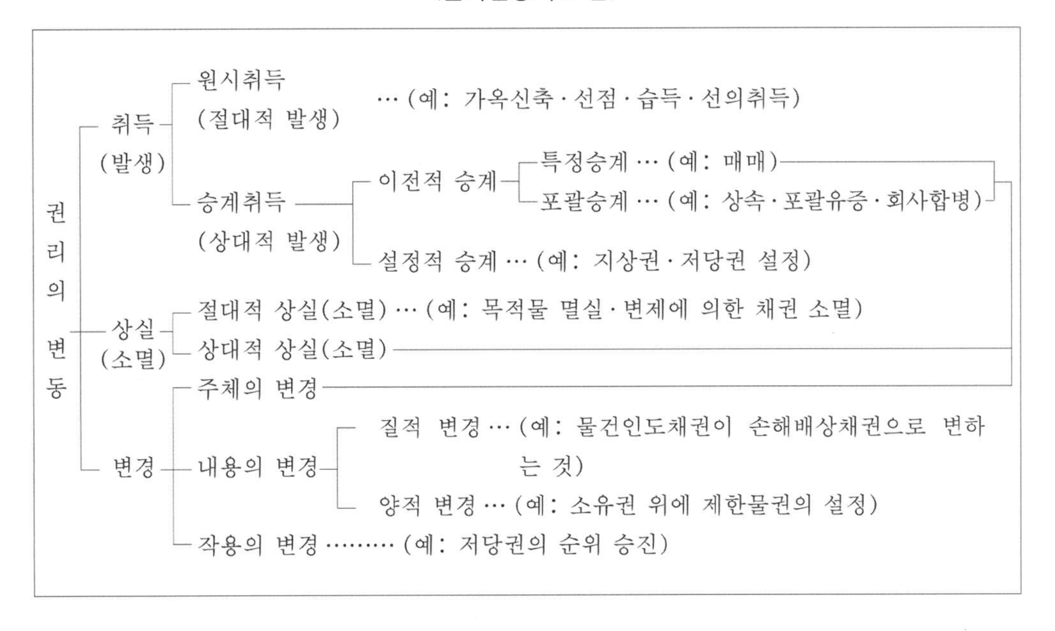

Ⅲ. 권리변동의 원인(법률요건과 법률사실)

A-46

1. 법률요건

(1) 의 의

법률요건은 「법률효과의 발생에 적합한 법적 상태」라고 정의할 수 있다. 이러한 법률요건은 법률사실로 구성되는데, 법률행위 중 계약이라는 법률요건의 경우에는 법률사실의 결합(의사표시의 일치)까지도 필요하게 된다.

법률요건은 뒤에 살펴보게 되는 법률행위의 요건과는 구별된다. 후자는 법률요건의 일종인 법률행위에 있어서 그것이 성립하고 유효하기 위한 요건의 문제이다.

(2) 구체적인 예

법률요건 가운데 가장 대표적인 것은 법률행위이다. 그러나 법률요건에는 법률행위 외에도 준법률행위·불법행위·부당이득·사무관리 등 여러 가지가 있다.

A-47

2. 법률사실

(1) 의　　의

법률요건을 구성하는 개개의 사실이 법률사실이다. 이러한 법률사실은 단독으로 또는 다른 법률사실(들)과 합해져서 법률요건을 이루게 된다.

(2) 분　　류

전통적으로 문헌들은 법률사실을 크게 사람의 정신작용에 기초한 사실인 용태(容態)와 그렇지 않은 사실인 사건으로 나누고, 용태를 다시 세분해 왔다.

1) 용　　태　　용태는 사람의 정신작용에 기초한 법률사실이다. 용태에는 작위·부작위의 행위를 가리키는 외부적 용태와 내심적 의식에 불과한 내부적 용태가 있다.

(가) 외부적 용태　　외부적 용태는 의사가 외부에 표현되는 용태이며 행위를 가리킨다. 여기의 행위에는 적극적인 행위인 작위뿐만 아니라 소극적인 행위인 부작위도 포함된다. 외부적 용태(행위)는 법적 평가에 따라 적법행위와 위법행위로 나누어진다.

(a) 적법행위　　적법행위는 법률이 가치가 있는 것으로 평가하여 허용하는 행위이다. 적법행위는 다시 의사표시와 준법률행위(법률적 행위)로 나누어진다. 나아가 준법률행위는 표현행위와 비표현행위(사실행위)로 나누어지고, 표현행위는 의사의 통지·관념의 통지·감정의 표시로 세분된다. 적법행위를 하나씩 살펴보기로 한다.

㉠ 의사표시　　의사표시는 법률효과의 발생에 향하여진 사적인 의사표명으로서, 법률요건 가운데 가장 중요한 법률행위의 필수불가결한 요소가 되는 법률사실이다. 의사표시에 관하여는 뒤에 자세히 설명한다(A-55 이하 참조).

㉡ 의사의 통지　　의사의 통지는 자기의 의사를 타인에게 통지하는 행위이다. 각종의 최고(88조·89조·131조·387조·540조·552조 등)와 확답촉구(15조)가 그에 속한다. 의사의 통지에 대하여는 ― 모든 준법률행위에 관하여 그렇듯이 ― 행위자의 의사를 묻지 않고 민법이 독자적인 평가에 의하여 법률효과를 부여하고 있다.

㉢ 관념의 통지　　관념의 통지는 어떤 사실(특히 과거 또는 장래의 사실)을 알리는 행위이며, 사실의 통지라고도 한다. 사원총회 소집의 통지(71조)·시효 중단사유로서의 채무의 승인(168조)·채권양도의 통지 또는 승낙(450조) 등이 그 예이다.

㉣ 감정의 표시　　이는 일정한 감정을 표시하는 행위이다. 배우자의 부정행위에 대한 용서(841조)·수증자의 망은행위(忘恩行爲)에 대한 용서(556조) 등이 그에 해당한다.

㉤ 사실행위　　사실행위는 법률이 행위자의 의사와 관계 없이 법률효과를 부여하는 사실적인 결과에 향하여진 행위이다. 통설은 사실행위를 외부적 결과의 발생만 있으면 법률이 일정한 효과를 부여하는 순수 사실행위와, 그 밖에 어떤 의식과정이 따를 것을 요구하는 혼합 사실행위로 나누고 있다.

순수 사실행위의 예로는 주소의 설정(18조)·매장물의 발견(254조)·가공(259조)을 들 수 있다.

혼합 사실행위에 있어서는 사람의 의사가 뒤따라야 한다. 그러나 여기의 의사는 법률행위에 있어서의 의사와 다르며, 그리하여 자연적(사실적)인 의사라고 한다. 혼합 사실행위의 예로는 점유의 취득과 상실(192조)·유실물 습득(253조)을 들 수 있다.

(b) **위법행위** 위법행위는 법률이 가치가 없는 것으로 평가하여 허용하지 않는 행위이다. 통설은, 민법상의 위법행위에는 채무불이행(390조)과 불법행위(750조 이하)가 있다고 한다.

(나) **내부적 용태** 이는 내심적 의식이다. 이 내부적 용태는 예외적으로만 법률사실로 되고 있다. 내부적 용태에는 관념적 용태와 의사적 용태가 있다. A-48

(a) **관념적 용태** 이는 선의(어떤 사정을 알지 못하는 것)·악의(어떤 사정을 알고 있는 것) 등과 같이 일정한 사실에 관한 관념 또는 인식이 있느냐 없느냐의 내심적 의식을 말한다.

(b) **의사적 용태** 이는 일정한 의사를 가지고 있느냐 없느냐의 내심적 과정을 가리킨다. 소유의 의사(197조)·사무관리의 경우의 본인의 의사(734조) 등은 의사적 용태의 예이다.

2) **사 건** 사건은 사람의 정신작용에 기초하지 않는 법률사실이다. 사람의 출생과 사망, 실종, 시간의 경과, 물건의 자연적인 발생과 소멸 등은 사건의 예이다.

〈법률사실의 분류〉

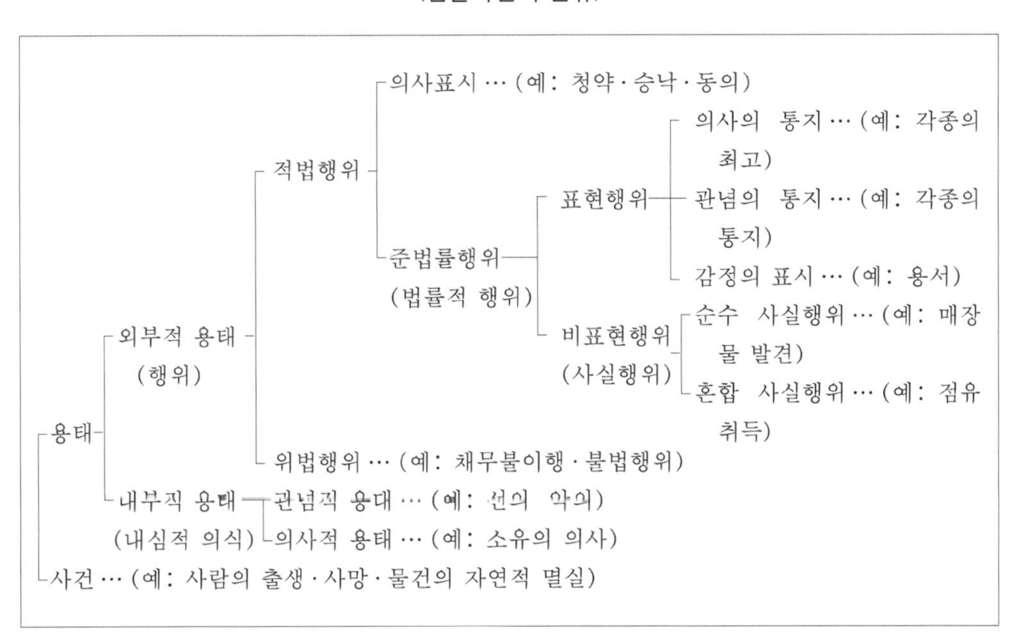

A-49
Ⅳ. 법률요건으로서의 법률행위의 중요성

법률요건 가운데 가장 중요한 것은 법률행위이다. 그 이유는 당사자가 원하는 대로 법률효과가 발생하는 법률요건은 오직 법률행위밖에 없기 때문이다. 법률행위가 아닌 법률요건의 경우에는 당사자의 의사와는 관계 없이 법질서에 의하여 일정한 법률효과가 주어진다.

위에서, 법률행위의 경우에는 당사자가 원하는 대로의 효과가 발생한다고 하였는데, 그것은 구체적으로 어떤 의미인가? 법률행위에는 언제나 하나 또는 둘 이상의 의사표시가 있게 되는데, 그와 같은 법률행위에 의하여 발생하는 법률효과는 바로 그 법률행위의 구성요소인 의사표시에 의하여 당사자가 — 단독으로(단독행위의 경우) 또는 일치하여(계약의 경우) — 의욕한 것으로 표시된 바와 같은 효과이다.

제2절 법률행위의 기초이론

A-50
Ⅰ. 법률행위의 의의 및 성질

1. 의 의

법률행위는「의사표시를 불가결의 요소로 하고 의사표시의 내용대로 법률효과가 발생하는 것을 법질서가 승인한 사법상의 법률요건」이라고 정의할 수 있다.

[참고] 법률행위에 관한 간단한 정의

전술한 법률행위의 개념정의를 기억하기 어려우면 법률행위는「의사표시를 불가결의 요소로 하는 법률요건」이라는 것으로라도 기억해야 한다.

2. 성 질

(1) 사법상의 법률요건

법률행위는 법률요건이다. 따라서 법률행위가 있으면 그로 인하여 법률효과가 발생하게 된다. 그리고 법률행위는 사법상의 법률요건이며 그 점에서 행정법적인 의사표시를 요소로 하는 법률요건(이른바 법률행위적 행정행위)과 구별된다.

(2) 추상화개념으로서의 법률행위

법률행위라는 행위 자체는 존재하지 않으며, 존재하는 것은 오직 매매계약·채권양도·소유권양도·약혼·혼인·유언 등과 같은 구체적인 행위유형만이다. 법률행위는 이러한 행위유형을 총괄하기 위하여 추상화한 개념이다.

(3) 의사표시와의 관계 A-51

법률행위는 의사표시를 필수불가결한 요소로 한다. 법률행위 가운데에는 하나의 의사표시만 있으면 의욕된 법률효과가 발생하는 경우도 있다. 그러한 때에는 의사표시와 법률행위는 일치한다. 해지(解止)가 그 예이다. 그러나 이는 예외에 속한다. 일반적으로 법률행위는 둘 이상의 의사표시를 필요로 한다. 계약이 전형적인 예이다. 계약에 있어서는 계약당사자의 복수의 의사표시(청약·승낙)가 결합하여 계약이라는 하나의 법률행위를 성립시킨다.

법률행위는 언제나 의사표시로만 구성되는 것은 아니다. 법률행위가 성립하기 위하여 의사표시 외에 다른 사실(사실행위·관청의 협력 등)이 더 필요한 경우도 있다. 예컨대 요물계약(계약금계약·대물변제 등)은 목적물의 인도가 있어야 성립하고, 혼인이 성립하려면 신고가 있어야 한다. 요컨대 법률행위는 의사표시로만 구성되어야 하는 것은 아니지만 반드시 하나 또는 둘 이상의 의사표시를 포함하고 있어야 한다.

(4) 의사표시의 내용에 따른 법률효과의 발생

법률행위가 있으면 행위자가 의욕한 것으로 표시된 바와 같이, 즉 의사표시의 내용대로 법률효과가 발생한다. 이 점에서 법률행위는 다른 법률요건과 차이가 있다. 법률행위 이외의 법률요건의 경우에는 법률효과가 당사자의 의사와는 관계 없이 법질서에 의하여 부여된다.

Ⅱ. 사적 자치와 법률행위 제도 A-52

1. 사적 자치의 의의와 헌법적 기초

(1) 사적 자치의 의의

사적 자치라 함은 개인이 법질서의 한계 내에서 자기의 의사에 기하여 법률관계를 형성할 수 있다는 원칙을 말한다. 즉 개인이 법질서의 제한에 부딪치지 않는 한 자유로운 자기결정에서, 그리고 국가의 간섭이나 도움을 받음이 없이 법률관계를 규율할 수 있다는 원칙이다.

(2) 헌법적 기초

사적 자치는 인간의 일반적인 자기결정 원칙의 일부분이다. 그리고 자기결정의 원칙은 법질서에 선재(先在)하면서도 법질서에서 실현되어야 하는 가치로서 자유민주주의를 표방하는 모든 나라의 헌법이 이를 보장하고 있다.

우리 헌법은 사적 자치에 관하여 직접 명시적으로 규정하고 있지는 않다. 그렇지만 사적 자치는 인간의 존엄과 가치 및 행복추구권을 규정한 헌법 제10조와 열거되지 않은 기본권도 보장됨을 분명하게 하고 있는 제37조 제 1 항에 의하여 헌법상 보장된다. 그 외에 개별적인 기본권들에 의하여 보충되고 있다(헌법 23조 · 15조 · 21조 1항 · 119조 등). 헌법재판소의 판례도 유사한 입장이다(헌재 1991. 6. 3, 89헌마204).

A-53

2. 사적 자치의 발현형식(영역)

사적 자치의 발현형식에는 여러 가지가 있다. 가장 중요한 것으로서 계약의 자유가 있고, 그 밖에 단체(법인)결성의 자유, 유언의 자유, 권리행사의 자유도 있다.

법질서는 이러한 자유 이외에도 많은 영역에서 자유활동을 허용한다. 영업의 자유, 경쟁의 자유, 의견의 자유, 정보의 자유, 일반적인 행동의 자유 등이 그 예이다. 그러나 이들은 사적 자치에 속하지 않는다. 법질서는 이들에 대하여는 — 위에서의 것과 달리 — 자유로운 활동은 허용하되 그러한 활동에 법적 구속성을 부여하지는 않는다.

3. 사적 자치의 실현수단으로서의 법률행위

(1) 사적 자치에 대한 법률행위의 의미

개인이 자기의 의사에 기하여 법률관계를 형성하는 것은 법률적으로 「법률행위」를 함으로써 가능하게 된다. 그리하여 법률행위는 사적 자치를 실현하는 수단이라고 설명된다.

(2) 법률행위의 효력근거

법률행위의 효력근거는 제 1 차적으로는 법률행위(당사자의 의사)에서 찾아야 한다. 그렇지만 그러한 결과는 법질서가 시인하기 때문에 가능하게 된다. 결국 법률행위의 효력근거는 법률행위(당사자의 의사)와 법질서의 양자에서 찾아야 한다.

A-54

4. 사적 자치의 한계

사적 자치는 법질서의 한계 내에서만 허용된다. 따라서 사적 자치에 관하여는, 그것이 인정되는 영역 외에 법질서가 설정하고 있는 한계도 살펴보아야 한다. 그러나 그 구체적인 내용은 해당하는 곳(특히 계약자유는 D-3 · 4)에서 보기로 하고 여기서는 전반적인 경향만을 적기로 한다.

역사적으로 보면 사적 자치는 19세기에는 광범위하게 인정되고 제약이 많지 않았다. 그 결과 경제는 이전과는 비교할 수 없을 정도로 발전하였다. 그런데 개인에게는 심각한 문제가 발생하였다. 경제력의 차이로 말미암아 모든 자에게 동등하게 보장된 사적 자치적인 자유는 모든 자에 의하여 동등하게 행사될 수 없었다. 사적 자치의 영역에서 이러한 문제점이 발생하게 되자, 사적 자치에 관하여 보다 많은 제약이 가해져야 한다고 주장되었으며, 문제점을 해결하기 위한 입법(특히 노동법·경제법)이 행하여지기도 하였다. 그리고 민법의 계약법에서도 강행규정이 점차 더 늘게 되었다.

이처럼 19세기에 비하여 오늘날 사적 자치가 많은 제약을 받고 있는 현상을 우리 문헌은 대체로 법률행위 자유의 원칙의 「수정」이라고 설명하고 있다. 그러나 제약의 증가가 본질을 변경시키는 것은 아니므로 「수정」이라고 표현하는 것은 적절하지 않다.

Ⅲ. 법률행위의 구성요소로서의 의사표시

A-55

1. 의사표시의 의의

의사표시는 「법률효과의 발생에 향하여진 사적인 의사표명」이라고 정의할 수 있다.

의사표시는 법률행위에 불가결한, 그리고 본질적인 구성요소이다. 의사표시는 단독으로 또는 다른 의사표시 기타의 법률사실과 결합하여 법률행위를 형성한다.

2. 의사표시의 이론

(1) 서 설

의사표시 이론은 의사표시가 효력을 가지는 근거는 어디에 있는가의 문제이다. 이러한 의사표시 이론은 무엇보다도 의사와 표시의 불일치, 특히 착오의 문제와 직접 관련된다.

(2) 독일의 이론

독일에서 의사표시 이론으로 주장되었거나 주장되고 있는 이론으로는 의사주의, 표시주의, 효력주의, 플루메(Flume)의 견해 등이 있다.

의사주의는 의사표시가 의사와 표시의 두 요소로 구성되어 있다는 전제에 서서, 그 가운데 의사가 결정적인 요소라고 하는 견해이다.

표시주의는 의사표시가 의사와 표시로 구성되어 있다고 보고서, 그 가운데 표시가 의사표시의 결정적 요소라고 하는 견해이다.

효력주의(Geltungstheorie)는 의사표시는 효력표시(Geltungserklärung)이고 의사와 표시로 나누어지지 않으며 일체로서 파악되어야 한다고 주장한다. 그리고 법률효력의 근거는 — 분리할 수 없는 — 의사와 표시에 공통적으로 존재한다고 한다.

독일 학자 플루메는 의사표시의 성질을 효력표시로 이해하고, 또 의사표시를 의사와 표시로 구분하지 않고 일체로 파악하는 점에서 효력주의에 찬성한다. 그러나 그는 효력주의가 의사주의와 대립되는 것으로 생각하는 것은 옳지 않으며, 그것은 새롭게 이해된 의사주의라고 한다. 그리고 플루메에 의하면, 의사표시의 본질은 「자기결정에서 법률관계를 창조적으로 형성하는 데」 있다고 한다. 그리고 자기결정에는 자기책임도 포함되어 있어서 의사흠결의 경우에도 의사표시가 당연히 무효인 것은 아니며(의사주의의 무효 도그마에 반대함), 표시의 효력이 인정될 수 있다고 한다.

(3) 우리나라의 학설

의사표시 이론에 관한 우리의 학설 가운데 i) 압도적인 다수설은 우리 민법이 — 의사주의와 표시주의 사이의 — 절충주의를 취하고 있다고 한다. 그런데 이 다수설은 실질적으로는 표시주의의 입장으로 보인다. 그에 비하여 ii) 소수설은 플루메의 견해를 바탕으로 하여 개인의 의사를 보다 강조하는 견해(이를 스스로 신 의사주의라고 함)를 주장하고 있다. 나도 종래 소수설과 본질적으로 같은 견해를 취하여 왔다.

A-56

3. 의사표시의 구성요소

(1) 서 설

일반적으로 문헌에서는 의사표시를 기본적으로 의사와 표시로 나누고, 또 의사를 다시 세분한 뒤, 이들 가운데 어떤 것(들)이 의사표시를 구성하는 요소인가에 관하여 논하고 있다. 그러나 의사표시는 의사와 표시라는 독립적인 요소로 구분될 수 없다. 그 문제는 현실적으로 의사와 표시가 분리되어 있는 비정상적인 경우를 어떻게 해결하여야 하는가의 관점에서 다루어져야 한다.

의사표시의 구성요소로서 문제되는 것으로는 행위의사·표시의사·효과의사·표시행위를 들 수 있다. 그런데 이들 가운데 앞의 셋은 의사적 요소이다.

(2) 의사적 요소

1) 행위의사 행위의사라 함은 외부적인 용태, 즉 행위를 한다는 의식(의사)이다. 말을 하거나 일정한 동작을 하거나 단순히 침묵하는 것과 같이 의식적으로 행위하는 자는 모두 이러한 행위의사를 가지고 있다. 그러나 가령 의식불명상태 또는 수면상태에서 말을 하는 경우에는 행위의사가 없다. 행위의사가 없는 경우에는 의사표시는 존재하지 않는다.

2) 표시의사(표시의식) 표시의사 또는 표시의식은 법적으로 의미 있는 표시행위를 한다는 의식이다. 표시의식은 단순히 행위를 한다는 의식인 행위의사, 그리고 구체적인 법률효과에 향하여진 의사인 효과의사와 구별된다. 표시의식이 없는 경우의 예로는 축하장이라고 생각하고서 어음에 기명날인하는 경우를 들 수 있다.

표시의사가 없는 경우는 효과의사가 없음을 표의자가 모르는 착오의 경우(109조)와 유사하므로, 거기에는 제109조를 적용하는 것이 바람직하다.

3) **효과의사** 효과의사는 일정한(어떤 구체적인) 법률효과의 발생에 향하여진 의사이다. 효과의사는 구체적인 법률효과를 내용으로 하는 점에서 일반적·추상적인 법률효과의식인 표시의식과 구별된다. 예컨대 A가 B에게 편지로 매도청약을 하면서 대금을 980만원으로 쓰려고 하였으나 잘못하여 890만원으로 쓴 경우에는, A에게는 법적으로 의미 있는 표시를 하려는 의식 즉 표시의식은 있으나, 890만원에 팔겠다고 하는 효과의사는 없다. A-57

효과의사는 표시행위로부터 추단되는 의사인 「표시상의 효과의사」인가, 표의자가 가지고 있었던 실제의 의사(진의, 내심의 의사)인 「내심적 효과의사」인가? 여기에 관하여는 i) 표시상의 효과의사설과, ii) 내심적 효과의사설(사견도 같음)이 대립하고 있다. 그리고 판례는 법률행위의 해석과 관련하여 의사표시의 요소가 되는 것은 표시상의 효과의사라고 한다(대판 2002. 6. 28, 2002다23482 등).

효과의사(내심적 효과의사)가 없는 경우에는 진정한 의미에서 자기결정에 의한 법률관계의 형성은 존재하지 않는다. 그렇지만 자기결정에는 자기책임이 포함되어 있으므로, 법질서는 사적 자치에 기하여 일정한 경우에는 상대방의 신뢰보호를 위하여 일단 표시된 대로 효력을 발생하게 할 수 있다(107조 내지 109조 참조).

⑶ **표시행위**(표시) A-58

1) **의 의** 표시행위(표시)는 효과의사를 외부에서 인식할 수 있도록 표명하는 행위이다. 표시행위는 여러 가지 방식으로 행하여질 수 있다. 말이나 글뿐만 아니라 머리를 끄덕이거나 가로젓는 것과 같은 동작과 심지어 침묵도 표시행위로 될 수 있다.

2) **표시행위의 방식**(명시적 표시와 묵시적 표시) 표시행위에는 명시적인 것(명시적 표시)과 묵시적인 것(묵시적 표시)이 있다. 명시적 표시는 효과의사가 표시행위에서 직접 표현된 경우이고, 묵시적 표시는 행위자가 일정한 행위로써 직접적으로는 다른 목적을 추구하지만 그로부터 간접적으로 효과의사를 추단할 수 있는 경우이다(이설 있음).

3) **묵시적 표시** 묵시적 표시에는 추단적 행위에 의한 표시(어떤 문헌은 이를 포함적 의사표시라고 함)와 침묵에 의한 표시가 있다.

먼저 추단적 행위에 의한 표시를 본다. 추단적 행위는 직접 효과의사의 표명을 목적으로 한 것은 아니지만 그로부터 일정한 효과의사를 추단할 수 있는 행위이다. 이러한 추단적 행위도 비록 간접적이기는 하지만 효과의사를 표현하는 것이고, 따라서 표시행위이다. 추단적 행위에 의한 의사표시는 유상으로 제공된 급부를 이용하는 경우에 자주 행하여진다. 가령 식당의 식탁 위에 놓여져 있는 빵을 손님이 먹은 경우에 그렇다.

다음에 침묵에 의한 표시를 본다. 침묵은 원칙적으로 표시행위가 될 수 없다. 그러나 침묵을 효과의사의 표현이라고 인식시키는 특별한 사정이 존재하는 경우에는, 침묵은 표시행위로 인정될 수 있다. 예컨대 당사자 사이에 명시적으로 침묵이 일정한 의미(동의 또는 거절)를 가진다는 데 합의가 있는 경우에 그렇다.

4) 의제된 의사표시 민법은 일정한 추단적 행위나 특히 침묵이 있는 경우에 의사표시가 없음에도 불구하고 의사표시가 있는 것으로 간주(의제)하는 규정을 두고 있다(15조·145조·639조·1026조 등). 그러한 경우에 법률규정에 의하여 인정된 추인·취소·단순승인·승낙 등은 법률에 의하여 의제된 것이므로 의제된 의사표시라고 한다. 그러나 의제된 의사표시는 결코 의사표시가 아니다.

[참고] 전자적 의사표시의 문제

전자적 의사표시는 의사표시가 컴퓨터와 같은 자동화된 설비에 의하여 행하여지는 경우를 가리킨다. 이러한 의사표시의 법률상의 취급에 관하여는, 통상의 의사표시와 마찬가지로 보아야 한다는 견해가 통설이다.

A-59

Ⅳ. 법률행위의 요건

1. 서 설

우리의 다수설은 법률행위의 요건을 법률행위가 성립하기 위한 요건인 성립요건과 그것이 유효하기 위한 요건인 효력요건 내지 유효요건으로 구분한다. 그리고 성립요건과 효력요건은 모두 법률행위 일반에 공통하는 요건(일반적 성립요건·일반적 효력요건)과 개별적인 법률행위에 특유한 요건(특별성립요건·특별효력요건)으로 다시 세분하고 있다.

2. 성립요건

성립요건은 법률행위의 존재가 인정되기 위하여 필요한 최소한의 외형적·형식적인 요건이다. 성립요건에는 모든 법률행위에 공통하는 일반적 성립요건과, 개별적인 법률행위에 대하여 특별히 요구되는 특별성립요건이 있다.

(1) 일반적 성립요건

일반적 성립요건은 모든 법률행위에 대하여 요구되는 성립요건이다. 종래에는 대체로 일반적 성립요건으로 ① 당사자, ② 목적, ③ 의사표시의 셋을 들었다. 그러나 법률행위의 일반적 성립요건은 법률행위의 성립에 필요한 의사표시(단독행위의 경우) 또는 의사표시의 일치, 즉 합의(계약의 경우)라고 하여야 한다.

(2) 특별성립요건

이는 개별적인 법률행위에 대하여 추가적으로 더 요구되는 성립요건이다. 특별성립요건의 예로는 요식행위에 있어서의 일정한 방식(가령 혼인에 있어서 일정한 방식의 신고. 812조 참조), 요물계약에서의 목적물의 인도 기타의 급부 등을 들 수 있다.

3. 효력요건(유효요건)

A-60

효력요건은 이미 성립한 법률행위가 효력을 발생하는 데 필요한 요건이며, 이것도 역시 일반적인 것과 특별한 것으로 세분될 수 있다.

(1) 일반적 효력요건

일반적 효력요건은 모든 법률행위에 공통적으로 요구되는 효력요건이며, 여기에는 여러 가지가 있다.

우선 당사자에게 의사능력과 행위능력이 있어야 한다(의사능력·행위능력에 관하여는 본장 제 5 절 참조). 그에 비하여 권리능력(권리의 주체가 될 수 있는 지위 또는 자격)은 성립요건에 따르는 문제로 보아야 한다.

법률행위의 목적(법률행위에 의하여 달성하고자 하는 법률효과)이 확정할 수 있어야 하고, 실현가능하여야 하고, 적법하여야 하며, 사회적 타당성을 지니고 있어야 한다(본장 제 6 절 참조).

의사표시에 관하여 의사와 표시가 일치하고, 사기·강박에 의한 의사표시가 아니어야 한다(본장 제 7 절 참조).

(2) 특별효력요건

이는 일정한 법률행위에 특유한 효력요건이다. 특별효력요건의 예로는, 대리행위에 있어서 대리권의 존재, 미성년자·피한정후견인(동의가 유보된 경우)의 법률행위에 있어서 법정대리인의 동의, 유언에 있어서 유언자의 사망 등을 들 수 있다.

〈법률행위의 요건〉

	성립요건	효력요건
일반요건	법률행위의 성립에 필요한 의사표시(단독행위의 경우) 또는 의사표시의 일치 즉 합의(계약·합동행위의 경우) 〈참고〉 다수설은 당사자·목적·의사표시라고 함.	당사자의 의사능력·행위능력 법률행위의 목적의 확정·가능·적법·사회적 타당성 의사표시에 관하여 의사와 표시가 일치하고 사기·강박에 의한 의사표시가 아닐 것
특별요건	(예) 요식행위에 있어서의 일정한 방식, 요물계약에 있어서의 목적물의 인도 기타의 급부	(예) 대리행위－대리권의 존재 미성년자·피한정후견인(동의가 유보된 경우)의 법률행위－법정대리인의 동의 유언－유언자의 사망 정지조건부 법률행위－조건의 성취 시기부 법률행위－기한의 도래 토지거래 허가구역 안에서의 토지에 관한 계약－시장·군수·구청장의 허가 학교법인의 기본재산 처분－관할청의 허가

제3절 법률행위의 종류

A-61

Ⅰ. 단독행위 · 계약 · 합동행위

법률행위는 그것의 요소인 의사표시의 수와 모습에 따라 단독행위·계약·합동행위로 나누어진다. 이는 법률행위의 분류 가운데 가장 기본적인 것이다.

1. 단독행위

단독행위는 하나의 의사표시에 의하여 성립하는 법률행위이며, 일방행위라고도 한다. 그것은 하나의 의사표시만으로 성립하는 점에서 복수의 의사표시를 필요로 하는 계약·합동행위와 구별된다.

단독행위는 상대방이 있느냐에 따라 상대방 있는 단독행위와 상대방 없는 단독행위로 세분된다. ① 상대방 있는 단독행위는 상대방에 대하여 행하여지는 단독행위이다. 동의·채무면제·추인·취소·상계·해제·해지 등이 그 예이다. ② 상대방 없는 단독행위는 상대방이 존재하지 않는 단독행위이다. 유언·재단법인 설립행위·권리(예컨대 소유권)의 포기가 그 예이다.

A-62

2. 계 약

(1) 의 의

계약의 의의는 넓은 의미의 것과 좁은 의미의 것의 두 가지가 있다. ① 넓은 의미에서 계약이라고 하면, 둘 이상의 서로 대립하는 의사표시의 일치에 의하여 성립하는 법률행위를 말한다. 이는 반드시 여러 개의 의사표시가 필요하다는 점에서 단독행위와 다르고, 그 여러 개의 의사표시의 방향이 평행적·구심적이 아니고 대립적·교환적인 점에서 합동행위와 차이가 있다. 넓은 의미의 계약에는 채권계약뿐만 아니라 물권계약·준물권계약·가족법상의 계약 등도 포함된다. 그에 비하여 ② 좁은 의미의 계약은 채권계약, 즉 채권의 발생을 목적으로 하는 계약만을 가리킨다. 이러한 채권계약과 구별하기 위하여 다른 계약의 경우에는 합의라고 표현하기도 한다(예컨대 소유권이전의 합의·혼인의 합의). 우리 민법에는 증여·매매·임대차와 같은 15가지의 전형적인 채권계약이 규정되어 있다(554조 이하).

(2) 계약의 성립

민법은 넓은 의미의 계약의 성립에 관하여는 일반적인 규정을 두고 있지 않다. 단지 채권계약에 대하여만 채권법 중 계약법(527조 이하)에서 규율하고 있을 뿐이다.

보통의 계약(낙성계약)은 계약당사자의 의사표시의 일치 즉 합의가 있어야 성립한다. 이러한 의사표시의 일치가 없는 경우에는 이른바 불합의가 되어, 설사 당사자가 합의가 있다고 믿고 있더라도(무의식적인 불합의) 계약은 — 극히 적은 예외를 제외하고는 — 성립하지 않는다(자세한 사항은 D-19·20 참조).

계약을 성립시키는 합의는 보통 청약과 승낙에 의하여 행하여진다. 그런데 민법은 그 외에 의사실현(532조)과 교차청약(533조)에 의하여서도 계약이 성립할 수 있음을 규정하고 있다.

3. 합동행위

합동행위(合同行爲)는 평행적·구심적으로 방향을 같이하는 둘 이상의 의사표시의 일치로 성립하는 법률행위이다. 그것은 여러 개의 의사표시를 요하는 점에서 단독행위와 다르고, 그 여러 개의 의사표시가 방향을 같이하며, 각 당사자에게 동일한 의미를 가지고 또 같은 법률효과를 가져오는 점에서 계약과 구별된다. 사단법인의 설립행위가 그 전형적인 예이다.

Ⅱ. 요식행위·불요식행위

A-63

요식행위(要式行爲)는 일정한 방식에 따라 하여야만 효력이 인정되는 법률행위이고, 불요식행위(不要式行爲)는 방식에 구속되지 않고 자유롭게 행하여질 수 있는 법률행위이다. 우리 법상 법률행위는 원칙적으로 불요식행위이다. 다만, 법률규정 또는 당사자의 합의에 의하여 일정한 방식이 요구된 경우에는 예외이다. 법률은 행위자로 하여금 신중하게 행위를 하게 하거나 또는 법률관계를 명확하게 하기 위하여 일정한 방식을 요구하는 때가 있다. 유언(1060조)·법인 설립행위(40조·43조)·혼인(812조) 등이 그 예이다. 그런가 하면 외형을 신뢰하여 신속하고 안전하게 거래를 할 수 있도록 하기 위하여 방식을 요구하는 때도 있다. 어음·수표 등의 유가증권에 관한 행위가 그 예이다.

Ⅲ. 생전행위·사후행위(사인행위)

법률행위는 그 효력이 행위자의 생전에 발생하는가 사망 후에 발생하는가에 따라 생전행위(生前行爲)·사후행위(死後行爲)로 나누어진다. 보통의 법률행위는 생전행위이나, 유언(1060조 이하)·사인증여(562조)는 사후행위이다. 사후행위는 사인행위(死因行爲)라고도 한다.

A-64

Ⅳ. 채권행위 · 물권행위 · 준물권행위

법률행위는 그것에 의하여 발생하는 법률효과에 따라 채권행위·물권행위·준물권행위로 나누어진다. 이는 매우 중요한 분류이다.

채권행위(債權行爲)는 채권을 발생시키는 법률행위이다. 증여·매매·임대차가 그 예이다. 채권행위는 의무부담행위라고도 한다. 이러한 채권행위는 이행이라는 문제를 남긴다는 점에서 물권행위·준물권행위와 다르다.

물권행위(物權行爲)는 물권의 변동을 목적으로 하는 의사표시(물권적 의사표시)를 요소로 하여 성립하는 법률행위이다. 예컨대 소유권이전행위·저당권설정행위가 그에 해당한다. 물권행위는 채권행위와 달리 직접 물권을 변동시키고 이행의 문제를 남기지 않는다. 다만, 법률이 물권행위 외에 등기·인도와 같은 다른 요건(이른바 공시방법)을 더 갖추어야 물권변동이 일어나도록 규정할 수는 있으며, 그때에는 물론 물권행위 외에 그 다른 요건도 갖추어야 한다. 우리 민법은 그러한 입장에 있다(186조·188조 참조).

준물권행위(準物權行爲)는 물권 이외의 권리를 종국적으로 변동시키고 이행이라는 문제를 남기지 않는 법률행위이다. 채권양도·지식재산권 양도·채무면제 등이 그 예이다.

채권행위·물권행위·준물권행위의 구별은 법률행위의 효과에 의한 구별이기 때문에 단독행위·계약 등의 분류와는 차원을 달리한다. 그 결과 채권행위·물권행위·준물권행위에는 단독행위인 것도 있고 계약인 것도 있다.

물권행위·준물권행위는 모두 처분행위에 해당한다. 이러한 처분행위는 처분권자의 처분권을 전제로 한다. 그리하여 처분권 없는 자의 처분행위는 무효이다.

A-65

Ⅴ. 재산행위 · 가족법상의 행위

법률행위는 그것이 재산상의 법률관계에 관한 것인가, 가족법상의 법률관계에 관한 것인가에 따라 재산행위와 가족법상의 행위로 나누어진다. 가족법상의 행위는 신분행위라고도 한다. 예컨대 매매·임대차·소유권이전행위 등은 재산행위이고, 혼인·입양·인지 등은 가족법상의 행위이다.

Ⅵ. 출연행위 · 비출연행위

방금 본 재산행위는 출연행위(出捐行爲)와 비출연행위(非出捐行爲)로 나누어진다. 출연행위는 자기의 재산을 감소시키고 타인의 재산을 증가하게 하는 법률행위이고, 비출연행위는 타인의 재산을 증가하게 하지는 않고 자기의 재산을 감소시키거나 또는 직접 재산의 증감을 일어나게 하지 않는 행위이다. 매매 임대차 등의 채권계약·소유권양도행위 등은 출연행위이고, 소유권 포기·대리권 수여 등은 비출연행위이다. 출연행위는 출재행위라고도 한다. 출연행위는 다시 다음과 같이 세분된다.

1. 유상행위 · 무상행위

출연행위에는 자기의 출연에 대하여 상대방으로부터도 그것에 대응하는 출연(대가적 출연)을 받는 것과 그렇지 않는 것이 있다. 앞의 것이 유상행위(有償行爲)이고, 뒤의 것이 무상행위(無償行爲)이다. 매매·임대차·고용 등은 유상행위의 예이고, 증여·사용대차·무이자 소비대차는 무상행위의 예이다.

2. 유인행위 · 무인행위

출연행위는 다른 법률관계(법률행위 또는 법률규정)를 전제로 하여 행하여진다. 이러한 경우에 출연행위의 전제가 되는 법률관계를 출연의 원인(causa)이라고 한다. 그런데 출연행위 중에는, 이와 같은 출연의 원인이 존재하지 않으면(불성립 또는 무효) 효력이 생기지 않는 것이 있는가 하면, 원인이 존재하지 않더라도 그대로 유효한 것이 있다. 앞의 것이 유인행위(有因行爲)이고, 뒤의 것이 무인행위(無因行爲)이다.

출연행위는 유인행위임이 원칙이다. 그리고 무인행위의 전형적인 예로 어음행위를 들 수 있다.

Ⅶ. 신탁행위 · 비신탁행위

A-66

우리 법상 인정되는 신탁행위에는 신탁법에서 말하는 신탁을 설정하는 법률행위(신탁법 2조·3조 1항 참조)와 민법학상의 신탁행위의 두 가지가 있다.

그중에 민법학상의 신탁행위는 어떤 경제적인 목적을 달성하기 위하여 당사자 일방이 상대방에게 그 목적달성에 필요한 정도를 넘는 권리를 이전하면서, 상대방으로 하여금 그 이전받은 권리를 당사자가 달성하려고 하는 경제적 목적의 범위 안에서만 행사하게 하는 법률행위이며, 동산의 양도담보·추심을 위한 채권양도가 그에 해당한다.

제4절 법률행위의 해석

A-67

Ⅰ. 법률행위 해석의 의의

법률행위의 해석이라 함은 법률행위의 내용을 확정하는 것을 말한다.

법률행위의 해석은 의사표시가 존재하는지 여부의 검토를 포함한다. 다음 단계에서는 의사표시 또는 법률행위가 어떤 내용을 가지는가를 명백히 하여야 한다. 법률행위 자체의 내용을 밝히는 것 외에(밝히는 해석 또는 단순한 해석), 법률행위에 규율의 틈이 있는 경우에는 그것을 보충하여야 한다(보충적 해석).

Ⅱ. 법률행위 해석의 목표

법률행위의 내용을 확정하는 것이 법률행위의 해석이라고 할 때, 어떠한 것을 그 내용으로 인식할 것인가, 다시 말해서 무엇을 내용으로 찾아내야 하는가가 문제된다. 이를 법률행위 해석의 목표라고 할 수 있다.

여기에 관하여 학설은 몇 가지로 나뉘어 있다(학설 및 사견은 민법총칙 [89] 참조). 그리고 판례는 오래 전에는 당사자의 진의를 탐구하여 해석하여야 하는 것이라고 하였으나(대판 1977. 6. 7, 75다1034 등), 근래에는 당사자가 표시행위에 부여한 객관적인 의미를 명백하게 확정하는 것이라고 한다(대판 1996. 10. 25, 96다16049 등 다수).

A-68

Ⅲ. 법률행위 해석의 방법

1. 개 관

법률행위 해석의 방법을 설명하기 전에 먼저 해석의 분류에 관하여 살펴보기로 한다.

법률행위의 해석을 의사표시의 해석과 계약의 해석으로 구별할 필요는 없다. 법률행위는 의사표시를 불가결의 요소로 하므로, 법률행위의 해석은 결국은 의사표시의 해석이 되기 때문이다.

그에 비하여 의사표시가 상대방 있는 것이냐에 따른 구별은 하여야 한다. 유언과 같은 상대방 없는(대부분 수령을 요하지 않는) 의사표시에 있어서는 보호하여야 할 상대방이 없기 때문에 상대방 있는 의사표시에 비하여 표의자의 의사가 더욱 존중되어야 한다.

그리고 상이한 객체를 문제삼는 위에서의 분류와는 달리, 동일한 법률행위에 있어서 해석은 기본적으로 법률행위(의사표시)의 의미를 밝히는 해석과 법률행위에서 규율되지 않은 부분, 즉 틈이 있는 경우에 그것을 보충하는 해석으로 나누어진다. 이 두 해석 가운데 밝히는 해석(단순한 해석)이 먼저 시작되어야 한다. 왜냐하면 보충적인 해석은 밝히는 해석의 결과 드러나는 틈을 전제로 하기 때문이다. 그리고 밝히는 해석에 있어서는, 상대방 있는 의사표시의 경우에는 원칙적으로 표시의 객관적·규범적 의미가 탐구되어야 한다. 이를 규범적 해석이라고 한다. 그런데 여기에는 예외가 있다. 의사표시의 당사자 쌍방이 표시를 사실상 같은 의미로 이해한 경우에 그렇다. 이 경우에는 표의자와 상대방이 일치하여 생각한 의미로 확정되어야 한다. 이를 자연적 해석(또는 당사자의 사실상 일치하는 이해의 확정으로서의 해석)이라고 한다. 이렇게 볼 때, 상대방 있는 의사표시의 밝히는 해석에는 규범적 해석과 자연적 해석이 있게 된다. 이 가운데 해석의 첫 단계는 자연적 해석이며, 그것에서 당사자의 사실상 일치하는 이해가 확정될 수 없는 경우에 비로소 규범적 해석이 파악한다. 그리고 규범적 해석의 결과 법률행위의 틈이 발견되는 때에는 보충적인 해석이 행하여지게 된다.

아래에서는 보통의 경우인 상대방 있는 의사표시의 해석에 관하여서만 자연적 해석·규범적 해석·보충적 해석의 순으로 해석방법을 기술하기로 한다.

2. 자연적 해석

A-69

어떤 일정한 표시에 관하여 당사자가 사실상 일치하여 이해한 경우에는, 그 의미대로 효력을 인정하여야 하는데, 이를 자연적 해석이라고 한다. 이에 의하면 사실상 일치하여 의욕된 것(의사의 일치)은 문언의 일반적인 의미에 우선한다. 이러한 자연적 해석은 로마 상속법에서 인정되었던 「그릇된 표시는 해가 되지 않는다」(falsa demonstratio non nocet)는 법리가 발전한 것이다. 그 때문에 그릇된 표시(falsa demonstratio)의 법리라고 할 수도 있다.

과거 우리 문헌은 자연적 해석을 알지 못하였다. 그러나 1980년대 후반 이후 독일의 이론을 받아들인 새로운 법률행위 해석이론이 주장된 뒤(송덕수, "법률행위의 해석," 경찰대 논문집 6집, 237면 이하; 이영준(1987), 272면 이하), 이제는 거의 모두가 이를 인정하고 있다. 판례도 과거에는 이를 정면으로 인정한 것이 없었으나, 근래 부동산 매매계약에 있어서 당사자 쌍방이 모두 지번 등에 착오를 일으켜 실제로 합의하지 않은 토지를 계약서에 매매목적물로 기재한 경우에 관하여, 계약서에 기재된 토지가 아니고 실제로 합의된 토지가 매매목적물이라고 하여(대판 1996. 8. 20, 96다19581·19598[핵심사례 14면] 등), 자연적 해석의 원리에 따른 결과를 인정하였다. 그리고 대법원은 타인의 이름으로 계약을 체결한 경우의 당사자 결정에 관하여 — 자연적 해석 및 규범적 해석을 바탕으로 하여 새롭게 만들어진 — 사견(민사판례연구 16집, 71면 이하; 사법연구 2집, 335면 이하 참조)을 그대로 채용함으로써(대판 2003. 12. 12, 2003다44059 등 다수), 자연적 해석의 법리를 간접적으로 받아들이기도 하였다. 그런가 하면 최근에는 — 전술한 사견과 동일하게 — 자연적 해석(상대방이 표의자의 의사를 알 수 있었던 경우는 자연적 해석을 하지 않음)과 규범적 해석을 추상적인 법리로 명확하게 판시하였다(대판 2017. 2. 15, 2014다19776).

A-70

3. 규범적 해석

(1) 규범적 해석의 방법

자연적 해석이 행하여질 수 없는 경우에는 규범적 해석이 행하여진다. 구체적으로는 여러 사정 하에서 적절한 주의를 베푼 경우에 상대방이 이해했어야 하는 표시행위의 의미를 탐구하여야 한다. 상대방이 실제로 어떻게 이해하였는가는 중요하지 않다. 상대방이 합리적인 자라면 제반사정 하에서 표시행위를 어떻게 이해했어야 하느냐가 결정적이다. 판례도 같은 견지에 있다(대판 2017. 2. 15, 2014다19776).

(2) 규범적 해석의 표준

1) 표시행위에 따르는 제반사정 규범적 해석의 제 1 의 표준은 표시행위에 따르는 모든 사정이다. 사정의 예로는 당사자의 모든 용태, 계약을 상의하면서 표시한 것들, 법률행위의 목적, 표시행위의 장소·시간 등을 들 수 있다.

2) 관 습 여러 사정의 고려 하에 법률행위의 내용을 확정할 수 없는 경우에는 관습 내지 거래관행을 고려하여 해석하여야 한다. 민법은 제106조에서 관습이 법률행위 해석의 표준이 됨을 규정하고 있다. 제106조의 해석상 강행규정에 위반되는 관습은 해석의 표준이 될 수 없다. 신의성실 또는 선량한 풍속 기타 사회질서에 반하는 관습도 동일하게 새겨야 한다. 임의규정과 다른 관습이 있는 경우에는 관습이 임의규정에 우선하여 해석의 표준이 된다. 강행규정·임의규정의 어느 것도 없는 사항에 관한 관습도 해석표준으로 된다. 그리고 제106조가 적용되는 것은 당사자의 의사가 명확하지 않은 경우이다.

제106조에 의하여 법률행위 해석의 표준이 되는 관습은 제 1 조의 관습법과 어떤 관계에 있는가? 판례는 법적 확신의 유무에 의하여 관습법과 사실인 관습은 구별되며, 관습법은 법칙으로서 효력이 있는 것이나, 사실인 관습은 당사자의 의사를 보충함에 그친다고 한다(대판 1983. 6. 14, 80다3231).

법률행위의 해석에 있어서 관습의 존부가 문제되는 경우에는 법관은 당연히 직권으로 그 존부를 판단하여야 한다. 판례는 직권으로 판단할 수 있다고 하면서도(대판 1977. 4. 12, 76다1124), 당사자가 그 존재를 주장·증명하여야 한다고도 한다(대판 1983. 6. 14, 80다3231).

A-71

3) 임의규정 제105조의 반대해석에 의하여 특별한 의사표시가 없는 경우 또는 의사표시가 불명료한 경우에는 임의규정을 적용하게 된다.

4) 신 의 칙 이상의 모든 표준에 의하여 의미가 확정될 수 없는 경우에는 신의칙에 따라서 확정하여야 한다.

⑶ 규범적 해석에서의 몇 가지 문제

1) 보통거래약관의 해석 대량거래를 위한 보통거래약관은 획일적인 처리를 기본적인 목적으로 하고 있으므로, 구체적인 상대방의 사정에 의하여 해석하지 않아야 하며 평균적인 고객이 알았어야 하는 사정만을 고려하여 해석하여야 한다(D-9 참조). 우리의 「약관의 규제에 관한 법률」은 이를 명문화하고 있다(동법 5조 1항).

2) 판례의 이른바 예문해석 부동산의 임대차 등의 계약을 체결함에 있어서 계약서로 관용되는 서식에 경제적 강자에게 일방적으로 유리한 조항이 들어가 있는 경우가 있다. 그러한 조항을 예문(단순한 예로서 늘어 놓은 문언)이라고 보아 당사자가 이 문구에 구속당할 의사가 없었음을 이유로 하여 무효라고 해석하는 것을 예문해석 또는 예문재판이라고 한다. 종래 판례는 이러한 예문해석을 해오고 있다(대판 2003. 3. 14, 2003다2109 등 다수).

4. 보충적 해석

A-72

보충적 해석은 틈 있는 법률행위의 보충을 의미한다. 보충은 모든 법률행위에서 행하여질 수 있으나 주로 계약에서 문제된다.

보충적 해석은 법률행위에서의 틈(규율의 틈)의 존재를 전제로 한다. 보충적 해석의 전제가 되는 이러한 틈은 계약체결 당시부터 존재할 수도 있지만, 어느 계약조항이 무효로 되어 생길 수도 있고, 또 법률관계의 발전에 기초하여 사후에 생길 수도 있다.

우리 민법상 법률행위의 규율의 틈은 제 1 차적으로 관습에 의하여 보충되고, 관습이 없는 경우에는 임의규정에 의하며, 임의규정도 없거나 임의규정에 의하여 보충될 수 없는 때에는 마지막으로 제반사정 하에서 신의칙에 의하여 보충을 행하게 된다.

제 5 절 행위능력

Ⅰ. 서 언

A-73

앞서 본 바와 같이, 법률행위 당사자의 행위능력은 모든 법률행위가 효력을 발생하기 위하여 갖추어야 하는 요건(일반적 효력요건)이다. 그러고 보면 행위능력에 관한 규정은 마땅히 법률행위 규정(제 1 편 제 5 장) 안에 두어졌어야 한다. 그런데 민법은 행위능력을 자연인에 관한 규정(제 1 편 제 2 장 인(人)) 가운데 「능력」이라는 표제(제 1 절)를 두고 그 안에서 권리능력과 함께 규율하고 있다.

행위능력 문제는 법인에 관하여도 생각할 수 있다. 그러나 법인에서는 행위능력이 크게 문제되지 않는다. 따라서 여기서는 자연인의 행위능력만 다루기로 한다.

A-74

Ⅱ. 행위능력 일반론

1. 의사능력

행위능력을 설명하려면 먼저 의사능력에 관하여 살펴보아야 한다.

사람이 자신의 법률행위에 의하여 권리를 취득하거나 의무를 부담할 수 있으려면 적어도 자신의 행위가 어떤 의미를 가지고 있는지는 알고 있었어야 한다. 왜냐하면 민법이 기본원리로 삼고 있는 사적 자치의 원칙상 개인은 자기의 「의사」에 기하여서만 법률관계를 형성할 수 있는데, 자신의 행위가 어떤 의미를 가지고 있는지조차 모르는 경우라면 결코 그의 「의사」에 기한 것이라고 할 수 없기 때문이다. 여기서 「자기의 행위의 의미나 결과를 합리적으로 예견할 수 있는 정신적인 능력 내지 지능」을 의사능력이라고 한다. 판례(대판 2009. 1. 15, 2008다58367 등)와 통설도 같다.

의사능력이 있는지 여부는 구체적인 행위에 대하여 개별적으로 판단되며(대판 2009. 1. 15, 2008다58367 등도 같다), 그것을 판정하는 객관적·획일적 기준은 없다. 의사무능력자의 예로 정신질환자, 만취자를 들 수 있다. 그리고 7세 미만의 자는 대체로 의사능력이 없다.

의사능력이 없는 자의 법률행위는 무효이다. 통설과 판례(대판 2002. 10. 11, 2001다10113 등)도 같다. 의사무능력자가 동시에 — 후술하는 — 제한능력자이기도 한 경우에는, 그는 제한능력을 이유로 취소할 수도 있고 의사무능력을 이유로 무효를 주장할 수도 있다.

[참고] 책임능력

법률행위에 있어서 의사능력이 있는 것처럼, 불법행위에 있어서는 책임능력이 있다. 책임능력은 자기의 행위에 대한 책임을 인식할 수 있는 지능을 가리키며, 이러한 능력이 없는 자의 행위(가해행위이고 법률행위가 아님)는 설사 타인에게 손해를 발생시켰더라도 불법행위로 되지 않으며, 따라서 손해배상책임이 생기지 않는다.

A-75

2. 행위능력

민법은 일정한 획일적 기준을 정하여, 이 기준을 갖추는 때에는 의사능력이 없었던 것으로 다루어 그 자가 단독으로 한 행위를 취소할 수 있도록 하고 있다. 이와 같이 객관적·획일적 기준에 의하여 의사능력을 객관적으로 획일화한 제도가 행위능력제도 또는 제한능력자제도이다. 그리고 여기에서 제한능력자에 해당하지 않을 만한 자격을 행위능력이라고 한다. 따라서 행위능력은 「단독으로 완전하고 유효하게 법률행위를 할 수 있는 지위 또는 자격」이다.

행위능력 내지 제한능력자제도는 법률행위에만 관련되는 것이다. 불법행위에 있어서는 개별적·구체적으로 책임능력 유무를 살피게 된다.

3. 민법상의 제한능력자제도

A-76

(1) 민법상의 제한능력자

2011. 3. 7.에 개정된 민법(2013. 7. 1. 시행)상 행위능력이 제한되는 좁은 의미의 제한능력자로는 미성년자 · 피성년후견인 · 피한정후견인(예외적인 경우)의 셋이 있다. 그리고 보호를 받아야 하는, 그리하여 법정후견을 받는 넓은 의미의 제한능력자에는 위의 좁은 의미의 제한능력자 외에 피특정후견인도 있게 된다.

(2) 제한능력자에 관한 규정의 성격

제한능력자에 관한 규정은 강행규정이다. 그리고 이 규정은 재산행위를 모범으로 한 것이므로, 가족법상의 행위에는 원칙적으로 적용되지 않는다.

(3) 제한능력자제도의 의의

제한능력자제도는 의사능력이 불완전한 제한능력자 본인을 위한 제도이다. 그리고 민법은 제한능력자를 충실하게 보호하기 위하여 그가 법률행위를 취소한 경우에 그 취소를 가지고 선의의 제 3 자에게도 대항할 수 있도록 한다.

Ⅲ. 미성년자

A-77

1. 성 년 기

우리 민법상 19세로 성년에 이르게 된다(4조). 따라서 만 19세가 되지 않은 자가 미성년자이다. 19년의 연령은 역(曆)(태양력을 의미함)에 의하여 계산하되(160조), 출생일을 그 기간에 포함시킨다(158조).

민법은 미성년 규정을 완화하는 제도로 혼인에 의한 성년의제 제도를 두고 있다(826조의 2). 그리하여 미성년자는 혼인을 하면 성년자로 의제(간주)된다.

[참고] 추정(推定)과 간주(看做)

민법에서 자주 쓰이는 전문용어 중 추정과 간주(의제)라는 것이 있다. 그 가운데 추정은 반대의 증거가 제출되면 규정(추정규정)의 적용을 면할 수 있는 것이고(예: 30조), 간주는 반대의 증거가 제출되더라도 규정(간주규정)의 적용을 면할 수 없는 것이다(예: 28조 · 115조). 우리 민법은 간주규정을 「… 으로 본다」고 표현하고 있다.

2. 미성년자의 행위능력

(1) 원 칙

미성년자는 제한능력자로서 원칙적으로 단독으로 법률행위를 하지 못한다. 미성년자가 법률행위를 하려면 법정대리인의 동의를 얻어야 한다(5조 1항). 만약 미성년자가 법정대리인의 동의 없이 법률행위를 한 경우에는, 미성년자나 법정대리인이 그 행위를 취소할 수 있다(5조 2항). 그리고 법률행위가 취소되면 취소된 법률행위는 처음부터(소급하여) 무효였던 것으로 된다(141조)(그 경우의 상세한 효과에 대하여는 A-188 참조). 미성년자의 법률행위에 대하여 동의가 있었다는 증명책임은 미성년자가 아니고 이를 주장하는 상대방에게 있다(대판 1970. 2. 24, 69다1568).

A-78 (2) 예 외

미성년자는 다음에 열거하는 행위는 법정대리인의 동의 없이 단독으로 유효하게 할 수 있다. 물론 그때 의사능력은 가지고 있어야 한다.

1) 단순히 권리만을 얻거나 또는 의무만을 면하는 행위(5조 1항 단서) 이러한 행위는 미성년자에게 이익만을 주기 때문에 허용된다. 그 예로는 부담 없는 증여를 받는 행위, 채무면제의 청약에 대한 승낙(민법은 채무면제를 단독행위로 정하고 있으나(506조), 계약자유의 원칙상 계약으로 할 수도 있다), 친권자에 대한 부양료청구(대판 1972. 7. 11, 72므5)를 들 수 있다. 그에 비하여 부담부 증여를 받는 행위, 경제적으로 유리한 매매계약 체결, 상속의 승인 등은 이익을 얻을 뿐만 아니라 의무를 부담하는 것이어서 단독으로 하지 못한다.

2) 처분이 허락된 재산의 처분행위 법정대리인이 범위를 정하여 처분을 허락한 재산은 미성년자가 임의로 처분할 수 있다(6조).

3) 영업이 허락된 미성년자의 그 영업에 관한 행위 미성년자가 법정대리인으로부터 특정의 영업을 허락받은 경우에는, 그에 관하여는 성년자와 동일한 행위능력을 가진다(8조 1항).

4) 미성년자 자신이 법정대리인의 동의 없이 행한 법률행위를 취소하는 행위(A-186 참조)

5) 혼인을 한 미성년자의 행위(826조의 2)

6) 대리행위 미성년자가 타인의 대리인으로서 하는 대리행위에 관하여는 행위능력이 제한되지 않는다(117조).

7) 유언행위 만 17세가 된 자는 단독으로 유언을 할 수 있다(1061조·1062조).

8) 법정대리인의 허락을 얻어 회사의 무한책임사원이 된 미성년자가 그 사원자격에서 한 행위(상법 7조).

9) 근로계약 체결과 임금의 청구 근로계약은 미성년자 자신이 직접 체결하여야 한다(근로기준법 67조 1항). 그리고 미성년자는 독자적으로 임금을 청구할 수 있다(근로기준법 68조).

(3) 동의와 허락의 취소 또는 제한

법정대리인은 미성년자가 아직 법률행위를 하기 전에는 그가 행한 동의(5조)나 일정범위의 재산처분에 대한 허락(6조)을 취소할 수 있다(7조). 여기서 「취소」할 수 있다고 하였으나, 그것은 처음부터 동의 등이 없었던 것으로 하려는 것이 아니므로 철회에 해당한다.

법정대리인은 그가 행한 영업의 허락을 취소 또는 제한할 수 있다(8조 2항 본문). 여기의 취소도 철회의 의미이다. 한편 영업허락의 취소·제한은 선의의 제 3 자에게 대항하지 못한다(8조 2항 단서).

3. 법정대리인

A-79

(1) 법정대리인이 되는 자

미성년자의 법정대리인은 제 1 차로 친권자가 되고(911조), 친권자가 없거나 친권자가 법률행위의 대리권과 재산관리권을 행사할 수 없는 경우에는 제 2 차로 미성년후견인이 된다(928조).

(2) 법정대리인의 권한

미성년자의 법정대리인은 미성년자가 법률행위를 하는 데 동의를 할 권리, 즉 동의권이 있다(5조 1항). 동의는 묵시의 방법으로도 할 수 있다(대판 2007. 11. 16, 2005다71659·71666·71673[핵심판례 16면]).

법정대리인은 미성년자를 대리하여 재산상의 법률행위를 할 권한, 즉 대리권이 있다(920조·949조). 법정대리인은 동의를 한 행위도 대리할 수 있다. 법정대리인이 대리행위를 함에 있어서 미성년자의 승낙을 받을 필요도 없다(대판 1962. 9. 20, 62다333).

법정대리인은 미성년자가 동의 없이 행한 법률행위를 취소할 수 있다(5조 2항·140조).

Ⅳ. 피성년후견인

A-80

1. 피성년후견인의 의의와 성년후견개시의 심판

(1) 피성년후견인의 의의

피성년후견인은 질병·장애·노령(老齡)·그 밖의 사유로 인한 정신적 제약으로 사무를 처리할 능력이 지속적으로 결여된 사람으로서 일정한 자의 청구에 의하여 가정법원으로부터 성년후견개시의 심판을 받은 자이다(9조 1항).

(2) 성년후견개시 심판의 요건

1) 질병·장애·노령·그 밖의 사유로 인한 정신적 제약으로 사무를 처리할 능력이 지속적으로 결여된 사람이어야 한다.

2) 본인·배우자·4촌 이내의 친족·미성년후견인·미성년후견감독인·한정후견인·한정후견감독인·특정후견인·특정후견감독인·검사 또는 지방자치단체의 장의 청구가 있어야 한다.

3) 가정법원이 성년후견개시의 심판을 할 때에는 본인의 의사를 고려하여야 한다(9조 2항).

(3) 성년후견개시 심판의 절차

성년후견개시 심판의 절차는 가사소송법과 가사소송규칙의 규정에 의한다(가소 34조 이하, 특히 44조

(이하, 가소규 31조 이하). 그리고 모든 요건이 갖추어지면 가정법원은 반드시 성년후견개시의 심판을 하여야 한다(9조 참조). 임의적인 것이 아니다.

성년후견개시의 공시는 후견등기부에 의하여 한다(「후견등기에 관한 법률」 참조).

A-81

2. 피성년후견인의 행위능력

(1) 피성년후견인은 가정법원이 다르게 정하지 않는 한 원칙적으로 종국적·확정적으로 유효하게 법률행위를 할 수 없으며, 그의 법률행위는 원칙적으로 취소할 수 있다(10조 1항). 즉 법정대리인인 성년후견인의 동의를 얻지 않고 한 행위뿐만 아니라 동의를 얻고서 한 행위도 취소할 수 있다. 그런데 이 원칙에는 재산행위에 관하여 다음 두 가지의 예외가 있다.

가정법원은 취소할 수 없는 법률행위의 범위를 정할 수 있다(10조 2항). 그리고 가정법원은 본인·배우자·4촌 이내의 친족·성년후견인·성년후견감독인·검사 또는 지방자치단체의 장의 청구에 의하여 그 범위를 변경할 수 있다(10조 3항). 이와 같이 취소할 수 없는 범위를 정한 경우에는, 그 범위에서는 피성년후견인의 법률행위라도 취소할 수 없다.

그런가 하면 일용품의 구입 등 일상생활에서 필요하고 그 대가가 과도하지 않은 법률행위는 성년후견인이 취소할 수 없다(10조 4항).

(2) 피성년후견인은 약혼(802조)·혼인(808조 2항)·협의이혼(835조)·인지(856조)·입양(873조 1항)·협의파양(902조) 등의 친족법상의 행위는 성년후견인의 동의를 얻어서 스스로 할 수 있다.

(3) 피성년후견인은 만 17세가 되었으면 의사능력이 회복된 때에 단독으로 유언을 할 수 있고(1063조), 그 유언은 취소할 수 없다(1062조).

3. 성년후견인

피성년후견인에게는 보호자로 성년후견인을 두어야 한다(929조).

이러한 성년후견인은 피후견인의 법정대리인이 된다(938조 1항). 그리고 가정법원은 성년후견인이 가지는 법정대리권의 범위와 피성년후견인의 신상에 관하여 결정할 수 있는 권한의 범위를 정할 수 있다(938조 2항·3항).

성년후견인은 원칙적으로 동의권은 없고(10조 1항 참조), 대리권만 가진다(949조). 그러나 예외적으로 일정한 친족법상의 행위에 관하여는 동의권도 가진다. 그 외에 취소권도 있다(10조 1항·140조).

A-82

4. 성년후견종료의 심판

성년후견개시의 원인이 소멸된 경우에는, 가정법원은 본인·배우자·4촌 이내의 친족·성년후견인·성년후견감독인·검사 또는 지방자치단체의 장의 청구에 의하여 성년후견종료의 심판을 한다(11조). 가정법원이 피성년후견인에 대하여 한정후견개시의 심판을 할 때에는 종전의 성년후견의 종료 심판을 한다(14조의 3 2항). 성년후견종료의 심판이 있으면 피성년후견인은 행위능력을 회복한다.

Ⅴ. 피한정후견인

A-83

1. 피한정후견인의 의의와 한정후견개시의 심판

(1) 피한정후견인의 의의

피한정후견인은 질병·장애·노령·그 밖의 사유로 인한 정신적 제약으로 사무를 처리할 능력이 부족한 사람으로서 일정한 자의 청구에 의하여 가정법원으로부터 한정후견개시의 심판을 받은 자이다(12조 1항).

(2) 한정후견개시 심판의 요건

1) 질병·장애·노령·그 밖의 사유로 인한 정신적 제약으로 사무를 처리할 능력이 부족한 사람이어야 한다.

2) 본인·배우자·4촌 이내의 친족·미성년후견인·미성년후견감독인·성년후견인·성년후견감독인·특정후견인·특정후견감독인·검사 또는 지방자치단체의 장의 청구가 있어야 한다.

3) 가정법원이 한정후견개시의 심판을 할 때에는 본인의 의사를 고려하여야 한다(12조 2항·9조 2항).

(3) 한정후견개시 심판의 절차

한정후견개시 심판의 절차는 가사소송법과 가사소송규칙에 의한다. 그리고 모든 요건이 갖추어지면 가정법원은 반드시 심판을 하여야 한다(12조 1항). 한정후견개시의 공시는 후견등기부에 의하여 한다(「후견등기에 관한 법률」 참조).

2. 피한정후견인의 행위능력

A-84

피한정후견인은 원칙적으로 종국적·확정적으로 유효하게 법률행위를 할 수 있다. 즉 피한정후견인은 원칙적으로 행위능력을 가진다. 다만, 가정법원이 피한정후견인으로 하여금 한정후견인의 동의를 받아야 할 행위의 범위를 정한 경우에는 예외이다. 여기에 대하여 단락을 바꾸어 설명하기로 한다.

개정된 민법에 따르면, 가정법원은 피한정후견인이 한정후견인의 동의를 받아야 하는 행위의 범위를 정할 수 있다(13조 1항). 이를 한정후견인의 동의권의 유보 또는 동의유보라고 한다. 그리고 가정법원은 본인·배우자·4촌 이내의 친족·한정후견인·한정후견감독인·검사 또는 지방자치단체의 장의 청구에 의하여 동의를 받아야만 할 수 있는 행위의 범위를 변경할 수 있다(13조 2항). 그런가 하면, 한정후견인의 동의를 필요로 하는 행위에 대하여 한정후견인이 피한정후견인의 이익이 침해될 염려가 있음에도 그 동의를 하지 않는 때에는, 가정법원은 피한정후견인의 청구에 의하여 한정후견인의 동의를 갈음하는 허가를 할 수 있다(13조 3항).

한정후견인의 동의가 필요한 법률행위를 피한정후견인이 한정후견인의 동의 없이 하였을 때에는, 그 법률행위는 취소할 수 있다(13조 4항 본문). 다만, 일용품의 구입 등 일상생활에 필요하고 그 대가가 과도하지 않은 법률행위는 취소할 수 없다(13조 4항 단서).

A-85

3. 한정후견인

피한정후견인에게는 보호자로 한정후견인을 두어야 한다(959조의 2).

한정후견인이 당연히 피한정후견인의 법정대리인으로 되는 것은 아니다. 가정법원은 한정후견인에게 대리권을 수여하는 심판을 할 수 있고(959조의 4 1항), 그러한 심판이 있는 경우에만 — 그것도 가정법원이 법정대리권의 범위를 정한 때에는 그 범위에서 — 법정대리권을 가진다(959조의 4 2항·938조 4항).

한정후견인은 원칙적으로 법률행위의 동의권·취소권이 없다. 그러나 동의가 유보된 경우에는 동의권과 취소권을 가진다. 그리고 대리권도 원칙적으로 없으며, 대리권을 수여하는 심판이 있는 경우에만 대리권을 가진다.

4. 한정후견종료의 심판

한정후견개시의 원인이 소멸된 경우에는, 가정법원은 본인·배우자·4촌 이내의 친족·한정후견인·한정후견감독인·검사 또는 지방자치단체의 장의 청구에 의하여 한정후견종료의 심판을 한다(14조). 가정법원이 피한정후견인에 대하여 성년후견개시의 심판을 할 때에는 종전의 한정후견의 종료 심판을 한다(14조의 3 1항). 한정후견종료의 심판이 있으면 피한정후견인은 행위능력을 제한받고 있었더라도 행위능력을 회복한다.

A-86

Ⅵ. 피특정후견인

1. 피특정후견인의 의의와 특정후견 심판의 요건

(1) 피특정후견인의 의의

피특정후견인은 질병·장애·노령·그 밖의 사유로 인한 정신적 제약으로 일시적 후원 또는 특정한 사무에 관한 후원이 필요한 사람으로서 일정한 자의 청구에 의하여 가정법원으로부터 특정후견의 심판을 받은 자이다(14조의 2 1항).

특정후견도 후견등기부에 의하여 공시된다(「후견등기에 관한 법률」 참조).

(2) 특정후견 심판의 요건

1) 질병·장애·노령·그 밖의 사유로 인한 정신적 제약으로 일시적 후원 또는 특정한 사무에 관한 후원이 필요한 사람이어야 한다.

2) 본인·배우자·4촌 이내의 친족·미성년후견인·미성년후견감독인·검사 또는 지방자치단체의 장의 청구가 있어야 한다.

3) 특정후견은 본인의 의사에 반하여 할 수 없다(14조의 2 2항).

2. 특정후견 심판의 내용과 보호조치

가정법원이 특정후견의 심판을 하는 경우에는 특정후견의 기간 또는 사무의 범위를 정하여야 한다(14조의 2 3항).

가정법원은 피특정후견인의 후원을 위하여 필요한 처분을 명할 수 있다(959조의 8). 그리고 그 처분으로 피특정후견인을 후원하거나 대리하기 위한 특정후견인을 선임할 수 있다(959조의 9 1항).

3. 피특정후견인의 행위능력

특정후견의 심판이 있어도 피특정후견인은 행위능력에 전혀 영향을 받지 않는다. 그리고 특정한 법률행위를 위하여 특정후견인이 선임되고 법정대리권이 부여된 경우에도 그 법률행위에 관하여 피특정후견인의 행위능력은 제한되지 않는다.

4. 피특정후견인에 대하여 성년후견개시 등의 심판을 하는 경우

가정법원이 피특정후견인에 대하여 성년후견개시의 심판을 하거나 한정후견개시의 심판을 할 때에는, 종전의 특정후견의 종료심판을 한다(14조의 3 1항·2항).

Ⅶ. 제한능력자의 상대방의 보호

A-87

민법은 제한능력자의 보호로 인하여 희생되는 상대방을 위하여 상대방의 확답촉구권(15조), 철회권·거절권(16조), 그리고 일정한 경우의 제한능력자 쪽의 취소권의 배제(17조)를 규정하고 있다.

1. 상대방의 확답촉구권(구 최고권)

(1) 확답촉구의 의의

제한능력자의 상대방은 제한능력자 쪽에 대하여 취소할 수 있는 행위를 추인(취소권의 포기)할 것인지의 여부에 관하여 확답을 촉구할 수 있다(15조). 이러한 확답촉구는 의사를 표명하는 점에서 의사표시와 비슷하나, 그에 대한 효과가 촉구자의 의사와는 관계 없이 민법에 의하여 주어진다는 점에서 의사표시와 다르며, 그 성질은 의사의 통지에 해당한다.

(2) 확답촉구의 요건

① 취소할 수 있는 행위를 지적하고, ② 1개월 이상의 유예기간을 정하여, ③ 추인할 것인지 여부의 확답을 요구하여야 한다(15조 1항).

(3) 확답촉구의 상대방

제한능력자는 그가 능력자로 된 후에만 확답촉구의 상대방이 될 수 있고(15조 1항), 그가 아직 능력자로 되지 못한 경우에는 그의 법정대리인이 상대방이 된다(15조 2항).

(4) 확답촉구의 효과

상대방의 확답촉구를 받은 자가 유예기간 내에 추인 또는 취소의 확답을 하면 그에 따른 효과가 발생하여 법률행위는 취소할 수 없는 것으로 확정되거나 소급하여 무효로 된다. 그러나 이것은 추인 또는 취소라는 의사표시(법률행위)의 효과이며 확답촉구 자체의 효과는 아니다. 확답촉구의 효과는 유예기간 내에 확답이 없는 경우에 발생한다. 민법이 정하고 있는 확답촉구의 효과는 다음과 같다.

1) 제한능력자가 능력자로 된 후에 확답촉구를 받고 유예기간 내에 확답을 발송하지 않으면(도달주의의 원칙에 대한 예외이다. 111조 참조) 그 행위를 추인한 것으로 본다(15조 1항).

2) 제한능력자가 아직 능력자로 되지 못하여 그의 법정대리인이 확답촉구를 받은 경우에 관하여는 민법 제15조 제2항·제3항이 규정하고 있다. 그에 의하면, ① 법정대리인이 특별한 절차를 밟지 않고 단독으로 추인할 수 있는 경우에 확답이 없으면 추인한 것으로 보고, ② 법정대리인이 특별한 절차를 밟아야 하는 경우에 확답이 없으면 취소한 것으로 본다. 여기서 특별한 절차가 필요한 행위라는 것은 법정대리인인 후견인이 제950조 제1항에 열거된 법률행위에 관하여 추인하는 경우이다. 이때에는 후견감독인이 있으면 그의 동의를 받아야 한다(950조 1항(미성년자의 경우)·959조의 6(피한정후견인의 경우)).

3) 확답촉구의 상대방은 유예기간 내에 확답을 발송하면 되고, 그것이 유예기간 내에 도달해야 할 필요는 없다(발신주의. 111조 참조).

2. 상대방의 철회권 · 거절권

A-88

민법은 상대방 자신이 법률행위의 효력 발생을 원하지 않는 경우에 상대방으로 하여금 그의 행위로부터 벗어날 수 있도록 하고 있다. 그것이 철회권(계약의 경우)과 거절권(단독행위의 경우)이다.

(1) 철 회 권

상대방이 제한능력자와 계약을 체결한 경우에, 상대방은 제한능력자 쪽에서 추인을 할 때까지는(즉 추인하기 전에는) 그의 의사표시를 철회할 수 있다(16조 1항 본문). 그러나 상대방이 계약 당시에 제한능력자임을 알았을 때에는 철회권은 인정되지 않는다(16조 1항 단서). 이 철회의 의사표시는 — 의사표시의 수령능력이 없는(112조 참조) — 제한능력자에게도 할 수 있다(16조 3항).

(2) 거 절 권

제한능력자가 단독행위를 한 경우에는, 상대방은 제한능력자 쪽에서 추인을 할 때까지는 이를 거절할 수 있다(16조 2항). 그리고 거절의 의사표시도 철회에 있어서와 마찬가지로 제한능력자에 대하여도 할 수 있다(16조 3항).

3. 제한능력자 쪽의 취소권의 배제

A-89

민법은 제17조에서 제한능력자가 속임수를 써서 법률행위를 한 경우에는 제한능력자 쪽의 취소권을 박탈하고 있다.

(1) 취소권 배제의 요건

1) 제한능력자가 능력자로 믿게 하려고 하였거나(17조 1항) 또는 미성년자나 피한정후견인이 법정대리인의 동의가 있는 것으로 믿게 하려고 하였어야 한다(17조 2항).

2) 속임수를 썼어야 한다. 법정대리인의 동의서를 위조하거나 동사무소 직원과 짜고 생년월일을 실제와 달리 기재한 인감증명서를 교부받아 제시하는 경우(대판 1971. 6. 22, 71다940)가 그 예이다. 속임수, 즉 기망수단이 적극적인 것이어야 하는가에 관하여는 학설이 대립한다. 그런데 판례는 사술(속임수)은 적극적 사기수단이라고 하면서 단순히 자기가 능력자라 사언(詐言)함은 사술을 쓴 것이라고 할 수 없다고 한다(대판 1971. 12. 14, 71다2045).

이 속임수의 요건은 — 미성년자 등이 그것을 썼다고 주장하는 — 상대방이 증명하여야 한다(대판 1971. 12. 14, 71다2045).

3) 제한능력자의 속임수에 기하여 상대방이 능력자라고 믿었거나 법정대리인의 동의(또는 허락)가 있다고 믿었어야 한다.

4) 상대방이 그러한 오신에 기초하여 제한능력자와 법률행위를 하였어야 한다.

(2) 효 과

위와 같은 요건이 갖추어지면 제한능력자 본인뿐만 아니라 그의 법정대리인이나 그 밖의 취소권자는 제한능력을 이유로 법률행위를 취소하지 못한다(17조 1항·2항).

제6절 법률행위의 목적

A-90

Ⅰ. 서 설

법률행위의 목적이란 법률행위의 당사자가 법률행위에 의하여 달성하려고 하는 법률효과이며, 법률행위의 내용이라고도 한다. 예컨대 A가 B에게 Y라는 시계를 10만원에 팔기로 하는 매매계약을 체결한 경우에, 매매계약(법률행위)의 목적은 B가 A에 대하여 가지는 Y시계의 소유권이전청구권의 발생과 A가 B에 대하여 가지는 10만원의 대금지급청구권의 발생이다.

법률행위가 유효하려면 법률행위의 목적이 확정성·실현가능성·적법성·사회적 타당성이라는 요건을 갖추어야 한다.

Ⅱ. 목적의 확정성

법률행위의 목적은 확정되어 있거나 또는 확정할 수 있어야 한다. 법률행위의 목적이 반드시 법률행위 당시에 확정되어 있을 필요는 없으며, 장차 확정할 수 있는 표준이 있으면 이 요건을 갖추는 것이 된다. 목적이 확정되어 있지도 않고 또 확정할 수도 없는 법률행위는 무효이다. 그러한 법률행위는 국가가 그 실현을 도울 수가 없기 때문이다.

법률행위의 목적을 확정하는 작업이 법률행위의 해석이다.

A-91

Ⅲ. 목적의 실현가능성

1. 의 의

법률행위의 목적은 실현이 가능하여야 한다. 목적의 실현이 불가능한 법률행위는 무효이다. 그런데 법률행위를 무효로 만드는 것은 불능 전체가 아니고 — 후술하는 — 원시적 불능만이다.

법률행위의 목적이 실현될 수 있는지 여부, 즉 불능(또는 불가능)인지 여부는 물리적으로 판단하는 것이 아니고 사회통념에 의하여 결정된다. 그 결과 물리적으로는 실현될 수 있어도 사회통념상 실현될 수 없는 것은 불능에 해당한다. 예컨대 태평양 바다에 빠진 보석 1개를 찾아주기로 하는 계약이 그렇다.

2. 불능의 분류

(1) 원시적 불능 · 후발적 불능

이는 어느 시점에서 발생한 불능인가에 따른 구별로서 불능의 분류 가운데 가장 중요한 것이다. 원시적 불능은 법률행위의 성립 당시에 이미 불능인 것이고, 후발적 불능은 법률행위의 성립 당시에는 불능이 아니었으나 그 이후에 불능으로 된 것이다. 예컨대 가옥의 매매계약에 있어서 매매계약 체결 전날에 가옥이 불타 버린 경우는 원시적 불능이고, 계약이 체결된 후 이행이 있기 전에 가옥이 불탄 경우는 후발적 불능이다. 앞서 언급한 바와 같이, 이들 가운데 법률행위를 무효로 만드는 것은 원시적 불능에 한한다.

(2) 전부불능 · 일부불능

이는 어떤 범위에서 불능이 발생하였는가에 따른 구별이다. 전부불능은 법률행위의 목적의 전부가 불능인 경우이고, 일부불능은 일부분만이 불능인 경우이다. 원시적 불능이 전부불능인 때에는 법률행위는 전부가 무효이다(535조가 이를 전제로 한다). 그런데 원시적 일부불능인 때에는 불능인 부분은 당연히 무효이다. 문제는 불능이 아닌 부분도 무효로 되느냐이다. 거기에는 제137조가 정하는 일부무효의 법리가 적용된다.

Ⅳ. 목적의 적법성

A-92

1. 서 설

법률행위가 유효하려면 그 목적이 적법하여야 한다. 다시 말하면 목적이 강행법규(그 가운데 효력규정)에 어긋나지 않아야 한다. 만약 이에 위반하는 경우에는 법률행위는 무효이다. 민법은 제105조에서 이를 간접적으로 규정하고 있다.

2. 강행법규

(1) 의 의

법률규정은 사법상의 법률효과에 의하여 강행법규(강행규정)와 임의법규(임의규정)로 나누어진다. 이 가운데 강행법규는 당사자의 의사에 의하여 배제 또는 변경될 수 없는 규정이고, 임의법규는 당사자의 의사에 의하여 배제 또는 변경될 수 있는 규정이다. 민법에서는 강행법규는 「법령 중의 선량한 풍속 기타 사회질서에 관계 있는 규정」으로, 임의법규는 「법령 중의 선량한 풍속 기타 사회질서에 관계 없는 규정」으로 표현되어 있다(105조 · 106조 참조).

(2) 판정기준

경우에 따라서는 법률 자체에서 어떤 법률규정이 강행규정임을 명시적으로 언급하기도 한다(가령 289조·608조·652조). 그러나 보통은 그렇지 않다. 그때에는 해석에 의하여 강행법규인지 여부를 결정하여야 한다. 그런데 강행법규인지를 결정하는 일반적인 원칙은 없으며, 구체적인 규정에 대하여 그 규정의 종류·성질·입법목적 등을 고려하여 판정하는 수밖에 없다. 강행법규의 예를 들어 보면 다음과 같다.

1) 혼인·가족과 같은 일정한 제도를 유지하기 위한 규정(친족편·상속편의 많은 규정)

2) 법률질서의 기본구조에 관한 규정(권리능력·행위능력·법인제도 등에 관한 규정)

3) 제 3 자의 이해관계에 영향을 크게 미치는 사항에 관한 규정(물권편의 많은 규정)

4) 거래의 안전 보호를 위한 규정(유가증권 제도 등)

5) 경제적 약자 보호를 위한 규정(104조·608조, 임대차·고용·소비대차의 일부규정, 특별법의 많은 규정)

6) 사회의 윤리관을 반영하는 규정(2조·103조 등)

A-93

(3) 단속법규와의 관계

1) 강행법규와 단속법규의 관계 강행법규에는 효력규정과 단속규정(금지규정)이 있으며, 효력규정은 그에 위반하는 행위의 사법상의 효과가 부정되는 것이고, 단속규정은 국가가 일정한 행위를 단속할 목적으로 그것을 금지하거나 제한하는 데 지나지 않기 때문에 그에 위반하여도 벌칙의 적용이 있을 뿐이고 행위 자체의 사법상의 효과에는 영향이 없는 것이다(이설 있음).

2) 효력규정·단속규정의 구별표준 교통단속법규와 같이 단순히 사실적 행위를 금지 또는 제한하는 규정이 단속규정임은 분명하다. 그러나 일정한 법률행위를 금지 또는 제한하면서 그에 위반하는 경우에 행위자를 처벌하는 법규는 판단이 쉽지 않다. 그러한 경우에는 해당 법규의 입법취지에 의하여 판단하여야 한다. 즉 법규의 입법취지가 단순히 일정한 행위를 하는 것을 금지하려는 것인지, 아니면 법규가 정하는 내용의 실현을 완전히 금지하려는 것인가에 따라, 전자에 해당하면 단속규정이라고 하고, 후자에 해당하면 효력규정이라고 하여야 한다(판단기준에 관한 판례로 대판 2010. 12. 23, 2008다75119; 대판 2017. 2. 3, 2016다259677 등도 참조).

3) 단속규정·효력규정 위반행위의 예 행정법규 가운데 특히 경찰법규는 단순한 단속규정이며, 그에 위반하는 행위는 무효로 되지 않는다. 예컨대 무허가 음식점의 유흥 영업행위 또는 음식물 판매행위(식품위생법 37조·94조 1항 3호), 신고 없이 숙박업을 하는 행위(공중위생관리법 3조·20조) 등이 그렇다. 그리고 판례에 나타난 예로는, 구 주택법 제39조 제 1 항의 전매금지규정을 위반한 약정(대판 2011. 5. 26, 2010다102991), 「부동산등기 특별조치법」 제 2 조 제 2 항에 위반한 중간생략등기의 합의(대판 1993. 1. 26, 92다39112) 등이 있다.

그에 비하여 효력규정에 위반하는 행위는 무효로 된다. 광업권의 대차(이른바 덕대계약 — 광업법 8조·11조), 어업권의 임대차(수산업법 33조), 토지거래 허가구역 내에서 관할관청의 허가 없이 체결한 토지매매계약(「부동산 거래신고 등에 관한 법률」 11조), 관할청의 허가 없이 행한 학교법인(사립학교)의 기본재산 처분(사립학교법 28조),

법령의 제한을 초과하는 부동산 중개수수료 약정(규율 법률이 변해왔는데, 현재에는 공인중개사법 32조 1항·4항, 33조 1항 3호)(대판(전원) 2007. 12. 20, 2005다32159[핵심판례 18면] 등. 한도 초과부분이 무효라고 함) 등이 그렇다.

(4) 강행법규 위반의 모습 A-94

강행법규 가운데 효력규정에 위반하는 모습에는 직접적 위반과 간접적 위반(탈법행위)의 두 가지가 있다.

1) 직접적 위반 직접적 위반은 법률행위가 효력규정에 정면으로 위반되는 경우이며, 그때 법률행위가 무효로 됨은 물론이다.

2) 탈법행위(간접적 위반) 탈법행위(脫法行爲)란 직접 효력규정(강행법규)에 위반하지는 않으나 강행법규가 금지하고 있는 것을 회피수단에 의하여 실질적으로 달성하고 있는 행위를 말한다. 예컨대 금전의 대여자가 법령이 정한 최고이자율을 회피하기 위하여 일부 금액을 수수료 또는 사례금의 명목으로 받기로 한 경우에 그렇다(「이자제한법 4조 또는 「대부업 등의 등록 및 금융이용자 보호에 관한 법률」 8조 2항에 의하여 수수료 등이 이자로 의제되기 때문에 이 예는 아주 적절하지는 않으나, 이해의 편의를 위하여 여기에 든 것이다).

탈법행위는 직접 강행법규에 위반하는 것은 아니지만 법규의 정신에 반하고 법규가 금지하고 있는 결과의 발생을 목적으로 하기 때문에 무효이다.

강행법규가 금지하는 것을 회피하는 행위가 모두 탈법행위인 것은 아니다. 강행법규의 취지가 그것의 위반행위에 의한 결과를 절대로 인정하지 않으려는 것일 때에는 회피행위는 탈법행위라고 하여야 하고, 단지 특정의 수단·형식에 의하여 어떤 결과가 생기지 않게 하려는 것일 때에는 회피행위는 탈법행위가 아니고 유효하다고 하여야 한다. 후자의 예로 동산의 양도담보를 들 수 있다.

Ⅴ. 목적의 사회적 타당성 A-95

1. 서 설

법률행위가 유효하려면 사회적 타당성이 있어야 한다. 민법은 이를 제103조에서 「선량한 풍속 기타 사회질서에 위반한 사항을 내용으로 하는 법률행위는 무효로 한다」라고 규정하고 있다. 그 결과 법률행위는 그것이 설사 개별적인 강행법규에 위반하지 않을지라도 경우에 따라서 사회적 타당성이 없다는 이유로 무효로 될 수도 있다.

2. 사회질서의 의의

민법 제103조는 「선량한 풍속 기타 사회질서」를 사회적 타당성의 구별 표준으로 규정하고 있다. 제103조에서 선량한 풍속이라 함은 모든 국민에게 지킬 것이 요구되는 최소한도의 도덕률을 말한다. 그리고 사회질서는 국가·사회의 공공적 질서이다. 그 결과 선량한 풍속은 당연히 사회질서에 포함되게 된다.

A-96

3. 사회질서 위반 여부의 판단

(1) 동기의 불법

법률행위의 동기란 법률행위를 하게 한 이유이다. 법률행위에 있어서 이러한 동기만이 사회질서에 반하는 경우에도 언제나 법률행위가 무효로 되는가이다. 예컨대 살인을 위하여 흉기를 매매하거나 도박을 하기 위하여 금전을 빌리는 경우에는, 흉기의 매매계약·금전의 소비대차계약은 모두 그 자체가 사회질서에 반하지는 않으며, 그러한 법률행위를 하게 된 동기만이 사회질서에 반한다. 그러한 때에도 법률행위가 무효로 되는지가 문제되는 것이다.

여기에 관하여 학설은 여러 가지로 나뉘어 대립하고 있다. 그중에 i) 표시설은 동기가 표시된 때에 한하여 그 표시된 동기는 법률행위의 내용을 이루고, 따라서 표시된 동기가 사회질서에 반하면 무효라고 한다. ii) 인식설은 불법동기가 상대방에게 표시되거나 알려져 상대방이 그 불법동기의 실현에 가담할 때 반사회성을 인정한다(사견도 같음. 민법총칙 [124] 참조).

대법원은 여러 판결에서 「표시되거나 상대방에게 알려진 법률행위의 동기가 반사회질서적인 경우」도 사회질서 위반행위라고 하여(대판 1984. 12. 11, 84다카1402 이래 다수의 판결), 인식설과 유사한 태도를 보이고 있다.

(2) 사회질서 위반 여부의 판단시기

법률행위가 사회질서에 위반하는지 여부는 어느 시기를 기준으로 하여 판단하여야 하는가? 여기에 관하여 판례는 「선량한 풍속 기타 사회질서는 부단히 변천하는 가치관념으로서 어느 법률행위가 이에 위반되어 민법 제103조에 의하여 무효인지 여부는 그 법률행위가 이루어진 때를 기준으로 판단하여야」 한다고 하여, 법률행위시설의 견지에 있다(대판(전원) 2015. 7. 23, 2015다200111).

A-97

4. 사회질서 위반행위의 유형과 구체적인 예

종래의 판례에 나타난 사안을 중심으로 하여 사회질서 위반행위의 유형과 구체적인 예를 살펴보기로 한다.

(1) 사회질서 위반행위의 유형

사회질서 위반행위의 유형은 일반적으로 사회질서 위반의 모습에 따라서 ① 법률행위의 목적이 사회질서에 위반하는 경우(가령 첩계약, 살인계약), ② 어떤 사항 자체가 사회질서에 반하지는 않으나 그것이 법률적으로 강제됨으로써 사회질서에 반하는 것(가령 과도한 위약벌의 약정. 대판 1993. 3. 23, 92다46905), ③ 그 사항 자체는 사회질서에 반하지 않으나 금전적 이익과 결부됨으로써 사회질서에 반하는 것(가령 소송에서 사실대로 증언해 줄 것을 조건으로 통상적인 수준을 넘는 급부를 약정한 경우(대판 2010. 7. 29, 2009다56283 등), 형사사건에서의 성공보수약정(대판(전원) 2015. 7. 23, 2015다200111)), ④ 사회질서에 반하는 것을 조건으로 하는 것(가령 살인을 조건으로 한 증여계약, 수임인이 행정청의 허가를 얻기 위하여 공무원의 직무 관련 사항에 관하여 특별한 청탁을 하면서 뇌물 공여 등 로비를 하는 자금이 그 보수액에 포함되어 있다고 볼 만한 특수한 사정이 있는 때(대판 2016. 2. 18, 2015다35560)), ⑤ 동기가 불법한 것(가령 살인을 위한 흉기매매) 등으로 나눈다. 판례도 같다(대판 1984. 12. 11, 84다카1402 이래 다수의 판결).

⑵ 사회질서 위반행위의 구체적인 예

A-98

1) 정의의 관념에 반하는 행위　범죄 기타의 부정행위를 권하거나 그에 가담하는 계약은 무효이다. 예컨대 밀수입의 자금으로 사용하기 위한 대차 또는 그것을 목적으로 하는 출자는 무효이다(대판 1956. 1. 26, 4288민상96).

[판례] 2중매매 기타의 2중양도

(ㄱ) 2중매매에 관한 기본태도　부동산 매도인의 배임행위에 적극 가담하여 이루어진 토지의 2중매매는 사회정의 관념에 위배된 반사회적인 법률행위로서 무효이다(대판 1969. 11. 25, 66다1565; 대판 1994. 3. 11, 93다55289 등). 그러나 2중매수인이 매도인의 매도사실을 알았다는 것만으로는 무효로 되지 않는다(대판 1981. 1. 13, 80다1034). 대리인이 본인을 대리하여 부동산을 2중으로 매수한 경우에는 대리인이 매도인의 배임행위에 가담하였으면 본인이 그러한 사정을 몰랐더라도 무효이다(대판 1998. 2. 27, 97다45532).

(ㄴ) 2중매매 무효법리의 확대적용　판례는 이러한 2중매매 무효의 법리를 그 밖에서도 널리 적용한다. 그리하여 어떤 자가 부동산을 타인에게 매도하였음을 알면서 그 자의 배임행위에 적극 가담하여 증여받은 경우(대판 1983. 4. 26, 83다카57 등), 부동산에 관하여 취득시효가 완성된 후 부동산 소유자가 이를 알면서 부동산을 제3자에게 불법적으로 처분하였고 부동산을 취득한 제3자가 부동산 소유자의 불법행위에 적극 가담한 경우(대판 2002. 3. 15, 2001다77352·77369 등), 이미 매도된 부동산에 관하여 매도인의 채권자가 매도인의 배임행위에 적극 가담하여 저당권설정계약을 체결한 경우(대판 2002. 9. 6, 2000다41820 등)에, 수증행위·부동산 매매계약·저당권설정계약은 모두 사회질서에 반하여 무효이다.

보험계약자가 다수의 보험계약을 통하여 보험금을 부정취득할 목적으로 보험계약을 체결한 경우(대판 2005. 7. 28, 2005다23858 등), 수사기관에서 참고인으로서 허위진술을 해 주는 대가로 작성된 각서(대판 2001. 4. 24, 2000다71999)도 사회질서에 반하여 무효이다.

대법원은, 금전소비대차계약과 함께 이자의 약정을 하는 경우에, 그 이율이 사회통념상 허용되는 한도를 초과하여 현저하게 고율로 정하여진 때에는 그 초과부분의 이자약정은 선량한 풍속 기타 사회질서에 반하는 것으로서 무효라고 한다(대판(전원) 2007. 2. 15, 2004다50426[핵심판례 194면] 등).

그에 비하여 판례에 의하면, 양도소득세 회피를 위하여 매매계약을 체결하거나(대판 1992. 12. 22, 91다35540·35557) 또는 명의신탁을 한 경우(대판 1991. 9. 13, 91다16334·16341), 양도소득세의 일부를 회피할 목적으로 매매계약서에 실제로 거래한 가액보다 낮은 금액을 매매대금으로 기재한 경우(대판 2007. 6. 14,

(2007다 3285)는 사회질서에 반하지 않는다고 한다.

대가를 주고서 부정행위를 하지 않게 하는 계약도 당연한 일이 금전적 대가와 결합함으로써 사회질서 위반으로 된다. 명예훼손행위를 하지 않는다는 것을 조건으로 하여 금전을 지급하기로 한 약정이 그 예이다. 경우에 따라서는 정당한 행위에 대한 사례금 지급 약정도 그에 해당할 수 있다(대판 1972. 1. 31, 72다1455·1456). 예컨대 소송에서 사실대로 증언해 줄 것을 조건으로 어떤 급부를 하는 것을 약정한 경우에는 통상적인 수준(가령 증언으로 인한 수입 결손 전보)을 넘는 때에는 사회질서에 반하게 된다(대판 1999. 4. 13, 98다52483 등).

A-99 2) 윤리적 질서에 반하는 행위 예컨대 자녀가 부모에 대하여 손해배상을 청구하는 행위, 자녀가 부모와 동거하지 않겠다고 하는 행위는 부모와 그 자녀 사이의 도의에 반하는 행위로서 무효이다.

그리고 일부일처제의 혼인질서에 반하는 법률행위도 무효이다. 그리하여 첩계약(처 있는 남자가 다른 여자와 부첩관계를 유지하는 계약)은 반사회질서행위로 무효이다. 그러나 부첩관계를 해소하면서 그 동안의 첩의 희생에 대하여 배상하고 또 첩의 장래 생활대책을 위하여 금전을 지급하기로 한 약정은 사회질서 위반이 아니다(대판 1980. 6. 24, 80다458).

그리고 부첩관계인 부부생활의 종료를 해제조건으로 하는 증여계약은 그 조건만이 무효인 것이 아니라 증여계약 자체가 무효이다(대판 1966. 6. 21, 66다530).

3) 개인의 자유를 심하게 제한하는 행위 이러한 행위 가운데에는 개인의 정신적·신체적 자유를 제한하는 것과 경제적 자유를 제한하는 것이 있다.

전자의 예로는 인신매매·매춘행위가 있으며 그것들은 당연히 사회질서에 반하여 무효이다.

다음에 경제적 자유를 제한하는 것의 예로는 어떤 자와 같은 종류의 영업을 하지 않겠다는 계약을 들 수 있다. 그러한 계약도 합리적인 시간과 범위를 정하고 있으면 유효하다. 그러나 경제활동을 지나치게 제한하게 되면 사회질서에 반하게 된다.

4) 생존의 기초가 되는 재산의 처분행위 예컨대 어떤 자가 자신이 장차 취득할 재산을 모두 양도한다는 계약, 사찰이 그 존립에 필요불가결한 재산인 임야를 증여하는 행위(대판 1970. 3. 31, 69다2293)는 생존을 불가능하게 하는 행위로서 무효이다.

5) 지나치게 사행적(射倖的)인 행위 요행을 바라는 사행계약은 그 정도가 지나친 경우에는 사회질서에 반한다. 도박계약이 그 예이다.

한편 도박을 한다는 것을 알면서 도박자금을 빌려주는 행위(대판 1973. 5. 22, 72다2249 등), 도박으로 인한 채무의 변제를 위하여 토지를 양도하는 계약(대판 1959. 10. 15, 4291민상262), 노름빚을 토대로 하여 그 노름빚을 변제하기로 약정한 계약(대판 1966. 2. 22, 65다2567)은 모두 무효이다. 그러나 이는 사행계약이어서가 아니고, 동기가 불법하고 그 동기를 상대방이 알고 있었기 때문이다.

6) 폭리행위 이에 관하여는 뒤에 따로 논의한다(A-102·103). A-100

7) 기 타 판례에 의하면, 형사사건에서의 성공보수약정은 수사·재판의 결과를 금전적인 대가와 결부시킴으로써 기본적 인권의 옹호와 사회정의의 실현을 그 사명으로 하는 변호사 직무의 공공성을 저해하고 의뢰인과 일반 국민의 사법제도에 대한 신뢰를 현저히 떨어뜨릴 위험이 있으므로 선량한 풍속 기타 사회질서에 위반되는 것으로 평가할 수 있다고 하며(대판(전원) 2015. 7. 23, 2015다200111[핵심판례 22면]. 종래 이루어진 보수약정의 경우에는 보수약정이 성공보수라는 명목으로 되어 있다는 이유만으로 무효라고 단정하기는 어려우나, 향후에도 성공보수약정이 체결된다면 이는 103조에 의하여 무효로 볼 것이라고 한다), 지방자치단체가 골프장 사업계획 승인과 관련하여 사업자로부터 거액의 기부금을 지급받기로 한 증여계약은 공무수행과 결부된 금전적 대가로서 그 조건이나 동기가 사회질서에 반하므로 제103조에 의하여 무효라고 한다(대판 2009. 12. 10, 2007다63966).

5. 사회질서 위반의 효과

A-101

법률행위가 선량한 풍속 기타 사회질서에 반하는 경우에는 그 법률행위는 무효이다(103조). 그 무효는 절대적인 것이고(이 법률행위의 무효는 이를 주장할 이익이 있는 자는 누구든지 주장할 수 있다. 대판 2016. 3. 24, 2015다11281), 따라서 누구도 사회질서 위반행위의 유효를 주장할 수 없다. 그가 선의의 제 3 자라도 마찬가지이다(대판 1996. 10. 25, 96다29151은 부동산의 2중매매계약의 제 2 매수인으로부터 다시 취득한 제 3 자의 유효주장을 배제한다). 그리고 그 행위는 추인을 하여도 추인의 효과가 생기지 않으며, 무효임을 알고 추인하여도 새로운 법률행위를 한 효과가 생기지 않는다(대판 1973. 5. 22, 72다2249).

6. 불공정한 법률행위(폭리행위)

A-102

(1) 의 의

불공정(不公正)한 법률행위 또는 폭리행위(暴利行爲)라 함은 당사자의 궁박·경솔 또는 무경험으로 인하여 현저하게 공정을 잃은 법률행위를 말한다. 민법은 제104조에서 어떤 자가 약자적인 지위에 있는 다른 자의 궁박·경솔·무경험을 이용하여 폭리를 취하는 것을 막기 위하여 폭리행위를 무효로 규정하고 있다(동지 대판 1994. 11. 8, 94다31969 등).

(2) 요 건

폭리행위가 성립하려면 객관적 요건과 주관적 요건의 두 요건이 갖추어져야 한다.

1) 객관적 요건

(개) 급부 사이의 현저한 불균형 폭리행위가 되려면 먼저 급부와 반대급부 사이에 현저한 불균형이 있어야 한다(대판 2010. 2. 11, 2009다72643도 같음).

우리 판례가 인정한 불균형 사례에는, 부동산의 매매가격이 시가의 8분의 1 정도인 경우(대판 1977. 12. 13, 76다2179), 토지를 시가의 5분의 1에도 못 미치는 가격으로 매매한 경우(대판 1994. 6. 24, 94다10900), 건물을 시가의 3분의 1에도 미달한 가격으로 매매한 경우(대판 1973. 5. 22, 73다231) 등이 있다.

(나) 불균형의 판단시기 급부 사이의 불균형 여부를 판단하는 기준시기에 관하여 통설(사견도 같음)과 판례(대판 1965. 6. 15, 65다610 등)는 법률행위 당시(계약을 체결한 때)라고 한다.

A-103 2) 주관적 요건 폭리행위가 되려면 피해자의 궁박·경솔 또는 무경험이 있어야 하고, 폭리행위자가 이를 이용하였어야 한다.

(가) 피해자의 궁박·경솔·무경험 「궁박」은 벗어나기 어려운 상태(판례는 급박한 곤궁이라 한다)를 말하는 것으로서, 경제적인 원인에 의한 것일 때가 많겠으나(가령 대판 1968. 7. 30, 68다88), 그에 한정되지 않으며 정신적·심리적 원인에 의한 것이어도 무방하다(동지 대판 1996. 6. 14, 94다46374 등). 그리하여 가령 위급한 환자에게 의사가 과다한 보수를 요구하거나 감금하고서 토지를 싸게 팔도록 한 경우도 궁박에 해당할 수 있다.

「경솔」의 의미에 관하여는 학설이 나뉘는데, 다수설(사견도 같음)은 의사를 결정할 때 그 행위의 결과나 장래에 관하여 보통인이 베푸는 고려를 하지 않는 심리상태를 말한다고 한다.

「무경험」의 의미에 관하여는 학설이 나뉘는데, 다수설은 일반적인 생활체험이 불충분한 것이라고 한다.

피해자는 궁박·경솔·무경험 가운데 어느 하나만 갖추면 되고, 그 모두를 갖출 필요는 없다(통설·판례도 같다. 대판 1993. 10. 12, 93다19924 이래의 여러 판결).

(나) 폭리행위자의 이용 폭리행위가 성립하려면 피해자의 궁박·경솔·무경험이 존재하는 것 외에 피해자의 그러한 상황을 폭리행위자가 이용하였어야 한다.

(3) 효 과

법률행위가 폭리행위의 요건을 모두 갖추면 무효로 된다(104조). 그 무효는 절대적 무효이며, 추인에 의하여 유효하게 될 수도 없다(대판 1994. 6. 24, 94다10900).

제7절 흠 있는 의사표시

A-104 I. 개 관

법률행위가 유효하려면 그것의 구성요소인 의사표시에 흠이 없어야 한다. 만약 의사표시에 흠이 있는 때에는 법률행위가 무효로 되거나 취소될 수 있다. 민법은 의사표시에 흠이 있는 경우 4가지를 제107조 내지 제110조에서 규정하고 있다. 그런데 그것들은 성질상 크게 「의사와 표시의 불일치」와 「사기·강박에 의한 의사표시」의 둘로 나누어진다.

의사표시에 있어서 표의자의 내심의 의사(진의)와 표시행위의 의미가 일치하지 않는 경우, 즉 의사와 표시가 일치하지 않는 경우를 통틀어서 「의사와 표시의 불일치」 또는 「의사의 결여(흠결)」라고 한다. 이러한 「의사와 표시의 불일치」 가운데에는 표의자가 그 불일치를 알고 있는 경우도 있고, 알고 있지 못하는 경우도 있다. 진의 아닌 의사표시(107조)와 허위표시(108조)는 전자에 해당하고, 착오(109조)는 후자에 해당한다. 그리고 진의 아닌 의사표시와 허위표시는 표의자가 의사와 표시의 불일치를 알고 있다는 점에서는 같으나, 상대방과의 통정(통모)이 있었는지 여부에서 다르다.

사기·강박에 의한 의사표시(110조)에 있어서는 의사의 형성과정에 하자(부당한 간섭)가 존재한다. 그 때문에 이 의사표시는 하자 있는 의사표시라고도 한다.

Ⅱ. 진의 아닌 의사표시(비진의표시)

A-105

1. 의 의

진의(眞意) 아닌 의사표시 또는 비진의표시(非眞意表示)라 함은 표시행위의 의미가 표의자의 진의와 다르다는 것, 즉 의사와 표시의 불일치를 표의자 스스로 알면서 하는 의사표시를 말한다. 비진의표시는 심리유보(心裡留保)라고도 한다.

비진의표시는 의사와 표시의 불일치를 표의자가 의식하고 있다는 점에서 허위표시와 같다. 그러나 진의와 다른 표시를 표의자가 단독으로 하고 상대방 있는 경우에도 그와 통정(통모: 서로 짜고 함)하는 일이 없는 점에서, 진의와는 다른 표시를 하는 데 관하여 상대방과 합의(통모)가 있어야 하는 통정 허위표시와 다르며, 그 때문에 비진의표시는 통정 허위표시에 대응하여 단독 허위표시라고도 한다.

2. 요 건

A-106

(1) 의사표시의 존재

비진의표시가 인정되기 위하여서는 우선 의사표시가 존재하여야 한다. 따라서 사교상의 명백한 농담, 교수가 강의 중에 예로서 행한 표시 등의 경우에는, 의사표시가 있다고 할 수 없으므로, 비진의표시는 문제될 여지가 없다.

표의자가 진의와 다른 표시를 상대방이 알 것이라고 기대하고서 하는 의사표시인 희언표시(戱言表示)가 있다. 농담이 그 대표적인 예이다. 희언표시에도 제107조가 적용된다.

(2) 진의(의사)와 표시의 불일치

비진의표시로 되려면 진의와 표시가 일치하지 않아야 한다. 즉 표시행위의 의미(표시상의 효과의사)에 대응하는 의사(내심적 효과의사)(판례는 이 의사를 효과의사에 대응하는 내심의 의사라고 표현한다. 대판 1991. 7. 12, 90다11554[핵심판례 26면])가 존재하지 않아야 한다. 여기의 진의(의사)는 내심적 효과의사이고, 표의자가 이상적·궁극적으로 바라고 있는 의도가 아니다.

우리의 실무에서 비진의표시인지가 문제된 주요 사안으로는 사직의 의사표시 및 명의대여의 경우가 있다. 판례에 의하면, 근로자들이 사용자의 지시에 좇아 사직서를 제출한 경우에는, 비록 그들이 사직서 제출 당시 그 사직서에 의하여 의원면직 처리될지 모른다는 점을 인식하였다고 하더라도, 그것만으로써 그들의 내심에 사직의 의사가 있는 것이라고 할 수 없다고 한다(대판 1991. 7. 12, 90다11554[핵심판례 26면]. 일괄 사직서 제출에 관한 판결은 그 밖에도 많다). 즉 사직의 의사표시는 비진의표시라고 한다. 그리고 판례는 학교법인이 사립학교법상의 제한규정 때문에 그 학교의 교직원의 명의를 빌려서 금전을 빌린 경우(대판 1980. 7. 8, 80다639), 법률상 또는 사실상의 장애로 자기 명의로 대출받을 수 없는 자를 위하여 대출금 채무자로서의 명의를 빌려주어 대출을 받게 한 경우(대판 1996. 9. 10, 96다18182; 대판 1997. 7. 25, 97다8403)에 관하여, 명의대여자의 의사표시는 비진의표시가 아니고, 따라서 표시된 대로 효력이 생긴다고 한다.

(3) 표의자가 진의(의사)와 표시의 불일치를 알고 있을 것

(4) 표의자의 동기

표의자가 진의와 다른 표시를 하는 이유나 동기는 묻지 않는다.

A-107

3. 효 과

(1) 원 칙

비진의표시는 원칙적으로 표시된 대로 효력을 발생한다(107조 1항 본문).

(2) 예 외

상대방이 표의자의 진의 아님을 알았거나 이를 알 수 있었을 경우에는 비진의표시는 무효이다(107조 1항 단서). 여기서 「알 수 있었을 경우」라 함은 거래계에서 보통 일반적으로 요구되는 정도의 주의(일반인으로서의 주의)를 베풀었다면 알 수 있었을 경우를 말한다. 즉 과실로 인하여 알지 못한 경우이다.

(3) 제 3 자에 대한 관계

비진의표시가 예외적으로 무효로 되는 경우에, 그 무효는 선의의 제 3 자에게 대항하지 못한다(107조 2항). 이는 거래의 안전을 위하여 둔 규정이다. 이 규정에서 「제 3 자」, 「선의」, 「대항하지 못한다」 등의 의미는 허위표시(108조 2항)에 있어서와 마찬가지이므로, 허위표시에 관한 설명에 미루기로 한다(A-111 · 112 참조).

A-108

Ⅲ. 허위표시

1. 의 의

허위표시(虛僞表示)라 함은 상대방과 통정하여서 하는 허위의 의사표시를 말한다. 채무자가 자기 소유의 부동산에 대한 채권자의 집행을 면하기 위하여 타인과 상의하여 부

동산을 그 자에게 매도한 것으로 하고 소유권이전등기를 한 경우가 그 예이다. 허위표시는 상대방과 통정하고 있다는 점에서 통정 허위표시라고도 한다. 그리고 허위표시를 요소로 하는 법률행위를 가리켜 가장행위(假裝行爲)라고도 한다.

2. 요 건

(1) 의사표시의 존재

허위표시가 인정되려면 우선 의사표시가 있어야 한다. 다시 말하면, 유효한 의사표시가 존재하는 것과 같은 외관이 있어야 한다.

(2) 진의(의사)와 표시의 불일치

허위표시가 되려면, 진의와 표시가 일치하지 않아야 한다. 즉 표시행위의 의미에 대응하는 표의자의 의사가 존재하지 않아야 한다. 주의할 것은, 당사자의 의사가 있는 한, 의사표시의 법률적 효과와 그것에 의하여 달성하려고 하는 경제적 목적이 서로 모순될지라도, 그것이 곧 허위표시로 되지는 않는다는 점이다. 즉 신탁행위는 허위표시가 아니다.

(3) 표의자가 진의(의사)와 표시의 불일치를 알고 있을 것

허위표시는 이 점에서 비진의표시와 같고 착오와 다르다.

(4) 상대방과의 통정(通情)이 있을 것

허위표시로 인정되려면, 진의와 다른 표시를 하는 데 관하여 상대방과 통정하여야 한다. 여기의 통정(통모)이 있다고 하기 위하여서는 표의자가 진의 아닌 표시를 하는 것을 알고 있는 것만으로는 부족하며, 그에 관하여 상대방과의 사이에 합의가 있어야 한다(통설 · 판례도 마찬가지로 새긴다. 대판 1998. 9. 4, 98다17909).

3. 허위표시와 구별하여야 하는 행위

A-109

(1) falsa demonstratio(그릇된 표시)

의사표시의 자연적 해석에 있어서 당사자의 일치하는 이해와 다르게 표시된 것을 가리켜 falsa demonstratio라고 한다(A-69 참조). 그러한 falsa demonstratio의 경우에는 표시의 의미가 당사자의 일치하는 이해대로 확정되므로 의사와 표시는 일치한다. 따라서 그것은 허위표시가 아니다.

(2) 신탁행위

어떤 경제적 목적을 달성하기 위하여 상대방에게 그 목적달성에 필요한 정도를 넘는 권리를 이전하면서 상대방으로 하여금 그 이전받은 권리를 당사자가 달성하려고 하는 경제적 목적의 범위 안에서만 행사하게 하는 행위가 신탁행위이다. 동산의 양도담보, 추심을 위한 채권양도가 그 예이다. 이러한 신탁행위는 허위표시(가장행위)가 아니다. 신탁행

위에 있어서는 권리를 이전하려는 진의가 있기 때문이다.

A-110

4. 효 과

(1) 서 설

허위표시는 그 내용에 따른 효과가 발생하지 않는다. 즉 무효이다(108조 1항). 우선 당사자 사이에서 그렇다. 그러나 제3자에 대한 관계에서도 허위표시는 무효이다. 다만, 민법상 허위표시의 무효를 가지고 선의의 제3자에게 대항하지는 못한다(108조 2항).

(2) 당사자 사이의 효과

허위표시는 당사자 사이에서는 언제나 무효이다. 선의의 제3자가 허위표시의 유효를 주장하는 경우에도 마찬가지이다. 따라서 가장행위에 기하여 이행을 하고 있지 않으면 이행할 필요가 없고, 이미 이행한 경우에는 부당이득을 이유로 반환청구를 할 수 있다. 이 때에 제746조는 적용되지 않는다(통설도 같다).

A-111

(3) 제3자에 대한 관계

1) 개 관 가장행위는 원칙적으로 제3자에 대하여 무효이다. 단지 선의의 제3자에 대하여만 예외가 인정될 뿐이다(108조 2항). 따라서 당사자는 제3자에 대하여도 그가 선의의 제3자에 해당하지 않는 한 무효를 주장할 수 있다.

2) 민법 제108조 제2항(선의의 제3자 보호) 민법은 제108조 제2항에서 「전항의 의사표시의 무효는 선의(善意)의 제3자에게 대항하지 못한다」고 규정하고 있다. 이 규정은 선의취득이 인정되지 않는 거래분야, 특히 부동산거래에 있어서 사실상 공신의 원칙을 인정하는 것이 되어 대단히 중요한 의미를 갖는다. 이 규정의 내용을 「제3자」, 「선의」, 「대항하지 못한다」로 나누어 자세히 살펴보기로 한다.

(가) 제3자 일반적으로 제3자라고 하면 당사자와 그 포괄승계인(예: 상속인·합병회사) 이외의 자 모두를 가리킨다. 그러나 제108조 제2항에서 말하는 제3자는, 위와 같은 자 가운데에서 허위표시 행위를 기초로 하여 새로운 이해관계를 맺은 자만을 의미한다(이설이 없으며, 판례도 같다. 대판 2000. 7. 6, 99다51258[핵심판례 28면]).

여기의 제3자에 해당하는 자로는, 가장매매의 매수인으로부터 목적부동산을 다시 매수한 자(대판 1960. 2. 4, 4291민상636), 가장매매의 매수인으로부터 저당권을 설정받은 자, 가장 전세권에 대하여 저당권을 취득한 자(대판 2008. 3. 13, 2006다29372·29389 등), 가장 소비대차에 기한 대여금채권의 양수인(대판 2004. 1. 15, 2002다31537), 가장 근저당권설정계약이 유효하다고 믿고 그 피담보채권에 대하여 가압류한 자(대판 2004. 5. 28, 2003다70041. 그런데 판례는 피담보채권을 성립시키는 법률행위가 필요하다고 함), 가장 전세권설정계약에 의하여 형성된 법률관계로 생긴 채권(전세권부채권)을 가압류한 경우의 가압류권자(대판 2013. 2. 15, 2012다49292 등) 등을 들 수 있다. 그리고 제3자로부터의 전득자도 제3자에 해당한다. 판례(대판 2013. 2. 15, 2012다49292)도 같은 태도를 취하고 있다.

A-112 그에 비하여 대리인이나 대표기관이 상대방과 허위표시를 한 경우의 본인이나 법인, 채권의 가장양수인으로부터 추심을 위하여 채권을 양수한 자, 가장양수인의 일반채권자(압류 등의 경우는 예외), 가장 소비대차에 있어서 대주의 지위를 이전받은 자(대판 2004. 1. 15, 2002다31537) 등은 여기의 제 3 자가 아니다. 이들은 모두 새로운 이해관계, 즉 가장행위와는 별개의 법률원인에 의하여 고유한 법률상의 이익을 갖는 법률관계에 들어가지 않았기 때문이다.

제108조 제 2 항의 제 3 자에 해당된다고 하는 사실은 제 3 자가 주장·증명하여야 한다.

(나) 선 의 법률에서 일반적으로 선의(善意)·악의(惡意)라고 하면 그것들은 각각 어떤 사정을 알지 못하는 것·어떤 사정을 알고 있는 것을 가리키며, 타인을 해칠 의도의 유무와는 무관하다. 그리하여 제108조 제 2 항에서 선의라 함은 의사표시가 허위표시임을 알지 못하는 것이다.

제 3 자의 선의·악의의 주장·증명책임에 관하여 학설은 제 3 자의 악의를 주장하는 자가 이를 증명하여야 한다고 하며, 판례도 같다(대판 2006. 3. 10, 2002다1321 등).

(다) 대항하지 못한다 일반적으로 「대항하지 못한다」라고 하면 법률행위의 당사자가 제 3 자에 대하여 법률행위의 효력(유효·무효)을 주장하지 못하지만, 제 3 자가 그 효력을 인정하는 것은 무방하다는 것을 의미한다. 제108조 제 2 항에서 대항하지 못한다는 것은 허위표시의 무효를 주장할 수 없다는 것이다. 그 결과 허위표시는 무효이지만 선의의 제 3 자에 대한 관계에 있어서는 표시된 대로 효력이 생기게 된다(상대적 무효).

5. 은닉행위

A-113

법률행위를 함에 있어서 당사자가 가장된 외형행위에 의하여 진정으로 의욕한 다른 행위를 숨기는 경우가 있다. 그러한 경우에 숨겨진 행위를 은닉행위(隱匿行爲)라고 한다. 증여를 하면서 매매를 가장하는 경우가 그 예이다. 은닉행위의 경우에 그것을 감추는 외형상의 행위는 가장행위(허위표시)이다. 그러나 은닉행위 자체는 가장행위가 아니다.

Ⅳ. 착 오

A-114

1. 의 의

민법은 제109조에서 착오(錯誤)로 인한 의사표시에 관하여 규정하고 있다. 그런데 이 착오(내지 착오에 의한 의사표시)의 의의에 관하여는 학설이 일치하지 않으며, 판례도 파악하기가 쉽지 않다. 아래에서 학설 중 다수설만 설명한다.

다수설은 착오에 의한 의사표시는 표시로부터 추단되는 의사(표시상의 효과의사)와 진의(내심적 효과의사)가 일치하지 않는 의사표시로서 그 불일치를 표의자 자신이 알지 못하고 한 것이라고 한다.

[참고] 착오의 의의에 관한 사견

사견으로는 광의의 착오는 「표의자의 관념과 실제의 무의식적인 불일치」라고 할 수 있고, 협의의 착오는 「의사(내심적 효과의사)와 표시(표시행위의 의미)의 무의식적인 불일치」라고 할 수 있다(자세한 점은 민법총칙 [151] 참조). 이들 중 보다 중요한 것은 뒤의 것이다. 그것만이 법적으로 고려되기 때문이다. 여기서 협의의 착오를 통틀어서 간단히 부를 수 있는 용어가 필요하게 된다. 그러한 용어로는 「법률행위의 내용의 착오」를 줄인 「행위내용의 착오」가 적당할 것이다.

A-115

2. 착오가 고려되기 위한 요건

(1) 서 설

착오가 고려되기 위한 요건은 제109조 제1항이 규정하고 있다. 그에 의하면 당연한 요건으로서 의사표시의 존재와 의사표시에 있어서의 표의자(상대방은 아님)의 착오의 존재가 필요하다. 그러나 이들에 관하여 특별히 설명할 필요는 없다. 그 밖의 요건으로 법률행위의 내용에 착오가 있어야 하고, 또 그 중요부분에 착오가 있어야 한다. 그리고 제109조 제1항 단서는 표의자에게 중대한 과실이 없을 것을 요구한다.

(2) 「법률행위의 내용」의 착오(행위내용의 착오)

1) 착오의 유형화의 필요성과 그 방법 착오의 유형화 방법으로는 심리학적인 분류(표시상의 착오·내용의 착오·동기의 착오)와 착오의 객체에 따른 분류가 있으며, 이 둘은 모두 필요하다. 그런데 전자는 모든 착오를 포괄하지 못하는 문제점이 있다. 따라서 여기서는 심리학적인 분류에 바탕을 두고 착오의 모든 경우를 망라적으로 인식시킬 수 있도록 유형화하려고 한다. 그것은 시간적인 분류라고 부를 수 있다. 그리고 그에 따른 유형과 별도로 착오 객체에 따른 유형도 살펴보아야 한다. 다만, 이 유형에 관하여는 중복을 피하기 위하여 뒤에 따로 기술하기로 한다.

2) 시간적인 분류에 의한 착오 유형 이는 하나의 의사표시가 형성되기 시작할 때부터 상대방에게 도달하기까지의 과정 가운데 어느 단계에서 착오가 발생하였는가에 의하여 착오의 유형을 구별하는 방법이다.

의사표시가 행하여지는 과정을 살펴보면, 우선 표의자의 의사가 형성되고, 그런 뒤에는 형성된 의사를 표현할 언어나 기타의 표시부호가 결정되며, 다음에는 결정된 표시부호들이 표명된다(말 또는 글). 이 세 단계를 거치면 보통 의사표시는 상대방에게 도달된다. 그러나 간혹 사자나 전신전화국(전보) 등에 의한 표시의 운반이 개재되는 경우가 있다. 마지막으로 의사표시가 도달한 후에 상대방에 의하여 오해될 위험이 남아 있다.

이들 중 어느 단계에서 착오가 발생하였는가에 의하여 착오의 유형을 나눌 수 있는 것이다. 그렇게 한다면, 의사형성에 있어서의 착오를 동기의 착오라고 하고, 의사를 위한 표시부호의 결정에 있어서의 착오를 의미(내용)의 착오, 표시부호의 표명에 있어서의 착오를 표시행위의 착오, 표시의 운반에 있어서의 착오를 전달의 착오(표시기관의 착오), 그리고 상대방에 의하여 오해되는 경우를 상대방(수령자)의 착오라고 한다. 이하에서는 이들 각각의 착오 유형이 행위내용의 착오에 해당하는지를 검토하기로 한다.

A-116

3) 동기의 착오 동기의 착오는 의사형성에 있어서의 착오이다. 예컨대 조카가 운전면허시험에 합격했다고 믿고서 그에게 승용차를 사주었는데 사실은 합격하지 않은 경우에 그렇다.

동기의 착오가 어떤 범위에서 고려되는가에 관하여 학설은 나뉘어 있다(민법총칙 [154] 참조). 그리고 판례는 「동기를 당해 의사표시의 내용으로 삼을 것을 상대방에게 표시」할 것을 요구한다(대판 2000. 5. 12, 2000다12259[핵심판례 32면] 등 다수). 그런데 다른 한편으로 판례는, 표의자의 착오를 상대방이 부정한 방법으로 유발한 경우, 동기가 상대방으로부터 제공된 경우에는 표시를 묻지 않고 — 대체로 내용의 착오 여부에 대하여는 침묵한 채 — 중요부분의 착오라고 한다.

[참고] 동기의 착오에 관한 사견

우리 민법상 동기의 착오는 비록 동기가 표시되어 상대방이 알고 있다고 할지라도 제109조에 의하여서는 고려되지 않는다고 하여야 한다. 다만, 동기의 착오가 상대방에 의하여 신의칙에 반하여 악용된 경우에는 상대방이 이행을 요구하는 것은 권리남용이 된다고 하여야 한다.

A-117

4) 의미의 착오 의미의 착오는 의사를 표시하기 위한 부호의 결정에 있어서의 착오이다. 여기서는 표의자는 표시부호의 법적 의미에 관하여 착오에 빠진다. 의미의 착오는 일반적으로는 내용의 착오라고 한다.

의미의 착오가 행위내용의 착오에 속함은 물론이다. X라는 이름의 개를 Y라고 생각하고 Y를 매도한다고 표시하는 경우에 의미의 착오가 존재한다.

5) 표시행위의 착오 이는 표의자가 올바른 표시부호를 표명하려고 하였으나, 표명함에 있어서 그에게 착오가 있는 경우이다. 예컨대 물건을 주문하면서 100개 대신 1,000개라고 잘못 쓴 경우(오기)가 그렇다. 표시행위의 착오는 표시의 착오라고도 한다. 이러한 표시행위의 착오도 행위내용의 착오이다.

6) 전달의 착오(표시기관의 착오) 이는 격지자 사이의 의사표시에 있어서 중개자가 표의자의 의사와 다른 표시를 상대방에게 전달한 경우이다.

전달의 착오는 표시행위의 착오의 한 가지 경우이다.

7) 상대방(수령자)의 착오 이는 올바르게 표명되고 전달된 의사표시를 상대방(수

령자)이 잘못 이해한 경우이다. 이 상대방의 착오는 제109조의 적용대상이 아니다.

A-118 (3) 중요부분의 착오

1) 중요부분의 착오의 의미 착오가 고려되기 위하여서는 행위내용의 착오가 존재하는 것만으로는 부족하며, 그 밖에 착오가 법률행위의 내용의 중요부분에 있어야 한다.

그런데 그것을 판단하는 기준에 관하여는 학설이 대립하고 있다. 그중 다수설(주·객관적 요건설)은, 표의자가 그러한 착오가 없었더라면 그 의사표시를 하지 않았으리라고 생각될 정도로 중요한 것이어야 하고(주관적 요건), 보통 일반인도 표의자의 입장에 섰더라면 그러한 의사표시를 하지 않았으리라고 생각될 정도로 중요한 것이어야 한다(객관적 요건)고 한다.

2) 착오의 주관적·객관적 현저성 중요부분의 착오로 되려면 먼저 착오가 주관적으로 현저하여야 한다. 즉 착오자가 착오가 없었다면 표시를 하지 않았을 것이거나 또는 그런 내용으로 하지 않았을 것이어야 한다.

중요부분의 착오로 되려면 그 외에 착오가 객관적으로도 현저하여야 한다. 그리하여 보통인도 착오자의 입장이었다면 그러한 의사표시를 하지 않았을 것이라고 인정되어야 한다. 객관적 현저성이 없는 예로는 미신적인 동기에 의한 경우(가령 인터넷으로 34호실 대신 44호실로 예약한 경우), 착오가 착오자를 경제적으로 더 불이익하게 하지 않는 경우(대판 2006. 12. 7, 2006다41457(주채무자의 차용금반환채무를 보증할 의사로 공정증서에 연대보증인으로 서명·날인했는데, 그 공정증서가 주채무자의 기존의 구상금채무 등에 관한 준소비대차계약의 공정증서이었던 경우); 대판 2009. 4. 23, 2008다96291·96307 등)를 들 수 있다.

A-119 (4) 표의자에게 중과실이 없을 것

1) 착오가 표의자의 중대한 과실로 인하여 발생한 때에는 다른 요건이 모두 갖추어져 있어도 고려되지 못한다(109조 1항 단서). 여기서 중대한 과실(중과실)이라 함은 표의자의 직업, 행위의 종류, 목적 등에 비추어 보통 베풀어야 할 주의를 현저하게 결여하는 것을 말한다(통설·판례도 같다. 대판 2003. 4. 11, 2002다70884 등 다수의 판결).

2) 표의자의 착오를 상대방이 인식한(알고 이용한) 경우에는 표의자는 그에게 중과실이 있더라도 취소할 수 있다고 하여야 한다(대판 2014. 11. 27, 2013다49794).

A-120 [참고] 과실의 종류

과실은 부주의(不注意)의 정도에 의하여 경과실과 중과실로 나누어진다. 경과실은 다소라도 주의를 게을리한 경우이고, 중과실은 현저하게 주의를 게을리한 경우이다. 일반적으로 민법에서 과실이라고 하면 경과실을 의미한다. 중과실을 요하는 경우에는 특별히 「중대한 과실」이라고 표현한다(109조 1항 단서 등).

과실은 다른 한편으로 어떠한 종류의 주의의무를 게을리했는가에 따라 추상적 과실과 구체적 과실로 나누어진다. 추상적 과실은 그 사람이 속하는 사회적 지위, 종사하는 직업 등에서 보통 일반적으로 요구되는 정도의 주의(注意)를 게을리한 것이다. 이 경우의 주의를 선량한 관리자의 주의 또는 선관주의(善管注意)라고 한다(374조 참조). 그에 비하여 구체적 과실은 행위자 자신의 주의능력을 기준으로 하여 그 주의를 게을리한 것이다(695조·922조·1022조 등). 따라서 구체적 과실의 주의에서는 개인의 능력 차이가 인정된다. 그런데 민법상의 주의는 선관주의가 원칙이고, 그리하여 과실도 추상적 과실이 원칙이다. 민법은 구체적 과실의 경우에는 「자기 재산과 동일한 주의」 등의 특별한 표현을 쓰고 있다.

추상적 과실은 추상적 경과실과 추상적 중과실로 나누어진다. 이 가운데 추상적 경과실이 민법상의 원칙임은 물론이다. 따라서 선관주의를 다소라도 게을리하면 책임이 발생하게 된다. 이론상으로는 구체적 과실도 구체적 경과실과 구체적 중과실로 나눌 수 있으나, 구체적 중과실을 규정하는 명문규정은 없다. 따라서 구체적 과실은 언제나 경과실 즉 구체적 경과실을 의미한다.

3. 고려되는 착오의 구체적인 모습

A-121

우리 판례에 나타난 예를 중심으로 하여 착오의 객체에 따른 유형별로 고려되는 착오의 모습을 살펴보기로 한다.

(1) 기명날인의 착오(서명의 착오)

신원보증서류에 서명날인한다는 착각에 빠진 상태로 연대보증의 서면에 서명날인한 경우(대판 2005. 5. 27, 2004다43824)는 중요부분의 착오이다.

(2) 동일성의 착오

이는 법률행위가 관계하는 사람(법인 포함) 또는 객체의 동일성에 관하여 착오가 있는 경우이다. 동일성의 착오 가운데 사람, 특히 상대방의 동일성의 착오는 상대방이 누구인지가 중요한 법률행위, 예컨대 사용대차·임대차 등에서는 고려되나, 상대방이 누구인지가 중요하지 않은 법률행위, 예컨대 현실매매에서는 고려되지 않는다. 법률행위가 관계하는 객체의 동일성의 착오는 일반적으로 고려된다.

(3) 성질의 착오

A-122

성질의 착오는 법률행위가 관계하는 사람(법인 포함) 또는 객체의 성질에 관하여 착오하는 것을 말한다. 예컨대 횡령 전과자임을 모르고서 특정인을 경리직원으로 채용하는 경우, 금반지라고 오신하고서 금도금된 반지를 매수하는 경우에 그렇다. 판례는, 상대방의 거래상황 확인서를 믿고 제 3 자를 신용있는 기업으로 착각하여 대출에 대하여 신용보증을 한 경우(대판 1996. 7. 26, 94다25964 등)에 관하여 취소를 인정하였고, 토지매매에 있어서 건축가능성에 관하여 착오가 있는 경우(대판 1990. 5. 22, 90다카7026 등)에 대하여 매수동기가 표시되지 않았음을 이유로 취소를 부인하였다(아마도 중요부분의 착오라고는 인정하는 듯하다).

(4) 법률효과의 착오

A-123

법률의 착오는 법률상태에 관한 착오이고, 법률효과의 착오는 의사표시의 법률효과에 관하여 착오하는 것이다. 따라서 법률의 착오가 법률효과의 착오로 되려면, 표의자가 착오한 법률이 의사표시의 법률효과를 형성하여야 한다. 나머지의 경우에는 법률의 착오는 법률효과의 착오로 되지 못한다(물론 법률효과의 착오이면서 법률의 착오가 아닌 때도 많다). 법률효과의 착오로 되지 않는 법률의 착오는 동기의 착오에 지나지 않는다.

법률효과의 착오로 되는 법률의 착오를 포함하여 법률효과의 착오 전반에 관하여 검토하여 보기로 한다. 행위내용의 착오는 모두 넓은 의미의 법률효과의 착오이다. 그러나 여기서는 의미의 착오가 문제되는 경우만을 살펴보기로 한다. 법률효과의 착오는 공표의 착오의 형태일 수 있다. 법률개념을 오해한 경우에 그렇다. 가령 보증하려는 의사로 채무를 인수한다고 한 경우가 그 예이다. 그런가 하면 법률상 또는 보충적 해석에 의하여 부여되는 법률효과에 관하여 착오하는 경우도 법률효과의 착오에 해당한다. 이러한 법률효과의 착오는 언제나 행위내용의 착오로 된다고 하여야 한다.

A-124

(5) 계산의 착오

계산에 있어서 착오가 있는 경우를 계산의 착오라고 한다. 계산의 착오는 착오의 관점에서만 판단하면 언제나 동기의 착오라고 하여야 할 것이나, 거기에서는 먼저 해석에 의하여 행위내용을 결정한 후에 착오를 논의하여야 한다.

(6) 표시의식의 결여

표시의식이 없는 경우는 일단은 유효하되 제109조의 요건 하에 취소할 수 있다고 하여야 한다.

A-125

4. 고려되는 착오의 효과

(1) 취소가능성

착오가 고려되기 위한 요건이 모두 갖추어진 경우에는 법률행위를 취소할 수 있다(109조 1항).

(2) 취소가 배제되는 경우

착오취소의 요건이 모두 갖추어졌을지라도 취소가 배제되는 경우들이 있다.

1) 취소권의 포기 · 실효 당사자들은 합의에 의하여 착오취소권을 배제할 수 있다. 그리고 실효(失效)에 의하여서 취소권이 배제될 수도 있다.

2) 상대방이 착오자의 진의에 동의하는 경우 착오자의 상대방이 의사표시를 착오자에 의하여 생각된 의미로 효력 있게 할 용의가 있다고 표시한 경우에는, 착오자의 취소는 신의칙에 반하는 권리행사로서 허용되지 않는다.

3) 신의칙에 의한 그 밖의 배제 판례는 매매계약에 따른 양도소득세와 관련하여 착오가 있었더라도 법령이 개정되어 불이익이 소멸한 경우에는 착오의 주장이 신의칙상 허용되지 않는다고 한다(대판 1995. 3. 24, 94다44620).

A-126

(3) 취소의 효과

착오를 이유로 법률행위가 취소되면, 그 법률행위는 전체가 처음부터 무효였던 것으로 된다(141조 본문). 다만, 실행에 옮겨진 조합계약이나 노동이 개시된 고용에 있어서는 취소는 장래에 향하여서만 효력이 생긴다고 하여야 한다.

착오에 의한 의사표시의 취소는 선의의 제3자에게 대항하지 못한다(109조 2항). 여기의 「제3자」, 「선의」, 「대항하지 못한다」 등은 허위표시에서와 같다. 따라서 제3자는 당사자 및 그의 포괄승계인 이외의 자 가운데에서 착오에 의한 의사표시로 생긴 법률관계에 기하여 새로운 이해관계를 맺은 자만을 가리킨다(여기의 제3자의 범위가 확장되어야 하는 문제가 있으나, 그에 대하여는 물권법 [50] 참조). 그리고 선의는 착오로 인한 의사표시임을 알지 못하는 것이다. 대항하지 못한다는 것은 표의자가 착오를 이유로 한 취소를 주장할 수 없다는 것이다. 그러나 선의의 제3자가 취소의 효과를 주장하는 것은 무방하다.

법률행위를 취소한 착오자에게 손해배상책임을 인정하여야 하는가? 여기에 관하여 판례는 과실 있는 착오자의 불법행위책임을 부정한 바 있다(대판 1997. 8. 22, 97다13023).

5. 다른 제도와의 관계

A-127

(1) 착오와 사기

동일한 사실이 착오와 사기(詐欺)의 요건을 모두 충족시키는 경우가 생길 수 있다. 그 때에는 표의자는 어느 쪽이든 그 요건을 증명하여 취소할 수 있다고 하여야 한다(통설도 같다). 그 착오가 동기의 착오인가(이때는 동기의 착오에 취소를 인정하여야 경합이 인정된다) 행위내용의 착오인가는 묻지 않는다.

그런데 판례는 표의자가 제3자의 기망행위에 의하여 신원보증서류에 서명날인한다는 착각에 빠져 연대보증의 서면에 서명날인한 경우에 관하여, 그 경우는 기명날인의 착오로서 표시상의 착오이고 동기의 착오가 아니므로, 거기에는 사기에 의한 의사표시의 법리는 적용되지 않고 착오에 의한 의사표시의 법리만 적용된다고 한다(대판 2005. 5. 27, 2004다43824[핵심판례 36면]).

(2) 착오와 계약상의 담보책임

착오와 매도인의 담보책임이 경합하는 경우에 관하여 학설은, i) 담보책임을 우선하여 적용하여야 한다는 견해와 ii) 양자를 경합적으로 인정하는 것이 타당하다는 견해로 나뉘어 있다. 그리고 판례는 ii)설과 같은 입장에 있다(대판 2018. 9. 13, 2015다78703).

6. 계약당사자 쌍방의 공통하는 동기의 착오

A-128

계약을 체결함에 있어서 당사자 쌍방이 일치하여 일정한 사정에 관하여 착오에 빠진 경우, 즉 쌍방의 일치하는 동기의 착오의 경우가 있다. 주식매매의 당사자 쌍방이 신문에 잘못 보도된 주식시세를 올바른 것으로 믿고 그에 기초하여 매매대금을 결정한 때가 그 예이다. 이러한 경우에도 — 일방적인 — 동기의 착오에 관한 이론이 적용되는가?

여기에 관하여 우리의 학설로는 i) 법률행위의 보충적 해석에 의하여 해결하여야 한다는 견해와 ii) 후술하는 사견과 같이 주관적 행위기초론을 적용하여야 한다는 견해(민법총칙 [168] 참조)가 주장되고 있다. 그리고 판례는 과거에는 공통의 동기의 착오 문제를 의식하지 못하고서 일방적 착오처럼 다루면서 취소를 인정하였으나, 최근에는 건물의 기부채납과 그에 따른 사용료면제가 부가가치세 부과대상이 되는지를 의식하지 못하여 당사자가 그에 대하여 약정하지 않은 경우에 관하여, 당사자가 그러한 착오가 없을 때에 약정하였을 것으로 보이는 내용으로 당사자의 의사를 보충하여 계약을 해석할 수도 있다고 한다(대판 2006. 11. 23, 2005다13288[핵심판례 34면]).

A-129

V. 사기 · 강박에 의한 의사표시

1. 서 설

의사표시가 타인의 부당한 간섭으로 말미암아 방해된 상태에서 자유롭지 못하게 행하여지는 경우가 있다. 타인의 사기(詐欺) 또는 강박(强迫)에 의하여 행하여진 의사표시가 그렇다. 이러한 의사표시에 있어서는 항상 의사의 형성과정에 하자(부당한 간섭)가 존재한다.

2. 사기에 의한 의사표시의 의의와 요건

사기라 함은 고의로 사람을 기망하여 착오에 빠지게 하는 위법행위를 말한다. 그리고 사기에 의한 의사표시는 타인(제3자 포함)의 고의적인 기망행위로 인하여 착오에 빠져서 한 의사표시이다. 사기에 의한 의사표시의 요건은 다음과 같다.

(1) 의사표시의 존재

사기에 의한 의사표시가 인정되려면, 우선 의사표시가 존재하여야 한다.

(2) 사기자의 고의

사기자, 즉 기망행위자에게 고의가 있어야 한다. 여기의 고의는 2단의 고의, 즉 표의자를 기망하여 착오에 빠지게 하려는 고의와 다시 그 착오에 기하여 표의자로 하여금 구체적인 의사표시를 하게 하려는 고의가 있어야 한다.

A-130

(3) 기망행위

사기자의 기망행위가 있어야 한다. 여기서 기망행위라 함은 표의자에게 그릇된 관념을 가지게 하거나 이를 강화 또는 유지하려는 모든 용태를 말한다. 기망행위는 적극적으로 허위의 사실을 주장하거나 날조하는 것일 수도 있고, 소극적으로 진실한 사실을 은폐하는 것일 수도 있다. 단순한 침묵은 원칙적으로는 기망행위가 아니나 침묵된 사정에 관하여 행위자에게 설명의무가 있는 경우에만은 기망행위로 된다고 할 것이다. 판례도 같은 취지이다(대판 2007. 6. 1, 2005다5812 · 5829 · 5836 등). 그리하여 아파트 분양자는 아파트 단지 인근에 쓰레기 매립장이 건설예정인 사실(대판 2006. 10. 12, 2004다48515)이나 공동묘지가 조성되어 있는 사실(대판 2007. 6. 1, 2005다5812·5829·5836)을 분양계약자에게 고지할 신의칙상 의무를 부담하며, 따라서 이를 하지 않은 것은 기망행위가 된다는 입장이다.

⑷ 기망행위의 위법성

기망행위가 위법하여야 한다. 사회생활에서는 타인의 부지(不知)나 착오를 이용하는 것이 어느 정도까지는 허용되어야 하므로, 모든 기망행위가 위법하다고 할 수는 없다. 위법성의 유무는 개별적인 경우의 사정 위에서 신의칙 및 거래관념에 의하여 판단하여야 한다.

⑸ 기망행위와 의사표시 사이의 인과관계

기망행위와 의사표시 사이에 인과관계가 있어야 한다. 그리하여 먼저 기망행위와 표의자의 착오 사이에 인과관계가 있어야 한다. 나아가 착오와 의사표시 사이에 인과관계가 있어야 한다. 한편 여기의 인과관계는 표의자의 주관적인 것에 불과하여도 무방하다.

3. 강박에 의한 의사표시의 의의와 요건

A-131

강박(强迫)이라 함은 고의로 해악을 가하겠다고 위협하여 공포심을 일으키게 하는 위법행위를 말한다. 그리고 강박에 의한 의사표시는 표의자가 타인(제3자 포함)의 강박행위로 인하여 공포심에 사로잡혀서 한 의사표시이다. 강박에 의한 의사표시의 요건은 다음과 같다.

⑴ 의사표시의 존재

강박에 의한 의사표시가 인정되려면 먼저 의사표시가 존재하여야 한다. 그러기 위하여서는 의사표시의 교부에 필요한 「의사결정의 여지」가 있어야 한다. 어떤 자가 항거할 수 없는 물리적인 힘(절대적 폭력)에 의하여 의사결정의 자유를 완전히 빼앗긴 상태에서 의사표시의 외관만을 만들어낸 경우에는 의사결정의 여지가 없다. 예컨대 저항하는 손을 억지로 끌어다가 서면에 날인하게 한 경우에 그렇다.

⑵ 강박자의 고의

강박자에게 고의가 있어야 한다. 그리고 여기의 고의도 사기에 있어서와 마찬가지로 2 단계의 고의, 즉 강박행위에 의하여 표의자를 공포심에 사로잡히게 하려는 고의와 표의자로 하여금 의사표시를 하게 하려는 고의가 필요하다. 통설·판례(대판 1992. 12. 24, 92다25120 등)도 같다.

⑶ 강박행위

A-132

강박행위 즉 해악(불이익)을 가하겠다고 위협하여 공포심을 일으키게 하는 행위가 있어야 한다. 해악의 종류나 강박행위의 방법은, 그것이 공포심을 일으키게 할 수 있는 한, 제한이 없다. 그리고 강박자가 고지한 해악은 그가 제3자로 하여금 실현하게 할 수 있는 것이라도 무방하다. 범죄자를 고소·고발하겠다고 하는 경우가 그 예이다.

⑷ 강박행위의 위법성

강박에 의한 의사표시가 인정되려면 강박행위가 위법하여야 한다. 그런데 강박행위의 위법성이라는 표현은 정확하지 못하다. 위법성은 오히려 「강박행위에 의한 의사결정」에 관하여 요구된다고 하여야 한다.

이러한 위법성은 수단이 위법한 경우, 목적이 위법한 경우, 수단과 목적의 결합이 부적당한 경우에 인정된다. 먼저 강박수단(위협된 행위)이 법질서에 위배된 경우에는 강박행위에 의한 의사결정은 언제나 위법하다. 폭행 또는 방화하겠다고 위협하는 것이 그 예이다. 다음에 강박수단에 의하여 추구된 효과, 즉 피강박자로 하여금 하게 하는 의사표시 자체가 위법한 경우(목적이 위법한 경우)에도 의사결정은 위법하다. 적법한 수단으로 위협한 때에도 같다. 예컨대 탈세에 협력하지 않으면 실제로 존재하는 채무의 즉시이행을 청구하는 소송을 제기하겠다고 하는 경우에 그렇다. 그런가 하면 강박수단과 목적이 모두 허용되는 것일지라도 양자의 결합 — 즉 일정한 목적을 위하여 일정한 수단을 사용하는 것 — 이 부적당한 경우에는, 강박행위에 의한 의사결정은 위법성을 띠게 된다. 예컨대 교통사고의 피해자가 가해운전자에게 사고로 인한 손해배상을 하지 않으면 우연히 목격했던 과거의 교통사고 사실을 경찰에 신고하겠다고 하는 경우에 그렇다. 판례도 근래에는 위법성을 이러한 방법으로 판단하고 있다(대판 2010. 2. 11, 2009다72643 등).

⑸ 강박행위와 의사표시 사이의 인과관계

강박행위와 의사표시 사이에 인과관계가 있어야 한다. 그리하여 표의자가 강박행위에 의하여 공포심에 사로잡혀야 하고, 또 이 공포심에 기하여 의사표시를 하였어야 한다(대판 2003. 5. 13, 2002다73708·73715 등). 여기의 인과관계도 주관적으로 존재하면 충분하다.

A-133 4. 사기·강박에 의한 의사표시의 효과

⑴ 취소가능성

사기 또는 강박에 의한 의사표시는 취소할 수 있다(110조 1항). 다만, 민법은 상대방 있는 의사표시에 관하여 제3자가 사기나 강박을 행한 경우에 관하여는 취소를 제한하고 있다(110조 2항). 그 결과 의사표시가 상대방 있는 것인가 상대방 없는 것인가에 따라 취소할 수 있는 경우가 같지 않게 된다.

1) 상대방 없는 의사표시의 경우 취소의 제한에 관한 제110조 제2항은 상대방 없는 의사표시에는 적용되지 않는다. 따라서 상대방 없는 의사표시는 누가 사기 또는 강박을 행하였는가를 불문하고 취소할 수 있다(110조 1항).

2) 상대방 있는 의사표시의 경우 제110조 제2항은 상대방 있는 의사표시가 상대방의 사기나 강박에 의하여 행하여진 경우에는 적용되지 않는다. 따라서 그러한 경우에는 —

취소의 요건이 갖추어져 있는 한 — 제110조 제1항에 의하여 언제나 취소할 수 있다.

그에 비하여 상대방 있는 의사표시가 제3자의 사기나 강박에 의하여 행하여진 경우에는 상대방이 그 사실을 알았거나 알 수 있었을 경우에 한하여 그 의사표시(법률행위)를 취소할 수 있다(110조 2항).

민법 제110조 제2항의 제3자는 상대방 이외의 모든 자인가? 여기에 관하여 판례는 상대방의 대리인 등 상대방과 동일시할 수 있는 자는 제3자가 아니나(대판 1998. 1. 23, 96다41496; 대판 1999. 2. 23, 98다60828 · 60835), 단순히 상대방의 피용자이거나 상대방이 사용자책임을 져야 할 관계에 있는 피용자에 지나지 않는 자는 상대방과 동일시할 수는 없어 이 규정에서 말하는 제3자에 해당한다고 한다(대판 1998. 1. 23, 96다41496).

(2) 취소의 효과 A-134

취소가 있으면 법률행위는 처음부터 무효였던 것으로 된다(141조). 다만, 실행에 놓여진 계속적 채권관계(고용계약 · 조합계약)에서는 사기나 강박의 경우에도 — 착오에 있어서와 마찬가지로 — 취소의 소급효가 제한된다고 할 것이다. 판례도, 근로계약이 기망을 이유로 취소된 경우에 관하여 장래에 대해서만 계약의 효력이 소멸한다고 한다(대판 2017. 12. 22, 2013다25194 · 25200).

사기 또는 강박을 이유로 한 취소는 선의의 제3자에게 대항하지 못한다(110조 3항). 이 규정의 의의, 선의, 제3자, 대항하지 못한다는 것은 허위표시의 경우와 같다.

제8절 의사표시의 효력발생

Ⅰ. 서 설 A-135

의사표시 가운데에서 상대방 없는 의사표시는 원칙적으로 표시행위가 완료된 때에 효력을 발생하며(표백주의(表白主義)), 특별한 문제가 없다. 그러나 상대방 있는 의사표시는 상대방에게 알리는 것을 목적으로 하기 때문에 상대방 없는 의사표시와 똑같이 다룰 수 없다. 그 의사표시에 있어서는 ① 의사표시의 효력발생시기, ② 의사표시의 수령능력, ③ 상대방이 누구인지를 모르는 경우 등에 어떻게 하여야 하는가 등이 문제된다. 민법은 이들 경우에 관하여 명문규정(111조 내지 113조)을 두고 있다.

Ⅱ. 의사표시의 효력발생시기 A-136

(1) 입법주의

상대방 있는 의사표시 — 특히 격지자 사이의 의사표시 — 가 상대방에게 전달되는 과정을 보면, 먼저 표의자가 의사를 표백하고(가령 편지의 작성), 이어서 이를 발신하고(가령 우체통에의 편지의 투입), 상대방이 이를 수령하며(즉 상대방에의 도달)(가령 편지의 배달), 끝으로 상대방이 이를 요지(了知)하게 된다(가령 편지를 읽고 이해함). 그리하여 의사표시의 효력발생시기에 관하여는 표백주의·발신주의·도달주의(수신·수령주의)·요지주의 등의 입법주의가 있다.

(2) 도달주의의 원칙

민법은 제111조 제1항에서 「상대방이 있는 의사표시는 상대방에 도달한 때에 그 효력이 생긴다」고 규정하여 도달주의의 원칙을 채용하고 있다. 그러나 일정한 경우에는 예외적으로 발신주의를 취한다(15조·71조·131조·455조·531조 등).

여기의 도달의 의미에 관하여는 학설이 대립하고 있다. 그중 다수설(요지상태설)은 의사표시가 상대방의 지배영역 내에 들어가서 그 내용을 알 수 있는 상태가 생겼다고 인정되는 것이라고 한다(사견도 같음). 그리고 판례는 「도달이라 함은 사회통념상 상대방이 통지의 내용을 알 수 있는 객관적 상태에 놓여 있는 경우를 가리키는 것으로서, 상대방이 통지를 현실적으로 수령하거나 통지의 내용을 알 것까지는 필요로 하지 않는 것」이라고 하여(대판 2008. 6. 12, 2008다19973. 채권양도의 통지에 관하여 동지: 대판 1983. 8. 23, 82다카439; 대판 1997. 11. 25, 97다31281; 대판 2010. 4. 15, 2010다57), 다수설과 같다.

제111조의 도달주의 원칙은 격지자뿐만 아니라 대화자에 대하여도 적용된다. 여기서 주의할 것은 격지자·대화자는 장소적인 개념이 아니고 시간적인 개념이라는 점이다. 따라서 멀리 떨어져 있는 자라도 전화로 의사표시를 하는 경우에는 대화자에 해당한다.

제111조는 의사표시에 관한 규정이지만 준법률행위에 유추적용된다. 판례도 준법률행위 가운데 관념의 통지에 해당하는 채권양도의 통지에 관하여 같은 입장에 있다(대판 2010. 4. 15, 2010다57 등).

A-137 (3) 도달주의의 효과

의사표시는 상대방에게 도달한 때에 그 효력이 생기므로 발신자는 발신 후에도 도달하기 전에는 그 의사표시를 철회할 수 있다(대판 2000. 9. 5, 99두8657도 참조). 다만, 철회의 의사표시는 늦어도 앞의 의사표시와 동시에 도달하여야 한다.

도달주의를 취하는 결과, 의사표시의 불착 또는 연착은 모두 표의자의 불이익으로 돌아간다.

의사표시가 도달하고 있는 한 표의자가 의사표시의 발송 후에 사망하거나 제한능력자가 되어도 그 의사표시의 효력에는 아무런 영향을 미치지 않는다(111조 2항).

A-138 Ⅲ. 의사표시의 공시송달

표의자가 과실 없이 상대방을 알지 못하거나(가령 상대방이 사망하여 상속인이 누구인지 알지 못하는 경우) 상대방의 소재를 알지 못하는 경우에는, 의사표시는 민사소송법의 공시송달의 규정(민소 195조)에 의하여 송달할 수 있다(113조).

Ⅳ. 의사표시의 수령능력

의사표시의 수령능력이란 타인의 의사표시의 내용을 이해할 수 있는 능력이다. 민법은 모든 제한능력자를 의사표시의 수령무능력자로 규정하고 있다(112조).

의사표시의 상대방이 의사표시를 받은 때에 제한능력자인 경우에는, 의사표시자는 그 제한능력자에 대하여 그 의사표시로써 대항하지 못한다(112조 본문). 그러나 상대방이 제한능력자이더라도 그의 법정대리인이 의사표시의 도달을 안 후에는 의사표시자도 의사표시로써 대항할 수 있다(112조 단서).

제 9 절 법률행위의 대리

제 1 관 서 설

Ⅰ. 대리제도의 의의 및 사회적 작용

A-139

1. 의 의

대리란 타인(대리인)이 본인의 이름으로 법률행위(의사표시)를 하거나 또는 의사표시를 받음(수령)으로써 그 법률효과가 직접 본인에 관하여 생기는 제도이다. 예컨대 A(본인)가 B(대리인)에게 A의 토지를 팔도록 한 경우에, 그에 기하여 B가 C와 그 토지의 매매계약을 체결하면, 매매계약은 B와 C가 체결하였지만 그 효과는 직접 A와 C 사이에 생기게 된다. 그리하여 A가 C에 대하여 토지의 소유권이전채무를 부담하고 C가 A에 대하여 대금지급의무를 부담하게 된다.

2. 사회적 작용

(1) 사적 자치의 확장

오늘날에는 어느 개인이 혼자서 모든 거래를 직접 처리하는 것이 사실상 불가능한 때가 많다. 그러한 때에 타인을 대리인으로 하여 법률행위를 하게 하면 개인의 활동범위(사적 자치의 범위)는 크게 늘어나게 된다. 임의대리에서 특히 그렇다.

(2) 사적 자치의 보충

대리는 다른 한편으로 스스로 법률행위를 전혀 할 수 없거나 제한적으로만 할 수 있는 의사무능력자와 제한능력자로 하여금 권리·의무를 취득할 수 있도록 해 준다. 무엇보다도 법정대리에 있어서 그렇다.

A-140

Ⅱ. 대리의 본질

대리에 있어서는 법률행위에 의한 법률효과가 행위자 이외의 자에게 발생하게 되는데, 이 예외적인 법현상을 법이론적으로 어떻게 설명할 것인가가 문제된다. 이것이 대리의 본질의 문제이다. 여기에 관하여 우리의 학설은 i) 대리인이 행위당사자라고 하는 대리인행위설(대표설)(사견도 같음), ii) 본인의 수권행위와 대리인의 대리행위가 적법한 대리를 위한 통합요건이 된다는 통합요건설 등으로 나뉘어 있다.

Ⅲ. 대리가 인정되는 범위

대리는 법률행위 즉 의사표시를 하거나(능동대리) 의사표시를 받는 것(수동대리)에 한하여 인정되며, 사실행위(가령 선점·습득·부부의 동거)나 불법행위에는 인정되지 않는다.

준법률행위는 의사표시가 아니므로 대리가 인정되지 않으나, 준법률행위 가운데에서 의사의 통지와 관념의 통지에 관하여는 대리규정을 유추적용하는 것이 좋다(통설도 같음).

대리는 법률행위 내지 의사표시에 한하여 인정되나, 모든 의사표시에 관하여 대리가 인정되지는 않는다. 즉 혼인·협의이혼·인지·유언 등과 같이 본인 스스로의 의사결정이 절대적으로 필요한 법률행위(대리에 친하지 않은 행위)에는 대리가 허용되지 않는다.

A-141

Ⅳ. 대리와 구별하여야 할 제도

(1) 간접대리

간접대리는 타인의 계산으로 그러나 자기의 이름으로써 법률행위를 하고, 그 법률효과는 행위자 자신에게 생기며, 후에 그가 취득한 권리를 타인에게 이전하는 것이다. 위탁매매업(상법 101조)이 그 예이다.

(2) 사 자

사자(使者)는 본인이 결정한 효과의사를 표시하거나 전달함으로써 표시행위의 완성에 협력하는 자를 말한다.

⑶ 대 표

법인의 경우에는 대표기관의 행위에 의하여 법인이 직접 권리·의무를 취득하는 점에서, 법인의 대표와 대리는 비슷하다. 그러나 대리인은 본인과 대립된 별개의 지위를 갖는데 비하여, 대표기관은 법인과 별개의 지위를 갖지 않으며, 대표기관의 행위는 바로 법인의 행위로 간주된다.

Ⅴ. 대리의 종류

A-142

⑴ 임의대리 · 법정대리

대리권이 본인의 의사에 기초하여 주어지는 것이 임의대리이고, 대리권이 법률의 규정에 기초하여 주어지는 것이 법정대리이다.

⑵ 능동대리 · 수동대리

본인을 위하여 제3자에 대하여 의사표시를 하는 대리가 능동대리(적극대리)이고, 본인을 위하여 제3자의 의사표시를 수령하는 대리가 수동대리(소극대리)이다.

⑶ 유권대리 · 무권대리

대리인으로 행동하는 자에게 대리권이 있는 경우가 유권대리이고, 대리권이 없는 경우가 무권대리이다.

Ⅵ. 대리에 있어서의 3면관계

대리관계는 본인－대리인 사이의 관계, 대리인－상대방 사이의 관계, 상대방－본인 사이의 관계의 3면관계로 이루어져 있다. 이들 중 본인－대리인 사이의 관계는 대리인이 본인의 정당한 대리인이라는 관계(대리권)이고, 대리인－상대방 사이의 관계는 대리인이 본인을 위하여 상대방과 법률행위를 한다는 관계(대리행위)이며, 상대방－본인 사이의 관계는 대리행위의 결과로 상대방과 본인 사이에 권리변동이 생긴다는 관계(법률효과)이다.

제2관 대 리 권

Ⅰ. 대리권의 의의 및 성질

A-143

대리권이란 타인(대리인)이 본인의 이름으로 의사표시를 하거나 또는 의사표시를 받음으로써 직접 본인에게 법률효과를 발생시키는 법률상의 지위 또는 자격이다.

대리권은 권리가 아니며 일종의 권한이다.

A-144

Ⅱ. 대리권의 발생원인

1. 법정대리권의 발생원인

법정대리가 성립하는 경우에는 세 가지가 있다. ① 하나는 본인에 대하여 일정한 지위에 있는 자가 당연히 대리인이 되는 경우로서, 일상가사대리권을 가지는 부부(827조)·친권자(911조·920조) 등이 이에 해당한다. ② 다음에는 본인 이외의 일정한 지정권자의 지정으로 대리인이 되는 경우가 있다. 지정후견인(931조)·지정유언집행자(1093조·1094조) 등이 이에 해당한다. ③ 마지막으로는 법원(가정법원)의 선임에 의하여 대리인이 되는 경우가 있다. 부재자 재산관리인(23조·24조)·선임후견인(932조·936조·959조의 4)·유언집행자(1096조) 등이 그 예이다.

이들 각 경우의 법정대리권의 발생원인은 ①의 경우에는 법률의 규정이고, ②의 경우에는 지정권자의 지정행위이며, ③의 경우에는 법원의 선임행위이다.

A-145

2. 임의대리권의 발생원인(수권행위)

임의대리권은 본인이 대리인에게 대리권을 수여하는 행위 즉 대리권 수여행위에 의하여 발생한다. 대리권 수여행위는 보통 간단히 줄여서 수권행위(授權行爲)라고도 한다.

(1) 수권행위 개념의 인정 여부(독자성 유무)

수권행위가 본인과 대리인 사이의 기초적 내부관계를 발생시키는 행위(예: 위임)와는 별개의 행위인가? 이것이 수권행위의 독자성의 문제이다. 여기에 관하여 통설(사견도 같음)과 판례는 수권행위의 독자성을 인정하고 있다(대판 1962. 5. 24, 4294민상251·252).

그러나 수권행위의 독자성을 인정한다고 하여 실제에 있어서 반드시 수권행위가 내부관계 발생행위와 따로 행하여져야 한다거나 또는 보통 그렇게 행하여진다는 의미는 아니다. 실제에 있어서 두 행위가 한꺼번에 행하여질 수 있으며 그것이 오히려 일반적인 모습이다. 그렇지만 두 행위는 개념상 별개의 것이다. 따라서 내부관계 발생행위만 있거나 수권행위만 있을 수도 있다.

(2) 수권행위의 법적 성질

1) 계약인지 단독행위인지 여부 수권행위가 계약인가 단독행위인가에 관하여는 견해가 대립하는데, 통설(사견도 같음)은 수권행위를 상대방 있는 단독행위라고 한다.

2) 유인행위인지 무인행위인지 여부 앞서 언급한 바와 같이, 수권행위는 개념상 본인과 대리인 사이의 기초적 내부관계를 발생하게 하는 행위와는 별개의 행위이며, 뒤의 행위 없이 수권행위만 행하여질 수도 있다. 그런데 보통은 내부관계 발생행위가 있고 그

에 의한 의무를 이행하게 하기 위하여 수권행위가 행하여진다. 이와 같이 내부관계 발생행위(가령 위임·고용·도급·조합계약)를 원인으로 하여 수권행위가 행하여진 경우에, 내부관계 발생행위가 무효이거나 취소 기타의 사유로 실효하면 수권행위도 그 영향으로 효력을 잃게 되는지가 문제된다. 이것이 수권행위의 무인성의 문제이다.

여기에 관하여 학설은 i) 유인설, ii) 무인설 등으로 나뉘어 있다(민법총칙 [186] 참조). i) 유인설(사견도 같음)은 원인관계가 실효하면 당연히 수권행위도 효력을 잃는다고 하며, ii) 무인설은 수권행위는 내부관계 발생행위에 영향을 받지 않는다고 한다.

Ⅲ. 대리권의 범위와 그 제한

A-146

1. 법정대리권의 범위

법정대리권의 범위는 각종의 법정대리인에 관한 규정의 해석에 의하여 결정된다(25조·913조 이하·941조 이하·1040조 2항·1047조 2항·1053조 2항·1101조 등).

2. 임의대리권의 범위

(1) 수권행위에 의한 결정

임의대리권의 범위는 수권행위에 의하여 결정된다(지배인 등은 명문규정이 있다. 상법 11조 등 참조). 본인은 대리인에게 일정한 사항에 한정하거나(특정수권) 또는 일정범위의 사항에 관하여 포괄적으로 대리권을 줄 수 있다(포괄수권). 그러므로 대리권의 범위는 궁극적으로는 수권행위의 해석에 의하여 확정된다.

(2) 민법의 보충규정(제118조)

민법은 수권행위의 해석에 의하여도 대리권의 범위가 명확하지 않은 경우를 위하여 제118조의 보충규정을 두고 있다. 그에 의하면, 대리권의 범위가 불명확한 경우에는, 보존행위·이용행위·개량행위 등의 이른바 관리행위만 할 수 있고 처분행위는 하지 못한다.

1) 보존행위 보존행위는 재산의 현상을 유지하는 행위이며, 가옥의 수선·소멸시효의 중단·미등기 부동산의 등기 등이 그에 속한다. 대리인은 이러한 보존행위는 무제한으로 할 수 있다(118조 1호).

2) 이용행위·개량행위 이용행위는 물건을 임대하거나 금전을 이자부로 대여하는 것과 같이 재산의 수익을 꾀하는 행위이고, 개량행위는 무이자의 금전대여를 이자부로 하는 행위와 같이 사용가치 또는 교환가치를 증가하게 하는 행위이다. 이러한 이용행위나 개량행위는 대리의 목적인 물건이나 권리의 성질을 변하지 않게 하는 범위에서만 할 수 있다(118조 2호).

A-147
3. 대리권의 제한

(1) 자기계약 · 쌍방대리의 금지

1) 자기계약 · 쌍방대리의 의의 및 금지원칙 대리인이 한편으로는 본인을 대리하고 다른 한편으로는 자기 자신의 자격으로 혼자서 본인·대리인 사이의 계약을 맺는 것을 자기계약이라고 한다. 그리고 대리인이 한편으로는 본인을 대리하고 다른 한편으로는 상대방을 대리하여 자기만으로써 본인·상대방 사이의 계약을 맺는 것을 쌍방대리라고 한다. 민법상 이러한 자기계약과 쌍방대리는 원칙적으로 금지된다(124조 본문).

2) 자기계약 · 쌍방대리가 예외적으로 허용되는 경우 자기계약·쌍방대리가 예외적으로 허용되는 때가 있다. 첫째로 본인이 미리 자기계약·쌍방대리를 허락한 경우에 그렇다(124조 본문). 둘째로 채무의 이행에 관하여도 자기계약·쌍방대리는 허용된다(124조 단서).

3) 금지위반의 효과 자기계약·쌍방대리 금지에 관한 제124조에 위반하는 행위는 확정적 무효가 아니고 무권대리행위이다(대판 2018. 4. 12, 2017다271070). 따라서 그 행위는 효력을 발생시키지는 않으나, 본인이 사후에 이를 추인하면 완전히 유효하게 된다(130조 참조).

A-148
(2) 공동대리

1) 공동대리의 의의와 각자대리(各自代理)의 원칙 공동대리라 함은 대리인이 여럿 있는 경우에 그 대리인들이 공동으로만 대리할 수 있는 것을 말한다. 공동대리도 각 대리인에게는 일종의 대리권의 제한이 된다.

복수의 대리인이 있는 경우에 공동대리인가 단독대리인가는 법률의 규정 또는 수권행위에 의하여 정하여지나, 그것들에 정함이 없으면 대리인 각자가 단독으로 본인을 대리한다(119조). 즉 단독대리가 원칙이다.

2) 공동대리 위반의 효과 공동대리의 제한에 위반하여 1인의 대리인이 단독으로 대리행위를 한 경우에는 권한을 넘은 무권대리행위가 된다(통설임).

A-149
Ⅳ. 대리권의 남용

1. 서 설

대리인이 대리권의 범위 안에서 대리행위를 하였으나 오직 자기 또는 제3자의 이익을 꾀하기 위하여 그렇게 한 경우에 그 법률효과가 본인에게 발생하는가? 예컨대 대리인이 자기가 써버릴 생각으로 본인 이름으로 금전을 빌린 경우에 본인의 채무로 되는지가 문제된다. 이것이 이른바 대리권의 남용의 문제이다.

2. 학설 · 판례

(1) 학 설

대리권 남용에 관한 학설은 다음의 세 가지로 나뉘어 있다(사견은 판례의 한 입장인 권리남용설과 같음. 민법총칙 [196] 참조).

i) 제107조 제 1 항 단서의 유추적용설 대리인이 본인의 이익을 위하여서가 아니라 자기의 이익을 꾀하기 위하여 대리행위를 하더라도 그 행위는 대리행위로서 유효하게 성립하나, 다만 대리인의 그러한 배임적 의사를 상대방이 알았거나 알 수 있었을 때에는 제107조 제 1 항 단서의 취지를 유추하여 대리행위의 효력을 부정하는 것이 타당하다고 한다.

ii) 권리남용설 대리인의 권한남용의 위험은 원칙적으로 본인이 부담하여야 할 것이나, 다만 상대방의 악의·중과실 등 주관적 태양에 따라 상대방의 권리행사가 신의칙에 반하는 경우에는 상대방이 그러한 위험을 부담하도록 하는 것이 좋다는 견해이다.

iii) 무권대리설 대리인의 배임적 대리행위에 있어서는 상대방이 대리인의 배임행위를 알았거나 정당한 이유 없이 알지 못한 때(이를 선의 · 무과실이라고 하는 견해도 있다)에는 대리권이 부정되고 대리인의 대리행위는 무권대리로 된다고 하는 견해이다.

(2) 판 례

우리 판례는 대리권 또는 대표권의 남용에 관하여 대체로 제107조 제 1 항 단서의 유추적용설의 입장이나(대리권 남용에 관하여 대판 1987. 7. 7, 86다카1004[핵심판례 40면] 등 다수의 판결. 대표권 남용에 관하여 대판 2004. 3. 26, 2003다34045 등), 두 개의 판결에서는 대표권 남용의 경우에 상대방이 악의인 때에는 권리를 주장하는 것이 신의칙에 반한다고 하여 권리남용설을 취하고 있다(대판 1987. 10. 13, 86다카1522; 대판 2016. 8. 24, 2016다222453). 나아가 판례는, 그에 따라 외형상 형성된 법률관계를 기초로 하여 새로운 법률상 이해관계를 맺은 선의의 제 3 자에 대하여는 같은 조 제 2 항의 규정을 유추적용하여 누구도 그와 같은 사정을 들어 대항할 수 없으며, 제 3 자가 악의라는 사실에 관한 주장·증명책임은 그 무효를 주장하는 자에게 있다고 한다(대판 2018. 4. 26, 2016다3201).

V. 대리권의 소멸

A-150

1. 서 설

대리권의 소멸원인에는 임의대리와 법정대리에 공통한 것과, 이들 각각에 특유한 것이 있다. 그 가운데 법정대리에 특유한 소멸원인은 각각의 법정대리에 관하여 규정하고 있고(22조 2항 · 23조 · 909조 6항 · 924조 1항 · 925조 · 927조 · 937조 · 939조 · 957조 · 1098조 · 1105조 · 1106조 등), 민법총칙에서는 법정대리 · 임의대리에 공통한 소멸원인과 임의대리에 특유한 소멸원인을 규정하고 있다.

2. 공통한 소멸원인(제127조)

(1) 본인의 사망

이는 법정대리든 임의대리든 대리권의 소멸원인인데, 여기에는 예외가 있다(민법총칙 [197] 참조).

(2) 대리인의 사망

(3) 대리인의 성년후견의 개시 또는 파산

피성년후견인이나 파산자가 아닌 자가 대리인으로 된 뒤에 성년후견이 개시되거나 또는 파산선고를 받은 때에는, 대리권은 소멸한다.

A-151

3. 임의대리에 특유한 소멸원인

(1) 원인된 법률관계의 종료

임의대리권은 그 원인된 법률관계(기초적 내부관계)가 종료되면 소멸한다(128조 1문). 그런데 이에 대한 규정은 임의규정이다.

(2) 수권행위의 철회

본인은 원인된 법률관계가 존속하고 있더라도 수권행위를 철회하여 임의대리권을 소멸시킬 수 있다(128조 2문).

(3) 본인의 파산이 소멸원인인지 여부

여기에 관하여는 i) 임의대리권의 소멸원인이라는 견해와 ii) 독립한 소멸원인으로 인정할 필요가 없다는 견해(사견도 같음)가 대립하고 있다.

제3관 대리행위

A-152

Ⅰ. 현명주의

1. 의 의

대리에 있어서 법률행위, 즉 대리행위는 대리인과 상대방 사이에 행하여진다. 그런데 그러한 대리행위의 법률효과가 본인에게 생기게 하려면, 대리인이 「본인을 위한 것임을 표시」하여서 의사표시를 하여야 한다(114조 1항). 이와 같이 대리의 경우에 본인을 밝혀서 의사표시를 하게 하는 태도를 현명주의(顯名主義)라고 한다.

「본인을 위한 것」임을 표시하여야 한다는 것은 본인을 밝혀서, 즉 본인의 이름으로 법률행위를 하라는 의미이지, 「본인의 이익을 위하여서」 행위하라는 것은 아니다.

현명의 방법에는 제한이 없다. 따라서 서면으로 할 수도 있고 구두로 할 수도 있다(대판 1946. 2. 1, 4278민상205). 그러나 가장 보통의 방법은 서면에 「A의 대리인 B」라고 적는 것이다.

대리인이 자기가 마치 본인인 것처럼 본인의 이름을 사용하여 법률행위를 하는 경우가 있다. 그러한 경우에도 유효한 대리행위가 되는지 문제된다. 이 문제는 뒤에 따로 「타인의 명의를 사용하여 법률행위를 한 경우」에 포함하여 논의하기로 한다(A-153 이하 참조).

수동대리에 있어서는 상대방 쪽에서 본인에 대한 의사표시임을 표시하여야 한다고 새겨야 한다(114조 2항 참조).

2. 현명하지 않은 행위

대리인이 본인을 위한 것임을 표시하지 않고서 한 의사표시는 대리인 자신을 위하여 한 것으로 본다(115조 본문). 그러나 상대방이 대리인으로서 한 것임을 알았거나 알 수 있었을 때에는, 그 의사표시는 유효한 대리행위가 된다(115조 단서)(대판 1982. 5. 25, 81다1349, 81다카1209도 참조).

제115조는 수동대리에는 적용되지 않는다.

3. 현명주의의 예외

상행위에 관하여는 현명주의가 채용되어 있지 않다(상법 48조).

Ⅱ. 타인의 명의(이름)를 사용하여 행한 법률행위 A-153

1. 서 설

실제의 거래관계에 있어서 어떤 자가 자신으로서는 행위할 수 없거나 자신을 숨기기 위하여 또는 기타의 이유로 타인의 명의(이름)를 사용하여 법률행위(또는 그 밖의 행위)를 하는 경우가 자주 있다. 이러한 행위에 있어서는 무엇보다도 먼저 그와 같은 법률행위가 행위자 자신의 행위인지 아니면 명의인의 행위인지가 문제된다. 그리고 명의인의 행위라고 할 경우에는 거기에 대리에 관한 법률규정이 적용되는지도 문제된다.

2. 판 례 A-154

여기에 관한 우리의 판례는 대판 1995. 9. 29, 94다4912([핵심판례 42면]) 이전과 이후로 나누어 살펴보아야 한다. 위의 판결 이후에는 판례의 태도가 크게 달라졌기 때문이다.

(1) 대판 1995. 9. 29, 94다4912 이전의 판례

종래 타인의 명의를 사용하여 법률행위(또는 기타의 행위)를 한 경우에 관하여 우리의 판례는 통일적·일반적인 원칙을 세우지 않고 있었다.

1) 명의신탁의 법리를 적용한 경우 우리 대법원은 과거에 타인의 명의로 임야를 사정받거나(대판 1971. 5. 24, 71다512 등), 타인 명의로 전화가입 청약을 한 경우(대판 1971. 9. 28, 71다1382), 또는 타인 명의로

부동산을 매수한 경우(대판 1989. 11. 14, 88다카19033) 등에 명의신탁을 인정하였다.

2) 대리법의 적용을 문제삼은 경우 우리 판례에 의하면, 대리인이 대리권의 범위 안에서 본인의 이름을 사용하여 법률행위를 한 경우에는, 상대방이 대리인으로서 행위하였음을 몰랐더라도 그 법률행위의 효과가 직접 본인에게 귀속한다(대판 1987. 6. 23, 86다카1411 등). 이때 대리인이 본인으로부터 본인 명의로 법률행위를 할 수 있는 권한을 부여받았는가(본인명의 사용허락)를 묻지 않는다. 그에 비하여 대리인이 대리권의 범위를 넘어서서 본인 명의를 사용하여 법률행위를 한 경우에는, 특별한 사정(가령 대리의사의 묵시적인 표시)이 없는 한 제126조의 표현대리는 성립할 수 없으나, 동조 즉 권한을 넘은 표현대리의 법리를 유추 적용하여 본인에게 그 행위의 효력을 미치게 할 수 있다(대판 1993. 2. 23, 92다52436 등).

3) 그 밖에 개별적으로 해결한 경우 그 밖에 대법원에 의하여 개별적으로 해결된 경우도 있다.

A-155

(2) 대판 1995. 9. 29, 94다4912 이후의 판례

1995. 9. 29.의 판결 이후에 판례 태도의 대전환이 일어났다. 우선 이 판결에서 「타인 명의를 '임의로' 사용하여 계약을 체결한 경우」에 관하여 새로운 법리를 채용하였으며, 그 후속 판결도 여러 개 나와 확고해졌다(대판 2012. 10. 11, 2011다12842 등).

그 판결에서 대법원이 채용한 법리는 다음과 같다. 즉 「타인의 이름을 임의로 사용하여 계약을 체결한 경우에는 누가 그 계약의 당사자인가를 먼저 확정하여야 할 것으로서, 행위자 또는 명의인 가운데 누구를 당사자로 할 것인지에 관하여 행위자와 상대방의 의사가 일치한 경우에는 그 일치하는 의사대로 행위자의 행위 또는 명의인의 행위로서 확정하여야 할 것이지만, 그러한 일치하는 의사를 확정할 수 없는 경우에는 계약의 성질, 내용, 목적, 체결경위 및 계약 체결을 전후한 구체적인 제반사정을 토대로 상대방이 합리적인 인간이라면 행위자와 명의자 중 누구를 계약당사자로 이해할 것인가에 의하여 당사자를 결정하고, 이에 터잡아 계약의 성립 여부와 효력을 판단함이 상당할 것이다」라고 한다. 이는 그 판결 이전에 저자가 주장하던 이론 그대로이다(송덕수, "타인의 명의를 빌려 체결한 토지분양계약의 효력," 민사판례연구(14), 1992, 71면 이하; 송덕수, 사법연구 2집, 335면 이하 참조).

그 뒤 대판 1998. 3. 13, 97다22089에서는 「타인의 허락 하에」 타인의 이름을 사용한 경우에 관하여 전술한 임의사용에 있어서의 법리를 일반화시켜서 판시한 뒤 적용하였다. 그리고 그 후속 판결도 계속 나와서 확고해지고 있다(대판 1998. 5. 12, 97다36989 등 다수의 판결. 그런데 대판 2009. 12. 10, 2009다27513 등은 대리인이 현명을 한 경우에 대하여 그 법리를 적용하고 있는바, 이는 문제이다).

이것은 종래 판례의 1)의 경우와 3)의 경우에 대하여 실질적으로 태도를 변경한 것이다. 외견상으로는 대판 1998. 3. 13, 97다22089가 이 법리를 완전히 일반화시키고 있어서 종래 판례의 2)의 경우(대리법을 문제삼은 경우)까지 판례가 변경된 것으로 보이나, 대법원

이 2002년에 제126조의 표현대리와 관련하여 종래 판례와 같은 취지의 판시를 함으로써 (대판 2002. 6. 28, 2001다49814) 2)의 경우는 제외되어 있다고 이해하여야 한다.

3. 당사자 확정 후의 효과

타인 명의 행위의 경우에 해석의 결과 법률행위가 행위자 자신의 행위로 인정되는 경우에는 명의인에게는 아무런 효과도 발생하지 못하고, 따라서 명의인은 추인에 의하여 법률효과를 자기에게 귀속시킬 수도 없다. 그에 비하여 명의인의 행위로 인정되는 경우에는 대리행위(또는 대리와 유사한 행위)가 되므로, 거기에는 대리에 관한 규정이 적용(또는 유추적용)되어야 한다. 행위자에게 대리권이 없는 때에도 마찬가지이다. 즉 그때에는 무권대리에 관한 규정이 적용(또는 유추적용)된다.

Ⅲ. 대리행위의 흠과 경합

A-156

1. 대리행위의 흠(하자)

(1) 대리에 있어서 법률행위의 행위당사자는 대리인이므로 의사표시의 요건은 본인이 아니고 대리인을 표준으로 하여 판단하여야 한다. 민법도 「의사표시의 효력이 의사의 흠결, 사기, 강박, 또는 어느 사정을 알았거나 과실로 알지 못한 것으로 인하여 영향을 받을 경우에 그 사실의 유무는 대리인을 표준하여 결정한다」고 하여 이러한 취지를 규정하고 있다(116조 1항). 그러나 대리행위의 흠으로부터 생기는 효과(취소권·무효주장권 등)는 본인에게 귀속하게 된다.

(2) 대리의 경우 대리인이 선의일지라도 본인이 악의인 때에는 본인을 보호할 필요가 없다. 그리하여 민법은 「특정한 법률행위를 위임한 경우에 대리인이 본인의 지시에 좇아 그 행위를 한 때에는 본인은 자기가 안 사정 또는 과실로 인하여 알지 못한 사정에 관하여 대리인의 부지를 주장하지 못한다」고 규정한다(116조 2항).

2. 대리행위의 경합

우리 법상 대리인에게 대리권이 있는 동안에도 본인이 법률행위를 하는 데 지장이 없다. 따라서 때로는 본인의 행위와 대리인의 행위가 경합할 수도 있다. 그때에 어떤 행위가 유효한지는 법률행위의 유효성에 관한 일반원칙이 적용된다.

Ⅳ. 대리인의 능력

A-157

대리인은 행위능력자임을 요하지 않는다(117조). 그 결과 제한능력자인 대리인이 대리행위를 한 때에도 그 행위는 취소할 수 없다. 물론 그에게 의사능력이 없으면 대리행위는 무효로 된다.

제4관 대리의 효과

A-158

Ⅰ. 본인에의 법률효과 발생

대리인이 대리권에 기하여 행한 법률행위의 효과는 직접 본인에게 발생한다(114조). 즉 법률효과가 일단 대리인에게 발생하였다가 본인에게 이전되는 것이 아니고 처음부터 본인에게 생긴다(이 점에서 간접대리와 다르다). 그리고 계약해제권·법률행위의 취소권도 본인에게 속한다.

그에 비하여 대리인이 불법행위를 한 경우에 그 효과는 본인에게 발생하지 않고 대리인에게 생긴다. 대리는 불법행위에 관하여는 인정되지 않기 때문이다.

Ⅱ. 본인의 능력

본인은 스스로 법률행위를 하는 것이 아니므로 반드시 의사능력이나 행위능력을 가질 필요는 없다. 그러나 대리행위의 효과가 본인에게 발생하기 위하여 권리능력은 가지고 있어야 한다.

제5관 복 대 리

A-159

Ⅰ. 복대리 및 복대리인의 의의

복대리(復代理)란 복대리인에 의한 대리를 말한다. 그리고 복대리인은 대리인이 그의 권한 내의 행위를 행하게 하기 위하여 대리인 자신의 이름으로 선임한 본인의 대리인이다. 복대리에 있어서 복대리인을 선임할 수 있는 권리를 복임권이라고 하고, 복대리인 선임행위를 복임행위라고 한다.

A-160

Ⅱ. 대리인의 복임권과 책임

(1) 복임권의 의의 · 성질

복임권(復任權)은 대리인이 복대리인을 선임할 수 있는 권리이다. 이 복임권의 법적 성질에 관하여 다수설은 본인·대리인 사이의 내부관계로부터 발생한 대리인이 가지는 법률상의 일종의 권능이라고 한다.

복임권의 유무와 범위는 임의대리와 법정대리에 있어서 크게 차이가 있다.

(2) 임의대리인의 복임권

임의대리인은 본인의 승낙이 있거나 부득이한 사유가 있는 때에 한하여 복임권을 가진다(120조). 본래 임의대리인은 본인의 신임을 받는 자이고 그는 언제든지 사임할 수 있기 때문에, 민법은 임의대리인에게는 예외적으로만 복임권을 인정한다.

제120조에 위반한 복임행위는 무효이다. 그리고 그 복대리인의 대리행위는 무권대리로 된다.

임의대리인이 제120조에 의하여 복대리인을 선임한 때에는 본인에 대하여 그 선임·감독에 관하여 책임을 져야 한다(121조 1항). 그러나 대리인이 본인의 지명에 의하여 복대리인을 선임한 경우에는 그 부적임 또는 불성실함을 알고 본인에 대한 통지나 그 해임을 태만히 한 때에 한하여 책임을 진다(121조 2항).

(3) 법정대리인의 복임권

법정대리인은 언제나 복임권이 있다(122조 본문). 법정대리인의 권한은 대단히 넓고 그 사임도 쉽지 않으며 본인의 신임을 받아서 대리인으로 된 자도 아니기 때문에, 민법은 법정대리인에게는 원칙적으로 복임권을 인정하고 있다.

언제나 복임권을 가지는 법정대리인은 다른 한편으로 복대리인의 행위에 관하여 선임·감독에 과실이 있는지를 묻지 않고 모든 책임을 진다(122조 본문). 다만, 부득이한 사유로 복대리인을 선임한 경우에는 임의대리인과 마찬가지로 선임·감독에 관하여만 책임을 진다(122조 단서).

Ⅲ. 복대리인의 지위

A-161

(1) 대리인에 대한 관계

복대리인은 대리인의 복임권에 기하여 선임된 자이므로 대리인의 감독을 받는다. 또한 복대리인의 대리권은 대리인의 대리권을 기초로 한 것이므로, 그것은 대리인의 대리권보다 넓을 수 없고, 대리인의 대리권이 소멸하면 그것도 소멸한다. 그러나 복대리인이 선임되었다고 하여 대리인의 대리권이 소멸하지는 않으므로, 대리인·복대리인 모두가 본인을 대리하게 된다.

(2) 상대방에 대한 관계

복대리인은 본인의 대리인이므로(123조 1항) 본인의 이름으로 대리행위를 하고, 제115조·제116조 등의 적용을 받는다. 그 밖에도 제 3 자(대리행위의 상대방을 의미함)에 대하여는 대리인과 동일한 권리·의무가 있다(123조 2항).

⑶ 본인에 대한 관계

민법은 본인과 복대리인 사이에도 본인·대리인 사이에서와 같은 내부관계가 생기는 것으로 규정한다(123조 2항).

⑷ 복대리인의 복임권

통설에 의하면 복대리인은 임의대리인과 동일한 조건 하에 복임권을 가진다고 한다.

Ⅳ. 복대리권의 소멸

복대리권은 ① 대리권 일반의 소멸원인(본인의 사망과 복대리인의 사망·성년후견의 개시·파산), ② 대리인·복대리인 사이의 수권관계의 소멸, ③ 대리인이 가지는 대리권의 소멸(대리인의 사망·성년후견의 개시·파산)에 의하여 소멸한다.

제6관 무권대리

A-162

Ⅰ. 서 설

무권대리란 대리권 없이 행한 대리행위를 말한다. 이러한 무권대리에는 표현대리(表見代理)(여기의 「見」자는 「볼 견」이 아니고 「나타날 현」이다)와 좁은 의미의 무권대리가 있다.

A-163

Ⅱ. 표현대리

1. 의 의

표현대리제도는 대리인에게 대리권이 없음에도 불구하고 마치 그것이 있는 것과 같은 외관이 있고 또 그러한 외관의 발생에 대하여 본인이 어느 정도 책임이 있는 경우에, 그 무권대리행위에 대하여 본인에게 책임을 지게 함으로써, 본인의 이익의 희생 하에 상대방 및 거래의 안전을 보호하려는 제도이다. 민법은 표현대리로서 ① 대리권 수여의 표시에 의한 표현대리(125조), ② 대리권한을 넘은 표현대리(126조), ③ 대리권 소멸 후의 표현대리(129조)의 세 가지를 규정하고 있다(대판 1954. 7. 7, 4287민상366은 표현대리는 위 세 경우에 한한다고 함).

A-164

2. 제125조의 표현대리(대리권 수여의 표시에 의한 표현대리)

이는 본인이 대리인에게 대리권을 수여하지 않았으면서 그에게 대리권을 수여하였다고 제 3 자에게 표시한 경우에 그 대리인에 의하여 행하여진 대리이다.

(1) 요 건

1) 대리권수여의 표시 본인이 제 3 자에 대하여 어떤 자에게 대리권을 수여하였음을 표시(통지)하였어야 한다.

표시의 방법에는 제한이 없다. 따라서 서면에 의할 수도 있고 구두로 할 수도 있다. 그리고 특정의 제 3 자에 대하여 할 수도 있고, 신문광고에 의하는 경우처럼 불특정의 제 3 자에 대하여 할 수도 있다.

대리권을 수여하였음을 표시함에 있어서는 반드시 대리권 또는 대리인이라는 말이나 문자를 사용하여야 하는 것은 아니며(통설 · 판례도 같다. 대판 1998. 6. 12, 97다53762[핵심판례 44면]), 여러 가지 사정에 비추어 그러한 표시가 있었던 것으로 인정되면 충분하다.

2) 대리권이 없을 것 대리인으로서 행위하는 자에게 대리권이 없어야 한다. 그에게 실제로 대리권이 수여되었으면 유권대리가 되거나 제126조의 표현대리가 문제될 것이다.

3) 표시된 대리권의 범위 내의 대리행위 대리인(무권대리인)이 표시된 대리권의 범위 내에서 대리행위를 하였어야 한다. 이 범위를 넘어서 대리행위를 한 경우에는 제126조의 표현대리로 된다.

4) 통지받은 상대방과의 행위일 것

5) 상대방의 선의 · 무과실 상대방은 선의 · 무과실이어야 한다(125조 단서). 그 증명책임은 상대방에게 있지 않으며, 표현대리의 책임을 지지 않으려는 본인이 상대방의 악의 또는 과실을 증명하여야 한다.

(2) 효 과 A-165

1) 위의 요건이 갖추어진 경우에는 본인은 무권대리인의 대리행위에 대하여 책임이 있다(125조 본문). 즉 그 무권대리행위의 효과는 본인에게 귀속한다.

2) 이러한 표현대리는 상대방이 이를 주장하는 때에 비로소 문제되며, 상대방이 주장하지 않는 한 본인 쪽에서 표현대리를 주장하지는 못한다(이설 없음). 그리고 판례에 의하면, 유권대리에 관한 주장 속에는 표현대리의 주장이 포함되어 있다고 볼 수 없으며(대판(전원) 1983. 12. 13, 83다카1489[핵심판례 46면]), 표현대리를 주장할 때에는 무권대리인과 표현대리에 해당하는 무권대리행위를 특정하여 주장하여야 한다(대판 1984. 7. 24, 83다카1819).

3) 표현대리에 무권대리에 관한 규정(130조 내지 135조)이 적용되는가에 관하여는 i) 제135조를 제외한 나머지의 규정은 적용된다는 견해(사견도 같음), ii) 모두 적용된다는 견해가 대립하고 있다.

A-166

3. 제126조의 표현대리(대리권한을 넘은 표현대리)

이는 대리권을 가지고 있는 대리인이 대리권을 넘어서 대리행위를 한 경우이다.

(1) 요 건

1) 기본대리권의 존재　대리인이 일정한 범위의 대리권, 즉 기본대리권을 가지고 있어야 한다. 전혀 대리권이 없는 자의 행위에는 표현대리가 성립하지 않는다(대판 1984. 10. 10, 84다카780 등).

여기의 대리인은 본인으로부터 직접 대리권을 수여받은 자에 한하지 않으며, 그 대리인으로부터 권한을 수여받은 자(대판 1970. 6. 30, 70다908)나 복대리인이어도 무방하다(대판 1998. 3. 27, 97다48982 등).

위와 같이 대리인이 기본대리권을 가지고 있어야 하나, 그 대리권이 권한을 벗어난 행위와 같은 종류의 대리권이거나 비슷한 것일 필요는 없다(통설·판례도 같음. 대판 1978. 3. 28, 78다282·283 등). 그리고 그 행위가 대리권과 아무런 관계가 없어도 무방하다(대판 1963. 11. 21, 63다418).

2) 권한을 넘은 대리행위　대리인이 권한 밖에서 대리행위를 하였어야 한다. 대리인이 권한 내에서 대리행위를 하였으면 유권대리가 되며, 권한을 넘어서서 대리행위를 한 경우에 제126조의 표현대리가 문제된다.

제125조의 표현대리 또는 제129조의 표현대리가 성립하는 범위를 넘어서서 법률행위를 한 경우, 즉 대리권 수여의 통지를 한 때에 통지된 대리권의 범위를 넘어서서 행위를 하거나 또는 대리권이 존재하였으나 소멸한 때에 그 소멸한 대리권의 범위를 넘어서서 행위를 한 경우에도 제126조의 표현대리가 성립하는가? 여기에 관하여 통설은 긍정하고 있다(사견도 같음). 그리고 판례는 제129조의 표현대리의 권한을 넘는 대리행위에 관하여 제126조의 표현대리가 성립할 수 있다고 한다(대판 1979. 3. 27, 79다234 등)(다만, 상대방은 과거에 무권대리인과 거래한 경험이 있어야 한다. A-169 참조).

A-167

3) 정당한 이유의 존재　상대방(제3자)이 대리인에게 대리권이 있다고 믿을 만한 정당한 이유가 있어야 한다. 그런데 이것의 의미에 관하여는 견해가 대립한다(사견은 민법총칙 [221] 참조). 다수설은 여러 사정으로부터 객관적으로 관찰하여 보통인이면 대리권이 있는 것으로 믿는 것이 당연하다는 의미, 즉 선의·무과실을 가리킨다고 한다. 판례는 선의·무과실이라고 이해하는 범주에 머물러 있는 것으로 보인다.

정당한 이유 유무를 판단하는 시기는 대리행위 당시이며(통설도 같음), 따라서 그 이후의 사정은 고려되지 않는다. 판례도 같다(대판 2009. 11. 12, 2009다46828 등 다수).

정당한 이유의 증명책임에 관하여 학설은 i) 본인이 상대방의 악의나 과실을 증명해야 한다는 견해, ii) 상대방이 정당한 이유가 있음을 증명해야 한다는 견해(사견도 같음), iii) 선의의 증명은 상대방이 하고 과실의 증명은 본인이 해야 한다는 견해로 나뉘어 있다. 그리고 판례는 ii)설과 같다(대판 1968. 6. 18, 68다694).

4) 본인의 과실 문제　그 밖에 본인의 과실은 묻지 않는다(이설 있음).

[참고] 부부의 일상가사대리권과 제126조의 표현대리 A-168

부부는 일상의 가사에 관하여 서로 대리권이 있다(827조). 이것이 이른바 일상가사대리권이다. 그런데 이 일상가사대리권이 제126조의 표현대리에 있어서 기본대리권이 될 수 있는지가 문제된다.

(ㄱ) 학 설 여기에 관하여 학설은 나뉘어 있다. i) 제1설은 일상가사대리권을 기본대리권으로 하여서도 제126조의 표현대리가 성립할 수 있다고 한다(사견도 같음). 이 견해는 일상가사대리권을 법정대리권이라고 보는 견해이다. ii) 제2설은 일반적·추상적 일상가사의 범위와 개별적·구체적인 일상가사의 범위가 어긋날 경우에 일반적·추상적인 일상가사의 범위 내에서만 표현대리의 규정이 유추적용되고, 그 밖의 행위에 대하여는 대리권의 수여가 있는 경우에 한하여 그것을 기초로 하여 제126조가 적용된다고 한다. 이 견해는 일상가사대리권을 법정대리권으로 보지 않고 일종의 대표로 이해한다.

(ㄴ) 판 례 판례는 제1설과 마찬가지로 일상가사대리권을 기본대리권으로 하여서도 표현대리가 성립할 수 있다고 한다. 그런데 판례를 구체적으로 살펴보면, 일상가사의 범위 내의 행위라고 오인될 수 있는 경우에 한하여 표현대리를 인정하였고(대판 1981. 6. 23, 80다609 등), 그 밖의 경우에 대하여는 상대방 배우자가 그 행위에 관한 대리권을 주었다고 믿었음을 정당화할 만한 객관적인 사정이 있었어야 한다고 하면서 표현대리를 인정하지 않았다(대판 1981. 8. 25, 80다3204(담보제공)[핵심판례 48면]; 대판 2009. 12. 10, 2009다66068(연대보증) 등).

(2) 효 과

이들 요건이 모두 갖추어진 경우의 효과는 제125조의 표현대리에서와 같다.

4. 제129조의 표현대리(대리권 소멸 후의 표현대리) A-169

이는 대리권을 가지고 있던 자가 대리권이 소멸한 후에 대리행위를 한 경우이다.

(1) 요 건

1) 대리권의 소멸 대리인이 과거에는 대리권을 가지고 있었으나, 대리행위를 할 때에는 그 대리권이 소멸하고 없어야 한다.

2) 소멸한 대리권의 범위 내에서의 대리행위 대리행위가 소멸한 대리권의 범위 내에서 행하여졌어야 한다. 만약 대리행위가 소멸한 대리권의 범위를 넘어서서 행하여졌다면, 제126조의 표현대리가 문제될 수 있을 뿐이다(A-166 참조). 주의할 것은, 제129조의 표현대리나 소멸한 대리권의 범위를 넘는 표현대리가 성립하려면 상대방이 과거에 대리인과 거래를 한 적이 있어야 한다는 점이다(이설 있음). 판례도 이와 같은 입장에 있다(대판 1973. 7. 30, 72다1631; 대판 1979. 3. 27, 79다234).

3) 상대방의 선의·무과실 상대방은 선의·무과실이어야 한다.

상대방의 선의·무과실이라는 요건의 증명책임은 누가 부담하는가? 여기에 관하여 학설은 i) 본인이 상대방의 악의·과실을 증명하여야 한다는 견해, ii) 선의는 상대방이 증명하여야 하고, 상대방에게 과실이 있다는 점은 본인이 증명하여야 한다는 견해(사견도 같음)로 나뉘어 대립하고 있다. 그리고 판례는 없다.

(2) 효 과

이들 요건이 갖추어진 경우의 효과는 제125조의 표현대리에서와 같다.

A-170

Ⅲ. 좁은 의미의 무권대리

1. 의 의

무권대리 가운데 표현대리가 아닌 경우가 좁은 의미(협의)의 무권대리이다. 좁은 의미의 무권대리의 효과는 대리행위가 계약인가 단독행위인가에 따라 차이가 있다.

2. 계약의 무권대리

(1) 본인에 대한 효과

좁은 의미의 무권대리는 본인에게 효력이 생기지 않는다. 그런데 민법은 본인이 원하는 경우에는 그것을 추인하여 효과를 생길 수 있게 하고 있다(130조). 그 결과 무권대리는 확정적 무효가 아니고, 유효·무효가 확정되지 않은 무효 즉 유동적 무효의 상태에 있게 된다. 본인은 추인을 하거나 추인을 거절하여 무권대리의 효력을 확정지을 수 있다.

A-171

1) 본인의 추인권

(가) 추인의 성질　여기의 추인은 효력의 발생 여부가 확정되지 않은 행위에 관하여 그 행위의 효과를 자기에게 직접 발생하게 하는 것을 목적으로 하는 상대방 있는 단독행위이다(동지 대판 2002. 10. 11, 2001다59217 등). 추인에는 상대방·무권대리인의 동의나 승낙이 필요하지 않다.

(나) 추인의 방법　추인에는 특별한 방식이 요구되지 않으며, 명시적으로뿐만 아니라 묵시적으로도 할 수 있다(통설·판례도 같음. 대판 2014. 2. 13, 2012다112299·112305 등 다수). 그런데 추인이 유효하려면 무권대리행위가 있음을 알고 하였어야 한다(판례도 같다. 대판 2000. 9. 8, 99다58471 등).

추인의 의사표시는 무권대리인에 대하여 할 수도 있고 무권대리행위의 상대방에 대하여 할 수도 있다(대판 2009. 11. 12, 2009다46828 등. 대판 1981. 4. 14, 80다2314는 여기의 상대방에는 무권대리행위로 인한 권리 또는 법률관계의 승계인도 포함된다고 해석한다). 그 의사표시를 상대방에게 하면 추인의 효력은 곧바로 생기나, 무권대리인에게 하는 경우에는 상대방이 추인이 있었음을 알지 못하는 때에는 그 상대방에 대하여 추인의 효과를 주장하지 못한다(132조).

(다) 추인의 효과　추인이 있으면 무권대리행위는 처음부터(즉 소급하여) 유권대리행위였던 것과 같은 효과가 생긴다(133조 본문). 그러나 이러한 추인의 소급효의 원칙에는 두 가지 예외가 있다.

첫째로 「다른 의사표시」가 있으면 소급효가 없다(133조 본문).

둘째로 추인의 소급효는 제3자의 권리를 해하지 못한다(133조 단서). 이는 무권대리행위 후 추인이 있기까지 사이에 본인과 제3자 사이에서 행하여진 행위가 무효로 되어 제3자가 권리를 잃게 되는 일이 없도록 하기 위하여 둔 예외규정이다.

2) **본인의 추인거절** 본인은 추인을 하지 않고 내버려 둘 수도 있으나, 적극적으로 추인의 의사가 없음을 표시하여 무권대리행위를 무효로 확정지을 수도 있다. 이를 본인의 추인거절권이라고 한다. 추인거절의 상대방과 방법은 추인에 있어서와 같다(132조).

3) **무권대리인의 지위와 본인의 지위가 동일인에게 귀속하는 경우(혼동)의 문제** 무권대리인의 지위와 본인의 지위가 동일인에게 귀속하는 일은 특히 상속에 있어서 자주 발생한다. 가령 아들이 부(父)의 재산을 처분한 뒤 부(父)의 사망으로 그의 지위를 상속하는 경우에 그렇다. 그러한 경우에 무권대리행위는 지위의 혼동으로 당연히 유효하게 되는지, 그리하여 추인의 거절을 할 수 없는지가 문제된다. 경우를 나누어 보기로 한다. A-172

먼저 무권대리인이 본인을 상속한 경우가 있다. 이 경우에 관하여 학설은 i) 무권대리행위가 당연히 유효하다(추인을 거절할 수 없다)는 견해, ii) 원칙적으로 무권대리행위가 유효하게 되나, 공동상속을 한 때에는 상속인 전원의 추인이 없으면 유효하게 되지 않는다는 견해(사견도 같음), iii) 양자의 지위는 혼동되지 않고 분리되어 병존하며, 다만 추인을 거절하는 것이 신의칙에 반하는 때에는 추인거절의 항변이 허용되지 않는다는 견해로 나뉘어 있다. 그리고 판례는 무권대리인이 본인을 단독상속한 경우에 관하여 무권대리행위의 무효를 주장하는 것은 금반언의 원칙이나 신의칙에 반하여 허용될 수 없다고 한다(대판 1994. 9. 27, 94다20617[핵심판례 50면]).

다음에 본인이 무권대리인을 상속한 경우가 있다. 이 경우에 관하여 학설은 i) 무권대리행위가 유효하게 되고 추인을 거절하지 못한다는 견해, ii) 무권대리행위가 당연히 유효로 되지 않고 추인을 거절할 수도 있다는 견해(사견도 같음)로 나누어져 있다. 그리고 여기에 관한 판례는 아직 없다.

⑵ **상대방에 대한 효과** A-173

무권대리행위의 효력은 본인의 의사에 좌우되기 때문에 상대방의 지위는 매우 불안정하게 된다. 여기서 민법은 상대방을 보호하기 위하여 상대방에게 최고권과 철회권을 인정한다.

1) **최 고 권** 상대방은 상당한 기간을 정하여 본인에게 무권대리행위의 추인 여부의 확답을 최고할 수 있다(131조 1문). 본인이 그 기간 내에 확답을 발하지 아니한 때에는(발신주의) 추인을 거절한 것으로 본다(131조 2문).

2) **철 회 권** 상대방은 계약 당시에 대리인에게 대리권이 없음을 알지 못한 경우 즉 선의인 경우에는, 본인의 추인이 있을 때까지 그 계약을 철회할 수 있다(134조). 철회의 의사표시는 본인이나 무권대리인에 대하여 하여야 한다.

A-174 ⑶ 상대방에 대한 무권대리인의 책임

민법은 상대방 및 거래의 안전을 보호하고 대리제도의 신용을 유지하기 위하여, 무권대리행위에 관하여 본인에게 책임을 지울 수도 없고 또 상대방이 철회하지도 않은 때에는 무권대리인에게 무거운 책임을 지우고 있다(135조). 무권대리인의 이 책임은 과실을 요건으로 하지 않는 무과실책임이며(대판 2014. 2. 27, 2013다213038 등), 법정책임이다.

1) 책임발생의 요건

㈎ 무권대리인의 대리행위가 있을 것.

㈏ 무권대리인이 대리권을 증명할 수 없을 것(135조 1항). 이 요건은 상대방이 증명할 필요가 없고, 무권대리인이 책임을 면하려면 자기에게 대리권이 있었음을 증명하여야 한다.

㈐ 상대방이 무권대리인에게 대리권이 없음을 알지도 못하고 또 알 수도 없었어야 한다(135조 2항). 즉 상대방은 선의·무과실이어야 한다. 이 요건도 상대방이 자신의 선의·무과실을 증명할 필요가 없고, 무권대리인이 책임을 면하려면 상대방의 악의 또는 과실을 증명하여야 한다(대판 2018. 6. 28, 2018다210775 등).

㈑ 본인의 추인이 없을 것(135조 1항). 이 요건의 증명책임은 상대방에게 있다(이설 있음).

㈒ 표현대리가 인정되지 않을 것(일부 견해는 이 요건을 요구하지 않음. A-165 참조).

㈓ 상대방이 철회권을 행사하지 않고 있을 것.

㈔ 무권대리인이 행위능력자일 것(135조 2항).

㈕ 그 밖에 무권대리인의 과실은 필요하지 않다.

A-175 2) 책임의 내용 무권대리인은 상대방의 선택에 따라 계약을 이행할 책임 또는 손해를 배상할 책임을 진다(135조 1항).

여기서 이행책임이라 함은 무권대리행위가 유권대리이었다면 본인이 이행하였을 것과 같은 내용으로 이행하여야 한다는 것이다(이때 무권대리행위가 쌍무계약인 경우에는 무권대리인은 상대방에 대하여 반대급부를 청구할 수 있다). 그리고 손해배상책임에 있어서는 그 범위가 이행이익(계약이 유권대리라면 이행되었을 이익)인지 신뢰이익(계약이 유권대리라고 믿었기 때문에 입은 손해)인지 문제될 수 있는데, 학설은 이행이익의 배상이라고 새기는 데 다툼이 없다.

⑷ 무권대리인과 본인 사이의 효과

본인의 추인이 없으면 본인과 대리인 사이에는 아무런 법률관계도 생기지 않는다. 본인이 추인한 경우에는 사무관리(734조 이하)가 성립할 것이다.

A-176 3. 단독행위의 무권대리

민법은 단독행위의 무권대리는 계약에서와 달리 절대무효를 원칙으로 하고 여기에 넓은 예외를 인정하고 있다(136조).

상대방 없는 단독행위(재단법인 설립행위·소유권포기 등)의 무권대리는 언제나 절대무효이며, 본인의 추인이 있더라도 아무런 효력이 생기지 않고, 무권대리인의 책임도 생기지 않는다.

민법은 상대방 있는 단독행위(계약해제·채무면제 등)의 무권대리도 원칙적으로 무효라고 규정한다. 다만, 예외적으로 ① 능동대리에 있어서는, 상대방이 대리권 없이 행위를 하는 데 동의하거나 또는 그 대리권을 다투지 않은 때에만 계약에서와 같은 효과를 인정한다(136조 1문). 그리고 ② 수동대리에 있어서는, 상대방이 무권대리인의 동의를 얻어 행위를 한 때에만 계약에서와 같은 효과를 인정한다(136조 2문).

제10절 법률행위의 무효 및 취소

제1관 서 설

I. 서 설

A-177

우리 민법에 있어서 명문규정 또는 해석상 법률행위가 무효인 때가 있는가 하면, 취소할 수 있는 것으로 규정되어 있는 때도 있다. 의사무능력자의 법률행위, 목적을 확정할 수 없거나 그것의 실현이 불가능한(원시적 불능) 법률행위, 강행규정(효력규정)을 위반한 법률행위, 사회질서에 반하는 법률행위(103조), 불공정한 법률행위(104조), 비진의표시의 예외적인 경우(107조 1항), 허위표시(108조) 등은 무효인 법률행위의 예이고, 제한능력자의 법률행위(5조 이하), 착오에 의한 법률행위(109조), 사기·강박에 의한 법률행위(110조)는 취소할 수 있는 행위이다. 그리고 민법은 이러한 법률행위의 무효와 취소(정확하게는 취소할 수 있는 것)에 관하여 일반적 규정으로 제137조 내지 제146조를 두고 있다.

무효와 취소는 — 취소가 있을 경우 — 법률행위의 효과가 발생하지 않는다는 점에서 같다. 그러나 둘은 여러 가지 점에서 차이가 있다. 가장 근본적인 차이점은, 무효의 경우에는 누구의 주장을 기다리지 않고서 당연히 처음부터 효력이 없는 데 비하여, 취소의 경우에는 일단 유효하게 효력이 발생하였다가 특정인이 주장(취소)하는 때에 비로소 효력이 없는 것으로 된다는 데 있다.

무효와 취소가 이와 같이 차이가 있기는 하나, 어떤 경우에 법률행위를 무효로 하고 어떤 경우에 취소할 수 있는 것으로 할 것인가는 입법정책의 문제이다. 대체로는 법질서 전체의 이상에 비추어 도저히 허용할 수 없는 때에는 무효로 규정하고, 효력의 부인을 특정인에게 맡겨도 무방한 때에는 취소로 규정한다.

어떤 법률행위가 무효원인과 취소원인을 모두 포함하고 있는 경우(무효와 취소의 경합), 예컨대 미성년자가 의사능력이 없는 상태에서 단독으로 법률행위를 한 때에는, 각각의 요건을 증명하여 무효를 주장하거나 혹은 취소할 수 있다(이설 없음).

법률행위가 무효이거나 취소에 의하여 소급하여 무효로 된다고 하여 현실적으로 법률행위 자체가 행하여지지 않았던 것으로 되지는 않으며, 그 법률행위에 의하여 의욕된 법률효과가 생기지 않을 뿐이다. 따라서 그 이외의 효과가 발생할 수는 있다. 예컨대 무효이거나 취소된 법률행위에 기한 채무가 이미 이행된 때에는 그것들의 반환문제가 생기며(부당이득 반환의무), 취소의 원인이 동시에 불법행위의 요건도 갖춘 때에는 손해배상책임이 발생한다.

제2관 법률행위의 무효

A-178 Ⅰ. 무효의 의의와 일반적 효과

(1) 무효의 의의

1) 무효 개념 법률행위의 무효란 법률행위가 성립한 당시부터 법률상 당연히 그 효력이 발생하지 않는 것이 확정되어 있는 것을 말한다. 그러나 이는 원칙적으로 그렇다는 의미이며, 거기에는 예외도 있다(무효의 종류 참조).

2) 불성립과의 구별 법률행위의 무효는 법률행위의 불성립과 구별하여야 한다. 법률행위의 불성립은 법률행위로서의 외형적인 존재가 인정되지 않는 것으로서 그 경우에는 유효·무효는 문제되지 않는다. 법률행위의 유효·무효는 법률행위가 성립한 후에 비로소 문제된다.

(2) 무효의 일반적 효과

법률행위가 무효이면 법률행위에 의하여 의욕된 법률효과는 발생하지 않는다. 따라서 무효인 법률행위가 채권행위인 때에는 채권은 발생하지 않고, 그리하여 이행할 필요가 없다. 물권행위인 때에는 물권변동은 일어나지 않는다. 채권행위가 있고 그 이행으로서 물권행위가 행하여진 경우에, 채권행위만이 무효인 때에 물권행위도 무효로 되는지는 물권행위를 무인행위로 보는지에 따라 다르다(물권법에서 논의한다. B-35·36 참조). 무효인 채권행위에 기하여 이미 이행이 된 때에는 급부한 것의 반환이 문제된다. 일반적으로는 급부한 것이 부당이득(741조 이하)으로 되어 반환되어야 하나, 제742조·제746조의 제한이 있다.

법률행위의 무효는 당사자뿐만 아니라 제3자에 대하여도 주장할 수 있는 것이 원칙이다. 그러나 여기에는 예외도 있다(뒤의 상대적 무효).

Ⅱ. 무효의 종류

A-179

(1) 절대적 무효 · 상대적 무효

절대적 무효는 누구에 대하여서나 또는 누구에 의하여서나 주장될 수 있는 무효이고, 상대적 무효는 특정인에 대하여서는 주장할 수 없는 무효(또는 특정인에 대하여서만 주장할 수 있는 무효)이다. 무효는 절대적 무효가 원칙이다. 그러나 비진의표시가 무효인 경우(107조 2항) 또는 허위표시의 무효(108조 2항)는 선의의 제 3 자에게는 주장할 수 없는 상대적 무효이다.

(2) 당연무효 · 재판상 무효

당연무효는 법률행위를 무효로 하기 위하여 어떤 특별한 행위나 절차가 필요하지 않은 무효이고, 재판상 무효는 소(訴)에 의하여서만 주장할 수 있는 무효이다. 재판상 무효에는 원고적격과 출소기한이 제한되어 있다. 무효는 당연무효가 원칙이나, 회사설립의 무효(상법 184조) · 회사합병의 무효(상법 236조)와 같이 재판상 무효의 경우도 있다.

(3) 전부무효 · 일부무효

법률행위의 전부가 무효인 경우가 전부무효이고, 그 일부분만이 무효인 경우가 일부무효이다. 민법은 일부무효에 관하여 제137조를 두고 있다. 그에 의하면, 법률행위의 일부분이 무효인 때에는 원칙적으로 그 전부를 무효로 한다(137조 본문). 그러나 그 무효부분이 없더라도 법률행위를 하였을 것이라고 인정될 때에는 나머지 부분은 무효가 되지 않는다(137조 단서). 이를 일부무효의 법리라고 한다.

일부무효에 관하여는 민법이나 특별법이 개별적으로 특별규정을 두고 있는 경우도 있다(385조 · 591조 1항, 「약관의 규제에 관한 법률」 16조). 그러한 경우에는 개별규정이 제137조에 우선하여 적용된다.

A-180

(4) 확정적 무효 · 유동적 무효

본래 법률행위의 무효(Nichtigkeit)는 확정적인 것이어서 타인의 행위 등이 있다고 하여 유효하게 될 수는 없다. 즉 확정적 무효인 것이다. 그런데 이론상 법률행위가 효력이 없지만(넓은 의미의 무효) 타인의 일정한 행위 기타 유효요건을 갖추면 유효하게 될 수 있음을 인정할 수 있다. 이러한 것을 유동적(불확정적) 무효(schwebende Unwirksamkeit)라고 한다. 무권대리행위나 처분권 없는 자의 처분행위가 그 예이다. 이들 행위는 본인이나 처분권자의 추인이 있으면 처음부터 유효했던 것으로 된다. 그리고 근래 우리 판례는 구 국토이용관리법(현행 「부동산 거래신고 등에 관한 법률」에 해당함)상의 규제구역(토지거래 허가구역) 내에서 허가 없이 체결한 토지매매계약은 유동적 무효의 상태에 있다고 하였다(대판(전원) 1991. 12. 24, 90다12243).

구 국토이용관리법상의 허가 없이 체결한 계약에 관한 판례를 인용하면 다음과 같다.

국토이용관리법(현행 「부동산 거래신고 등에 관한 법률」에 해당함) 각 규정의 내용과 그 입법취지에 비추어 볼 때, 토지의 소유권 등 권리를 이전 또는 설정하는 내용의 거래계약은 관할 관청의 허가를 받아야만 그 효력이 발생하고 허가를 받기 전에는 물권적 효력은 물론 채권적 효력도 발생하지 아니하여 무효라고 보아야 할 것이다. 다만 허가를 받기 전의 거래계약이 처음부터 허가를 배제하거나 잠탈하는 내용의 계약일 경우에는 확정적으로 무효로서 유효화될 여지가 없으나, 이와 달리 허가받을 것을 전제로 한 거래계약(허가를 배제하거나 잠탈하는 내용의 계약이 아닌 계약은 여기에 해당하는 것으로 본다)일 경우에는 허가를 받을 때까지는 법률상 미완성의 법률행위로서 소유권 등 권리의 이전 또는 설정에 관한 거래의 효력이 전혀 발생하지 않음은 위의 확정적 무효의 경우와 다를 바 없지만, 일단 허가를 받으면 그 계약은 소급하여 유효한 계약이 되고 이와 달리 불허가가 된 때에는 무효로 확정되므로 허가를 받기까지는 유동적 무효의 상태에 있다고 보는 것이 타당하다(대판(전원) 1991. 12. 24, 90다12243[핵심판례 52면]).

A-181

Ⅲ. 무효행위의 추인

(1) 의 의

무효행위의 추인(追認)이란 법률행위로서의 효과가 확정적으로 발생하지 않는 무효행위를 뒤에 유효하게 하는 의사표시이다(무효행위가 계약인 경우에는 추인은 쌍방의 합의로 하여야 한다). 이러한 추인은 허용될 수 없다. 왜냐하면 무효인 행위는 확정적으로 효력이 발생되지 않기 때문이다. 그런데 민법은 원칙적으로는 추인을 금지하되, 예외적으로 비소급적인 추인은 인정하고 있다(139조). 그리고 학설은 일정한 경우에 소급적인 추인을 인정한다.

(2) 민법상의 비소급적 추인

민법상 무효행위는 당사자가 추인을 하여도 효력이 생기지 않는다(139조 본문). 그러나 당사자가 무효임을 알고 추인한 때에는 그때 새로운 법률행위를 한 것으로 본다(139조 단서). 그리하여 가령 가장매매의 당사자가 추인을 하면 그때부터 즉 비소급적으로 유효한 매매가 된다. 이러한 추인이 인정되려면 객관적으로 무효원인이 해소되고 있어야 한다. 법률행위가 사회질서에 반하거나(대판 1973. 5. 22, 72다2249) 폭리행위(대판 1994. 6. 24, 94다10900)이어서 무효인 경우처럼 무효원인이 해소되지 않고 있는 때에는, 추인에 의하여 유효하게 될 수 없다.

무효행위의 추인도 명시적으로뿐만 아니라 묵시적으로도 할 수 있다. 판례도 같다(대판 2014. 2. 13, 2012다112299·112305 등). 한편 판례는, 당사자가 이전의 법률행위가 존재함을 알고 그 유효함을 전제로 하여 이에 터 잡은 후속행위를 하였다고 해서 그것만으로 이전의 법률행위를 묵시적으로 추인하였다고 단정할 수는 없고, 묵시적 추인을 인정하기 위해서는 이전의 법률행위가 무효임을 알거나 적어도 무효임을 의심하면서도 그 행위의 효과를 자기에게 귀속시키도록 하는 의사로 후속행위를 하였음이 인정되어야 할 것이라고 한다(대판 2014. 3. 27, 2012다106607).

⑶ 약정에 의한 소급적 추인 A-182

위에서 본 바와 같이, 민법은 비소급적인 추인만 인정하나, 학설은 당사자의 합의에 의하여 채권적인 소급적 추인을 인정한다. 그리고 그 행위는 채권행위일 수도 있고 물권행위일 수도 있다고 한다.

[참고] 무권리자에 의한 처분행위의 소급적 추인의 문제

처분자가 처분권한이 없이 타인의 권리를 처분한 경우에 처분권한이 있는 자가 사후에 이를 추인하면 처분행위는 소급해서 유효하게 되는가? 여기에 관하여 학설은 i) 무효행위의 추인에 의하여 소급하여 효력이 있다고 하는 견해, ii) 무권대리의 추인과 같이 취급하여야 한다는 견해, iii) 그때에는 제133조를 유추적용하거나 추완의 법리를 적용하여야 한다는 견해로 나뉘어 있다(사견은 133조를 유추적용해야 한다는 입장임. 민법총칙 [239] 참조). 그리고 판례는 무권대리의 추인에 관한 제130조·제133조 등을 무권리자의 추인에 유추적용할 수 있고, 따라서 무권리자의 처분이 계약으로 이루어진 경우에 권리자가 이를 추인하면 원칙적으로 그 계약의 효과가 계약을 체결했을 때에 소급하여 권리자에게 귀속된다고 한다(대판 2001. 11. 9, 2001다44291[핵심판례 54면]; 대판 2017. 6. 8, 2017다3499). 추인은 무권리자의 처분이 있음을 알고 해야 하고, 명시적으로 또는 묵시적으로 할 수 있으며, 그 의사표시는 무권리자나 그 상대방 어느 쪽에 해도 무방하다고 한다(대판 2017. 6. 8, 2017다3499).

Ⅳ. 무효행위의 전환 A-183

⑴ 의 의

X라는 행위로서는 무효인 법률행위가 Y라는 행위로서는 요건을 갖추고 있는 경우에 Y라는 행위로서의 효력을 인정하는 것을 무효행위의 전환이라고 한다. 예컨대 방식이 흠결되어 약속어음의 발행으로서는 무효인 행위를 유효한 준소비대차로서 인정하는 것이 그렇다. 민법은 일정한 요건 하에 무효행위의 전환을 인정하고 있다(138조). 그리고 여기에 관하여 개별적으로 특별규정이 두어져 있기도 하다(530조·534조·1071조 등).

⑵ 요 건

1) 무효인 제1의 법률행위의 존재 본래 법률행위가 유효하다면 전환은 문제될 여지가 없다.

2) 제2의 법률행위의 요건 구비 제2의 행위는 현실적으로 존재하여야 하는 것이 아니며, 이 점에서 은닉행위와 다르다. 즉 무효행위의 전환은 별도의 행위가 없음에도 불구하고 일정한 요건이 갖추어져 있는 때에 무효인 법률행위를 다른 행위로서 유효하게 하는 것이다.

판례에 의하면, 혼인 외의 출생자를 혼인 중의 친생자로 신고한 때에는 인지로서의 효력이 있다고 하고(대판 1976. 10. 26, 76다2189)(이 내용은 현재에는 「가족관계의 등록 등에 관한 법률」 57조 1항에 명문화되어 있다), 입양의 의사로 친생자 출생신고를 하고 거기에 입양의 실질적 요건이 모두 구비된 경우에는 입양의 효력을 인정

한다(대판(전원) 1977. 7. 26, 77다492; 대판 2001. 8. 21, 99므2230 등)(그런데 미성년자의 입양에 가정법원의 허가를 요하는 현행법 하에서는 미성년자에 관한 한 이 판례가 유지되기 어렵다. 친족상속법 [126] 참조). 그리고 상속포기 신고가 상속포기로서의 효력이 없는 경우에 상속재산의 협의분할을 인정한 것도 있다(대판 1989. 9. 12, 88누3305).

3) 당사자가 제1의 행위의 무효를 알았더라면 제2의 행위를 하는 것을 의욕하였으리라고 인정될 것 즉 전환의 의사가 필요하다. 이 전환의 의사는 가정적 의사라고 보는 것이 다수설이며, 판례도 「법률행위 당시에 무효임을 알았다면 의욕하였을 가정적 효과의사」(대판(전원) 2016. 11. 18, 2013다42236. 같은 취지: 대판 2010. 7. 15, 2009다50308)라고 하여 다수설과 같다.

제3관 법률행위의 취소

A-184 Ⅰ. 취소의 의의

(1) 취소 개념

취소란 일단 유효하게 성립한 법률행위의 효력을 제한능력 또는 의사표시에 있어서의 착오·사기·강박을 이유로 법률행위를 한 때에 소급하여 소멸하게 하는 특정인(취소권자)의 의사표시이다. 따라서 취소할 수 있는 법률행위라 할지라도 취소권자의 취소가 있을 때까지는 유효하되, 취소가 있으면 소급하여 무효로 된다.

법률행위의 취소는 하나의 의사표시로 성립하는 상대방 있는 단독행위이다.

(2) 원칙적 취소와 구별되는 취소

위에서 설명한 취소는 제한능력 또는 착오·사기·강박을 이유로 한 법률행위의 취소만을 가리킨다. 이를 원칙적인 취소라고 한다.

민법은 제140조 이하에서 취소에 관한 일반적 규정을 두고 있다. 그런데 그 규정은 원칙적인 취소에만 적용되며, 기타의 취소에는 적용이 없다. 원칙적인 취소와 구별되는 취소를 정리해 보기로 한다.

1) 재판 또는 행정처분의 취소 실종선고의 취소(29조)·부재자의 재산관리에 관한 명령의 취소(22조 2항)·법인설립허가의 취소(38조) 등이 그에 해당하며, 이들은 공법상의 취소로서 취소라는 용어만 공통할 뿐 법률행위의 취소와는 전혀 관계가 없다.

2) 완전히 유효한 법률행위의 취소 영업허락의 취소(8조 2항)·사해행위의 취소(406조)·부담부 유증의 취소(1111조) 등이 그 예이다.

3) 가족법상의 법률행위의 취소 혼인의 취소(816조)·이혼의 취소(838조)·친생자 승인의 취소(854조)·입양의 취소(884조)·인지의 취소(861조)·부양관계의 취소(978조) 등이 그 예이다.

(3) 취소와 구별하여야 할 개념

A-185

1) 철 회 철회는 아직 효력을 발생하고 있지 않은 의사표시를 종국적으로 효력이 발생하지 않게 하거나(예: 청약의 철회) 또는 일단 발생한 의사표시의 효력을 장래에 향하여 소멸시키는 표의자의 일방적 행위(예: 7조 · 16조 · 134조 · 1108조 · 1110조)이다.

2) 해 제 해제는 일단 유효하게 성립한 「계약」의 효력을 당사자 일방(해제권자)의 의사표시에 의하여 그 계약이 처음부터 없었던 것과 같은 상태로 돌아가게 하는 것이다. 해제는 법률규정(채무불이행 기타 사유) 또는 당사자의 해제권 약정이 있는 경우에 허용된다.

Ⅱ. 취 소 권

A-186

1. 의의 및 성질

취소의 의사표시가 있으면 법률행위는 소급하여 무효로 된다. 여기서 취소할 수 있는 지위는 하나의 권리라고 볼 수 있다. 그런데 취소권은 일방적 의사표시에 의하여 법률관계의 변동을 일으키므로 일종의 형성권이다.

2. 취소권자

법률행위의 취소는 무효와 달리 일정한 자, 즉 취소권자만이 행할 수 있다. 민법은 제140조에서 취소권자를 규정하고 있다. 그 규정에 의한 취소권자를 나누어 설명한다.

(1) 제한능력자

제한능력자는 그가 행한 취소할 수 있는 행위를 단독으로 취소할 수 있다. 그리고 이 제한능력자의 취소는 제한능력을 이유로 취소할 수 없다(이설 없음).

(2) 착오로 인하여 의사표시를 한 자

(3) 사기 · 강박에 의하여 의사표시를 한 자

(4) 대 리 인

제한능력자와 착오 · 사기 · 강박에 의하여 의사표시를 한 자의 임의대리인과 법정대리인이다. 취소도 법률행위이므로 이는 대리인도 할 수 있다. 다만, 임의대리인이 행한 대리행위에 관하여 취소원인이 있는 경우에 그 취소권은 대리인이 아니고 본인에게 속하므로, 임의대리인이 취소를 하려면 다시 본인으로부터 그에 관하여 대리권이 수여되어야 한다. 그러나 제한능력자의 법정대리인은 자신의 고유한 취소권이 있다.

(5) 승 계 인

제한능력자 또는 착오 · 사기 · 강박에 의하여 의사표시를 한 자로부터 취소권을 승계한 자이다. 포괄승계인과 특정승계인을 나누어 보기로 한다.

1) 포괄승계인 상속인이나 합병된 회사와 같은 포괄승계인은 당연히 피승계인의 취소권을 승계하며, 따라서 취소권을 행사할 수 있다.

2) 특정승계인 특정승계인도 취소권을 승계하는가에 관하여는 일반적으로 긍정하는 것이 다수설이다.

A-187

3. 취소의 방법

(1) 취소의 의사표시

취소는 취소권자의 일방적인 의사표시에 의하여 행한다. 이 취소의 의사표시의 방식에 관하여는 제한이 없다. 따라서 반드시 재판상 행하여야 할 필요는 없다(구두변론기일에 변론으로 할 수도 있다. 대판 1961. 11. 9, 4293민상883). 또한 명시적으로뿐만 아니라 묵시적으로도 할 수 있다. 법률행위의 취소를 당연한 전제로 한 소송상의 이행청구(가령 소유권이전등기 말소청구)나 이를 전제로 한 이행거절이 있으면, 그것에는 취소의 의사표시가 포함되어 있다고 볼 것이다(대판 1993. 9. 14, 93다13162).

(2) 일부취소

법률행위의 일부무효(137조)와 달리 일부취소에 관하여는 민법에 규정이 없다. 그렇지만 이를 인정하여야 하며(이설 없음), 거기에는 일부무효의 법리를 적용하여야 한다. 판례도 같은 태도를 취하고 있다(대판 1998. 2. 10, 97다44737[핵심판례 56면]; 대판 2002. 9. 10, 2002다21509 등).

(3) 취소의 상대방

민법은 제142조에서 「취소할 수 있는 법률행위의 상대방이 확정한 경우에는 그 취소는 그 상대방에 대한 의사표시로 하여야 한다」고 규정한다. 이것의 의미는 법률행위의 상대방이 특정되어 있는 경우, 즉 계약 또는 특정한 상대방에 대한 단독행위에 있어서는 취소의 의사표시는 그 특정되어 있는 상대방에 대하여 하여야 한다는 것이다.

A-188

4. 취소의 효과

(1) 취소의 소급효

법률행위가 취소되면 취소된 법률행위는 처음부터, 즉 소급적으로 무효였던 것으로 된다(141조 본문). 이러한 취소의 소급적 무효의 효과는 제한능력을 이유로 하는 취소에 있어서는 제3자에게도 주장할 수 있는 절대적인 것이나, 착오·사기·강박을 이유로 한 경우에는 선의의 제3자에 대하여는 주장할 수 없는 상대적인 것이다(109조 2항·110조 3항).

(2) 취소의 소급효의 구체적인 내용

법률행위가 취소되면 그 행위는 무효로 되므로, 그것이 채권행위인 때에는 채권은 발생하지 않고, 따라서 이행할 필요가 없다. 물권행위인 때에는 물권변동은 일어나지 않았던 것으로 된다. 채권행위가 있고 그 이행으로서 물권행위가 행하여진 경우에, 채권행위가 취소되면 물권행위도 효력을 잃게 되는지는 — 법률행위의 무효에서도 언급한 것처럼 — 물권행위를 무인행위로 보는지에 따라 다르다(물권법에서 논의한다. B-35·36 참조). 취소된 법률행위에 기하여 이미 이행이 된 때에는 급부한 것이 부당이득으로서 반환되어야 한다(741조 이하). 다만, 민법은 제한능력자의 반환범위에 관하여는 특별히 규정하고 있다(141조 단서).

다른 취소권자와 달리 제한능력자는 그의 행위로 인하여 「받은 이익이 현존하는 한도」에서 상환할 책임이 있다. 제한능력자가 악의라도 그렇다(748조 참조).

Ⅲ. 취소할 수 있는 행위의 추인

A-189

1. 의 의

취소할 수 있는 행위의 추인은 취소할 수 있는 법률행위를 취소하지 않겠다고 하는 의사표시이다. 즉 여기의 추인은 취소권의 포기이며, 이러한 추인에 의하여 취소할 수 있는 행위는 확정적으로 유효하게 된다. 추인은 상대방 있는 단독행위이다.

2. 추인의 요건

(1) 추인권자가 추인을 하여야 한다. 추인권자는 취소권자와 같다(143조).

(2) 추인은 취소의 원인이 소멸된 후에 하여야 한다(144조 1항). 즉 제한능력자는 능력자가 된 뒤에, 착오·사기·강박에 의하여 의사표시를 한 자는 착오·사기·강박의 상태에서 벗어난 뒤에 하여야 한다. 취소원인이 소멸되기 전에 한 추인은 추인으로서 효력이 없다(대판 1982. 6. 8, 81다107).

(3) 당해 행위가 취소할 수 있는 것임을 알고서 하여야 한다(판례도 동지. 대판 1997. 5. 30, 97다2986).

3. 추인방법

취소에 있어서와 같다(143조 2항·142조).

4. 추인의 효과

추인이 있으면 다시는 취소할 수 없으며(143조 1항), 그 결과 법률행위는 유효한 것으로 확정된다.

Ⅳ. 법정추인

A-190

1. 의 의

민법은 취소할 수 있는 행위에 관하여 일정한 사실이 있는 때에는 법률상 당연히 추인이 있었던 것으로 의제(간주)하고 있는데(145조), 이를 법정추인이라고 한다.

2. 법정추인의 요건

(1) 다음 중 어느 하나의 사유가 존재하여야 한다(145조).

1) 전부나 일부의 이행 취소할 수 있는 행위에 의하여 생긴 채무의 전부나 일부를 취소권자가 이행하거나 상대방이 이행한 경우이다(통설임).

2) 이행의 청구 이는 취소권자가 청구한 때만이다.

3) 경 개 취소권자가 경개를 채권자로서 하느냐 채무자로서 하느냐는 묻지 않는다.

4) 담보의 제공 취소권자가 채무자로서 담보를 제공하거나 채권자로서 담보제공을 받는 경우이다. 담보는 물적 담보(질권·저당권 등)이든 인적 담보(보증인)이든 상관없다.

5) 취소할 수 있는 행위로 취득한 권리의 전부나 일부의 양도 이 양도는 취소권자가 하는 경우에 한한다.

6) 강제집행 취소권자가 채권자로서 집행하거나 채무자로서 집행받는 경우를 포함한다(통설임).

(2) 위의 사유가 추인할 수 있는 후에, 즉 취소의 원인이 소멸된 후에 행하여졌어야 한다(145조 본문). 다만, 미성년자·피한정후견인이 법정대리인 또는 후견인의 동의를 얻어서 이들 행위를 하였거나 법정대리인 또는 후견인 자신이 이들 행위를 한 경우에는, 취소원인이 소멸되기 전에 하였을지라도 법정추인이 된다(145조 본문·144조 2항).

(3) 취소권자가 이의를 보류하지 않았어야 한다(145조 단서).

(4) 그 밖에 취소권자에게 추인의 의사가 있을 필요가 없고, 또 취소권의 존재를 알고 있을 필요도 없다.

3. 효 과

이들 요건이 갖추어지면 추인이 있었던 것과 같은 효과가 생긴다(145조 본문).

A-191 Ⅴ. 취소권의 단기소멸

(1) 민법규정 및 그 취지

민법은 제146조에서 취소권의 단기의 존속기간을 규정하고 있다. 이는 취소할 수 있는 법률행위에 관하여 법률관계를 가능한 한 빨리 확정하고 상대방을 불안정한 지위에서 벗어날 수 있도록 하기 위한 것이다.

⑵ 취소권의 존속기간

취소권은 추인할 수 있는 날로부터 3년 내에, 법률행위를 한 날로부터 10년 내에 행사하여야 한다(146조).

여기서 「추인할 수 있는 날」이라 함은 「취소의 원인이 소멸된 날」을 의미한다(144조 1항). 그 결과 3년의 기간의 기산점은 제한능력·착오·사기·강박의 상태에서 벗어난 때이다. 물론 그 시점 이전에도 취소권자가 취소를 할 수는 있으나(예: 제한능력자의 취소), 취소권의 소멸시점은 기산점으로부터 3년의 기간이 만료한 때이다.

위의 두 기간(3년·10년) 가운데 어느 하나라도 만료하면 취소권은 소멸한다.

⑶ 기간의 성질

제146조가 규정하는 기간은 제척기간이라고 새기는 데 학설이 일치하고 있으며, 판례도 같다(대판 1996. 9. 20, 96다25371 등).

제11절 법률행위의 부관(조건과 기한)

제 1 관 서 설

Ⅰ. 서 설

A-192

법률행위의 부관(附款)이란 법률행위의 효과를 제한하기 위하여 법률행위의 내용으로서 덧붙여지는 약관(사적 자치적인 결정)이다. 이것은 법률행위 당시에 당사자 쌍방(원칙적인 경우) 또는 일방의 의사에 의하여 법률행위의 내용으로 덧붙여진다.

이러한 법률행위의 부관에는 조건·기한·부담의 세 가지가 있다. 그런데 민법은 이들 가운데 조건과 기한에 관하여서만 일반적 규정을 두고 있고, 부담과 관련하여서는 부담부 증여(561조)와 부담부 유증(1088조)만을 특별히 규정하고 있다. 그래서 여기서는 조건과 기한에 관하여만 보기로 한다.

제 2 관 조 건

Ⅰ. 조건의 의의

A-193

조건이란 법률행위의 효력의 발생 또는 소멸을 장래의 불확실한 사실의 성취(발생) 여부에 의존하게 하는 법률행위의 부관이다. 「결혼하면 집을 한 채 주겠다」거나, 「취직할 때까지 생활비를 대주겠다」는 계약을 맺은 경우에, 결혼하면 증여계약의 효력이 생기게 한다는 약정, 취직하면 생활비 지급을 중지한다는 약정이 조건이다.

1) 조건은 법률효과의 발생 또는 소멸에 관한 약관이며, 성립에 관한 것이 아니다.

2) 조건이 되는 사실은 장래의 것이어야 하고, 또 실현 여부가 불확실한 것이어야 한다.

3) 조건은 법률행위의 부관인 만큼 당사자가 사적 자치에 의하여(즉 그의 의사에 의하여) 덧붙인 것이어야 한다(통설 · 판례도 동지임. 대판 2003. 5. 13, 2003다10797 등).

A-194 Ⅱ. 조건의 종류

(1) 정지조건 · 해제조건

정지조건은 법률행위의 효력의 발생을 장래의 불확실한 사실에 의존하게 하는 조건이고, 해제조건은 법률행위의 효력의 소멸을 장래의 불확실한 사실에 의존하게 하는 조건이다. 앞에서 들었던 예 가운데 「결혼하면 집을 한 채 주겠다」는 계약은 정지조건부 계약이고, 「취직할 때까지 생활비를 대주겠다」는 계약은 해제조건부 계약이다.

(2) 적극조건 · 소극조건

조건이 되는 사실이 현재의 상태의 변경인 경우(가령 내가 취직을 한다면, 내년에 홍수가 난다면 등)를 적극조건이라고 하고, 현재의 상태의 불변경인 경우(가령 내가 취직을 하지 않는다면, 내년에 홍수가 나지 않는다면 등)를 소극조건이라고 한다.

(3) 가장조건(假裝條件)

겉으로 보기에는 조건이지만 실질적으로는 조건으로서의 효력이 인정되지 않는 것이다. 가장조건에는 다음의 것들이 있다.

1) 법정조건(法定條件) 민법 기타의 법률은 때로 법률행위가 효력을 발생하기 위하여 일반적인 요건 외에 추가로 더 갖추어야 하는 요건 내지 사실을 규정하기도 한다. 그러한 요건을 법정조건이라고 한다. 법인설립행위에 있어서 주무관청의 허가, 유증에 있어서 수증자의 생존 등이 그 예이다. 이러한 법정조건은 조건이 아니다.

2) 기성조건(旣成條件) 조건사실이 법률행위 당시에 이미 성립하고 있는 경우이다. 이러한 기성조건이 정지조건이면 조건 없는 법률행위가 되고, 해제조건이면 그 법률행위는 무효이다(151조 2항).

3) 불법조건 조건이 선량한 풍속 기타 사회질서에 위반하는 경우가 불법조건이다. 불법조건이 붙어 있는 법률행위는 무효이다(151조 1항).

4) 불능조건 이는 객관적으로 실현이 불가능한 사실을 내용으로 하는 조건이다. 불능조건이 정지조건으로 되어 있는 법률행위는 무효이고, 불능조건이 해제조건으로 되어 있는 법률행위는 조건 없는 법률행위가 된다(151조 3항).

Ⅲ. 조건을 붙일 수 없는 법률행위

A-195

(1) 의 의

법률행위에는 원칙적으로 조건을 붙일 수 있다. 그러나 불안정을 꺼리는 법률행위에는 조건을 붙일 수 없다. 조건을 붙일 수 없는 행위는 「조건과 친하지 않은 행위」라고도 한다.

(2) 구체적인 예

법률행위 가운데 조건을 붙일 수 없음이 명문으로 규정되어 있는 경우도 있다(예: 493조 1항의 상계). 그러나 명문규정이 없더라도, 그 효과가 즉시 확정적으로 발생하거나 또는 확정적으로 존속할 것이 요구되는 법률행위에는 조건을 붙일 수 없다. 구체적인 예를 살펴본다.

1) 친족법 · 상속법상의 행위　　혼인·입양·상속의 포기와 같은 친족법·상속법상의 행위에는 조건을 붙이지 못한다. 그러나 유언에는 조건을 붙일 수 있다(1073조 2항).

2) 어음행위 · 수표행위(어음법 1조 2호 · 75조 2호, 수표법 1조 2호)

3) 단독행위　　단독행위에 조건을 붙이게 하면 상대방의 지위가 지나치게 불안정하게 되므로 단독행위에는 원칙적으로 조건을 붙이지 못한다.

(3) 위반한 경우의 효과

조건을 붙일 수 없는 행위에 조건을 붙인 경우의 효과에 관하여 특별히 규정하고 있는 때도 있다(어음법 12조 1항 · 77조 1항, 수표법 15조 1항 등). 그러한 때에는 물론 법률이 정하고 있는 효과가 인정된다. 그런데 명문규정이 없는 경우에는 일부무효의 법리가 적용된다고 하여야 한다.

Ⅳ. 조건의 성취와 불성취

A-196

(1) 의 의

조건부 법률행위의 효력은 조건사실(장래의 불확실한 사실)의 실현 여부에 좌우되는데, 그 조건사실의 실현·불실현이 확정되는 것을 조건의 성취·불성취라고 한다.

(2) 조건의 부당한 불성취 및 성취의 효과

조건의 성취에 의하여 불이익을 입게 될 자가 부당하게 조건성취를 방해하여 불성취하게 하거나, 조건의 성취로 이익을 얻게 될 자가 부당하게 조건을 성취하게 한 경우가 있을 수 있다. 그러한 경우에도 조건의 불성취 또는 성취를 인정할 것인지가 문제된다.

1) 조건의 부당한 불성취　　조건의 성취로 인하여 불이익을 입게 될 당사자가 신의성실에 반하여 조건의 성취를 방해한 때에는, 상대방은 그 조건이 성취한 것으로 주장할 수 있다(150조 1항).

2) 조건의 부당한 성취 조건의 성취로 인하여 이익을 얻게 될 당사자가 신의성실에 반하여 조건을 성취시킨 때에는, 상대방은 그 조건이 성취하지 않은 것으로 주장할 수 있다(150조 2항).

A-197

V. 조건부 법률행위의 효력

1. 조건의 성취 여부 확정 전의 효력

(1) 기대권으로서의 조건부 권리

조건의 성취 여부가 확정되기 전에는 당사자 일방은 조건의 성취로 일정한 이익을 얻게 될 기대를 가진다. 민법은 이러한 기대 내지 희망을 일종의 권리로서 보호하고 있다. 이 권리를 조건부 권리라고 하는데, 이는 기대권의 일종이다.

(2) 조건부 권리의 보호

1) 침해의 금지 조건부 권리의 의무자는 조건의 성취 여부가 미정한 동안에 조건의 성취로 인하여 생길 상대방의 이익을 침해하지 못한다(148조).

만약 제3자가 조건부 권리를 침해한 경우에는 물론 불법행위책임이 성립한다(이설 없음).

다음에 의무자가 조건부 권리를 침해하는 처분행위(물권행위 등)를 한 경우에 그 처분행위는 조건부 권리를 침해하는 범위에서 무효이다(대판 1992. 5. 22, 92다5584도 동지임).

2) 처분 등의 인정 조건부의 권리·의무는 일반규정에 의하여 처분(양도·포기·제한물권 설정 등)·상속·보존 또는 담보로 할 수 있다(149조).

A-198

2. 조건의 성취 여부 확정 후의 효력

(1) 법률행위 효력의 확정

정지조건부 법률행위는 조건이 성취되면 그 행위의 효력이 발생하고, 조건이 불성취로 확정되면 무효로 된다(147조 1항). 그리고 해제조건부 법률행위는 조건이 성취되면 그 행위의 효력이 소멸하고, 불성취로 확정되면 효력이 소멸하지 않는 것으로 확정된다(147조 2항).

(2) 조건성취의 효력이 소급하는지 여부

조건이 정지조건이든 해제조건이든 조건성취의 효력은 소급하지 않으며, 조건이 성취된 때에 발생한다(147조 1항·2항). 그러나 당사자의 의사표시에 의하여 소급효를 주는 것은 무방하다(147조 3항).

제3관 기 한

Ⅰ. 기한의 의의 및 종류

A-199

1. 의 의

기한(期限)이란 법률행위의 효력의 발생·소멸 또는 채무이행의 시기(時期)를 장래 발생할 것이 확실한 사실에 의존하게 하는 법률행위의 부관이다. 기한은 기한이 되는 사실(기한사실)이 장래의 것이라는 점에서는 조건과 같지만, 그것의 발생이 확정되어 있는 점에서 발생 여부가 불확실한 조건과 다르다. 이러한 기한이 붙어 있는 법률행위를 기한부 법률행위라고 한다.

2. 종 류

(1) 시기 · 종기

법률행위의 효력의 발생 또는 채무이행의 시기(時期)를 장래의 확실한 사실의 발생에 의존하게 하는 기한이 시기(始期)이고, 법률행위의 효력의 소멸을 장래의 확실한 사실에 의존하게 하는 기한이 종기(終期)이다. 가령 「내년 1월 1일부터 임대한다」, 「지금부터 3개월 후에 이행한다」고 하는 것은 시기(始期)가 붙어 있는 경우이고, 「내년 12월 31일까지 임대한다」는 것은 종기(終期)가 붙어 있는 경우이다.

(2) 확정기한 · 불확정기한

확정기한은 발생시기가 확정되어 있는 기한이고, 불확정기한은 발생시기가 확정되어 있지 않는 기한이다. 「내년 1월 1일부터」, 「앞으로 3개월 후에」는 확정기한의 예이고, 「A가 사망하였을 때」, 상가분양계약에서 중도금지급기일을 「1층 골조공사 완료시」로 정한 것(대판 2005. 10. 7, 2005다38546)은 불확정기한의 예이다.

Ⅱ. 기한을 붙일 수 없는 법률행위

A-200

조건을 붙일 수 없는 행위는 대체로 기한도 붙일 수 없다. 그러나 조건은 붙일 수 없지만 기한은 붙일 수 있는 것도 있다.

(1) 행위 당시에 곧바로 효력이 발생하여야 하는 법률행위에는 시기를 붙일 수 없다. 혼인·입양·상속의 포기 등의 친족법·상속법상의 행위가 그 예이다. 어음행위·수표행위에는 조건을 붙일 수 없으나 시기(이행기)는 붙일 수 있다.

⑵ 소급효가 있는 법률행위에는 시기를 붙이지 못한다. 상계(493조)·취소가 그 예이다.

⑶ 종기를 붙일 수 없는 법률행위의 범위는 해제조건에 있어서와 대체로 같다.

Ⅲ. 기한의 도래

기한의 도래시기는 기한이 어떻게 정하여져 있느냐에 따라 다르다. 기한이 기일 또는 기간으로 정하여져 있는 때에는 그 기일이 되거나 그 기간이 경과하면 기한이 도래한다. 그에 비하여 기한이 일정한 사실의 발생으로 정하여져 있는 경우에는 그 사실이 발생한 때에 기한이 도래한다.

A-201

Ⅳ. 기한부 법률행위의 효력

1. 기한 도래 전의 효력

민법은 조건부 권리의 침해금지에 관한 제148조와 처분 등에 관한 제149조를 기한부 법률행위에 준용하고 있다(154조).

2. 기한 도래 후의 효력

법률행위에 시기(始期)가 붙어 있는 경우에 기한이 도래하면 그 법률행위는 기한이 도래한 때로부터 효력이 발생하고(152조 1항), 종기가 붙어 있는 경우에 기한이 도래하면 그 법률행위는 기한이 도래한 때로부터 그 효력을 잃는다(152조 2항). 그리고 기한의 효력은 어떤 기한이든 기한 도래시부터 생기며 절대로 소급효가 없다.

A-202

Ⅴ. 기한의 이익

1. 의 의

기한의 이익이란 기한이 존재함으로써, 즉 기한이 도래하지 않음으로써 당사자가 받는 이익을 말한다. 기한의 이익은 채권자만이 가지는 경우도 있고(가령 무상임치), 채무자만이 가지는 경우도 있고(가령 무이자소비대차), 채권자·채무자 쌍방이 가지는 경우도 있다(가령 이자 있는 정기예금). 그렇지만 채무자만이 가지는 것이 보통이다. 그리하여 민법은 당사자의 특약이나 법률행위의 성질상 분명하지 않으면 기한의 이익은 채무자에게 있는 것으로 추정하고 있다(153조 1항).

2. 기한의 이익의 포기

기한의 이익은 포기할 수 있다. 그러나 상대방의 이익을 해하지 못한다(153조 2항).

(1) 기한의 이익이 일방에게만 있는 경우

이때에는 그 당사자는 상대방에 대한 의사표시에 의하여 기한의 이익을 포기할 수 있다. 그리하여 예컨대 무이자 소비대차의 차주는 언제든지 반환할 수 있다.

(2) 기한의 이익이 상대방에게 있는 경우

이때에 당사자 일방은 상대방의 손해를 배상하고 기한의 이익을 포기할 수 있다(이설 없음). 그리하여 예컨대 이자부 소비대차의 채무자는 이행기까지의 이자를 지급하면서 기한 전에 변제할 수 있다.

3. 기한의 이익의 상실

채무자를 믿을 수 없는 사정이 생기면 부득이 채무자로부터 기한의 이익을 상실시켜 채권자가 원한다면 즉시 이행청구를 할 수 있도록 할 필요가 있다. 그리하여 법률은 다음 사유가 있는 경우에 기한의 이익을 상실시키고 있다(자세한 점은 채권법총론에서 논한다. C-63 참조).

① 채무자가 담보를 손상하거나 감소 또는 멸실하게 한 때(388조 1호)

② 채무자가 담보제공의 의무를 이행하지 않은 때(388조 2호)

③ 채무자의 파산(채무자회생법 425조)

제 4 장 기 간

A-203 Ⅰ. 기간의 의의

기간이란 어느 시점에서 어느 시점까지 계속된 시간을 말한다. 기간은 기일과는 구별하여야 한다. 기일은 시간의 경과에 있어서 어느 특정의 시점을 가리키는 것으로서, 보통 「일(日)」로 표시된다. 이행기(변제기)는 대체로 기일로 정해진다.

기간의 계산에 관하여 법령이나 재판상의 처분 또는 법률행위에서 정하고 있으면 그에 의하게 되나, 정하고 있지 않으면 민법의 기간 계산방법에 의하게 된다(155조). 민법의 그 규정은 사법관계 외에 공법관계에도 적용된다.

A-204 Ⅱ. 기간의 계산방법

(1) 계산방법의 종류

기간의 계산방법에는 자연적 계산방법과 역법적 계산방법의 두 가지가 있다. 자연적 계산방법은 시간을 실제 그대로 계산하는 것이고, 역법적 계산방법은 역(曆)(태양력을 의미함)에 따라서 계산하는 것이다. 전자는 정확하지만 불편하고, 후자는 부정확하지만 편리하다는 장단점이 있다. 민법은 단기간에 관하여는 전자의 방법을 사용하고, 장기간에 관하여는 후자의 방법을 사용한다.

(2) 시 · 분 · 초를 단위로 하는 기간의 계산

시·분·초를 단위로 하는 기간(예: 5시간·30분·50초)의 계산은 자연적 계산방법에 의한다. 그리하여 즉시로부터 계산하기 시작하여(156조), 그로부터 그 기간이 끝나는 때가 만료점이 된다.

A-205

(3) 일 · 주 · 월 · 년으로 정한 기간의 계산

1) 기 산 점　　기간을 일·주·월·년으로 정한 경우에는 원칙적으로 초일(初日)을 산입하지 않는다(157조 본문). 그러나 기간이 오전 0시로부터 시작하는 때(예: 오는 5월 1일부터 5일간, 「선거일 공시일로부터」라고 하는 경우(대판 1989. 3. 10, 88수85))에는 초일(初日)을 산입하며(157조 단서), 연령계산에 있어서는 출생일을 산입한다(158조).

2) 만 료 점　　기간을 일·주·월·년으로 정한 경우에는 민법이 정한 기간 계산방법에 의하여 찾아진 기간 말일의 종료로 기간이 만료된다(159조).

그리고 이때의 기간은 일(日)로 환산하여 계산하지 않고 역(曆)에 의하여 계산한다(160조 1항). 구체적으로 보면 주 · 월 · 년의 처음부터 계산하는 때(가령 4월 30일에 앞으로 1개월이라고 하는 경우)에는 그 주·월·년의 말일의 종료로 기간이 만료한다(위의 예: 5월 31일 오후 12시가 만료점임). 그에 비하여 주·월·년의 처음부터 계산하지 않는 때(가령 7월 15일에 앞으로 1년이라고 하는 경우)에는 최후의 주·월·년에서 기산일에 해당하는 날의 전일(위의 예: 다음 해 7월 15일)의 만료로 기간이 만료한다(160조 2항).

그런데 이러한 계산방법에 의하면 최후의 월(月)에 기산일에 해당하는 날이 없는 일이 생긴다. 윤년이 있는가 하면 월(月)에 장단이 있기 때문이다. 이러한 경우에는 최종의 월의 말일이 종료한 때에 기간이 만료한다(160조 3항).

그리고 기간의 말일이 토요일 또는 공휴일에 해당하는 때에는 기간은 그 익일(翌日), 즉 다음날이 종료한 때 만료한다(161조. 2007. 12. 21. 개정으로 토요일 추가).

Ⅲ. 기간의 역산방법

A-206

민법이 규정하고 있는 기간 계산방법은 과거에 소급하여 계산하는 기간의 경우에도 유추적용되어야 한다(이설 없음). 민법 기타의 법령에는 기간의 역산이 필요한 경우가 간혹 있다. 가령 「전세권의 존속기간 만료 전 6월부터 1월까지 사이」(312조 4항) 또는 사원총회의 「1주간 전에」(71조)라고 하는 것이 그 예이다. 이러한 경우에는 존속기간 만료일 또는 사원총회일을 빼고 그 전날을 기산일로 하여 거꾸로 계산하여 역(曆)에 의하여 기간 말일을 찾아야 하며, 그 날의 오전 0시에 기간이 만료한다.

제 5 장 소멸시효

제1절 서　　설

A-207

Ⅰ. 시효의 의의

시효(時效)란 일정한 사실상태가 오랫동안 계속된 경우에 그 상태가 진실한 권리관계에 합치하는가를 묻지 않고서 그 사실상태를 그대로 권리관계로서 인정하려는 제도이다. 시효에는 취득시효와 소멸시효의 두 가지가 있다. 취득시효는 어떤 자가 권리자인 것처럼 권리를 행사하고 있는 사실상태가 일정한 기간 동안 계속된 경우에 그가 진실한 권리자인가를 묻지 않고서 처음부터 권리자이었던 것으로 인정하는 것이고, 소멸시효는 권리자가 일정한 기간 동안 권리를 행사하지 않는 상태(권리불행사의 상태)가 계속된 경우에 그의 권리를 소멸시키는 것이다(다르게 설명하는 견해도 있음). 민법은 두 시효를 한꺼번에 규율하지 않고, 총칙편에서는 소멸시효만을 규정하고, 취득시효는 물권의 취득원인으로서 물권편에서 규정하고 있다(245조 이하).

A-208

Ⅱ. 시효제도의 존재이유

1. 다 수 설

시효제도의 존재이유에 관한 학설은 매우 여러 가지인데, 현재도 다수설인 종래의 전통적인 견해는 시효제도의 존재이유로 다음의 세 가지를 들고 있다.

① 법률생활의 안정과 평화의 달성

② 증거보전의 곤란으로부터 구제

③ 권리 위에 잠자는 자는 보호할 필요가 없다

그러면서 이들 중 ①②는 주로 취득시효에, ②③은 주로 소멸시효에 타당한 이유라고 한다.

2. 판　　례

판례는 「시효제도는 일정기간 계속된 사회질서를 유지하고 시간의 경과로 인하여 곤란하게 되는 증거보전으로부터의 구제 내지는 자기 권리를 행사하지 않고 소위 권리 위에 잠자는 자는 법적 보호에서 이를 제외하기 위하여 규정된 제도」라고 하거나(대판(전원) 1976. 11. 6, 76다148), 또는 「시효제도의 존재이유는 영속된 사실상태를 존중하고 권리 위에 잠자는 자를 보호하지 않는다는 데에 있고 특히 소멸시효에 있어서는 후자의 의미가 강」하다고 한다(대판(전원) 1992. 3. 31, 91다32053; 대판(전원) 2018. 10. 18, 2015다232316). 이러한 판례는 다수설과 같은 입장이라고 할 수 있다.

Ⅲ. 제척기간과 소멸시효

A-209

1. 서　　설

일정한 기간의 경과로 권리가 소멸 내지 실효하는 면에서 소멸시효와 유사하지만 여러 가지 점에서 소멸시효와 다른 제도로 제척기간(除斥期間)과 실효의 원칙이 있다. 이 가운데 실효의 원칙에 관하여는 앞에서 보았으므로(A-34 참조), 여기서는 제척기간에 관하여만 살펴보기로 한다.

2. 제척기간의 의의

권리의 제척기간(또는 예정기간)이란 일정한 권리에 관하여 법률이 예정하는 존속기간이다. 제척기간이 규정되어 있는 권리는 제척기간이 경과하면 당연히 소멸한다(대판 2015. 1. 29, 2013다215256 등). 이러한 제척기간은 그 권리와 관련된 법률관계를 빨리 확정하기 위한 목적으로 두어진다.

3. 제척기간이 정하여져 있는 권리의 행사방법

제척기간이 정하여져 있는 권리의 경우에 권리자는 그 기간 내에 어떠한 행위를 하여야 하는지가 문제된다.

여기에 관하여 학설은 i) 그 기간 내에 재판상의 행사(소의 제기)가 있어야 한다는 견해, ii) 재판상 행사가 요구되지 않는 한 재판 외의 행사로 충분하다는 견해(사견도 같음) 등으로 나뉜다.

판례는 제척기간을 원칙적으로는 재판상·재판 외에서 권리를 행사할 수 있는 기간으로 보나, 일정한 경우에는 — 재판상의 행사를 요구하지 않았을지라도 — 예외적으로 출소기간으로 해석한다.

A-210

4. 소멸시효와의 차이점

(1) 권리의 소멸 여부

두 제도의 경우에 모두 권리가 소멸하여 차이가 없다.

(2) 소급효 유무

제척기간에 의한 권리소멸의 효과는 소급하지 않으나, 소멸시효에 의한 권리소멸의 효과는 소급한다(167조).

(3) 주장이 필요한지 여부

소멸시효의 경우는 절대적 소멸설에 의하더라도 민사소송의 변론주의로 인하여 시효이익을 받을 자가 공격·방어 방법으로 제출하여야 한다(통설·판례). 그러나 제척기간의 경우에는 법원은 직권으로 고려하여야 하며, 주장은 필요하지 않다(대판 1996. 9. 20, 96다25371).

(4) 중단 여부

제척기간은 속히 권리관계를 확립시키려는 것이므로 중단이 없다(대판 2003. 1. 10, 2000다26425). 그러나 소멸시효에는 중단이 있다(168조).

(5) 시효이익의 포기

소멸시효의 경우에는 시효완성 후의 시효이익 포기제도가 있으나(184조), 제척기간에는 이것이 인정되지 않는다.

5. 제척기간 · 소멸시효기간의 판별

학설은 일반적으로 법률규정의 문구에 의하여 구별할 것이라고 한다. 즉 「시효로 인하여」라고 되어 있는 때에는 소멸시효기간이고, 그러한 문구가 없으면(「행사하여야 한다」 기타) 제척기간이라고 해석한다. 이것이 하나의 표준은 될 것이나, 그것만에 의할 것은 아니고, 그것과 함께 권리의 성질·규정의 취지 등을 고려하여 실질적으로 판단하여야 한다.

제2절 소멸시효의 요건

A-211

I. 개 관

소멸시효에 의하여 권리가 소멸하기 위하여서는 다음의 세 요건이 갖추어져야 한다.

① 권리가 소멸시효에 걸리는 것이어야 한다.

② 권리자가 법률상 그의 권리를 행사할 수 있음에도 불구하고 행사하지 않아야 한다.

③ 위의 권리불행사의 상태가 일정한 기간 동안 계속되어야 한다. 이 기간을 소멸시효기간이라고 한다.

이들 요건을 차례로 살펴보기로 한다.

Ⅱ. 소멸시효에 걸리는 권리

A-212

민법상 소멸시효에 걸리는 권리는 「채권」과 「소유권 이외의 재산권」이다.

(1) 채 권

채권은 소멸시효에 걸리는 대표적인 권리이다(162조 1항).

(2) 소유권 이외의 재산권

우리 민법에 있어서는 채권뿐만 아니라 다른 재산권도 소유권이 아닌 것은 소멸시효의 목적이 된다(162조 2항). 그러나 개별적으로 시효소멸 여부가 문제되는 것들이 있다.

1) 소 유 권 소유권은 아무리 오랫동안 행사하지 않아도 소멸시효에 걸리지 않는다(162조 2항).

2) 등기청구권 등기청구권이 소멸시효에 걸리는지에 관하여 학설은 i) 그 권리는 채권적 청구권이며, 10년의 소멸시효에 걸린다는 견해(사견도 같음)와 ii) 판례를 지지하는 견해로 나뉘어 있다. 그리고 판례는, 등기청구권은 채권적 청구권이지만 부동산을 매수한 자가 그 목적물을 인도받은 경우에는 매수인의 등기청구권은 소멸시효에 걸리지 않는다고 한다(대판(전원) 1976. 11. 6, 76다148 등 다수의 판결). 판례는 더 나아가, 부동산 매수인이 그 부동산을 사용·수익하다가 그 부동산을 처분하고 그 점유를 승계하여 준 경우에도 이전등기청구권의 소멸시효는 진행하지 않는다고 한다(대판(전원) 1999. 3. 18, 98다32175).

3) 물권적 청구권 물권적 청구권이 소멸시효에 걸리는지에 관하여 학설은 나누어져 있다(학설과 사견은 B-19 참조). 그리고 판례는 소유권에 기한 물권적 청구권에 관하여 소멸시효의 대상이 아니라고 한다(대판 1982. 7. 27, 80다2968).

4) 형 성 권 형성권은 권리자의 의사표시만으로 법률효과가 생기므로, 권리가 행사되었는데 목적을 달성하지 못하는 일이 있을 수 없다. 즉 권리불행사의 상태에 대한 중단이 있을 수 없다. 따라서 형성권의 존속기간은 설사 민법이 시효기간처럼 규정하고 있어도 제척기간이라고 새겨야 한다(통설임).

A-213

5) 점 유 권 점유권은 점유라는 사실상태에 따르는 권리이므로 소멸시효의 문제가 생기지 않는다.

6) 일정한 법률관계에 의존하는 권리　가령 상린권(215조 이하)·공유물분할청구권(268조. 대판 1981. 3. 24, 80다1888·1889)과 같이 일정한 법률관계에 수반하여 존재하는 권리는 그 기초가 되는 법률관계가 존속하는 동안에는 그로부터 독립하여 시효로 소멸하지 않는다.

7) 담보물권　질권·저당권 등의 담보물권은 피담보채권이 존속하는 한 그것만이 독립하여 소멸시효에 걸리지 않는다.

8) 비재산권　소멸시효는 재산권에 관한 제도이어서 재산권만이 시효에 걸리며, 가족권·인격권과 같은 비재산권은 시효에 걸리지 않는다.

A-214

Ⅲ. 권리의 불행사(소멸시효기간의 기산점)

소멸시효에 의하여 권리가 소멸하려면, 권리를 일정한 기간(소멸시효기간) 동안 행사하지 않고 있어야 한다. 즉 권리불행사가 있어야 한다. 그런데 이 요건에 있어서 핵심적인 문제는 언제부터 권리불행사로 되는지, 바꾸어 말하면 소멸시효기간의 기산점이 언제인지이다.

1. 소멸시효기간의 기산점

민법상 소멸시효는 권리를 행사할 수 있는 때로부터 진행한다(166조 1항). 따라서 소멸시효기간의 기산점은 「권리를 행사할 수 있는 때」이다. 그리고 그러한 때 이후에도 권리를 행사하지 않고 있는 것이 소멸시효의 요건으로서의 「권리불행사」이다. 여기서 「권리를 행사할 수 있는 때」가 어떤 의미인지 문제된다.

소멸시효에 있어서 「권리를 행사할 수 있다」는 것은 권리를 행사하는 데 법률상의 장애가 없는 것을 가리킨다(통설·판례도 같다. 대판(전원) 1992. 3. 31, 91다32053 등). 따라서 법률상의 장애가 있으면 소멸시효는 진행하지 않는다. 예컨대 기한이 도래하지 않았거나(동지 대판 2017. 4. 13, 2016다274904) 조건이 성취되지 않은 경우에 그렇다. 그에 비하여 권리자의 질병, 여행, 법률적 지식의 부족, 권리의 존재(대판 1981. 6. 9, 80다316) 또는 권리행사 가능성에 대한 부지 및 그에 대한 과실 유무, 미성년(대판 1965. 6. 22, 65다775)인 사정과 같은 사실상의 장애는 소멸시효의 진행에 영향을 미치지 않는다. 권리행사가 의무자(가령 채무자의 부재)나 제3자의 행동으로 방해되고 있는 경우도 마찬가지이다.

A-215

2. 개별적인 검토

구체적인 권리에 있어서 소멸시효기간의 기산점을 살펴보기로 한다.

(1) 시기부 권리

시기부 권리는 기한이 도래한 때가 기산점이 된다.

1) 확정기한부인 경우　이 경우에는 확정기한이 도래한 때부터 소멸시효가 진행한다. 다만, 이행기가 도래한 후에 채권자가 채무자에 대하여 기한을 유예한 경우에는 유예한 이행기일부터 다시 시효가 진행한다(대판 1992. 12. 22, 92다40211). 그리고 이행기가 도래한 후 채권자와 채무자가 기한을 유예하기로 합의한 경우에도 유예된 때로 이행기가 변경되어 소멸시효는 변경된 이행기가 도래한 때부터 다시 진행한다(대판 2017. 4. 13, 2016다274904).

2) 불확정기한부인 경우　이 경우에는 기한이 객관적으로 도래한 때가 기산점이 되며, 채권자가 기한 도래의 사실을 알았는지 여부, 그에 대한 과실의 유무는 묻지 않는다(그에 비하여 지체책임은 채무자가 기한 도래를 안 때부터 지게 된다. 387조 1항).

⑵ 기한을 정하고 있지 않은 권리

기한을 정하지 않은 채권의 경우 채권자는 언제든지 권리를 행사할 수 있으므로, 소멸시효의 기산점은 채권이 발생한 때라고 하여야 한다(이설 없음)(그에 비하여 지체책임은 이행청구를 받은 때부터 진다. 387조 2항). 물권과 같이 시기부 권리라는 것이 있을 수 없는 것, 즉 권리의 발생시기와 처음 행사할 수 있는 시기가 같은 것의 경우에도, 소멸시효의 기산점은 일반적으로 권리가 발생한 때이다.

⑶ 채무불이행에 의한 손해배상청구권

이 권리의 소멸시효의 기산점에 관하여 학설은 i) 본래의 채권을 행사할 수 있는 때라는 견해, ii) 채무불이행이 생긴 때라는 견해(사견도 같음) 등으로 나뉘어 있다. 그리고 판례는 채무불이행시가 기산점이라고 한다(대판 1995. 6. 30, 94다54269; 대판 2005. 1. 14, 2002다57119(이행거절의 경우). 이행불능의 경우에 이행불능시가 기산점이라고 한 판례: 대판 2005. 9. 15, 2005다29474 등 다수). 그런데 판례는 다른 한편으로, 채무불이행으로 인한 손해배상채권은 본래의 채권이 확장된 것이거나 본래의 채권의 내용이 변경된 것이므로 본래의 채권과 동일성을 가지며, 따라서 본래의 채권이 시효로 소멸한 때에는 손해배상채권도 함께 소멸한다고 한다(대판 2018. 2. 28, 2016다45779).

⑷ 청구 또는 해지통고를 한 후 일정기간이나 상당한 기간이 경과한 후에 청구할 수 있는 권리

통설은 이러한 권리(603조 2항 · 635조 · 659조 · 660조 등)는 전제가 되는 청구나 해지통고를 할 수 있는 때로부터 정해진 유예기간이 경과한 시점부터 시효가 진행한다고 한다. 그러나 사견은 제603조 제 2 항의 경우에는 위 ⑵와 같이 새기는 것이 옳다고 생각한다(민법총칙 [269] 참조).

⑸ 정지조건부 권리　A-216

정지조건부 권리는 조건이 미성취인 동안은 권리를 행사할 수 없는 것이어서 소멸시효가 진행하지 않으며, 조건이 성취된 때부터 소멸시효가 진행한다(대판 2009. 12. 24, 2007다64556 등).

⑹ 선택채권

선택권을 행사할 수 있을 때가 기산점이다. 판례도 무권대리인이 대리권을 증명하지 못하고 본인의 추인도 얻지 못한 경우에 상대방의 계약이행청구권이나 손해배상청구권의 소멸시효에 관하여 같은 태도를 취하고 있다(대판 1963. 8. 22, 63다323).

⑺ 불법행위로 인한 손해배상청구권

여기에 관하여는 제766조의 특별규정이 있다. 그에 의하면 불법행위로 인한 손해배상청구권은 피해자나 그 법정대리인이 「손해 및 가해자를 안 날」로부터 3년 내에 행사하여야 하며(766조 1항), 「불법행위를 한 날」로부터 10년 내에 행사하여야 한다(766조 2항).

⑻ 부작위채권

위반행위를 한 때가 기산점이 된다(166조 2항).

⑼ 동시이행의 항변권이 붙은 채권

동시이행의 항변권이 붙은 채권은 이행기부터 소멸시효가 진행한다(이설 없음). 판례도 같은 견지에 있다(대판 1993. 12. 14, 93다27314 등).

3. 소멸시효기간의 기산점과 변론주의

판례에 의하면, 본래의 소멸시효의 기산일과 당사자가 주장하는 기산일이 서로 다른 경우에는 변론주의의 원칙상 법원은 당사자가 주장하는 기산일을 기준으로 소멸시효를 계산하여야 하며, 이는 당사자가 본래의 기산일보다 뒤의 날짜를 기산일로 하여 주장하는 경우는 물론이고 특별한 사정이 없는 한 그 반대의 경우에 있어서도 마찬가지라고 한다(대판 2009. 12. 24, 2009다60244 등).

A-217 Ⅳ. 소멸시효기간

소멸시효가 완성하려면, 권리불행사의 상태가 일정기간 즉 소멸시효기간 동안 계속되어야 한다. 그 기간은 채권과 다른 재산권에서 다르고, 또 채권 가운데에서도 3년·1년의 단기소멸시효가 적용되는 것이 있다.

1. 채권의 소멸시효기간

⑴ 보통의 채권

보통의 채권의 소멸시효기간은 10년이다(162조 1항). 그러나 상행위로 생긴 채권은 시효기간이 5년이다(상법 64조).

판례에 의하면, 주식회사들 사이에 체결된 상행위인 건물임대차계약이 종료된 뒤 임차 회사가 임차건물을 무단으로 점유·사용하는 경우에 임대 회사가 임차 회사에 대하여 가지는 부당이득 반환채권(대판 2012. 5. 10, 2012다4633), 위법배당을 받은 주주에 대하여 회사가 가지는 부당이득 반환청구권(대판 2021. 6. 24, 2020다208621), 주식회사 이사의 임무해태로 인한 회사의 손해배상청구권(대판 1969. 1. 28, 68다305: 일반 불법행위책임이 아니고 위임관계로 인한 채무불이행책임임), 금전채무의 이행지체로 인하여 발생하는 지연손해금채권(원본채권이 민사상의 대여금채권일 경우에 그렇다. 만약 원본채권이 상사채권이면 지연손해금채권의 시효기간은 5년이 된다)(대판 1998. 11. 10, 98다42141 등) 등은 모두 10년의 시효에 걸린다고 한다.

(2) 3년의 단기소멸시효에 걸리는 채권(163조) A-218

민법은 일정한 채권에 대하여는 3년의 단기시효를 규정하고 있다.

1) 이자 · 부양료 · 급료 · 사용료 기타 1년 이내의 기간으로 정한 금전 또는 물건의 지급을 목적으로 한 채권(1호) 여기서 「1년 이내의 기간으로 정한 채권」이라는 것은 1년 이내의 정기로 지급되는 채권(정기적 급부채권)이라는 뜻이며, 변제기가 1년 이내의 채권이라는 의미가 아니다(대판 2018. 2. 28, 2016다45779 등). 부동산의 차임채권(동산의 차임채권은 164조 2호에 의해 1년의 단기시효에 걸림), 정수기 대여계약에 기한 월 대여료채권(대판 2013. 7. 12, 2013다20571), 1개월 단위로 지급되는 집합건물의 관리비채권(대판 2007. 2. 22, 2005다65821)이 그 예이다.

급료채권 중 노역인과 연예인의 임금채권에 관하여는 1년의 단기시효가 규정되어 있으며(164조 3호), 근로기준법상의 임금채권의 시효기간은 3년이다(동법 49조).

2) 의사 · 조산사 · 간호사 · 약사의 치료 · 근로 및 조제에 관한 채권(2호) 여기의 의사에는 무자격자도 포함시켜야 한다(이설 없음). 무자격자를 제외시키면 그의 채권에는 10년의 시효가 적용되어 부당하게 되기 때문이다. 약사의 경우에도 마찬가지이다.

3) 도급받은 자 · 기사(技師) 기타 공사의 설계 또는 감독에 종사하는 자의 공사(工事)에 관한 채권(3호) 여기서 도급을 받은 자의 공사에 관한 채권은 공사대금채권뿐만 아니라 그 공사에 부수되는 채권, 가령 도급공사 중 발생한 홍수피해의 복구공사로 수급인이 도급인에 대하여 가지는 복구공사비 채권도 포함한다(대판 2009. 11. 12, 2008다41451 등). A-219

4) 변호사 · 변리사 · 공증인 · 공인회계사 및 법무사에 대한 직무상 보관한 서류의 반환을 청구하는 채권(4호) 여기의 서류에는 의뢰인의 등기필증과 같이 소유권이 의뢰인에게 있는 것은 포함되지 않는다(이설 없음).

5) 변호사 · 변리사 · 공증인 · 공인회계사 및 법무사의 직무에 관한 채권(5호)

6) 생산자 및 상인이 판매한 생산물 및 상품의 대가(6호) 이에 대한 채권은 상행위로 생긴 것이므로 본래는 상법 제64조에 의하여 5년의 시효에 걸려야 하지만, 여기에서 5년보다 더 단기의 시효를 규정하고 있어서 동조 단서에 의하여 3년의 시효에 걸리게 된다(대판 1966. 6. 28, 66다790 참조).

7) 수공업자 및 제조자의 업무에 관한 채권(7호) 수공업자는 자기의 일터에서 주문을 받아 그 주문자와 고용관계를 맺지 않고 타인을 위하여 일하는 자(예: 재봉사 · 이발사 · 세탁업자)이고, 제조자는 주문을 받아 물건에 가공하여 다른 물건을 제조하는 것을 직업으로 하는 자(예: 표구사 · 구두제작자 · 가구제작자)를 가리킨다.

A-220

(3) 1년의 단기소멸시효에 걸리는 권리(164조)

민법은 제163조에 규정된 채권보다 더 일상적으로 발생하고 보통 즉시 이행청구가 되며 영수증이 발급되지 않기도 하는 채권에 관하여 1년의 최단기시효를 규정하고 있다.

1) 여관 · 음식점 · 대석(貸席) · 오락장의 숙박료 · 음식료 · 대석료 · 소비물의 대가 및 체당금의 채권(1호)

2) 의복 · 침구 · 장구 기타 동산의 사용료의 채권(2호) 판례는 여기의 동산의 사용료채권은 극히 단기의 동산임대차로 인한 임료채권을 말하고, 영업을 위하여 2개월에 걸친 중기(重機)의 임료채권은 이에 해당하지 않는다고 한다(대판 1976. 9. 28, 76다1839).

3) 노역인 · 연예인의 임금 및 그에 공급한 물건의 대금채권(3호) 여기의 노역인은 사용자와 고용관계에 서지 않고 주로 육체적 노동을 제공하는 자(예: 목수 · 미장이 · 정원사)를 가리킨다. 그리고 간병인계약에 기해 간병을 하는 간병인도 여기의 노역인에 해당한다(대판 2013. 11. 14, 2013다65178).

4) 학생 및 수업자의 교육 · 의식(衣食) 및 유숙에 관한 교주 · 숙주(塾主, 즉 의숙이나 학숙과 같은 교육기관의 주인) · 교사의 채권(4호) 이 규정은 채권자가 개인인 경우뿐만 아니라 법인인 학교나 법인 아닌 사단 · 재단인 교육시설의 경우에도 적용된다.

A-221

(4) 판결 등으로 확정된 권리

소멸시효가 완성하기 전에 소를 제기하면 소멸시효는 중단되나, 확정판결이 있었더라도 그때부터 소멸시효는 다시 진행한다(178조 2항). 문제는 단기시효에 걸리는 채권은 확정판결 후에도 단기시효에 걸리는 것인지이다. 여기에 관하여 민법은 판결에 의하여 확정된 채권은 단기시효에 걸리는 채권이라도 소멸시효기간을 10년으로 한다고 규정하고 있다(165조 1항).

위와 같은 결과는 「파산절차에 의하여 확정된 채권 및 재판상의 화해, 조정 기타 판결과 동일한 효력이 있는 것에 의하여 확정된 채권」에도 인정된다(165조 2항). 여기의 「기타 판결과 동일한 효력이 있는 것」에는 청구의 인낙조서(민소 220조)와 확정된 지급명령이 있다.

한편 판결확정 당시에 변제기가 도래하지 않은 채권에는 이들 규정이 적용되지 않는다(165조 3항). 따라서 변제기가 도래하지 않은 채권은 그에 대하여 확정판결 등이 있어도 시효기간이 10년으로 연장되지 않으며, 본래의 변제기가 된 뒤 단기의 소멸시효로 소멸하게 된다.

2. 채권 이외의 재산권의 소멸시효기간

채권과 소유권을 제외한 재산권의 소멸시효기간은 20년이다(162조 2항).

제3절 소멸시효의 중단

Ⅰ. 소멸시효 중단의 의의

A-222

소멸시효 완성에 필요한 권리불행사라는 사실상태는 일정한 사유가 있는 때에는 중단되고, 그때까지 진행한 시효기간은 효력을 잃게 된다. 이처럼 소멸시효의 진행을 막고 그 동안의 시효기간을 0으로 만드는 것이 소멸시효의 중단이다.

민법은 소멸시효의 중단에 관하여 제168조 내지 제178조에서 자세히 규정하고, 이를 취득시효에 준용한다(247조 2항).

Ⅱ. 소멸시효의 중단사유

A-223

민법은 소멸시효의 중단사유로 ① 청구, ② 압류·가압류·가처분, ③ 승인을 규정하고 있다(168조). 이 가운데 ①②의 사유는 권리자가 자기의 권리를 주장하는 것이고, ③의 사유는 의무자가 상대방의 권리를 인정하는 것이다. 이들 사유를 나누어 살펴보기로 한다.

1. 청 구(168조 1호)

여기의 청구는 시효의 목적인 사법상의 권리를 재판상 또는 재판 외에서 실행하는 행위이다(대판 1979. 2. 13, 78다1500·1501). 이러한 청구는 자유롭게 할 수 있으나, 시효중단의 효력을 발생시키는 청구는 다음의 것들에 한정된다.

(1) 재판상의 청구(170조)

1) 재판상의 청구는 소를 제기하는 것이다. 이는 사법상의 권리를 민사소송의 절차에 의하여 주장하는 것이다(대판 1979. 2. 13, 78다1500·1501). 재판상의 청구, 즉 소의 제기가 있으면 시효는 중단된다. 이때 제기되는 소는 이행(급부)의 소·확인의 소·형성의 소 가운데 어느 것이라도 무방하다. 그리고 본소인가 반소(민소 269조)인가도 묻지 않는다.

상대방이 제기한 소에 대하여 응소한 것도 재판상의 청구인지가 문제된다. 여기에 관하여 판례는 과거에는 이를 부인하였으나, 현재에는 「응소하여 그 소송에서 적극적으로 권리를 주장하고 그것이 받아들여진 경우」에도 재판상의 청구에 포함된다고 한다(대판(전원) 1993. 12. 21, 92다47861[핵심판례 60면]; 대판 2006. 11. 9, 2004두7467 등. 그 밖에 취득시효에 관한 판결도 많이 있다). 그리고 학설도 판례에 찬성한다. 주의할 것은, 직접 채무자에 대한 응소행위가 아닌 경우에는 여기의 재판상 청구에 해당하지 않는다는 점이다. 그리하여 예컨대 물상보증인이 피담보채무의 부존재 또는 소멸을 이유로 제기한 저당권설정등기 말소청구소송에서 채권자 겸 저당권자가 청구기각의 판결을 구하고 피담보채권의 존재를 주장하였더라도 그것은 직접 채무자에 대하여 재판상 청구를 한 것으로 볼 수 없고(대판 2004. 1. 16, 2003다30890 등), 따라서 소멸시효가 중단되지 않는다. 응소의 경우 소멸시효가 중단되는 시기는 피고가 응소한 때(준비서면을 보내거나 진술한 때)이며, 원고가 소를 제기한 때로 소급하지 않는다(대판 2010. 8. 26, 2008다42416·42423 등).

재심의 소의 제기도 재판상의 청구이다(대판 1997. 11. 11, 96다28196 등 참조).

행정소송 및 행정심판은 위법한 행정처분의 취소·변경을 구하는 것이고 사권을 행사하는 것이 아니어서 일반적으로 시효중단사유가 되지 못하지만, 오납한 조세에 대한 부당이득 반환청구권을 실현하기 위한 수단이 되는 과세처분의 취소 또는 무효확인을 구하는 소는 재판상의 청구에 해당한다(대판(전원) 1992. 3. 31, 91다32053). 그에 비하여 형사소송은 피고인에 대한 국가형벌권의 행사를 목적으로 하는 것이므로, 피해자가 배상명령을 신청한 경우를 제외하고는 단지 피해자가 가해자를 상대로 고소하거나 그 고소에 기하여 형사재판이 개시되어도 시효는 중단되지 않는다(대판 1999. 3. 12, 98다18124).

판례는 최근에, 재판상 청구의 새로운 유형으로 「새로운 방식의 확인소송」을 인정하였다. 그에 따르면, 시효중단을 위한 후소로서 이행소송 외에 전소 판결로 확정된 채권의 시효를 중단시키기 위한 조치, 즉 「재판상의 청구」가 있다는 점에 대하여만 확인을 구하는 형태의 「새로운 방식의 확인소송」이 허용되고, 채권자는 두 가지 형태의 소송 중 자신의 상황과 필요에 보다 적합한 것을 선택하여 제기할 수 있다고 한다(대판(전원) 2018. 10. 18, 2015다232316[핵심판례 62면]).

가분채권(예: 손해배상채권)에 있어서 그 일부만이 청구된 경우에 관하여, 대법원은 초기에는, 일부청구의 경우에는 일부청구임을 밝혔는지에 관계없이 청구한 부분에 대하여만 시효가 중단되고 나머지 부분에 대하여는 시효가 중단되지 않는다고 하였다(대판 1975. 2. 25, 74다1557 등). 그 후 종래의 판례를 그대로 둔 채 그것과 모순되지 않게 새로운 법리를 제시하였다. 그에 따르면, 하나의 채권 중 일부청구를 하면서 일부청구임을 명시한 경우에는 청구한 그 일부에 대하여만 시효중단의 효력이 생기고 나머지 부분에 대하여는 시효중단의 효력이 생기지 않지만, 비록 일부만을 청구한 경우에도 그 취지로 보아 채권 전부에 관하여 판결을 구하는 것으로 해석된다면 그 청구액을 소송물인 채권의 전부로 보아야 하고, 이러한 경우에는 그 채권의 동일성의 범위 내에서 그 전부에 관하여 시효중단의 효력이 발생한다고 한다(대판 1992. 4. 10, 91다43695[핵심판례 64면]).

A-224 2) 재판상의 청구가 시효중단의 사유가 되려면 그 청구가 채권자 또는 그 채권을 행사할 권능을 가진 자에 의하여 행하여졌어야 한다(대판 1963. 11. 28, 63다654). 채권양도의 양수인은 비록 대항요건을 갖추지 못했다고 하더라도 재판상 청구를 할 수 있다(대판 2005. 11. 10, 2005다41818). 그리고 판례는, 채권양도 후 대항요건이 구비되기 전의 양도인은 채무자에 대한 관계에서는 여전

히 채권자의 지위에 있으므로 재판상 청구를 할 수 있다고 한다(대판 2009. 2. 12, 2008두20109).

3) 재판상의 청구가 시효중단의 효력을 발생하는 시기는 소를 제기한 때, 또는 피고의 경정을 신청하는 서면, 청구취지의 변경을 신청하는 서면이나 중간확인의 소를 청구하는 서면을 법원에 제출한 때이다(민소 265조). 소송이 이송된 경우에 소멸시효의 중단시기는 소송이 이송된 때가 아니고, 이송한 법원(처음에 소가 제기된 법원)에 소가 제기된 때이다(대판 2007. 11. 30, 2007다54610).

4) 재판상의 청구가 있었더라도 소의 각하·기각 또는 취하가 있으면 시효중단의 효력은 생기지 않는다(170조 1항). 그러나 소의 각하 등이 있는 경우라도 6개월 내에 재판상의 청구, 파산절차 참가, 압류 또는 가압류·가처분을 한 때에는 시효는 최초의 재판상의 청구로 인하여 중단된 것으로 본다(170조 2항).

(2) 파산절차 참가(171조)

A-225

파산절차 참가는 채권자가 파산재단의 배당에 참가하기 위하여 그의 채권을 신고하는 것이다(채무자회생법 447조). 이것이 있으면 시효는 중단된다. 그러나 채권자가 이를 취소하거나 그 청구가 각하된 때에는 시효중단의 효력이 없다(171조, 채무자회생법 32조 2호).

(3) 지급명령(172조)

지급명령은 금전 그 밖의 대체물이나 유가증권의 일정한 수량의 지급을 목적으로 하는 청구에 대하여 보통의 소송절차에 의함이 없이 채권자의 신청에 의하여 간이·신속하게 발하는 이행에 관한 명령이다(민소 462조 이하). 지급명령이 있으면 시효가 중단되며, 그 시기는 지급명령신청서를 관할법원에 제출하였을 때이다(민소 464조·265조).

민법 제172조는 채권자의 가집행신청이 없으면 지급명령에 시효중단의 효력이 없다고 규정하나, 민사소송법의 개정으로 채권자의 가집행신청제도가 삭제되어 그 규정은 무의미해졌다.

(4) 화해를 위한 소환(173조 1문)

화해(민소 385조)의 신청이 있으면 시효가 중단된다. 중단시점은 화해신청서 제출시이다(민소 385조 4항·265조). 그러나 법원이 화해를 위하여 상대방을 소환하였는데 상대방이 출석하지 않거나 또는 출석하였지만 화해가 성립하지 않은 때에는, 화해신청인이 1개월 이내에 소를 제기하지 않으면 시효중단의 효력이 없다(173조 1문). 적법한 소제기 신청이 있으면 화해신청을 한 때에 소가 제기된 것으로 본다(민소 388조 2항).

(5) 임의출석(173조 2문)

임의출석은 당사자 쌍방이 임의로 법원에 출석하여 소송에 관하여 구두변론함으로써 제소 및 화해신청을 하도록 허용하는 제도이다. 이러한 임의출석제도는 현행 민사소송법에는 없고(구법에는 있었음) 소액사건심판법에만 두어져 있다(동법 5조).

임의출석이 있으면 시효는 중단된다. 그러나 화해가 성립하지 않은 때에는 1개월 이

내에 소제기가 없으면 시효중단의 효력이 생기지 않는다(173조 2문).

A-226 (6) 최 고(174조)

최고(催告)는 채권자가 채무자에 대하여 채무이행을 청구하는 행위이며, 그 성질은 의사의 통지이다(대판 2003. 5. 13, 2003다16238). 민법은 입법례로서는 드물게 이러한 최고를 시효중단사유로 하고 있다. 다만, 최고의 경우에는 6개월 이내에 재판상의 청구, 파산절차 참가, 화해를 위한 소환, 임의출석, 압류 또는 가압류·가처분과 같은 보다 강력한 조치를 취하지 않으면 시효중단의 효력이 생기지 않게 하였다(174조). 민법은 이 보완조치에 지급명령을 포함시키지 않았는데, 이는 입법상의 잘못으로 보아야 할 것이다.

최고가 여러 번 있는 경우에는 6개월 이내에 보완조치가 있는 최고만 시효중단의 효력을 발생시킨다(동지 대판 1987. 12. 22, 87다카2337[핵심판례 68면] 등). 따라서 이 최고는 시효기간의 만료가 임박하여 다른 강력한 중단방법을 취하려고 할 때 예비적 수단으로서 실익이 있을 뿐이다.

보완조치를 해야 하는 이 6개월의 기간은 최고가 상대방에게 도달한 때에 기산한다. 다만, 판례는, 채무이행을 최고받은 채무자가 그 이행의무의 존부 등에 대하여 조사를 해 볼 필요가 있다는 이유로 채권자에 대하여 그 이행의 유예를 구한 경우에는, 채권자가 그 회답을 받을 때까지는 최고의 효력이 계속된다고 보아야 하고, 따라서 6개월의 기간은 채권자가 채무자로부터 회답을 받은 때로부터 기산한다고 한다(대판 2010. 5. 27, 2010다9467 등).

구체적인 경우에 최고가 있는 것으로 인정되는지는 최고의 해석에 의하여 결정된다. 그런데 그럼에 있어서는 권리자의 보호를 위하여 너그럽게 해석하는 것이 바람직하다(이설 없음). 판례도 그러한 견지에서, 재판상 청구가 취하된 경우(대판 1987. 12. 22, 87다카2337[핵심판례 68면]), 채권자가 채무자를 상대로 재산관계 명시신청을 하여 그 재산목록의 제출을 명하는 결정이 채무자에게 송달된 경우(대판 2012. 1. 12, 2011다78606[핵심판례 66면]) 등에 관하여 최고로서의 효력을 인정하고 있다.

A-227

2. 압류 · 가압류 · 가처분(168조 2호)

압류는 집행법원이 확정판결 기타의 집행권원에 기하여 채무자의 재산의 처분을 금하는 강제집행의 첫단계이다(민사집행법 24조·56조·83조·188조 이하). 그리고 가압류와 가처분은 모두 장래의 강제집행의 불능과 곤란을 예방하기 위하여 행하여지는 강제집행 보전수단인데, 그 가운데 가압류는 장래의 금전채권(또는 금전으로 환산할 수 있는 채권)의 보전으로서 집행대상 재산을 미리 압류하여 두는 것이고(민사집행법 276조 이하), 가처분은 청구권의 목적물(계쟁물)의 현상을 유지하게 하거나(계쟁물에 관한 가처분) 또는 다툼 있는 권리관계에 대하여 임시의 지위를 정하여 주는 것(임시의 지위를 정하기 위한 가처분)이다(민사집행법 300조 이하).

압류·가압류·가처분은 모두 권리의 실행행위이고 반드시 재판상의 청구를 전제로 하지는 않기 때문에, 민법은 이들을 별도의 시효중단사유로 정하고 있다(168조 2호). 압류·가

압류·가처분에 의하여 시효가 중단되는 시기는 명령을 신청한 때이다(이설 없음). 판례도 가압류에 관하여 민사소송법 제265조를 유추적용하여 가압류를 신청한 때에 시효중단의 효력이 생긴다고 한다(대판 2017. 4. 7, 2016다35451). 그리고 판례에 의하면, 가압류에 의한 집행보전의 효력이 존속하는 동안은 시효중단의 효력이 계속된다고 한다(대판 2000. 4. 25, 2000다11102[핵심판례 70면]; 대판 2013. 11. 14, 2013다18622 등).

압류·가압류·가처분의 명령이 권리자의 청구에 의하여 또는 법률규정에 따르지 않음으로 인하여 취소된 때에는 시효중단의 효력이 없다(175조).

압류·가압류·가처분을 시효의 이익을 받을 자에 대하여 하지 않은 때에는, 이를 그에게 통지한 후가 아니면 시효중단의 효력이 없다(176조). 그리하여 예컨대 물상보증인이나 저당부동산의 제3취득자의 부동산을 압류한 경우에는, 그 사실을 주채무자에게 통지하여야 그에게 시효중단의 효력이 미친다.

3. 승 인(168조 3호)

A-228

승인은 시효의 이익을 받을 당사자(예: 채무자)가 그 시효의 완성으로 권리를 상실하게 될 자 또는 그 대리인에 대하여 그 권리의 존재를 인정한다고 표시하는 것이다(대판 2018. 4. 24, 2017다205127 등 다수). 이러한 승인은 관념의 통지에 해당한다(대판 2013. 2. 28, 2011다21556).

승인은 승인을 할 만한 권한 있는 자가 하여야 한다(대판 1970. 3. 10, 69다401). 시효이익을 받을 자 또는 그 대리인이 그러한 권한이 있다(대판 2016. 10. 27, 2015다239744). 그에 비하여 단순한 피용자, 가령 회사의 경리과장·총무과장 또는 출장소장은 일반적으로 회사가 부담하는 채무에 대하여 승인을 할 수 없다(대판 1965. 12. 28, 65다2133).

시효중단의 효력이 있는 승인에는 상대방의 권리에 관한 처분의 능력이나 권한이 있음을 필요로 하지 않는다(177조). 즉 상대방의 권리를 승인자가 가지고 있다고 할 때 그에게 처분능력이나 권한이 없어도 승인을 할 수 있다.

한편 승인의 상대방은 권리자 또는 그 대리인이며(통설·판례임. 대판 1992. 4. 14, 92다947 등), 승인은 반드시 이 상대방에 대하여 하여야 한다.

승인에는 특별한 방식이 요구되지 않으므로, 명시적으로뿐만 아니라 묵시적으로도 할 수 있다(대판 2018. 4. 24, 2017다205127 등 다수). 그리하여 가령 채무증서를 다시 작성하거나 이자를 지급하는 것, 일부변제(대판 1980. 5. 13, 78다1790 등), 담보의 제공(대판 1997. 12. 26, 97다22676), 면책적 채무인수(대판 1999. 7. 9, 99다12376), 기한유예의 청구, 회생절차 내에서 이루어진 변제기 유예 합의(대판 2016. 8. 29, 2016다208303) 등은 묵시의 승인이 된다.

승인은 시효이익을 받을 당사자인 채무자가 그 권리의 존재를 인식하고 있다는 뜻을 표시함으로써 성립하는 것이므로 소멸시효의 진행이 개시된 이후에만 가능하고 그 이전에 승인을 하더라도 시효가 중단되지는 않으며, 또한 현존하지 않는 장래의 채권을 미리 승인하는 것은 채무자가 그 권리의 존재를 인식하고서 한 것이라고 볼 수 없어 허용되지 않는다(대판 2001. 11. 9, 2001다52568).

승인에 의하여 시효중단의 효력이 생기는 시기는 승인이 상대방에게 도달한 때이다(대판 1995. 9. 29, 95다30178).

시효를 중단시키는 승인은 시효완성 전에만 할 수 있다. 시효가 완성된 후에는 시효이익의 포기만이 문제되기 때문이다.

A-229 Ⅲ. 소멸시효 중단의 효력

1. 효력의 내용

소멸시효가 중단되면 그때까지 경과한 시효기간은 산입하지 않는다(178조 1항 전단). 즉 그 기간은 0으로 되고, 중단사유가 종료한 때로부터 다시 시효기간의 계산이 시작된다(178조 1항 후단).

중단된 시효가 다시 기산하는 시기를 구체적으로 살펴보면, 중단사유가 청구(재판상 청구)인 경우에는 재판이 확정된 때이고(178조 2항), 압류·가압류·가처분인 경우에는 이들 절차가 끝났을 때이며(통설도 같음. 그러나 판례는 가압류에 의한 시효중단의 효력은 가압류의 집행보전의 효력이 존속하는 동안은 계속된다고 한다. 대판 2000. 4. 25, 2000다11102; 대판 2006. 7. 4, 2006다32781), 승인인 경우에는 승인이 상대방에게 도달한 때이다. 판례는, 압류의 경우에는 압류가 해제되거나 집행절차가 종료될 때에(대판 2017. 4. 28, 2016다239840), 부동산의 가압류의 경우에는 특별한 사정이 없는 한 가압류등기가 말소된 때에(대판 2013. 11. 14, 2013다18622) 그 중단사유가 종료되어, 그때부터 새로 소멸시효가 진행한다고 한다.

2. 효력의 인적 범위

시효중단의 효력은 당사자 및 그 승계인 사이에만 생긴다(169조).

중단의 효력이 당사자와 그 승계인에게만 미친다는 원칙에는 예외가 있다. 지역권(295조 2항·296조. B-210 참조)·연대채무(416조·421조. C-158 참조)·보증채무(440조. C-181 참조) 등에 있어서 그렇다.

제4절 소멸시효의 정지

A-230 Ⅰ. 소멸시효 정지의 의의

민법은 일정한 사유가 있는 경우에는 그 사유가 종료된 때로부터 일정기간 내에는 소멸시효가 완성하지 않도록 규정하고 있다(179조 내지 182조). 이것을 소멸시효의 정지라고 한다.

Ⅱ. 소멸시효의 정지사유

(1) 제한능력자를 위한 정지

소멸시효의 기간 만료 전 6개월 내에 제한능력자에게 법정대리인이 없는 경우에는, 그가 능력자가 되거나 법정대리인이 취임한 때부터 6개월 내에는 시효가 완성되지 않는다(179조).

재산을 관리하는 아버지·어머니 또는 후견인에 대한 제한능력자의 권리는 그가 능력자가 되거나 후임 법정대리인이 취임한 때부터 6개월 내에는 소멸시효가 완성되지 않는다(180조 1항).

(2) 부부 사이의 권리와 정지

부부 중 한쪽이 다른 쪽에 대하여 가지는 권리는 혼인관계가 종료된 때부터 6개월 내에는 소멸시효가 완성되지 않는다(180조 2항).

(3) 상속재산에 관한 권리와 정지

상속재산에 속한 권리나 상속재산에 대한 권리는 상속인의 확정, 관리인의 선임 또는 파산선고가 있는 때로부터 6개월 내에는 소멸시효가 완성하지 않는다(181조).

(4) 사변(事變)에 의한 정지

천재 기타 사변으로 인하여 소멸시효를 중단할 수 없을 때에는, 그 사유가 종료한 때로부터 1개월 내에는 시효가 완성하지 않는다(182조).

제 5 절 소멸시효의 효력

Ⅰ. 소멸시효 완성의 효과

A-231

소멸시효의 요건이 갖추어진 경우에 어떤 효과가 발생하는가? 민법은 「소멸시효가 완성한다」고 할 뿐, 그 「완성한다」는 것이 무엇을 의미하는지에 관하여는 규정하고 있지 않다.

(1) 학 설

학설은 i) 절대적 소멸설(사견도 같음), ii) 상대적 소멸설 등으로 나뉘어 있다. i) 절대적 소멸설은 소멸시효의 완성으로 권리가 완전히 소멸한다는 견해이다. 그에 비하여 ii) 상대적 소멸설은 소멸시효의 완성으로 권리가 당연히는 소멸하지 않고, 다만 시효의 이익을 받을 자에게 권리의 소멸을 주장할 권리(원용권)가 생길 뿐이라고 한다. 그리고 소멸시효로 인한 권리소멸의 효과는 소멸시효의 원용이 있음으로써 비로소 확정적으로 생긴다고 한다.

(2) 판　　례

판례는 절대적 소멸설을 취하고 있다(대판 1991. 7. 26, 91다5631 등). 즉 소멸시효가 완성하면 권리는 당연히 소멸한다고 한다. 그런데 판례는 다른 한편으로 변론주의의 원칙상 시효의 이익을 받을 자가 소송에서 소멸시효의 주장을 하지 않으면 그 의사에 반하여 재판할 수 없다고 한다(대판 1991. 7. 26, 91다5631. 동지: 대판 2017. 3. 22, 2016다258124 등). 그리고 소멸시효의 주장을 할 수 있는 자는 권리의 시효소멸에 의하여 직접 이익을 받는 자(대표적인 예: 채무자)에 한정되고, 아무런 채권도 없는 자(대판 2007. 3. 30, 2005다11312 등) 또는 채권자대위권에 기한 청구에서의 제3채무자는 이에 해당하지 않으며(대판 2004. 2. 12, 2001다10151 등), 채무자에 대한 일반채권자는 자기의 채권을 보전하기 위하여 필요한 한도에서 채무자를 대위하여 소멸시효 주장을 할 수 있을 뿐 채권자의 지위에서 독자적으로 시효의 주장을 할 수 없다고 한다(대판 2017. 7. 11, 2014다32458 등).

A-232 Ⅱ. 소멸시효의 소급효

소멸시효는 그 기산일에 소급하여 효력이 생긴다(167조). 그리하여 소멸시효가 완성된 권리는 기산일, 즉 그 권리를 처음 행사할 수 있었을 때에 소멸한 것으로 된다. 이러한 소급효 때문에 채권의 소멸시효가 완성된 때에는 채무자는 기산일 이후의 이자를 지급할 필요가 없다(이설 없음).

소멸시효의 소급효에 관하여 민법은 예외를 인정하고 있다. 즉 시효가 완성된 채권이 그 완성 전에 상계할 수 있었던 것이면 그 채권자는 상계할 수 있도록 한다(495조).

A-233 Ⅲ. 소멸시효의 이익의 포기

(1) 의　　의

소멸시효 이익의 포기란 소멸시효로 인하여 생기는 법률상의 이익을 받지 않겠다는 일방적인 의사표시이다(동지 대판 2017. 7. 11, 2014다32458 등)(상대적 소멸설은 이것의 성질을 원용권의 포기로 이해한다).

(2) 소멸시효 완성 전의 포기

소멸시효의 이익은 시효가 완성하기 전에 미리 포기하지 못한다(184조 1항). 민법이 이와 같이 규정한 것은, 채권자가 채무자의 궁박을 이용하여 미리 소멸시효의 이익을 포기하게 할 염려가 있기 때문이다. 그리고 민법은 같은 취지에서 당사자의 합의에 의하여 소멸시효를 배제·연장 또는 가중할 수 없도록 한다(184조 2항). 그러나 이를 단축 또는 경감하는 것은 허용한다(184조 2항).

(3) 소멸시효 완성 후의 포기

A-234

소멸시효의 이익은 시효가 완성한 뒤에는 자유롭게 포기할 수 있다(이설 없음. 184조 1항의 반대해석).

시효이익 포기의 의사표시를 할 수 있는 자는 시효완성의 이익을 받을 당사자 또는 대리인에 한정되며, 제 3 자는 아니다(대판 1998. 2. 28, 97다53366 참조). 그리고 시효이익 포기의 의사표시의 상대방은 진정한 권리자이다(대판 1994. 12. 23, 94다40734 참조).

포기는 반드시 명시적으로 할 필요가 없고 묵시적으로 하여도 무방하다. 그리하여 예컨대 소유권이전등기 청구권의 소멸시효기간이 지난 후에 등기의무자가 소유권이전등기를 해 주기로 약정(합의)한 경우(대판 1993. 5. 11, 93다12824), 시효완성 후에 채무를 승인한 경우(대판 1992. 3. 27, 91다44872), 시효가 완성된 후에 채무자가 그 기한의 유예를 요청한 경우(대판 1991. 1. 29, 89다카1114 등)에는 포기가 있었던 것으로 볼 수 있다. 그리고 채무자가 시효완성 후에 채무를 일부변제한 때에는 그 액수에 관하여 다툼이 없는 한 그 채무 전체를 묵시적으로 승인한 것으로 보아야 한다(대판 2017. 7. 11, 2014다32458 등). 그에 비하여 채무자가 소멸시효가 완성된 이후에 여러 차례에 걸쳐 채권자의 제소기간 연장 요청에 동의한 경우(대판 1987. 6. 23, 86다카2107)에는, 그것만으로는 포기의 의사표시를 인정할 수 없다.

소멸시효 이익의 포기는 가분채무의 일부에 대하여도 할 수 있다(대판 2012. 5. 10, 2011다109500 등).

포기가 유효하려면 포기자가 시효완성의 사실을 알고서 하여야 한다. 만약 포기자가 채무의 시효완성 사실을 모르고 승인을 한 뒤 급부한 경우에는, 승인은 시효이익의 포기로 될 수 없다. 그렇지만 그 급부는 도의관념에 적합한 비채변제(744조)로 되어 부당이득을 이유로 반환청구를 하지는 못한다. 한편 판례는 시효완성 후에 채무를 승인한 때에는 시효완성의 사실을 알고 그 이익을 포기한 것으로 추정하고 있다(대판 2010. 3. 11, 2009다100098 등)(사견은 이 판례에 반대함).

채권에 대한 소멸시효가 완성되었다면 그 뒤에는 더 이상 소멸시효의 중단 문제가 생길 여지가 없다. 그리하여 채무자가 소멸시효 완성 후 채무를 승인하였다면 그것은 시효이익의 포기로 될 수 있을 뿐이다(대판 2010. 3. 11, 2009다100098).

채무자가 소멸시효 완성 후에 채권자에 대하여 채무 일부를 변제하거나(대판 2013. 5. 23, 2013다12464) 채무를 승인함으로써(대판 2009. 7. 9, 2009다14340) 그 시효의 이익을 포기한 경우에는 그때부터 새로이 소멸시효가 진행한다.

포기의 효력은 그 의사표시가 상대방에게 도달하는 때에 발생한다(대판 1994. 12. 23, 94다40734). 그리고 포기를 하면 처음부터 시효의 이익이 생기지 않았던 것으로 된다(절대적 소멸설의 입장). 한편 포기의 효과는 상대적이어서, 포기할 수 있는 자가 여럿인 경우에 그중 1인의 포기는 그에게만 효력이 생기고 다른 자에게는 영향이 없다(이설이 없고, 판례도 같음. 대판 2015. 6. 11, 2015다200227).

A-235

Ⅳ. 종속된 권리에 대한 소멸시효의 효력

주된 권리의 소멸시효가 완성한 때에는 종속된 권리에 그 효력이 미친다(183조). 그리하여 예컨대 원본채권이 시효소멸하면, 이자채권은 설사 시효가 완성되지 않았을지라도 역시 소멸하게 된다(자세한 내용은 C-48 참조).

제 6 장 권리의 주체

제 1 절 서 설

I. 권리의 주체와 권리능력

A-236

(1) 권리의 주체

권리는 당연히 그것이 귀속하게 되는 자를 전제로 한다. 여기서 권리가 귀속하는 주체를 「권리의 주체」라고 한다. 그리고 의무의 귀속자는 「의무의 주체」이다.

(2) 권리능력

권리능력은 권리의 주체가 될 수 있는 지위 또는 자격을 가리키며, 그것은 인격(人格) 또는 법인격이라고도 한다.

권리능력은 권리와 구별된다. 권리능력을 가지는 자만이 권리를 가질 수 있으나, 권리능력 자체가 권리는 아니다. 권리능력은 권리의 주체가 될 수 있는 추상적인 가능성에 지나지 않는다.

(3) 의무능력

권리능력에 대응하는 개념으로 의무능력이 있으며, 이는 의무의 주체가 될 수 있는 지위이다. 오늘날에는 의무를 부담할 수 있는 자는 모두 권리도 가질 수 있다. 그리하여 권리능력은 동시에 의무능력이기도 하다. 그러고 보면 권리능력이라고 하기보다는 「권리의무능력」이라고 하는 것이 표현상 더 정확하겠으나, 우리 민법이 법률관계를 권리 중심으로 규율하고 있기 때문에 그것을 줄여서 「권리능력」이라고 한다.

A-237

Ⅱ. 권리능력자

우리 민법상 권리능력자(인격자)는 모든 살아 있는 사람과, 사람이 아니면서 법에 의하여 권리능력이 부여되어 있는 사단(사람의 집단)과 재단(재산의 집단)이다. 이 중에 살아 있는 사람을 「자연인」이라고 하고, 권리능력이 인정된 사단 또는 재단을 「법인」이라고 한다. 그리고 이 둘을 포괄하는 말로 「인(人)」이라는 표현을 쓰는 때가 많다. 본인·타인·매도인·매수인·임대인·임차인 등이 그 예이다. 그러나 자연인만을 「인」이라고 하는 경우도 있다. 민법 제1편 제2장의 제목 「인」이 그렇다. 그 밖에 자연인과 법인을 합하여 「자(者)」라고 표현하는 때도 있다. 채권자·채무자·변제자·제3자 등이 그 예이다.

Ⅲ. 권리능력과 행위능력의 구별

권리능력은 단순히 권리·의무의 주체가 될 수 있는 가능성에 불과하며, 실제로 그의 단독의 행위에 의하여 권리를 취득하거나 의무를 부담할 수 있는 지위까지 포함하는 것은 아니다. 어떤 자가 자신의 행위에 의하여 권리를 취득하거나 의무를 부담할 수 있으려면 권리능력 외에 행위능력도 가지고 있어야 한다. 그에 관하여는 앞에서 이미 설명하였다(A-73 이하 참조).

제2절 자 연 인

제1관 권리능력

A-238

Ⅰ. 권리능력 평등의 원칙

오늘날 자유민주주의 국가에서는 사람은 성별·연령·계급에 관계 없이 누구나 평등하게 권리능력을 가진다. 이것을 권리능력 평등의 원칙이라고 한다.

우리 민법은 제3조에서 모든 사람이 평등하게 권리능력을 가지고 있음을 규정하고 있다. 그리하여 사람은 사람이기만 하면 모두 똑같이 권리능력을 가진다.

Ⅱ. 권리능력의 시기(始期)

민법은 제3조에서 「사람은 생존한 동안 권리와 의무의 주체가 된다」고 규정하고 있다. 따라서 사람은 생존하기 시작하는 때, 즉 출생한 때로부터 권리능력을 취득한다.

사람의 출생시기는 민법이 명문으로 규정하고 있지 않으며, 학설·판례에 맡겨져 있는 실정이다. 그런데 학설은 태아가 모체로부터 완전히 분리된 때에 출생한 것으로 보는 데 일치하고 있다(전부노출설).

출생의 사실은 출생신고의무자(가족 46조 참조)가 출생 후 1개월 이내에 신고하여야 하며(가족 44조 1항), 이를 게을리하면 과태료의 제재를 받는다(가족 122조). 출생의 사실 및 그 시기는 그것을 전제로 하여 법률효과를 주장하는 자가 증명하여야 하는데, 이때 가족관계등록부(과거의 호적부에 해당)의 기록은 진실한 것으로 추정을 받는 유력한 것이기는 하나, 반대의 증거에 의하여 번복될 수 있는 것이다(호적부에 관한 판례: 대판 1994. 6. 10, 94다1883 등).

그리고 가족관계등록부의 기록은 절차상의 것에 지나지 않으며, 그것에 의하여 실체적인 관계가 좌우되지 않는다. 권리능력은 가족관계등록부의 기록에 의하여가 아니고 출생이라는 사실에 의하여 취득되는 것이기 때문이다.

Ⅲ. 태아의 권리능력

A-239

1. 서 설

태아는 아직 출생 전의 단계에 있으므로 민법상 사람이 아니며, 따라서 권리능력을 가지지 못한다(3조 참조). 그런데 태아에게 권리능력을 전혀 인정하지 않는다면 그에게 매우 불리한 경우가 생긴다. 그리하여 각국의 민법은 태아가 출생한 경우를 생각하여 태아의 이익을 보호하는 규정을 두고 있다. 그 모습에는 두 가지가 있다. 하나는 일반적 보호주의로 모든 법률관계에 있어서 일반적으로 태아를 이미 출생한 것으로 보는 것이고(스위스민법·로마법), 다른 하나는 개별적 보호주의로 중요한 법률관계에 관하여서만 출생한 것으로 보는 것이다(독일민법·프랑스민법·일본민법). 우리 민법은 이들 가운데 개별적 보호주의를 취하고 있다.

2. 태아가 이미 출생한 것으로 의제되는 사항

A-240

민법은 다음 사항에 관하여 태아를 이미 출생한 것으로 본다.

(1) 불법행위로 인한 손해배상의 청구(762조)

문헌에 의하면, 구체적으로는 부(父)의 생명침해에 대한 위자료청구(752조)(대판 1993. 4. 27, 93다4663 등)와 태아 자신이 입은 불법행위에 대한 손해배상청구(예: 모체에 대한 물리적 공격·약물투여로 자가 기형이 된 경우)(대판 1968. 3. 5, 67다2869: 임신 중의 어머니가 교통사고를 당하고 그 충격으로 태아가 미숙아로서 조산이 되었고, 또 그 때문에 제대로 성장하지 못하고 사망한 경우)에 그렇다고 하며, 부(父)의 생명침해의 경우의 재산적 손해는 상속규정(1000조 3항)에 의한다고 한다.

(2) 상 속(1000조 3항)

이것은 재산상속만을 의미한다.

(3) 대습상속(1001조·1000조 3항)

대습상속은 상속인이 될 직계비속·형제자매가 상속개시 전에 사망하거나 결격된 경우에 그 직계비속 및 배우자가 그 자에 갈음하여 상속하는 것이다. 그런데 태아도 그 직계비속으로 본다.

(4) 유　　증(1064조·1000조 3항)

태아도 유증을 받을 수 있다.

(5) 사인증여(562조·1064조)

사인증여는 증여자의 사망으로 효력이 생기는 증여이다. 사인증여에 관하여 태아에게 권리능력이 인정되는가에 관하여는 i) 인정설(사견도 같음)과 ii) 부정설이 대립하고 있다.

(6) 유 류 분(1118조·1001조·1000조 3항)

유류분은 법정상속인에게 유보되는 상속재산의 일정비율이며, 구체적으로는 직계비속·배우자는 법정상속분의 2분의 1이고, 직계존속·형제자매는 법정상속분의 3분의 1이다(1112조). 이러한 유류분에 있어서 태아도 직계비속으로 다루어진다.

A-241

3. 태아의 법률상 지위

태아를 일정한 경우에 예외적으로 이미 출생한 것으로 본다는 것이 무슨 의미인지 문제된다.

(1) 학　　설

학설은 정지조건설과 해제조건설로 나누어져 대립하고 있다.

i) 정지조건설　　이는 태아가 태아로 있는 동안에는 권리능력을 취득하지 못하지만, 그가 살아서 태어나면 그의 권리능력 취득의 효과가 문제의 사건이 발생한 시기(가령 불법행위 시 또는 상속개시시)까지 소급하여 생긴다고 하는 견해이다.

ii) 해제조건설　　이는 이미 출생한 것으로 보게 되는 각 경우에 태아는 그 개별적 사항의 범위 안에서 제한된 권리능력을 가지며, 다만 사산인 때에는 그 권리능력 취득의 효과가 문제된 사건이 있었던 때에 소급하여 소멸한다고 하는 견해이다(사견도 같음).

(2) 판　　례

판례는 정지조건설을 취하고 있다(대판 1976. 9. 14, 76다1365).

A-242

Ⅳ. 외국인의 권리능력

(1) 외국인의 의의

외국인은 대한민국의 국적을 가지지 않은 자이며, 그러한 자로는 외국의 국적을 가지는 자와 무국적자가 있다.

(2) 외국인의 권리능력의 원칙

우리 민법은 외국인의 권리능력에 관하여 아무런 규정도 두고 있지 않다. 따라서 헌법이 외국인의 지위를 국제법과 조약이 정하는 바에 의하여 보장한다고 하는 평등주의(헌법 6조 2항)가 민법에도 그대로 적용된다고 할 수 있다. 그러나 우리의 법률에서 국가의 정책상 외국인의 권리능력을 제한하는 경우도 많이 있다.

V. 권리능력의 종기(終期)

A-243

1. 권리능력의 소멸원인: 사망

(1) 사람은 생존하는 동안에만 권리능력을 가지므로(3조), 생존이 끝나는 사망에 의하여 권리능력을 잃게 된다. 그리고 권리능력 소멸원인은 오직 사망밖에 없기 때문에, 인정사망이나 실종선고가 있더라도 당사자가 생존하고 있는 한 권리능력을 잃게 되지는 않는다.

(2) 사람의 사망시기는 언제인가? 여기에 관하여 민법에는 규정이 없다. 그리고 학설은 대체로 생활기능이 절대적·영구적으로 정지하는 것이 사망이며, 호흡과 혈액순환이 영구적으로 멈춘 때 사망이 인정된다고 한다.

(3) 사람이 사망한 때에는 사망신고의무자(가족 85조 참조)가 사망의 사실을 안 날부터 1개월 이내에 신고하여야 하며(가족 84조 1항), 이를 위반하면 과태료의 제재를 받는다(가족 122조). 사망의 사실 및 시기는 그것을 전제로 하여 법률효과를 주장하는 자가 증명하여야 하는데, 이때 가족관계등록부의 기록은 진실한 것으로 추정되나 반대의 증거에 의하여 번복될 수 있다(과거 호적부에 대한 판례: 대결 1997. 11. 27, 97스4 등).

2. 사망사실 또는 사망시기의 증명곤란에 대비한 제도

A-244

사망의 유무나 사망시기는 법적으로 대단히 중요한데, 그것을 증명·확정하기 어려운 경우가 있다. 민법 기타의 법률은 그러한 경우에 대비하여 몇 가지 제도를 두고 있다.

(1) 동시사망의 추정(사망시기의 증명곤란에 대비한 제도)

2인 이상이 동일한 위난으로 사망한 경우에는 동시에 사망한 것으로 추정된다(30조). 이러한 동시사망 추정제도는 2인 이상이 사망한 때에 특히 상속과 관련하여 발생할 수 있는 불합리한 결과를 막기 위하여 두어졌다(동시사망이 추정되는 경우 그들 상호간에는 상속이 되지 않는다. 그러나 대습상속은 받을 수 있다. 대판 2001. 3. 9, 99다13157 참조).

민법 제30조는 2인 이상이 「동일한 위난」으로 사망한 경우에 관하여만 동시사망의 추정을 한다. 그런데 동시사망 추정규정이 없는 때의 불합리는 2인 이상이 각기 다른 위난으로 사망한 때에도 똑같이 발생할 수 있다. 그리하여 다수설은 「2인 이상이 각기 다른 위난으로 사망하였는데 그들의 사망시기를 확정할 수 없는 경우」와, 나아가 「1인의 사망시기는 확정되어 있으나 다른 1인의 사망시기는 확정할 수 없는 경우」에도 제30조를 유추적용하여 동시사망을 추정하자고 한다(사견도 같음).

동시사망의 추정은 추정이지 의제(간주·본다)가 아니기 때문에, 그것은 반증에 의하여 번복될 수 있다.

A-245 (2) **인정사망**(사망 유무의 증명 곤란에 대비한 제도)

인정사망은 수해·화재나 그 밖의 재난으로 인하여 사망한 사람이 있는 경우에 그것을 조사한 관공서의 사망통보에 의하여 가족관계등록부에 사망의 기록을 하는 것을 말한다(가족 87조·16조).

실종선고와 인정사망을 비교해 보면, 전자는 일정한 요건 하에 사망한 것으로 의제하는 데 비하여, 후자는 가족관계등록부에 사망의 기록을 하기 위한 절차적 특례제도이어서 강한 사망추정적인 효과만 인정한다.

(3) **실종선고**(사망 유무의 증명 곤란에 대비한 제도)

민법은 사망했을 가능성이 큰 경우에 일정한 요건 하에 실종선고를 하여 실종자를 일정한 시기에 사망한 것으로 의제하는 제도를 두고 있다. 그에 관하여는 뒤에서 자세히 설명한다(A-255 이하 참조).

제2관 주 소

A-246

Ⅰ. 서 설

사람과 관계 있는 장소가 법률관계에 영향을 미치는 경우가 자주 있다. 예컨대 본국·등록기준지·주민등록지·현재지·재산소재지·법률행위지·주소·거소 등이 그렇다. 그런데 민법은 이러한 장소들 가운데 모든 사람에게 공통적으로 문제되는 주소와 거소에 관하여만 일반적 규정을 두고 있을 뿐이다.

Ⅱ. 주소에 관한 입법주의

(1) 형식주의·실질주의

주소를 정하는 표준과 관련하여 입법주의는 형식주의와 실질주의로 나누어진다. 형식주의는 형식적 표준(예: 등록기준지)에 의하여 주소를 획일적으로 정하는 주의이고, 실질주의는 생활의 실질적 관계에 의하여 주소를 정하는 주의이다.

(2) 의사주의 · 객관주의

주소 결정과 관련하여서는 정주(定住)의 사실(어떤 장소가 생활의 중심적 장소를 이루고 있다는 사실)만을 요건으로 하는 객관주의와 정주의 사실 외에 정주의 의사(어느 곳을 주소로 하려는 의사)도 필요하다고 하는 의사주의가 있다.

(3) 단일주의 · 복수주의

주소의 개수와 관련하여서는 주소를 하나만 인정하는 단일주의와 복수의 주소를 인정하는 복수주의가 있다.

Ⅲ. 민법상의 주소

A-247

1. 주소의 의의

우리 민법에 있어서 주소는 「생활의 근거되는 곳」이다(18조 1항). 이는 형식주의·실질주의 중 실질주의를 취한 것이다. 그리고 의사주의와 객관주의 가운데에는 객관주의를 채용한 것으로 해석된다(이설 없음). 한편 민법은 「주소는 동시에 두 곳 이상 있을 수 있다」고 하여(18조 2항), 주소의 개수에 관하여 복수주의를 취하고 있다.

[참고] 주민등록지

주민등록지는 30일 이상 거주할 목적으로 일정한 장소에 주소 또는 거소를 가진 자(즉 주민)가 주민등록법에 의하여 등록한 장소이다(주민등록법 6조 · 10조). 주민등록지는 공법상의 개념으로 민법상의 주소와 다르나, 반증이 없는 한 주소로 추정된다고 할 것이다.

2. 주소가 법률관계에 영향을 주는 사항

주소가 법률관계에 영향을 주는 사항 가운데 주요한 것을 들어 보면 다음과 같다.

(1) 민법이 규정하고 있는 사항

1) 부재 및 실종의 표준(22조 · 27조)

2) 변제의 장소(467조 2항)

3) 상속개시의 장소(998조)

(2) 민법 이외의 법률이 규정하고 있는 사항

1) 어음행위의 장소(어음법 2조 · 4조 · 21조 · 22조 · 27조 · 76조 2호, 수표법 8조)

2) 재판관할의 표준(민소 3조, 가소 13조 · 22조 · 26조 · 30조 · 44조 · 46조 등, 비송법 2조 · 39조, 채무자회생법 3조 등)

[참고] 법인의 주소

주소는 자연인뿐만 아니고 법인에서도 문제되며(36조), 법인의 주소가 그것의 법률관계에 영향을 미치는 경우도 자주 있다(A-296 참조).

A-248

Ⅳ. 거소 · 현재지 · 가주소

1. 거　　소

거소(居所)는 사람이 다소의 기간 계속하여 거주하는 장소로서 그 장소와의 밀접한 정도가 주소보다 못한 곳이다. 어떤 자에 대하여 주소를 알 수 없을 때에는 거소를 주소로 본다(19조). 그리고 국내에 주소가 없는 자에 대하여는 국내에 있는 거소를 주소로 본다(20조).

2. 현 재 지

장소와의 관계가 거소보다도 더 옅은 곳(가령 여행자가 머무는 호텔)을 거소와 구별하여 현재지라고 부르기도 한다. 민법은 현재지에 대하여는 특별한 효과를 부여하고 있지 않다. 다만, 제19조·제20조의 거소에는 현재지가 포함되는 것으로 해석한다.

3. 가 주 소

당사자는 어느 행위(거래)에 관하여 일정한 장소를 가주소(假住所)로 정할 수 있으며, 그때에는 그 행위에 관하여는 가주소를 주소로 본다(21조).

제3관 부재와 실종

A-249

Ⅰ. 서　　설

어떤 자가 그의 주소를 떠나서 쉽게 돌아올 가능성이 없는 때에는, 그 자 자신이나 이해관계인을 보호하기 위하여 어떤 조치를 취할 필요가 있다. 여기서 민법은 두 단계의 조치를 취하고 있다. 즉 ① 제1단계에서는 그를 아직 살아 있는 것으로 추측하여 그의 재산을 관리해 주면서 돌아오기를 기다리고, ② 만약 생사불분명 상태가 장기간 계속되면 제2단계로 넘어가 그를 사망한 것으로 보고 그에 관한 법률관계를 확정짓는다. 앞의 것이 부재자(不在者)의 재산관리제도이고, 뒤의 것이 실종선고제도이다.

A-250

Ⅱ. 부재자의 재산관리

1. 부재자의 의의

부재자는 「종래의 주소나 거소를 떠나 당분간 돌아올 가능성이 없어서 그의 재산이 관리되지 못하고 방치되어 있는 자」라고 하여야 한다. 통설·판례(대판 1960. 4. 21, 4292민상252는 일본에 유학하여 소재가 분명할 뿐만 아니라 타인을 통하여 자신의 재산을 관리하고 있는 자에 대하여 부재자가 아니라고 한다)도 같은 취지이다.

이러한 부재자는 생사가 불분명할 필요는 없다. 즉 생존이 분명한 자도 부재자일 수 있고, 또 생사가 불분명한 자도 실종선고를 받을 때까지는 부재자이다. 부재자는 자연인에 한하며, 법인에 대하여는 부재자에 관한 규정이 적용되지 않는다(대결 1965. 2. 9, 64스9).

2. 재산관리의 방법 및 내용

A-251

민법은 부재자의 재산관리에 관하여 부재자가 스스로 관리인을 둔 때와 그렇지 않은 때를 구별하여 규율한다. 그러면서 앞의 경우에는 원칙적으로 간섭을 하지 않고 부득이 한 때에만 간섭을 한다.

(1) 부재자 자신이 관리인을 두지 않은 경우

1) 가정법원의 재산관리처분 부재자가 관리인을 두지 않은 경우에는 가정법원은 이해관계인이나 검사의 청구에 의하여 재산관리에 필요한 처분을 명하여야 한다(22조 1항 1문). 여기의 「이해관계인」은 부재자의 재산관리에 법률상 이해관계를 가지는 자이다. 예컨대 추정상속인·채권자·배우자·부양청구권자·보증인 등이 그렇다. 그리고 가정법원이 명할 수 있는 「재산관리에 필요한 처분」 중 가장 보통의 방법은 관리인의 선임이다.

2) 선임된 재산관리인의 지위

A-252

(가) 성질 · 권한 부재자의 재산관리인은 일종의 법정대리인이다. 그렇지만 관리인은 언제든지 사임할 수 있고(가소규 42조 2항), 법원도 얼마든지 개임(改任), 즉 바꿀 수 있다(가소규 42조 1항).

관리인은 ― 법원의 명령이 없는 경우에는 ― 부재자의 재산에 관하여 제118조가 정하는 관리행위를 자유롭게 할 수 있으나, 재산의 처분과 같은 행위를 하려면 가정법원의 허가를 얻어야 한다(25조 1문). 판례에 의하면, 소유권이전등기 말소등기절차 이행청구나 인도청구(대판 1964. 7. 23, 64다108) 등은 허가 없이 할 수 있으나, 부재자 재산의 처분(대판 1970. 1. 27, 69다1820 등), 재판상 화해(대판 1968. 4. 30, 67다2117. 그러나 부재자의 권리 보존에 전적으로 이익이 되는 재판상 화해는 허가가 필요하지 않다고 한다. 대판 1962. 11. 1, 62다582) 등은 허가가 있어야 할 수 있다.

관리인이 법원의 허가 없이 처분행위 등을 한 경우에는 그 처분행위는 무효이다(대판 1970. 1. 27, 69다1820 등). 그러나 법원의 허가는 장래의 처분행위를 가능하게 할 뿐만 아니라 기왕의 처분행위에 대하여 추인을 하게 할 수도 있으므로, 허가 없이 처분행위를 한 뒤에 법원의 허가를 얻고서 추인(묵시적 추인 포함)을 한 경우에는 처분행위는 추인으로 유효하게 된다(대판 2000. 12. 26, 99다19278 등).

관리인의 권한은, 그의 선임결정이 취소되지 않는 한, 설사 부재자에 대한 실종선고기간이 만료되거나(대판 1981. 7. 28, 80다2668(허가받은 행위를 실종기간 만료 후에 한 경우)) 또는 부재자의 사망이 확인된 후에도(대판 1991. 11. 26, 91다11810[핵심판례 78면] 등) 소멸하지 않는다. 그런데 다른 한편으로 대법원은, 부재자의 재산관리인에 의하여 소송절차가 진행되던 중 부재자 본인에 대한 실종선고가 확정되면 그 재산관리인으로서의 지위는 종료되는 것이므로 그 경우에도 상속인 등에 의한 적법한 소송수계가 있을 때까지 소송절차가 중단된다고 한다(대판 1987. 3. 24, 85다카1151).

A-253 (나) 의 무 관리인은 부재자와의 사이에 위임계약관계에 있는 것은 아니지만, 그 직무의 성질상 수임인과 동일한 의무를 부담하는 것으로 해석하여야 한다(이설 없음). 관리인은 그 밖에 관리할 재산의 목록작성(24조 1항, 가소규 47조·48조 참조), 부재자의 재산의 보존을 위하여 가정법원이 명하는 처분의 수행(24조 2항, 가소규 44조 1항 참조), 법원이 명하는 담보의 제공(26조 1항, 가소규 45조·46조 참조) 등의 의무도 진다.

(다) 권 리 가정법원은 관리인에게 부재자의 재산에서 상당한 보수를 지급할 수 있다(26조 2항. 대결 1971. 2. 26, 71스3). 즉 관리인은 보수청구권이 있다. 그리고 관리인은 재산관리를 위하여 지출한 필요비와 그 이자, 과실없이 받은 손해의 배상 등을 청구할 수 있다(688조·24조 4항 참조).

3) 관리의 종료 부재자가 후에 재산관리인을 정한 때에는 법원은 부재자 본인·재산관리인·이해관계인 또는 검사의 청구에 의하여 처분에 관한 명령을 취소하여야 한다(22조 2항).

A-254 (2) 부재자 자신이 관리인을 둔 경우

1) 원 칙 이 경우에는 민법은 원칙적으로 간섭을 하지 않는다.

부재자가 둔 재산관리인은 부재자의 수임인이고 또한 그의 임의대리인이므로, 그의 권한은 부재자와 관리인 사이의 계약(680조 이하)에 의하여 정하여진다. 만약 권한이 계약으로 정해지지 않은 때에는 제118조가 적용된다.

2) 예 외 민법은 다음 두 경우에는 예외적으로 간섭을 하고 있다.

(가) 재산관리인의 권한이 본인의 부재중에 소멸한 때 이때에는 관리인이 처음부터 없었던 경우와 똑같이 다룬다(22조 1항 2문).

(나) 부재자의 생사가 분명하지 않게 된 때 이때에는 가정법원은 재산관리인·이해관계인 또는 검사의 청구에 의하여 재산관리인을 개임(改任), 즉 바꿀 수 있다(23조, 가소규 41조). 그런가 하면 관리인을 바꾸지 않고 감독만 할 수도 있다.

A-255 Ⅲ. 실종선고

1. 의 의

부재자의 생사불명 상태가 오랫동안 계속되어 사망의 개연성은 크지만 사망의 확증이 없는 경우에 이를 방치하면 이해관계인(배우자·상속인 등)에게 불이익을 준다. 여기서 민법은 일정한 요건 하에 실종선고를 하고, 일정시기를 표준으로 하여 사망한 것과 같은 효과를 발생하게 하고 있다. 이를 실종선고제도라고 한다.

2. 실종선고의 요건

법원이 실종선고를 하려면 다음 4가지의 요건을 갖추어야 한다. 그리고 이들 요건이 갖추어지면 법원은 반드시 선고를 하여야 한다(27조 1항).

(1) 부재자의 생사 불분명

부재자의 생사(生死)가 분명하지 않아야 한다. 즉 생존도 사망도 증명할 수 없어야 한다. 그런데 생사가 모든 자에게 불분명할 필요는 없으며, 선고 청구권자와 법원에 불분명하면 된다.

(2) 실종기간의 경과

A-256

생사불분명 상태가 일정기간 동안 계속되어야 한다. 이 기간을 실종기간이라고 하며, 그 기간은 실종이 보통실종인가 특별실종인가에 따라 다르다. 보통실종은 보통의 경우의 실종이고, 특별실종은 사망의 가능성이 매우 높은 재난으로 인한 실종이다.

1) 보통실종 보통실종의 실종기간은 5년이다(27조 1항). 그 기간의 기산점은 민법에 정해져 있지 않으나, 부재자가 살아 있었음을 증명할 수 있는 최후의 시기(예: 마지막 편지를 보냈을 때)라고 해석하는 데 다툼이 없다.

2) 특별실종 민법은 특별실종으로 (가)「전지(戰地)에 임한 자」(전쟁실종), (나)「침몰한 선박 중에 있던 자」(선박실종), (다)「추락한 항공기 중에 있던 자」(항공기실종), (라)「기타 사망의 원인이 될 위난을 당한 자」(위난실종)의 4가지를 규정하고 있으며, 이들 특별실종의 실종기간은 모두 1년이다(27조 2항).

특별실종기간의 기산점은, 전쟁실종은 전쟁이 종지(終止)한 때이고, 선박실종은 선박이 침몰한 때이며, 항공기실종은 항공기가 추락한 때이고, 기타 위난실종은 위난이 종료한 때이다(27조 2항). 전쟁실종의 경우「전쟁이 종지한 때」는 사실상 전쟁이 끝나는 때, 즉 항복선언 또는 정전·휴전선언이 있는 때라고 해석한다(이설 없음).

(3) 청구권자의 청구

A-257

이해관계인이나 검사가 실종선고를 청구하여야 한다(27조 1항·2항). 여기서 이해관계인이라고 하면 실종선고를 청구하는 데 법률상 이해관계를 가지는 자, 즉 실종선고에 의하여 권리를 취득하거나 의무를 면하게 되는 자를 가리키며, 사실상 이해관계를 가지는 자는 그에 해당하지 않는다. 예컨대 부재자의 배우자, 추정상속인, 부재자의 재산관리인은 이해관계인이나, 추정상속인이 아닌 친족, 부재자의 친구나 이웃은 이해관계인이 아니다.

(4) 공시최고

위의 세 요건을 갖추면 법원은 공시최고를 하여야 한다(가소규 53조). 즉 6개월 이상의 기간을 정하여 부재자 본인이나 부재자의 생사를 아는 자에 대하여 신고하도록 공고하여야 한다(가소규 54조·55조·26조). 공시최고기간이 경과할 때까지 신고가 없으면 실종선고를 한다.

A-258

3. 실종선고의 효과

실종선고가 확정되면 실종선고를 받은 자, 즉 실종자는 실종기간이 만료한 때에 사망한 것으로 본다(28조).

(1) 사망의제

민법은 실종자의 사망을 추정하지 않고, 사망한 것으로 의제한다(본다·간주한다). 따라서 본인의 생존 기타의 반증을 들어서 선고의 효과를 다투지 못하며, 이 효과를 뒤집으려면 실종선고를 취소하여야 한다(대판 1995. 2. 17, 94다52751 등).

(2) 사망의제 시기

실종자의 사망의제 시기에 관하여는 선고시 주의·최후소식시 주의·실종기간 만료시 주의·실종기간 중간시점 주의 등의 입법주의가 있으나, 민법은 실종기간 만료시 주의를 취하고 있다(28조). 즉 실종기간이 만료한 때에 사망한 것으로 본다.

(3) 사망의제 범위

실종선고는 실종자의 종래의 주소(또는 거소)를 중심으로 하는 실종기간 만료시의 사법적 법률관계에 관하여 사망의 효과를 발생시킨다. 즉 ① 종래의 주소를 중심으로 하는 관계에 대하여만 사망을 의제하므로, 새로운 주소에서의 법률관계나 종래의 주소에 다시 돌아와 맺은 법률관계에는 영향이 없다. ② 사법적 법률관계에 관하여만 사망을 의제하므로 공법상의 관계(선거권·피선거권·납세의무·허가받는 자격·그에 대한 또는 그에 의한 범죄 등)에는 영향을 미치지 않는다. ③ 사법적 법률관계인 이상 재산관계·가족관계 모두에 대하여 사망의 효과가 생긴다.

A-259

4. 실종선고의 취소

(1) 서 설

실종선고에 의하여 실종자는 사망한 것으로 의제(간주)되므로, 설사 실종자가 살아 돌아온다고 하여도 그것만으로 선고의 효과를 뒤집지는 못한다. 선고의 효과를 뒤집으려면 실종선고의 취소가 있어야 한다(29조).

(2) 실종선고 취소의 요건

1) 먼저 다음 세 가지 가운데 어느 하나의 증명이 있어야 한다.

(가) 실종자가 생존하고 있는 사실(29조 1항 본문)

(나) 실종기간이 만료된 때와 다른 시기에 사망한 사실(29조 1항 본문)

(다) 실종기간의 기산점 이후의 어떤 시기에 생존하고 있었던 사실. 이는 민법에 규정되어 있지는 않다. 그러나 이 경우에는 실종기간의 기산점이 달라져서 사망의제 시기가 달라지므로 상속관계 등에 영향을 미친다. 따라서 이 경우에도 선고가 취소되어야 한다.

2) 본인·이해관계인 또는 검사의 청구가 있어야 한다(29조 1항 본문). 여기의 이해관계인도

법률상 이해관계인임은 물론이다.

3) 공시최고는 필요하지 않다. 일정한 사실이 이미 증명되었기 때문이다.

4) 요건이 갖추어지면 법원은 반드시 실종선고를 취소하여야 한다(29조 1항 본문 참조).

⑶ 실종선고 취소의 효과 A-260

1) 선고취소의 소급효 실종선고가 취소되면 처음부터 실종선고가 없었던 것으로 된다. 즉 실종선고로 생긴 법률관계는 소급적으로 무효로 된다.

2) 소급효의 제한 실종선고 취소의 소급효에는 하나의 예외가 있다. 제29조 제 1 항 단서가 그것이다. 그에 의하면 실종선고의 취소는 「실종선고 후 취소 전에 선의로 한 행위」의 효력에 영향을 미치지 않는다.

㈎ 요 건 이에 의하여 보호되려면,

(a) 법률행위가 「실종선고 후 취소 전에」 행하여졌어야 한다. 「실종기간 만료 후 선고 전에」 행하여진 행위는 보호대상이 아니다.

(b) 그 행위가 「선의로」 행하여졌어야 한다. 여기서 선의란 실종선고가 사실에 반함을 알지 못하는 것이다. 그런데 계약에는 양 당사자가 있어서 그들 모두가 선의이어야 하는지가 문제되고, 단독행위에 대하여도 논란이 있다.

단독행위의 경우에는 행위자가 선의이면 선고가 취소되어도 효력에 영향을 받지 않는다고 해석된다(통설).

다음에 「계약인 재산행위」에 관하여 학설은 i) 당사자 쌍방이 선의이어야 하고 일방 당사자만이 선의이면 행위에 영향을 미친다는 견해(사견도 이에 속하나, 어느 한 단계에서 양 당사자가 선의이면 그 이후의 전득자는 악의여도 반환청구를 당하지 않는다고 새김), ii) 실종선고를 직접원인으로 하여 재산을 취득한 자(을)로부터 그것을 양수한 자(병)가 선의이면 어느 경우든 을·병 사이의 양도행위는 유효하고, 다만 악의자 정이 책략을 써서 병을 도구로 개재시켰을 경우에는 예외라고 하는 견해 등이 주장되고 있다.

㈏ 효 과 위의 요건이 갖추어지면 그 법률행위는 그대로 유효하다. 그리고 그것과 양립할 수 없는 구 관계는 부활하지 않는다.

3) 제29조 제 2 항 실종선고가 취소되면 실종선고를 직접원인으로 하여 재산을 취득한 자는 — 그가 재산을 보유하고 있는 한 — 그가 선의이든 악의이든 재산권을 상실한다. 그리하여 실종자는 소유권에 기하여 반환청구를 할 수 있다. 재산취득자가 재산을 처분한 경우에도, 그는 그 대가를 보유할 법률상의 원인이 없으므로 그것을 부당이득으로서 실종자에게 반환하여야 한다. 그런데 그 이득 전부를 반환하게 하면 선의의 취득자에게 예측하지 못한 손해를 주게 되므로, 민법은 제29조 제 2 항에서 그가 선의인지 악의인지에 따라 반환범위를 달리 규정하고 있다. A-261

그에 의하면, 실종선고를 직접원인으로 하여 재산을 취득한 자가 선의인 경우에는 그 받은 이익이 현존하는 한도에서 반환할 의무가 있고, 악의인 경우에는 그 받은 이익에 이자를 붙여서 반환하고 손해가 있으면 그것을 배상하여야 한다(29조 2항).

제3절 법　　인

제1관 서　　설

A-262

Ⅰ. 법인의 의의

법인이란 자연인이 아니면서 법에 의하여 법인격(권리능력)이 인정되어 있는 것을 말한다. 우리 법상의 법인에는 일정한 목적을 위하여 결합한 사람의 단체 즉 사단에 대하여 법인격이 주어진 사단법인과, 일정한 목적을 위하여 출연된 재산 즉 재단에 대하여 법인격이 주어진 재단법인이 있다.

A-263

Ⅱ. 법인의 본질

자연인이 아니면서 권리능력이 인정되는 법인은 실체가 있는가, 만약 있다면 그것이 무엇인가? 이것이 바로 법인의 본질에 관한 문제이다. 이하에서 먼저 법인의 본질에 관한 19세기의 독일의 이론을 정리하고, 이어서 우리의 학설·판례에 대하여 보기로 한다.

1. 고전적인 견해

법인 학설로 처음 주장된 것은 법인의제설이었으며, 그것의 이론적 연장이라고 할 수 있는 법인부인설도 생겼다. 그 후 의제설과 대비되는 실재설도 주장되었다.

(1) 법인의제설

권리·의무의 주체는 자연인에 한하며, 법인은 법률에 의하여 자연인에 의제된 것에 불과하다는 이론으로서, 대표적인 주장자는 사비니(Savigny)이다.

(2) 법인부인설

법인의제설에 의하면 결국 법인은 실체가 없는 것이므로 법인 이외의 실체를 찾는 이론이다.

(3) 법인실재설

이는 법인을 권리주체로서의 실질을 가지는 사회적 실체라고 보는 이론이다. 실재설에는, i) 단체를 사회적 유기체라고 보는 유기체설, ii) 법인의 실체를 권리주체임에 적합한 법률상의 조직체라고 보는 조직체설 등이 있다.

2. 우리의 학설 · 판례

(1) 학 설

우리나라에서는 과거에는 법인의 본질에 관하여 실재설에 해당하는 견해만이 주장되었었다. 그런데 근래에 와서 의제설이 등장하는가 하면 법인의 실체는 일정한 목적을 위하여 인적·물적 요소가 결합되어 있는 목적구속적 조직체라고 하는 견해도 주장되고 있다(사견에 대하여는 민법총칙 [318] 참조).

(2) 판 례

우리 판례는, 「법인은 하나의 실재로서 … 기관에 의하여 독자의 행위를 할 수 있는 실재체」라고 한다(대판 1978. 2. 28, 77누155).

Ⅲ. 법인의 종류

A-264

법인은 법률의 규정에 의하여서만 성립할 수 있는데(31조), 법인의 성립을 인정하는 법률에는 민법뿐만 아니라 특별법들도 많이 있다. 그 결과 법인에는 여러 가지가 있으나, 여기서는 민법상의 법인을 중심으로 하여 그 종류를 나누어 보기로 한다.

(1) 공법인 · 사법인

공법인은 법인의 설립이나 관리에 국가의 공권력이 관여하는 것(예: 국가 · 지방자치단체)이고, 그 밖의 법인이 사법인이다. 그런데 공법인과 사법인의 중간적 법인도 있다(예: 한국은행 · 한국토지주택공사 · 농업협동조합).

(2) 영리법인 · 비영리법인

이는 사법인을 세분한 것으로서, 법인의 목적이 경제적 이익의 추구에 있는가에 따라 나눈 것이다.

1) 영리법인 영리법인은 영리를 목적으로 하는 사단법인이다. 상법상의 각종의 회사가 그 전형적인 예이다.

2) 비영리법인 비영리법인은 학술·종교·자선·기예(技藝)·사교 기타 영리 아닌 사업을 목적으로 하는 사단법인 또는 재단법인이다(32조 참조). 비영리법인도 목적을 달성하기 위하여 본질에 반하지 않는 정도의 영리행위는 할 수 있다(예: 전시회에 입장료를 받거나 병원에서 입원비를 받는 경우). 재단법인은 항상 비영리법인이며, 사단법인은 영리법인이 될 수도 있고 비영리법인이 될 수도 있다. 비영리법인은 반드시 공익을 목적으로 할 필요는 없다. 즉 비공익·비영리를 목적으로 하는 비영리법인도 인정된다.

(3) 사단법인 · 재단법인

사단법인은 일정한 목적을 위하여 결합한 사람의 단체 즉 사단이 법인으로 된 것이고, 재단법인은 일정한 목적을 위하여 출연된 재산 즉 재단이 법인으로 된 것이다. 사단법인은 그 구성원인 사원들의 통합된 의사(총의)에 의하여 자율적으로 활동하는 데 비하여, 재단법인은 설립자의 의사에 의하여 타율적으로 활동한다. 민법상의 법인은 반드시 사단법인·재단법인 가운데 어느 하나에 속하여야 하며, 둘의 중간적 법인은 인정되지 않는다.

A-265

Ⅳ. 법인 아닌 사단과 재단

1. 개 설

실제 사회에서는 법인으로서의 실질을 갖추고 있으면서 법인이 아닌 것들이 많이 있다. 그것이 법인 아닌 사단과 재단이다. 이들이 생기는 원인은 대략 다음의 세 가지이다. 하나는 민법이 법인의 설립에 관하여 절차적 요건의 하나로 요구하고 있는 주무관청의 허가를 얻지 못하여서이고(32조 참조), 다음에는 행정관청의 규제나 감독을 꺼려 처음부터 법인으로 만들고 싶지 않아서이며, 마지막으로는 법인이 설립 도중에 있기 때문이다(설립 중의 법인).

민법의 법인에 관한 규정은 이들에 직접 적용되는 것이 아니며, 민법 기타의 법률은 이들에 관하여 개별적으로 약간의 규정을 두고 있을 뿐이다.

A-266

2. 법인 아닌 사단

(1) 의 의

사단의 실질을 가지고 있지만 법인으로 되지 않는 것을 「법인 아닌 사단」이라고 한다. 「법인 아닌 사단」(「비법인사단」)은 「권리능력 없는 사단」 또는 「인격(법인격) 없는 사단」이라고도 한다.

(2) 성립요건

1) 개 관 법인 아닌 사단으로 인정되려면, 단체로서의 조직을 갖추고, 대표의 방법·총회의 운영·재산의 관리 기타 단체의 중요한 점이 정관이나 규칙으로 확정되어 있어야 한다(동지 대판 1999. 4. 23, 99다4504 등).

2) 조합과의 구별 사단법인의 기초가 될 수 있는 사회적 실체에는 사단 외에 조합도 있다. 사단과 조합은 단체성의 강약에 의하여 구별된다(대판 1999. 4. 23, 99다4504 등).

민법은 이러한 사단과 조합 가운데 사단은 법인으로 될 수 있도록 하고, 조합은 법인으로 하지 않고 구성원 사이의 계약관계로 규율하고 있다(703조 이하). 그러나 논리적으로 사단만이 법인으로 될 수 있는 것은 아니므로, 조합의 실질을 가졌음에도 불구하고 이에 법인격을 부여할 수도 있다. 상법상의 합명회사가 그 예이다(상법 178조 이하).

어떤 단체가 사단인가 조합인가는 명칭에 의해서가 아니고 실질에 의하여 판단하여야 한다. 따라서 조합의 명칭을 가지고 있더라도 실질적으로 사단으로서의 요건을 갖추고 있으면 법인 아닌 사단이라고 하여야 한다(대판 1994. 4. 26, 93다51591 등).

3) 법인 아닌 사단의 구체적인 예 우리나라에는 법인 아닌 사단이 매우 많이 존재하고 있다. 그 대표적인 것으로는 종중(대판 1991. 8. 27, 91다16525)과 교회가 있다.

(3) 법률관계 A-267

1) 법적 규율 법인 아닌 사단에 관한 실체법적 규정으로는 그것의 재산귀속관계를 총유로 한다는 규정(275조·278조)만이 두어져 있고, 그 외에 소송상의 당사자능력을 인정하는 민사소송법 규정(민소 52조)과 등기능력을 인정하는 부동산등기법 규정(부등법 26조)이 있을 뿐이다. 따라서 그 밖의 법률관계는 해석으로 결정되어야 한다.

그러면 법인 아닌 사단의 법률관계를 어떻게 결정하여야 하는가? 여기에 관하여 학설은, 법인 아닌 사단에 대하여는 사단법인에 관한 규정 가운데에서 법인격을 전제로 하는 것을 제외하고는 모두 이를 유추적용하여야 한다는 데 일치하고 있으며, 판례도 같다(대판 2006. 2. 23, 2005다19552·19569 등).

2) 내부관계 법인 아닌 사단의 내부관계는 제1차적으로 사단의 정관에 의하게 되나, 정관에 규정이 없는 경우에는 민법의 사단법인 규정이 유추적용된다(이설 없음). 그리하여 사원총회가 최고 의사결정기관이 되며, 총회에서의 의결은 사원의 과반수의 출석과 출석사원의 과반수의 찬성으로 한다. 그리고 총회에서 선임된 업무집행기관은, 선량한 관리자의 주의로써 사무를 처리하여야 한다(681조 참조).

3) 외부관계 법인 아닌 사단도 그 대표자가 정하여져 있으면 소송상의 당사자능력을 가진다(민소 52조). 따라서 제3자는 법인 아닌 사단에 대한 집행권원을 얻어 사단재산에 대하여 강제집행할 수 있다. 그러나 사원의 재산은 강제집행하지 못한다.

사단의 권리능력, 행위능력, 대표기관의 권한, 대표의 형식, 대표기관의 불법행위로 인한 사단의 배상책임(불법행위능력)(대판 2003. 7. 25, 2002다27088)에 대하여는 사단법인의 규정이 유추적용된다.

4) 재산귀속관계 A-268

(가) 민법규정 앞서 언급한 바와 같이, 민법은 「법인이 아닌 사단의 사원이 집합체로서 물건을 소유할 때에는 총유(總有)로 한다」고 규정하고 있다(275조 1항). 총유는 관리·처분의 권능은 공동소유자의 단체(사원총회)에 속하고 사용·수익의 권능은 각 공동소유자(사원)에게 속하는 단체주의적인 공동소유형태이다(276조 참조). 한편 총유에 관한 규정은 소유권 이외의 재산권에도 준용되므로(278조), 채권·채무 등의 각종의 재산권도 준총유하는 것이 된다. 그 결과 사단의 구성원은 지분권이나 분할청구권을 갖지 못한다(이설 없음).

(나) 재산귀속관계의 공시방법 부동산등기법은 제26조 제1항에서 「종중, 문중, 그 밖에 대표자나 관리인이 있는 법인 아닌 사단이나 재단에 속하는 부동산의 등기에 관하여는 그 사단이나 재단을 등기권리자 또는 등기의무자로 한다」고 규정하고, 그 제2항에서는 「제1항의 등기는 그 사단이나 재단의 명의로 그 대표자나 관리인이 신청한다」고 규정한다.

A-269

3. 법인 아닌 재단

(1) 의의 및 성립요건

재단법인의 실체가 되는 재단으로서의 실질을 가지고 있으면서 법인으로 되지 않은 것이 「법인 아닌 재단」 또는 「인격(법인격·권리능력) 없는 재단」이다.

법인 아닌 재단이 성립하려면, 일정한 목적을 위하여 출연된 재산이 사회적으로 독립한 존재를 가지고 있어야 하며, 또한 관리기구를 갖추어야 한다.

법인 아닌 재단의 예로는 육영회(장학재단)를 들 수 있다.

(2) 법률관계

법인 아닌 재단에 대하여는 재산소유에 관하여도 규정하지 않고 있다. 단지 민사소송법과 부동산등기법에서 소송상의 당사자능력과 등기능력을 인정하고 있을 뿐이다(민소 52조, 부등법 26조). 따라서 그 밖의 관계에 대하여는, 재단법인에 관한 규정 가운데 법인격을 전제로 하지 않는 것을 유추적용하여야 한다.

제2관 법인의 설립

A-270

I. 법인설립에 관한 입법주의

법인설립에 관한 입법주의에는 여러 가지가 있으며, 우리나라는 여러 입법주의를 필요에 따라 사용하고 있다.

(1) 자유설립주의

법인의 실질만 갖추면 법인으로 인정하는 태도이다. 우리 민법은 자유설립주의는 배제하고 있다.

(2) 준칙주의

법인설립에 관한 요건을 미리 정해 놓고 그 요건만 갖추면 행정관청의 허가나 인가 없이도 당연히 법인이 성립하는 것으로 인정하는 태도이다. 우리 법상 각종의 회사(상법 172조)에 관하여 준칙주의가 채용되어 있다.

⑶ 허가주의

법인의 설립에 관하여 행정관청의 허가를 필요로 하는 태도이다. 민법은 비영리법인에 관하여 허가주의를 채용하고 있다(32조).

⑷ 인가주의

법률이 정한 요건을 갖추어 주무장관 기타 관할 행정관청의 인가를 얻어야만 법인으로 성립할 수 있도록 하는 태도이다. 법무법인(변호사법 41조)·상공회의소(동법 6조)·농업협동조합(동법 15조) 등은 인가주의에 의하여 설립된 법인들이다.

⑸ 특허주의

하나의 법인을 설립할 때마다 특별법의 제정을 필요로 하는 태도이다. 한국은행(동법)·한국산업은행(동법) 등은 모두 특허주의에 의하여 설립된 법인이다.

⑹ 강제주의

법인의 설립을 국가가 강제하는 태도이다. 의사회·치과의사회·한의사회·조산사회·간호사회(의료법 28조)·대한변호사협회(변호사법 78조) 등은 강제주의에 의한 법인의 예이다.

Ⅱ. 비영리 사단법인의 설립

A-271

1. 요 건

비영리 사단법인의 설립요건은 다음의 네 가지이다.

⑴ 목적의 비영리성

「학술·종교·자선·기예·사교 기타 영리 아닌 사업」을 목적으로 하여야 한다(32조).

⑵ 설립행위(정관작성)

1) 의의 및 성질　　사단법인을 설립하려면 2인 이상의 설립자가 법인의 근본규칙을 정하여 이를 서면에 기재하고 기명날인하여야 한다(40조). 이 서면을 정관이라고 하는데, 이러한 정관을 작성하는 행위가 사단법인의 설립행위이다(통설도 같음).

사단법인 설립행위의 법적 성질을 보면, 우선 요식행위이다. 그것은 서면에 일정한 사항을 기재하고 기명날인하는 방법으로 정관을 작성하여야 하기 때문이다. 그리고 그 행위가 계약인지에 대하여는, i) 합동행위설(사견도 같음)과 ii) 계약설이 대립하고 있다(대판 2000. 11. 24, 99다12437은 사단법인 정관의 법적 성질은 계약이 아니고 자치법규라고 한다).

A-272

2) 정관의 기재사항　　정관의 기재사항에는 반드시 기재하여야 하는 필요적 기재사항과 반드시 기재하여야 하는 것은 아니지만 기재할 수 있는 임의적 기재사항이 있다. 필요적 기재사항은 어느 하나라도 누락되면 정관은 무효로 된다.

필요적 기재사항에는 ① 목적, ② 명칭, ③ 사무소의 소재지(사무소가 둘 이상 있을 때에는 이를 모두 기재하고 주된 사무소를 정하여야 한다. 36조 참조), ④ 자산에 관한 규정(자산의 종류·구성·관리·운용방법·회비 등에 관한 사항), ⑤ 이사의 임면(任免)에 관한 사항(임면방법에 제한은 없으므로, 총회에 의하지 않는 선임방법을 정하거나 회원이 아닌 자를 이사에 임명할 수 있도록 하여도 무방하다), ⑥ 사원자격의 득실에 관한 규정(사원자격의 취득·상실에 관한 사항 즉 사단의 가입·사퇴·제명 등. 문헌들은 입사·퇴사·제명이라고 표현하나 부적당하다), ⑦ 존립시기나 해산사유를 정하는 때에는 그 시기 또는 사유(이는 정하고 있는 때에만 기재하면 된다) 등이 있다(40조).

(3) 주무관청의 허가

주무관청의 허가가 있어야 한다(32조). 주무관청이란 법인이 목적으로 하는 사업을 관리하는 행정관청이다. 한편 허가가 어떤 성질의 것이고 그에 대하여 다툴 수 있는가가 문제된다. 다수설(사견도 같음)은 허가는 자유재량행위이고 불허가처분은 행정소송의 대상이 되지 않는다고 하며, 판례도 다수설과 같다(대판 1996. 9. 10, 95누18437).

(4) 설립등기

주된 사무소의 소재지에서 설립등기를 하여야 하며, 이 설립등기가 있으면 법인이 성립한다(33조).

A-273

2. 설립 중의 사단법인

법인이 설립되는 과정을 보면 보통 세 단계를 거친다. 즉 첫단계에서는 설립자(발기인)들 사이에 법인설립을 목적으로 하는 법률관계를 맺고, 다음 단계에서는 정관작성 기타 법인설립을 위한 행위를 하고, 마지막으로 주무관청의 허가를 얻어 설립등기를 한다. 이 가운데 첫단계에 있는 것이 설립자(발기인)조합이고, 둘째 단계에 있는 것이 설립 중의 법인이다.

설립자(발기인)조합은 민법상 일종의 조합계약이다(703조 이하). 이 조합은 법인설립에 필요한 여러 가지 준비행위(예: 정관의 원안 작성, 사무소의 임차)를 하게 되는데, 이 행위는 설립 중의 행위와 구별되며, 그에 대하여는 조합 자체가 책임을 진다.

설립자조합이 조합계약의 이행행위로서 정관을 작성하고 법인의 최초의 구성원을 확정하면 그때부터는 설립 중의 사단법인으로 된다. 설립 중의 사단법인은 법인 아닌 사단이라고 해석된다(통설도 같음). 그리고 설립 중의 법인은 후에 설립한 법인과 실질적으로 동일하므로(통설도 같음), 설립 중의 법인의 행위는 후에 성립한 법인의 행위로 된다.

A-274

Ⅲ. 비영리 재단법인의 설립

1. 요 건

비영리 사단법인에 있어서와 마찬가지로 네 가지의 요건이 필요하며, 내용상으로도 설립행위에서만 차이가 있을 뿐이다.

(1) 목적의 비영리성(32조)

(2) 설립행위

1) 의의 및 성질　재단법인의 설립자는 일정한 재산을 출연하고 정관을 작성하여야 한다(43조). 이 재산출연 및 정관작성이 재단법인 설립행위이다. 이처럼 정관작성 외에 재산출연이 필요하다는 점에서 재단법인 설립행위는 사단법인 설립행위와 다르다. 재단법인 설립행위는 생전처분으로 할 수 있음은 물론이고 유언으로도 할 수 있다(47조 참조).

재단법인 설립행위는 재산출연 즉 급부가 있어야 성립하는 행위이다(요물적 단독행위라고 할 수 있다). 또한 서면에 일정한 사항을 기재하여서 행하여야 하는 요식행위이다. 그리고 재단법인 설립행위가 단독행위인지에 관하여는 논란이 있으나, 단독행위라고 해야 한다(민법총칙 [335] 참조).

2) 재산의 출연　A-275

(가) 서　설　설립자는 일정한 재산을 출연하여야 한다. 출연재산은 제한이 없으므로 채권이라도 무방하다. 재산출연행위는 무상행위라는 점에서 증여 및 유증과 비슷하므로, 민법은 생전처분으로 재단법인을 설립하는 때에는 증여에 관한 규정을 준용하고(47조 1항), 유언으로 재단법인을 설립하는 때에는 유증에 관한 규정을 준용한다(47조 2항).

(나) 출연재산의 귀속시기

(a) 문 제 점　위에서 본 바와 같이, 재단법인을 설립하려면 설립자가 일정한 재산을 출연하여야 한다. 그런데 그러한 출연재산이 언제 법인에 귀속하는지가 문제된다.

여기에 관하여 민법은 제48조에서 「생전처분으로 재단법인을 설립하는 때에는 출연재산은 법인이 성립된 때로부터 법인의 재산이 된다」고 하고(동조 1항), 「유언으로 재단법인을 설립하는 때에는 출연재산은 유언의 효력이 발생한 때로부터 법인에 귀속한 것으로 본다」고 규정한다(동조 2항).

그런데 다른 한편으로 민법은 법률행위에 의한 물권변동에 관하여 성립요건주의를 취하고 있고(186조·188조 1항), 또 지시채권의 양도에는 증서의 배서·교부를 요구하고(508조) 무기명채권의 양도에는 증서의 교부를 요구하고 있어서(523조), 충돌이 발생한다. 즉 물권을 출연하여 재단법인을 설립하는 때에는, 재산출연행위는 법률행위(물권행위)이어서, 이들 규정에 의하면 법인 명의의 부동산의 등기 또는 법인에의 동산의 인도가 있는 때에 법인재산으로 되게 된다. 그리고 지시채권이나 무기명채권을 출연하는 경우에는 증서의 배서·교부 또는 교부가 있는 때에 법인에 귀속하게 된다. 그리하여 제48조가 정하는 시기와 다르게 된다. 이러한 충돌을 어떻게 해결하여야 하는가?

(b) 출연재산이 물권인 경우　설립자가 물권을 출연하여 재단법인을 설립하는 경우의 출연재산의 귀속시기에 관하여 문헌들은 주로 출연재산이 부동산물권인 때를 중심으로 논의하고 있다.　A-276

그리고 학설은 두 가지로 나뉘어 있다. i) 다수설은 제48조를 제187조의 「기타 법률의 규정」으로 보아서 등기 없이 제48조가 정하는 시기에, 그리하여 생전처분으로 재단법인을 설립하는 때에는 법인이 성립하는 때에, 그리고 유언으로 재단법인을 설립하는 때에는 유언자가 사망한 때에 법인에 귀속한다고 한다(사견도 같음). 이러한 다수설에 대하여 ii) 권리이전에 형식을 필요로 하지 않는 재산권은 법인의 성립 또는 설립자의 사망시에 당연히 법인에 귀속되지만, 부동산물권과 같이 그 이전에 등기를 요하는 것은 법인의 성립 또는 설립자의 사망시에 법인의 출연 부동산 이전청구권이 생길 뿐이고 출연 부동산이 현실로 이전하는 것은 등기를 한 때라고 하는 견해가 소수설로서 주장되고 있다.

판례는 과거에는 다수설에 따르고 있었으나(대판 1976. 5. 11, 75다1656), 그 후 태도를 바꾸어 현재에는, 출연자와 법인 사이에서는 법인 성립시에 법인의 재산이 되나, 제3자에 대한 관계에 있어서는 법인의 성립 외에 등기를 필요로 한다고 한다(대판(전원) 1979. 12. 11, 78다481·482[핵심판례 84면]; 대판 1993. 9. 14, 93다8054 등). 그리고 그 법리를 유언으로 재단법인을 설립하는 경우에도 그대로 적용하고 있다(대판 1993. 9. 14, 93다8054).

A-277 (c) **출연재산이 채권인 경우** 출연재산이 채권인 경우 가운데 그 채권이 지명채권인 때에는 채권양도에 특별한 요건이 필요하지 않기 때문에(450조의 양도통지·승낙은 채권양도를 가지고 대항하기 위한 요건일 뿐이다), 제48조가 정하는 시기에 법인에 귀속하게 된다(이설 없음). 그런데 지시채권과 무기명채권에 대하여는 그 양도에 민법이 증서의 배서·교부 또는 교부를 요구하고 있어서 출연재산이 물권인 때와 유사한 문제가 생긴다. 여기에 관하여 학설은 i) 제48조를 제508조 또는 제523조의 예외규정이라고 보아 제48조가 정하는 시기에 법인에 귀속한다는 견해(사견도 같음)와 ii) 지시채권의 경우에는 제508조에 의하여 증서의 배서·교부가, 무기명채권의 경우에는 제523조에 의하여 증서의 교부가 있어야 법인에 귀속한다는 견해가 대립하고 있다.

3) **정관의 작성** 설립자는 일정한 사항을 기재한 정관을 작성하여 기명날인하여야 한다(43조). 정관의 기재사항 중 필요적 기재사항은 사단법인의 그것 가운데 사원자격의 득실에 관한 규정·법인의 존립시기나 해산사유를 제외한 나머지이다(43조·40조).

4) **정관의 보충** 민법은 재단법인은 되도록 존립하는 것이 바람직하다고 보아, 설립자가 필요적 기재사항 중 가장 중요한 「목적」과 「자산에 관한 규정」을 정하고 있으면 그 외에 명칭·사무소 소재지·이사 임면방법을 정하지 않고서 사망한 경우에, 이해관계인 또는 검사의 청구에 의하여 법원이 이를 정하도록 하고 있다(44조).

(3) **주무관청의 허가**(32조)

(4) **설립등기**(33조)

2. 설립 중의 재단법인

A-278

설립 중의 재단법인에 대하여도 사단법인에서와 유사한 문제가 생긴다. 재단법인 설립자가 재산을 출연하고 정관을 작성하면 설립 중의 재단법인이 되며, 이는 법인 아닌 재단에 해당한다.

제3관 법인의 능력

Ⅰ. 서 설

A-279

(1) 법인의 능력으로서는 권리능력·행위능력·불법행위능력을 살펴보아야 한다. 그런데 이러한 법인의 여러 능력은 자연인의 경우와는 본질적으로 다르다. 자연인에 있어서는 모든 사람에게 평등하고 동일하게 권리능력이 인정되나, 법인에 대하여는 입법적으로 권리능력의 범위가 제한될 수 있다. 그리고 행위능력이나 불법행위능력도, 자연인에 있어서는 그것들이 의사능력 내지 판단능력이 불완전한 경우에 그를 보호하는 제도로 규정되어 있기 때문에 그러한 관점에서 논의되고 있으나, 법인에 있어서는 어떤 범위에서 누가 법인의 행위를 할 수 있는가(행위능력)와 누구의 어떤 행위에 대하여 법인 자신이 배상책임을 부담하는가(불법행위능력)의 관점에서 논의되고 있다.

(2) 법인의 능력에 관한 규정은 특별한 제한을 두고 있지 않는 한 민법상의 비영리법인뿐만 아니라 모든 법인에 널리 적용된다.

Ⅱ. 법인의 권리능력

A-280

(1) 성질에 의한 제한

법인은 사람만이 가질 수 있는 권리를 가질 수 없다. 생명권·친권·배우자의 권리·정조권·육체상의 자유권 등이 그 예이다.

(2) 법률에 의한 제한

법인의 권리능력은 법률에 의하여 인정되므로 법률은 권리능력의 범위도 제한할 수 있다. 그러나 현행법 가운데 법인의 권리능력을 일반적으로 제한하는 법률규정은 없으며, 약간의 개별규정이 있을 뿐이다(민법 81조, 상법 173조, 채무자회생법 328조 등).

(3) 목적에 의한 제한

민법은 정관으로 정한 목적의 범위 내에서만 법인의 권리능력을 인정한다(34조).

제34조를 권리능력의 제한규정이라고 하는 경우에 「목적의 범위 내」를 어떻게 해석

할 것인지가 문제된다. 여기에 관하여 학설은 i) 목적을 달성하는 데 필요한 범위 내라고 하는 견해와 ii) 목적에 위반하지 않는 범위 내라고 하는 견해(사견도 같음)로 나뉘어 있다. 그리고 판례는 i)설과 유사하게 「목적을 수행하는 데 있어 직접 또는 간접으로 필요한 행위」가 모두 목적범위 내의 행위라고 한다(대판 2009. 12. 10, 2009다63236 등 다수).

A-281

Ⅲ. 법인의 행위능력

(1) 서 설

법인의 행위능력과 관련하여서는 법인 자신의 행위가 인정되는가, 그렇다면 누가 어떤 행위를 하였을 때에 법인의 행위로 되는가를 살펴보아야 한다.

(2) 법인의 행위

법인의 본질에 관하여 실재설을 취한다고 하여도 법인이 현실적으로 행위를 할 수는 없기 때문에 어떤 자연인이 법인의 행위를 하게 되는데, 그 자연인을 법인의 대표기관이라고 한다. 이 대표기관이 법인의 행위능력의 범위 안에서 행위를 하는 때에 법인의 행위로 인정된다(동지 대판 1978. 2. 28, 77누155).

법인의 대표기관은 법인의 내부조직에 의하여 정하여지나, 비영리법인에 있어서는 이사·임시이사·특별대리인·청산인·직무대행자 등이 그에 해당한다.

법인의 대표기관과 법인과의 관계는 대리인과 본인 사이의 관계보다도 훨씬 밀접하며, 그리하여 이를 「대리한다」고 하지 않고 「대표한다」고 표현한다(59조 참조). 그러나 「대표」는 실질적으로는 대리와 유사하므로 법인의 대표에는 대리에 관한 규정을 준용한다(59조 2항).

(3) 행위능력의 범위

법인의 경우에는 의사능력의 불완전을 문제삼을 필요가 없기 때문에 법인은 권리능력이 있는 모든 범위에서 행위능력을 가진다고 새겨야 할 것이다(통설도 같음). 대표기관이 법인의 행위능력이 없는 범위의 행위를 한 경우에 그 행위는 법인의 행위로 인정되지 않으며, 그것은 대표기관 개인의 행위로 될 뿐이다.

A-282

Ⅳ. 법인의 불법행위능력

1. 민법규정

민법은 제35조 제1항에서 일정한 요건 하에 법인의 손해배상책임을 규정하고 있다. 이는 법인의 불법행위책임, 그리하여 법인의 불법행위능력을 정한 것으로 이해된다.

제35조는 민법상의 모든 법인에 적용된다. 회사에 관하여는 유사한 취지의 특별규정

이 마련되어 있다(상법 210조·269조·389조 3항·567조). 그리고 제35조는 권리능력 없는 사단에도 유추적용된다. 판례도 동조를 유추적용하여 비법인사단인 종중(대판 1994. 4. 12, 92다49300. 그런데 대판 2008. 1. 18, 2005다34711에서는 유추적용은 하면서, 상대방이 악의 또는 중과실이라는 이유로 종중의 책임을 부정하였다)·노동조합(대판 1994. 3. 25, 93다32828·32835)·주택조합(대판 2003. 7. 25, 2002다27088[핵심판례 86면])의 불법행위책임을 인정한 바 있다.

법인의 대표기관이 아닌 피용자가 가해행위를 한 경우에는 제35조가 적용되지 않고 제756조가 적용된다(756조는 사용자책임 규정인데, 동조는 사용자가 법인인 경우뿐만 아니고 가사사용관계에도 적용됨). 그에 비하여 법인의 대표기관이 그의 직무에 관하여 불법행위를 한 경우에는 법인은 제35조 제 1 항에 의하여 손해배상책임을 지고, 사용자책임을 규정한 제756조 제 1 항이 적용되지 않는다(대판 2009. 11. 26, 2009다57033).

2. 법인의 불법행위의 요건

A-283

법인의 불법행위가 성립하려면 다음의 세 요건이 필요하다(35조 1항 1문).

(1) 대표기관의 행위가 있을 것

제35조 제 1 항은 「이사 기타 대표자」의 행위를 요구하고 있으나, 그것은 대표기관이라는 의미이다. 대표기관으로는 이사 외에 임시이사(63조)·특별대리인(64조)·직무대행자(52조의 2·60조의 2)·청산인(82조·83조)이 있다(대판 1994. 3. 25, 93다32828·32835는 노동조합의 간부들의 행위에 35조 1항을 유추적용한다).

(2) 대표기관이 「직무에 관하여」 타인에게 손해를 가했을 것

1) 직무에 관한 행위의 의미 법인의 대표기관은 직무에 관하여서만 법인을 대표한다. 따라서 그의 직무에 관한 행위에 대하여서만 법인이 불법행위책임을 진다. 「직무에 관한 행위」는 외형상 직무수행행위라고 볼 수 있는 행위뿐만 아니라 직무행위와 사회관념상 견련성을 가지는 행위를 포함한다(통설·판례도 같다. 대판 1990. 3. 23, 89다카555 등). 직무에 관한 행위는 일반적으로는 제34조가 정하는 「정관으로 정한 목적의 범위 내의」 행위와 일치할 것이나, 이사의 대표권이 제한된 경우에는 후자보다 범위가 좁을 것이다.

2) 대표기관이 권한을 넘어서서 부정한 대표행위를 한 경우 이러한 경우에 관하여 학설은 i) 제126조 우선적용설, ii) 제35조 적용설, iii) 제126조·제35조의 선택적 적용설로 나뉘어 있다(사견은 126조만 적용하자는 입장임. 민법총칙 [345] 참조). 그리고 정확하게 여기에 해당하는 판례는 없다.

[참고] 대표권의 남용

대표기관이 「대표권의 범위 안에서」 오직 자기나 제 3 자의 이익을 꾀하기 위하여 대표행위를 행한 경우의 효과가 문제된다. 판례는 대체로 제107조 제 1 항 단서의 유추적용을 인정하나(대판 1997. 8. 29, 97다18059 등), 두 개의 판결에서는 권리남용설을 따르고 있다(대판 1987. 10. 13, 86다카1522; 대판 2016. 8. 24, 2016다222453).

(3) 일반 불법행위의 요건을 갖출 것

제35조 제 1 항은 제750조의 특별규정이기 때문에 일반 불법행위의 요건이 갖추어져

야 한다. 그리하여 대표기관의 가해행위, 고의·과실, 책임능력, 가해행위의 위법성, 손해발생(인과관계 포함)이 있어야 한다(통설도 같음).

A-284

3. 효 과

(1) 법인의 불법행위가 성립하는 경우

위의 요건이 모두 갖추어지면 법인은 피해자에게 손해를 배상하여야 한다(35조 1항 1문). 법인의 불법행위책임은 사용자책임과 달리 선임·감독에 주의를 다하였음을 이유로 면책되지 않는다(756조 1항 단서 참조).

법인의 불법행위책임이 발생하는 경우에 민법은 가해행위를 한 대표기관 개인도 법인과 함께 배상책임을 지도록 하고 있다(35조 1항 2문). 이 경우 법인의 책임과 대표기관의 책임은 부진정연대채무의 관계에 있다.

위와 같이, 법인과 기관 개인이 경합하여 피해자에게 배상책임을 지는 경우에, 법인이 피해자에게 배상하였다면 기관 개인에 대하여 구상권(상환청구권)을 행사할 수 있다.

(2) 법인의 불법행위가 성립하지 않는 경우

대표기관의 행위가 직무집행의 범위를 벗어난 것이거나 다른 이유로 법인의 불법행위책임이 생기지 않는 경우에는, 법인은 그에 대하여 책임을 지지 않으며, 대표기관만이 제750조에 의하여 책임을 진다. 다만, 민법은 피해자를 두텁게 보호하기 위하여 그 사항의 의결에 찬성하거나 그 의결을 집행한 사원·이사 기타 대표기관은 공동불법행위(760조)의 성립 여부를 묻지 않고 언제나 연대하여 배상책임을 지도록 하고 있다(35조 2항).

제 4 관 법인의 기관

A-285

I. 서 설

(1) 기관의 의의

법인이 사회에서 활동하기 위하여서는 법인의 의사를 결정하고 그에 기하여 외부에 대하여 행위하고 내부의 사무를 처리할 수 있는 일정한 조직이 필요하다. 이러한 조직을 이루는 것이 법인의 기관이다.

(2) 기관의 종류

법인의 기관에는 이사·사원총회·감사 등이 있다.

Ⅱ. 이 사

A-286

1. 의 의

이사는 대외적으로 법인을 대표하고(대표기관), 대내적으로는 법인의 업무를 집행하는(집행기관) 상설적인 필요기관(필수기관)이다. 사단법인이든 재단법인이든 법인에는 반드시 이사를 두어야 한다(57조). 이사의 수에는 제한이 없으며(58조 2항), 정관에서 임의로 정할 수 있다(40조·43조 참조). 그리고 이사는 자연인만이 될 수 있다(이설 없음).

2. 임 면

이사의 임면방법은 정관에 의하여 정하여진다(정관의 필요적 기재사항임. 40조·43조).

(1) 선 임

이사의 선임행위의 법적 성질은 위임과 유사한 계약이다(이설 없음). 이사는 이 계약에 의하여 법인의 기관으로서의 지위를 취득한다.

이사의 선임행위에 흠이 있는 때에는, 이해관계인은 선임행위의 무효 또는 취소의 소를 제기할 수 있으며, 그 본안판결이 있기 전이라도 이사의 직무집행 정지 또는 직무대행자 선임의 가처분을 신청할 수 있다.

(2) 해임·퇴임

이사의 해임·퇴임은 정관에 의하나, 정관에 규정이 없거나 불충분한 때에는 대리규정에 의하는 외에(59조 2항·127조) 위임에 관한 규정을 유추적용하여야 한다(690조·691조 등). 따라서 이사의 임기가 만료되거나 이사직을 사임한 경우에도 후임이사가 선임될 때까지 계속해서 이사의 직무를 수행할 수 있다고 하여야 한다(691조 참조. 임기만료에 관한 사안에 관하여 판례도 같다. 대판(전원) 2007. 7. 19, 2006두19297(감사 포함); 대판 2007. 7. 26, 2005도4072 등). 그러나 일부 이사의 임기가 만료되었다 하더라도 아직 임기가 만료되지 않은 다른 이사들로써 정상적인 법인의 활동을 할 수 있는 경우에는 임기만료된 이사로 하여금 직무를 계속 수행하게 할 필요는 없다(대판 2003. 1. 10, 2001다1171 등). 따라서 이러한 경우에는 임기가 만료된 이사는 임기만료로써 당연히 퇴임한다(대결 2014. 1. 17, 2013마1801). 한편 법인의 정상적인 활동이 가능한지는 그 이사의 임기만료시를 기준으로 판단하여야 하며, 그 이후의 사정까지 고려할 수는 없다(대결 2014. 1. 17, 2013마1801).

(3) 등 기

이사의 성명·주소는 등기사항이며(49조 2항), 이를 등기하지 않으면 이사의 선임·해임·퇴임을 가지고 제 3 자에게 대항할 수 없다(54조 1항).

A-287

3. 직무권한

(1) 직무집행의 방법

이사 선임행위는 일종의 위임계약이므로 이사는 선량한 관리자의 주의로써 직무를 수행하여야 한다(681조·61조). 이사가 이 의무에 위반하면 그는 법인에 대하여 채무불이행을 이유로 손해배상책임을 지게 된다. 그런데 민법은 「이사가 그 임무를 해태한 때에는 그 이사는 법인에 대하여 연대하여 손해배상의 책임이 있다」는 규정을 두어 법인을 보호하고 있다(65조).

이사의 직무권한에는 법인대표와 업무집행의 두 가지가 있다.

A-288

(2) 법인의 대표(대외적 권한)

1) 대 표 권　이사는 법인의 사무에 관하여 각자 법인을 대표한다(59조 1항). 대표하는 사무에는 제한이 없으며, 원칙적으로 행위능력이 있는 모든 사항에 관하여 대표권이 있다. 그리고 이사가 2인 이상인 경우에는 단독대표가 원칙이다.

법인의 대표에 관하여는 대리에 관한 규정을 준용한다(59조 2항).

2) 대표권의 제한

(가) 정관에 의한 제한　이사의 대표권은 정관에 의하여 제한할 수 있으며(59조 1항 단서), 정관에 기재하지 않은 대표권제한은 무효이다(41조). 그리고 정관에 기재한 경우에도 등기하지 않으면 제3자에게 대항하지 못한다(60조). 여기의 제3자는 선의의 자로 한정되어 있지 않다. 그런데 학설은 i) 등기되어 있지 않으면 악의의 제3자에게도 대항할 수 없다는 견해(사견도 같음)와 ii) 등기되어 있지 않더라도 악의의 제3자에게는 대항할 수 있다는 견해로 나뉘어 대립하고 있다. 판례는 제3자가 선의냐 악의냐에 관계없이 대항할 수 없다고 하여 i)설과 같다(대판 1992. 2. 14, 91다24564[핵심판례 88면] 등).

한편 대표권제한을 등기한 경우에 모든 제3자에게 대항할 수 있다는 데 대하여는 다툼이 없다.

정관에 의한 대표권제한의 예로는 일정한 행위에 총회·이사회 또는 설립자의 동의를 얻도록 하거나 공동대표로 하게 하는 것을 들 수 있다(대판 1987. 11. 24, 86다카2484도 참조).

(나) 사원총회의 의결에 의한 제한　일반적인 견해에 의하면, 사단법인 이사의 대표권은 사원총회의 의결에 의하여서도 제한할 수 있다고 한다(59조 1항 단서). 그리고 이 제한은 정관에 기재될 필요는 없으나, 등기는 하여야만 제3자에게 대항할 수 있다고 한다(60조)(사견은 정관의 기재를 요구함. 민법총칙 [353] 참조).

(다) 법인과 이사의 이익상반의 경우　법인과 이사의 이익이 상반하는 사항에 관하여는 이사는 대표권이 없으며, 그 경우에는 이해관계인이나 검사의 청구에 의하여 법원이 특별대리인을 선임하여야 한다(64조, 비송법 33조 참조). 그리고 그 사항에 대하여는 특별대리인이 법인

을 대표한다.

(라) **복임권의 제한** 이사는 스스로 대표권을 행사하여야 하며, 따라서 원칙적으로 복임권이 없다. 다만, 그는 정관 또는 총회의 결의로 금지하지 않은 사항에 한하여 타인으로 하여금 특정의 행위를 대리하게 할 수 있다(62조).

3) **대표권 남용** 이사가 대표권의 범위 내에서 또는 대표권의 범위를 넘어서서 자신 또는 제3자의 이익을 꾀하기 위하여 대표행위를 한 경우에 대하여는 앞에서 살펴보았다(A-283 참조).

(3) **법인의 업무집행**

A-289

1) 이사는 법인의 모든 내부적 사무를 집행할 권한이 있다(58조 1항). 그리고 이사가 여럿 있는 경우에는 정관에 다른 규정이 없으면 법인의 사무집행을 이사의 과반수로써 결정한다(58조 2항).

2) 이사가 집행하여야 할 사무에는 ① 재산목록의 작성(55조 1항), ② 사원명부의 작성(55조 2항), ③ 사원총회의 소집(69조·70조), ④ 총회 의사록의 작성(76조), ⑤ 파산신청(79조), ⑥ 법인해산시 청산인이 되는 것(82조), ⑦ 각종의 법인등기 등이 있다.

4. 이 사 회

이사가 여럿 있는 경우에 이사 전원으로 이사회를 구성하는 것이 보통이다. 이사회는 정관에 의하여 집행기관으로 정할 수 있다. 그러나 민법은 이사회를 법인의 당연한 기관으로 정하고 있지 않다(주식회사의 이사회는 필요기관이다. 상법 390조 이하 참조). 이사회의 소집·결의·의사록의 작성 등에 관하여는 정관에 특별한 규정이 없는 한 사원총회에 관한 규정을 유추적용하여야 할 것이다(이설 없음).

5. 임시이사

A-290

이사가 없거나 결원이 있는 경우에, 이로 인하여 법인 또는 타인에게 손해가 생길 염려가 있는 때에는, 법원은 이해관계인이나 검사의 청구에 의하여 임시이사를 선임하여야 한다(63조).

6. 특별대리인

법인과 이사의 이익이 상반하는 사항에 관하여는 이사는 대표권이 없다. 그리하여 그 경우에는 이해관계인이나 검사의 청구에 의하여 법원이 법인을 대표할 자를 선임하여야 하는데, 그 자가 특별대리인이다(64조·63조). 이 특별대리인은 대리인이 아니고 법인의 기관이다.

7. 직무대행자

이사의 선임행위에 흠이 있는 경우에 이해관계인의 신청에 의하여 법원이 가처분으로 선임하는 임시적 기관이다. 직무대행자는 가처분명령에 다른 정함이 없는 한 법인의 통상사무에 속하는 행위만을 할 수 있다(60조의 2 1항 본문). 다만, 법원의 허가를 얻은 경우에는 통상사무가 아닌 행위도 할 수 있다(60조의 2 1항 단서). 한편 직무대행자가 이 규정에 위반한 행위를 한 경우에도 법인은 선의의 제3자에 대하여 책임을 진다(60조의 2 2항).

A-291

Ⅲ. 감 사(감독기관)

(1) 의의 · 임면

사단법인 또는 재단법인은 정관 또는 사원총회의 결의로 감사를 둘 수 있다(66조). 감독기관인 감사는 민법상의 법인에서는 임의기관이며 필요기관이 아니다(그러나 공익법인에서는 필요기관이다. 공익법인법 3조·5조 참조). 감사는 1인일 수도 있고 여럿일 수도 있다. 감사의 임면은 이사의 경우와 같다. 그러나 감사는 법인을 대표하는 기관이 아니므로 그의 성명·주소는 등기사항이 아니다.

(2) 직무권한

감사는 법인의 내부에서 이사의 사무집행을 감독하며, 외부에 법인을 대표하지는 않는다. 감사도 이사처럼 선관주의로써 사무를 처리하여야 하며(681조 참조), 이에 위반하면 채무불이행을 이유로 손해배상책임을 진다. 그러나 감사가 여럿 있더라도 연대하여 배상할 책임은 없다(65조 참조). 감사가 여럿인 경우에 그들은 각자 단독으로 직무를 행한다(이설 없음).

감사의 주요 직무로는 ① 법인의 재산상황을 감사하는 일, ② 이사의 업무집행의 상황을 감사하는 일, ③ 재산상황 및 업무집행에 관하여 부정·불비한 것이 있음을 발견한 때에는 이를 총회 또는 주무관청에 보고하는 일, ④ ③의 보고를 하기 위하여 필요한 때에는 총회를 소집하는 일 등이 있다(67조).

A-292

Ⅳ. 사원총회(의사결정기관)

1. 의 의

사원총회는 사단법인의 사원 전원으로 구성되는 최고의 의사결정기관이다. 사원총회는 사단법인에서는 반드시 두어야 하는 필요기관이며, 정관의 규정에 의하여서도 이를 폐지하지 못한다. 재단법인에는 사원이 없으므로 사원총회도 있을 수 없으며, 재단법인의 최고의사는 정관에 정하여져 있다. 사원총회는 집행기관이 아니고 의결기관이다.

2. 총회의 종류

(1) 통상총회

매년 1회 이상 소집되는 사원총회이다(69조). 통상총회의 소집권자는 사단법인의 이사이다(69조). 통상총회의 소집시기는 정관에서 정하는 것이 보통이나, 정관에 규정이 없으면 총회의 결의로 정할 수 있고, 총회의 결의도 없으면 이사가 임의로 결정할 수 있다(이설 없음).

(2) 임시총회

① 이사가 필요하다고 인정하는 때(70조 1항), ② 감사가 필요하다고 인정하는 때(67조 4호), ③ 총사원의 5분의 1 이상이 회의의 목적사항을 제시하여 청구하는 때(70조 2항 1문)에 열리는 사원총회이다. ③의 경우에 있어서 5분의 1이라는 수는 정관에서 증감할 수 있으나(70조 2항 2문), 이 소수사원의 총회소집권은 박탈하지 못한다고 해석한다(이설 없음). 이것을 소수사원권(少數社員權)이라고 한다. 소수사원의 청구가 있음에도 불구하고 2주간 내에 이사가 총회소집의 절차를 밟지 않은 때에는, 청구한 사원은 법원의 허가를 얻어서 스스로 총회를 소집할 수 있다(70조 3항).

3. 소집의 절차

A-293

총회의 소집은 이사 등의 소집권자가 1주간 전에 그 회의의 목적사항을 기재한 통지를 발송하고(도달주의의 예외로 발신주의 채용. 111조 참조) 기타 정관에 정한 방법에 의하여야 한다(71조). 이 1주간의 기간은 단축하지는 못하지만 정관에서 적당하게 연장할 수는 있다(이설 없음).

4. 총회의 권한

사단법인의 사무는 정관으로 이사 또는 기타의 임원에게 위임한 사항 외에는 모두 사원총회의 결의에 의하여야 한다(68조). 그러나 강행법규·사회질서·법인의 본질 등에 반하는 사항은 결의할 수 없다. 그리고 총회는 집행기관이 아니므로 대외적인 대표권이나 내부적인 업무집행권이 없다.

정관의 변경(42조)과 임의해산(77조 2항)은 총회의 전권사항이며, 총회의 이 권한은 정관에 의하여서도 박탈할 수 없다.

소수사원권과 사원의 결의권과 같은 사원의 고유권은 총회의 결의에 의하여서도 박탈하지 못한다고 하여야 한다(이설 없음). 이는 다수결원리의 한계로부터 인정되는 것이다.

5. 총회의 결의

A-294

(1) 총회의 성립

총회를 성립시키는 정족수는 민법에 규정되어 있지 않다. 따라서 그것은 정관에서 정하여야 하나, 정관에도 정하여져 있지 않는 때가 문제이다. 여기에 관하여 학설은 i) 2인 이상의 사원이 출석하면 충분하다고 하는 견해(사견도 같음)와 ii) 사원 과반수의 출석이 필요하다는 견해로 나뉘어 있다.

(2) 결의사항

총회에서 결의할 수 있는 사항은 정관에 다른 규정이 없는 한 총회를 소집할 때 미리 통지한 사항에 한정된다(72조).

(3) 결 의 권

각 사원은 평등하게 결의권을 가짐이 원칙이나(73조 1항. 주식회사의 경우에는 1주마다 1개의 의결권이 있다. 상법 369조 1항 참조), 그 원칙은 정관으로 변경할 수 있다(73조 3항). 그리고 결의권은 정관에 다른 규정이 없는 한 서면으로 행사하거나 대리인에 의하여 행사할 수도 있다(73조 2항). 한편 법인과 어느 사원과 관계되는 사항에 대하여 의결하는 경우에는 그 사원은 결의권이 없다(74조).

(4) 결의의 성립

총회의 결의는 정관에 다른 규정이 없으면 사원 과반수의 출석과 출석 사원의 결의권의 과반수로써 한다(75조 1항). 그러나 정관변경과 임의해산은, 정관에 다른 규정이 없으면, 각각 총사원의 3분의 2 이상과 4분의 3 이상의 동의가 있어야 한다(42조 1항·78조). 총회의 결의의 경우 서면이나 대리인에 의하여 결의권을 행사하는 사원은 출석한 것으로 본다(75조 2항).

(5) 의사록의 작성

총회의 의사에 관하여는 의사록을 작성하여 주된 사무소에 비치하여야 한다(76조).

A-295

V. 사 원 권

사단의 구성원인 사원이 사단에 대하여 가지는 권리를 통틀어서 사원권이라고 한다. 그것은 사단에 대한 법적 지위라고 할 수 있을 것이다(통설도 같음). 사원권은 크게 공익권과 자익권으로 나누어진다(통설). 이 가운데 공익권은 사단의 관리·운영에 참가하는 것을 내용으로 하는 권리로서, 결의권·소수사원권·업무집행권·감독권 등이 그에 속한다. 그리고 자익권은 사원 자신이 이익을 누리는 것을 내용으로 하는 권리이며, 사단의 설비를 이용하는 권리 등이 그에 해당한다(영리법인에 있어서는 이익배당청구권·잔여재산 분배청구권 등이 자익권임). 한편 사원은 사원의 자격에서 일정한 의무도 부담한다. 회비납부의무·출자의무 등이 그 예이다.

영리법인에서의 사원권은 자익권이 강하므로 양도나 상속이 허용되지만(상법 335조 참조), 비영리법인에서는 공익권이 강하므로 양도나 상속이 허용되지 않는다(56조). 그러나 사원권의 양도·상속을 부인하는 민법규정(56조)은 강행규정이 아니므로, 정관이나 관습에 의하여 양도나 상속이 될 수 있다고 할 것이다(대판 1997. 9. 26, 95다6205 등).

제5관 법인의 주소

Ⅰ. 법인의 주소와 그 효과

A-296

법인의 주소는 그 주된 사무소(법인의 수뇌부가 있는 사무소)의 소재지에 있는 것으로 한다(36조). 법인을 설립하는 때에는 주된 사무소의 소재지에서 설립등기를 하여야 하며(49조 1항), 사무소를 이전하면 이를 등기하여야 제3자에게 대항할 수 있다(54조 1항). 그 밖의 주소의 효과는 자연인에 있어서와 같다(A-247 참조).

제6관 정관의 변경

Ⅰ. 서 설

A-297

정관의 변경은 법인이 동일성을 유지하면서 그 조직을 변경하는 것을 말한다. 정관변경의 가능성은 사단법인과 재단법인에 있어서 다르다. 사단법인은 사람의 단체를 실체로 하여 자율적으로 움직이는 것이기 때문에, 사단의 동일성이 유지되는 한, 그 정관은 원칙적으로 변경할 수 있다. 그러나 재단법인은 설립자에 의하여 정하여진 목적과 조직에 의하여 타율적으로 활동하는 것이므로, 그 정관은 원칙적으로 변경할 수 없다.

Ⅱ. 사단법인의 정관변경

A-298

1. 요 건

(1) 사원총회의 결의

정관의 변경에는 총사원의 3분의 2 이상의 동의가 있어야 한다(42조 1항 본문). 그런데 이 3분의 2 이상이라는 특별결의의 정족수는 정관에서 다르게 정할 수 있다(42조 1항 단서).

(2) 주무관청의 허가

정관의 변경은 주무관청의 허가를 얻지 않으면 효력이 없다(42조 2항).

(3) 기 타

그 밖에 정관이라는 서면의 변경은 반드시 필요하지는 않으나, 변경사항이 등기사항인 때에는(49조 2항 참조) 그 변경을 등기하여야 제3자에게 대항할 수 있다(54조 참조).

2. 정관변경의 한계

(1) 정관에서 그 정관을 변경할 수 없다고 규정하고 있더라도 모든 사원의 동의가 있으면 정관을 변경할 수 있다(통설).

(2) 정관에서 정하고 있는 목적도 정관변경의 절차에 따라서 변경할 수 있다고 하여야 하나, 영리목적으로의 변경은 허용하지 않아야 한다(통설).

(3) 사단법인의 본질에 반하는 정관변경은 허용되지 않는다.

A-299

Ⅲ. 재단법인의 정관변경

재단법인에 있어서는 다음과 같은 경우에만 정관변경이 예외적으로 인정된다.

1. 정관의 변경방법이 정해져 있는 경우

설립자가 정관에서 그 정관의 변경방법을 정하고 있는 경우에는 그 방법에 따라 정관을 변경할 수 있다(45조 1항). 그러나 이때에도 주무관청의 허가가 있어야 변경의 효력이 발생한다(45조 3항). 그리고 변경된 사항이 등기사항이면 등기하여야 제3자에게 대항할 수 있다(54조 1항·49조 2항).

2. 사무소 등의 변경

정관에서 변경방법을 정하고 있지 않더라도 재단법인의 목적달성 또는 그 재산의 보전을 위하여 적당한 때에는 명칭 또는 사무소의 소재지를 변경할 수 있다(45조 2항). 주무관청의 허가·등기 등은 위의 경우와 같다.

A-300

3. 목적달성이 불능한 경우

재단법인의 목적을 달성할 수 없는 때에는, 설립자나 이사는 주무관청의 허가를 얻어 설립의 취지를 참작하여 그 목적 기타 정관의 규정을 변경할 수 있다(46조).

재단법인 정관변경에 있어서 주무관청의 허가의 법적 성질이 문제된다. 판례는 과거에는 정관변경에 관한 주무관청의 허가는 그 본질상 주무관청의 자유재량에 속하는 행위라고 하였으나(대판 1985. 8. 20, 84누509 등), 그 후 전원합의체 판결로 판례가 변경되어 그 법적 성격은 인가라고 한다(대판(전원) 1996. 5. 16, 95누4810).

4. 기본재산의 처분 및 증감

재단법인은 재산(기본재산)을 실체로 한다. 따라서 정관에 기재된 재단법인의 기본재산을 처분하거나 그것을 증가시키는 것은 중대한 조직변경을 의미하게 된다. 그 때문에 판례는 재단법인의 기본재산의 처분은 정관변경에 해당하므로 주무관청의 허가가 있어야 효력이 발생할 수 있다고 한다(대판 1974. 6. 11, 73다1975 등).

제 7 관 법인의 소멸

Ⅰ. 서 설

A-301

법인의 소멸이란 법인이 권리능력을 상실하는 것을 말한다. 자연인의 권리능력 상실은 자연인이 사망한 때에 순간적으로 일어나나, 법인의 경우에는 일정한 절차를 거쳐 단계적으로 일어난다. 즉 먼저 해산을 하고, 이어서 청산으로 들어가게 되며, 청산이 종결된 때에 법인은 완전히 소멸하게 된다. 그리하여 법인은 해산 후에도 청산이 종결될 때까지는 제한된 범위에서 권리능력을 가지며, 그러한 법인을 청산법인이라고 한다.

Ⅱ. 해 산

A-302

해산이란 법인이 본래의 목적수행을 위한 적극적인 활동을 멈추고 청산절차(잔무의 처리 · 재산의 정리)에 들어가는 것을 말한다. 법인의 해산사유에는 사단법인 · 재단법인에 공통한 것과 사단법인에 특유한 것이 있다.

1. 사단법인 · 재단법인에 공통한 해산사유(77조 1항)

(1) 존립기간의 만료 기타 정관에 정한 해산사유(이는 사단법인에서는 필요적 기재사항이고 재단법인에서는 임의적 기재사항임)의 발생

(2) 법인의 목적달성 또는 달성불능

다만, 목적이 달성불능일지라도 정관을 변경하여 존속할 수는 있다(42조 · 46조).

(3) 파 산

법인이 채무를 완제하지 못하게 된 때, 즉 채무초과(소극재산이 적극재산을 넘는 것)가 된 때에는, 이사는 지체없이 파산을 신청하여야 한다(79조).

(4) 설립허가의 취소

법인이 목적 이외의 사업을 하거나 설립허가의 조건에 위반하거나 기타 공익을 해하는 행위를 한 때에는, 주무관청은 설립허가를 취소할 수 있다(38조).

2. 사단법인에 특유한 해산사유(77조 2항)

(1) 사원이 없게 된 때

(2) 총회의 결의

총회의 결의에 의한 해산을 임의해산이라고 하는데, 이는 총회의 전권사항이다. 해산 결의는 총사원 4분의 3 이상의 동의를 요하나, 정관에서 다르게 정할 수 있다(78조).

A-303

Ⅲ. 청 산

1. 의 의

청산이란 해산한 법인이 남아 있는 사무를 처리하고 재산을 정리하여 완전히 소멸할 때까지의 절차를 말한다. 청산은 파산으로 해산하는 경우에는 「채무자회생 및 파산에 관한 법률」이 정하는 절차에 의하게 되고, 파산 외의 원인에 의하여 해산하는 경우에는 민법이 정하는 절차에 의하게 된다.

2. 청산법인의 능력

청산법인은 청산의 목적범위 내에서만 권리가 있고 의무를 부담한다(81조). 여기의 「목적범위 내」도 법인의 능력에 관한 「목적범위 내」(34조)에서처럼 넓게 해석하여야 한다.

A-304

3. 청산법인의 기관

(1) 개 관

법인이 해산하면 청산인이 이사에 갈음하여 집행기관으로 되나, 감사·사원총회 등의 다른 기관은 청산법인의 기관으로서 계속하여 권한을 행사한다.

(2) 청 산 인

청산법인의 집행기관은 청산인이다. 즉 청산인은 청산법인의 능력의 범위 내에서 대내적으로 청산사무를 집행하고 대외적으로 청산법인을 대표한다(87조 2항). 그의 지위는 이사와 마찬가지이다. 따라서 민법은 이사에 관한 여러 규정을 청산인에 준용하고 있다(96조).

청산인으로 되는 자는, 첫째로 정관에서 정한 자이고, 둘째로 총회 결의로 선임된 자이며, 이들이 없으면 셋째로 해산 당시의 이사이다(82조). 그러나 이사까지 없으면 법원이 직권으로 또는 이해관계인이나 검사의 청구에 의하여 청산인을 선임할 수 있으며, 후에 청산인에 결원이 생겨 손해가 생길 염려가 있는 때에도 같다(83조). 그리고 중요한 사유가 있는 때에는 법원은 직권으로 또는 이해관계인이나 검사의 청구에 의하여 청산인을 해임할 수 있다(84조).

4. 청산사무(청산인의 직무권한)

A-305

민법은 청산인이 행하여야 할 청산사무를 열거하고 있다(85조 이하). 그러나 이것이 전부는 아니다.

(1) 해산의 등기와 신고

청산인은 취임 후 3주간 내에 해산의 사유 및 연월일, 청산인의 성명 및 주소, 그리고 대표권을 제한한 때에는 그 제한을 주된 사무소 및 분사무소의 소재지에서 등기하고(85조 1항), 이를 주무관청에 신고하여야 한다(86조 1항). 또한 등기한 사항에 변경이 생기면 3주간 내에 변경등기를 하여야 한다(85조 2항·52조). 청산 중에 취임한 청산인은 그 성명 및 주소를 주무관청에 신고하면 된다(86조 2항).

(2) 현존사무의 종결(87조 1항 1호)

(3) 채권의 추심(87조 1항 2호)

(4) 채무의 변제(87조 1항 2호)

1) 채권신고의 독촉　　청산인은 취임하는 날로부터 2개월 내에 3회 이상의 공고로 일반채권자에 대하여 일정한 기간(2개월 이상이어야 함) 내에 그의 채권을 신고할 것을 최고하여야 한다(88조 1항). 청산인이 알고 있는 채권자에 대하여는 개별적으로 채권을 신고하라고 최고하여야 한다(89조 1문). 청산법인에 대하여 채권을 주장하는 자도 여기의 채권자에 포함시켜야 한다.

2) 변　제　　청산인은 채권 신고기간 내에는 채권자에게 변제하지 못한다(90조 본문). 그러나 법인은 지연손해배상은 하여야 한다(90조 단서).

청산 중의 법인은 변제기에 이르지 않은 채권에 대하여도 변제할 수 있다(91조 1항). 그 경우에 조건부 채권, 존속기간이 불확정한 채권, 기타 가액이 불확정한 채권에 관하여는 법원이 선임한 감정인의 평가에 의하여 변제하여야 한다(91조 2항).

채권을 신고하지 않아 청산으로부터 제외된 채권자는 법인의 채무를 완전히 변제한 뒤 귀속권리자에게 인도하지 않은 재산에 대해서만 변제를 청구할 수 있다(92조). 그러나 청산인이 알고 있는 채권자에 대하여는 그가 신고를 하지 않았더라도 청산에서 제외하지 못하며, 반드시 변제하여야 한다(89조 2문).

(5) 잔여재산의 인도(87조 1항 3호)

A-306

위의 절차를 밟은 후에 잔여재산이 있으면 이를 귀속권자에게 인도한다. 잔여재산의 귀속권자는 첫째로 정관에서 지정한 자이다(80조 1항). 정관으로 지정한 자가 없거나 지정방법을 정관이 정하고 있지 않은 때에는(지정방법을 정한 정관규정도 유효하며, 그에 반하는 잔여재산 처분은 특별한 사정이 없는 한 무효이다. 대판 1980. 4. 8, 79다2036; 대판 1995. 2. 10, 94다13473), 둘째로 이사(해산 전의 경우) 또는 청산인(해산 후의 경우)이 주무관청의 허가를 얻어 그 법인의 목적에 유사한 목적을 위하여 그 재산을 처분할 수 있다(80조 2항 본문). 사단법인에 있어서는 이때 총회의 결의가 있어야 한다(80조 2항 단서). 이들 방법에 의하여 처분되지 않은 재산은 마지막으로 국고에 귀속한다(80조 3항). 법인의 구성원에게 분배하는 일은 없다(상법 538조 등 참조).

(6) 파산신청

청산 중에 법인의 재산이 그의 채무를 완전히 변제하기에 부족하다는 것(채무초과)이 분명하게 된 때에는, 청산인은 지체없이 파산선고를 신청하고 이를 공고하여야 한다(93조 1항). 법인의 파산으로 파산관재인이 정해지면 청산인은 파산관재인에게 그의 사무를 인계하여야 하며, 그럼으로써 그의 임무가 종료된다(93조 2항).

(7) 청산종결의 등기와 신고

청산이 종결된 때에는 청산인은 3주간 내에 이를 등기하고 주무관청에 신고하여야 한다(94조).

제8관 법인의 등기

A-307 Ⅰ. 서 설

민법은 법인의 조직과 내용을 일반에게 공시하게 하기 위하여 법인등기제도를 두고 있다. 법인등기의 절차는 비송사건절차법에 규정되어 있다(동법 60조 이하). 등기한 사항은 법원이 지체없이 공고하여야 한다(54조 2항).

A-308 Ⅱ. 법인등기의 종류

(1) 설립등기(49조)

법인설립의 허가가 있는 때에는 3주간(이 기간은 허가서가 도착한 날부터 기산한다. 53조) 내에 주된 사무소의 소재지에서 설립등기를 하여야 한다(49조 1항). 설립등기의 등기사항은 ① 목적, ② 명칭, ③ 사무소, ④ 설립허가의 연월일, ⑤ 존립시기나 해산사유를 정한 때에는 그 시기 또는 사유, ⑥ 자산의 총액, ⑦ 출자의 방법을 정한 때에는 그 방법, ⑧ 이사의 성명·주소, ⑨ 이사의 대표권을 제한한 때에는 그 제한 등이다(49조 2항).

(2) 분사무소 설치의 등기(50조)

(3) 사무소 이전의 등기(51조)

(4) 변경등기(52조)

(5) 해산등기(85조)

Ⅲ. 등기의 효력

법인등기 가운데 설립등기만은 법인의 성립요건이고(33조), 그 밖의 등기는 모두 대항요건이다(54조 1항).

제9관 법인의 감독과 벌칙

Ⅰ. 법인의 감독

A-309

비영리법인은 영리법인과 달리 설립할 때부터 소멸할 때까지 광범위하게 국가의 감독을 받는다.

(1) 업무감독

법인이 존속하고 있는 동안에 업무의 감독은 설립허가를 한 주무관청이 담당한다(37조).

(2) 해산과 청산의 감독

법인의 해산과 청산의 감독은 법원이 담당한다(95조).

Ⅱ. 벌 칙

법인의 이사·감사 또는 청산인이 그의 직무를 다하지 않은 일정한 경우에는 500만원 이하의 과태료의 제재를 받는다(97조).

제10관 외국법인

Ⅰ. 외국법인의 의의 및 능력

A-310

(1) 의 의

내국법인(한국법인)이 아닌 법인이 외국법인이다.

(2) 능 력

외국법인의 능력에 관하여 민법은 아무런 규정도 두고 있지 않다(상법 614조 이하 참조). 그리하여 학설은 민법은 내·외국법인의 평등주의를 취하고 있는 것으로 해석한다. 그러나 외국법인의 권리능력에 대하여도 외국인의 경우와 마찬가지로 법률이나 조약에 의하여 제한이 가해지고 있음은 물론이다.

제 7 장 물 건

제 1 절 권리의 객체 일반론

A-311

Ⅰ. 권리 객체의 의의

권리가 성립하려면 당연히 그 대상이 있어야 한다. 이를 일반적으로 권리의 객체라고 한다.

권리의 객체는 권리의 종류에 따라 다르다. 물권에 있어서는 물건, 채권에 있어서는 특정인(채무자)의 행위(급부), 인격권에 있어서는 생명·신체·자유·명예 등의 인격적 이익, 친족권에 있어서는 친족법상의 지위(가령 친권의 경우 자녀)가 그 객체이다.

Ⅱ. 민법규정

권리의 객체는 권리에 따라 다르고 매우 다양한데, 민법은 그 가운데에서 물건에 관하여서만 일반적인 규정을 두고 있다.

제 2 절 물건의 의의 및 종류

A-312

Ⅰ. 물건의 의의

민법은 제98조에서 「본법에서 물건이라 함은 유체물 및 전기 기타 관리할 수 있는 자연력을 말한다」고 정의하고 있다.

1. 물건의 요건

(1) 유체물이거나 자연력일 것

민법에 의하면 유체물은 모두 물건이나, 무체물은 자연력만이 물건으로 될 수 있다. 따라서 가령 권리는 물건이 아니다.

(2) 관리가 가능할 것

물건이 되려면 관리할 수 있는 것이어야 한다. 관리할 수 있다는 것은 배타적 지배가 가능하다는 의미이다. 제98조는 이 요건을 자연력에 관하여만 요구하고 있으나, 유체물에서도 필요하다고 새겨야 한다(이설 없음).

(3) 사람의 신체가 아닐 것(외계의 일부일 것 · 비인격성)

A-313

사람의 신체나 그 일부는 물건이 아니다. 따라서 인체에는 물권이 성립할 수 없다(그러나 인격권 · 친족권 등이 성립할 수는 있다). 인공적으로 인체에 부착된 의치 · 의안 · 의수 · 의족 · 가발 등도 신체에 고착하고 있는 한 신체의 일부로 보아야 한다.

시체가 물건인가, 물건이라면 소유권의 객체가 되는가, 그리고 시체에 대한 권리는 누구에게 속하는가에 관하여는 논란이 있다. 학설은 우선 물건인가에 관하여 긍정하는 것이 다수설이다. 그리고 시체를 물건이라고 보는 다수설은 모두 시체도 소유권의 객체가 될 수 있지만, 그 소유권은 보통의 소유권과 달리 오직 매장 · 제사 등을 위한 권능과 의무를 내용으로 하는 특수한 것이라고 한다(특수 소유권설).

(4) 독립한 물건일 것

물건이 단순히 채권의 목적물로 되는 경우와 달리, 물권의 객체로 되는 경우에는 독립한 존재를 가져야 한다. 왜냐하면 물권에 있어서는 하나의 독립한 물건 위에 하나의 물권이 성립한다는 이른바 일물일권주의(B-7 참조)가 원칙으로 되어 있기 때문이다.

2. 물건의 개수

A-314

(1) 물건의 일부

하나의 물건의 일부는 독립한 물건이 아니며, 따라서 그것은 원칙적으로 물권의 객체가 되지 못한다. 그러나 여기에는 예외들이 있다(자세한 사항은 물권법에서 설명한다. B-7 참조).

(2) 단 일 물

겉모습으로 보아 단일한 일체를 이루고 각 구성부분이 개성을 잃고 있는 물건이다(접시 1개, 소 1마리 등). 이러한 단일물이 하나의 물건임은 물론이다.

(3) 합 성 물

각 구성부분이 개성을 잃지 않고 결합하여 단일한 형체를 이루고 있는 물건이다(건물 · 보석반지 · 자동차 등). 합성물도 하나의 물건이다.

(4) 집 합 물

단일물 또는 합성물들이 모여 경제적으로 단일한 가치를 가지고 거래상으로도 하나로 다루어지는 것을 집합물이라고 한다(상점의 상품 전체·공장의 시설 전부 등). 집합물은 하나의 물건이 아니며, 따라서 그 위에 하나의 물권이 성립할 수는 없다. 그러나 특별법상 하나의 물건으로 다루어지는 경우가 있다(「공장 및 광업재단저당법」 등 참조).

A-315

Ⅱ. 물건의 종류

민법이 총칙편에서 규정하고 있는 물건의 분류는 동산·부동산, 주물·종물, 원물·과실의 세 가지이다. 그런데 문헌에서는 그것들 외에도 몇 가지 다른 분류를 하고 있다. 민법에 의한 분류는 뒤에 따로 보기로 하고, 여기서는 그 밖의 분류만을 설명하기로 한다.

1. 융통물 · 불융통물

사법상 거래의 객체가 될 수 있는 물건을 융통물이라 하고, 그렇지 못한 물건을 불융통물이라고 한다. 불융통물에는 공용물·공공용물·금제물이 있다.

2. 가분물 · 불가분물

가분물은 물건의 성질 또는 가격을 현저하게 손상하지 않고서 나눌 수 있는 물건이고(금전·곡물·토지 등), 그렇지 않은 물건이 불가분물이다(그림·소·말·건물 등).

A-316

3. 대체물 · 부대체물

일반거래상 물건의 개성이 중요시되지 않아서 동종·동질·동량의 다른 물건으로 바꾸어도 당사자에게 영향을 주지 않는 물건이 대체물이고(금전·신형 자동차·술·곡물 등), 물건의 개성이 중요시되어 다른 물건으로 바꿀 수 없는 물건이 부대체물이다(그림·골동품·중고자동차·소·건물 등).

4. 특정물 · 불특정물

구체적인 거래에 있어서 당사자가 물건의 개성을 중요시하여 다른 물건으로 바꾸지 못하게 한 물건이 특정물이고, 다른 물건으로 바꿀 수 있게 한 물건이 불특정물이다. 이는 당사자의 의사에 의한 주관적 구별이어서 당사자는 일반적으로 물건의 개성이 중요시되는가에 관계없이(즉 대체물인가 부대체물인가 관계없이) 특정물로든 불특정물로든 거래할 수 있다(따라서 이 구별은 엄격하게는 물건의 구별이 아니고 거래방법의 구별이다).

5. 소비물 · 비소비물

소비물은 물건의 성질상 그 용도에 따라 한 번 사용하면 다시 그 용도로 사용할 수 없는 물건이고(술·곡물 등), 같은 용도로 반복하여 사용할 수 있는 물건이 비소비물이다(그림·건물·기계 등). 금전은 반복해서 사용할 수 있으나, 한 번 사용하면 그 주체에 변경이 생겨서 전 소유자가 다시 사용할 수 없기 때문에 소비물로 다루어진다.

제 3 절 부동산과 동산

Ⅰ. 부동산 · 동산 구별의 이유

A-317

부동산·동산의 구별은 물건의 분류 가운데 가장 중요한 것이다. 이 둘을 구별하는 이유로는 보통 다음의 두 가지를 든다.

(1) 부동산은 동산에 비하여 경제적 가치가 크므로 특별히 보호하여야 할 필요가 있다.

(2) 부동산은 움직이지 않기 때문에 그 위의 권리관계를 공적 장부 내지 기록에 의하여 공시하는 데 적합하나, 이리저리 움직일 수 있는 동산은 그러한 공시에 적합하지 않다.

그런데 이들 가운데 (1)의 이유는 그 의의를 거의 상실하였다.

Ⅱ. 부 동 산

A-318

민법은 「토지 및 그 정착물」을 부동산으로 하고 있다(99조 1항).

1. 토 지

물건으로서의 토지는 지적공부(地籍公簿)(토지대장·임야대장 등)에 하나의 토지로 등록되어 있는 육지의 일부분이다. 본래 육지는 연속되어 있으나, 편의상 인위적으로 구분하여 각 구역마다 번호(토지번호 즉 지번)를 붙이고, 이를 지적공부(토지대장·임야대장 등)에 등록한다(「공간정보의 구축 및 관리 등에 관한 법률」 64조·66조·71조). 이렇게 등록이 되면 토지는 독립성이 인정된다(대판 1995. 6. 16, 94다4615 등).

토지의 범위는 지표면과 정당한 이익이 있는 범위 내에서 그 상하를 포함하나(212조 참조). 따라서 토지의 구성물(암석·토사·지하수 등)은 토지의 일부분에 지나지 않는다(대판 1964. 6. 23, 64다120은 논둑은 논의 구성부분이라고 한다). 그런데 토지에 부존되어 있는 미채굴의 광물은 국가가 이를 채굴·취득하는 권리(광업권)를 부여할 권능을 가지고 있기 때문에(광업법 2조), 토지소유자의 소유권은 그것에는 미치지 않는다.

독립한 토지의 개수는 「필」(筆)로서 표시된다.

A-319

2. 토지의 정착물

토지의 정착물이란 토지에 고정적으로 부착되어 쉽게 이동할 수 없는 물건으로서 그러한 상태로 사용되는 것이 그 물건의 성질로 인정되는 것을 말한다. 예컨대 건물·수목·다리·돌담·도로의 포장 등이 그렇다. 그러나 판자집·임시로 심어 놓은 수목·토지나 건물에 충분히 정착되어 있지 않은 기계 등은 정착물이 아니다.

토지의 정착물은 모두 부동산이지만, 그 가운데에는 토지와는 별개의 부동산이 되는 것(예: 건물)도 있고, 토지의 일부에 불과한 것(예: 다리·돌담·도로의 포장)도 있다. 토지와는 별개의 독립한 부동산으로 되는 정착물들을 살펴보기로 한다.

(1) 건 물

우리 법상 건물은 토지와는 별개의 부동산이다. 그리하여 토지등기부와 따로 건물등기부를 두고 있다(부등법 14조 1항). 건물은 건축물대장에 등록되나(건축법 38조 참조), 그것은 토지와는 달리 등록에 의하여 독립성을 갖는 것은 아니며(대판 1997. 7. 8, 96다36517도 참조), 건물로 인정되는 때에 바로 하나의 물건으로 된다. 판례에 의하면, 최소한의 기둥과 지붕 그리고 주벽(主壁)이 이루어지면 된다고 한다(대판 2003. 5. 30, 2002다21592·21608 등. 이에 관하여 공간된 첫 판결인 대판 1977. 4. 26, 76다1677은 최소한의 요건으로 기둥·지붕·주벽의 완성을 들고 있었으나, 그 이후의 판결에서는 그것이 충분조건으로 되고 있다).

독립한 건물의 개수는 동(棟)으로 표시한다.

A-320

(2) 수목의 집단

토지에서 자라고 있는 수목은 본래 토지의 정착물로서 토지의 일부에 지나지 않는다(대결 1976. 11. 24, 76마275도 참조). 그런데 그러한 수목이 특별법이나 판례에 의하여 독립한 부동산으로 다루어지기도 한다.

1) 「입목에 관한 법률」(이하 입목법이라 함)에 의한 수목의 집단 입목법은, 그 법에 따라 소유권보존등기를 받은 수목의 집단을 입목이라고 하면서(동법 2조 1항), 그것을 토지와는 별개의 부동산으로 다룬다(동법 3조 1항).

2) 입목법의 적용을 받지 않는 수목의 집단 판례에 의하면, 입목법의 적용을 받지 않는 수목의 집단도 명인방법을 갖추면 독립한 부동산으로서 거래의 목적이 된다(대결 1998. 10. 28, 98마1817 참조).

[참고] 명인방법

명인방법(明認方法)은 수목의 집단 또는 미분리의 과실의 소유권이 누구에게 속하고 있는지를 제3자가 명인(명백하게 인식)할 수 있도록 하는 관습법상의 공시방법이다. 나무껍질을 깎아 거기에 소유자의 이름을 먹물로 써놓는 것 또는 과수원 주변에 새끼줄을 치고 소유자의 이름을 기재한 표찰을 붙여 놓는 것 등이 그 예이다.

(3) 미분리의 과실

A-321

과일·잎담배·뽕잎·입도(立稻) 등과 같은 미분리의 과실은 수목의 일부에 지나지 않는다. 그런데 판례는 이것도 명인방법을 갖춘 때에는 독립한 물건으로서 거래의 목적으로 될 수 있다고 한다.

(4) 농 작 물

토지에서 경작·재배되는 각종의 농작물은 토지의 정착물이며, 토지의 일부에 지나지 않는다. 타인의 토지에서 경작·재배되는 때에도 마찬가지이다(256조 본문). 다만, 정당한 권원(어떤 행위를 적법 내지 정당하게 하는 법률상의 원인)에 기하여 타인의 토지에서 경작·재배한 경우에는 토지와는 별개의 물건으로 다루어진다(256조 단서).

그런데 판례에 의하면, 농작물은 타인의 토지에서 소유자의 승낙을 얻어 경작하는 때는 물론이고(대판 1968. 3. 19, 67다2729), 남의 땅에서 아무런 권원 없이 위법하게 경작한 때에도 그 소유권은 경작자에게 있다고 한다(대판 1969. 2. 18, 68도906 등).

Ⅲ. 동 산

A-322

(1) 의 의

부동산 이외의 물건이 동산이다(99조 2항). 토지에 부착하고 있는 물건이라도 정착물이 아니면 동산에 속한다. 그리고 전기 기타 관리할 수 있는 자연력도 동산이다.

(2) 특수한 동산(금전)

금전은 동산이기는 하나, 보통의 동산과 달리 물질적인 이용가치는 거의 없고 그것이 나타내는 추상적인 가치(금액)만이 의미가 있는 특수한 것이다(그리고 그 추상적인 가치에 의하여 재화의 교환을 매개한다).

제 4 절 주물과 종물

Ⅰ. 주물 · 종물의 의의

A-323

물건의 소유자가 그 물건의 일상적인 사용을 돕기 위하여 자기 소유인 다른 물건을 이에 부속하게 한 경우에, 그 물건을 주물이라고 하고 주물에 부속시킨 다른 물건을 종물이라고 한다(100조 1항). 배(船)와 노(櫓), 시계와 시계줄이 그 예이다.

Ⅱ. 종물의 요건

종물의 요건은 다음과 같다(100조 1항).

(1) 주물의 일상적인 사용을 돕는 것일 것(상용에 공할 것). 종물이려면 사회관념상 계속하여 주물의 경제적 효용을 돕는 것이어야 한다.

(2) 주물에 부속시킨 것으로 인정할 만한 정도의 장소적 관계가 있어야 한다.

(3) 주물로부터 독립된 물건이어야 한다. 주물의 구성부분은 종물이 아니다(대판 1993. 12. 10, 93다42399는 정화조는 건물의 구성부분이라고 한다). 독립한 물건이면 되고, 반드시 동산일 필요는 없다.

(4) 주물·종물은 모두 동일한 소유자에게 속하여야 한다.

A-324

Ⅲ. 종물의 효과

종물은 주물의 처분에 따른다(100조 2항). 그런데 제100조 제2항은 임의규정이라고 해석되므로, 당사자는 주물을 처분할 때에 특약으로 종물을 제외할 수도 있고 종물만을 따로 처분할 수도 있다(대판 2012. 1. 26, 2009다76546).

Ⅳ. 종물이론의 유추적용

주물·종물 이론은 물건 상호간에 관한 것이지만 그것은 권리 상호간에도 유추적용되어야 한다(이설 없음). 따라서, 가령 건물이 양도되면 그 건물을 위한 대지의 임차권(대판 1993. 4. 13, 92다24950: 저당권이 실행된 경우)이나 지상권(대판 1996. 4. 26, 95다52864)도 건물양수인에게 이전하고, 원본채권이 양도되면 이자채권도 이전한다.

제5절 원물과 과실

A-325

Ⅰ. 원물·과실의 의의

물건으로부터 생기는 경제적 수익을 과실(果實)이라고 하고, 과실을 생기게 하는 물건을 원물(元物)이라고 한다. 과실에는 천연과실과 법정과실이 있다. 그리고 민법은 물건의 과실만 인정하며, 권리의 과실(주식의 배당금·특허권의 사용료 등) 개념은 인정하지 않는다.

Ⅱ. 천연과실

(1) 의 의

물건의 용법에 의하여 수취되는 산출물이 천연과실이다(101조 1항). 「물건의 용법에 의하여」라 함은 원물의 경제적 용도에 따르는 것을 말한다. 천연과실에는 자연적·유기적인 것(과일·곡물·가축의 새끼·우유 등)뿐만 아니라 인공적·무기적인 것(석재·흙·모래 등)도 있다(원물의 수익으로 인정될 경우).

천연과실은 원물로부터 분리되기 전에는 원물의 구성부분에 지나지 않으나(다만, 명인방법을 갖춘 경우에는 독립성이 인정된다), 분리된 때에 독립한 물건으로 된다.

(2) 귀 속

천연과실은 그것이 원물로부터 분리되는 때에 그것을 수취할 권리자에게 속한다(102조 1항). 수취권자는 원물의 소유자(상속재산의 소유권을 취득한 자는 그 과실의 수취권이 있다: 대판 2007. 7. 26, 2006다83796)인 것이 보통이나(211조 참조), 예외적으로 선의의 점유자(201조)·지상권자(279조)·전세권자(303조) 등에게도 수취권이 인정된다. 소유자 이외의 자에게 수취권이 인정되는 때에는 소유자는 수취권을 갖지 못한다. 한편 제102조 제1항도 임의규정이다.

Ⅲ. 법정과실

A-326

(1) 의 의

물건의 사용대가로 받는 금전 기타의 물건이 법정과실이다(101조 2항). 물건의 대차에 있어서의 사용료(집세·지료 등)(대판 2001. 12. 28, 2000다27749는 국립공원의 입장료는 토지의 사용대가라는 민법상의 과실이 아니라고 한다), 금전대차에 있어서의 이자 등이 그 예이다. 그런데 원물·과실은 모두 물건이어야 하므로 노동의 대가·권리사용의 대가 등은 과실이 아니다(통설도 같음).

(2) 귀 속

법정과실은 수취할 권리의 존속기간의 일수의 비율로 취득한다(102조 2항). 그러나 이 규정도 역시 임의규정이므로 당사자가 다르게 약정할 수 있다.

제2편

물 권 법

제 1 장 서 론

제 1 절 물권법 일반론

Ⅰ. 물권법의 의의

B-1

(1) 실질적 물권법

물권법을 실질적으로 파악하면 실질적 민법 가운데 물권에 관한 법이다. 이것을 달리 표현하면 「물건 기타의 객체에 대한 지배관계 즉 물권관계를 규율하는 일반사법」이라고 할 수 있다.

(2) 형식적 물권법

형식적 의미의 물권법은 「민법」이라는 이름의 법률 가운데 「제 2 편 물권」(185조 내지 372조)을 가리킨다.

(3) 두 물권법 사이의 관계

실질적 물권법과 형식적 물권법은 일치하지 않는다. 후자가 전자의 뼈대를 이루고 있어 두 법은 중요부분에서 서로 겹치나, 형식적 물권법 가운데에는 실질적 물권법에 속하지 않는 것도 있으며(가령 201조 2항 · 202조 · 203조 · 261조 등은 채권법적 규정이다), 민법전의 「제 2 편 물권」 이외의 규정 가운데 물권법적인 것도 있고(704조 · 1006조 등), 특별법에도 물권법적 규정이 많이 있다. 그리고 관습법과 판례(법원이라고 볼 경우) 중에도 실질적 물권법이 있다.

(4) 물권법학의 대상: 실질적 물권법

민법학의 일부인 물권법학의 대상이 되는 물권법은 실질적 물권법이다.

Ⅱ. 물권법의 기능

재화, 그 가운데에서도 특히 물건에 대한 지배관계에 관하여 질서를 유지해 주는 법이 바로 물권법이다.

B-2

Ⅲ. 물권법의 법원(法源)

1. 서　　설

민법의 법원에 관한 설명(A-5 이하 참조)은 물권법의 법원에 관하여도 원칙적으로 타당하다. 그러므로 여기서는 특별히 언급하여야 할 사항만 적기로 한다.

물권법의 법원에도 성문법과 불문법이 있다.

2. 성 문 법

(1) 민법 제2편 물권(185조 내지 372조)

가장 중요한 물권법의 법원이다.

(2) 특 별 법

특별법 가운데 물권법의 법원이 되는 것이 많이 있다. 그 주요한 것으로는 부동산등기법, 「부동산등기 특별조치법」, 「부동산 실권리자 명의 등기에 관한 법률」, 「집합건물의 소유 및 관리에 관한 법률」, 「동산·채권 등의 담보에 관한 법률」, 「가등기담보 등에 관한 법률」 등이 있다.

3. 불 문 법

(1) 관 습 법

관습법도 물권법의 중요한 법원이다. 그리고 이때도 관습법은 성문법을 보충하는 효력이 있다(1조. A-7 참조). 그런데 물권의 종류나 내용에 관하여(물권법 정주의) 관습법이 성문법과 어떤 관계에 있는지는 물권법정주의의 규정 때문에(185조) 별도의 설명이 필요하다. 그리고 물권법에서는 법률 자체에서 관습법을 성문법에 우선하도록 하는 명문규정이 두어져 있는 때도 있다(224조·229조·234조·237조·290조·302조 등).

(2) 판　　례

판례는 물권법의 법원은 아니지만(이설 있음) 실제에 있어서는 「살아 있는 법」으로서 기능하고 있다. 그리고 그러한 판례가 물권법 분야에는 대단히 많이 축적되어 있다.

Ⅳ. 민법전「제 2 편 물권」의 내용과 이 책 물권법 부분의 기술순서 B-3

1. 민법전「제 2 편 물권」의 내용

형식적 물권법인 민법전「제 2 편 물권」은 총칙, 점유권, 소유권, 지상권, 지역권, 전세권, 유치권, 질권, 저당권의 9장으로 이루어져 있다.

「제 1 장 총칙」에서는 물권법정주의(185조), 물권의 변동(186조 내지 190조), 물권의 소멸원인 중 혼동(191조)에 관하여 규정하고 있다. 이 가운데 물권의 변동은 법률규정 자체는 간단하지만 이론상으로뿐만 아니라 실제에 있어서도 대단히 중요하다. 그리고「제 2 장 점유권」이하에서는 민법이 인정하는 8종의 물권의 내용을 규정하고 있다.

2. 이 책 물권법 부분의 기술순서

이 책에서는 물권법 부분을 체계적인 이해를 위하여 모두 5장으로 나누고, 필요한 경우에 그 아래에 다시 절을 두어 기술하려고 한다. 그리고 본장인 제 1 장 서론에서는 물권법 및 물권에 관한 일반적인 내용을 적고, 제 2 장에서는 물권의 변동에 관하여 논의할 것이다. 제 3 장은 점유권과 소유권이고, 제 4 장은 용익물권이며, 제 5 장은 담보물권이다. 한편 제 5 장 말미에서는 비전형적인 담보제도도 다룰 것이다.

Ⅴ. 물권법의 본질 B-4

1. 물권법의 법적 성격

⑴ 일반사법의 일부

물권법은 민법의 일부로서 당연히 사법에 속한다.

⑵ 재 산 법

일반사법(민법)은 크게 재산법과 가족법으로 나누어지는데, 그 경우에 물권법은 채권법·상속법과 함께 재산법에 속한다. 물권법은 무엇보다도 채권법과 더불어 재산법의 2대 분야를 이루고 있다.

물권법은 재산법 가운데 소유권을 중심으로 하는 법이다. 그에 비하여 채권법은 재화의 지배인 소유권이 아니고, 재화의 교환 즉 계약을 중심으로 하는 재산법이다.

⑶ 실 체 법

물권법은 절차법이 아니고, 권리의무관계를 직접 규율하는 실체법이다.

B-5

2. 물권법의 특질

물권법이 같은 재산법으로서 가장 가까운 법인 채권법에 비하여 어떠한 특별한 성질이 있는지를 살펴보기로 한다.

(1) 강행규정성

채권법은 채권 내지 채권관계를 규율한다. 그런데 채권은 상대권이어서 제3자에게 원칙적으로 영향을 미치지 않는다. 따라서 채권법에서는 사적 자치가 널리 인정되며, 그 규정들은 대체로 임의규정이다. 그에 비하여 물권법은 배타성을 가지는 물권을 규율하기 때문에, 물권의 종류나 내용을 당사자로 하여금 자유롭게 정하게 하면 제3자에게 예측하지 못한 손해를 발생시킬 수가 있다. 그리하여 물권법에서는 사적 자치를 특수한 방법으로 제한적인 범위에서만 인정하며(한정된 종류의 물권 가운데 선택만 할 수 있도록 함), 그 규정들은 대부분 강행규정이다.

(2) 고 유 성

재화의 교환을 규율하는 채권법 특히 매매법은 세계적으로 보편화·균질화하는 경향이 있다. 그에 비하여 물권법은 각국의 관습과 전통의 영향이 현저하게 반영되어 있다. 그러나 우리의 물권법은 전세권제도를 제외하고는 외국법 특히 독일의 물권법을 계수하였다. 그러다 보니 우리 물권법에는 독일법처럼 로마법적인 요소와 게르만법적인 요소가 섞여 있다. 우리 물권법상의 로마법적 요소와 게르만법적 요소를 들어본다.

1) 로마법적 요소

(가) 소유권과 점유의 대립

(나) 개인주의적 소유권 개념(전면적·포괄적인 완전한 지배권으로서의 소유권)

(다) 소유권과 제한물권의 엄격한 구별

2) 게르만법적 요소

(가) 부동산과 동산의 구별

(나) 부동산등기제도

(다) 동산의 선의취득제도

제2절 물권의 본질

B-6

Ⅰ. 물권의 의의

물권은 물건 기타의 객체를 직접 지배해서 이익을 얻는 배타적인 권리이다. 이러한 물권은 내용 면에서는 재산권이고, 효력(작용) 면에서는 지배권이며, 의무자의 범위를 표준으로 하여 본다면 절대권이다.

Ⅱ. 물권의 성질

⑴ 물권의 객체

1) 물권의 객체는 원칙적으로 「특정·독립의 물건」이다. 물건의 의의·종류에 관하여는 민법총칙 부분에서 자세히 설명하였다(A-312 이하 참조).

㈎ 물권의 객체는 원칙적으로 물건이어야 한다(192조·211조·279조·291조·303조·329조·356조 등 참조). 그러나 민법은 예외적으로 일정한 경우에는 채권 기타의 권리 위에 물권이 성립할 수 있도록 하고 있다.

㈏ 물권의 객체는 특정되어 있어야 한다. 물권은 물건에 대한 배타적인 지배를 내용으로 하기 때문에 불특정물 위에는 물권이 성립할 수 없다(가령 특정되어 있지 않은 쌀 10포대). 그리고 같은 이유로 물권의 객체는 현존하여야 한다.

㈐ 물권의 객체는 독립한 물건이어야 한다. 따라서 하나의 물건의 일부나 구성부분은 하나의 물권의 객체로 되지 못한다. 그러나 용익물권은 예외적으로 1필의 토지의 일부나 1동의 건물의 일부 위에도 설정될 수 있다(부등법 69조·70조·72조 참조).

2) 일물일권주의(一物一權主義) B-7

㈎ 의 의 하나의 물건 위에는 내용상 병존(양립)할 수 없는 물권은 하나만 성립할 수 있다는 원칙을 일물일권주의라고 한다. 일물일권주의의 원칙상 물건의 일부 또는 다수의 물건 위에 하나의 물권이 성립할 수 없다.

㈏ 물건의 일부에 물권이 성립하는 예외적인 경우 용익물권은 분필절차를 밟지 않아도 1필의 토지의 일부 위에 설정될 수 있다(부등법 69조·70조·72조 참조).

1동의 건물의 일부는, 그것이 구조상·이용상 독립성이 있고, 소유자의 구분행위(구분의사가 객관적으로 표시될 것. 대판(전원) 2013. 1. 17, 2010다71578 참조)가 있으면, 독립하여 소유권의 객체가 될 수 있다(215조, 집합건물법). 그리고 전세권은 1동의 건물의 일부에 대하여 설정될 수 있다(부등법 72조 1항 참조).

「입목에 관한 법률」에 따라 소유권보존등기를 받은 수목의 집단(이를 입목이라 한다)은 토지와는 별개로 양도하거나 저당권의 목적으로 할 수 있고(동법 3조 2항), 또 판례에 의하면 명인방법을 갖춘 수목의 집단은 독립한 부동산으로서 거래의 객체가 된다.

판례에 의하면, 미분리의 과실도 명인방법을 갖추면 독립한 물건으로서 거래의 객체로 된다. 그리고 판례는, 농작물은 타인의 토지에서 위법하게 경작·재배된 경우에도 토지와는 별개의 물건으로 다루어진다고 한다.

㈐ 물건의 집단에 물권이 성립하는 예외적인 경우 「입목에 관한 법률」에 의하여 소유권보존등기를 받은 수목의 집단 즉 입목은 물건의 집단(즉 다수의 수목들) 위에 하나의 물권이 성립하는 경우이기도 하다.

「동산·채권 등의 담보에 관한 법률」은 여러 개의 동산·채권·지식재산권 위에 하나의 담보권이 성립할 수 있음을 규정하고 있다(동법 3조 2항 · 34조 2항 · 58조 1항). 그리고 판례는 특정할 수 있는 동산(원자재 · 의류 · 뱀장어 · 돼지 등)이 집합물로서 양도담보의 목적물이 될 수 있다고 한다(B-328 참조).

「공장 및 광업재단 저당법」에서는 다수의 기업재산을 하나의 부동산으로 보고 그 위에 하나의 저당권이 설정될 수 있도록 하고 있다(B-308 참조).

B-8

(2) 객체에 대한 직접적인 지배권

물권은 객체를 직접 지배하는 권리이다. 여기서 직접 지배한다는 것은 권리의 실현을 위하여 타인의 행위를 기다릴 필요가 없다는 것이다. 물권은 이 점에서, 권리가 실현되기 위하여서는 타인의 행위(협력)가 필요한 채권과 다르다.

(3) 물권자가 얻는 이익

물권자가 얻는 이익에는 두 가지가 있다. 하나는 물건(이하에서는 물권의 객체 중 물건을 중심으로 기술한다)의 사용가치이고 다른 하나는 교환가치이다. 그런데 모든 물권이 이 두 이익을 모두 얻는 것은 아니다.

B-9

(4) 객체에 대한 배타적(독점적) 지배권

권리의 배타성이란 서로 병존(양립)할 수 없는 내용의 권리가 동시에 둘 이상 성립할 수 없는 성질을 말한다. 그런데 물권에는 배타성이 있다. 그리하여 하나의 물건 위에는 병존할 수 없는 내용의 물권이 두 개 이상 성립할 수 없다. 예컨대 하나의 물건 위에 두 개의 소유권이 성립할 수 없다.

이러한 물권과 달리 채권은 채무자의 일정한 행위를 청구할 수 있는 권리이므로 배타성이 없다. 따라서 가령 A가 동일한 시계를 B에게 팔기로 매매계약을 체결한 뒤에 다시 C에게 팔기로 한 경우에는(이른바 2중매매), B와 C의 시계의 소유권이전청구권은 실질적으로 병존할 수 없지만, 채권에는 배타성이 없어서 병존할 뿐만 아니라 효력상 차이도 없으며(채권자 평등의 원칙), 만약 A가 C에게 이행을 하면 B는 A에 대하여 채무불이행으로 인한 손해배상만을 청구할 수 있다.

물권은 배타성이 있어서 제3자에게 미치는 영향이 크다. 여기서 제3자가 예측하지 못한 손해를 입지 않으려면 물권의 귀속과 내용을 외부에서 알 수 있어야 한다. 물권을 등기 · 인도(점유) · 등록 · 명인방법과 같은 공시방법에 의하여 공시하게 한 이유가 여기에 있다.

(5) 절 대 권

물권은 절대권이다. 따라서 특정한 상대방이 없고 모든 자에 대하여 효력이 인정된다. 그 결과 어떤 자가 물권을 침해하면 물권자는 당연히 불법행위를 이유로 손해배상을 청구할 수 있고 또 물권적 청구권을 가진다. 그에 비하여 상대권인 채권에 있어서는 특정인인 채무자만이 의무자이어서 원칙적으로 그에 의해서만 침해될 수 있으며(채무불이행), 제3자에 의한 침해는 당연히 불법행위로 되는 것이 아니다(자세한 사항은 채권법총론에서 논의한다. C-16 이하 참조).

제3절 물권의 종류

Ⅰ. 물권법정주의

B-10

1. 서 설

물권법정주의란 물권의 종류와 내용은 법률이 정하는 것에 한하여 인정되며, 당사자가 그 밖의 물권을 자유로이 창설하는 것을 금지하는 법원칙을 말한다. 이러한 물권법정주의는 모든 근대물권법에서 인정되고 있다. 물권법정주의가 채용되면 물권의 유형과 내용은 확정되고, 그 결과 물권법의 규정은 강행규정으로 된다.

우리 민법은 제185조에서 「물권은 법률 또는 관습법에 의하는 외에는 임의로 창설하지 못한다」고 하여 물권법정주의를 명문으로 규정하고 있다. 그런데 이에 의하면 법률 외에 관습법에 의하여서도 물권이 창설될 수 있도록 하고 있는 점에서 본래의 물권법정주의와 차이가 있다. 이와 같은 민법의 태도에 관하여 학설은 모두 긍정적이다.

2. 제185조의 내용

B-11

(1) 동조의 「법률」

제185조의 법률은 헌법상의 의미의 법률만을 가리키며, 명령이나 규칙 등은 포함되지 않는다(이설 없음).

(2) 관습법의 효력

앞서 본 바와 같이, 민법상 관습법에 의한 물권의 성립도 인정된다. 그런데 이때 관습법과 법률이 어떤 관계에 있는지 문제된다. 학설은 다음과 같다.

i) 보충적 효력설 제1조에 있어서나 제185조에 있어서나 관습법은 보충적인 효력만 있다는 견해이다(사견도 같음).

ii) 대등적 효력설 관습법은 법률과 대등한 효력이 있다는 견해이다.

iii) 변경적 효력설 관습법에 대하여 변경적 효력을 인정하는 견해이다.

(3) 관습법상의 물권의 성립요건

예외적으로 관습법상 물권의 성립이 인정되는 경우에도 물권법정주의의 채용 이유에 비추어 다음의 두 요건을 갖추어야 한다. 즉 ① 자유로운 소유권에 역행하는 봉건적인 물권관계가 아니어야 하고, ② 공시방법을 갖추어야 한다(다만 그것은 유연하게 인정하여야 한다).

(4) 「임의로 창설하지 못한다」의 의미와 위반시 효과

물권을 임의로 창설하지 못한다는 것은 ① 법률 또는 관습법이 인정하지 않는 새로운

「유형(종류)」의 물권(예: 타인의 특정재산에 대한 전면적 수익권)을 만들지 못한다는 것(유형강제)과 ② 법률 또는 관습법이 인정하는 물권에 다른 「내용」(예: 양도성 없는 지상권의 설정)을 부여하지 못한다는 것(내용확정 내지 내용강제)을 가리킨다.

이를 규정하고 있는 제185조는 강행규정이며, 이에 위반하는 법률행위는 무효이다.

B-12

Ⅱ. 물권의 종류

우리 민법상 물권은 법률과 관습법에 의하여 성립할 수 있다. 그리고 그 법률은 크게 민법전과 특별법으로 나눌 수 있다. 각각의 법에 의한 물권을 보기로 한다.

1. 민법상의 물권

민법전은 점유권·소유권·지상권·지역권·전세권·유치권·질권·저당권의 8가지의 물권을 규정하고 있다. 그것들은 다음과 같이 분류될 수 있다.

(1) 본권과 점유권

민법상의 물권은 먼저 본권(本權)과 점유권으로 나누어진다. 점유권은 물건을 사실상 지배하고 있는 경우에 인정되는 물권이고(물건을 지배할 수 있는 권원의 유무는 묻지 않음), 본권은 물건을 지배할 수 있는 권리이다(사실상의 지배 유무는 묻지 않음).

(2) 소유권과 제한물권

본권에는 소유권과 제한물권이 있다. 소유권은 물건을 전면적으로 지배할 수 있는 권리이고(완전물권), 그 밖의 물권(소유권·점유권 이외의 물권)은 물건의 가치를 일부만 지배할 수 있는 권리이다.

(3) 용익물권과 담보물권

제한물권은 다시 용익물권과 담보물권으로 나누어진다. 용익물권은 물건이 가지는 사용가치의 지배를 목적으로 하는 것이고, 담보물권은 교환가치의 지배를 목적으로 하는 것이다. 용익물권에는 지상권·지역권·전세권이 있고, 담보물권에는 유치권·질권·저당권이 있다. 다만, 전세권은 본질적으로는 용익물권이나, 담보물권의 성질도 가지고 있다.

(4) 부동산물권과 동산물권

8가지 물권 가운데 점유권·소유권·지상권·지역권·전세권·유치권·저당권은 부동산 위에 성립할 수 있는 부동산물권이고, 점유권·소유권·유치권·질권은 동산물권이다.

B-13

2. 특별법상의 물권

공장저당권(「공장 및 광업재단 저당법」 3조 이하), 공장재단저당권(「공장 및 광업재단 저당법」 10조 이하), 소형 선박저당권(「자동차 등 특정동산 저당법」 3조), 자동차저당권(「자동차 등 특정동산 저당법」 3조), 동산담보권·채권담보권·지식재산권담보권(「동산·채권 등의 담보에 관한 법률」), 가등기담보권·양도담보권·매도담보권(「가등기담보 등에 관한 법률」) 등이 있다.

특별사법인 상법상의 물권으로 상사유치권·상사질권·주식질권·선박저당권·선박채권자의 우선특권 등이 있으나, 이는 실질적 물권법에 의한 것이 아니다.

3. 관습법상의 물권

1) 분묘기지권(B-204 이하 참조)

2) 관습법상의 법정지상권(B-206 이하 참조)

제 4 절 물권의 효력

Ⅰ. 개 관

B-14

물권의 효력이란 물권의 내용을 실현하게 하기 위하여 물권에 대하여 법이 인정하는 힘이라고 할 수 있다. 물권의 효력은 크게 대내적 효력과 대외적 효력으로 나누어진다. 대내적 효력은 물건에 대한 직접적인 지배력이고, 대외적 효력은 권리불가침적 효력이다. 그 가운데 대내적 효력의 구체적인 내용은 각종의 물권에 따라 크게 차이가 있으며, 공통적인 것으로는 다른 물권이나 채권에 우선하는 효력 즉 우선적 효력이 있는 정도이다. 그에 비하여 대외적 효력은 타인이 물권을 침해한 경우에 그것은 당해 물권자에 대한 불법행위로 되어 물권자가 손해배상청구권을 가지게 되고(때에 따라서는 불법행위로 되지 않은 경우에 부당이득 반환청구를 할 수도 있다) 또 그것과 별도로 물권자는 침해를 배제하거나 그 예방을 청구할 수 있다는 것(물권적 청구권)으로서, 이들은 모든 물권에 공통한 효력이다. 그러고 보면 물권의 효력 중에는 우선적 효력·불법행위의 성립·물권적 청구권이 모든 물권에 공통하는 효력인 셈이다. 그런데 문헌들은 한결같이 우선적 효력과 물권적 청구권만을 물권의 일반적인 효력으로 기술하고 있다.

Ⅱ. 우선적 효력

B-15

우선적 효력은 어떤 권리가 다른 권리에 우선하는 효력을 말한다. 물권의 우선적 효력에는 다른 물권에 대한 우선적 효력과 채권에 대한 우선적 효력이 있다.

1. 물권 상호간의 우선적 효력(다른 물권에 대한 우선적 효력)

(1) 물권은 배타적인 지배권이다. 따라서 동일한 물건 위에 같은 내용(성질·범위·순위)의 물권이

동시에 둘 이상 성립할 수는 없다. 그러나 내용이 다른 물권은 병존할 수 있다. 예컨대 동일한 토지 위에 소유권과 제한물권, 지상권과 저당권이 성립할 수 있다. 이들 가운데 동일한 토지 위에 소유권과 제한물권이 병존하는 때에는, 제한물권이 존재하는 동안에는 당연히 소유권이 제한을 받게 된다. 그러나 물권들이 동일한 물건 위에 병존하는 그 밖의 경우에는, 그들 사이에서는 시간적으로 먼저 성립한 물권이 후에 성립한 물권에 우선하게 된다(시간에 있어서 앞서면 권리에 있어서 강하다. 「prior tempore, potior iure」). 이를 가리켜 물권 상호간의 우선적 효력이라고 한다.

(2) 점유권은 현재의 사실상의 지배관계에 기한 권리이기 때문에 우선적 효력이 인정될 여지가 없다.

(3) 때에 따라서는 법률이 특수한 권리를 보호하기 위하여 특별히 순위를 정하고 있는 경우가 있는데, 그때에는 시간적 순서에 의하지 않고 법률에 의하여 순위가 정해진다. 주택임대차보호법상의 소액의 보증금·전세금의 우선특권(동법 8조·12조) 등이 그 예이다.

B-16

2. 채권에 우선하는 효력

(1) 어떤 물건에 대하여 물권·채권이 병존하는 경우에는 물권이 우선한다. 예컨대 A가 그의 토지를 B에게 매도하거나 임대차한 뒤 그 토지를 C에게 매도하여 소유권을 이전해 준 경우에는, B는 동일한 토지에 관하여 소유권이전청구권 또는 임차권이라는 채권을 가지고 C는 소유권이라는 물권을 가지게 되는데, 이때 C의 소유권이 B의 채권에 우선하게 된다.

(2) 물권이 채권에 우선하는 효력에도 예외가 있다. 부동산 물권변동을 목적으로 하는 청구권(채권)(예: 매매에 의한 매수인의 소유권이전청구권)을 가등기한 경우(부등법 6조 2항 참조) 등이 그 예이다.

(3) 이 효력은 채무자가 파산하거나 강제집행당하는 때에 크게 작용한다. 즉 그러한 때에 물권자는 채무자의 일반채권자에 우선하게 된다.

B-17

Ⅲ. 물권적 청구권

1. 의 의

물권적 청구권은 물권의 내용의 실현이 어떤 사정으로 말미암아 방해당하고 있거나 방해당할 염려가 있는 경우에 물권자가 방해자에 대하여 그 방해의 제거 또는 예방에 필요한 일정한 행위(작위 또는 부작위)를 청구할 수 있는 권리이다. 민법은 물권적 청구권을 소유권과 점유권에 관하여 규정을 하고(213조·214조·204조 내지 207조), 소유권에 관한 규정을 다른 물권에 준용하고 있다(290조·301조·319조·370조).

2. 종 류

B-18

(1) 기초가 되는 물권에 의한 분류

물권적 청구권은 그 기초가 되는 물권이 무엇인가에 따라, 점유권에 기한 물권적 청구권과 본권에 기한 물권적 청구권으로 나누어진다.

(2) 침해의 모습에 의한 분류

물권적 청구권은 그 전제가 되는 침해의 모습에 따라 반환청구권, 방해제거청구권, 방해예방청구권으로 나누어진다. 그런데 점유권과 소유권에 기한 물권적 청구권에는 이들 세 권리가 모두 인정되지만, 다른 물권의 경우에는 그렇지 않을 수도 있다. 한편, 명문의 규정은 없지만 유사한 권리로 수거허용청구권을 인정할 것인가가 문제된다.

1) 물권적 반환청구권 타인이 권원 없이 물권의 목적물을 전부 점유하고 있는 경우에 그 반환을 청구할 수 있는 권리이다. 물권자가 점유를 잃은 이유는 묻지 않는다.

2) 물권적 방해제거청구권 타인이 물권의 내용실현을 전부 점유 이외의 방법으로 방해하고 있는 경우에 그 방해의 제거를 청구할 수 있는 권리이다. 이 권리가 발생하기 위한 방해의 전형적인 예는 방해자에 의한 일부점유이나, 방해자가 반드시 일부점유의 방법으로 방해하여야 하는 것은 아니다. 이 권리는 보통 부동산에 관하여 발생한다.

3) 물권적 방해예방청구권 물권의 내용실현이 현재 방해당하고 있지는 않지만 장차 방해받을 염려가 있는 경우에 그 방해의 예방에 필요한 행위를 청구할 수 있는 권리이다. 이 권리도 주로 부동산에 관하여 발생한다.

4) 수거허용청구권(收去許容請求權) 근래에 일부 견해는 우리 민법상 독일과 같은 명문규정(독일민법 867조·1005조)은 없지만 위의 세 가지의 권리 외에 수거허용청구권이 인정되어야 한다고 주장한다(사견도 같음). 그 논의는 주로, 예컨대 제3자인 병이 갑의 물건을 을의 토지에 놓고 간 경우를 둘러싸고 행하여진다.

3. 특 수 성

B-19

(1) 물권적 청구권의 성질

물권적 청구권의 성질에 관하여 우리의 학설은 — 표현은 다소 다르지만 실질적으로는 일치하여 — 물권의 효력으로서 발생하는 청구권이라고 한다.

(2) 물권적 청구권의 특이성

1) 물권적 청구권은 특정인에 대한 청구권이라는 점에서 채권적 청구권과 같지만, 상대방인 의무자가 처음부터 특정되어 있지 않다는 점에서 그것과 다르다.

2) 물권적 청구권은 물권에 의존하는 권리이어서 언제나 물권과 운명을 같이하며, 물권의 이전·소멸이 있으면 그에 따라 물권적 청구권도 이전·소멸한다.

3) 물권이 채권에 우선하기 때문에 물권적 청구권은 채권적 청구권에 우선한다.

4) 물권적 청구권의 소멸시효 물권적 청구권이 물권으로부터 독립하여 소멸시효에 걸리는지가 문제된다.

(가) 학 설 여기에 관하여는 다음의 세 가지 견해가 대립한다.

i) 긍 정 설 물권적 청구권은 소유권에 기한 것이라도 민법 제162조 제2항이 규정하는 재산권에 해당하므로 20년의 시효에 걸린다고 하는 견해이다.

ii) 부 정 설 물권적 청구권은 그 기초가 되는 물권과 독립하여 소멸시효에 걸리지 않는다는 견해이다(사견도 같음).

iii) 제한적 긍정설 소유권에 기한 물권적 청구권은 소멸시효에 걸리지 않으나, 제한물권에 기한 물권적 청구권은 소멸시효에 걸린다고 한다.

(나) 판 례 판례는 소유권에 기한 물권적 청구권에 관하여 소멸시효의 대상이 아니라고 한다(대판 1982. 7. 27, 80다2968 등).

B-20

4. 발생요건

물권적 청구권의 발생요건은 각각의 물권적 청구권에 따라 다르나, 공통적인 것으로 다음 두 가지를 들 수 있다.

(1) 침해사실

물권을 침해하거나 침해할 염려가 있을 것이 필요하다.

(2) 침해의 위법성

물권의 내용실현을 방해하고 있더라도 그것이 정당한 권리에 의한 것일 때에는 물권적 청구권은 발생하지 않는다. 예컨대 임차인이 목적물을 점유하고 있는 경우에 그렇다.

(3) 고의 · 과실 불문

그 밖에 침해자의 고의·과실은 묻지 않는다.

5. 당 사 자

(1) 물권적 청구권자

물권적 청구권자는 현재 침해를 당하고 있거나 또는 침해당할 염려가 있는 물권자이다. 물권자이기만 하면 그가 목적물을 직접 점유하고 있을 필요는 없다.

(2) 청구권 행사의 상대방

상대방은 「현재」 물권을 침해하고 있거나 또는 침해당할 염려가 있는 상태를 발생시키고 있는 자이다. 따라서 과거에는 침해하였지만 현재에는 침해하고 있지 않은 자는 상대방이 아니다. 예컨대 A의 토지에 B가 무단으로 건축을 한 뒤 C에게 건물을 매도한 경우에는, B는 상대방이 아니고 C가 상대방이 된다.

6. 비용부담 문제

B-21

물권적 청구권을 행사하는 경우에 누가 그 비용을 부담하여야 하는지가 문제된다.

(1) 학 설

i) 행위청구권설 물권적 청구권은 상대방에 대하여 적극적인 행위를 청구할 수 있고, 따라서 이때의 비용은 방해자의 고의·과실을 불문하고 언제나 방해자가 부담한다는 견해이다. 문헌에 따라서는 이 견해를 취하면서 다른 설명을 덧붙이기도 한다. 그중 하나는, 물권적 청구권은 순수 행위청구권이라고 하고, 비용도 상대방이 부담한다고 하면서, 다만 수거허용청구권이 인정되어야 할 것이라고 주장한다(이 견해는 결과에서는 사견과 같음).

ii) 행위청구권설의 수정설 원칙적으로 행위청구권설의 입장을 취하면서 반환청구의 경우에 예외를 인정하는 견해이다. 즉 물권적 청구권은 원칙적으로 행위청구권인데, 반환청구의 경우 그 상대방인 현재의 점유자가 스스로 점유를 취득한 것이 아닌 때에는 예외적으로 상대방에 대하여 인용만을 청구할 수 있다고 한다.

iii) 책 임 설 방해상태가 상대방의 유책사유에 의하여 생긴 때에는 상대방에 대하여 적극적인 배제행위, 따라서 그 비용부담도 청구할 수 있으나, 상대방에게 책임없는 사유로 생긴 때에는 물권자 자신이 그 방해를 제거하는 것을 상대방에게 인용케 하는 데 그치고, 그 비용도 물권자가 부담한다는 견해이다.

(2) 판 례

우리 판례는 얼마 전까지 비용부담에 관하여는 태도를 명백히 밝힌 바가 없었다. 그러면서 물권적 청구권이 행위청구권임은 분명히 하고 있다(대판 1999. 7. 27, 98다47528 등 참조). 그러한 판례에 의할 경우 상대방이 비용을 부담하게 될 것이다. 그런데 얼마 전에 대법원은, 제214조의 규정에 의하여 소유자는 방해제거 행위·방해예방 행위·손해의 배상에 대한 담보 지급을 청구할 수 있으나, 제214조에 기하여 방해배제 비용 또는 방해예방 비용을 청구할 수는 없다고 하고, 이어서 향후 소유권에 대한 방해가 예상되는 경우 소유자는 방해제거나 예방을 위한 구체적인 행위를 명하는 집행권원을 받아 상대방이 이를 자발적으로 이행하지 않는 경우 이를 강제집행하고 그 집행비용을 상환받으면 된다고 하였다(대판 2014. 11. 27, 2014다52612). 이 판결은 물권적 청구권 행사의 경우의 비용부담에 대하여 기존의 판례와 다른 입장을 취한 것이 아니며, 단지 그 근거에 대해서만 물권적 청구권 규정이 아니고 집행비용의 문제라고 상세하게 판시한 것으로 생각된다.

물권의 변동

제1절 서 설

B-22

Ⅰ. 물권변동의 의의 및 모습

(1) 물권변동의 의의

물권의 발생·변경·소멸을 통틀어서 물권의 변동이라고 한다. 물권의 변동은, 물권의 주체를 중심으로 하여 보면, 물권의 취득·상실·변경 즉 「득실변경(得失變更)」이 된다(186조 참조).

(2) 물권변동의 모습

물권변동의 모습은 민법총칙 부분에서 설명한 권리변동의 모습과 마찬가지이므로 중복을 피하는 의미에서 여기서는 생략하기로 한다(A-44·45 참조). 권리변동의 모습 가운데 물권에 해당하는 것만 추리면 물권변동의 모습이 된다.

B-23

Ⅱ. 물권변동의 종류

물권변동은 여러 가지 표준에 의하여 종류를 나눌 수 있다. 그런데 중요한 것은 다음의 두 가지이다.

(1) 부동산 물권변동과 동산 물권변동

부동산물권과 동산물권은 공시방법이 다르다(등기와 점유 내지 인도). 따라서 물권변동의 방법도 둘은 크게 차이가 있다. 그 결과 물권변동은 변동하는 물권이 부동산물권인가 동산물권인가에 따라 부동산 물권변동과 동산 물권변동으로 나눌 수 있다. 민법도 부동산 물권변동과 동산 물권변동을 구별하여 전자에 대하여는 제186조·제187조에서, 그리고 후자에 대하여는 제188조 내지 제190조에서 따로 규율하고 있다.

(2) 법률행위에 의한 물권변동과 법률행위에 의하지 않는 물권변동

물권변동을 일으키는 법률요건에는 가장 중요한 법률행위 외에도 민법상의 것으로 취득시효(245조 이하)·선의취득(249조) 등이 있고, 기타의 법률상의 것으로 경매(민사집행법 135조·268조 등) 등이 있으며, 그 밖에 일정한 판결(187조 참조)·건물의 신축과 멸실 등도 있다.

이처럼 법률요건에는 여러 가지가 있으나, 그 가운데에 당사자가 원하는 대로 법률효과가 생기는 것은 오직 법률행위 하나밖에 없으며, 나머지의 경우에는 당사자의 의사와는 관계없이 법률효과가 생긴다. 그 때문에 물권변동도 법률행위에 의한 것과 나머지에 의한 것은 서로 다른 원리와 모습을 보이게 된다. 그리하여 물권변동은 법률행위에 의한 물권변동과 법률행위에 의하지 않는 물권변동으로 나눌 수 있다. 그리고 이 구별은 부동산 물권변동과 동산 물권변동 각각에 대하여 행할 수 있다.

법률행위에 의하지 않는 물권변동은 흔히 제187조의 문언을 참고하여 법률의 규정에 의한 물권변동이라고 하기도 한다.

Ⅲ. 물권의 변동과 공시(公示)

B-24

물권에는 배타성이 있어서 동일한 물건 위에 병존할 수 없는 물권이 둘 이상 성립할 수 없다. 그리고 물권은 원칙적으로 현실적인 지배 즉 점유를 요소로 하지 않는 관념적인 권리로 되어 있다(특히 소유권·저당권이 그렇다). 따라서 물권을 거래하는 자가 예측하지 못한 손해를 입지 않으려면, 거래 객체인 물건 위에 누가 어떤 내용의 물권을 가지고 있는지를 알 수 있어야 한다. 여기서 물권거래의 안전을 위하여 물권의 귀속과 내용(즉 현상(現狀))을 널리 일반에게 알리는 이른바 공시가 필요함을 알 수 있다. 그리하여 근대법은 물권의 현상을 외부에서 알 수 있도록 일정한 표지(標識)에 의하여 일반에게 공시하고 있는데, 그러한 표지를 공시방법이라고 한다. 우리의 법률과 판례도 다음과 같은 일정한 공시방법을 인정하고 있다.

(1) 부동산물권의 공시제도

우리 법에 있어서 부동산물권은 공적 기록에 부동산에 관한 일정한 권리관계를 기록하는 「부동산등기」에 의하여 공시된다.

(2) 동산물권의 공시제도

동산물권의 공시방법은 점유 내지 인도(점유의 이전)이다. 그러나 동산 가운데 몇 가지에 대하여는 예외적으로 등기 또는 등록에 의하여 공시하는 것을 인정하고 있다(선박·자동차·항공기·경량항공기·일정한 건설기계).

(3) 그 밖의 공시제도

「입목에 관한 법률」에서는 입목에 관하여 등기라는 공시방법을 인정하고 있다(동법 2조). 그리고 판례는 명인방법을 수목의 집단과 미분리과실의 공시방법으로 삼고 있다.

B-25

Ⅳ. 공시(公示)의 원칙과 공신(公信)의 원칙

1. 서 설

공시제도 내지 공시방법이 그 기능을 다하게 하기 위하여서는 다음과 같은 공시의 원칙과 공신의 원칙을 인정하여야 한다. 그런데 모든 국가가 이 두 원칙을 채용하고 있는 것은 아니다. 우리 민법은 부동산에 관하여는 공시의 원칙만을 인정하고 있고, 동산에 관하여는 두 원칙 모두를 인정하고 있다.

2. 공시의 원칙

(1) 물권의 변동은 공시방법에 의하여 공시하여야 한다는 원칙이다. 예컨대 A가 그의 토지의 소유권을 B에게 이전하려면 등기(소유권 이전등기)를 하여야 하고, C가 그의 시계의 소유권을 D에게 이전하려면 인도(점유의 이전)를 하여야 한다는 것이다. 공시의 원칙은 그 자체가 물권을 취득하려고 하는 제3자 내지 거래의 안전을 보호하기는 하나, 거래의 안전을 보다 확실하게 보호하는 것은 뒤에 보는 공신의 원칙이다. 그리고 그 공신의 원칙이 인정되려면 공시방법의 정확성을 위하여 그 전제로서 공시의 원칙이 필요하게 된다.

(2) 오늘날의 법제는 한결같이 공시의 원칙을 실현하기 위하여 강제하는 방법을 사용하고 있다. 그런데 그 방법에는 두 가지가 있다. ① 하나는 공시방법을 갖추지 않으면 제3자에 대한 관계에 있어서는 물론이고 당사자 사이에서도 물권변동이 생기지 않게 하는 것이고, ② 다른 하나는 의사표시만 있으면 공시방법이 갖추어지지 않아도 당사자 사이에서는 물권변동이 일어나지만, 공시방법이 갖추어지지 않는 한 그 물권변동을 가지고 제3자에게 대항하지 못하게 하는 것이다. 앞의 것을 성립요건주의 또는 형식주의라고 하며, 뒤의 것을 대항요건주의 또는 의사주의라고 한다. 우리 민법과 독일민법·스위스민법은 성립요건주의를 취하고 있으나, 프랑스민법과 일본민법은 대항요건주의를 취하고 있다.

B-26

3. 공신의 원칙

(1) 의 의

공시방법(등기·점유 등)에 의하여 공시된 내용을 믿고 거래한 자가 있는 경우에 그 공시방법이 진실한 권리관계와 일치하고 있지 않더라도 그 자의 신뢰를 보호하여야 한다는 원칙이다. 이 원칙이 인정되어 있다면, 예컨대 A의 토지에 관하여 B가 그 토지를 A로부터 매수한 것처럼 서류를 위조하여 자신의 이름으로 소유권이전등기를 한 뒤에 C에게 이를 매도한 경우에, C가 B의 소유권등기를 진실한 것으로 믿고 있었을 때에는(그 밖의 요건도 필요함), C는 그 토지의 소유권을 유효하게 취득하게 된다.

공신의 원칙이 인정되어 있으면 물건의 매수인 기타 물권을 거래하는 자는 공시방법을 믿고 거래하면 설사 공시방법이 실제의 권리관계와 일치하지 않더라도 권리를 취득하게 되어, 거래의 안전이 보호된다. 그런가 하면 공시방법이 실제의 권리관계와 일치하는지를 따로 조사할 필요도 없어서 거래의 신속도 기할 수 있게 된다.

(2) 우리 법에서의 공신의 원칙

우리나라는 공신의 원칙을 부동산거래에 관하여서는 인정하지 않고, 동산거래에 관하여서만 인정하고 있다(249조 참조).

물권변동은 서론적인 설명이 끝난 뒤에는 부동산 물권변동, 동산 물권변동을 차례로 살펴보아야 한다. 그리고 그 내부에서 법률행위에 의한 것과 기타에 의한 것을 나누어 다루어야 한다. 그런데 부동산과 동산의 물권변동의 어느 것에 있어서나 법률행위에 의한 물권변동에는 법률행위 즉 「물권행위」가 공통하게 된다. 따라서 각각의 물권변동에 앞서서 공통적인 사항인 물권행위를 기술하는 것이 필요하다. 그런가 하면 「부동산등기」는 그것이 「법률행위에 의한 부동산 물권변동」의 요건이기 때문에 등기의 일반적인 설명도 체계상으로는 그 물권변동의 아래에서 하는 것이 마땅하나, 그렇게 되면 물권변동에 관한 논의의 초점이 흐려질 가능성이 커서, 이해의 편의를 위하여 체계를 다소 누그러뜨려 개별적인 물권변동의 앞에서 논의하려고 한다.

제 2 절 물권행위

Ⅰ. 물권행위의 의의

B-27

1. 개 념

(1) 개념정의

물권변동을 일으키는 법률요건에는 여러 가지가 있으나, 그 가운데 법률행위가 가장 중요하다. 우리 민법상 당사자가 원하는 대로 물권변동이 일어나는 경우는 법률행위밖에 없기 때문이다. 그런데 물권변동을 일으키는 법률행위가 바로 물권행위이다.

물권행위의 개념정의에 관하여는 학설이 나뉘어 있는데, 다수설은 직접 물권의 변동을 목적으로 하는 의사표시를 요소로 하는 법률행위라고 한다(사견도 같음).

(2) 채권행위와의 구별

물권행위와 채권행위는 서로 대립하는 개념이지만, 둘은 밀접한 관계에 있다. 일반적으로 채권행위가 있은 후에 그것의 이행으로서 물권행위가 행하여지기 때문이다. 예컨대 토지의 매매계약이라는 채권행위를 한 뒤, 그에 기하여 매도인이 부담하는 소유권이전채무를 이행하기 위하여 소유권이전의 합의라는 물권행위를 하는 것이다. 이와 같이 채권행위의 이행으로서 물권행위가 행하여지는 경우, 즉 채권행위가 물권행위의 원인(causa)이 되는 경우에, 그 채권행위를 물권행위의 원인행위라고 한다. 주의할 것은, 언제나 채권행위가 있고 그것을 전제로 하여 물권행위가 행하여지는 것은 아니라는 점이다. 거래의 실제에 있어서는 채권행위와 물권행위가 하나로 합하여져 행하여지는 때도 있으며(예: 동산의 현실매매), 채권행위가 없이 물권행위만 행하여지는 때도 있다(예: 소유권의 포기).

B-28 (3) 물권행위의 종류

법률행위가 단독행위·계약·합동행위로 나누어지므로(A-61·62 참조), 물권행위에도 물권적 단독행위·물권계약·물권적 합동행위가 있게 된다.

물권의 포기 등은 물권적 단독행위에 해당한다.

물권행위의 대부분을 차지하고, 그리하여 가장 중요한 것은 물권계약이다. 물권계약은 좁은 의미의 계약인 채권계약과 구별하기 위하여 합의 즉 물권적 합의라고 하는 때가 많다(그러나 지상권·저당권설정계약 등과 같이 계약이라는 표현도 적지 않게 사용된다. 그 의미에 관하여는 B-195 참조). 소유권이전의 합의가 그 예이다.

그리고 공유자의 소유권포기는 물권적 합동행위에 해당한다.

(4) 처분행위로서의 성질

물권행위는 처분행위이다(A-64 참조). 따라서 그것이 유효하기 위하여서는 처분자에게 처분권한이 있어야 한다. 처분권한이 없는 자가 타인의 물건을 처분하는 경우에는 그 처분행위는 무효이다. 그러나 처분권자가 사후에 추인을 하면 처분행위는 소급해서 유효한 것으로 된다(이설 없음).

2. 방 식

물권행위가 일정한 방식에 따라서 하여야 하는 요식행위인가에 관하여는 학설이 대립하고 있는데, 다수설은 불요식행위라고 한다(사견도 같음).

3. 적용법규

물권행위도 법률행위이므로 민법 총칙편의 법률행위에 관한 규정은 모두 물권행위에 적용된다.

물권행위 중 물권적 합의는 일종의 계약이므로, 그에 관하여는 민법 채권편의 계약의 성립에 관한 규정이 유추적용되어야 한다. 그러나 그 밖의 채권편의 규정은 원칙적으로 물권행위에 적용되지 않는다.

Ⅱ. 물권행위와 공시방법

B-29

1. 「법률행위에 의한 물권변동」에 관한 두 가지 입법례

법률행위 즉 물권행위에 의한 물권변동이 어떤 요건이 갖추어지는 때에 일어나는가에 관하여는 크게 두 가지의 입법례가 대립하고 있다. 프랑스민법과 독일민법의 태도가 그것이다.

⑴ 대항요건주의(의사주의)

프랑스민법에서는 당사자의 의사표시 즉 물권행위만 있으면 공시방법을 갖추지 않아도 물권변동이 일어난다. 그런데 이러한 태도에 의하면 제3자에게 예측하지 못한 손해가 생길 가능성이 있기 때문에 프랑스민법은 거래의 안전을 보호하기 위하여 보완책을 강구하고 있다. 즉 동산물권에 관하여는 공신의 원칙을 인정하고(동법 1141조), 부동산물권에 관하여는 공시방법을 갖추어야만 물권변동을 가지고 제3자에게 대항할 수 있도록 한다. 프랑스민법의 이러한 태도를 대항요건주의(공시방법이 물권변동을 가지고 제3자에 대하여 대항할 수 있는 요건이라는 의미에서)·의사주의(물권변동이 의사표시만으로 일어난다는 의미에서)·불법주의라고 한다.

프랑스민법과 더불어 일본민법이 대항요건주의를 채용하고 있다(일본민법 178조). 그런데 일본민법은 동산 물권변동에 관하여도 인도를 대항요건으로 하는 점에서 프랑스민법과 다르다.

⑵ 성립요건주의(형식주의)

독일민법에서는 당사자의 의사표시 즉 물권행위뿐만 아니라 등기·인도 등의 공시방법까지 갖추어져야만 비로소 물권변동이 일어난다. 그리하여 공시방법을 갖추지 않는 한 제3자에 대한 관계에서는 물론이고 당사자 사이에서도 물권변동은 일어나지 않는다. 이러한 독일법의 태도는 성립요건주의(공시방법이 물권변동의 성립요건이라는 의미에서)·형식주의(물권변동이 일어나려면 등기·인도와 같은 형식을 갖추어야 한다는 의미에서)·독법주의라고 한다.

성립요건주의는 오스트리아민법·스위스민법에 의하여서도 채용되고 있다.

⑶ 두 입법주의의 비교

B-30

사례를 가지고 두 입법주의의 차이점을 보기로 한다.

1) 부동산매매의 경우 예컨대 A가 B에게 토지를 팔기로 하는 매매계약을 체결하고 아직 B의 명의로 등기를 하지 않았다고 하자.

이때 대항요건주의에 의하면 B는 토지의 소유권을 취득한다(물권행위는 채권행위 속에 포함되어 있는 것으로 해석된다).

그러나 그것은 당사자 사이 즉 A·B 사이에서만 그렇다. B가 소유권취득이라는 물권변동을 가지고 제3자에게 대항할 수 있으려면 그의 명의로 등기를 하였어야 한다. 따라서 위의 경우에 A가 C에게 그 토지를 다시 팔고 C에게 먼저 등기를 이전해 주면 C가 확정적으로 소유권을 취득하게 되고, B는 소유권을 가지고 C에게 대항하지 못한다(그 결과 A·B 사이에서는 B가 소유자이나, B·C 사이에서는 C가 소유자로 된다).

다음에 성립요건주의에 의하면 A·B 사이의 계약만으로는 A·B 사이에서조차 소유권의 변동은 일어나지 않는다. 그리고 B가 그의 명의로 등기를 하는 때에 그는 당사자 사이에서나 제3자에 대한 관계에서나 처음으로, 또한 확정적으로 소유권을 취득하게 된다.

이와 같이, 대항요건주의에서는 — 부동산물권 거래의 경우 — 법률관계가 당사자 사이의 관계와 제3자에 대한 관계로 분열하여 복잡한 모습을 보이게 된다. 그에 비하여 성립요건주의에서는 법률관계가 공시방법까지 갖추어졌는지 여부에 의하여 획일적으로 정하여지며, 당사자 사이의 관계와 제3자에 대한 관계로 나누어지지 않는다.

B-31 2) 동산매매의 경우 예컨대 A가 그의 시계를 B에게 팔기로 하는 매매계약을 체결하고 아직 그 시계를 B에게 인도해 주지 않았다고 하자.

이때, 프랑스민법에 의하면 B는 시계의 소유권을 취득하게 된다. 그리고 그 소유권취득은 제3자에 대한 관계에서도 일어난다(프랑스법은 동산인도는 대항요건으로 하지 않기 때문이다). 다만, 그 경우에 A가 그 시계를 사정을 모르는 C에게 다시 팔고 C에게 인도해 주었다면, 그때에는 C가 시계의 소유권을 취득하게 되고, 반사적으로 B는 소유권을 잃게 된다. 여기서 C가 소유권을 취득하게 되는 것은 공신의 원칙 때문이다. 그러나 동산의 인도도 대항요건으로 하는 일본민법에 의하면, 앞의 부동산의 경우와 마찬가지로, C가 대항요건을 먼저 갖추게 되었으므로 B는 그의 소유권취득을 가지고 C에게 대항하지 못하게 된다.

한편 성립요건주의에 의하면 위의 사례에서 B는 시계의 소유권을 취득하지 못한다. 그가 시계의 소유권을 취득하려면 시계를 인도받아야 한다. 그때 비로소 A·B 사이에서도 소유권취득이 일어나는 것이다.

3) 주의할 점 대항요건주의와 성립요건주의의 대립은 「법률행위에 의한 물권변동」에 관한 것임을 주의하여야 한다.

B-32 2. 우리 민법의 태도

민법은 제186조·제188조에서 각각 부동산물권과 동산물권에 관하여 성립요건주의를 규정하고 있다. 그 결과 우리 민법에 있어서는 당사자의 의사표시 즉 물권행위뿐만 아니라 등기·인도라는 공시방법까지 갖추어야 비로소 당사자 사이의 관계에서도 물권변동이 일어나게 된다.

3. 물권행위와 공시방법의 관계

B-33

(1) 서 설

우리 민법상 물권행위와 공시방법이 어떤 관계에 있는지가 문제된다. 구체적으로는 먼저 물권적 의사표시와 공시방법이 합하여져 물권행위를 이루는가가 문제되고, 만약 이것이 부인된다면 공시방법은 어떤 법률적 성질을 가지는 것인가가 문제된다.

(2) 학 설

학설은 크게 i) 물권적 의사표시와 공시방법이 합하여져 물권행위를 이룬다는 견해와 ii) 물권적 의사표시만이 물권행위를 이룬다는 견해(사견도 같음) 등으로 나누어진다. 그리고 i)설은 다시 (a) 등기·인도라는 공시방법은 물권행위의 형식이라고 하는 견해와 (b) 등기·인도는 물권행위를 완성하는 요소라는 견해로 세분되며, ii)설은 (a) 공시방법은 물권행위의 효력발생요건이라는 견해, (b) 공시방법은 물권행위 이외에 법률에 의하여 요구되는 물권변동의 또 하나의 요건이라는 견해(사견도 같음)로 세분된다.

(3) 판 례

대법원판결 가운데에는 동산의 선의취득과 관련하여 물권행위가 인도에 의하여 완성되는 것처럼 표현한 것이 있으나(대판 1991. 3. 22, 91다70), 그 판결에서도 물권적 합의를 인도와 구분하고 있는 점에서 i)설의 태도를 취하고 있다고 보기는 어렵다.

Ⅲ. 물권행위의 독자성

B-34

1. 서 설

(1) 물권행위가 그 원인이 되는 채권행위와 별개의 행위로 행하여지는가가 문제된다. 이것이 물권행위의 독자성의 문제이다.

주의할 것은, 물권행위의 독자성을 부인한다고 하여 물권행위의 개념 자체, 채권행위를 전제로 하지 않는 물권행위의 존재, 또는 채권행위와는 별도로 물권행위가 행하여질 수 있음을 부정하는 것은 아니라는 점이다. 그리고 독자성을 인정한다고 하여 채권행위와 물권행위가 하나의 행위로 합하여져 행하여질 수 없다고 하는 것도 아니다. 물권행위의 독자성 인정 여부는 물권행위의 시기가 명백한 경우에는 문제되지 않으며, 그 시기가 불분명한 때(예: 「토지를 매각한다」는 계약을 체결한 경우)에 한하여 문제된다.

(2) 물권행위의 독자성은 물권변동에 관한 입법주의와는 논리필연적인 관계에 있지 않다. 즉 대항요건주의에서 독자성이 문제될 수도 있고(예: 일본 민법), 성립요건주의에서 독자성이 부정될 수도 있다(예: 오스트리아 민법).

2. 학설 · 판례

(1) 학 설

독자성에 관하여 학설은 i) 인정설과 ii) 부정설(사견도 같음)로 나뉘어 있다. 그리고 인정설은 대체로 부동산물권의 경우 등기서류를 교부한 때 물권행위가 행하여진 것으로 해석한다. 그에 비하여 부정설은 물권행위는 보통 채권행위 속에 포함되어서 행하여진다고 한다.

(2) 판 례

판례는, 계약이 해제된 경우에 변동되었던 물권이 당연히 복귀하는가가 문제된 사안에서, 우리의 법제가 물권행위의 독자성을 인정하고 있지 않다고 한다(대판 1977. 5. 24, 75다1394).

B-35 Ⅳ. 물권행위의 무인성(無因性)

1. 의 의

채권행위가 행하여지고 그 이행으로서 물권행위가 따로 독립해서 행하여진 경우에, 그 원인행위인 채권행위가 존재하지 않거나 무효이거나 취소 또는 해제되는 때, 그에 따라서 물권행위도 무효로 되는지가 문제된다. 이것이 물권행위의 무인성(추상성)의 문제이다. 이에 대하여 물권행위도 무효로 된다고 하는 것은 유인론(유인설)이고, 물권행위는 무효로 되지 않는다고 하는 것은 무인론(무인설)이다.

예컨대 A가 그의 토지를 B에게 팔면서, 둘 사이의 합의에 따라 먼저 A가 그 토지의 소유권을 이전하여 주고 B가 그 토지를 담보로 융자를 받아 잔금을 지급하기로 약속하였는데, B가 융자를 받은 후 잔금을 지급하지 않아 A가 채무불이행을 이유로 매매계약을 해제한 경우에, A의 해제에 의하여 A·B 사이의 매매계약은 소급하여 무효로 된다(계약해제의 효과에 관한 직접효과설의 입장). 그때 A·B 사이에 있었던 소유권이전의 합의(물권행위)의 효력은 어떻게 되는지가 문제되는데, 무인론에 의하면 소유권이전의 합의는 채권행위에 영향을 받지 않아 여전히 유효하게 되나, 유인론에 의하면 그 합의도 무효로 된다.

물권행위의 유인·무인의 문제는 물권행위의 독자성을 인정하는 경우에 비로소 발생한다. 그러나 독자성을 인정한다고 하여 반드시 무인성까지 인정하여야 하는 것은 아니다. 나아가 유인·무인은 물권행위가 채권행위와 따로 독립하여 행하여진 때에만 문제된다. 뿐만 아니라 물권행위의 유인·무인은 채권행위에만 실효원인(失效原因)이 존재하고 물권행위에는 아무런 흠도 없는 경우에만 문제된다. 만약 물권행위에도 흠이 있으면, 유인·무인과 관계없이 그 흠 때문에 물권행위가 효력을 잃게 된다.

물권행위의 무인성을 인정하느냐 여부는 등기청구권, 계약해제, 부당이득 반환청구권

등의 해석에 크게 영향을 미친다.

2. 학설 · 판례

B-36

학설은 무인론과 유인론으로 나뉘어 대립하고 있으며, 판례는 유인론의 태도를 취하고 있다(대판 1977. 5. 24, 75다1394[핵심판례 294면]; 대판 1995. 5. 12, 94다18881 · 18898 · 18904 등).

(1) 판 례

먼저 대법원은, 물건 등 여러 가지를 양도한 계약이 해제된 경우에 그 이행으로 변동된 물권이 당연히 복귀하는가가 문제된 사안에서, 우리 법제가 물권행위의 무인성을 인정하고 있지 않다고 하면서, 계약이 해제되면 변동되었던 물권은 당연히 그 계약이 없었던 원상태로 복귀한다고 하였다(대판 1977. 5. 24, 75다1394). 이는 물권행위의 무인성을 부정하는 유인론의 입장이다.

(2) 학 설

1) 무 인 론 물권행위의 무인성을 인정하는 견해이다. 무인론은 과거 다수설이었으나 이제는 소수설로 되고 있다.

우리나라의 무인론자는 모두 상대적 무인론을 취한다. 즉 원칙적으로는 무인이지만 예외적으로 일정한 경우에는 유인으로 된다고 한다(김용한, 95면; 김학동, 59면). 그런데 어떤 경우에 유인으로 되는가에 관하여는 견해가 일치하지 않는다.

2) 유 인 론 물권행위의 무인성을 부정하고 유인성을 인정하는 견해이다. 유인론은 과거 소수설이었으나 현재에는 다수설로 되고 있다(사견도 같음).

[참고] 물권행위의 무인성에 관한 사견

사견을 정리하면 다음과 같다. 채권행위와 물권행위는 특별한 사정이 없는 한 하나의 행위로 행하여지는 것이 원칙이다(독자성 부인). 따라서 제한능력 · 의사의 흠결이나 하자는 두 행위에 모두 영향을 미친다. 그러나 이는 유인 · 무인 때문이 아니고 하자가 양자에 공통하기 때문이다. 그에 비하여 채권행위와 물권행위가 따로 행하여진 경우에는 채권행위의 부존재 · 무효 · 취소 · 해제는 반대의 특약이 없는 한 물권행위도 무효로 만들게 된다. 이는 유인론에 의한 결과이다.

제 3 절 부동산등기 일반론

I. 서 설

B-37

법률행위에 의한 부동산 물권변동이 일어나려면 법률행위(물권행위) 외에 등기라는 요건을 갖추어야 한다(186조). 또한 법률행위에 의하지 않는 부동산 물권변동은 등기 없이도 일어나나, 그 물권을 처분하려면 먼저 등기를 하여야 한다(187조). 이처럼 등기, 즉 부동산등기는 모든 부동산 물권변동에 있어서 필수적인 요건이거나 처분을 위한 요건이 된다. 그런데 여기서는 부동산 물권변동을 다루기 전에 부동산등기의 일반적인 점을 미리 살펴보려고 한다.

Ⅱ. 등기의 의의

등기(부동산등기)의 의의에는 실체법상의 것과 절차법상의 것이 있다. 실체법상 등기라고 하면 등기관이라고 하는 국가기관이 법이 정한 절차에 따라서 등기부라고 하는 공적 기록에 부동산에 관한 일정한 권리관계를 기록하는 것(보통의 경우) 또는 그러한 기록 자체(예: 부등법 32조·33조·57조·58조·92조·93조·94조 등)를 말한다. 그에 비하여 절차법상의 등기는 부동산에 관한 권리관계뿐만 아니라 부동산의 표시에 관한 기록(등기기록 중 표제부의 기록)까지도 포함한다. 등기는 신청이 있었더라도 실제로 등기부에 기록되지 않으면 존재하지 않는 것으로 된다(대결 1971. 3. 24, 71마105도 참조). 등기에 관한 주요한 법령으로는 부동산등기법과 부동산등기규칙(대법원 규칙)이 있다.

Ⅲ. 등기사무 담당기관과 등기관

1. 등기사무 담당기관

본래 등기사무를 담당하는 국가기관은 지방법원이다(법원조직법 2조 3항·3조 2항). 그런데 지방법원의 사무의 일부를 처리하게 하기 위하여 법률에 의하여 지원이 설치될 수 있고, 또 대법원규칙에 의하여 등기소가 설치될 수도 있다(법원조직법 3조 2항·3항). 그 결과 등기사무는 부동산 소재지의 지방법원, 그 지원 또는 등기소가 처리하게 된다(즉 이들이 관할등기소이다. 부등법 7조).

2. 등 기 관

등기사무는 등기소에 근무하는 법원서기관·등기사무관·등기주사 또는 등기주사보 중에서 지방법원장이 지정한 자가 처리하며, 이들을 등기관이라고 한다(부등법 11조 1항).

B-38

Ⅳ. 등기부와 대장(臺帳)

1. 등 기 부

(1) 의의 및 종류

등기부는 부동산에 관한 권리관계와 부동산의 표시에 관한 사항을 적는 공적 기록이며(부등법 2조 1호는 등기부를 「전산정보처리조직에 의하여 입력·처리된 등기정보자료를 대법원규칙으로 정하는 바에 따라 편성한 것」이라고 정의하고 있음), 그 종류에는 토지등기부와 건물등기부의 2종이 있다(부등법 14조 1항).

⑵ 1부동산 1등기기록의 원칙

등기부에는 1필의 토지 또는 1개의 건물에 대하여 1개의 등기기록(과거의 등기용지에 해당함)을 둔다(부등법 15조 1항 본문). 이를 물적 편성주의 또는 1부동산 1등기기록의 원칙이라 한다. 그런데 이러한 원칙에는 예외가 있다. 즉 1동의 건물을 구분한 건물의 경우에 그렇다(부등법 15조 1항 단서).

⑶ 등기부의 구성

B-39

등기기록은 표제부·갑구·을구로 이루어져 있다(부등규칙 13조·14조 참조). 그런데 그것 외에 부동산 고유번호도 부여된다.

1) 부동산 고유번호 부여　　등기기록을 개설할 때에는 1필의 토지 또는 1개의 건물마다, 그리고 구분건물에 대하여는 전유부분마다 부동산 고유번호를 부여하고 그것을 등기기록에 기록하여야 한다(부등규칙 12조 1항·2항).

2) 표 제 부

㈎ 표제부는 토지나 건물의 표시와 그 변경에 관한 사항을 기록하는 곳이다.

㈏ 표제부의 모습은 그것이 토지·건물·구분건물 중 어느 것의 표제부인지에 따라 차이가 있다.

토지등기기록의 표제부는 표시번호란, 접수란, 소재지번란, 지목란, 면적란, 등기원인 및 기타사항란으로 이루어져 있고, 건물등기기록의 표제부는 표시번호란, 접수란, 소재지번 및 건물번호란, 건물내역란, 등기원인 및 기타사항란으로 이루어져 있다(부등규칙 13조 1항). 그 외에 구분건물 등기기록의 표제부에 관하여는 물권법 [32] 참조.

㈐ 각 등기기록의 표제부의 표시번호란에는 표제부에 등기한 순서를 적는다.

3) 갑　　구　　갑구는 소유권에 관한 사항을 기록하는 곳이며, 순위번호란, 등기목적란, 접수란, 등기원인란, 권리자 및 기타사항란으로 이루어져 있다(부등규칙 13조 2항). 갑구의 순위번호란에는 갑구에 등기한 순서를 적는다.

4) 을　　구　　을구는 소유권 이외의 권리에 관한 사항을 기록하는 곳이며, 을구도 갑구와 마찬가지로 순위번호란, 등기목적란, 접수란, 등기원인란, 권리자 및 기타사항란으로 이루어져 있다(부등규칙 13조 2항). 그리고 을구의 순위번호란에는 을구에 등기한 순서를 적는다.

⑷ 열람 등

등기부는 부동산에 관한 권리관계를 공시하기 위한 것이므로, 일반인은 누구든지 수수료를 내고 등기기록이 기록되어 있는 사항의 전부 또는 일부의 열람과 이를 증명하는 등기사항증명서(과거의 등기부 등본 또는 초본에 해당함)의 발급을 청구할 수 있다(부등법 19조 1항 본문).

B-40

2. 대 장

부동산에 대한 과세·징세 등을 위하여 그것의 상황을 명확하게 하는 공적 장부가 대장이다. 대장에는 토지에 관한 것으로서 토지대장과 임야대장이 있고(「공간정보의 구축 및 관리 등에 관한 법률」 2조 19호·71조 참조), 건물에 관한 것으로서 건축물대장이 있다(건축법 38조). 그리고 건축물대장에는 집합건축물 이외의 건축물에 관한 「일반건축물대장」과 집합건축물에 관한 「집합건축물대장」의 둘이 있다(「건축물대장의 기재 및 관리 등에 관한 규칙」 4조).

대장의 소관청(所管廳)은 특별자치시장·시장·군수·구청장이다(「공간정보의 구축 및 관리 등에 관한 법률」 2조 18호, 건축법 38조).

3. 대장과 등기부의 관계

대장과 등기부는 내용에 있어서 일치하고 있어야 제 기능을 발휘할 수 있다. 그리하여 둘을 일치시킬 수 있도록 하는 절차를 두고 있다. 즉 부동산의 물체적 상황에 관하여는 대장의 기재를 기초로 하여 등기를 하게 하고(부등법 29조 11호 참조), 권리의 변동에 관하여는 등기부의 기재를 기초로 하여 대장을 정리하도록 한다(「공간정보의 구축 및 관리 등에 관한 법률」 84조, 「건축물대장의 기재 및 관리 등에 관한 규칙」 19조 참조)(다만, 소유권보존등기의 경우에 소유권의 확인에 관하여는 예외적으로 대장의 기재를 기초로 한다(부등법 65조 1호). 그 경우에는 그에 앞선 등기가 없기 때문이다).

B-41

V. 등기의 종류

(1) 사실의 등기·권리의 등기

사실의 등기는 등기기록 중 표제부에 하는 부동산의 표시의 등기이며, 표제부의 등기라고도 한다. 그리고 권리의 등기는 등기기록 중 갑구·을구에 하는 부동산의 권리관계에 관한 등기이다. 부동산의 권리변동의 효력은 권리의 등기에 의하여서만 발생한다.

(2) 보존등기·권리변동의 등기

보존등기는 미등기의 부동산(예: 토지의 매립이나 건물의 신축의 경우)에 관하여 그 소유자의 신청으로 맨 처음 행하여지는 소유권의 등기이다. 권리변동의 등기는 보존등기를 기초로 하여 그 후에 행하여지는 권리변동(예: 소유권이전·제한물권의 설정)에 관한 등기이다.

B-42

(3) 등기의 내용에 의한 분류

1) 기입등기 새로운 등기원인에 의하여 어떤 사항을 등기부에 새로이 기입하는 등기이며, 보통 등기라고 하면 기입등기를 의미한다(예: 소유권보존등기·소유권이전등기·저당권설정등기).

2) 경정등기(更正登記) 어떤 등기를 하였는데 그 절차에 착오 또는 빠진 부분이 있어서 「원시적으로」 등기와 실체관계가 불일치한 경우(예: 소유자 주소기재의 누락)에 이를 바로잡기 위하여 하는 등기이다(부등법 32조 1항).

3) 변경등기 어떤 등기가 행하여진 후에 등기된 사항에 변경이 생겨서 「후발적으로」 등기와 실체관계가 불일치한 경우(예: 소유자의 주소 변경)에 그 불일치를 바로잡기 위하여 하는 등기이다.

4) 말소등기 기존의 등기의 전부(일부만을 바로잡는 변경등기와 다름)를 말소하는 등기이다(부등법 55조-58조·87조 등).

5) 회복등기 기존의 등기가 부당하게 소멸한 경우에 이를 회복하는 등기이다. 현행 부동산등기법상 회복등기로는 구 등기의 전부 또는 일부가 부적법하게 말소된 때에 행하여지는 말소회복등기가 있다(부등법 59조 참조).

6) 멸실등기 부동산이 멸실되거나 존재하지 않는 건물에 등기가 있는 경우에 행하여지는 등기이다(부등법 39조·43조·44조). 멸실등기가 있으면 등기기록은 폐쇄된다(부등규칙 84조 1항·103조 1항 참조).

(4) 등기의 방법 내지 형식에 의한 분류 B-43

1) 주 등 기 이는 표시번호란(표제부의 등기의 경우) 또는 순위번호란(갑구 또는 을구의 등기의 경우)에 독립한 번호를 붙여서 하는 등기이며, 독립등기라고도 한다. 등기는 대부분 주등기이다.

2) 부기등기(附記登記) 이는 독립한 번호를 갖지 않고 기존의 어떤 등기(이를 부기등기에 대하여 주등기라고 한다. 그런데 본래의 주등기뿐만 아니라 부기등기도 다른 부기등기의 주등기로 될 수 있다)의 순위번호에 가지번호(예: 1-1, 1-1-1)를 붙여서 하는 등기이다(부등규칙 2조 참조). 부기등기는 기존의 등기와의 동일성을 유지하게 하거나(예: 변경등기·경정등기) 또는 기존의 등기의 순위를 유지하게 할 필요가 있을 때(예: 저당권의 이전등기)에 하게 한다.

(5) 등기의 효력에 의한 분류 B-44

1) 종국등기 등기의 본래의 효력 즉 물권변동의 효력(다만, 592조·621조의 경우에는 대항력)을 발생하게 하는 등기이며, 보통의 등기는 종국등기이다. 종국등기는 가등기에 대하여 본등기라고도 한다.

2) 예비등기 물권변동과는 관계가 없고 그에 대비하여 하는 등기이다. 현행법상 예비등기에는 가등기가 있다.

(개) 가등기(假登記)

(a) 의 의 가등기는 부동산 물권변동을 목적으로 하는 청구권을 보전하기 위하여 인정되는 등기이다.

가등기는 본래 청구권을 보전하기 위하여 행하여지나 변칙적으로 채권담보의 목적으로 행하여지는 때도 자주 있다. 후자의 가등기를 담보가등기라고 하며(등기부에는 「담보가등기」(예: 소유권이전 담보가등기)라고 적음. 그리고 그 원인은 「대물반환예약」이라고 기재함), 그에 대하여는 「가등기담보 등에 관한 법률」이 규율하고 있다.

(b) 요 건 가등기는 ① 장차 권리변동을 발생하게 할 청구권을 보전하려 할 때(예: 부동산매매의 경우의 매수인의 소유권이전청구권), ② 그러한 청구권이 시기부(始期附) 또는 정지조건부(停止條件附)인 때(예: 채무불이행이 생기면 토지의 소유권을 이전하기로 한 경우), ③ 그 밖에 그러한 청구권이 장래에 있어서 확정될 것인 때(예: 매매

(예약·대물변제예약에 기한 예약완결권을 행사할 수 있는 경우)에 할 수 있다(부등법 88조).

(c) 절 차 가등기도 일종의 등기이기 때문에 그 신청은 가등기권리자와 가등기의무자가 공동으로 하는 것이 원칙이다. 그러나 가등기의무자의 승낙이 있거나 가등기를 명하는 법원의 가처분명령이 있을 때에는 가등기권리자가 단독으로 신청할 수 있다(부등법 89조).

B-45

Ⅵ. 등기사항

등기사항에는 실체법상의 것과 절차법상의 것이 있다. 실체법상의 등기사항은 등기하지 않으면 사법상의 일정한 효력(권리변동의 효력이나 추정적 효력 등)이 생기지 않는 사항 즉 등기가 필요한 사항이며, 그것은 대체로 제186조·제187조에 의하여 정하여진다. 그에 비하여 절차법상의 등기사항은 부동산등기법상 등기를 할 수 있는 사항이며, 이에 해당하는 사항에 대하여는 등기능력이 있다고 표현한다. 이 두 등기사항은 일치하지 않는다. 실체법상의 것은 모두 절차법상의 것이 되나, 절차법상의 것 가운데에는 실체법상의 것이 아닌 것도 있다(예: 피담보채권의 변제에 의한 저당권 소멸의 경우, 건물 신축의 경우). 실체법상의 등기사항에 관하여는 「법률행위에 의한 부동산 물권변동」에서 보기로 하고, 여기서는 절차법상의 등기사항에 관하여만 보기로 한다.

(1) 등기되어야 할 물건

부동산 가운데 토지와 건물이 등기되어야 할 물건이다(부등법 15조 1항. 특별법상의 것으로 입목·공장재단의 재단저당 등도 있다). 그러나 토지나 건물이라도 사권의 목적이 되지 않는 것은 제외된다.

(2) 등기되어야 할 권리

등기되어야 할 권리는 부동산물권 가운데 소유권·지상권·지역권·전세권·저당권이다(부등법 3조). 그리고 권리질권(348조, 부등법 3조)·채권담보권(「동산·채권 등의 담보에 관한 법률」, 부등법 3조 7호)·부동산임차권(621조, 부등법 3조), 부동산환매권(592조, 부등법 53조)은 부동산물권은 아니지만 등기능력이 있다. 그 밖에 물권변동을 목적으로 하는 청구권에 관하여는 가등기를 할 수 있다(부등법 88조).

(3) 등기되어야 할 권리변동

등기되어야 할 권리의 「보존·이전·설정·변경·처분의 제한(예: 268조의 공유물 분할금지나 압류·가압류·가처분에 의한 처분행위의 금지)·소멸」 등 모든 권리변동이 등기되어야 한다(부등법 3조).

B-46

Ⅶ. 등기의 절차

등기는 원칙적으로 당사자의 신청 또는 관공서의 촉탁(이것은 신청의 변형이라고 할 수 있다)에 의하여서만 할 수 있고, 그 밖에는 법률의 규정이 있는 때에만 할 수 있다(부등법 22조 1항). 아래에서는 이들 가운데 가장 중요한 당사자의 신청에 의한 경우만을 보기로 한다.

1. 등기의 신청

(1) 공동신청의 원칙

등기의 신청은 등기권리자와 등기의무자가 공동으로 하는 것이 원칙이다(부등법 23조 1항).

여기서 등기권리자·등기의무자라 함은 등기절차상의 개념인데, 전자는 신청된 등기가 행하여짐으로써 실체적 권리관계에서 권리의 취득 기타 이익을 받는 자라는 것이 등기부상 형식적으로 표시되는 자이고(가령 부동산매매의 경우 매수인, 저당권 말소의 경우 저당권설정자), 후자는 등기가 행하여짐으로써 실체적 권리관계에서 권리의 상실 기타 불이익을 받는다는 것이 등기부상 형식적으로 표시되는 자(가령 부동산매매의 경우 매도인, 저당권 말소의 경우 저당권자)이다.

> 이러한 등기절차상의 등기권리자·등기의무자는 실체법상의 등기권리자·등기의무자와는 구별된다. 실체법상 등기권리자는 후술하는 등기청구권(B-51 이하 참조)을 가지는 자이고, 그 상대방이 실체법상의 등기의무자이다. 등기절차상의 등기권리자·등기의무자와 실체법상의 등기권리자·등기의무자는 대부분 일치하나 그렇지 않은 때도 많다.

(2) 단독신청이 인정되는 경우

공동신청이 아니더라도 등기가 올바르게 행하여질 수 있는 경우(예: 판결에 의한 등기(부등법 23조 4항))와 등기의 성질상 등기의무자가 없는 경우(예: 미등기 부동산의 소유권보존등기(부등법 23조 2항), 부동산의 분할·합병등이 있는 경우의 변경등기(부등법 35조·41조), 부동산 표시의 변경등기(부등법 35조·41조), 상속에 의한 등기(부등법 23조 3항))에는, 등기권리자 또는 등기명의인에 의한 단독신청이 인정된다.

(3) 등기신청이 강제되는 경우

「부동산등기 특별조치법」은 제 2 조에서 세금을 내지 않을 목적으로 등기를 하지 않거나 또는 등기를 하지 않은 채 부동산을 전전매각하는 것을 막기 위하여서 네 가지 경우에 등기신청을 강제하고 있다.

(4) 대위신청

B-47

등기의 공동신청시 등기신청은 등기권리자·등기의무자 또는 등기명의인(또는 이들의 대리인)이 하여야 하는데, 부동산등기법은 이에 대한 예외를 인정하여 민법 제404조에 따라 채권자로 하여금 채무자가 가지는 등기신청권을 대위할 수 있도록 하고 있다(동법 28조. 그 밖에 부등법 41조 3항·46조 2항의 경우도 있다).

(5) 대리인에 의한 신청

등기신청은 등기권리자·등기의무자(또는 등기명의인)의 대리인에 의하여서도 할 수 있다(부등법 24조). 이 경우에 자기계약·쌍방대리의 금지(124조)는 적용되지 않는다(이설 없음).

B-48 ⑹ 등기신청의 방법

1) 등기는 다음 두 가지 중 어느 하나의 방법으로 신청한다. 하나는 방문신청으로, 신청인 또는 그 대리인이 등기소에 출석하여 신청정보 및 첨부정보를 적은 서면을 제출하는 방법이다(부등법 24조 1항 1호). 다른 하나는 전자신청으로, 대법원규칙으로 정하는 바에 따라 전산정보처리조직을 이용하여 신청정보 및 첨부정보를 보내는 방법이다(부등법 24조 1항 2호). 그런데 이 방법으로 할 수 있는 것은 법원행정처장이 지정하는 등기유형에 한정된다.

2) 등기신청인이 제공하여야 하는 신청정보 및 첨부정보는 대법원규칙 즉 부동산등기규칙이 정한다(부등법 24조 2항). 그에 따르면, 이들 두 정보의 내용은 방문신청이나 전자신청이나 동일하며, 단지 정보를 제공하는 방식에서 차이가 있을 뿐이다. 아래에서 신청인이 제공하여야 하는 두 정보에 관하여 자세히 살펴본다(그 외에 부등규칙 44조도 참조).

㈎ 신청정보 신청정보는 부동산등기규칙 제43조 및 그 밖의 법령이 정하고 있다.

㈏ 첨부정보 첨부정보는 부동산등기규칙 제46조 및 그 밖의 법령이 정하고 있는데(부등규칙 56조 3항·67조 3항), 여기서는 전자가 정하고 있는 것 중 주요한 것만 설명한다.

(a) 등기원인을 증명하는 정보(부등규칙 46조 1항 1호) 여기서 「등기원인」이라 함은 등기를 정당화하는 법률상의 원인 즉 권원(權原)을 의미한다. 무엇이 그러한 등기원인인가에 관하여는 경우를 나누어 보아야 한다.

먼저 법률행위에 의한 부동산 물권변동의 경우에 관하여 학설은 i) 물권행위가 등기원인이라는 견해, ii) 물권행위가 아니라 그 물권행위를 하게 된 원인이 되는 원인행위 또는 그의 무효·취소·해제 등이 등기원인이라는 견해, iii) 등기원인에는 실체법적인 것과 절차법적인 것이 있다고 하면서, 전자는 물권행위(또는 물권적 합의)이고 후자는 원인행위 즉 채권행위인데, 여기의 등기원인은 절차법적인 것이라고 하는 견해로 나뉘어 있다. 그리고 판례는 ii)설과 같다(대판 1999. 2. 26, 98다50999).

[참고] 사견

등기원인은 본래 물권행위이나 물권행위의 독자성·무인성을 부정하기 때문에 ii)설처럼 이해한다. 다만, 소유권 포기처럼 물권행위만 있는 경우에는 물권행위가 등기원인이다(물권법 [40] 참조).

법률행위에 의하지 않는 부동산 물권변동(187조)의 경우에는 상속·공용징수·판결·경매·취득시효·건물 신축 등이 등기원인이 된다는 데 다툼이 없다.

위에서 본 등기원인의 성립을 증명하는 정보가 「등기원인을 증명하는 정보」이다. 예컨대 매매·증여에 의한 소유권이전등기 신청의 경우에는 매매계약서·증여계약서, 판결의 경우에는 집행력 있는 확정판결정본이 그에 해당한다.

[참고] 검인계약서 제도

부동산등기특별조치법에 의하여 「계약을 원인으로 소유권이전등기를 신청할 때」에는 일정한 사항(동법 3조 1항 참조)이 기재된 계약서에 검인신청인을 표시하여 부동산소재지를 관할하는 시장·구청장·군수 또는 그 권한의 위임을 받은 자의 검인(檢印)을 받아서 제출하여야 한다(동법 3조. 그 밖에 동법 3조 2항과 중간생략등기를 막기 위한 4조도 참조). 이것이 이른바 검인계약서(檢印契約書) 제도이다. 그런데 2005년에 부동산등기법이 개정되고 또 「부동산 거래신고 등에 관한 법률」이 신고필증 제도를 둠으로써, 결과적으로 현재에는 매매계약을 원인으로 소유권이전등기를 신청할 때에는 검인계약서가 아니고 부동산매매계약서가 등기원인증명정보로 된다. 그러나 매매계약 이외의 경우(예: 증여계약)에는 여전히 검인계약서가 등기원인증명정보이다(자세한 사항은 물권법 [40] 참조).

(b) 등기원인에 대하여 제 3 자의 허가·동의 또는 승낙이 필요한 경우에는 이를 증명하는 정보(부등규칙 46조 1항 2호) B-49

(c) 등기가 이해관계 있는 제 3 자의 승낙이 필요한 경우에는 이를 증명하는 정보 또는 이에 대항할 수 있는 재판이 있음을 증명하는 정보(부등규칙 46조 1항 3호)

(d) 신청인이 법인인 경우에는 그 대표자의 자격을 증명하는 정보(부등규칙 46조 1항 4호)

(e) 대리인에 의하여 등기를 신청하는 경우에는 그 권한을 증명하는 정보(부등규칙 46조 1항 5호)

(f) 등기권리자(새로 등기명의인이 되는 경우에 한함)의 주소(또는 사무소 소재지) 및 주민등록번호(또는 부동산등기용 등록번호)를 증명하는 정보. 다만, 소유권이전등기를 신청하는 경우에는 등기의무자의 주소(또는 사무소 소재지)를 증명하는 정보도 제공하여야 한다(부등규칙 46조 1항 6호).

(g) 소유권이전등기를 신청하는 경우에는 토지대장·임야대장·건축물대장 정보나 그 밖에 부동산의 표시를 증명하는 정보(부등규칙 46조 1항 7호)

(h) 등기의무자의 등기필(登記畢)정보 등기관이 새로운 권리에 관한 등기를 마쳤을 때에는 — 일정한 경우(부등법 50조 1항 1호-3호 참조)를 제외하고는 — 등기필정보를 작성하여 통지하도록 되어 있다(부등법 50조 1항). 그런데 등기권리자와 등기의무자가 공동으로 권리에 관한 등기를 신청하는 경우에 신청인은 그 신청정보와 함께 위의 규정에 따라 통지받은 등기의무자의 등기필정보를 등기소에 제공하여야 한다(부등법 50조 2항 1문). 승소한 등기의무자가 단독으로 권리에 관한 등기를 신청하는 경우에도 또한 같다(부등법 50조 2항 2문).

(i) 인감증명 방문신청으로 등기신청을 하는 경우에는 부동산등기규칙이 정하는 일정한 자의 인감증명을 제출하여야 한다(부등규칙 60조 1항).

2. 등기신청에 대한 심사 B-50

(1) 등기는 실질관계와 일치하여야 한다. 따라서 등기신청이 있으면 등기관으로 하여금 이를 심사하게 하여야 한다. 그런데 심사를 신중하게 하면 절차가 지연되는 문제가 생긴다.

심사에 관한 입법례로는 형식적 심사주의와 실질적 심사주의가 있다. 전자는 신청에 대한 심사의 범위를 등기절차법상의 적법성 여부에 한정하는 태도이고, 후자는 그 외에 등기신청의 실질적 이유 내지 원인의 존재 여부와 효력까지도 심사하게 하는 태도이다.

(2) 우리 부동산등기법은 형식적 심사주의에 머물러 있다고 보아야 한다(이설 없음). 판례도 확고하게 등기관에게 형식적인 심사권만 있는 것으로 새긴다(대결 2008. 3. 27, 2006마920 등 다수). 이에 의하면, 등기관은 등기신청에 관하여 조사할 수 없고, 형식적 요건만 구비되어 있으면 실질적 등기원인에 하자가 있더라도 등기를 하여야 한다(대결 1990. 10. 29, 90마772 등).

3. 등기의 실행

등기신청이 적법하다고 인정된 경우에는 등기관이 등기를 실행한다. 그리고 등기관이 등기를 마쳤을 때에는 대법원규칙으로 정하는 바에 따라 신청인 등에게 그 사실을 알려야 한다(부등법 30조, 부등규칙 53조). 이것이 등기완료통지이다.

B-51 Ⅷ. 등기청구권

1. 의 의

(1) 개 념

등기를 당사자의 공동신청으로 하여야 하는 경우에, 당사자 일방(등기의무자)이 등기신청에 협력하지 않으면 다른 당사자(등기권리자)가 혼자서는 등기를 신청할 수 없게 된다. 여기서 등기를 원하는 당사자(등기권리자)로 하여금 상대방(등기의무자)에 대하여 등기신청에 협력할 것을 청구할 수 있도록 할 필요가 있다. 그러한 권리, 즉 등기권리자가 등기의무자에 대하여 등기신청에 협력할 것을 청구할 수 있는 권리가 등기청구권이다. 등기청구권은 단독으로 등기신청을 할 수 있는 경우에는 필요하지 않다.

(2) 등기신청권과의 구별

등기청구권은 사인이 다른 사인에 대하여 등기신청에 협력할 것을 청구하는 권리로서 사권이다. 그에 비하여 등기신청권은 국민이 등기관이라는 국가기관에 대하여 등기를 신청하는 권리로서 일종의 공권이다. 따라서 둘은 구별되어야 한다.

B-52 2. 발생원인과 성질

(1) 법률행위에 의한 물권변동의 경우

법률행위에 의한 물권변동에 있어서 등기청구권의 발생원인과 성질에 관하여는 학설이 대립하고 있다. i) 제1설은 원인행위인 채권행위에서 발생하며, 그 성질은 채권적 청구권이라고 한다. 이 견해는 물권행위의 독자성을 부정하는 입장에서 주장되기도 하고(사견도 같음), 독자성을 인정하면서 주장되기도 한다. ii) 제 2 설은 물권행위가 행하여진 경우에는 물권행위의 효력으로서 등기청구권이 발생하고 채권행위가 물권행위를 동반하지 않는 경우에는 채권행위의 효력으로서 등기청구권이 발생하며, 이때 등기청구권의 성질은 모두 채권적 청구권이라고 한다. iii) 제 3 설은 등기청구권은 매매계약 기타 채권계약의 효력으로서 발생할 수도 있고, 물권적 합의와 부동산의 인도가 있는 경우에는 취득자에게 물권적 기대권이 생기고 이 물권적 기대권의 효력으로도 생기며, 등기청구권의 성질은 앞의 경우에는 채권이나 뒤의 경우에는 물권적이라고 한다.

한편 판례는 등기청구권은 채권행위에서 발생하며 채권적 청구권이라고 하여, i)설과 같다(대판(전원) 1976. 11. 6, 76다148; 대판 1976. 11. 23, 76다342 등).

[참고] 등기청구권의 소멸시효 문제

법률행위에 의한 물권변동의 경우, 특히 부동산매매에 있어서 매수인의 등기청구권이 소멸시효에 걸리는지가 문제된다. 여기에 관하여 학설은 대립하고 있다(자세한 점은 물권법 [43] 참조).

판례는, 형식주의를 취하고 있는 우리 법제상으로 보아 매수인의 등기청구권은 채권적 청구권에 불과하여 소멸시효제도의 일반원칙에 따르면 매매목적물을 인도받은 매수인의 등기청구권도 소멸시효에 걸린다고 할 것이지만, 부동산을 매수한 자가 그 목적물을 인도받은 경우에는 그 매수인의 등기청구권은 다른 채권과는 달리 소멸시효에 걸리지 않는다고 한다(대판(전원) 1976. 11. 6, 76다148; 대판(전원) 1999. 3. 18, 98다32175[핵심판례 96면] 등 다수의 판결). 판례는 여기서 더 나아가 「부동산의 매수인이 그 부동산을 인도받은 이상 이를 사용·수익하다가 그 부동산에 대한 보다 적극적인 권리행사의 일환으로 다른 사람에게 그 부동산을 처분하고 그 점유를 승계하여 준 경우에도 그 이전등기청구권의 행사 여부에 관하여 그가 그 부동산을 스스로 계속 사용·수익만 하고 있는 경우와 특별히 다를 바 없으므로 위 두 어느 경우에나 이전등기청구권의 소멸시효는 마찬가지로 진행되지 않는다」고 한다(대판(전원) 1999. 3. 18, 98다32175).

(2) 실체관계와 등기가 일치하지 않는 경우

B-53

무권리자에 의하여 등기가 행하여진 경우, 매매에 기하여 소유권이전등기가 행하여졌는데 그 매매가 무효이거나 취소·해제된 경우, 법정지상권이나 법정저당권이 성립한 경우 등에는 등기청구권이 인정되어야 한다. 이러한 경우의 등기청구권에 관하여 학설은 일치하여 그것은 물권의 효력으로서 발생하는 물권적 청구권이라고 한다(사견도 같음). 판례도 같은 입장에 있다(대판 1982. 7. 27, 80다2968 등).

(3) 점유 취득시효의 경우

민법은 제245조 제 1 항에서 점유 취득시효제도를 두고 있다. 이 점유 취득시효는 본래 제187조에 의한 물권변동이어서 물권취득에 등기가 필요하지 않는 것이나(만약 그렇다면 위 (2)의 경우가 된다), 점유 취득시효 완성자(등기 이외의 점유 취득시효 요건을 모두 갖춘 자)의 등기청구권에 관하여 학설은 i) 제245조

제1항의 법률규정에서 발생하고 성질은 채권적 청구권이라는 견해와 ii) 물권적 기대권의 효력으로서 발생하는 물권적 청구권이라는 견해가 대립하고 있다(사견은 이들과 다름. 물권법 [44] 참조). 판례는 이 경우의 등기청구권은 채권적 청구권이라고 하며, 그 등기청구권은 점유가 계속되는 한 시효로 소멸하지 않는다고 한다(대판 1996. 3. 8, 95다34866).

(4) 부동산임차권의 경우

민법 제621조에 의하면, 부동산임차인은 당사자 사이에 반대약정이 없으면 임대인에 대하여 등기청구권을 행사할 수 있다고 한다. 이 경우의 등기청구권에 관하여 학설은 i) 제621조 제1항의 법률규정에서 발생하며, 그 성질은 채권적 청구권이라는 견해(사견도 같음)와 ii) 당사자 사이의 계약에서 발생하며, 채권적 청구권이라는 견해로 나뉘어 있다.

B-54

Ⅸ. 등기의 효력

1. 본등기의 효력

(1) 권리변동적 효력

물권행위 외에 유효한 등기가 있으면 부동산에 관한 물권변동의 효력이 생긴다. 이러한 권리변동적 효력은 등기의 효력 가운데 가장 중요한 것이다.

등기관이 등기를 마친 경우(부등법 6조 2항에서 「등기관이 등기를 마친 경우」란 부등법 11조 4항에 따라 등기사무를 처리한 등기관이 누구인지 알 수 있는 조치를 하였을 때를 말한다(부등규칙 4조))에 그 등기의 효력이 발생하는 시점은 언제인가? 여기에 관하여 개정 부동산등기법은 명문의 규정을 두고 있다. 그에 따르면, 그 등기는 「접수한 때부터」 효력을 발생한다(부등법 6조 2항). 그런데 부동산등기법상 등기신청은 대법원규칙으로 정하는 등기신청정보(이는 해당 부동산이 다른 부동산과 구별될 수 있게 하는 정보를 말한다. 부등규칙 3조 1항)가 전산정보처리조직에 저장된 때에 접수된 것으로 보므로(부등법 6조 1항), 결국 등기는 등기신청정보가 전산정보처리조직에 저장된 때부터 효력이 생기게 된다.

(2) 대항적 효력

지상권·전세권·저당권 등에 관하여 일정사항(존속기간·지료·지급시기·일정한 약정·채권액·채권의 변제기·이자·지급장소 등)이 등기된 때에는(부등법 69조·70조·72조·75조·76조), 그것을 가지고 제3자에게 대항할 수 있다. 환매권과 부동산임차권에 관하여 일정사항(환매대금·환매기간·차임·존속기간·차임의 지급시기 등)이 등기된 때에도 같다(부등법 53조·74조).

(3) 순위확정적 효력

같은 부동산에 관하여 등기한 여러 권리의 순위는 법률에 다른 규정이 없으면 등기한 순서에 따른다(부등법 4조 1항). 이것이 등기의 순위확정적 효력이다. 그리고 여기서 등기의 순서는 등기기록 중 같은 구(갑구·을구)에서 한 등기 상호간에는 순위번호에 따르고, 다른 구에서 한 등기 상호간에는 접수번호에 따른다(부등법 4조 2항). 다만, 부기등기의 순위는 주등기의 순위에 따르되, 같은 주등기에 관한 부기등기 상호간의 순위는 그 등기 순서에 따른다(부등법 5조).

⑷ 추정적 효력(추정력) B-55

1) 의의 및 근거 등기의 추정적 효력 내지 추정력이라 함은 어떤 등기가 있으면 그에 대응하는 실체적 권리관계가 존재하는 것으로 추정하게 하는 효력을 말한다. 민법은 등기의 추정력에 관한 명문의 규정을 두고 있지 않으나, 이를 인정하는 데 학설·판례가 일치하고 있다(이에 대한 판례는 대단히 많다).

2) 추정력이 미치는 범위 등기가 있으면 그 권리가 등기명의인에게 속하는 것으로 추정된다. 그리고 그 등기에 의하여 유효한 물권변동이 있었던 것으로 추정된다(대판 1992. 10. 27, 92다30047 등). 그런데 등기의 추정력이 등기부에 기재된 등기원인에도 미치는가가 문제된다. 여기에 관하여 학설은 i) 인정설, ii) 부정설(사견도 같음) 등으로 나뉘어 있으며, 판례는 긍정하고 있다(대판 2003. 2. 28, 2002다46256 등 다수의 판결. 그러나 대판 1964. 9. 30, 63다758은 예외이다).

3) 추정의 효과 등기의 추정력에서의 추정은, 우리 통설과 판례에 따르면, 법률상의 추정이고 그중에서도 권리추정이라고 한다. 그러므로 그 추정을 번복하려면 등기와 양립할 수 없는 사실을 주장하는 자가 반대사실의 증거를 제출해야 한다.

그리고 등기의 추정력의 부수적인 효과로서 ① 등기의 내용을 신뢰하는 것은 선의인데 과실이 없었던 것으로 추정되며(대판 1992. 1. 21, 91다36918 등), ② 부동산물권을 취득하려는 자는 등기 내용을 알고 있었던 것으로, 즉 악의로 추정된다.

⑸ 공신력(公信力) 여부

민법은 동산거래에 관하여는 선의취득을 인정하나(249조), 부동산거래에 관하여는 그러한 제도를 두고 있지 않다. 따라서 등기에 공신력(등기에 의하여 공시된 내용을 신뢰하여 거래한 자에 대하여 그가 신뢰한 대로의 효력을 발생시키는 힘)은 없다고 해석된다.

2. 가등기의 효력 B-56

가등기에는 물권변동을 목적으로 하는 청구권을 보전하기 위한 가등기(청구권보전의 가등기)와 채권담보의 목적으로 행하여지는 가등기(담보가등기)가 있다. 이들 가운데 후자에 대하여는 비전형담보를 규율하는 「가등기담보 등에 관한 법률」이 특수한 효력을 인정하고 있다. 따라서 그에 관하여는 뒤에 「비전형담보」(B-315 이하)에서 보기로 하고, 여기서는 본래의 가등기인 전자의 가등기에 관하여만 효력을 살펴보기로 한다.

우리의 학설과 판례는 가등기의 효력을 가등기에 기한 본등기가 있은 후의 것과 본등기가 있기 전의 것으로 나누어 설명한다.

1) 본등기 후의 효력(본등기 순위보전의 효력) 부동산등기법에 의하면, 가등기에 기하여 후에 본등기가 행하여지면 본등기의 순위는 가등기의 순위에 따르게 되는데(동법 91조), 학설은 이를 본등기 순위보전의 효력이라고 한다. 그리고 가등기에 그와 같은 순위보전

의 효력이 있기 때문에 가등기에 기하여 본등기를 하면 그것에 저촉하는 중간처분이 본등기를 갖추고 있더라도 무효 또는 후순위가 된다고 한다. 판례도 같다(대판 1992. 9. 25, 92다21258 등).

2) 본등기 전의 효력 가등기에 기한 본등기가 있기 전에 가등기에 어떤 효력이 있는가에 관하여는 학설이 대립하고 있다. i) 제1설은 가등기는 본등기가 없는 한 그 자체로서는 실체법상 아무런 효력이 없으며, 따라서 가등기가 있더라도 본등기 명의인은 그 부동산을 처분할 수 있다고 한다. 다만, 가등기가 불법으로 말소되면 그 회복을 청구할 수 있다고 한다. ii) 제2설은 가등기는 가등기인 채로 실체법적인 효력(가등기 후에 행한 처분의 상대적 무효)을 가지며 그것은 「청구권보전의 효력」이라고 할 수 있다고 한다(사견도 같음. 물권법 [47] 참조).

한편 판례는, 가등기는 본등기시에 본등기의 순위를 가등기의 순위에 의하도록 하는 순위보전적 효력만이 있을 뿐이고, 가등기만으로는 아무런 실체법상 효력을 갖지 아니하고 그 본등기를 명하는 판결이 확정된 경우라도 본등기를 경료하기까지는 마찬가지이므로, 중복된 소유권보존등기가 무효이더라도 가등기권리자는 그 말소를 청구할 권리가 없다고 하여(대판 2001. 3. 23, 2000다51285), i)설과 같다.

[참고] 가등기에 기한 본등기의 절차

특히 A의 부동산에 관하여 B 명의의 가등기가 있은 후에 A로부터 C로의 소유권이전의 본등기가 있었고, 그 뒤에 B가 가등기에 기한 본등기를 하는 경우에 그 절차가 문제이다. 여기에 관하여 개정 부동산등기법이 명문의 규정을 두었다(2011년). 그에 따르면, 위의 예의 경우에는 먼저 B가 A를 상대로 본등기를 하고, 그러면 등기관이 부동산등기법 제92조 제1항을 근거로 C 명의의 본등기를 직권으로 말소하게 된다.

제4절 부동산물권의 변동

제1관 서 설

B-57 I. 부동산 물권변동의 두 종류

이제 물권변동 가운데 부동산 물권변동에 관하여 보기로 한다. 그런데 부동산 물권변동은 법률행위에 의한 것과 법률행위에 의하지 않는 것으로 나누어 살펴보아야 한다. 민법이 제186조와 제187조에서 그 둘을 따로 규율하고 있기 때문이다.

제 2 관 법률행위에 의한 부동산 물권변동

Ⅰ. 제186조

B-58

1. 제186조의 의의

민법 제186조는 「부동산에 관한 법률행위로 인한 물권의 득실변경은 등기하여야 그 효력이 생긴다」고 규정한다. 이는 법률행위에 의한 부동산 물권변동에 관하여 성립요건주의(형식주의)를 채용한 것이다.

이 규정의 「법률행위」는 물권행위를 의미한다(물권법 [28] 참조). 그리고 그 물권행위는 물권적 의사표시만으로 구성되고 등기는 포함되지 않는다고 보아야 한다(B-33 참조). 등기는 물권행위 이외에 법률에 의하여 요구되는 물권변동의 또 하나의 요건인 것이다. 그러고 보면 제186조의 규정상 법률행위에 의한 부동산 물권변동은 물권행위와 등기라는 두 요건이 갖추어졌을 때 발생하게 된다. 그에 비하여 — 동산 물권변동의 경우와 달리 — 목적부동산의 인도는 부동산 물권변동의 요건이 아니다(그러나 가령 부동산 매매의 경우 매도인은 목적물인도의무를 부담한다. 그렇지만 그것은 부동산의 소유권이전을 위하여 필요한 요건은 아니다).

2. 제186조의 적용범위

제186조는 「부동산에 관한 법률행위로 인한 물권의 득실변경」에 적용된다.

(1) 부동산에 관한 물권에 적용되고, 따라서 동산에 관한 물권에는 적용되지 않는다.

(2) 부동산에 관한 「물권의 득실변경」에 적용된다. 물권의 득실변경은 물권의 발생·변경·소멸을 물권의 주체의 측면에서 표현한 것이다. 따라서 그것은 널리 물권의 변동을 의미한다(B-22 참조).

(3) 법률행위에 의한 물권변동에 적용되고, 법률행위에 의하지 않는, 즉 법률의 규정에 의한 물권변동에는 적용되지 않는다. 후자에 관하여는 제187조가 따로 규율하고 있다.

3. 제186조의 적용이 문제되는 경우

B-59

경우에 따라서는 물권변동에 등기가 필요한 제186조가 적용되는지, 아니면 등기가 필요하지 않은 제187조가 적용되는지가 다투어지고 있다.

(1) 원인행위의 실효(失效)에 의한 물권의 복귀

1) 물권행위의 원인행위인 채권행위(매매·증여 등)가 무효이거나 취소·해제로 인하여 실효한 경우에, 그에 기하여 발생한 물권변동이 당연히 효력을 잃게 되어 물권이 원래의 권리자

에게 당연히 복귀하는가, 아니면 당연히 복귀하지 않고 원상회복을 위한 이전등기(또는 말소등기)까지 하여야 하는가가 문제된다.

이는 물권행위의 무인성을 인정하는지 여부에 따라 결론이 달라진다. i) 무인론에 의하면 원인행위가 실효하여도 물권행위는 유효하므로 물권변동은 그대로 유지된다. 따라서 변동된 물권이 복귀하려면 부당이득의 반환을 위한 새로운 물권행위와 등기가 필요하게 된다. 즉 물권의 복귀에 제186조가 적용되는 것이다. 그에 비하여 ii) 유인론에 의하면 채권행위가 실효하면 물권행위도 효력을 잃게 되고, 그 결과 부동산 물권변동에 필요한 두 요건(물권행위 및 등기) 가운데 하나가 없었던 것이 되어 물권변동은 처음부터 일어나지 않았던 것으로 된다. 따라서 등기를 말소하지 않더라도 물권은 당연히 복귀하게 된다(사견도 같음). 이는 제186조·제187조와 관계가 없으며, 이론상 당연하다고 한다.

판례는 물권행위의 무인성을 부정하는 입장에서 계약이 해제된 경우에 물권이 당연 복귀한다고 한다(대판 1977. 5. 24, 75다 1394[핵심판례 294면] 등).

B-60 **2) 제3자 보호의 문제** 위에서 본 바와 같이 유인론의 입장에 서면, 원인행위가 실효하는 경우 등기의 말소 여부와 관계없이 물권은 당연복귀하게 된다. 그 결과 원인행위의 무효를 모르고 거래한 제3자, 취소·해제가 있기 전이나 그 후에 원인행위에 기하여 거래한 제3자를 보호하여야 하는 문제가 생긴다. 그런데 이러한 문제는 무인론을 취하여도 생기게 된다. 즉 무인론의 입장에서도 물권행위와 채권행위가 합하여져 행하여졌거나 또는 따로 행하여졌지만 유인인 경우(상대적 무인론)에 있어서 채권행위에 흠이 있는 때, 물권행위 자체가 무효이거나 취소된 경우에는 물권이 당연복귀하기 때문이다.

제3자 내지 거래의 안전을 보호하는 길은 공신의 원칙을 채용하는 것이다. 그런데 민법은 부동산에 관하여는 공신의 원칙을 채용하고 있지 않다. 다만, 일정한 경우에는 제3자 보호를 위한 특별규정을 두고 있다. 제107조 제2항, 제108조 제2항, 제109조 제2항, 제110조 제3항, 제548조 제1항 단서가 그것이다. 이들은 특히 유인론에서는 매우 중요한 규정이다(무인론에서도 의미가 없지는 않다). 유인론에서는 그것들에 의하여서만 제3자를 보호할 수 있기 때문이다.

B-61 **(2) 재단법인의 설립에 있어서의 출연재산의 귀속**

민법 제48조는 재단법인 출연재산의 귀속시기에 관하여, 생전처분으로 재단법인을 설립하는 때에는 법인이 성립하는 때에, 그리고 유언에 의하여 설립하는 때에는 유언의 효력이 발생한 때에 각각 재단법인에 귀속한다고 규정하고 있다. 여기서 출연재산이 부동산물권인 경우에도 그러한지가 문제된다.

이에 관하여 학설은 i) 제48조를 제187조의 「기타 법률의 규정」으로 보아서 등기 없이 제48조가 정하는 시기에 법인에 귀속한다는 견해(사견도 같음)와 ii) 제186조에 따라 등기를 갖춘 때에 법인에 귀속한다는 견해로 나뉘어 있다. ii)설은 출연행위가 법률행위이므로 제186조가 적용되어야 한다는 것이다. 한편 판례는 출연자와 법인 사이에서는 법인 성립시에 법인의 재산이 되나, 제 3 자에 대한 관계에 있어서는 법인의 성립 외에 등기를 필요로 한다고 한다(대판(전원) 1979. 12. 11, 78다481 · 482 등. 그 밖에 A-276 참조).

⑶ 소멸시효의 완성과 물권의 소멸

민법상 물권도 소유권이 아닌 것은 소멸시효에 걸린다(162조 2항). 그 결과 일정한 부동산 물권도 소멸시효의 대상이 된다(실제로는 용익물권만임). 그런데 이들 물권에 관하여 소멸시효가 완성된 경우에 말소등기가 없어도 소멸하는지가 문제된다. 이는 소멸시효 완성의 효과에 관하여 어떤 견해를 취하느냐에 따라 달라진다. 사견인 절대적 소멸설에 의하면 시효의 완성으로 물권은 당연히 소멸한다고 한다.

⑷ 지상권 · 전세권의 소멸청구의 경우 B-62

민법은 제287조 · 제311조에서 지상권설정자와 전세권설정자가 일정한 경우에 각각 지상권 또는 전세권의 소멸을 청구할 수 있다고 규정한다. 이 경우에 소멸청구의 의사표시만으로 지상권 · 전세권이 소멸하는지가 문제된다. 여기에 관하여 학설은 크게 i) 소멸청구권이 형성권이므로 소멸청구의 의사표시만으로 소멸한다는 견해와 ii) 말소등기까지 하여야 소멸한다는 견해로 나뉜다.

⑸ 전세권의 소멸통고의 경우

민법 제313조는 「전세권의 존속기간을 약정하지 아니한 때에는 각 당사자는 언제든지 상대방에 대하여 전세권의 소멸을 통고할 수 있고 상대방이 이 통고를 받은 날로부터 6월이 경과하면 전세권은 소멸한다」고 규정한다. 이 경우에 말소등기가 없어도 전세권이 당연히 소멸하는지가 문제된다. 여기에 관하여 학설은 i) 소멸통고도 형성권의 행사이므로 말소등기가 없어도 전세권이 소멸한다는 견해(사견도 같음)와 ii) 말소등기를 하여야 소멸한다는 견해로 나뉜다.

⑹ 물권의 포기의 경우

물권의 포기의 경우에 말소등기가 있어야 소멸하는가에 관하여 i) 다수설은 그것이 물권적 단독행위이므로 제186조에 따라 등기를 하여야 한다고 하나(사견도 같음), ii) 소수설은 포기의 의사표시도 일종의 형성권의 행사로서 말소등기 없이 소멸한다고 한다.

Ⅱ. 물권변동의 요건으로서의 물권행위와 등기 B-63

1. 물권행위

물권행위에 관하여는 본장 제 2 절에서 자세히 설명하였다.

2. 등　　기

등기는 물권행위와 함께 법률행위에 의한 부동산 물권변동에 필요한 요건이다. 그러한 등기의 일반적인 문제(의의·절차·효력 등)에 관하여는 본장 제3절에서 살펴보았다. 그러므로 여기서는 등기가 물권변동을 위하여 갖추어야 하는 요건에 대하여만 보기로 한다.

등기가 물권행위와 결합하여 물권변동을 일으키려면 그것이 유효하여야 한다. 그런데 그것이 유효하기 위하여서는, ① 부동산등기법 등이 정하는 절차에 따라 적법하게 행하여져야 하고, 또 ② 물권행위와의 일치·등기원인의 올바른 기록 등과 같은 실체관계와의 일치가 있어야 한다. 앞의 요건을 형식적 또는 절차적 유효요건이라고 하고, 뒤의 요건을 실질적 또는 실체적 유효요건이라고 한다. ③ 그 밖에 일정한 경우에는 특별법에 의하여 등기가 무효로 되는 때도 있다. 명의신탁에 의한 등기가 그렇다. 따라서 무효로 되는 명의신탁등기가 아니어야 한다. 이들 문제에 관하여 차례로 논의하기로 한다.

B-64

(1) 등기의 형식적 유효요건

1) 등기의 존재

(개) 등기가 유효하기 위하여서는 우선 등기가 존재하여야 한다. 그리고 등기의 존재가 인정되려면 실제로 등기부에 기록되어 있어야 하며, 신청만으로는 충분하지 않다.

(나) 등기가 일단 행하여진 뒤에 그 등기가 부적법하게 존재를 잃은 경우에 그 등기의 실체법상의 효력이 소멸하는지가 문제된다. 경우를 나누어 본다.

(a) **등기부(등기기록)가 손상된 경우** 　등기부의 전부 또는 일부가 손상된 경우에는 전산운영책임관은 등기부부본자료(부등법 16조, 부등규칙 15조 참조)에 의하여 그 등기부를 복구하여야 한다(부등규칙 17조 2항). 그리고 등기부가 복구된 때에는 복구된 등기는 이전의 등기와 동일한 것이고, 따라서 손상에 의하여 영향을 받지 않는다고 하여야 한다. 등기부가 복구되지 않는 때에는 어떤가? 이때에도 소유권은 소멸하지 않는다고 하여야 한다. 제한물권에 대하여는 다른 자료가 존재하여 후에라도 그것이 복구될 수 있다면 소멸하지 않지만, 복구가 불가능하다면 소멸한다고 하여야 한다.

(b) **등기가 불법하게 말소된 경우** 　이 경우에 관하여 학설은 i) 등기는 물권변동의 효력발생요건인 동시에 그 존속요건이기도 하므로 권리자는 권리를 잃는다는 견해, ii) 물권은 소멸하지 않는다는 견해(사견도 같음)로 나뉘어 있다. 그리고 판례는 등기는 물권의 효력발생요건이고 효력존속요건은 아니므로, 등기가 원인 없이 말소된 경우에 그 물권의 효력에는 아무런 영향을 미치지 않으며, 그 말소된 등기의 회복등기를 할 수 있고(대판 2001. 1. 16, 98다20110 등 다수), 회복등기를 마치기 전이라도 등기명의인으로서의 권리를 그대로 보유하고 있다고 할 것이므로 그는 말소된 소유권이전등기의 최종명의인으로서 적법한 권리자로 추정된다고 한다(대판 1997. 9. 30, 95다39526 등).

(c) **등기부에 옮겨 적으면서 누락된 경우** 등기된 사항이 새로운 등기부에 옮겨 적을 때 등기관의 잘못으로 빠진 경우에 관하여는 i) 등기가 효력을 잃는다는 견해, ii) 등기의 효력이 유지된다는 견해(사견도 같음) 등이 주장되고 있다.

2) **관할 위반의 등기 또는 등기할 수 없는 사항에 관한 등기가 아닐 것** 등기가 그 등기소의 관할에 속하지 않거나(부등법 29조 1호), 등기할 수 없는 사항에 관한 것(등기될 수 없는 권리·물건에 관한 것이거나 법령에 위반된 것)일 때(부등법 29조 2호)에는 당연히 무효이다.

3) **물권변동 대상인 부동산에 대한 등기일 것** 부동산의 물권변동을 위한 등기가 유효하려면 그 등기는 당연히 목적부동산에 관한 것이어야 한다. 그리하여 ① 우선 그 부동산이 존재하여야 한다. 존재하지 않는 부동산 또는 그 지분에 관한 등기는 무효이다(대판 1992. 3. 10, 91다34929 등). 또한 ② 표제부의 표시란의 기록이 실제의 부동산과 동일하거나 사회관념상 그 부동산을 표시하는 것이라고 인정될 정도로 유사하여야 한다. 그렇지 않은 경우에는 표제부의 등기 및 보존등기는 무효이고(대판 1995. 9. 29, 95다22849·22856 등), 그 부동산에 관한 권리변동의 등기도 효력이 없게 된다(대판 2001. 3. 23, 2000다51285). 목적부동산의 동일성이 없기 때문이다. B-65

4) **2중등기(중복등기)의 문제** 우리 등기법상 하나의 부동산에 대하여는 하나의 등기기록만을 둔다(1부동산 1등기기록의 원칙 또는 물적 편성주의. 부등법 15조). 따라서 어떤 부동산에 관하여 등기가 행하여지면 비록 그 등기가 부적법한 것일지라도 그것을 말소하지 않는 한 다시 등기를 하지 못한다. 그런데 동일한 부동산에 관하여 절차상의 잘못으로 2중으로 등기가 행하여지는 경우가 있다(2중등기는 보존등기에서 자주 생긴다). 그 경우에 2중등기의 효력이 어떻게 되는지가 문제된다. 이것이 2중등기(중복등기)의 효력의 문제이다. B-66

(가) **학 설** 2중등기의 효력에 관하여는 i) 절차법설, ii) 실체법설, iii) 절충설이 대립하고 있다.

i) 절차법설은 2중등기의 경우 제 2 등기(후등기)는 제 1 등기의 유효·무효를 불문하고 언제나 무효라고 한다. ii) 실체법설은 단순히 등기의 선후만을 따져서 결정할 것이 아니고 실체관계를 따져서 실체관계에 부합하는 등기를 유효한 것으로 인정하려고 한다. iii) 절충설은 원칙적으로 절차법설을 취하면서 예외를 인정하는 견해인데, 예외를 어떤 범위에서 인정할 것인가에 따라 다시 두 가지로 세분된다. 그중 하나는 현재의 판례와 같이, 원칙적으로는 제 2 등기가 무효이지만 제 2 등기가 실체관계에 부합하고 제 1 등기가 무권리자에 의한 등기임이 밝혀진 때에는 예외적으로 제 1 등기가 무효라고 한다. 나머지 하나는, 원칙적으로 제 2 등기가 무효이지만 제 1 등기가 유효했더라도 제 2 등기가 제 1 등기 명의인의 권리에 기하여 이루어진 경우에는 제 2 등기를 실체관계에 기한 등기로 보아 존속시키는 것이 바람직하다고 한다(사견도 같음. 물권법 [54] 참조).

(나) **판 례** 판례는 처음에는 동일 명의인의 2중등기이든 명의인을 달리하는 2

중등기이든 언제나 제2등기가 무효라고 하는 절차법설의 입장에 있었다. 그러다가 1978년의 전원합의체 판결에서 동일한 부동산에 관하여 등기명의인을 달리하여 2중의 보존등기가 된 경우에 대하여 실체법설을 취하였다(대판(전원) 1978. 12. 26, 77다2427). 그런데 그 후 절차법설을 따른 판결과 실체법설을 따른 판결이 병존하여 일관성이 없었다. 그 뒤 1990년에 전원합의체 판결에 의하여 엇갈리던 판례가 통일되었다. 그에 의하면, 제2등기가 원칙적으로 무효이지만, 예외적으로 제1등기가 무효이고 제2등기가 실체관계에 부합하는 경우에는 제2등기가 유효하다고 한다(대판(전원) 1990. 11. 27, 87다카2961, 87다453[핵심판례 102면] 등 다수). 이는 절충설을 명백히 한 것이다. 그런데 이처럼 변천한 판례는 등기명의인이 다른 경우에 관한 것이다. 등기명의인이 동일한 경우의 판례는 변한 적이 없다. 그러고 보면 현재의 판례는 다음과 같이 정리할 수 있다. 동일인 명의로 소유권보존등기가 2중으로 된 경우에는 언제나 제2등기가 무효이고(대판 1979. 1. 16, 78다1648), 등기명의인을 달리하여 2중의 보존등기가 된 경우에는 원칙적으로는 제2등기가 무효이지만 제1등기가 원인무효인 때에는 예외적으로 제2등기가 유효하다.

B-67 **5) 그 밖에 중대한 절차위반이 없을 것** 등기는 부동산등기법이 정하는 절차에 의하여 행하여져야 한다. 그리고 일정한 경우에는 「부동산등기 특별조치법」에 의하여 등기신청의 방법과 시기가 규제되고 있다. 등기신청이 이들이 정하는 절차에 위반하는 때에는 신청이 각하될 것이나(부등법 29조 참조), 흠에도 불구하고 등기가 행하여졌다면 절차위반이 중대하지 않는 한 그것만을 이유로 등기를 무효라고 할 것은 아니다. 그때에는 등기가 실체적 유효요건을 갖추고 있는지에 의하여 유효·무효를 판단하여야 한다.

B-68 **(2) 등기의 실질적 유효요건**

등기가 유효하려면 절차가 적법한 것 외에 물권행위와 내용에 있어서 일치하여야 하는 등 실질적(실체적) 유효요건도 갖추어야 한다. 아래에서 실질적 유효요건의 구비 여부가 문제되는 경우들을 살펴보기로 한다.

1) 물권행위와 내용적으로 일치하지 않는 경우 등기가 완전히 유효하려면 물권행위와 그 내용에 있어서 일치하여야 한다. 만약 양자가 내용에 있어서 일치하고 있지 않으면 합의된 대로의 물권변동이 생기지 않는다. 물권행위와 등기 사이의 내용상의 불일치에는 다음의 두 가지가 있다.

B-69 **(가) 질적 불일치** 합의된 물권과 다른 종류의 권리가 등기되거나 다른 객체에 대하여 등기된 경우, 그리고 등기명의인이 다르게 된 경우 등이 질적 불일치이다. 예컨대 지상권설정의 합의를 하였는데 전세권등기를 한 경우, 채권자 앞으로 가등기와 근저당권설정등기를 하기로 하였는데 제3자 앞으로 소유권이전등기를 한 경우(대판 1980. 3. 11, 80다49)가 그에 해당한다. 넓게 보면 뒤에 설명하는 중간생략등기와 명의신탁에 의한 등기도 질적 불일치에 해당하나, 그것들은 그 밖의 특수성도 있으므로 따로 보기로 한다.

이와 같은 질적 불일치의 경우에 관하여 학설은 i) 언제나 무효라는 견해(사견도 같음)와 ii) 원칙적으로 무효이나, 일정한 경우에는 제한된 범위 내에서는 유효하다는 견해로 나뉘어 있다. 그리고 판례는 문제되는 경우에 관하여 모두 무효라고 하여 i)설과 같다(앞에 인용한 판결 참조).

한편 위의 등기가 무효인 경우에는 그 등기를 말소하고 물권행위와 일치하는 등기를 하여야 한다. 다만, 경정등기가 허용되는 때에는 그것에 의하여 바로잡을 수 있다.

(나) **양적 불일치** 물권행위상의 양과 등기된 양이 일치하지 않는 때(가령 저당권등기에서 채권액이 합의한 것과 다르게 기재된 때)에 등기의 효력이 문제된다. 여기에 관하여 학설은 i) 등기된 양이 물권행위상의 양보다 큰 경우에는 물권행위의 한도 내에서 효력이 생기고, 등기된 양이 물권행위상의 양보다 작은 경우에는 제137조(일부 무효의 법리)에 의하여 판단하여야 한다는 견해와 ii) 첫째의 경우에는 i)설과 같으나, 둘째의 경우에는 등기된 범위에서 유효하다는 견해(사견도 같음)로 나뉘어 있다. 한편 판례는 첫째의 경우에 관하여 학설과 같은 태도를 취하고 있으며(대판 1972. 3. 31, 72다27 등), 둘째의 경우에 관한 판례는 없다.

2) 중간생략등기의 문제(물권변동 과정의 누락) B-70

(가) **의 의** 중간생략등기는 부동산물권이 최초의 양도인으로부터 중간취득자를 거쳐 최후의 양수인에게 전전이전되어야 할 경우에 중간취득자에의 등기를 생략해서 최초의 양도인으로부터 직접 최후의 양수인에게 등기하는 것을 말한다.

중간생략등기에 있어서는 두 가지가 문제된다. 하나는 중간생략등기가 이미 행하여진 경우에 그것이 유효한가이고, 나머지 하나는 최후의 양수인이 최초의 양도인에 대하여 등기청구권을 가지는가이다.

중간생략등기의 유효성과 관련하여서는 이를 금지하는 「부동산등기 특별조치법」의 규정(2조·8조 1호·11조)과의 관계를 먼저 정리하여야 한다. 그 규정이 효력규정이라고 인정되면 중간생략등기는 당연히 무효라고 할 것이기 때문이다. 그러나 그 규정은 효력규정이 아니고 단속규정이라고 하여야 한다. 따라서 그에 위반하더라도 벌칙의 제재는 별도로 하고 사법상(私法上) 효력이 당연히 없어지는 것은 아니다. 통설·판례(대판 1998. 9. 25, 98다22543 등)도 같다.

(나) **중간생략등기의 유효성** 위에서 본 바와 같이 중간생략등기의 금지규정이 단속규정에 불과하기 때문에 중간생략등기의 유효 여부는 학설·판례에 맡겨져 있다. B-71

(a) **학 설** 학설은 크게 무효설(절대적 무효설), 조건부 유효설, 무조건 유효설의 셋으로 나누어지고, 중간생략등기가 언제나 유효하다고 하는 무조건 유효설에는 물권적 기대권설, 독일민법 원용설, 기타가 있다.

그 가운데 조건부 유효설은 3자 합의가 있어야 한다는 견해이다. 그런데 이 견해는, 중간생략등기는 양도인·양수인·중간자의 3자의 합의를 요하는 것이지만, 이러한 합의가 없음에도 불구하고 일단 중간생략등기가 경료되면 그 등기는 실체관계에 부합하는 것이어서 유효하다고 한다(사견도 같음). 그리고 이 견해는 3자 합의가 없는 때에는 최종양수인은 최초양도인에 대하여 직접 소유권이전등기를 청구할 수 없다고 한다.

B-72 (b) 판 례 판례는, 중간생략등기는 3자 합의가 있을 때 유효함은 물론이나, 이미 중간생략등기가 이루어져 버린 경우에는 3자 합의가 없더라도 합의가 없었음을 이유로 그 무효를 주장하지 못하고, 그 말소를 청구하지도 못한다고 한다(대판 2005. 9. 29, 2003다40651 등 다수). 그리고 등기청구권이 인정되려면 관계당사자 전원의 합의가 있어야 한다고 한다. 즉 중간자들의 동의 외에 최초의 자와 최종의 자의 동의도 필요하다고 한다(대판 1997. 5. 16, 97다485 등. 대판 2001. 10. 9, 2000다51216[핵심판례 248면]도 참조). 만약 관계당사자 전원의 합의가 없으면, 최후의 양수인은 중간취득자를 대위하여 최초의 양도인에 대하여 중간취득자에게 소유권이전등기를 할 것을 청구할 수 있을 뿐이다.

(다) 유사한 경우 중간생략등기와 유사한 경우들이 있다. 미등기 부동산의 양수인이 보존등기를 하는 경우(본래는 양도인이 보존등기를 하고 양수인이 이전등기를 하여야 한다), 상속인이 상속재산을 양도하고서 등기는 피상속인으로부터 양수인으로 이전등기를 하는 경우(본래는 상속인이 상속에 의한 이전등기를 한 뒤, 양수인 앞으로 이전등기를 하여야 한다)가 그렇다. 위의 두 경우의 등기는 제187조 단서에 위반되는 것이어서 무효라고 하여야 하나, 그것들은 넓은 의미의 중간생략등기이므로 중간생략등기를 유효하다고 하는 이상 이들도 유효하다고 하여야 한다. 학설과 판례(대판 1995. 12. 26, 94다44675 등(이들은 모두 첫째 경우에 관한 것임)과 대판 1963. 5. 30, 63다105(이는 둘째 경우에 관한 것임))도 같다.

B-73 3) 등기원인의 불일치 등기에 있어서 등기원인이 실제와 다르게 기재되는 경우가 있다(이는 보통 그렇게 신청하기 때문이다). 예컨대 증여에 의한 소유권이전등기 대신 매매에 의한 소유권이전등기를 하는 경우(대판 1980. 7. 22, 80다791), 법률행위가 무효이거나 취소·해제 기타의 사유로 실효하여 물권이 복귀하는 때에 원상회복의 방법으로 이전등기의 말소 대신 새로운 이전등기를 하는 경우(대판(전원) 1990. 11. 27, 89다카12398[핵심판례 106면])에 그렇다. 이들 중 앞의 경우에 관하여는 「부동산등기 특별조치법」이 등기원인의 허위기재를 금지하고 있다(부동산의 소유권을 이전하는 계약의 경우임. 동법 6조·8조 2호). 그러나 이 규정 역시 단속규정이어서 그 때문에 무효로 되지는 않는다.

이 경우의 등기에 관하여 학설은 유효성을 인정하는 데 다툼이 없으며, 판례도 같다(위에 인용한 판결 참조). 그리고 판례는 위의 둘째의 경우에 관하여 이전등기의 이행을 청구할 수도 있다고 하여 과거의 판결을 변경하였다.

B-74 4) 무효등기의 유용(流用) 어떤 등기가 행하여졌으나 그것이 실체적 권리관계에 부합하지 않아서 무효로 된 뒤에 그 등기에 부합하는 새로운 실체적 권리관계가 생긴 경우에, 그 등기를 새로운 권리관계의 공시방법으로 사용할 수 있는지가 문제된다. 이것이 무효등기의 유용의 문제이다. 여기에 관하여 학설은 주로 저당권등기의 유용에 대하여 논의하면서 일치하여 이해관계 있는 제3자가 나타나지 않는 한 유용할 수 있다고 한다

(사견도 같음). 판례도, 실질관계의 소멸로 무효로 된 등기의 유용은 그 등기를 유용하기로 하는 합의가 이루어지기 전에 등기상 이해관계가 있는 제3자가 생기지 않은 경우에는 허용된다고 하여 학설과 같다(대판 2002. 12. 6, 2001다2846 등).

이제 구체적으로 무효등기의 유용이 가능하기 위한 요건을 보기로 한다. 첫째로 무효등기에 부합하는 실체적 권리관계가 생겨야 한다. 둘째로 유용의 합의가 있어야 한다(대판 1989. 10. 27, 87다카425[핵심판례 108면] 등). 그 합의는 묵시적으로 행하여질 수도 있다. 셋째로 유용의 합의가 이루어지기 전에 이해관계가 있는 제3자가 생기지 않아야 한다(대판 1989. 10. 27, 87다카425[핵심판례 108면]; 대판 2002. 12. 6, 2001다2846 등). 그 밖에 유용하기로 한 등기는 처음부터 무효인 것일 수도 있고, 처음에는 유효했다가 무효로 된 것일 수도 있다(가령 저당권으로 담보된 채권이 변제된 경우). 그리고 그 등기가 소유권이전등기(대판(전원) 1970. 12. 24, 70다1630 등)이든 근저당권설정등기(대판 2002. 12. 6, 2001다2846 등 다수)이든 가등기(대판 1989. 10. 27, 87다카425[핵심판례 108면] 등)이든 상관없다. 그러나 멸실된 건물의 등기를 새로 신축한 건물의 등기로 유용할 수는 없다(이설이 없으며, 판례도 같다. 대판 1976. 10. 26, 75다2211 등). 이때는 사항란의 등기 외에 표제부의 등기도 유용하는 결과로 되기 때문이다.

한편 유용의 효과는 유용의 합의가 있는 때에 생기고 소급하지 않는다. 판례도, 무효인 가등기를 유효한 등기로 전용키로 한 약정은 그때부터 유효하고 그 가등기가 소급하여 유효한 등기로 전환될 수 없다고 하여 같은 입장이다(대판 1992. 5. 12, 91다26546).

5) 물권행위와 등기 사이의 시간적 불합치에서 생기는 문제

B-75

(가) 물권행위와 등기의 선후 법률행위에 의한 물권변동의 경우 보통은 물권행위가 있은 후에 등기가 행하여지나, 등기를 먼저 하여도 무방하다. 그때에는 등기는 처음에는 무효이겠으나, 후에 그에 부합하는 물권행위가 행하여지면 유효하게 되고, 물권변동이 일어난다.

(나) 물권행위와 등기 사이에 당사자가 제한능력자로 된 경우 이 경우에도 물권행위의 효력에는 영향이 없다(111조 2항). 다만, 등기신청은 그것이 공법행위이기는 하지만 그 목적은 사법상의 권리변동에 있으므로, 거기에 제10조 이하의 규정을 유추적용하여야 한다.

(다) 물권행위 후 등기 전에 당사자가 사망한 경우 이 경우에는 본래 상속인이 「상속에 의한 등기」를 하고 그 후에 다시 물권행위와 등기를 하여야 한다(대판 1994. 12. 9, 93누23985 등도 참조). 그런데 부동산등기법은 이때 피상속인이 신청하였을 등기를 상속인이 등기권리자 또는 등기의무자로서 신청할 수 있게 하고 있다(동법 27조). 이것이 「상속인에 의한 등기」이다(이는 상속으로 등기신청권을 승계한 것으로 이해된다). 그 결과 피상속인으로부터 직접 취득자에게로 이전등기를 할 수 있게 된다.

(라) 물권행위와 등기 사이에 권리의 귀속에 변경이 생긴 경우 예컨대 토지소유자 A가 B와의 사이에 지상권설정의 합의를 한 후 등기가 있기 전에 A가 그 토지를 C에게 양도한 경우에는, B와 C 사이에 지상권설정의 합의 즉 물권행위가 따로 행하여져야 한다. 처분자

는 등기를 할 때까지 처분권한이 있어야 하기 때문이다.

(마) 물권행위 후에 처분이 금지된 경우　물권행위를 할 때에는 처분권이 있었으나 그 후에 파산하거나 목적부동산의 압류·가압류·가처분 등으로 처분이 금지 또는 제한되면, 등기를 신청할 수 없으며, 등기가 되었더라도 물권변동의 효력이 생기지 않는다.

B-76

(3) 명의신탁에 의한 등기

1) 명의신탁의 의의　종래 우리 대법원은 일련의 판결에 의하여 명의신탁이라는 제도를 확립하였다. 그에 의하면, 명의신탁은 「대내적 관계에서는 신탁자가 소유권을 보유하여 관리·수익하면서 공부상(公簿上)의 소유명의만을 수탁자로 하여 두는 것」이다.

과거에 대법원이 명의신탁의 유효성을 널리 인정하자 사회에서는 명의신탁이 온갖 불법 또는 탈법적인 수단으로 악용되었다. 그리하여 「부동산 실권리자 명의 등기에 관한 법률」(이하 부동산 실명법이라 함)을 제정(1995. 3. 30. 제정, 1995. 7. 1. 시행)하여 강력하게 명의신탁을 규제하고 있다(「부동산등기 특별조치법」 7조는 삭제됨). 이 법의 제정·시행으로 명의신탁에 관한 종래의 판례이론은 일정한 경우에 예외적으로만 적용되게 되었다.

B-77

2) 부동산실명법의 적용범위　부동산실명법은 「부동산에 관한 소유권 기타 물권」에 관한 명의신탁을 규율한다(동법 2조 1호).

그러나 ① 채무의 변제를 담보하기 위하여 채권자가 부동산에 관한 물권을 이전받거나(양도담보) 가등기하는 경우(가등기담보), ② 부동산의 위치와 면적을 특정하여 2인 이상이 구분소유하기로 하는 약정을 하고 그 구분소유자의 공유로 등기하는 경우, 즉 이른바 상호명의신탁, ③ 신탁법 또는 「자본시장과 금융투자업에 관한 법률」에 따른 신탁재산인 사실을 등기한 경우(신탁법상의 신탁)는 부동산실명법에서 말하는 명의신탁에서 제외된다(동법 2조 1호 가-다목). 그 결과 ①의 경우에는 「가등기담보 등에 관한 법률」이, ②의 경우에는 종래의 판례이론(상호명의신탁 이론)이, ③의 경우에는 신탁법 등이 각각 적용된다.

한편 종중 부동산(부동산물권)의 명의신탁, 배우자(사실혼의 배우자는 제외된다. 대판 1999. 5. 14, 99두35) 명의신탁, 종교단체 명의신탁(종교단체의 산하조직의 부동산을 종교단체 명의로 등기한 경우)은 조세포탈, 강제집행의 면탈 또는 법령상 제한의 회피를 목적으로 하지 않는 경우에는, 부동산실명법의 대부분의 주요 규정(동법 4조-7조, 12조 1항-3항)의 적용을 받지 않는다(동법 8조). 그리하여 그때에는 종래의 판례이론이 적용되게 된다.

B-78

3) 종래의 판례이론이 적용되는 경우의 법률관계

(가) 서　설　부동산실명법이 적용되지 않아 종래의 판례에 의하여 규율되는 경우는 크게 두 가지이다. 하나는 탈법목적이 없는 종중·배우자·종교단체의 명의신탁이고, 다른 하나는 상호명의신탁이다. 이들의 법률관계를 간단히 정리하기로 한다.

(나) 종중·배우자·종교단체 명의신탁　판례에 의하면, 명의신탁의 경우 신탁자와 수탁자 사이에서는 수탁자 명의로 소유권이전등기가 되었더라도 내부적으로 소유권은 신

탁자가 그대로 보유하며 계속하여 신탁재산을 관리·수익하게 된다. 이러한 신탁관계는 당사자 일방이 사망하여도 당연히 소멸하지는 않고 상속인 사이에 그대로 존속한다. 그리고 수탁자는 신탁계약 해지시에 신탁자에게 신탁재산을 반환할 의무가 있다. 그에 비하여 대외적인 관계에서는 수탁자에게 완전한 소유권의 이전이 있게 되고, 따라서 수탁자는 완전한 소유자로 취급된다. 이처럼 대외관계에서는 수탁자만이 소유자로 다루어지기 때문에 수탁자의 일반채권자는 신탁재산에 대하여 강제집행 내지 경매를 할 수 있다. 그리고 수탁자가 수탁재산에 대하여 한 처분행위 등은 완전히 유효하게 된다. 그리하여 취득자인 제 3 자가 선의이든 악의이든 그는 권리를 취득한다.

명의신탁에 있어서 신탁자는 특별한 사정이 없는 한 언제든지 명의신탁계약을 해지하고 신탁재산의 반환을 청구할 수 있다. 그때 소유권이전등기의 회복이 없어도 소유권이 복귀하는지가 문제되는데, 판례는 대외적인 관계에 관하여는 명의신탁이 해지되더라도 부동산의 소유권이 당연히 신탁자에게 복귀하지 않으며, 등기명의를 회복할 때까지는 소유권을 가지고 제 3 자에게 대항할 수 없다고 한다. 그에 비하여 대내적인 관계에 관하여는 신탁해지에 의하여 소유권이 당연히 복귀한다는 태도를 취하고 있다.

(다) 상호(相互)명의신탁 여러 사람이 1필의 토지를 각 위치를 특정하여 일부씩 매수하고 당사자의 합의로 (공유)지분이전등기를 한 경우에 관하여, 판례는 당사자 내부관계에서는 각 특정부분의 소유권을 각자 취득하게 되고, 각 공유지분 등기는 각자의 특정매수부분에 관하여 상호간에 명의신탁하고 있는 것으로 본다. 그리고 최초의 명의신탁관계가 성립한 당사자 사이에서뿐만 아니라 그로부터 전전양수한 자들 사이에서도 명의신탁관계가 성립(승계가 아니고)한다고 한다. 그리고 이러한 결과는, 1필의 토지 중 일부를 특정하여 매수하고 그 소유권이전등기는 그 토지 전부에 관하여 공유지분권 이전등기를 한 때와 같이 유사한 다른 경우들에도 인정된다. B-79

이는 본래 공유지분이 공유물 전부에 효력이 미치고, 공유자가 특정부분을 배타적으로 사용할 수 없기 때문에, 위 경우에 공유지분등기에 의하여서는 특정부분을 매수한 당사자가 목적을 달성할 수 없게 되자, 판례가 상호명의신탁을 인정하여 그 문제를 해결한 것이다.

4) 부동산실명법의 적용을 받는 명의신탁의 법률관계 부동산실명법이 규율하는 명의신탁에는 세 가지 모습이 있다. 전형적인 명의신탁, 중간생략 명의신탁, 계약명의신탁이 그것이다. B-80

(가) 전형적인 명의신탁(2자간 등기명의신탁) 부동산물권자로 등기된 자가 명의신탁약정에 의하여 타인 명의로 등기하는 경우이다. 이 경우 명의신탁약정과 물권변동은 무효이다(동법 4조 1항·2항). 이는 명의신탁에 따른 등기가 무효라는 의미이다. 따라서 신탁자는 명의

신탁약정의 「해지」에 기한 이전등기나 말소등기는 청구할 수 없고(대결 1997. 5. 1, 97마384; 대판 1999. 1. 26, 98다1027 도 참조), 소유권에 기한 방해배제청구권을 행사하여 등기말소를 청구할 수 있다. 그리고 부당이득 반환청구로 등기말소를 청구할 수 있다(이는 불법원인급여가 아니다: 대판 2003. 11. 27, 2003다41722). 이때 등기말소청구 대신 이전등기청구도 허용하여야 할 것이다(대판 2002. 9. 6, 2002다35157). 그런데 과징금의 부과·형사처벌을 받는 것은 별개의 문제이다(동법 5조·7조).

대법원은 최근에 전원합의체 판결로, 부동산실명법을 위반하여 무효인 명의신탁약정에 따라 명의수탁자 명의로 등기를 하였다는 이유만으로 그것이 당연히 불법원인급여에 해당한다고 단정할 수는 없으며(계약명의신탁의 경우에도 같다고 함), 그것은 농지법에 따른 제한을 회피하고자 명의신탁을 한 경우에도 마찬가지라고 하였다(대판(전원) 2019. 6. 20, 2013다218156).

B-81 **(나) 중간생략 명의신탁**(3자간 등기명의신탁) 신탁자가 상대방과 물권을 취득하는 계약을 체결하면서 그 물권에 관한 등기는 수탁자와의 명의신탁약정에 기하여 상대방으로부터 직접 수탁자 앞으로 하게 하는 경우이다. 이때도 명의신탁약정 및 그에 따른 등기(물권변동)는 무효이다(동법 4조 1항·2항). 그리고 부동산실명법 제4조 제2항 단서는 적용될 여지가 없어서 언제나 무효이다(대판 2002. 11. 22, 2002다11496). 그리고 신탁자와 상대방 사이의 매매는 여전히 유효하므로(상대방이 악의여도) 신탁자는 상대방에 대하여 소유권이전등기 청구권을 가지고, 그 반면에 매매대금 지급의무를 부담한다. 그 결과 신탁자는 자신의 상대방에 대한 등기청구권을 보전하기 위하여(404조 참조) 상대방이 수탁자에 대하여 가지고 있는 등기말소청구권을 대위행사할 수 있다(이설이 없으며, 판례도 같다. 대판 2013. 12. 12, 2013다26647 등 다수의 판결). 물론 이 경우 과징금 부과 및 형사처벌은 받게 된다(동법 5조·7조). 한편 판례는, 위의 법리에 비추어 보면 중간생략 명의신탁(3자간 등기명의신탁)에 있어서 명의신탁자는 명의수탁자를 상대로 부당이득 반환을 원인으로 하여 소유권이전등기를 구할 수 없다고 한다(대판 2008. 11. 27, 2008다55290·55306).

B-82 **(다) 계약명의신탁**

(a) 의 의 수탁자가 신탁자와의 계약에 의하여 자신이 계약의 일방당사자가 되고 그의 명의로 등기를 하기로 하는 경우이다. 이 경우에는 수탁자가 매수행위를 한다는 위임과 등기명의는 수탁자로 한다는 명의신탁의 약정이 있는 것으로 해석할 수밖에 없다. 그리고 그때의 명의신탁약정은 부동산실명법 제4조 제1항에 의하여 무효로 되고, 위임도 일부무효의 법리에 의하여 무효로 된다고 할 것이다. 따라서 신탁자는 계약에 기하여 수탁자에게 이전등기를 청구할 수는 없다.

B-83 **(b) 물권변동의 유효 여부와 그 밖의 법률관계**

가) 서 설 계약명의신탁의 경우에 물권변동의 유효 여부는 수탁자와 계약을 체결한 상대방(가령 매도인)이 명의신탁약정이 있다는 사실을 알았는지에 달려 있다. 즉 그 상대방이 악의인 때에는 등기 및 물권변동도 무효로 되나, 그가 선의인 때에는 등기 및 물권

변동은 유효하다(동법 4조 2항 본문 및 단서).

나) 상대방이 선의인 경우 　상대방이 선의인 때에는 수탁자는 완전히 물권을 취득하게 된다(대판 2002. 12. 26, 2000다21123)(이 경우 명의수탁자가 당사자로서 선의의 소유자와 체결한 부동산의 취득에 관한 계약은 당연히 유효하다. 대판 2015. 12. 23, 2012다202932). 이때 신탁자는 수탁자의 상대방에 대하여 아무런 청구도 하지 못한다. 법률관계가 없기 때문이다. 다만, 그는 수탁자를 상대로 부당이득의 반환청구를 할 수 있을 것이다. 그런데 신탁자가 제공한 금전만을 부당이득으로 청구할 수 있을 뿐 부동산 자체의 반환은 청구할 수 없다고 하여야 한다. 판례도 같은 입장이다(대판 2014. 8. 20, 2014다30483 등 다수)(그리고 판례는, 당해 부동산의 매매대금 상당액 이외에 명의신탁자가 명의수탁자에게 지급한 취득세 · 등록세 등의 취득비용도 특별한 사정이 없는 한 위 계약명의신탁 약정의 무효로 인하여 명의신탁자가 입은 손해에 포함되어 명의수탁자는 이 역시 명의신탁자에게 부당이득으로 반환하여야 할 것이라고 한다. 대판 2010. 10. 14, 2007다90432[핵심판례 114면]). 그리고 이 경우에 신탁자와 수탁자 사이에 신탁자의 지시에 따라 부동산의 소유 명의를 이전하기로 약정하였더라도 이는 명의신탁약정이 유효함을 전제로 명의신탁 부동산 자체의 반환을 구하는 범주에 속하는 것에 해당하여 역시 무효이다(대판 2014. 8. 20, 2014다30483 등). 그러나 명의수탁자가 명의수탁자의 완전한 소유권 취득을 전제로 하여 사후적으로 명의신탁자와의 사이에 매수자금 반환의무의 이행에 갈음하여 명의신탁된 부동산 자체를 양도하기로 합의하고 그에 기하여 명의신탁자 앞으로 소유권이전등기를 마쳐준 경우에는 그 소유권이전등기는 새로운 소유권 이전의 원인인 대물급부의 약정에 기한 것이므로 그 약정이 무효인 명의신탁약정을 명의신탁자를 위하여 사후에 보완하는 방책에 불과한 등의 다른 특별한 사정이 없는 한 유효하다고 할 것이고, 그 대물급부의 목적물이 원래의 명의신탁부동산이라는 것만으로 그 유효성을 부인할 것은 아니다(대판 2014. 8. 20, 2014다30483).

한편 매수자금이 부당이득이라는 점은 부동산의 경매절차에서 명의신탁에 의하여 부동산을 매수한 경우에도 마찬가지이다. 즉 판례는, 부동산경매절차에서 부동산을 매수하려는 사람이 다른 사람과의 명의신탁약정 아래 그 사람의 명의로 매각허가결정을 받아 자신의 부담으로 매수대금을 완납한 경우에는, 경매목적 부동산의 소유권은 매수대금의 부담 여부와는 관계없이 그 명의인이 취득하게 되고, 매수대금을 부담한 명의신탁자와 명의를 빌려 준 명의수탁자 사이의 명의신탁약정은 부동산실명법 제4조 제1항에 의하여 무효이므로, 명의신탁자는 명의수탁자에 대하여 그 부동산 자체의 반환을 구할 수는 없고 명의수탁자에게 제공한 매수대금에 상당하는 금액의 부당이득 반환청구권을 가질 뿐이라고 한다(대판 2009. 9. 10, 2006다73102).

다) 상대방이 악의인 경우 　수탁자의 상대방이 악의인 때에는 명의신탁약정 및 물권변동은 무효로 된다. 그리고 상대방과 수탁자 사이의 계약은 원시적으로 물권변동의 목적달성이 불가능하여 무효라고 할 것이다. 그리하여 상대방은 수탁자에게 계약의 무효를 원인으로 한 원상회복으로 등기의 말소를 청구할 수 있고(이전등기도 가능함), 수탁자는 상대방에게 급부한 것의 반환청구를 할 수 있다(동시이행관계). 그리고 신탁자는 수탁자에게 이전등기청구

B-84

를 할 수 없고, 특별한 사정이 없는 한 그 상대방에게도 이전등기청구를 할 수 없다(동지 대판 2013. 9. 12, 2010다95185[핵심판례 116면]). 다만, 신탁자는 수탁자에게는 금전 부당이득 반환청구권을 가지므로, 이를 보전하기 위하여 수탁자를 대위하여 그 상대방에 대한 급부반환청구권을 행사할 수 있다.

(c) 벌 칙 계약명의신탁의 경우에는 수탁자의 상대방이 선의이든 악의이든 과징금은 부과되지 않고 벌칙의 제재만 받는다고 할 것이다.

B-85 (라) 제3자에 대한 관계 위 (가), (나), (다)의 명의신탁에 있어서 명의신탁약정 또는 그에 기한 물권변동의 무효는 제3자에게 대항하지 못한다(부동산실명법 4조 3항).

여기의 제3자는 명의신탁약정의 당사자 및 포괄승계인 이외의 자로서 명의수탁자가 물권자임을 기초로 새로운 이해관계를 맺은 자를 말한다. 이러한 제3자는 물권을 취득한 자에 한정되지 않는다. 제3자의 예로는 명의수탁자로부터 부동산을 매수하여 소유권을 취득한 자, 저당권을 설정받은 자를 들 수 있다. 그에 비하여 명의수탁자의 일반 채권자는 새로이 이해관계를 맺은 자가 아니므로 여기의 제3자가 아니다(대판 2007. 12. 27, 2005다54104).

제3자가 되기 위하여 명의수탁자와 직접 이해관계를 맺었어야 하는 것은 아니다. 따라서 명의수탁자로부터 매수한 자로부터 다시 매수한 자, 즉 전득자도 제3자이다. 그런데 판례는, 부동산실명법 제4조 제3항에서 '제3자'라고 함은 명의신탁 약정의 당사자 및 포괄승계인 이외의 자로서 명의수탁자가 물권자임을 기초로 그와의 사이에 직접 새로운 이해관계를 맺은 사람이고, 명의수탁자와 직접 이해관계를 맺은 것이 아니라 부동산실명법 제4조 제3항에 정한 제3자가 아닌 자와 사이에서 무효인 등기를 기초로 다시 이해관계를 맺은 데 불과한 자는 위 조항이 규정하는 제3자에 해당하지 않는다고 한다(대판 2005. 11. 10, 2005다34667·34674[핵심판례 118면])(사견은 반대함. 물권법 [66] 참조).

제3자가 선의이어야 하는가에 관하여는 i) 긍정설과, ii) 부정설이 대립되나, 선의의 자에 한정하고 있지 않으므로 악의의 자도 포함된다고 하여야 한다. 판례도 제3자의 선의·악의를 묻지 않는다고 하여 사견과 같은 입장이다(대판 2009. 3. 12, 2008다36022).

이와 같이 무효를 가지고 제3자에게 대항하지 못하므로, 수탁자가 그에게 등기명의가 있음을 이용하여 목적부동산을 타인에게 매도하고 소유권이전등기를 해 준 경우에는 그 매수인은 소유권을 취득한다(대판 2013. 2. 28, 2010다89814). 그러나 제3자가 명의신탁 약정 및 물권변동의 무효를 인정하는 것은 무방하다(이설 있음).

B-86 Ⅲ. 등기를 갖추지 않은 부동산매수인의 법적 지위

부동산매수인이 대금을 완전히 지급하고 등기서류를 교부받은 외에 목적부동산을 인도받아 사용·수익까지 하고 있으면서 아직 등기는 하지 않고 있는 경우가 있다. 그러한 경우에 부동산매수인의 법적 지위는 어떠한 것인가?

(1) 민법이 성립요건주의를 취하고 있는 만큼 매수인은 법률상 소유권을 취득하지 못한다. 그는 실질적·경제적으로는 소유자라고 할 수 있으나, 법률적인 소유권은 여전히 매도인에게 있다. 따라서 매도인의 채권자는 그 부동산에 대하여 강제집행을 할 수 있고, 그때 매수인은 이의를 제기하지 못한다. 그리고 매도인이 파산하면 그 부동산은 파산재단에 속하게 되고, 매수인은 환취권을 행사할 수도 없다.

(2) 매수인이 목적부동산을 점유하고 있다면 점유자로서는 보호받을 수 있다.

(3) 그 밖에 매도인이 의무를 모두 이행하지 않았다면 매수인은 여전히 채권자로서의 지위를 가질 것이다.

(4) 만약 매도인이 자신의 법률상의 소유권을 근거로 부동산의 반환을 청구한다면 매수인은 당연히 이를 거절할 수 있다고 하여야 한다.

제 3 관 법률행위에 의하지 않는 부동산물권의 변동

Ⅰ. 제187조의 원칙

B-87

1. 제187조의 의의

(1) 민법 제187조는 「상속, 공용징수, 판결, 경매 기타 법률의 규정에 의한 부동산에 관한 물권의 취득은 등기를 요하지 아니한다. 그러나 등기를 하지 아니하면 이를 처분하지 못한다」고 규정한다. 여기의 「물권의 취득」은 널리 물권의 변동이라고 해석된다(이설 없음). 그러고 보면 이 규정은 법률행위에 의하지 않는 부동산 물권변동(법률규정에 의한 부동산 물권변동이라고도 한다)의 원칙을 선언하고 있는 것이다. 이에 의하면 법률행위에 의하지 않는 부동산 물권변동에는 등기가 필요하지 않게 된다.

(2) 제187조 단서는 물권을 등기 없이 취득하였더라도 그것을 처분하려면 먼저 취득자의 명의로 등기하도록 하고 있다. 거기의 처분은 법률행위에 의한 처분만을 가리킨다. 그리고 등기 없이 처분하면 그 처분이 무효라는 의미이다.

한편 판례와 학설은 제187조 단서에도 불구하고 상당히 넓은 범위에서 등기 없이 처분한 경우에 그 등기를 무효라고 하지 않고 있다. 미등기 건물을 처분하고 양수인이 보존등기를 하는 경우, 상속인이 상속재산을 처분하고 등기는 피상속인으로부터 직접 양수인에게 하는 경우 등이 그 예이다.

B-88

2. 제187조의 적용범위

(1) 원 칙

제187조의 원칙은 상속·공용징수·판결·경매 기타 법률의 규정에 의한 부동산 물권변동에 관하여 적용된다.

1) 상 속 상속인은 상속이 개시된 때 즉 피상속인이 사망한 때에(997조) 피상속인의 재산에 관한 포괄적 권리·의무를 승계한다(1005조). 부동산물권도 마찬가지이다. 포괄유증도 상속과 동일하게 해석하여야 한다(1078조 참조. 이설 없음).

2) 공용징수 공용징수(수용)는 공익사업을 위하여 국민의 토지의 소유권 등 특정의 재산권을 법률에 의하여 강제적으로 취득하는 것이다. 수용할 수 있음을 규정하고 있는 개별 법률은 부지기수이며, 수용절차에 관한 법으로 「공익사업을 위한 토지 등의 취득 및 보상에 관한 법률」이 있다. 이 법은 사업시행자가 공익사업에 필요한 토지 등을 협의 또는 수용의 방법으로 취득하는 절차를 구체적으로 규정하고 있다. 그 가운데 협의취득은 사적인 계약에 의하여 소유권을 취득하는 것으로서 수용에 해당하지 않는다.

3) 판 결 판결에는 여러 종류가 있으나, 여기의 판결은 형성판결만을 가리키며, 이행판결·확인판결은 포함되지 않는다(이설이 없으며, 판례도 같다. 대판 1998. 7. 28, 96다50025 등). 그리고 재판상 화해, 청구의 포기·인낙을 변론조서·변론준비기일조서에 적은 때에는 그 조서가 확정판결과 같은 효력을 가지므로, 이들 조서 가운데 형성적인 효력을 생기게 하는 것은 여기의 판결에 포함된다.

4) 경 매 경매에는 사인 사이에서 행하여지는 사경매와 국가기관에 의하여 행하여지는 공경매가 있는데, 여기의 경매는 공경매만을 의미한다. 공경매에는 민사집행법에 의한 경매와 국세징수법에 의한 공매가 있고, 민사집행법상의 경매에는 일반채권자에 의한 강제경매(통상의 강제경매)(민사집행법 78조 이하)와 담보권의 실행을 위한 경매(담보권 실행경매)(민사집행법 264조 이하)가 있다.

B-89

5) 기타 법률의 규정 여기의 「법률」은 널리 법을 의미하는 것으로 해석하여야 한다. 그래야 관습법에 의한 물권의 성립도 가능할 수 있기 때문이다(185조 참조). 「기타 법률의 규정」에 의한 물권변동의 주요한 예로는 ① 신축 건물의 소유권 취득(대판 2002. 4. 26, 2000다16350 등), ② 법정지상권의 취득(305조·366조, 가등기담보법 10조, 입목법 6조), ③ 분묘기지권의 취득, ④ 관습법상의 법정지상권 취득(대판 1966. 9. 20, 66다1434 등), ⑤ 법정저당권의 취득(649조) 등을 들 수 있다.

그 밖에 제186조가 적용되는지 제187조가 적용되는지가 다투어지는 경우에 대하여는 앞에서 이미 살펴보았다(B-59 이하 참조).

(2) 예 외

민법은 제245조 제 1 항에서 점유 취득시효에 의하여 부동산소유권을 취득하려면 등기를 하여야 함을 규정하고 있다. 이는 제187조에 대한 예외규정이다. 그에 관하여는 뒤에 소유권 부분에서 설명하기로 한다(B-158 이하 참조).

제 5 절 동산물권의 변동

Ⅰ. 서 설

B-90

동산 물권변동도 부동산의 경우와 마찬가지로 법률행위에 의한 것과 법률행위에 의하지 않는 것으로 나눌 수 있다. 그런데 민법은 후자 가운데 중요한 것은 소유권에 관하여 규정하고 있다. 그리고 동산물권의 소멸은 부동산물권에 관한 것과 함께 뒤의 제 7 절에서 기술할 것이다. 그리하여 본 절에서는 「법률행위에 의한 동산물권의 취득」만을 다루려고 한다. 그런데 법률행위에 의한 동산물권의 취득은 「권리자로부터의 취득」과 「무권리자로부터의 취득」(선의취득)의 두 가지를 살펴보아야 한다. 민법이 동산거래에 관하여는 공신의 원칙을 채용하고 있기 때문이다.

Ⅱ. 권리자로부터의 취득

B-91

1. 제188조 제 1 항과 제188조 제 2 항 · 제189조 · 제190조

(1) 위 규정의 의의(성립요건주의)

민법은 제188조 제 1 항에서 「동산에 관한 물권의 양도는 그 동산을 인도하여야 효력이 생긴다」고 하고, 제188조 제 2 항 · 제189조 · 제190조에서 「인도」와 관련하여 보충적인 내용을 규정하고 있다. 이는 민법이 부동산 물권변동에 있어서와 마찬가지로 동산 물권변동에 관하여도 성립요건주의를 채용하고 있음을 의미한다. 그 결과 법률행위에 의한 동산 물권변동은 물권행위 외에 공시방법으로서 인도까지 있어야 일어나게 된다.

(2) 위 규정의 적용범위

제188조 제 1 항 및 관련규정은 「법률행위에 의한 동산소유권의 이전」에만 적용된다(물권법 [72] 참조).

2. 동산소유권 양도의 요건으로서의 물권행위와 인도

B-92

(1) 물권행위

동산소유권 양도에 있어서의 물권행위에도 본장 제 2 절에서 한 설명이 그대로 타당하다(B-27 이하 참조).

(2) 인 도

1) 인도의 의의 인도는 점유의 이전을 가리킨다. 그리고 점유는 물건에 대한 사실상의 지배이다(192조 1항). 인도는 법률행위에 의한 동산 물권변동의 공시방법이면서 그 요건이다.

2) 인도의 종류 동산소유권 양도의 요건으로서 요구되는 인도는 현실의 인도를 원칙으로 한다(188조 1항 참조). 그런데 민법은 그 외에 간이인도에 의하여도 물권변동이 일어나는 것으로 하며, 점유개정·목적물반환청구권의 양도를 인도로 의제(간주)하고 있다(우리 문헌들은 모두 셋을 유사한 것으로 취급하나 그것은 옳지 않다. 법률규정상으로 보나 실질적으로 보나, 간이인도는 인도이고, 나머지 둘은 인도의 대용물이다). 이와 같은 경우에는 실제로는 점유가 움직이지 않았는데도 인도의 효과가 인정된다. 이들을 문헌들은 간편한 인도방법 또는 관념적인 인도라고 부른다.

B-93 (가) 현실의 인도 물건에 대한 사실상의 지배를 실제로 이전하는 것이다. 물건의 교부가 그 전형적인 예이다. 현실의 인도가 인정되려면 ① 사실상 지배의 이전과 ② 인도인과 인수인 사이의 점유이전의 합의가 필요하다.

사실상 지배의 이전은 ① 인도인(이는 일반적으로 양도인이라고 하나, 본권을 양도하는 것이 아닌 한 인도인이라고 함이 타당하다)의 점유이전과 ② 인수인(이를 양수인이라고도 한다)의 점유취득으로 완성된다. 구체적인 경우에 이들 요건이 갖추어졌는가는 사회통념에 의하여 판단한다(이설이 없으며, 판례도 같음. 대판 2003. 2. 11, 2000다66454 등). 그 결과 가령 물건을 집에 배달하거나 물건이 들어 있는 창고의 유일한 열쇠를 넘겨주는 것은 현실의 인도이다.

현실의 인도에 있어서 점유이전은 인도인이 직접 할 수도 있으나 그의 점유보조자나 직접점유자를 통하여 할 수도 있다. 그리고 인수인의 점유취득도 그가 직접 할 수도 있고 그의 점유보조자나 직접점유자를 통하여 할 수도 있다.

제188조 제1항에서 말하는 「인도」의 의미에 관하여 통설은 현실의 인도라고 해석한다.

B-94 (나) 간이인도(簡易引渡) 양수인이 이미 그 동산을 점유한 때에는 현실의 인도가 없이도 당사자의 의사표시만으로 소유권의 이전이 일어나는데(188조 2항), 이 경우에 인정되는 인도를 간이인도라고 한다. 예컨대 A의 시계를 B가 빌려 쓰고 있다가 B가 A로부터 그 시계를 매수하는 경우에는, A·B 사이의 소유권이전의 합의만 있으면 점유가 움직이지 않고도 시계의 소유권이 B에게 이전한다. 간이인도는 단수인도(短手引渡)(brevi manu traditio)라고도 한다.

B-95 (다) 점유개정(占有改定) 동산에 관한 물권을 양도하는 경우에 당사자의 계약으로 양도인이 그 동산의 점유를 계속하는 때에는 양수인이 인도받은 것으로 보는데(189조), 이를 점유개정이라고 한다. 예컨대 A가 그의 시계를 B에게 팔고서 B로부터 다시 빌려 쓰는 경우에 그렇다. 이 경우에는 A와 B 사이에 시계의 대차관계가 합의되면 인도가 있었던 것으로 다루어진다.

점유개정은 실제로 점유가 움직이지 않는 점에서 간이인도와 같다. 그러나 간이인도의 경우에는 점유가 인도 전후 계속하여 양수인에게 있고, 점유개정의 경우에는 점유가 계속하여 양도인에게 있다는 점에서 둘은 서로 다르다. 점유개정에 의하여 동산의 양도담보(양도저당)가 가능하게 된다.

점유개정이 성립하려면 양도인(소유권의 양도인의 의미이다)과 양수인 사이에 양수인에게 간접점유를 취득시키는 합의, 즉 점유매개관계를 설정하는 합의가 있어야 한다. 그런데 점유매개관계는 계약에 의하는 것 외에 법률상 성립하는 것(가령 친권자가 자녀에게 물건을 증여한 뒤 자녀를 위하여 보관하는 경우)이라도 무방하다(이설 없음). 그리고 점유매개관계에서 양도인은 보통은 직접점유자일 것이나, 그가 간접점유자이면서 양수인을 상위의 간접점유자로 만들 수도 있다.

점유매개관계가 계약에 의하여 성립하는 원칙적인 경우에는, 그러한 계약 외에 소유권이전의 합의가 있어야 소유권이 이전된다. 그런데 그 두 행위는 보통 하나로 합해져서 행하여진다.

동산의 소유자가 그 동산을 2중으로 양도하고 모두 점유개정의 방법으로 매도인이 점유를 계속하는 경우 누가 소유권을 취득하는가에 관하여는 논란이 있다. 학설은 i) 현실의 인도가 인도의 기본형이기 때문에 먼저 현실의 인도를 받은 자가 소유권을 취득한다는 견해와 ii) 먼저 점유개정에 의하여 양수받은 자가 소유권을 취득하며, 그 후 점유개정에 의하여 양수받은 자가 소유권을 취득하는지는 선의취득의 문제로 돌아가 선의에 의하여 현실의 인도를 받아야 소유권을 취득한다는 견해(사견도 같음)로 나뉘어 있다. 판례는 예전에는 근거를 밝히지 않은 채 먼저 현실의 인도를 받아 점유를 해온 자가 소유권을 취득한다고 하였으나(대판 1975. 1. 28, 74다1564(2중매매의 경우); 대판 1989. 10. 24, 88다카26802(2중양도담보의 경우)), 근래에는 2중양도담보의 경우에 관하여 제 1 의 채권자가 소유권을 취득하고 제 2 의 채권자는 선의취득이 인정되지 않는 한 양도담보권을 취득할 수 없다고 한다(대판 2005. 2. 18, 2004다37430[핵심판례 120면] 등).

㈑ **목적물반환청구권의 양도** 제190조는 「제 3 자가 점유하고 있는 동산에 관한 물권을 양도하는 경우에는 양도인이 그 제 3 자에 대한 반환청구권을 양수인에게 양도함으로써 동산을 인도한 것으로 본다」고 규정한다. 이에 의하면, 예컨대 A가 창고업자 B에게 맡겨놓은 쌀을 C에게 팔고 소유권을 이전하는 때에는, A가 그 쌀을 찾아서 C에게 현실의 인도를 할 필요 없이 A가 B에 대하여 가지고 있는 반환청구권을 C에게 양도하면 소유권이 이전하게 된다. 따라서 이 경우에 소유권의 이전을 위하여서는 소유권이전의 합의와 반환청구권 양도의 합의(계약)가 필요하게 되는데, 그 두 합의는 합해져서 행하여지는 것이 보통이다. B-96

여기의 반환청구권은 채권적 청구권이므로 그 양도에는 채권양도에 관한 규정(450조 이하)이 적용되어야 한다(이설 없음).

3) 인도의 원칙에 대한 예외 동산소유권 양도에 인도가 필요하다고 하는 원칙에는

예외가 있다.

동산 가운데에는 등기나 등록에 의하여 공시되는 것이 있다. 선박·자동차·항공기·일정한 건설기계가 그렇다(자세한 내용은 물권법 [74] 참조).

4) **인도의 불완전성과 그에 대한 보완책** 인도는 그 자체가 공시방법으로서는 완전하지 못하다. 여기서 민법은 다른 한편으로 공신의 원칙을 채용하여 점유에 공신력을 인정함으로써 거래의 안전을 도모하고 있다.

B-97

Ⅲ. 선의취득(무권리자로부터의 취득)

1. 의 의

민법은 제249조에서 동산의 선의취득(善意取得)을 규정하고 있다. 이는 동산의 점유에 공신력을 인정하여 거래의 안전을 확보하기 위한 것이다(통설·판례도 같은 취지이다. 대판 1998. 6. 12, 98다6800). 이 제도가 있어서 동산의 경우에는 부동산에 있어서와 달리 일정한 요건 하에 무권리자로부터도 동산의 소유권을 취득할 수 있게 된다.

2. 요 건

(1) 객 체

선의취득의 객체는 동산에 한한다. 객체에 관하여 문제되는 것들을 살펴보기로 한다.

1) **금 전** 금전에 관하여 제249조가 적용되는가에 관하여 학설은 i) 제250조 단서의 규정 등을 근거로 적용을 긍정하는 견해, ii) 금전이 가치의 상징으로서 유통되고 있는 경우에는 선의취득을 문제삼을 것도 없이 그 점유가 있는 곳에 소유권도 있다고 하여야 하고, 단순한 물건으로서 거래되는 경우에는 제249조의 적용을 받는다는 견해(사견도 같음)로 나뉘어 있다. ii)설은 금전이 가지는 특수성을 그 주된 이유로 들고 있다.

B-98

2) **등기·등록으로 공시되는 동산** 선박·자동차·항공기와 같이 등기·등록으로 공시되는 동산은 선의취득의 대상이 아니다(판례도 자동차에 관하여 같은 태도이다. 대판 2016. 12. 15, 2016다205373 등). 그러나 건설기계는 등록을 하기는 하지만 그것의 소유권이전이 등록에 의하여 이루어지지는 않기 때문에 선의취득의 대상이 된다고 할 것이다(이설 있음).

3) **명인방법에 의하여 공시되는 지상물** 수목의 집단·입도·미분리과실 등은 본래 토지의 일부이거나 토지의 일부의 일부이며, 더구나 거기에는 명인방법이라는 공시방법이 인정되어 있으므로 선의취득의 객체로 되지 않는다.

4) **불융통물** 사법상 거래가 금지되는 불융통물(공용물·공공용물·금제물)(A-315 참조)은 선의취득의 객체가 될 수 없다고 하여야 한다.

5) 권 리 권리는 물건이 아니고, 따라서 동산도 아니기 때문에 제249조가 적용될 여지가 없다(판례도 같다. 대판 1985. 12. 24, 84다카2428 등). 그런데 지시채권·무기명채권에 관하여는 특별규정이 두어져 있다(514조·524조. 이 규정들 때문에 적용되지 않는 것이 아님을 주의하여야 한다).

6) 기 타 위에서 설명한 것 이외의 동산은 그것이 직접·간접으로 등기·등록에 의하여 공시되는 것이라도 선의취득의 대상이 된다.

(2) 양도인에 관한 요건 B-99

1) 양도인이 점유하고 있을 것 선의취득은 점유에 공신력을 인정하는 제도이므로 양도인이 점유하고 있을 것이 필요하다. 양도인의 점유가 직접점유인가 간접점유인가, 자주점유인가 타주점유인가는 묻지 않는다.

2) 양도인이 무권리자일 것 양도인이 권리자인 경우에는 권리자로부터의 권리취득이 될 것이다. 양도인이 무권리자인 경우의 전형적인 예는 그에게 소유권이 없는 것이나, 그 외에 타인의 동산을 자기 이름으로 처분할 권한이 없는 자도 포함된다(가령 위탁매매인·질권자·집행관 등이 그의 권한으로 처분하였는데 그 재산 속에 타인의 동산이 섞여 있었던 경우).

(3) 동산의 양도행위

양도인과 양수인 사이에 동산물권 취득에 관하여 유효한 거래행위가 있었어야 한다(대판 1995. 6. 29, 94다22071도 동지). 제249조의 「양수」는 그러한 의미로 규정된 것이다.

그 행위는 ① 우선 동산물권에 관한 것이어야 한다. 동산물권이라고 하지만 소유권과 질권에 한한다(343조가 질권에 관하여 249조를 준용한다). ② 물권취득을 위한 법률행위이어야 한다. 매매·증여·질권설정·대물변제가 그 예이다(민법상 무상행위여도 무방하다). 그에 비하여 상속·회사의 합병과 같은 포괄승계에는 선의취득이 인정되지 않는다. 경매(공경매)의 경우에도 선의취득이 인정되는가에 관하여는 긍정설만이 주장되고 있으며, 판례도 같다(대판 2008. 5. 8, 2007다36933·36940 등). ③ 유효한 법률행위이어야 한다.

(4) 양수인에 관한 요건 B-100

1) 평온(폭력을 쓰지 않음)·공연(숨기지 않고 드러내 놓음)하게 양수하였을 것

2) 선의·무과실 선의는 양도인이 무권리자임을 알지 못하는 것이다. 무과실은 양도인이 무권리자임을 모르는 데 과실이 없는 것이다.

양수인의 선의·무과실은 법률행위 당시뿐만 아니라 인도받을 때까지도 유지되어야 한다. 판례도 같은 태도이다(대판 1991. 3. 22, 91다70은 선의·무과실의 기준시점은 물권행위가 완성된 때라고 하면서 물권적 합의와 동산의 인도 중 늦은 것이 있는 때라고 한다. 이러한 표현은 부적당하다).

선의·무과실의 증명책임은 누구에게 있는가? 제197조 제 1 항은 점유자는 선의로 점유하는 것으로 추정한다. 이 규정은 여기에 유추적용하여도 무방할 것이다. 그 결과 양수인의 선의는 추정된다. 그에 비하여 무과실의 추정에 대하여 학설은 i) 인정설과 ii) 부정설(사견도 같음)로 나뉘어 있다. 그리고 판례는 부정설을 취하고 있다(대판 1962. 3. 22, 4294민상1174·1175 등).

3) 점유를 취득하였을 것 선의취득이 인정되려면 양수인의 점유취득이 있어야 한다. 현실의 인도와 간이인도가 그러한 점유취득에 해당한다는 데 대하여는 다툼이 없다(간이인도에 관하여는 판례도 있다. 대판 1981. 8. 20, 80다2530). 그러나 점유개정과 반환청구권의 양도에 관하여는 그렇지 않다.

점유개정의 경우, 예컨대 양수인이 동산의 임차인을 소유자라고 잘못 생각하여 그로부터 그 동산을 매수하고 그것을 계속하여 양도인(임차인)에게 임대차하는 경우에 양수인의 점유취득이 인정되는가가 문제된다. 여기에 관하여 학설은 나뉘어 있으며, 부정설이 다수설이다(사견도 같음). 한편 판례는 부정설의 입장에 있다(대판 1978. 1. 17, 77다1872 등).

목적물반환청구권의 양도에 의한 점유취득을 인정할 것인가에 관하여 학설은 나뉘어 있으며, 다수설은 긍정설의 입장이다(사견은 물권법 [77] 참조). 그리고 판례는 양도인(소유권유보의 매수인)이 소유자로부터 보관을 위탁받은 동산을 제3자에게 보관시킨 경우에 양도인이 그 제3자에 대한 반환청구권을 양수인에게 양도하고 지명채권양도의 대항요건을 갖추었을 때는 동산의 선의취득에 필요한 점유의 취득요건을 충족한다고 한다(대판 1999. 1. 26, 97다48906).

B-101

3. 효 과

선의취득의 요건이 갖추어지면 양수인은 그 동산에 관한 물권을 취득한다. 그런데 선의취득하는 물권은 소유권과 질권만이다(249조·343조 참조).

선의취득에 의한 소유권·질권 취득의 성질에 관하여는 학설은 i) 원시취득설(사견도 같음)과 ii) 승계취득설로 나뉘어 대립되며, i)설이 압도적인 다수설이다.

선의취득에 의한 물권취득은 확정적이다. 따라서 선의취득자는 물권취득을 하지 않을 수 없으며(동지 대판 1998. 6. 12, 98다6800), 양도인도 양도의 무효를 주장할 수 없다.

B-102

4. 도품(盜品) 및 유실물(遺失物)에 관한 특칙

민법은 선의취득의 요건이 갖추어진 경우에도 취득한 동산이 도품이나 유실물인 때에는 피해자나 유실자가 2년 동안 그 반환을 청구할 수 있도록 하고 있다(250조). 그리고 일정한 경우에는 피해자 등이 대가를 변상하도록 규정한다(251조).

(1) 특칙의 적용범위

제250조·제251조의 특칙이 적용되는 것은 도품과 유실물의 선의취득의 경우이다.

1) 도품은 절도 또는 강도에 의하여 점유자의 의사에 반해서 점유를 상실한 물건이고, 유실물은 점유자의 의사에 의하지 않고서 그의 점유를 이탈한 물건으로서 도품이 아닌 것이다. 따라서 점유자의 의사에 기하여 점유를 이전한 물건, 예컨대 사기 또는 횡령(대판 1991. 3. 22, 91다70)의 목적물은 도품이나 유실물이 아니다. 유실물에 대하여는 이 특칙들 외에 제253조와 유실물법이 두어져 있다. 그런데 뒤의 규정들은 유실물의 습득자가 일정한 절차에 따

라 그 소유권을 취득하는 경우에 관한 것이다.

금전은 도품이나 유실물일지라도 반환청구를 하지 못한다(250조 단서). 여기의 금전은 물건으로서 거래되는 것이다(B-97도 참조).

2) 본인이 간접점유를 하고 있는 경우에는 점유이탈의사의 유무는 직접점유자를 표준으로 하여 결정하여야 한다(이설 없음).

(2) 반환청구권 B-103

피해자 또는 유실자는 도난 또는 유실한 날로부터 2년 내에 그 물건의 반환을 청구할 수 있다.

1) 반환청구권자와 그 상대방 반환청구권자는 피해자 또는 유실자이다. 이들은 보통은 본래의 소유자이겠으나, 직접점유자(임차인·수치인 등)도 그에 해당한다.

반환청구권의 상대방은 도품 또는 유실물을 취득하여 현재 점유하고 있는 자이다. 취득자로부터 또 취득한 자도 그에 포함된다.

2) 반환청구기간 이는 도난 또는 유실한 날로부터 2년간이다. 여기서 도난시기는 절취행위 성립시(예: 벌채시)가 아니고 점유를 상실한 때(예: 벌채된 나무들이 반출된 때)이다(이설 없음). 그리고 2년의 기간의 성질에 관하여는 i) 시효기간설과 ii) 제척기간설(사견도 같음)이 대립하고 있다.

3) 반환청구권의 내용(소유권의 귀속) 반환청구권이 인정되는 2년 동안 동산의 소유권이 누구에게 귀속되는가에 관하여 통설은 선의취득자에게 속한다고 한다(사견은 물권법 [79] 참조).

(3) 대가의 변상 B-104

양수인이 도품 또는 유실물을 경매나 공개시장에서 또는 같은 종류의 물건을 판매하는 상인에게서 선의로 매수한 때에는 피해자 또는 유실자는 양수인이 지급한 대가를 변상하여야 그 물건의 반환을 청구할 수 있다(251조). 제251조는 선의취득자에게 대가변상을 받을 때까지 물건의 반환청구를 거부할 수 있는 항변권만을 인정한 것이 아니고, 피해자가 그 물건의 반환을 청구하거나 어떤 원인으로 반환을 받은 경우에는 그 대가변상의 청구권이 있다는 취지의 것이다(이설이 없으며, 판례도 같다. 대판 1972. 5. 23, 72다115).

제 6 절 지상물에 관한 물권변동

Ⅰ. 입목에 관한 물권변동 B-105

입목법에 따라 소유권보존등기를 받은 수목의 집단은 「입목」이 되어 토지와 분리하여 양도하거나 저당권의 목적으로 할 수 있다(입목법 2조·3조). 그런데 입목에 관한 물권변동에 대하여는 입목법에 규정이 없으므로 제186조·제187조가 적용된다. 그리고 일정한 경우에는 법정지상권이 성립한다(동법 6조).

B-106 **Ⅱ. 명인방법에 의한 물권변동**(기타의 지상물의 물권변동)

판례에 의하면, 입목을 제외한 수목의 집단과 미분리의 과실(과수열매·입도·잎담배·뽕잎·인삼 등)과 같은 지상물은 명인방법이라는 관습법상의 공시방법에 의하여 토지와는 별개의 부동산으로 되고, 또 물권변동도 일어날 수 있다.

명인방법은 수목의 집단이나 미분리의 과실의 소유권이 누구에게 속하고 있는지를 제3자가 명백하게 인식할 수 있도록 하는 관습법상의 공시방법이다. 명인방법은 특정한 방식이 정하여져 있는 것은 아니며 위와 같은 방법을 통틀어서 일컫는 말이다. 예컨대 논·밭의 주위에 새끼줄을 치고 소유자의 성명을 기재한 팻말을 세운 경우, 임야 주변 여러 곳의 나무껍질을 깎아 소유자의 성명을 적어 놓은 경우에 그렇다.

명인방법은 관습법에 의한 공시방법이므로 등기로 공시하는 토지·건물에는 사용할 수 없다. 그리고 입목(立木)으로 등기되어 있는 것도 마찬가지이다.

명인방법은 불완전한 공시방법이므로 소유권 및 그 양도(지상물의 소유권 양도 또는 지상물의 소유권의 유보 하에 토지의 양도)만을 공시할 수 있고, 저당권 기타의 제한물권의 설정은 공시하지 못한다. 그러나 양도담보는 소유권이전의 형식에 의하므로 명인방법에 의하여서도 할 수 있다.

명인방법에 의한 물권변동에도 제186조·제187조의 원리가 적용된다. 따라서 물권행위와 명인방법이 갖추어지면 소유권이 이전된다. 판례도 같은 취지이다(대판 1969. 11. 25, 69다1346). 그리고 지상물이 2중으로 매도된 경우에는 먼저 명인방법을 갖춘 자가 소유권을 취득한다(대판 1967. 2. 28, 66다2442).

제7절 물권의 소멸

B-107 **Ⅰ. 서 설**

물권의 소멸(절대적 소멸)원인에는 모든 물권에 공통한 것과 각각의 물권에 특유한 것이 있다. 그중 뒤의 것은 각종의 물권에서 보기로 하고 여기서는 앞의 것만 설명하기로 한다. 모든 물권에 공통한 소멸원인으로는 목적물의 멸실·소멸시효·포기·혼동·공용징수·몰수 등이 있는데, 그중에서 중요한 것만 살펴본다.

Ⅱ. 목적물의 멸실

물건이 멸실하면 물권도 소멸한다. 물건의 소실 또는 토지의 포락(浦落)(토지가 바닷물이나 적용하천에 잠기는 것)이 그 예이다. 물건의 멸실 여부는 사회통념에 의하여 결정한다.

Ⅲ. 소멸시효

민법규정상 소유권 이외의 물권도 모두 20년의 시효에 걸리는 것처럼 규정되어 있으나(162조 2항), 점유권·유치권은 점유를 상실하면 소멸하고, 담보물권은 피담보채권으로부터 독립하여 소멸시효에 걸리지 않으며(369조 참조), 전세권은 존속기간이 10년 이하이기 때문에(312조) 20년의 시효에 걸릴 일이 없다. 따라서 소멸시효에 걸리는 물권은 지상권과 지역권에 한한다.

Ⅳ. 물권의 포기

B-108

물권의 포기는 물권을 소멸시키는 의사표시로 성립하는 단독행위(물권적 단독행위)이다. 물권의 포기 가운데 소유권과 점유권의 포기는 상대방 없는 단독행위이고, 제한물권의 포기는 상대방 있는 단독행위이다(통설도 같음).

물권의 포기는 법률행위이므로 그것에 의한 물권변동에는 제186조(부동산의 경우)와 제188조(동산의 경우)가 적용된다. 따라서 부동산물권을 포기하는 때에는 포기의 의사표시 외에 등기가 있어야 한다(통설도 같음). 판례도 합유지분의 포기에 관하여 같은 입장에 있다(대판 1997. 9. 9, 96다16896). 한편 동산물권을 포기하는 때에는 포기의 의사표시 외에 점유의 포기도 있어야 한다.

Ⅴ. 혼동(混同)

B-109

(1) 의 의

서로 대립하는 법률상의 지위 또는 자격이 동일인에게 귀속하는 사실을 혼동이라고 한다. 혼동은 채권 및 물권에 공통한 소멸원인인데, 여기서는 물권에 관하여서만 본다.

민법은 혼동의 경우에는 원칙적으로 하나의 물권이 소멸하도록 하고, 예외적으로 소멸하지 않는 것으로 규정하고 있다(191조).

(2) 소유권과 제한물권의 혼동

동일한 물건에 대한 소유권과 제한물권이 동일인에게 귀속한 때에는 그 제한물권은 원칙적으로 소멸한다(191조 1항 본문). 그러나 「본인 또는 제3자」의 이익을 위하여 그 제한물권을 존속시킬 필요가 있다고 인정되는 경우에는 제한물권은 소멸하지 않는다(이설이 없으며, 판례도 같다. 대결 2013. 11. 19, 2012마745 등). 제191조 제1항 단서는 그 제한물권이 제3자의 권리의 목적이 된 경우에만 제한물권이 소멸하지 않는 것으로 규정하고 있으나, 본인의 이익을 위하여 존속시킬 필요도 있기 때문에 이와 같이 해석한다. 그리하여 예컨대 A의 토지에 B가 1번저당권을 가지고 있고 C가 그 토지에 2번저당권을 가지고 있는 경우에 B가 토지의 소유권을 취득한 때에는 B의 저당권은 존속한다.

⑶ 제한물권과 그 제한물권을 목적으로 하는 권리의 혼동

위의 규정(191조 1항)은 제한물권과 그 제한물권을 목적으로 하는 제한물권이 혼동하는 경우에 준용된다(191조 2항). 따라서 지상권 위의 저당권을 가진 자가 그 지상권을 취득한 때에는 저당권은 원칙적으로 소멸한다. 그러나 본인 또는 제3자의 이익을 위하여 필요한 때에는 예외이다.

⑷ 혼동에 의하여 소멸하지 않는 권리

점유권은 본권과 동일인에게 귀속하여도 소멸하지 않는다(191조 3항). 이는 당연한 것이다.

⑸ 혼동의 효과

혼동에 의하여 물권이 소멸하며 그 효과는 절대적이다. 따라서 혼동 전의 상태로 복귀되더라도 일단 소멸한 물권은 부활하지 않는다. 그러나 혼동을 생기게 한 원인이 존재하지 않거나 원인행위가 무효·취소·해제로 인하여 효력을 잃은 때에는 혼동은 생기지 않았던 것으로 되고, 그 결과 소멸한 물권은 부활한다(통설·판례도 같다. 대판 1971. 8. 31, 71다1386).

제 3 장 점유권과 소유권

제 1 절 점 유 권

제 1 관 서 설

Ⅰ. 점유제도

B-110

민법은 물건을 사실상 지배하고 있는 경우에 사실상 지배를 할 수 있느냐를 묻지 않고 여러 가지의 법률효과(점유보호청구권, 자력구제, 권리의 적법추정, 비용상환청구권, 선의취득 등)를 주고 있다. 이것이 점유제도이다.

Ⅱ. 점유와 점유권

(1) 점유와 점유권은 같은 것인가? 여기에 관하여 다수설은 점유를 법률요건으로 하여 점유권이 발생한다고 한다(사견은 다름. 물권법 [84] 참조).

(2) 점유권도 물건을 사실상 지배하는 때에 인정되는 권리로서 일종의 물권이다. 그런데 그 권리는 다른 물권과는 성질이 크게 다르다. 즉 일반적인 물권은 물건을 지배하고 있는가를 묻지 않고 종국적으로 지배할 수 있는 권리인 데 비하여, 점유권은 물건을 지배할 수 있는가를 묻지 않고 현재 지배하고 있는 때에 인정되는 권리이다.

(3) 점유권은 점유할 수 있는 권리(점유할 권리) 즉 본권과는 구별된다. 그 결과 점유할 권리와 점유권을 모두 가지고 있는 자가 있는가 하면(예: 소유자가 점유하는 경우), 점유권은 없이 점유할 권리만 있는 자도 있고(예: 도난당한 피해자), 점유권만 있고 점유할 권리는 없는 자도 있다(예: 도둑이 가지고 있는 경우).

제2관 점 유

B-111 Ⅰ. 점유의 의의

(1) 사실상의 지배

민법상 점유는 물건에 대한 사실상의 지배만 있으면 성립한다(192조 1항). 즉 사실상의 지배 외에 어떤 의사가 요구되지 않는다(객관설).

여기서 사실상 지배라는 것은 사회관념상 물건이 어떤 자의 지배 안에 있다고 할 수 있는 객관적 관계를 말한다. 사실상의 지배가 있는지 여부는 물건에 대한 공간적·시간적 관계, 본권관계, 타인지배의 배제가능성 등을 고려하여 사회관념에 의하여 합목적적으로 판단하여야 한다(통설·판례도 같다. 대판 2021. 2. 4, 2019다202795·202801 등 많은 판결이 있다). 따라서 사실상의 지배는 반드시 물리적으로 실력을 미치고 있는 것과 동일하지 않을 수 있으며, 그러한 점에서 규범적인 성질을 가지고 있다고 하겠다.

법인은 대표기관 기타의 구성원을 통하여 스스로 점유하는 것으로 되며, 그때 기관 개인의 점유는 인정되지 않는다. 법인 아닌 사단도 같다(대판 1997. 4. 25, 96다46484 등).

B-112 (2) 점유설정의사

우리 민법상 점유가 성립하기 위하여 일정한 점유의사가 필요하지는 않다. 그러나 이것이 사실상의 지배가 성립하기 위하여서도 어떤 의사가 필요하지 않다는 의미는 아니다. 사실상의 지배가 인정되기 위하여서는 어떤 의사가 필요하다고 할 수는 있는 것이다. 이에 관하여 학설이 대립하고 있으나, 통설은 적어도 사실적 지배관계를 가지려는 의사 즉 점유설정의사는 필요하다고 한다. 사견도 통설과 같다(물권법 [86] 참조).

점유설정의사는 일반적·잠재적인 것으로 충분하고, 개별적·명시적으로 표시될 필요는 없다. 따라서 우편함에 투입된 편지는 점유자가 인식하지 못하였더라도 점유설정의사가 있는 것으로 된다. 이는 투입이 예정되어 있었기 때문이다(그러나 잘못 배달된 편지나 죽은 쥐를 넣은 경우는 아니다). 그에 비하여 남의 모자가 자기 집에 바람에 날려 들어왔거나 남의 닭이 자기 집에 와서 돌아다니는 경우에는 점유설정의사가 없다.

B-113 (3) 점유의 관념화(규범성)

점유가 물건에 대한 사실상의 지배가 있는 때에 성립한다고 하지만, 여기에는 법률이 예외를 인정하고 있다. 즉 물건에 물리적으로 실력을 미치고 있음에도 불구하고 점유를 인정하지 않는 때가 있는가 하면, 실제로 실력을 미치고 있지 않음에도 불구하고 점유를 인정하는 때도 있다. 점유보조자(195조)가 전자의 예이고, 간접점유(194조)·상속인의 점유(193조)

가 후자의 예이다. 이러한 경우에는 사실상의 지배와 점유가 일치하지 않는다.

Ⅱ. 점유보조자

B-114

1. 의 의

점유보조자는 타인의 지시를 받아 물건에 대한 사실상의 지배를 하는 자이다(195조). 가정부·상점의 점원이 그 예이다. 점유보조자의 경우에는 그는 점유자로 되지 못하고 그에게 지시를 하는 타인이 점유자(직접점유자)로 된다. 그 타인을 보통 점유주라고 한다.

2. 요 건

(1) 어떤 자(점유보조자)가 타인(점유주)을 위하여 물건에 대한 사실상의 지배를 하고 있어야 한다. 점유보조자에게 점유주를 위하여 지배한다는 의사가 있을 필요는 없다.

(2) 점유보조자와 점유주 사이에 점유보조자가 점유주의 지시에 따라야 할 관계(점유보조관계)가 있어야 한다. 제195조는 그 관계로 가사상·영업상의 관계를 예시하나, 그에 한정되지 않으며 널리 사회적 종속관계이면 된다. 그 관계의 기초는 계약일 수도 있고 친족법이나 공법상의 관계일 수도 있다. 그 관계가 반드시 유효할 필요는 없다.

(3) **점유보조관계 여부가 문제되는 경우**

B-115

자기 물건에 관하여도 점유보조자로 될 수 있다. 예컨대 의사능력 없는 미성년자에게 부모가 물건을 준 때에는, 그 미성년자는 점유설정의사를 가질 수가 없어서 점유자로 될 수 없으며, 그는 점유자인 부모의 점유보조자가 된다.

처(妻)는 원칙적으로 부(夫)의 점유보조자가 아니라고 하여야 한다(통설도 같음). 그러나 가령 부(夫)의 가게에서 일을 돕고 있는 경우에는 그 범위에서 점유보조자라고 할 수 있다.

3. 효 과

위의 요건이 갖추어지면 점유보조자는 점유자가 아니고 점유주만이 점유자로 된다(195조). 따라서 점유보조자에 대하여는, 점유자에 대한 관계에서나 제 3 자에 대한 관계에서나 점유권에 관한 효력이 인정되지 않는다. 판례도 점유보조자는 방해자에 대하여 방해배제청구(가처분신청)를 할 수 없다고 한다(대판 1976. 9. 28, 76다1588). 그러나 점유보조자도 점유주를 위하여 자력구제권(209조)은 행사할 수 있다고 하여야 한다(이설 없음).

제195조는 점유보조자가 물건에 대한 지배를 행사하는 경우에 관하여만 규정하고 있으나, 점유의 취득과 상실에도 적용되는 것으로 해석하여야 한다(이설 없음). 따라서 점유보조자가 점유를 취득(예: 가정부의 물건 구입)·상실하면 점유주도 점유를 취득·상실하는 것으로 보아야 한다.

점유보조자로서의 지위는 점유보조관계가 종료함으로써 상실된다.

B-116

Ⅲ. 간접점유

1. 의 의

간접점유는 점유매개관계에 의하여 타인(점유매개자)으로 하여금 물건을 점유하게 한 자에게 인정되는 점유이다(194조). 임대인의 점유가 그 예이다. 간접점유는 직접점유와 대립되는데, 직접점유는 직접 또는 점유보조자를 통하여 물건을 지배하는 경우에 인정되는 점유이다. 보통 점유라고 하면 직접점유를 가리킨다. 간접점유자에게는 점유권이 인정된다(194조).

2. 요 건

(1) 특정인 즉 점유매개자의 점유가 있어야 한다. 점유매개자의 점유는 직접점유인 것이 보통이겠으나(점유보조자에 의한 점유도 가능함), 그가 다시 점유매개관계를 설정하는 경우에는 그의 점유도 간접점유로 되고, 그의 점유매개자의 점유만이 직접점유로 된다. 점유매개자의 점유는 언제나 타주점유이다.

(2) 간접점유자와 점유매개자 사이에 점유매개관계가 있어야 한다. 제194조는 점유매개관계를 「지상권, 전세권, 질권, 사용대차, 임대차, 임치 기타의 관계」라고 규정한다. 점유매개관계는 일시적으로 타인으로 하여금 점유할 수 있는 권리·의무를 발생하게 하는 법률관계라고 할 수 있다. 점유매개관계는 제194조가 열거한 것 외에 다른 여러 가지 계약(물건운송계약·위탁매매계약 등)·법률규정(유치권·친권 등)·국가행위(파산재단의 관리 등)에 의하여서도 발생한다(대판 2018. 3. 29, 2013다2559·2566 등). 점유매개관계는 중첩적으로 존재할 수 있다. 임차인이 목적물을 전대(轉貸)한 경우가 그 예이다.

점유매개관계는 반드시 유효하여야 하는 것은 아니다.

간접점유자는 점유매개자에 대하여 반드시 반환청구권을 가져야 한다. 이 반환청구권의 존재는 간접점유자가 물건에 지배력을 미치고 있다는 데 대한 최소한의 요건이라고 할 수 있다. 여기의 반환청구권의 성질은 언제나 채권적 청구권이라고 하여야 한다. 한편 간접점유자의 반환청구권은 점유매개관계가 유효한 때에는 그에 기하여(또는 부당이득과 경합하여), 그리고 그것이 무효인 때에는 부당이득을 이유로 발생한다.

3. 효 과

B-117

(1) 서 설

간접점유자는 점유권이 있다(194조). 따라서 점유에 관한 규정은 그 성질상 적용이 배제되어야 하는 것을 제외하고는 간접점유자에도 적용된다. 중요한 효과를 살펴본다.

(2) 대내관계(간접점유자와 직접점유자 사이)

간접점유자는 직접점유자에 대하여는 점유보호청구권이나 자력구제권을 행사할 수 없고, 단지 간접점유의 기초가 되는 법률관계(점유매개관계) 또는 물권에 기한 청구권을 행사할 수 있을 뿐이다. 그에 비하여 직접점유자는 간접점유자에 대하여 점유매개관계에 기한 청구권 외에 점유보호청구권·자력구제권도 행사할 수 있다.

(3) 대외관계(간접점유자와 제 3 자 사이)

직접점유자가 그의 점유를 침탈(侵奪)당하거나(즉 빼앗기거나) 방해당하고 있는 경우에는 간접점유자도 점유보호청구권을 가진다(207조 1항). 그러나 직접점유자에 의하여 간접점유가 침해된 경우(예: 직접점유자가 횡령하여 처분한 경우)에는 간접점유자는 점유보호청구권이 없다.

간접점유자가 반환청구권을 행사하는 경우에는 직접점유자에의 반환을 청구하여야 하며, 직접점유자가 반환받을 수 없거나 반환을 원하지 않는 때에 한하여 자기에게 반환할 것을 청구할 수 있다(207조 2항).

직접점유자에 대한 침해가 있는 경우에 간접점유자도 자력구제권이 있는가에 관하여는 학설이 나뉜다(물권법 [88] 참조).

Ⅳ. 점유의 모습

B-118

1. 자주점유(自主占有) · 타주점유(他主占有)

(1) 자주점유 · 타주점유의 의의

자주점유는 물건을 소유자처럼 지배할 의사로써, 달리 말하면 자신을 위하여 배타적으로 지배할 의사로써 점유하는 것이다. 따라서 자주점유가 성립하기 위하여 정당한 권원이 필요하지도 않고 또 권원이 있다고 믿고 있었어야 하는 것도 아니다(그리하여 도둑도 자주점유자일 수 있다). 통설·판례(대판 1994. 10. 21, 94다17475 등)도 같은 태도이다. 그에 비하여 타주점유는 자주점유가 아닌 점유이다. 자주점유·타주점유의 구별은 취득시효(245조 이하)·무주물선점(252조)·점유자의 책임(202조)에서 의미가 있으며, 특히 취득시효에서 중요하다.

(2) 자주점유인지 여부의 판단

1) 판 례 대법원은 1997년의 전원합의체 판결(대판(전원) 1997. 8. 21, 95다28625[핵심판례 122면])에서 「점유자의 점유가 소유의 의사 있는 자주점유인지 아니면 소유의 의사 없는 타주점유인지의

여부는 점유자의 내심의 의사에 의하여 결정되는 것이 아니라 점유취득의 원인이 된 권원의 성질이나 점유와 관계 있는 모든 사정에 의하여 외형적·객관적으로 결정되는 것」이라고 판시하였고, 그 이후에는 많은 판결에서 거의 예외 없이 이 판결에 따라 자주점유를 판단하고 있다(대판 1997. 10. 24, 97다32901 이래 수많은 후속판결에서 그렇다. 다만 대판 1999. 3. 9, 98다41759만은 예외이나, 그 판결도 1997년의 판결을 참고판결로 인용하고 있다).

2) 학 설 우리의 통설은 소유의 의사의 유무는 점유취득의 원인이 된 사실 즉 권원의 성질에 의하여 객관적으로 정하여진다고 한다(사견은 다름. 물권법 [89] 참조).

B-119 (3) 자주점유의 추정과 번복(飜覆)

점유자는 소유의 의사로 점유하는 것으로, 즉 자주점유로 추정된다(197조 1항). 따라서 점유자가 스스로 자주점유를 증명할 책임이 없고 점유자의 점유가 타주점유임을 주장하는 상대방에게 타주점유의 증명책임이 있다(통설·판례도 같음. 대판(전원) 1983. 7. 12, 82다708·709, 82다카1792·1793; 대판(전원) 1997. 8. 21, 95다28625[핵심판례 122면] 등).

자주점유의 추정은 반대증명에 의하여 깨어진다. 그런데 어떠한 증명이 있어야 추정을 깰 수 있는지가 문제된다. 현재의 판례라고 할 수 있는 1997년의 전원합의체 판결(대판(전원) 1997. 8. 21, 95다28625[핵심판례 122면])에 의하면 「점유자가 성질상 소유의 의사가 없는 것으로 보이는 권원에 바탕을 두고 점유를 취득한 사실이 증명되었거나, 점유자가 타인의 소유권을 배제하여 자기의 소유물처럼 배타적 지배를 행사하는 의사를 가지고 점유하는 것으로 볼 수 없는 객관적 사정, 즉 점유자가 진정한 소유자라면 통상 취하지 아니할 태도를 나타내거나 소유자라면 당연히 취했을 것으로 보이는 행동을 취하지 아니한 경우 등 외형적·객관적으로 보아 점유자가 타인의 소유권을 배척하고 점유할 의사를 갖고 있지 아니하였던 것으로 볼 만한 사정이 증명된 경우에도 그 추정은 깨어진다」고 한다. 이 판결은 이어서 「점유자가 점유개시 당시에 소유권취득의 원인이 될 수 있는 법률행위 기타 법률요건이 없이 그와 같은 법률요건이 없다는 사실을 잘 알면서 타인 소유의 부동산을 무단점유한 것이 입증된 경우에도」 자주점유의 추정은 깨어진다고 한다. 즉 악의의 무단점유가 증명된 때에는 추정이 번복된다는 것이다.

B-120 (4) 전 환

1) 타주점유의 자주점유로의 전환 판례에 의하면, 타주점유가 자주점유로 전환되기 위하여는 타주점유자가 새로운 권원에 기하여 소유의 의사를 가지고 점유를 시작하거나 또는 자기에게 점유를 하게 한 자(간접점유자)에 대하여 소유의 의사가 있음을 표시하여야 한다고 한다(대판 1998. 3. 27, 97다53823 등).

한편 상속은 새로운 점유취득원인이 아니며, 그 경우에는 제193조에 의하여 피상속인의 점유가 그대로 승계된다(통설·판례도 같음. 대판 1997. 12. 12, 97다40100[핵심판례 124면] 등).

2) 자주점유의 타주점유로의 변경 판례는 타주점유로부터 자주점유로의 전환의 경우와 달리 자주점유로부터 타주점유로의 전환에 관하여는 아무런 원칙도 밝히고 있지 않

다. 그러나 새로운 권원(본래의 의미)에 기하여 타주점유를 취득한 경우에는 이 전환을 당연히 인정한다. 가령 대법원은, 부동산을 타인에게 매도하여 그 인도의무를 지고 있는 매도인의 점유는 특별한 사정이 없는 한 타주점유로 변경된다고 한다(대판 1997. 4. 11, 97다5824 등).

2. 선의점유 · 악의점유

B-121

선의점유는 점유할 권리 즉 본권이 없음에도 불구하고 본권이 있다고 잘못 믿고서 하는 점유이고, 악의점유는 본권이 없음을 알면서 또는 본권의 유무에 관하여 의심을 품으면서 하는 점유이다(통설임). 통설은 선의점유의 효과가 강력하다는 이유로 의심을 품는 때도 악의점유로 새긴다.

점유자는 선의로 점유한 것으로 추정된다(197조 1항). 그러나 선의의 점유자가 본권에 관한 소에서 패소한 때에는 그 소가 제기된 때로부터 악의의 점유자였던 것으로 본다(197조 2항). 여기서 「본권에 관한 소」란 소유권에 기하여 제기된 일체의 소송을 가리킨다. 그러한 소의 대표적인 예로는 소유물반환청구 소송이 있으나, 타인 토지에 소유권 등기가 되어 있는 자에 대하여 제기한 등기말소청구 소송도 그에 해당한다(대판 1987. 1. 20, 86다카1372 참조). 그런가 하면 부당점유자를 상대로 점유로 인한 부당이득 반환을 청구하는 소송도 포함된다(대판 2002. 11. 22, 2001다6213). 한편 여기서 「패소한 때」란, 판례에 따르면, 종국판결에 의하여 패소로 확정된 경우를 가리킨다(대판 1974. 6. 25, 74다128). 따라서 대법원의 파기환송판결은 이에 해당하지 않는다.

3. 과실 있는 점유 · 과실 없는 점유

이는 선의점유에 있어서 본권이 있다고 잘못 믿은 데 과실이 있느냐 여부에 의한 구별이다. 점유자의 무과실에 관하여는 추정규정이 없으므로, 무과실을 주장하는 자가 그것을 증명하여야 한다.

4. 하자(흠) 있는 점유 · 하자 없는 점유

악의·과실·강포(强暴: 평온하지 않은 것)·은비(隱秘: 공연하지 않은 것) 또는 불계속의 점유가 하자 있는 점유이고, 선의·무과실·평온·공연한 점유가 하자 없는 점유이다. 점유자의 평온·공연한 점유도 추정된다(197조 1항). 그리고 점유의 계속도 추정된다. 즉 전후 양시에 점유한 사실이 있는 때에는 그 점유는 계속된 것으로 추정된다(198조).

5. 단독점유 · 공동점유

하나의 물건에 관하여 1인이 점유하는 것이 단독점유이고, 수인이 공동으로 점유하는 것이 공동점유이다.

제 3 관 점유권의 취득과 소멸

B-122

Ⅰ. 점유권의 취득

1. 직접점유의 취득

(1) 원시취득(原始取得)

물건에 대하여 사실상의 지배를 하게 되면 직접점유를 원시취득한다. 무주물의 선점이나 유실물의 습득이 전형적인 예이나, 타인 소유의 물건을 훔친 경우에도 점유의 원시취득은 존재한다. 물건의 사실상 지배를 위하여 점유설정의사가 필요함은 앞에서 설명하였다(B-112 참조).

(2) 특정승계취득

특정승계취득은 특정물건의 점유를 타인으로부터 승계한 것을 말한다. 따라서 이 취득이 생기려면 그 물건의 인도가 있어야 한다. 그런데 직접점유의 특정승계취득을 위한 인도는 현실의 인도만이다.

(3) 상속에 의한 취득

상속의 경우에는 상속인이 점유를 취득한다(193조). 그리고 포괄적 수증자(수유자)도 같다(1078조 참조). 따라서 피상속인이 사망하여 상속이 개시되면 피상속인이 점유하고 있던 물건은 상속인의 점유로 된다.

상속인이 승계하는 점유 및 점유권의 성질은 피상속인의 그것과 동일하다. 그리고 상속은 점유의 성질을 변경시키는 새로운 점유취득원인이 아니다.

B-123

2. 간접점유의 취득

(1) 간접점유의 설정

점유매개관계를 맺은 경우에 그에 기하여 직접점유자가 점유를 개시하면 간접점유가 성립한다.

(2) 간접점유의 특정승계

간접점유자는 목적물반환청구권의 양도에 의하여 간접점유를 승계시킬 수 있다. 그 때에 양수인과의 합의가 있어야 함은 물론이다(B-96 참조).

(3) 상속에 의한 취득

피상속인이 간접점유를 하고 있었던 경우에는 상속에 의하여 피상속인의 권리(본권)가 상속인에게 승계되어(1005조) 상속인은 역시 간접점유를 하게 된다(193조).

3. 점유승계의 효과

점유자의 승계인은 자기의 점유만을 주장할 수도 있고, 자기의 점유와 전 점유자의 점유를 아울러 주장할 수도 있다(199조 1항). 그런데 전 점유자의 점유를 아울러 주장하는 경우에는 그 하자도 승계한다(199조 2항).

한편 제199조가 상속의 경우에도 적용되는가에 관하여는 i) 긍정설과 ii) 부정설이 대립하고 있다(사견에 대하여는 물권법 [92] 참조). ii)설은 자신만의 고유한 점유를 주장하기 위하여서는 별도의 새로운 권원이 존재하여야 한다고 주장한다. 한편 판례는 부정하는 입장이다(대판 1997. 12. 12, 97다40100[핵심판례 124면]; 대판 2004. 9. 24, 2004다27273 등).

Ⅱ. 점유권의 소멸

B-124

점유가 소멸하면 점유권도 소멸한다.

(1) 직접점유의 소멸

직접점유는 물건에 대한 사실상 지배를 상실하면 소멸한다(192조 2항 본문). 다만, 점유를 침탈당한 자가 1년 내에 점유회수의 청구에 의하여 점유를 회수하면 점유를 상실하지 않았던 것으로 된다(192조 2항 단서).

(2) 간접점유의 상실

간접점유는 직접점유자가 점유를 상실하거나 또는 점유매개자가 점유매개자의 역할을 중단하면 소멸한다.

제 4 관 점유권의 효력

Ⅰ. 권리의 추정

B-125

(1) 점유자가 점유물에 대하여 행사하는 권리는 적법하게 보유한 것으로 추정된다(200조). 여기서 「점유물에 대하여 행사하는 권리」는 물권뿐만 아니라 점유할 수 있는 권능을 포함하는 모든 권리를 의미한다(예: 소유권 · 질권 · 임차권). 한편 점유자는 소유의 의사로 점유한 것으로 추정되므로(197조 1항), 점유자는 원칙적으로 소유자로 추정된다.

이 점유자의 권리추정은 동산에만 인정되며, 부동산에 관하여는 그에 관하여 등기가 되어 있지 않을지라도 적용되지 않아야 한다(B-55 참조).

(2) 점유자는 권리추정을 모든 자에 대하여 주장할 수 있는가? 이것과 관련하여 소유자로부터 점유를 취득한 자가 소유자에 대하여 추정을 주장할 수 있는지가 문제된다. 학

설은 i) 긍정설(사견도 같음)과 ii) 부정설로 나뉘어 있으며, 부정설이 압도적인 다수설이다. 그리고 판례는 다수설과 같이 부정한다(대판 1964. 12. 8, 64다714).

B-126

Ⅱ. 점유자와 회복자의 관계

1. 서 설

타인의 물건을 소유권 기타 본권 없이 점유하는 자는 본권자가 반환청구권을 행사하면 그 물건을 본권자에게 반환하여야 한다. 그런데 이때 점유자와 본권자 즉 회복자 사이에는 물건 반환 외에 남는 문제가 있다. 점유자가 ① 점유 중에 과실을 취득할 수 있는가, ② 점유 중에 물건을 멸실·훼손한 경우에 어떤 범위에서 책임을 지는가, ③ 점유 중에 그 물건에 비용을 지출한 경우에 본권자에게 그 상환을 청구할 수 있는가 등이 그것이다. 민법은 이들을 점유권의 효력의 일부로 보아 제201조 내지 제203조에서 규율하고 있다. 그러나 이 규정들은 그 위치에도 불구하고 소유물반환관계를 전제로 하여 그에 뒤따르는 문제를 해결하기 위한 것으로 이해하여야 한다(동지 주해(4), 350면(양창수)). 그리하여 제201조 내지 제203조는 점유자가 권원이 없이 물건을 점유하고 있는 경우에만 적용하여야 한다. 그리고 이 규정들은 불합리한 내용도 담고 있기 때문에(무상으로 점유를 취득한 자의 과실반환을 규정하는 독일민법 988조 참조), 가능한 한 그 적용범위를 좁혀야 한다. 따라서 당사자 사이에 소유물반환관계가 있다고 하더라도 그것과 동시에 점유자에게 계약상의 반환의무(예: 임대차의 소멸)나 원상회복의무(예: 매매계약이 해제된 경우)가 존재하는 때에는 이 규정들이 적용되지 않는다고 하여야 한다(동지 주해(4), 361면(양창수). 그리고 대판 2003. 7. 25, 2001다64752[핵심판례 126면]; 대판 2009. 3. 26, 2008다34828은 계약관계가 있는 경우에는 그 계약관계를 규율하는 법조항이 적용되고, 203조 2항이 적용되지 않는다고 한다).

B-127

2. 과실취득

(1) 선의점유자의 과실(果實)취득권

1) 민법은 제201조 제1항에서 「선의의 점유자는 점유물의 과실을 취득한다」고 규정한다.

여기서 「선의」의 점유자라 함은 과실수취권을 포함하는 본권(소유권·지상권·전세권·임차권 등)을 가지고 있다고 잘못 믿고 있는 점유자를 가리키며, 과실수취권을 포함하지 않는 본권(질권·유치권 등)을 가지고 있다고 믿고 있는 자는 이에 해당하지 않는다(통설·판례도 같음. 대판 2000. 3. 10, 99다63350 등).

선의의 점유자라도 본권에 관한 소에서 패소한 때에는 그 소가 제기된 때부터 악의의 점유자로 의제되므로(197조 2항), 소가 제기된 후에는 선의자로 되지 않는다. 그리고 폭력 또는 은비(숨김)에 의한 점유자는 그가 비록 선의일지라도 악의의 점유자로 다루어진다(201조 3항).

2) 선의의 점유자가 취득하는 과실에는 천연과실 외에 법정과실도 포함되는가? 여기

에 관하여 학설은 일치하여 긍정하고 있다. 그리고 물건을 사용하여 얻은 이익 즉 사용이익도 동일하게 다룰 것이라고 한다(사견은 반대함. 물권법 [95] 참조). 사용이익에 관하여는 판례도 같다(대판 1995. 5. 12, 95다573 · 580(토지사용이득); 대판 1996. 1. 26, 95다44290(건물사용이득) 등).

(2) 악의점유자의 과실반환의무 B-128

악의의 점유자(폭력 또는 은비에 의한 점유자를 포함한다. 201조 3항)는 수취한 과실(果實)을 반환하여야 하며, 소비하였거나 과실(過失)로 인하여 훼손 또는 수취하지 못한 경우에는 그 과실의 대가를 보상하여야 한다(201조 2항). 주의할 것은, 판례는 이 규정이 제748조 제 2 항에 의한 악의의 수익자의 이자지급의무까지 배제하는 취지는 아니라고 이해한다는 점이다(대판 2003. 11. 14, 2001다61869[핵심판례 128면]). 그에 의하면, 악의의 수익자는 받은 이익에 이자를 붙여서 반환하여야 한다(자세한 사항은 D-278 참조).

3. 점유물의 멸실 · 훼손에 대한 책임 B-129

(1) 서 설

점유물이 점유자의 책임있는 사유로 인하여 멸실 또는 훼손된 경우에는, 본권 없는 점유자는 회복자에 대하여 손해배상의무를 진다(750조 참조). 그런데 민법은 그러한 경우의 배상범위에 관하여 제202조의 특칙을 두고 있다. 그에 의하면 점유자가 선의인지 악의인지에 따라 배상범위가 달라진다.

주의할 것은, 제202조에서 「책임있는 사유」라 함은 「자기 재산에 대하여 베푸는 것과 동일한 주의」(695조 참조)를 게을리한 것이라고 해석된다는 점이다.

(2) 선의점유자의 책임

선의의 점유자는 그가 자주점유를 하고 있는 때에는 현존이익을 배상하면 된다(202조 1문). 그러나 선의의 점유자일지라도 그가 타주점유를 하고 있는 때에는 악의의 점유자와 마찬가지로 점유물의 멸실·훼손으로 인한 모든 손해를 배상하여야 한다(202조 2문).

(3) 악의점유자의 책임

악의의 점유자는 그가 자주점유를 하고 있었든 타주점유를 하고 있었든 언제나 손해 전부를 배상하여야 한다(202조 1문).

4 점유자의 비용상환청구권 B-130

(1) 서 설

점유자가 점유물에 관하여 비용을 지출한 경우에 그 반환을 청구할 수 있는지가 문제된다. 이 문제는 점유자에게 본권이 있는 때에는 그 본권관계에 기하여(대판 2003. 7. 25, 2001다64752(임차인)[핵심판례 126면]; 대판 2009. 3. 26, 2008다34828(사용차주)도 같은 태도이다), 점유자의 점유가 사무관리에 해당하면 사무관리 규정(734조 이하)에 의하여 결정될 것이다. 그러나 본권도 없고 사무관리도 아닌 경우에는 부당이득의 일반규정에 의할 수밖에 없게 된다. 그런데 민법은 이 경우를 위하여 제203조의 특칙을 두고 있다. 그에 의하면, 일정한 요건 하에 필요비와 유익비의 상환청구권이 인정된다.

(2) 필요비의 상환청구권

점유자가 점유물을 반환할 때에는 회복자에 대하여 점유물을 보존하기 위하여 지출한 금액 기타 필요비의 상환을 청구할 수 있다(203조 1항 본문). 다만, 점유자가 과실을 취득한 경우(과실수취권이 있는 선의의 점유자에 한함. 대판 2021. 4. 29, 2018다261889)에는 필요비 가운데 통상의 필요비(대판 1966. 12. 20, 66다1857은 토지에 퇴비·비료를 넣고 배토를 하는 것은 통상의 필요비라고 한다)만은 상환을 청구할 수 없다(203조 1항 단서).

(3) 유익비의 상환청구권

점유자가 점유물을 개량하기 위하여 지출한 금액 기타 유익비에 관하여는 그 가액의 증가가 현존한 경우에 한하여 회복자의 선택에 좇아 그 지출금액이나 증가액의 상환을 청구할 수 있다(203조 2항). 한편 점유자가 유익비상환청구를 하는 경우에 법원은 회복자의 청구에 의하여 상당한 상환기간을 허여할 수 있다(203조 3항).

(4) 유치권의 보호

점유자의 비용상환청구권은 필요비이든 유익비이든 제320조의 「물건에 관하여 생긴 채권」이므로 유치권(B-233 이하 참조)에 의하여 보호를 받을 수 있다.

B-131

Ⅲ. 점유보호청구권

1. 의 의

점유보호청구권은 점유가 침해당하거나 침해당할 염려가 있는 때에 그 점유자에게 본권이 있는지를 묻지 않고 점유 그 자체를 보호하기 위하여 인정되는 일종의 물권적 청구권이다. 점유보호청구권에는 점유물반환청구권·점유물방해제거청구권·점유물방해예방청구권의 셋이 있다.

B-132

2. 각종의 점유보호청구권

(1) 점유물반환청구권

1) 의 의 점유자가 점유의 침탈을 당한 경우에 그 물건의 반환 및 손해배상을 청구할 수 있는 권리이다(204조 1항). 점유제도는 본래 현재의 점유상태를 보호하는 것이기는 하나, 점유를 부당하게 침탈한 자의 점유까지 똑같이 보호하는 것은 부당하므로, 민법은 일정한 요건 하에 구 점유자의 점유물의 반환청구를 인정하고 있다.

2) 요 건 점유자가 점유의 침탈을 당하였어야 한다. 침탈이란 점유자가 그의 의사에 의하지 않고서 사실적 지배를 빼앗기는 것이다(위법한 강제집행에 의하여 목적물을 인도받은 경우에는 공권력을 빌려서 점유를 침탈한 것이다. 대판

(1963. 2. 21, 62다919). 따라서 사기에 의하여 목적물을 인도한 경우는 침탈이 아니다(대판 1992. 2. 28, 91다17443). 그리고 침탈 여부는 직접점유자를 표준으로 하여 판단하여야 한다. 그 결과 직접점유자가 임의로 물건을 타인하게 인도한 경우에는 그 인도가 간접점유자의 의사에 반하더라도 점유침탈이 아니다(대판 1993. 3. 9, 92다5300).

점유침탈자의 고의·과실은 요건이 아니다. 다만, 손해배상청구에 관하여는 불법행위의 요건으로서의 고의·과실이 필요하다.

3) 당 사 자

B-133

(가) 청구권자는 점유를 빼앗긴 자이며, 자주점유자·타주점유자인가 직접점유자·간접점유자인가를 묻지 않는다.

(나) 반환청구의 상대방은 점유의 침탈자 및 그의 포괄승계인이다. 그에 비하여 침탈자의 특정승계인(예: 매수인·임차인)에 대하여는 원칙적으로 반환을 청구할 수 없다(204조 2항 본문). 다만, 특정승계인이 악의인 때에는 예외적으로 반환청구를 허용한다(204조 2항 단서).

점유물반환청구권의 상대방은 당연히 현재 점유(직접점유·간접점유)를 하고 있어야 한다. 따라서 침탈자이지만 현재는 전혀 점유하고 있지 않는 경우에는 상대방이 될 수 없다(대판 1995. 6. 30, 95다12927).

한편 손해배상청구권의 상대방은 스스로 손해를 발생하게 한 자이다. 그리고 그의 특정승계인은 상대방이 아니다.

(다) 점유를 침탈당하여 반환청구권을 가지고 있는 자가 실력으로 점유를 탈환한 경우, 즉 상호침탈의 경우에 피침탈자에게도 반환청구권이 인정되는가? 여기에 관하여 학설은 i) 부정설과 ii) 긍정설(사견도 같음)로 나뉘어 있다.

4) 내 용 물건의 반환 및 손해배상을 청구하는 것이다.

간접점유자가 반환청구권을 행사하는 경우에는 원칙적으로 직접점유자에게 반환할 것을 청구하여야 하며, 직접점유자가 반환을 받을 수 없거나 이를 원하지 않는 때에 한하여 자기에게 반환할 것을 청구할 수 있다(207조 2항).

손해배상은 점유를 빼앗긴 데 대한 손해의 배상이므로, 그 범위는 물건의 교환가격에 의할 것이 아니고 물건의 사용가격에 의하여 산정하여야 한다(이설 없음).

5) 제척기간 점유물반환청구권은 침탈을 당한 날로부터 1년 내에 행사하여야 한다(204조 3항). 이 기간은 제척기간이다. 판례는 이 제척기간을 출소기간(出訴期間)으로 해석한다(대판 2002. 4. 26, 2001다8097·8103 등).

(2) 점유물방해제거청구권

B-134

1) 의 의 점유자가 점유의 방해를 받은 경우에 그 방해의 제거 및 손해의 배상을 청구할 수 있는 권리이다(205조 1항).

2) 요 건 점유의 방해가 있어야 한다. 점유의 방해란 점유가 점유침탈 이외의 방법으로 침해되고 있는 것이다(대판 1987. 6. 9, 86다카2942).

방해자의 고의·과실은 요건이 아니다. 다만, 손해배상청구에 관하여는 불법행위의 요건으로서의 고의·과실이 필요하다.

3) 당 사 자 청구권자는 점유자이고, 그 상대방은 현재 방해를 하고 있는 자이다(대판 1955. 11. 24, 4288민상363).

4) 내 용 방해의 제거 및 손해배상을 청구하는 것이다.

5) 제척기간 점유물방해제거청구권은 방해가 종료한 날로부터 1년 내에 행사하여야 한다(205조 2항). 그런데 방해가 종료하면 방해제거는 청구할 필요가 없으므로 이 1년의 제척기간은 손해배상청구권만에 관한 것이라고 할 것이다. 판례는 이 1년의 제척기간은 반드시 그 기간 내에 소를 제기하여야 하는 이른바 출소기간으로 해석하며, 기산점이 되는 「방해가 종료한 날」은 방해 행위가 종료한 날을 의미한다고 한다(대판 2016. 7. 29, 2016다214483·214490). 공사로 인하여 점유의 방해를 받은 경우에는 공사착수 후 1년이 경과하거나 그 공사가 완성된 때에는 방해의 제거를 청구하지 못한다(205조 3항).

B-135 (3) 점유물방해예방청구권

1) 의 의 점유자가 점유의 방해를 받을 염려가 있는 경우에 그 방해의 예방 또는 손해배상의 담보를 청구할 수 있는 권리이다(206조 1항).

2) 요 건 점유의 방해를 받을 염려가 있어야 한다. 그 외에 상대방의 고의·과실은 필요하지 않다.

3) 당 사 자 청구권자는 점유자이고, 그 상대방은 방해의 염려가 있는 상태를 만들어내는 자이다.

4) 내 용 방해의 예방 또는 손해배상의 담보를 청구하는 것이다.

5) 제척기간 이 권리는 방해의 염려가 있는 동안에는 언제라도 행사할 수 있으나, 공사로 인하여 점유의 방해를 받을 염려가 있는 경우에는 공사착수 후 1년이 경과하거나 그 공사가 완성된 때에는 행사할 수 없다(206조 2항·205조 3항).

B-136

3. 점유의 소(訴)와 본권의 소의 관계

(1) 점유의 소와 본권의 소의 의의

점유의 소는 점유보호청구권에 기한 소이고, 본권의 소는 소유권·지상권·전세권·임차권 등 점유할 수 있는 권리에 기한 소를 말한다.

(2) 양자의 관계

점유의 소와 본권의 소는 서로 영향을 미치지 않는다(208조 1항). 따라서 두 소를 동시에 제기할 수도 있고, 따로따로 제기할 수도 있다. 그리고 하나의 소에서 패소하여도 다른 소를 제기할 수 있다.

점유의 소는 본권에 관한 이유로 재판하지 못한다(208조 2항). 따라서 예컨대 점유물반환청구에 대하여 점유침탈자가 점유물에 대한 본권이 있다는 이유로 반환을 거부할 수 없다(대판 2021. 2. 4, 2019다202795 · 202801 등).

Ⅳ. 자력구제

B-137

1. 서 설

자력구제란 점유자가 자력으로 점유를 방위하거나 침탈당한 점유물을 탈환하는 것을 말한다. 자력구제는 원칙적으로 금지된다. 그런데 민법은 예외적으로 점유자에게 일정한 요건 하에 자력구제를 허용하고 있다(209조 참조). 이러한 점유자의 자력구제권은 점유에 대한 침해가 완료되기 전에 인정되는 것이며, 침해가 완료되면 점유보호청구권의 문제로 된다.

점유자의 자력구제권에는 자력방위권과 자력탈환권이 있다.

2. 자력방위권

점유자는 그 점유를 부정히 침탈 또는 방해하는 행위에 대하여 자력으로써 이를 방위할 수 있다(209조 1항). 방해(침탈)행위가 완료되었지만 방해상태가 계속되는 때에도 방위할 수 있는가? 여기에 관하여 학설은 긍정설과 부정설로 나뉘어 대립하고 있다(물권법 [100] 참조).

3. 자력탈환권

점유물이 침탈되었을 경우에 점유자는 일정한 요건 하에 이를 탈환할 수 있다. 즉 점유물이 부동산인 경우에는 점유자는 침탈 후 「직시(直時)」 가해자를 배제하여 이를 탈환할 수 있고, 동산인 경우에는 현장에서 또는 추적하여 가해자로부터 이를 탈환할 수 있다(209조 2항).

제 5 관 준점유(準占有)

Ⅰ. 준점유의 의의

B-138

민법은 물건에 대한 사실상의 지배를 점유라고 하여 보호하고 있다. 그런데 민법은 이러한 보호를 재산권을 사실상 행사하는 경우에도 인정하려고 한다. 즉 「재산권을 사실상 행사」하는 것을 준점유라고 하면서, 거기에 점유에 대한 규정을 준용하고 있다(210조).

Ⅱ. 준점유의 요건과 효과

(1) 요　건

재산권을 사실상 행사하는 것이 그 요건이다.

1) 우선 준점유의 객체는 「재산권」이다. 따라서 가족권에는 준점유가 인정되지 않는다. 그리고 재산권일지라도 점유를 수반하는 것(소유권·지상권·전세권·질권·임차권 등)은 점유로서 보호되므로 준점유가 성립할 수 없다. 준점유가 인정되는 권리의 예로는 채권·지역권·저당권·특허권·상표권·어업권·광업권 등을 들 수 있다.

2) 재산권을 「사실상 행사」하여야 한다. 이는 거래관념상 어떤 재산권이 어떤 자의 사실상의 지배 아래에 있다고 볼 수 있는 객관적 사정이 있는 경우에 인정된다. 예컨대 채권증서를 소지하거나 예금증서·인장을 소지하는 경우에 채권의 준점유가 성립한다.

(2) 효　과

준점유에 대하여는 점유에 관한 규정이 준용된다(210조). 그리고 채권의 준점유에 관하여는 변제자 보호를 위하여 제470조의 규정이 두어져 있다(물론 이는 채권의 준점유자 보호를 위한 것은 아니다).

제2절 소 유 권

제1관 서　설

B-139

Ⅰ. 소유권의 의의와 성질

(1) 의　의

소유권은 물건을 전면적으로 지배할 수 있는 권리이다.

(2) 법적 성질

1) 관 념 성　　소유권은 물건을 현실적으로 지배하는 권리가 아니고 지배할 수 있는 권리이다.

2) 전 면 성　　소유권은 물건이 가지는 가치(사용가치·교환가치)를 전면적으로 지배할 수 있는 권리이다.

3) 혼일성(渾一性)　　소유권은 여러 권능이 단순히 결합되어 있는 것이 아니고 모

든 권능의 원천이 되는 포괄적인 권리이다.

4) 탄 력 성 소유권은 제한물권의 제한을 받으면 일시적으로 그 권능의 일부를 사용할 수 없지만, 그 제한이 소멸하면 본래의 모습으로 되돌아온다.

5) 항 구 성 소유권은 존속기간의 제한이 없이 영원히 존재하며 소멸시효에도 걸리지 않는다(162조 2항).

6) 대물적 지배성 소유권의 객체는 물건에 한하며, 권리 위에는 소유권이 성립하지 않는다.

Ⅱ. 소유권의 내용과 제한

B-140

1. 소유권의 내용

소유자는 법률의 범위 내에서 그 소유물을 사용·수익·처분할 권리가 있다(211조).

여기서 사용·수익이란 물건이 가지는 사용가치를 실현하는 것으로서 물건을 물질적으로 사용하거나 그로부터 생기는 과실(천연과실·법정과실)을 수취하는 것이다. 그리고 처분은 물건이 가지는 교환가치를 실현하는 것인데, 처분에는 물건의 소비·변형·개조와 같은 사실적 처분과 양도·담보설정 등의 법률적인 처분이 있다.

소유자는 그의 권능을 무한정 행사할 수 있는 것이 아니고, 법률의 범위 내에서만 행사할 수 있다. 이는 소유권의 제한의 문제라고 할 수 있다.

2. 소유권의 제한

B-141

(1) 사유재산권 존중의 원칙(소유권절대의 원칙)

사유재산권, 특히 소유권에 대한 절대적 지배를 인정하고 국가나 다른 개인은 이에 제한을 가하지 않는다는 원칙이 사유재산권 존중의 원칙이다. 이 원칙은 근대민법의 기본원리 가운데 하나였다. 그런데 20세기에 들어와 자본주의의 폐해가 심각하게 나타나자 이 원칙 및 소유권에 대한 제약이 많이 늘어나게 되었다. 이러한 현상은 우리나라도 마찬가지이다.

(2) 소유권 제한의 모습

소유권 제한의 모습은 매우 다양하나, 여기서는 주요한 것만 들어보기로 한다.

1) 민법상의 제한

(가) 상린관계에 의한 제한(215조 이하)

(나) 권리남용의 금지(2조 2항) 이는 소유권의 행사에 관한 제한이다.

2) 특별법(공법 포함)에 의한 제한

(가) **소유의 제한** 농지는 원칙적으로 자기의 농업경영에 이용하거나 이용할 자만이 소유할 수 있으며(농지법 6조), 일정한 자는 농지를 소유할 수 있되 그 상한이 정해져 있다(농지법 7조. 자기의 농업경영에 이용하려는 자가 아니지만 농지소유상한이 없는 경우도 있음을 유의할 것(농지법 6조 2항 참조)).

(나) **취득 또는 처분의 제한** 농지의 취득에는 농지 소재지를 관할하는 시장·구청장·읍장·면장이 발급하는 농지취득자격증명이 있어야 하고(농지법 8조), 토지거래 허가구역에 있는 토지에 관한 소유권·지상권을 이전하거나 설정하는 계약을 체결하려는 당사자는 공동으로 대통령령으로 정하는 바에 따라 시장·군수 또는 구청장의 허가를 받아야 한다(「부동산 거래신고 등에 관한 법률」 11조).

(다) **소유권의 박탈** 공용징수(수용)에 의하여 소유권을 박탈할 수 있도록 하는 특별법이 매우 많이 있다.

제2관 부동산소유권의 범위

B-142 Ⅰ. 토지소유권의 경계

어떤 토지가 「공간정보의 구축 및 관리 등에 관한 법률」에 의하여 지적공부에 1필의 토지로 등록되면 그 토지의 소재, 지번, 지목, 지적 및 경계는 이 등록으로써 특정된다. 그리하여 토지소유권의 범위는 현실의 경계와 관계없이 지적공부상의 경계에 의하여 확정된다(대판 2006. 9. 22, 2006다24971 등 다수). 다만, 지적도를 작성함에 있어서 기점(基點)을 잘못 선택하는 등 기술적인 착오로 말미암아 지적도상의 경계선이 진실한 경계선과 다르게 작성되었다는 등과 같은 특별한 사정이 있는 경우에는 그 토지의 경계는 실제의 경계에 의하여야 한다(대판 2006. 9. 22, 2006다24971 등 다수).

Ⅱ. 토지소유권의 상하의 범위

(1) 제212조

토지소유권은 정당한 이익이 있는 범위 내에서 토지의 상하에 미친다(212조). 그러므로 토지소유자는 지표뿐만 아니라 지상의 공중이나 지하도 이용할 수 있다. 그러나 공중이나 지하는 정당한 이익이 있는 범위 내에서만 이용할 수 있으며, 정당한 이익이 없는 경우에는 특별법의 규정이 없더라도 타인의 이용을 금지할 수 없다고 할 것이다(예: 항공기의 고공 운행).

(2) 특수문제

1) 광　물　　토지에 부존되어 있는 광물 가운데 광업권의 객체가 되는 것은 토지의 일부분이 아니며, 토지로부터 독립된 국가소유의 물건이라고 보아야 한다(이설 있음. A-318 참조).

2) 지 하 수　　지하수는 토지의 구성부분을 이루므로 거기에도 제212조가 적용된다. 따라서 자연히 솟아나는 지하수는 토지소유자가 자유로이 사용할 수 있다. 그러나 계속해서 타인의 토지에 흘러 내려가는 경우에는, 그 타인이 관습법상의 유수사용권을 취득할 수 있다.

Ⅲ. 상린관계

B-143

1. 의　의

서로 인접하고 있는 부동산에 있어서 그 소유자가 각기 자기의 소유권을 무한정 주장한다면 그들은 모두 부동산을 제대로 이용할 수 없게 된다. 여기서 각 소유자의 권리를 제한하여 부동산 상호간의 이용의 조절을 꾀할 필요가 있다. 그리하여 두어진 제도가 상린관계이다(상린관계로부터 생기는 권리를 상린권이라고 한다). 상린관계는 한편으로는 소유권의 제한이면서 다른 한편으로는 소유권의 확장의 의미를 가진다.

상린관계는 지역권과 흡사하다. 그러나 상린관계는 법률상 당연히 발생하며 소유권의 내용 자체이고 독립한 권리가 아닌 데 비하여, 지역권은 계약에 의하여 발생하며 독립한 물권으로서 상린관계에 의한 이용의 조절을 더욱 확대하는 것이다.

상린관계는 본래 부동산 상호간의 이용을 조절하는 것이므로 그에 관한 규정은 지상권·전세권에도 준용된다(290조·319조). 그리고 토지의 임대차에 관하여는 명문규정이 없지만 유추적용을 인정하여야 한다(이설 없음).

2. 건물의 구분소유

B-144

(1) 의의 및 법적 규제

1동의 건물을 구분하여 그 각각의 부분을 수인이 소유하는 것을 가리켜 건물의 구분소유라고 한다. 민법은 이러한 구분소유에 관하여 제215조에서 소유자 상호간의 관계를 규율하고 있다. 그런데 그것만으로는 오늘날의 중·고층의 대규모 구분소유는 합리적으로 규율할 수가 없다. 그리하여 오늘날의 구분소유를 적절하게 규제하기 위하여 특별법으로 「집합건물의 소유 및 관리에 관한 법률」(이하 집합건물법이라고 약칭한다)이 제정·시행되고 있다.

(2) 민법 제215조

제215조에 의하면, 건물의 공용부분(예: 공통의 벽·계단)과 건물부속물의 공용부분(예: 공통의 출입문)은 각

구분소유자 전원의 공유로 추정된다(215조 1항).

B-145 (3) 집합건물법의 내용

1) 구분소유권 집합건물법에 의하면, 구분소유권이란 1동의 건물 중 구조상 구분된 여러 개의 부분이 독립한 건물로서 사용될 수 있을 때 그 각 부분(동법 1조 참조) 또는 1동의 건물이 일정한 방식으로 여러 개의 건물부분으로 이용상 구분된 경우에 그 건물부분(이를 구분점포라 함. 동법 1조의 2)을 목적으로 하는 소유권을 말한다(동법 2조 1호). 따라서 구분소유권이 인정되려면 1동의 건물의 각 부분이 구조상·이용상 독립성을 가져야 한다(대결 2008. 9. 11, 2008마696 등). 그런데 하나의 건물이 그러한 독립성을 가지고 있다고 하여 당연히 구분건물로 되는 것은 아니다. 그때에도 소유자는 1개의 건물로 만들 수 있는 것이다. 즉 그러한 건물을 구분건물로 할 것인지 여부는 소유자의 의사에 의하여 결정된다. 따라서 하나의 건물이 구분건물로 되려면 구조상·이용상 독립성을 가지는 외에 소유자의 구분행위가 있어야 한다(대판(전원) 2013. 1. 17, 2010다71578 등). 여기의 구분행위는 건물의 물리적 형질에 변경을 가함이 없이 법률관념상 그 건물의 특정 부분을 구분하여 별개의 소유권의 객체로 하려는 일종의 법률행위로서, 그 시기나 방식에 특별한 제한이 있는 것은 아니고 처분권자의 구분의사가 객관적으로 외부에 표시되면 인정된다. 따라서 구분건물이 물리적으로 완성되기 전에도 건축허가신청이나 분양계약 등을 통하여 장래 신축되는 건물을 구분건물로 하겠다는 구분의사가 객관적으로 표시되면 구분행위의 존재를 인정할 수 있고, 이후 1동의 건물 및 그 구분행위에 상응하는 구분건물이 객관적·물리적으로 완성되면 아직 그 건물이 집합건축물대장에 등록되거나 구분건물로서 등기부에 등기되지 않았더라도 그 시점에서 구분소유가 성립한다(대판(전원) 2013. 1. 17, 2010다71578(이러한 다수의견에 대하여 원칙적으로 건축물대장에의 등록이 필요하다는 소수의견이 있음) 등).

2) 분양자의 담보책임 집합건물을 건축하여 분양한 자(즉 분양자)와 분양자와의 계약에 따라 건물을 건축한 자로서 대통령령으로 정하는 자(즉 시공자)는 구분소유자에 대하여 담보책임을 지며, 이 경우 그 담보책임에 관하여는 민법 제667조 및 제668조를 준용한다(동법 9조 1항).

B-146 3) 전유부분(專有部分)과 공용부분

(가) 전유부분 구분소유권의 목적인 건물부분이 전유부분이다(동법 2조 3호). 전유부분이 되려면 그 부분이 구조상으로나 이용상으로 다른 부분과 구분되는 독립성이 있어야 한다(대판 1999. 11. 9, 99다46096 등). 그리고 이러한 전유부분에 성립하는 소유권이 구분소유권이다.

(나) 공용부분 공용부분은 건물 중 전유부분 외의 건물부분(예: 지붕·계단·복도), 전유부분에 속하지 않는 건물의 부속물(예: 전기배선·수도 가스의 배관·저수탱크), 규약에 의하여 공용부분으로 된 부속의 건물(예: 창고·주차장)이다(동법 2조 4호). 이 공용부분은 원칙적으로 구분소유자 전원의 공유에 속하나, 일부의 구분소유자만이 공용하도록 제공되는 것임이 명백한 공용부분(일부공용부분)은 그들 구분소유

자의 공유에 속한다(같은 법 10조 1항). 이때 각 공유자의 지분은 그가 가지는 전유부분의 면적의 비율에 의하나(동법 12조 1항), 규약으로 달리 정할 수 있다(동법 10조 2항). 공용부분의 지분은 전유부분의 처분에 따르며, 전유부분과 분리하여 그 지분만을 처분할 수 없다(동법 13조).

4) 대지(垈地)사용권 구분소유자는 일종의 건물소유자로서 건물의 대지를 이용할 권리가 있어야 한다. 그 권리를 대지사용권이라고 한다(동법 2조 6호). 대지사용권은 토지소유권의 공유지분인 것이 보통이나, 지상권·임차권을 준공유할 수도 있다. 이러한 대지사용권 중 건물과 분리하여 처분할 수 없는 것을 대지권이라고 한다(부등법 40조 3항)(규약이나 공정증서로써 분리처분을 정할 수 있음).

대지사용권과 구분소유권은 매우 밀접한 관계에 있기 때문에 집합건물법은 이들의 일체화(一體化)를 도모하고 있다. 즉 구분소유자의 대지사용권은 그의 전유부분의 처분에 따르도록 하고, 전유부분과 분리하여 대지사용권만을 처분할 수 없도록 한다(동법 20조).

3. 인지(隣地)사용청구권

B-147

토지소유자는 경계나 그 근방에서 담 또는 건물을 축조하거나 수선하기 위하여 필요한 범위 내에서 이웃 토지의 사용을 청구할 수 있다(216조 1항 본문). 그러나 이웃 사람(이는 거주하고 있는 자를 의미함)의 주거에 들어가려면 그의 승낙을 얻어야 한다(216조 1항 단서). 그리고 이들의 경우에 이웃 사람이 손해를 받은 때에는 그는 보상을 청구할 수 있다(216조 2항).

4. 생활방해의 금지

B-148

(1) 의 의

생활방해(Immission 또는 공해라고도 함)란 매연 기타 이와 유사한 것으로 이웃 토지의 사용을 방해하거나 이웃 거주자의 생활에 고통을 주는 것을 말한다. 민법은 이러한 생활방해에 관하여 일정한 한도에서는 인용(忍容)하도록 하되, 수인(受忍)의 한도를 넘는 경우에는 이를 금지시키고 있다(217조).

(2) 생활방해 금지의 요건

1) 금지의 대상이 되는 생활방해는 매연·열기체·액체·음향·진동 기타 이와 유사한 것이다. 여기서 「기타 유사한 것」의 의미에 관하여는 i) 불가량물(不可量物)이라는 견해, ii) 일정한 토지이용과 불가피적으로 결합되어 있는 간섭이라는 견해, iii) 불가량물이 토지이용과 불가피하게 결합됨으로써 발생하는 생활방해라는 견해가 대립되나, 의미의 정확성을 생각한다면 ii)설을 따라야 할 것이다. 「기타 유사한 것」의 구체적인 예로는 가스·증기·냄새·소음(대판 2016. 11. 25, 2014다57846)·먼지·재(灰)·광선(태양반사광을 포함함. 대판 2021. 6. 3, 2016다33202·33219 등)·불꽃·연기 등을 들 수 있다.

2) 간섭(매연 등)이 이웃 토지의 사용을 방해하거나 또는 이웃 거주자의 생활에 고통을 주

는 것이어야 한다.

3) 간섭(매연 등)이 토지의 통상의 용도에 적당한 정도를 넘고 있어야 한다. 그 정도에 미달한 경우에는 이웃 거주자는 이를 인용(忍容)할 의무가 있다(217조 2항).

⑶ 생활방해 금지의 효과

위의 요건이 갖추어진 경우에는 토지소유자는 이웃 토지의 사용을 방해하거나 이웃 거주자의 생활에 고통을 주지 않도록 적당한 조치를 강구하여야 한다(217조 1항). 그리고 그러한 의무는 토지의 점유이용자에게도 있다고 하여야 한다. 만일 수인의 한도를 넘는 경우에는 피해자는 토지의 소유자 또는 점유자에 대하여 적당한 조처 또는 방해의 제거·예방을 청구할 수 있다. 그리고 손해가 생긴 때에는 불법행위로 인한 손해배상도 청구할 수 있다(환경정책기본법 44조에 해당하는 경우에는 무과실책임을 진다).

B-149

5. 수도 등의 시설권

토지소유자는 타인의 토지를 통과하지 않으면 필요한 수도·소수관·가스관·전선 등을 시설할 수 없거나 과다한 비용을 요하는 경우에는 타인의 토지를 통과하여 이를 시설할 수 있다(218조 1항 본문). 그런데 그때에는 손해가 가장 적은 장소와 방법을 선택하여 시설하여야 하며, 타 토지(시설통과지) 소유자의 청구에 의하여 손해를 보상하여야 한다(218조 1항 단서).

위의 시설을 한 후 사정의 변경이 있는 때에는 시설통과지의 소유자는 그 시설의 변경을 청구할 수 있고, 시설변경의 비용은 토지소유자가 부담한다(218조 2항).

B-150

6. 주위(周圍)토지통행권

⑴ 의의와 내용

어느 토지와 공로(公路) 사이에 그 토지의 용도에 필요한 통로가 없는 경우에, 그 토지소유자는 주위의 토지를 통행하거나 또는 통로로 하지 않으면 공로에 출입할 수 없거나 과다한 비용을 요하는 때에는, 그 주위의 토지를 통행할 수 있고 필요한 경우에는 통로를 개설할 수 있다(219조 1항 본문).

이러한 주위토지통행권은 그 소유토지와 공로 사이에 그 토지의 용도에 필요한 통로가 없는 경우에 한하여 인정되는 것이므로, 이미 그 소유토지의 용도에 필요한 통로가 있는 경우에는 이 통로를 사용하는 것보다 더 편리하다는 이유만으로 다른 장소로 통행할 권리는 인정되지 않는다(대판 1995. 6. 13, 95다1088·1095 등). 토지소유자 자신이 토지와 공로 사이의 통로를 막는 건물을 축조한 경우에도 통행권은 생기지 않는다(대판 1972. 1. 31, 71다2113).

주위토지통행권은 법정의 요건을 충족하면 당연히 성립하고 그 요건이 없어지게 되면 당연히 소멸한다(대판 2014. 12. 24, 2013다11669). 따라서 포위된 토지가 사정변경에 의하여 공로에 접하게 되거나 포위된 토지의 소유자가 주위의 토지를 취득함으로써 주위토지통행권을 인정할 필요성이 없어지게 된 경우에는 그 통행권은 소멸한다(대판 2014. 12. 24, 2013다11669 등).

통행권의 범위는 「토지의 용도」에 필요한 만큼이다. 어느 정도를 필요한 범위로 볼 것인가는 구체적인 사안에서 사회통념에 따라 쌍방 토지의 지형적·위치적 형상 및 이용관계, 부근의 지리상황, 상린지 이용자의 이해득실 기타 제반사정을 기초로 판단하여야 한다(대판 2006. 6. 2, 2005다70144[핵심판례 134면]; 대판 2017. 1. 12, 2016다39422 등 다수의 판결). 따라서 주거지의 경우 사람이 겨우 통행할 수 있는 범위로 제한되지 않으며 주택에 출입하여 일상생활을 영위하는 데 필요한 범위(출입과 물건운반이 가능한 범위)의 노폭까지 인정되어야 한다(대판 1989. 7. 25, 88다카9364 등).

통행권자는 통행권의 범위 내에서 그 토지를 사용할 수 있다. 그리고 통행권이 본래의 기능을 발휘하기 위하여 필요한 경우에는 당초에 적법하게 설치되었던 담장이라도 그것이 통행에 방해가 되는 한 철거되어야 한다(대판 2006. 6. 2, 2005다70144 등). 그러나 통행지에 대한 소유자의 점유를 배제할 권능은 없으므로 통행권자가 통행지를 전적으로(배타적으로) 점유하고 있는 경우에는 통행지 소유자는 통행권자에 대하여 통행지의 인도를 청구할 수 있다(대판 1993. 8. 24, 93다25479 등).

(2) 토지소유자 이외의 자의 주위토지통행권

B-151

통행권은 토지소유자뿐만 아니라 지상권자·전세권자에게도 인정된다(290조·319조에 의한 219조의 준용). 그러나 임차인은 등기된 경우이든 아니든 독자적인 통행권을 갖지 않으며 소유자의 통행권을 행사하는 것으로 이해하여야 한다.

(3) 통행 등의 방법

통행권자가 다른 토지를 통행하거나 통로를 개설할 때에는 통행지 또는 통로개설지에 손해가 가장 적은 장소와 방법을 선택하여야 한다(219조 1항 단서).

(4) 손해의 보상

통행권자는 통행지 소유자의 손해를 보상하여야 한다(219조 2항). 그러나 그 지급을 게을리하더라도 채무불이행책임만 생기며, 통행권이 소멸하지는 않는다(이설 없음).

(5) 토지가 분할 또는 일부양도된 경우

공로에 통하고 있던 토지가 분할 또는 일부양도로 인하여 공로에 통하지 못하게 된 때에는, 그 토지소유자는 공로에 출입하기 위하여 다른 분할자 또는 양수인의 토지를 통행할 수 있고(220조 1항 1문·2항), 제 3 자의 토지를 통행하지는 못한다(대판 2005. 3. 10, 2004다65589·65596 등). 그리고 이 때에는 손해보상의 의무가 없다(220조 1항 2문·2항). 여기의 토지의 일부양도에는 1필의 토지의 일부가 양도된 경우뿐만 아니라 일단으로 되어 있던 동일인 소유의 수필의 토지 중 일부가 양도된 경우도 포함된다고 새겨야 한다(대판 2005. 3. 10, 2004다65589·65596 등).

B-152

7. 물에 관한 상린관계

(1) 자연적 배수

토지소유자는 이웃 토지로부터 자연히 흘러오는 물을 막지 못한다(221조 1항). 그리하여 그는 자연히 흘러오는 물(우수(雨水)도 포함한다. 대판 1995. 10. 13, 94다31488)을 인용(忍容)해야 할 의무 즉 승수의무(承水義務)가 있다.

고지소유자는 이웃 저지에 자연히 흘러 내리는 이웃 저지에서 필요한 물을 자기의 정당한 사용범위를 넘어서 막지 못한다(221조 2항).

흐르는 물이 저지에서 폐색(閉塞: 막힘)된 때에는 고지소유자는 자비로 소통에 필요한 공사를 할 수 있다(222조). 이때 비용부담에 관하여 다른 관습이 있으면 그에 의한다(224조).

B-153

(2) 인공적 배수

인공적 배수를 위하여 원칙적으로 타인의 토지를 사용할 수 없다. 그리하여 우선 토지소유자는 처마물이 이웃에 직접 낙하하지 않도록 적당한 시설을 하여야 한다(225조). 그리고 토지소유자가 저수·배수 또는 인수하기 위하여 공작물을 설치한 경우에, 공작물의 파손 또는 폐색으로 타인의 토지에 손해를 가하거나 가할 염려가 있는 때에는, 타인은 그 공작물의 보수, 폐색의 소통 또는 예방에 필요한 청구를 할 수 있다(223조). 이때의 공사비용은 공작물 설치자가 부담하나, 비용부담에 관하여 특별한 관습이 있으면 그에 의한다(224조).

예외적으로 인공적 배수가 인정되는 때가 있다. 고지소유자는 침수지를 건조하기 위하여 또는 가용(家用)이나 농·공업용의 여수(餘水: 남은 물)를 소통하기 위하여 공로(公路)·공류(公流) 또는 하수도에 이르기까지 저지에 물을 통과하게 할 수 있다(226조 1항). 그 경우에는 저지의 손해가 가장 적은 장소와 방법을 선택하여야 하며, 손해가 있으면 보상하여야 한다(226조 2항). 그리고 토지소유자는 그 소유지의 물을 소통하기 위하여 이웃 토지소유자가 시설한 공작물을 사용할 수 있고(227조 1항), 이를 사용하는 자는 그 이익을 받는 비율로 공작물의 설치와 보존의 비용을 분담하여야 한다(227조 2항).

(3) 여수급여청구권

토지소유자는 과다한 비용이나 노력을 요하지 않고는 가용(家用)이나 토지이용에 필요한 물을 얻기가 곤란한 때에는 이웃 토지소유자에게 보상하고 여수(餘水)의 급여를 청구할 수 있다(228조).

B-154

(4) 유수에 관한 상린관계

1) **수류지가 사유인 경우** 구거(溝渠: 도랑) 기타 수류지의 소유자는 대안(對岸)의 토지가 타인의 소유인 때에는 그 수로나 수류의 폭을 변경하지 못한다(229조 1항). 양안(兩岸)의 토지가 수류지 소유자의 소유인 때에는 소유자는 수로와 수류의 폭을 변경할 수 있으나(229조 2항 본문),

하류는 자연의 수로와 일치하도록 하여야 한다(229조 2항 단서). 그리고 이들에 관하여 다른 관습이 있으면 그에 의한다(229조 3항).

수류지의 소유자가 언(堰: 둑)을 설치할 필요가 있는 때에는 그 언을 대안에 접촉하게 할 수 있다. 그러나 이로 인하여 생긴 손해는 보상하여야 한다(230조 1항). 그리고 대안의 소유자는 수류지의 일부가 자기 소유인 때에는 그 언을 사용할 수 있다. 그러나 그 이익을 받는 비율로 언의 설치·보존의 비용을 분담하여야 한다(230조 2항).

2) **공유하천용수권**　　공유하천의 연안에서 농·공업을 경영하는 자는 이에 이용하기 위하여 타인의 용수를 방해하지 않는 범위 내에서 필요한 인수(引水)를 할 수 있다(231조 1항). 그리고 그러한 인수를 하기 위하여 필요한 공작물을 설치할 수 있다(231조 2항). 이것이 공유하천용수권이다.

인수나 공작물로 인하여 하류연안의 용수권을 방해하는 때에는 그 용수권자는 방해의 제거 및 손해배상을 청구할 수 있도록 한다(232조).

그리고 농·공업의 경영에 이용하는 수로 기타 공작물의 소유자나 몽리자(蒙利者: 이익을 얻는 사람)의 특별승계인은 그 용수에 관한 전 소유자나 몽리자의 권리의무를 승계한다(233조).

한편 이상의 것에 관하여 다른 관습이 있으면 그에 의한다(234조).

공유하천용수권의 법적 성질에 관하여 학설은 i) 관습법상 인정되는 독립한 물권이라는 견해와 ii) 독립한 물권으로 볼 필요는 없고 일종의 상린권이라고 하여야 한다는 견해(사견도 같음)로 나뉘어 있다. 그리고 판례는 관습법상의 물권이라고 파악하는 듯하다.

⑸ **지하수이용권**

상린자는 그 공용에 속하는 원천(源泉)(자연히 솟는 지하수)이나 수도(水道)(인공적으로 솟게 한 지하수를 끌어오는 시설)를 각 수요의 정도에 의하여 타인의 용수를 방해하지 않는 범위 내에서 각각 용수할 권리가 있다(235조). 이러한 상린자의 지하수이용권은 일종의 인역권이라고 할 수 있다.

필요한 용도나 수익이 있는 원천이나 수도가 타인의 건축 기타 공사로 인하여 단수·감수 기타 용도에 장해가 생긴 때에는 용수권자는 손해배상을 청구할 수 있다(236조 1항). 그리고 이러한 공사로 인하여 음료수 기타 생활상 필요한 용수에 장해가 있을 때에는 원상회복을 청구할 수 있다(236조 2항).

8. 경계에 관한 상린관계

B-155

인접하여 토지를 소유한 자는 공동비용으로 통상의 경계표나 담을 설치할 수 있다(237조 1항). 이 경우 비용은 쌍방이 반씩 부담하나, 측량비용만은 토지의 면적에 비례하여 부담한다(237조 2항). 그런데 이들과 다른 관습이 있으면 그에 의한다(237조 3항).

인지소유자는 자기의 비용으로 담의 재료를 통상보다 양호한 것으로 할 수 있으며,

그 높이를 통상보다 높게 할 수 있고, 또 방화벽 기타 특수시설을 할 수 있다(238조).

경계에 설치된 경계표·담·구거(도랑) 등은 상린자의 공유로 추정한다. 그러나 그것들이 상린자 일방의 단독비용으로 설치되었거나 담이 건물의 일부인 경우에는 그렇지 않다(239조). 공유가 되는 경계표 등에는 공유의 규정이 적용되나, 공유자가 분할을 청구하지는 못한다(268조 3항).

9. 경계를 넘은 수지(樹枝)·목근(木根)의 상린관계

인접지의 수목의 가지가 경계를 넘은 때에는 그 소유자에 대하여 가지의 제거를 청구할 수 있다(240조 1항). 상대방이 그 청구에 응하지 않는 때에는 청구자가 직접 제거할 수 있다(240조 2항). 그리고 인접지의 수목의 뿌리가 경계를 넘은 때에는 상린자가 임의로 제거할 수 있다(240조 3항). 이들 경우에 제거한 나뭇가지나 뿌리는 그것을 제거한 상린자의 소유에 속한다.

10. 토지의 심굴(深掘)에 관한 상린관계

토지소유자는 인접지의 지반이 붕괴할 정도로 자기의 토지를 심굴(깊이 팜)하지 못한다. 그러나 충분한 방어공사를 한 때에는 그렇지 않다(241조).

B-156

11. 경계선 부근의 공작물 설치에 관한 상린관계

(1) 경계선으로부터 일정한 거리를 두어야 할 의무

1) 건 물 건물을 축조할 때는 특별한 관습이 없으면 경계로부터 반 미터 이상의 거리를 두어야 한다(242조 1항). 「경계로부터 반 미터」는 경계로부터 건물의 가장 돌출된 부분(예: 지붕의 끝)까지의 거리를 말하며, 경계로부터 건물의 외벽까지의 거리를 의미하는 것이 아니다(대판 2011. 7. 28, 2010다108883).

제242조 제1항을 위반한 경우에는 인접지 소유자는 건물의 변경이나 철거를 청구할 수 있다. 그러나 건축에 착수한 후 1년이 경과하거나 건물이 완성된 후에는 손해배상만을 청구할 수 있다(242조 2항).

2) 건물 이외의 공작물 우물을 파거나 용수(用水)·하수(下水) 또는 오물 등을 저치(貯置)할 지하시설을 하는 때에는 경계로부터 2미터 이상의 거리를 두어야 하며, 저수지·구거 또는 지하실의 공사에는 그 깊이의 반 이상의 거리를 두어야 한다(244조 1항). 그리고 이러한 공사를 할 때에는 토사가 붕괴하거나 하수 또는 오액이 이웃에 흐르지 않도록 적당한 조치를 하여야 한다(244조 2항).

(2) 차면(遮面)시설의무

경계로부터 2미터 이내의 거리에서 이웃 주택의 내부를 관망할 수 있는 창이나 마루를 설치하는 경우에는 적당한 차면시설을 하여야 한다(243조).

제 3 관 소유권의 취득

Ⅰ. 개 관

B-157

민법은 제245조 이하에서 소유권의 특수한 취득원인으로 취득시효 · 선의취득 · 선점 · 습득 · 발견 · 부합 · 혼화 · 가공 등을 규정하고 있다. 이들 가운데 선의취득은 동산 물권변동에서 이미 보았으므로, 그것을 제외한 나머지를 여기서 살펴보기로 한다.

Ⅱ. 취득시효

1. 취득시효의 의의 · 존재이유

취득시효는 어떤 자가 권리자인 것처럼 권리를 행사하고 있는 사실상태가 일정한 기간 동안 계속된 경우에 그가 진실한 권리자인가를 묻지 않고서 처음부터 권리자였던 것으로 인정하는 제도이다. 취득시효제도의 존재이유는 실질적으로 권리를 취득하였으나 이를 증명하지 못하는 권리자를 보호하려는 데 있으나, 부동산의 등기부 취득시효만은 부동산의 소유자로 등기하고서 점유하는 자의 신뢰를 보호하려는 데 그 이유가 있다.

2. 시효취득되는 권리

민법은 소유권(245조 · 246조)뿐만 아니라 그 밖의 재산권(248조)에 관하여서도 취득시효를 인정하고 있다.

3. 부동산소유권의 취득시효

B-158

(1) 두 종류의 취득시효

민법은 제245조에서 부동산소유권의 취득시효에 관하여 두 종류를 규정하고 있다. 하나는 등기 없이 20년간 점유한 자가 일정한 요건 하에 소유권을 취득하는 것이고(245조 1항), 다른 하나는 소유자로서 등기된 자가 일정한 요건 하에 소유권을 취득하는 것이다(245조 2항). 이들 가운데 전자를 점유 취득시효(또는 일반취득시효)라고 하고, 후자를 등기부 취득시효라고 한다.

(2) 점유 취득시효

1) 요 건(245조 1항)

(가) 주 체 권리능력을 가진 자는 모두 취득시효의 주체가 될 수 있다. 그리하여 자연인은 물론이고 사법인(私法人)·공법인(公法人)과 법인 아닌 사단(대판 1970. 2. 10, 69다2013: 종중에 대하여 인정)이나 재단도 주체일 수 있다.

(나) 객 체 부동산이 객체가 된다.

그 부동산은 타인의 것이어야 할 필요는 없으며, 자기의 부동산인데도 소유권을 증명할 수 없을 때에는 취득시효를 주장할 수 있다(통설·판례도 같음. 대판 2001. 7. 13, 2001다17572 등).

국유 또는 공유의 부동산은 원칙적으로 시효취득의 대상이 되지 않으나, 일반재산(구 잡종재산)만은 예외이다(국유재산법 7조 2항·6조, 「공유재산 및 물품관리법」 6조 2항·5조).

1필의 토지의 일부도 시효취득을 할 수 있다(이설이 없으며, 판례도 같음. 대판 1989. 4. 25, 88다카9494 등). 다만, 1필의 토지의 일부에 대하여 시효취득을 하려면, 그 부분이 다른 부분과 구분되어 시효취득자의 점유에 속한다는 것을 인식하기에 족한 객관적인 징표가 계속하여 존재할 것이 필요하다(대판 1993. 12. 14, 93다5581 등).

한편 공유지분 일부에 대하여도 시효취득이 가능하다(대판 1979. 6. 26, 79다639).

(다) 일정한 요건을 갖춘 점유 소유의 의사로 평온·공연하게 점유하여야 한다. 즉 자주점유, 평온·공연한 점유가 필요하다(여기에 관한 자세한 내용은 B-118~121 참조). 그에 비하여 — 등기부 취득시효와 달리 — 점유자의 선의·무과실은 요건이 아니다. 그리고 여기의 점유는 직접점유에 한하지 않으며 간접점유라도 무방하다(대판 1998. 2. 24, 97다49053 등).

점유자의 자주점유와 평온·공연한 점유는 추정된다(197조 1항). 따라서 이 세 요건은 점유자가 증명할 필요가 없으며, 점유자의 시효취득을 막으려는 자가 그러한 점유가 아님을 증명하여야 한다(대판 1986. 2. 25, 85다카1891).

B-159 (라) 20년간의 점유 위와 같은 점유가 20년간 계속되어야 한다.

그런데 이 기간의 기산점이 문제된다. 그에 관하여 판례는 과거에는 시효의 기초가 되는 점유가 시작된 때이며, 시효취득을 주장하는 자가 임의로 기산점을 선택하지 못한다고 하였다(대판 1966. 2. 28, 66다108). 그 뒤 판례가 변경되어, 시효기간 중 계속해서 등기명의자가 동일한 경우에는 기산점을 어디에 두어도 무방하다고 하였다(대판 1976. 6. 22, 76다487·488). 그리고 시효기간 만료 후 이해관계 있는 제3자가 있는 경우에는 기산점을 임의로 선택할 수 없다고 하였다(대판 1977. 6. 28, 77다47). 그 후 여기에 약간 수정을 가하여, 취득시효 완성 후 등기명의가 변경되고 그 뒤에 다시 취득시효가 완성된 때에는 등기명의 변경시를 새로운 기산점으로 삼아도 무방하다고 하였다(대판(전원) 1994. 3. 22, 93다46360; 대판(전원) 2009. 7. 16, 2007다15172·15189[핵심판례 138면] 등).

판례에 따르면, 자기 소유의 부동산을 점유하고 있는 상태에서 다른 사람 명의로 소유권이전등기가 된 경우 자기 소유 부동산을 점유하는 것은 취득시효의 기초로서의 점유라고 할 수 없고 그 소유권의 변동이 있는 경우에 비로소 취득시효의 기초로서의 점유가 개시되는 것이므로, 취득시효의 기산점은 소유권의 변동일 즉 소유권이전등기가 경료된 날이라고 한다(대판 1997. 3. 14, 96다55860 등).

취득시효의 기초로 되는 점유가 승계된 경우에, 점유자는 자기의 점유만을 주장할 수도 있고, 자기의 점유와 전 점유자의 점유를 아울러 주장할 수도 있다(199조 1항). 그런데 뒤의 경우에는 전 점유자의 점유의 하자도 승계한다(199조 2항). 전 점유자가 여럿 있는 경우에 어느 자의 점유까지 주장할 것인지는 주장자가 선택할 수 있으나, 그러한 경우에도 그 점유의 개시시기를 전 점유자의 점유기간 중의 임의시점을 택하여 주장할 수는 없다(대판 1992. 12. 11, 92다9968 · 9975 등)(그에 비하여 대판 1998. 5. 12, 97다8496 · 8502; 대판 1998. 5. 12, 97다34037은 전 점유자의 점유를 승계하여 자신의 점유기간을 통산하여 20년이 경과한 경우에 있어서도 전 점유자가 점유를 개시한 이후의 임의의 시점을 그 기산점으로 삼을 수 있다고 하여 모순을 보인다). 그리고 이러한 법리는 소유자의 변동이 없는 경우에만 적용되는 것이 아니다(대판 1998. 4. 10, 97다56822). 한편 상속의 경우에 제199조가 적용되는지에 관하여는 논란이 있으나(B-123 참조), 판례는 상속인은 새로운 권원에 의하여 자기 고유의 점유를 시작하지 않는 한 피상속인의 점유를 떠나 자기만의 점유를 주장할 수 없다고 한다(대판 1997. 12. 12, 97다40100[핵심판례 124면]).

2) 효　　과

B-160

(가) 서　　설　　본래 취득시효는 법률행위가 아닌 물권변동원인이어서 부동산의 취득시효라도 등기 없이 물권변동이 일어나는 것이 당연하다(187조 참조). 그런데 민법은 제245조 제 1 항에서 「등기함으로써」 소유권을 취득한다고 규정하고 있다. 그 때문에 통설·판례는 이를 제187조의 예외라고 보고, 등기를 제외한 취득시효의 요건이 갖추어졌다고 하여 부동산의 소유권을 취득하게 되지는 않으며, 취득시효 완성자는 등기청구권을 취득할 뿐이라고 한다(대판 1966. 10. 21, 66다976). 그리고 등기청구권을 행사하여 등기를 하여야 비로소 소유권을 취득하게 된다고 한다.

(나) **취득시효 완성 후 등기 전의 법률관계**　　취득시효가 완성된 뒤 등기가 있기 전의 법률관계를 판례에 의하여 살펴보기로 한다(사건에 대하여는 물권법 [118] 참조).

(a) **취득시효 완성자의 등기청구권 취득**　　취득시효가 완성되면 취득시효 완성자는 시효기간 만료 당시의 토지소유자에 대하여 소유권이전등기 청구권을 취득한다(대판 1999. 2. 23, 98다59132 등). 소유권을 취득하는 것이 아니며, 그것은 미등기 부동산이라도 마찬가지이다(대판 2006. 9. 28, 2006다22074 · 22081). 취득시효 완성자가 취득시효에 의하여 부동산의 소유권을 취득하려면 그로 인하여 소유권을 상실하게 되는 시효완성 당시의 소유자를 상대로 소유권이전등기 청구를 하여야 한다(대판 1999. 2. 23, 98다59132 등).

취득시효 완성자의 이 등기청구권은 채권적 청구권이나, 부동산에 대한 점유가 계속되는 한 시효로 소멸하지 않고(대판 1995. 2. 10, 94다28468: 여기의 점유에는 직접점유뿐만 아니라 간접점유도 포함된다), 그 후 점유를 상실하였다고 하더라도 이를 시효이익의 포기로 볼 수 있는 경우가 아닌 한 바로 소멸되지 않는다(대판(전원) 1995. 3. 28, 93다47745[핵심판례 140면]). 다만, 취득시효 완성자가 그 부동산에 대한 점유를 상실한 때로부터 10년간 이를 행사하지 않으면 소멸시효가 완성한다(대판 1996. 3. 8, 95다34866 · 34873 등).

그리고 부동산을 취득시효기간 만료 당시의 점유자로부터 양수하여 점유를 승계한 현 점유자는 자신의 전 점유자에 대한 소유권이전등기 청구권을 보전하기 위하여 전 점유자의 소유자에 대한 등기청구권을 대위행사할 수 있을 뿐, 전 점유자의 취득시효 완성의 효과를 주장하여 직접 자기에게 소유권이전등기를 해달라고 청구할 권원은 없다(대판(전원) 1995. 3. 28, 93다47745 [핵심판례 140면]).

B-161 (b) **취득시효 완성자의 방해배제청구권** 취득시효가 완성된 점유자는 점유권에 기하여 등기부상의 명의인을 상대로 점유방해의 배제를 청구할 수 있다(대판 2005. 3. 25, 2004다23899 · 23905).

(c) **소유명의인의 손해배상청구권 · 부당이득 반환청구권 유무** 취득시효가 완성된 경우에는, 소유명의자는 소유권이전등기 절차를 이행하여 점유자로 하여금 점유를 개시한 때에 소급하여 소유권을 취득케 할 의무가 있으므로, 그 부동산의 점유로 인한 손해배상을 청구할 수 없다(대판 1966. 2. 15, 65다2189). 그리고 부동산에 대한 취득시효가 완성되면, 점유자는 소유명의자에 대하여 취득시효 완성을 원인으로 한 소유권이전등기 절차의 이행을 청구할 수 있고 소유명의자는 이에 응할 의무가 있으므로, 점유자가 그의 명의로 소유권이전등기를 경료하지 아니하여 아직 소유권을 취득하지 못하였다고 하더라도 소유명의자는 점유자에 대하여 점유로 인한 부당이득 반환청구를 할 수 없다(대판 1993. 5. 25, 92다51280).

(d) **소유명의인의 부동산 처분과 불법행위 문제** 부동산에 관한 취득시효가 완성된 후 등기명의인이 부동산을 제3자에게 처분하더라도 불법행위가 성립하지 않으나(대판 2006. 5. 12, 2005다75910), 시효취득을 주장하는 권리자가 취득시효를 주장하거나 소유권이전등기의 청구소송을 제기한 뒤에 제3자에게 처분하여 소유권이전등기 의무가 이행불능으로 된 때에는 불법행위가 되며, 이때 부동산을 취득한 제3자가 부동산소유자의 이와 같은 불법행위에 적극 가담하였다면 이는 사회질서에 반하는 행위로서 무효이다(대판 1999. 9. 3, 99다20926[핵심판례 142면] 등).

(e) **취득시효 완성자의 손해배상청구권 및 대상청구권 문제** 취득시효 완성자에게 시효취득으로 인한 소유권이전등기 청구권이 있다고 하더라도 이로 인하여 부동산소유자와 시효취득자 사이에 계약상의 채권·채무관계가 성립하는 것은 아니므로, 그 부동산을 처분한 소유자에게 채무불이행책임을 물을 수 없다(대판 1995. 7. 11, 94다4509). 이와 같이 채무불이행은 인정하지 않으면서 이행불능의 효과인 대상청구권(대상청구권에 대하여는 채권법총론에서 설명한다. C-76 · 77 참조)은 인정한다. 즉 부동산취득기간 만료를 원인으로 한 등기청구권이 이행불능으로 되기 전에 등기명의자에 대하여 점유로 인한 부동산소유권 취득기간이 만료되었음을 이유로 그 권리를 주장하였거나 그 취득기간 만료를 원인으로 한 등기청구권을 행사한 때에는 대상청구권을 행사

할 수 있다고 한다(대판 1996. 12. 10, 94다43825[핵심판례 144면]).

(f) **취득시효 완성자의 명의로 등기하기 전에 제3자 명의로 등기된 경우** 취득시효가 완성되었으나 아직 소유권이전등기를 하기 전에 제3자가 소유자로부터 부동산을 양수하여 등기를 한 경우에는 취득시효 완성자는 그 제3자에 대하여 취득시효를 주장할 수 없다(대판 1991. 6. 25, 90다14225 등). 제3자에의 이전등기 원인이 취득시효 완성 전의 것이라도 같다(대판 1998. 7. 10, 97다45402). 또한 제3자가 취득시효 완성 사실을 알고 매수한 자이어도 상관없다(대판 1994. 4. 12, 93다50666 · 50673). B-162

취득시효 완성자가 시효취득을 주장할 수 없는 제3자의 대표적인 예는 취득시효 목적 부동산의 매수인이나, 시효기간 경과 후 소유자의 위탁에 의하여 소유권이전등기를 마친 신탁법상의 수탁자(대판 2003. 8. 19, 2001다47467)나 타인 소유의 토지에 관하여 구 「부동산 소유권이전등기 등에 관한 특별조치법」(1992. 11. 30. 법률 제4502호, 실효)에 따라 소유권보존등기를 마친 자(대판 2007. 6. 14, 2006다84423. 이 자는 그 보존등기에 의하여 비로소 소유자로 된다), 시효기간 경과 후에 공동상속인 중의 한 사람이 다른 상속인의 상속지분을 양수하여 소유권이전등기를 마친 경우(대판 1993. 9. 28, 93다22883 등)도 그에 해당한다.

제3자 명의로 등기되었다고 하여 등기청구권을 상실하게 되는 것은 아니고 소유자의 점유자에 대한 소유권이전등기 의무가 이행불능으로 된 것일 뿐이므로, 그 후 어떤 사유로 취득시효 완성 당시의 소유자에게로 소유권이 회복되면 그 소유자에게 시효취득을 주장할 수 있다(대판 1999. 2. 12, 98다40688 등).

한편 취득시효기간 「만료 전에」 제3자가 등기를 취득한 경우에는 시효취득자는 시효기간 완성 당시의 등기명의자에 대하여 소유권 취득을 주장할 수 있다(대판 1989. 4. 11, 88다카5843 · 5850 등). 그리고 대법원은 전원합의체 판결에서, 이러한 법리는 부동산에 대한 점유 취득시효가 완성된 후 취득시효 완성을 원인으로 한 소유권이전등기를 하지 않고 있는 사이에 그 부동산에 관하여 제3자 명의의 소유권이전등기가 경료된 경우에, 소유자가 변동된 시점을 기산점으로 삼아 새로이 2차의 취득시효가 개시되어 그 취득시효기간이 경과하기 전에 등기부상의 소유 명의자가 다시 변경된 때에도 마찬가지로 적용된다고 하였다(대판(전원) 2009. 7. 16, 2007다15172 · 15189). 그 결과, 2차 취득시효기간이 경과하기 전에 등기부상 소유 명의를 취득한 자에게 시효취득을 주장할 수 있게 된다.

(g) **취득시효의 완성 후 부동산소유자가 파산선고를 받은 경우** 파산선고 전에 점유 취득시효가 완성되었으나 이를 원인으로 하여 소유권이전등기를 마치지 않은 자는, 소유자에게 파산선고가 된 후에는, 파산관재인을 상대로 취득시효를 원인으로 한 소유권이전등기절차의 이행을 청구할 수 없다(대판 2008. 2. 1, 2006다32187).

(다) **점유 취득시효에 의한 등기** 점유 취득시효를 원인으로 하는 등기에 관하여는 민법이나 부동산등기법에 규정이 없다. 그런 상황에서 실무상으로는 등기의무자(명의인 또는 상속인)와 시효취득자의 공동신청에 의하여 소유권이전등기를 행하고 있다. 물론 미등기 부동산 B-163

의 경우에는 보존등기를 신청하여야 한다.

(라) **원시취득** 취득시효에 의한 소유권취득의 성질에 관하여는 다투어진다. 학설은 i) 원시취득설(사견도 같음)과 ii) 승계취득설로 나뉘어 있다. 그리고 판례는 원시취득이라고 한다(대판 2004. 9. 24, 2004다31463 등). 다만, 판례에 의하면, 취득시효의 완성 후에 원소유자가 토지의 현상을 변경하거나 제한물권의 설정 등을 한 경우에는, 시효취득자는 그 상태에서 소유권을 취득한다고 한다(대판 2006. 5. 12, 2005다75910).

(마) **취득시효의 소급효** 취득시효로 인한 소유권취득의 효과는 점유를 개시한 때에 소급한다(247조 1항).

B-164 (3) **등기부 취득시효**

1) **요 건**(245조 2항)

(가) **주 체** 점유 취득시효에서와 같다.

(나) **객 체** 부동산이 객체로 된다. 그런데 점유 취득시효에서와 달리 1필의 토지의 일부는 객체로 될 수 없다. 다만, 1필의 토지 전부에 관하여 소유권등기가 된 뒤에 그 토지의 일부만을 점유하는 경우에 그 일부에 관하여 취득시효를 인정할 수는 있을 것이다.

국유재산·공유재산이라도 일반재산은 객체가 된다(국유재산법 7조 2항·6조, 「공유재산 및 물품관리법」 6조 2항·5조).

(다) **부동산소유자로 등기되어 있을 것**

(a) **일 반 론** 이 등기는 형식적 유효요건이나 실질적 유효요건을 갖추지 않아도 상관없다. 그리하여 적법·유효한 것일 필요가 없으며 무효의 등기라도 무방하다(대판 1998. 1. 20, 96다48527 등).

(b) **2중등기의 경우** 2중등기로서 무효인 것도 제245조 제2항의 등기로 될 수 있는가?

여기에 관하여는 부정설과 긍정설이 대립하고 있다. i) 부정설은 2중등기로서 무효인 등기는 제245조 제2항에서 말하는 등기에 해당하지 않는다고 한다(사견도 같음). ii) 긍정설은 2중등기로서 무효인 등기도 제245조 제2항에서 말하는 등기에 해당한다고 한다.

한편 판례는 과거에는 2중등기로서 무효인 제2등기를 제245조 제2항의 등기에 해당하지 않는다고 하기도 하고, 동 조항의 등기에 해당한다고도 하여 엇갈려 있었다. 그러다가 1996년의 전원합의체 판결에 의하여 뒤의 판결을 폐기하고 앞의 것으로 통일하였다(대판(전원) 1996. 10. 17, 96다12511[핵심판례 146면]). 그리하여 현재는 부정하는 입장이다.

B-165 (라) **일정한 요건을 갖춘 점유** 자주점유와 평온·공연한 점유가 필요하다(B-118~121 참조).

(마) **10년간의 점유** 위의 점유가 10년간 계속되어야 한다. 이때에 자신이 소유자로 등기된 기간과 점유기간이 때를 같이하여 10년간 계속되어야 하는지가 문제된다. 학설은

i) 전 소유자 명의의 등기기간까지 포함해서 10년이면 충분하다는 다수설(사견도 같음)과 ii) 자신의 명의로 등기된 기간과 점유기간이 때를 같이하여 다같이 10년이어야 한다는 소수설이 대립하고 있다. 판례는 과거에는 소수설과 같았으나 현재에는 제245조 제 2 항의 규정에 의하여 소유권을 취득하는 자는 10년간 반드시 그의 명의로 등기되어 있어야 하는 것은 아니고 앞 사람의 등기까지 아울러 그 기간 동안 부동산의 소유자로 등기되어 있으면 된다고 하여 다수설로 변경하였다(대판(전원) 1989. 12. 26, 87다카2176 등).

(바) **점유자의 선의 · 무과실** 점유자는 선의·무과실이어야 한다. 여기의 선의는 점유를 취득함에 있어서 자기가 소유자라고 믿고 있는 것을 말한다. 그리고 무과실은 점유자가 자기의 소유라고 믿은 데에 과실이 없는 것이다(대판 2016. 8. 24, 2016다220679 등). 이들 중 점유자의 선의는 추정되나(197조), 무과실은 추정되지 않는다. 그러므로 시효취득을 하는 자가 선의인데 과실이 없었음을 증명하여야 한다(대판 1995. 2. 10, 94다22651 등). 그리고 이 선의·무과실은 시효기간 내내 계속되어야 할 필요는 없으며, 점유를 개시한 때 갖추고 있으면 충분하다(통설도 같음. 대판 1993. 11. 23, 93다21132 등도 무과실에 관하여 같은 태도이다).

2) **효 과** 위의 요건이 갖추어지면 점유자는 곧바로 부동산의 소유권을 취득한다. 목적부동산에 관하여 이미 소유자로 등기가 되어 있기 때문에 등기를 해야 하는 문제도 생기지 않는다.

이 소유권취득이 원시취득이고 소급효가 있다는 점은 점유 취득시효에 있어서와 같다.

4. 동산소유권의 취득시효

B-166

10년간 소유의 의사로 평온·공연하게 동산을 점유한 자는 그 소유권을 취득한다(246조 1항). 그리고 위의 점유가 선의이며 과실 없이 개시된 경우에는 5년이 경과한 때에 그 소유권을 취득한다(246조 2항). 여기의 소유권취득의 효과도 점유를 개시한 때에 소급한다(247조 1항).

5. 소유권 이외의 재산권의 취득시효

부동산·동산소유권의 취득시효에 관한 규정(245조 내지 247조)은 소유권 이외의 재산권의 취득시효에 준용된다(248조).

6. 취득시효의 중단 · 정지와 취득시효 이익의 포기

B-167

(1) 취득시효의 중단

소멸시효의 중단에 관한 규정은 취득시효에 준용된다(247조 2항 · 248조). 한편 민법에는 규정이 없지만 점유자가 점유를 상실하면 당연히 취득시효가 중단된다. 이를 자연중단이라고 한다.

(2) 취득시효의 정지

민법은 소멸시효의 중단에 관한 규정과 달리 정지에 관한 규정은 취득시효에 준용한다는 규정을 두고 있지 않다. 그럼에도 불구하고 통설은 이를 배척할 이유가 없다고 하면서 취득시효에 유추적용할 것이라고 한다(사견은 다름. 물권법 [125] 참조).

(3) 취득시효 이익의 포기

민법은 취득시효 이익의 포기에 관한 규정을 두고 있지 않다. 그러나 취득시효의 이익은 이론상 당연히 포기할 수 있다. 다만, 취득시효가 완성하기 전에는 포기할 수 없다고 새겨야 한다(184조 1항의 유추해석. 이설 없음). 판례도 취득시효 완성 후의 포기를 인정한다(대판 1998. 5. 22, 96다24101 등).

B-168

Ⅲ. 선점·습득·발견

1. 무주물의 선점

무주의 동산을 소유의 의사로 점유한 자는 그 소유권을 취득한다(252조).

(1) 요 건

1) 무주물이어야 한다. 야생동물(252조 3항), 바닷속의 물고기가 그 예이다. 야생동물이라도 사육하는 것은 그 자의 소유에 속하나, 다시 야생상태로 돌아가면 무주물로 된다(252조 3항).

2) 동산이어야 한다. 무주의 부동산은 국유이어서(252조 2항) 선점의 대상이 아니다.

3) 소유의 의사로 점유하여야 한다(252조 1항). 점유는 점유보조자나 점유매개자를 통하여서도 할 수 있다.

(2) 효 과

위의 요건이 갖추어지면 점유자가 그 소유권을 취득한다(252조 1항). 그러나 학술·기예 또는 고고의 중요한 재료가 되는 물건에 관하여는 선점이 인정되지 않으며 국유가 된다(255조 1항).

B-169

2. 유실물의 습득

유실물은 법률(유실물법)에 정한 바에 의하여 공고한 후 6개월 내에 그 소유자가 권리를 주장하지 않으면 습득자가 그 소유권을 취득한다(253조).

(1) 요 건

1) 유실물 또는 그에 준하는 물건(유실물법 11조·12조는 일정한 물건에 253조를 준용한다)이어야 한다. 유실물은 점유자의 의사에 의하지 않고서 그의 점유를 이탈한 물건으로서 도품이 아닌 것을 말한다.

2) 습득하였어야 한다. 습득은 유실물의 점유를 취득하는 것이다.

3) 법률 즉 유실물법에 정한 바에 의하여 공고한 후 6개월 내에 그 소유자가 권리를

주장하지 않아야 한다.

(2) 효 과

위의 요건이 갖추어지면 습득자가 그 소유권을 취득한다(253조). 그러나 유실물법상 일정한 경우에는 소유권을 상실한다(동법 9조·14조).

유실물의 소유자 기타의 권리자가 나타난 경우에는 유실물은 그 자에게 반환되어야 하고, 습득자는 소유권을 취득하지 못한다. 이때 습득자와 반환받는 자 사이에는 사무관리가 성립한다. 다만, 보통의 사무관리에서와 달리 유실물법상 반환받는 자는 습득자에게 유실물 가액의 100분의 5 내지 100분의 20의 범위 내에서 보상금을 지급하여야 한다(동법 4조. 동법 9조의 보상청구권 상실도 참조).

유실물이 학술·기예·고고의 중요한 재료가 되는 물건인 때에는 습득자가 소유권을 취득하지 못하고 국유가 되며(255조 1항), 그때 습득자는 국가에 대하여 적당한 보상을 청구할 수 있다(255조 2항).

3. 매장물의 발견

B-170

매장물은 법률(유실물법)에 정한 바에 의하여 공고한 후 1년 내에 그 소유자가 권리를 주장하지 않으면 발견자가 그 소유권을 취득한다(254조).

(1) 요 건

1) 매장물이어야 한다. 매장물은 토지 기타의 물건(포장물)에 묻혀 외부에서 쉽게 발견할 수 없는 상태에 있고 현재 누구의 소유인지도 분명하지 않은 물건이다. 그것은 보통 동산이나, 건물과 같은 부동산일 수도 있다(통설임).

2) 발견하였어야 한다. 발견이 우연이었는가 계획적이었는가는 묻지 않는다(통설임).

3) 법률 즉 유실물법에 정한 바에 의하여 공고한 후 1년 내에 그 소유자가 권리를 주장하지 않아야 한다.

(2) 효 과

위의 요건이 갖추어지면 발견자가 매장물의 소유권을 취득한다(254조 본문). 그러나 포장물이 타인의 물건인 때에는 발견자와 포장물 소유자가 절반하여 소유권을 취득한다(254조 단서). 보상금은 유실물에서와 같다(유실물법 13조).

매장물이 학술·기예·고고의 중요한 재료가 되는 물건인 때에는 국유로 되며(255조 1항), 그때 발견자 및 포장물 소유자는 국가에 대하여 적당한 보상을 청구할 수 있다(255조 2항. 유실물법 13조 2항, 「매장문화재 보호 및 조사에 관한 법률」 21조도 참조).

B-171

Ⅳ. 첨 부

1. 서 설

(1) 의 의

첨부(添附)는 어떤 물건에 다른 물건이나(부합·혼화의 경우) 또는 노력이(가공의 경우) 결합하여 사회관념상 분리할 수 없는 경우를 말한다. 첨부에는 부합·혼화·가공의 세 가지가 있다.

(2) 첨부의 일반적 효과

1) 첨부에 의하여 생기는 물건은 1개의 물건으로서 존속하고 복구는 허용되지 않는다.

2) 첨부에 의하여 생긴 새 물건에 대하여는 새로이 소유자가 정해진다(누가 소유자가 되는지도 개별적으로 살펴보아야 한다). 그 결과 구 물건의 소유권은 소멸한다.

3) 첨부에 의하여 구 물건(동산)의 소유권이 소멸한 때에는 구 물건을 목적으로 하는 제3자의 권리도 소멸한다(260조 1항). 그러나 구 물건의 소유자가 새로운 물건의 단독소유자가 된 때에는 제3자의 권리는 새 물건에 존속하고, 구 물건의 소유자가 공유자가 된 때에는 제3자의 권리는 그 공유지분 위에 존속한다(260조 2항).

4) 첨부로 인하여 손해를 입은 자(소유권이 소멸한 구 물건의 소유자 또는 그 물건 위에 권리를 가지고 있었던 제3자(다만 담보물권자는 물상대위 규정에 의하여 보호받으므로 제외된다))는 부당이득에 관한 규정에 의하여 보상(補償)을 청구할 수 있다(261조).

B-172

2. 부 합

(1) 의 의

부합(附合)은 소유자를 달리하는 여러 개의 물건이 결합하여 1개의 물건으로 되는 것이다. 민법은 이러한 부합을 부동산에의 부합(256조)과 동산 사이의 부합(257조)으로 나누어 규정하고 있다.

(2) 부동산에의 부합

부동산에 다른 물건이 부합하는 경우이다.

1) 요 건

(가) 부합되는 물건(부합의 모체)은 부동산이어야 한다. 토지·건물 어느 것이든 상관없다. 그런데 부합하는 물건(부합물)이 동산에 한정되는가에 대하여는 다툼이 있다. 학설은 i) 동산에 한정된다는 견해와 ii) 부동산도 포함된다는 견해(사견도 같음)로 나뉘어 있고, 판례는 ii)설과 같다(대판 1962. 1. 13, 4294민상445).

(나) 부착·합체가 일정한 정도에 이르러야 한다. 그 정도는, 동산 사이의 부합(257조)에서와 마찬가지로, 부합되는 부동산이나 부합하는 동산을 훼손하지 않으면 분리할 수 없거나 분리에 과다한 비용이 필요하여야 한다.

(다) 그 밖에 권원에 의하여 부속될 것을 요건으로 하지 않으며(256조 단서 참조), 반드시 그 부동산의 경제적 효용이나 가치 증대를 위한다는 의사를 필요로 하는 것도 아니다(대판 2009. 5. 14, 2008다49202).

2) 효 과 B-173

(가) 원 칙 부합되는 부동산의 소유자는 원칙적으로 부합한 물건의 소유권을 취득한다(256조 본문). 부합하는 동산·부동산의 가격이 부합되는 부동산의 가격을 초과하여도 같다.

(나) 예 외 부합한 물건이 타인의 권원에 의하여 부속된 때에는 부속시킨 물건은 그 타인의 소유로 된다(256조 단서). 여기서 말하는 권원은 지상권·전세권·임차권 등과 같이 타인의 부동산에 자기의 물건을 부속시켜 이용할 수 있는 권리를 가리킨다(통설·판례임. 대판 2018. 3. 15, 2015다69907 등). 주의할 것은, 이 예외가 적용되려면 그 전제로서 부동산에 부합한 물건이 그 부동산과 일체를 이루는 부동산의 구성부분으로 되지 않고 독립성을 가져야 한다는 점이다(대판 1985. 12. 24, 84다카2428. 대판 2012. 1. 26, 2009다76546(주유소 영업을 하는 임차인이 매설한 유류저장조가 임차인 소유라고 한 사례)도 참조). 부동산의 구성부분으로 된 때에는 설사 권원을 가지고 있더라도 부합물은 부동산 소유자의 소유에 속한다(대판 2008. 5. 8, 2007다36933·36940). 권원을 가지고 부합한 물건이 독립성을 갖지 못한 때에는, 부속시킨 자는 소유권은 갖지 못하고 비용상환청구권만 문제된다(310조·626조 등 참조).

3) 특수문제 B-174

(가) 건물의 증축·개축 건물을 증축 또는 개축한 경우에 그 증·개축부분은 원칙적으로 건물소유자의 소유에 속한다(256조 본문). 건물의 임차인 등이 임차한 건물에 그 권원에 기하여 증·개축을 하였더라도 증·개축한 부분이 기존 건물의 구성부분이 된 때에는, 증축된 부분에 별개의 소유권이 성립할 수 없고(대판 1999. 7. 27, 99다14518 등) 비용상환청구권만 문제된다. 그에 비하여 권원에 기하여 증축된 부분이 구조상으로나 이용상으로 기존 건물과 구분되는 독립성이 있는 때에는, 구분소유권이 성립하여 증축된 부분은 독립한 소유권의 객체가 된다(대판 1999. 7. 27, 99다14518).

(나) 농작물·수목 등의 부합 판례는 수목에 관하여는 제256조를 적용하여 권한 없이 타인의 토지에 심은 수목은 임야소유자에게 귀속하고(대판 1989. 7. 11, 88다카9067 등), 권원에 기하여 수목을 심은 경우에는 수목을 심은 자에게 그 소유권이 있다고 한다(대판 1998. 4. 24, 97도3425(권원 없이 식재한 감나무에서 감을 수확한 것은 절도죄에 해당한다고 함) 등). 그런데 농작물에 관하여는 적법한 권원 없이 타인의 토지에서 경작하였더라도 경작한 입도의 소유권은 경작자에게 귀속한다고 한다(대판 1979. 8. 28, 79다784 등).

(3) 동산 사이의 부합

1) 요 건 동산과 동산이 부합하여 훼손하지 않으면 분리할 수 없거나 그 분리에 과다한 비용을 요하여야 한다(257조 1문).

2) 효 과 부합한 동산들 사이에 주종을 구별할 수 있는 때에는 합성물의 소유권은 주된 동산의 소유자에게 속하나(257조 1문), 주종을 구별할 수 없는 때에는 부합 당시의 가액의 비율로 합성물을 공유한다(257조 2문).

B-175

3. 혼 화

혼화(混和)는 동산과 동산이 서로 섞이는 것이다. 혼화에는 고체인 종류물(예: 곡물·금전)이 섞이는 혼합(混合)과 유동성 종류물(예: 술·기름)이 섞이는 융합(融合)의 두 가지가 있다. 혼화에는 동산 사이의 부합에 관한 규정이 준용된다(258조).

4. 가 공

(1) 의 의

가공(加工)은 타인의 동산에 노력을 가하여 새로운 물건을 만드는 것이다.

(2) 효 과

가공한 물건의 소유권은 원칙적으로 원재료의 소유자에게 속한다(259조 1항 본문). 그러나 가공으로 인한 가액의 증가가 원재료의 가액보다 현저히 다액인 때에는 가공자의 소유로 된다(259조 1항 단서). 그리고 가공자가 재료의 일부를 제공하였을 때에는 그 가액은 증가액에 포함시켜 계산한다(259조 2항).

제4관 소유권에 기한 물권적 청구권

B-176

Ⅰ. 서 설

소유권에 기한 물권적 청구권에는 소유물반환청구권·소유물방해제거청구권·소유물방해예방청구권의 세 가지가 있다.

Ⅱ. 소유물반환청구권

소유자가 그의 소유에 속하는 물건을 점유하는 자에 대하여 반환을 청구할 수 있는 권리이다(213조).

(1) 요 건

1) 청구권자는 점유하고 있지 않은 소유자이다. 소유자인데 현재 점유하고 있지 않으면 되고, 그가 점유를 취득하였다가 상실했을 필요는 없다. 예컨대 제3자가 불법으로 점

유하고 있는 물건을 소유자로부터 양수한 자도 이 권리를 가질 수 있다. 그런데 여기의 소유자는 법률상의 소유자이어야 한다. 따라서 부동산 매수인이 이 권리를 행사하려면 이미 소유권이전등기를 하였어야 한다(동지 대판 2007. 6. 15, 2007다11347 등). 아직 소유권을 취득하지 못한 매수인은 매도인을 대위하여 반환청구를 할 수 있을 뿐이다(대판 1973. 7. 24, 73다114).

2) 상대방은 현재 그 물건을 전부점유하고 있는 자이다. 어떤 자가 불법으로 점유하였더라도 현재 점유하고 있지 않으면 그는 상대방으로 될 수 없으며, 그때에는 현실적으로 점유하고 있는 자가 상대방으로 된다(대판 1999. 7. 9, 98다9045 등).

상대방이 간접점유를 하고 있는 경우에는 소유자는 직접점유자뿐만 아니라 간접점유자에 대하여도 반환을 청구할 수 있다.

상대방이 점유보조자를 통하여 점유하고 있는 경우에는 점유보조자는 상대방으로 되지 않는다.

3) 상대방에게 점유할 권리가 없어야 한다(213조 단서). 점유할 권리, 즉 점유를 정당하게 하는 권리에는 지상권·전세권·질권·유치권(대판 2014. 12. 24, 2011다62618)과 같은 점유를 수반하는 물권뿐만 아니라 임차권과 같은 채권과 동시이행의 항변권도 포함된다.

4) 상대방의 고의·과실 등의 유책사유는 묻지 않는다.

(2) 효 과

소유자는 점유자에 대하여 소유물의 반환을 청구할 수 있다. 반환은 점유의 이전 즉 인도이다(실무에서는 건물의 인도는 명도라고 하나, 이는 순수한 일본어이어서 부적당하다). 이 반환은 원상회복은 포함하지 않는 개념이다.

Ⅲ. 소유물방해제거청구권

B-177

소유자가 소유권을 방해하는 자에 대하여 방해의 제거를 청구할 수 있는 권리이다(214조 전단).

(1) 요 건

1) 청구권자는 소유권의 내용 실현을 방해받고 있는 소유자이다. 과거에 소유자로서 방해를 받았더라도 소유권을 상실한 자는 방해배제청구를 할 수 없다(대판(전원) 1969. 5. 27, 68다725 등).

2) 상대방은 현재 방해하고 있는 자이다. 달리 표현하면, 방해하는 사정을 지배하는 지위에 있는 자이다. 따라서 과거에 방해하였더라도 현재 그 방해상태를 지배하는 지위에 있지 않으면 그는 상대방으로 되지 않는다.

3) 상대방이 점유침탈 이외의 방법으로 소유권을 방해하고 있어야 한다. 방해의 예를 들면, 타인 토지의 전부 또는 일부 위에 불법으로 건축을 하고 있는 경우, 실제의 권리관계와 일치하지 않는 등기가 존재하는 경우를 들 수 있다(판례는, 소유권에 방해가 되는 불실등기가 존재하는 경우에, 그 등기명의인이 허무인 또는 실체가

없는 단체인 때에는, 소유자는 그와 같은 허무인 또는 실체가 없는 단체 명의로 실제 등기행위를 한 자에 대하여 소유권에 기한 방해배제로서 그 등기의 말소를 구할 수 있다고 한다(대결 2008. 7. 11, 2008마615)).

4) 상대방의 고의·과실은 묻지 않는다.

(2) 효 과

소유자는 방해자에 대하여 방해의 제거를 청구할 수 있다. 여기서 「방해의 제거」라 함은 방해 결과의 제거가 아니고 현재 계속되고 있는 방해의 원인을 제거하는 것이다(대판 2003. 3. 28, 2003다5917). 불법건물의 철거청구나 무효인 등기의 말소청구가 그 예이다.

B-178 Ⅳ. 소유물방해예방청구권

소유자가 소유권을 방해할 염려가 있는 행위를 하는 자에 대하여 그 예방이나 손해배상의 담보를 청구할 수 있는 권리이다(214조 후단).

제5관 공동소유

B-179 Ⅰ. 공동소유의 의의와 유형

(1) 의 의

공동소유는 하나의 물건을 2인 이상의 다수인이 공동으로 소유하는 것이다. 민법은 공동소유의 유형으로 공유·합유·총유의 세 가지를 규정하고 있다.

(2) 공동소유의 세 가지 유형

민법이 규정하고 있는 세 가지의 공동소유의 유형은 물건을 공동으로 소유하는 다수의 주체들 사이의 인적 결합관계가 물권법에 반영된 것이다.

1) 공유(共有) 공동소유자 사이에 인적 결합관계가 없는 공동소유형태이다. 각 공유자는 지분을 가지며, 그 처분은 자유이고, 언제라도 공동소유관계를 소멸시키고 단독소유로 전환할 수 있다. 이는 개인주의적인 공동소유형태이다.

2) 총유(總有) 법인 아닌 사단의 소유형태이다(법인 아닌 사단은 인적 결합관계가 매우 강한 단체이며, 법인격이 없는 점에서 법인과 다를 뿐이다). 총유에서는 소유권의 내용이 관리·처분의 권능과 사용·수익의 권능으로 나뉘어, 전자는 단체에 속하고 후자는 단체의 구성원에 속한다. 총유의 경우에는 지분이라는 것이 없고, 구성원의 사용·수익권은 단체의 구성원의 자격이 있는 동안에만 인정된다. 총유는 단체주의적인 공동소유형태이다.

3) 합유(合有) 합유는 조합(합수적 조합)의 소유형태이다. 조합은 단체이기는 하나 단체성이 약하다. 합유에서는 합유자가 지분을 가지고 있기는 하지만, 그 처분이 제한

되고, 또 조합관계가 종료할 때까지는 분할청구도 하지 못한다. 이러한 합유는 총유와 공유의 중간적인 공동소유형태라고 할 수 있다.

Ⅱ. 공 유

B-180

1. 공유 및 지분(持分)의 의의와 성질

(1) 공유의 의의 및 법적 성질

수인이 지분에 의하여 물건을 소유하는 것이 공유이다(262조 1항). 공유의 법적 성질에 관하여 통설은 1개의 소유권이 분량적으로 분할되어 수인에게 속하는 것이라고 한다.

(2) 지분의 의의 및 법적 성질

양적 분할설에 의하면, 지분은 1개의 소유권의 분량적 일부분이다. 바꾸어 말하면, 지분은 각 공유자가 목적물에 대하여 가지는 소유의 비율이다(통설임). 그리고 이 지분에 기하여 각 공유자가 공유물에 대하여 가지는 권리를 지분권이라고 한다.

2. 공유의 성립

공유는 법률행위 또는 법률의 규정에 의하여 성립한다.

(1) 법률행위에 의한 성립

예컨대 하나의 물건을 수인이 매수하는 경우에는 법률행위에 의하여 공유가 성립한다. 이때에 공유가 성립하기 위하여 법률행위에 의한 물권변동의 요건이 갖추어져야 한다. 따라서 동산의 경우에는 공동점유가 있어야 하고, 부동산의 경우에는 등기(공유의 등기 및 지분의 등기)가 있어야 한다.

(2) 법률규정에 의한 성립

타인의 물건 속에서 매장물을 발견한 경우(254조 단서)는 법률규정에 의하여 공유가 성립하는 예이다.

3. 공유의 지분

B-181

(1) 지분의 비율

지분의 비율은 법률의 규정(254조 단서 · 257조 · 258조 · 1009조 이하 등) 또는 공유자의 의사표시에 의하여 정하여지나, 이들이 없는 경우에는 지분은 균등한 것으로 추정된다(262조 2항).

부동산의 공유의 경우에 공유지분의 비율에 관한 약정이 있는 때에는 이를 등기하여야 한다(부등법 48조 4항). 이를 등기하지 않으면 지분이 균등한 것으로 추정될 것은 분명하다. 그런데 실제의 비율을 가지고 제 3 자에게 대항할 수 있는가에 관하여는 i) 긍정설과 ii) 부정설

(사견도 같음)이 대립하고 있다.

(2) 지분의 처분

공유자는 그의 지분을 처분할 수 있다(263조). 그리하여 그의 지분을 양도하거나 담보로 제공하거나 포기할 수 있다. 그리고 그때 다른 공유자의 동의는 필요하지 않다(대판 1972. 5. 23, 71다 2760).

(3) 지분의 주장

지분은 실질에 있어서 소유권과 같으므로 각 공유자는 그의 지분을 단독으로 다른 공유자 또는 제3자에 대하여 주장할 수 있다.

1) 공유자는 단독으로 다른 공유자 또는 제3자에 대하여 지분의 확인을 구할 수 있다(대판 1970. 7. 28, 70다853·854).

2) 공유자는 자신의 지분을 다투는 다른 공유자 또는 제3자에 대하여 단독으로 지분의 등기를 청구할 수 있다.

3) 공유자는 자기의 지분에 관하여 단독으로 제3자의 취득시효를 중단할 수 있다.

B-182 (4) 지분의 침해의 경우에 있어서 방해배제청구·부당이득 반환청구

1) 반환청구 제3자가 공유물을 불법으로 점유하고 있는 경우에 각 공유자는 그의 지분의 비율에 따른 반환을 청구할 수 있다. 그런데 각 공유자가 그의 지분에 기하여 단독으로 공유물의 전부의 인도를 청구할 수 있는지가 문제된다. 판례는 그것이 보존행위라는 이유로 이를 긍정한다(대판 1968. 9. 17, 68다1142·1143 등. 상호명의신탁의 경우에 관한 동지의 판결: 대판 1994. 2. 8, 93다42986).

공유자 중의 1인이 공유물의 전부를 배타적·독점적으로 사용하는 경우에 다른 공유자는 단독으로 그 전부의 인도를 청구할 수 있는가? 여기에 관하여 판례는, 최근에 태도를 변경하여, 공유물의 소수 지분권자가 다른 공유자와 협의 없이 공유물의 전부 또는 일부를 독점적으로 점유·사용하고 있는 경우 다른 소수 지분권자는 공유물의 보존행위로서 그 인도를 청구할 수는 없고, 다만 자신의 지분권에 기초하여 공유물에 대한 방해상태를 제거하거나 공동점유를 방해하는 행위의 금지 등을 청구할 수 있다고 한다(대판(전원) 2020. 5. 21, 2018다 287522). 그런데 과반수의 지분권을 가진 자(2분의 1 지분권자는 이에 해당하지 않음. 대판 2003. 11. 13, 2002다57935)가 배타적으로 사용수익할 것을 정하는 것은 공유물의 관리방법(265조 참조)으로서 적법하다고 한다(대판 2002. 5. 14, 2002다9738 등).

B-183 2) 방해제거청구 제3자가 공유물의 이용을 방해하고 있는 경우에 각 공유자는 그의 지분에 기하여 단독으로 공유물 전부에 대한 방해의 제거를 청구할 수 있다. 다른 공유자가 방해하고 있는 경우에는 그의 지분의 범위에서 방해의 제거를 청구할 수 있다고 할 것이다. 그런데 판례는, 공유 부동산에 관하여 제3자 명의로 원인무효의 소유권이전등기가 되어 있는 경우에는 「보존행위로서」 제3자에 대하여 그 등기 전부의 말소(또는 공유자 지분별 이전등기)를 청구할 수 있다고 하나, 공유 부동산에 관하여 공유자 중 1인이 부정한 방법으

로 공유물 전부에 관한 소유권이전등기를 그의 단독명의로 행한 경우에는 방해받고 있는 공유자 중 1인은 「보존행위로서」 단독명의로 등기되어 있는 공유자에 대하여 「그 공유자의 공유지분을 제외한 나머지 공유지분 전부에 관하여」 등기말소를 청구할 수 있다고 한다(대판 2006. 8. 24, 2006다32200 등).

3) **부당이득 반환청구** 공유자의 1인이 지분 과반수의 합의가 없이(과반수 지분의 공유자가 점유하는 때에도 같다. 대판 2002. 5. 14, 2002다9738) 공유물의 전부 또는 일부(특정부분)를 배타적으로 사용하는 경우에 다른 공유자는 그의 지분의 비율로 부당이득의 반환을 청구할 수 있다(대판 2014. 2. 27, 2011다42430 등). 제3자가 공유물을 점유한 경우도 같다.

4) **불법행위로 인한 손해배상청구** 판례는, 제3자가 공유물에 대하여 불법행위를 한 경우에 각 공유자는 특별한 사유가 없는 한 그 지분에 대응한 비율의 한도에서만 손해배상청구권을 행사할 수 있고 타인의 지분에 대해서는 청구권이 없다고 한다(대판 1970. 4. 14, 70다171). 그리고 그것은 공유자 중의 1인이 불법행위를 한 경우에도 같다고 할 것이다.

(5) 지분의 탄력성

지분은 실질적으로 소유권과 성질이 같으므로, 지분의 하나가 소멸하면 나머지 지분은 그에 확장하게 된다. 이를 지분의 탄력성이라고 한다. 민법도 공유자가 그의 지분을 포기하거나 상속인 없이 사망한 때에는 그 지분은 다른 공유자에게 각 지분의 비율로 귀속한다고 하여(267조), 이를 인정하고 있다. 그러나 여기에는 예외가 있다(집합건물법 22조 참조).

4. 공유물의 관리 등에 관한 공유자 사이의 법률관계

B-184

(1) 공유물의 사용 · 수익

각 공유자는 공유물의 전부를 그의 지분의 비율로 사용·수익할 수 있다(263조).

(2) 공유물의 관리

1) **보존행위** 각 공유자는 단독으로 보존행위를 할 수 있다(265조 단서).

2) **이용 · 개량행위** 공유물의 이용 및 개량 등 관리에 관한 사항은 공유자의 지분의 과반수로써 결정한다(265조 본문).

(3) 공유물의 처분 · 변경

공유물의 처분·변경에는 공유자 전원의 동의가 있어야 한다(264조). 여기의 처분에는 법률상의 처분(양도 등) 외에 사실상의 처분도 포함된다.

어떤 공유자가 다른 공유자의 동의 없이 공유물을 제3자에게 매도한 경우에는, 매매가 무효가 아니고 자기의 지분을 넘는 범위에서 타인의 권리매매(569조)에 해당한다고 보아야 한다. 따라서 매도한 공유자는 다른 공유자의 지분을 취득하여 매수인에게 이전하여야 한다. 이 의무를 이행하지 못한 때에는 제3자는 권리를 취득하지 못한다.

(4) 공유물에 관한 부담

공유물의 관리비용 기타의 의무는 각 공유자가 지분의 비율로 부담한다(266조 1항). 그리고 공유자가 1년 이상 그러한 의무의 이행을 지체한 때에는, 다른 공유자는 상당한 가액으로 지분을 매수할 수 있다(266조 2항).

B-185

5. 공유관계의 대외적 주장

(1) 공유관계의 확인청구 · 등기청구 등

제3자에게 전체로서의 공유관계를 주장해서 그 확인을 구하거나 등기를 청구하거나 시효를 중단하는 경우에는, 공유자 전원이 공동으로 하여야 한다(대판 1994. 11. 11, 94다35008).

(2) 공유관계에 기한 방해배제청구

제3자가 공유물을 전부점유하고 있거나 그 이용을 방해하고 있는 경우에 각 공유자는 그의 지분에 기하여 단독으로 그 반환청구 또는 방해제거청구를 할 수 있다(B-182 · 183 참조). 그러나 그 외에 공유관계 자체에 기하여서도 이를 할 수 있다고 하여야 한다. 그런데 그때에는 공유자 전원이 공동으로 하여야 한다(대판 1961. 12. 7, 4293민상306).

B-186

6. 공유물의 분할

(1) 공유물 분할의 자유

1) 공유자는 공유물의 분할을 청구할 수 있다(268조 1항 본문).

2) 공유물 분할의 자유는 계약이나 법률규정에 의하여 제한된다. 첫째로 공유자는 5년 내의 기간으로 분할하지 않을 것을 약정할 수 있으며(268조 1항 단서), 그때에는 분할은 허용되지 않는다. 이 불분할계약(不分割契約)은 갱신(更新)할 수 있으나, 그 기간은 갱신한 날로부터 5년을 넘지 못한다(268조 2항). 둘째로 건물을 구분소유하는 경우의 공용부분(268조 3항 · 215조), 경계에 설치된 경계표 · 담 · 구거 등(268조 3항 · 239조), 구분소유권의 목적인 건물의 사용에 필요한 범위 내의 대지(집합건물법 8조)는 법률상 분할이 금지되어 있다.

3) 상호명의신탁(B-79 참조)은 공유가 아니므로, 거기서는 공유물분할청구를 할 수 없고 명의신탁 해지를 원인으로 한 지분이전등기를 청구하여야 한다(대판 1996. 2. 23, 95다8430 등).

(2) 분할청구권의 법적 성질

분할청구권의 성질에 관하여 통설은 분할청구라는 일방적 의사표시에 의하여 각 공유자 사이에 구체적으로 분할을 실현할 법률관계가 생기므로 일종의 형성권이라고 하며(사견도 같음), 판례도 형성권이라고 한다(대판 1981. 3. 24, 80다1888 · 1889).

B-187

(3) 분할의 방법

1) 협의에 의한 분할 　공유물의 분할은 1차적으로 공유자의 협의에 의하여 한다

(268조 1항·269조 1항). 이때에는 공유자 전원이 참여하여야 한다(대판 1968. 5. 21, 68다414·415). 분할방법에는 제한이 없으나, 일반적으로 다음의 방법이 사용된다.

(가) 현물분할 공유물을 양적으로 나누는 것으로서 가장 보통의 방법이다.

(나) 대금분할 공유물을 매각하여 그 대금을 나누는 방법이다.

(다) 가격배상 공유자의 1인이 다른 공유자의 지분을 양수하여 그 가격을 지급하고 단독소유권을 취득하는 방법이다.

2) 재판에 의한 분할 분할의 방법에 관하여 협의가 성립되지 않은 때에는 공유자는 법원에 그 분할을 청구할 수 있다(269조 1항).

(가) 전제조건 공유물 분할의 소를 제기하려면 공유자 사이에 협의가 성립되지 않아야 하며, 협의가 성립된 경우에는 설사 일부 공유자가 분할에 따른 이전등기에 협조하지 않거나 분할에 관하여 다투더라도 분할의 소를 제기할 수 없다(대판 1995. 1. 12, 94다30348·30355).

(나) 소의 성질 이 소는 형성의 소이다(통설·판례도 같음. 대판 2017. 5. 31, 2017다216981 등). 따라서 부동산이 공유물인 경우에는 분할판결이 확정된 때에 분할의 효력이 생긴다(187조 참조).

(다) 소의 당사자 이 소는 필수적 공동소송이어서 공유자 전원이 당사자로 되어야 한다(대판 2014. 1. 29, 2013다78556 등). 그 결과 원고를 제외한 공유자 모두가 피고로 된다.

(라) 판결의 내용(분할방법) 현물분할이 원칙이며, 현물로 분할할 수 없거나 분할로 인하여 현저히 그 가액이 감손될 염려가 있는 때에는 법원은 물건의 경매를 명할 수 있다(269조 2항).

(4) 분할의 효과

B-188

1) 지분의 교환·매매 현물분할의 경우에는 지분의 교환이 있게 되고, 가격배상의 경우에는 지분의 매매가 있게 된다(통설·판례도 같음. 대판 1998. 3. 10, 98두229 등).

그리고 각 공유자는 다른 공유자가 분할로 인하여 취득한 물건에 대하여 그 지분의 비율로 매도인과 동일한 담보책임이 있다(270조). 이는 분할이 지분의 교환이나 매매에 해당하기 때문에 당연한 것이다.

2) 지분상의 담보물권 공유자 1인의 지분 위에 존재하는 담보물권이 분할에 의하여 어떠한 영향을 받는지에 관하여는 명문의 규정이 없어서 해석으로 결정하여야 한다. 그런데 언제나 즉 ① 지분 위에 담보물권을 설정한 공유자가 공유물의 전부를 취득한 경우, ② 그 공유자가 공유물의 일부를 취득한 경우, ③ 그 공유자가 전혀 취득하지 않고 제3자나 다른 공유자가 공유물을 취득한 경우 중 어느 것에 해당하든 그 지분이 존속하고 담보물권은 그 지분 위에 존속한다고 하여야 한다(통설임).

B-189

Ⅲ. 합 유

1. 합유의 의의 및 법적 성질

합유는 수인(數人)이 조합체(組合體)로서 물건을 소유하는 것이다(271조 1항 1문). 그리고 여기서 조합체라 함은 합수적 조합(合手的 組合), 즉 동일목적을 가지고 결합되어 있으나 아직 단일적 활동체로서 단체적 체제를 갖추지 못하고 있는 복수인의 결합체를 가리킨다.

합유에 있어서도 공유에서처럼 합유자는 지분을 가진다. 그러나 지분처분의 자유와 분할청구권이 없는 점에서 공유와 다르다.

2. 합유의 성립

합유가 성립하기 위하여서는 그 전제로서 조합체의 존재가 필요하다. 그리고 그 조합체가 어떤 물건에 대한 소유권을 취득함으로써 합유가 성립한다. 한편 조합체의 성립원인에는 계약과 법률규정의 둘이 있다(271조 1항의 「법률의 규정 또는 계약」은 합유의 성립원인이 아니고 조합체의 성립원인으로 보아야 한다). 이들 중 계약은 조합계약을 의미하며 대표적인 예는 동업계약이다(대판 2002. 6. 14, 2000다30622도 참조). 그리고 법률규정에 의하여 조합체가 성립하는 경우로는 신탁에 있어서 수탁자가 여럿인 경우(신탁법 50조는 이때의 신탁재산은 합유라고 규정한다) 등이 있다. 조합체가 어떤 원인에 의하여 성립하든 그 소유권 취득에는 물권변동의 일반이론이 적용된다. 따라서 어떤 경우든 부동산을 합유하는 때에는 합유등기를 하여야 한다(부등법 48조 4항).

B-190

3. 합유의 법률관계

합유자의 권리, 즉 지분은 합유물의 전부에 미친다(271조 1항 2문). 합유관계의 그 밖의 내용은 계약에 의하여 정하여진다. 그런데 만약 계약이 없으면 제272조 내지 제274조에 의한다(271조 2항). 이들 규정을 보기로 한다(이들은 모두 임의규정인 셈이다).

합유물에 관한 보존행위, 가령 합유물에 관하여 경료된 소유권이전등기의 말소청구는 합유자 각자가 단독으로 할 수 있으나(대판 1997. 9. 9, 96다16896), 합유물을 처분 또는 변경하려면 합유자 전원의 동의가 있어야 한다(272조).

합유물에 대한 지분의 처분에도 합유자 전원의 동의가 필요하다(273조 1항). 그리고 합유자는 합유물의 분할을 청구하지 못한다(273조 2항).

4. 합유의 종료

합유관계의 종료는 합유물의 전부가 양도된 경우와 조합체가 해산된 경우에만 일어난다(274조 1항). 조합체의 해산으로 합유관계가 종료하는 때에는 합유재산의 분할이 행하여지는데, 그 분할에는 공유물 분할에 관한 규정이 준용된다(274조 2항).

Ⅳ. 총 유

B-191

1. 총유의 의의 및 법적 성질

총유는 법인 아닌 사단의 사원이 집합체로서 물건을 소유하는 것이다(275조 1항). 총유에 있어서는 소유권의 내용이 관리·처분의 권능과 사용·수익의 권능으로 나뉘어, 전자는 구성원의 총체(즉 단체)에 속하고 후자는 각 구성원에게 속하게 된다.

2. 총유의 주체

총유의 주체는 법인 아닌 사단의 사원이다. 법인 아닌 사단은 매우 다양한데, 종중과 교회가 그 대표적인 예이다. 총유재산이 부동산인 경우에는 등기하여야 하며, 이때 등기신청은 사단 명의로 그 대표자 또는 관리인이 한다(부등법 26조).

3. 총유의 법률관계

총유의 법률관계는 사단의 정관 기타 규약에 의하여 규율되나, 이들에 정한 것이 없으면 제276조 및 제277조에 의하게 된다(275조 2항). 이들 규정(임의규정임)의 내용은 다음과 같다.

총유물의 관리 및 처분은 사원총회의 결의에 의하여 한다(276조 1항). 그러나 총유물의 사용·수익은 각 사원이 정관 기타 규약에 좇아 이를 할 수 있다(276조 2항).

4. 총유물에 관한 권리 · 의무의 취득 · 상실

총유물에 관한 사원의 권리·의무는 사원의 지위를 취득·상실함으로써 취득·상실된다(277조).

Ⅴ. 준공동소유

B-192

(1) 준공동소유(準共同所有)란 소유권 이외의 재산권이 수인에게 공동으로 귀속하는 경우를 가리킨다. 준공동소유의 형태에는 준공유·준합유·준총유의 세 가지가 있다.

(2) 준공동소유가 인정되는 재산권의 주요한 것으로는 지상권·저당권(대판 2008. 3. 13, 2006다31887 등 참조) 등의 물권과 주식·광업권 등이 있다. 채권에 관하여 준공동소유가 인정되는지, 인정된다고 할 때 어떤 규정에 의하여 규율될 것인지에 관하여는 다투어진다(C-148도 참조).

(3) 준공동소유에는 공유·합유·총유에 관한 민법규정이 준용된다. 다만, 다른 법률에 특별한 규정이 있으면 그에 의한다(278조).

용익물권

제1절 지 상 권

B-193

Ⅰ. 서 설

1. 지상권의 의의와 법적 성질

지상권(地上權)은 타인의 토지에서 건물 기타 공작물이나 수목을 소유하기 위하여 그 토지를 사용하는 물권이다(279조).

⑴ 타인의 토지에 대한 권리

지상권은 타인의 토지에 대한 권리이다(제한물권). 지상권의 객체인 토지는 1필의 토지임이 원칙이나, 1필의 토지의 일부라도 무방하다(부등법 69조 6호, 부등규칙 126조 2항 참조). 지상권은 지표면뿐만 아니라 공중과 지하도 배타적으로 사용할 수 있는 권리이다(보통의 지상권). 그런데 민법은 토지의 지하 또는 지상의 공간을 상하의 범위를 정하여 이용할 수 있게 하는 지상권(구분지상권)도 인정하고 있다(289조의 2. B-203 참조).

⑵ 건물 기타 공작물이나 수목을 소유하기 위한 권리

지상권은 건물·도로·다리·광고탑 등의 지상공작물이나 지하철·터널 등의 지하공작물, 그리고 수목을 소유하기 위한 권리이다.

⑶ 타인의 토지를 사용하는 권리

우리 법에서는 건물이 토지와는 별개의 부동산이고 수목의 집단도 독립한 물권의 객체로 다루어질 수 있으므로, 지상권은 토지의 사용권이라는 데 중점이 두어져 있다. 그 결과 지상권은 현재 공작물이나 수목이 없더라도 성립할 수 있고, 또 이미 존재하고 있는 공작물이나 수목이 멸실하더라도 존속할 수 있다(대판 1996. 3. 22, 95다49318). 그리고 지상권은 토지를 점유할 수 있는 권리를 포함하며, 거기에는 상린관계에 관한 규정이 준용된다(290조).

(4) 물 권

지상권은 토지소유자에 대하여 일정한 행위를 청구할 수 있는 권리가 아니고 그 객체인 토지를 직접 지배할 수 있는 물권이다. 그리하여 그 권리는 당연히 양도성과 상속성을 가진다(대판 1991. 11. 8, 90다15716은 지상권은 소유자의 의사에 반하여서도 자유롭게 양도할 수 있다고 한다).

(5) 지료 여부

토지사용의 대가인 지료의 지급은 지상권의 요소가 아니다.

2. 지상권의 사회적 작용

B-194

타인의 토지에서 공작물이나 수목을 소유하기 위하여 그 토지를 사용하는 방법으로는 지상권과 임대차의 두 가지가 있다. 그런데 이 둘 가운데 임대차가 널리 이용되고 지상권은 거의 이용되지 않는다. 다만, 현재에도 저당권자나 가등기담보권자가 목적토지의 담보가치를 유지할 목적으로 토지소유자나 기타의 자에 의한 건축을 제한하기 위하여 지상권을 설정하는 경우가 종종 있기는 하다(대판 2011. 4. 14, 2011다6342 등도 참조).

Ⅱ. 지상권의 취득

B-195

1. 법률행위에 의한 취득

법률행위에 의하여 지상권을 취득하는 경우로는 지상권을 새로이 설정받는 경우와 이미 성립한 지상권을 양수하는 경우가 있다. 그리고 전자의 예로는 지상권설정계약에 의한 지상권설정을 들 수 있다. 법률행위에 의한 지상권취득은 모두 법률행위에 의한 물권변동에 해당하므로 거기에는 제186조가 적용되고, 따라서 등기를 하여야 한다.

[참고] 지상권설정계약의 성질

지상권설정계약의 성질에 관하여 학설은 i) 물권계약이라는 견해, ii) 지상권설정에 관한 채권·채무를 발생케 하는 채권계약으로서 그 속에는 물권적 합의도 포함되어 있는 것이 보통이라는 견해(사견도 같음), iii) 채권계약이라는 견해로 나뉘어 있다.

2. 법률행위에 의하지 않는 취득

B-196

(1) 제187조의 적용

지상권은 상속·공용징수·판결·경매·기타 법률의 규정에 의하여 취득될 수 있으며, 이때에는 등기를 요하지 않는다(187조). 그 밖에 점유 취득시효에 의하여 지상권이 취득될 수도 있는데, 통설은 그 경우에는 지상권의 등기까지 있어야 한다고 한다.

(2) 법정지상권

법률이 명문규정으로 지상권이 당연히 성립하는 것으로 규정하는 경우가 있다. 이는 우리 법상 건물이 토지와는 별개의 부동산으로 다루어지는 데서 연유한 것이다.

현행법상 법정지상권이 성립하는 경우로는 민법이 규정하고 있는 두 가지와 특별법이 규정하고 있는 두 가지가 있다(그리고 이들은 어느 경우든 법률규정에 의한 지상권의 취득이므로 등기를 요하지 않는다). 구체적으로는 ① 토지와 그 지상건물이 동일한 소유자에게 속하는 경우에 건물에 대하여만 전세권을 설정한 후 토지소유자가 변경된 때(305조 1항), ② 토지와 그 지상건물이 동일인에게 귀속하는 경우에 토지와 건물 중 어느 하나 또는 둘 모두에 저당권이 설정된 후, 저당권의 실행으로 경매됨으로써 토지와 건물의 소유자가 다르게 된 때(366조), ③ 토지와 그 위의 건물이 동일한 소유자에게 속하는 경우에 그 토지나 건물에 대하여만 가등기담보권·양도담보권 또는 매도담보권이 설정된 후, 이들 담보권의 실행으로 토지와 건물의 소유자가 다르게 된 때(가등기담보법 10조), ④ 토지와 입목(立木)이 동일인에게 속하는 경우에 경매나 그 밖의 사유로 토지와 입목이 다른 소유자에게 속하게 된 때(입목법 6조 1항)에 그렇다.

(3) 관습법상의 법정지상권

그 밖에 우리 판례는 일정한 경우에 관습법에 의하여 분묘기지권과 관습법상의 법정지상권이 성립한다고 한다. 그에 관하여는 뒤에 자세히 살펴보기로 한다(B-204 이하 참조).

B-197 Ⅲ. 지상권의 존속기간

1. 설정행위로 기간을 정하는 경우

지상권의 존속기간은 당사자가 설정행위에 의하여 자유롭게 정할 수 있다. 다만, 최단기간에 관하여는 제한이 있다.

(1) 최단기간

1) 당사자가 지상권의 존속기간을 정하는 경우에는 그 기간은 다음의 연한보다 단축하지 못한다(280조 1항).

(개) 석조·석회조·연와조(煉瓦造: 벽돌로 지은 것) 또는 이와 유사한 견고한 건물(무허가 또는 미등기의 건물을 포함한다. 대판 1988. 4. 12, 87다카2404)이나 수목의 소유를 목적으로 하는 때에는 30년.

(내) 그 밖의 건물의 소유를 목적으로 하는 때에는 15년.

(대) 건물 이외의 공작물의 소유를 목적으로 하는 때에는 5년.

2) 당사자가 존속기간을 위와 같은 기간보다 짧게 정한 때에는 존속기간은 위의 기간까지 연장된다(280조 2항).

⑵ 최장기간

민법은 최장기간에 관하여는 규정을 두고 있지 않다. 따라서 당사자는 존속기간을 장기로 정할 수 있다. 문제는 존속기간을 영구무한으로 정할 수 있는가이다. 여기에 관하여 학설이 나뉘는데, 판례는 긍정하는 입장이다(대판 2001. 5. 29, 99다66410).

2. 설정행위로 기간을 정하지 않은 경우

B-198

설정행위로 존속기간을 정하지 않은 때에는(계약 · 단독행위의 경우 포함), 지상물의 종류와 구조에 따라서 제280조가 정하는 최단존속기간이 그 존속기간으로 된다(281조 1항). 다만, 지상권설정 당시에 공작물(수목은 아님)의 종류와 구조를 정하지 않은 때에는 존속기간은 15년이다(281조 2항).

3. 계약의 갱신과 존속기간

⑴ 갱신계약

지상권의 존속기간이 만료된 경우에 당사자는 계약(갱신계약)에 의하여 이전의 계약을 갱신할 수 있다(계약 자유).

⑵ 지상권자의 갱신청구권

당사자가 갱신계약을 체결하지 않은 경우에 지상권자는 일정한 요건 하에 계약의 갱신을 청구할 수 있다(283조).

이 권리는 지상권이 존속기간의 만료로 소멸한 경우에 건물 기타 공작물이나 수목이 현존하고 있는 때에 인정된다. 제283조 제 1 항은 단순히 「지상권이 소멸한 경우」라고 규정하고 있으나, 존속기간의 만료로 소멸한 경우라고 하여야 한다(이설이 없으며, 판례도 같음. 대판 1993. 6. 29, 93다10781).

지상권자의 갱신청구권은 형성권이 아니고 청구권이다. 따라서 갱신청구에 의하여 갱신의 효과가 생기지는 않으며, 지상권설정자가 그에 응하여 갱신계약을 체결하여야 갱신의 효과가 생긴다. 그리고 제283조 제 2 항의 규정에 비추어볼 때 지상권설정자는 갱신청구를 거절할 수 있다. 그 경우에는 지상권자는 상당한 가액으로 공작물이나 수목의 매수를 청구할 수 있다(283조 2항). 이 매수청구권은 형성권이므로 지상권자가 이를 행사하면 매매계약이 성립한다.

⑶ 계약갱신의 경우의 존속기간

당사자가 계약을 갱신하는 경우의 지상권의 존속기간은 제280조의 최단존속기간보다 짧게 정하지는 못하나, 그보다 장기의 기간을 정하는 것은 무방하다(284조).

4. 강행규정

지상권의 존속기간 및 그 갱신에 관한 제280조 내지 제284조는 모두 강행규정이며, 그에 위반되는 약정으로 지상권자에게 불리한 것은 효력이 없다(편면적 강행규정. 289조).

B-199 Ⅳ. 지상권의 효력

1. 지상권자의 토지사용권

(1) 토지사용권의 내용

지상권자는 설정행위에서 정한 목적(이는 등기하여야 한다. 부등법 69조 1호)으로 토지를 사용할 권리가 있다. 그 반면에 지상권설정자(토지소유자)는 토지를 스스로 사용할 수 없을 뿐만 아니라(구분지상권의 경우에는 범위 외에서는 사용할 수 있다), 지상권자의 사용을 방해하지 않아야 할 의무(인용의무)가 있다.

(2) 상린관계에 관한 규정의 준용

상린관계에 관한 규정이 지상권과 인접토지의 이용권(소유권·지상권·전세권·임차권) 사이에 준용된다(290조).

(3) 지상권자의 점유권과 물권적 청구권

지상권은 토지를 점유할 권리를 포함한다. 그리고 점유하고 있는 지상권자의 점유가 침해당하거나 침해당할 염려가 있는 때에는 지상권자는 점유보호청구권(점유물반환청구권·점유물방해제거청구권·점유물방해예방청구권)을 행사할 수 있다(204조-206조). 또한 지상권의 내용의 실현이 방해된 때에는 물권적 청구권(반환청구권·방해제거청구권·방해예방청구권)이 생긴다(290조·213조·214조).

2. 지상권의 처분

(1) 지상권의 양도 등

지상권자는 지상권을 타인에게 양도하거나(지상물을 제외하고 지상권만을 양도할 수도 있다. 대판 2006. 6. 15, 2006다6126·6133) 그 권리의 존속기간 내에서 그 토지를 임대할 수 있다(282조). 이 규정도 편면적 강행규정이다(289조).

(2) 지상권 위에 저당권 설정

지상권자는 지상권 위에 저당권을 설정할 수 있다(371조 1항).

(3) 지상물의 양도

지상권자가 지상물의 소유자인 경우에는 그는 지상물을 타인에게 양도할 수 있다.

B-200 3. 지료지급의무

(1) 서 설

지료의 지급은 지상권의 요소가 아니다. 그러나 당사자가 지료의 지급을 약정한 경우에는 지료지급의무가 발생한다.

지료액 및 그 지급시기에 관한 약정은 등기하여야 제3자에게 대항할 수 있다(부등법 69조 4호).

⑵ 지상권 또는 토지소유권의 이전과 지료

지상권의 이전이 있으면 장래의 지료채무도 따라서 이전하나, 지료의 등기가 없으면 토지소유자는 신 지상권자에게 지료채권을 가지고 대항하지 못한다. 그리고 등기가 없으면 구 지상권자의 지료연체 사실을 가지고 신 지상권자에게 대항하지 못한다(대판 1996. 4. 26, 95다52864).

토지소유권의 이전등기가 있으면 지료의 등기가 없더라도 신 소유자는 구 소유자가 지상권자에 대하여 청구하던 지료를 청구할 수 있다.

⑶ 지료증감청구권

지료가 토지에 관한 조세 기타 부담의 증감이나 지가의 변동으로 인하여 상당하지 않게 된 때에는 당사자는 그 증감을 청구할 수 있다(286조).

지료증감청구권은 형성권이다. 따라서 당사자 일방의 증액 또는 감액의 청구가 있으면, 지료는 곧바로 증액 또는 감액된다.

⑷ 지료체납의 효과

지상권자가 2년 이상의 지료를 지급하지 않은 때에는 지상권설정자는 지상권의 소멸을 청구할 수 있는데(287조), 그에 관하여는 아래에서 자세히 설명한다.

⑸ 강행규정

제286조·제287조도 편면적 강행규정이다(289조).

Ⅴ. 지상권의 소멸

B-201

1. 지상권의 소멸사유

⑴ 일반적 소멸사유

지상권은 토지의 멸실·존속기간의 만료·혼동·소멸시효·지상권에 우선하는 저당권의 실행·토지수용 등에 의하여 소멸한다. 그러나 다음과 같은 소멸원인도 있다.

⑵ 지상권설정자의 소멸청구

지상권자가 2년 이상의 지료를 지급하지 않은 때에는 지상권설정자는 지상권의 소멸을 청구할 수 있다(287조). 이 소멸청구권은 통산하여 2년분의 지료를 체납하면 인정되며, 반드시 연속된 2년간 지료를 체납하였어야 하는 것은 아니다. 소멸청구권의 성질에 관하여는 i) 형성권설과 ii) 채권적 청구권설이 대립되나, ii)설이 타당하다(B-62 참조). 그 결과 소멸청구권을 행사하여 말소등기까지 하여야 지상권이 소멸하게 된다. 소멸청구권에 관한 제287조는 편면적 강행규정이다(289조).

지상권이 저당권의 목적인 때 또는 그 토지에 있는 건물·수목이 저당권의 목적이 된 때에는 지료연체를 이유로 하는 지상권소멸청구는 저당권자에게 통지한 후 상당한 기간이 경과함으로써 효력이 생긴다(288조). 여기서 「효력이 생긴다」고 하나, 등기까지 있어야 소멸한다고 새겨야 한다(통설도 같음).

(3) 지상권의 포기

무상의 지상권은 지상권자가 자유롭게 포기할 수 있다. 지상권을 포기할 수 있는 때에 지상권 소멸의 효과는 말소등기까지 있어야 발생한다(186조)(B-62 참조).

(4) 약정소멸사유

당사자는 지상권의 소멸사유를 약정할 수 있으나, 편면적 강행규정에 의한 제한이 있다.

B-202

2. 지상권 소멸의 효과

지상권이 소멸하면 지상권자는 토지를 반환하여야 한다. 그 밖의 법률관계로 다음의 것이 있다.

(1) 지상물수거권

지상권이 소멸한 때에는 지상권자는 건물 기타 공작물이나 수목을 수거하여 토지를 원상에 회복하여야 한다(285조 1항).

(2) 지상물매수청구권

지상권이 소멸한 때에는 지상권설정자는 상당한 가액을 제공하여 공작물이나 수목의 매수를 청구할 수 있으며, 그 경우에 지상권자는 정당한 이유 없이 이를 거절하지 못한다(285조 2항). 이 매수청구권은 지상권이 소멸한 모든 경우에 인정되며, 그 성질은 형성권이다(통설도 같음).

(3) 유익비상환청구권

민법은 임대차에서와 달리 지상권의 경우에는 비용상환청구권을 규정하지 않고 있다(626조 참조). 그럼에도 불구하고 통설은 임차인의 유익비상환청구권 규정을 유추적용하여 지상권자에게도 유익비상환청구권을 인정한다.

(4) 강행규정

지상물수거권·지상물매수청구권에 관한 제285조도 편면적 강행규정이다(289조).

B-203

Ⅵ. 특수지상권

1. 구분지상권

(1) 의의 및 작용

구분지상권은 건물 기타 공작물을 소유하기 위하여 타인의 토지의 지상 또는 지하의 공간을 상하의 범위를 정하여 사용하는 물권이다(289조의 2 1항 1문). 구분지상권은 수목의 소유를 위하여서는 설정할 수 없다.

(2) 설 정

구분지상권도 지상권과 마찬가지로 원칙적으로 구분지상권 설정의 합의와 등기에 의하여 성립한다(186조). 설정에 관하여 특기할 점은 다음과 같다.

1) 구분지상권의 객체는 어떤 층에 한정되므로 층의 한계 즉 상하의 범위를 정하여 등기하여야 한다.

2) 구분지상권을 설정하려고 할 때, 제 3 자가 그 토지를 사용·수익할 권리를 가지고 있는 경우에는, 그 권리자 및 그 권리를 목적으로 하는 권리를 가진 자 전원의 승낙이 있어야만 설정할 수 있다(289조의 2 2항 1문). 여기서 「사용·수익할 권리」는 지상권·지역권·전세권·등기된 임차권과 같이 대항력 있는 권리를 가리킨다.

(3) 효 력

지상권에 관한 규정은 제279조를 제외하고는 모두 구분지상권에 준용된다(290조 2항). 그 밖에 특기할 점은 다음과 같다.

1) 구분지상권자는 그 객체가 되는 범위에서 토지를 사용할 권리가 있고, 나머지 부분은 토지소유자가 사용권을 가진다. 그런데 설정행위로써 구분지상권의 행사를 위하여 토지소유자의 토지사용권을 제한할 수 있다(289조의 2 1항 2문). 그리고 이 제한은 등기하면 제 3 자에게도 대항할 수 있다(부등법 69조 5호 참조).

구분지상권이 목적토지에 대한 용익권을 가지는 제 3 자의 승낙을 얻어서 설정된 경우에는, 그 제 3 자는 구분지상권의 행사를 방해하여서는 안 된다(289조의 2 2항 2문).

2) 구분지상권자와 인접토지의 이용권자(토지소유자·지상권자·전세권자·임차권자 등) 사이에는 상린관계에 관한 규정이 준용된다(290조 2항).

2. 분묘기지권

B-204

(1) 의의 및 성질

분묘기지권은 타인의 토지에서 분묘를 소유하기 위하여 분묘기지 부분의 타인 토지를 사용할 수 있는 지상권 유사의 물권이다. 이는 관습법상의 물권으로서 의용민법 하에서부터 판례에 의하여 확인된 것이다.

판례를 중심으로 하여 분묘기지권의 성립요건과 효력을 살펴보기로 한다.

(2) 성립요건

1) 분묘의 존재 분묘기지권이 성립하려면 어떤 자가 분묘를 설치하여 그것이 존재하고 있어야 한다.

2) 다음의 세 경우 가운데 하나일 것

(가) 소유자의 승낙을 얻어 그의 소유지 안에 분묘를 설치한 때(대판 2000. 9. 26, 99다14006 등).

(나) 타인 소유의 토지에 그 소유자의 승낙 없이 분묘를 설치한 후 20년간 평온·공연하게 분묘의 기지를 점유한 경우(대판 1996. 6. 14, 96다14036 등). 이는 취득시효에 의하여 분묘기지권을 취득하는 경우이다.

이 둘째 유형의 분묘기지권이 현재에도 인정되는가? 2001. 1. 13.부터 시행된 「장사 등에 관한 법률」(장사법)은 분묘의 설치기간을 제한하고(현재는 30년. 동법 19조 1항) 토지소유자의 승낙 없이 설치된 분묘에 대하여 토지소유자가 이를 개장하는 경우에 분묘의 연고자는 당해 토지소유자에게 토지사용권을 주장할 수 없다는 내용의 규정을 두고 있다(동법 27조 3항). 그런데 장사법 부칙은 그 규정들은 장사법 시행(2001. 1. 13) 후 설치된 분묘에 관하여만 적용한다고 명시해오고 있다(현재는 2조 2항). 그러므로 둘째 유형의 분묘기지권은 장사법 시행일인 2001. 1. 13. 이전에 설치된 분묘에 관하여 현재까지 유지되고 있다고 보아야 한다(대판(전원) 2017. 1. 19, 2013다17292[핵심판례 152면]). 그에 반하여 2001. 1. 13. 이후에 설치된 분묘의 경우에는 장사법의 규정상 둘째 유형의 분묘기지권이 인정될 수 없다.

(다) 자기 소유의 토지에 분묘를 설치한 자가 그 분묘기지에 대한 소유권을 보류하거나 또는 분묘도 함께 이전한다는 특약을 함이 없이 토지를 매매 등으로 양도한 때(대판 1967. 10. 12, 67다1920). 이는 후술하는 관습법상의 법정지상권의 법리를 유추적용한 것이다.

3) **등기의 필요 여부** 그 외에 등기는 필요하지 않다. 분묘기지권을 시효취득하는 때에도 같다(통설·판례도 같음. 대판 1996. 6. 14, 96다14036).

B-205 (3) **효 력**

분묘기지권은 지상권에 유사한 물권으로서 권리자는 타인의 토지를 제한된 범위에서 사용할 수 있다. 분묘기지권의 효력에 관한 그 밖의 주요사항은 다음과 같다.

1) 분묘기지권은 분묘의 소유자가 취득한다(대판 2000. 9. 26, 99다14006 등).

2) 분묘기지권이 미치는 범위는 분묘를 수호하고 봉제사하는 목적을 달성하는 데 필요한 범위 내이다(대판 2001. 8. 21, 2001다28367 등). 따라서 분묘의 기지 자체(봉분의 기저부분)뿐만 아니라 분묘의 보호 및 제사에 필요한 범위 내에서 분묘의 기지 주위의 공지를 포함한 지역에까지 미치는 것이고(대판 1997. 5. 23, 95다29086·29093 등), 그 확실한 범위는 각 구체적인 경우에 개별적으로 정하여야 한다(대판 2007. 6. 14, 2006다84423 등).

분묘기지권이 침해되는 경우에는 권리자는 침해의 배제를 청구할 수 있다(대판 1962. 4. 26, 4294민상1451).

3) 분묘기지의 사용대가인 지료를 지급하여야 하는지가 문제된다. 대법원은 최근에 전원합의체 판결로, 장사법 시행일 이전에 타인의 토지에 분묘를 설치한 다음 20년간 평

온·공연하게 그 분묘의 기지를 점유함으로써 분묘기지권을 시효로 취득하였더라도, 분묘기지권자는 토지소유자가 분묘기지에 관한 지료를 청구하면 그 청구한 날부터의 지료를 지급할 의무가 있다고 하였다(대판(전원) 2021. 4. 29, 2017다228007). 그러면서 분묘기지권자가 지료를 지급할 필요가 없다고 한 기존 판례(대판 1995. 2. 28, 94다37912)를 변경하였다. 그리고 대법원은, 자기 소유 토지에 분묘를 설치한 사람이 그 토지를 양도하면서 분묘를 이장하겠다는 특약을 하지 않음으로써 분묘기지권을 취득한 경우, 특별한 사정이 없는 한 분묘기지권자는 분묘기지권이 성립한 때부터 토지 소유자에게 그 분묘의 기지에 대한 토지사용의 대가로서 지료를 지급할 의무가 있다고 하였다(대판 2021. 5. 27, 2020다295892).

4) 분묘기지권의 존속기간은 당사자 사이에 약정이 있으면 그에 의할 것이나, 약정이 없는 때에는 민법 제281조·제280조에 의하여 5년이라고 할 것이 아니고 권리자가 분묘의 수호와 봉사를 계속하며 그 분묘가 존속하고 있는 동안은 그 권리가 존속한다고 해석하여야 한다(이설이 없으며, 판례도 같다. 대판 1994. 8. 26, 94다28970).

3. 관습법상의 법정지상권

B-206

(1) 의 의

관습법상의 법정지상권은 동일인에게 속하였던 토지 및 건물이 매매 기타의 원인으로 소유자를 달리하게 된 때에 그 건물을 철거한다는 특약이 없으면 건물소유자가 당연히 취득하게 되는 법정지상권이다. 앞에서 본 바와 같이(B-196 참조), 민법과 특별법은 법정지상권이 성립하는 네 가지 경우를 규정하고 있다. 그런데 판례는 그 외에도 위와 같은 일정한 경우에는 관습법상 법정지상권이 성립한다고 한다.

(2) 성립요건

1) 토지와 건물이 동일인의 소유에 속하고 있었을 것 토지와 그 지상건물이 동일인의 소유에 속하고 있었어야 한다. 그런데 토지와 그 지상건물이 처음부터 원시적으로 동일인의 소유에 속하였을 필요는 없고, 그 소유권이 유효하게 변동될 당시에 동일인이 토지와 그 지상건물을 소유하였던 것으로 족하다(대판(전원) 2012. 10. 18, 2010다52140; 대판 2013. 4. 11, 2009다62059[핵심판례 154면]). 소유권이 변동될 당시에 토지와 건물이 각각 소유자를 달리하고 있었을 때에는 이 권리가 성립하지 않는다.

여기의 건물은 건물로서의 요건을 갖추고 있는 이상 무허가건물이거나 미등기건물이거나를 가리지 않는다(대판 1991. 8. 13, 91다16631 등).

2) 토지와 건물의 소유자가 다르게 되었을 것 토지와 건물이 매매 기타의 원인으로 소유자가 다르게 되었어야 한다. 판례에 의하면, 그 원인으로는 매매(대판 1997. 1. 21, 96다40080(매수인의 의사에 의하여 건물만이 매도된 경우) 등)·증여(대판 1963. 5. 9, 63아11)·대물변제(대판 1992. 4. 10, 91다45356·45363)·공유지 분할(대판 1974. 2. 12, 73다353)·귀속재산처

리법상의 불하처분(대판 1986. 9. 9, 84다카2275)·국세징수법에 의한 공매(대판 1967. 11. 28, 67다1831)·민사집행법상의 통상의 강제경매(대판(전원) 2012. 10. 18, 2010다52140; 대판 2013. 4. 11, 2009다62059 등) 등이 있다.

3) 건물철거특약이 없을 것 당사자 사이에 건물을 철거한다는 특약이 없어야 한다(대판 1999. 12. 10, 98다58467). 그래야만 토지를 계속 사용하게 하려는 묵시적 합의가 인정될 수 있기 때문이다. 한편 판례는 건물을 위하여 대지에 임대차계약을 체결한 경우에는 관습법상의 법정지상권을 포기한 것으로 본다(대판 1992. 10. 27, 92다3984 등).

B-207 **4) 등기 문제** 관습법상의 법정지상권은 관습법에 의하여 당연히 성립하는 것이므로 등기는 필요하지 않다(대판 1988. 9. 27, 87다카279 등). 따라서 건물소유자는 이 법정지상권을 취득할 당시의 토지소유자에 대하여뿐만 아니라 토지의 전득자에게도 등기 없이 이 권리를 주장할 수 있다(대판 1988. 9. 27, 87다카279 등).

그러나 이 법정지상권을 제3자에게 처분하려면 제187조 단서에 의하여 먼저 이에 관하여 등기하여야 한다(대판 1971. 1. 26, 70다2576 등). 따라서 법정지상권이 붙어 있는 건물을 양수한 자가 그 법정지상권을 취득하려면 먼저 양도인이 법정지상권에 관하여 등기하고 그 후에 그것의 이전등기를 하여야 한다(대판 1965. 7. 27, 65다864). 법정지상권의 이전등기가 없는 한 그 권리는 양도인에게 남아 있게 되고 건물양수인은 그 권리를 주장할 수 없다(대판 1995. 4. 11, 94다39925).

한편 판례에 의하면, 법정지상권을 취득한 건물소유자가 법정지상권의 설정등기를 함이 없이 건물을 양도한 경우에는 특별한 사정이 없는 한 건물과 함께 지상권도 양도하기로 하는 채권적 계약이 있었다고 할 것이므로, 법정지상권자는 지상권설정등기를 한 후에 건물양수인에게 이의 양도등기절차를 이행하여 줄 의무가 있는 것이고, 따라서 건물양수인은 건물양도인을 순차대위하여 토지소유자에 대하여 건물소유자였던 최초의 법정지상권자에의 법정지상권 설정등기 절차이행을 청구할 수 있는 것이고, 아울러 종전의 건물소유자들에 대하여도 차례로 지상권이전등기 절차이행을 구할 수 있다고 한다(대판 1996. 3. 26, 95다45545·45552·45569 등). 그리고 법정지상권을 가진 건물소유자로부터 건물을 양수하면서 지상권까지 양도받기로 한 자에 대하여 대지소유자가 소유권에 기하여 건물철거 및 대지의 인도를 구하는 것은 지상권의 부담을 용인하고 그 설정등기절차를 이행할 의무 있는 자가 그 권리자를 상대로 한 청구라 할 것이어서 신의칙상 허용될 수 없다고 한다(대판 1996. 3. 26, 95다45545·45552·45569 등. 이는 366조의 법정지상권에 관한 판례를 관습법상의 법정지상권에도 인정한 것이다. 대판(전원) 1985. 4. 9, 84다카1131·1132[핵심판례 168면] 참조).

B-208 **(3) 효 력**

관습법상의 법정지상권의 내용에 관하여는 특별한 사정이 없는 한 지상권에 관한 규정이 유추적용된다(대판 1968. 8. 30, 68다1029). 주의할 점은 다음과 같다.

1) 이 법정지상권의 존속기간은 지상권의 존속기간을 정하지 않은 경우에 해당하여 제280조 제1항 각 호의 구분에 따라 30년·15년·5년으로 된다(대판 1963. 5. 9, 63아11).

2) 이 법정지상권자의 토지사용권은 건물의 유지 및 사용에 필요한 범위에 미친다(대판 1995. 7. 28, 95다9075 · 9082).

3) 지료에 관하여는 제366조가 유추적용되어야 한다(대판 1996. 2. 13, 95누11023)(자세한 내용은 B-290 참조).

제 2 절 지 역 권

I. 서 설

B-209

1. 지역권의 의의 및 법적 성질

지역권(地役權)은 설정행위에서 정한 일정한 목적을 위하여 타인의 토지를 자기의 토지의 편익에 이용하는 물권이다(291조).

(1) 타인의 토지를 자기의 토지의 편익에 이용하는 권리

지역권은 두 토지의 존재를 전제로 하며, 그중 편익을 받는 토지를 요역지(要役地)라 하고, 편익을 주는 토지를 승역지(承役地)라 한다. 이들 토지는 반드시 인접하고 있을 필요는 없다.

편익을 받는 것은 토지만이다. 따라서 요역지에 거주하는 자의 개인적 이익(예: 동물학자의 곤충채집)을 위해서는 지역권을 설정할 수 없다(특정인을 위하여 편익을 제공하는 권리는 인역권(人役權)이다).

편익의 종류에는 제한이 없으며, 통행(通行) · 인수(引水) · 전망을 위한 건축금지 등 여러 가지가 있다.

지역권은 무상일 수도 있고 유상일 수도 있다.

(2) 요역지와 승역지 사이의 관계

B-210

지역권은 두 토지의 소유자 사이에서만 인정되는 권리가 아니다. 지역권이 설정된 후의 요역지의 지상권자 · 전세권자 · 임차인도 지역권을 행사할 수 있고, 승역지의 지상권자 · 전세권자 · 임차인도 지역권의 제한을 받는다.

요역지는 1필의 토지이어야 하나, 승역지는 1필의 토지의 일부이어도 무방하다(부등법 70조 5호, 부등규칙 127조 2항 · 126조 2항 참조).

(3) 요역지 위의 권리의 종된 권리

지역권은 요역지 소유권의 내용이 아니고 독립한 권리이다. 그러나 지역권은 요역지와 분리하여 양도하거나 다른 권리의 목적으로 하지 못한다(292조 2항). 그리고 요역지의 소유권이 이전되거나 다른 권리의 목적이 된 때(예: 요역지에 저당권 · 지상권이 설정된 때)에는 지역권도 그에 수반한다(수반성)(292조 1항 본문). 그런데 이러한 수반성은 설정행위로 배제할 수 있으며(292조 1항 단서), 그 배제약정을 등기하면 제 3 자에게도 대항할 수 있다(부등법 70조 4호 참조).

⑷ 불가분성

토지공유자의 1인은 그의 지분에 관하여 그 토지를 위한 지역권 또는 그 토지가 부담한 지역권을 소멸하게 하지 못한다(293조 1항). 그리고 토지의 분할이나 그의 일부양도의 경우에는, 지역권은 요역지의 각 부분을 위하여 또는 승역지의 각 부분에 존속한다(293조 2항 본문). 다만, 지역권이 토지의 일부분만에 관한 것일 때에는 그 일부분에 관하여서만 존속한다(293조 2항 단서).

공유자의 1인이 지역권을 취득한 때에는 다른 공유자도 이를 취득한다(295조 1항). 그러므로 점유로 인한 지역권 취득시효의 중단은 지역권을 행사하는 모든 공유자에 대하여 하지 않으면 효력이 없다(295조 2항).

요역지가 수인의 공유로 되어 있는 경우에 그 1인에 의한 지역권 소멸시효의 중단 또는 정지는 다른 공유자를 위하여서 효력이 있다(296조).

B-211

2. 지역권의 종류

⑴ 작위지역권 · 부작위지역권

지역권의 내용이 지역권자가 일정한 행위를 할 수 있는 것이 작위(적극)지역권이고(예: 통행 · 인수지역권), 승역지 이용자가 일정한 이용을 하지 않을 의무를 부담하는 것이 부작위(소극)지역권이다(예: 전망지역권).

⑵ 계속지역권 · 불계속지역권

지역권의 내용실현이 끊임없이 계속되는 것이 계속지역권이고(예: 일정한 통로를 개설한 통행지역권), 권리의 내용을 실현함에 있어서 그때 그때 권리자의 행위를 필요로 하는 것이 불계속지역권이다(예: 통로를 개설하지 않은 통행지역권).

⑶ 표현지역권 · 불표현지역권

지역권의 내용의 실현이 외부에 표현되는 것이 표현지역권이고(예: 통행지역권), 그렇지 않은 것이 불표현지역권이다(예: 전망지역권).

3. 지역권의 존속기간

⑴ 지역권의 존속기간은 당사자가 약정할 수 있다. 그리고 그것은 등기하여야 제3자에 대항할 수 있다(부등법 70조는 이 약정에 관하여 규정하지 않고 있으나 등기할 수 있다고 할 것이다).

⑵ 지역권의 존속기간에 관하여는 제한이 두어져 있지 않다. 여기서 존속기간을 영구무한으로 정할 수 있는지가 문제되는데, 통설은 지역권은 소유권을 제한하는 정도가 낮고 또 제한범위 내에서도 소유자의 이용을 완전히 빼앗지 않는다는 이유로 긍정한다.

Ⅱ. 지역권의 취득

B-212

(1) 취득사유

지역권은 설정계약과 등기에 의하여 취득되는 것이 보통이나, 유언에 의하여 취득될 수도 있다(이때에도 186조에 따라 등기하여야 한다). 그 밖에 요역지의 소유권 또는 사용권의 양도·상속 등이 있으면 지역권도 그에 수반되므로(292조 1항), 그때에도 지역권의 취득이 있게 된다.

(2) 시효취득

지역권은 취득시효에 의하여 취득될 수도 있다. 그런데 민법은 지역권의 취득시효에 관하여 제248조 외에 제294조도 두고 있다. 지역권은 「계속되고 표현된 것에 한하여」 제245조를 준용한다고 규정한 이 제294조가 불필요한 중복인가에 관하여 학설은 대립하고 있다(사견은 의미가 있다는 입장임. 물권법 [159] 참조).

한편 지역권의 취득시효는 점유 취득시효·등기부 취득시효가 모두 가능하다.

Ⅲ. 지역권의 효력

B-213

1. 지역권자의 권리

(1) 지역권자는 지역권의 내용에 따라서 승역지를 자기 토지의 편익에 이용할 수 있다. 그리고 지역권의 내용은 지역권이 설정행위에 의하여 성립하는 경우에는 설정행위에 의하여, 시효취득한 경우에는 취득시효의 기초가 되는 점유에 의하여 결정된다.

(2) 용수지역권의 경우에 용수승역지의 수량이 요역지 및 승역지의 수요에 부족한 때에는 그 수요 정도에 의하여 먼저 가용(家用)에 공급하고 그 뒤에 다른 용도에 공급하여야 한다(297조 1항 본문). 그러나 설정행위에서 이와 달리 약정할 수 있다(297조 1항 단서).

승역지의 소유자는 지역권의 행사를 방해하지 않는 범위 내에서 지역권자가 지역권의 행사를 위하여 승역지에 설치한 공작물을 사용할 수 있다(300조 1항). 그 경우에 승역지의 소유자는 수익 정도의 비율로 공작물의 설치·보존의 비용을 분담하여야 한다(300조 2항).

(3) 지역권도 배타성이 있으므로 먼저 성립한 것이 후에 성립한 것에 우선한다. 민법은 용수지역권에 관하여 이를 규정하고 있다(297조 2항).

(4) 지역권이 침해되는 경우에는 물권적 청구권이 생긴다. 그러나 지역권은 승역지를 점유할 권리를 수반하지 않으므로 지역권자에게는 반환청구권은 인정되지 않고, 일정한 요건 하에 방해제거청구권과 방해예방청구권만이 인정된다(301조·214조).

B-214

2. 승역지 이용자의 의무

(1) 승역지 이용자는 지역권자의 행위를 인용(忍容)하고 일정한 이용을 하지 않을 부작위의무를 부담한다. 이것이 승역지 이용자의 기본적 의무이다.

(2) 당사자 사이의 계약에 의하여 승역지 소유자는 자기의 비용으로 지역권의 행사를 위하여 공작물의 설치 또는 수선의 의무를 부담할 수 있고, 그때에는 승역지 소유자의 특별승계인도 그 의무를 부담한다(298조).

승역지 소유자의 이 의무가 지나치게 무거워 차라리 토지 이용을 포기하고서 이 의무를 면하고 싶은 경우가 있을 수 있다. 그러한 경우에는 승역지 소유자는 지역권에 필요한 부분의 토지소유권을 지역권자에게 위기(委棄)하여 그 부담을 면할 수 있다(299조). 여기의 위기는 토지소유권을 지역권자에게 이전한다는 물권적 단독행위이다. 그러므로 그것은 제186조에 따라 등기하여야 효력이 생긴다(통설도 같음).

B-215

Ⅳ. 지역권의 소멸

지역권은 요역지 또는 승역지의 멸실·지역권의 포기·혼동·존속기간의 만료·승역지의 수용·약정소멸사유의 발생·승역지의 시효취득·지역권의 소멸시효 완성 등에 의하여 소멸한다.

Ⅴ. 특수지역권

민법은「어느 지역의 주민이 집합체의 관계로 각자가 타인의 토지에서 초목·야생물 및 토사의 채취, 방목 기타의 수익을 하는 권리」를 특수지역권이라고 하면서, 그에 대하여는 관습에 의하는 외에 지역권에 관한 규정을 준용한다고 한다(302조).

제3절 전 세 권

B-216

Ⅰ. 서 설

1. 전세권의 의의 및 기능

(1) 의 의

전세권(傳貰權)은 전세금을 지급하고 타인의 부동산을 점유하여 그 부동산의 용도에 좇아 사용·수익하고, 전세권이 소멸하면 목적부동산으로부터 우선변제를 받을 수 있는 물권이다(303조 1항). 이 전세권은 과거에 주로 도시에서 관행적으로 행하여져 오던 건물의 전세(일종의 임대차계약)를 물권의 일종으로 성문화한 것으로서 우리 민법만의 특유한 제도이다.

(2) 기 능

전세권은 1차적으로 타인의 부동산을 사용·수익하게 하는 기능을 한다. 그러나 그러한 기능을 하는 제도로는 전세권만 있는 것이 아니고, 지상권과 같은 다른 용익물권과 임대차·채권적 전세도 있다.

다음에 전세권은 전세금의 이용의 측면에서 볼 때 담보제도로서의 기능도 한다. 전세권의 경우에는 실질적으로 전세권설정자가 부동산을 담보로 하여 고액의 전세금을 빌려 사용하는 것이 되기 때문이다. 그런데 이러한 기능 역시 채권적 전세도 가지고 있다.

2. 전세권의 법적 성질

B-217

(1) 타인의 부동산에 관한 물권

전세권은 타인의 부동산에 대한 권리이다. 그리하여 건물뿐만 아니라 토지도 전세권의 목적이 될 수 있다(303조 1항). 다만, 농경지는 예외이다(303조 2항).

전세권은 직접 객체를 지배하는 물권이다.

(2) 용익물권

전세권은 목적부동산을 사용·수익하는 권리이다. 그 결과 전세권은 목적부동산을 점유할 수 있는 권리를 포함한다.

(3) 전 세 금

전세금의 지급은 전세권의 요소이다(303조 1항 참조)(통설·판례도 같다. 대판 1995. 2. 10, 94다18508). 따라서 전세금을 지급하지 않거나 지급하지 않는다고 특약을 한 경우에는 전세권은 성립하지 않는다.

(4) 담보물권

전세권자는 목적부동산에 대하여 전세금의 우선변제를 받을 수가 있다(303조 1항). 그리하여 전세권은 전세금채권(전세금 반환청구권)을 피담보채권으로 하는 담보물권적인 성질도 가지고 있다(통설·판례도 같음. 대판 2005. 3. 25, 2003다35659 등).

Ⅱ. 전세권의 취득과 존속기간

B-218

1. 전세권의 취득

(1) 취득사유

전세권은 부동산소유자(전세권설정자)와 전세권자 사이의 설정계약과 등기에 의하여 취득되는 것이 보통이나, 그 밖에 전세권의 양도나 상속에 의하여서도 취득될 수 있다.

(2) 설정계약에 의한 취득

1) 전세권설정계약에는 물권적 합의가 포함되어 있으며(독자성 부인), 그 물권적 합의와 등기에 의하여 전세권이 성립한다(186조). 전세권의 객체는 반드시 1필의 토지나 1동의 건물이어야 할 필요가 없다(대판 1962. 3. 22, 4294민상1297은 건물 1층에 국한하여 전세권설정등기를 할 수 있다고 한다. B-7도 참조).

2) 전세권이 성립하려면 전세금의 지급이 필요한가? 여기에 관하여 학설은 대립하고 있는데, 통설은 전세금의 지급은 전세권의 요소이므로 당사자의 물권행위와 등기 외에 약정된 전세금을 주고받은 때에 전세권이 성립한다고 한다. 그리고 판례는 통설과 같다(대판 1995. 2. 10, 94다18508).

전세금은 전세권자가 설정자에게 교부하는 금전으로서, 전세권이 소멸하는 때에 다시 반환받는다. 전세금의 액은 당사자가 자유롭게 결정할 수 있다. 그런데 그 액은 등기하여야 하며(부등법 72조 1항), 그렇지 않으면 제3자에게 대항할 수 없다.

전세금은 그 이자가 차임을 대신하는 특수한 기능을 갖는다. 즉 차임의 특수한 지급방법인 것이다. 그런가 하면 전세금은 목적물멸실의 경우에 전세권자가 부담하는 손해배상채무를 담보하므로(315조), 보증금으로서의 성질도 갖는다(다만 전세권 소멸 후에만 채무에 충당된다). 그 밖에 부동산을 담보로 고액의 금전을 빌리는 것에 해당한다.

3) 설정자가 목적부동산을 인도하는 것은 전세권의 성립요건은 아니다(통설·판례도 같음. 대판 1995. 2. 10, 94다18508).

B-219

2. 전세권의 존속기간

(1) 설정행위에서 정하는 경우

1) 전세권의 존속기간은 당사자가 설정행위에서 임의로 정할 수 있으나, 최장기간과 최단기간에 관하여 일정한 제한이 있다.

전세권의 존속기간은 10년을 넘지 못하며, 당사자가 약정한 기간이 10년을 넘는 때에는 10년으로 단축된다(312조 1항). 그리고 건물에 대한 전세권의 존속기간을 1년 미만으로 정한 때에는 그 기간은 1년으로 된다(312조 2항).

전세권의 존속기간은 등기하여야 제3자에게 대항할 수 있다(부등법 72조 1항 3호).

2) 전세권의 존속기간이 만료되면 합의에 의하여 설정계약을 갱신할 수 있다(312조 3항 1문). 그런데 그 기간은 갱신한 날로부터 10년을 넘지 못한다(312조 3항 2문).

전세권설정계약의 법정갱신(묵시적 갱신)은 원칙적으로 인정되지 않는다. 다만, 건물의 전세권에 관하여 하나의 예외가 인정된다. 즉 건물의 전세권설정자가 전세권의 존속기간 만료 전 6월부터 1월 사이에 전세권자에 대하여 갱신 거절의 통지 또는 조건을 변경하지 않으면 갱신하지 않는다는 뜻의 통지를 하지 않은 경우에는, 그 기간이 만료된 때에 전 전세권과 동일한 조건으로 다시 전세권을 설정한 것으로 본다. 그리고 이 경우 전세권의 존속기간은 정하지 않은 것으로 본다(312조 4항). 이때 제313조가 적용되는가? 긍정하여야 한다. 따라서 각 당사자는 언제든지 상대방에 대하여 전세권의 소멸통고를 할 수 있고, 상대방이 소멸통고를 받은 날부터 6개월이 지나면 전세권은 소멸한다.

(2) 존속기간을 약정하지 않은 경우

당사자가 전세권의 존속기간을 약정하지 않은 경우에는, 각 당사자는 언제든지 상대방에 대하여 전세권의 소멸을 통고할 수 있고, 상대방이 이 통고를 받은 날로부터 6월이 경과하면 전세권이 소멸한다(313조).

Ⅲ. 전세권의 효력

B-220

1. 전세권자의 사용 · 수익권

(1) 전세권자는 목적부동산을 점유하여 그 부동산의 용도에 좇아 사용·수익할 권리가 있다(303조 1항). 구체적인 사용방법은 설정계약에 의하여 정해지나, 설정계약에서 정하지 않은 경우에는 부동산의 성질에 의하여 결정된다(311조 참조). 전세권자가 목적부동산을 올바른 용법으로 사용·수익하지 않은 경우에는 전세권설정자는 전세권의 소멸을 청구할 수 있다(311조 1항). 그리고 그 경우에 전세권설정자는 전세권자에 대하여 원상회복 또는 손해배상을 청구할 수 있다(311조 2항).

(2) 설정계약에서 건물만을 전세권의 목적으로 하고 토지를 제외하였다고 하더라도 필요한 범위에서 토지도 사용할 수 있다고 하여야 한다. 그와 같은 취지에서 민법은 다음의 두 규정을 두고 있다.

(가) 타인의 토지에 있는 건물에 전세권을 설정한 때에는 전세권의 효력은 그 건물의 소유를 목적으로 한 지상권 또는 임차권에 미친다(304조 1항). 그리고 이와 같은 경우에 전세권설정자는 전세권자의 동의 없이 지상권 또는 임차권을 소멸하게 하는 행위를 하지 못한다(304조 2항).

(나) **법정지상권** 대지와 건물이 동일한 소유자에 속한 경우에 건물에 전세권을 설정한 때에는, 그 대지소유자의 특별승계인은 전세권설정자에 대하여 지상권을 설정한 것으로 본다(305조 1항 본문).

B-221

법정지상권이 성립하기 위하여 등기가 필요하지는 않다. 이는 제187조의 물권변동에 해당하기 때문이다. 그리고 요건이 갖추어진 경우에 법정지상권을 취득하는 것은 전세권자가 아니고 건물소유자이다. 지상권은 지상물의 소유를 위한 권리이기 때문이다. 지료는 당사자의 청구에 의하여 법원이 결정한다(305조 1항 단서). 법정지상권이 성립하는 경우에 대지소유자는 타인에게 그 대지를 임대하거나 이를 목적으로 한 지상권 또는 전세권을 설정하지 못한다(305조 2항).

(3) 전세권자는 목적물의 현상을 유지하고 그 통상의 관리에 속한 수선을 하여야 한다(309조). 그 결과 전세권자는 임차인과 달리 필요비상환청구권을 갖지 못한다(임대차에 관한 623조·626조 참조).

B-222 (4) 상린관계 규정의 준용

전세권자와 인지소유자(지상권자·전세권자·임차인 포함) 사이에는 상린관계에 관한 규정이 준용된다(319조).

(5) 전세금증감청구권

전세금이 목적부동산에 관한 조세·공과금 기타 부담의 증감이나 경제사정의 변동으로 인하여 상당하지 않게 된 때에는, 당사자는 장래에 대하여 그 증감을 청구할 수 있다(312조의 2 본문). 그러나 증액의 경우에는 대통령령이 정하는 기준에 따른 비율을 초과하지 못한다(312조의 2 단서). 이 대통령령(「민법 제312조의 2 단서의 시행에 관한 규정」)에 의하면, 전세금의 증액청구의 비율은 약정한 전세금의 20분의 1을 초과하지 못하며(동령 2조), 증액청구는 전세권설정계약이 있은 날 또는 약정한 전세금의 증액이 있은 날로부터 1년 이내에는 하지 못한다(동령 3조).

이 전세금증감청구권의 성질에 관하여는 i) 형성권이라는 견해(사견도 같음)와 ii) 보통의 청구권이라는 견해가 대립하고 있다.

(6) 전세권자의 점유권·물권적 청구권

전세권은 목적부동산을 점유할 권리를 포함한다. 그리고 점유하고 있는 전세권자의 점유가 침해당하거나 침해당할 염려가 있는 때에는 전세권자는 점유보호청구권(점유물반환청구권·점유물방해제거청구권·점유물방해예방청구권)을 행사할 수 있다(204조-206조). 또한 전세권의 내용의 실현이 방해된 때에는 물권적 청구권의 세 가지, 즉 반환청구권·방해제거청구권·방해예방청구권이 모두 생긴다(319조·213조·214조).

B-223 ## 2. 전세권의 처분

(1) 처분의 자유

전세권자는 전세권을 타인에게 양도하거나 담보로 제공할 수 있고 또 그 존속기간 내에서 그 목적물을 타인에게 전전세 또는 임대할 수 있다(306조 본문). 그런데 전세권자의 처분의 자유는 당사자가 설정행위로 금지할 수 있다(306조 단서).

(2) 전세권의 양도·담보제공과 목적물의 임대

1) 전세권자는 설정자의 동의 없이 전세권을 양도할 수 있다(306조). 그 방법은 제186조

에 의한다. 전세권이 양도되면 양수인은 전세권설정자에 대하여 양도인과 동일한 권리·의무가 있다(307조). 그리고 양도인은 아무런 권리·의무도 없게 된다. 전세권의 양도대금은 제한이 없다. 그러나 어느 경우든 전세권이 소멸할 때 양수인이 반환을 청구할 수 있는 전세금은 본래의 전세금에 한한다.

2) 전세권자는 전세권을 담보로 제공할 수 있다(306조). 이는 전세권에 저당권을 설정할 수 있다는 의미이다(371조 참조).

3) 전세권자는 전세권의 존속기간 내에서 목적물을 타인에게 임대할 수 있다(306조). 이 때 전세권설정자의 동의는 필요하지 않다. 그러나 그 경우에는 전세권자는 임대하지 않았으면 면할 수 있는 불가항력으로 인한 손해에 대하여도 책임을 진다(308조).

(3) 전세금반환청구권의 분리양도 문제 B-224

1) 서 설 위에서 살펴본 「전세권의 양도」는 전세금반환청구권을 포함하여 전세권을 양도하는 것을 가리킨다. 그런데 전세권과 분리하여 전세금반환청구권만을 타인에게 양도할 수 있는지가 문제된다.

2) 학 설 여기에 관하여 학설은 긍정설, 부정설 등으로 나뉘어 있다. i) 긍정설은 전세금반환청구권은 전세권과 분리하여 양도할 수 있다고 한다. ii) 부정설은 전세권이 담보물권성을 가지는 한 전세금반환청구권만을 전세권으로부터 분리하여 양도할 수 없다고 한다(사견도 같음).

3) 판 례 판례는 전세권이 존속하는 동안은 전세금반환채권만을 분리하여 확정적으로 양도하는 것은 허용되지 않는다고 한다(대판 2002. 8. 23, 2001다69122[핵심판례 156면]. 그 이전의 판결에 관하여는 송덕수, 신사례, 326·327면 참조). 그러나 판례는 전세계약의 합의해지 또는 당사자 간의 특약에 의하여 전세금반환채권의 처분에도 불구하고 전세권의 처분이 따르지 않는 경우 등의 특별한 사정이 있는 때에는 분리양도를 인정한다(대판 1997. 11. 25, 97다29790: 이때 채권양수인은 담보물권이 없는 채권을 양수한 것이 된다고 함).

(4) 전전세(轉傳貰) B-225

1) 의 의 전전세는 전세권을 기초로 하여 전세권의 목적부동산(「전세권」이 아님을 주의)에 다시 전세권을 설정하는 것을 말한다. 이러한 전전세는 설정행위로 금지되어 있지 않는 한 전세권의 존속기간 내에서 자유롭게 할 수 있다(306조). 전전세의 요건과 효과는 전세권과 원칙적으로 같으나, 다음과 같은 점에서 다르다.

2) 요 건

(가) 당사자는 원전세권자(原傳貰權者)(전전세권 설정자)와 전전세권자(轉傳貰權者)이며, 원전세권설정자는 아니다. 그리고 전전세의 설정에 원전세권설정자의 동의는 필요하지 않다.

(나) 전전세권도 전세권이므로, 제186조가 정하는 두 가지 요건(전전세권 설정의 합의와 등기)을 갖추어야 한다.

(다) 전전세권의 존속기간은 원전세권의 존속기간 내이어야 한다(306조 본문). 이를 넘는 기간으로 약정한 경우에는 원전세권의 존속기간으로 단축된다.

(라) 전전세에서도 반드시 전세금이 지급되어야 한다.

(마) 원전세권의 일부를 목적으로 하는 전전세도 가능하다(부등법 72조 1항 6호, 부등규칙 128조 2항 참조).

3) 효 과

(가) 전전세권이 설정되어도 원전세권은 소멸하지 않는다. 그리고 전전세권자는 그의 권리의 범위에서 목적부동산을 점유하여 사용·수익할 수 있는 등 전세권자로서의 모든 권리를 갖는다. 그러나 직접 원전세권설정자에 대하여는 아무런 권리·의무도 없다.

(나) 전세권자는 전전세하지 않았으면 면할 수 있는 불가항력으로 인한 손해에 대하여도 책임을 진다(308조).

(다) 전세권이 소멸하면 전전세권도 소멸한다. 그리고 전전세권이 소멸한 때에는 전전세권자는 원전세권자에 대하여 전전세금의 반환을 청구할 수 있는데(317조 참조), 원전세권자가 전전세금의 반환을 지체한 경우에는 전전세권의 목적부동산을 경매할 수 있다(318조 참조).

B-226

Ⅳ. 전세권의 소멸

1. 전세권의 소멸사유

전세권은 목적부동산의 멸실·존속기간의 만료·혼동·전세권에 우선하는 저당권의 실행에 의한 경매·토지수용·약정소멸사유 등으로 소멸한다(전세권은 존속기간이 10년 이하이기 때문에(312조), 20년의 소멸시효(162조 2항)로 소멸하는 일은 없다. B-107 참조). 그 밖에 특기할 만한 소멸사유로 다음의 것이 있다.

(1) 전세권설정자의 소멸청구

전세권자가 전세권설정계약 또는 그 목적물의 성질에 의하여 정하여진 용법으로 이를 사용·수익하지 않은 경우에는, 전세권설정자는 전세권의 소멸을 청구할 수 있다(311조 1항).

(2) 전세권의 소멸통고

전세권의 존속기간을 약정하지 않은 때에는, 각 당사자는 언제든지 상대방에 대하여 전세권의 소멸을 통고할 수 있고, 상대방이 이 통고를 받은 날로부터 6월이 경과하면 전세권이 소멸한다(313조).

B-227

(3) 목적부동산의 멸실

목적부동산이 멸실하면 전세권도 소멸하나, 멸실의 모습에 따라 그 구체적인 효과가 다르다.

1) 전부멸실의 경우 　전세권의 목적부동산의 전부가 멸실한 경우에는, 그것이 불가항력으로 인한 것이든(314조 1항) 전세권자의 책임있는 사유로 인한 것이든, 전세권은 소멸

한다. 이 경우에 손해배상책임은 ① 불가항력으로 인한 때에는 발생하지 않으나(전세금반환만 문제됨), ② 전세권자에게 책임있는 사유로 인한 때에는 발생한다(315조 1항. 이는 불법행위이면서 채무불이행이 된다(대판 1967. 12. 5, 67다2251)). 이 ②의 경우에는, 전세권설정자는 전세권이 소멸된 후에 전세금으로써 손해의 배상에 충당하고 잉여가 있으면 반환하여야 하며, 부족하면 부족액을 청구할 수 있다(315조 2항).

2) 일부멸실의 경우　　이 경우에도 일부멸실이 어떤 사유로 생겼든 멸실된 부분의 전세권은 소멸한다. 그런데 남은 부분 위의 전세권과 전세금이 문제이다.

(가) 불가항력으로 인한 때　　일부멸실이 불가항력으로 발생하였고 잔존부분만으로 전세권의 목적을 달성할 수 없는 때에는, 전세권자는 설정자에 대하여 전세권 전부의 소멸을 통고하고 전세금의 반환을 청구할 수 있다(314조 2항). 여기의 소멸통고는 제313조의 소멸통고가 아니고 제311조의 소멸청구와 같다고 새겨야 한다(다수설도 같음). 다음에 잔존부분만으로 전세권의 목적을 달성할 수 있는 때에는, 멸실된 부분의 전세권은 소멸하나(314조 1항), 잔존부분 위의 전세권은 존속한다.

(나) 전세권자의 유책사유로 인한 때　　일부멸실이 전세권자의 책임있는 사유로 발생하였고 잔존부분만으로 전세권의 목적을 달성할 수 없는 때에 관하여는 명문의 규정이 없으나, 통설은 이때에도 전세권자에게 제311조의 소멸청구권을 인정한다(전세권설정자에게 소멸청구권이 있음은 물론이다). 잔존부분만으로 전세권의 목적을 달성할 수 있는 때에는, 잔존부분 위의 전세권은 존속한다(전세권설정자는 소멸청구권을 행사할 수 있다).

(다) 손해배상책임　　일부멸실의 경우의 전세권자의 손해배상책임의 문제는 전부멸실에 있어서와 같다(315조 참조).

2. 전세권 소멸의 효과

B-228

(1) 전세금의 반환 및 목적부동산의 인도

1) 동시이행관계　　전세권이 소멸하면 전세권자는 목적부동산을 인도하고 전세권등기의 말소등기에 필요한 서류를 교부하여야 하고, 전세권설정자는 전세금을 반환하여야 한다. 그리고 이 두 당사자의 의무는 동시이행관계에 있다(317조).

2) 목적부동산 양도의 경우　　전세권의 목적부동산이 양도된 경우에는 양수인이 전세권설정자의 지위를 승계하는지, 그리하여 전세금반환의무를 그가 부담하는지가 문제된다. 전세권의 경우에는 주택임대차보호법 제 3 조 제 4 항에서와 같이 승계를 인정하는 명문규정이 없기 때문에 해석으로 결정하여야 한다.

여기에 관하여 판례는 승계인정설의 견지에 있다(대판 2000. 6. 9, 99다15122; 대판 2006. 5. 11, 2006다6072).

(2) 전세금의 우선변제권

전세권설정자가 전세금의 반환을 지체한 때에는 전세권자는 민사집행법이 정한 바에 의하여 목적부동산의 경매(동법 264조 이하의 담보권 실행경매)를 청구할 수 있고(318조), 후순위권리자 기타 채권자보다 전세금의 우선변제를 받을 수 있다(303조 1항).

1) 경매청구권

(가) 전세권자가 경매를 청구하려면 우선 전세권설정자에 대하여 목적부동산의 인도의무 및 전세권설정등기 말소의무의 이행의 제공을 완료하여 전세권설정자를 이행지체에 빠뜨려야 한다(대결 1977. 4. 13, 77마90).

(나) 전세권이 1동의 건물 또는 1필의 토지의 일부 위에 설정된 경우에도 그 건물이나 토지의 전부에 대하여 경매를 신청할 수 있는가? 여기에 관하여 학설은 나뉘는데, 판례는 전세권의 목적물이 아닌 나머지 부분에 대하여는 우선변제권은 별론으로 하고(건물의 일부에 대하여 전세권이 설정되어 있는 경우 그 전세권자는 303조 1항에 의하여 그 건물 전부에 대하여 우선 변제를 받을 권리가 있음) 경매신청권은 없다고 하여 부정설을 취한다(대결 1992. 3. 10, 91마256 · 257; 대결 2001. 7. 2, 2001마212).

B-229 2) 전세권자의 우선적 지위

(가) 전세권자는 일반채권자에 우선한다.

(나) 전세권과 저당권이 경합하는 경우는 어느 것이 먼저 성립했는지에 따라 다르다.

전세권이 먼저 설정되고 그 후에 저당권이 설정된 때에는, 전세권자가 경매를 신청하면 두 권리는 모두 소멸하고, 배당순위는 등기의 선후에 의한다(민사집행법 145조, 민법 303조 · 356조, 부등법 4조 · 5조 참조). 그런데 이때 저당권자가 경매를 신청하면 전세권은 소멸하지 않는다(민사집행법 91조 4항 본문). 다만, 전세권자는 배당요구를 할 수 있고(민사집행법 88조 1항), 그때에는 전세권은 매각으로 소멸한다(민사집행법 91조 4항 단서)(대판 2015. 11. 17, 2014다10694). 한편 저당권이 전세권보다 먼저 설정된 경우에는, 누가 경매를 신청하든 두 권리는 모두 소멸하고 배당순위는 등기의 선후에 의한다.

(다) 국세우선권과 전세권의 관계는 저당권에 있어서와 같다(B-280 참조).

(라) 전세권설정자가 파산한 때에는 전세권자는 별제권을 가진다(채무자회생법 411조).

3) 일반채권자로서의 권리행사 　전세권자가 우선변제권을 행사하여 배당을 받았으나 전세금을 완전히 변제받지 못한 경우에는, 그 나머지의 금액은 무담보의 채권으로 되고, 전세권자는 전세권설정자의 일반재산에 대하여 그 권리를 행사할 수 있다. 그리하여 스스로 강제집행을 하거나(이때는 집행권원이 있어야 함) 또 타인이 집행할 때에 배당에 가입할 수 있다. 그러나 전세권자가 우선변제권을 행사하지 않고 먼저 설정자의 일반재산에 대하여 일반채권자로서 집행할 수는 없다(340조의 유추적용. B-254 참조)(이설 없음).

(3) 부속물수거권 · 부속물매수청구권

전세권이 소멸한 때에는(존속기간의 만료의 경우에 한하지 않는 것으로 해석함) 전세권자는 그 목적부동산을 원상에 회복하여야 하며, 그에 부속시킨 물건은 수거할 수 있다(316조 1항 본문). 그러나 전세권설정자가 그 부속물의 매수를 청구한 때에는 전세권자는 정당한 이유 없이 거절하지 못한다(316조 1항 단서). 이 매수청구권은 형성권이다. 그리고 일정한 경우에는 전세권자에게 부속물매수청구권이 인정된다. 부속물을 전세권설정자의 동의를 얻어 부속시킨 때와 그것을 설정자로부터 매수한 때에 그렇다(316조 2항).

(4) 유익비상환청구권

전세권자는 필요비의 상환을 청구할 수 없으나(309조에 의하여 수선의무가 있으므로), 유익비는 상환청구를 할 수 있다(310조 1항 · 2항).

담보물권

제 1 절 서　　설

B-230 **Ⅰ. 담보제도**

채권담보제도에는 인적 담보와 물적 담보가 있다.

(1) 인적 담보

채무자의 책임재산에 제 3 자의 책임재산을 추가하는 방법에 의한 담보제도이다. 보증채무·연대채무가 그에 해당한다. 이러한 인적 담보는 담보목적물이 없어도 이용할 수 있고 또 절차가 간편한 장점은 있으나, 담보하는 자의 재산상태에 의존하게 되어(인적 요소에 의존) 담보로서의 효력은 확실하지 않다.

(2) 물적 담보

채무자 또는 제 3 자의 특정한 재화(물건·권리)를 가지고 채권을 담보하는 제도이다. 여기서는 특정한 재화에 관하여 채권자 평등의 원칙을 깨뜨려서 다른 채권자보다 우선해서 변제를 받게 한다. 민법상의 담보물권이 그 전형적인 것이다. 이러한 물적 담보는 담보하는 자의 인적 요소에 의존하지 않고 재화의 객관적 가치에 의하여 담보하게 되어 담보로서의 효력이 확실하고, 그 결과 서로 알지 못하는 자들 사이의 신용을 매개하는 기능도 한다. 그러나 그 절차가 복잡하다는 단점도 있다.

B-231 **Ⅱ. 물적 담보의 종류**

물적 담보는 여러 가지 표준에 의하여 종류를 나눌 수 있으나, 여기서는 주로 법률구성상의 차이의 관점에 의하여 나누어 보기로 한다.

⑴ 제한물권의 법리에 의한 것

전면적인 지배권인 소유권과 대립하는 제한물권의 형식을 취한 것이 있다. 담보물권이 바로 제한물권의 법리에 의한 물적 담보이다.

담보물권에는 민법상의 것, 주택임대차보호법 등 민사특별법상의 것(그 밖에 상법 등 특별사법상의 것도 있음)이 있다. 민법상의 담보물권 중 유치권은 법정 담보물권이나, 질권·저당권은 원칙적으로 약정 담보물권이다. 그리고 전세권은 약정 담보물권이다.

⑵ 소유권이전의 법리에 의한 것

소유권(또는 기타의 재산권)을 이전하는 방법으로 채권을 담보하는 것이 있다. 이 담보에서는 채권의 담보를 위하여 물건의 소유권을 채권자에게 이전하되, 채권자는 소유권을 채권담보의 목적으로만 사용하도록 제한한다.

이에 해당하는 것으로는 양도담보·환매·재매매의 예약·대물변제예약·매매예약·소유권유보부 매매 등이 있으며, 그 대부분은 「가등기담보 등에 관한 법률」의 규율을 받는다.

[참고] 전형적 담보제도와 변칙적 담보제도

물적 담보에는 제한물권의 법리에 의한 것과 소유권이전의 법리에 의한 것이 있는데, 그중에 민법의 물권편에서 규율하고 있는 것은 전자에 한한다. 후자는 대체로 채권편에서 규율되고 있는 것이 거래계의 필요에 따라 담보제도로서 발전·이용되어 온 것이다. 여기서 전자는 원칙적·전형적 담보제도라고 할 수 있고, 후자는 변칙적·비전형적 담보제도라고 할 수 있다.

Ⅲ. 담보물권

B-232

⑴ 본 질

담보물권은 목적물의 교환가치의 취득을 목적으로 하는 것이어서 가치권이라고 할 수 있다(그에 비하여 용익물권은 이용권이다).

담보물권은 타인의 물건(또는 그 밖의 객체) 위에 성립하는 물권, 즉 타물권(他物權)이다. 그러나 혼동의 예외로 자기의 소유물 위에 담보물권이 존재하는 수는 있다(191조 1항 단서 참조).

담보물권도 물건 또는 재산권 등의 객체(교환가치)를 직접 지배할 수 있는 권리이므로 하나의 물권이라고 하여야 한다.

⑵ 특 성(통유성. 通有性)

담보물권은 공통적으로 가지고 있는 성질이 있다. 그러나 이들이 모든 담보물권에서 똑같은 것은 아니다.

1) 부 종 성 담보물권은 피담보채권을 전제로 하여서만 성립할 수 있는데, 이것이 담보물권의 부종성이다. 이 부종성 때문에, 피담보채권이 성립하지 않으면 담보물권도

성립하지 않고, 피담보채권이 소멸하면 담보물권도 소멸하게 된다. 부종성은 유치권 등의 법정 담보물권에서는 엄격하게 적용되나, 질권·저당권 등의 경우에는 완화된다.

2) 수 반 성　피담보채권이 이전하면 담보물권도 따라서 이전하고, 피담보채권에 부담이 설정되면 담보물권도 그 부담에 복종하는 성질이다.

3) 물상대위성(物上代位性)　담보물권의 목적물의 멸실·훼손·공용징수로 인하여 그에 갈음하는 금전 기타의 물건이 목적물의 소유자에게 귀속하게 된 경우에 담보물권이 그 물건에 존속하는 성질이다(342조·355조·370조). 이 물상대위성은 유치권에는 인정되지 않는다.

4) 불가분성　담보물권자가 피담보채권의 전부를 변제받을 때까지 목적물의 전부에 대하여 그 권리를 행사할 수 있는 성질이다. 이 불가분성은 유치권·질권·저당권 모두에 인정된다(321조·343조·370조).

제2절 유 치 권

B-233 Ⅰ. 유치권의 의의와 법적 성질

1. 의　의

(1) 개　념

유치권(留置權)은 타인의 물건 또는 유가증권을 점유한 자가 그 물건이나 유가증권에 관하여 생긴 채권이 변제기에 있는 경우에 그 채권의 변제를 받을 때까지 그 물건 또는 유가증권을 유치할 수 있는 물권이다(320조 1항). 예컨대 시계를 수선한 자는 수선료를 변제받을 때까지 그 시계를 유치하고 인도를 거절할 수 있는데, 그 이유는 시계수선자에게 유치권이 있기 때문이다.

(2) 동시이행의 항변권과의 구별

유치권과 비슷한 제도로 동시이행의 항변권이 있다. 동시이행의 항변권은 유치권과 마찬가지로 공평의 원칙에 기한 것이고 그 효력(이행거절)도 유사하다. 그러나 둘은 동일하지 않다.

동시이행의 항변권은 쌍무계약의 효력으로서 상대방의 청구에 대한 항변을 내용으로 하는 데 비하여, 유치권은 하나의 물권이다. 그 결과 전자는 특정한 계약 상대방에 대하여만 행사할 수 있지만 후자는 누구에 대하여서도 주장할 수 있다. 나아가 두 제도는 공평의 원칙에 기하여 인정된 점에서는 같지만, 구체적인 목적에서는 차이가 있다. 동시이행의 항변권은 쌍무계약의 당사자 일방이 선이행당하는 것을 피하는 것을 그 목적으로 하는 데 비하여, 유치권은 유치권자의 채권담보를 목적으로 한다.

2. 법적 성질

B-234

(1) 물 권

1) 유치권은 단순한 인도거절권이 아니고 목적물을 점유할 수 있는 독립한 물권이다. 따라서 유치권자는 채무의 변제를 받을 때까지 목적물의 소유권이 누구에게 속하든 상관없이 누구에 대하여서도 그 권리를 행사할 수 있다. 즉 채무자에 한하지 않고, 물건의 소유자·양수인(대판 1975. 2. 10, 73다746 등)·경매에서의 매수인(B-237 참조)에 대하여도 행사할 수 있다.

2) 그러나 유치권은 유치권자가 점유를 상실하면 소멸하며(328조), 따라서 추급력(追及力)도 없다.

(2) 법정물권

유치권은 일정한 요건이 갖추어진 경우에 법에 의하여 당연히 성립하는 물권이다. 따라서 유치권이 부동산이나 유가증권 위에 성립하는 때에도 등기(부등법 3조 참조)나 배서는 필요하지 않다.

(3) 담보물권

1) 유치권은 담보물권 즉 법정 담보물권이다. 그러나 유치권은 담보목적물의 교환가치로부터 우선변제를 받는 것을 본체로 하는 것이 아니고, 목적물을 유치함으로써 채무자에게 심리적 압박을 가하여 변제를 간접적으로 강제하는 것을 본체로 한다.

2) 유치권은 일종의 담보물권으로서 담보물권이 가지는 특성(통유성)을 갖는다. 그러나 질권·저당권과는 다소 차이가 있다. 유치권은 부종성(담보물권 중에서 가장 강함)·수반성·불가분성(321조)은 가지고 있으나, 물상대위성은 없다(유치권은 본래 목적물을 유치하는 권리이고 우선변제를 받는 권리가 아니기 때문이다).

Ⅱ. 유치권의 성립

B-235

유치권은 다음과 같은 요건이 갖추어지면 법률상 당연히 성립한다(320조).

1. 목 적 물

(1) 물건이나 유가증권

유치권의 목적물로 될 수 있는 것은 물건과 유가증권이다. 그리하여 부동산도 목적물이 될 수 있다.

(2) 타인의 소유일 것

유치권의 목적물은 유치권자의 소유이어서는 안 되고 타인의 소유이어야 한다(대판 1993. 3.

(26, 91다14116은 수급인에게 건물의 소유권이 있는 경우에 유치권을 부인한다). 그 타인은 채무자인 것이 보통이겠으나, 제3자여도 무방하다(예: 시계의 임차인이 수선을 맡긴 경우)(이설 없음).

2. 목적물의 점유

(1) 목적물을 점유할 것

유치권은 목적물을 점유하고 있는 경우에 그것을 유치할 수 있는 권리이기 때문에 그것이 성립하기 위하여서는 당연히 목적물의 점유가 필요하다. 그리고 그 점유는 계속되어야 하며, 유치권자가 점유를 잃으면 유치권은 소멸한다(328조). 점유는 직접점유이든 간접점유이든 상관없다(통설·판례도 같음. 대결 2002. 11. 27, 2002마3516).

(2) 적법한 점유일 것

점유가 불법행위에 의하여 시작되지 않았어야 한다(320조 2항). 그리하여 점유를 침탈한 경우는 물론 사기·강박에 의하여 점유하거나 적법한 권원 없이 점유한 경우(대판 1959. 11. 19, 4291민상135 등)에는 유치권이 없다. 권원이 없음을 과실 없이 몰랐더라도 같다. 불법행위로 점유를 취득한 후 적법한 권원을 취득한 때에도 유치권은 부정되어야 한다.

3. 변제기가 된 채권의 존재

(1) 점유자가 채권을 가지고 있어야 한다. 채권의 발생원인은 묻지 않는다.

(2) 점유자의 채권은 변제기에 있어야 한다(320조 1항). 채권의 변제기가 되지 않은 동안에는 유치권은 생기지 않는다. 유치권이 성립하였더라도 법원이 채권(유익비 상환청구권)에 관하여 상환기간을 허락한 경우(203조 3항·310조 2항·626조 2항 2문 등)에는 유치권이 소멸한다.

4. 채권과 목적물 사이의 견련관계(牽連關係)

B-236

(1) 견련관계가 인정되는 경우

유치권이 성립하기 위해서는 채권이 유치권의 목적물에 관하여 생긴 것이어야 한다(320조 1항). 즉 채권과 목적물 사이에 견련관계가 있어야 한다.

어떠한 경우에 견련관계를 인정할 것인가에 관하여 학설은 대립하고 있는데, 통설은 채권이 목적물 자체로부터 발생한 경우와 채권이 목적물의 반환청구권과 동일한 법률관계 또는 동일한 사실관계로부터 발생한 경우에 견련관계가 있다고 한다(이를 흔히 이원설이라고 한다). 그리고 판례는, 유치권제도 본래의 취지인 공평의 원칙에 특별히 반하지 않는 한, 채권이 목적물 자체로부터 발생한 경우는 물론이고 채권이 목적물의 반환청구권과 동일한 법률관계나 사실관계로부터 발생한 경우도 포함한다고 하여(대판 2007. 9. 7, 2005다16942[핵심판례 158면]), 통설과 같다.

생각건대 유치권의 취지와 효력을 고려하여 볼 때 유치권이 인정되어야 할 필요성이 있을 정도로 채권과 목적물 사이에 밀접성이 있을 경우에 견련관계가 있다고 할 것이다. 그리하여 동시이행의 항변권의 인정만으로 충분한 때에는 유치권의 성립을 인정하지 않아야 한다.

사견에 비추어 어떤 경우에 견련관계가 인정될 수 있는지를 살펴보기로 한다. 우선 채권이 목적물 자체로부터 발생한 경우에는 견련관계가 있다. 예컨대 물건의 점유자가 물건에 필요비 또는 유익비(대판 1959. 8. 27, 4291민상672)를 지출한 경우, 점유자가 목적물로부터 손해를 입은 경우(예: 수치인이 임치물의 하자로 인하여 손해를 입은 경우)에는, 비용상환청구권·손해배상청구권과 목적물 사이에 견련관계가 인정된다. 도급계약에 기하여 신축된 건물의 소유권이 도급인에게 속한 경우에 수급인이 공사대금 채권을 가지고 있는 때도 같다(대판 1995. 9. 15, 95다16202·16219). 그에 비하여 임차인의 임차권·보증금반환청구권(대판 1960. 9. 29, 4292민상229; 대판 1961. 12. 21, 4294민상127·128)·권리금반환청구권(대판 1994. 10. 14, 93다62119)·임차지상에 해놓은 시설물에 대한 매수청구권(대판 1977. 12. 13, 77다115)은 목적물과의 사이에 견련관계가 없다. 그런가 하면 통설이 말하는 둘째의 경우 즉 채권이 목적물의 반환청구권과 동일한 법률관계 또는 동일한 사실관계로부터 발생한 경우에는 대체로 견련관계가 인정되기 어려울 것이다. 가령 물건의 매매계약이 취소되어 대금과 목적물이 반환되어야 하는 때에는 제536조를 유추적용하여 동시이행의 항변권을 인정하면 충분할 것으로 생각된다(대판 2001. 7. 10, 2001다3764는 매매계약이 취소된 경우에 당사자 쌍방의 원상회복의무는 동시이행의 관계에 있다고 한다).

(2) 채권과 목적물의 점유 사이의 견련관계가 필요한지 여부

채권과 목적물의 점유 사이에는 견련관계가 필요하지 않다(이설 없음). 즉 채권이 목적물을 점유하는 동안에 또는 점유의 시작과 함께 생겼어야 하는 것이 아니다.

5. 유치권을 배제하는 특약이 없을 것

유치권의 발생을 배제하는 특약도 유효하므로(대판 2018. 1. 24, 2016다234043 등), 그러한 특약이 없어야 한다.

Ⅲ. 유치권의 효력

B-237

1. 유치권자의 권리

(1) 목적물을 유치할 권리

1) 유치의 의미　유치권자는 채권의 변제를 받을 때까지 목적물을 유치할 수 있다. 이것이 유치권의 중심적 효력이다. 여기서 「유치」한다는 것은 목적물의 점유를 계속하고 인도를 거절하는 것이다.

건물 또는 토지의 임차인이 그의 비용상환청구권에 관하여 유치권을 가지는 경우에 그는 종전대로 건물 또는 토지를 사용할 수 있다고 새겨야 한다(이설이 없으며, 판례도 같음). 그런데 유치권자의 사용으로 인한 이득은 부당이득이므로 반환하여야 한다(통설·판례도 같음. 대판 1963. 7. 11, 63다235 등).

2) 유치권 행사의 상대방 유치권은 물권이기 때문에 채무자뿐만 아니라 모든 자에게 주장할 수 있다. 그 결과 유치권의 존속 중에 유치물의 소유권이 제3자에게 양도된 경우에는 유치권자는 그 제3자에 대하여도 유치권을 행사할 수 있다(대판 1972. 1. 31, 71다2414).

경매의 경우에는 어떤가? 부동산 유치권자는 목적부동산의 경매(통상의 강제경매·담보권 실행경매)의 경우에 매수인(경락인)에 대하여도 유치물의 인도를 거절할 수 있다(민사집행법 91조 5항·268조 참조). 그런데 판례에 의하면, 이 경우 유치권자가 매수인에 대하여 채권의 변제를 청구할 수는 없다고 한다(대판 1996. 8. 23, 95다8713).

3) 유치권 행사의 효과 상대방의 목적물 인도청구의 소에 대하여 유치권자가 유치권을 행사하여 목적물의 인도를 거절한 경우에는 이론상으로는 원고패소의 판결을 하여야 하나, 통설·판례는 상환급부판결을 할 것이라고 한다(대판 2011. 12. 13, 2009다5162 등).

B-238

(2) 경매권과 우선변제권

1) 경 매 권 유치권자는 채권의 변제를 받기 위하여 유치물을 경매할 수 있다(322조 1항, 민사집행법 274조).

2) 우선변제권 유치권자는 원칙적으로 우선변제권이 없다(303조 1항·329조·356조 참조). 그러나 채무자 또는 제3자가 목적물의 인도를 받으려면 먼저 유치권자에게 변제하여야 하므로 사실상 우선변제를 받을 수 있게 된다.

유치권자에게 예외적으로 우선변제권이 인정되는 경우가 있다. 첫째로 유치권자는 정당한 이유가 있는 때에는 감정인의 평가에 의하여 유치물로 직접 변제에 충당할 것을 법원에 청구할 수 있다(322조 2항 1문). 이때 유치권자는 미리 채무자에게 통지하여야 한다(322조 2항 2문). 이를 간이변제충당이라고 한다. 간이변제충당을 허가하는 법원의 결정이 있으면 유치권자는 유치물의 소유권을 취득한다. 둘째로 유치권자는 유치물의 과실로 우선변제를 받을 수 있다(323조). 이에 관하여는 뒤에 따로 보기로 한다. 셋째로 채무자가 파산한 때에는 유치권자는 별제권을 가진다(채무자회생법 411조).

B-239

(3) 과실수취권

유치권자는 유치물의 과실을 수취하여 다른 채권보다 먼저 그의 채권의 변제에 충당할 수 있다(323조 1항 본문). 여기의 과실에는 천연과실뿐만 아니라 법정과실(예: 소유자의 동의를 얻어 임대한 경우의 차임)도 포함된다.

과실은 먼저 채권의 이자에 충당하고 나머지가 있으면 원본에 충당한다(323조 2항). 그런데 과실이 금전이 아닌 때에는 그것을 경매하여야 한다(323조 1항 단서, 민사집행법 274조 1항).

⑷ 유치물 사용권

유치권자는 원칙적으로 유치물을 사용할 수 없다. 그러나 여기에는 두 가지의 예외가 있다. 첫째로 유치권자는 채무자(정확하게는 소유자라고 하여야 함)의 승낙을 얻어 유치물을 사용할 수 있다(324조 2항 본문). 이 경우 사용으로 인한 이익은 채권의 변제에 충당된다. 둘째로 유치권자는 보존에 필요한 사용(예: 승마용 말의 정기적인 승마)은 채무자의 승낙 없이 할 수 있다(324조 2항 단서). 그런데 이 경우에는 유치권자에게 이익이 생기지 않는다고 할 것이다. 따라서 보존행위로서의 사용에 대하여는 부당이득의 반환의무가 없다.

⑸ 비용상환청구권

유치권자가 유치물에 관하여 필요비 또는 유익비를 지출한 때에는 유치권자는 그 상환을 청구할 수 있다(325조 1항·2항). 상환의무자는 소유자이다.

2. 유치권자의 의무

⑴ 유치권자는 선량한 관리자의 주의로 유치물을 점유하여야 한다(324조 1항).

⑵ 유치권자는 채무자의 승낙 없이 유치물을 사용·대여하거나 또는 담보로 제공하지 못한다(324조 2항 본문).

⑶ 유치권자가 위의 의무를 위반한 때에는, 채무자는 유치권의 소멸을 청구할 수 있다(324조 3항). 이 소멸청구권은 형성권이며, 소멸청구의 의사표시만으로 효력이 생긴다(이설 없음).

Ⅳ. 유치권의 소멸

B-240

⑴ 일반적 소멸사유

유치권은 목적물의 멸실·토지수용·혼동·포기 등과 같은 물권의 일반적 소멸사유에 의하여 소멸한다. 그러나 소멸시효에 걸려서 소멸하는 일은 없다.

유치권은 담보물권으로서 피담보채권의 소멸에 의하여 소멸한다. 그런데 유치권을 행사하고 있더라도 피담보채권의 소멸시효는 진행함을 주의하여야 한다(326조).

⑵ 유치권에 특유한 소멸사유

1) 채무자의 소멸청구　유치권자의 의무위반시 채무자는 유치권의 소멸을 청구할 수 있으며, 그 경우에 소멸청구의 의사표시만으로 유치권은 소멸한다(324조. B-239 참조).

2) 다른 담보의 제공　채무자(소유자도 포함하는 것으로 해석함. 대판 2021. 7. 29, 2019다216077 등)는 상당한 담보를 제공하고 유치권의 소멸을 청구할 수 있다(327조).

3) 점유의 상실　유치권자가 점유를 상실하면 유치권은 소멸한다(328조).

제3절 질 권

제1관 서 설

B-241

Ⅰ. 질권의 의의 및 작용

1. 의 의

질권(質權)은 채권자가 채권의 담보로서 채무자 또는 제3자(물상보증인)가 제공한 동산 또는 재산권을 유치하고, 채무의 변제가 없는 때에는 그 목적물로부터 우선변제를 받는 물권이다(329조·345조).

2. 종 류

민법상의 질권 즉 민사질은 여러 가지 표준에 의하여 종류를 나눌 수 있다.

(1) 동산질권 · 부동산질권 · 권리질권

질권은 그것이 성립하는 목적물(객체)에 따라 동산질권·부동산질권·권리질권으로 나눌 수 있다. 그런데 민법은 이들 중 부동산질권은 인정하지 않고, 동산질권(329조 이하)과 권리질권(345조 이하)만을 인정한다.

(2) 법정질권 · 약정질권

질권에는 법률규정에 의하여 당연히 성립하는 법정질권과 당사자의 설정계약에 의하여 성립하는 약정질권이 있다.

3. 사회적 작용

(1) 서민금융수단

일상생활용품인 동산은 질권설정에 적합하다. 그리하여 일반 서민은 그러한 동산에 질권을 설정하고 금융을 얻게 된다. 질권이 서민 금융의 수단이 되는 것이다.

(2) 상품소유자의 금융수단

제조업자나 상인이 소유하는 상품에 대하여는 그것을 표상하는 증권(창고증권·화물상환증·선하증권)에 의하여 상품을 입질할 수 있다. 그 경우에는 상품소유자는 상품을 입질하면서 다른 한편으로 그것을 매각·송부할 수 있기 때문에 매우 훌륭하게 금융을 얻게 된다.

(3) 금융매개수단

질권 가운데 재산권(채권·주식 등)을 목적으로 하는 질권인 권리질권은 질권의 본래의 효력인 유치적 효력을 발휘하지 못함으로써 저당권 못지않은 금융매개수단이 되고 있다.

Ⅱ. 질권의 법적 성질

B-242

1. 제한물권

질권은 객체를 직접 지배할 수 있는 물권이다. 그리고 그 가운데에서도 타인의 동산이나 재산권을 객체로 하는 제한물권이다(혼동의 경우는 예외이다. 191조 1항 단서 참조).

2. 담보물권

(1) 약정 담보물권

질권은 담보물권이다. 또한 원칙적으로 당사자의 설정계약에 의하여 성립하는 약정 담보물권이다(예외적으로 법정질권도 있다). 그리하여 질권은 금융을 매개하게 된다.

(2) 통 유 성

질권은 담보물권으로서의 공통적인 특성(통유성)을 갖는다.

1) 부종성이 있다. 그러나 약정 담보물권인 질권의 경우에는 해석상 부종성이 다소 완화된다.

2) 수반성이 있다. 그리하여 피담보채권이 승계되면 질권도 그에 수반하여 승계된다. 그러나 물상보증인이 설정한 질권은 그의 동의가 없는 한 수반하지 않는다(이설 없음).

3) 불가분성이 있다(343조 · 321조).

4) 물상대위성이 있다(342조 · 355조).

3. 유치적 효력 · 우선변제적 효력

B-243

(1) 유치적 효력

질권에는 채권의 담보로서 채무자 또는 제3자로부터 받은 목적물을 점유하는 유치적 효력이 있다. 그리하여 간접적으로 채무의 변제를 강제하게 된다.

(2) 우선변제적 효력

질권에는 목적물의 교환가치로부터 우선변제를 받을 수 있는 효력이 있다.

제2관 동산질권

B-244

Ⅰ. 동산질권의 성립

동산질권은 원칙적으로 당사자 사이의 질권설정계약과 목적물인 동산의 인도에 의하여 성립하나, 예외적으로 법률의 규정에 의하여 성립하는 때도 있다. 동산질권의 성립을 원칙적인 경우를 중심으로 하여 살펴보기로 한다.

1. 동산질권설정계약

(1) 당 사 자

질권설정계약의 당사자는 질권자와 질권설정자이다. 질권자는 피담보채권의 채권자에 한하나, 질권설정자는 채무자 외에 제3자라도 무방하다(329조 참조). 그러한 제3자를 물상보증인이라고 한다.

(2) 물상보증인(物上保證人)

물상보증인이란 타인의 채무를 위하여 자기의 재산 위에 물적 담보(질권·저당권·가등기담보·양도담보 등)를 설정하는 자이다. 물상보증인은 채권자에 대하여 채무를 부담하고 있지는 않다. 그러나 채무의 변제가 없으면 담보권의 실행에 의하여 소유권 등의 권리를 상실하게 된다(즉 「책임」을 진다). 물상보증인이 그의 권리를 잃지 않기 위하여 채무를 변제하거나 질권의 실행으로 인하여 질물의 소유권을 잃은 때에는, 보증채무에 관한 규정에 의하여 채무자에 대하여 구상권이 있다(341조). 한편 물상보증인은 채무의 변제에 관하여 법률상 이해관계가 있는 제3자로서 채무자의 의사에 반하여서도 채무를 변제할 수 있으며(469조), 그때에는 당연히 채권자를 대위한다(481조). 그리고 구상권과 대위에 의한 권리는 별개의 것이어서 물상보증인은 두 권리를 선택적으로 행사할 수 있다(대판 1997. 5. 30, 97다1556).

B-245

(3) 질권설정자의 처분권한

질권설정계약이 유효하려면 질권설정자에게 처분권한이 있어야 한다. 그러나 설정자에게 처분권한이 없는 경우에도, 채권자가 설정자에게 그러한 권한이 있다고 믿고 또 그렇게 믿는 데 과실이 없이 질권설정을 받은 때에는, 선의취득 규정에 의하여 질권을 취득할 수 있다(343조·249조)(대판 1981. 12. 22, 80다2910은 이 경우 취득자의 선의·무과실은 동산질권자가 증명할 것이라고 한다).

(4) 질권설정계약의 성질

질권설정계약이 물권계약인가 아니면 채권계약과 물권계약이 한 데 합하여져 행하여진 것인가가 문제되나, 독자성을 부정하는 사견에서는 후자로 이해한다.

2. 목적동산의 인도

B-246

(1) 동산인도와 제330조

동산 물권변동에 관한 원칙규정에 의하면, 동산 물권변동이 생기려면 물권적 합의 외에 동산의 인도도 있어야 한다(188조 1항). 따라서 동산질권의 설정에도 목적동산의 인도가 필요하게 된다.

(2) 점유개정의 금지

질권설정계약에 필요한 인도에 관하여는 점유개정을 금지하는 제한규정을 두고 있다(332조). 그리하여 현실의 인도와 간이인도·목적물반환청구권의 양도에 의한 인도는 여기의 인도로 될 수 있으나, 질물을 설정자가 점유하게 되는 점유개정은 그렇지 않다.

(3) 질권설정 후 질물을 반환한 경우

질권이 성립한 후에 질권자가 질물을 설정자에게 반환한 경우에 관하여 통설은 질권이 소멸한다고 한다(사견도 같음).

3. 동산질권의 목적물(질물)

B-247

(1) 동산질권의 목적물은 동산이다. 그러나 양도할 수 없는 동산은 질권의 목적물로 될 수 없다(331조). 양도할 수 없는 물건은 환가하여 우선변제를 받을 수 없기 때문이다.

(2) 압류가 금지되는 동산은 압류금지 이유가 무엇인가에 따라 다르다. 그 이유가 양도해서는 안 되는 것이기 때문인 경우(예: 훈장(민사집행법 195조 7호) 등)에는 질권의 목적물로 되지 못하나, 단순히 채무자의 보호를 위해서 압류를 금지한 경우(예: 채무자의 의복·침구 등(민사집행법 195조 1호))에는 질권의 목적물로 될 수 있다.

(3) 양도할 수 있는 동산임에도 불구하고 정책적으로 권리자가 스스로 사용·수익하게 하기 위하여 질권설정을 금지하는 것이 있다. 등기한 선박(상법 789조·790조)·자동차(「자동차 등 특정동산 저당법」 9조) 등이 그렇다. 이러한 동산은 저당권의 객체가 된다.

4. 동산질권을 설정할 수 있는 채권(피담보채권)

B-248

(1) 일 반 론

질권을 설정하여 담보할 수 있는 채권에 관하여는 제한이 없다.

(2) 장래의 특정채권

조건부채권이나 기한부채권과 같은 장래의 특정한 채권을 위하여서도 질권을 설정할 수 있다(이설 없음).

(3) 근질(根質)

일정한 계속적인 거래관계로부터 장차 생기게 될 다수의 불특정채권을 담보하기 위하여 설정되는 질권을 근질이라고 하며, 그것은 근담보의 일종이다(근질·근저당·근보증을 통틀어 근담보라고 한다). 민법은 근질에 관하여는 규정을 두고 있지 않다. 그렇지만 학설은 모두 이를 인정한다. 근질의 경우에는 근저당에서와 달리 담보할 채권의 최고액을 정하는 것이 요건이 아니다.

B-249

5. 법정질권

일정한 경우에는 법률상 당연히 질권이 성립한다.

(1) 법정질권이 인정되는 경우

1) 토지임대인의 법정질권 　이는 토지임대인이 임대차에 관한 채권에 의하여 임차지에 부속 또는 그 사용의 편익에 제공한 임차인의 소유 동산 및 그 토지의 과실을 압류한 때 성립한다(648조).

2) 건물 등의 임대인의 법정질권 　이는 건물 기타 공작물의 임대인이 임대차에 관한 채권에 의하여 그 건물 기타 공작물에 부속한 임차인 소유의 동산을 압류한 때에 성립한다(650조).

(2) 피담보채권

이 두 법정질권에 있어서 피담보채권은 「임대차에 관한 채권」이다. 즉 차임이나 임대차에 의하여 임대인이 가지게 되는 손해배상청구권 등이다.

(3) 압 류

위의 법정질권이 성립하려면 임차인의 채무불이행이 있을 때 임대인(채권자)이 목적물을 압류하여야 한다.

(4) 법정질권의 선의취득의 인정 여부

임차인이 타인 소유의 동산을 토지나 건물 등에 부속시킨 경우에 임대인이 이를 압류한 때에는 법정질권이 성립하는지가 문제되나, 학설은 이를 부정하는 데 일치하고 있다.

(5) 준 용

법정질권에는 동산질권에 관한 규정이 준용된다고 해석하여야 한다(이설 없음).

B-250

Ⅱ. 동산질권의 효력

1. 동산질권의 효력이 미치는 범위

(1) 목적물의 범위

1) 질물·종물·과실 　동산질권의 효력이 미치는 목적물의 범위에 관하여 민법은 명문의 규정을 두고 있지 않다. 그러나 다음과 같이 새겨야 한다.

(가) 질 물 　설정계약에 의하여 목적물로 되고 인도된 질물 위에 미친다.

(나) **종 물** 설정계약에서 다른 약정이 없고 또 그 종물이 인도된 경우에는 종물에도 미친다(100조 2항 참조).

(다) **천연과실** 질권자는 질물로부터 생기는 천연과실을 수취하여 다른 채권보다 먼저 그의 채권의 변제에 충당할 수 있다(343조·323조).

(라) **법정과실** 질권자는 소유자의 승낙이 있으면 질물을 사용하거나 임대할 수 있는데(343조·324조 2항), 이 경우에 생기는 사용이익 또는 차임도 채권의 변제에 충당할 수 있다(343조·323조).

2) **물상대위** 담보물권은 목적물의 교환가치를 목적으로 하는 권리이므로, 그 목적물이 멸실·훼손되더라도 그것의 교환가치를 대표하는 것이 존재하는 때에는, 그 대표물 위에 존속하게 된다. 이를 물상대위라고 한다. 민법은 이러한 물상대위를 동산질권에 관하여 규정하고(342조), 권리질권(355조)과 저당권(370조)에 준용하고 있다. B-251

이에 의하면, 물상대위가 인정되는 대표물은 「질물의 멸실·훼손 또는 공용징수로 인하여 질권설정자가 받을 금전 기타의 물건」이다(342조 1문). 그러나 금전과 같은 구체적인 물건이 아니고 그에 대한 청구권(금전 기타 대표물의 지급청구권 또는 인도청구권)이다(342조 2문 참조). 예컨대 보험금청구권·손해배상청구권·보상금청구권이 그에 해당한다. 한편 멸실·훼손의 원인은 묻지 않으며, 따라서 그것이 사람의 행위이든 사건이든 상관없으나, 질권자의 과실(過失)에 기하지 않은 것이어야 한다.

질권자가 물상대위권을 행사하려면, 질권설정자가 금전 기타의 물건을 지급 또는 인도받기 전에 압류하여야 한다(342조 2문). 여기의 압류는 반드시 대위권을 행사하는 질권자가 하여야 할 필요는 없으며, 다른 채권자가 압류한 경우에도 대위권을 행사할 수 있다(통설·판례도 같다. 대판 1987. 5. 26, 86다카1058 등).

(2) **질권에 의하여 담보되는 범위** B-252

1) **제334조** 질권은 원본(元本)·이자·위약금(398조 4항 참조)·질권 실행의 비용(이 비용은 매각대금으로부터 우선적으로 변제된다. 민사집행법 53조 참조)·질물보존의 비용·채무불이행으로 인한 손해배상·질물의 하자로 인한 손해배상의 채권을 담보한다(334조 본문). 그러나 당사자가 다른 특약을 할 수 있다(334조 단서).

2) **불가분성** 동산질권은 불가분성이 있어서 질권자는 채권 전부의 변제를 받을 때까지 질물 전부에 관하여 그 권리를 행사할 수 있다(343조·321조).

2. 유치적 효력

B-253

(1) 질권자는 피담보채권(334조에서 열거한 것) 전부의 변제를 받을 때까지 질물을 유치할 수 있다. 그러나 자기보다 우선권이 있는 채권자에게 대항하지 못한다(335조).

(2) 민법은 유치권에 관한 규정 가운데 과실수취권(323조)·유치물의 관리 및 사용

(324조)·비용상환청구권(325조)의 규정을 질권에 준용한다(343조). 그에 관하여는 유치권에 관한 설명 참조(B-239).

B-254

3. 우선변제적 효력

(1) 순 위

동산질권자는 질물로부터 다른 채권자보다 먼저 자기의 채권의 우선변제를 받을 수 있다(329조). 물론 질권자에 우선하는 질권자나 우선특권자(가령 우선특권을 갖는 선박채권자(상법 788조·777조)나 일정한 국세·지방세 채권자(국세기본법 35조, 지방세기본법 71조))가 있는 때에는 그 범위에서 질권자의 우선변제권은 제한된다. 한편 동일한 동산에 수개의 질권이 설정된 경우에 그 순위는 설정의 선후에 의한다(333조).

(2) 우선변제권의 행사

1) 요 건 질권자가 우선변제권을 행사할 수 있으려면 채무자가 이행지체에 빠져야 한다. 그리고 피담보채권이 금전을 목적으로 하지 않는 경우에는 그것이 금전채권으로 변했어야 한다(예: 이행불능으로 인한 손해배상청구권으로 된 때).

2) 행사방법

(가) 경 매 원칙적으로 민사집행법이 정하는 절차(동법 271조·272조)에 따라서 경매하여(338조 1항), 그 매각대금으로부터 우선변제를 받는다. 매각대금으로 채권의 전부를 변제받지 못한 경우에는 그 부족부분에 한하여 채무자의 다른 재산으로부터 변제를 받을 수 있다(340조 1항)(물론 이때에 강제집행을 하려면 집행권원이 있어야 한다). 그리고 채권을 변제받고 남은 것이 있으면 질권설정자에게 반환하여야 한다.

여기서 한 가지 문제되는 것은, 질권자가 질권을 실행하지 않고 처음부터 채무자의 일반재산에 대하여 먼저 집행할 수 있는가이다. 학설은 i) 긍정설과 ii) 부정설(사견도 같음)로 나뉘어 있다.

질물보다 먼저 채무자의 다른 재산에 관하여 배당을 실시하는 경우에는 제340조 제1항은 적용되지 않으며, 따라서 질권자는 채권 전액을 가지고 배당에 참가할 수 있다(340조 2항 본문). 그러나 다른 채권자는 질권자에게 그 배당금액의 공탁을 청구할 수 있다(340조 2항 단서).

(나) 간이변제충당 질권자가 우선변제를 받는 원칙적인 방법인 경매는 절차가 복잡하고 비용이 많이 든다. 그리하여 민법은 일정한 경우에는 쉬운 환가방법을 인정하고 있다. 즉 질권자는 정당한 이유가 있는 때에는 감정인의 평가에 의하여 질물로 직접 변제에 충당할 것을 법원에 청구할 수 있다(338조 2항 1문). 이 경우에는 질권자는 미리 채무자 및 질권설정자에게 통지하여야 한다(338조 2항 2문). 이것이 간이변제충당이다. 간이변제충당의 효과는 유치권에 있어서와 마찬가지이다(B-238 참조).

(다) 다른 채권자에 의한 환가절차 질물에 관하여 질권자가 경매를 신청하지 않고

있는 동안에 다른 채권자가 경매를 신청하거나 기타의 환가절차를 밟는 경우에는, 질권자는 그 대가로부터 순위에 따라 우선변제를 받는다(민사집행법 272조·217조). 그리고 질권설정자가 파산한 때에는 별제권을 갖는다(채무자회생법 411조).

⑶ 유질계약의 금지 B-255

유질계약(流質契約)이란 질권설정자가 채무변제기 전의 계약으로 질권자에게 변제에 갈음하여 질물의 소유권을 취득하게 하거나 법률에 정한 방법(경매·간이 변제충당)에 의하지 않고 질물을 처분할 것을 약정하는 것을 말한다. 이러한 유질계약은 무효이다(339조). 유질계약에 의하여 무효로 되는 것은 유질에 관한 계약만이며, 질권계약 자체는 유효하다.

유질계약이 채무의 변제기 후에 체결된 경우에는 그것은 유효하다고 할 것이다(339조의 반대해석).

4. 동산질권자의 전질권 B-256

⑴ 의의 및 종류

1) 의 의 전질(轉質)이란 질권자가 질물 위에 새로이 질권을 설정하는 것을 말한다.

2) 종 류 민법은 제336조에서 「질권자는 그 권리의 범위 내에서 자기의 책임으로 질물을 전질할 수 있다」고 규정한다. 그런데 다른 한편으로 민법은 유치권에 관한 제324조 제 2 항(채무자의 승낙 없이 유치물을 담보로 제공하지 못한다는 내용이 포함된 규정)을 질권에 준용하고 있다(343조).

이에 대하여 통설은 제324조 제 2 항은 질권자가 설정자의 승낙을 얻어서 다시 질권을 설정할 수 있도록 하는 것이고, 또 제336조는 설정자의 승낙이 없더라도 질권자의 책임하에 다시 전질할 수 있음을 규정한 것이라고 이해한다. 그리고 앞의 전질을 승낙전질이라고 하고, 뒤의 전질을 책임전질이라고 한다.

⑵ 책임전질 B-257

1) 의의 및 성질 책임전질은 질권자가 질권설정자의 승낙 없이 자기의 책임 하에 질물 위에 다시 질권을 설정하는 것이다. 민법은 제336조·제337조에서 책임전질을 규정하고 있다.

책임전질의 성질에 관하여는 피담보채권과 함께 질권이 전질권의 목적이 된다는 견해(채권·질권 공동입질설)만이 주장되고 있다.

2) 성립요건

㈎ 원질권자와 전질권자의 물권적 합의와 질물의 인도가 있을 것

㈏ 전질권은 원질권의 범위 내에 있을 것(피담보채권 및 존속기간)

㈐ 전질은 피담보채권의 입질을 포함하므로 권리질권 설정의 요건을 갖추어야 한다.

즉 질권자의 통지 또는 채무자의 승낙이 있어야 한다(337조 1항).

3) 효 과

(가) 질권자(전질권 설정자)는 전질을 하지 않았으면 면할 수 있었던 불가항력으로 인한 손해에 대하여도 책임을 진다(336조 2문).

(나) 질권자는 그의 질권을 소멸하게 하는 처분을 하지 못한다. 다만, 전질권을 해하지 않는 범위에서는 그러한 처분을 할 수 있다.

(다) 채무자는 전질권자의 동의 없이 질권자에게 채무를 변제하여도 이로써 전질권자에게 대항하지 못한다(337조 2항).

(라) 전질권자는 자기의 채권의 변제를 받을 때까지 질물을 유치할 수 있다(335조).

(마) 전질권자가 전질권을 실행하려면 전질권자의 채권과 원질권자의 채권이 모두 변제기가 되었어야 한다. 그리고 전질권의 실행으로 받은 매각대금은 먼저 전질권자의 채권에 충당하고, 나머지가 있으면 원질권자의 채권에 충당한다.

(바) 원질권이 소멸하면 전질권도 기초를 잃고 소멸한다.

B-258 (3) 승낙전질

1) 의의 및 성질 승낙전질은 질권자가 질권설정자(동산질권의 경우 이므로 질물소유자)의 승낙을 얻어 질물에 다시 질권을 설정하는 것이다. 승낙전질은 질물 위에 새 질권을 설정하는 것으로 보아야 한다(질물 재입질설)(이설 없음).

2) 성립요건 책임전질과 다른 점만 적어 본다.

(가) 질물소유자(324조 2항 본문의 법문상은 채무자이나, 소유자로 새겨야 함)의 승낙이 있어야 하며, 승낙 없이 질물만을 재입질(전질)하면 원질권설정자는 질권의 소멸을 청구할 수 있다(343조·324조 3항).

(나) 승낙전질은 원질권의 범위에 제한을 받지 않는다. 이 전질은 원질권과는 무관한 것이기 때문이다.

(다) 채무자에 대한 통지나 채무자의 승낙도 필요하지 않다.

3) 효 과 효과에 있어서 책임전질과 다른 점은 다음과 같다.

(가) 원질권자의 책임이 가중되지 않는다.

(나) 원질권설정자는 자기의 채무를 원질권자에게 변제하여 질권을 소멸시킬 수 있다(승낙전질은 원질권과 무관한 새로운 것이므로). 그리고 원질권이 소멸하여도 전질권은 그대로 존속한다.

B-259 5. 동산질권의 침해에 대한 효력

(1) 점유보호청구권

동산질권은 질물을 점유할 권리를 포함한다. 그리고 질권자의 점유가 침해된 경우에는 점유보호청구권을 행사할 수 있다(204조·205조·206조).

⑵ 물권적 청구권의 인정 여부

민법은 소유권에 관하여 물권적 청구권을 규정하고(213조·214조) 이를 다른 물권에 준용하면서 질권에 관하여서만은 준용한다는 규정을 두고 있지 않다. 그러한 상황에서 학설은 i) 인정설과 ii) 부정설(사견도 같음)로 나뉘어 있다.

⑶ 질물이 훼손된 경우

질물이 질권설정자인 채무자에 의하여 훼손된 경우에는, 채무자는 기한의 이익을 상실하게 되므로(388조 참조), 질권자는 곧 채무의 이행을 청구할 수도 있고 또 잔존물에 대하여 질권을 실행할 수도 있다. 그 밖에 손해배상을 청구할 수도 있다.

제 3 자가 질물을 훼손한 경우에는 질권자는 그에게 손해배상을 청구할 수 있다.

6. 동산질권자의 의무

⑴ 보관의무 등

질권자는 유치권자와 마찬가지로 선량한 관리자의 주의를 가지고 질물을 점유하여야 하고(343조·324조 1항), 설정자의 승낙 없이 질물을 사용·대여하거나 담보로 제공하지 못한다(343조·324조 2항). 그리고 질권자가 이들 의무를 위반하면 질권설정자는 질권의 소멸을 청구할 수 있다(343조·324조 3항).

⑵ 질물반환의무

질권이 소멸하면 질권자는 질물을 질권설정자에게 반환하여야 한다. 이 반환의무는 질권설정계약에 기한 것이므로 그 반환 상대방은 언제나 질권설정자이다.

Ⅲ. 동산질권의 소멸

B-260

동산질권은 물권 일반에 공통한 소멸사유(목적물의 멸실·몰수·첨부·취득시효·포기·혼동 등)와 담보물권에 공통한 소멸사유(피담보채권의 소멸·질권의 실행·질권에 우선하는 다른 채권자의 경매 등)에 의하여 소멸한다. 그리고 질권자가 목적물을 설정자에게 반환한 때(B-246 참조)와 질권자의 의무위반을 이유로 설정자가 소멸청구를 한 때(343조·324조 3항)에도 소멸한다.

제3관 권리질권

B-261

Ⅰ. 서 설

1. 권리질권의 의의 및 성질

(1) 의 의

권리질권은 재산권을 목적으로 하는 질권이다(345조 본문). 권리질권에 관하여는 특칙이 없는 한 동산질권에 관한 규정을 준용한다(355조).

(2) 성 질

권리질권도 본질에 있어서 동산질권과 다름이 없는 하나의 질권이다.

2. 권리질권의 목적

권리질권의 목적으로 되는 것은 양도성이 있는 재산권이다. 이를 나누어 설명한다.

(1) 먼저 재산권이어야 한다(345조).

(2) 양도할 수 있어야 한다(355조·331조). 양도할 수 없는 것은 환가하여 그것으로부터 우선변제를 받을 수 없기 때문이다.

(3) 부동산의 사용·수익을 목적으로 하는 권리가 아니어야 한다(345조 단서). 그리하여 지상권·전세권·부동산임차권 등은 목적이 될 수 없다.

(4) 그 밖에 소유권·지역권·광업권(광업법 11조) 등은 질권의 목적이 되지 못한다.

(5) 그러고 보면 권리질권의 목적이 되는 주요한 것은 채권(대판 2005. 12. 22, 2003다55059는 신탁법 42조에서 규정하고 있는 수탁자의 비용상환청구권은 권리질권의 목적이 될 수 있다고 한다)·주식·지식재산권임을 알 수 있다.

3. 권리질권의 설정방법

권리질권의 설정은 법률에 다른 규정이 없으면 그 권리의 양도에 관한 방법에 의하여야 한다(346조).

B-262

Ⅱ. 채권질권

1. 채권질권의 설정

(1) 채권질권의 목적

채권질권의 목적이 되는 것은 채권이다. 그런데 양도할 수 없는 채권은 목적이 될 수 없다(355조·331조).

채무자 이외의 자가 타인을 위하여 자신의 채권 위에 권리질권을 설정할 수도 있다. 이러한 자가 물상보증인이다.

⑵ **채권질권을 설정할 수 있는 채권**(피담보채권)

이는 동산질권에서와 같다.

⑶ **설정방법**

B-263

1) **민법의 태도** 채권질권도 권리질권이므로 그 설정은 채권의 양도방법에 의하여야 할 것이다(346조). 그런데 민법은 다른 한편으로 「채권을 질권의 목적으로 하는 경우에 채권증서가 있는 때에는 질권의 설정은 그 증서를 교부함으로써 그 효력이 생긴다」고 규정한다(347조). 그러나 이들 규정이 그대로 적용되는 것은 지명채권의 경우만이다. 지시채권·무기명채권에 대하여는 질권의 설정방법이 별도로 규정되어 있고(350조·351조), 이들 규정에는 증서 교부에 관한 내용도 포함되어 있기 때문이다.

2) **개별적인 검토**

㈎ **지명채권** 지명채권의 입질은 질권설정의 합의와 채권증서의 교부에 의하여 이루어진다.

질권설정의 합의는 그것 자체만으로 효력이 생기나, 그것을 가지고 제3채무자 기타의 제3자에게 대항하기 위하여서는, 질권설정자가 제3채무자에게 질권의 설정을 통지하거나 제3채무자가 이를 승낙하여야 하고, 특히 제3채무자 이외의 제3자에게 대항하기 위하여서는 이 통지나 승낙을 확정일자 있는 증서로써 하여야 한다(349조 1항·450조)(그리고 이 경우의 통지·승낙의 효과에 관하여는 451조가 준용된다(349조 2항)).

지명채권에 있어서 채권증서가 있으면 그 증서를 교부하여야 한다(347조). 채권증서가 없는 경우에는 증서를 교부하지 않아도 된다.

㈏ **지시채권** 질권설정의 합의와 증서의 배서·교부가 있어야 한다(350조).

㈐ **무기명채권** 질권설정의 합의와 증서의 교부가 있어야 한다(351조).

㈑ **사채**(社債) 사채에는 기명식과 무기명식이 있다(상법 480조). 그 가운데 기명사채는 지명채권의 일종이므로 그것의 입질에는 지명채권에 관한 규정이 적용된다(346조·347조). 다만, 상법은 입질의 대항요건에 관하여 특칙을 두고 있다(상법 479조).

㈒ **저당권부 채권** 저당권에 의하여 담보된 채권 위에 질권을 설정한 경우에는 그 저당권도 질권의 목적이 된다고 하여야 한다. 담보물권에는 부종성·수반성이 있기 때문이다. 그런데 그 저당권등기에 질권의 부기등기를 하여야 그 효력이 저당권에 미친다(348조. 부등법 76조 1항도 참조).

B-264

2. 채권질권의 효력

(1) 효력이 미치는 목적의 범위

1) 먼저 질권이 설정된 채권 즉 입질채권에 미친다. 주의할 것은, 피담보채권액이 입질채권액보다 적은 경우에도 입질채권 전부에 미친다는 점이다(대판 1972. 12. 26, 72다1941). 이는 담보물권에 불가분성이 있기 때문이다.

2) 입질채권이 이자가 있는 경우에는 그 이자에도 미친다(100조 2항). 그리하여 질권자는 이를 직접 추심하여 우선변제에 충당할 수 있다(353조 1항 2항 · 355조 · 343조 · 323조).

3) 채권질권의 효력은 입질채권의 지연손해금과 같은 부대채권에도 미친다(대판 2005. 2. 25, 2003다40668).

4) 입질채권이 보증채무나 담보물권에 의하여 담보되어 있는 때에는, 질권의 효력은 이들 종된 권리에도 미친다.

5) 채권질권에도 물상대위가 인정된다(355조 · 342조).

(2) 채권질권에 의하여 담보되는 범위

동산질권에서와 같다(355조 · 334조). 불가분성이 있다는 점도 동산질권과 마찬가지이다(355조 · 343조 · 321조).

(3) 유치적 효력

1) 채권질권자는 피담보채권 전부의 변제를 받을 때까지 교부받은 채권증서 또는 증권을 유치할 수 있다(355조 · 335조). 그러나 채권은 사용가치가 대단히 적어서 채권질권의 이러한 유치적 효력은 설정자에 대한 심리적인 압박감을 거의 주지 못한다.

2) 질권설정자는 질권자의 동의 없이 질권의 목적인 권리를 소멸하게 하거나(예: 추심 · 면제 · 상계) 질권자를 해하는 변경(예: 경개 · 변제기의 연장 · 이율의 인하)을 하지 못한다(352조).

B-265

(4) 우선변제적 효력

1) 서 설 앞에서 본 바와 같이, 채권질권자는 입질채권의 이자를 추심하여 우선변제에 충당할 수 있다(B-264 참조). 그러나 우선변제의 주된 방법은 입질채권 자체로부터 우선변제를 받는 것이다. 채권질권자가 질권을 실행하여 입질채권으로부터 우선변제를 받는 구체적인 방법은 두 가지이다. 채권의 직접청구와 민사집행법이 정하는 집행방법이 그것이다.

하나의 채권 위에 여러 개의 질권이 설정되어 있는 경우에 우선순위는 설정의 선후에 의한다(355조 · 333조).

2) 채권의 직접청구

(가) 질권자는 질권의 목적이 된 채권을 직접 청구할 수 있다(353조 1항). 여기의 「직접 청구할 수 있다」는 것은 제539조에서와 마찬가지로 채권자(질권설정자)를 통하지 않고 질권자

자신이 곧바로 청구를 할 수 있다는 것이다. 따라서 특별규정(353조 4항 참조)이 없다면 청구의 효과는 질권자에게 귀속함이 마땅하다. 이러한 사견에 의하면, 금전채권에 질권이 설정되어 있는 때에는 질권자는 그 채권을 직접 추심하여 자기채권의 변제에 충당할 수 있다. 판례도 같은 견지에 있다(대판 2005. 2. 25, 2003다40668).

(나) 채권의 목적물이 금전인 때에는 질권자는 자기 채권의 한도에서 직접 청구할 수 있다(353조 2항). 만일 금전채권인 입질채권의 변제기가 피담보채권(질권자의 채권)의 변제기보다 먼저 도래한 때에는, 질권자는 아직 직접 청구는 할 수 없으나, 제3채무자에 대하여 그 변제금액의 공탁을 청구할 수 있다(353조 3항 1문). 이 경우에 질권은 그 공탁금(정확하게는 입질채권의 채권자가 가지는 공탁금청구권) 위에 존재한다(353조 3항 2문).

(다) 채권의 목적물이 금전 이외의 물건인 때에는, 질권자는 그 변제를 받은 물건에 대하여 질권을 행사할 수 있다(353조 4항). 이 규정의 결과 채권질권은 이제는 동산질권으로 변하게 된다(민법상 부동산질권이 인정되지 않으므로, 부동산의 급부를 목적으로 하는 채권은 질권의 목적으로 될 수 없다고 하여야 한다).

(라) 채권의 목적이 물건의 인도가 아니고 「하는 급부」인 경우에 제353조가 적용되는지에 관하여는 논란이 있는데, 통설은 이를 긍정한다(사견은 부정설임).

3) **민사집행법이 정하는 집행방법** 채권질권자는 위에서 설명한 입질채권의 직접청구 외에 민사집행법에 정하여진 집행방법에 의하여 질권을 실행할 수도 있다(354조). 그 방법에는 채권의 추심, 전부(轉付), 현금화(환가)의 세 가지가 있다(민사집행법 273조 1항·3항, 223조 내지 250조 참조). 이들은 모두 질권의 실행에 의한 것이므로 판결이나 그 밖의 집행권원을 요하지 않고 질권의 존재를 증명하는 서류만 제출되면 개시된다(민사집행법 273조 1항). B-266

4) **유 질** 채권질권에 있어서도 유질계약은 금지된다(355조·339조). 그러나 입질채권이 금전채권인 때에는 그 채권액의 한도에서 그 채권을 변제에 갈음하여 질권자에게 귀속시키는 계약을 변제기 전에 하더라도 그 계약은 유효하다고 새겨야 한다(이설 없음). 왜냐하면 금전채권의 질권자는 그의 채권의 한도에서 직접 청구를 할 수 있는데(353조 2항), 위와 같은 계약은 실질적으로는 직접청구와 같기 때문이다.

(5) **그 밖의 효력**

1) **전 질** 채권질권자도 동산질권자와 마찬가지로 전질을 할 수 있다(B-256 이하 참조).

2) **채권질권의 침해에 대한 효력** 채권질권의 경우에도 채권증서 또는 증권을 점유하고 있는 채권질권자의 점유가 침해된 때에는, 질권자는 점유보호청구권을 행사할 수 있다. 그러나 질권에 기한 물권적 청구권은 가지지 못한다고 할 것이다(B-259 참조).

3) **채권질권자의 의무** 채권질권자는 교부받은 채권증서 또는 증권을 선량한 관리자의 주의로써 보관하고, 피담보채권이 소멸하는 때에는 이를 설정자에게 반환하여야 한다.

B-267

Ⅲ. 기타의 권리질권

1. 주식 위의 질권

주식은 양도할 수 있는 재산권이므로 질권의 목적이 될 수 있다. 이러한 주식질권은 상법에 의하여 규율되고 있으며(동법 338조 내지 340조 참조), 민법에는 전혀 규정이 없다.

2. 지식재산권 위의 질권

특허권(전용실시권 및 통상실시권 포함)(특허법 121조) 등의 지식재산권에는 질권을 설정할 수 있다.

제4절 저 당 권

제1관 서 설

B-268

Ⅰ. 저당권의 의의 및 사회적 작용

(1) 저당권의 의의

저당권(抵當權)은 채무자 또는 제3자(물상보증인)가 채무의 담보로 제공한 부동산 기타의 목적물을 인도받지 않고 단지 관념상으로만 지배하다가 채무의 변제가 없는 경우에 그 목적물로부터 우선변제를 받는 물권이다(356조).

저당권은 물질적인 지배를 직접 목적으로 하는 물질권(物質權)(용익물권)이 아니고, 목적물의 교환가치를 지배하는 가치권이다.

(2) 사회적 작용

저당권은 특히 기업이 그의 설비를 담보로 제공하고 금융을 얻는 수단으로 되고 있다(물론 일반인의 소비를 위한 금융수단이 되는 일도 많다). 그리고 이는 금융제공자의 입장에서 보면, 그가 이자의 형식으로 기업의 이윤의 분배에 참여함으로써 일종의 투자를 하는 것이 된다.

B-269

Ⅱ. 저당권의 법적 성질

1. 제한물권

저당권은 타인의 부동산이 가지는 가치 가운데 가치의 일부(교환가치)만의 지배를 목적으로 하는 제한물권이다. 그리하여 원칙적으로 타인의 부동산(또는 부동산물권) 위에 성립한다(혼동의 경우에는 예외이다. 191조 1항 단서 참조).

2. 담보물권

(1) 약정 담보물권

저당권은 목적물의 교환가치만을 지배하는 담보물권이다. 나아가 원칙적으로 당사자의 합의와 등기에 의하여 성립하는 약정 담보물권이다. 이 점에서 질권과 같고, 법정 담보물권인 유치권과 다르다.

저당권은 목적물로부터 우선변제를 받을 수 있는 권리이다. 이 점에서 저당권은 질권과 같고, 유치권과 다르다.

저당권에서는 설정자가 목적물을 저당권자에게 이전하지 않고 계속 점유·사용한다. 즉 유치적 효력이 없다. 이 점에서 저당권은 질권·유치권과 근본적으로 차이가 있다.

(2) 통 유 성

저당권은 담보물권으로서의 공통적인 특성(통유성)을 갖는다.

1) 피담보채권에 부종한다. 그리하여 계약의 불성립·무효 또는 취소에 의하여 피담보채권이 처음부터 성립하지 않거나 소급하여 성립하지 않았던 것으로 되는 때에는 저당권도 성립하지 않거나 소급하여 무효로 되고, 피담보채권이 변제·포기·혼동·면제 기타의 사유로 소멸하면 저당권도 소멸한다. 그리고 저당권은 피담보채권과 분리하여 처분하지 못한다(361조). 그러나 저당권에서의 부종성은 질권에서와 마찬가지로 다소 완화되며, 따라서 장래에 발생하는 채권을 담보하기 위하여서도 저당권이 설정될 수 있다(357조 참조).

2) 피담보채권에 수반한다. 그리하여 피담보채권이 상속·양도 등에 의하여 동일성을 잃지 않고 승계되는 때에는 저당권도 승계된다. 그러나 물상보증인이 설정한 저당권은 그의 동의가 없으면 수반하지 않는다.

3) 불가분성이 있다(370조·321조).

4) 물상대위성이 있다(370조·342조).

제 2 관 저당권의 성립

Ⅰ. 개 관

B-270

저당권은 당사자 사이의 저당권설정의 합의와 등기에 의하여 성립하는 것이 원칙이나, 부동산공사 수급인의 저당권설정청구권의 행사에 의하여 성립할 수도 있고(666조), 또 일정한 경우에는 법률규정에 의하여 당연히 성립하기도 한다(649조). 아래에서 저당권의 성립을 원칙적인 경우를 중심으로 하여 살펴보기로 한다.

Ⅱ. 저당권설정계약

저당권은 원칙적으로 당사자 사이의 저당권설정의 합의와 등기에 의하여 성립한다(186조).

1. 저당권설정계약의 성질

저당권설정계약의 성질에 관하여 학설은 i) 물권계약이라는 견해, ii) 저당권의 설정을 약정하는 채권계약으로서 보통 저당권설정 그 자체를 목적으로 하는 물권적 합의를 포함하고 있다는 견해(사견도 같음), iii) 채권계약이라는 견해로 나뉘어 있다.

한편 이러한 저당권설정계약은 실제에 있어서는 그 저당권에 의하여 담보되는 채권(피담보채권)을 발생하게 하는 계약(예: 금전소비대차계약)과 함께 행하여지는 것이 보통이다.

B-271

2. 계약의 당사자

당사자는 저당권을 취득하는 자(저당권자)와 저당권의 객체 위에 저당권을 설정하는 부동산 소유자 기타 객체의 귀속자(저당권설정자)이다.

(1) 저당권자는 피담보채권의 채권자에 한한다(이설 없음). 저당권은 담보물권으로서 부종성이 있기 때문이다. 판례는 원칙적으로는 채권자와 근저당권자가 동일인이어야 하나, 제3자를 저당권(근저당권)의 명의인으로 하는 데 대하여 채권자·채무자·제3자 사이에 합의가 있고 또 채권이 그 제3자에게 실질적으로 귀속되었다고 볼 수 있는 특별한 사정이 있는 경우에는 제3자 명의의 저당권(근저당권)설정등기도 유효하다고 한다(대판(전원) 2001. 3. 15, 99다48948; 대판 2011. 1. 13, 2010다69940 등).

(2) 저당권설정자는 피담보채권의 채무자인 것이 보통이겠으나, 제3자라도 무방하다(356조 참조). 그러한 제3자를 물상보증인이라고 한다(B-244 참조).

(3) 저당권설정계약이 유효하려면 설정자에게 처분권한이 있어야 한다.

B-272

Ⅲ. 저당권설정등기

(1) 저당권이 설정되려면 저당권설정의 합의라는 물권행위 외에 등기를 하여야 한다(186조). 등기사항은 채권자, 채권액, 채무자의 성명 또는 명칭과 주소 또는 사무소 소재지, 변제기, 이자 및 그 발생기·지급시기, 원본 또는 이자의 지급장소, 채무불이행으로 인한

손해배상에 관한 약정, 제358조 단서의 약정, 채권의 조건이다(부등법 75조 1항). 다만, 변제기 이하의 사항은 등기원인에 그 약정이 있는 경우에만 기록한다(부등법 75조 1항 단서).

판례에 의하면, 근저당권의 부종성에 비추어 저당권설정계약상의 채무자와 다른 자를 채무자로 하여 행하여진 근저당권설정등기는 그 피담보채무를 달리한 것이므로 무효라고 한다(대판 1981. 9. 8, 80다1468).

그리고 판례는, 저당권설정등기의 비용은 당사자 사이에 특별한 약정이 없으면 채무자가 부담함이 거래상의 원칙이라고 한다(대판 1962. 2. 15, 4294민상291).

(2) 저당권등기가 불법으로 말소된 경우(B-64 참조), 등기를 옮기면서 누락된 경우(B-64 참조), 무효로 된 등기를 유용하는 문제(B-74 참조)에 대하여는 앞에서 설명하였다.

Ⅳ. 저당권의 객체(목적)

B-273

저당권은 객체를 인도받아 점유하는 방법으로 공시하지 않는 물권이므로 등기 또는 등록할 수 있는 것만이 그 객체로 될 수 있다.

(1) 민법이 규정하는 객체

1) 부 동 산 　저당권의 객체는 원칙적으로 부동산이다(356조 참조). 즉 1필의 토지·1동의 건물이 저당권의 객체로 된다. 그리고 부동산의 공유지분 위에 저당권을 설정할 수 있다.

2) 지상권 · 전세권(371조)

(2) 민법 이외의 법률이 규정하는 객체

1) 입목법에 의하여 등기된 수목의 집단인 입목(입목법 3조 2항)

2) 광업권(광업법 11조)·어업권(수산업법 16조 2항)

3) 공장재단(「공장 및 광업재단 저당법」 3조 이하)·광업재단(「공장 및 광업재단 저당법」 52조 이하)

4) 특별사법인 상법이나 민사특별법에 의하여 저당권의 설정이 인정되어 있는 특수한 동산으로서 등기된 선박(상법 787조)·자동차(「자동차 등 특정동산 저당법」 3조) 등

Ⅴ. 저당권을 설정할 수 있는 채권(피담보채권)

B-274

(1) 일 반 론

저당권에 의하여 담보할 수 있는 채권(피담보채권)은 소비대차에 기한 금전채권이 보통일 것이나, 그 밖의 채권이라도 무방하다.

채권의 일부만을 위하여 저당권을 설정할 수도 있고, 또 복수의 채권에 관하여 1개의

저당권을 설정할 수도 있다.

(2) 장래의 채권

민법은 「장래의 불특정의 채권」을 담보하는 저당권인 근저당에 관하여는 명문의 규정을 두고 있으나(357조), 「장래의 특정한 채권」을 담보하는 저당권에 관하여는 직접적인 명문규정을 두고 있지 않다. 그렇지만 이를 인정하는 데 다툼이 없으며, 판례도 같다(대판 1993. 5. 25, 93다6362).

Ⅵ. 부동산공사 수급인의 저당권설정청구권

부동산공사 수급인은 보수청구권이라는 채권을 담보하기 위하여 그 부동산을 목적으로 하는 저당권의 설정을 청구할 수 있다(666조). 그런데 이 청구권이 행사되었다고 하여 저당권이 당연히 성립하는 것은 아니며, 도급인이 수급인의 청구에 응하여 등기를 하여야 비로소 성립한다(이설 없음).

Ⅶ. 법정저당권

민법은 예외적으로 일정한 요건 하에 법정저당권이 당연히 성립하는 경우를 한 가지 규정하고 있다. 「토지임대인이 변제기를 경과한 최후 2년의 차임채권에 의하여 그 지상에 있는 임차인 소유의 건물을 압류한 때」에 그렇다(649조).

제 3 관 저당권의 효력

B-275

Ⅰ. 저당권의 효력이 미치는 범위

1. 목적물의 범위

(1) 저당부동산 · 부합물 · 종물 · 과실(果實)

저당권의 효력은 저당부동산·부합된 물건·종물에 미친다(358조 본문). 그러나 법률에 특별한 규정이 있거나 설정행위에서 다른 약정을 한 때에는 다르다(358조 단서). 그리고 저당부동산으로부터 생기는 과실은 예외적으로만 효력이 미친다(359조).

1) 저당부동산 저당권의 효력이 저당권의 객체 자체에 미침은 당연하다.

2) 부 합 물 저당권의 효력은 저당부동산에 부합된 물건에 미친다(358조 본문). 여기의 부합은 제256조의 그것과 동일하다(B-172 이하 참조). 건물의 증축부분도 기존의 건물에 부합할 수

있으며, 그때에는 저당권의 효력이 거기에도 미친다(대판 2002. 10. 25, 2000다63110 등 다수).

부합의 시기가 저당권설정 전인가 후인가는 묻지 않는다(이설이 없으며, 판례도 같음. 대판 1972. 10. 10, 72다1437 참조).

저당권의 효력이 부합물에 미친다는 원칙에 대하여는 예외가 있다. 첫째로 당사자는 설정계약에 의하여 저당권의 효력이 부합물에 미치지 않는 것으로 정할 수 있다(358조 단서). 둘째로 법률에 특별한 규정이 있는 때에도 예외이다(358조 단서). 그 대표적인 예로는 제256조 단서가 있다.

B-276

3) 종 물 저당권의 효력은 저당부동산의 종물에도 미친다(358조 본문). 여기의 종물은 제100조가 규정하는 종물과 같다(A-323·324 참조). 종물도 부합물과 마찬가지로 그것이 저당권설정 전에 종물로 되었는가 그 후에 종물로 되었는가를 묻지 않는다(대결 1971. 12. 10, 71마757). 그리고 저당권의 효력이 종물에 미친다는 원칙도 반대의 특약이나 특별규정이 있는 때에는 적용되지 않는다(358조 단서).

저당권의 효력이 저당부동산의 종된 권리에도 미치는지가 문제되나, 제358조 본문을 유추적용하여 이를 긍정하여야 한다(이설이 없으며, 판례도 같음).

4) 과 실 저당권은 과실에는 그 효력이 미치지 않는다. 그렇지만 저당부동산에 대한 압류가 있은 후에 저당권설정자가 목적부동산으로부터 수취한 과실 또는 수취할 수 있는 과실에는 저당권의 효력이 미친다(359조 본문). 그러나 저당권자가 그 부동산에 대한 소유권·지상권 또는 전세권을 취득한 제 3 자에 대하여는 압류한 사실을 통지한 후가 아니면 이로써 대항하지 못한다(359조 단서). 그리고 여기의 과실은 천연과실·법정과실을 모두 포함한다(이설이 없으며, 판례도 같음. 대판 2016. 7. 27, 2015다230020).

5) 분리·반출된 부합물·종물 부합물이나 종물의 분리·반출이 정당한 권리행사에 기한 경우(예: 정원의 수목의 이식)에는 그 분리된 부합물 등에 저당권의 효력이 미치지 않는다.

B-277

(2) 물상대위

저당권에 있어서도 질권에서와 마찬가지로 물상대위가 인정된다(370조·342조). 즉 저당권은 저당부동산의 멸실·훼손 또는 공용징수로 인하여 저당권설정자가 받을 금전 기타 물건에 대하여도 이를 행사할 수 있다. 그런데 이 경우에는 그 지급 또는 인도 전에 압류하여야 한다.

여기서 물상대위가 인정되는 대표물은 저당부동산의 멸실·훼손·공용징수로 인하여 저당권설정자가 받을 금전 기타의 물건이다(370조·342조 1문). 보험금·손해배상·수용보상금 등이 그 예이다. 그러나 금전과 같은 구체적인 물건이 아니고 그에 대한 청구권이 대위의 목적이 된다(보험금청구권이 물상대위권의 객체라는 판결: 대판 2004. 12. 24, 2004다52798).

저당권자가 물상대위권을 행사하려면, 저당권설정자가 금전 기타의 물건을 지급 또는 인도받기 전에 압류하여야 한다(370조·342조 2문). 만약 저당권자(또는 근저당권자)가 위 금전이나 물건의 인도청구권을 압류하기 전에 토지의 소유자가 그 인도청구권에 기하여 금전 등을 수령한 경우에는 저당권자(또는 근저당권자)는 더 이상 물상대위권을 행사할 수 없다(대판 2015. 9. 10, 2013다216273 등). 이와 같이 압류를 요구하는 것은 대표물의 특정성을 유지하여 제3자에게 예측하지 못한 손해를 입히지 않도록 하기 위하여서이다. 따라서 압류는 반드시 대위권을 행사하는 저당권자가 할 필요가 없고, 다른 채권자가 압류하였어도 무방하다(대판 2002. 10. 11, 2002다33137 등).

B-278

2. 저당권에 의하여 담보되는 범위

(1) 제360조

저당권은 원본·이자·위약금·채무불이행으로 인한 손해배상 및 저당권의 실행비용을 담보하되, 지연배상에 대하여는 저당권의 행사범위가 제한된다(360조).

저당권에 의하여 담보되는 범위를 나누어 설명한다.

1) 원 본 여기의 원본은 원본채권이다. 원본채권은 저당권을 설정하여 담보하려고 한 본래의 채권이며, 그것이 곧 피담보채권이다.

2) 이 자 이자를 발생하게 하는 특약이 있는 때에는 이자 및 그 발생기·지급시기·지급장소를 등기하여야 한다(부등법 75조 1항 4호). 민법은 저당권의 효력이 미치는 이자의 범위를 제한하지 않고 있다. 따라서 이자채권은 저당권에 의하여 무제한으로 담보된다. 다만, 변제기 이후에는 지연배상으로 되어 그에 대한 제한규정의 적용을 받게 될 것이다.

3) 손해배상청구권 채무불이행으로 인한 손해배상 즉 지연배상(지연이자)도 저당권에 의하여 담보되나, 그것은 원본의 이행기일을 경과한 후의 1년분에 한한다(360조 단서).

지연이자는 원본채무의 불이행이 있으면 법률상 당연히 발생하기 때문에, 그 등기는 필요하지 않다. 그리고 약정이자에 관하여 등기가 있으면, 그 이율에 의한 지연이자를 담보하게 된다. 그러나 약정이율의 등기가 없는 때에는 법정이율에 의한 이자를 담보한다(397조 1항).

4) 위 약 금 위약금의 특약이 있고 그에 관하여 등기가 되어 있으면 그것도 저당권에 의하여 담보된다. 위약금이 손해배상액의 예정인지는 묻지 않는다(398조 4항 참조).

5) 저당권의 실행비용 저당권의 실행에는 부동산 감정비용·경매신청 등록세 등의 비용도 담보한다. 그리고 이 비용에 관하여는 등기가 요구되지 않는다. 민사집행법에 따르면 이 비용은 매각대금으로부터 우선적으로 변제받게 된다(민사집행법 53조 참조).

(2) 불가분성

저당권도 불가분성이 있어서 저당권자는 채권 전부의 변제를 받을 때까지 저당부동산 전부에 관하여 그 권리를 행사할 수 있다(370조·321조).

Ⅱ. 우선변제적 효력

B-279

1. 저당권자가 변제를 받는 모습

(1) 저당권에 기하여 우선변제를 받는 경우

1) 저당권자가 우선변제를 받는 방법 가운데 가장 전형적인 것은 저당권자 자신이 저당권을 실행하여 변제받는 것이다. 그 구체적인 방법은 뒤에 따로 보기로 한다(B-281·282 참조).

2) 저당권자가 직접 저당권을 실행하지 않고서도 목적물로부터 우선변제를 받는 때가 있다. 저당부동산에 대하여 일반채권자가 강제집행을 하거나 저당부동산의 전세권자가 경매를 신청하는 경우, 또는 후순위저당권자가 저당권을 실행하는 경우에 그렇다. 그러한 경우에 저당권자는 강제집행이나 경매를 막지 못하며, 그가 가지는 우선순위에 따라서 매각대금으로부터 당연히 변제를 받을 수 있을 뿐이다(민사집행법 268조·91조 2항·145조 참조).

(2) 단순히 채권자로서 변제를 받는 경우

1) 저당권자가 직접 청구하거나 또는 타인에 의하여 청구된 경매절차에서 저당부동산의 매각대금으로부터 배당을 받았지만 채권을 완전히 변제받지 못한 경우에는, 저당권자의 나머지의 채권은 무담보의 채권으로 존속하게 된다. 그리하여 저당권자는 이제는 그 나머지의 채권에 관하여 단순한 채권자로서 채무자의 일반재산에 대하여 강제집행을 하거나(이때는 집행권원이 필요함) 또는 타인이 집행을 하는 경우에 배당에 가입할 수 있다.

2) 저당권에 있어서도 질권에서와 마찬가지로, 저당권자가 저당목적물에 대하여 저당권을 실행하지 않고 처음부터 채무자의 일반재산에 대하여 먼저 집행할 수 있는지가 문제된다(물론 집행권원을 얻은 경우이다). 민법은 질권의 경우에서처럼 그에 대하여 제한을 가하고 있다(370조·340조). 그에 의하면, 저당권자는 저당부동산에 의하여 변제받지 못한 부분의 채권에 관하여서만 일반재산에 대하여 집행할 수 있으며, 그에 위반한 때에는 일반채권자는 이의를 제기할 수 있다(370조·340조 1항). 그러나 채무자는 이의를 제기하지 못한다(이설 없음. 그리고 질권에 관한 B-254도 참조).

2. 저당권자의 우선적 지위(우선순위)

B-280

(1) 일반채권자에 대한 관계

저당권자는 일반채권자에 우선한다. 다만, 주택임대차보호법상 일정한 요건을 갖춘 주택의 임차인·미등기 전세권자는 저당권자에 우선한다(동법 8조·12조·3조의 2).

(2) 전세권자에 대한 관계

이에 관하여는 전세권을 설명하면서 이미 살펴보았다(B-229 참조).

(3) 유치권자에 대한 관계

유치권은 우선변제력이 없으므로 이론상으로는 저당권과의 우열의 문제가 생기지 않는다. 그러나 유치권자는 채권의 변제를 받을 때까지 목적물을 유치할 수 있어서 사실상 우선변제를 받게 된다.

(4) 다른 저당권자에 대한 관계

동일한 부동산 위에 여러 개의 저당권이 설정되어 있는 경우에 그 순위는 설정의 선후, 즉 설정등기의 선후에 의한다(370조·333조). 그리하여 후순위저당권자는 선순위저당권자가 변제받은 나머지에 관하여만 우선변제를 받을 수 있다. 경매가 후순위저당권자의 신청에 의하여 행하여진 때에도 같다.

한편 우리 법상 선순위의 저당권이 변제 기타의 사유로 소멸하면 후순위의 저당권은 그 순위가 승진한다. 이를 순위승진의 원칙이라고 한다.

(5) 국세우선권과의 관계

국세·강제징수비는 다른 공과금이나 그 밖의 채권에 우선하여 징수한다(국세기본법 35조 1항 본문). 그리하여 국세 등은 원칙적으로 저당권에 의하여 담보된 채권에도 우선한다. 다만, 저당권이 국세의 「법정기일」(과세표준과 세액의 신고에 따라 납세의무가 확정되는 국세는 그 신고일이고(국세기본법 35조 2항 1호), 과세표준과 세액을 정부가 결정·경정 또는 수시부과 결정을 하는 경우 고지한 해당 세액은 그 납세고지서의 발송일임(국세기본법 35조 2항 2호). 그 밖의 국세에 대해서는 국세기본법 35조 2항 3호-7호 참조) 전에 등기된 때에는 저당채권이 국세에 우선하게 된다(국세기본법 35조 1항 3호). 그런데 그 재산에 대하여 부과된 상속세·증여세·종합부동산세는 그러한 저당채권에도 우선한다(국세기본법 35조 3항). 그리고 이러한 취지의 규정은 지방세에 관하여도 두어져 있다(지방세기본법 71조 1항 3호).

(6) 파산채권자에 대한 관계

저당부동산의 소유자가 파산한 때에는, 저당권자는 별제권을 갖는다(채무자회생법 411조).

B-281 Ⅲ. 저당권의 실행

1. 서 설

저당권자가 저당권의 목적물을 매각·현금화하여 그로부터 그의 채권을 변제받는 것을 가리켜 저당권의 실행이라고 한다. 저당권의 실행은 원칙적으로는 민사집행법이 정하는 담보권 실행경매에 의하게 되나, 당사자의 약정에 의하여 행하여질 수도 있다(유저당).

2. 담보권 실행경매

(1) 의 의

담보권 실행경매란 유치권·질권·저당권 등의 담보권의 실행을 위한 경매를 가리킨다. 담보권 실행경매의 절차는 민사집행법이 정하고 있다(동법 264조 내지 275조). 이 경매의 경우에는 일반채권자에 의한 경매 즉 통상의 강제경매(민사집행법 80조 내지 162조)에서와 달리 확정판결과 같은 집행권원(민사집행법 24조·56조)이 필요하지 않다(민사집행법 80조 3호·264조).

(2) 요 건

1) 먼저 저당권이 존재하여야 한다. 따라서 경매를 신청할 때 담보권이 있다는 것을 증명하는 서류(확정판결·공정증서·등기사항증명서 등)를 제출하여야 한다(민사집행법 264조 1항·273조 1항).

2) 다음에 피담보채권이 존재하고 그 이행기가 되었어야 한다. 정확하게 말하면 채무자가 이행지체에 빠졌어야 한다.

(3) 절 차

담보권 실행경매의 절차는 민사집행법이 규정하고 있다. 그에 의하면 경매절차는 ① 경매의 신청, ② 경매개시결정, ③ 매각, ④ 대금의 납부와 배당의 순으로 진행된다.

(4) 매각의 효과(매각허가결정의 효력)

B-282

1) 매수인의 권리취득 담보권 실행경매에 의하여 매수인(경락인)은 저당권의 목적이 되는 권리 즉 소유권·지상권·전세권을 취득한다. 그리고 저당부동산에 부합된 물건과 종물의 소유권도 취득한다. 저당권은 이들 물건에도 효력이 미치기 때문이다(358조 본문. 다만, 주물 소유자가 아닌 자의 물건은 종물이 아니어서 그것의 소유권은 취득하지 못한다. 대판 2008. 3. 13, 2006다29372·29389). 권리를 취득하는 시기는 매수인이 매각대금을 모두 지급한 때이다(민사집행법 268조·135조).

2) 매각목적물 위의 다른 권리 매각부동산 위에 설정된 저당권은 부동산의 매각으로 소멸한다(민사집행법 268조·91조 2항). 그리고 지상권·지역권·전세권·등기된 임차권은 저당권에 대항할 수 없는 경우에는 매각으로 소멸한다(민사집행법 268조·91조 3항). 지상권 등이 저당권에 대항할 수 있는지 여부는 그 성립시기(설정등기를 한 때)에 의하여 결정된다. 그리하여 최우선순위의 저당권보다 후에 성립한 용익권은 모두 소멸한다. 그러나 최우선순위의 저당권보다 먼저 성립한 지상권·지역권·전세권·등기된 임차권은 소멸하지 않으며, 이들 권리는 매수인이 인수한 것으로 된다. 다만, 전세권의 경우에 전세권자가 배당요구를 한 때에는 예외적으로 매각으로 전세권이 소멸한다(민사집행법 268조·91조 4항).

경우에 따라서는 매수인이 법정지상권을 취득하거나 또는 법정지상권의 부담을 질 수도 있는데, 그에 관하여는 뒤에 따로 설명한다(B-285 이하 참조).

3) 인도명령 경매된 부동산의 점유자가 매수인에게 그 부동산을 인도하지 않는 경우에, 법원은 매수인이 대금을 낸 뒤 6개월 이내에 신청하면 채무자·소유자 또는 부동산점유자에 대하여 부동산을 매수인에게 인도하도록 명할 수 있다(민사집행법 268조·136조 1항 본문).

3. 유저당(流抵當)

B-283

(1) 의 의

저당권으로 담보된 채무의 변제기가 되기 전에(변제기가 된 후에 약정을 한 것은 일종의 대물변제의 합의로 될 것이다), 저당채무의 불이행이 있으면 저당부동산의 소유권(또는 저당권의 목적인 지상권·전세권)을 저당권자가 취득하는 것으로 하거나 또는 법률이 정하지 않은 방법(즉 담보권 실행경매 이외의 방법)으로 저당부동산을 환가 내지 현금화하기로 약정하는 것이 유저당계약이고, 그러한 방법에 의한 저당권의 실행이 유저당이다. 민법은 이러한 유저당에 관하여 명문의 규정을 두고 있지 않다(유질계약 금지에 관한 339조 참조). 그런데 유저당에 의하면 저당권자가 피담보채권 이상의 이익을 얻을 수도 있다. 따라서 그것의 유효 여부가 문제된다.

유저당계약에는 저당권의 목적물의 소유권을 저당권자에게 귀속시키는 것과 목적물을 임의의 방법으로 현금화하는 것의 두 가지가 있다. 앞의 것은 저당권을 설정하면서 대물변제의 예약을 하는 것이다. 유저당의 두 가지 방법을 차례로 보기로 한다.

(2) 대물변제예약을 하는 경우

1) 저당권을 설정하면서 당사자 사이에 채무자가 변제기에 채무를 변제하지 못하면 그 채무의 변제에 갈음하여 부동산의 소유권을 채권자에게 이전하기로 하는 이른바 대물변제의 예약을 하는 경우가 있다. 그리고 그러한 경우 가운데에는 아울러 그 대물변제의 예약을 원인으로 하는 소유권이전청구권을 보전하기 위하여 가등기를 하는 때가 있는가 하면, 가등기를 하지 않고 소유권이전등기에 필요한 서류를 교부받고 있거나 아무런 후속조치를 취하지 않고 있는 때도 있다. 이들 중 앞의 경우에는 가등기담보라는 일종의 담보권을 설정한 것으로 되어 거기에는 「가등기담보 등에 관한 법률」이 적용되며, 따라서 당연히 청산의 절차를 밟아야만 한다(동법 3조 이하 참조). 그에 비하여 가등기가 없는 뒤의 경우에는 가등기담보법이 적용될 수가 없으며, 민법 제607조·제608조에 의하여 그 유효 여부가 결정되어야 한다.

2) 이 뒤의 경우에 대물변제예약은 유효한가? 여기에 관하여 판례는 대물변제의 예약이 제607조·제608조의 적용을 받아서 그 효력이 없는 경우라도 특별한 사정이 없으면 당사자 사이에 약한 의미의 양도담보계약(소유권이 대외적으로만 이전하는 양도담보)을 함께 맺은 취지로 보아야 할 것이라고 한다(대판 1999. 2. 9, 98다51220 등 다수). 그리고 판례는 약한 의미의 양도담보가 약정된 경우에는 채권자가 채무의 변제기 후에 반드시 담보권실행을 위한 정산절차를 거쳐야 하는 것으로 새긴다(대판 1998. 4. 10, 97다4005).

(3) 임의환가의 약정

유저당의 또 하나의 방법은 저당권의 목적물을 담보권 실행경매 이외의 방법으로 제3자에게 매각하여 변제를 받는 것이다. 대물변제예약에 의한 유저당의 유효성을 인정하는 이상, 이러한 임의환가의 유저당도 유효하다고 할 것이다(이설 없음).

Ⅳ. 저당권과 용익관계

B-284

1. 서 설

저당권의 실행과 관련하여 목적물의 용익관계를 살펴볼 필요가 있다. 구체적으로는 ① 저당권 실행경매의 경우에 용익권이 소멸하는지 여부(저당권과 용익권의 관계), ② 법정지상권, ③ 저당권자의 토지·건물 일괄경매권, ④ 저당부동산(또는 기타의 객체)의 제3취득자의 지위 등이 그것이다.

2. 저당권과 용익권의 관계

저당권이 실행된 경우에 용익권(지상권·지역권·전세권·등기된 임차권 등)이 소멸하는지에 관하여는 앞에서 이미 설명하였다(B-282 참조).

3. 법정지상권(제366조에 의한 법정지상권)

B-285

(1) 의 의

제366조에 의한 법정지상권은 토지와 그 지상건물이 동일인에게 귀속하는 경우에 토지와 건물 중 어느 하나 또는 둘 모두에 저당권이 설정된 후 저당권의 실행으로 경매됨으로써 토지와 건물의 소유자가 다르게 된 때에 건물의 소유자에게 당연히 인정되는 지상권을 말한다. 동일인의 소유에 속하는 토지 및 그 지상건물에 대하여 공동저당권이 설정되었으나 그중 하나에 대하여만 경매가 실행되어 소유자가 달라지게 된 경우에도 이 법정지상권이 성립할 수 있다(대판 2013. 3. 14, 2012다108634).

(2) 성립요건

B-286

1) **저당권설정 당시에 건물이 존재할 것** 제366조는 저당권의 설정 당시에 건물이 존재하고 있을 것을 명문으로 요구하지 않는다. 그렇지만 통설은 저당권설정 당시부터 토지 위에 건물이 존재하는 경우에만 법정지상권의 성립을 인정한다(사견도 같음). 판례도 통설과 같다(대결 1995. 12. 11, 95마1262 등).

토지 위에 여러 개의 저당권이 설정된 경우에는 가장 선순위의 저당권이 설정될 당시에 건물이 존재하였어야 한다.

그런데 그 건물은 저당권설정 당시에 실제로 존재하고 있었으면 충분하며, 반드시 보존등기가 되어 있어야 하는 것은 아니다. 그리하여 무허가 건물이나 미등기 건물이라도 법정지상권이 성립한다(이설이 없으며, 판례도 같음. 대판 1964. 9. 22, 63아62). 그리고 판례는 저당권이 설정될 당시에 건물이 건축 중이었고 그것이 사회관념상 독립된 건물로 볼 수 있는 정도에 이르지 않았더라도 건물의 규모·종류가 외형상 예상할 수 있는 정도까지 진전되어 있는 경우에는 법정지상권의 성립을 인정한다(대판 2011. 1. 13, 2010다67159 등 다수).

건물이 있는 토지에 저당권을 설정한 후에 건물을 개축·증축한 경우 또는 건물이 멸실되거나 철거된 뒤 재건축한 경우에도 법정지상권이 성립하는가? 여기에 관하여 학설은 긍정하는 데 다툼이 없으나(사견은 통설과 다름. 물권법 [221] 참조), 다만 재건축의 경우에 관하여 i) 구 건물을 기준으로 하여 법정지상권을 인정하여야 한다는 견해와 ii) 새 건물을 기준으로 하여야 한다는 견해로 나뉘어 있다. 그리고 판례는 종래 저당권설정 당시 건물이 존재한 이상 그 이후 건물을 개축·증축하는 경우는 물론이고 재건축된 경우에도 법정지상권이 성립하며, 이때 법정지상권의 내용인 존속기간·범위 등은 구 건물을 기준으로 하여 그 이용에 일반적으로 필요한 범위 내로 제한된다고 하였다(대판 2001. 3. 13, 2000다48517 등 다수). 그럼에 있어서 토지와 그 위의 건물 중 어느 하나에만 저당권이 설정되었는가(단독저당) 아니면 둘 모두에 설정되었는가(공동저당)는 묻지 않았다. 그리고 재건축의 경우에 새 건물과 구 건물 사이에 동일성이 있거나 소유자가 동일할 필요도 없다고 한다(대판 2001. 3. 13, 2000다48517 등). 그런데 그 후 대법원은 전원합의체 판결에 의하여 공동저당에 관하여는 예외를 인정하였다. 그에 의하면, 동일인의 소유에 속하는 토지 및 그 지상건물에 관하여 공동저당이 설정된 후 그 지상건물이 철거되고 새로 건물이 신축된 경우에는, 토지의 저당권자에게 신축건물에 관하여 토지의 저당권과 동일한 순위의 공동저당권을 설정해 주는 등 특별한 사정이 없는 한, 그 신축건물을 위한 법정지상권이 성립하지 않는다고 한다(대판(전원) 2003. 12. 18, 98다43601[핵심판례 166면]).

B-287 2) 소유자의 동일성

(가) 제366조는 「저당물의 경매로 인하여 토지와 그 지상건물이 다른 소유자에 속한 경우」에 법정지상권의 성립을 인정하고 있어, 그 법문에 의하면 토지와 지상건물의 소유권이 경매 당시에만 동일하면 되는 것처럼 보인다. 그러나 그러한 해석은 옳지 않으며, 다음과 같이 새겨야 한다.

(나) 우선 저당권이 설정될 당시에 토지와 건물이 동일한 소유자에게 속하고 있었어야 한다.

(다) 토지와 건물이 저당권설정 당시에 동일인의 소유에 속하였으면 충분하며, 경매가 행하여질 때까지 그래야 할 필요는 없다. 그리하여 저당권설정 후에 토지와 건물 가운데 어느 하나를 제3자에게 양도한 경우에도 법정지상권은 성립한다고 하여야 한다(대판 1999. 11. 23, 99다52602).

(라) 우리 대법원은, 미등기 건물을 그 대지와 함께 매수한 사람이 그 대지에 관하여만 소유권이전등기를 넘겨받고 건물에 대하여는 그 등기를 이전받지 못하고 있다가, 대지에 대하여 저당권을 설정하고 그 저당권의 실행으로 대지가 경매되어 다른 사람의 소유로 된 경우에는, 그 저당권의 설정 당시에 이미 대지와 건물이 각각 다른 사람의 소유에 속

하고 있었으므로 법정지상권이 성립될 여지가 없다고 한다(대판(전원) 2002. 6. 20, 2002다9660 등 다수).

3) **저당권의 설정** 토지와 건물 중 어느 하나에 또는 둘 모두에 저당권이 설정되어야 한다. 둘 가운데 어느 것에도 저당권이 설정되지 않은 때에는 판례가 인정하는 관습법상의 법정지상권이 성립할 수는 있으나, 제366조에 의한 법정지상권은 성립하지 않는다. B-288

4) **경매로 소유자가 달라질 것** 제366조에 의한 법정지상권이 성립하는 전형적인 경우는 저당권자의 신청으로 담보권 실행경매가 된 때이다. 그 외에 통상의 강제경매가 행하여진 때도 포함되는가에 관하여는, 학설은 i) 긍정설과 ii) 부정설로 나뉘어 있다(사견은 물권법 [223] 참조). 그리고 판례는 그때에는 관습법상의 법정지상권의 성립을 인정한다(B-206 참조).

여기의 법정지상권이 성립하려면 경매로 인하여 토지와 건물의 소유자가 달라져야 한다. 토지와 건물의 소유자가 동일인이 아니면 되고, 어느 것의 소유자가 달라졌는지, 설정 당시의 소유자인지 아닌지 등은 묻지 않는다.

(3) 성립시기와 등기

B-289

1) 제366조에 의한 법정지상권이 성립하는 시기는 토지나 건물의 경매로 그 소유권이 경매의 매수인에게 이전하는 때이다. 따라서 구체적으로는 매수인이 매각대금을 모두 지급한 때에 법정지상권이 성립한다.

2) 법정지상권의 성립은 제187조에 의한 물권변동이다. 그러므로 법정지상권이 성립하기 위하여 등기가 행하여질 필요는 없다. 그리고 법정지상권을 취득한 건물소유자는 등기가 없이도 법정지상권을 취득할 당시의 토지소유자에 대하여는 물론이고 그로부터 토지소유권을 양수한 제 3 자에 대하여도 법정지상권을 주장할 수 있다(대판 1967. 6. 27, 66다987). 또한 법정지상권을 취득한 자는 토지소유자에 대하여 지상권설정등기를 청구할 수 있다. 법정지상권이 성립한 후 토지가 제 3 자에게 양도된 때에는 그 양수인에 대하여 등기청구권을 가진다.

이와 같이 법정지상권을 처음에 취득한 자는 등기 없이 토지소유자나 그 전득자에게 그 권리를 주장할 수 있으나, 그 권리를 처분하려면 제187조 단서에 의하여 먼저 자신의 명의로 지상권설정등기를 하여야 한다. 만일 법정지상권을 취득한 건물소유자가 법정지상권의 등기 없이 건물만을 타인에게 양도한 경우에 건물양수인은 법정지상권을 취득하는가? 여기에 관하여 학설은 i) 부정설(사견도 같음)과 ii) 긍정설로 나뉘어 있다. 판례는 제366조에 의한 법정지상권은 건물소유권의 종속적인 권리가 아니라고 하면서 부정설을 취한다(대판 1982. 10. 12, 80다2667 등). 즉 법정지상권의 등기가 있어야만 법정지상권을 취득하고 토지소유자에 대하여 토지의 사용수익권을 주장할 수 있다는 것이다. 다만, 판례는 법정지상권을 취득한 건물소유자가 법정지상권 설정등기를 하지 않고 건물을 양도한 경우에는, 특별한 사정이 없는 한, 건물양수인은 건물양도인을 순차 대위하여 토지소유자에 대하여 법정지상권 설정등기 절차이행을 구할 수 있다고 한다(대판(전원) 1985. 4. 9, 84다카1131 · 1132; 대판 1996. 3. 26, 92다45545 등 다수).

법정지상권자로부터 건물을 양수하는 경우와 달리 그로부터 경매에 의하여 건물의 소유권을 이전받는 경매의 매수인은 경매에 의하여 법정지상권까지 당연히 취득하게 되며, 그는 법정지상권의 등기가 없이도 토지를 전득한 자에 대하여 법정지상권을 주장할 수 있다(대판 1985. 2. 26, 84다카1578 · 1579 등).

한편 법정지상권을 취득하지 못한 건물양수인에 대하여 토지소유자가 건물의 철거를 청구할 수 있는가? 여기에 관하여 판례는 과거에는 이를 인정하였으나(대판 1982. 10. 12, 80다2667), 그 후 전원합의체 판결에 의하여 이를 허용하지 않는 쪽으로 판례를 변경하였다. 그 판결은, 미등기의 법정지상권자로부터 건물소유권 및 법정지상권을 양수한 자는 채권자대위에 의하여 전의 건물소유자들을 순차대위하여 지상권설정등기 및 이전등기를 청구할 수 있으므로, 토지소유자가 건물양수인을 상대로 건물철거를 구하는 것은 지상권의 부담을 용인하고 설정등기 절차를 이행할 의무 있는 자가 그 권리자를 상대로 청구하는 것이어서 신의성실의 원칙상 허용될 수 없다고 한다(대판(전원) 1985. 4. 9, 84다카1131 · 1132[핵심판례 168면]).

나아가 판례에 의하면, 법정지상권 있는 건물의 양수인으로서 장차 법정지상권을 취득할 지위에 있어 대지소유자의 건물철거나 대지인도 청구를 거부할 수 있는 지위에 있는 자라고 할지라도 그 대지의 점거 사용으로 얻은 실질적 이득은 이로 인하여 대지소유자에게 손해를 끼치는 한에 있어서는 부당이득으로서 이를 대지소유자에게 반환할 의무가 있다고 한다(대판 1997. 12. 26, 96다34665 등). 그리고 이러한 임료 상당의 부당이득의 반환청구까지도 신의성실의 원칙에 반한다고 볼 수는 없다고 한다(대판 1988. 10. 24, 87다카1604).

B-290 (4) 효 력

1) 법정지상권의 범위는 해당 건물의 대지에 한정되지 않으며 건물로서 이용하는 데 필요한 한도에서 대지 이외의 부분에도 미친다(이설이 없으며, 판례도 같음. 대판 1977. 7. 26, 77다921).

2) 법정지상권의 존속기간에 관하여는 견해가 대립하는데, 다수설은 제281조의 기간을 정하지 않은 지상권으로 보아 동조 제1항에 의하여 제280조가 정하는 최단존속기간으로 보아야 한다는 입장이다(사견도 같음). 그리고 판례는 다수설과 같다(대판 1992. 6. 9, 92다4857).

3) 지료는 우선 당사자의 협의에 의하여 결정하게 되나, 협의가 성립하지 않는 경우에는 당사자의 청구에 의하여 법원이 정한다(366조 단서).

4) 판례에 의하면, 법정지상권은 건물의 소유에 부속되는 종속적인 권리가 아니고 하나의 독립된 법률상의 물권이므로 건물의 소유자가 건물과 법정지상권 중 어느 하나만을 처분하는 것도 가능하다고 한다(대판 2001. 12. 27, 2000다1976 등).

4. 일괄(一括)경매권

B-291

(1) 의의 및 취지

토지를 목적으로 저당권을 설정한 후 그 설정자가 그 토지에 건물을 축조한 때에는 저당권자는 토지와 함께 그 건물에 대하여도 경매를 청구할 수 있다(365조). 이것이 토지저당권자의 일괄경매권이다.

(2) 요 건

1) 일괄경매권은 토지에 저당권이 설정된 후에 건물이 축조된 경우에만 인정된다. 저당권이 설정되기 전에 건물이 축조된 때에는 법정지상권의 인정 여부만이 문제된다.

2) 건물을 저당권설정자가 축조하여 소유하고 있어야 한다(대결 1999. 4. 20, 99마146 등). 토지와 그 지상건물의 소유자가 이에 대하여 공동저당권을 설정한 후 건물을 철거하고 그 토지상에 새로이 건물을 축조하여 소유하고 있는 경우에는 일괄경매를 청구할 수 있다(대결 1998. 4. 28, 97마2935). 그러나 저당권설정 후 토지를 양수한 자가 건물을 축조한 때에는 일괄경매권이 없다.

3) 일괄경매의 요건이 갖추어졌다고 하여 저당권자가 반드시 일괄경매를 신청하여야 하는 것은 아니다. 즉 일괄경매권은 저당권자의 권능이지 의무가 아니므로, 그는 특별한 사정이 없는 한 일괄경매를 신청하지 않을 수도 있다(대판 1977. 4. 26, 77다77 등).

그리고 저당권의 목적인 토지만을 경매하여도 그 대금으로부터 충분히 피담보채권의 변제를 받을 수 있을 경우에도 일괄경매를 청구할 수 있다(이설이 없으며, 판례도 같음. 대판 1961. 3. 20, 4294민재항50).

(3) 효 력

일괄경매를 하는 경우에도 저당권의 우선변제적 효력은 건물에는 미치지 않으므로, 저당권자는 건물의 매각대가로부터는 우선변제를 받지 못한다(365조 단서).

5. 제 3 취득자의 지위

B-292

(1) 서 설

저당부동산의 제 3 취득자란 저당부동산의 양수인이나 저당부동산에 대하여 지상권·전세권을 취득한 제 3 자를 말한다(지상권·전세권에 저당권이 설정된 경우의 양수인도 같이 다루어야 한다. 371조 참조). 이러한 제 3 취득자는 채무자의 변제가 없어서 저당권이 실행되면 자신의 권리를 송두리째 잃게 된다. 이와 같이 제 3 취득자는 불안정한 지위를 가지기 때문에 민법은 그러한 제 3 자를 보호하기 위하여 다음과 같은 특별규정을 두고 있다.

(2) 경매의 매수인

저당부동산(기타 객체)의 제 3 취득자는 저당권을 실행하는 경매에 참가하여 매수인이 될 수 있다(363조 2항).

B-293

(3) 제3취득자의 변제

저당부동산(기타 객체)의 제3취득자는 저당권자에게 그 부동산으로 담보된 채권을 변제하고 저당권의 소멸을 청구할 수 있다(364조).

1) 본래 채무의 변제는 원칙적으로 제3자도 할 수 있으며(469조 1항), 특히 저당부동산의 제3취득자는 변제에 이해관계 있는 제3자이므로 채무자의 의사에 반하여서도 변제할 수 있다(469조 2항). 그러므로 제3취득자의 변제를 인정하는 특별규정이 없더라도 제3취득자는 저당채무를 변제하여 저당권을 소멸시킬 수 있다. 그럼에도 불구하고 특별규정(364조)을 둔 이유는, 제3취득자의 변제의 범위를 제360조가 정하는 범위의 금액만에 한정하려는 데 있다(통설도 같음). 그리하여 제3취득자는 지연배상은 단순한 제3자처럼 그 전부를 변제할 필요가 없고, 원본의 이행기일을 경과한 후의 1년분만을 변제하면 된다.

2) 변제할 수 있는 제3취득자는 경매신청 전 또는 경매개시결정 전에 소유권·지상권·전세권을 취득한 자에 한하지 않으며, 경매개시 후에 소유권 등을 취득한 자도 포함한다(대결 1974. 10. 26, 74마440). 그러나 근저당부동산에 대하여 후순위저당권을 취득한 자는 여기의 제3취득자에 해당하지 않는다(대판 2013. 2. 15, 2012다48855 등).

3) 제3취득자의 변제가 있으면 저당권은 말소등기 없이도 당연히 소멸한다. 그리고 변제한 제3취득자는 채무자에 대하여 구상권을 가지고, 또 변제에 정당한 이익을 가지는 자이므로 그가 변제를 하면 당연히 채권자를 대위하게 된다(법정대위. 481조 참조).

4) 제3취득자, 특히 부동산의 양수인이 매매계약을 할 때 피담보채무를 인수한 경우에는, 그때부터는 그는 채권자에 대한 관계에서는 채무자의 지위로 변경되므로 제364조의 규정은 거기에 적용되지 않는다(대판 2002. 5. 24, 2002다7176). 물론 이 경우에는 채무인수의 요건을 갖추어야 한다(453조·454조 참조).

(4) 비용상환청구권

저당물의 제3취득자가 그 부동산의 보존·개량을 위하여 필요비 또는 유익비를 지출한 때에는 그는 저당물의 매각대금에서 우선적으로 상환을 받을 수 있다(367조).

B-294

Ⅴ. 저당권의 침해에 대한 구제

1. 저당권침해의 특수성

저당권의 침해란 저당권의 담보를 위태롭게 하는 것을 말한다. 예컨대 저당권의 목적인 가옥을 멸실·훼손하여 가옥의 교환가치를 감소하게 하거나 가옥이 비가 새는데도 수리를 하지 않고 방치하는 것이 그에 해당한다. 그러나 저당권은 목적물의 교환가치만 지배할 뿐 그것을 이용할 수 있는 권리는 아니기 때문에 저당권설정자가 목적물을 제3자에게 용익하게 하거나 그로부터 부합물을 분리하더라도 저당권의 침해는 없다.

2. 각종의 구제방법

(1) 침해행위의 제거 · 예방의 청구(물권적 청구권)

저당권의 침해가 있는 때에는 저당권자는 방해의 제거나 예방을 청구할 수 있다(370조·214조). 예컨대 어떤 자가 저당권의 목적인 가옥을 훼손하는 경우에는 저당권자는 그 행위의 중지를 청구할 수 있고, 이미 소멸한 선순위의 저당권에 관한 등기가 말소되지 않고 있는 경우에는 그 말소를 청구할 수 있다. 그러나 제3자가 목적물을 불법으로 점유하고 있다고 하여 반환청구권을 행사할 수는 없다. 저당권은 점유를 수반하지 않는 것이기 때문이다.

저당권자의 방해제거 또는 예방청구권은 목적물의 교환가치가 피담보채권을 모두 만족시킬 수 있는 때에도 발생한다(이설 없음). 저당권은 피담보채권이 전부 변제될 때까지 목적물 전부에 행사할 수 있기 때문이다(불가분성).

(2) 손해배상청구권

B-295

저당권의 침해에 의하여 손해가 생긴 때에는 저당권자는 침해자에 대하여 불법행위를 이유로 손해배상을 청구할 수 있다(750조).

저당권자의 손해배상청구권은 목적물의 침해로 저당권자가 채권의 완전한 만족을 얻을 수 없는 때에 비로소 발생한다(이설 없음).

이 손해배상청구권은 후술하는 즉시변제청구권과는 같이 행사할 수 있으나, 담보물보충청구권과는 같이 행사할 수 없다.

(3) 담보물보충청구권

저당권설정자의 책임있는 사유로 인하여 저당물의 가액이 현저히 감소된 때에는 저당권자는 저당권설정자에 대하여 그 원상회복 또는 상당한 담보제공을 청구할 수 있다(362조). 이 권리를 행사할 때에는 손해배상청구권이나 즉시변제청구권은 행사하지 못한다.

(4) 즉시변제청구(기한의 이익 상실)

채무자가 담보를 손상·감소·멸실하게 한 때에는, 그는 기한의 이익을 잃는다(388조 1호). 따라서 그 경우에 저당권자는 즉시변제를 청구할 수 있고, 저당권을 실행할 수 있게 된다.

제4관 저당권의 처분 및 소멸

B-296

Ⅰ. 저당권의 처분

1. 서 설

저당권자는 피담보채권의 변제기가 되기 전에는 저당권을 처분하여야만 자금을 회수할 수 있게 된다. 그런데 민법은 저당권을 피담보채권과 분리하여 양도하거나 다른 채권의 담보로 하지 못하도록 규정하고 있다(361조). 그리하여 저당권자는 저당권을 피담보채권과 함께 양도하거나 입질하는 수밖에 없다.

2. 저당권부 채권의 양도

우리 민법상 저당권자는 피담보채권과 분리하여 저당권만을 양도할 수 없고 언제나 피담보채권과 함께 양도하여야 한다. 이러한 저당권부 채권의 양도는 저당권 및 채권의 양도이기 때문에, 거기에는 부동산 물권변동에 관한 규정과 채권양도에 관한 규정이 모두 적용된다.

(1) 저당권의 양도는 물권적 합의와 등기라는 요건을 갖추어야 효력이 생긴다(186조). 저당권양도의 물권적 합의는 보통 채권양도계약과 함께 행하여진다.

(2) 피담보채권의 양도에는 채권양도에 관한 규정(449조 내지 452조)이 적용된다. 따라서 당사자의 계약만 있으면 양도의 효력이 생기나, 채무자 기타의 제3자에게 대항할 수 있으려면 양도인의 통지 또는 채무자의 승낙이 있어야 한다(450조).

(3) 피담보채권이 법률의 규정에 의하여 이전되는 경우에도 저당권은 그에 수반하여 이전된다. 그런데 이때에는 저당권의 이전에 등기가 필요하지 않다(187조).

(4) 피담보채권의 일부가 양도된 경우에는 채권자들이 그들의 채권액의 비율로 저당권을 준공유한다고 새겨야 한다(이설 없음). 저당권은 불가분성이 있기 때문이다.

3. 저당권부 채권의 입질

입질도 피담보채권과 저당권을 함께 하여야 한다. 피담보채권과 저당권의 입질에는 권리질권의 설정에 관한 규정(346조)이 적용된다. 그리고 이 경우에는 저당권등기에 질권의 부기등기를 하여야 질권의 효력이 저당권에 미친다(348조).

Ⅱ. 저당권의 소멸

B-297

저당권은 물권 일반에 공통하는 소멸원인 또는 담보물권 일반에 공통하는 소멸원인이 있으면 소멸하는 외에 경매·제 3 취득자의 변제 등에 의하여도 소멸한다. 그 밖에 다음의 것이 민법에 규정되어 있다.

(1) 피담보채권의 소멸

저당권은 피담보채권에 부종하기 때문에, 피담보채권이 소멸시효 기타의 사유로 소멸하면 저당권도 소멸한다(369조)(이 경우의 저당권의 소멸은 등기 없이 발생한다(187조)). 그러나 피담보채권과 별도로 저당권만이 소멸시효에 걸리지는 않는다.

(2) 지상권 · 전세권을 목적으로 하는 저당권의 경우

지상권 또는 전세권을 목적으로 하는 저당권의 경우에는, 지상권·전세권이 존속기간의 만료 기타의 사유로 소멸하면 저당권도 소멸한다(대판 1999. 9. 17, 98다31301)(이때에도 저당권은 말소등기를 기다리지 않고서 소멸하게 된다). 따라서 지상권·전세권을 목적으로 하는 저당권을 설정한 자는 저당권자의 동의 없이 지상권·전세권을 소멸하게 하는 행위를 하지 못한다(371조 2항).

제 5 관 특수저당권

Ⅰ. 공동저당

B-298

1. 의의 및 작용

공동저당이란 동일한 채권의 담보로서 복수의 부동산 위에 설정된 저당권을 말한다(368조). 예컨대 A가 B에 대하여 가지고 있는 3,000만원의 채권을 담보하기 위하여 B의 X토지(시가 4,000만원)와 그 위의 Y건물(시가 2,000만원) 위에 저당권을 취득한 경우가 그에 해당한다. 공동저당의 경우에 저당권의 수는 하나가 아니고, 부동산의 수만큼 있는 것으로 된다.

2. 공동저당의 성립

공동저당은 동일한 채권을 담보하기 위하여 복수의 부동산 위에 저당권이 설정됨으로써 성립한다. 저당권이 설정되기 위하여 저당권설정의 합의와 등기가 필요함은 물론이다(186조. B-270 이하 참조).

각각의 저당권은 동시에 설정될 수도 있으나, 저당권이 일부의 부동산에 먼저 설정된 뒤에 추가로 다른 부동산에 저당권이 설정되어도 무방하다(부등법 78조 4항 참조). 그리고 각 부동산 위의 저당권의 순위가 같을 필요도 없고, 또 부동산들의 소유자가 달라도 무방하다(채무자의 부동

산·물상보증인의 부동산).

공동저당에 관하여 특별한 공시방법이 정하여져 있지는 않으며, 각각의 부동산에 관하여 저당권의 등기를 하면 된다. 다만, 저당권의 등기를 할 때에 다른 부동산과 함께 공동담보로 되어 있다는 뜻을 기재하여야 하고(부등법 78조 1항), 공동저당부동산이 5개 이상인 때에는 공동담보목록을 제출하게 하여 그것으로 공동저당관계를 공시한다(부등법 78조 2항).

B-299

3. 공동저당의 효력

공동저당에 있어서 저당권자는 원칙적으로 그의 선택에 따라 어느 부동산으로부터도 그의 채권의 전부 또는 일부를 우선변제받을 수 있다. 그러나 이 원칙을 끝까지 관철하게 되면 저당권자의 임의의 행위가 각 부동산의 소유자·후순위저당권자의 이해관계에 중대한 영향을 미치게 되고, 경우에 따라서는 심한 불공평을 초래하게 된다. 여기서 민법은 저당권자의 자유선택권을 인정하면서 아울러 각 부동산의 소유자·후순위저당권자를 보호하기 위하여 일정한 조치를 취하고 있다.

(1) **동시배당(同時配當)의 경우**(부담의 안분)

공동저당의 목적부동산 전부를 경매하여 그 경매대가를 동시에 배당하는 때에는, 각 부동산의 경매대가(368조 1항에서 말하는 「각 부동산의 경매대가」란 매각대금에서 당해 부동산이 부담할 경매비용과 선순위채권을 공제한 잔액을 말한다. 대판 2003. 9. 5, 2001다66291)에 비례하여 피담보채권의 분담을 정한다(368조 1항). 예컨대 A가 B에 대한 3,000만원의 채권에 관하여 B의 X토지(시가 4,000만원)와 Y건물(시가 2,000만원)에 각각 1번저당권을 가지고, C가 X토지에 2,000만원의 채권에 관하여 2번저당권을, D가 Y건물에 1,000만원의 채권에 관하여 2번저당권을 가지고 있는 경우에, A가 X토지와 Y건물을 모두 경매하여 배당을 받는 때에는, X토지로부터 2,000만원, Y건물로부터 1,000만원을 변제받게 된다. 그리하여 C와 D는 각각 X토지와 Y건물의 경매대가로부터 2,000만원과 1,000만원을 변제받을 수 있게 된다.

동시배당의 경우라 할지라도 제368조 제1항을 적용하지 않아야 하는 경우가 있는데, 그에 관하여는 뒤에 설명한다(B-301 참조).

B-300

(2) **이시배당(異時配當)의 경우**(후순위저당권자의 대위)

1) **민법규정** 공동저당의 목적부동산 가운데 일부만이 경매되어 그 대가를 먼저 배당하는 경우에는, 공동저당권자는 그 대가로부터 그의 채권의 전부를 변제받을 수 있다(368조 2항 1문). 그리고 이 경우에 그 경매된 부동산의 후순위저당권자는 동시에 배당하였다면 공동저당권자가 다른 부동산의 경매대가로부터 변제받을 수 있는 금액의 한도에서 공동저당권자를 대위하여 저당권을 행사할 수 있다(368조 2항 2문). 앞의 예에서 A가 X토지만을 먼저 경매하여 그 대가 4,000만원으로부터 그의 채권 3,000만원을 변제받은 때에는, C는 일단 X토지의 경매대가로부터 1,000만원을 변제받고, 또 동시에 배당을 하였다면 A는 Y건물의

경매대가로부터 1,000만원을 변제받았을 것이므로 C는 그 범위에서 A의 1번저당권을 대위하게 된다.

민법은 공동저당권자를 대위하는 자를 「차순위저당권자」라고 규정하나, 그것은 바로 다음 순위의 저당권자만을 가리키는 것이 아니고 후순위저당권자 전부를 의미한다고 새겨야 한다(이설 없음).

2) 대위권의 발생 및 그 시기 후순위저당권자의 이러한 대위는 공동저당권자가 채권의 전부를 변제받은 경우뿐만 아니고 일부만을 변제받은 경우에도 인정되어야 한다(통설도 같음).

후순위저당권자의 대위권은 공동저당권자의 채권이 완전히 변제되는 때에 발생한다. 공동저당권자가 그의 채권의 일부만을 변제받은 경우에는, 공동저당권자가 다른 부동산의 경매대가로부터 채권액의 나머지를 완전히 변제받아 공동저당권이 소멸하는 때에 비로소 대위권이 생긴다.

3) 대위의 효과 여기서 「대위」한다는 것은 공동저당권자가 가지고 있던 저당권이 후순위저당권자에게 이전한다는 의미이다(통설도 같음). 그리고 이것은 법률상 당연히 발생하는 것이므로 등기가 필요하지 않다(187조)(판례도 동지임. 대판 2015. 3. 20, 2012다99341).

후순위저당권자의 대위를 위하여 등기를 할 필요는 없으나, 등기를 할 수는 있다. 그 등기는 저당권의 이전에 관한 것이고, 저당권의 이전은 부기등기에 의하므로(부등법 52조 2호), 대위등기도 부기등기에 의하여야 한다.

(3) 물상보증인 또는 제 3 취득자와의 관계 B-301

공동저당의 목적부동산 중 일부가 물상보증인이나 제 3 취득자의 소유에 속하는 경우에, 그러한 부동산이 경매된 때에는, 그 소유자였던 물상보증인 등은 변제에 의한 대위규정(481조·482조)에 의하여 구상권을 취득하고 다른 부동산에 대하여 공동저당권자를 대위하게 된다. 그리하여 후순위저당권자의 대위와 충돌하게 된다. 예컨대 A가 B에 대한 2,000만원의 채권을 위하여 B의 X토지(시가 2,000만원)와 물상보증인 C의 Y토지(시가 2,000만원)에 각각 1번저당권을 가지고 있고, D·E가 각각 X토지·Y토지에 1,000만원과 2,000만원의 채권을 위하여 2번저당권을 가지고 있는 경우에, A가 Y토지를 먼저 경매하여 그 경매대가 2,000만원으로부터 그의 채권 2,000만원 전부를 변제받았다고 하자. 이때 C가 2,000만원에 관하여 X토지에 대위하게 되면 C는 보호되나 D는 배당을 전혀 받을 수 없게 되고, C가 1,000만원(368조 2항의 적용 또는 유추적용으로)만에 관하여 대위를 하게 되면 D는 보호되나 C의 구상권이 부분적으로 보호되지 못하게 된다. 이 경우에 E의 지위도 문제이다.

여기에 관하여 학설은 i) 변제에 의한 대위 우선설(사견도 같음. 물권법 [238] 참조), ii) 후순위저당권자의 대위 우선설, iii) 선등기자의 대위 우선설로 나뉘어 있다.

판례는 물상보증인의 대위를 우선시키고 있다(대판 1994. 5. 10, 93다25417[핵심판례 172면]; 대판 2017. 4. 26, 2014다221777 · 221784 등). 그리하여 물상보증인은 그 전액에 관하여 공동저당권자를 대위하나, 채무자 소유 부동산 위의 후순위저당권자는 물상보증인의 부동산에 공동저당권을 대위할 수 없다고 한다. 그에 비하여 물상보증인의 부동산 위의 후순위저당권자는 물상보증인이 대위취득한 1번저당권에 대하여 물상대위를 할 수 있다고 한다(대판 1994. 5. 10, 93다25417[핵심판례 172면]; 대판 2017. 4. 26, 2014다221777 · 221784 등). 이러한 판례에 의하면, 앞의 예에 있어서 A가 Y토지를 경매하여 그의 채권 전부를 변제받았다면, C는 2,000만원 전부에 관하여 X토지에 대위를 하게 되어 D는 배당을 전혀 받지 못하게 되며, 그때 E는 C가 대위하는 1번저당권에 물상대위를 하여 그의 채권 2,000만원을 모두 변제받게 된다.

판례는 물상보증인을 우선시키는 입장을 동시배당의 경우에도 관철하여, 공동저당권이 설정되어 있는 수개의 부동산 중 일부는 채무자 소유이고 일부는 물상보증인 소유인 경우 각 부동산의 경매대가를 동시에 배당하는 때에는 제368조 제1항은 적용되지 아니하고, 채무자 소유 부동산의 경매대가에서 공동저당권자에게 우선적으로 배당을 하고, 부족분이 있는 경우에 한하여 물상보증인 소유 부동산의 경매대가에서 추가로 배당을 할 것이라고 한다(대판 2016. 3. 10, 2014다231965 등). 그리고 이러한 이치는 물상보증인이 채무자를 위한 연대보증인의 지위를 겸하고 있는 경우에도 마찬가지라고 한다(대판 2016. 3. 10, 2014다231965).

B-302

Ⅱ. 근저당(根抵當)

1. 근저당의 의의 및 특질

(1) 의 의

근저당(근저당권)이란 계속적 거래관계(예: 당좌대월계약 · 계속적 어음대부계약 · 계속적 상품공급계약)로부터 생기는 불특정 다수의 채권을 장래의 결산기에 일정한 한도액의 범위 안에서 담보하는 저당권이다(357조). 계속적 거래관계에 있는 당사자 사이에서는 채권이 수시로 발생하고, 그 금액도 증감변동하며, 때로는 채권액이 0이 되기도 한다. 따라서 그 경우에는 보통의 저당권으로 채권을 담보하게 할 수 없다. 여기서 장래의 불특정한 채권을 담보할 수 있을 뿐만 아니라 저당권의 소멸에 있어서의 부종성을 완화하여 저당권과 채권의 결합관계가 요구되지 않는 저당권이 필요하게 되는데, 그러한 제도로 인정된 것이 바로 근저당이다.

(2) 특 질

근저당권은 장래의 증감·변동하는 불특정·다수의 채권을 담보하는 점에서 보통의 저당권과 다르다. 그리고 근저당권은 보통의 저당권에서와 달리 소멸에 있어서의 부종성이 요구되지 않는다(369조 참조). 그 밖에 근저당권은 미리 정하여진 최고한도액의 한도 내에서 장래에 확정될 채권액을 담보한다.

2. 근저당권의 설정

B-303

근저당권은 근저당권설정의 물권적 합의와 등기에 의하여 성립한다(186조). 그리고 근저당권설정의 물권적 합의는 채권계약인 근저당권설정계약에 포함되어 행하여진다(B-270 참조).

(1) 근저당권설정계약

이 계약의 당사자는 근저당권설정자와 근저당권자이다. 설정자는 채무자인 것이 보통이나, 제 3 자(물상보증인)라도 무방하다.

설정계약에는 근저당권에 의하여 담보할 채권의 최고액과 피담보채권의 범위를 결정하는 기준이 정해져 있어야 한다. 후자는 피담보채권의 발생 기초가 되는 계속적 계약관계 즉 기본계약을 명시하는 방법으로 정하게 된다.

(2) 등 기

등기절차는 기본적으로는 보통의 저당권에서와 같다. 그러므로 여기서는 근저당권에 특유한 것만 살펴본다.

근저당권의 등기에서는 그것이 근저당권이라는 것을 반드시 등기하여야 한다. 그 기재가 없으면 보통의 저당권으로 된다. 그리고 등기원인은 우리의 등기실무에서는 단순히 「근저당설정계약」이라고만 기재하도록 하고 있다(구 부등법 140조 2항 1문 참조).

담보할 채권의 최고액을 반드시 등기하여야 한다(부등법 75조 2항 1호). 이 최고액에는 이자도 포함되므로(357조 2항), 이자의 등기는 따로 할 수 없다.

근저당권의 존속기간 또는 거래관계의 결산에 관한 약정은 그것이 있을 경우 등기할 수 있으나, 약정이 있어도 등기하지 않을 수 있고, 그때에도 근저당권의 성립에는 영향이 없다.

3. 근저당권의 효력

B-304

근저당권은 피담보채권에 포함되는 채권을 최고액의 범위 안에서 담보한다.

(1) 근저당권으로 담보되는 범위

1) 담보되는 채권　　근저당권으로 담보하는 피담보채권은 설정계약에 의하여 정하여진다. 당사자는 약정에 의하여 설정계약 전의 기존채무도 담보의 목적에 포함시킬 수 있으며(대판 1958. 6. 12, 4290민상875), 설정계약 전에 발생한 채무가 설정계약에서 정한 것과 같은 거래방법에 의하여 발생한 때에는 특별한 사정이 없는 한 당사자 사이에 근저당권에 의하여 담보하기로 합의한 것으로 보아야 한다(대판 1970. 4. 28, 70다103).

2) 채권의 최고액　　근저당권은 최고액의 한도 내에서 실제로 존재하는 채권을 담

보한다(대판 1969. 2. 4, 68다2329). 그리하여 근저당권자는 결산기에 확정된 채권액이 최고액을 넘고 있으면 최고액까지 우선변제를 받게 되고, 채권액이 최고액보다 적으면 구체적인 채권액에 관하여 우선변제를 받게 된다.

문제는 결산기에 확정된 채권액이 최고액을 넘는 경우에 채무자가 최고액만을 변제하고 근저당권등기의 말소를 청구할 수 있는지이다. 여기에 관하여 판례는, 근저당권에 있어서 채권의 총액이 최고액을 초과하는 경우, 적어도 근저당권자와 채무자 겸 근저당권설정자와의 관계에서는 위 채권 전액의 변제가 있을 때까지 근저당권의 효력은 채권최고액과는 관계없이 잔존채무에 여전히 미친다고 하면서, 채무자 겸 근저당권설정자는 채무의 일부인 채권최고액과 지연손해금·집행비용만의 변제공탁으로는 근저당권설정등기의 말소를 청구할 수 없다고 한다(대판 2010. 5. 13, 2010다3681 등. 학설도 이에 동조하고 있음). 그에 비하여 물상보증인이나 근저당부동산의 제3취득자는 채권최고액과 경매비용을 변제공탁하면 근저당권의 소멸을 청구할 수 있다고 한다(대판 1974. 12. 10, 74다998 등. 대판 2002. 5. 24, 2002다7176은 근저당부동산의 제3취득자는 피담보채무가 확정된 이후에 그 확정된 피담보채무를 채권최고액의 범위 내에서 변제하고 근저당권의 소멸을 청구할 수 있다고 한다).

B-305 **3) 최고액과 제360조** 「저당권으로 담보되는 범위」에 관한 제360조는 근저당권에도 적용된다. 그러나 근저당권의 특수성에 비추어 그 규정대로 인정되지는 않아야 한다.

원본이 최고액에 포함되고 근저당권에 의하여 담보됨은 물론이다. 이자에 관하여는 제357조 제2항이 「채무의 이자는 최고액 중에 산입한 것으로 본다」고 규정하고 있다.

그리고 위약금이나 채무불이행으로 인한 손해배상도 최고액에 포함된다고 하여야 한다. 문제는 제360조 단서가 여기에도 적용될 것인가이다. 이를 긍정한다면 지연배상은 1년분만이 최고액에 포함되게 된다. 여기에 관하여 학설은 i) 긍정설과 ii) 부정설(사견도 같음)로 나뉘어 있다. 판례는 ii)설과 같은 견지에 있다(대판 2009. 12. 10, 2008다72318).

근저당권 실행의 비용이 최고액에 포함되는지에 관하여도 학설은 나뉘는데, 판례는 경매비용이 최고액에 포함되지 않는 것으로 이해한다(대결 1971. 5. 15, 71마251 등).

4) 담보되는 채권의 확정 근저당권으로 담보되는 채권은 설정계약 내지 기본계약에서 정한 결산기의 도래, 근저당권의 존속기간이 정하여져 있는 경우의 그 기간의 만료, 기본계약 또는 설정계약의 해지나 해제 등으로 확정된다. 존속기간이나 결산기를 정하지 않은 경우에는, 근저당권설정자와 근저당권자는 언제든지 기본계약을 해지할 수 있다(대판 2002. 2. 26, 2000다48265 등. 이들은 근저당권설정자의 해지를 인정하고 있다). 그리고 근저당부동산의 제3취득자가 설정계약을 해지할 수도 있다(대판 2006. 4. 28, 2005다74108 등).

피담보채권이 확정되면 그 이후에 발생하는 채권은 그 근저당권에 의하여 담보되지 못한다(대판 1991. 9. 10, 91다17979 등). 그러나 피담보채권의 확정 전에 발생한 원본채권에 관하여 확정 후에 발생하는 이자나 지연손해금 채권은 채권최고액의 범위 내에서 여전히 담보된다(대판 2007.

(4. 26, 2005다38300). 한편 피담보채권이 확정된 때부터는 근저당권은 보통의 저당권과 마찬가지로 다루어진다(이설이 없으며, 판례도 같음. 대판 2002. 11. 26, 2001다73022).

(2) 근저당권의 실행

피담보채권이 확정되고 그것들의 변제기가 되면 근저당권자는 근저당권을 실행하여 우선변제를 받을 수 있다.

4. 근저당권의 변경

B-306

(1) 채무 · 채무자의 변경

근저당권에 있어서 피담보채무가 확정되기 전에는 채무의 범위나 채무자를 변경할 수 있고, 그때에는 변경 후의 범위에 속하는 채권이나 채무자에 대한 채권만이 당해 근저당권에 의하여 담보되고, 변경 전의 것은 제외된다(대판 1999. 5. 14, 97다15777 등).

(2) 채권자 · 채무자의 지위의 변경

기본계약상의 채권자의 지위나 채무자의 지위는 계약에 의하여 타인에게 이전될 수 있다. 이는 계약인수에 해당하는 것으로서 기본계약의 당사자 및 인수인의 3면계약에 의하여야 한다. 한편 채권자의 지위의 이전이 있으면 근저당권도 새로운 채권자에게 이전되나, 그러기 위해서는 근저당권의 이전등기가 갖추어져야 한다.

(3) 피담보채권의 양도

근저당권은 피담보채권과 함께 양도될 수 있으며, 피담보채권과 분리하여 양도할 수는 없다.

5. 근저당권의 소멸

B-307

피담보채권이 확정되기 전에는 설사 채무자가 그때까지 발생한 채권을 모두 변제하여도 근저당권은 소멸하지 않는다. 그렇지만 피담보채권이 확정된 후에는, 담보할 채권이 전혀 없거나 그것 모두가 변제되거나 또는 근저당권이 실행되면 근저당권이 소멸한다.

6. 포괄근저당권의 유효 여부

포괄근저당이란 거래관계의 종류를 특정하여 그로부터 발생하는 모든 채권을 담보하거나 또는 거래관계의 종류를 특정하지 않고서 채권자가 채무자에 대하여 취득하는 모든 채권을 담보하는 모습의 근저당권을 말한다(뒤의 것만을 포괄근저당이라고 하는 문헌도 있다). 이러한 포괄근저당은 특히 은행거래에서 많이 이용되고 있다.

포괄근저당이 유효한지에 관하여는 논란이 심하다. 학설은 i) 전부유효설, ii) 제한적 유효설, iii) 채무제한설로 나뉘어 있다. 그리고 판례는 포괄근저당의 유효성을 인정하고 있다(대판 2001. 1. 19, 2000다44911 등). 다만, 경우에 따라서는 피담보채권에 관한 포괄적 기재가 예문에 불과하여 구속력이 없다고 한다(대판 2003. 3. 14, 2003다2109 등 다수).

B-308

Ⅲ. 특별법에 의한 저당권

민사특별법 또는 특별사법인 상법에 의하여 인정된 저당권들도 있다. 그러한 저당권에는 민법의 저당권에 관한 규정이 준용된다(372조).

1. 입목저당

입목저당은 입목(「입목에 관한 법률」에 의하여 소유권보존등기를 받은 수목의 집단) 위에 설정된 저당권이다(입목법 4조 참조).

2. 재단저당

재단저당제도는 기업경영을 위한 물적 설비(토지·건물·기계 등)와 권리(지상권·전세권·공업소유권 등)를 묶어 하나의 재단으로 한 뒤 그 위에 저당권을 설정할 수 있도록 하는 제도이다. 현재 재단저당을 인정하는 법률로 「공장 및 광업재단 저당법」이 있다.

(1) 공장저당

「공장 및 광업재단 저당법」은 공장재단저당(동법 10조 이하)과 함께 좁은 의미의 공장저당(동법 3조·4조)도 규정하고 있다.

(2) 광업재단저당

이는 광업재단 위에 성립한 저당권이다(동법 52조 참조).

3. 동산저당

동산은 원칙적으로 질권의 목적이 되나, 등기 또는 등록으로 공시하는 일정한 동산에 대하여는 저당권의 설정이 인정되고 있다. 민사특별법인 「자동차 등 특정동산 저당법」에 의한 소형선박(선박등기법이 적용되지 않는 선박)저당권·자동차저당권 등이 그것이다.

제5절 동산담보권·채권담보권

B-309

Ⅰ. 서 설

(1) 동산·채권·지식재산권을 목적으로 하는 담보권과 그 등기 등에 관한 사항을 규정한 「동산·채권 등의 담보에 관한 법률」(아래에서는 '동산·채권담보법'이라 함)이 제정·시행되고 있다(2012. 6. 11. 시행).

(2) 동산·채권담보법은 동산담보권과 채권담보권 제도를 창설하여 그 각각에 대하여 자세하게 규율하고(동산담보권은 동법 3조 이하에서, 채권담보권은 34조 이하에서 규정한다), 이를 위한 담보등기에 관하여 규정하고 있으며(동법 38조-57조), 아울러 지식재산권의 담보에 관하여 특례를 정하고 있다(동법 58조-61조). 이 법은 새로운 담보권을 신설할 뿐 기존의 제도, 가령 질권·양도담보제도를 부정하지는 않는다. 따라서 이 법이 시행되더라도 기존의 담보제도는 그대로 효력을 가진다.

(3) 동산·채권담보법의 핵심적인 내용은 동산·채권담보를 위한 새로운 공시방법으로 담보등기제도를 도입한 데 있다. 동법은 담보등기를 위하여 동산담보등기부와 채권담보등기부를 두는 것으로 하고 있다(동법 2조 8호). 다만, 지식재산권담보권을 위하여는 따로 등기부를 두지 않고, 특허원부·저작권등록부 등 지식재산권을 등록하는 공적 장부에 담보권을 등록하는 것으로 하였다(동법 58조).

동산이나 채권의 담보등기부는 부동산등기부와 달리 인적 편성주의를 채택하여 담보권설정자별로 구분하여 작성한다(동법 47조 1항).

Ⅱ. 동산담보권

B-310

1. 의의 및 성립

동산담보권은 담보약정에 따라 동산(여러 개의 동산 또는 장래에 취득할 동산을 포함한다)을 목적으로 등기한 담보권을 말한다(동법 2조 2호). 그리고 여기의 담보약정은 양도담보 등 명목을 묻지 아니하고 동산·채권담보법에 따라 동산을 담보로 제공하기로 하는 약정을 가리킨다(동법 2조 1호). 따라서 동산담보권이 성립하려면 담보권설정자와 담보권자 사이에 동산을 담보로 제공하기로 하는 약정(담보약정)이 있고 동산·채권담보법에 따른 등기 즉 담보등기(동법 2조 7호)를 하여야 한다.

동산담보권설정자로 될 수 있는 자는 법인(상사법인, 민법법인, 특별법에 따른 법인, 외국법인을 말한다) 또는 부가가치세법에 따라 사업자등록을 한 사람(2020. 10. 20. 개정, 2022. 4. 21. 시행)으로 한정된다(동법 2조 5호·3조 1항).

2. 동산담보권의 목적물

동산담보권의 목적물은 하나의 동산은 물론이고, 여러 개의 동산(장래에 취득할 동산을 포함한다)이더라도 목적물의 종류, 보관장소, 수량을 정하거나 그 밖에 이와 유사한 방법으로 특정할 수 있는 경우에는 목적물로 될 수 있다(동법 3조 2항).

3. 동산담보권을 설정할 수 있는 채권(피담보채권)

동산담보권에 의하여 담보할 수 있는 채권, 즉 피담보채권에는 제한이 없다. 보통은 금전채권이겠으나, 금전채권이 아닌 채권도 피담보채권으로 될 수 있다.

B-311

4. 담보등기의 효력

동산·채권담보법은 「약정에 따른 동산담보권의 득실변경은 담보등기부에 등기를 하여야 그 효력이 생긴다」고 하여(동법 7조 1항), 성립요건주의(형식주의)를 채용하고 있다. 그리고 동일한 동산에 여러 개의 동산담보권이 설정된 경우에 그 순위는 등기의 순서에 따른다(동법 7조 2항).

5. 동산담보권의 효력

(1) 동산·채권담보법은 동산담보권의 효력을 동산질권과 저당권에 관한 규정 중에서 동산담보권에 맞는 내용을 추려 용어나 표현을 수정하거나 새로운 내용을 추가하는 방식으로 규정하였다.

(2) 구체적인 효력으로는 먼저 담보권자에게 우선변제권을 인정한 것을 들 수 있다. 즉 동법은 담보권자는 채무자 또는 제3자가 제공한 담보목적물에 대하여 다른 채권자보다 자기채권을 우선변제받을 권리가 있다고 규정한다(동법 8조).

(3) 동산·채권담보법은 동산담보권의 원칙적인 실행방법으로 경매를 규정하고(동법 21조 1항), 정당한 이유가 있는 경우에는 담보권자가 담보목적물로써 직접 변제에 충당하거나 담보목적물을 매각하여 그 대금을 변제에 충당할 수 있도록 한다(동법 21조 2항 본문).

동산·채권담보법은 담보권자와 담보권설정자가 그 법에서 정한 실행절차와 다른 내용의 약정을 할 수 있도록 하고 있다(동법 31조 1항 본문). 이는 유질계약을 허용한 것이다.

6. 공동담보

동산담보권의 경우 저당권에서와 마찬가지로 공동담보가 허용된다(동법 29조).

7. 근담보권

동산담보권은 그 담보할 채무의 최고액만을 정하고 채무의 확정을 장래에 보류하여 설정할 수 있고, 이 경우 그 채무가 확정될 때까지 채무의 소멸 또는 이전은 이미 설정된 동산담보권에 영향을 미치지 아니한다(동법 5조 1항). 이는 근담보권을 인정한 것이다.

8. 선의취득

동산·채권담보법에 따라 동산담보권이 설정된 담보목적물에 대하여는 민법 제249조 내지 제251조의 선의취득 규정이 준용된다(동법 32조). 따라서 동산담보권이 설정된 경우에도 제3자가 목적동산의 소유권이나 질권을 취득할 수 있다.

Ⅲ. 채권담보권

B-312

1. 의의 및 성립

채권담보권은 담보약정에 따라 금전의 지급을 목적으로 하는 지명채권(여러 개의 채권 또는 장래에 발생할 채권을 포함한다)을 목적으로 등기한 담보권을 말한다(동법 2조 3호). 그리고 여기의 담보약정은 양도담보 등 명목을 묻지 아니하고 동산·채권담보법에 따라 채권을 담보로 제공하기로 하는 약정을 가리킨다(동법 2조 1호). 따라서 채권담보권이 성립하려면 담보권설정자와 담보권자 사이에 채권을 담보로 제공하기로 하는 약정(담보약정)이 있고 동산·채권담보법에 따른 등기 즉 담보등기(동법 2조 7호)를 하여야 한다.

채권담보권설정자로 될 수 있는 자는 — 동산담보권에서와 마찬가지로 — 법인(상사법인, 민법법인, 특별법에 따른 법인, 외국법인을 말한다) 또는 부가가치세법에 따라 사업자등록을 한 사람(2020. 10. 20. 개정, 2022. 4. 21. 시행)으로 한정된다(동법 2조 5호·34조 1항).

2. 채권담보권의 목적

동산·채권담보법상 채권담보권의 목적으로 될 수 있는 채권은 지명채권에 한정된다(동법 3조 3호·34조 1항).

3. 담보등기의 효력

동산·채권담보법은 「약정에 따른 채권담보권의 득실변경은 담보등기부에 등기한 때에 지명채권의 채무자(이하 "제 3 채무자"라 한다) 외의 제 3 자에게 대항할 수 있다」고 하여(동법 35조 1항), 담보등기를 제 3 자에 대한 대항요건으로 하고 있다. 그런데 제 3 채무자에 대한 대항요건은 담보등기로 갈음하지 않고 민법(349조·450조)과 마찬가지로 제 3 채무자에 대한 통지나 제 3 채무자의 승낙으로 규정하였다(동법 35조 2항).

4. 채권담보권의 실행

B-313

채권담보권자는 피담보채권의 한도에서 채권담보권의 목적이 된 채권을 직접 청구할 수 있다(동법 36조 1항). 그리고 채권담보권의 목적이 된 채권이 피담보채권보다 먼저 변제기에 이른 경우에는 담보권자는 제 3 채무자에게 그 변제금액의 공탁을 청구할 수 있고, 이 경우 제 3 채무자가 변제금액을 공탁한 후에는 채권담보권은 그 공탁금에 존재한다(동법 36조 2항). 그런가 하면 담보권자는 이 제 1 항 및 제 2 항에 따른 채권담보권의 실행방법 외에 민사집행법에서 정한 집행방법으로 채권담보권을 실행할 수 있다(동법 36조 3항).

5. 기　　타

채권담보권에 관하여는 그 성질에 반하지 않는 범위에서 동산담보권에 관한 제 2 장과 민법 제348조 및 제352조를 준용한다. 따라서 담보권자에게 우선변제권이 인정됨은 물론이다(동법 8조 참조). 그리고 공동담보·근담보권제도도 허용된다(동법 29조·5조 참조).

B-314

Ⅳ. 지식재산권에 대한 특례

동산·채권담보법은 지식재산권에 관하여는 특례규정만을 두었다. 특례규정의 주요 내용은 다음과 같다.

우선 지식재산권담보권의 경우에는 담보권설정자가 법인과 사업자등록을 한 자에 한정되지 않는다(동법 2조 5호).

지식재산권자가 약정에 따라 동일한 채권을 담보하기 위하여 2개 이상의 지식재산권을 담보로 제공하는 경우에는 특허원부·저작권등록부 등 그 지식재산권을 등록하는 공적 장부(이하 "등록부"라 한다)에 동산·채권담보법에 따른 담보권을 등록할 수 있다(동법 58조 1항).

약정에 따른 지식재산권담보권의 득실변경은 그 등록을 한 때에 그 지식재산권에 대한 질권의 득실변경을 등록한 것과 동일한 효력이 생긴다(동법 59조 1항). 이는 개별 법률에서 정하고 있는 등록의 효력과 충돌을 피하기 위한 것이다. 그 결과 특허권의 경우에는 등록이 효력발생요건이 되나(특허법 101조), 저작권의 경우에는 제 3 자에 대한 대항요건이 된다(저작권법 54조).

지식재산권담보권자는 지식재산권을 규율하는 개별 법률에 따라 담보권을 행사할 수 있다(동법 60조). 한편 지식재산권담보권에 관하여는 그 성질에 반하지 않는 범위에서 동산담보권에 관한 제 2 장과 민법 제352조를 준용한다(동법 61조 본문). 다만, 사적 실행에 관한 동산·채권담보법 제21조 제 2 항과 지식재산권에 관하여 규율하는 개별 법률에서 다르게 정한 경우에는 준용하지 않는다(동법 61조 단서).

제 6 절　비전형담보

제 1 관　서　　설

B-315

Ⅰ. 비전형담보의 의의

민법이 규정하는 담보물권(유치권·질권·저당권)이 아니면서 실제의 거래계에서 채권담보의 기능을 수행하고 있는 여러 가지 제도를 통틀어서 비전형담보(변칙담보)라 한다.

Ⅱ. 비전형담보의 모습

비전형담보에는 여러 가지 모습의 것이 있는데, 그것들은 자금의 획득방법과 소유권의 이전시기에 따라 다음과 같이 나눌 수 있다.

(1) 자금을 매매에 의하여 얻는 것

자금이 필요한 자가 그의 물건(부동산 등)을 파는 형식을 취하여 자금을 얻고 후에 그가 그 물건을 되사오기로 하는 방법이다. 환매와 재매매의 예약이 그에 해당한다(정확하게는 환매특약부 매매, 재매매의 예약부 매매라고 하여야 한다). 이들은 학문적으로 매도담보라고 한다.

(2) 자금을 소비대차에 의하여 얻는 것

이는 필요한 자금을 금전소비대차의 형식으로 얻고 그것을 담보하기 위하여 소유권을 이전하거나 또는 장차 소유권을 이전하기로 하는 방법이다. 이들 가운데에는 계약체결과 동시에 목적물의 소유권을 채권자에게 이전하는 경우가 있는가 하면, 장차 채무불이행이 있을 때 목적물의 소유권을 채권자에게 이전하기로 미리 약속을 하는 경우(대물변제예약을 한 경우)도 있다. 그리고 뒤의 경우에는 대물변제예약을 원인으로 한 소유권이전청구권 보전의 가등기를 하는 것이 보통이다. 그리하여 그 경우를 가등기담보라고 한다. 그에 비하여 앞의 경우는 좁은 의미의 양도담보라고 한다. 좁은 의미의 양도담보는 매도담보와 함께 넓은 의미의 양도담보를 이룬다.

Ⅲ. 비전형담보에 대한 규제

민법은 비전형담보의 규제를 위하여 의용민법에는 없던 제607조·제608조를 신설하였다. 그리고 판례는 그 규정을 널리 적용하여 모든 비전형담보에 있어서 정산을 하도록 하였다. 그러자 거래계에서 폭리를 취할 수 있는 새로운 수단이 등장하였다. 가등기담보를 하면서 미리 제소전 화해(민소 385조 이하)조서를 작성해 두고 변제기가 되면 그것을 이용하여 즉시 가등기에 기한 본등기를 하는 방법이다. 그 후 비전형담보를 규제하는 특별법인 「가등기담보 등에 관한 법률」(이하 가담법이라 함)이 제정·시행되었다. 이 법은 가등기담보뿐만 아니라 양도담보·매도담보에도 적용된다. 그런데 비전형담보 모두에 예외없이 적용되지는 않음을 주의해야 한다. 그 법이 적용되지 않는 경우에는 종래의 판례에 의하여 규율된다.

제 2 관 가등기담보(假登記擔保)

B-316 Ⅰ. 가등기담보의 의의 및 성질

(1) 의 의

가등기담보는 채권(특히 금전채권)을 담보할 목적으로 채권자와 채무자(또는 제3자) 사이에서 채무자(또는 제3자) 소유의 부동산을 목적물로 하는 대물변제예약 또는 매매예약을 하고, 아울러 채권자가 장차 가질 수 있는 소유권이전청구권을 보전하기 위한 가등기를 하는 방법으로 채권을 담보하는 경우를 말한다.

(2) 성 질

1) 가등기담보의 성질에 관하여는 i) 담보물권설과 ii) 신탁적 소유권이전설의 두 견해가 대립하고 있다.

i) 담보물권설은, 가등기담보권자에게 경매청구권·우선변제권·별제권이 인정될 뿐만 아니라 많은 경우에 가등기담보권을 저당권으로 보는 점에 비추어 볼 때 가등기담보권은 일종의 담보물권인 특수한 저당권이라고 한다(사견도 같음). 그리고 ii) 신탁적 소유권이전설은, 가등기담보는 근본적으로 소유권이전형의 담보방법에 속하는 것이므로, 소유권이전형인 양도담보의 본질을 신탁적 소유권이전으로 보아야 하는 이상 가등기담보도 그렇게 볼 수밖에 없는 것이며, 단지 그것이 정지조건의 성취 또는 예약완결권의 행사라고 하는 조건부로 행하여지는 것에 불과하다고 한다.

2) 가등기담보를 일종의 담보물권으로 파악하는 한, 거기에도 담보물권의 통유성(부종성·수반성·불가분성·물상대위성)이 인정된다고 할 것이다.

B-317 Ⅱ. 가등기담보권의 설정 및 이전

1. 가등기담보권의 설정

가등기담보권은 가등기담보권 설정에 관한 물권적 합의와 가등기에 의하여 성립한다. 그리고 가등기담보권 설정에 관한 물권적 합의는 가등기담보계약에 포함되어 행하여지며, 가등기담보계약은 보통 담보목적의 대물변제예약 또는 매매예약과 함께 행하여진다(가담법 2조 1호 참조).

(1) 가등기담보계약

1) 당 사 자 가등기담보계약의 당사자는 일반적으로 채권자와 채무자이겠으나,

재산권이전을 약속하는 당사자(가등기담보권 설정자)는 채무자 외에 제 3 자(물상 보증인)이어도 무방하다.

2) 계약의 요건

(가) **피담보채권의 발생원인** 가등기담보권에 의하여 담보되는 채권이 소비대차에 기한 것에 한정되는가? 여기에 관하여 판례는 긍정하는 견지에 있다. 그리하여 토지 매매대금채권(대판 2016. 10. 27, 2015다63138 · 63145 등 다수), 물품대금 선급금의 반환채권(대판 1992. 10. 27, 92다22879), 공사대금채권(대판 1992. 4. 10, 91다45356 · 45363)을 담보하기 위하여 가등기를 한 때에는 가담법이 적용되지 않는다고 한다.

(나) **피담보채권액** 가등기담보에 의하여 담보되는 채권의 범위는 당사자의 약정에 의하여 정하여진다.

(다) **담보의 목적으로 체결되었을 것** 가담법은 담보의 목적으로 대물변제예약이 체결되었을 것을 요구한다(동법 1조 · 2조 1호). 그러나 담보의 목적으로 체결되었으면 충분하고, 반드시 대물변제예약에 한정할 필요는 없다. 따라서 매매예약도 담보의 목적으로 체결된 경우에는 가등기담보를 성립시킬 수 있다. 판례도 같은 취지이다(대판 1992. 2. 11, 91다36932).

(라) **부동산 가액이 차용액 및 이자의 합산액을 초과할 것** 가담법은 채무불이행이 생긴 때에 이전하기로 한 부동산의 가액(예약 당시의 시가)이 차용액과 그에 붙인 이자의 합산액을 넘는 경우에 관하여 그 법을 적용하고 있다(동법 1조). 따라서 부동산의 가액이 차용액 및 이자의 합산액에 미치지 못하는 때에는 가담법이 적용되지 않는다(대판 1993. 10. 26, 93다27611 등).

(마) **이전하기로 한 재산이 가등기(또는 가등록)를 할 수 있는 것일 것** 가담법은 담보의 목적으로 가등기(또는 소유권이전등기)가 된 경우에만 적용 또는 준용된다(동법 1조 · 18조 본문). 다만, 권리질권 · 저당권 · 전세권은 제외된다(동법 18조 본문). 그리고 「동산 · 채권 등의 담보에 관한 법률」에 따라 담보등기를 마친 경우도 제외된다(동법 18조 단서).

(2) **가등기(또는 가등록)** B-318

가등기담보권이 성립하려면 가등기 또는 가등록이 있어야 한다. 이 가등기를 가담법은 담보가등기라고 한다(동법 2조 3호). 그리고 현재의 등기실무상 등기부에 「담보가등기」라고 기재하고 등기원인은 「대물반환의 예약」이라고 적는다. 따라서 「소유권이전청구권 가등기」라고 기재하는 본래의 가등기와 외형상으로도 구별된다. 그런데 그 등기에서 채권에 관한 기재는 하지 않는다.

가등기담보권자는 채권자이어야 한다. 그리하여 채권담보의 목적으로 가등기를 하는 경우에는 채권자와 가등기명의인이 동일인이어야 한다.

가등기가 없는 경우에는 대물변제예약이 있어도 가담법이 적용되지 않는다.

2. 가등기담보권의 이전

가등기담보권은 일종의 담보물권으로서 양도성을 가진다고 하여야 한다. 그리고 가등기담보권의 양도에는 저당권에 관한 제361조가 적용되는 것이 마땅하므로, 그것도 피담보채권과 분리하여 양도할 수 없다고 할 것이다. 양도방법은 저당권에서와 같다(B-296 참조).

B-319

Ⅲ. 가등기담보권의 효력

1. 일반적 효력

(1) 효력이 미치는 범위

1) 목적물의 범위 가등기담보권의 효력이 미치는 목적물의 범위는 가등기담보계약에서 정하겠으나, 달리 규정한 바가 없으면 담보목적의 부동산·부합물·종물에 미친다(358조).

가등기담보권도 일종의 담보물권이므로 저당권에서와 마찬가지로(B-277 참조) 물상대위가 인정된다고 하여야 한다(370조·342조 참조).

2) 담보되는 범위 가등기담보권으로 담보되는 범위에 대하여는 저당권에 관한 제360조가 적용된다(가담법 3조·4조·12조·13조 참조).

(2) 대내적 효력

가등기담보권이 설정되어도 목적물의 소유권(또는 기타의 권리)은 여전히 설정자에게 있고, 따라서 설정자는 그 권리를 자유롭게 행사할 수 있다.

(3) 대외적 효력

1) 담보권자의 처분 채권자는 가등기담보권을 제3자에게 양도할 수 있다(B-318 참조).

2) 국세우선권과의 관계 가등기담보권은 국세기본법·국세징수법·지방세기본법 등의 적용에 있어서는 저당권으로 본다(가담법 17조 3항).

3) 설정자의 파산·회생절차·개인회생절차 설정자가 파산한 경우 가등기담보권자는 별제권(또는 준별제권)을 가진다(가담법 17조 1항·2항, 채무자회생법 411조·414조). 설정자에 대하여 개인회생절차(채무자회생법 579조 이하 참조)가 개시된 경우에도 같다(채무자회생법 586조). 그리고 설정자에 대한 회생절차(채무자회생법 34조 이하 참조)에서는 가등기담보권은 회생담보권으로 된다(채무자회생법 141조). 그 밖에 일반적으로 「채무자회생 및 파산에 관한 법률」의 적용에 있어서는 가등기담보권은 저당권으로 본다(가담법 17조 3항).

B-320

2. 가등기담보권의 실행

가담법은 가등기담보권자가 가등기담보권을 실행하여 우선변제를 받는 방법으로 두 가지를 인정하고 그중 어느 것이든 자유롭게 선택할 수 있도록 하고 있다(동법 12조 1항 1문). 그 하나는 가등기담보권자가 목적부동산의 소유권을 취득하는 방법이고(권리취득에 의한 실행), 다른 하나는 가등기담보권자가 경매를 신청하여 그 대가로부터 변제를 받는 방법이다(경매에 의한 실행). 이 둘을 차례로 살펴보기로 한다.

⑴ 권리취득에 의한 실행

이는 가등기담보권자가 목적부동산의 소유권을 취득하는 방법에 의한 실행이다. 그런데 이에 의하여 가등기담보권자가 소유권을 취득하려면 실행통지, 청산기간의 경과, 청산, 소유권취득의 절차를 밟아야 한다.

1) 실행통지 가등기담보권자가 소유권을 취득하려면 먼저 실행의 통지를 하여야 한다(가담법 3조).

㈎ 통지사항은 청산금의 평가액이다(가담법 3조 1항 1문). 구체적으로는 「통지 당시」(예약당시가 아님)의 목적부동산의 평가액(이 평가액은 채권자가 주관적으로 평가한 것이면 족하며, 그 금액이 객관적인 평가액에 미치지 못하더라도 통지는 유효하다. 대판 1996. 7. 30, 96다6974 등)과 민법 제360조에 규정된 채권액(원본·이자·위약금·채무불이행에 의한 손해배상·실행비용)을 밝혀야 한다(가담법 3조 2항 1문).

목적부동산의 평가액이 채권액에 미달하여 청산금이 없다고 인정되는 때에는 그 뜻을 통지하여야 한다(가담법 3조 1항 2문).

㈏ 통지의 상대방은 채무자·물상보증인·담보가등기 후에 소유권을 취득한 제3자(제3취득자)이다(가담법 3조 1항 1문·2조 2호. 가담법은 이들을 「채무자 등」이라고 표현한다).

㈐ 통지시기는 피담보채권의 변제기가 된 후이다(가담법 3조 1항 1문).

㈑ 통지방법에는 제한이 없으며, 서면으로 하든 구두로 하든 어느 것이라도 무방하다. 판례는 귀속정산의 통지방법에 관하여 같은 입장에 있다(대판 2001. 8. 24, 2000다15661).

㈒ 일단 통지를 한 후에는 채권자는 그가 통지한 청산금의 금액에 관하여 다툴 수 없다(가담법 9조).

2) 청산기간의 경과 실행통지가 채무자 등에게 도달한 날부터 2개월(청산기간)이 지나야 한다(가담법 3조 1항 1문). B-321

3) 청 산

㈎ 청산의무 목적부동산의 가액이 채권액을 넘는 경우에는 가등기담보권자는 그 차액을 청산금으로서 채무자 등에게 지급하여야 한다(가담법 4조 1항 1문).

청산의무의 발생시기는 청산기간(실행통지가 채무자 등에게 도달한 날부터 2개월)이 만료한 때이다(가담법 3조 1항 1문). 채권자가 그 이전에 변제를 하는 경우에는 후순위권리자에게 대항하지 못한다(가담법 7조 2항).

㈏ 청산방법 가담법이 있기 전에는 청산방법으로 귀속청산과 처분청산의 두 가지가 인정되었다. 귀속청산은 담보권자가 목적물의 소유권을 취득하면서 청산금을 지급하는 방법이고, 처분청산은 담보권자가 먼저 목적물의 소유권을 취득한 뒤(따라서 등기도 마쳐야 함) 그것을 제3자에게 처분하여 그 대금으로부터 변제를 받고 나머지를 청산금으로 지급하는 방법이다. 이들 두 청산방법이 현재에도 인정되는가?

여기에 관하여 판례는 처분청산방법은 가등기담보법상 허용될 수 없다고 한다(대판 2002. 4.

23, 2001다81856[핵심판례 176면] 등).

(다) **청산금청구권자** 본래의 청산금청구권자는 채무자·물상보증인·목적부동산의 제3취득자이다(가담법 4조 1항 1문·2조 2호). 그런데 가담법은 담보가등기 후에 등기된 저당권자·전세권자·가등기담보권자(이를 후순위권리자라 함)도 청산금청구권을 행사할 수 있도록 한다(동법 5조 1항·2조 5호).

(라) **청산금의 공탁** 청산금채권이 압류되거나 가압류된 때에는 채권자는 청산기간이 지난 후 청산금을 법원에 공탁하여 그 범위에서 채무를 면할 수 있다(가담법 8조 1항).

B-322 4) **소유권취득** 실행통지, 청산기간의 경과, 청산금의 지급이 있으면 가등기담보권자는 가등기에 기하여 본등기를 함으로써 소유권을 취득하게 된다.

목적부동산의 가액이 채권액에 미달하여 청산금이 없는 경우에는, 가등기담보권자는 청산기간이 지난 후에 곧바로 가등기에 기한 본등기를 청구할 수 있다(가담법 4조 2항). 그에 비하여 청산금이 있는 경우에는, 가등기담보권자는 청산기간이 지난 후 청산금을 지급하거나 청산금을 공탁하여야 본등기를 청구할 수 있다(가담법 4조 2항·8조). 이때 가등기담보권자의 본등기청구권·목적물인도청구권과 채무자(또는 물상보증인)의 청산금지급청구권은 동시이행관계에 있다(가담법 4조 3항).

5) **법정지상권** 토지와 그 위의 건물이 동일한 소유자에게 속하는 경우에 그 토지나 건물에 대하여 가등기담보권이 설정되어 그것이 실행된 때에는, 건물소유자는 법정지상권을 취득한다(가담법 10조 1문). 이 경우 그 존속기간과 지료는 당사자의 청구에 의하여 법원이 정한다(가담법 10조 2문).

6) **채무자 등의 가등기말소청구권** 가담법은 제11조에서 양도담보의 경우에 채무자 등이 일정시기까지 채무를 변제하고 소유권이전등기의 말소를 청구할 수 있다고 규정한다. 양도담보에 관한 가담법 제11조는 원칙적으로 가등기담보에 유추적용되어야 할 것이다.

그 결과 채무자나 물상보증인은 청산금을 지급받을 때까지 채권액(변제할 때까지의 이자와 지연배상을 포함한다)을 채권자에게 지급하고 가등기의 말소를 청구할 수 있다고 하여야 한다(가담법 11조 본문의 유추적용). 청산기간이 지난 후에도 같다. 여기에 관하여는 학설이 일치하고 있으며, 판례도 같다(대판 1994. 6. 28, 94다3087·3094).

청산금이 없는 경우에는 채권자가 본등기를 할 때까지는 역시 채무를 변제하고 가등기를 말소할 수 있다고 하여야 한다.

(2) **경매에 의한 실행**

가등기담보권자는 권리취득에 의한 실행을 하지 않고 경매(즉 담보권실행경매)를 청구하여 그 매각대금으로부터 우선변제를 받을 수도 있다(가담법 12조 1항 1문). 그 경우 경매에 관하여는 가등기담보권을 저당권으로 본다(가담법 12조 1항 2문).

3. 가등기담보권자의 배당참가

B-323

가등기담보의 목적물이 저당권자·전세권자에 의하여 담보권 실행경매가 신청되거나 설정자의 일반채권자에 의하여 통상의 강제경매가 신청되는 경우에는, 가등기담보권자는 다른 채권자보다 자기 채권의 우선변제를 받을 권리가 있다(가담법 13조 1문). 이 경우 그 순위에 관하여는 그 가등기담보권을 저당권으로 보고, 그 담보가등기가 된 때에 그 저당권의 설정등기가 행하여진 것으로 본다(가담법 13조 2문).

후순위권리자는 청산기간에 한정하여 그 피담보채권의 변제기가 되기 전이라도 목적부동산의 경매를 청구할 수 있다(가담법 12조 2항).

담보가등기가 되어 있는 부동산에 대하여 경매(강제경매·담보권 실행경매)의 개시결정이 있는 경우에 그 경매의 신청이 청산금을 지급하기 전에 행하여진 때(청산금이 없는 경우에는 청산기간의 경과 전)에는 가등기담보권자는 가등기에 기한 본등기를 청구할 수 없다(가담법 14조. 대판 1992. 2. 11, 91다36932). 그리고 담보가등기가 되어 있는 부동산에 대하여 경매가 행하여진 때에는 가등기담보권은 그 부동산의 매각에 의하여 소멸한다(가담법 15조).

Ⅳ. 가등기담보권의 소멸

B-324

가등기담보권은 목적물의 멸실과 같은 물권 일반에 공통하는 소멸원인이 있으면 소멸한다. 그리고 채무의 변제·소멸시효 기타의 사유로 피담보채권이 소멸하면 부종성 때문에 가등기담보권도 소멸한다. 그런가 하면 가등기담보권자가 가담법에 의하여 소유권을 취득한 경우(가담법 4조), 목적부동산에 경매가 행하여진 경우(가담법 15조), 소유권이전등기가 된 뒤 10년이 지나거나 선의의 제3자가 부동산의 소유권을 취득한 경우(가담법 11조 단서의 유추적용)에도 가등기담보권은 소멸한다.

제3관 양도담보(讓渡擔保)

Ⅰ. 서 설

B-325

1. 양도담보의 의의 · 종류 · 작용

(1) 의 의

널리 양도담보라고 하면 물건의 소유권(또는 기타의 재산권)을 채권자에게 이전하는 방법에 의하여 채권을 담보하는 경우를 가리킨다. 이 양도담보에 있어서는 채무자가 채무를 이행하면 목적물을 반환하지만 채무자의 이행이 없으면 채권자는 그 목적물로부터 우선변제를 받게 된다.

(2) 종 류

1) 매도담보(賣渡擔保)와 좁은 의미의 양도담보 넓은 의미의 양도담보는 두 가지의 모습이 있다. 하나는 신용의 수수를 소비대차가 아닌 매매의 형식으로 행하고 외견상 당사자 사이에 채권·채무관계를 남기지 않는 것이다. 그리고 나머지 하나는 신용의 수수를 소비대차의 형식으로 행하여 당사자 사이에 채권·채무관계를 남겨 두는 것이다. 이들 중 앞의 것을 매도담보라고 하고, 뒤의 것을 좁은 의미의 양도담보라고 한다.

2) 부동산 양도담보와 동산 양도담보 양도담보는 목적물이 부동산인가 동산인가에 따라 부동산 양도담보와 동산 양도담보로 나누어진다(물론 물건 이외의 권리를 객체로 하는 양도담보도 있다). 이들 중 부동산 양도담보(및 등기·등록으로 공시되는 재산권을 목적으로 하는 양도담보)는 가담법의 규율을 받는다.

3) 양도저당(讓渡抵當)과 양도질(讓渡質) 좁은 의미의 양도담보는 누가 목적물을 점유하느냐에 따라 양도저당과 양도질로 나누어진다(통설도 같음). 양도저당은 목적물의 점유를 설정자에게 남겨두는 것이고, 양도질은 점유를 채권자에게 이전하는 것이다.

B-326 2. 양도담보에 대한 법적 규제

민법은 양도담보에 관하여 아무런 규정도 두고 있지 않다. 그러한 상태에서 양도담보는 과거에 판례에 의하여 규율되어 왔으며, 판례는 양도담보에 대하여 체계적인 이론을 세워놓고 있었다. 그런데 가담법이 제정되고 그 법이 양도담보 가운데 일부(특히 부동산 양도담보)까지 규율대상으로 삼게 되면서 양도담보에 관한 이론은 크게 영향을 받지 않을 수 없게 되었다. 즉 가담법이 종래의 판례이론과 부합되지 않는 규정을 두게 됨에 따라 적어도 그 법의 적용을 받는 경우에는 달리 이론구성을 하여야만 하게 된 것이다. 문제는 가담법의 규율대상이 아닌 양도담보는 어떻게 할 것인가이다. 여기에 관하여는 양도담보 이론의 이원화가 불합리하다는 이유로 그러한 양도담보(특히 동산 양도담보)도 부동산 양도담보와 같이 이론구성하여야 한다는 견해만이 나타나 있다. 그러나 판례는 동산 양도담보를 종래의 이론에 의하여 판단하고 있다(대판 1994. 8. 26, 93다44739[핵심판례 178면] 등). 판례처럼 가담법이 규율대상으로 삼고 있지 않는 경우에는 종래의 이론에 의하여 규율하는 것이 타당하다(물권법 [264] 참조).

B-327 3. 양도담보의 법적 성질

양도담보의 법적 성질은 가담법이 적용되는 경우와 가담법이 적용되지 않는 경우를 나누어 살펴보아야 한다.

(1) 가담법의 적용을 받는 경우

가담법은 가등기담보뿐만 아니라 일정한 경우의 양도담보에도 적용된다. 즉 부동산 양도담보 가운데 그것이 소비대차에 기한 채권을 담보하기 위한 것이고 또한 부동산의 가액이 차용액과 이자의 합산액을 초과하는 때에는 가담법의 적용을 받는다(가담법 1조 참조). 그럼에 있어서 그 양도담보가 좁은 의미의 양도담보인가 매도담보인가는 묻지 않는다(가담법 2조 1호 참조).

이와 같이 가담법의 적용을 받는 양도담보는 법적으로 어떤 성질을 갖는가? 여기에 관하여 학설은 i) 담보물권설(사견도 같음)과 ii) 신탁적 소유권이전설로 나뉘어 있다. i) 담보물권설은 가담법상 양도담보의 경우 소유권이전등기까지 되어 있다고 하더라도 소유권은 이전하지 않기 때문에 채권자는 양도담보권이라는 일종의 담보권을 가지는 데 불과하다고 한다. 그에 비하여 ii) 신탁적 소유권이전설은 가담법이 판례의 신탁적 소유권이전설을 입법화한 것이라는 이유로 양도담보는 담보목적으로 소유권을 신탁적으로 이전한 것이라고 한다. 한편 판례는 가담법 제정 후에는 소유권이 이전되지 않은 것을 전제로 한 점에서 담보물권설의 태도를 취한 것도 있고(대판 1991. 11. 8, 91다21770), 또 신탁적으로 소유권이 이전되었다고 한 것도 있어(대판 1995. 7. 25, 94다46428), 일관되어 있지 않다(양도담보에 관한 판례 중 가담법의 적용대상이 되는 것 자체가 많지 않다).

(2) 가담법의 적용을 받지 않는 경우

양도담보가 모두 가담법의 적용을 받는 것은 아니다. 동산 양도담보는 물론이고 부동산 양도담보라도 소비대차에 기한 채권을 담보하기 위한 것이 아니거나 부동산 가액이 차용액 및 이자의 합산액에 미달하는 경우에는 가담법이 적용되지 않는다. 판례도 같다(대판 2001. 1. 5, 2000다47682 등).

이처럼 가담법의 적용을 받지 않는 경우에는, 양도담보는 일종의 신탁행위이고, 그에 의하여 소유권은 채권자에게 이전하되 채권자는 그 권리를 채권담보의 목적을 넘어서 행사할 수는 없는 관계가 성립한다고 하여야 한다. 이는 가담법이 제정되기 전에 통설·판례가 취하고 있던 신탁적 소유권이전설의 입장이다. 판례는 동산 양도담보에 관하여는 현재에도 그와 같은 태도를 취하고 있으며(대판 1994. 8. 26, 93다44739[핵심판례 178면]), 그러한 판례는 타당하다.

4. 기술순서

양도담보에 여러 가지가 있고 그 가운데 일부는 가담법의 규율을 받지 않기 때문에 양도담보에 대하여 체계적으로 기술하기가 쉽지 않다. 그리하여 여기서는 양도담보 가운데 가장 중요한 「가담법의 규율을 받는 부동산의 양도담보」(그 가운데에서도 좁은 의미의 양도담보)를 중심으로 하여 논의하되, 필요한 때에는 경우를 나누어 살펴보기로 한다.

Ⅱ. 양도담보권의 설정

B-328

양도담보권은 양도담보권설정에 관한 물권적 합의와 목적재산권의 이전에 필요한 공시방법을 갖춤으로써 성립한다. 그 물권적 합의는 양도담보계약에 포함되어 행하여진다.

1. 양도담보계약

이는 채권담보의 목적으로 채무자(또는 제3자)의 특정의 재산권을 채권자에게 양도하고 채무자의 채무불이행이 있는 경우에는 그 재산권으로부터 채권을 변제받기로 하는 계약이다.

(1) 계약의 성질

양도담보계약은 일반적으로 채권계약과 물권계약의 성질을 함께 가지고 있다. 그리고 그것은 보통 피담보채권을 발생시키는 계약(예: 금전소비대차계약)에 포함되어 행하여진다.

매도담보의 경우에는 담보계약이 환매특약부 매매 또는 재매매예약부 매매에 포함되어 행하여진다.

(2) 당 사 자

양도담보권자와 양도담보권설정자가 당사자이다. 이 중 양도담보권자는 채권자가 되며, 설정자는 보통은 채무자이나 제3자(물상보증인)이어도 무방하다.

(3) 목 적 물

재산적 가치가 있는 것으로서 양도성이 있는 것은 모두 목적물이 될 수 있다. 따라서 동산·부동산은 물론 채권·주식·지식재산권도 목적물이 될 수 있다.

회사의 상품·원자재 등과 같은 여러 동산이 집합물로서 양도담보의 목적이 될 수 있는가? 여기에 관하여 판례는 그 목적동산을 종류·장소 또는 수량지정에 의하여 특정할 수만 있다면 그 집합물 전체를 하나의 재산권으로 하는 담보권의 설정이 가능하다고 한다(대판 1988. 12. 27, 87누1043(원자재); 대판 1990. 12. 26, 88다카20224(양어장 내의 뱀장어들)[핵심판례 180면]; 대판 1999. 9. 7, 98다47283(의류들); 대판 2004. 11. 12, 2004다22858(돈사에서 대량으로 사육되는 돼지들) 등)(대판 2016. 7. 14, 2014다233268은 집합채권의 양도담보도 인정함). 그리고 학설도 대체로 이에 찬성한다.

B-329

2. 공시방법

양도담보는 권리이전의 형식을 이용한 채권담보방법이기 때문에, 양도담보가 성립하려면 권리이전에 필요한 요건이 모두 갖추어져야 한다. 그리하여 권리이전에 공시방법이 필요한 경우에는 공시방법도 갖추어야 한다.

(1) 동 산

양도담보를 성립시키기 위하여서는 동산의 인도가 있어야 한다(통설·판례도 같음. 대판 1997. 7. 25, 97다19656). 그리고 여기의 인도는 점유개정이라도 무방하다(이설이 없으며, 판례도 같다. 위의 집합물의 양도담보에 관한 판결 및 대판 2000. 6. 23, 99다65066 등 참조).

(2) 부 동 산

부동산이 목적물인 경우에는 이전등기를 한다. 그리고 그때에 등기원인은 등기실무상「양도담보」로 기재한다.

(3) 기타의 재산권

기타의 재산권이 양도담보의 목적인 경우 각각의 권리이전에 필요한 공시방법을 갖추어야 한다.

Ⅲ. 양도담보권의 대내적 효력

B-330

1. 효력이 미치는 범위

(1) 목적물의 범위

양도담보권의 효력이 미치는 범위는 양도담보계약에서 정하여지나, 특별히 정한 것이 없으면 부합물·종물에도 미친다(358조 참조).

양도담보권도 일종의 담보물권이므로 물상대위가 인정된다(370조·342조 참조).

(2) 담보되는 범위

양도담보권에 의하여 담보되는 범위에 대하여도 가등기담보에 있어서처럼 저당권에 관한 제360조가 적용된다(가담법 3조 2항).

2. 목적물의 이용관계

목적물을 누가 점유·이용하는가는 당사자의 합의에 의하여 정하여진다. 그런데 그에 관한 특약이 없으면 설정자가 목적물의 사용·수익권을 가진다고 하여야 한다(이설이 없으며, 판례도 같음. 대판 2008. 2. 28, 2007다37394·37400 등 다수).

3. 당사자의 의무

양도담보권자와 설정자는 목적물을 처분하는 등의 행위로 상대방의 권리를 소멸시켜서는 안 될 의무를 부담한다. 당사자 가운데 하나가 그 의무를 위반하여 상대방의 권리를 소멸시킨 경우에는 채무불이행을 이유로 손해배상을 하여야 한다.

Ⅳ. 양도담보권의 대외적 효력

B-331

1. 변제기가 되기 전의 처분의 효력

(1) 양도담보권자가 처분한 경우

1) 가담법의 규율을 받는 부동산 양도담보에 있어서 채권자는 양도담보권이라는 일종의 담보권만을 가지므로, 그는 그의 피담보채권과 함께 양도담보권을 처분할 수 있다.

가담법의 규율을 받지 않는 양도담보의 경우에는 담보권이 아니고 소유권 등의 권리 자체를 가지기 때문에 담보권의 양도는 문제되지 않는다.

2) 양도담보권자가 목적물을 자기의 소유물로서 처분한 경우에는 어떻게 되는가?

가담법의 규율을 받는 양도담보에 있어서는 양도담보권자는 소유권자로서 처분할 수는 없다. 그렇지만 외형상 소유자로 등기되어 있기 때문에 그렇게 할 가능성이 있다. 그런데 그와 같은 때에 양수인은 소유권을 취득할 수가 없다. 가담법 제11조 단서가 예외를 규정하고 있어서 그에 의하여 소유권을 취득할 수는 있다. 즉 「선의의 제3자가 소유권을 취득한 경우」에는 양도담보설정자가 소유권이전등기의 말소를 청구하지 못하게 된다. 그 결과 양수인이 선의인 때에는 소유권을 취득하게 된다.

가담법이 적용되지 않는 양도담보의 경우, 특히 동산의 양도담보에 있어서는 소유권이 양도담보권자에게 이전되므로, 그로부터 소유권을 양수한 자는 유효하게 소유권을 취득하게 된다(판례도 같음). 이때 양수인이 선의인지 악의인지는 묻지 않는다(대판 1969. 10. 23, 69다1338 등).

(2) 양도담보권설정자가 처분한 경우

가담법이 적용되는 양도담보에 있어서는 부동산 소유권이 설정자에게 있으므로 이론상 그는 소유권을 제3자에게 처분할 수 있다. 그러나 실제로는 가능하지 않다. 왜냐하면 담보권자 명의로 등기가 되어 있기 때문이다.

가담법이 적용되지 않는 양도담보의 경우에는 소유권이 양도담보권자에게 이전되므로 이론상 설정자는 처분을 할 수 없다. 그러나 동산 양도담보에 있어서 설정자가 목적물을 점유하고 있는 때(양도저당)에는 처분이 행하여질 수 있다. 그러한 경우에는 양수인이 선의취득의 요건을 구비하여야만 소유권을 취득할 수 있다.

B-332

2. 제3자에 의한 침해

(1) 물권적 청구권

1) 가담법이 적용되는 경우 이 경우에 제3자가 양도담보의 목적물을 불법으로 점유하거나 그 밖의 방법으로 방해하는 때에는, 양도담보권자는 담보물권자로서, 그리고 설정자는 소유자로서 물권적 청구권을 갖는다. 그리고 목적물을 점유하는 당사자는 점유보호청구권도 가진다.

2) 가담법이 적용되지 않는 경우 이 경우에 제3자가 불법으로 점유하고 있으면, 양도담보권자는 소유자로서 물권적 청구권을 가진다(대판 1986. 8. 19, 86다카315). 그리고 설정자는 점유를 가지고 있는 때에만 점유보호청구권을 행사할 수 있다.

(2) 손해배상청구권

1) 가담법이 적용되는 경우 이 경우에 제3자가 목적물을 멸실·훼손한 때에는, 양

도담보권자는 저당권 침해에 준하여 피담보채권을 한도로 손해배상을 청구할 수 있고, 설정자는 소유권 침해를 이유로 손해배상을 청구할 수 있다(양도담보권자가 배상을 받은 때에는 그 금액을 공제한 나머지만 청구할 수 있다).

2) 가담법이 적용되지 않는 경우 　이 경우에 제 3 자의 불법행위가 있으면, 양도담보권자는 소유권 침해를 이유로 손해배상을 청구할 수 있다. 그러나 설정자는 소유권 침해를 이유로 한 손해배상청구권이 없다.

Ⅴ. 우선변제적 효력

B-333

우선변제적 효력은 양도담보가 가담법의 적용을 받는 경우인지 아닌지에 따라 크게 다르다.

1. 가담법의 적용을 받는 경우

이에 대하여는 담보권 실행에 관한 가담법의 규정(2조 내지 11조)이 적용 또는 유추적용된다. 그 결과 양도담보권의 실행은 「권리취득에 의한 실행」에 의하게 된다(이때에 경매청구를 인정하는 것은 합목적적이 아니다). 그 절차는 가등기담보권에 있어서와 마찬가지로 실행통지, 청산기간의 경과, 청산, 소유권취득의 순서로 진행된다.

(1) 실행통지

양도담보권자는 먼저 가담법 제 3 조가 정하는 바에 의하여 실행의 통지를 하여야 한다. 그 자세한 내용은 가등기담보에 있어서와 같다(B-320 참조).

(2) 청산기간의 경과

실행통지가 채무자 등에게 도달한 날부터 2개월의 청산기간이 지나야 한다(가담법 3조 1항 1문).

(3) 청 　산

목적부동산의 가액이 채권액을 넘는 경우에는 그 차액을 청산금으로 채무자 등에게 지급하여야 한다(가담법 4조 1항 1문). 청산방법은 귀속청산만 인정된다고 할 것이다(이설 있음).

(4) 소유권취득

위의 절차가 끝나면 양도담보권자는 소유권을 취득한다.

부동산의 가액이 채권액에 미달하여 청산금이 없는 때(양도담보 당시에는 부동산의 가액이 차용액 및 그 이자의 합산액을 초과하였으나(그래야 가담법이 적용되므로), 실행통지시에는 미달하게 된 경우임)에는, 청산기간이 종료하는 때에 소유권을 취득하게 된다(가담법 4조 2항). 그에 비하여 부동산의 가액이 채권액을 넘고 있는 때에는, 청산기간이 지난 후 청산금이 지급되거나 청산금이 공탁된 때에 소유권을 취득한다(가담법 4조 2항 · 8조).

(5) 법정지상권

토지와 그 위의 건물이 동일한 소유자에게 속하는 경우에 그 토지나 건물에 대하여 양도담보권이 설정되어 그것이 실행된 때에는, 건물소유자는 법정지상권을 취득한다(가담법 10조 1문). 이 경우 그 존속기간과 지료는 당사자의 청구에 의하여 법원이 정한다(가담법 10조 2문).

B-334 ### 2. 가담법의 적용을 받지 않는 경우

가담법의 적용을 받지 않는 양도담보의 경우에는 가담법에 의한 실행은 요구되지 않는다. 그러나 반드시 정산은 하여야 한다. 정산의 방법에는 귀속정산과 처분정산이 있다. 채권자는 이들 중 어느 것이든 자유롭게 선택할 수 있다고 할 것이다(대판 2001. 8. 24, 2000다15661 등). 그리고 정산은 부동산의 시가가 채권의 원리금에 미달하여도 행하여져야 한다(대판 1998. 4. 10, 97다4005).

B-335 ## Ⅵ. 양도담보권의 소멸

1. 피담보채권의 소멸

(1) 채무의 변제

1) 가담법의 적용을 받는 경우 채무가 변제되면 피담보채권이 소멸하고, 그 결과 양도담보권도 소멸한다. 문제는 언제까지 변제할 수 있는가이다. 이는 경우에 따라 다르다.

청산금이 있는 때에는 청산기간이 지난 후 청산금이 지급될 때까지 변제할 수 있다(가담법 11조 본문). 청산금이 없는 때에는 청산기간 내에 변제할 수 있다. 그러나 채무의 변제기가 지난 때부터 10년이 경과하거나 선의의 제3자가 소유권을 취득한 경우에는 변제를 하고서 소유권이전등기의 말소를 청구할 수 없다(가담법 11조 단서).

2) 가담법의 적용을 받지 않는 경우 가담법의 적용을 받지 않는 양도담보에 있어서는, 채권자가 담보권을 실행하여 정산을 하거나 제3자에게 매도하기 전까지는, 채무자는 변제기가 지난 후라도 언제든지 채무를 변제하고 소유권이전등기의 말소를 청구할 수 있다(대판 1996. 7. 30, 95다11900 등). 그리고 이는 양도담보약정 당시 부동산의 시가가 채권의 원리금에 미달하는 경우에도 마찬가지이다(대판 1998. 4. 10, 97다4005).

(2) 소멸시효의 완성

피담보채권이 시효로 소멸하면 양도담보권도 당연히 소멸한다.

2. 목적물의 멸실 · 훼손

양도담보의 목적물이 멸실·훼손하면 그 범위에서 양도담보권도 소멸한다. 그러나 피담보채권에는 영향이 없다.

제3편

채권법총론

서 론

제 1 절 채권법 일반론

Ⅰ. 채권법의 의의

C-1

채권법의 의의도 실질적으로 정의될 수도 있고 형식적으로 정의될 수도 있다. 앞의 것을 실질적 채권법이라고 하고, 뒤의 것을 형식적 채권법이라고 한다.

(1) 실질적 채권법

채권법을 실질적으로 파악하면 실질적 민법 가운데 채권에 관한 법이다. 이것을 달리 표현하면 「채권관계(2인 이상의 특정인 사이에 채권·채무가 존재하는 법률관계)를 규율하는 일반사법」이라고 할 수 있다.

(2) 형식적 채권법

형식적 의미의 채권법은 「민법」이라는 이름의 법률 중 「제 3 편 채권」(373조 내지 766조)이다.

(3) 두 채권법 사이의 관계

실질적 채권법과 형식적 채권법은 일치하지 않는다. 후자가 전자의 핵심부분을 이루고 있어 두 법은 중요부분에서 서로 겹치나, 형식적 채권법 가운데에는 실질적 채권법에 속하지 않는 것도 있으며(예: 389조·704조), 민법전의 「제 3 편 채권」 이외의 규정 가운데 채권법적인 것도 있고(예: 201조 2항·202조·203조·261조), 또 주택임대차보호법 등과 같은 특별법에도 채권법적 규정이 많이 있다. 그 밖에 관습법과 판례(법원(法源)이라고 볼 경우) 중에도 실질적 채권법이 있다.

(4) 채권법학의 대상: 실질적 채권법

민법학의 일부인 채권법학의 대상이 되는 것은 실질적 채권법이다.

Ⅱ. 채권법의 기능

채권법의 규율내용에 비추어 볼 때, 채권법은 ① 타인의 협력에 대한 보장(계약법), ② 법적으로 보호하여야 할 이익 즉 법익의 보호(불법행위법), ③ 부당한 가치이동의 조절(부당이득법), ④ 채권의 재산권성의 강화(채권양도법) 등과 같은 다양한 기능을 가진다고 할 것이다.

C-2

Ⅲ. 채권법의 법원(法源)

(1) 서 설

채권법의 법원에도 성문법과 불문법이 있다.

(2) 성 문 법

1) 민법 제 3 편 채권(373조 내지 766조)

채권법의 가장 중요한 법원이다.

2) 특 별 법

특별법 가운데 채권법의 법원이 되는 것이 많이 있다. 그 주요한 것으로는 주택임대차보호법·상가건물임대차보호법·「약관의 규제에 관한 법률」·이자제한법·「보증인 보호를 위한 특별법」·신원보증법 등이 있다.

(3) 불 문 법

1) 관 습 법 관습법도 채권에 관한 것은 채권법의 법원이 된다.

2) 판 례 판례는 채권법의 법원은 아니지만(이설 있음) 실제에 있어서는 「살아 있는 법」으로서 기능하고 있다.

C-3

Ⅳ. 민법전「제 3 편 채권」의 내용

(1) 형식적 채권법인 민법전 「제 3 편 채권」은 총칙, 계약, 사무관리, 부당이득, 불법행위의 5장으로 이루어져 있다. 이들 가운데 「제 1 장 총칙」은 채권이 어떤 원인에 의하여 발생하였는지를 묻지 않고 모든 채권에 공통적으로 적용되는 내용을 규정하고 있으며, 제 2 장 내지 제 5 장은 채권의 발생원인 중 대표적인 것 4가지에 관하여 개별적인 사항을 규정하고 있다.

(2) 채권편 「제 1 장 총칙」은 모두 8절로 이루어져 있으며, 각 절의 제목은 채권의 목적·채권의 효력·수인의 채권자 및 채무자·채권의 양도·채무의 인수·채권의 소멸·지시채권·무기명채권이다. 이와 같은 채권편 「제 1 장 총칙」에 관한 논의를 강학상(講學上) 채

권총론 또는 채권법총론이라고 한다.

[참고] 주의할 점

채권편「제1장 총칙」내지 채권법총론에 있어서「채권」이라 함은 채권 하나만을 가리킨다. 그리하여 하나의 채권관계에서 — 가령 쌍무계약에 의하여 — 두 개의 채권이 발생하는 경우에도 그 각각에 관하여 따로따로 채권총칙의 규정이 적용된다.

(3) 채권편 제2장 내지 제5장은 4가지의 가장 중요한 채권발생원인인 계약·사무관리·부당이득·불법행위에 관하여 규정하고 있다. 채권편 제2장 내지 제5장에 관한 논의를 강학상 채권각론 또는 채권법각론이라고 한다. 그리고 채권편 계약의 장 제1절에 관한 논의를 계약총론이라고 하며, 제2절 내지 제15절에 규정된 개별적인 전형계약에 관한 논의를 계약각론이라고 한다.

V. 채권법의 특질

C-4

(1) 채권법의 법적 성격

1) 일반사법의 일부 채권법은 민법의 일부로서 당연히 사법, 그중에서도 일반사법에 속한다.

2) 재 산 법 채권법은 물권법·상속법과 함께 재산법에 속한다. 그리고 채권법은 특히 물권법과 더불어 재산법의 2대 분야를 이루고 있다.

채권법은 재산법 가운데 재화의 교환 즉 계약을 중심으로 하는 법이다. 그 점에서 소유권을 중심으로 하는 재산법인 물권법과 대비된다.

3) 실 체 법

채권법은 절차법이 아니고, 권리의무관계를 직접 규율하는 실체법이다.

(2) 채권법의 특질

C-5

채권법이 물권법에 비하여 어떤 특별한 성질이 있는지를 살펴보기로 한다.

1) 임의규정성 물권법은 배타성을 가지는 물권을 규율하기 때문에 제3자 보호를 위하여 그 대부분의 규정을 강행규정으로 하고 있다(B-5 참조). 그에 비하여 채권법이 규율하는 채권은 배타성이 없는 상대적인 권리이어서, 채권법의 영역에서는 사적 자치가 널리 인정되며, 그 규정들은 대체로 임의규정으로 되어 있다. 특히 거래법인 계약법에 있어서 그렇다.

2) 보 편 성 일반적으로 물권법은 각국의 관습과 전통의 영향을 강하게 받는다(우리의 물권법에 관하여는 B-5 참조). 그에 비하여 채권법은 거래법으로서 세계적으로 보편화·균질화하는 경향

을 보인다.

3) 동적인 모습　물권법은 물건에 대한 지배, 그리하여 현재상태의 유지를 규율하는 것이어서 정적(靜的)이다. 그러나 채권법(특히 계약법)은 물건·노무 등의 이동, 그리하여 현재상태의 변경을 규율하는 것이어서 동적(動的)이다.

4) 신의칙의 지배　신의칙(2조 1항)은 채권법에서 가장 현저하게 작용한다.

5) 로마법의 영향　채권법은 로마법만의 영향을 강하게 받고 있다.

제 2 절 채권의 본질

C-6

Ⅰ. 채권의 의의

채권은 특정인(채권자)이 다른 특정인(채무자)에 대하여 일정한 행위(이는 보통 급부라고 하나, 이행행위라고 함이 더 낫다)를 요구할 수 있는 권리이다. 채권은 내용 면에서는 재산권이고, 효력(작용) 면에서는 청구권이며, 의무자의 범위를 표준으로 해서 보면 상대권이다.

(1) 채권은 채무자의 행위 즉 급부(이행행위)를 목적으로 한다. 급부는 적극적인 행위인 작위일 수도 있고(예: 물건의 인도·강연), 소극적인 행위인 부작위일 수도 있다(예: 건축을 하지 않는 것).

(2) 채권은 채무자라고 하는 특정인에 대한 권리이다.

(3) 채권은 채무자의 일정한 행위를 요구(청구)할 수 있는 권리이다. 그리하여 그것은 청구권이다. 여기서 「요구(청구)할 수 있다」는 것은 ① 청구하는 것이 법적으로 허용된다는 것(위법하지 않다는 것)과 ② 청구에 응하여 상대방이 급부를 한 경우 이를 수령·보유할 수 있다는 것(부당이득이 되지 않는다는 것)을 의미한다.

C-7

Ⅱ. 채권의 특질

채권의 특질은 물권과 비교하여 어떤 특별한 성질이 있는지 살펴보아야 한다.

(1) 청 구 권

물권은 물건 기타의 객체를 직접 지배하는 권리인 데 비하여, 채권은 채무자에게 일정한 행위를 청구할 수 있는 권리에 지나지 않는다. 그 결과 물권은 타인의 협력(행위)이 없어도 실현될 수 있으나, 채권은 타인의 행위가 있어야 실현될 수 있다.

(2) 상 대 권

물권은 절대권이어서 특정한 상대방이 없고 모든 자에 대하여 주장할 수 있다. 그에 비하여 채권은 특정인인 채무자에 대하여서만 주장할 수 있는 상대권이다. 그리하여 채권은 원칙적으로 채무자에 의하여서만 침해될 수 있으며(채무 불이행), 제3자에 의한 침해는 당연히 불법행위로 되는 것은 아니다(C-16 이하 참조).

(3) **평등성**(배타성 없음)

물권은 물건에 대한 직접적인 지배를 내용으로 하는 권리이므로 배타성이 인정된다. 그러나 채권은 채무자의 일정한 행위를 청구할 수 있는 권리이므로 배타성이 없다. 따라서 채권은 실질적으로 양립할 수 없는 것이라도 동시에 둘 이상 존재할 수 있다(예: 2중매매 기타의 2중계약의 경우). 그리고 채권은 효력에 있어서도 차이가 없다. 이를 채권자 평등의 원칙이라고 한다.

Ⅲ. 채권과 청구권

채권과 청구권이 동일한 권리인지가 문제된다. 그런데 그에 관하여는 「민법총칙」 부분에서 논의하였으므로(A-26 참조), 중복을 피하는 의미에서 결론만을 적으면, 채권과 청구권은 동일한 것이 아니며 청구권은 채권의 본질적인 내용(효력)을 이루고 있을 뿐이다.

Ⅳ. 채권과 채권관계

C-8

(1) **채권관계의 의의**

채권관계란 2인 이상의 특정인 사이에 채권·채무가 존재하는 법률관계를 말한다.

1) **특별구속관계** 채권관계는 일반인 사이의 관계가 아니고 채권자와 채무자라는 특정인 사이의 법률관계이다. 그러한 의미에서 채권관계는 일종의 특별구속관계라고 할 수 있다.

2) **포괄적인 관계**(채권과의 구별) 채권관계는 기본적인 채권·채무만이 존재하는 관계가 아니고, 그 밖에 여러 가지의 권리(예: 항변권·해제권·해지권)와 의무(예: 통지의무·배려의무)도 포괄하는 관계이다. 즉 채권관계는 채권·채무의 단순한 결합관계가 아닌 것이다.

3) **유기적 관계** 종래 우리의 통설에 의하면, 채권관계는 당사자가 달성하려는 목적을 향해서 서로 협력하여야 할 긴밀한 관계이고, 그러한 의미에서 채권관계는 하나의 유기적 관계라고 한다.

(2) **호의관계**(好意關係)**와의 구별**

채권관계는 법률관계의 일종이다. 따라서 그것은 비법률관계와는 구별된다. 비법률관계의 대표적인 예로 호의관계가 있다. 호의관계는 법적인 의무가 없음에도 불구하고 호의로 어떤 행위를 해 주기로 하는 생활관계이다(A-20 참조).

C-9

Ⅴ. 채권의 효력

1. 채권의 효력 일반론

(1) 채권의 효력의 의의

채권의 효력의 의의를 확정하기는 쉽지 않다. 사견으로는 「채권의 내용을 실현하게 하기 위하여 채권에 대하여 법이 인정하는 힘」이 채권의 효력이라고 이해한다.

(2) 채권의 효력의 개괄적 내용

채권의 효력은 우선 크게 대내적 효력, 대외적 효력, 책임재산 보전의 효력의 셋으로 나누어지는데, 그중 대내적 효력은 다시 청구력·실현강제력(소구력·집행력)·급부보유력으로 세분되며, 대외적 효력은 제3자의 불법한 침해에 대한 효력이고, 책임재산 보전의 효력은 채권자대위권·채권자취소권을 가리킨다(이와 같은 사견의 자세한 점은 채권법총론 [10] 참조). 아래에서 이들을 나누어 설명하기로 한다.

C-10

2. 대내적 효력

(1) 청구력과 급부보유력

1) 채권에는 당연히 일정한 행위를 청구할 수 있는 효력, 즉 청구력이 있다. 그런데 여기서 「청구할 수 있다」고 함은 재판 외에서 청구할 수 있다는 것만을 의미한다고 보아야 한다. 재판상의 청구는 따로 소구력의 문제로 다루는 것이 적당하기 때문이다.

채권의 청구력에 있어서 이행을 청구할 수 있는 것(청구내용)은 처음에는 본래의 급부의무에 관하여서이다. 그런데 채무불이행이 발생하면 손해배상의무에 관하여도 인정된다.

2) 채권에는 채무자의 급부가 있는 경우에 그것을 수령하고 적법하게 보유하는 효력, 즉 급부보유력이 있다. 채권에 급부보유력이 있기 때문에 채권자가 채무자로부터 수령한 급부를 보유하는 것은 적법하고 부당이득이 되지 않는다(부당이득이 되지 않는 것은 채무자에 대한 상대적 관계에 있어서만이다).

3) 청구력과 급부보유력은 채권의 기본적 효력 내지 최소한도의 효력이다.

C-11

(2) 실현강제력

1) 의 의　　법률은 원칙적으로 채권에 채무(손해배상의무 포함)의 내용실현을 강제하는 힘을 부여하고 있는데(389조, 민소 248조 이하, 민사집행법 61조 이하), 그러한 힘을 실현강제력이라고 한다.

채권의 실현강제력은 어떠한 내용의 것인가? 채권에는 채무자의 재산을 강제집행할 수 있는 효력과 그 전제로서 소를 제기하여(재판상의 청구를 하여) 이행판결을 받을 수 있는 효력이 인정되어야 한다. 전자를 집행력, 후자를 소구력(訴求力)이라고 한다.

2) 소 구 력　　우리 법상 채권에는 원칙적으로 소구력이 인정된다. 따라서 채무자가 채무를 이행하지 않는 경우에는, 채권자는 일정한 요건 하에 국가에 대하여 이행판결

(급부판결)을 청구할 수 있다. 즉 채권자는 소권(訴權)을 갖는다. 그리고 이때 채권자가 얻은 이행판결(확정판결 또는 가집행선고 있는 종국판결)은 강제집행의 전제인 집행권원이 된다.

소구력이 없는 채무를 일반적으로 자연채무라고 한다(C-12·13 참조).

3) 집 행 력　　채권에는 원칙적으로 집행력이 있다. 따라서 채무자의 채무불이행이 발생할 경우, 채권자는 집행권원을 얻어 채무자의 재산(특정재산 또는 일반재산)에 강제집행을 할 수 있다. 강제집행은 강제이행이라고도 한다(민법 389조에서는 강제이행이라는 용어를 사용하고 있다).

4) 실현강제력이 채권의 속성(본질)인지 여부　　실현강제력 내지 강제적 실현가능성이 채권의 속성(본질적·필수적 내용)인지에 관하여는 견해가 나뉘는데, 다수설(사견도 같음)은 강제적 실현가능성은 채권의 본질적 성질(속성)이 아니라고 한다.

(3) 자연채무　C-12

1) 서　　설　　비록 예외적이기는 하지만 채권 가운데에는 실현강제력을 구비하지 못한 것도 있다. 즉 소구력(訴求力)이 없는 채권이 있는가 하면 집행력이 없는 채권도 있다. 이들 가운데 앞의 것을 보통 자연채무(自然債務)라고 한다.

2) 자연채무의 의의　　일반적으로 자연채무라고 하면, 채무자가 임의로 급부하지 않는 경우에도 채권자가 그 이행을 소로써 구하지 못하는 채무를 가리키는 것으로 이해되고 있으며, 그에 관하여는 다툼이 없다. 그런데 여기의 채무가 법률상의 채무 내지 법률적으로 의의 있는 채무만을 의미하는가에 관하여는 견해가 대립한다. 다수설은 자연채무에 있어서의 채무는 법률상 의의 있는 것이어야 한다고 주장하는 데 비하여, 반사회적 행위나 도덕상 채무를 포함시키는 소수설도 있다(채권법총론 [13] 참조).

3) 자연채무가 문제되는 경우들의 검토　　다수설(사견도 같음)의 입장에서 자연채무가 문제되는 경우들을 살펴본다.　C-13

(가) 부제소의 합의가 붙은 채무　　채권의 당사자는 채권에 관하여 부제소의 합의를 할 수 있다. 그 합의는 채권을 발생시키는 계약 당시에 할 수도 있고 또 이미 발생해 있는 채무에 관하여 사후에 할 수도 있다. 이들 중 앞의 경우에는 처음부터 자연채무가 성립하고, 뒤의 경우에는 통상의 채무가 자연채무로 변경된다(대판 1993. 5. 14, 92다21760도 참조).

(나) 불법원인에 기한 채무　　법적으로 의미 있는 채무만을 자연채무로 보아야 하는 한, 불법원인에 기한 채무(746조 참조)는 자연채무라고 할 수 없다.

(다) 채권자가 승소의 종국판결을 받은 후에 소를 취하한 경우의 채무　　채권자가 승소의 종국판결을 받은 후에 소를 취하한 때에는 같은 소를 제기하지 못한다(민소 267조 2항). 그렇지만 그 경우에 승소판결이 내려져 있는 만큼 소의 취하로 채권 자체가 소멸한다고는 할 수 없고, 따라서 그러한 채무는 자연채무라고 하여야 한다(통설도 같음).

(라) 채권이 존재하고 있는데도 채권자의 패소판결이 확정된 경우의 채무　　여기에 관하여는

i) 자연채무라고 하는 견해(사견도 같음), ii) 도의상의 존재에 불과할 뿐 자연채무가 아니라는 견해가 대립하고 있다.

(마) **파산절차나 개인회생절차에서 면책된 채무**(채무자회생법 566조·625조 2항) · **회생절차에서 일부 면책된 채무**(채무자회생법 251조) 이와 같은 경우에 법률이 책임만을 면제한 만큼 채무 자체는 소멸하지 않고 존속한다고 하여야 한다. 다만, 여기의 면책은 소구가능성도 배제하는 의미로 새겨야 할 것이다. 결국 파산절차 등에서 면책된 채무는 자연채무라고 하여야 한다. 통설·판례(대판 2001. 7. 24, 2001다3122)도 같다.

4) 자연채무의 효력 자연채무는 소구할 수 없다. 그러나 자연채무도 법률상의 채무이기 때문에, 채무자의 임의의 급부는 증여가 아니고 채무의 변제이며, 따라서 그 급부는 비채변제(742조 참조)로서의 수령자의 부당이득이 되지 않는다. 그 결과 당연히 급부한 채무자는 채권자에게 급부한 것의 반환을 청구할 수 없게 된다. 이것이 자연채무의 최소한도의 공통적인 효력이다. 그 밖에 자연채무에 어떠한 효력이 부여될 것인가는 각각의 자연채무에 관하여 개별적으로 결정되어야 한다.

C-14

(4) 채무와 책임

1) 책임의 의의 책임은 다의적인 개념이다. 그것은 일반적으로는 ① 어떤 자가 자신이나 타인의 행위 또는 일정한 위험에 대한 결과를 피해자에게 손해를 배상하는 방식으로 떠맡는 것(책임지는 것)을 의미하나(과실책임·위험책임·채무불이행책임·불법행위책임·사용자책임·책임있는 사유 등의 경우), ② 채무를 의미하는 때도 있다(일정한 금액의 한도에서 책임을 진다거나 손해배상책임의 경우, 35조·750조 이하에서의 책임). 그러나 여기서 문제삼는 것은 ③ 채무에 대한 개념으로서의 책임이다.

채무에 대한 개념으로서의 책임은 「채무자의 재산이 채권자의 강제집행에 복종하는 상태」라고 할 수 있다.

2) 채무와 책임의 관계 채무와 책임의 관계에 관하여 학설은 대립하고 있다. 그런데 다수설(사견도 같음)은 채무와 책임을 구별·분리한다.

C-15

3) 채무와 책임의 분리 현재의 우리 법에서 채무와 책임은 다음의 경우에는 분리되는 현상을 보인다.

(가) **책임없는 채무** 채권의 당사자는 채권을 발생시키면서 또는 기존의 채권에 관하여 강제집행을 하지 않기로 하는 특약을 할 수 있으며, 그러한 특약은 유효하다. 이때 채무와 분리되어 있는 책임의 관념을 인정한다면, 그러한 특약은 「책임없는 채무」에 관한 특약이라고 이해할 수 있다.

(나) **책임이 한정되는 채무** 채무자는 채무의 전액에 관하여 그의 모든 재산으로써 책임을 지는 것이 원칙이다. 이를 인적 책임(人的 責任) 또는 무한책임이라고 한다. 그런데 이러한 인적 책임 또는 무한책임에는 법률규정 또는 당사자의 특약에 의하여 예외가 인

정된다. 즉 책임이 채무자의 일정한 재산에 한정되거나 또는 일정한 금액의 한도로 제한되는 경우가 있다. 전자를 물적 유한책임이라고 하고, 후자를 금액 유한책임이라고 한다.

(a) **물적 유한책임** 　물적 유한책임이란 책임이 채무자의 일정한 재산에 한정되어 있어서 채권자는 그 특정재산에 대하여서만 강제집행을 할 수 있는 경우를 말한다. 그 예로는 상속의 한정승인(1028조)을 들 수 있다.

(b) **금액 유한책임** 　금액 유한책임은 채무자가 그의 전재산으로써 책임을 지지만 그 책임액에 제한이 있는 경우이다. 이는 그의 전재산으로 책임을 지므로 인적 책임이고, 책임이 일정한 금액의 한도로 제한되어 있으므로 유한책임이다. 그리하여 금액 유한책임은 인적 유한책임이라고도 한다.

금액 유한책임의 예로는, 합자회사의 유한책임사원의 책임(상법 279조)·선박소유자의 일정한 채무에 대한 책임(상법 770조)을 들 수 있다.

(다) **채무 없는 책임** 　가령 물상보증인(대판 2018. 4. 10, 2017다283028)이나 저당부동산의 제3취득자는 채무를 부담함이 없이 책임만을 진다.

3. 대외적 효력(제3자에 의한 채권침해)

C-16

(1) 서 설

1) 대외적 효력으로 논의하여야 할 문제 　채권의 대외적 효력이 무엇인가에 대하여는 논란이 있으나, 제3자의 불법한 채권침해에 대한 효력이 그에 해당한다고 보아야 한다.

2) 제3자에 의한 채권침해의 의의 　널리 채권침해라 함은 채권의 내용실현이 방해되는 것을 말한다. 이러한 채권침해는 내용실현을 방해하는 자, 즉 침해자가 누구인가에 따라 채무자에 의한 침해와 제3자에 의한 침해로 나눌 수 있다. 이 가운데 전자는 채무불이행이라고 하여 따로 다루어지며, 보통 채권침해라고 하면 후자만을 가리킨다.

제3자에 의한 채권침해를 둘러싸고 종래부터 논의되고 있는 것은 두 가지이다. 그 하나는 제3자의 불법한 채권침해행위가 채권자에 대하여 불법행위로 될 수 있는가이고, 나머지 하나는 제3자가 채권자의 권리행사를 방해하는 경우에 채권자는 채권에 기하여 방해배제를 청구할 수 있는가이다. 아래에서 이들을 차례로 살펴보기로 한다.

(2) 제3자의 채권침해에 의한 불법행위의 성립

1) 문제의 제기 　앞에서 설명한 바와 같이(C-7 참조), 채권은 상대권으로서 특정한 의무자인 채무자에 의하여서만 침해될 수 있으며, 그것이 바로 채무불이행이다. 그리고 그러한 채무불이행의 경우에는 채권자는 채무자에 대하여 손해배상 등의 책임을 물을 수 있다. 그에 비하여 채권의 내용실현이 제3자의 행위에 의하여 방해당하는 경우에는, 상대권이라는 채권의 성질상 침해한 제3자는 의무자가 아니어서, 채권자는 그 제3자에 대

하여 책임을 물을 수 없다고 하여야 할지 모른다. 그러나 채권이 상대권이라는 사실로부터 제3자에 의한 모든 침해가 당연히 용인될 수 있는 것은 아니다. 여기서 제3자의 불법한 채권침해가 불법행위로 될 수 있는가가 문제된다.

C-17 2) 불법행위의 성립 여부

(가) 학 설 제3자에 의한 채권침해가 불법행위를 성립시킬 수 있는가에 관하여 현재 우리의 학설은 일치하여 긍정하고 있다. 그런데 그 근거에 대하여는 견해가 대립하고 있다. 그중 다수설(사견도 같음)은 위법성설인데(채권법총론 [18] 참조), 그에 따르면 채권의 성질상 상대권인 채권도 예외적으로 일정한 경우에는 제3자에 의하여 침해될 수 있고, 그것이 불법행위로서 성립하려면 다시 불법행위상의 요건을 갖추어야 하며, 무엇보다도 민법 제750조가 의용민법에서의 권리침해에 갈음하여 요구하는 위법성을 갖추어야 한다고 한다.

(나) 판 례 대법원은 「제3자에 의한 채권침해가 불법행위를 구성할 수는 있으나 제3자의 채권침해가 반드시 언제나 불법행위가 되는 것은 아니고 채권침해의 태양에 따라 그 성립 여부를 구체적으로 검토하여 정하여야 한다」는 태도를 취하고 있다(대판 2001. 5. 8, 99다38699[핵심판례 184면]). 이러한 판례는 다수설인 위법성설과 같은 입장이다.

C-18 3) 채권침해의 모습 제3자의 채권침해가 불법행위가 되는지를 검토하려면 먼저 채권이 어떤 경우에 제3자에 의하여 침해될 수 있는가를 살펴보아야 한다. 그러한 경우에만 불법행위의 성립이 인정될 수 있기 때문이다. 채권침해에는 다음과 같은 모습의 것들이 있다.

(가) 채권의 귀속 자체를 침해한 경우 가령 타인의 무기명채권증서를 훼멸하거나 또는 이를 횡령하여 선의의 제3자에게 취득하게 한 경우 채권의 준점유자(470조) 또는 영수증소지자(471조)로서 유효한 변제를 받은 경우 등과 같이, 제3자가 직접 채권을 처분 또는 행사하여 채권자로 하여금 그 채권 자체를 상실하게 한 경우에는 제3자의 채권침해가 가능하다고 하여야 한다.

(나) 채권의 목적인 급부를 침해한 경우 제3자가 급부를 침해함으로써 그 급부의 전부 또는 일부가 불능으로 될 수도 있다. 그러한 경우 중에는 급부의 침해로 채권이 소멸하는 때가 있는가 하면 채권이 소멸하지 않는 때도 있다.

(a) 급부의 침해로 채권이 소멸한 경우 가령 특정물의 인도를 목적으로 하는 채권에 있어서 제3자가 목적물을 멸실하게 한 경우에는, 채무는 채무자에게 책임없는 이행불능으로 되어 소멸하지만, 채권자는 — 불법행위 요건이 갖추어지는 한 — 제3자에 대하여 손해배상을 청구할 수 있다.

(b) 급부의 침해로 채권이 소멸하지 않는 경우 가령 제3자가 채무자와 공모하여 채권의 목적물을 파괴하거나, 또는 제3자가 채무자를 교사·방조하여 혹은 채무자와 공동

으로 채권자의 권리행사를 방해한 경우에는, 채무자는 채무불이행책임을 지게 되므로 채권은 손해배상청구권으로 변하여 존속한다. 그렇지만 이 경우에도 불법행위의 성립을 인정하여야 한다(통설도 같음).

4) 불법행위의 성립요건 제 3 자의 채권침해행위가 불법행위로 되려면 채권침해가 가능한 것만으로는 부족하며, 그 외에 일반 불법행위의 요건도 아울러 갖추어야 한다. 그 중에 특히 문제가 되는 것이 고의·과실과 위법성이다. C-19

(가) 고의 · 과실 제 3 자의 채권침해가 불법행위로 되려면 가해자인 제 3 자의 고의 또는 과실이 있어야 한다(750조 참조). 그런데 제 3 자의 채권침해가 불법행위로 되려면 우선 제 3 자가 채권의 존재를 알고 있을 것이 필요하다.

(나) 위 법 성 제 3 자의 채권침해가 불법행위로 되려면 그 침해행위가 위법하여야 한다(750조 참조). 그런데 채권에는 배타성이 없기 때문에 채권침해에 위법성이 없다고 인정되는 경우가 적지 않다. 특히 2중매매 기타의 2중계약에서 그렇다. 즉 채권에는 배타성이 없고 채권거래는 자유이므로 제 3 자의 2중계약행위는 원칙적으로 위법성이 없다. 그러나 제 3 자의 채권취득행위가 부정한 경업을 목적으로 행하여지거나 제 3 자가 사기·강박과 같은 부정한 수단을 써서 채무를 이행하게 한 경우에는 위법하다고 할 것이다(대판 2001. 5. 8, 99다38699 [핵심판례 184면] 참조). 한편 2중매매가 사회질서에 반하여 무효인 경우에는, 채권침해의 위법성이 인정되어 채권자인 제 1 매수인은 제 2 매수인에 대하여 불법행위를 이유로 직접 손해배상을 청구할 수 있다고 할 것이다.

5) 불법행위 성립의 효과 제 3 자의 채권침해가 불법행위로 되는 때에는, 그 효과로서 손해배상청구권이 발생한다.

(3) 제 3 자의 채권침해에 있어서 방해배제청구의 가부 C-20

제 3 자가 채권자의 채권행사를 방해하는 경우에 채권자가 채권에 기하여 방해한 제 3 자에 대하여 방해배제를 청구할 수 있는지가 문제된다.

1) 방해배제청구권의 인정 여부

(가) 학 설 여기에 관하여 학설은 대립하고 있다. i) 채권의 불가침성을 인정하는 입장에서 채권의 일반적 성질로서 침해배제청구권이 생긴다는 견해, ii) 공시방법을 갖춘 채권, 특히 임차권의 경우에 관하여 방해배제청구권을 인정하는 견해, iii) 임차권이 대항력을 갖춘 경우와 점유를 취득한 임차권의 경우에 방해배제를 청구할 수 있다는 견해가 그것이다(사견에 대하여는 채권법총론 [21] 참조).

(나) 판 례 판례는 학설 중 ii)설과 유사한 것으로 생각된다.

2) 방해배제청구의 내용 채권자의 방해배제청구로서 방해제거와 방해예방청구가 인정된다는 데 대하여는 다툼이 없다. 그러나 반환청구에 관하여는, i) 그것은 방해배제의

범위를 넘는다는 견해와 ii) 채권자가 자기에게 반환하라고 청구할 수는 없지만 채무자에게 반환하라고 청구할 수는 있다는 견해가 대립하고 있다(사견은 채권법 총론 [21] 참조).

4. 책임재산 보전의 효력

이는 채권자대위권(404조·405조)·채권자취소권(406조·407조)을 가리키는데, 그에 대하여는 제 5 장에서 설명하기로 한다(C-116 이하 참조).

채권의 발생

Ⅰ. 채권의 발생원인 개관

C-21

앞에서 언급한 바와 같이(C-3 참조), 민법은 제3편(채권)에서 채권의 발생원인 가운데 4가지에 관하여만 개별적인 사항을 규정하고 있다. 계약·사무관리·부당이득·불법행위가 그것이다. 그러나 이들은 채권의 발생원인 중 대표적인 것일 뿐이며, 그 전부가 아니다.

채권의 발생원인은 그 성질에 따라 「법률행위」와 「법률행위가 아닌 것」으로 나눌 수 있다. 그런데 법률행위가 아닌 채권발생원인은 법률에 규정되어 있다. 그 결과 채권의 발생원인에는 「법률행위」와 「법률의 규정」의 둘이 있다고 할 수 있다. 채권의 발생원인을 이와 같이 나누는 경우에는, 민법 채권편에 규정되어 있는 것들 중 계약은 전자에 속하고, 나머지는 모두 후자에 속하게 된다.

법률행위(특히 계약)와 법률규정 이외의 원인에 의하여 채권이 발생할 수 있는가? 전통적 견해는 이를 부정한다. 그런데 사실적 계약관계론 내지 사회정형적 행위론을 지지하는 학자에 의하면, 때에 따라서는 일정한 사실적 행위에 의하여 계약이 성립한다고 한다.

Ⅱ. 법률행위에 의한 채권의 발생

C-22

법률행위 가운데에서 합동행위(예: 사단법인 설립행위)는 채권의 발생원인으로서 문제되지 않으며, 단독행위와 계약만이 채권을 발생시킨다.

1. 단독행위에 의한 발생

채권이 단독행위에 의하여 발생하는 경우가 있다. 그런데 그러한 경우로서 민법에 규정되어 있는 것으로는 유언과 재단법인 설립행위의 둘이 있을 뿐이다. 문제는 법률규정이 없는 때에도 단독행위에 의하여 채권이 발생할 수 있는가이다. 여기에 관하여는 부정설만이 나타나 있다(사견도 같음).

2. 계약에 의한 발생

계약(채권계약)이 성립하면 채권이 발생하며, 거기에는 — 단독행위에서와 달리 — 법률규정이 필요하지도 않다. 그리고 사적 자치의 원칙상 계약은 가장 중요한 채권발생원인이 되고 있다. 민법은 제 3 편 제 2 장에서 계약에 관하여 자세하게 규정하고 있으며, 특히 증여·매매·교환·소비대차·사용대차·임대차·고용·도급·여행계약·현상광고(현상광고에 대해서는 사견처럼 단독행위라고 하는 견해도 있음. D-212 참조)·위임·임치·조합·종신정기금·화해 등의 15가지에 대하여는 개별적인 규정도 두고 있다. 그러나 이들은 종래 사회에서 널리 행하여지던 계약들을 유형별로 정리해 둔 것에 지나지 않는다. 계약자유의 원칙상 당사자는 다른 종류의 계약도 얼마든지 체결할 수 있고, 또 열거된 종류의 계약을 체결하는 경우에도 규정된 것과 다른 내용으로 체결할 수도 있다(이는 정하여진 것 가운데 선택만 할 수 있는 물권의 경우와 다르다. 185조 참조).

C-23 Ⅲ. 법률의 규정에 의한 채권의 발생

채권이 법률규정에 의하여 발생하는 경우가 있다. 그러한 법률규정은 민법뿐만 아니라 각종의 특별법에도 두어져 있으나, 중요한 것은 민법전, 그중에서도 채권편에 있는 것이다. 그것이 바로 사무관리·부당이득·불법행위이다.

(1) 사무관리는 법률상의 의무 없이 타인의 사무를 처리하는 행위이며(734조 참조), 사무관리가 있으면 민법 규정에 의하여 비용상환청구권·(일정한 경우의) 손해배상청구권·관리계속의무 기타의 채무가 발생한다.

(2) 부당이득은 법률상 원인 없는 이득인데(741조 참조), 부당이득이 있으면 민법상 손실자에게 부당이득 반환청구권이 생기게 된다.

(3) 불법행위는 고의 또는 과실로 인한 위법행위로 타인에게 손해를 가하는 행위이며, 불법행위가 있으면 피해자에게 손해배상청구권이 발생한다(750조 참조). 이 불법행위에 관한 규정은 그 수가 많지 않으나 각각의 불법행위를 일으키는 모습이 매우 다양하고 또 발생빈도도 대단히 높아서 실제 사회에서의 중요성은 결코 계약에 뒤지지 않는다.

채권의 목적

I. 일 반 론

C-24

1. 채권의 목적의 의의

채권의 목적은 「채무자가 하여야 하는 행위」이다. 그런데 채권 가운데에는 채무자의 행위에 의하여 실현된 결과를 목적으로 하는 것(결과채무)도 있고, 또 채무자의 행위만을 목적으로 하는 것(행위채무)도 있기 때문에, 채권의 목적은 경우에 따라 결과실현행위일 수도 있고 행위 자체일 수도 있다. 고용계약에 있어서 피용자의 노무제공의무(655조)는 채권의 목적이 행위 자체인 채권의 예이고, 매도인의 재산권이전의무(568조 1항), 수급인의 일의 완성의무(664조)는 채권의 목적이 결과실현행위인 채권의 예이다.

우리 민법전은 채권의 목적을 가리키는 통일적인 용어를 사용하지 않고(독일민법은 Leistung이라고 하고, 일본민법은 급부라고 함), 때에 따라서 이행·행위·급여·변제·지급 등으로 각기 다르게 표현하고 있다. 그런데 학자들은 대부분 「급부」라는 단일한 용어를 쓰고 있다(일부 학자는 「급여」라고 하며, 「이행」이 적절하다는 견해도 있다).

채권의 목적과 채권의 목적물은 구별하여야 한다. 채권의 목적은 채무자의 이행행위(급부)이고 채권의 목적물은 그 이행행위(급부)의 객체이기 때문이다.

2. 채권의 목적의 요건

C-25

채권이 법률규정에 의하여 발생하는 경우(가령 사무관리·부당이득·불법행위 등의 경우)에는 채권의 목적도 법률에 의하여 정하여지고, 따라서 그것은 당연히 유효하게 된다. 그러나 채권이 당사자의 법률행위, 특히 계약에 의하여 발생하는 경우에는 다르다. 그 경우에는 법률행위의 목적에 관한 일반적 유효요건(확정·가능·적법·사회적 타당성)을 갖추어야 한다. 그 밖에 채권의 목적이 금전으로 평가할 수 있는 것이어야 하는가에 관하여는 민법이 명문규정(373조)을 두고 있다.

⑴ 확 정 성

채권의 목적 즉 급부는 확정되어 있거나 적어도 확정될 수 있어야 한다. 급부가 이행기까지 확정될 수 없는 경우에는, 채권은 성립하지 않고, 그 채권을 발생시키는 법률행위도 무효이다(대판 1987. 4. 1, 87다카1273은 주택 1동의 매매약정(약정서도 존재함)이 있는 경우에 관하여 확정가능성이 없음을 이유로 계약을 무효라고 하였다).

C-26 ⑵ 실현가능성

급부는 실현이 가능한 것이어야 한다. 실현이 불가능한 급부를 목적으로 하는 채권은 성립하지 않으며, 그러한 채권을 발생시키는 계약은 무효이다. 그런데 계약을 무효화하는 불능(不能)(또는 불가능)은 모든 불능이 아니고 원시적 불능(A-91 참조)에 한한다.

⑶ 적 법 성

급부는 적법한 것이어야 한다. 다시 말해서 강행법규에 위반하지 않아야 한다(A-92 이하 참조). 예컨대 범죄행위의 실행, 법률상 양도가 금지되어 있는 물건(마약 등)의 인도를 목적으로 하는 채권은 성립하지 않으며, 그와 같은 약속을 한 계약은 무효이다.

⑷ 사회적 타당성

급부는 사회적 타당성이 있는 것이어야 한다. 즉 선량한 풍속 기타 사회질서에 위반하지 않아야 한다(A-95 이하 참조). 예컨대 인신매매(人身賣買)나 남녀가 불륜관계를 맺는 것을 약속한 경우와 같이 급부의 내용이 사회질서에 반하는 때에는, 채권은 성립하지 않으며, 그러한 계약은 무효이다.

⑸ 재산적(금전적) 가치

금전으로 가액을 산정할 수 없는 것이라도 채권의 목적으로 할 수 있다(373조).

C-27 3. 채무자의 의무

⑴ 서 설

채권의 목적, 즉 채무자가 하여야 하는 행위는 채권자가 요구할 수 있는 행위(권리)의 측면에서보다는 채무자가 하여야 하는 의무의 측면에서 살펴보아야 누락되는 것이 없게 된다. 채무자의 의무 가운데에는 채권자가 이행을 요구할 수 없는 것도 있기 때문이다.

⑵ 제1차적 급부의무 · 제2차적 급부의무

채권관계, 특히 계약에 의한 채권관계(약정 채권관계)에 있어서 채무자의 의무는 제1차적 급부의무와 제2차적 급부의무로 나눌 수 있다. 그럴 경우 전자는 채권이 성립할 당시에 발생한 급부의무이고(예: 매도인의 재산권이전의무, 매수인의 대금지급의무), 후자는 제1차적 급부의무에 장애가 생긴 경우에 그것 대신에 또는 그것과 병존하여 발생하는 급부의무이다(예: 매도인의 손해배상의무, 계약이 해제된 경우의 원상회복의무).

⑶ 본래의 급부의무 · 기타의 행위의무

채권관계에 있어서 채무자가 부담하는 의무에는 급부의무만 있는 것이 아니고, 그 밖에 채무를 이행하는 과정에서 법률이나 신의칙 등에 의하여 부담하여야 하는 의무들도 있다. 후자를 가리키는 용어로 여러 가지가 사용되고 있으나, 사견으로는 「급부의무 이외의 행위의무」의 의미로 「기타의 행위의무」라고 표현하려고 한다(판례는 대체로 신의칙상의 부수적 의무라고 한다).

「본래의 급부의무」는 그 내용에 따라 다시 주된 급부의무와 부수적 급부의무(이를 종된 급부의무라고도 함)로 나눌 수 있다. 전자는 채권관계(계약)의 종류를 결정하고 또 그것의 합의가 없으면 그러한 종류의 채권관계가 유효하게 존재할 수 없는 본질적인 급부의무이다(예: 매도인의 소유권이전의무, 매수인의 대금지급의무). 그에 비하여 후자는 부수적인 의미만을 가지는 급부의무이다.

「기타의 행위의무」는 그 발생원인을 불문하고 — 이행청구권이 아니고 — 단지 손해배상청구권만에 의하여 제재를 당하는 의무이다. 특정물채무자의 선관주의 보존의무(374조), 채권자에게 신체적·재산적 손해를 가하지 않아야 할 의무가 그 예이다.

4. 채권의 목적(급부)의 분류

C-28

채권의 목적, 즉 급부는 그 내용이나 모습과 같은 표준에 의하여 여러 가지로 분류할 수 있다(아래의 분류 중 (1)-(3)은 내용에 의한 것이고, 나머지는 모습에 의한 것이다).

(1) 작위급부 · 부작위급부

급부의 내용이 적극적 행위 즉 작위인 경우를 작위급부(적극적 급부)라고 하고(예: 매도인의 소유권이전의무), 소극적 행위 즉 부작위인 경우를 부작위급부(소극적 급부)라고 한다(예: 매매계약의 결과를 신의칙에 반하여 수포로 돌아가지 않게 할 매도인의 의무, 종업원의 경업금지의무(약정이 있는 경우)).

(2) 주는 급부 · 하는 급부

급부가 작위인 경우, 즉 작위급부는 다시 「주는 급부」와 「하는 급부」로 나눌 수 있다. 「주는 급부」는 물건의 인도를 내용으로 하는 것이고, 「하는 급부」는 그 밖의 작위를 내용으로 하는 것이다. 「주는 급부」와 「하는 급부」는 각각 — 종래 프랑스 통설·판례가 인정하던 — 「주는 채무」·「하는 채무」의 목적이 된다.

「주는 급부」의 경우에는 급부결과가 중요하고 급부행위 자체는 중요하지 않다. 그에 비하여 「하는 급부」의 경우에는 채무자 자신의 급부행위가 중요하다.

(3) 특정물급부 · 불특정물급부

앞에서 본 「주는 급부」는 인도할 물건이 특정되어 있느냐 여부에 의하여 특정물급부·불특정물급부로 나눌 수 있다. 그리고 불특정물급부는 금전급부와 그 밖의 종류물의 급부로 세분될 수 있다(통설도 같음).

(4) 가분급부 · 불가분급부

급부는 그것의 본질 또는 가치를 손상하지 않고 분할하여 실현할 수 있느냐에 따라 가분급부·불가분급부로 나누어진다. 불가분급부에는 성질상 불가분인 것(예: 말 1마리의 인도)과 성질상으로는 가분이지만 당사자의 의사표시에 의하여 불가분으로 된 것(예: 금전 100만원을 한 번에 지급하기로 한 경우)이 있다(409조 참조).

C-29 (5) 일시적 급부 · 계속적 급부 · 회귀적 급부

이는 급부를 실현하는 모습에 의한 구별이다.

일시적 급부는 1회(또는 수회)의 작위 또는 부작위에 의하여 완결되는 급부를 말한다(예: 건물의 인도, 대금의 지급). 계속적 급부는 채무자가 급부를 완료하려면 계속적으로 작위·부작위를 하여야 하는 급부이다(예: 목적물을 사용·수익하게 할 임대인의 의무). 이는 계속적 채권관계에서의 급부이다. 회귀적 급부는 일정한 시간적 간격을 두고 일정한 행위를 반복하여야 하는 급부이다(예: 매일 신문을 배달하거나 매월 이자를 지급하는 경우).

(6) 대체적 급부 · 부대체적 급부

급부는 그 성질상 채무자만이 할 수 있는가 여부에 의하여 대체적 급부·부대체적 급부로 구별된다. 부대체적 급부는 채무자만이 할 수 있는 급부이고, 대체적 급부는 채무자 이외에 제 3 자에 의하여서도 행하여질 수 있는 급부이다.

5. 채권의 목적에 관한 민법규정

민법은 제 3 편 제 1 장 제 1 절 「채권의 목적」에서 특정물채권·종류채권·금전채권·이자채권·선택채권에 관하여 규정하고 있다. 아래에서 이들을 차례로 살펴보기로 한다. 그리고 민법에 규정은 없지만 임의채권이 있으므로, 그것도 함께 기술하기로 한다.

C-30 Ⅱ. 특정물채권

1. 의 의

특정물채권은 특정물(A-316 참조)의 인도(B-92 이하 참조)를 목적으로 하는 채권이다.

특정물채권은 매매·증여와 같은 계약에 의하여 발생하는 것이 보통이나, 법률규정에 의하여서도 발생할 수 있다(예: 부당이득자가 금전 이외의 물건을 보유하고 있는 경우). 그리고 채권이 성립할 당시에는 목적물이 특정되어 있지 않았더라도 후에 특정되면 그때부터는 특정물채권으로 된다(종류채권이나 선택채권의 경우).

2. 선관주의로 보존할 의무

특정물채권의 채무자는 목적물을 인도할 때까지 선량한 관리자의 주의로 보존하여야 한다(374조). 다만, 그 규정은 임의규정이고 일반적·원칙적 규정이므로, 당사자 사이에 다른 특약(가령 의무를 부인하거나 경감하는 특약)이 있거나 법률에 특별한 규정(예: 695조)이 있는 경우에는 적용되지 않는다.

⑴ 선관주의의무

선량한 관리자의 주의 즉 선관주의는 거래상 일반적으로 평균인에게 요구되는 정도의 주의, 다시 말하면 행위자의 직업 및 사회적 지위 등에 따라서 보통 일반적으로 요구되는 정도의 주의이다. 민법은 제374조에서 선관주의를 특정물채무자의 보존에 관하여 규정하였지만, 학자들은 동조가 민법상의 주의의무의 원칙을 규정한 것으로 이해한다.

이와 같은 선관주의를 게을리하는 것을 추상적 과실이라고 한다(A-120 참조). 한편 민법은 일정한 경우에 특별히 주의의무를 경감하여 행위자 자신의 구체적인 주의능력에 따른 주의만을 요구하기도 한다. 그러한 경우의 주의는 법률규정에서는 「자기 재산과 동일한 주의」(695조), 「자기의 재산에 관한 행위와 동일한 주의」(922조), 「고유재산에 대하는 것과 동일한 주의」(1022조·1044조) 등으로 표현되어 있다. 이처럼 경감된 주의를 게을리하는 것을 구체적 과실이라고 한다(통설도 같음). 그러므로 특정물채무자인 무상수치인의 주의의무에 관한 제695조는 제374조에 대한 특별규정이라고 할 수 있다.

⑵ 보존의무 C-31

특정물채권의 채무자는 선관주의를 가지고 목적물을 「보존할 의무」가 있다. 여기서 보존이라 함은 자연적 또는 인위적인 멸실·훼손으로부터 목적물을 보호하여 그것의 경제적 가치를 유지하는 것을 말한다.

⑶ 선관주의로 보존할 의무의 존속기간

제374조는 특정물채무자가 선관주의로 목적물을 보존하여야 하는 기간에 관하여 「물건을 인도하기까지」라고 규정하고 있는데, 그것은 채무자가 실제로 인도할 때까지를 뜻한다(이설 없음). 다만, 이행기 이후에는 이행을 하지 않거나 못하는 것이 이행지체·수령지체의 어느 것으로도 되지 않는 때(예: 불가항력으로 인하여 이행을 하지 못하거나 동시이행의 항변권이 있어서 이행을 하지 않은 경우)에만 그러한 의무가 존재한다는 점을 주의하여야 한다. 이행지체나 수령지체의 경우에는 채무자의 책임이 가중되거나 경감되기 때문이다(392조·401조 참조).

⑷ 선관주의로 보존할 의무를 위반한 경우의 효과 C-32

1) 효과 일반 특정물채무자가 선관주의로 목적물을 보존한 경우에는, 설사 그 목적물이 멸실 또는 훼손되었다 하더라도, 채무자는 그로 인한 책임을 지지 않는다. 그에 비하여 채무자가 목적물을 보존함에 있어서 선관주의를 다하지 못하여 목적물이 멸실·훼손된 경우에는, 채무자는 다른 물건으로 급부할 의무는 없으나, 손해배상의무는 부담하게 된다(대판 1991. 10. 25, 91다22605·22612).

2) 위험부담 문제 특정물채권에 있어서 채무자가 선관주의의무를 다했음에도 불구하고 목적물이 멸실·훼손된 때에는, 그 불이익은 채권자에게 돌아가게 된다. 멸실의 경우 인도의무를 면하고, 훼손의 경우 그 상태로 인도하면 충분하며, 어느 경우에도 손해배

상의 의무는 없기 때문이다. 이처럼 목적물의 멸실·훼손에 의한 손실을 채권자가 입게 되는 것을 가리켜 「채권자가 위험을 부담한다」고 한다.

여기의 위험은 급부의 위험(급부가 당사자 쌍방의 유책사유 없이 불능으로 된 경우에 채무자가 급부의무를 면할 수 있는가의 문제)이다. 이는 쌍무계약에서 문제되는 대가의 위험(당사자 일방의 채무가 채무자에게 책임없는 사유로 이행불능으로 되어 소멸한 경우에 대가적인 의미에 있는 채무는 여전히 존재하는지의 문제)과 구별된다.

C-33

3. 목적물의 인도의무

(1) 현상(現狀)인도의무

민법 제462조는 「특정물의 인도가 채권의 목적인 때에는 채무자는 이행기의 현상대로 그 물건을 인도하여야 한다」고 규정하고 있다.

(2) 천연과실의 귀속 문제

천연과실의 귀속문제는 특정물채권의 문제가 아니고 단지 과실수취권의 문제일 뿐이다. 따라서 각 특정물채무자에 대하여 과실수취권이 인정되는지가 검토되어야 한다.

(3) 인도장소

특정물채권에 있어서 목적물의 인도장소는 당사자의 의사표시 또는 채무의 성질에 의하여 정하여지는데, 이것들에 의하여 정하여지지 않은 경우에는 채권 성립 당시에 그 물건이 있던 장소에서 인도하여야 한다(467조 1항).

C-34

Ⅲ. 종류채권

1. 서 설

(1) 의 의

종류채권은 목적물(급부되어야 하는 물건)이 종류와 수량에 의하여 정하여지는 채권, 다시 말하면 일정한 종류에 속하는 물건의 일정량의 급부를 목적으로 하는 채권이다. 20kg짜리 쌀 10포대 또는 맥주 50병의 급부를 목적으로 하는 채권이 그 예이다.

종류채권은 상품의 대량거래에서 많이 발생한다. 그러나 상품매매 외에도 보통의 매매·증여·소비대차 등을 원인으로 하여서도 발생한다.

종류채권에 있어서 종류를 표현하는 공통의 표지(標識)를 종류표지라고 한다. 이러한 종류표지의 결정은 당사자가 자유롭게 할 수 있다(종류표지를 누적할 수도 있다. 맥주→OB맥주→2008년산 OB맥주가 그 예이다). 또한 당사자는 거래관념에 의하여 구별되는 대체물·부대체물 사이의 구별에 구속당하지 않는다. 그리하여 부대체물도 종류채권의 목적물로 될 수 있다(예: 르누아르가 그린 그림 10점을 매수하는 경우). 그러나 보통은 대체물이 종류채권의 목적물로, 부대체물이 특정물채권의 목적물로 되고 있다(쌀과 같은 대체물이 「이 쌀」이라고 특정되어 거래되는 때도 자주 있다).

(2) 재고채권(한정종류채권)

한정된 범위의 종류물 가운데 일정량의 물건의 급부를 목적으로 하는 채권을 재고채권(在庫債權) 또는 한정(제한)종류채권이라고 한다(이 두 용어 중 후자는 종류표지가 누적되는 경우 모두를 가리키는 것으로 오해될 소지가 있어 부적당하다). 예컨대 특정창고에 있는 쌀 100포대 중 10포대를 급부하기로 한 경우(대판 1956. 3. 31, 4288민상232), 보유주식 중 일정량을 담보로 제공하기로 한 경우(대판 1994. 8. 26, 93다20191)에 재고채권이 발생한다.

재고채권도 일종의 종류채권이나(이설 없음), 처음부터 일정한 재고로만 급부의무를 부담하는 점에서 보통의 종류채권과 다르다(그리하여 조달의무가 없다).

일정범위의 부대체물 가운데에서 일정수량을 급부하기로 하는 채권이 재고채권인가 선택채권인가가 문제된다. 예컨대 1,000m^2의 소유지 가운데 200m^2를 급부하기로 한 경우에 그렇다(대판 2003. 3. 28, 2000다24856[핵심판례 186면]은 유사한 경우에 제한종류채권이라고 하였다. 그러나 대판 2011. 6. 30, 2010다16090 등은 선택채권이라고 한다). 이때에는 당사자의 의사가 그 일정범위만을 중요시하고 구체적인 물건의 개성을 중요시하지 않는 경우는 재고채권(그리하여 종류채권)이고, 각각의 물건의 개성을 중요시할 경우는 선택채권이라고 하여야 한다.

2. 특정이 있기 전의 위험부담(종류채무의 조달채무성)

C-35

(1) 보통의 종류채권의 경우

종류채권의 채무자는 그가 급부하려고 준비한 물건이 멸실되어도 급부의무를 면하지 못한다. 그의 유책사유 없이 멸실되었더라도 마찬가지이다. 급부의 목적물이 확정되지 않은 동안(즉 특정이 있기 전)에는, 채무자는 같은 종류에 속하는 다른 물건을 다시 마련하여 급부하여야 한다. 그리하여 종류채무는 조달채무라고 할 수 있다. 조달채무인 종류채무에 있어서는 급부의 위험은 채무자가 부담한다.

(2) 재고채권의 경우

위의 설명은 원칙적으로 재고채권의 경우에도 타당하다. 다만, 재고채권에 있어서는 채권이 채무자의 재고(현재의 재고 또는 장래 생산할 물건)에 한정되기 때문에, 재고가 모두 멸실되는 때에는 채무자는 급부의무를 면한다. 그리하여 채무자는 물건을 시장에서 다시 조달할 필요가 없다.

3. 목적물의 품질

C-36

(1) 품질의 결정

종류채권에 있어서 같은 종류에 속하는 물건의 품질이 균일하지 않고 차이가 있는 경우에 채무자는 어떤 품질의 물건을 급부하여야 하는가? 여기에 관하여 민법은 「법률행위의 성질이나 당사자의 의사에 의하여 품질을 정할 수 없는 때에는 채무자는 중등품질(中等品質)의 물건으로 이행하여야 한다」고 규정하고 있다(375조 1항).

그리하여 목적물의 품질이 법률행위의 성질에 의하여 정하여질 수 있다. 예컨대 소비대차(598조)·소비임치(702조)에 있어서 차주(借主)와 수치인(受置人)은 처음에 받은 물건과 동일한 품질의 물건을 반환하여야 한다. 그리고 당사자의 의사에 의하여 목적물의 품질이 정하여질 수 있다. 즉 당사자들이 — 계약 당시에 또는 그 이후에 — 목적물의 품질에 관하여 합의한 경우에는 그에 따라야 한다.

목적물의 품질을 법률행위의 성질이나 당사자의 의사에 의하여 정할 수 없는 때에는 중등품질의 물건으로 급부하여야 한다(375조 1항). 따라서 채무자는 하등품질의 물건으로 급부할 수 없으며, 그 반면에 채권자는 상등품질의 물건을 요구할 수 없다.

(2) 품질이 다른 경우

이상의 방법으로 정하여진 품질(즉 법률행위의 성질이나 당사자의 의사에 의하여 정하여진 품질 또는 중등품질)에 미달하는 물건을 채무자가 제공하는 경우에는 특정은 일어나지 않는다. 그리고 채권자는 그러한 물건을 수령할 필요가 없으며, 수령을 거절하고 적합한 품질의 물건을 급부할 것을 요구할 수 있다.

[참고] 종류매매(種類賣買)의 경우

종류채권이 종류매매(또는 매매규정이 준용되는 유상계약)에 기하여 발생하는 경우에는 특별한 고려가 필요하다. 종류매매에 관하여는 제581조가 두어져 있기 때문이다. 그 결과 품질미달의 물건이 제공되면 매수인(종류채권의 채권자)은 하자 있는 물건의 수령을 거절하고 하자 없는 다른 물건의 급부를 요구할 수 있다(581조 2항). 그가 일단 수령한 때에도 수령한 물건을 반환하고 다른 물건의 급부를 요구할 수 있다. 그러나 매수인은 하자 있는 물건을 채무의 이행으로서 수령하고 제581조 제 1 항(및 580조 1항 · 575조 1항)에 따라 계약해제와 손해배상청구(때에 따라서는 손해배상청구만) 등의 담보책임을 물을 수 있다. 그리하여 매수인이 두 방법(하자 없는 물건을 요구하는 것 또는 하자 있는 물건을 수령하고 담보책임을 묻는 것) 가운데 어느 것이든 자유롭게 선택하여 행사할 수 있다.

C-37

4. 종류채권의 특정

(1) 특정의 의의

종류채권의 목적물은 종류와 수량에 의하여 추상적으로 정하여져 있을 뿐이므로, 종류채무가 실제로 이행되려면 그 종류에 속하는 물건 가운데 일정한 물건이 채권의 목적물로서 구체적으로 확정되어야 한다. 이를 종류채권의(정확하게는 종류채권의 목적물의) 특정이라고 한다.

(2) 특정의 방법

민법은 특정의 방법으로 두 가지를 정하고 있다. 그 하나는 「채무자가 이행에 필요한 행위를 완료」하는 것이고, 나머지 하나는 채무자가 「채권자의 동의를 얻어 이행할 물건을 지정」하는 것이다(375조 2항). 그러나 계약자유의 원칙상 당사자가 계약으로 특정방법을 정할 수 있으며(채무자에의 지정권의 부여도 그에 해당한다), 그때에는 제375조 제 2 항은 적용되지 않는다. 그 외에 당사자들이 합의로 목적물을 선정하면 특정이 생긴다고 하여야 하며, 이는 다른 특별한 사정이 없는 한 특정방법이 약정되어 있는 경우에도 인정하여야 한다(그리하여 가장 우선한다). 이들 특정방법을 우선적인 것부터 차례로 살펴보기로 한다.

1) **합의에 의한 특정** 당사자는 언제든지 합의에 의하여 목적물을 선정할 수 있으며, 그러한 경우에는 특정이 이루어진다. 이 경우에 특정은 합의만으로 생기지 않으며 사실상 목적물을 분리하여야 한다.

2) **약정된 방법에 의한 특정**(특히 채무자에게 지정권이 부여된 경우) C-38

㈎ 종류채권의 당사자는 특정방법을 약정할 수 있으며, 그때에는 약정된 방법에 의하여 특정이 이루어진다.

㈏ 이와 같은 특정방법의 하나로 당사자가 계약에 의하여 당사자의 일방 또는 제 3 자에게 종류채권의 목적물을 구체적으로 결정할 수 있는 지정권을 부여할 수 있다. 그러한 경우에는 지정권자의 지정권의 행사에 의하여 특정이 생긴다. 제375조 제 2 항의 둘째 경우도 당사자의 계약에 의하여 지정권이 채무자에게 부여된 경우로서 여기에 포함된다.

3) **채무자가 이행에 필요한 행위를 완료하는 경우** 위 1), 2)의 특정이 없는 경우에는 채무자가 이행에 필요한 행위를 완료하는 때에 특정이 있게 된다. 채무자가 이행에 필요한 행위를 완료하는 것이란 「채무의 내용에 따라서」 채무자가 이행을 위하여 하여야 하는 행위를 다하는 것을 말한다(이것은 460조의 「변제의 제공」과 대체로 일치하나 양자가 동일한 것은 아니다). 그 구체적인 시기는 채무의 종류에 따라 다르게 된다. 채무는 급부장소(이행장소)에 의하여 지참채무·추심채무·송부채무로 나누어지는데, 이들 각각에 있어서 채무자가 하여야 하는 행위는 차이가 있다. C-39

㈎ **지참채무의 경우** 지참채무라 함은 채무자가 목적물을 채권자의 주소지 또는 합의된 제 3 지(이 경우 급부장소를 제 3 지로 정하는 것은 채권자의 이익을 위하여서이다)에서 급부하여야 하는 채무이다. 우리의 통설은 채무자가 채권자의 주소에서 급부하여야 하는 채무만을 지참채무라고 하나, 채권자의 주소지 이외의 장소를 급부장소로 합의한 경우(예: 꽃다발을 연주회장으로 배달하게 하는 경우)도 지참채무에 해당한다.

이러한 지참채무에 있어서는 채무자가 채권자의 주소지 또는 합의된 제 3 지에서 적시에(급부가 허용되는 시간에) 채무의 내용에 좇아 현실적으로 변제의 제공(현실제공)을 한 때, 즉 목적물이 채권자의 주소지 또는 합의된 제 3 지에 도달하여 채권자가 언제든지 수령할 수 있는 상태에 놓여진 때에 비로소 특정이 생긴다(460조 본문 참조). 그러나 채권자가 미리 수령을 거절한 경우에는 목적물을 분리하고 구두의 제공을 하면 된다(460조 단서 참조).

㈏ **추심채무의 경우** 추심채무는 채권자가 채무자의 주소지 또는 합의된 제 3 지(이 경우 곡물수확장소와 같은 제 3 지를 추심장소로 정하는 것은 채무자의 이익을 위하여서이다)에 와서 목적물을 추심하여 변제받아야 하는 채무이다(통설은 추심채무는 채무자의 주소에 와서 목적물을 추심하여 변제받아야 하는 채무라고 한다). 추심채무에 있어서는 채권자의 추심행위가 필요하므로, 채무자가 목적물을 분리하여 채권자가 추심하러 온다면 언제든지 수령할 수 있는 상태에 놓아 두고 이를 채권자에게 통지하여 수령을 최고한 때, 즉 구두의 제공을 한 때 특정이 생긴다(460조 단서 참조)(통설도 같음). 그런데 여기의 구두의 제공은 채권자지체를 발생시키는 구두의 제

공과 달리 구두로 제공된 물건이 미리 분리되어야 한다.

C-40 (다) **송부채무의 경우** 송부채무의 의의와 특정에 관하여는 학설이 대립하고 있다. i) 종래의 통설은 채권자 또는 채무자의 주소 이외의 제3지에 목적물을 송부하여야 하는 채무가 송부채무라고 하면서, 송부채무의 경우에는 목적물을 급부하여야 하는 제3지가 채무의 본래의 이행장소인 때에는 지참채무와 같고, 제3지가 본래의 이행장소는 아니지만 채무자의 호의로 제3지에 송부하는 경우에는 목적물을 분리하여 제3지로 발송하는 때에 특정이 생긴다고 한다. 그런데 근래에는 ii) 송부채무는 채무자가 채권자의 주소나 영업소 또는 제3의 장소로 발송하면 모든 의무를 면하는 채무이며, 그 채무에서는 채무자가 목적물을 분리·지정하여 운송기관을 통해 발송한 때에 특정된다는 견해(사견과 같은 견해임)도 주장된다. ii)설의 견지에서는 i)설이 말하는 첫째 경우는 지참채무의 일종이고, i)설이 말하는 둘째 경우는 추심채무에 지나지 않는다고 한다.

4) **재고채권**(제한종류채권)의 **특정방법** 위에서 설명한 종류채권의 특정방법은 재고채권의 경우에도 마찬가지이다. 재고채권의 경우에는 단지 종류물의 범위에 있어서 제한을 받을 뿐이다. 판례도 같은 입장이다(대판 2007. 12. 13, 2005다52214).

C-41 (3) **특정의 효과**

1) **급부의 위험의 이전** 종류채권의 목적물이 특정되면 그 특정된 물건이 채권의 목적물로 된다(375조 2항). 즉 종류채권은 특정으로 그 동일성을 유지하면서 특정물채권으로 변한다(통설도 같음). 그 결과 급부의 위험은 채무자로부터 채권자에게 이전한다. 따라서 채무자는 ― 특정 전과는 달리 ― 특정된 물건이 불가항력으로 멸실한 경우에는 같은 종류의 다른 물건이 있어도 더 이상 급부할 의무가 없다. 특정된 물건이 채무자에게 책임있는 사유로 멸실한 경우에도 다른 물건으로 급부할 의무는 없고 단지 손해배상의무만을 부담한다.

2) **대가의 위험 문제** 종류채권이 매매 기타의 쌍무계약으로부터 발생한 경우에는 급부의 위험 외에 대가의 위험도 문제된다. 그런데 대가의 위험은 급부의 위험과 달리 특정에 의하여 영향을 받지 않는다. 종류채권에 있어서도 대가의 위험을 누가 부담하는가는 제537조·제538조에 의하여 결정된다.

제537조에 의하면 대가의 위험은 원칙적으로 채무자가 부담한다. 다만 채권자의 수령지체 중에 당사자 쌍방의 책임없는 사유로 이행불능이 된 때에는 채권자가 위험을 부담한다(538조 1항 2문).

Ⅳ. 금전채권

C-42

1. 의 의

(1) 금전채권은 넓은 의미로는 금전의 급부(인도)를 목적으로 하는 채권이며, 좁은 의미로는 「일정액」의 금전의 인도(지급)를 목적으로 하는 채권이다. 이 둘 가운데 뒤의 것을 금액채권이라고 하는데, 보통 금전채권이라고 하면 그것을 가리킨다.

(2) 금전채권은 법률행위(증여·매매·소비대차·임대차·고용·도급·임치 등의 계약이나 유증 등의 단독행위)에 의하여 발생하기도 하고, 법률의 규정에 의하여 발생하기도 한다(예: 부당이득을 원인으로 한 가액반환의무, 불법행위에 의한 손해배상의무). 그리고 채무불이행으로 인한 손해배상채권도 원칙적으로 금전채권이다(손해배상은 금전배상을 원칙으로 하기 때문이다. 394조·763조 참조).

2. 금전채권의 종류와 각 종류별 채무이행

(1) **금액채권**

금액채권은 일정액의 금전의 인도(지급)를 목적으로 하는 채권이며(예: 100만원의 지급을 목적으로 하는 채권), 이것이 본래의 의미의 금전채권이다. 금액채권은 일종의 종류채권이다. 그러나 급부되는 금전 자체는 의미가 없고 그것이 표시하는 금액 즉 화폐가치에 중점이 두어져 있다. 따라서 보통의 종류채권과 달리 「특정」이라는 것이 없고(그 결과 급부의 위험의 이전 문제도 생기지 않는다), 경제적 변혁이 생기지 않는 한 이행불능으로 되지도 않는다.

금액채권은 다른 특약이 없는 한, 채무자의 선택에 따라 각종의 통화로 변제할 수 있다(376조 참조).

(2) **금종채권**(金種債權)

C-43

금종채권은 일정한 종류에 속하는 통화의 일정량의 급부를 목적으로 하는 채권이다(예: 1만원권으로 100만원을 지급하여야 하는 채권). 금종채권의 경우 채무자는 정하여진 종류의 통화로 변제하여야 한다. 문제는 그 종류의 통화가 변제기에 강제통용력을 잃으면 채무자가 급부의무를 면하게 되는지이다. 여기에 관하여 민법은 그러한 때에는 강제통용력 있는 다른 통화로 변제하도록 규정하고 있다(376조). 그러나 민법의 이 규정은 임의규정이어서 당사자는 일정한 종류의 통화가 강제통용력을 상실하든 않든 반드시(즉 절대적으로) 그 종류로 급부하도록 약정할 수 있다. 그 결과 금종채권은 절대적 금종채권과 상대적 금종채권으로 나뉜다.

절대적 금종채권은 절대적으로 일정한 종류의 금전으로 급부하여야 하는 채권이다(예: 수집의 목적으로 1996년에 발행된 1만원권 10매를 일정금액으로 매수하기로 한 경우). 그에 비하여 위에서 설명한 금종채권은 상대적 금종채권이다. 절대적 금종채권의 경우에는, 그 종류의 금전이 강제통용력을 잃더라도 그것이 존재하는 한 그것으로 급부하여야 한다. 이 절대적 금종채권은 금전을 하나의 종류물로 다루는 것으로서 금전채권이 아니고 종류채권에 지나지 않으며, 따라서 거기에는 종류채권에 관한 규정이 적용되어야 한다.

(3) **특정금전채권**

이는 「특정한 금전」의 급부를 목적으로 하는 채권이다(예: 봉금을 임치한 경우, 수집의 목적으로 2008년에 발행된 1만원권 중 번호가 가장 빠른 것을 매수하기로 한 경우). 이러한 특정금전채권은 특정물채권에 해당한다.

C-44 (4) **외국금전채권**(외화채권)

1) 외국금전채권은 외국의 금전(예: 미화 10만달러, 일화 10만엔)의 급부를 목적으로 하는 채권이며, 이는 외화채권이라고도 한다. 이 외국금전채권도 외국금액채권·외국금종채권(상대적 외국금종채권)·절대적 외국금종채권·특정 외국금전채권으로 나누어지는데, 그 가운데 절대적 외국금종채권은 종류채권이고 특정 외국금전채권은 특정물채권에 해당한다.

2) 외국의 금전은 우리나라에서는 통화로서 효력이 없으나, 민법은 국제간의 거래의 편의를 위하여 다음과 같은 특별규정을 두고 있다.

외화채권의 경우 당사자 사이에 특약이 없으면 채무자는 당해 외국의 각종의 통화로 변제할 수 있다(377조 1항). 그리고 이때 채무자는 외국의 통화로 지급하는 것 대신에 「지급할 때에 있어서의 이행지의 환금시가(換金市價)」에 의하여 우리나라의 통화로 변제할 수도 있다(378조). 환산시기에 관하여 판례는 과거에는 변제하여야 할 때 즉 이행기(변제기)라고 하였으나(대판 1987. 6. 23, 86다카2107 등), 현재에는 현실로 이행하는 때 즉 현실이행시라고 변경하였다(대판(전원) 1991. 3. 12, 90다2147[핵심판례 188면]; 대판 2016. 6. 23, 2015다55397 등 다수).

외국의 특별한 종류의 통화의 지급을 목적으로 하는 채권 즉 외국금종채권의 경우에, 그 종류의 통화가 변제기에 강제통용력을 잃은 때에는, 채무자는 그 나라의 다른 통화로 변제하여야 한다(377조 2항). 그리고 이때에도 채무자는 지급할 때의 이행지의 환금시가에 의하여 우리나라의 통화로 변제할 수 있다(378조).

C-45 **3. 금전채무불이행의 특칙**(제397조)

금전채권(특히 금액채권)의 경우에는 이행불능은 있을 수 없고 이행지체만이 생길 수 있을 뿐이다. 그런데 민법은 이 금전채권의 이행지체(채무불이행)에 관하여 제397조의 특칙을 두고 있다.

(1) **손해의 증명 문제**

일반적으로 채무불이행의 경우에 채권자가 손해배상을 청구하려면 그가 손해의 발생 및 손해액을 증명하여야 한다. 그런데 금전채무의 불이행(이행지체)에 있어서는 채권자는 손해를 증명할 필요가 없다(397조 2항 전단). 즉 그는 손해의 발생 및 손해액의 증명이 없이도 손해배상을 청구할 수 있는 것이다(그러나 채권자가 손해가 발생하였다는 취지의 주장은 하여야 한다. 대판 2000. 2. 11, 99다49644).

(2) **무과실 항변의 문제**

금전채권의 채무자는 과실없음을 항변하지 못한다(397조 2항 후단). 따라서 그는 그에게 책임없는 사유로 이행을 지체한 경우에도 손해배상책임을 진다(무과실 책임).

(3) 손해배상액

금전채무를 불이행한 경우의 손해배상액은 법정이율(법정이율의 자세한 점은 C-46 참조)에 의하는 것이 원칙이다(397조 1항 본문). 그러나 이 원칙에는 예외가 있다. 법령의 제한에 위반하지 않는 약정이율이 있는 경우에 그렇다. 그때에는 손해배상액은 그 약정이율에 의하여 산정된다(397조 1항 단서). 문제는 약정이율이 법정이율보다 낮은 경우에도 약정이율에 의하여 지연손해배상액을 산정하여야 하는가이다. 대법원은 최근의 판결에서, 「제397조 제 1 항 … 단서규정은 약정이율이 법정이율 이상인 경우에만 적용되고, 약정이율이 법정이율보다 낮은 경우에는 그 본문으로 돌아가 법정이율에 의하여 지연손해금을 정할 것」이라고 하였다.

(4) 외화채권의 경우

제397조는 외화채권에도 적용된다.

Ⅴ. 이자채권

C-46

1. 서 설

이자채권이라 함은 이자의 급부(지급)를 목적으로 하는 채권을 말한다.

2. 이 자

(1) 의 의

이자의 법적 의의에 관하여는 학자들의 견해가 일치하지 않고 있으나, 사견으로는 「원본(元本)인 금전 기타의 대체물을 소비의 방법으로 사용할 수 있는 데 대한 대가로서 수익에 관계없이 사용기간에 비례하여 지급되는 금전 기타의 대체물」이라고 정의하는 것이 가장 바람직하다고 생각한다.

(2) 발생원인

이자는 이자를 발생시키기로 하는 당사자 사이의 특약(이자 약정)이 있거나 또는 법률의 규정(29조 2항 · 411조 · 425조 2항 등)이 있는 경우에만 발생한다. 이 가운데 당사자의 특약에 의하여 발생하는 이자를 약정이자라고 하고, 법률규정에 의하여 발생하는 이자를 법정이자라고 한다.

(3) 이 율

이자는 반드시 이율에 의하여 산정되어야 하는 것은 아니다. 그렇지만 법정이자는 물론이고 약정이자도 대부분의 경우에는 원본액에 대한 비율, 즉 이율에 의하여 산정된다.

1) 법정이율 법정이율은 법률이 정한 이율인데, 민사(民事)에 있어서는 연 5푼이고(379조), 상사(商事)에 있어서는 연 6푼이다(상법 54조).

법정이율은 이자의 산정 외에 금전채무불이행으로 인한 손해배상, 즉 지연이자의 산정에도 쓰인다(이율약정이 없는 경우에 그렇다. 397조 1항).

2) 약정이율 약정이율은 당사자에 의하여 정하여진 이율이다. 당사자는 원칙적으로 자유롭게 이율을 정할 수 있다. 다만, 특별법에 의하여 금전소비대차에 관하여는 이율이 제한되고 있다(C-49 참조).

약정이자는 약정이율에 의하여 산정된다. 그러나 이자약정에서 이율이 정해지지 않은 경우에는 법정이율에 의한다(379조, 상법 54조).

C-47

3. 이자채권

(1) 의의 및 발생

이자채권은 이자의 급부(지급)를 목적으로 하는 채권이다. 그런데 이자는 금전 기타의 대체물로 지급되므로, 이자채권은 일종의 종류채권이고, 특히 이자가 금전인 경우에는 금전채권에 속하게 된다.

이자채권은 당사자 사이의 특약이나 법률의 규정에 의하여 발생한다. 이자채권을 발생시키는 특약은 소비대차·소비임치에 수반하여 행하여지는 것이 보통이다.

(2) 이자채권의 분류 문제

우리 문헌들은 대체로 이자채권을 기본적 이자채권과 지분적 이자채권으로 나누고 있다. 그러면서 원본에 대하여 일정기(一定期)에 일정률의 이자를 발생시키는 채권이 기본적 이자채권이고, 기본적 이자채권의 효과로서 매기(每期)에 일정액의 이자를 지급하여야 할 채권이 지분적 이자채권이라고 한다. 그러나 우리 민법상 이자채권은 매기(每期)(가령 매월 말 또는 매년 말)에 원본에 대한 일정률의 액(또는 처음부터 확정된 일정액)의 지급을 청구할 수 있는 것이며, 그것은 한 가지일 뿐이다(사견의 이러한 이자채권 개념은 구별 학설이 말하는 지분적 이자채권에 가까운 것이다. 통설이 말하는 기본적 이자채권은 추상적 채권으로서 그 실은 공허한 것이다)(채권법총론 [48] 참조).

C-48

(3) 이자채권의 성질

이자채권은 한편으로 원본채권에 의존하는 성질, 즉 종속성 내지 부종성을 가지면서, 다른 한편으로 원본채권으로부터의 독립성도 가지고 있다.

1) 부 종 성 이자채권은 원본채권의 종된 권리로서 주된 권리인 원본채권의 존재를 전제로 한다. 그 결과 이자채권은 성립과 존속에 있어서 원본채권에 종속하게 된다. 즉 원본채권이 성립하지 않으면 이자채권은 발생하지 않으며, 원본채권이 소멸하면 이자채권도 소멸한다.

이자채권의 이러한 부종성은 「이미 변제기가 된 이자채권」의 경우에는 부분적으로 상당히 완화된다. 그리하여 그러한 이자채권만은 원본채권이 변제 또는 면제로 인하여 소멸하였다고 하여 당연히 소멸하지는 않으며, 원칙적으로 존속한다. 그러나 원본채권이 소멸시효에 의하여 소멸하는 때에는 다르다. 즉 원본채권이 시효로 소멸하게 되면, 변제기가 된 이자채권(1년 이내의 정기로 지급하기로 한 경우)은 그 채권 자체의 시효(163조 1호의 3년의 단기시효)가 완성되지 않았을지라도 원본채권의 시효소멸의 영향으로 소멸하게 된다. 왜냐하면 우리 민법상 소멸시효는 그 기산일에 소급하여 효력이 생기고(167조), 또 주된 권리의 소멸시효가 완성한 때에는 종된 권리에 그 효력이 미치기 때문이다(183조). 판례도 같은 태도이다(대판 2008. 3. 14, 2006다2940[핵심판례 192면]).

2) 독 립 성 이자채권은 하나의 권리로서 원본채권으로부터의 독립성도 가지고 있다. 그리하여 원본채권과 별도로 소를 제기할 수 있고, 양도할 수도 있으며, 그에 대하여 담보도 제공할 수 있고, 또 압류할 수도 있다.

4. 이자의 제한

C-49

(1) 서 설

현재의 제도상 이자의 제한은 이자제한법에 의한 것과 대부업법에 의한 것으로 2원화되어 있다(이는 장차 시정되어야 할 것이다). 아래에서 이자의 제한을 둘로 나누어 기술하기로 한다.

(2) 이자제한법에 의한 제한

1) 이자제한법의 적용범위 이자제한법은 금전대차 즉 금전의 소비대차에 있어서의 약정이자에 적용된다(동법 2조 1항 참조). ① 대차관계에 기하지 않고서 생긴 금전채권(예: 매매잔대금의 이자)에는 적용되지 않는다. ② 대차원금이 10만원 미만인 대차의 이자에 관하여는 적용되지 않는다(동법 2조 5항).

이자제한법은 다른 법률에 따라 인가·허가·등록을 마친 금융업 및 대부업과 대부업법 제 9 조의 4에 따른 미등록 대부업자에 대하여는 적용하지 않는다(동법 7조).

2) 제한이율

(가) 최고이자율 금전대차에 관한 계약상의 최고이자율은 연 25퍼센트를 초과하지 않는 범위 안에서 대통령령으로 정한다(동법 2조 1항). 그리고 대통령령에 의하면 현재의 최고이자율은 연 20퍼센트이다(「이자제한법 제 2 조 제 1 항의 최고이자율에 관한 규정」. 2021. 7. 7.부터 시행되며, 시행 후 새로이 체결되는 계약 또는 갱신되는 분부터 적용됨).

(나) 간주이자 금전의 대차와 관련하여 채권자가 받은 것은 예금(禮金)·할인금·수수료·공제금·체당금(替當金) 그 밖의 명칭에도 불구하고 이를 이자로 본다(동법 4조 1항).

3) 제한위반의 효과 이자가 제한이율에 따라 산정된 금액을 초과하는 경우에는, 그 초과부분의 이자는 무효이다(동법 2조 3항). 그리하여 초과부분의 이자지급의무는 성립하지 않으며, 채권자는 제한초과이자를 재판상 청구할 수 없다.

채무자가 제한초과이자를 임의로 지급한 경우에는 초과 지급된 이자 상당 금액은 원본에 충당되고, 원본이 소멸한 때에는 그 반환을 청구할 수 있다(동법 2조 4항).

4) 선 이 자 소비대차를 함에 있어서 원본으로부터 이자를 미리 공제하고 그 잔

액만을 차주에게 교부하는 경우가 있다. 이러한 경우에 미리 공제되는 이자를 선이자라 고 한다. 새로운 이자제한법에 의하면, 선이자를 사전 공제한 경우에는 그 공제액이 채무자가 실제 수령한 금액을 원본으로 하여 제한이율에 따라 계산한 금액을 초과하는 때에는 그 초과부분은 원본에 충당한 것으로 본다(동법 3조).

5) 복리의 규제 이자제한법에 의하면, 이자에 대하여 다시 이자를 지급하기로 하는 복리약정은 제한이율을 초과하는 부분에 해당하는 금액에 대하여는 무효로 한다(동법 5조).

C-50 (3) 대부업법에 의한 제한

1) 제한이율 대부업자(사업자가 그 종업원에게 대부하는 경우, 노동조합이 그 구성원에게 대부하는 경우, 국가·지방자치단체가 대부하는 경우, 비영리법인이 정관에서 정한 목적의 범위 안에서 대부하는 경우는 제외함. 대부업법 시행령 2조)가 개인이나 중소기업기본법 제 2 조 제 2 항에 따른 소기업(小企業)에 해당하는 법인에 대부를 하는 경우 그 이자율은 연 100분의 27.9 이하의 범위에서 대통령령으로 정하는 율을 초과할 수 없다(대부업법 8조 1항). 그리고 현재의 최고이율은 연 100분의 20이며(대부업법 시행령 5조 2항. 2021. 7. 7.부터 시행되며, 시행 후 새로이 체결되는 계약 또는 갱신되는 분부터 적용), 월이자율 및 일이자율은 연 100분의 20을 단리로 환산한다(대부업법 시행령 5조 3항).

대부와 관련하여 대부업자가 받는 것은 사례금·할인금·수수료·공제금·연체이자·체당금 등 그 명칭이 무엇이든 모두 이자로 본다(간주이자 내지 의제이자)(대부업법 8조 2항 본문). 다만, 해당 거래의 체결과 변제에 관한 부대비용으로서 대통령령으로 정한 사항은 그렇지 않다(대부업법 8조 2항 단서).

한편 대부업자가 개인이나 중소기업기본법 제 2 조 제 2 항에 따른 소기업(小企業)에 해당하는 법인에 대부를 하는 경우 대통령령으로 정하는 율을 초과하여 대부금에 대한 연체이자를 받을 수 없다(대부업법 8조 3항). 여기의 「대통령령으로 정하는 율」이란 금융위원회가 대부자금의 조달비용, 연체금의 관리비용, 연체금액, 연체기간, 대부계약의 특성 등을 고려하여 정하는 연체이자율을 말하는데, 연 100분의 20을 초과할 수 없다(대부업법 시행령 5조 5항).

2) 제한위반의 효과 대부업자가 제한을 위반하여 대부계약을 체결한 경우 제한이율을 초과하는 부분에 대한 이자계약은 무효이다(대부업법 8조 4항). 그리고 채무자가 대부업자에게 대부업법 제 8 조 제 1 항과 제 3 항에 따른 제한이율을 초과하는 이자를 지급한 경우 그 초과 지급된 이자 상당 금액은 원본에 충당되고, 원본에 충당되고 남은 금액이 있으면 그 반환을 청구할 수 있다(대부업법 8조 5항).

3) 선 이 자 대부업자가 선이자를 사전에 공제하는 경우에는 그 공제액을 제외하고 채무자가 실제로 받은 금액을 원본으로 하여 제한이율을 산정한다(대부업법 8조 6항).

Ⅵ. 선택채권

C-51

1. 의 의

선택채권은 채권의 목적이 선택적으로 정하여져 있는 채권이다. 다시 말하면 수개의 선택적 급부를 목적으로 하는 채권이다. 예컨대 X토지·소나타 승용차·금전 1,000만원 가운데 어느 하나의 급부를 목적으로 하는 경우에 선택채권이 존재한다.

선택채권은 복수의 채권이 아니고 하나의 채권이며, 따라서 그로부터 하나의 청구권만 생긴다. 그런데 선택채권의 경우에는 급부가 선택적으로 정하여져 있어서 채무자가 이행을 하려면 선택에 의하여 어느 하나의 급부로 확정되어야 한다. 여기서 선택권자의 선택이 중요한 의미를 가지게 됨을 알 수 있다.

선택채권은 법률행위(증여·매매·대차 등) 또는 법률의 규정(135조·203조 2항)에 의하여 발생한다.

2. 종류채권과의 구별

선택채권은 급부가 확정되어 있지 않다는 점에서 종류채권과 같다. 그러나 ① 급부의 수가 한정되어 있다는 점, ② 급부의 개성이 중요시된다는 점 등 여러 가지 사항에서 종류채권과 차이가 있다.

3. 선택채권의 특정

C-52

선택채권에 있어서 채무가 이행되려면 급부가 하나로 확정되어 단순채권으로 변경되어야 한다. 이를 선택채권의 특정이라고 한다. 민법은 선택채권의 특정방법으로 선택권의 행사와 급부불능의 두 가지를 규정하고 있다. 그러나 계약 자유의 원칙상 계약(합의)에 의한 특정도 가능하다. 민법이 규정하고 있는 특정방법에 관하여 자세히 보기로 한다.

(1) 선택에 의한 특정

1) 선 택 권 선택채권의 목적인 수개의 급부 가운데 하나의 급부를 선정하는 의사표시가 선택이고, 이 선택을 할 수 있는 법률상의 지위가 선택권이다. 선택권은 일종의 형성권이다(이설 없음).

2) 선택권자 누가 선택권을 가지는가는 선택채권의 발생원인인 법률행위 또는 법률규정(135조·203조 2항·310조 1항·626조 2항 등)에 의하여 정하여지는 것이 보통이다. 그런데 만약 선택권자를 정하는 법률규정이나 당사자의 약정이 없으면 선택권은 채무자에게 속한다(380조).

3) 선택권의 이전 선택권자가 선택권을 행사하지 않으면 선택채권은 이행될 수 없으므로, 민법은 일정한 경우에는 선택권이 타인에게 이전되는 것으로 정하고 있다.

(가) 당사자의 일방이 선택권을 가지는 경우 ① 선택권 행사의 기간이 정해져 있는 때

에 선택권자가 그 기간 내에 선택권을 행사하지 않으면, 상대방은 상당한 기간을 정하여 그 선택을 최고할 수 있고, 선택권자가 그 기간 내에 선택하지 않으면 선택권은 상대방에게 이전한다(381조 1항). ② 선택권 행사의 기간이 정해져 있지 않는 때에는, 채권의 기한이 도래한 후 상대방이 상당한 기간을 정하여 그 선택을 최고하여도 선택권자가 그 기간 내에 선택하지 않으면, 선택권은 상대방에게 이전한다(381조 2항).

(나) 제3자가 선택권을 가지는 경우 ① 선택할 제3자가 선택할 수 없는 때에는 선택권은 곧바로 채무자에게 이전한다(384조 1항). ② 제3자가 선택할 수 있음에도 불구하고 선택하지 않는 때에는, 채권자나 채무자는 상당한 기간을 정하여 그 선택을 최고할 수 있고, 제3자가 그 기간 내에 선택하지 않으면 선택권은 채무자에게 이전한다(384조 2항).

C-53 4) 선택권의 행사 채권자나 채무자가 선택권을 가지는 경우에는 선택은 상대방에 대한 의사표시(여기의 의사표시는 묵시적인 것이라도 무방하다. 상품송부가 그 예이다)로 하여야 하며(382조 1항), 그 의사표시는 상대방의 동의가 없으면 철회하지 못한다(382조 2항)(대판 1965. 3. 16, 64다1216). 그리고 제3자가 선택권을 가지는 경우에는 선택은 채무자 및 채권자에 대한 의사표시로 하여야 하며(383조 1항), 그 의사표시는 채권자 및 채무자의 동의가 없으면 철회하지 못한다(383조 2항).

5) 선택의 효과 선택이 행하여지면 선택채권은 하나의 급부를 목적으로 하는 단순채권으로 변한다. 그러나 반드시 특정물채권으로 되는 것은 아니며, 선택된 급부의 성질에 따라 특정물채권·종류채권·금전채권 또는 「하는 급부」를 목적으로 하는 채권으로 된다. 선택에 의하여 종류채권으로 변한 경우에 다시 특정이 필요함은 물론이다.

선택은 그 채권이 발생한 때에 소급하여 효력이 생긴다(386조 본문). 그 결과 채권이 발생한 때부터 선택된 급부를 목적으로 하는 채권이 성립하였던 것이 된다(그리하여 특정물의 인도가 선택된 때에는 처음부터 선관주의의무를 지게 된다). 한편 민법은 선택의 소급효는 제3자의 권리를 해하지 못한다고 규정하고 있는데(386조 단서), 우리 민법에서는 제3자가 해쳐지는 경우가 생길 수 없어서 전혀 무의미하다(이설 없음).

C-54 (2) 급부불능에 의한 특정

1) 원시적 불능의 경우 수개의 급부 가운데 채권이 성립할 당시부터 원시적으로 불능한 것이 있는 때에는 채권은 잔존하는 급부에 관하여 존재한다(385조 1항).

2) 후발적 불능의 경우 후발적 불능의 경우에는 선택권 없는 당사자의 과실로 불능으로 된 때와 그렇지 않을 때가 다르다.

(가) 선택권 없는 당사자의 과실로 급부가 후발적으로 불능(이행불능)으로 된 때에는 잔존급부에 특정되지 않는다(385조 2항). 따라서 채권자가 선택권자인 경우 그는 채무자의 과실로 불능으로 된 급부를 선택하여 채무자에게 책임있는 이행불능을 이유로 손해배상을 청구할 수 있고, 채무자가 선택권자인 경우 그는 채권자의 과실로 불능으로 된 급부를 선택하여 채무자에게 책임없는 이행불능을 이유로 책임을 면할 수 있다.

(나) 선택권이 있는 당사자의 과실에 의하여 또는 당사자 쌍방의 과실없이 급부가 후발적으로 불능으로 된 때에는, 채권의 목적은 잔존하는 급부에 존재한다(385조 1항). 이때 손해배상을 청구할 수 있는 것은 별개의 문제이다.

Ⅶ. 임의채권

C-55

임의채권은 채권의 목적이 하나로 확정되어 있으나, 채권자 또는 채무자가 다른 급부로서 본래의 급부에 갈음할 수 있는 권리(대용권(代用權) 내지 보충권)를 가지고 있는 채권이다. 임의채권은 당사자의 법률행위 또는 법률의 규정(378조 · 443조 후단 · 602조 2항 본문 · 764조 등)에 의하여 발생한다. 임의채권은 하나의 확정된 급부가 본래의 채권의 목적이고 그것에 갈음하는 급부는 보충적 지위에 있는 점에서, 수개의 선택적 급부가 동등한 지위를 가지고 있는 선택채권과 다르다.

제 4 장 채무불이행과 채권자지체

제 1 절 채무불이행

제 1 관 서 설

C-56 **I. 채무불이행의 의의**

채무불이행이라 함은 채무자에게 책임있는 사유로 채무의 내용에 좇은 이행이 이루어지지 않고 있는 상태를 통틀어 일컫는 말이다. 이러한 채무불이행의 경우에는 채권자의 손해배상청구권 등의 법률효과가 발생하게 된다.

C-57 **II. 채무불이행의 모습(유형)**

채무불이행의 유형에 관하여 학설은 크게 i) 이행지체·이행불능·불완전이행(또는 이행가해)의 3유형을 인정하는 견해(3유형론)와 ii) 3유형에 한정되지 않는다는 견해(이른바 열린 유형론)로 나뉜다. 이 가운데 ii)설은 대체로 제390조가 채무불이행을 포괄적·일반적으로 규정하고 있다는 전제에 서 있다. 그러나 그러한 견지에 서 있으면서도 i)설을 취하는 문헌도 있다. 그리고 ii)설은 개별적인 주장 내용에 있어서 일치하지 않으며, (a) 이행지체·이행불능·불완전이행 외에 기타의 것(가령 부작위의무의 위반·이행거절)을 인정하는 견해가 있는가 하면, (b) 이행지체·이행불능·불완전급부·이행거절·부수의무위반을 드는 견해도 있다.

[참고] 사견

사견의 결론만을 적으면, 채무불이행의 유형으로는 이행지체·이행불능·불완전급부·「기타의 행위의무」 위반의 네 가지가 있으며, 그 외의 것은 없다(자세한 점은 채권법총론 [60]·[61] 참조). 일부 견해가 독립한 유형으로 인정하는 부작위채무의 위반과 이행거절은 이행지체의 특수한 경우로 보아야 한다.

〈채무불이행의 모습(유형)〉

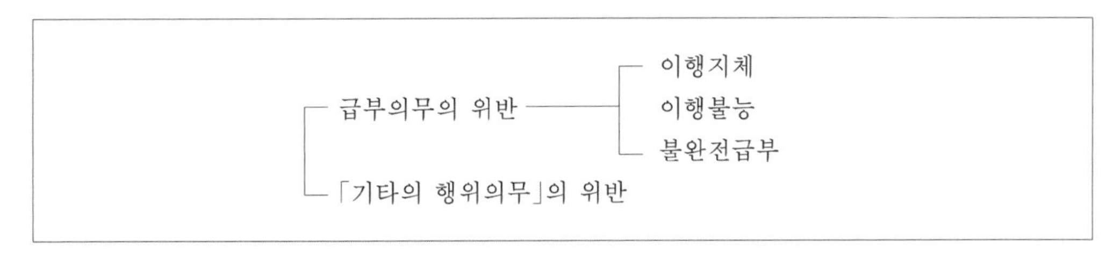

Ⅲ. 채무불이행의 요건과 효과 개관

C-58

사견에 따르면, 채무불이행에는 이행지체·이행불능·불완전급부·「기타의 행위의무」 위반의 네 유형이 있다. 이들 각각의 요건과 효과에 대하여는 후에 자세히 살펴보겠으나, 이해의 편의를 위하여 여기서 그것들을 개괄적으로 정리해 보려고 한다.

1. 채무불이행의 요건

채무불이행의 요건 가운데에는 모든 채무불이행에 공통하는 요건과 각각의 유형에 특유한 것이 있다.

(1) **공통적인 요건**

채무불이행의 공통적인 요건으로 논의되는 것은 주관적 요건으로서 채무자의 책임있는 사유 즉 유책사유와 객관적 요건으로서 채무불이행의 위법성이다.

(가) 민법은 이행불능에 관하여서만 채무자의 유책사유(귀책사유)를 명문으로 요구하고 있다(390조 단서·546조 참조). 그러나 학설·판례는 일치하여 이행지체·불완전급부·「기타의 행위의무」 위반에 대하여도 유책사유가 필요하다는 견지에 있다.

(나) 채무불이행의 위법성이 채무불이행의 공통적인 요건인가에 관하여는 i) 긍정설(사견도 같음)과 ii) 부정설이 대립하고 있다(문헌에 대하여는 채권법총론 [63] 참조).

(2) **개별적인 요건**

채무불이행이 성립하려면 각각의 채무불이행 유형에 따라 그 유형에 특유한 요건을 갖추어야 한다.

이행지체가 성립하려면 이행기가 도래하고 이행이 가능한데도 이행이 없어야 한다. 그리고 이행불능이 되려면 이행이 후발적으로 불능이어야 한다. 한편 불완전급부로 되려면 이행행위가 있었을 것과 그것에 하자가 있을 것이 필요하다. 끝으로 「기타의 행위의무」의 위반으로 되려면 그 의무위반이 있어야 한다.

C-59

2. 채무불이행의 효과

일반적으로 문헌들은 채무불이행의 효과로 이행강제권과 손해배상청구권, 계약의 해제권·해지권의 발생을 든다. 그러나 강제이행은 채권의 일반적인 효력이지 채무불이행의 효과가 아니다.

채무불이행의 가장 중요한 효과는 손해배상청구권의 발생이다. 그런데 손해배상의 성격이 경우에 따라 달라지기도 하므로 유의하여야 한다. 그리고 불이행으로 된 채무가 계약에 기하여 발생한 때에는 일정한 요건 하에 계약의 해제권·해지권이 생기게 된다. 그 밖에 이행불능의 경우에는 통설·판례에 의하여 대상청구권이 인정되기도 한다.

제 2 관 채무불이행의 유형별 검토

C-60

Ⅰ. 이행지체

1. 의의 및 요건

이행지체라 함은 채무의 이행기가 되었고 또 그 이행이 가능함에도 불구하고 채무자의 책임있는 사유(유책사유)로 이행을 하지 않고 있는 것을 말한다.

이행지체의 요건은 다음과 같다.

(1) 이행기가 도래하였을 것

이행지체가 성립하려면 우선 채무의 이행기(이행기는 당사자의 의사표시 또는 법률규정에 의하여 결정된다)가 되었어야 한다. 그러나 이행기가 되었다고 하여 당연히 이행지체로 되는 것은 아니다. 민법은 여러 가지 평가에 기하여 때에 따라서는 이행기의 도래 외에 다른 요건을 요구하기도 한다. 그런가 하면 일정한 경우에는 이행기가 되지 않았는데도 채무자로 하여금 기한의 이익을 잃게 하여 채권자가 즉시 이행을 청구할 수 있도록 하고 있다.

1) 확정기한부 채무 채무의 이행에 관하여 확정기한이 있는 경우에는 그 기한이 도래한 때로부터 지체책임이 있다(387조 1항 1문). 이 경우 채무자의 지체책임이 생기는 정확한 시기는 기한이 되기 시작한 때가 아니고 기한이 경과한 때(이를 도과 또는 허송이라고 함)이다.

C-61

이러한 원칙에는 예외가 있다.

(개) 지시채권과 무기명채권의 경우에는 확정기한이 정하여져 있는 때에도 그 기한이 도래한 후 소지인이 증서를 제시하여 이행을 청구한 때로부터 지체책임이 있다(517조·524조, 상법

65조). 면책증권의 경우에도 같다(526조).

(나) 추심채무나 그 밖에 채무를 이행하려면 먼저 채권자가 협력하여야 하는 경우에는, 확정기한이 정하여져 있을지라도 채권자의 협력이 있어야 비로소 지체로 될 수 있다.

(다) 당사자 쌍방의 채무가 동시이행관계에 있는 때(536조 참조)에는 이행기(확정기한 포함)가 되었을지라도 상대방이 이행의 제공을 할 때까지는 지체책임을 지지 않는다(대판 2001. 7. 10, 2001다3764 등).

2) 불확정기한부 채무 채무의 이행에 관하여 불확정기한이 있는 때에는 채무자는 그 기한이 도래하였음을 안 때(정확하게는 그 다음날)로부터 지체책임이 있다(387조 1항 2문).

3) 기한 없는 채무 채무의 이행에 관하여 기한이 정하여져 있지 않은 때에는 채무자는 이행청구를 받은 때로부터 지체책임이 있다(387조 2항). 기한이 없는 채무는 발생과 동시에 이행기에 있게 되나, 이행지체로 되려면 채권자의 최고(최고는 소장의 송달로도 할 수 있다. 대판 1969. 1. 28, 68다2313 등)가 있어야 한다. 이 경우에 채무자가 지체책임을 지는 것은 채권자로부터 이행청구를 받은 다음날부터이다(대판 2014. 4. 10, 2012다29557 등). C-62

그런데 이와 같은 원칙에는 예외가 있다.

(가) 소비대차에 있어서 반환시기의 약정이 없는 때에는 대주는 상당한 기간을 정하여 반환을 최고하여야 하며(603조 2항 본문), 그 기간이 경과하여야 지체로 된다.

(나) 불법행위로 인한 손해배상채무에 있어서는 그 채무의 성립과 동시에 지체로 된다고 하여야 한다(통설·판례도 같음. 대판 1971. 6. 8, 70다2401 등).

4) 기한의 이익을 상실한 채무 C-63

(가) 일정한 사유가 있는 때에는 채무자는 기한의 이익(153조. A-202 참조)을 잃는다. 그 사유는 다음과 같다.

(a) 채무자가 담보를 손상, 감소 또는 멸실하게 한 때(388조 1호) 여기의 담보는 물적 담보(질권·저당권·가등기담보·양도담보 등)뿐만 아니라 인적 담보(보증 등)도 포함한다.

(b) 채무자가 담보제공의 의무를 이행하지 않은 때(388조 2호)

(c) 채무자가 파산의 선고를 받은 때(채무자회생법 425조)

(나) 기한이익의 상실사유가 있으면 채무자는 기한의 이익을 「주장하지 못한다」(388조 본문). 따라서 채권자는 기한이 있음에도 불구하고 즉시 이행을 청구할 수도 있다. 그러나 기한의 도래가 의제(간주)되는 것은 아니기 때문에, 채권자는 기한의 존재를 인정하여 기한까지의 이익을 청구할 수도 있다. 결국 기한이익의 상실사유가 있는 때에는 채권자의 청구가 있는 때로부터 채무자는 지체책임을 지게 된다.

(2) 이행이 가능할 것 C-64

이행지체로 되려면 이행기에 이행이 가능하여야 하며, 이행이 불가능하면 이행불능으로 된다. 그리고 이행기에 이행이 가능하였으나, 그 이후에 불능으로 된 경우 즉 이행지체 후의 이행불능도 불능으로 된 때부터는 이행불능으로 다루어야 할 것이다(이설 없음).

(3) 이행이 없을 것

채무가 이행되었거나 이행의 제공이 있으면 이행지체로 되지 않으며, 그 어느 것도 없는 경우에 이행지체로 된다.

C-65 (4) 이행하지 않는 데 대하여 채무자에게 책임있는 사유(유책사유)가 있을 것

1) 서 설 민법은 이행불능에 관하여는 채무자의 책임있는 사유 즉 유책사유(귀책사유)를 요구하고 있다(390조 단서·546조). 그에 비하여 이행지체에 관하여는 명문의 규정이 없다. 그렇지만 학설은 일치하여 이행지체의 경우에도 유책사유가 필요하다고 한다(사견도 같음).

채무자의 유책사유는 채무자의 고의·과실 외에 채무자의 법정대리인·이행보조자의 고의·과실도 포함한다(391조). 따라서 그 유책사유는 채무자의 고의·과실보다 넓은 개념이다.

2) 채무자의 고의·과실 고의는 자기의 행위로부터 이행지체라는 위법한 결과가 발생할 것을 인식하면서도 그 행위를 하는 것이다. 그리고 과실은 자기의 행위로부터 이행지체라는 위법한 결과가 발생할 것을 인식했어야 함에도 불구하고 부주의로 말미암아 인식하지 못하는 것이다. 여기서 요구되는 주의는 원칙적으로 선량한 관리자의 주의(선관주의) 즉 채무자의 사회적 지위·종사하는 직업 등에서 보통 일반적으로 요구되는 정도의 주의이다(이 원칙을 민법은 374조에서 특정물채무에 관하여 규정하고 있다). 다만, 무상임치(695조) 등에서는 「자기 재산과 동일한 주의」 등으로 주의의무를 경감시키고 있다(C-30 참조). 이들 중 선량한 관리자의 주의의무 위반을 추상적 과실이라고 하고, 경감된 주의를 위반하는 것을 구체적 과실이라고 한다.

위와 같은 채무자의 고의나 과실이 있으면 채무자의 이행지체가 성립할 수 있다.

C-66 3) 법정대리인·이행보조자의 고의·과실

(가) 서 설 제391조는 「채무자의 법정대리인이 채무자를 위하여 이행하거나 채무자가 타인을 사용하여 이행하는 경우에는 법정대리인 또는 피용자의 고의나 과실은 채무자의 고의나 과실로 본다」고 규정한다.

제391조는 채권관계가 존재하고 있는 경우(예: 지붕수리의 도급계약을 체결한 경우)에 넓은 의미의 채무이행(이행행위 외에 그것과 관련성이 있는 행위)에 관하여서만 적용된다(판례도 같다. 대판 2008. 2. 15, 2005다69458).

(나) 법정대리인 법정대리인은 대리권이 법률의 규정에 기초하여 주어지는 대리인이다(A-144 참조). 여기의 법정대리인은 제391조의 취지에 비추어 넓게 새기는 것이 일반이다. 그리하여 친권자·후견인·부재자 재산관리인뿐만 아니라 유언집행자·파산관재인·일상가사대리권 있는 부부 등이 모두 포함된다(이설 없음).

(다) 이행보조자 이행보조자는 채무자가 채무의 이행을 위하여 사용하는 자이다. 종래의 통설은 이러한 이행보조자를 넓은 의미의 것으로 이해하고, 그것을 다시 협의의

이행보조자(履行補助者)와 이행대행자(履行代行者)로 구분한다. 그런데 근래에는 이러한 구별에 소극적인 견해도 있다(대판 2002. 7. 12, 2001다44338[핵심판례 204면] 등도 유사한 것으로 보인다). 그러나 이행대행자에 대하여는 제391조가 적용되지 않아야 하는 경우도 있으므로 양자는 구별하는 것이 옳다.

C-67

(a) **협의의 이행보조자** 좁은 의미로 이행보조자라고 하면 채무자의 지시에 따라 채무의 이행을 보조하는 자이다. 지붕수리업자의 조수가 그 예이다. 이행보조자가 이행을 보조하는 관계는 사실상의 관계(예: 가족이나 친구가 보조하는 경우)로 충분하며 고용과 같은 채권계약이 있을 필요는 없다.

이행보조자가 협의의 이행보조자인 경우에는 언제나 제391조가 적용된다.

(b) **이행대행자** 이행대행자는 채무자의 이행을 위하여 단순히 보조하는 것이 아니라 독립하여 채무의 전부 또는 일부를 채무자에 갈음하여 이행하는 자이다. 수치인에 갈음하여 임치물을 보관하는 제 3 수치인이 그 예이다.

이행대행자의 행위에 대하여 채무자가 책임을 지는가? 여기에 관하여 학설은 나뉘어 있다. 그런데 통설은 세 경우 즉 ① 명문규정상·특약상·채무의 성질상 대행자의 사용이 허용되지 않는 경우(120조·657조 2항·682조·701조·1103조 2항 등), ② 명문규정상(122조 등)·채권자의 승낙에 의하여 대행자의 사용이 허용되는 경우, ③ 명문상 또는 특약으로 금지되어 있지도 않고 허용되어 있지도 않아서 채무의 성질상 사용해도 무방한 경우로 나누어, ①의 경우에는 대행자를 사용하는 것 자체가 의무위반(채무불이행)이 되므로 대행자의 고의·과실을 불문하고 채무자의 책임이 생기고, ②의 경우에는 원칙적으로 대행자의 선임·감독에 과실이 있는 때에만 책임을 지며(121조·682조 2항·701조·1103조 2항 등 참조), ③의 경우에는 제391조가 적용되어 대행자의 고의·과실이 채무자의 고의·과실로 다루어진다고 한다(사견에 대하여는 채권법총론 [71] 참조).

C-68

(라) **효 과** (a) 채무자의 법정대리인·이행보조자의 고의·과실이 있는 경우에는 채무자에게 고의·과실이 있는 것으로 의제되어(391조), 채무자가 채권자에 대하여 채무불이행으로 인한 손해배상책임을 진다(390조). 이행보조자 등은 채권자에 대하여 채무불이행책임은 지지 않는다. 그러나 불법행위책임을 질 수는 있다(750조). 그 경우의 채무자의 책임과 이행보조자의 책임은 부진정연대채무 관계에 있다(대판 1994. 11. 11, 94다22446).

(b) 사정에 따라서는 이행보조자의 행위에 대하여 채무자의 사용자책임의 요건이 갖추어질 수도 있다. 그러한 때 가운데 채무자에게 채무불이행책임은 없는 경우도 있으나, 채무불이행책임을 져야 하는 경우도 있다. 그런데 후자의 경우에는 청구권의 경합도 문제된다(D-282 참조).

(c) 이행보조자는 내부관계에 기하여 또는 일반적인 구상법리에 의하여 채무자에게 손해배상책임을 져야 할 경우도 있다.

[참고] 이행보조자의 행위에 대한 채무자의 책임(391조)과 사용자책임(756조)의 비교

이 두 책임은 모두 타인에 의하여 발생한 손해에 대한 책임인 점에서 같다. 그러나 다음과 같은 여러 가지 점에서 차이가 있다. ① 전자는 이미 현존하는 채권관계를 전제로 하나(채무불이행책임), 후자는 기존의 채권관계를 전제로 하지 않는다(불법행위책임). ② 전자는 타인의 행위에 대한 책임인데 비하여, 후자는 자신의 행위(선임·감독상의 부주의)에 대한 책임이다. ③ 제391조에서는 면책이 불가능하나, 제756조에서는 면책이 가능하다. ④ 제391조의 경우에 이행보조자는 채무불이행책임을 지지 않으나(이행보조자가 불법행위책임을 질 수는 있음), 제756조에서는 피용자도 불법행위책임을 진다.

C-69 4) 책임능력 채무자의 유책사유가 인정되기 위하여서는 채무자에게 책임능력이 필요하다고 할 것이다.

5) 증명책임 채무자의 유책사유의 증명은 누가 하여야 하는가? 여기에 관하여 다수설(사견도 같음)은 채무자가 자기에게 유책사유가 없음을 증명하여야 책임을 면한다는 입장이다. 그리고 판례는 이행불능(대판 1982. 8. 24, 82다카254 등)과 이행지체(대판 1984. 11. 27, 80다177)에 관하여 다수설처럼 채무자에게 반대증명책임을 지운다.

(5) 이행하지 않는 것이 위법할 것

채무불이행이 성립하려면 위법성이 있어야 한다(이설 있음. C-80 참조). 그런데 위법성은 정당화사유 즉 위법성조각사유가 없으면 당연히 인정되는 소극적인 요건이다(대판 2015. 1. 29, 2013다100750 등). 이행지체의 위법성을 조각시키는 사유로는 유치권·동시이행의 항변권·기한유예의 항변 등이 있다.

C-70 2. 이행지체의 효과

이행지체가 발생하였다고 하여 본래의 채무가 소멸하거나 손해배상채무로 변경되지는 않으며, 그 채무는 그대로 존속한다(395조가 이를 전제로 규정하고 있음). 그리고 그 채무는 이행이 가능하므로 채권자는 본래의 채무의 이행을 청구할 수 있다. 그러나 이는 이행지체의 효과라고 할 수는 없다. 이행지체의 효과는 손해배상청구권과 계약해제권의 발생이다(강제이행에 관하여는 뒤에 설명한다).

(1) 손해배상청구권의 발생

이행지체가 성립하면 채권자는 손해배상을 청구할 수 있다(390조 본문).

1) 지연배상(遲延賠償) 이행지체에 있어서 손해배상은 원칙적으로 이행의 지체로 인하여 생긴 손해의 배상 즉 지연배상이다(금전채무의 경우의 지연이자가 그 예이다). 이 경우에 채권자는 지연배상과 함께 본래 채무의 이행도 청구할 수 있다. 그러므로 채무자는 이들 모두를 제공하여야 채무내용에 좇은 이행의 제공을 한 것으로 된다(460조 참조).

2) 전보배상(塡補賠償) 이행지체의 경우에 채권자는 일정한 요건이 갖추어진 때에는 예외적으로 이행에 갈음하는 손해의 배상 즉 전보배상을 청구할 수 있다. 채권자가 상당한 기간을 정하여 이행을 최고하여도 그 기간 내에 이행하지 않거나 지체 후의 이행

이 채권자에게 이익이 없는 때에 그렇다(395조).

3) **책임가중** 민법은 지체 후에 생긴 손해에 대하여는 채무자에게 유책사유가 없는 경우에도 배상하도록 하고 있다(392조 본문). 다만, 채무자가 이행기에 이행하여도 손해를 면할 수 없는 경우만은 예외로 하고 있다(392조 단서).

(2) **계약해제권의 발생** C-71

계약상의 채무가 이행지체로 된 경우에는 채권자는 일정한 요건 하에 해제권을 취득하게 된다. 즉 채권자가 상당한 기간을 정하여 이행을 최고하였는데 그 기간 내에 이행이 없으면 그는 계약을 해제할 수 있다(544조 본문). 그러나 채무자가 미리 이행하지 않을 의사를 표시한 경우 또는 정기행위의 경우에는 최고 없이 곧바로 해제할 수 있다(544조 단서·545조). 그리고 채권자는 계약을 해제하면서 동시에 손해배상도 청구할 수 있다(551조).

[참고] 강제이행(强制履行)의 문제

강제이행은 이행지체 기타 채무불이행의 효과가 아니고 일반적인 채권의 효력의 문제이다. 그러한 점은 그것이 본래의 채무에 관하여서만 인정되는 것이 아니고 손해배상채무에 관하여서도 인정되는 것에서도 분명히 드러난다. 또한 강제이행은 채무가 이행기에 있고 강제실현이 가능하면 채무자에게 유책사유가 없어도 행하여질 수 있다. 즉 이행지체의 전형적인 효과인 손해배상청구권·계약해제권과 다른 것이다.

3. 이행지체의 종료 C-72

(1) **채권의 소멸**

채권이 소멸하면 그 원인을 묻지 않고 이행지체도 종료한다.

(2) **채권자의 지체면제**

채권자가 지체의 책임을 면제하면 지체책임은 소멸한다.

(3) **이행의 제공**

채무자가 지연배상과 함께 본래의 채무의 이행의 제공을 하면 지체는 종료한다.

(4) **지체 후의 이행불능**

지체 후에 이행불능으로 된 경우를 이행불능으로 보게 되면(C-64 참조), 그때에도 이행지체는 종료한다.

Ⅱ. 이행불능 C-73

1. 의의 및 요건

이행불능이란 채권이 성립한 후에 채무자에게 책임있는 사유로 이행할 수 없게 된 것을 말한다. 그 요건은 다음과 같다.

(1) **채권의 성립 후에 이행이 불가능하게(불능으로) 되었을 것(후발적 불능)**

1) 사회통념상 불능 통설과 판례(대판 2016. 5. 12, 2016다200729 등 다수의 판결)는 일치하여 민법상 불능은 절대적·물리적 불능이 아니고 사회관념상 내지 거래관념상의 불능을 가리킨다고 한다(A-91도 참조). 불능을 그렇게 이해하면 이행불능은 사회통념에 비추어 볼 때 채무자의 이행을 기대할 수 없는 것이라고 할 수 있다(위에 인용된 판례 참조).

사회통념상의 불능을 불능이라고 하게 되면, 물리적으로 이행이 불가능한 경우(물리적 불능)는 물론이고 물리적으로는 가능하지만 지나치게 많은 비용과 노력이 드는 경우도 불능으로 된다. 가령 태평양 바다에 빠진 보석을 찾아주기로 하는 채무가 그렇다.

2) 후발적 불능 이행불능으로 되려면 채권이 성립한 후에 불능으로 되었어야 한다. 즉 후발적 불능이어야 한다. 채권의 성립 당시에 이미 불능인 원시적 불능의 경우에는 채권은 성립하지 않게 되고, 때에 따라 계약체결상의 과실이 문제될 뿐이다(535조 참조).

3) 일부불능의 경우 불능에는 전부가 불능인 경우와 일부만이 불능인 경우가 있다. 이들 가운데 일부만이 불능인 일부불능에 대하여는 — 그것이 원시적인 것이든 후발적인 것이든 — 제137조의 일부무효의 법리가 적용된다(대판 1995. 7. 25, 95다5929).

4) 불능의 기준시기 이행이 가능한가 불가능한가는 이행기를 표준으로 하여 결정하여야 한다. 그러나 이행기가 되기 전에 불능으로 되었고 이행기에 있어서도 불능인 것이 확실한 때에는 이행기를 기다리지 않고 그때 이미 불능으로 된다.

C-74 (2) **채무자에게 책임있는 사유로 불능으로 되었을 것**

민법은 이행불능에 관하여는 채무자의 유책사유를 명문으로 규정하고 있다(390조 단서·546조). 그에 관하여는 이행지체와 관련하여 자세히 설명하였다(C-65 이하 참조).

이행불능이 채무자에게 유책사유 없이 발생한 경우에는 채무자는 채무를 면하게 된다(390조 단서). 그리고 이 경우에 불능으로 되어 소멸한 채무가 쌍무계약에 의하여 발생한 것일 때에는 상대방의 채무도 소멸하는가의 문제가 생기는데, 그것이 곧 위험부담의 문제이다(537조·538조 참조. D-42 이하 참조).

(3) **이행불능이 위법할 것**

이행불능이 되려면 위법성이 있어야 한다. 즉 위법성 조각사유가 없어야 한다. 그런데 이행불능에 있어서는 위법성 조각사유가 거의 없다.

C-75 2. 이행불능의 효과

이행불능의 경우에는 이행지체에 있어서와 달리 채무의 이행 자체가 불가능하기 때문에 본래의 채무의 이행청구는 문제도 되지 않는다(그리고 강제이행도 불가능하다). 이행불능의 효과로는 손해배상청구권과 계약해제권의 발생이 명문으로 규정되어 있고, 그 밖에 통설·판례는 대상청구권(대체이익청구권)도 인정한다. 그런데 이 대상청구권은 책임있는 이행불능뿐만 아니라 책임없는 이행불능의 경우에도 인정되는 것임을 주의하여야 한다.

⑴ **손해배상청구권의 발생**

이행불능(책임있는 이행불능)의 요건이 갖추어진 경우에는 채권자는 손해배상을 청구할 수 있다(390조). 이때의 손해배상은 그 성질상 이행에 갈음하는 손해배상, 즉 전보배상이다. 이행불능에 있어서는 설사 채무 전부의 이행이 불능으로 되었을지라도 채무 자체가 소멸하는 것은 아니다. 본래의 채무가 동일성을 유지한 채 손해배상채무로 변경되는 것에 불과하다.

⑵ **계약해제권의 발생**

계약에 기하여 발생한 채무가 채무자의 책임있는 사유로 이행이 불능으로 된 때에는, 채권자는 계약을 해제할 수 있다(546조). 이때 최고는 요구되지 않는다. 그리고 그 채무(예: 매도인의 소유권이전등기 의무)가 쌍무계약으로부터 발생한 경우에 상대방이 자기의 채무(예: 매수인의 잔대금지급의무)의 이행의 제공을 할 필요도 없다(대판 2003. 1. 24, 2000다22850).

⑶ **대상청구권**(代償請求權) C-76

1) 의의 및 인정근거 대상청구권(명칭으로서는 대체이익청구권 또는 대용물청구권이 더 낫다)은 이행을 불능하게 하는 사정의 결과로 채무자가 이행의 목적물에 대신하는 이익(일반적으로 이를 대상(代償)이라고 표현하나, 본래 대상에는 그러한 의미가 없다)을 취득하는 경우에 채권자가 채무자에 대하여 그 이익을 청구할 수 있는 권리이다.

우리 민법은 대상청구권에 관한 명문규정을 두고 있지 않다. 그렇지만 우리의 학설은 이행불능의 경우에 채권자의 대상청구권을 인정하는 데 다툼이 없다. 그리고 대법원도 1992년에 처음으로 대상청구권을 인정한 이래 같은 취지의 판결을 잇달아 내놓고 있다(대판 1992. 5. 12, 92다4581·4598 및 그 후속 판결).

2) 요 건 대상청구권이 성립하려면 다음의 네 가지 요건을 갖추어야 한다. 첫째로, 급부(이행)가 후발적인 불능으로 되어야 한다. 불능이 법률행위에 의하여 생겼는가 사실행위나 그 밖의 원인에 의하였는가는 중요하지 않다(그 원인의 예로는 수용·하천구역에의 편입(대판 2002. 2. 8, 99다23901)이 있음). 급부가 원시적으로 불능인 때에는 채무가 성립하지 않으며, 따라서 대상청구권이 문제될 여지가 없다. 후발적 불능인 한 채무자에게 책임있는 사유로 인한 것이냐의 여부는 묻지 않는다(대판 1996. 6. 25, 95다6601 [핵심판례 200면]도 참조). 둘째로, 채권의 목적물에 관하여 그것에 대신하는 이익을 취득하여야 한다. 「대신하는 이익」(대체이익)의 예로는 손해배상, 수용보상금(대판 2002. 2. 8, 99다23901 등 다수. 그 밖에 취득시효에 관한 판결도 같다), 보험금(대판 2016. 10. 27, 2013다7769: 화재보험금·화재공제금에 대하여 대상청구권을 인정함), 매매대금, 담보권자가 받은 배당금(대판 2012. 6. 28, 2010다71431), 그리고 이들에 대한 청구권을 들 수 있다. 셋째로, 급부를 불능하게 하는 사정의 결과로 채무자가 채권의 목적물에 관하여 「대신하는 이익」을 취득하여야 한다. 바꾸어 말하면 「급부를 불능하게 하는 사정」과 「대신하는 이익의 취득」 사이에 인과관계 즉 상당

인과관계가 있어야 한다(대판 2003. 11. 14, 2003다35482도 이같이 판시하였다). 넷째로, 급부가 불능하게 된 객체와 채무자가 그에 관하여 「대신하는 이익」을 취득한 객체 사이에 동일성이 존재하여야 한다.

C-77 3) 효 과 대상청구권은 채권적 청구권이다. 따라서 대상청구권의 요건이 갖추어졌다고 하여 「대신하는 이익」(가령 수용보상금이나 수용보상금청구권)이 채권자에게 직접 이전되지는 않는다(동지 대판 1996. 10. 29, 95다56910). 그리고 채무자는 그가 취득한 것 모두를 채권자에게 인도하여야 하며, 그 결과 대체이익이 채권의 목적물의 통상의 가치를 넘는 경우에는 초과가치도 인도하여야 한다. 판례도 같은 입장으로 생각된다(대판 2016. 10. 27, 2013다7769: 화재보험금 · 화재공제금 전부에 대하여 대상청구권을 행사할 수 있고, 인도의무의 이행불능 당시 매수인이 지급하였거나 지급하기로 약정한 매매대금 상당액의 한도 내로 범위가 제한된다고 할 수 없다. 대판 2008. 6. 12, 2005두5956도 참조).

채무자의 유책사유로 이행불능이 된 경우에는 동일한 사실이 한편으로는 채무불이행으로 인한 손해배상청구권을 발생시키고 다른 한편으로는 대상청구권을 발생시킨다. 이때 채권자는 자신이 원하는 바에 따라 손해배상청구권을 행사할 수도 있고, 대상청구권을 행사할 수도 있다. 다만, 그가 대상청구권을 행사하여 「대신하는 이익」을 수령하는 때에는, 손해배상액이 수령한 이익의 가치만큼 감소된다(이는 상계가 없이도 당연히 일어난다). 수령한 이익의 가치만큼 실질적으로 손해배상을 받은 것으로 되기 때문이다.

[참고] 쌍무계약에서의 문제

쌍무계약에 있어서 당사자 일방의 채무가 당사자 쌍방에게 책임없는 사유로 이행할 수 없게 된 때에는, 채무자는 상대방의 이행을 청구하지 못한다(537조). 그런데 대상청구권이 인정되면 그 때에도 채권자는 그 권리를 가지게 된다. 결국 채권자는 자기의 채무는 이행하지 않으면서 채무자가 취득한 「대신하는 이익」은 청구할 수 있다는 결과로 된다. 이것이 부당함은 물론이다. 그러한 경우에 채권자가 대상청구권을 행사하면, 그는 제537조의 규정에도 불구하고 여전히 반대급부의무를 부담한다고 새겨야 한다(동지 대판 1996. 6. 25, 95다6601[핵심판례 208면]).

C-78 (4) 이른바 청구권 경합의 문제

때에 따라서는 동일한 사실이 한편으로는 이행불능을 가져오면서 다른 한편으로 제750조의 불법행위를 성립시키기도 한다. 가령 대가를 받고 다른 자의 골동품을 보관하고 있는 자(수치인)가 잘못하여 그 골동품을 깨뜨려 버린 경우에 그렇다. 그와 같은 경우에 골동품의 보관을 맡긴 자(임치인)가 이행불능을 이유로 한 손해배상청구권과 불법행위로 인한 손해배상청구권을 선택적으로 행사할 수 있는지가 문제된다. 여기에 관하여는 논란이 있으나, 사견은 이를 긍정하는 견지에 있다(청구권경합설임. 자세한 점은 D-282 참조).

Ⅲ. 불완전급부

C-79

1. 의의 및 법적 근거

(1) 의 의

불완전급부는 채무자가 급부의무의 이행행위를 하였으나 그 이행에 하자가 있는 것을 말한다. 법전을 매수하였는데 그 책의 몇 장이 빠져있는 경우, 닭을 매수하였는데 병든 닭을 급부한 경우, 지붕을 수리하였는데 비가 새는 경우, 수술을 받았는데 의사의 잘못으로 다른 곳이 나빠진 경우가 그 예이다. 이러한 불완전급부는 불완전이행의 한 가지로 설명되는 것이 보통이나, 독립한 유형으로 파악하는 것이 옳다. 하자 있는 이행의 경우에는 그 흠 있는 이행의 결과로 채권자의 다른 법익이 침해되는 경우도 있다. 그 경우에 늘어난 손해를 보통 「확대손해」 또는 「부가적 손해」라고 한다. 앞의 예에서 책의 몇 장이 빠져 있어 졸업시험에 불합격하였거나, 병든 닭이 인도되어 채권자의 다른 닭이 병들어 죽은 것이 그에 해당한다.

(2) 법적 근거

불완전급부의 법적 근거에 관하여는(문헌들은 불완전이행에 관하여 논함) 학설이 대립하고 있다. 사견은 다수설과 유사하게 불완전급부의 근거가 제390조에 있다는 입장이다(채권법총론 [81] 참조).

2. 불완전급부의 요건

C-80

(1) 이행행위가 있었을 것

불완전급부가 되려면 급부의무의 이행행위가 있었어야 한다. 만약 그것이 없었으면 이행지체나 이행불능으로 될 것이다. 일단 이행한 급부는 「주는 급부」에 한하지 않으며 「하는 급부」라도 무방하다. 위에서 든 예 중 지붕수리나 수술의 경우는 후자에 해당한다.

(2) 이행에 하자가 있을 것

이행행위가 흠이 없게 되면 완전한 이행이 되고 불완전급부는 문제되지 않는다(뒤의 「기타의 행위의무」 위반은 남을 수 있다). 이행에 하자가 있는 때에 불완전급부로 되는 것이다. 불완전급부의 모습은 「주는 채무」와 「하는 채무」에 따라 다르다.

1) 주는 채무의 경우 「주는 채무」에 있어서 불완전급부는 인도된 물건에 하자가 있는 때에 많이 문제된다. 인도된 말(馬)이나 닭이 병이 들어 있거나 구입한 책의 몇 장이 빠져 있는 경우에 그렇다. 우리 판례에 나타난 예로는, 매수한 채소종자 중 30퍼센트만 발아된 경우(대판 1977. 4. 12, 76다3056) 등이 있다.

이와 같이 인도된 물건은 특정물일 수도 있고 불특정물일 수도 있다. 그리고 어떤 경우이든 일단 하자담보책임이 문제된다. 그러면 이와 같이 인도된 물건에 하자가 있는 경우에는 채무자(매도인 등)는 하자담보책임만 지는가? 생각건대 하자가 채무자의 유책사유에 의하여 발생한 때에는 확대손해가 없는 때에도 제390조에 의하여 불완전급부책임을 물을 수 있다고 하여야 한다.

C-81 2) 하는 채무의 경우 「하는 채무」에 있어서도 불완전급부가 생길 수 있다. 그런데 그 모습에는 「하는 채무」의 성질상 두 가지가 있다. 하나는 「하는 채무」의 내용이 일정한 결과의 실현을 목적으로 하는 경우에, 채무자가 하자 있는 결과를 발생시킨 때에 생긴다. 수급인이 완성한 일에 흠이 있는 경우(가령 지붕수리업자가 지붕을 수리하였는데 비가 새는 경우)가 그 예이다. 다른 하나는 일정한 결과를 실현시킬 필요가 없고 그러한 결과를 위하여 최선을 다하여야 하는 경우에, 그 노력을 다하지 않는 때에 생긴다. 의사가 처방이나 수술을 잘못한 경우가 그 예이다.

(3) 확대손해의 발생이 필요한지 여부

불완전급부의 결과 확대손해가 발생한 때도 많으나, 확대손해의 발생은 그 요건이 아니다. 그리하여 확대손해가 발생한 경우는 물론이고 확대손해가 없더라도 불완전급부의 요건이 갖추어지면 불완전급부로 된다고 할 것이다. 하자담보책임 규정이 있어도 같다.

(4) 채무자의 유책사유

불완전급부로 되려면 하자 있는 이행이 채무자의 책임있는 사유로 행하여졌어야 한다(대판 2003. 7. 22, 2002다35676 등).

(5) 불완전급부가 위법할 것

불완전급부가 성립하려면 그것이 위법하여야 한다.

C-82 3. 불완전급부의 효과

통설은 — 불완전급부를 포함하여 — 불완전이행의 효과를 완전이행이 가능한 경우와 그것이 불가능한 경우로 나누어 설명한다. 구체적으로는 전자의 경우에는 완전이행청구권이 생기되 추완방법이 있으면 추완청구권이 생기고, 그 외에 이행지체로 인한 손해배상(및 확대손해의 배상)을 청구할 수 있다고 하며, 후자의 경우에는 확대손해의 배상과 전보배상만을 청구할 수 있다고 한다. 그리고 그 밖에 완전이행이 가능한지 여부에 따라 이행지체와 이행불능에 준하여 계약해제권을 인정한다. 판례도 같다(대판 1996. 11. 26, 96다27148). 사견은 완전이행청구권은 인정될 수 없고 손해배상청구권만 인정되며, 계약의 경우에는 제580조를 유추적용하여 불완전급부로 인하여 계약의 목적을 달성할 수 없을 때에 한하여 계약해제권이 생긴다는 입장이다(채권법총론 [83] 참조).

Ⅳ. 「기타의 행위의무」 위반

C-83

1. 의 의

급부의무 이외의 행위의무, 즉 「기타의 행위의무」(판례는 이를 신의칙상의 부수의무라고도 하나, 그러한 표현은 바람직하지 않다. 그 의무는 신의칙에 의하여서만 생기는 것이 아니고 또 그 표현은 부수적 급부의무와 혼동하게 할 우려가 있기 때문이다)를 위반하는 것도 채무불이행이 된다. 「기타의 행위의무」 위반은 일반적으로 불완전이행의 일부로 다루나, 독립한 유형으로 다루어야 한다.

2. 요 건

(1) 「기타의 행위의무」의 위반이 있을 것

이 유형의 채무불이행이 되려면 당연히 「기타의 행위의무」(C-27 참조)의 위반이 있어야 한다. 그것 외에 불완전급부에서처럼 급부의무의 이행행위가 있었을 것은 필요하지 않다. 이행행위가 있는 경우가 많겠으나, 때에 따라서는 이행행위가 없었어도 「기타의 행위의무」의 위반이 있을 수 있다.

「기타의 행위의무」는 법률규정이나 신의칙 또는 계약(연예인의 품위유지의무는 계약에 의하여 생긴 「기타의 행위의무」의 예이다)에 의하여 생기며, 그 모습에는 설명의무·안전배려의무·보호의무 등이 있다(이것이 그 전부가 아님을 주의할 것).

1) 설명의무 가령 기계의 매도인은 그 기계의 사용방법을 올바르게 설명하여야 할 의무가 있다. 그리고 농민들이 농약판매업자와 상의하여 농약을 선택하여 온 때에는 판매업자는 농약의 성능·사용방법 등에 관하여 정확하게 설명을 해 줄 의무가 있다(대판 1995. 3. 28, 93다62645).

2) 안전배려의무 가령 근로계약에 있어서 사용자는 피용자가 노무를 제공하는 과정에서 피용자의 생명·신체·건강의 안전을 배려하여야 할 의무가 있다(대판 2001. 7. 27, 99다56734 등. 대판 1998. 2. 10, 95다39533은 피용자가 다른 피용자에게 은밀하게 성희롱을 당하지 않도록 할 의무까지는 없다고 한다). 이러한 의무를 안전배려의무라고 한다.

C-84

3) 보호의무 채무자는 채무이행과정에서 채권자에게 신체적·재산적 손해를 가하지 않아야 할 의무가 있다. 이것이 보호의무이다. 이 의무의 위반을 채무불이행으로 파악하지 않고 불법행위 문제로 돌리려는 견해도 있으나, 이는 옳지 않다.

채무자가 보호의무를 위반한 경우의 예로는 채무자가 피아노를 운반하다가 채권자의 카펫을 망가뜨린 경우, 창문을 수리하는 자가 수리를 하다가 옆 창문의 유리를 깬 경우를 들 수 있다. 그리고 판례에 의하면, 여행업자는 여행자에 대하여 보호의무를 지므로 여행자가 놀이기구를 이용하다가 다른 여행자의 과실로 상해를 입은 경우에는 손해배상책임이 있다고 하며(대판 1998. 11. 24, 98다25061), 숙박업자는 투숙객에 대하여 보호의무를 지므로 숙박업자가 이를 위반하여 투숙객에게 손해를 입힌 경우에는 불완전이행책임을 진다고 한다(대판 2000. 11. 24, 2000다38718·38725 등).

⑵ 채무자의 유책사유

채무자의 책임있는 사유가 있어야 한다.

⑶ 「기타의 행위의무」 위반이 위법할 것

이것도 채무불이행의 하나이므로 위법성이 필요하다.

C-85

3. 「기타의 행위의무」 위반의 효과

「기타의 행위의무」 위반이라는 채무불이행의 요건이 갖추어지면 채권자(근로계약의 경우에는 근로자)는 손해배상을 청구할 수 있다. 그리고 위반된 의무가 계약에 기하여 생긴 때에는 일정한 요건 하에 계약을 해제(계속적 채권관계의 경우에는 해지)할 수 있다고 하여야 한다. 해제요건도 불완전급부의 경우처럼 계약의 목적을 달성할 수 없는 때라고 하는 것이 좋을 것이다.

제 3 관 손해배상

C-86

Ⅰ. 서 설

채무자의 채무불이행이 있으면 채권자는 채무자에 대하여 손해배상을 청구할 수 있다(390조). 이러한 손해배상에 관하여 민법은 그 범위 및 방법·배상액의 예정·과실상계·배상자대위 등에 관하여 명문의 규정을 두고 있다(393조 이하). 그런데 손해배상은 불법행위의 경우에도 인정된다. 그리고 채무불이행으로 인한 손해배상에 대한 대부분의 규정은 불법행위로 인한 손해배상에도 준용된다(763조). 그 결과 아래에서 설명하는 이론은 불법행위에도 원칙적으로 적용된다(설명 자체에서 불법행위의 경우를 언급하기도 함을 유의할 것).

C-87

Ⅱ. 손해배상의 의의

손해배상의 의의를 손해와 배상으로 나누어 살펴보기로 한다.

1. 손 해

⑴ 손해의 의의

손해의 의의에 관하여 학설은 차액설과 구체적 손해설(현실적 손해설)의 두 가지 견해로 나뉘어 대립하고 있다(사견에 대하여는 채권법총론 [85] 참조). 그 가운데 차액설은 법익에 관하여 받은 불이익이 손해라고 한 뒤, 그것은 가해원인이 없었다고 한다면 있었어야 할 이익상태와 가해가 이미 발생하고 있는 현재의 이익상태와의 차이라고 한다. 그리고 판례는 불법행위로 인한 재산적 손해에 관하여 차액설을 취하고 있다(대판(전원) 1992. 6. 23, 91다33070; 대판 2009. 8. 20, 2008다51120 · 51137 · 51144 · 51151 등).

(2) 손해의 종류

1) 재산적 손해 · 비재산적 손해 재산적 손해와 비재산적 손해를 어떠한 표준에 의하여 구별할 것인가에 관하여는 두 가지의 견해가 대립하고 있다. 그중 하나는 i) 침해되는 법익을 기준으로 하는 것으로서, 재산에 관하여 생긴 손해가 재산적 손해이고, 생명·신체·자유·명예 등의 비재산적 법익에 관하여 생긴 손해가 비재산적 손해라고 한다. 다른 하나는 ii) 침해행위의 결과로서 발생하는 손해가 재산적인 것인가 비재산적인 것인가에 따라 전자를 재산적 손해, 후자를 비재산적 손해라고 한다(사견도 같음). 판례는 ii)설과 같다(대판(전원) 1992. 6. 23, 91다33070; 대판 1998. 9. 22, 98다2631 등).

비재산적인 손해는 흔히 정신적 손해라고 한다. 한편 이와 같은 비재산적인 손해에 대한 배상을 위자료(慰藉料)라고 한다.

2) 적극적 손해와 소극적 손해 손해 가운데 기존의 이익의 멸실 또는 감소로 인하여 생긴 불이익이 적극적 손해(예: 멸실된 물건의 가치, 신체침해에 있어서 치료비)이고, 장래에 얻을 수 있는 이익(일실이익)을 얻지 못함으로 인하여 생긴 불이익이 소극적 손해이다(예: 전매(轉賣)하여 얻었을 이익을 얻지 못한 경우, 노동수입 상실 손해). 적극적 손해·소극적 손해의 구별 실익은 무엇보다도 적극적 손해는 「통상의 손해」(393조 1항 참조)로, 소극적 손해는 「특별손해」(393조 2항 참조)로 되는 수가 많다는 데 있다.

3) 이행이익 · 신뢰이익 법률행위의 영역에 있어서는 법률이 이행이익의 배상과 신뢰이익의 배상을 구별한다(535조 참조). 이 경우 이행이익(적극적 이익)은 법률행위 특히 계약이 이행되지 않음으로써 생긴 손해이고, 신뢰이익(소극적 이익)은 법률행위의 유효를 믿음으로써 생긴 손해이다. 따라서 이행이익은 법률행위가 유효한데 이행되지 않는 경우에 문제되고, 신뢰이익은 계약이 무효로 된 경우(원시적 불능의 경우, 착오취소로 인하여 무효로 된 경우가 그 대표적 예이나, 계약이 유효한 경우라도 계약체결상의 과실이 인정되는 때나 매도인의 담보책임이 인정되는 때에는 거기에 해당한다(이설 있음). 근래 판례는 계약해제의 경우에도 신뢰이익 배상을 인정한다)에 문제된다. C-88

채무불이행의 경우에는 원칙적으로 이행이익을 배상해야 하며, 특별한 경우에 한하여 — 법률규정이나 이론에 의하여 — 신뢰이익의 배상이 인정된다.

이 두 이익의 구체적인 계산방법을 본다. 이행이익(예: 인도할 물건의 가치)은 법률행위가 이행되었으면 있었을 재산상태에서 피해자의 현재의 재산상태를 빼는 방법으로 계산한다. 그리고 신뢰이익(예: 계약서 작성비 기타의 계약체결 비용)은 피해자가 문제되는 법률행위에 관하여 아무것도 듣지 않았으면 있었을 재산상태에서 현재의 재산상태를 빼는 방법으로 계산한다.

4) 직접적 손해와 간접적 손해 손해는 직접적 손해와 간접적 손해로 나누어지기도 한다. 그러할 경우 직접적 손해는 침해된 법익 자체에 대한 손해이고, 간접적 손해는 법익 침해의 결과로 생기는 손해이다. 예컨대 신체침해의 경우 신체침해 그 자체는 전자에 해당하고, 신체침해로 인한 노동수입의 결손은 후자의 예이다. 주의할 것은, 직접적 손 C-89

해·간접적 손해의 개념은 직접적 피해자·간접적 피해자의 개념(C-90 참조)과는 전혀 다르다는 점이다. 이 점에서 혼동을 피하게 하기 위하여 간접적 손해를 후속손해라고 표현하는 것이 좋다.

2. 손해의 배상

불법한 원인으로 발생한 손해를 피해자 이외의 자가 「전보」(塡補: 메워서 채워 줌)하는 것이 손해의 배상이다. 민법은 적법한 원인으로 인하여 생긴 손실을 전보하는 것은 배상이라고 하지 않고, 「보상(補償)」이라고 한다(216조 2항·218조 1항 등 참조).

C-90

Ⅲ. 손해배상청구권

1. 발생요건

채무불이행에 있어서 손해배상청구권이 발생하기는 하나, 채무불이행의 요건만으로 충분하지는 않다(손해발생이 채무불이행의 요건이 아님을 상기하라). 손해배상청구권이 생기려면 그 밖에 「손해의 발생」이 있어야 하며, 또 그것이 배상범위(393조 참조)에 해당하여야 한다. 그리고 이것들은 피해자(채권자)가 증명하여야 한다.

2. 손해배상청구권자

어떤 하나의 행위(채무불이행·불법행위)에 의하여 피해를 입은 자 가운데에는 손해배상청구권의 요건이 갖추어지는 경우가 있는가 하면 독립적으로 요건이 구비되어 있지는 않고 단지 다른 자에 대한 침해의 결과로 피해를 입는 경우도 있다. 전자를 직접적 피해자라고 하고, 후자를 간접적 피해자라고 한다. 우리 민법상 명문의 규정은 없지만 원칙적으로 직접적인 피해자만이 손해배상청구권을 갖는다고 하여야 한다. 간접적인 피해자는 법률에 명문규정(예: 752조)이 있는 경우에만 예외적으로 손해배상청구권을 갖는다고 할 것이다.

3. 손해배상청구권의 성질

채무불이행으로 인한 손해배상청구권은 본래의 채권이 확장된 것이거나(지연배상의 경우) 또는 내용이 변경된 것(전보배상의 경우)이다. 즉 손해배상청구권은 본래의 채권과 동일성이 있다.

Ⅳ. 손해배상의 방법

C-91

(1) 입법주의

손해배상방법에 관한 입법주의로는 금전배상주의와 원상회복주의가 있다. 전자는 손해를 금전으로 평가하여 배상하게 하는 방법이고, 후자는 손해발생의 원인이 없었으면 있었을 상태로 회복하게 하는 방법(예: 물건의 수선·상처의 치료)이다.

(2) 우리 민법의 경우: 금전배상주의의 원칙

민법은 금전배상주의를 원칙으로 하고 있다(394조). 다만, 다른 의사표시가 있거나(394조) 법률에 다른 규정이 있는 때(764조 등)에는 예외이다.

Ⅴ. 손해배상의 범위

C-92

1. 서 설

민법은 제393조에서 손해배상의 범위에 관하여 규정하고 있다. 그 제 1 항에서는 통상의 손해를 배상하도록 하고, 제 2 항에서는 특별한 손해는 예견가능성이 있는 때에만 배상하도록 한다. 그런데 이 규정을 어떻게 해석하여야 하는가에 관하여는 견해가 나뉘고 있다. 다투어지고 있는 문제는 두 가지이다. 하나는 손해배상책임의 성립과 책임의 범위(배상범위)를 구별하여야 할 것인가이고, 다른 하나는 어떤 기준으로 배상범위를 결정할 것인가이다. 이 두 문제를 차례로 살펴본 뒤, 그것을 바탕으로 하여 우리 민법에 있어서의 손해배상 범위에 관한 올바른 이론을 기술하기로 한다.

2. 손해배상책임의 성립과 배상범위의 구별

과거 우리의 학설은 채무불이행이나 불법행위로 인한 손해배상책임의 성립의 문제와 손해배상 범위의 결정의 문제를 구별하지 않고 한꺼번에 처리하여 왔다. 그리고 현재에도 대부분의 문헌은 그러한 경향에 있다. 그런데 근래에는 이 두 문제를 구별하여야 한다는 견해가 주장되고 있다(사견도 같음). 그런가 하면 이에 대하여 비판적인 견해도 있다.

3. 손해배상 범위의 결정기준

C-93

(1) 학 설

손해배상 범위의 결정기준에 관한 학설은 크게 i) 상당인과관계설, ii) 위험성관련설, iii) 규범목적설로 나누어진다.

i) 상당인과관계설은 채무불이행(또는 불법행위)과 상당인과관계에 있는 손해를 배상하여야

한다는 견해이다. 그리고 객관적으로 보아 어떤 전행사실(前行事實)로부터 보통 일반적으로 초래되는 후행사실(後行事實)이 있을 때 양자는 상당인과관계에 있다고 한다. 상당인과관계설은 어떤 사정 하에서 상당인과관계를 살펴보아야 하는가에 따라 주관적 상당인과관계설·객관적 상당인과관계설·절충설의 셋으로 나누어질 수 있다. 그런데 우리나라에서 주장되고 있는 것은 절충설 한 가지이며, 이것이 우리의 다수설이다. 이는 채무불이행 당시에 보통인(평균인)이 알 수 있었던 사정과 채무자가 특히 알고 있었던 사정을 함께 고찰의 대상으로 삼아야 한다는 견해이다.

상당인과관계설 중 절충설은 제393조에 관하여 그 제 1 항은 상당인과관계의 원칙을 선언한 것이고, 제 2 항은 절충설의 견지에서 고찰의 대상으로 삼는 사정의 범위를 규정한 것이라고 새긴다.

ii) 위험성관련설은 손해를 피침해규범과 직접적인 관련이 있는 1차손해와 그 1차손해를 기점으로 하여 야기된 후속손해로 나누어, 1차손해는 제390조를 근거로 채무자에 귀속되고, 후속손해는 1차손해가 가지는 위험성과 후속손해 사이의 평가적 관계, 즉 위험성관련이 있는 경우에 한하여 채무자에 귀속된다고 한다. 그리고 이러한 위험성관련은 특별한 경우를 제외하고는 일반적으로 긍정되어야 한다고 한다. 이 견해에 의하면 제390조는 1차손해에 관한 규정이고, 제393조는 후속손해에 관한 규정이라고 한다.

iii) 규범목적설은 손해배상의 책임귀속에 있어서는 배상의무를 근거지우는 규범의 보호목적을 토대로 하여 손해배상의 범위를 결정하여야 한다는 견해이다. 이 견해는 ii)설처럼 손해를 1차손해와 후속손해로 나누며, 1차손해의 귀속근거는 제390조이고, 제393조는 후속손해에 관한 규정이라고 한다.

C-94 (2) 판 례

우리 판례는 다수설과 마찬가지로 상당인과관계설을 취하고 있다(대판 1966. 5. 3, 66다503(불법행위); 대판 2012. 1. 27, 2010다81315(채무불이행) 등). 특기할 것은, 근래 판례가 공무원의 직무상 의무 위반에 의한 국가배상책임이 문제된 사안에서 상당인과관계의 유무를 판단함에 있어서 규범의 목적 등도 고려하고 있다는 점이다(대판 2003. 4. 25, 2001다59842 등 다수의 판결).

[참고] 사견

상당인과관계설은 미흡한 점만 보완한다면 적절한 이론이 될 수 있다고 생각한다.

상당인과관계설의 문제점을 보기로 한다. 그 견해에 의하면 채무불이행 또는 불법행위에 의하여 발생한 손해 가운데 채무불이행 등과 상당인과관계 있는 손해만이 배상되게 된다. 그런데 이를 엄격하게 고집하는 경우에는 부적절한 결과가 생기게 된다. 가령 유리창수선의무 부담자가 수리를 하면서 옆의 창문을 아주 가볍게 건드렸는데 그 유리창이 깨진 경우에, 유리창이 깨진 것은 개념상 가해행위와 상당인과관계 있는 손해라고 할 수는 없다. 이 경우의 결과는 그와 같은 가해행위가 있을 경우에 「보통·일반적으로」 생기는 것이 아니기 때문이다.

이러한 문제는 왜 생기는 것인가? 채무불이행 또는 불법행위에 의한 손해 가운데에는 채무불이행 또는 불법행위가 성립하면서 발생하는 것과 그 밖의 것이 있다. 전자가 직접적 손해이고, 후자가 후속손해(간접적 손해)이다(C-89 참조). 이 중에 직접적 손해(가령 위의 예에서의 유리창 가치)는, 가해행위에 의하여 야기된 것인 한, 상당인과관계가 없어도 배상되어야 한다. 그때의 인과관계는 조건관계로 충분한 것이다(이는 손해배상책임이 성립함에 있어서 요구되는 인과관계가 조건관계인 것과 같은 맥락에 있다). 그에 비하여 후속손해(가령 위의 예에서 유리창이 깨져서 감기가 든 것)는 가해행위와 조건관계에 있다고 하여 모두 배상하게 할 수는 없다. 그리하면 배상범위가 지나치게 확대되기 때문이다. 따라서 배상범위의 제한이 필요하게 된다. 배상범위를 제한하는 이론은 여러 가지가 있을 수 있으며, 상당인과관계설도 그중 하나이다.

이제 배상범위에 관한 민법규정을 어떻게 해석할 것인가에 관하여 설명하기로 한다. 직접적 손해는 상당인과관계의 문제가 아니다. 따라서 그것은 제393조가 아니고 제390조에 의하여 배상이 인정된다고 볼 것이며, 제393조는 그것을 전제로 하고 있다고 생각된다. 그리고 제393조 제 1 항은 「통상의 손해」를 한도로 한다고 규정한 것으로 보아 상당인과관계의 원칙을 선언한 것으로 보인다. 그런데 제393조는 직접적 손해를 제외한 손해, 즉 후속손해에 관한 것으로 보아야 하므로, 그 제 1 항은 후속손해에 관한 상당인과관계원칙 규정이라고 할 것이다. 한편 제393조 제 2 항은 상당인과관계설과는 별개로 민법이 일정한 요건 하에 「특별한 사정으로 인한 손해」 즉 특별손해의 배상을 인정하기 위한 규정으로 생각된다. 특별손해는 배상하지 않음을 원칙으로 하되, 채무자가 특별한 사정을 알았거나 알 수 있었을 경우에는 예외적으로 배상을 인정한 것이다. 그런가 하면 제 1 항의 상당인과관계의 원칙은 보통인(평균인)이 알 수 있었던 사정만을 기초로 적용하여야 한다(사견은 우리 민법이 상당인과관계설 중 절충설의 입장이 아니라고 이해한다. 채권법총론 [94] 참조).

4. 제393조의 해석(손해배상의 범위)

C-95

위에서 적은 바와 같이, 제393조는 통상손해와 특별손해의 배상에 관하여 규정하고 있으나, 이는 후속손해만에 관한 것으로 보아야 한다. 따라서 손해배상의 범위문제는 직접적 손해·통상손해·특별손해의 셋으로 나누어 보아야 한다.

(1) 직접적 손해

예컨대 특정물채무에 있어서 채무자의 과실로 목적물이 멸실된 경우에, 목적물의 가치는 직접적 손해이다. 이러한 손해는 가해행위와 상당인과관계에 있을 필요가 없이 배상되어야 하며, 그 근거는 제393조가 아니고 제390조(불법행위의 경우에는 750조)라고 하여야 한다. 신체침해의 경우, 피해자의 상해 자체와 그로 인한 정신적 손해도 직접적 손해이어서 마찬가지로 된다. 뿐만 아니라 이 경우의 치료비도 직접적 손해로 보아, 가령 특이체질로 인하여 치료비가 많이 든 때에도 그 모두를 배상하도록 하여야 할 것이다(판례는 이와 같은 경우에 대하여 — 상당인과관계의 필요 여부에 대하여는 명시하지 않으면서 — 손해배상액을 정하면서 과실상계의 법리를 유추적용하여 그 손해의 발생 또는 확대에 기여한 피해자 측의 요인을 참작할 수 있다고 한다(대판 2016. 6. 23, 2015다55397 등 다수)).

(2) 통상손해(通常損害)

후속손해 가운데에는 통상의 손해만을 배상하는 것이 원칙이다(393조 1항). 여기서 통상의 손해라고 하는 것은, 그 종류의 채무불이행(또는 불법행위)이 있으면 보통·일반적으로 발생한다고 생각되는 손해이다. 그러한 손해로 인정되려면 두 가지 요건을 갖추어야 한다. 즉 A라는 채무불이행에 의하여 B라는 손해가 생긴 경우에, 첫째로 A라는 채무불이행이 없었으면 B라는 손해가 생기지 않았어야 하고(구체적 관계), 둘째로 일반적으로도 A라는 채무불이행이 있으면 보통 B라는 손해가 발생하여야 한다(일반적 관계).

예컨대 이행지체의 경우 이행이 늦어서 이용하지 못한 것, 신체침해의 경우 수입을 올리지 못한 것 등이 그에 해당한다. 직접적 손해를 따로 인정하지 않으면 그것들은 모두 통상손해로 취급된다.

통상손해에 관하여는 채무자의 예견 유무는 묻지 않는다. 따라서 채권자는 채무불이행과 손해액만 증명하면 된다.

C-96 (3) 특별손해(特別損害)

특별한 사정으로 인한 손해 즉 특별손해(이는 통상손해와 달리 구체적 관계만 있고 일반적 관계는 없는 경우이다)는 채무자가 그 사정을 알았거나 알 수 있었을 때에 한하여 배상책임이 있다(393조 2항). 이와 같이 특별손해는 그것을 발생시킨 「특별한 사정」에 관하여 채무자가 이를 알았거나 알 수 있었을 경우에만 배상책임이 있다. 문제는 이 예견가능성을 언제를 기준으로 하여 결정할 것인가이다. 판례는 이행기설을 취한다(대판 1985. 9. 10, 84다카1532).

특별손해의 예로는, 물건의 매수인이 자기가 산 가격보다 비싼 가격으로 전매하는 계약을 체결하였는데 목적물에 흠이 있어서 판매할 수 없게 된 경우에 얻지 못한 전매이익(대판 1992. 4. 28, 91다29972)을 들 수 있다.

[참고] 채무불이행으로 인한 위자료

채무불이행의 경우에 비재산적인 손해의 배상이 인정되는지가 문제된다. 여기에 관하여 학설은 긍정하면서, 그 손해는 특별손해로 되는 경우가 많을 것이라고 한다. 판례도, 재산적 손해의 배상만으로는 회복될 수 없는 정신적 고통을 입었다는 특별한 사정이 있고, 채무불이행자가 그와 같은 사정을 알았거나 알 수 있었을 경우에 한하여 정신적 고통에 대한 위자료를 인정할 수 있다고 하여 같은 취지이다(대판 2004. 11. 12, 2002다53865[핵심판례 212면] 등).

C-97 5. 손해배상액의 산정기준

우리 민법상 손해배상은 원칙적으로 금전으로 하여야 한다(394조). 따라서 손해배상이 행하여지려면 배상범위에 해당하는 손해가 금전으로 평가되어야 한다. 여기서 어떤 기준으로 배상액을 산정할 것인지가 문제된다.

(1) 배상액 산정의 가격

1) 재산적 손해 재산적 손해의 배상액은 물건 기타 급부의 재산적 가치를 금전적으로 평가한 금액으로 나타난다. 그런데 그러한 평가금액, 즉 재산가격은 무엇을 기준으

로 하였는가에 따라 통상가격(일반거래상 인정되는 교환가치)·특별가격(특수한 경제적·지역적·계층적 여건하의 거래에서 형성되는 교환가치)·감정가격(재산권의 주체의 감정에 따라 평가되는 가격)으로 나누어진다. 그러나 상당인과관계이론에 비추어 볼 때 일반적으로는 통상가격 내지 통상교환가격을 표준으로 하여야 한다.

한편 판례는 재산적 손해가 있음은 분명한데 그 손해액의 확정이 불가능한 경우에는, 그것을 위자료의 증액사유로 삼을 수 있다고 한다(대판 2004. 11. 12, 2002다53865[핵심판례 212면]; 대판 2018. 4. 12, 2017다229536 등).

2) 비재산적 손해　　비재산적 손해는 그것을 직접 금전으로 평가하는 것이 불가능하다. 따라서 그에 대한 배상액은 신체적 또는 심리적 고통을 덜어줄 만한 수단이나 물자를 금전으로 평가할 수밖에 없다. 그런데 어떠한 수단이나 물자가 적절한지도 문제이다. 그러므로 그에 대하여는 피해자로 하여금 적당하다고 생각되는 액을 청구하게 하고, 법원이 여러 가지 사정을 고려하여 판정하는 도리밖에 없다.

⑵ 배상액 산정의 시기　C-98

가령 배상액을 물건의 통상가격을 표준으로 산정한다고 할 때, 그 가격이 변동하고 있다면 어떤 시점을 기준으로 하여 정할 것인지가 문제된다. 여기서는 「주는 채무」(물건급부의무)의 이행지체 또는 이행불능을 이유로 한 전보배상의 경우를 중심으로 하여 살펴보기로 한다.

여기에 관하여 학설은 i) 사실심에서의 구두변론종결시를 기준으로 하여야 한다는 견해(판결시설), ii) 손해배상책임이 발생한 때를 기준으로 하여 그 배상액을 산정하고, 그 후의 손해는 상당인과관계의 범위 내의 손해를 가산하여야 한다는 견해(손해배상책임발생시설) 등으로 나뉘어 있다(사견에 대하여는 채권법총론 [98] 참조).

판례는 이행불능에 의한 전보배상의 경우에는 이행불능이 발생한 때를 기준으로 할 것이라고 한다(대판 2005. 9. 15, 2005다29474 등). 그리고 이때 배상액의 지급이 지연되면 이행불능 당시부터 배상을 받을 때까지 지연이자(법정이자)를 청구할 수 있으나(대판 1996. 6. 14, 94다61359·61366 등), 이행불능 후에 가격이 등귀하였다고 하여도 그 손해는 특별한 사정으로 인한 것이어서 매도인이 이행불능 당시 예견가능성이 있는 경우에만 배상을 청구할 수 있다고 한다(대판 1996. 6. 14, 94다61359·61366 등). 그에 비하여 이행지체에 의한 전보배상의 경우에 대하여는 본래의 채무이행을 최고한 후 상당한 기간이 경과한 당시의 시가를 표준으로 하여야 한다는 것도 있고(이것이 주류의 판례이다. 대판 2007. 9. 20, 2005다63337 등), 사실심 변론종결시의 시가를 기준으로 하여야 한다는 것도 있다(대판 1969. 5. 13, 68다1726).

⑶ 배상액 산정의 장소

채무불이행에 있어서 통상가격 등의 산정은 특약 또는 특별한 규정(예: 상법 137조)이 없는 한 채무의 이행지에서의 가격을 표준으로 하여야 한다(이설 없음).

C-99

Ⅵ. 손해배상의 범위에 관한 특수문제

1. 손익상계

(1) 의 의

손익상계는 채무불이행(또는 불법행위)으로 손해를 입은 자가 같은 원인으로 이익을 얻고 있는 경우에 그의 손해배상액의 산정에 있어서 그 이익을 공제하는 것이다. 신체침해를 당한 자가 입원비를 손해배상으로 받는 경우에 그가 입원기간 동안 절약하게 된 식비를 손해배상액에서 공제하는 것이 그 예이다(대판 1967. 7. 18, 67다1092 참조). 손익상계는 민법에 명문의 규정은 없지만 통설·판례(대판 2020. 11. 26, 2016다13437 등)는 당연한 것으로 인정하고 있다.

(2) 공제되는 이익

손익상계의 경우에 어떤 범위에서 이익을 공제할 것인지가 문제된다. 학설은 i) 배상원인과 상당인과관계를 가지는 것에 한한다는 견해와 ii) 구체적 사정에 따라 개별적으로 결정될 수밖에 없으며, 그때의 기준은 손해배상제도의 목적인 손해의 공평분담을 지도원리로 하여 각 계약규범의 보호목적을 유형적으로 고찰하여 형량하게 될 것이라는 견해로 나뉘어 있다. 그리고 판례는 i)설과 같다(대판 2020. 11. 26, 2016다13437 등)(이때의 이익은 장래에 얻을 수 있는 것도 포함한다. 대판 2002. 5. 10, 2000다37296·37302).

C-100

2. 과실상계

(1) 의 의

과실상계는 손해의 발생 또는 확대에 관하여 피해자에게도 과실이 있는 경우에 손해배상의 범위를 정함에 있어서 그 과실을 참작하는 제도이다. 민법은 이러한 과실상계(엄격하게는 「상계」가 아니므로 과실참작이라고 해야 한다)를 채무불이행에 관하여 규정하고(396조), 이를 불법행위에 준용하고 있다(763조).

(2) 요 건

1) 채무불이행에 의한 손해배상청구권이 성립하기 위한 요건이 갖추어져야 한다. 즉 채무불이행·손해발생·인과관계 및 배상범위에 해당할 것 등이 그것이다.

2) 채무불이행 또는 손해의 발생에 관하여 채권자에게 과실이 있어야 한다.

(가) 민법은 「채무불이행에 관하여」 채권자에게 과실이 있을 것을 요구하고 있다. 그러나 이는 채무불이행(또는 불법행위)의 성립 자체에 과실이 있는 경우(예: 채무의 이행기 전에 채권자가 이사를 하고 이를 통지하지 않았고 채무자도 조사를 하지 않아 이행지체가 된 때, 택시의 난폭운전으로 사고가 났는데 승객이 과속을 요구했거나 이를 제지하지 않은 때)뿐만 아니라, 채무불이행이 생긴 후에 손해의 발생 또는 확대에 과실이 있는 경우(예: 채무자의 이행지체 후 채권자가 이사하고 이를 통지하지 않은 때, 교통사고의 승객이 치료를 게을리하여 상처가 악화된 때)도 포함된다. 통설·판례(대판 1993. 5. 27, 92다20163. 그리고 판례는 손해경감조치 불이행의 경우에 이를 참작한다. 대판 2003. 7. 25, 2003다22912 등)도 같다.

C-101

(나) 여기의 과실의 의미에 관하여는 논란이 있다. 학설은 i) 과실상계에 있어서의 과실을 특이한 관념으로 생각할 필요가 없다는 견해, ii) 과실상계에 있어서의 과실은 자신에

대한 책무에 지나지 않는다는 점에서 일반적 과실과 구별된다는 견해, iii) 여기의 과실은 단순한 부주의로서 보통의 과실에서보다 낮은 정도의 주의 위반이라는 견해(사견도 같음) 등으로 나뉘어 있다(채권법총론 [100] 참조). 그리고 판례는 「가해자의 과실이 의무위반의 강력한 과실임에 반하여 과실상계에 있어서 과실이란 사회통념상, 신의성실의 원칙상, 공동생활상 요구되는 약한 부주의까지를 가리키는 것」이라고 하여(대판 2001. 3. 23, 99다33397; 대판 2004. 7. 22, 2001다58269 등 동지의 판결도 많음), iii)설과 유사하다.

(다) 채권자의 과실을 인정하기 위하여서는 채권자에게 책임능력이 있어야 하는가? 여기에 관하여 학설은 나뉘어 있다(채권법총론 [101] 참조). 그리고 판례는 사리를 변식함에 족한 지능을 가지고 있으면 충분하고 행위의 책임을 변식함에 족한 지능을 가질 것을 요하지 않는다고 하면서, 8세(대판 1968. 8. 30, 68다1224)와 14세(대판 1971. 3. 23, 70다2986)의 미성년자에 대하여 과실능력을 인정한다(그러나 6세의 자에게는 부정한다. 대판 1974. 12. 24, 74다1882 등).

(라) 채권자의 과실에는 채권자 자신의 과실뿐만 아니라 그의 수령보조자(채무자의 이행보조자에 대응하는 개념)의 과실도 포함하는 것으로 새겨야 한다(이설 없음). 판례도 「민법 제763조, 제396조 소정의 피해자의 과실에는, 피해자 본인의 과실만이 아니라, 사회공평의 이념상 피해자와 신분상 내지는 생활상 일체로 볼 수 있는 관계에 있는 자의 과실도 이른바 피해자측의 과실로서 포함된다고 해석하여야 할 것」이라고 하여 같은 견지에 있다(대판 1994. 6. 28, 94다2787).

(3) 효　과 C-102

법원은 채권자(피해자)와 채무자(가해자)의 과실을 비교·교량하여 채무자의 책임을 면하게 하거나 감경할 수 있다. 채권자의 과실의 참작 비율을 정하는 일은 법원의 자유재량에 속한다(대판 1984. 7. 10, 84다카440). 그리고 판례에 의하면 과실상계 사유에 관한 사실인정이나 그 비율을 정하는 것은 그것이 형평의 원칙에 비추어 현저히 불합리하다고 인정되지 않는 한 사실심의 전권사항에 속한다고 한다(대판 2021. 3. 11, 2018다285106 등 다수의 판결). 그러나 과실이 있는 한 반드시 참작되어야 한다(396조. 대판 1967. 12. 5, 67다2367 등). 또한 과실상계는 배상의무자의 주장이 없더라도 소송자료에 의하여 피해자의 과실이 인정되면 법원이 직권으로 심리판단하여야 한다(대판 2016. 4. 12, 2013다31137 등).

채권자(피해자)가 손해배상액 가운데 일부만을 청구한 경우에 어떤 방법으로 과실상계를 할 것인지가 문제된다. 여기에 관한 학설로는 i) 손해액과 청구액의 비율에 따라서 감액부분을 안분하여 청구액에서 안분된 감액부분을 공제한 나머지 금액만을 인용하는 견해(안분설. 按分說)(이 견해는 결국 청구액에 관하여 과실상계비율을 정하게 된다), ii) 손해의 전액에서 과실상계의 비율에 의한 감액을 하여 잔액이 청구액보다 많으면 청구액을 인용하고 잔액이 청구액보다 적으면 잔액을 인용하는 견해(외측설. 外側說)(사견도 같음), iii) 손해의 전액에서 과실감액한 액을 우선 청구액에서 공제하고 잔액만을 인용하는 견해(내측설. 內側說)를 생각할 수 있다. 한편 판례는 ii)의 외측설을 취하고 있다(대판 1976. 6. 22, 75다819[핵심판례 214면]; 대판 2008. 12. 24, 2008다51649 등).

동일한 경우에 손익상계와 과실상계를 하여야 하는 때에는 먼저 과실상계를 한 다음에 이득을 공제하여야 한다(대판 2010. 2. 25, 2009다87621 등).

C-103

3. 중간이자의 공제

채무불이행 또는 불법행위로 인하여 채권자가 장래의 일정한 시기에 손해를 입게 되는 경우(예: 일실이익이나 장래의 치료비)에 채무자가 그 손해의 배상을 현재에 할 때에는 그때까지의 중간이자를 공제하여야 한다. 중간이자의 공제방법에는 단리(單利)로 공제하는 호프만(Hoffmann)식과 복리(複利)로 공제하는 라이프니츠(Leibniz)식 등이 있다. 구체적으로는 현재의 배상액을 X, 연수를 n, 연이율을 r, 장래의 손해액을 A라고 하면 호프만식은 $X = \frac{A}{1+nr}$로 계산하고, 라이프니츠식은 $X = \frac{A}{(1+r)^n}$로 계산된다. 이 두 방식 가운데 호프만식이 계산하기가 쉽고 피해자에게 유리하나, 라이프니츠식이 합리적이라고 평가된다.

우리의 판례에서는 두 방법이 모두 이용되고 있다.

C-104

4. 손해배상액의 예정

(1) 손해배상액 예정의 의의

손해배상액의 예정은 채무불이행의 경우에 채무자가 지급하여야 할 손해배상의 액을 당사자가 미리 계약으로 정해 두는 것이다(398조 1항). 당사자는 법률규정이나 사회질서에 반하지 않는 한 배상액 예정계약을 체결할 수 있다(398조 1항).

배상액 예정계약은 채무불이행이 발생하기 전에 체결한 것을 의미한다. 채무불이행이 발생한 후에 체결한 것은 일종의 화해인 「손해배상에 관한 합의」에 해당한다(D-246 참조).

배상액 예정에 관한 규정(398조)은 금전이 아닌 것으로 손해배상에 충당하기로 예정한 경우에도 준용된다(398조 5항).

C-105

(2) 배상액 예정의 효과

1) 일반적 효과　채무불이행으로 인한 손해배상액의 예정이 있는 경우에는 채권자는 채무불이행의 사실만 증명하면 손해의 발생 및 그 액을 증명하지 않고서 예정배상액을 청구할 수 있다(이설이 없으며, 판례도 같음. 대판 2007. 12. 27, 2006다9408 등 다수). 제398조가 「손해배상액」만을 규정하고 있으나 「손해의 발생의 예정」도 포함하는 것으로 새겨야 하는 것이다.

문제는 채무불이행의 요건으로 채무자의 유책사유도 필요한지이다. 여기에 관하여 학설은 i) 불필요설과 ii) 필요설(사견도 같음)로 나뉘어 있다(채권법총론 [106] 참조). 우리 대법원도 근래에 사견과 같은 필요설을 취하였다(대판 2010. 2. 25, 2009다83797 등).

그 밖에 손해의 발생도 요건인가? 여기에 관하여도 학설은 i) 불필요설(사견도 같음)과 ii) 필요설이 대립한다(채권법총론 [106] 참조). 한편 판례는 i)설과 같다(대판 1975. 3. 25, 74다296 등 판결). 그러면 채권자는 실제의 손해액이 예정액보다 크다는 것을 증명하여 초과액을 청구할 수 있는가? 배상액 예정의 취지를 생각해 볼 때, 다른 특약이 없는 한 예정배상액에는 모든 손해(직접적 손해·통상손해·특별손해)가 포함된 것으로 해석하여야 한다(이설 있음). 판례도 같은 취지이다(대판 1993. 4. 23, 92다41719 등). 따라서 채권자는 실제의 손해액이 예정액보다 크다는 것을 증명하여도 초과액을 청구할 수 없다(대판 1970. 10. 23, 70다1756). 다만, 초과액을 증명하여 청구할 수 있다는 특약이 있을 때에는 예외이다. 그리고 그러한 특약은 묵시적으로 행하여질 수도 있다.

2) 예정액의 감액 손해배상의 예정액이 부당히 과다한 경우에는 법원은 적당히 감액할 수 있다(398조 2항). 여기서 「부당히 과다한 경우」란 채권자와 채무자의 각 지위, 계약의 목적 및 내용, 손해배상액을 예정한 동기, 채무액에 대한 예정액의 비율, 예상 손해액의 크기, 그 당시의 거래관행 등 모든 사정을 참작하여 일반 사회관념에 비추어 그 예정액의 지급이 경제적 약자의 지위에 있는 채무자에게 부당한 압박을 가하여 공정성을 잃는 결과를 초래한다고 인정되는 경우를 뜻하는 것으로 보아야 하고(대판 2020. 11. 26, 2020다253379 등 다수), 단지 예정액 자체가 크다든가 계약체결 시부터 계약해제 시까지의 시간적 간격이 짧다든가 하는 사유만으로는 부족하다(대판 2014. 7. 24, 2014다209227). C-106

배상예정액이 부당하게 과다(過多)한 경우 가운데에는 예정계약이 제103조 또는 제104조에 위반되는 때가 있을 수 있다. 그러한 경우에는 그 규정들에 의하여 예정계약 전체가 무효로 된다. 이에 대하여 일부 견해는 그 한도 내에서 무효가 된다고 하나, 근거 없는 해석이다.

예정액이 부당하게 과소(過少)한 경우에 증액을 할 수 있는가? 증액은 이를 인정하는 명문규정이 없기 때문에 인정되지 않는다고 하여야 한다.

배상액이 예정된 경우에 과실상계를 허용할 것인가에 대하여 학설은 일치하여 긍정하고 있으나, 판례는 부정한다(대판 2016. 6. 10, 2014다200763·200770 등).

3) 이행의 청구·계약의 해제와의 관계 손해배상액의 예정은 이행의 청구나 계약의 해제에 영향을 미치지 않는다(398조 3항).

(3) 위약금(違約金) C-107

위약금은 채무불이행의 경우에 채무자가 채권자에게 지급할 것을 약속한 금전이다(금전이 아닌 것을 약속한 때에는 위약금은 아니나, 위약금에 관한 규정을 준용한다. 398조 5항). 위약금에는 위약벌(違約罰)의 성질을 가지는 것과 손해배상액의 예정의 성질을 가지는 것의 두 가지가 있는데, 민법은 후자로 추정한다(398조 4항). 따라서 위약금이 위약벌로 인정되려면 이를 주장·증명하여야 한다(대판 2017. 11. 29, 2016다259769 등 다수).

위약금이 배상액의 예정으로 인정되는 경우에는 배상액의 예정에 관한 규정이 적용된다. 따라서 채무불이행이 있으면 채권자는 실제의 손해액을 증명할 필요 없이 그 예정액을 청구할 수 있고, 실제 손해액이 예정액을 초과하더라도 그 초과액을 청구할 수 없다

(대결 1990. 2. 13, 89다카26250 등). 그에 비하여 위약금이 위약벌인 때에는 배상액의 예정에 관한 규정은 적용되지 않는다. 그 결과 그것이 부당하게 과다하여도 제398조 제 2 항을 유추적용하여 감액할 수 없다(이설 있음). 판례도 같다(대판 2016. 1. 28, 2015다239324 등 다수). 그런데 판례는, 의무의 강제에 의하여 얻어지는 채권자의 이익에 비하여 약정된 벌이 과도하게 무거울 때에는 그 일부 또는 전부가 공서양속에 반하여 무효로 된다고 한다(대판 2013. 12. 26, 2013다63257[핵심판례 216면]; 대판 2016. 1. 28, 2015다239324 등).

판례는, 이자제한법의 최고이자율 제한에 관한 규정은 금전대차에 관한 계약상의 이자에 관하여 적용될 뿐, 계약을 위반한 사람을 제재하고 계약의 이행을 간접적으로 강제하기 위하여 정한 위약벌의 경우에는 적용될 수 없다고 한다(대판 2017. 11. 29, 2016다259769).

(4) 계 약 금

계약금을 수수하면서 당사자가, 채무불이행이 있으면 계약금을 교부한 자는 이를 몰수당하고 계약금을 교부받은 자는 그 배액을 상환하기로 약정한 때에는 어떻게 되는가? 여기에 관하여 판례는 계약금은 위약금의 특약이 있으면 손해배상액의 예정의 성질을 가지는 것으로 볼 수 있으나(대판 1996. 6. 14, 95다11429 등. 그리고 대판 1992. 5. 12, 91다2151[핵심판례 304면]은 특약이 있으면 배상액 예정과 해약금의 두 성질을 모두 갖는다고 한다), 특약이 없으면 배상액의 예정으로 인정될 수 없다고 한다.

C-108 VII. 손해배상자의 대위

(1) 의 의

채권자가 그 채권의 목적인 물건 또는 권리의 가액 전부를 손해배상으로 받은 때에는 채무자는 그 물건 또는 권리에 관하여 당연히 채권자를 대위한다(399조). 예컨대 수치인이 과실로 임치물을 도난당하여 그가 임치인에게 물건의 가액을 변상하면 수치인은 물건의 소유권을 취득하게 된다. 이것을 손해배상자의 대위 또는 배상자의 대위라고 한다. 민법은 배상자대위를 채무불이행에 관하여 규정하고(399조), 불법행위에도 준용하고 있다(763조).

(2) 요 건

배상자대위가 되려면 채권자가 채권의 목적인 물건 또는 권리의 가액의 전부를 손해배상으로 받았어야 한다. 즉 물건 또는 권리를 목적으로 하는 채권에 관하여 「전보배상」의 「전부」를 받았어야 한다. 따라서 단순히 지연배상을 받았거나 전보배상의 일부만을 받은 경우에는 대위는 생기지 않는다(대판 2007. 10. 12, 2006다42566). .

(3) 효 과

배상자대위의 요건이 갖추어진 때에는 채권의 목적인 물건 또는 권리가 법률상 당연히 채권자로부터 배상자에게 이전된다(이른바 물권적 대위). 물건이나 권리의 이전에 필요한 양도행위 기타의 요건(등기, 인도, 채권양도의 통지·승낙 등)은 필요하지 않다(이설이 없으며, 판례도 같다. 대판 1977. 7. 12, 76다408). 그리고 채권자가 제 3 자에 대하여 손해배상청구권을 가지는 경우(채무자의 과실과 제 3 자의 과실이 경합하여 이행불능으로 된 때)에는 그 권리도 대위한다(통설).

제 4 관 강제이행(현실적 이행의 강제)

Ⅰ. 서 설

C-109

강제이행은 채무자가 채무를 임의로 이행하지 않는 경우에 채권자가 국가권력에 의하여 강제로 채권의 내용을 실현하는 것을 말한다.

우리의 현행법은 강제이행에 관하여 민법과 민사집행법에서 규율하고 있다(본래는 민법에 있을 것이 아님). 그에 의하면 강제이행의 방법에는 직접강제·대체집행·간접강제의 셋이 있으며, 그것을 사용하는 순서는 방금 열거한 순서와 같다(이설 없음).

Ⅱ. 직접강제

(1) 직접강제는 국가기관이 채무자의 의사를 묻지 않고 채권의 내용을 그대로 실현하는 방법이다(예: 동산인도채무의 경우의 동산 교부).

(2) 직접강제는 「주는 채무」에 관하여서만 허용된다(389조 1항. 이 1항의 「강제이행」은 직접강제의 의미이다). 그리고 직접강제가 인정되는 채무의 경우에는 대체집행이나 간접강제는 허용되지 않는다.

Ⅲ. 대체집행

C-110

(1) 대체집행은 채무자로부터 비용을 추심하여 그 비용으로 채권자 또는 제 3 자로 하여금 채무자에 갈음하여 채권의 내용을 실현하게 하는 방법이다(예: 건물철거채무의 경우에 철거비용을 추심하여 타인을 시켜 철거하게 한 때).

(2) 대체집행은 「하는 채무」(389조 2항 첫부분의 「전항의 채무」는 1항 단서의 채무를 가리킨다.) 중 제 3 자가 이행하여도 무방한 채무 즉 대체적 작위를 목적으로 하는 채무에 관하여 허용된다(389조 2항 후단, 민사집행법 260조). 그리고 이와 같은 채무에는 간접강제는 인정되지 않는다고 해석한다(이설 없음). 인격존중을 위하여서이다.

Ⅳ. 간접강제

(1) 간접강제는 손해배상의 지급을 명하거나 벌금을 과하거나 채무자를 구금하는 등의 수단을 써서 채무자를 심리적으로 압박하여 채권의 내용을 실현시키는 방법이다(예: 지체기간

(에 따라 지연손해금을 명하는 것). 이 간접강제는 최후의 수단으로서만 인정된다.

(2) 간접강제는 「하는 채무」 가운데 대체집행이 허용되지 않는 것, 즉 부대체적 작위를 목적으로 하는 채무에 한하여 허용된다(389조 2항 후단 참조, 민사집행법 261조). 감정(鑑定)·계산보고 등의 채무가 그 예이다. 그러나 채무자의 자유의사 또는 인격존중에 반하는 경우에는 간접강제도 허용되지 않는다. 가령 초상화를 그려줄 채무, 부부의 동거의무가 그렇다.

그리고 우리 법상 간접강제의 구체적인 수단으로는 손해배상만 인정된다(민사집행법 261조 1항 2문).

C-111

V. 기 타

(1) 법률행위(의사표시)를 목적으로 하는 채무의 경우에는 채무자의 의사표시에 갈음할 재판을 청구할 수 있다(389조 2항 전단).

(2) 부작위채무에 있어서 그 의무 위반으로 유형적(有形的)인 결과가 생긴 경우에는 그것을 제거하여야 하는 문제가 생긴다. 민법은 그러한 때에는 채무자의 비용으로 그 위반한 것을 제각(除却)하고 장래에 대한 적당한 처분을 법원에 청구할 수 있도록 하고 있다(389조 3항).

(3) 강제이행의 청구는 손해배상의 청구에 영향이 없다(389조 4항).

제2절 채권자지체

C-112

I. 의 의

채권자지체란 채무의 이행에 급부의 수령 기타 채권자의 협력을 필요로 하는 경우에, 채무자가 채무의 내용에 좇은 이행의 제공을 하였음에도 불구하고 채권자가 그것의 수령 기타의 협력을 하지 않거나 혹은 협력을 할 수 없기 때문에 이행이 지연되고 있는 것이다(400조). 채권자지체는 수령지체라고도 한다.

II. 채권자지체의 법적 성질

채권자지체의 법적 성질에 관하여 학설은 i) 채무불이행책임설, ii) 법정책임설, iii) 절충설, iv) 제4설로 나뉘어 있다. 이들은 채권자에게 수령의무가 있는지, 그것의 성질은 무엇인지를 둘러싸고 생기는 견해의 대립이다.

i) 채무불이행책임설은 채권관계에 있어서 채권자는 채권과 아울러 수령의무도 진다

고 한다. 그리고 채권자지체는 채권자의 수령의무(협력의무)의 불이행책임이라고 본다. ii) 법정책임설은 채권자지체를 법정책임(법이 정한 책임)으로 이해한다. iii) 절충설은 채권자에게 일반적인 수령(협력)의무를 인정하지 않으나, 매매·도급·임치관계에서는 부수적 의무 내지 신의칙을 기초로 하여 수취의무를 인정한다. iv) 제 4 설은 수령지체로 인한 불이익은 채권자에게 유책사유가 있느냐 없느냐에 따라 다르다고 하면서, 유책사유가 없는 경우에는 민법이 명시적으로 규정하는 효과만 인정하고, 유책사유가 있는 경우에는 채무자에게 계약해제권 및 손해배상청구권을 인정한다(김상용, 211면).

[참고] 사견

우리 민법상 채권자에게는 당사자의 특약이나 법률의 특별규정이 없는 한 법적 의무로서의 협력의무는 없다고 할 것이다(그 이유에 대하여는 채권법총론 [113] 참조). 다만, 그에게는 협력이 없으면 불이익을 입게 되는 간접의무(책무)만이 있을 뿐이다. 그 결과 채권자지체책임은 채무불이행책임이 아니고 민법이 정한 책임이라고 하는 수밖에 없다.

Ⅲ. 채권자지체의 요건

C-113

(1) 채권의 성질상 이행에 채권자의 협력을 필요로 할 것

(2) 채무의 내용에 좇은 이행의 제공(이는 변제의 제공과 같음. 그 자세한 내용에 관하여는 C-230 이하 참조)이 있을 것

이행의 제공이 없거나 이행의 제공이 채무의 내용에 좇은 것이 아닌 때에는 채권자지체는 성립하지 않는다. 따라서 채무자는 원칙적으로 현실의 제공을 하여야 한다. 다만, 채권자가 미리 변제받기를 거절하거나 채무의 이행에 채권자의 행위를 요하는 경우에는 구두의 제공으로 하더라도 무방하고, 채권자의 변제받지 않을 의사가 확고한 경우(채권자의 영구적 불수령)에는 구두의 제공조차 필요하지 않다(대판 2004. 3. 12, 2001다79013).

(3) 채권자의 수령불능 또는 수령거절

채권자지체로 되려면 채권자가 이행을 받을 수 없거나(수령불능) 또는 수령을 받지 않아야 한다(수령거절)(400조). 그 이유는 묻지 않는다.

여기의 수령불능은 채무자가 이행을 할 수 있는 것(이행가능)을 전제로 하며, 채무자가 이행할 수 없기 때문에(이행불능) 수령할 수 없는 것은 포함되지 않는다.

(4) 그 밖에 채권자의 유책사유나 위법성은 필요하지 않다(이설 있음).

C-114 Ⅳ. 채권자지체의 효과

(1) 채무자의 주의의무 경감

채무자는 채권자지체 중에는 고의 또는 중대한 과실이 있는 때에만 책임을 지고 경과실이 있는 때에는 면책된다(401조).

(2) 채무자의 이자의 지급 정지

채무자는 채권자지체 중에는 채권이 이자 있는 것일지라도 이자를 지급할 의무가 없다(402조).

(3) 증가비용의 채권자부담

채권자지체로 인하여 그 목적물의 보관 또는 변제의 비용이 증가된 때에는 그 증가액은 채권자가 부담한다(403조).

(4) 쌍무계약에 있어서의 위험이전

쌍무계약의 당사자 일방의 채무가 채권자지체 중에 당사자 쌍방의 책임없는 사유로 이행할 수 없게 된 때에는 채권자가 위험을 부담하게 된다(538조 1항 2문).

(5) 공 탁 권

채권자지체책임을 법정책임으로 이해하면 채권자지체의 요건은 공탁의 요건과 같게 된다. 그 결과로 채권자지체가 있는 때에는 변제자는 채권자를 위하여 변제의 목적물을 공탁하여 그 채무를 면할 수 있다(487조 1문).

(6) 기 타

그러나 손해배상청구권이나 계약해제권은 인정되지 않는다(이설 있음).

C-115 Ⅴ. 채권자지체의 종료

(1) 채권의 소멸

채권자지체 중에 채무의 변제 등으로 채권이 소멸하면 채권자지체도 소멸한다.

(2) 채권자지체의 면제

(3) 채무불이행의 발생

채권자지체 중에 채무자의 이행이 불능으로 되면 채권자지체는 종료한다.

(4) 수령하겠다는 통지

채권자가 수령에 필요한 준비를 하고 또한 지체 중의 모든 효과를 승인하여 수령하겠다는 통지(문헌들은 수령의 「의사표시」라고 하나, 이것은 의사의 통지일 뿐 의사표시가 아니다)를 한 때에도 채권자지체는 종료한다(통설도 같음).

제 5 장 책임재산의 보전

제 1 절 서 설

Ⅰ. 서 설

C-116

채무자의 일반재산은 채권에 대한 최후의 보장이라고 할 수 있다(강제집행 가능). 이와 같이 채무자의 일반재산이 최후에 책임을 진다는 의미에서 그 재산을 책임재산이라고 한다.

채무자의 책임재산은 특정한 채권만을 담보하는 것은 아니고 모든 채권자를 위한 공동담보로 된다. 그렇지만 채무자의 책임재산이 감소하게 되면 채권을 변제받을 가능성은 그만큼 줄어들게 된다. 따라서 변제받을 가능성을 크게 하려면 채무자의 재산이 감소되지 않게 하여야 할 것이다. 그렇다고 하여 채무자의 재산감소행위를 모두 금지할 수는 없다. 여기서 민법은 채무자가 그의 권리의 실행을 게을리함으로써 그의 재산을 감소하게 하거나 또는 제 3 자와 공모하여 고의로 재산의 감소를 꾀하는 경우에만 채권자로 하여금 간섭할 수 있게 한다. 전자가 채권자대위권 제도이고, 후자가 채권자취소권 제도이다. 이들은 모두 채무자의 책임재산을 보전하기 위한 것이다.

제 2 절 채권자대위권

Ⅰ. 채권자대위권의 의의

C-117

채권자대위권(債權者代位權)이란 채권자가 자기의 채권을 보전하기 위하여 그의 채무자에게 속하는 권리를 행사할 수 있는 권리이다(404조 1항 본문). A가 B에 대하여 200만원의 금전채권을 가지고 있고 B가 C에 대하여 100만원의 금전채권을 가지고 있는 경우에, A가 자신의 채무자인 B가 제3자(제3채무자) C에 대하여 가지고 있는 100만원의 금전채권을 행사하는 것이 그 예이다.

C-118

Ⅱ. 채권자대위권의 요건

1. 채권자가 자기의 채권을 보전할 필요가 있을 것

채권자대위권이 성립하려면 채권자가 자기의 채권을 보전할 필요가 있어야 한다(404조 1항 본문). 따라서 채권자의 채권이 존재하여야 하고, 그 채권의 보전 필요성이 있어야 한다.

(1) 채권자의 채권(피보전채권)의 존재

채권자에게 보전할 채권이 존재하여야 한다. 민법은 「채권」이라고 규정하고 있으나, 학설·판례는 채권에 한정하지 않고 넓게 인정한다.

보전되는 채권의 발생원인은 묻지 않으며, 그것이 제3채무자에게 대항할 수 있는 것일 필요도 없다(대판 2003. 4. 11, 2003다1250 등 다수의 판결). 그리고 대위할 권리보다 먼저 성립하고 있지 않아도 무방하다. 그러나 채권이 저당권 등의 특별담보로 보전되어 있는 경우에 관하여는 담보로부터 완전한 변제를 받기 어려운 때에만 대위할 수 있다고 하여야 한다.

채권자대위소송에서 채권자의 보전할 채권이 인정되지 않거나 채무자에 대한 소에서 패소한 경우에는, 채권자가 스스로 원고가 되어 채무자의 제3채무자에 대한 권리를 행사할 당사자적격이 없게 되므로, 그 대위소송은 부적법하여 각하할 수밖에 없다(대판 2003. 5. 13, 2002다64148 등 다수의 판결).

C-119

(2) 채권보전의 필요성

민법은 명문으로 채권보전의 필요성을 요구하고 있다(404조 1항 본문). 그런데 어떤 경우에 그것이 인정되는지가 문제이다.

1) 판 례 판례는 이 요건과 관련하여 보전하려는 채권이 금전채권인 경우와 금전채권이 아닌 채권, 특히 특정채권인 경우를 다르게 다루어 오고 있다.

(가) 피보전채권이 금전채권인 경우 판례에 의하면, 보전하려는 채권 즉 피보전채권이 금전채권이거나 금전채권이 아니더라도 손해배상채권으로 귀착할 수밖에 없는 것인 때에는, 「채무자가 무자력하여 그 일반재산이 감소되는 것을 방지할 필요가 있는 경우」에 보전의 필요성이 인정된다고 한다(대판 1969. 11. 25, 69다1665 등. 대판 1968. 1. 23, 67다2440도 참조(손해배상청구권)). 그리하여 단순히 채무자가 채무이행의 의사가 없는 것만으로는 대위권을 행사할 수 없다고 한다. 그리고 채권의 보전이 필요한지 여부는 사실심의 변론종결 당시를 표준으로 하여 판단하여야 하며, 그러한 요건의 존재사실은 채권자가 주장·증명하여야 할 것이라고 한다(대판 1976. 7. 13, 75다1086).

그런데 판례는 다른 한편으로 피보전채권이 금전채권임에도 불구하고 일정한 경우에는 채무자의 무자력을 요구하지 않고 있다. 구체적으로는, 타인의 건물에서 유실물을 실제로 습득한 자가 법률상의 습득자(건물 등의 점유자. 유실물법 10조 2항)를 대위하여 보상금의 반액을 청구하는 경우(이때는 법률상의 습득자만이 보상금청구권을 가지며, 보상금은 반씩 나누게 된다. 유실물법 10조 3항)(대판 1968. 6. 18, 68다663), 채권자가 채무자(상속인)를 대위하여 상속등기를 하는 경우(대결 1964. 4. 3, 63마54), 의료인이 그의 치료비청구권을 보전하기 위하여 채무자인 환자가 국가에 대하여 가지고 있는 국가배상청구권(치료비 청구권)을 대위행사하는 경우(대판 1981. 6. 23, 80다1351)에 관하여, 채무자의 무자력이 요건이 아니라고 한다. 판례는 이러한 예외적인 경우에는 채권보전의 필요성을 뒤에 보는 특정채권의 경우와 동일하게 이해하고 있는 듯하다(대판 2006. 1. 27, 2005다39013[핵심판례 220면]).

대법원은 최근에 전원합의체 판결로, 「보전의 필요성은 채권자가 보전하려는 권리의 내용, 채권자가 보전하려는 권리가 금전채권인 경우 채무자의 자력 유무, 채권자가 보전하려는 권리와 대위하여 행사하려는 권리의 관련성 등을 종합적으로 고려하여 채권자가 채무자의 권리를 대위하여 행사하지 않으면 자기 채권의 완전한 만족을 얻을 수 없게 될 위험이 있어 채무자의 권리를 대위하여 행사하는 것이 자기 채권의 현실적 이행을 유효·적절하게 확보하기 위하여 필요한지 여부를 기준으로 판단하여야 하고, 채권자대위권의 행사가 채무자의 자유로운 재산관리행위에 대한 부당한 간섭이 되는 등 특별한 사정이 있는 경우에는 보전의 필요성을 인정할 수 없다」고 하였다(대판(전원) 2020. 5. 21, 2018다879)(이는 대법원이 보전의 필요성을 피보전채권이 금전채권인가 특정채권인가를 묻지 않고 공통적으로 적용되도록 종합한 것으로 보인다).

(나) 피보전채권이 특정채권인 경우 C-120 판례에 의하면, 보전하려는 채권이 특정의 채권(금전채권이 아닌 채권, 특히 특정채권. 특정물채권이 아님을 주의)인 때에는 일정한 요건이 구비되어 있는 한 채무자의 무자력은 그 요건이 아니라고 한다. 구비하여야 할 요건은 「채권자가 보전하려는 권리와 대위하여 행사하려는 채무자의 권리가 밀접하게 관련되어 있고 채권자가 채무자의 권리를 대위하여 행사하지 않으면 자기 채권의 완전한 만족을 얻을 수 없게 될 위험이 있어 채무자의 권리를 대위하여 행사하는 것이 자기 채권의 현실적 이행을 유효·적절하게 확보하기 위하여 필요한 경우」이어야 한다(대판 2007. 5. 10, 2006다82700·82717[핵심판례 218면]; 대판 2013. 5. 23, 2010다50014 등). 다만, 채권자대위권의 행사가 채무자의 자유로운 재산관리행위에 대한 부당한 간섭이 된다는 등의 특별한 사정이 있는 경우에는 보전의 필요성을 인정할 수 없다고 한다(대판 2007. 5. 10, 2006다82700·82717[핵심판례 218면]; 대판 2013. 5. 23, 2010다50014 등). 그리고 이러한 요건이 갖추어져 있는 한 등기청구권이나 임차인의 인도청구권(판례는 이를 「명도청구권」이라고 표현함) 등의 보전을 위한 경우에만 대위권이 인정되는 것은 아니라고 한다(대판 2001. 5. 8, 99다38699). 그러면서 물권적 청구권에 대하여도 제404조의 규정과 위와 같은 법리가 적용될 수 있다고 한다(대판 2007. 5. 10, 2006다82700·82717[핵심판례 218면]). 주의할 것은, 특정채권의 보전을 위하여 대위행사가 인정되는 권리는 그 특정채권의 보전을 위한 것에 한정된다는 점이다(대판 1993. 4. 23, 93다289). 판례가 특정채권의 보전을 위하여 채무자의 자력과 관계없이 대위행사를 인정하는 중요한 경우들을 구체적

으로 살펴보기로 한다.

(a) **등기청구권을 보전하기 위하여 등기청구권을 대위행사하는 경우** 채권자가 자신의 등기청구권을 보전하기 위하여 채무자의 등기청구권·환매권 등을 대위행사할 수 있다고 한다(등기청구권만을 대위행사할 수 있는 것이 아님을 주의). 즉 판례에 의하면, 부동산소유권이 전전양도(매도·교환 등)된 경우에 최후의 양수인은 중간취득자를 대위하여 최초의 양도인에 대하여 중간취득자 앞으로 이전등기를 할 것을 청구할 수 있고(대판 1969. 10. 28, 69다1351), 환매로 인하여 취득하게 되는 토지를 매수한 자는 매도인의 환매권을 대위행사할 수 있다(대판 1992. 10. 27, 91다483).

그런가 하면 채무자가 행사하여야 할 올바르지 못한 등기의 말소청구권도 대위할 수 있다. 그리하여 예컨대 매도한 부동산을 제 3 자에게 증여하거나 양도한 것이 반사회질서행위에 해당하는 경우에 매수인은 매도인을 대위하여 수증자 또는 양수인 명의의 등기의 말소를 청구할 수 있다(대판 1983. 4. 26, 83다카57(형식주의 아래서 등기청구권의 성질상 매수인이 수증자에 대하여 직접 말소청구를 할 수는 없다) 등).

(b) **임차권 등 사용청구권을 보전하기 위하여 방해배제청구권을 대위행사하는 경우** 판례는 임차인과 같이 사용청구권을 가지는 자가 그의 권리를 보전하기 위하여 채무자(임대인 등)의 권리를 대위하는 것도 채무자의 자력 유무에 관계없이 인정하고 있다. 즉 판례에 의하면, 임차인은 임차권의 보전을 위하여 임대인의 반환청구권을 대위행사할 수 있다(대판 1964. 12. 29, 64다804 등).

C-121 **2) 학 설** 학설은 i) 무자력요건설(대체로 판례지지설), ii) 무자력불요설, iii) 절충설로 나뉘어 있다.

i) 무자력요건설(無資力要件說)은 원칙적으로는 채무자가 무자력이어야 하나, 특정채권(및 특수한 경우의 금전채권)의 보전을 위한 경우에는 무자력이 필요하지 않다고 한다(사견도 이에 속함). 이 견해는 예외적인 경우는 대위권을 전용(轉用)하는 것이기는 하지만 합리적인 효과를 긍정할 수 있으므로 시인할 것이라고 한다. ii) 무자력불요설(無資力不要說)은 대위권의 행사는 채권자가 채무자의 권리를 대신 행사하는 것이므로 거기에 채무자의 무자력을 요구하는 것은 부당하다고 한다. iii) 절충설은 채무자의 무자력은 대위권행사의 필수적인 요건이 아니라고 한 뒤, 채무자의 무자력을 대위권행사의 전제로 할 것인가의 문제에 관하여는 채무자의 제 3 채무자에 대한 권리가 채권자의 채권에 대하여 담보로서의 관련성이 강하거나 또는 밀접불가분의 관계에 있느냐 하는 점을 고려하여 판단하면 될 것이라고 한다.

3) 채권보전의 필요성이 없는 경우에 법원이 취해야 할 조치 만약 채권을 보전할 필요가 인정되지 않는 경우에는 소가 부적법하므로 법원으로서는 소를 각하하여야 한다(대판 2012. 8. 30, 2010다39918 등).

2. 채무자가 제 3 자에 대하여 대위행사에 적합한 권리를 가지고 있을 것

C-122

(1) 채무자의 권리의 존재

채권자대위권은 채권자가 채무자의 권리를 행사하는 것이므로 당연히 채무자가 제 3 자(제 3 채무자)에 대하여 권리를 가지고 있어야 한다(대판 1982. 8. 24, 82다283 등). 따라서 채무자의 권리가 존재하지 않거나 이미 소멸한 경우에는 대위권은 인정되지 않는다.

(2) 채무자의 권리가 대위행사에 적합할 것

채무자가 제 3 채무자에 대하여 가지는 권리는 대위행사에 적합한 것이어야 한다. 따라서 채권의 공동담보에 적합한 것이어야 하고, 그 반면에 채무자의 일신에 전속한 권리(404조 1항 단서)나 압류가 금지되는 권리는 제외된다.

일신전속권에는 「귀속상의 일신전속권」(비양도성·비상속성)과 「행사상의 일신전속권」(비법정대리성·비채권자대위성)이 있는데, 대위의 목적이 되지 않는 것은 후자이다. 그 결과 순수한 비재산적인 권리(가족권·인격권)는 모두 제외되고(친권·이혼청구권 등), 재산적 의의가 있는 권리라도 주로 인격적 이익을 위한 것은 제외된다(인격권의 침해로 인한 위자료청구권 등).

행사상의 일신전속권이 아니고 또 압류가 금지되지 않는 권리는 모두 대위권의 목적이 된다. 그것은 채권적 청구권에 한하지 않으며, 물권적 청구권(대판 1966. 9. 27, 66다1334)·형성권·채권자대위권(대판 1968. 1. 23, 67다2440)·채권자취소권(대판 2001. 12. 27, 2000다73049)이라도 무방하다.

3. 채무자가 스스로 그의 권리를 행사하지 않을 것

C-123

이는 민법이 명문으로 규정하고 있지 않으나 당연한 것이다(이설이 없으며, 판례도 같음. 대판 2018. 10. 25, 2018다210539 등 다수의 판결). 채무자가 스스로 그의 권리를 행사하고 있는데도 대위를 허용하는 것은 채무자에 대한 부당한 간섭이 되기 때문이다. 그리고 이 요건에서 채무자가 그의 권리를 행사하지 않는 이유(대판 1992. 2. 25, 91다9312)나 고의·과실 유무는 묻지 않는다. 또한 대위권행사에 채무자가 동의해야 할 필요도 없을뿐더러(대판 1971. 10. 25, 71다1931), 채무자가 대위행사에 반대하더라도 대위권행사는 가능하다(대판 1963. 11. 21, 63다634).

한편 채무자가 제 3 자에 대한 권리를 스스로 행사하는 경우에는, 그 방법이나 결과가 좋든 나쁘든, 채권자는 대위할 수 없다. 즉 채무자가 이미 소를 제기하고 있는 때는 물론이고(대판 1970. 4. 28, 69다1311), 설사 부적당한 소송으로 패소한 때에도 대위권은 인정되지 않는다(대판 1993. 3. 26, 92다32876 등).

4. 채권자의 채권이 이행기에 있을 것

C-124

민법 제404조 제 2 항은 원칙적으로 채권이 이행기에 있어야 할 것을 요구하면서, 긴급한 채권보전이 필요한 경우를 고려하여 두 가지의 예외를 인정하고 있다.

(1) 재판상의 대위

채권의 이행기가 되기 전이라도 채권자는 「법원의 허가」가 있으면 대위권을 행사할 수 있다(404조 2항 본문).

(2) 보존행위

예컨대 시효중단(채무자의 채권이 시효로 소멸하려 할 때)·보존등기·제 3 채무자가 파산한 경우의 채무자의 채권의 신고 등과 같은 보존행위는 채권의 이행기가 되지 않았더라도 법원의 허가를 받지 않고서 대위행사할 수 있다(404조 2항 단서).

C-125 Ⅲ. 채권자대위권의 행사

1. 행사의 방법

채권자대위권의 요건이 갖추어지면 채권자는 채무자의 권리를 행사할 수 있는데, 그 때 채권자는 채무자의 이름으로가 아니라 자기의 이름으로 행사한다. 그리고 채권자대위권은 채권자취소권과는 달리 반드시 재판상 행사할 필요는 없다.

대위하는 권리가 실현되기 위하여서 「변제의 수령」이 필요한 경우에 채권자가 채무자에게 인도할 것을 청구할 수 있음은 물론이나, 직접 자기에게 인도할 것을 청구할 수도 있다. 통설·판례(대판 2016. 9. 28, 2016다205915 등 다수의 판결)도 같다. 그리고 이러한 법리는 등기청구권을 대위행사하는 때에도 마찬가지이다(대판 1996. 2. 9, 95다27998 등). 그러나 이것이 채권자 명의로 등기가 회복되거나 그의 명의로 이전등기가 된다는 의미는 아니다.

2. 행사의 범위

채권자대위권은 채권의 보전을 위하여 채무자의 권리를 행사하는 권리이므로, 그 행사는 채권보전에 필요한 범위에 한정된다. 그리하여 관리행위만 가능하며, 처분행위는 허용되지 않는다. 그리고 채권의 공동담보를 위하여 채권자의 채권액 이상의 채무자의 권리(1개의 권리일 경우)를 행사할 수 있으나(이설 있음), 하나의 권리의 행사로 그 목적을 달성할 수 있는 때에는 다른 권리는 행사하지 못한다. 물론 특정채권의 보전을 위한 경우에는 그 채권의 보전에 필요한 권리만 행사할 수 있을 뿐이다(대판 1993. 4. 23, 93다289).

C-126 3. 행사의 효력

(1) 채무자의 처분권의 제한

1) 재판상의 대위신청을 허가한 경우에는 법원은 직권으로 채무자에게 고지하여야

하며(비송 49조 1항), 고지를 받은 채무자는 그 권리를 처분할 수 없다(비송 49조 2항).

2) 재판 외의 대위에 관하여는 민법이 규정하고 있다. 그에 의하면, 채권자가 보존행위 이외의 권리를 행사한 때에는 채무자에게 이를 통지하여야 하고(405조 1항), 채무자가 그 통지를 받은 후에는 그 권리를 처분하여도 채권자에게 대항하지 못한다(405조 2항). 민법은 통지에 대하여만 규정하고 있으나, 통지는 없었지만 채무자가 대위권행사 사실을 안 때에도 통지가 있었던 때와 마찬가지로 다루어야 한다(통설·판례도 같다. 대판 2003. 1. 10, 2000다27343 등).

⑵ 제 3 자(제 3 채무자)의 항변권

채권자가 대위권을 행사하는 경우에 제 3 채무자는 채무자가 그 권리를 행사하는 경우보다 더 불이익한 지위에 놓이지 않아야 한다. 따라서 제 3 채무자는 채무자에 대하여 가지는 모든 항변(예: 권리소멸·상계·동시이행·무효의 항변)으로 채권자에게 대항할 수 있다. 그러나 채무자가 채권자에게 주장할 수 있는 사유(예: 소멸시효의 항변)를 주장할 수 없음은 물론이다(대판 2004. 2. 12, 2001다10151 등).

Ⅳ. 채권자대위권 행사의 효과

C-127

1. 효과의 귀속

채권자대위권 행사의 효과는 직접 채무자에게 귀속하고(대판 1996. 2. 9, 95다27998), 모든 채권자를 위하여 공동담보가 된다. 즉 채권자는 설사 그가 목적물을 변제받았더라도 우선변제권을 갖지 않으며, 그가 채권의 변제를 받으려면 채무자로부터 임의변제를 받거나 강제집행절차(이때는 다른 채권자의 배당가입신청이 있을 수 있음)를 밟아야 한다. 다만, 상계의 요건이 갖추어진 때에는 상계함으로써 사실상 우선변제를 받을 수는 있다.

2. 비용상환청구권

채권자대위는 일종의 법정위임관계이므로, 채권자는 대위를 위하여 비용을 지출하였을 경우 제688조를 유추적용하여 채무자에게 그 비용의 상환을 청구할 수 있다(대결 1996. 8. 21, 96그8).

3. 대위소송의 판결의 효력

대위소송의 판결의 효력이 그 당사자인 대위채권자와 제 3 채무자에게 미침은 당연하다. 그런데 채무자에게도 미치는지 문제된다.

⑴ 대위소송이 제기된 경우에 채무자가 독립당사자로서 소송에 참가할 수는 없다. 그것은 이중제소가 되기 때문이다(채무자가 별도의 소를 제기한 경우도 같다). 그러나 채무자가 보조참가를 할 수는 있다(민소 71조). 그런가 하면 당사자가 채무자에게 소송고지를 할 수도 있다(민소 84조). 그러한 때에는 대위소송판결의 효력이 채무자에게도 미친다(민소 77조·86조).

(2) 채무자가 보조참가를 하지도 않았고 또 소송고지를 받지도 않은 경우에는 어떤가? 여기에 관하여 판례는 과거에는 채무자에게 효력이 미치지 않는다고 하였으나(대판 1970. 7. 21, 70다866 등), 현재에는 어떤 사유로 인하여서든 소송이 제기된 사실을 채무자가 알았을 경우에는 그 판결의 효력이 채무자에게 미친다고 한다(대판(전원) 1975. 5. 13, 74다1664; 대판 2014. 1. 23, 2011다108095 등).

제 3 절 채권자취소권

C-128

Ⅰ. 채권자취소권의 의의 및 성질

1. 의 의

채권자취소권은 채권자를 해함을 알면서 행한 채무자의 법률행위(사해행위)를 취소하고 채무자의 재산을 회복하는 것을 목적으로 하는 채권자의 권리이다(406조 1항). 가령 A에 대하여 1,000만원의 금전채무를 부담하고 있는 B가 그의 유일한 재산인 토지를 그의 친척 C에게 증여한 경우에, A는 B·C 사이의 증여계약을 취소하고 그 토지를 회복할 수 있는데, 이것이 채권자취소권이다.

채권자취소권은 채권자대위권과 마찬가지로 채무자의 책임재산 보전을 목적으로 한다. 그러나 채권자대위권은 채무자가 본래 행사하여야 할 권리를 행사하지 않는 때에 채권자가 대신 행사하는 것이다. 그리하여 그것은 채무자나 제3자에게 미치는 영향이 적다. 그에 비하여 채권자취소권은 채무자가 제3자와 행한 완전히 유효한 법률행위를 취소하고 재산을 회복시키는 것이어서, 채무자나 제3자에 대하여 크게 영향을 미치게 된다. 그 때문에 민법은 채권자취소권에 대하여는 규제를 많이 가하고 있다(예: 재판상 행사, 단기의 제척기간).

C-129

2. 성 질

(1) 실체법상의 권리

(2) 채권의 효력으로서 인정된 권리

채권자취소권은 채권의 효력(책임재산 보전의 효력)으로 인정된 것이다.

(3) 본질적 내용

채권자취소권의 본질적 내용이 사해행위의 취소에 있는지(형성권설), 사해행위로 일탈(逸脫)한 재산의 회복에 있는지(청구권설), 이 둘의 결합에 있는지(결합설)가 문제된다. 여기에 관하여 우리의 다수설(결합설의 수정설. 사견도 같음)은 채권자취소권은 사해행위를 취소하고 사해행위의 결과 채무자로부터 빠져나간 재산의 반환을 청구하는 권리라고 한다. 그리고 판례는, 채권자취소권은 채무자의 사해행위를 채권자와 수익자 또는 전득자 사이에서 상대적으로 취소하고 채무자의 책임재산에서 일탈한 재산을 회복하여 채권자의 강제집행이 가능하도록 하는 것을 본질로 하는 권리라고 하여(대판 2008. 4. 24, 2007다84352), 다수설과 같다.

Ⅱ. 채권자취소권의 요건

C-130

채권자취소권이 성립하려면, 당연한 요건으로서 채권자의 채권의 존재가 필요하고, 그 외에 채무자가 채권자를 해치는 법률행위 즉 사해행위(詐害行爲)를 하였어야 하며, 채무자와 수익자(또는 전득자)가 사해(詐害)의 사실을 알고 있었어야 한다(악의)(406조 1항).

1. 채권자의 채권(피보전채권)의 존재

채권자가 보전하여야 할 채권을 가지고 있어야 한다. 채권자의 채권과 관련하여서는 모든 채권이 피보전채권이 될 수 있는지, 채권이 언제 성립하여야 하는지, 그리고 채권의 변제기가 되었어야 하는지 등이 문제된다.

(1) 피보전채권이 될 수 있는 채권

1) 금전채권 금전채권은 가장 전형적인 피보전채권이다.

2) 금전채권 이외의 채권, 특히 특정채권 금전채권이 아닌 채권 특히 특정채권(특정물채권을 포함하여 급부가 특정되어 있는 채권 전부를 가리킴. 예: 등기청구권·임차권)이 피보전채권이 될 수 있는가? 여기에 관하여 판례는, 채권자취소권은 채권자의 공동담보인 채무자의 책임재산의 감소를 방지하기 위한 것이고 특정채권의 보전을 목적으로 하는 것이 아니므로 특정물에 대한 소유권이전청구권을 보전하기 위하여서는(특히 2중매매의 경우) 채권자취소권을 행사할 수 없다고 한다(대판 1999. 4. 27, 98다56690[핵심판례 224면] 등 다수의 판결).

C-131

한편 채권자의 채권이 특정채권이든 불특정채권이든 그것이 후에 채무불이행 특히 이행불능에 의하여 손해배상채권으로 변한 때에는 그것 자체가 금전채권으로서 피보전채권이 될 수 있다. 다만, 그 경우에는 손해배상채권이 발생한 이후에 행하여진 행위만 취소될 수 있다. 판례도 2중매매의 경우에 2중양도로 인한 손해배상채권은 2중양도행위에 대하여 취소권을 행사할 수 있는 피보전채권으로 될 수 없다고 한다(대판 1999. 4. 27, 98다56690[핵심판례 224면]).

3) 물적 담보를 수반하는 채권 질권·저당권과 같은 물적 담보에 의하여 담보되는 채권은 우선변제를 받지 못하는 범위에서만 취소권을 행사할 수 있다. 판례도 같은 입장에서, 주채무자 또는 제3자 소유의 부동산에 대하여 채권자 앞으로 근저당권이 설정되어 채권자에게 우선변제권이 확보되어 있다면 그 범위 내에서는 채무자의 재산처분행위는 채권자를 해하지 않으므로 그 담보물로부터 우선변제받을 액을 공제한 나머지 채권액에 대하여만 채권자취소권이 인정된다고 한다(대판 2002. 4. 12, 2000다63912[핵심판례 226면]; 대판 2010. 2. 11, 2009다81616 등 다수).

C-132 **4) 인적 담보를 수반하는 채권** 보증채무·연대채무와 같은 인적 담보를 수반하는 채권은 담보자에게 변제자력이 있더라도 우선변제가 보장되는 것은 아니므로 그 전 범위에서 취소권을 행사할 수 있다.

5) 재산분할청구권 민법은 근래 개정을 통하여(2007. 12. 21) 협의상 이혼 또는 재판상 이혼한 자의 재산분할청구권을 보전하기 위하여서 채권자취소권을 행사할 수 있도록 하였다. 그에 의하면, 부부의 일방이 다른 일방의 재산분할청구권 행사를 해함을 알면서도 재산권을 목적으로 하는 법률행위를 한 때에는, 다른 일방은 제406조 제 1 항을 준용하여 그 취소 및 원상회복을 가정법원에 청구할 수 있다(839조의 3 1항 · 843조). 그리고 그 소는 제406조 제 2 항의 기간 내에 제기하여야 한다(839조의 3 2항 · 843조).

C-133 **(2) 피보전채권의 성립시기**

채권자의 채권은 사해행위가 있기 전에 발생한 것이어야 한다(이설이 없으며, 판례도 같음. 대판 2002. 4. 12, 2000다43352 등). 사해행위 이후에 발생한 채권은 사해행위에 의하여 침해될 수가 없기 때문이다. 다만, 판례는 이러한 원칙에 하나의 예외를 인정하고 있다. 즉 사해행위 당시에 이미 채권 성립의 기초가 되는 법률관계가 발생되어 있고, 가까운 장래에 그 법률관계에 기하여 채권이 성립되리라는 것에 대한 고도의 개연성이 있으며, 실제로 가까운 장래에 그 개연성이 현실화되어 채권이 성립된 경우에는, 그 채권도 채권자취소권의 피보전채권이 될 수 있다고 한다(대판 2005. 8. 19, 2004다53173 등 다수의 판결).

(3) 피보전채권의 이행기가 되었어야 하는지 여부

채권자대위권의 경우와 달리 채권자취소권에서는 채권이 이행기에 있을 것이 요구되지 않는다. 따라서 채권의 이행기가 되기 전에도 취소권은 행사할 수 있다(이설 없음). 나아가 조건부 채권·기한부 채권도 피보전채권으로 될 수 있다고 하여야 한다.

C-134

2. 사해행위

채권자취소권이 성립하려면 사해행위가 있어야 한다.

(1) 채무자의 법률행위

채무자가 행한 행위만 사해행위로서 취소할 수 있으며, 채무자 이외의 자가 행한 행위(예: 채무자로부터 토지를 매수한 자나 전득한 자가 행한 양도행위 또는 저당권설정행위)는 취소하지 못한다. 그리고 사해행위는 원칙적으로 법률행위이나, 준법률행위(최고 · 채권양도의 통지 · 채무승인 등)도 취소할 수 있다고 하여야 한다(이설 없음). 사해행위가 법률행위인 경우 그것은 종류를 묻지 않으며, 따라서 계약뿐만 아니라 단독행위(권리포기 · 채무면제 등)나 합동행위(회사설립 행위 등)라도 무방하다. 그리고 그 법률행위가 채권행위·물권행위·준물권행위 중 어느 것이라도 상관없다(동지 대판 1975. 4. 8, 74다1700).

법률행위가 무효인 경우에는 채권자취소권을 행사할 수 없는가? 이 문제는 주로 허위표시행위(가장행위)에 관하여 논의되고 있다. 여기에 관하여 판례는 채무자의 법률행위가 통정허위표시인 경우에도 채권자취소권의 대상이 된다고 할 것이고(대판 1998. 2. 27, 97다50985 등 다수), 한편 채권자취소권의 대상으로 된 채무자의 법률행위라도 허위표시의 요건을 갖춘 경우에는 무효라고 한다(대판 1998. 2. 27, 97다50985).

(2) 재산권을 목적으로 하는 법률행위

C-135

취소의 대상이 되는 사해행위는 매매·대물변제·저당권설정과 같이 직접 재산권을 목적으로 하는 법률행위(또는 기타의 행위)이어야 한다(406조 1항 본문). 그러므로 혼인·입양·인지 등과 같이 직접 재산권을 목적으로 하지 않는 행위는 취소할 수 없다. 그리고 재산행위일지라도 채무자의 자유의사에 맡겨야 하는 행위(예: 상속의 포기·승인, 증여 또는 유증의 거절)는 원칙적으로는 취소할 수 없다(대판 2011. 6. 9, 2011다29307은, 상속의 포기는 406조 1항에서 정하는 「재산권에 관한 법률행위」에 해당하지 않아 사해행위 취소의 대상이 되지 못한다고 한다). 다만, 사정에 따라서는 취소가 인정되어야 할 때도 있다. 가령 채무자가 협의이혼을 하면서 배우자에게 상당한 정도를 넘는 과대한 재산분할을 하는 특별한 사정이 있는 경우에는 상당한 부분을 초과하는 부분에 대하여 취소할 수 있고(대판 2005. 1. 28, 2004다58963 등), 채무자가 상속재산의 분할협의를 하면서 상속재산에 관한 권리를 포기함으로써 재산분할 결과가 구체적 상속분에 상당하는 정도에 미달하는 과소한 경우에는 미달한 부분에 한하여 취소할 수 있다고 하여야 한다(대판 2007. 7. 26, 2007다29119 등). 그런가 하면 압류가 금지되는 재산권은 채권의 공동담보가 되지 못하므로 그에 관한 행위도 취소할 수 없다.

판례는, 채무자가 소멸시효 완성 후에 한 소멸시효이익의 포기행위는 소멸하였던 채무가 소멸하지 않았던 것으로 되어 결과적으로 채무자가 부담하지 않아도 되는 채무를 새롭게 부담하게 되는 것이므로 채권자취소권의 대상인 사해행위가 될 수 있다고 한다(대결 2013. 5. 31, 2012마712). 그리고 협의 또는 심판에 의하여 구체화되지 않은 이혼에 따른 재산분할청구권은 채무자의 책임재산에 해당하지 않고, 이를 포기하는 행위 또한 채권자취소권의 대상이 될 수 없다고 한다(대판 2013. 10. 11, 2013다7936).

(3) 채권자를 해하는 법률행위일 것

C-136

1) 서 설 여기서 채권자를 해한다는 것은 채무자의 재산행위로 말미암아 채무자의 적극재산이 소극재산인 채무의 총액보다 적은 것, 즉 채무초과 또는 무자력을 가리킨다(대판 1982. 5. 25, 80다1403 등). 그러나 사해행위 여부를 무자력인지에 의하여 단순히 숫자적으로 판단할 것은 아니다. 그것 외에 채무자의 의도, 채권자가 변제받을 가능성이 줄어드는 정도 등 사해행위 당시에 있는 모든 사정을 종합적으로 고려하여 정하여야 한다.

2) 자력 산정 채무자의 자력을 산정함에 있어서는 채무자의 신용 등도 포함하여야 하며, 조건부 채권·기한부 채권도 평가·가산하여야 한다(이설 없음). 그런데 적극재산을 산정함에 있어서는 실질적으로 재산적 가치가 없어 채권의 공동담보로서의 역할을 할 수

재산은 특별한 사정이 없는 한 제외하여야 하고, 그 재산이 채권인 경우에는 그것이 용이하게 변제받을 수 있는 확실성이 있다는 것이 합리적으로 긍정되는 경우에 한하여 적극재산에 포함시켜야 한다(대판 2021. 6. 10, 2017다254891 등 다수의 판결). 그리고 압류금지재산은 공동담보가 될 수 없으므로 이를 적극재산에 포함시켜서는 안 된다(대판 2005. 1. 28, 2004다58963). 한편 채권자가 물적 담보를 가지고 있는 경우에는 우선변제가 확보된 범위에서 그 채무를 소극재산에서 제외하고, 또 그 범위에서 담보재산도 적극재산에서 제외하여야 한다. 그리고 채무자 소유 부동산에 제3자의 담보권이 설정되어 있는 경우에도, 그 담보권으로 담보된 채권액을 제외한 나머지 부분만이 일반채권자들의 공동담보로 되는 책임재산이 되므로(대판 2007. 7. 26, 2007다23081 등), 그 부분만을 적극재산으로 보아야 한다. 바꾸어 말하면 제3자에게 담보로 제공된 재산의 가액에서 그 제3자가 가지는 피담보채권액을 공제한 잔액만을 채무자의 적극재산으로 평가하여야 한다(대판 2016. 8. 18, 2013다90402 등).

채무자의 무자력 여부는 사해행위 당시를 기준으로 판단하여야 한다. 판례도 같다(대판 2013. 4. 26, 2012다118334 등). 그 밖에 채권자가 취소권을 행사하는 때, 즉 사실심의 변론종결 당시에도 무자력이어야 한다(동지 대판 2007. 11. 29, 2007다54849). 따라서 처분행위 당시에는 채권자를 해하는 것(무자력)이었더라도 그 후 채무자가 자력을 회복하거나 채무가 감소하여 취소권 행사시에 채권자를 해하지 않게 되었다면, 채권자취소권에 의하여 책임재산을 보전할 필요성이 없으므로 채권자취소권은 소멸한다(대판 2009. 3. 26, 2007다63102).

C-137

3) 구체적인 경우

(가) 변제 및 대물변제 변제는 채무자가 특히 일부의 채권자와 통모하여 다른 채권자를 해할 의사를 가지고 변제를 한 경우를 제외하고는 원칙적으로 사해행위가 되지 않는다(통설·판례도 같음. 대판 2005. 3. 25, 2004다10985·10992 등). 변제의 경우에는 적극재산뿐만 아니라 소극재산도 감소하게 하여 채무자의 책임재산에 변동을 가져오지 않을뿐더러 채무자는 변제를 거절하지 못하기 때문이다. 이러한 관점에서 보면, 채무이행을 위하여 부동산을 양도하는 것도 상당한 가격으로 평가되었으면 사해행위가 아니라고 하게 된다(대판 1981. 7. 7, 80다2613).

대물변제도 상당한 가격으로 행하여진 경우에는 사해행위가 아니다(통설·판례도 같음. 대판 2003. 6. 24, 2003다1205 등). 다만, 채무자가 특히 일부의 채권자와 통모하여 다른 채권자를 해할 의사를 가지고 대물변제를 한 때는 다르다(대판 2003. 6. 24, 2003다1205). 그리고 판례에 의하면, 채무자의 재산이 채무의 전부를 변제하기에 부족한 경우에 그의 유일한 재산인 부동산으로 대물변제하였다면 그러한 행위는 특별한 사정이 없는 한 사해행위가 되고(대판 1999. 11. 12, 99다29916; 대판 2005. 11. 10, 2004다7873 등 다수), 대물변제나 담보조로 제공된 재산이 채무자의 유일한 재산이 아니거나 그 가치가 채권액에 미달한다고 하여도 마찬가지이다(대판 2007. 7. 12, 2007다18218(주식을 양도한 경우); 대판 2009. 9. 10, 2008다85161(대물변제한 부동산가격이 채무에 미달한 경우) 등). 한편 대물변제가 상당한 가격으로 행하여지지 않은 경우에는 채무를 초과한 가치의 범위에서 사해행위가 된다고 하여야 한다.

(나) **물적 담보의 제공** 일부의 채권자를 위하여 저당권의 설정 기타의 물적 담보를 제공하는 것은 원칙적으로는 사해행위가 아니다. 그러나 이미 채무초과의 상태에 빠져 있는 채무자가 그의 유일한 재산인 부동산(일부 판결은 유일한 재산인 부동산이라고 하지 않고 단순히 「부동산」이라고 함)을 채권자 중의 어느 한 사람에게 담보로 제공하는 행위는 원칙적으로 다른 채권자들에 대한 관계에서 사해행위가 된다고 하여야 한다(대판 2007. 10. 11, 2007다45364 등 다수). 다만, 그러한 경우라 할지라도 사업을 계속 추진하기 위하여, 특히 신규자금을 융통받기 위하여 부득이 특정한 채권자에게 담보로 제공하는 것과 같은 특별한 사정이 있는 때에는 사해행위가 아니다(대판 2011. 1. 13, 2010다68084 등 다수). C-138

한편 판례는, 어느 특정 채권자에 대한 담보제공행위가 사해행위가 되기 위하여는 채무자가 이미 채무초과 상태에 있을 것과 그 채권자에게만 다른 채권자에 비하여 우선변제를 받을 수 있도록 하여 다른 일반 채권자의 공동담보를 감소시키는 결과를 초래할 것을 그 요건으로 한다고 하면서, 특정 채권자에게 부동산을 담보로 제공한 경우 그 담보물이 채무자 소유의 유일한 부동산인 경우에 한하여만 사해행위가 성립한다고 볼 수는 없다고 한다(대판 2008. 2. 14, 2005다47106 · 47113 · 47120).

채무자가 제3자의 채무를 담보하기 위하여 자신의 부동산에 근저당권을 설정함으로써 물상보증인이 되는 행위는 그 부동산의 담보가치만큼 채무자의 일반 채권자들을 위한 책임재산에 감소를 가져오는 것이므로, 물상담보로 제공된 부동산의 가액에서 다른 채권자가 가지는 피담보채권액을 채권최고액의 범위 내에서 공제한 잔액만을 채무자의 적극재산으로 평가해야 하고, 그로 인하여 채무자의 책임재산이 부족하게 되거나 그 상태가 심화되었다면 사해행위가 성립한다(대판 2015. 6. 11, 2014다237192).

가압류된 부동산에 근저당권을 설정하는 행위는 원칙적으로는 사해행위가 아니나, 가압류채권자의 실제 채권액이 가압류 채권금액보다 많은 경우에는 그 초과하는 부분에 관하여는 사해행위가 된다(대판 2008. 2. 28, 2007다77446). 가압류된 부동산에 채무자가 제3자를 위하여 근저당권을 설정하여 주는 물상보증행위는, 그 부동산의 담보가치만큼 채무자의 총재산에 감소를 가져오는 것이므로, 그 물상보증으로 책임재산이 부족하게 되거나 그 상태가 악화되는 경우에는, 사해행위가 된다(대판 2010. 6. 24, 2010다20617 · 20624 등).

(다) **인적 담보의 부담** 채무자가 보증채무나 연대채무를 부담하는 행위는 소극재산을 증가시키는 것으로서 사해행위가 된다. 다만, 주채무에 관하여 주채무자 또는 제3자 소유의 재산에 저당권 등 물적 담보가 있는 경우(그 전액에 관하여 우선변제권이 확보된 때)에는 그 범위에서는 사해행위가 아니라고 할 것이다(대판 2003. 7. 8, 2003다13246(처분의 경우) 참조). C-139

(라) **부동산의 매각 기타 양도** 부동산을 타인에게 무상으로 양도하는 행위는 당연히 사해행위가 된다(대판 1999. 11. 12, 99다29916 등). C-140

부동산을 매각한 경우는 어떤가? 판례는 채무자가 유일한 재산인 부동산을 매각하여 소비하기 쉬운 금전으로 바꾸는 행위는 그 매각이 채권자에 대한 정당한 변제에 충당하기 위하여 상당한 가격으로 이루어졌다든가 하는 특별한 사정이 없는 한 원칙적으로 사해행위가 된다고 한다(대판 1998. 4. 14, 97다54420[핵심판례 230면]; 대판 2003. 3. 25, 2002다62036(매각한 채무자가 이미 채무초과였던 경우) 등). 그리고 채무초과의 상태에서 채권자 1인과 통모하여 그에게 부동산을 매각한 뒤 그의 매매대금채권과 그 채권자의 채권을 상계한 경우에 관하여 사해행위로 인정하였다(대판 1995. 6. 30, 94다14582 등). 그러나 연대보증인이 그의 유일한 재산을 처분하였더라도, 주채무의 전액에 관하여 주채무자 또는 제3자의 부동산으로 이미 우선변제권이 확보되어 있었다면, 사해행위가 아니라고 한다(대판 2010. 1. 28, 2009다30823 등).

채무자가 채무초과의 상태에서 근저당권이 설정된 부동산을 매도하는 경우에는, 부동산 가액에서 피담보채권액을 공제한 잔액의 범위 내에서는 사해행위가 된다(대판 2008. 2. 14, 2006다33357 등)(근저당권의 경우 피담보채권액은 채권최고액이 아니고 실제의 채권액임. 대판 2009. 7. 23, 2009다19802·19819 등). 따라서 그 잔액의 한도에서 양도 등 행위를 취소하고 그 가액의 배상을 구할 수 있을 뿐이다(대판 2013. 9. 13, 2013다34945 등). 그러나 피담보채권액이 부동산가액을 초과한 때에는 사해행위로 되지 않는다(대판(전원) 2013. 7. 18, 2012다5643; 대판 2017. 5. 30, 2017다205073 등 다수). 그리고 이러한 법리는 채권자들 중에 저당권자보다 우선하여 변제받을 수 있는 채권자가 있는 경우에도 마찬가지이다(대판 2008. 2. 14, 2006다33357).

C-141

3. 채무자 등의 악의(惡意)

(1) 채무자의 악의

채권자취소권이 인정되려면 채무자가 사해행위에 의하여 채권자를 해함을 알고 있었어야 한다(406조 1항 본문). 이것을 「사해(詐害)의 의사」라고 한다. 그러나 이는 적극적인 의욕이 아니고 소극적인 인식으로 충분하다(이설이 없으며, 판례도 같음. 대판 2009. 3. 26, 2007다63102). 그것도 특정한 채권자를 해한다는 것을 인식할 필요는 없고, 일반적으로 채권자를 해한다는 것 즉 공동담보에 부족이 생긴다는 것을 알고 있으면 된다(대판 2009. 3. 26, 2007다63102 등).

그 인식의 기준시기는 사해행위가 행하여진 때이다(대판 1960. 8. 18, 4293민상86).

채무자의 악의의 증명책임은 취소채권자에게 있다(다만 대판 2010. 6. 10, 2010다12067 등은 채무자가 유일한 부동산을 매각한 경우에는 채무자의 사해의사가 추정된다고 하며, 대판 2010. 4. 29, 2009다104564 등은 채무자의 제3자에 대한 담보제공행위가 객관적으로 사해행위에 해당하는 경우 수익자의 악의는 추정된다고 한다).

C-142

(2) 수익자 또는 전득자의 악의

사해행위취소가 가능하려면, 사해행위로 인하여 이익을 받은 자(수익자)나 전득(轉得)한 자(전득자)가 그 행위 또는 전득 당시에 채권자를 해함을 알고 있었어야 한다(406조 1항 단서). 즉 수익자만이 있을 때에는 그가 악의이어야 하고, 전득자도 있는 때에는 그들 중 적어도 하나가 악의이어야 한다(통설도 같음). 여기의 악의도 사해의 사실에 대한 인식으로 충분하다. 수익자 또는 전득자의 악의는 채권자가 증명할 필요가 없고, 책임을 면하려는 수익자 또는 전득자가 그들의 선의를 증명하여야 한다. 통설·판례(대판 2015. 6. 11, 2014다237192; 대판 2018. 4. 10, 2016다272311(수익자의 악의는 추정된다고 함) 등)도 같다. 한편 사해행위취소 소송에서는 수익자(전득자도 같다)의 선의 여부만이 문제되고, 수익자의 선의에 과실이 있는지 여부는 문제되지 않는다(대판 2007. 11. 29, 2007다52430 등).

Ⅲ. 채권자취소권의 행사

C-143

1. 행사의 방법

(1) 채권자의 이름으로 행사

채권자취소권은 채권자가 자기의 이름으로 행사한다. 그것도 채권자대위권과 달리 채무자의 권리를 대신 행사하는 것이 아니고 채권자가 자신의 권리를 행사하는 것이다. 취소채권자는 재산의 반환을 청구하게 되는데, 직접 자기에게 인도하라고 할 수도 있다(동지 대판 1999. 8. 24, 99다23468·23475). 그에 비하여 채무자는 인도를 청구할 수 없다. 한편 대법원은 원상회복을 가액배상으로 하는 경우의 상대방이 누구인가에 관하여 태도가 엇갈리고 있다. 하나의 판결에서는 그 이행의 상대방은 채권자이어야 한다고 판시한다(대판 2008. 4. 24, 2007다84352). 그런가 하면 다른 판결에서는 「취소채권자가 직접 자기에게 가액배상금을 지급할 것을 청구할 수 있」다고 한다(대판 2008. 11. 13, 2006다1442). 이 둘 중 앞의 판결은 흩어지기 쉬운 금전을 반환하는 경우에 강제집행을 가능하게 하기 위한 것으로 보이나, 판례가 오직 채권자만이 상대방이라고 하는 것은 지나친 것이라고 생각된다. 그에 비하여 뒤의 판결은 적절하다.

(2) 재판상 행사

채권자취소권은 반드시 법원에 소를 제기하는 방법으로 행사하여야 하며(406조 1항 본문), 소송상의 공격·방어방법으로는 행사할 수 없다(대판 1998. 3. 13, 95다48599·48605 등). 그리하여 소송에서 단지 항변만으로 행사할 수는 없다(대판 1978. 6. 13, 78다404).

(3) 취소의 상대방(피고)

채권자취소권 행사의 상대방 즉 취소소송의 피고는 이익반환청구의 상대방인 수익자 또는 전득자이며, 채무자만이 피고로 되거나 채무자를 피고에 추가할 수 없다(대판 2009. 1. 15, 2008다72394 등 다수). 한편 수익자 외에 전득자가 있는 경우는 그들 모두가 악의인지 여부에 따라 다르게 된다. 둘 모두가 악의인 때에는, 채권자는 전득자를 상대로 재산의 반환을 청구할 수도 있고, 수익자를 상대로 이익반환을 청구할 수도 있다. 그러나 수익자만이 악의인 때에는 수익자를 상대로 이익의 반환을 청구하여야 하며, 전득자만이 악의인 때에는 전득자를 상대로 재산의 반환을 청구하여야 한다.

C-144

2. 행사의 범위

(1) 취소의 범위는 취소채권자의 채권액을 표준으로 하므로, 다른 채권자가 있더라도 원칙적으로 자신의 채권액을 넘어서 취소하지는 못한다(대판 2008. 11. 13, 2006다1442 등)(이때 기준이 되는 채권액은 사해행위 당시까지의 것이나, 사해행위 후 사실심 변론종결시까지 발생한 이자나 지연손해금은 포함된다. 대판 2001. 12. 11, 2001다64547 등). 따라서 사해행위가 가분이면 채권보전에 필요한 범위에서 일부취소를 하여야 한다. 그러나 목적물이 불가분이거나 분할취소가 부적당한 특별한 사유가 있는 경우 또는 다른 채권자가 배당참가를 신청할 것이 분명한 경우에는 그의 채권액을 넘어서도 취소권을 행사할 수 있다. 통설·판례(대판 2010. 5. 27, 2007다40802 등)도 같다.

사해행위취소권은 채권의 공동담보를 보전하는 것을 목적으로 하므로, 취소의 범위는 다른 한편으로 공동담보의 보전에 필요하고 충분한 범위에 한정된다. 따라서 채무자가 사해행위에 의하여 비로소 채무초과 상태에 이르게 되는 경우에, 채권자는 사해행위가 가분인 한 그중 채권의 공동담보로 부족하게 되는 부분만을 자신의 채권액을 한도로 취소하면 족하고, 그 행위 전부를 취소할 수는 없다(대판 2010. 8. 19, 2010다36209).

(2) 채권자취소권이 행사되면 원칙적으로 원상회복으로서 사해행위의 목적물을 채무자에게 반환하여야 하며, 원물반환이 불가능하거나 현저히 곤란한 때에 한하여 원상회복의무의 이행으로서 목적물의 가액 상당을 배상하여야 한다(대판 2006. 12. 7, 2006다43620[핵심판례 232면]; 대판 2018. 12. 27, 2017다290057 등). 이때 원물반환이 불가능하게 된 데 대하여 수익자 등의 고의·과실은 요구되지 않는다(대판 1998. 5. 15, 97다58316). 한편 일부취소의 경우에도 그것이 가분인 한 원물을 반환하는 것이 원칙이다.

C-145

Ⅳ. 채권자취소권 행사의 효과

(1) 채무자의 일반재산으로의 회복

채권자취소권 행사의 효과는 모든 채권자를 위하여 그 효력이 있다(407조). 즉 수익자 또는 전득자로부터 받은 재산이나 이익은 채무자의 일반재산으로 회복되고 모든 채권자를 위하여 공동담보가 된다. 따라서 취소채권자가 자기에게 인도하도록 한 경우에도 그것으로부터 우선변제를 받는 것은 아니다. 그가 변제를 받으려면 다시 집행권원에 기하여 강제집행을 하여야 한다. 다만, 상계를 할 수 있는 때에는 상계를 함으로써 사실상 우선변제를 받을 수 있다.

(2) 상대적 효력

취소의 효력은 채권자와 수익자 사이 또는 채권자와 전득자 사이에만 발생하며, 채무자(및 당사자가 아닌 수익자나 전득자)나 제 3 자(대판 2009. 6. 11, 2008다7109 등은 제 3 자의 범위를 사해행위를 기초로 목적부동산에 관하여 새롭게 법률행위를 한 그 목적부동산의 전득자 등만으로 한정할 것은 아니라고 한다. 그러나 이는 옳지 않다. 그 이유에 관하여는 송덕수, 신사례, [56]번 문제 참조)에게는 미치지 않고, 또 채무자와 수익자 사이의 또는 수익자와 전득자 사이의 법률관계에도 미치지 않는다(대판 2012. 8. 17, 2010다87672 등 다수의 판결). 따라서 채무자는 취소판결에 기하여 아무런 권리도 취득하지 못한다. 그리고 채권자가 변제받은 나머지는 수익자나 전득자에 귀속한다. 다만, 채무자는 수익자나 전득자의 손실로 부당이득을 한 것이 되므로, 수익자 등은 그 범위에서 채무자에 대하여 부당이득의 반환을 청구할 수 있다. 한편 판례에 의하면, 재산을 반환하는 수익자도 채권자 중 1인인 경우 수익자가 가액배상을 할 때에 수익자 자신도 채권자임을 이유로 총 채권액 중 자기 채권에 대한 안분액의 분배를 청구하거나 배당요구권으로 원상회복청구와의 상계를 주장하여 그 안분액의 지급을 거절할 수 없다고 한다(대판 2001. 6. 1, 99다63183 등). 그러나 그도 집행권원을 갖추어 강제집행절차에서 배당을 요구할 수는 있다고 한다(대판 2003. 6. 27, 2003다15907).

V. 채권자취소권의 소멸

C-146

채권자취소권은 채권자가 취소원인을 안 날로부터 1년, 법률행위가 있은 날로부터 5년 내에 행사하여야 한다(406조 2항). 여기의 1년 또는 5년의 기간은 소멸시효기간이 아니고 제척기간이다(이설이 없으며, 판례도 같음. 대판 1996. 5. 14, 95다50875 등). 그리하여 그 기간은 법원이 직권으로 조사할 수 있다(그러나 직권으로 조사할 의무는 없다. 대판 2002. 7. 26, 2001다73138·73145 등). 그리고 이 두 기간 중 어느 하나가 만료하면 채권자취소권은 소멸한다.

1년의 제척기간의 기산점이 되는 「채권자가 취소원인을 안 날」이라 함은 채권자가 채권자취소권의 요건을 안 날, 즉 채무자가 채권자를 해함을 알면서 법률행위를 한 사실을 채권자가 안 때를 의미한다고 할 것이므로, 단순히 채무자가 재산의 처분행위를 하였다는 사실을 아는 것만으로는 부족하고, 구체적인 사해행위의 존재를 알고 나아가 채무자에게 사해의 의사가 있었다는 사실까지 알 것을 요하나, 채권자가 수익자나 전득자의 악의까지 알아야 하는 것은 아니다(대판 2000. 9. 29, 2000다3262; 대판 2017. 6. 15, 2015다247707 등 다수).

5년의 제척기간의 기산점이 되는 「법률행위가 있은 날」은 사해행위에 해당하는 법률행위가 실제로 이루어진 날을 가리킨다(대판 2002. 7. 26, 2001다73138·73145).

채권자취소권을 행사하는 경우 채권자는 사해행위의 취소와 원상회복을 동시에 청구할 수도 있고(대판 1980. 7. 22, 80다795), 사해행위 취소청구를 한 뒤에 원상회복청구를 할 수도 있는데, 후자의 경우에는 사해행위 취소청구가 위의 제척기간 내에 행하여졌으면 원상회복청구는 그 기간이 지난 뒤에도 할 수 있다(대판 2001. 9. 4, 2001다14108).

채권자취소권도 대위행사할 수 있는데, 그때에 기간의 준수 여부는 대위채권자가 아니고 대위의 목적으로 되는 권리의 채권자인 채무자를 기준으로 하여 판단하여야 한다(대판 2001. 12. 27, 2000다73049). 왜냐하면 대위권은 채무자의 권리를 대신 행사하는 것이기 때문이다. 따라서 대위채권자가 취소원인을 안 지 1년이 지났더라도 채무자가 1년 및 5년의 기간 내에 있으면 취소의 소를 제기할 수 있다.

채권자취소권을 행사할 수 있는 기간(제척기간)이 지났다는 사실의 증명책임은 채권자취소 소송의 상대방에게 있다(대판 2018. 4. 10, 2016다272311 등).

다수당사자의 채권관계

제1절 서 설

I. 서 설

C-147

(1) 의 의

「다수당사자의 채권관계」란 하나의 급부에 관하여 채권자 또는 채무자가 여럿 있는 경우를 가리킨다. 민법은 이러한 다수당사자의 채권관계를 제3편 제1장 제3절에서 「수인(數人)의 채권자 및 채무자」라는 제목 아래 규율하고 있다(408조 이하).

「다수당사자의 채권관계」나 「수인의 채권자 및 채무자」라는 용어는 어느 것이나 문자상으로는 「하나의 채권 또는 채무」에 관하여 그 귀속주체가 복수인 경우, 즉 뒤에 설명하는 채권·채무의 준공유·준합유·준총유를 의미한다. 그러나 민법이 규율하고 있는 것은 분할채권관계·불가분채권관계·연대채무·보증채무의 네 가지이고, 이들은 모두 당사자 수만큼의 복수의 채권·채무가 존재하는 경우이다.

(2) 다수당사자의 채권관계의 종류 및 기능

민법이 규정하고 있는 다수당사자의 채권관계로는 분할채권관계(분할채권·분할채무)·불가분채권관계(불가분채권·불가분채무)·연대채무·보증채무의 네 가지(분할채권·분할채무 등으로 세분하면 여섯 가지)가 있다. 그리고 학설은 민법에는 규정이 없지만 연대채권과 부진정연대채무의 개념을 인정한다.

모든 근대민법이 그렇듯이 우리 민법도 다수당사자의 채권관계를 채권관계의 주체에 있어서의 특수한 모습 또는 그러한 것의 효력으로서 규율하는 면이 강하다. 그런데 오늘날 이 제도는 채권담보의 기능을 수행하는 인적 담보제도(人的 擔保制度)라는 점에서 의의를 찾고 있다(특히 특약에 의한 불가분채무, 연대채무, 보증채무에서 그렇다).

⑶ 다수당사자의 채권관계에서 살펴보아야 할 중요문제

다수당사자의 채권관계에서 주로 살펴보아야 하는 것은 그 효력인데, 효력에는 대외적 효력과 대내적 효력이 있다. 그리고 대외적 효력은 두 가지로 나누어진다. 하나는 각 채권자·채무자와 상대방 사이에 이행청구나 이행을 어떻게 하느냐이고, 다른 하나는 채권자 또는 채무자 1인에 대하여 생긴 사유(예: 1인에 대한 청구·채권포기·채무면제)가 다른 채권자 또는 채무자(이는 앞의 1인과 같은 쪽의 당사자만을 가리킴)에게 영향을 미치는지 여부이다. 이들 가운데 후자는 채권의 담보력과 관련되어 있다. 한편 대내적 효력은 복수의 채권자들 또는 채무자들 사이의 내부관계로서, 채권자로서 수령한 것을 나누어 주거나(분급관계(分給關係)) 또는 채무자로서 출연(出捐)한 것을 다른 채무자로부터 상환받는 문제이다(구상관계(求償關係)).

C-148 ⑷ 채권 · 채무의 공동적 귀속

앞에서 기술한 바와 같이, 민법이 규정하는 다수당사자의 채권관계(408조 이하)에서는 당사자 수만큼의 복수의 채권·채무가 존재한다. 그런데 이론상 하나의 채권·채무가 다수인에게 귀속할 수도 있다. 뿐만 아니라 그것은 법적으로도 가능하다. 민법은 물건에 관하여 공동소유를 규정한 뒤(262조 이하), 그 규정들을 다른 재산권에 준용하고 있기 때문이다(278조).

민법이 규정하는 물건의 공동소유의 유형에는 공유·합유·총유의 세 가지가 있다(B-179 이하 참조). 그리하여 채권·채무의 공동귀속에도 공유적 귀속(준공유)·합유적 귀속(준합유)·총유적 귀속(준총유)의 세 가지 모습이 있게 된다. ① 채권·채무의 준공유가 가능함은 물론이다. 그런데 민법에 규정되어 있는 다수당사자의 채권관계는 이 「채권·채무의 준공유」에 대한 특칙으로 이해된다. 따라서 이 특칙이 적용되지 않고 채권·채무의 준공유가 성립하려면 준공유의 특약이 있어야 한다. ② 그리고 계약이나 법률규정에 의하여 수인이 조합체로서 채권을 가지거나 채무를 부담하는 것이 채권·채무의 준합유이다(그 내용은 합유에 준한다. B-190 참조). ③ 한편 법인 아닌 사단의 사원이 집합체로서 채권을 가지거나 채무를 부담하는 것이 채권·채무의 준총유이다(그 내용은 총유에 준한다. B-191 참조).

제 2 절 분할채권관계

C-149 Ⅰ. 의의 및 성립

⑴ 의 의

분할채권관계는 하나의 급부에 관하여 채권자 또는 채무자가 여럿 있는 경우에 그 채권이나 채무가 각 채권자 또는 채무자에게 분할되는 다수당사자의 채권관계이다. 민법은 이 분할채권관계를 다수당사자의 채권관계의 원칙으로 삼고 있다(408조가 다수당사자의 채권관계의 총칙으로 이를 규정하고 있기 때문이다)(통설·판례도 동지임). 따라서 다수당사자의 채권관계는 급부가 그 성질상 불가분이 아니고(급부가 성질상 불가분일 때에는 특별한 의사표시가 없어도 불가분채권관계가 된다) 당사자 사이에 특별한 의사표시(약정)도 없으면 분할채권관계로 된다(대판 1992. 10. 27, 90다13628 등). 분할채권관계에는 채권자가 여럿인 분할채권과 채무자가 여럿인 분할채무가 있다. A·B·C가 공유하는 건물을 D에게 300만원에 매도한 경우의 A·B·C의 매매대금채권은 분할채권의 예이고, E가 그의 건물을 F·G·H에게 매도한 경우에 F·G·H의 매매대금채무는 분할채무의 예이다.

(2) 성 립

분할채권관계는 다수당사자의 채권관계에 있어서 급부가 가분이고 특별한 의사표시가 없는 때에 성립한다. 다만, 민법은 일정한 경우에는 예외를 인정하기도 한다(616조·654조·760조·832조 등).

그런가 하면 학설 중 일부 견해는 분할의 원칙이 너무 형식주의적이고 개인주의적이며, 특히 분할채무에 있어서는 채권의 실효성을 약하게 한다는 이유로, 보다 넓게 분할채권관계의 성립을 제한하려고 한다(사견도 같음). 그리고 판례는 건물의 공유자가 채권적인 전세계약 또는 건물의 임대차계약에 기하여 받은 전세금 또는 임차보증금의 반환채무는 성질상 불가분채무라고 하고(대판 2017. 5. 30, 2017다205073 등), 여럿이 공동으로 법률상 원인없이 타인의 재산을 사용한 경우의 부당이득 반환채무는 특별한 사정이 없는 한 불가분적 이득의 상환으로서 불가분채무라고 한다(대판 2001. 12. 11, 2000다13948 등). 이러한 판례는 대체로 위의 학설과 같은 경향에 있다.

Ⅱ. 분할채권관계의 효력

C-150

1. 대외적 효력

(1) 각 채권자 또는 각 채무자는 특별한 의사표시가 없으면 균등한 비율로 분할된 채권을 가지고 채무를 부담한다(408조). 여기의 「특별한 의사표시」는 불가분채권관계·연대채무 등을 발생시키는 의사표시뿐만 아니라 채권·채무의 분할에 관한 의사표시도 포함한다(따라서 이 둘이 모두 없어야 408조가 그대로 적용되고, 전자만 없으면 비율은 약정에 의한다). 그리고 의사표시는 상대방 당사자와의 약정(계약)을 의미한다(일방 당사자들 사이의 특약은 상대방에게는 효력이 없다). 어쨌든 그러한 약정이 없으면 채권·채무는 각 당사자에게 균등하게 분할된다.

(2) 각 채권자·채무자의 채권·채무는 독립한 것이므로, 1인의 채권자 또는 채무자와 상대방과 사이에 생긴 사유(예: 이행청구·채무면제)는 다른 채권자 또는 채무자에 대하여 영향을 미치지 않는다. 다만, 계약의 해제·해지의 경우에는 해제·해지의 불가분성(전원이 전원에 대하여 행함) 때문에 모든 당사자에게 효력이 생긴다(547조 참조).

(3) 각 채권자는 자기가 가지는 채권액 이상의 것을 이행하도록 청구할 수 없고, 각 채

무자도 자기가 부담하는 채무액 이상의 것을 변제할 수 없다. 하나의 채권자가 분할액을 넘는 변제를 받은 경우에는 부당이득이 되므로 채무자에게 반환하여야 하며, 하나의 채무자가 분할액을 넘어서 변제한 경우에는 변제에 이해관계 없는 타인의 변제로 된다(469조).

C-151

2. 대내적 효력

제408조는 분할채권자·분할채무자와 그의 상대방과의 관계만을 규정한 것이며, 분할채권자·분할채무자 상호간의 내부관계까지 규정하고 있는 것은 아니다. 그렇지만 그 규정은 내부관계에도 준용된다고 하여야 한다. 그 결과 특별한 약정이 있으면 그에 의하되, 약정이 없으면 내부적으로도 비율은 균등하게 된다. 한편 약정이나 법률규정에 의하여 대외적인 비율과 대내적인 비율이 동일하게 정하여진 경우에는(둘 모두의 비율이 균등한 때에 한하지 않는다) 각 채권자들이나 각 채무자들 사이에 분급관계(分給關係)나 구상관계(求償關係)는 생기지 않는다. 그에 비하여 대외적인 비율과 대내적인 비율이 다른 경우(예: 분할채무자 A·B가 408조에 의하여 대외적으로는 채무를 균등부담하게 되나, 대내적으로 특약에 의하여 2:1로 부담하기로 한 때)에는, 그 비율을 넘어서 변제를 수령한 채권자는 그 넘는 부분을 다른 채권자에게 나누어 주어야 하고, 자기가 부담하여야 할 비율을 넘어서 변제한 채무자는 다른 채무자로부터 그것의 상환을 요구할 수 있다(통설도 동지임).

제 3 절 불가분채권관계

C-152

Ⅰ. 불가분채권관계의 의의

(1) 불가분채권관계는 불가분의 급부를 목적으로 하는 다수당사자의 채권관계이다. 불가분채권관계에는 채권자가 여럿 있는 불가분채권과 채무자가 여럿 있는 불가분채무가 있다.

(2) 불가분채권관계는 급부가 불가분인 경우에 성립하는데, 급부가 불가분인 경우는 급부의 성질상 불가분인 때(성질상 불가분인 것을 가분으로 약정할 수는 있다)도 있고, 성질상으로는 가분이지만 당사자의 의사표시에 의하여 불가분으로 된 때도 있다(409조 참조). 예컨대 A·B가 C로부터 건물을 공동매수한 경우의 A·B의 인도청구권은 성질에 의한 불가분채권이고(대판 1998. 12. 8, 98다43137은 건물공유자가 공동으로 건물을 임대하고 보증금을 수령한 경우, 그 보증금반환채무는 성질상 불가분채무에 해당한다고 한다), D·E가 그들이 공유하고 있는 건물을 F에게 매도한 경우의 D·E의 건물인도의무, 공동상속인들의 건물철거의무(대판 1980. 6. 24, 80다756)는 성질에 의한 불가분채무이며, 갑으로부터 을·병·정 세 사람이 건물을 매수하면서 그 대금지급에 관하여 불가분으로 약정한 경우의 을·병·정의 대금지급의무는 의사표시에 의한 불가분채무이다.

(3) 불가분채권관계의 경우에는 각 채권자 또는 채무자 수만큼 복수의 채권·채무가

존재한다. 그리고 불가분채권·불가분채무가 가분채권·가분채무로 변경된 때에는 그것들은 분할채권·분할채무로 변하게 된다(412조).

Ⅱ. 불가분채권

C-153

1. 대외적 효력(모든 채권자와 채무자 사이의 관계)

(1) 각 채권자는 단독으로 모든 채권자를 위하여 자기에게 급부 전부를 이행할 것을 청구할 수 있다(409조 전단). 그리고 채무자는 모든 채권자를 위하여 각 채권자에게 급부 전부를 이행할 수 있다(409조 후단).

(2) 채권자 1인의 청구는 다른 채권자에게도 효력이 있으므로, 청구가 있으면 다른 채권자를 위하여서도 이행지체·시효중단의 효력이 생기고, 채권자 1인에 대한 이행이 다른 채권자에게도 효력이 있으므로, 이행에 의한 채권의 소멸이나 수령지체의 효과도 모든 채권자에 대하여 생긴다. 그러나 채권자 1인과 채무자 사이에 생긴 그 밖의 사유는 다른 채권자에게는 효력이 없다(410조 1항). 즉 상대적 효력만 가진다. 따라서 불가분채권자 중의 1인과 채무자 사이에서 경개(更改)나 면제가 행하여진 경우에도 다른 채권자는 채무의 전부의 이행을 청구할 수 있다. 다만, 이행을 받은 채권자는 그 1인의 채권자가 권리를 잃지 않았으면 그에게 분급(分給)할 이익을 채무자에게 상환하여야 한다(410조 2항).

2. 대내적 효력(채권자들 상호간의 관계)

변제받은 채권자는 다른 채권자에게 정하여진 비율에 따라 급부받은 것을 분급(分給)하여야 한다. 그리고 그 비율은 균등한 것으로 추정하여야 한다.

Ⅲ. 불가분채무

C-154

1. 대외적 효력(모든 채무자와 채권자 사이의 관계)

민법은 불가분채무에 관하여는 불가분채권에 관한 제410조와 연대채무에 관한 여러 규정을 준용하고 있다(411조).

(1) 채권자는 채무자 1인에 대하여 또는 채무자 전원에 대하여 동시에 또는 순차(順次)로 채무의 전부나 일부의 이행을 청구할 수 있다(411조·414조). 그리고 채무자 1인이 그의 채무를 이행하면 모든 채무자의 채무는 소멸한다.

(2) 채무자 1인의 변제(대물변제·공탁도 마찬가지로 보아야 한다)·변제의 제공 및 그 효과인 수령지체는 다른 채무자에 대하여도 효력이 있다(절대적 효력)(411조·422조 참조). 채권자의 이행청구(그리고 그에 의한 이행지체·시효중단)를 포

함하여 그 외의 사유는 모두 상대적 효력만 가진다(411조·410조). 경개나 면제도 마찬가지이다. 그리하여 채권자가 채무자 1인과 경개나 면제를 한 경우에도 다른 채무자는 채무의 전부를 이행하여야 한다. 다만, 채권자는 면제를 받거나 경개를 한 채무자가 부담하였을 부분(가액 이익)을 전부를 변제한 채무자에게 상환하여야 한다(411조·410조 2항).

2. 대내적 효력(채무자들 상호간의 내부관계)

불가분채무자들 상호간의 관계에 대하여는 연대채무에 관한 규정이 준용된다(411조). 그리하여 변제를 한 채무자는 다른 채무자에 대하여 그들의 부담부분에 관하여 구상할 수 있다(424조 내지 427조 참조).

제4절 연대채무

C-155

I. 연대채무의 의의 및 성질

(1) 의 의

연대채무란 수인(數人)의 채무자가 동일한 내용의 급부에 관하여 각각 독립해서 전부의 급부를 하여야 할 채무를 부담하고, 그 가운데 1인의 채무자가 전부의 급부를 하면 모든 채무자의 채무가 소멸하는 다수당사자의 채무이다(413조). 연대채무의 경우에는 경제적·실질적으로는 하나의 채무인데도 모든 채무자가 전부급부의무를 부담함으로써 책임재산의 범위가 채무자들 모두의 일반재산에까지 확장되고, 그 결과 일종의 인적 담보(일반재산에 의한 담보)의 기능을 하게 된다(인적 담보의 전형적인 것은 보증채무이나, 담보작용은 채무자들 사이에 주종관계가 없는 연대채무가 보증채무보다 더 강하다).

(2) 성 질

1) 연대채무는 채무자 수만큼의 복수의 독립한 채무이고, 그 채무들 사이에는 주종관계가 없다. 그 결과 연대채무를 발생시키는 법률행위가 어느 연대채무자에 대하여 무효 또는 취소가능한 것일지라도 다른 연대채무자의 채무에는 영향을 미치지 않는다(415조). 그리고 각 채무자의 채무는 그 모습(예: 조건·기한·이행기·이행지·이자 여부)을 달리할 수 있으며, 채무자 1인을 위하여 보증채무를 성립시킬 수 있다(447조).

2) 채무자의 1인 또는 수인에 의하여 1개의 전부급부가 있으면 모든 채무자의 채무는 소멸한다.

3) 채무자 1인에 관하여 생긴 사유는 일정한 범위에서 다른 채무자에게도 영향을 미친다(416조 내지 422조). 그리고 채무자가 출재(출연)를 하여 공동면책이 되면 다른 채무자에 대하여 구상을 할 수 있다(424조 내지 427조). 이와 같은 효과가 생기는 것은 연대채무자들 사이에 결합

관계가 있기 때문이다. 그런데 그 결합관계의 내용이 문제이다. 여기에 관하여 학설이 나뉘는데, 각 채무자의 채무가 주관적으로 공동의 목적에 의하여 연결되어 있다는 주관적 공동관계설이 무난하다.

Ⅱ. 연대채무의 성립

C-156

연대채무는 법률행위 또는 법률규정에 의하여 성립한다.

(1) 법률행위에 의한 성립

연대채무를 성립시키는 법률행위는 보통은 계약이지만 유언과 같은 단독행위일 수도 있다(이설 없음).

법률행위에 의하여 연대채무를 성립시키기 위하여서는 연대의 표시가 있어야 한다. 그런데 그 표시는 반드시 명시적으로 할 필요가 없으며, 묵시적인 것이라도 무방하다.

(2) 법률규정에 의한 성립

연대채무가 법률규정에 의하여 성립하는 경우도 있다. 그러한 법률규정은 민법에 있기도 하지만(35조 2항·65조 등), 상법(24조·81조 등)이나 다른 특별법에도 있다.

Ⅲ. 연대채무의 대외적 효력

C-157

1. 채권자의 이행청구와 채무자의 이행

(1) 채권자는 연대채무자 가운데 임의의 1인에 대하여 채무의 전부 또는 일부의 이행을 청구할 수 있고, 또한 모든 채무자에 대하여 동시에 또는 순차로 전부나 일부의 이행을 청구할 수 있다(414조).

(2) 채무자 1인(또는 수인)이 채무의 전부를 이행하면 모든 채무자의 채무가 소멸한다.

2. 연대채무자 1인에 관하여 생긴 사유의 효력

(1) 어느 연대채무자에게 생긴 사유가 다른 연대채무자에게도 효력이 인정되는 경우에 이를 절대적 효력이 있는 사유라고 한다. 민법은 제416조 내지 제422조에서 7가지의 사유에 대하여 절대적 효력을 인정하고 있다. 그러나 연대채무는 채권자에게 1개의 만족을 주는 점에서 객관적으로 목적을 공통으로 하고 있으므로, 이 공통의 목적에 도달하는 사유(예: 변제)는 당연히 절대적 효력을 가진다.

[참고] 절대적 효력사유와 채권의 담보력

절대적 효력을 넓게 인정하면 할수록 복수의 채무들이 점점 더 하나의 채무처럼 다루어지게 되고, 그 결과 대체로 채권의 담보력은 그만큼 약해진다. 채무면제의 경우가 대표적인 예이다(그러나 이행청구의 경우에는 오히려 채권자에게 유리해진다). 이러한 점에서 볼 때, 절대적 효력사유가 많은 연대채무는 그러한 사유가 적은 불가분채무나 부진정연대채무보다 담보력에 있어서 약하게 됨을 알 수 있다.

C-158 (2) 절대적 효력이 있는 사유

1) 변제 · 대물변제 · 공탁 이들은 모두 채권자에게 만족을 주는 것이어서 명문규정이 없어도 당연히 절대적 효력이 있다(변제에 관하여 동지: 대판 2013. 3. 14, 2012다85281).

2) 이행의 청구 어느 연대채무자에 대한 이행청구는 다른 연대채무자에게도 효력이 있다(416조). 그 청구에 의한 이행지체·시효의 중단도 마찬가지이다(우리 민법은 소멸시효 완성에 절대적 효력을 인정하기 때문에(421조), 청구에 의한 시효중단에 절대적 효력을 인정해야 한다).

3) 채권자지체 어느 연대채무자에 대한 채권자지체는 다른 연대채무자에게도 효력이 있다(422조).

4) 상 계 어느 연대채무자가 채권자에 대하여 채권을 가지는 경우에, 그 채무자가 상계를 한 때에는, 채권은 모든 연대채무자의 이익을 위하여 소멸한다(418조 1항). 이 경우에 채권이 있는 연대채무자가 상계하지 않는 때에는 「그 채무자의 부담부분에 한하여」 다른 연대채무자가 상계할 수 있다(418조 2항).

5) 경 개 어느 연대채무자와 채권자 사이에 채무의 경개가 있는 때에는 채권은 모든 연대채무자의 이익을 위하여 소멸한다(417조).

6) 면 제 어느 연대채무자에 대한 채무면제는 「그 채무자의 부담부분에 한하여」 다른 연대채무자의 이익을 위하여 효력이 있다(419조).

7) 혼 동 어느 연대채무자와 채권자 사이에 혼동이 있는 때에는, 「그 채무자의 부담부분에 한하여」 다른 연대채무자도 의무를 면한다(420조).

8) 시효의 완성 어느 연대채무자에 관하여 소멸시효가 완성한 때에는, 「그 부담부분에 한하여」 다른 연대채무자도 의무를 면한다(421조).

9) 계약의 해지 · 해제 계약의 당사자 일방 또는 쌍방이 수인인 경우에는 계약의 해지나 해제는 전원이 전원에게 하여야 하고, 또 해지권이나 해제권이 당사자 1인에 대하여 소멸하면 다른 당사자에 대하여도 소멸한다(547조). 그 결과 연대채무의 경우 해제·해지는 절대적 효력이 있는 것과 같이 된다.

(3) 상대적 효력이 있는 사유

위 (2)에서 열거한 사유를 제외하고는, 어느 연대채무자에 관한 사항은 다른 연대채무자에게는 효력이 없다(423조). 즉 상대적 효력만 가질 뿐이다.

Ⅳ. 연대채무의 대내적 효력(구상관계)

C-159

1. 구 상 권

어느 연대채무자가 변제 기타 자기의 출재로 공동면책이 된 때에는, 다른 연대채무자의 부담부분에 대하여 구상권을 행사할 수 있다(425조 1항).

2. 연대채무자 사이의 부담부분

연대채무자의 부담부분이란 연대채무자가 내부관계에서 출재를 분담하는 비율을 말한다. 연대채무에 있어서 구상관계는 이 부담부분을 전제로 한다.

부담부분의 비율은 당사자의 특약으로 정할 수 있다. 그리고 특약이 없는 경우에는 민법상 부담부분이 균등한 것으로 추정된다(424조). 그런데 학설(사견도 같음)은 일치하여 이 추정규정은 특별한 사정이 전혀 없는 경우에만 적용되는 것으로 해석한다. 그리하여 각 연대채무자가 받는 이익에 차이가 있는 것과 같이 특별한 사정이 있는 때에는 그에 의하여 비율이 정해질 것이라고 한다.

3. 구상권의 성립요건

C-160

(1) 공동면책

구상권이 성립하려면 공동면책이 있어야 한다(425조 1항). 즉 연대채무자의 1인이 모든 채무자를 위하여 채무를 소멸하게 하거나 또는 감소하게 하였어야 한다.

(2) 자기의 출재

공동면책 외에 자기의 출재(출연)(출재 내지 출연은 자기의 재산의 감소로 타인의 재산을 증가하게 하는 것이다)가 있어야 한다(425조 1항). 그리하여 변제·대물변제·공탁·상계·경개·혼동의 경우에는 구상권이 발생한다. 그러나 면제나 시효완성의 경우에는 출재가 없어서 구상권은 생기지 않는다.

(3) 부담부분과의 관계

구상권이 성립하려면 자기의 부담부분을 넘어서 공동면책을 얻었어야 하는가? 여기에 관하여 학설은 i) 자기의 부담부분(채무액)을 넘어 출재했을 때에 비로소 구상권이 발생한다는 견해, ii) 부담부분이라는 것은 각 채무자가 부담하여야 할 채무액이라기보다는 일정한 비율이라고 보는 것이 옳으며, 따라서 공동면책이 있으면 되고 그 범위가 출재자의 부담부분 이상이어야 할 필요는 없다는 견해(사견도 같음) 등으로 나뉘어 있다. 그리고 판례는 ii)설과 같다(대판 2013. 11. 14, 2013다46023).

4. 구상권의 범위

출재한 연대채무자는 출재액(出財額)(공동면책액과 출재액 가운데 적은 것), 면책된 날 이후의 법정이자, 필요비(변제 기타 공동면책을 위하여 피할 수 없었던 비용. 예: 운반비·포장비·환요금(換料金)), 기타의 손해(공동면책을 위하여 피할 수 없었던 손해. 예: 채권자로부터 소송이나 강제집행을 당한 경우의 소송비용·집행비용)를 구상할 수 있다(425조 1항·2항).

C-161

5. 구상권의 제한

(1) 서 설

민법은 제426조에서, 어느 연대채무자가 다른 연대채무자에게 통지하지 않고서 자기의 출재로 공동면책이 된 경우에 다른 연대채무자가 채권자에게 대항할 수 있는 사유가 있는 때에는 그 사유로 면책행위를 한 연대채무자에게 대항할 수 있다고 하고(426조 1항), 어느 연대채무자가 자기의 출재로 공동면책되었음을 다른 연대채무자에게 통지하지 않은 경우에 다른 연대채무자가 선의로 채권자에게 변제 기타 유상의 면책행위를 한 때에는 그 연대채무자가 자기의 면책행위의 유효를 주장할 수 있다고 한다(426조 2항). 그 결과 면책행위를 한 연대채무자는 면책행위에 앞서서 그러한 사실을 통지(사전의 통지)하지 않거나 면책행위 후에 그 사실을 통지(사후의 통지)하지 않은 때에는 불이익을 입을 수 있게 된다.

[참고] 보증채무의 경우

민법은 제426조와 같은 규정을 보증채무에도 두고 있다. 즉 제445조 제1항·제2항에서 제426조와 비슷한 내용을 규정하고 있으며, 제446조에서는 주채무자가 수탁보증인에게 사후통지를 하지 않은 경우에 관하여 제426조 제2항과 비슷한 내용을 규정하고 있다. 따라서 보증채무에서도 연대채무에서와 같은 문제가 생긴다. 그리고 보증채무에 관하여는 판례도 나왔다(대판 1997. 10. 10, 95다46265[핵심판례 246면]. C-183 참조).

(2) 제426조의 해석에 관한 통설의 내용

민법 제426조의 해석은 매우 어렵다. 그러한 상황에서 우리의 학설은 한결같이 일본의 통설·판례를 그대로 받아들이고 있다. 그리하여 연대채무자가 공동면책을 얻기 위하여 출재행위를 함에 있어서는 다른 채무자에 대하여 사전 및 사후에 통지를 하여야 하며, 이 통지는 구상권이 발생하기 위한 요건도 구상권이 소멸하는 원인도 아니고, 이 통지를 게을리하면 구상권의 제한을 받게 될 뿐이라고 한다. 그리고 제426조는 사전의 통지(1항의 경우)나 사후의 통지(2항의 경우)의 어느 한쪽만을 게을리한 경우에만 적용되는 것이라고 전제한 뒤, 한 채무자가 사후의 통지를 게을리하고 다른 채무자가 사전의 통지를 게을리한 때에 관하여는 민법에 규정이 없기 때문에 해석으로 해결할 수밖에 없으며, 그 경우에는 일반원칙에 따라 제1의 출재행위만이 유효한 것으로 새겨야 할 것이라고 한다. 사견은 통설에 반대하나, 자세한 논의는 교과서로 미룬다(채권법총론 [159]·[160] 참조).

6. 상환무자력자가 있는 경우의 구상권자의 보호(구상권의 확장)

C-162

(1) 무자력자의 부담부분의 분담

연대채무자 중에 상환할 자력이 없는 자가 있는 때에는, 그 채무자의 부담부분은 구상권자 및 다른 자력이 있는 채무자가 그 부담부분에 비례하여 분담한다(427조 1항 본문). 그리하여 가령 A·B·C·D가 E에 대하여 120만원의 연대채무를 부담하고 부담부분이 균등한 경우에, A가 120만원을 변제한 뒤 B·C·D에 대하여 30만원씩 구상을 하는 때에, C가 무자력이면 C의 부담부분 30만원은 A·B·D가 10만원씩 부담하게 된다. 그러나 구상권자에게 과실이 있는 때(가령 A가 구상을 늦게 하여 C가 무자력이 된 경우)에는 다른 연대채무자에게 분담을 청구하지 못한다(427조 1항 단서).

(2) 연대의 면제와 무자력자의 부담부분

위 (1)의 경우에 상환할 자력이 없는 채무자의 부담부분을 분담할 다른 채무자가 채권자로부터 연대의 면제를 받은 때에는, 그 채무자의 분담할 부분은 채권자의 부담으로 한다(427조 2항). 「연대의 면제」란 전부급부청구권을 포기하고 채무자의 채무액을 부담부분만에 한정시키는 것이다.

위의 규정이 있어서, 가령 위의 (1)에서 든 사례의 경우에 C의 부담부분을 분담하여야 할 채무자 중의 하나인 D가 채권자 E로부터 연대면제를 받고 있었다면, D가 부담하여야 할 10만원은 채권자 E가 부담하게 된다.

7. 구상권자의 대위권

연대채무자는 타인(다른 연대채무자)의 채무를 「변제할 정당한 이익이 있는 자」이므로, 그가 변제하면 그는 당연히 채권자를 대위하게 된다(481조의 법정대위).

V. 부진정연대채무

C-163

1. 의 의

민법은 연대채무를 한 가지만 규정하고 있다. 그런데 통설·판례는 민법이 정하고 있지 않은 연대채무 즉 부진정연대채무도 인정하고 있다. 통설에 의하면, 부진정연대채무는 수인의 채무자가 동일한 내용의 급부에 관하여 각각 독립하여 전부급부의무를 부담하고, 그중 1인의 전부급부가 있으면 모든 채무자의 채무가 소멸하는 다수당사자의 채무로서, 민법의 연대채무가 아닌 것이라고 한다. 그런데 이는 실질적·경제적으로는 하나인 전부급부에 관하여 수인이 채무를 부담하는 경우를 부진정연대채무라는 개념으로 이해하는 데 지나지 않는다. 부진정연대채무를 생기게 하는 전부급부의무는 법률규정에 의하여 발생하는 것이 대부분이나 당사자의 계약에 의하여 발생할 수도 있다(예: 병존적 채무인수의 경우를 부진정연대채무로 이해하는 때).

부진정연대채무의 예로는 피용자의 불법행위에 있어서 피용자가 지는 배상의무(750조)와 사용자의 배상의무(756조)(대판 1975. 12. 23, 75다1193), 법인의 불법행위에 있어서 법인의 책임(35조 1항 1문)과 이사 기타 대표자 자신의 책임(35조 1항 2문), 임치물을 제3자가 훔쳐간 경우에 수치인의 채무불이행에 의한 배상의무(390조)와 훔친 제3자의 불법행위에 의한 손해배상의무(750조)를 들 수 있다. 그 밖에 공동불법행위에 대하여는, 민법이 제760조에서 공동불법행위자로 하여금 「연대하여」 배상하도록 규정하고 있음에도 불구하고, 통설·판례(대판 1982. 4. 27, 80다2555 등)는 부진정연대채무가 발생한다고 한다(그러나 이는 옳지 않다. D-309 참조).

부진정연대채무는 1개의 전부급부가 있으면 채무 전부가 소멸하는 점에서는 연대채무와 같다. 그러나 연대채무와 달리 주관적인 공동관계가 없어서 채무자 1인에게 생긴 사유가 다른 채무자에게 영향을 미치지 않고, 또 채무자들 사이에 원칙적으로 구상관계가 생기지 않는다.

C-164

2. 효 력

(1) 대외적 효력

1) 채권자의 이행청구와 채무자의 이행

(가) 부진정연대채무에 있어서도 연대채무의 경우와 마찬가지로, 채권자는 채무자 가운데 임의의 1인에 대하여 채무의 전부 또는 일부의 이행을 청구할 수 있고(동지 대판 2018. 4. 10, 2016다252898), 또한 모든 채무자에 대하여 동시에 또는 순차로 전부나 일부의 이행을 청구할 수 있다(414조 참조).

(나) 채무자 1인(또는 수인)이 하나의 전부급부를 하면 모든 채무자의 채무가 소멸한다.

2) 채무자 1인에 관하여 생긴 사유의 효력 채권을 만족시키는 사유인 변제·대물변제·공탁은 절대적 효력이 있다. 그리고 상계에 관하여는 통설은 절대적 효력을 인정하고 있다. 판례는 과거에는 상계에 상대적 효력만 있다고 하였으나(대판 1996. 12. 10, 95다24364 등), 최근에 전원합의체 판결로 판례를 변경하여 상계에 절대적 효력을 인정하고 있다(대판(전원) 2010. 9. 16, 2008다97218[핵심판례 238면]).

위와 같은 사유 이외의 것은 모두 상대적 효력만 갖는다. 그리하여 예컨대 이행청구(대판 2017. 5. 30, 2016다34687 등) 또는 채무의 승인 등의 소멸시효 중단사유(대판 2017. 5. 30, 2016다34687 등), 채무면제(대판 1989. 5. 9, 88다카16959 등), 채권자의 청구권 포기(대판 1981. 6. 23, 80다1796 등), 소멸시효의 완성(대판 1997. 12. 23, 97다42830), 소멸시효 이익의 포기(대판 2017. 5. 30, 2016다34687 등)는 다른 채무자에게 영향이 없다.

C-165

[참고] 부진정연대채무자 사이에 채무액이 다른 경우의 문제

부진정연대채무자 사이에 부담하는 채무액이 다른 경우에 연대채무자 중 1인이 변제를 하면 다른 연대채무자의 채무는 어떤 범위에서 소멸하는가? 그러한 경우에 소액 채무자가 그의 채무의 전부 또는 일부를 변제한 때에는, 변제금액만큼 다액 채무자의 채무가 소멸하게 되고, 특별한 문제가 없다(대판 2012. 2. 9, 2009다72094). 그런데 다액 채무자가 그의 채무의 일부를 변제한 때에는, 중첩되는 부분의 채무가 먼저 소멸하는가 아니면 중첩되지 않은 부분 즉 다액 채무자만이 부담하는 채무가 먼저 소멸하는가에 따라, 각각 채무자 또는 채권자에게 유리하게 되는 문제가 생긴다. 여기에 관한 이론으로는 중첩되는 부분의 채무가 먼저 소멸한다는 내측설, 중첩되지 않는 채무가 먼저 소멸한다는 외측설, 연대채무자의 책임비율(공동불법행위의 경우에는 과실비율)에 따라 소멸한다는 안분설이 있다. 그리고 판례는 과거 안분설(과실비율설)을 취한 것이 많았고(대판 1994. 2. 22, 93다53696 등 다수), 근래 외측설을 취한 판결이 일부 나왔었는데(대판 2000. 3. 14, 99다67376[핵심판례 240면] 등), 최근에 전원합의체 판결로 전자를 변경하고 외측설로 통일하였다(대판(전원) 2018. 3. 22, 2012다74236. 동지 대판 2018. 4. 10, 2016다252898 등).

(2) 대내적 효력

C-166

부진정연대채무자 사이에는 주관적인 공동관계가 없어서 부담부분이 없고, 따라서 구상관계가 당연히 발생하지는 않는다. 다만, 채무자들 사이에 특별한 법률관계가 있으면 그에 기하여 구상관계가 생길 수 있다(예: 756조 3항).

판례는 이제까지 대체로 구상을 인정하지 않고(대판 1975. 12. 23, 75다1193), 공동불법행위의 경우에만 구상을 인정해 왔다(대판 1989. 9. 26, 88다카27232 등). 그런데 최근에는 일반적으로 구상을 인정하려는 듯한 태도를 보인다(대판 2006. 1. 27, 2005다19378[핵심판례 242면]).

Ⅵ. 연대채권(連帶債權)

C-167

연대채권이란 수인의 채권자가 동일한 내용의 급부에 관하여 각각 독립해서 전부 또는 일부의 급부를 청구하는 권리를 가지고, 그중 1인이 전부급부를 수령하면 모든 채권이 소멸하는 다수당사자의 채권을 말한다. 민법은 이러한 연대채권에 대하여 규정을 두고 있지 않으나, 통설은 계약자유의 원칙상 연대채권도 성립할 수 있다고 한다.

연대채권은 당사자의 계약에 의하여 성립하므로(법률규정에 의하여 성립하는 경우는 없음), 그 내용이나 효력도 당사자의 계약에 의하여 정하여지며, 그 밖에는 연대채무 규정이 유추적용된다(통설도 같음).

제 5 절 보증채무

Ⅰ. 서 설

C-168

1. 보증채무의 의의

(1) 보증채무란 타인(주채무자)이 그의 채무를 이행하지 않는 경우에 이를 이행하여야 할 채무를 말한다(428조 1항). 민법상 보증채무는 다수당사자의 채무이나, 그 작용은 채권을 담보하

는 데 있다. 즉 보증채무는 보증인이 주채무자의 채무와 같은 채무를 부담함으로써 그(보증인)의 모든 재산을 책임재산으로 되도록 하고, 그 결과 채권자의 주채무자에 대한 채권을 담보하는 일종의 인적 담보인 것이다(물상보증인은 채무는 부담하지 않고 책임만 지나, 보증인은 채무도 부담하고 책임도 진다).

인적 담보로서 기능하는 다수당사자의 채무에는 보증채무 외에 연대채무·불가분채무도 있으나, 보증채무의 경우에는 연대채무 등과 달리 주채무와의 사이에 주종의 관계가 있는 점에서 담보성이 뚜렷하게 나타나 있고, 따라서 그것은 가장 전형적인 인적 담보제도라고 할 수 있다(담보제도 일반에 관하여는 B-230 참조).

(2) 근래 일반인인 보증인의 피해를 방지하기 위하여 「보증인보호를 위한 특별법」(아래에서는 보증인보호법이라고 함)이 제정되어 시행되고 있다(2008. 3. 21. 제정, 2008. 9. 22. 시행). 이 법은 일반인이 대가를 받지 않고 호의로 금전채무의 보증을 한 경우에 관하여 특례를 규정하고 있다(동법 2조 2호 참조).

C-169

2. 보증채무의 법적 성질

(1) 채무의 독립성

보증채무는 주채무와는 별개의 독립한 채무이다(대판 1977. 3. 8, 76다2667). 따라서 보증채무와 주채무의 소멸시효기간은 그 채무의 성질에 따라 각각 별개로 정해진다(대판 2014. 6. 12, 2011다76105 등). 그러나 보증채무의 독립성은 부종성·수반성 때문에 연대채무에서처럼 완전하지는 못하다.

(2) 주채무와 동일한 내용의 채무

보증채무의 내용은 주채무의 내용과 동일하다(428조 1항도 그러한 의미로 이해하여야 한다). 따라서 주채무는 원칙적으로 대체적 급부를 목적으로 하여야 한다.

(3) 부 종 성

보증채무는 주채무의 이행을 담보하는 것이므로, 주채무에 종속하는 성질, 즉 부종성을 가진다. 보증채무의 부종성은 여러 방면에서 나타난다.

1) 주채무가 무효이거나 취소된 때에는 보증채무도 무효이다.

2) 주채무가 소멸하면 보증채무도 소멸한다. 보증채무에 대한 소멸시효가 중단된 뒤 주채무가 소멸시효에 걸려 소멸한 경우에도 같다(대판 2012. 7. 12, 2010다51192 등).

3) 주채무의 내용에 변경이 생기면 보증채무의 내용도 변경된다(429조 1항 참조).

(4) 수 반 성

주채무자에 대한 채권이 이전하는 때에는 원칙적으로 보증인에 대한 채권도 이전한다. 다만, 당사자는 주채무자에 대한 채권만을 이전하기로 특약을 할 수 있으며, 그러한 경우에는 그 채권만 이전하고, 보증채무는 소멸한다.

(5) 보 충 성

보증채무는 주채무가 이행되지 않는 경우에 이행할 채무이다(428조 1항). 따라서 보충성을 가진다. 그러나 이것은 보증인이 최고·검색의 항변권을 가진다는 의미에 지나지 않는다(437조 참조). 그런데 연대보증에 있어서는 보충성이 없다.

3. 보증의 종류

C-170

보증채무를 부담함으로써 주채무자에 대한 채권을 담보하는 제도를 보증이라고 한다. 그러한 보증에는 보통의 보증 외에도 여러 가지 모습의 것이 있다(이들 중 둘 이상이 결합되어 있는 것도 있음).

1) **연대보증** 보증인이 주채무자와 연대하여 보증하는 것이다.

2) **공동보증** 수인이 동일한 채무를 보증하는 것이다.

3) **근보증**(根保證)(신용보증) 일정한 계속적인 거래관계로부터 장차 발생하게 될 불특정·다수의 채무를 보증하는 것이다.

4) **부보증**(副保證) 보증채무를 다시 보증하는 것이다.

5) **구상보증**(求償保證)(역보증. 逆保證) 보증인이 채권자에게 변제한 때에 가지게 되는 주채무자에 대한 구상권을 보증하는 것이다.

6) **배상보증**(賠償保證) 채권자가 주채무자로부터 이행을 받지 못한 부분에 관하여서만 보증하는 것이다.

Ⅱ. 보증채무의 성립

C-171

1. 보증계약

보증채무는 채권자와 보증인 사이에 체결되는 보증계약에 의하여 성립한다.

(1) 보증계약은 채권자와 보증인 사이에 체결되며, 주채무자는 당사자가 아니다.

(2) 보증계약은 무상(無償)(채권자에 대한 관계에서 그러하며, 주채무자로부터는 대가를 받는 경우도 있다)·편무(片務)·낙성(諾成)의 계약이다.

보증계약은 보증의사가 보증인의 기명날인 또는 서명이 있는 서면으로 표시되어야 효력이 발생한다(428조의 2 1항 본문). 다만, 보증의 의사가 전자적 형태로 표시된 경우에는 효력이 없다(428조의 2 1항 단서). 제 1 항의 결과 보증계약은 일종의 요식행위가 된다. 보증인의 채무를 불리하게 변경하는 경우에도 마찬가지이다(428조의 2 2항). 그런데 보증인이 보증채무를 이행한 경우에는, 그 한도에서 방식의 하자를 이유로 무효를 주장할 수 없다(428조의 2 3항).

(3) 보증인보호법상의 보증계약을 체결할 때에는 보증채무의 최고액(最高額)을 서면으로 특정하여야 하며, 이는 보증기간을 갱신할 때에도 같다(동법 4조). 이를 위반한 경우의 효력에 관하여는 명문규정이 없으나, 무효라고 새겨야 할 것이다(동법 6조 2항 참조).

(4) 채권자는 보증계약을 체결할 때 보증계약의 체결 여부 또는 그 내용에 영향을 미

칠 수 있는 주채무자의 채무 관련 신용정보를 보유하고 있거나 알고 있는 경우에는 보증인에게 그 정보를 알려야 하며, 그 점은 보증계약을 갱신할 때에도 또한 같다(436조의 2 1항). 채권자가 이 의무를 위반하여 보증인에게 손해를 입힌 경우에는, 법원은 그 내용과 정도 등을 고려하여 보증채무를 감경하거나 면제할 수 있다(436조의 2 4항). 이는 2015년 개정 시에 신설된 것이다.

한편 보증인보호법에도 이와 유사한 규정이 있다(동법 8조).

C-172

2. 보증채무의 성립에 관한 요건

보증채무는 보증계약에 의하여 성립하므로 보증계약이 계약의 일반적 성립요건을 갖추어야 한다. 그러나 그 밖에도 보증채무와 주채무와의 관계에서, 그리고 보증인의 자격과 관련하여 갖추어야 할 요건이 있다. 이는 보증계약의 특별 성립요건이라고 할 수 있다.

(1) 주채무에 관한 요건

1) 주채무가 있을 것

2) 주채무는 대체적 급부를 내용으로 할 것 보증채무는 주채무와 내용상 같아야 하므로 주채무는 대체적 급부를 내용으로 하여야 한다. 그러나 이는 본질적인 것은 아니다. 부대체적 급부를 목적으로 하는 채무에 관하여 보증한 경우에는, 주채무가 손해배상채무로 변하는 것을 정지조건으로 하여 보증한 것으로 새겨야 한다.

C-173

3) 장래의 채무 · 조건부 채무의 보증 보증은 현재의 채무에 대하여뿐만 아니라 장래의 채무에 대하여도 할 수 있다(428조 2항). 그리고 여기의 장래의 채무에는 장래의 특정의 채무뿐만 아니라 장래의 불특정의 채무도 포함된다. 뒤의 채무의 보증, 가령 당좌대월계약 등과 같은 계속적 거래관계로부터 생기는 증감변동하는 채무에 관하여 담보하는 것을 근보증(신용보증)이라고 한다(근보증은 근질 · 근저당과 함께 근담보에 해당한다). 이러한 근보증에 대하여 과거에는 법률에 특별한 규정이 없었다. 그런데 2015년에 민법이 개정되어 근보증에 관한 규정을 신설하였다(C-188 참조).

4) 취소의 원인 있는 채무를 보증한 경우 본래 보증채무는 부종성이 있기 때문에 주채무가 취소되면 보증채무도 무효로 된다.

C-174

(2) 보증인에 관한 요건

1) 일반의 경우 보증인이 될 수 있는 자격에 관하여는 원칙적으로 제한이 없다.

2) 보증인을 세울 의무가 있는 경우 당사자 사이의 계약·법률규정 또는 법원의 명령에 의하여 채무자가 보증인을 세울 의무가 있는 경우에는, 그 보증인은 행위능력 및 변제자력이 있는 자로 하여야 한다(431조 1항). 그리고 보증인이 변제자력이 없게 된 때에는, 채권자는 보증인의 변경을 청구할 수 있다(431조 2항). 그런데 이 두 가지는 채권자가 스스로 보

증인을 지명한 경우에는 적용되지 않는다(431조 3항). 한편 채무자는 다른 상당한 담보를 제공함으로써 보증인을 세울 의무를 면할 수 있다(432조).

보증인의 자격은 보증인을 세울 의무의 요건일 뿐이며 보증계약의 성립요건은 아니다. 따라서 보증인이 무자격자일지라도 일단 그와 보증계약을 체결하였으면 그 계약은 유효하다.

Ⅲ. 보증기간

C-175

민법은 보증기간에 관하여 명문의 규정을 두고 있지 않다. 그런데 보증인보호법은 특별규정을 두고 있다. 이에 의하면, 동법상의 보증의 경우 보증기간은 원칙적으로 당사자의 약정에 의하여 정하여지나, 약정이 없는 때에는 그 기간이 3년으로 된다(동법 7조 1항). 보증기간은 갱신할 수 있으며, 그 경우 보증기간의 약정이 없는 때에는 계약체결시의 보증기간을 그 기간으로 본다(동법 7조 2항).

Ⅳ. 보증채무의 내용

C-176

보증채무의 내용은 보증채무의 부종성과 보증계약에 의하여 정하여진다.

(1) **보증채무의 목적**

보증채무의 목적 즉 급부는 보증채무의 부종성으로 말미암아 주채무의 목적과 동일하다.

(2) **보증채무의 범위**

보증채무의 범위는 주채무의 범위보다 클 수 없으며, 만일 더 큰 때에는 주채무의 한도로 줄어든다(430조). 보증채무의 범위가 주채무의 범위보다 작은 것은 상관없다(유한 보증).

보증채무의 범위에 관하여 당사자 사이에 특약이 없는 경우에는 민법의 보충규정(429조 1항)에 의하여 범위가 정하여진다. 그리하여 보증채무는 주채무의 이자, 위약금, 손해배상 기타 주채무에 종속한 채무를 포함하게 된다(429조 1항).

보증채무는 주채무에 관한 계약의 해제·해지에 의한 원상회복의무 및 손해배상의무도 담보하는가? 여기에 관하여 학설·판례(대판 2012. 5. 24, 2011다109586 등)는 일치하여 긍정하고 있다.

(3) **보증채무의 모습**

보증채무의 모습(조건·기한 등)은 주채무보다 가벼울 수는 있으나, 무거울 수는 없으며, 만일 더 무거운 때에는 주채무의 한도로 줄어든다(430조).

⑷ 보증채무에 대한 손해배상액의 예정

보증인은 보증채무에 관하여 위약금 기타 손해배상액을 예정할 수 있다(429조 2항).

C-177

Ⅴ. 보증채무의 대외적 효력

1. 채권자의 이행청구와 채무자의 이행

⑴ 채권자의 이행청구

1) 서 설 주채무와 보증채무의 이행기가 모두 도래한 때에는(보증채무의 이행기가 먼저 도래할 수는 없음), 채권자는 주채무자와 보증인에 대하여 따로따로 또는 동시에 채무의 전부나 일부의 이행을 청구할 수 있다. 이때 만약 채권자가 주채무자에게 청구하지 않고 보증인에게 청구하는 경우에는 보증인은 일정한 항변권 기타의 권리를 행사할 수 있다(C-178 이하 참조).

2) 채권자의 통지의무 민법은 2015년 개정 시에 일종의 배려의무로서 채권자의 통지의무규정을 신설하였다. 그에 따르면 채권자는 보증계약을 체결한 후에 일정한 사유가 있는 경우에는 지체없이 보증인에게 그 사실을 알려야 한다(436조의 2 2항). 주채무자가 원본·이자·위약금·손해배상 또는 그 밖에 주채무에 종속한 채무를 3개월 이상 이행하지 않는 경우, 주채무자가 이행기에 이행할 수 없음을 미리 안 경우, 주채무자의 채무 관련 신용정보에 중대한 변화가 생겼음을 알게 된 경우에 그렇다. 그런가 하면 채권자는 보증인의 청구가 있으면 주채무의 내용 및 그 이행 여부를 알려야 한다(436조의 2 3항). 한편 채권자가 제 2 항·제 3 항에 따른 의무를 위반하여 보증인에게 손해를 입힌 경우에는, 법원은 그 내용과 정도 등을 고려하여 보증채무를 감경하거나 면제할 수 있다(436조의 2 4항).

보증인보호법도 채권자의 보증인에 대한 통지의무를 규정하고 있다(동법 5조 참조).

C-178

3) 보증인의 권리

㈎ 부종성에 기한 권리 보증인은 주채무자가 가지는 항변을 가지고 채권자에게 대항할 수 있다(433조 1항). 그리고 주채무자가 항변을 포기하여도 그것은 보증인에게는 효력이 없다(433조 2항).

보증인이 행사할 수 있는 항변으로는 기한유예의 항변권, 동시이행의 항변권, 주채무의 부존재의 항변(주채무의 성립원인이 무효이거나 취소된 경우), 주채무의 소멸의 항변(변제·대물변제·공탁·상계·경개 등의 경우) 등이 있다. 주채무가 소멸시효의 완성으로 소멸한 때에도 보증인은 시효소멸을 주장할 수 있다(이설이 없으며, 판례도 같음. 대판 2012. 7. 12, 2010다51192 등). 주채무가 시효로 소멸한 후에 주채무자가 시효이익을 포기한 때에도 같다(대판 1991. 1. 29, 89다카1114).

보증인은 주채무자의 채권에 의한 상계로 채권자에게 대항할 수 있다(434조).

보증인은 주채무자가 채권자에 대하여 취소권 또는 해제권이나 해지권이 있는 동안은 채권자에 대하여 채무이행을 거절할 수 있다(435조). 그러나 보증인이 그 권리를 행사하지는 못한다.

(나) **보충성에 기한 권리** 보증채무의 보충성에 기한 권리로 민법은 제437조에서 보증인의 최고·검색의 항변권을 규정하고 있다. 그런데 이 권리가 최고의 항변권과 검색의 항변권이라는 별개의 두 항변권인지 「최고와 검색의 항변권」이라는 하나의 항변권인지에 관하여는 견해가 대립된다. i) 다수설은 전자의 견지에 있으나(사견도 같음), ii) 소수설은 후자의 입장을 취한다. 이하에서는 다수설의 견지에서 두 항변권을 나누어 살펴보기로 한다. C-179

(a) **최고의 항변권** 최고의 항변권은 채권자가 보증인에게 채무의 이행을 청구한 경우에 보증인이 일정한 요건을 증명하여 먼저 주채무자에게 청구할 것을 항변할 수 있는 권리이다(437조 본문). 이 최고의 항변권은 연기적 항변권에 해당한다.

이 항변권을 행사하려면, ① 채권자가 주채무자에게 청구하지 않은 상태에서 보증인에게 청구하였어야 하며, ② 보증인이 주채무자에게 변제자력이 있다는 사실과 그 집행이 용이하다는 것을 증명하여야 한다. 집행이 용이하다는 것은 채권자가 집행을 위하여 많은 시일과 비용을 요함이 없이 쉽게 집행을 할 수 있다는 것이다. 일반적으로 말하면 채무자의 주소에 있는 동산은 집행이 용이하지만, 부동산(대판 1962. 9. 27, 62다367)·채권·멀리 있는 동산은 용이하지 않다고 할 수 있다.

최고의 항변권의 행사효과는 두 가지이다. 첫째로 채권자는 주채무자에게 최고하지 않는 한 다시 보증인에게 이행청구를 할 수 없다. 둘째로 최고의 항변권이 행사되었음에도 불구하고 채권자가 최고를 게을리하여 주채무자로부터 채무의 전부나 일부의 변제를 받지 못한 경우에는, 보증인은 채권자가 최고를 게을리하지 않았으면 변제받았을 한도에서 그 의무를 면한다(438조).

보증인이 최고의 항변권을 가지지 못하는 경우가 있다. 보증인이 연대보증인인 때(437조 단서), 주채무자가 파산선고·개인회생절차 개시결정을 받거나 주채무자에 대하여 회생절차가 개시된 때(이때는 변제자력이 없으므로), 주채무자의 행방을 알 수 없는 때(이때는 집행이 용이하지 않으므로)에 그렇다. 그리고 보증인은 최고의 항변권을 포기할 수 있으며, 그때에도 최고의 항변권은 없게 된다.

(b) **검색의 항변권**(선소(先訴)의 항변권) 검색의 항변권은 채권자가 보증인에게 채무의 이행을 청구한 경우에 보증인이 일정한 요건을 증명하여 먼저 주채무자의 재산에 대하여 집행할 것을 항변할 수 있는 권리이다(437조 본문). 이 검색의 항변권도 연기적 항변권이다. 검색의 항변권은 최고의 항변권과는 달리 실효성이 매우 큰 권리이다. C-180

검색의 항변권의 요건은 최고의 항변권에 있어서와 같다(C-179 참조).

이 항변권이 행사되면, 채권자는 먼저 주채무자의 재산에 대하여 집행하지 않으면 보증인에 대하여 다시 이행을 청구하지 못한다. 그리고 보증인이 검색의 항변권을 행사하였음에도 불구하고 채권자가 집행을 게을리하여 주채무자로부터 채무의 전부 또는 일부의 변제를 받지 못한 경우에는, 보증인은 채권자가 집행을 게을리하지 않았으면 변제받았을 한도에서 그 의무를 면한다(438조).

연대보증인이 검색의 항변권을 가지지 못함은 최고의 항변권에서와 같다(437조 단서). 그리고 검색의 항변권도 포기할 수 있다.

(2) 채무자의 이행

보증인이 보증채무의 전부를 이행하면 보증채무뿐만 아니라 주채무도 소멸한다. 주채무가 이행된 경우에도 같다. 보증채무는 다수당사자의 채무이기 때문이다.

C-181

2. 주채무자 또는 보증인에게 생긴 사유의 효력

(1) 주채무자에 관하여 생긴 사유의 효력

채권자와 주채무자와의 사이에서 주채무자에 관하여 생긴 사유는 모두 보증인에 대하여 그 효력이 미친다. 즉 절대적 효력이 있다. 보증채무는 주채무에의 부종성이 있기 때문이다. 다만, 보증채무를 가중하는 합의는 효력을 미치지 못한다(430조). 특기할 점은 다음과 같다.

1) 주채무의 소멸 주채무의 소멸은 그 원인이 무엇이든 언제나 보증인에게 효력이 있다.

2) 주채무에 대한 시효중단 민법은 주채무자에 대한 시효의 중단은 보증인에 대하여 그 효력이 있다고 규정한다(440조). 그리하여 이행청구 기타의 사유에 의한 모든 시효중단이 절대적 효력을 가지게 된다. 그리고 판례는 제440조가 중단된 이후의 시효기간까지 당연히 보증인에게도 그 효력이 미친다고 하는 취지는 아니라고 한다(대판 2006. 8. 24, 2004다26287 · 26294). 나아가 판례는, 채권자와 주채무자 사이의 확정판결에 의하여 주채무가 확정되어 그 소멸시효기간이 10년으로 연장되었다 할지라도 그 보증채무까지 당연히 단기소멸시효의 적용이 배제되어 10년의 소멸시효기간이 적용되는 것은 아니고, 채권자와 연대보증인 사이에 있어서 연대보증채무의 소멸시효기간은 여전히 종전의 소멸시효기간에 따른다고 한다(대판 1986. 11. 25, 86다카1569[핵심판례 244면]; 대판 2006. 8. 24, 2004다26287 · 26294. 이 판결의 타당성에 관하여는 논란이 있으며, 사견은 타당하지 않다는 입장이다. 송덕수, 신사례, [18]번 문제 참조).

(2) 보증인에 관하여 생긴 사유의 효력

채권자와 보증인 사이에서 보증인에게 생긴 사유는 원칙적으로 주채무자에게 효력이 미치지 않는다(상대적 효력). 다만, 변제·대물변제·공탁·상계와 같이 채권을 만족시키는 사유만은 절대적 효력이 있다.

Ⅵ. 보증채무의 대내적 효력(구상관계)

C-182

1. 서 설

보증인이 자기의 출재로 공동의 면책을 얻은 때에는, 그는 당연히 주채무자에 대하여 구상권을 가진다(441조·444조). 그런데 구상의 범위는 보증인이 주채무자로부터 부탁을 받았는지 여부에 따라 다르다. 그리고 민법은 부탁받은 보증인(수탁 보증인)에게는 일정한 경우에 사전구상권도 인정한다(442조).

2. 수탁보증인의 구상권

(1) 면책행위에 의한 구상권

수탁보증인이 과실없이 변제 기타의 출재로 주채무를 소멸하게 한 때에는 주채무자에 대하여 구상권이 있다(441조 1항).

(2) 사전구상권

1) 수탁보증인은 다음과 같이 일정한 경우에는 사전구상권을 가진다(442조).

(가) 보증인이 과실없이 채권자에게 변제할 재판을 받은 때(442조 1항 1호)

(나) 주채무자가 파산선고를 받은 경우에 채권자가 파산재단에 가입하지 않은 때(442조 1항 2호)

(다) 채무의 이행기가 확정되지 않고 그 최장기(最長期)도 확정할 수 없는 경우에 보증계약 후 5년을 경과한 때(442조 1항 3호)

(라) 채무의 이행기가 도래한 때(442조 1항 4호). 그러나 이 경우에는 보증계약 후에 채권자가 주채무자에게 허여(許與)한 기한으로 보증인에게 대항하지는 못한다(442조 2항).

2) 수탁보증인이 사전구상권을 행사하여 주채무자가 보증인에게 배상하는 경우에, 주채무자는 자기를 면책하게 하거나 자기에게 담보를 제공할 것을 보증인에게 청구할 수 있다(443조 전단). 그런가 하면 주채무자는 배상할 금액을 공탁하거나 담보를 제공하거나 보증인을 면책하게 함으로써 배상의무를 면할 수 있다(443조 후단).

(3) 구상권의 범위

수탁보증인의 구상권의 범위는 출재한 연대채무자의 구상권의 범위와 같다(441조 2항·425조 2항. C-160 참조).

(4) 구상권의 제한(제445조·제446조와 그에 관한 학설·판례)

C-183

민법은 제445조·제446조에서 연대채무에 관한 제426조와 유사한 규정을 두고 있다. 즉 제445조 제 1 항에서는 「보증인이 주채무자에게 통지하지 아니하고 변제 기타 자기의 출재로 주채무를 소멸하게 한 경우에 주채무자가 채권자에게 대항할 수 있는 사유가 있었을 때에는 이 사유로 보증인에게 대항할 수 있고 그 대항사유가 상계인 때에는 상계로 소멸할 채권은 보증인에게 이전된다」고 하고, 그 제 2 항에서는「보증인이 변제 기타 자기의 출재로 면책되었음을 주채무자에게 통지하지 아니한 경우에 주채무자가 선의로 채권자에게 변제 기타 유상의 면책행위를 한 때에는 주채무자는 자기의 면책행위의 유효를 주장할 수 있다」고 한다. 그리고 제446조에서는「주채무자가 자기의 행위로 면책하였음을 그 부탁으로 보증인이 된 자에게 통지하지 아니한 경우에 보증인이 선의로 채권자에게 변제 기타 유상의 면책행위를 한 때에는 보증인은 자기의 면책행위의 유효를 주장할 수 있다」고 한다(이는 주채무자에게는 원칙적으로 면책행위 전후에 통지할 의무는 없다는 전제에서 수탁보증인에 대하여서만은 면책행위 후에 통지를 해 주도록 한 것이다).

제445조·제446조의 해석과 관련하여 우리의 문헌은 대부분 해당 규정만을 기술하고 있으며, 약간의 문헌만이 제426조에 관한 통설을 여기에서도 그대로 취하고 있다(사견은 채권법총론 [177] 참조). 그러한 상황에서 우리 대법원은, 수탁보증에 있어서 주채무자가 면책행위를 하고도 보증인에게 통지하지 않은 동안에 보증인도 사전통지 없이 2중의 면책행위를 한 경우에 대하여(이는 446조에 관한 사안임), 연대채무에 관한 우리의 통설과 같은 결과를 인정하여 먼저 이루어진 주채무자의 면책행위가 유효하다고 하였다(대판 1997. 10. 10, 95다46265[핵심판례 246면]).

3. 부탁 없는 보증인의 구상권

C-184

(1) 주채무자의 부탁 없이, 그러나 그의 의사에 반하지 않고 보증인이 된 자가 변제 기타 자기의 출재로 주채무를 소멸하게 한 때에는, 주채무자는「그 당시에 이익을 받은 한도에서」 배상하여야 한다(444조 1항). 그리하여 면책된 날 이후의 법정이자와 손해배상은 제외된다.

(2) 주채무자의 부탁을 받지도 않고 또 그의 의사에 반하여 보증인이 된 자가 변제 기타 자기의 출재로 주채무를 소멸하게 한 때에는, 주채무자는「현존이익의 한도에서」 배상하여야 한다(444조 2항). 이 경우에 주채무자가 구상한 날 이전에 상계원인이 있었음을 주장한 때에는, 그 상계로 소멸할 채권은 보증인에게 이전된다(444조 3항).

(3) 부탁을 받지 않고 보증인이 된 자는 사전구상권은 없다. 그리고 부탁 없이 보증인이 된 자도 수탁보증인과 마찬가지로 일정한 경우에 통지를 하여야 하나(445조), 주채무자는 수탁보증에 있어서와는 달리 부탁 없이 보증인이 된 자에게는 면책행위를 한 뒤에 통지를 할 필요가 없다(446조 참조).

4. 보증인의 변제에 의한 대위권

보증인은 — 부탁 없이 보증인이 된 자도 — 변제할 정당한 이익이 있는 자이므로 변제로 당연히 채권자를 대위한다(481조의 법정대위).

Ⅶ. 특수한 보증

C-185

1. 연대보증

(1) 의의 및 성질

연대보증이란 보증인이 주채무자와 연대하여 채무를 부담하는 것을 말한다(437조 단서 참조). 연대보증채무도 보증채무이므로 부종성이 있다. 그러나 연대보증인은 주채무자와 연대하여 채무를 부담하기 때문에 보충성은 없다(그리하여 최고·검색의 항변권은 가지지 못한다). 그리고 연대보증인이 수인 있더라도 분별(分別)의 이익(C-186 참조)이 없어서 채권자는 어느 연대보증인에 대하여서도 전액을 청구할 수 있다. 그 결과 연대보증의 경우에는 보통의 보증에 있어서보다 채권의 담보력이 크기 때문에 실제에서 널리 이용되고 있다.

연대보증과 구별하여야 할 것으로 보증연대가 있다. 보증연대는 보증인 상호간에 연대의 특약이 있는 경우이다. 이 둘은 모두 보증인이 여럿 있는 경우에 분별의 이익이 없다는 점에서는 같으나, 연대보증에서는 보충성이 없는 데 비하여 보증연대에 있어서는 보충성이 있다는 점에서 차이를 보인다.

(2) 연대보증의 성립

연대보증은 일반적으로 보증계약을 체결하면서 연대의 특약을 하는 때에 성립한다. 그러나 보통의 보증이 성립한 뒤에 최고·검색의 항변권을 포기하는 때에도 성립하며, 법률규정에 의하여 성립하는 경우도 있다(예: 상법 57조 2항).

(3) 효 력

1) 대외적 효력 채권자의 이행청구는 연대채무의 경우와 같다. 그리고 연대보증인은 부종성에 기한 권리는 가지나, 최고·검색의 항변권은 없다(437조 단서). 한편 채무의 이행은 보통의 보증과 마찬가지이다.

연대보증도 본질은 보증이므로, 주채무자와 연대보증인에 관하여 생긴 사유의 효력은 보통의 보증에 있어서와 같다.

2) 대내적 효력 주채무자와 연대보증인 사이의 구상관계도 보통의 보증에서와 같다.

2. 공동보증

C-186

(1) 의 의

공동보증이란 동일한 주채무에 대하여 수인이 보증채무를 부담하는 것을 말한다. 공동보증에는 ① 보통의 보증, ② 연대보증, ③ 보증연대의 세 가지가 있다.

⑵ 채권자에 대한 관계

1) 분별의 이익　　공동보증인은 주채무를 균등하게 나눈 액에 관하여 보증채무를 부담한다(439조). 이를 분별의 이익이라고 한다. 이 분별의 이익이 인정됨으로써 공동보증의 경우에는 채권의 담보력이 약화된다(입법론상 비판의 여지가 있음).

2) 분별의 이익이 없는 경우　　① 주채무가 불가분일 때, ② 보증연대의 경우, ③ 연대보증의 경우(대판 1993. 5. 27, 93다4656 등)에는 분별의 이익이 없다(448조 2항).

⑶ 공동보증인 사이의 구상관계

공동보증인 중 1인이 자기의 출재로 주채무자를 면책하게 한 때에는, 그는 그 전액에 관하여 주채무자에게 구상할 수 있다. 뿐만 아니라 그가 자기의 부담부분을 넘는 변제를 한 때에는, 다른 공동보증인에 대하여도 구상할 수 있다(다만 다른 보증인 가운데 이미 자기의 부담부분을 변제한 사람에 대하여는 구상을 할 수 없다. 대판 1993. 5. 27, 93다4656). 그런데 그 범위는 다음의 두 경우에 차이가 있다.

1) 분별의 이익이 있는 경우　　이 경우에 공동보증인 중 1인이 자기의 부담부분을 넘는 변제를 한 때에는, 부탁을 받지 않은 보증인의 구상권에 관한 규정(444조)을 준용한다(448조 1항. C-184 참조).

2) 분별의 이익이 없는 경우　　이 경우에 공동보증인 중 1인이 자기의 부담부분을 넘는 변제를 한 때에는, 연대채무자의 구상권에 관한 규정(425조 내지 427조)을 준용한다(448조 2항. C-159 이하 참조).

C-187

3. 계속적 보증

⑴ 의　　의

계속적 보증은 일시적 보증에 대응하는 개념으로서 일정기간 또는 부정기간 동안 계속하여 채무를 보증하는 것을 가리킨다. 이러한 계속적 보증에는 근보증(신용보증)·신원보증·임차인 채무의 보증 등 여러 가지가 있다. 계속적 보증의 경우에는 보증인에게 과중한 책임이 요구되므로 보증인을 보호하여야 할 필요성이 크다. 그리하여 민법과 보증인 보호법은 근보증에 관하여 명문규정을 두었으며, 신원보증에 관하여는 특별법이 있다(신원보증법이 그것이다). 아래에서는 계속적 보증 가운데 근보증에 관하여 좀더 살펴보기로 한다.

C-188

⑵ 근보증(신용보증)

1) 의　　의　　근보증은 당좌대월계약·어음할인계약 기타 계속적 거래관계로부터 발생하는 불확정의 채무를 보증하는 것을 말하며, 이는 신용보증이라고도 한다.

민법은 2015년 개정 시에 근보증에 관한 규정을 신설하였다(428조의 3). 그에 따르면 민법상 — 거래관계의 종류를 특정하여 그로부터 발생하는 모든 채권을 담보하거나 또는 거래관계의 종류를 특정하지 않고서 채권자가 채무자에 대하여 취득하는 모든 채권을 보증하는

— 포괄근보증(이와 유사한 포괄근저당에 대하여는 B－307 참조)도 인정된다(428조의 3 1항 1문). 그러면서 근보증의 경우에 보증하는 채무의 최고액을 서면으로 특정하도록 하고(428조의 3 1항 2문), 채무의 최고액을 제428조의 2 제1항에 따른 서면으로 특정하지 않은 보증계약은 무효라고 규정한다(428조의 3 2항). 그 결과 근보증에 관한 과거의 판례 중 제428조의 3에 어긋나는 것(특히 보증한도액을 정하지 않은 경우에 관한 판례)은 유지되기 어려울 것이다.

[참고] 보증인보호법상의 근보증

보증인보호법도 근보증에 관하여 규정을 두고 있다. 그런데 그 법에서는 포괄근보증이 허용되지 않고 한정근보증(특정한 계속적 거래계약이나 그 밖의 일정한 종류의 거래로부터 발생하는 채무 또는 특정한 원인에 기하여 계속적으로 발생하는 채무에 대하여 보증하는 것)만 인정된다(동법 6조 1항 1문). 그리고 근보증의 경우 보증하는 채무의 최고액을 서면으로 특정해야 하며(동법 6조 1항 2문), 그것을 위반한 보증계약은 무효로 된다(동법 6조 2항).

2) 책임의 범위　근보증의 경우에는 보증하는 채무의 최고액을 서면으로 특정해야 하며, 그렇지 않으면 보증계약은 무효이다(428조의 3 1항 2문 · 2항). 그리고 최고액(보증한도액)을 특정한 경우에 보증인은 그 한도액만큼만 책임을 지게 된다.

4. 신원보증(身元保證)

C-189

신원보증은 주로 고용계약에 부수하여 체결되는 계약으로서 다음과 같은 세 가지의 모습이 있다. ① 피용자가 장차 고용계약상의 채무불이행으로 손해배상의무를 부담하게 되는 경우에 그 이행을 담보하는 일종의 신용보증, ② 피용자의 채무 유무를 묻지 않고 사용자의 모든 손해를 담보하는 일종의 손해담보계약, ③ 사용자의 모든 손해 외에 피용자의 의무위반이 없을 것 등도 담보하는 것이 그것이다. 이들 가운데 ①만이 본래의 신원보증이다(②③은 신원인수라고도 한다). 구체적인 신원보증이 이들 중 어느 것에 해당하는지는 계약의 해석의 문제인데, 불분명한 때에는 보다 합리적인 것이라고 할 수 있는 본래의 신원보증, 즉 ①의 유형으로 새겨야 한다.

신원보증은 보통 대가를 받지 않고 친분관계에 의하여 행하여진다. 그러면서도 그 기간이 길고 책임범위도 넓다. 그리하여 신원보증인에게 대단히 불리하다. 여기서 신원보증인의 책임을 완화하여야 할 필요가 있게 되는데, 그러한 목적으로 제정된 특별법이 신원보증법이다.

신원보증법은 신원보증계약의 존속기간(동법 3조), 일정한 경우의 사용자의 통지의무(동법 4조), 일정한 경우의 신원보증인의 계약해지권(동법 5조), 신원보증인의 책임(동법 6조), 신원보증인의 비상속성(동법 7조), 불이익금지(동법 8조) 등을 규정하고 있다.

[참고] 손해담보계약

손해담보계약은 당사자의 일방이 상대방에 대하여 일정한 사항에 대한 위험을 인수하고 그로부터 생기는 손해를 담보하는 것을 목적으로 하는 계약을 말한다. 이 손해담보계약은 채권자가 채무자의 행위로 입게 될 손해를 담보하는 점에서 보증과 유사하다. 그러나 주채무의 존재를 전제로 하지 않아서 부종성·보충성이 없는 점에서 보증과 다르다.

제 7 장 채권양도와 채무인수

제 1 절 채권의 양도

제1관 서 설

Ⅰ. 채권양도의 의의 및 법적 성질

C-190

1. 의 의

채권양도(債權讓渡)라 함은 채권을 그 동일성을 유지하면서(이 점에서 채권자 변경에 의한 경개와 다르다) 이전하는 계약을 말한다(통설 · 판례도 같음. 대판 2002. 4. 26, 2001다59033). 채권의 이전은 법률규정(예: 399조의 배상자대위, 481조의 변제에 의한 대위) · 법원의 명령(전부명령(轉付命令). 민사집행법 229조) · 유언에 의하여서도 일어나지만, 그 경우는 채권양도라고 하지 않으며, 계약의 경우만을 채권양도라고 한다.

민법은 「채권의 양도」라는 절을 두고 있다(제 3 편 제 1 장 제 4 절). 그런데 그것은 보통의 채권인 지명채권의 양도만에 관한 것이며, 증권적 채권의 양도에 관하여는 따로 「지시채권」(제7절) · 「무기명채권」(제8절)의 절이 두어져 있다. 그렇지만 이 책에서는 이해의 편의를 위하여 이들 모두를 여기서 같이 다루기로 한다.

2. 법적 성질

C-191

(1) 처분행위

채권양도는 그에 의하여 직접 채권이 이전되는 처분행위이다(동지 대판 2016. 7. 14, 2015다46119[핵심판례 256면]). 따라서 채권양도가 유효하기 위해서는 양도인이 채권을 처분할 수 있는 권한을 가지고 있어야 하며, 처분권한 없는 자가 지명채권을 양도한 경우에는 특별한 사정이 없는 한 양수인은 채권을 취득하지 못한다(대판 2016. 7. 14, 2015다46119[핵심판례 256면]).

(2) 낙성 · 불요식의 계약인지 여부

지명채권의 경우에는 채권양도는 당사자인 채권자와 양수인 사이의 합의만 있으면 효력이 발생한다. 따라서 지명채권의 양도는 낙성·불요식의 계약이다(이설 없음).

그에 비하여 증권적 채권의 경우에는 양도의 합의 외에 증서의 배서·교부(지시채권의 경우. 508조) 또는 증서의 교부(무기명채권의 경우. 523조)가 있어야 양도의 효력이 생긴다. 여기의 증서의 배서·교부 또는 증서의 교부는 양도합의의 방식(또는 효력발생요건)이고, 따라서 증권적 채권의 양도는 요식계약이라고 해야 한다(다수설임).

(3) 준물권계약

채권양도는 채권의 이전 자체를 목적으로 하는 것으로서 일종의 준물권계약이다(대판 2016. 7. 14, 2015다46119). 따라서 채권이전의 채무를 발생시키는 채권계약(예: 매매·증여)과는 별개의 것이다(대판 2011. 3. 24, 2010다100711). 그런데 이 채권양도가 그 원인행위인 채권의 매매·증여 등과 어떤 관계에 있는지가 문제된다. 이는 물권행위의 독자성·무인성 인정 여부와 같은 문제이다(B-34 이하 참조). 지명채권과 증권적 채권을 나누어 보기로 한다

1) 지명채권의 경우 지명채권의 양도는 원칙적으로 원인행위인 채권행위와 함께 행하여진 것으로 보아야 하며(독자성 부정), 그 원인행위가 부존재·무효·취소·해제 등으로 효력을 잃게 되면 그에 따라 채권양도도 무효로 된다고 하여야 한다(유인성 인정)(여기에 관하여 근래에는 견해가 일치한다). 판례도 같다(대판 2011. 3. 24, 2010다100711).

2) 증권적 채권의 경우 이 경우에 대하여는 채권양도의 독자성과 무인성을 인정하는 데 다툼이 없다. 그리하여 증권적 채권의 양도는 증서의 배서·교부 또는 증서의 교부가 있는 때에 있는 것으로 해석되며(독자성 인정), 채권행위가 실효되어도 채권양도는 영향을 받지 않는다고 하게 된다(무인성 인정).

(4) 채권의 동일성 유지

채권양도가 있으면 채권은 동일성을 유지하면서 양수인에게 이전한다(대판 2002. 4. 26, 2001다59033도 같음). 그 결과 그 채권에 종속된 권리(예: 변제기가 되지 않은 이자채권, 보증채권)도 양수인에게 이전한다. 그리고 그 채권에 붙어 있는 각종의 항변권(예: 동시이행의 항변권·기한유예의 항변권)도 그대로 존속한다.

C-192 Ⅱ. 채권양도의 모습

채권양도는 다음과 같은 여러 가지 모습의 것이 있다.

(1) 매매 · 증여를 목적으로 하는 양도

이는 보통의 경우이다.

(2) 다른 채권을 담보할 목적으로 하는 양도(매도담보 또는 양도담보)

예를 들면 대출을 받으면서 그것을 담보하기 위하여 기존의 채권 자체를 이전하는 경우가 그렇다. 그러한 경우 가운데에는 채권을 매매하는 형식으로 대출을 받을 수도 있고(매도담보), 대출은 소비대차의 형식으로 받되 담보의 목적으로 채권을 이전할 수도 있다(양도담보).

(3) 추심을 목적으로 하는 양도

이러한 양도에는 양수인에게 단순히 추심권능을 주는 것(이는 진정한 의미의 채권양도는 아님)과 추심을 위한 채권의 신탁적 양도(이는 일종의 신탁행위임)의 두 가지가 있다.

제 2 관 지명채권의 양도

I. 지명채권의 양도성

C-193

1. 지명채권의 의의

지명채권(指名債權)은 채권자가 특정되어 있는 채권이며, 보통 채권이라고 하면 지명채권을 가리킨다. 지명채권의 경우에는 증권적 채권과 달리 채권의 성립·존속·행사·양도에 증서(즉 증권)의 작성·교부 등이 필요하지 않다(증서가 작성되었더라도 그것은 채권의 증거방법에 불과함).

2. 양도의 원칙

지명채권(물론 채권이 존재하고 특정할 수 있어야 함)은 원칙적으로 양도성을 갖는다(449조 1항 본문). 그러나 뒤에 보는 바와 같이 상당히 넓은 범위에서 양도가 제한된다.

3. 양도의 제한

C-194

(1) 채권의 성질에 의한 제한

채권의 성질이 양도를 허용하지 않는 때에는, 그 채권은 양도할 수 없다(449조 1항 단서). 그러한 채권의 예로는, 채권자가 변경되면 급부의 내용이 전혀 달라지는 채권(예: 특정인의 초상을 그리게 하는 채권, 부작위채권)을 들 수 있다. 나아가 판례는 매매로 인한 소유권이전등기 청구권은 그 권리의 성질상 양도가 제한된다고 한다(대판 2001. 10. 9, 2000다51216[핵심판례 248면]; 대판 2005. 3. 10, 2004다67653·67660).

(2) 당사자의 의사표시에 의한 제한

채권은 당사자가 반대의 의사표시를 한 경우에는 양도하지 못한다(449조 2항 본문). 이 의사표시는 채권성립시에 할 수도 있으나, 채권성립 후에 하여도 무방하다.

그런데 채권의 양도금지의 의사표시가 있다고 하여도 그것으로써 선의의 제 3 자에게는 대항하지 못한다(449조 2항 단서). 제 3 자가 선의의 제 3 자로 보호받기 위하여서 그가 선의임을 증명할 필요가 없고, 제3자의 악의를 주장하는 자(가령 채무자)가 양도금지의 의사표시의 존재 및 제3자의 악의를 증명하여야 한다(이설이 없으며, 판례도 같음. 대판 2015. 4. 9, 2012다118020; 대판(전원) 2019. 12. 19, 2016다24284(중과실의 증명도 같음) 등).

주의할 것은, 제449조 제2항이 채권양도 금지의 특약은 선의의 제3자에게 대항할 수 없다고만 규정하고 있는데, 우리 판례는 제3자의 중대한 과실은 악의와 같이 취급되어야 하므로 양도금지 특약의 존재를 알지 못하고 채권을 양수한 경우에 있어서 그 알지 못함에 중대한 과실이 있는 때에는 악의의 양수인과 같이 양도에 의한 채권을 취득할 수 없다고 해석하고 있다는 점이다(대판 2015. 4. 9, 2012다118020 등 다수). 그런데 섣불리 그리할 일은 아니다.

최근에 대법원 전원합의체 판결에서 양도금지특약을 위반하여 이루어진 채권양도가 유효한지에 대하여 다투어졌는데, 다수의견이 그러한 양도는 원칙적으로 효력이 없다는 기존의 판례를 유지하였다(대판(전원) 2019. 12. 19, 2016다24284. 이러한 다수의견에 대하여 대법관 4인의 반대의견이 있음).

(3) 법률에 의한 양도금지

법률이 본래의 채권자에게 변제하게 할 목적으로 채권의 양도를 금지하는 경우가 있다. 부양청구권(979조)·각종의 연금청구권(공무원연금법 32조 등) 등이 그 예이다.

법률에 의하여 양도가 금지되는 것은 압류도 할 수 없다. 그러나 압류가 금지되는 채권은 반드시 양도까지 금지된다고 할 수는 없다(통설·판례도 같음. 대판 2015. 5. 14, 2014다12072 등).

C-195

Ⅱ. 지명채권 양도의 대항요건

1. 서 설

지명채권의 양도는 당사자인 양도인과 양수인의 합의(낙성계약)에 의하여 행하여진다. 따라서 양도의 당사자가 아닌 채무자와 기타의 제3자는 채권양도의 사실을 알지 못하여 예측하지 못한 손해를 입을 가능성이 있다. 여기서 민법은 채무자와 기타의 제3자를 보호하기 위하여 일정한 요건을 갖추지 못하면 채권양도를 가지고 이들에게 대항하지 못하도록 규정하고 있다(450조의 대항요건주의).

민법이 정하고 있는 대항요건은 양도인의 통지 또는 채무자의 승낙이다(450조 1항). 그리고 이는 대항하게 되는 자가 채무자이든 기타의 제3자이든 차이가 없다. 그렇지만 채무자에 대한 대항요건과 기타의 제3자에 대한 대항요건은 그 취지가 다르다. 전자는 양수인이 채무자에 대하여 채권을 주장하기 위한 요건인 데 비하여, 후자는 「채권의 양수인」과 「그 양수인의 지위와 양립할 수 없는 법률상의 지위를 취득한 자, 예컨대 채권의 2중양수인·질권자·압류채권자」와의 사이에서 우열을 결정하는 표준이 된다. 그 때문에 민법은 후자에 대하여는 일정한 형식을 요구하고 있기도 하다(450조 2항). 이러한 점에서 볼 때 대항요건은 위의 둘로 나누어 살펴보아야 한다.

2. 채무자에 대한 대항요건

C-196

(1) 대항요건의 두 가지

채무자에 대한 대항요건은 「채무자에 대한 양도인의 통지」 또는 「채무자의 승낙」이다(450조 1항). 이들 대항요건은 기타의 제3자에 대한 대항요건에 있어서와는 달리 특별한 방식이 요구되지 않는다(450조 2항 참조. 대판 1965. 11. 16, 65다1720).

1) 채무자에 대한 양도인의 통지 통지는 채권양도의 사실이 있었음을 알리는 행위이며, 그 법적 성질은 관념의 통지이다(대판 1994. 12. 27, 94다19242 등).

통지는 양도인이 채무자에 대하여 하여야 하며, 양수인의 통지는 대항력을 생기게 하지 않는다. 그러나 반드시 양도인이 직접 할 필요는 없고, 사자(使者)나 대리인으로 하여금 하게 할 수 있으며, 양수인이 양도인의 대리인으로서 통지를 할 수도 있다(대판 2004. 2. 13, 2003다43490 등).

통지는 양도행위와 동시에 할 수도 있으나, 양도 후에 하여도 무방하다(이때 효력은 통지의 도달시에 발생하며, 소급하지 않음). 그러나 양도행위 전에 하는 통지(사전의 통지)는 효력이 없다. 그런데 판례는, 채권양도가 있기 전에 미리 하는 사전통지는 원칙적으로 허용될 수 없다 할 것이지만(대판 2000. 4. 11, 2000다2627), 사전통지가 있더라도 채무자에게 법적으로 아무런 불안정한 상황이 발생하지 않는 경우에까지 그 효력을 부인할 것은 아니라고 한다(대판 2010. 2. 11, 2009다90740).

2) 채무자의 승낙 여기의 승낙은 채권양도의 사실에 대한 인식을 표명하는 행위이며, 그 법적 성질은 의사표시가 아니고 관념의 통지이다(계약 청약에 대한 승낙과 다름을 주의할 것). 승낙은 채무자가 하는 것인데, 그 상대방은 양도인과 양수인 중 누구라도 상관없다(대판 1986. 2. 25, 85다카1529).

승낙은 보통 채권양도 후에 하게 될 것이다. 그러나 통지의 경우와 달리 채권양도가 있기 전에 하는 승낙 즉 사전의 승낙도 유효하다고 할 것이다.

(2) 채권양도가 해제 · 취소된 경우의 문제

C-197

채권양도가 있은 후 그 계약이 합의해제되거나 해제 또는 취소된 경우에도 대항요건을 구비하여야 하는지가 문제된다. 여기에 관하여 학설은 — 합의해제에 관하여 또는 이들 전부에 관하여 — 양수인으로부터 채무자에게 통지되지 않으면 양도인은 채무자에게 대항할 수 없다고 한다(사견은 다름. 채권법총론 [193] 참조). 그리고 판례도 학설과 같다(대판 2014. 4. 10, 2013다76192 등 다수).

(3) 통지나 승낙이 없는 동안의 효력

채권양도가 있은 후 아직 통지나 승낙이 없는 때에는, 양수인은 채권양도를 채무자에게 주장하지 못한다. 채무자가 악의인 경우에도 같다(통설도 같음). 따라서 채무자는 양수인에게 변제를 거절할 수 있고, 양수인은 채무자에 대하여 담보권실행·파산신청 등의 행위를 하지 못한다. 그리고 채무자가 양도인에게 한 변제 기타의 면책행위도 유효하고, 양도인이 채무자에게 행한 상계·면제도 유효하다. 그러나 채권양도의 효력은 양도계약만으로 발생하고(통설도 동지) 통지·승낙은 대항요건에 지나지 않으므로, 채무자가 채권양도의 효력을 인정할 수는 있다. 그 결과 채무자는 양수인에게 유효하게 변제할 수 있다.

C-198 (4) 통지·승낙의 효력

민법은 통지의 효력과 승낙의 효력을 달리 규정하고 있다(451조 참조).

1) 통지의 효력 채권양도가 있으면 채권은 동일성을 유지하면서 양수인에게 이전한다. 따라서 채권에 관한 항변사유는 채권양도 후에도 그대로 존속한다. 다만, 채무자에 대한 대항요건이 갖추어진 후에 채무자가 양도인에 대하여 가지게 된 항변사유는 행사할 수 없다고 하여야 한다. 그리하여 민법은 양도인의 통지가 있는 경우에는 채무자는 그 통지를 받은 때까지 양도인에 대하여 생긴 사유로써 양수인에게 대항할 수 있다고 규정한다(451조 2항). 그 결과 채무자는 변제 기타의 사유로 채권이 소멸하였다는 항변, 동시이행의 항변, 채무의 불성립·무효·취소·계약해제의 항변을 할 수 있다. 취소나 계약해제를 양도통지 후에 하였어도 상관없다.

양도인의 통지는 채권양도가 유효한 경우에만 효력이 생기게 하여야 할 것이나, 민법은 선의의 채무자를 보호하기 위하여 특별한 규정을 두고 있다. 그에 의하면, 양도인이 채무자에게 채권양도를 통지한 때에는, 아직 양도하지 않았거나 그 양도가 무효인 경우에도, 선의의 채무자는 양수인에게 대항할 수 있는 사유로 양도인에게 대항할 수 있다(452조 1항). 그러나 통지가 양수인의 동의를 얻어 철회된 후에 생긴 사유로는 대항하지 못한다(452조 2항 참조).

C-199 2) 승낙의 효력 민법은 승낙의 효력에 관하여는 이의(異議)를 보류하지 않고 행한 승낙에 대한 것만 명문으로 규정하고 있다. 따라서 승낙의 효력은 이의를 보류한 경우와 그렇지 않은 경우로 나누어 기술하여야 한다.

(가) 이의를 보류하고 행한 승낙의 효력 여기서 「이의를 보류한 승낙」이라 함은 채무자가 양도인에 대하여 가지고 있는 항변사유를 보유함을 밝히면서 하는 승낙을 말한다. 이와 같이 승낙한 경우에 대하여 민법은 명문의 규정을 두고 있지 않다. 그것은 이 경우의 효력을 통지의 경우와 동일하게 인정하려는 취지로 이해된다(통설도 같음).

(나) 이의를 보류하지 않고 행한 승낙의 효력 「이의를 보류하지 않고 행한 승낙」이란 채권의 불성립·소멸 기타의 항변사유를 보유하고 있음을 밝히지 않고 단순히 승낙한 것을 가리킨다. 민법은 이의를 보류하지 않고 승낙을 한 때에는 양도인에게 대항할 수 있는 사유로써 양수인에게 대항하지 못한다고 규정한다(451조 1항 본문).

제451조 제 1 항 본문은 양수인의 신뢰보호를 위한 규정이므로 양수인이 악의인 때에는 보호할 필요가 없다. 즉 양수인은 선의이어야 한다. 그런데 판례는 악의나 중과실이 아니어야 한다고 한다(대판 2002. 3. 29, 2000다13887 등).

채무자가 이의를 보류하지 않고 승낙을 하여 양도인에게 대항할 수 있는 사유를 가지고 양수인에게 주장하지 못함으로써 받은 불이익은, 양도인과의 사이에서 조정된다. 즉 채무자가 채무를 소멸하게 하기 위하여 양도인에게 급여한 것이 있으면 이를 회수할 수 있고, 양도인에 대하여 부담한 채무가 있으면(가령 경개의 경우) 그것이 성립하지 않았다고 주장할 수 있다(451조 1항 단서).

3. 채무자 이외의 제 3 자에 대한 대항요건

C-200

(1) 서 설

채권양도의 제 3 자에 대한 대항요건도 채무자에 대한 것과 마찬가지로 양도인의 통지 또는 채무자의 승낙이다(450조 1항). 다만, 단순한 통지·승낙만으로 대항할 수 있게 하면 제 3 자의 지위가 불안할 수 있기 때문에, 민법은 제 3 자에게 대항하기 위하여서는 통지 또는 승낙을 확정일자 있는 증서로써 하도록 규정하고 있다(450조 2항).

(2) 확정일자

여기의 확정일자는 증서에 대하여 그 작성한 일자에 관한 완전한 증거가 될 수 있는 것으로 법률상 인정되는 일자를 말하며, 당사자가 후에 변경하는 것이 불가능한 확정된 일자를 가리킨다(대판 2010. 5. 13, 2010다8310 등). 어떤 것이 확정일자가 되는지에 관하여는 민법 부칙 제 3 조가 정하고 있다. 그에 의하면, 사문서(私文書)에 공증인 또는 법원서기가 일정한 절차에 따라(부칙 3조 2항 참조) 확정일자인(確定日字印)을 찍은 경우의 일자(부칙 3조 1항 참조), 공정증서에 기입한 일자, 그리고 공무소(公務所)에서 사문서에 어느 사항을 증명하고 기입한 일자(예: 내용증명우편의 일자)(부칙 3조 4항 참조) 등이 그에 해당한다.

(3) 제 3 자

여기의 「제 3 자」는 채권양도의 당사자와 채무자를 제외한 모든 자를 가리키는 것이 아니고, 「그 채권에 관하여 양수인의 지위와 양립할 수 없는 법률상의 지위를 취득한 자」만을 가리킨다(이설이 없으며, 판례도 같음. 대판 1983. 2. 22, 81다134·135·136 등). 그러한 제 3 자의 예로는 채권의 2중양수인, 채권 위의 질권자, 채권을 압류 또는 가압류한 양도인의 채권자, 양도인이 파산한 경우의 파산채권자를 들 수 있다.

(4) 「대항한다」는 것의 의미

C-201

채권양도를 가지고 제 3 자에게 「대항한다」는 것은 동일한 채권에 관하여 양립할 수 없는 법률상의 지위를 취득한 자 사이에 있어서 우열을 정하는 것이다. 그리하여 제 3 자가 2중양수인이라면 이 대항요건에 의하여 양수인과 2중양수인 가운데 누가 채권을 배타적으로 취득하게 되는지가 결정된다. 2중양도를 중심으로 하여 대항관계를 살펴보기로 한다.

첫째로 채권이 2중으로 양도된 경우에, 제 1 양도에 관하여는 단순한 통지나 승낙이 있었고 제2양도에 관하여는 확정일자 있는 증서에 의한 통지나 승낙이 있었다면, 제1양수인은 제2양수인에 대하여 자기의 채권을 주장할 수 없게 되고, 이때에는 제2의 양수인이 유일한 채권자로 된다(대판 2013. 6. 28, 2011다83110).

둘째로 2중양도에 있어서 제1양도·제2양도 모두에 관하여 단순한 통지나 승낙만이 있었던 경우는 어떻게 되는가? 그에 대하여 학설은 i) 채무자가 양수인 중의 한 사람을 임의로 선택하여 변제할 수 있다는 견해, ii) 먼저 통지·승낙이 있는 양수인이 우선한다는 견해(사견도 같음) 등으로 나뉘어 있다. 그리고 판례는, 채무자가 승낙을 한 뒤 제2양도에 관하여 채권양도의 통지를 받고 그 2중양수인에게 변제를 한 경우에 대하여 채무자는 제1양수인에게 채무를 변제할 의무가 있다고 하여, ii)설과 같은 견지에 있다(대판 1971. 12. 28, 71다2048).

셋째로 2중양도에 있어서 제1양도·제2양도 모두에 관하여 확정일자 있는 통지나 승낙이 있었던 경우도 문제이다. 이에 대하여 판례는 채권양도에 대한 채무자의 인식시, 즉 양도통지가 도달한 일시 또는 승낙의 일시의 선후에 의할 것이라고 한다(대판(전원) 1994. 4. 26, 93다24223[핵심판례 254면]; 대판 2013. 6. 28, 2011다83110).

제3관 증권적 채권의 양도

C-202 Ⅰ. 서 설

증권적 채권(證券的 債權)은 채권의 성립·존속·양도·행사 등을 그 채권이 화체(化體)(또는 표창(表彰))되어 있는 증권(證券)에 의하여 하여야 하는 채권을 말한다(이때 채권이 화체(化體)되어 있는 증권(증서)은 일종의 유가증권이다). 증권적 채권에는 기명채권·지시채권(指示債權)·지명소지인출급채권(指名所持人出給債權)·무기명채권(無記名債權)의 네 가지가 있는데, 민법은 이들 중 기명채권을 제외한 나머지 세 가지에 관하여만 규정하고 있다.

C-203 Ⅱ. 지시채권의 양도

(1) 지시채권의 의의

지시채권은 특정인 또는 그가 지시(지정)한 자에게 변제하여야 하는 증권적 채권이다. 화물상환증(상법 130조)·창고증권(상법 157조)·선하증권(상법 861조)·어음(어음법 11조·77조)·수표(수표법 14조) 등 상법·어음법·수표법이 규정하는 전형적인 유가증권은 배서금지의 기재가 없는 한 법률상 당연한 지시채권이다. 그 밖에 이론상으로는 민법의 적용만을 받는 지시채권도 있을 수 있으나, 실제로는 그 예가 없다. 따라서 민법의 지시채권에 관한 규정은 그 의의가 매우 적다(화물상환증

(등에는 상법 등이 적용되기 때문이다).

(2) 지시채권의 양도방법

지시채권은 그 증서(증권)에 배서하여 양수인에게 교부하는 방식으로 양도한다(508조). 증서의 배서·교부는 지시채권 양도의 성립요건 내지 효력발생요건이다(C-191 참조).

(3) 배 서

C-204

1) 배서의 방식 배서는 증서(보통 이면(裏面)에 하나, 반드시 그래야 하는 것은 아님) 또는 그 보충지에 그 뜻을 기재하고 배서인이 서명 또는 기명날인하는 방식으로 한다(510조 1항).

2) 배서의 모습 배서는 피배서인을 지정하여 하는 것(이것이 정식배서(正式背書)임)이 원칙이나, 피배서인을 지정하지 않고 할 수 있으며(이는 배서문구는 없는 때임) 또 배서인의 서명이나 기명날인만으로 할 수도 있다(510조 2항). 이를 약식배서(略式背書) 또는 백지식 배서라고 한다.

배서에는 증서의 소지인에게 지급하라는 뜻을 기재하는 소지인출급배서도 있는데, 그러한 배서는 약식배서와 같은 효력이 있다(512조).

지시채권은 그 채무자에 대하여도 배서하여 양도할 수 있다(509조 1항). 이 경우의 배서를 환배서(還背書)라고 한다.

3) 배서의 효력 민법상 지시채권의 배서에는 이전적 효력과 자격수여적 효력이 있다. 그러나 어음법·수표법상 인정되는 담보적 효력은 없다(어음법 15조·77조 1항, 수표법 18조 참조).

(가) 이전적 효력 배서에는 채권을 이전하게 하는 효력인 권리이전적 효력이 있다.

(나) 자격수여적 효력 배서의 연속이 있을 경우 피배서인으로 되어 있는 자가 증서를 소지하고 있으면 채권자로서의 자격이 인정되는 것을 자격수여적 효력이라고 한다(513조).

(4) 양수인의 보호

C-205

민법은 지시채권의 양수인을 보호하고 그 채권의 유통성을 확보하기 위하여 다음의 두 제도를 두고 있다.

1) 인적 항변의 제한 지시채권의 채무자는 소지인의 전자(前者)에 대한 인적 관계의 항변으로 소지인에게 대항하지 못한다(515조 본문). 따라서 그러한 인적 항변은 그 배서인에게만 대항할 수 있다. 다만, 소지인이 그 채무자를 해함을 알고 지시채권을 취득한 때에는 채무자는 인적 항변으로도 소지인에게 대항할 수 있다(515조 단서).

2) 선의취득 민법은 거래의 안전을 보호하고 지시채권의 유통성을 확보하기 위하여 매우 완화된 요건 하에 선의취득을 인정하고 있다. 즉 증서의 소지인이 증서를 무권리자로부터 취득한 경우에도 그 소지인이 양도인에게 권리가 없음을 몰랐고(선의) 또 그 모른 데 중대한 과실이 없는 때에는 그 증서상의 권리를 취득한다(514조).

(5) 채무자의 보호

지시채권의 채무자는 배서의 연속 여부를 조사할 의무가 있으며, 배서인의 서명 또는 날인의 진위나 소지인의 진위를 조사할 권리는 있으나 의무는 없다(518조 본문). 그러나 채무자가 변제하는 때에 소지인이 권리자가 아님을 알았거나 중대한 과실로 알지 못한 때에는 그 변제는 무효로 된다(518조 단서). 그 밖에 제516조·제517조·제519조·제520조도 참조.

(6) 증권의 멸실·상실

멸실한 증서나 소지인의 점유를 이탈한 증서는 공시최고의 절차에 의하여 무효로 할 수 있다(521조). 공시최고의 신청이 있는 때에는 채무자로 하여금 채무의 목적물을 공탁하게 할 수 있고, 소지인이 상당한 담보를 제공하면 변제하게 할 수 있다(522조).

C-206

Ⅲ. 무기명채권의 양도

무기명채권은 특정한 채권자를 지정함이 없이 증서(증권)의 소지인에게 변제하여야 하는 증권적 채권이다. 무기명채권의 예로는 무기명사채·무기명식 수표 등의 상법·수표법상의 유가증권, 상품권·시중은행의 양도성예금증서(대판 2000. 3. 10, 98다29735)를 들 수 있다.

무기명채권의 양도는 증서를 교부하는 방식으로 행한다(523조). 그리고 무기명채권에는 지시채권에 관한 규정(배서에 관한 규정을 제외한 514조 내지 522조)이 준용된다(524조).

Ⅳ. 지명소지인출급채권의 양도

지명소지인출급채권은 특정인 또는 증서(증권)의 정당한 소지인에게 변제하여야 하는 증권적 채권이다. 지명소지인출급채권의 효력(양도 포함)은 무기명채권에서와 같다(525조).

Ⅴ. 면책증서(면책증권)

면책증서란 증서(증권)의 소지인에게 변제하면 비록 그 자가 진정한 채권자가 아닌 경우에도 채무자가 선의인 한 면책되는 증권이다. 철도여객의 수하물상환증, 호텔의 휴대품예치증이 그 예이다. 이것은 단순한 자격증서이며 유가증권이 아니다(이때의 채권은 보통 지명채권이다). 그렇지만 면책증서가 증권적 채권과 비슷한 측면이 있기 때문에 민법은 지시채권에 관한 일부규정(516조·517조·520조)을 면책증서에 준용하고 있다(526조).

제 2 절 채무의 인수

Ⅰ. 채무인수의 의의 및 법적 성질

C-207

1. 의 의

채무인수(債務引受)는 채무를 그 동일성을 유지하면서 인수인에게 이전시키는 계약이다. 이러한 채무인수가 있으면 종래의 채무자는 채무를 면하게 되고 인수인이 새로이 채무자가 된다. 이와 같은 채무인수는 뒤에 설명하는 병존적(중첩적) 채무인수(C-212·213 참조)와 구별하여 면책적 채무인수라고도 한다. 채무인수의 경우에는 채무가 동일성을 유지하면서 인수인에게 이전되는 점에서 채무자변경에 의한 경개(C-265 이하 참조)와 다르다.

채무의 이전은 법률규정에 의하여 생길 수도 있으나(예: 1005조(상속), 주택임대차보호법 9조), 계약인 채무인수에 의하는 때가 많다.

채무는 급부의무이고, 따라서 채무자가 변경되면 의무의 질이 달라지게 된다. 그렇지만 민법은 채권자의 관여 하에 채무인수를 할 수 있도록 규정하고 있다.

2. 법적 성질

(1) 채무인수의 법적 성질은 채무인수의 종류에 따라 다르다. 채무인수는 당사자가 누구인가에 의하여 세 가지로 나누어진다. 채권자·채무자·인수인의 3면계약에 의하는 경우, 채권자·인수인이 당사자인 경우, 채무자·인수인이 당사자인 경우가 그것이다. 이들 가운데 앞의 두 경우에는 채무인수는 채권행위와 준물권행위(그리하여 처분행위)의 성질을 갖는다(통설도 같음). 그에 비하여 채무자·인수인이 당사자인 채무인수는 처음에는 채권행위로서의 성질만을 가지고 있다가 채권자의 승낙이 있으면 준물권행위로 된다고 할 것이다(이설 있음).

(2) 채무인수는 낙성·불요식의 계약이다.

Ⅱ. 채무인수의 요건

C-208

1. 채무에 관한 요건

(1) 채무의 존재

채무인수가 되려면 먼저 채무가 유효하게 존재하여야 한다.

(2) 채무의 이전가능성

채무인수가 되려면 채무가 이전할 수 있는 것이어야 한다.

채무 가운데에는 그 성질상 이전할 수 없는 것이 있다. 채무자가 변경되면 급부의 내용이 전혀 달라지는 채무(예: 그림을 그려주기로 한 채무, 고용·위임에 의한 채무) 등이 그렇다. 이러한 채무는 채무인수의 대상이 되지 못한다(453조 1항 단서).

그리고 민법상 명문의 규정은 없지만 채권자·채무자 사이에 인수금지 특약이 체결된 때에는 인수가 인정되지 않는다고 하여야 한다(이설 없음).

C-209

2. 인수계약의 당사자

채무인수는 당사자의 측면에서 볼 때 다음의 세 경우가 있다.

(1) 채권자 · 채무자 · 인수인이 당사자로 되는 경우

명문의 규정은 없지만 계약자유의 원칙상 이들 세 당사자에 의한 채무인수도 유효하다.

(2) 채권자와 인수인이 당사자로 되는 경우

채무인수의 기본적인 모습은 채권자와 인수인이 당사자로 되는 경우이다. 이러한 채무인수도 당연히 유효하며(453조 1항), 그때에는 채무자의 동의 또는 수익의 의사표시는 필요하지 않다. 다만, 이해관계 없는 제3자는 채무자의 의사에 반하여 채무를 인수하지 못한다(453조 2항).

C-210

(3) 채무자와 인수인이 당사자로 되는 경우

채무인수는 채무자와 인수인 사이의 계약으로도 할 수 있다. 그러나 이러한 채무인수는 채권자의 승낙이 있어야 효력이 생긴다(454조 1항). 여기의 채권자의 승낙은 채무인수계약의 효력발생요건으로 보아야 한다(대판 2013. 9. 13, 2011다56033 등). 그리고 채권자의 승낙이 없는 경우에는 채무자와 인수인 사이에서 면책적 채무인수 약정을 하더라도 이행인수 등으로서의 효력밖에 갖지 못하며 채무자는 채무를 면하지 못한다(대판 2012. 5. 24, 2009다88303).

승낙은 명시적으로뿐만 아니라 묵시적으로도 할 수 있으며(대판 2015. 5. 29, 2012다84370 등), 채권자가 채무인수인에게 지급을 청구한 것은 묵시적인 승낙에 해당한다(대판 1989. 11. 14, 88다카29962). 한편 인수인이나 채무자는 상당한 기간을 정하여 승낙 여부의 확답을 채권자에게 최고할 수 있고(455조 1항), 만약 채권자가 그 기간 내에 확답을 발송하지 않은 때에는 거절한 것으로 본다(455조 2항). 그리고 이 채무인수는 채권자의 승낙이 있을 때까지는 당사자가 이를 철회하거나 변경할 수 있다(456조).

Ⅲ. 채무인수의 효과

C-211

(1) 채무의 이전

채무인수가 있으면 채무는 그 동일성을 유지하면서 채무자로부터 인수인에게 이전한다. 그리하여 이제는 전 채무자는 채무를 면하게 된다.

채무가 이전되는 시기는 채무인수가 준물권행위로서 효력을 발생하는 때이다. 따라서 원칙적으로는 채무인수계약을 체결하는 때에 이전한다. 다만, 채무인수가 채무자와 인수인 사이의 계약에 의하여 이루어지는 경우에는, 그 승낙이 있는 때에 채무가 이전한다고 하여야 한다. 그런데 채권자의 이 승낙은 다른 의사표시가 없으면 채무를 인수한 때에 소급하여 그 효력이 생긴다(457조 본문). 즉 소급효가 인정된다. 그러나 이 승낙의 소급효는 제 3 자의 권리를 해하지 못한다(457조 단서).

(2) 항변권의 이전

인수인은 전 채무자가 가지고 있던 항변으로 채권자에게 대항할 수 있다(458조).

(3) 종된 채무와 담보

1) 채무인수가 있으면 변제기가 되지 않은 이자채무 등의 종된 채무는 함께 이전한다.

2) 전 채무자의 채무에 부종하는 담보는 어떻게 되는가? 먼저 법정담보권(유치권·법정질권·법정저당권 등)은 채무인수에 영향을 받지 않는다고 하여야 한다. 그에 비하여 약정담보는 담보제공자가 제 3 자인가 채무자인가에 따라 달라지게 된다.

제 3 자가 제공한 담보는 그것이 보증이든 물상보증이든 채무인수로 모두 소멸하는 것이 원칙이다(459조 본문). 그러나 보증인이나 물상보증인이 채무인수에 동의한 때에는 소멸하지 않는다(459조 단서).

한편 채무자가 설정한 담보(이는 언제나 물적 담보임)는, 민법상 명문의 규정은 없지만, 채권자·인수인 사이의 채무인수의 경우에는 소멸하고, 채무자·인수인 사이의 채무인수의 경우에는 제459조 단서를 유추하여 존속한다고 새겨야 할 것이다(이설 없음).

Ⅳ. 채무인수와 유사한 제도

C-212

1. 병존적 채무인수

(1) 의 의

병존적 채무인수란 제 3 자(인수인)가 종래의 채무자와 함께 그와 동일한 내용의 채무를 부담하는 계약을 말하며, 이는 중첩적 채무인수라고도 한다.

병존적 채무인수에 있어서는 면책적 채무인수에 있어서와 달리 종래의 채무자가 채무를 면하지 않고 인수인이 그와 별도로 같은 내용의 채무를 부담하게 됨으로써 두 채무가 병존하게 된다.

병존적 채무인수는 면책적 채무인수와 달리 처분행위(준물권 행위)로서의 성질은 없으며 단순한 채권행위 내지 의무부담행위에 지나지 않는다.

C-213 (2) 요 건

1) 인수대상 채무는 제3자에 의하여서도 이행될 수 있는 것이어야 한다.

2) 병존적 채무인수도 당사자의 측면에서 세 가지 경우를 생각할 수 있다.

(가) 채권자·채무자·인수인의 3면계약으로 할 수 있다.

(나) 채권자와 인수인 사이의 계약으로 할 수 있다. 그런데 이때 채무자의 의사에 반하여서도 할 수 있는가? 여기에 관하여 학설은 i) 긍정설(다수설이며, 사견도 같음)과 ii) 부정설로 나뉘어 있고, 판례는 i)설과 같다(대판 1988. 11. 22, 87다카1836 등).

(다) 채무자와 인수인 사이의 계약으로도 할 수 있다. 그런데 이 방법에 의한 병존적 채무인수는 일종의 제3자를 위한 계약에 해당한다(통설·판례도 같음. 대판 2013. 9. 13, 2011다56033 등). 따라서 채무자와 인수인 사이에 채권자에게 채권을 취득시키는 합의가 행하여져야 하고, 또 채권자의 수익의 의사표시가 있어야 한다(539조 2항 참조).

(3) 효 과

병존적 채무인수가 있는 경우에는 기존의 채무가 그대로 있는 채로 인수인이 그와 별도로 같은 내용의 채무를 부담하게 된다. 그렇지만 두 채무 가운데 어느 하나가 변제되면, 두 채무는 모두 소멸하게 된다.

C-214 2. 이행인수

이행인수는 인수인이 채무자에 대하여 채무자의 채무를 이행할 것을 약정하는 채무자와 인수인 사이의 계약이다(동지 대판 2016. 10. 27, 2015다239744). 이 이행인수에 있어서는 인수인이 직접 채권자에 대하여 채무를 부담하지 않고 단지 채무자에 대하여만 변제의무를 부담할 뿐이다(동지 대판 2016. 10. 27, 2015다239744). 판례는, 부동산의 매수인이 매매목적물에 관한 근저당권의 피담보채무·가압류채무·임대차보증금 반환채무를 인수하면서 그 채무액을 매매대금에서 공제하기로 한 경우에는, 특별한 사정이 없는 한 채무인수가 아니고 이행인수라고 한다(대판 1993. 2. 12, 92다23193[핵심판례 258면]; 대판 2007. 9. 21, 2006다69479·69486 등 다수).

3. 계약인수

계약인수는 계약당사자의 지위(예: 임차인의 지위)의 승계를 목적으로 하는 계약이다. 이러한 계약인수가 있으면 종래 계약당사자 일방이 가지고 있던 권리·의무가 모두 그대로 승계인에게 이전된다.

계약인수는 본래의 계약당사자와 양수인의 3면계약으로 할 수 있음은 물론이나, 인적 요소가 문제되지 않는 계약의 경우에는 양도인·양수인의 합의(관계당사자 3인 중 2인의 합의)와 남은 당사자의 동의 또는 승낙에 의하여서도 할 수 있다(이설이 없으며, 판례도 같음. 대판 2020. 12. 10, 2020다245958 등 다수). 그런데 판례는 임대인의 지위의 양도에 관하여는 완화된 모습을 보인다(대결 1998. 9. 2, 98마100).

4. 계약가입

계약가입은 종래의 당사자가 계약관계에서 벗어나지 않고 가입자와 더불어 당사자의 지위를 가지는 것을 말한다. 이는 병존적 계약인수라고 표현할 수 있다. 계약가입의 인정에 관하여 판례는 계약자유 내지 사적 자치의 원칙상 당연히 인정된다고 한다(대판 1996. 9. 24, 96다25548 등).

채권의 소멸

제1절 서　　설

C-215 **Ⅰ. 채권의 소멸과 그 원인**

채권의 소멸이란 채권이 객관적으로 존재하지 않게 되는 것을 말한다. 채권의 소멸원인에는 여러 가지가 있으나, 민법은 제3편(채권) 제1장(총칙) 제6절(채권의 소멸)에서 채권의 소멸원인으로 변제·대물변제·공탁·상계·경개·면제·혼동의 7가지를 규정하고 있다. 그러나 이는 채권소멸원인의 전부가 아니다. 채권은 채무자에게 책임없는 이행불능, 목적의 소멸, 소멸시효의 완성, 채권의 존속기간의 만료 등에 의하여서도 소멸한다. 아래에서는 채권편에 규정되어 있는 7가지의 채권소멸원인에 관하여서만 살펴보기로 한다.

제2절 변　　제

C-216 **Ⅰ. 변제의 의의**

변제란 채무자(또는 제3자)가 채무의 내용인 급부를 실현하는 것을 말한다. 동산의 매도인이 목적물을 인도하거나 또는 임차인이 차임으로 금전을 지급하는 것(금전채무의 변제는 특히 지급이라고 함)이 그 예이다. 변제는 채무의 이행과 그 실질에 있어서 같다. 이행은 채권을 소멸시키는 행위의 측면에서 본 것이고, 변제는 채권의 소멸이라는 측면에서 본 것이다.

변제는 이행행위(급부행위)에 의한 「급부의 실현」으로서 이행행위와 구별된다. 적어도 개념상 이행행위는 변제의 수단에 지나지 않는다. 이행행위는 사실행위일 수도 있고(예: 금전의 지급·노무의 제공·부작위채무의 이행) 법률행위일 수도 있다(예: 제3자에의 매매).

Ⅱ. 변 제 자

C-217

1. 채 무 자

본래 채무자가 변제자가 된다. 그러나 항상 채무자가 직접 이행행위(급부행위)를 하여야 하는 것은 아니다.

2. 제3자

(1) 원 칙

채무변제는 언제나 채무자만이 하여야 하는 것은 아니다. 제3자도 원칙적으로 변제를 할 수 있다(469조 1항 본문). 제3자의 변제는 제3자가 채무자의 채무를 「자기의 이름으로」, 그러나 「타인의 채무로서」 변제하는 것이다(「자기의 채무로서」 변제하는 경우에는 비채변제가 된다. 742조·745조 참조).

제3자의 변제가 있으면 채무자의 변제가 있는 때와 마찬가지로 채권은 소멸한다. 다만, 변제한 제3자는 일정한 경우에는 채권자의 권리를 대위한다(「변제에 의한 대위」이다. C-236 이하 참조). 그리하여 그 경우에는 채권은 변제자와 채무자 사이에 존속하게 된다(문헌들은 이를 채권의 상대적 소멸이라고 설명하는 것이 보통이다).

(2) 예 외

민법은 다음 세 가지의 경우에는 제3자의 변제를 금지하고 있다.

1) 채무의 성질에 의한 제한 채무의 성질이 제3자의 변제를 허용하지 않는 때에는 제3자가 변제할 수 없다(469조 1항 단서). 일신전속적 급부를 내용으로 하는 채무가 그렇다.

2) 당사자의 의사표시에 의한 제한 당사자의 의사표시로 제3자의 변제를 허용하지 않는 때에는 제3자가 변제할 수 없다(469조 1항 단서).

3) 이해관계 없는 제3자의 변제의 제한 이해관계 없는 제3자는 채무자의 의사에 반하여 변제하지 못한다(469조 2항). 여기의 「이해관계」는 법률상 이해관계를 가리킨다(대결 2009. 5. 28, 2008마109 등).

연대채무자·보증인·물상보증인·저당부동산의 제3취득자(대판 1995. 3. 24, 94다44620) 등과 같이 법률상 변제에 이해관계 있는 제3자는 채무자의 의사에 반하여서도 변제할 수 있고, 변제로 채무자에 대하여 구상권을 행사할 수 있다(대판 2010. 3. 25, 2009다29137).

Ⅲ. 변제수령자

C-218

1. 의 의

원칙적으로 채권자(및 그의 대리인 또는 수령보조자)가 변제수령자가 되나, 채권자라도 수령권한이 없는 경우가 있고, 채권자 이외의 자에게 수령권한이 있는 경우도 있다.

2. 채 권 자

(1) 원 칙

채권자는 원칙적으로 변제수령권한을 가진다.

(2) 예 외

채권자임에도 불구하고 예외적으로 다음과 같은 경우 등에는 수령권한이 없다.

1) 채권이 압류(또는 가압류)된 경우(민사집행법 227조·296조 3항).

2) 채권이 입질된 경우(352조 내지 354조).

3) 채권자가 파산선고를 받은 경우(이때는 파산관재인이 수령권한을 가짐. 채무자회생법 384조. 동법 332조·334조도 참조).

C-219

3. 채권자 이외의 변제수령자

(1) 수령권한이 있는 자

채권자에 의하여 또는 법률규정·법원의 선임에 의하여 변제수령권한이 부여된 자는 수령권한이 있다. 채권자의 임의대리인·부재자가 선임한 재산관리인·채권의 추심을 위임받은 수임인은 전자의 예이고, 제한능력자의 법정대리인·대항요건을 갖춘 채권질권자(353조)·파산관재인(채무자회생법 384조) 등은 후자의 예이다.

(2) 표현수령권자

민법은 선의의 변제자(그 결과 거래의 안전)를 보호하기 위하여 일정한 경우에는 채권자 이외의 자에 대한 변제를 유효한 것으로 하고 있다.

1) 채권의 준점유자(470조)

(가) 채권의 준점유자의 의의 채권의 준점유자란 채권을 사실상 행사하는 자이다(210조 참조). 여기서 「채권을 사실상 행사한다」 함은 거래관념상 채권을 행사할 정당한 권한을 가진 것으로 믿을 만한 외관을 가지는 것을 말한다(대판 2013. 12. 12, 2013다54055 등). 채권의 준점유자의 예로는 예금증서 기타의 채권증서와 인장을 소지한 자·표현상속인(表見相續人)(대판 1995. 3. 17, 93다32996 등)을 들 수 있다.

어떤 자가 스스로 채권자라 하지 않고 채권자의 대리인이라고 하면서 채권을 행사하는 경우에도 채권의 준점유자로 되는가? 여기에 관하여 판례는 준점유자가 스스로 채권자라고 하여 채권을 행사하는 경우뿐만 아니라 채권자의 대리인이라고 하면서 채권을 행사하는 때에도 채권의 준점유자에 해당한다고 한다(대판 2004. 4. 23, 2004다5389).

C-220 (나) 준점유자에 대한 변제가 유효하기 위한 요건 채권의 준점유자에 대한 변제가 유효하려면 변제자가 선의·무과실이어야 한다(470조). 여기서 선의라는 것은 준점유자에게 변제수령권한이 없음을 알지 못하는 것만으로는 부족하며 적극적으로 수령권한이 있다고 믿었어야 한다(이설 없음). 그리고 무과실은 그렇게 믿은 데에 과실이 없는 것이다.

(다) 준점유자에 대한 변제의 효과 채권의 준점유자에 대한 변제가 위와 같은 요건을 갖춘 경우의 효과는 어떻게 되는가? 이에 대하여 학설은 채권의 준점유자에 대한 선의 변제의 효과는 확정적이고, 따라서 변제자는 준점유자에 대하여 변제한 것의 반환을 청구하지 못한다는 견해(사견도 같음) 등으로 나뉘어 있다. 그리고 판례는 위의 학설과 같다(대판 1980. 9. 30, 78다1292).

2) 영수증 소지자(471조) C-221

(가) 영수증을 소지한 자에 대한 변제는 그 소지자가 변제를 받을 권한이 없는 경우에도 효력이 있다(471조 본문). 그러나 변제자가 그 권한 없음을 알았거나 알 수 있었을 경우에는 그러하지 아니하다(471조 단서).

영수증은 변제의 수령을 증명하는 문서인데, 이 규정에서의 영수증은 진정한 것(작성권한이 있는 자가 작성한 것 외에 대리인이 작성한 것, 무권대리인이 작성하였으나 표현대리의 요건이 갖추어진 경우도 이에 해당한다)만을 가리키며 위조된 것은 포함되지 않는다(이설 없음). 다만, 위조된 영수증 소지자에 대한 변제는 경우에 따라서 제470조의 채권의 준점유자에 대한 변제로 될 수는 있다.

(나) 영수증 소지자에 대한 변제의 효과는 채권의 준점유자에 대한 변제의 경우와 같다.

3) 증권적 채권의 증서의 소지인 지시채권·무기명채권·지명소지인출급채권과 같은 증권적 채권의 증서(증권)의 소지인에 대하여 행한 변제는, 그 소지인이 진정한 권리자가 아니더라도, 변제자가 악의이거나 그에게 중과실이 없는 한 유효하다(514조·518조·524조·525조).

4. 수령권한 없는 자에 대한 변제 C-222

변제수령권한 없는 자에 대한 변제는, 위에서 설명한 표현수령권자에 대한 것을 제외하고는, 무효이다. 그러나 그 변제로 인하여 채권자가 이익을 받은 경우(예: 무권대리인이 변제된 것을 채권자에게 인도한 경우)에는 그 한도에서 유효하게 된다(472조).

Ⅳ. 변제의 목적물 C-223

민법은 「주는 급부」(물건의 인도를 내용으로 하는 급부)를 목적으로 하는 채무 즉 「주는 채무」의 경우에 변제하여야 할 물건과 관련하여 몇 개의 특별규정을 두고 있다.

(1) 특정물의 현상인도

특정물의 인도가 채권의 목적인 때에는 채무자는 이행기의 현상(現狀)대로 그 물건을 인도하여야 한다(462조). 여기의 「이행기」는 「인도할 때」로 새겨야 한다.

(2) 타인의 물건의 인도

채무의 변제로 타인의 물건을 인도한 채무자는 다시 유효한 변제를 하지 않으면 그 물건의 반환을 청구하지 못한다(463조). 즉 타인의 물건을 인도하는 것이 유효한 변제로 되지는 않으며, 단지 그 반환청구만 제한될 뿐이다. 그런데 반환청구를 할 수 없는 것은 채무자만이고 채무자가 아닌 소유자와 같은 자까지 그러한 것은 아니다(대판 1993. 6. 8, 93다14998 · 15007).

타인의 물건의 인도가 예외적으로 유효한 변제로 되는 경우가 있다. 채무자가 타인의 물건을 인도한 경우에 채권자가 변제로 받은 물건을 선의로 소비하거나 타인에게 양도한 때에 그렇다(465조 1항). 그러나 이것 역시 채무자에 대한 관계에서 인정되는 효과이다. 따라서 가령 채무자가 아닌 소유자는 채권자에 대하여 부당이득의 반환을 청구할 수 있고, 그러한 경우에 반환을 한 채권자는 채무자에 대하여 구상권을 행사할 수 있다(465조 2항).

제463조 · 제465조의 해석에 관하여는 주의할 점이 있다. 첫째로 제463조(그 결과 465조도)는 특정물채권에는 적용되지 않는다. 그때는 유효한 변제를 다시 할 수 없기 때문이다. 둘째로 이들 규정에 있어서 「채무자」는 널리 「변제자」의 의미로 새겨야 한다.

(3) 양도능력 없는 소유자의 물건인도

제한능력자와 같이 양도할 능력 없는 소유자가 채무의 변제로 물건을 인도한 경우에는, 그 변제가 취소된 때에도, 다시 유효한 변제를 하지 않으면 그 물건의 반환을 청구하지 못한다(464조). 그러나 이러한 경우에도 채권자가 변제로 받은 물건을 선의로 소비하거나 타인에게 양도한 때에는, 변제는 유효하게 된다(465조 1항).

제464조도 특정물채권에는 적용되지 않는다.

C-224

V. 변제의 장소

(1) 변제의 장소(급부장소)는 변제(이행)를 하여야 하는 장소이다(급부효과 발생지와 구별하여야 함). 채무는 변제의 장소에 의하여 지참채무 · 추심채무 · 송부채무로 나누어진다(C-39 · 40 참조). 변제의 장소는 우선 당사자의 의사표시(이는 합의를 의미함) 또는 채무의 성질(예: 가옥의 수리채무)에 의하여 정하여진다(467조 1항). 그런데 이들 표준에 의하여 정하여지지 않는 경우에는, 특별한 규정(586조 · 700조 상법 56조 등)이 없는 때에는, 제467조의 규정에 의하여 정하여진다(467조 2항 본문).

제467조에 의하면, 특정물의 인도를 목적으로 하는 채무는 채권성립 당시에 그 물건이 있던 장소에서 변제하여야 하며(1항), 특정물채무 이외의 채무의 변제는 채권자의 현주소(채무를 이행할 당시의 주소)에서 하여야 한다(2항 본문). 후자가 이른바 지참채무의 원칙이다. 다만, 특정물채무 이외의 채무일지라도 그것이 영업에 관한 것일 때에는 채권자의 현영업소에서 변제하여야 한다(467조 2항 단서).

(2) 변제의 제공은 변제의 장소에서 행하여져야 하며, 다른 곳에서의 제공은 채무의 내용에 좇은 것이 되지 못한다.

Ⅵ. 변제의 시기

C-225

(1) 변제의 시기는 채무를 이행하여야 하는 시기 즉 이행기 또는 변제기를 가리킨다. 이행기(변제기)는 당사자의 의사표시·급부의 성질 또는 법률의 규정(585조·603조·613조·635조·660조·698조 등)에 의하여 정하여진다. 그런데 문제는 이들 표준에 의하여 이행기가 정하여지지 않는 경우이다. 여기에 관하여는 채권이 발생함과 동시에 이행기에 있다고 하는 견해(채권발생시설)(사견도 같음. 채권법총론 [218] 참조) 등이 대립하고 있다.

(2) 채무자는 이행기에 변제(이행)하여야 한다. 그러나 당사자의 특별한 의사표시가 없으면 채무자는 기한의 이익을 포기하여(153조 참조) 변제기 전에 변제할 수 있다(468조 본문). 그런데 이 경우 상대방의 손해는 배상하여야 한다(468조 단서).

채무자가 변제기 전에 변제한 경우에 채무자는 그 반환을 청구하지 못한다(743조 본문). 다만, 채무자가 변제기를 잘못 알고 미리 변제한 때에는 채권자는 이로 인하여 얻은 이익을 반환하여야 한다(743조 단서).

Ⅶ. 변제비용의 부담

변제비용은 다른 의사표시가 없으면 채무자가 부담한다(473조 본문). 그러나 채권자의 주소이전 기타의 행위로 인하여 변제비용이 증가된 때에는 그 증가액은 채권자가 부담한다(473조 단서).

Ⅷ. 변제의 증거

C-226

변제 자체에 의하여 채권·채무는 소멸한다. 그런데 변제가 있은 후에도 다툼이 생길 가능성이 있다. 그러한 경우를 위하여 민법은 변제자에게 영수증청구권과 채권증서 반환청구권을 인정한다.

(1) 영수증청구권

변제자는 변제를 받는 자에게 영수증의 교부를 청구할 수 있다(474조). 이 영수증청구권은 전부의 변제뿐만 아니라 일부변제, 나아가 대물변제의 경우에도 인정된다고 하여야 한다.

(2) 채권증서 반환청구권

채권증서(채권의 성립을 증명하는 서면)가 있는 경우에 변제자(제 3 자가 변제를 하는 경우에도 같다. 대판 2005. 8. 19, 2003다22042)가 채무 전부를 변제한 때에는 채권증서의 반환을 청구할 수 있다(475조 1문). 채권이 변제 이외의 사유로 전부 소멸한 때에도 같다(475조 2문).

이 채권증서 반환청구권은 일부변제자에게는 인정되지 않는다(그 증서에 일부변제의 뜻을 기재할 수는 있다).

C-227

Ⅸ. 변제의 충당

1. 서 설

변제의 충당이란 채무자가 동일한 채권자에 대하여, ① 같은 종류의 목적을 가지는 수개의 채무(예: 수개의 금전채무)를 부담하거나(476조) ② 1개의 채무의 변제로서 수개의 급부(예: 수개월분의 차임의 지급)를 하여야 하거나(478조) 또는 ③ 채무자가 1개 또는 수개의 채무에 관하여 원본 외에 비용·이자를 지급하여야 할 경우(479조)에, 변제로서 제공한 급부가 그 전부를 소멸하게 하는 데 부족한 때에 그 변제를 어느 채무에 채울(충당할) 것인지의 문제이다.

2. 민법규정과 변제충당의 방법

민법은 변제충당의 방법에 관하여 제476조 내지 제479조를 두고 있다. 그런데 이들 규정은 임의규정이라고 이해하여야 한다(통설·판례도 같음. 대판 2015. 11. 26, 2014다71712 등). 따라서 당사자는 합의에 의하여 충당할 수 있다(합의충당 내지 계약충당). 그리고 합의충당이 없을 때 법률규정에 의하여 지정충당·법정충당이 행하여진다.

[참고] 민사집행법에 의한 경매에 있어서의 변제충당

판례는, 대판 1996. 5. 10, 95다55504 이후에는 담보권 실행 등을 위한 경매(구 경매법에 의한 경매에 해당함)의 경우 변제충당에 관한 합의가 있었다고 하더라도 그 합의에 의한 변제충당은 허용될 수 없고 획일적으로 가장 공평 타당한 충당방법인 제477조(및 479조)의 규정에 의한 법정변제충당의 방법에 따라 충당할 것이라고 한다(동지 대판 2000. 12. 8, 2000다51339 등).

각각의 충당방법을 차례로 살펴보기로 한다.

3. 합의충당(계약충당)

당사자(변제자 및 변제수령자) 사이의 합의에 의한 충당은 모든 것에 우선한다. 충당의 합의는 내용에 있어서 ① 구체적인 채무에의 충당에 관한 것일 수도 있고 ② 충당의 방법에 관한 것일 수도 있으나, 어느 것이라도 무방하다.

C-228

4. 지정충당

지정충당은 변제의 충당이 지정권자의 지정에 의하여 이루어지는 경우이다.

⑴ 변제자의 지정

지정충당에 있어서 충당 지정권자는 1차적으로는 변제자이다(채무자가 아님을 주의)(476조 1항·3항, 478조).

⑵ 변제수령자의 지정

변제자의 지정이 없으면 변제수령자가 지정할 수 있다(476조 2항 본문·3항, 478조). 그 시기는 「변제받는 … 당시」라고 규정되어 있으나, 「수령 후 지체없이」의 의미로 새긴다. 변제수령자의 지정에는 변제자가 이의를 제기할 수 있다(476조 2항 단서). 이의의 효과에 관하여는 견해가 나뉘는데, 다수설은 지정권이 변제자에게 이전하지 않고 법정충당을 하게 된다고 한다(사견도 같음).

⑶ 지정충당에 대한 제한

민법은 제479조에서, 채무자가 1개 또는 수개의 채무의 비용 및 이자를 지급할 경우에 변제자가 그 전부를 소멸하게 하지 못한 급여를 한 때에는 비용·이자·원본의 순서로 변제에 충당하여야 하고(1항), 비용·이자·원본 상호간에 있어서는 뒤에 설명하는 법정충당을 할 것이라고 규정한다(2항). 문제는 이 제479조가 지정충당에 대한 제한인지이다. 여기에 관하여 학설은 i) 긍정설(사견도 같음)과 ii) 부정설로 나뉘어 있다. i)설은 제479조 제1항과 다르게 일방적으로 지정할 수 없다는 견해이고, ii)설은 제479조가 임의규정이므로 그와 다른 당사자의 합의가 있으면 그 적용이 배제되고 지정충당도 제479조에 우선한다고 한다. 그에 비하여 판례는 i)설의 견지에 있다(479조는 명시적·묵시적 합의가 없는 한 적용된다고 함)(대판 2014. 12. 11, 2012다15602 등 다수).

채무의 원본 외에 비용·이자가 있는 경우에는 제479조에 의하여 비용·이자·원본의 순으로 충당된다. 여기의 이자는 법령의 제한이 있는 때에는 제한 내의 이자만을 가리킨다.

5. 법정충당

C-229

합의충당도 지정충당도 없는 경우에는 법률규정에 의하여 충당이 일어나게 된다(477조). 채무의 원본 외에 비용·이자가 있는 경우에 비용 상호간, 이자 상호간, 원본 상호간에도 같다(479조 2항). 이를 법정충당이라고 한다. 그 방법은 다음과 같다.

⑴ 채무 중에 이행기가 도래한 것과 도래하지 않은 것이 있으면 이행기가 도래한 채무의 변제에 충당한다(477조 1호·478조).

⑵ 채무 전부의 이행기가 도래하였거나 도래하지 않은 때에는 채무자에게 변제이익이 많은 채무의 변제에 충당한다(477조 2호·478조).

⑶ 채무자에게 변제이익이 같으면 이행기가 먼저 도래한 채무나 먼저 도래할 채무의 변제에 충당한다(477조 3호·478조).

⑷ 이상과 같은 표준에 의하여 충당의 선후를 정할 수 없는 경우에는 각 채무들의 채무액에 비례하여 변제에 충당한다(477조 4호·478조).

C-230

X. 변제의 제공

1. 변제제공의 의의

변제의 제공이란 채무의 이행에 채권자의 협력을 필요로 하는 채무(예: 채권자가 공급하는 재료에 가공하여야 할 채무, 추심채무, 수령을 요하는 채무)에 있어서 채무자가 급부에 필요한 모든 준비를 다해서 채권자의 협력을 요구하는 것을 말하며, 그것은 「이행의 제공」 또는 단순히 「제공」이라고도 한다. 채무 가운데 채무의 이행에 채권자의 협력이 필요한 경우에는 채무자가 아무리 변제하려고 하여도 채권자의 협력이 없으면 변제를 할 수가 없다. 그러한 때에 채무자로 하여금 채무불이행책임을 면하게 하는 등으로 채무자를 보호하려는 제도가 「변제의 제공」이다.

C-231

2. 변제제공의 방법

(1) 개 관

민법은 제460조에서 변제제공의 방법으로 현실의 제공과 구두의 제공의 두 가지를 규정하고 있다. 현실의 제공은 채무자가 하여야 할 급부행위를 채무의 내용에 좇아 현실적으로 하는 것이다(이는 채권자의 수령이 있으면 곧 변제의 효과가 생기는 정도의 것임). 이 현실의 제공이 민법상 변제의 제공의 원칙이다(460조 본문). 그에 비하여 구두의 제공은 채무자가 언제든지 변제를 할 수 있는 준비를 하고 이를 채권자에게 통지하여 수령 기타의 협력을 최고하는 것이다. 민법은 일정한 경우에는 현실의 제공을 강요하는 것이 채무자에게 가혹하다는 이유에서 구두의 제공만으로 충분한 것으로 정하고 있다(460조 단서).

C-232

(2) 현실의 제공

현실의 제공에서 문제되는 사항을 검토하기로 한다.

1) **변제제공자** 변제제공자는 변제자와 같다.

2) **변제제공의 상대방** 이는 변제수령자와 같다.

3) **변제제공의 장소** 변제제공은 정하여진 장소에서 하여야 한다. 그리하여 지참채무의 경우에는 채무자가 채권자의 주소지 또는 합의된 제3지에 목적물을 가지고 가서 수령하게 하여야 한다. 그리고 추심채무의 경우에는 채무자가 변제준비를 하고 수령을 최고하여야 한다. 한편 송부채무의 경우에는 채무자가 목적물을 운송기관에 위탁(인도)하면 된다.

4) **변제제공의 시기** 변제제공은 변제기가 도래하였을 때 하는 것이 원칙이다. 다만 당사자의 특별한 의사표시가 없으면 채무자는 기한의 이익을 포기하고 변제기 전에 변제할 수 있으므로(468조 본문), 그는 변제기 전에도 변제제공을 할 수 있다고 하여야 한다. 그러나 이때 상대방의 손해는 배상하여야 한다(468조 단서).

5) 급부의 적합성 C-233

(가) 금전채무의 경우

(a) 일부제공 금전채무에 있어서 일부제공도 유효한 변제제공이 되는지가 문제된다. 여기에 관하여 다수설(사견도 같음)과 판례는 부정하는 견지에 있다(대판 1984. 9. 11, 84다카781).

(b) 통화 이외의 지급수단 금전채무는 통화로 변제하여야 한다(376조). 그런데 때로는 채무자가 우편환·수표 등과 같이 통화가 아닌 수단으로 제공을 하기도 한다. 이것도 현실의 제공이 되는가? 우편환은 현금과 동일한 작용을 하므로 금전과 같이 다루어야 한다. 수표 중에 신용 있는 은행이 발행·배서 또는 지급보증한 것도 마찬가지이다(이설이 없으며, 판례도 같음. 대판 1960. 5. 19, 4292민상784). 그러나 보통의 수표는 부도(不渡)의 가능성이 있으므로 현금과 같이 볼 수 없다.

(나) 금전 이외의 물건을 목적으로 하는 채무 특정물채무의 경우에는 설사 목적물에 약속한 성질이 없더라도 변제의 제공이 된다(통설도 동지임).

종류채무의 경우에는 제공된 물건이 종류·품질·수량에 있어서 적합하여야 한다.

(3) 구두의 제공 C-234

구두(口頭)의 제공으로 충분한 경우는 다음 1), 2)의 두 가지이다. 구두의 제공의 방법은 변제준비를 완료하고 수령 기타의 협력을 최고하는 것이다(460조 단서).

1) 채권자가 수령을 거절한 경우 채권자가 정당한 이유 없이 수령을 거절한 경우에는 구두의 제공만으로 충분하다(460조 단서).

2) 채권자의 행위가 필요한 경우 채무의 이행에 채권자의 행위를 요하는 경우에도 구두의 제공만 있으면 된다(460조 단서). 여기에서 「채권자의 행위」라 함은 수령 이외의 적극적 행위를 가리킨다. 채권자가 공급하는 재료에 가공을 하여야 할 채무가 그 예이다.

(4) 구두의 제공조차 필요하지 않은 경우

채권자가 변제를 수령하지 않을 의사가 명백하고 그것이 번복될 가능성이 보이지 않는 경우에는 구두의 제공도 필요하지 않다고 하여야 한다(대판 1995. 4. 28, 94다16083 등).

3. 변제제공의 효과 C-235

(1) 채무불이행책임의 면제

변제제공이 있으면 채무자는 채무불이행책임을 면하게 된다(461조).

(2) 채권자지체의 발생 여부

채권자지체의 법적 성질에 관하여는 견해가 대립되나(C-112 참조), 어느 견해에 의하든 변제제공만으로는 채권자지체가 성립하지 않는다. 채권자지체가 되려면 법정책임설에 의하더라도 수령거절 또는 수령불능이 있어야 하기 때문이다.

(3) 쌍무계약의 경우 상대방의 동시이행항변권 상실

쌍무계약에 있어서 당사자 일방의 변제제공이 있으면 상대방은 동시이행의 항변권을 상실한다. 그런데 이와 같이 상대방의 동시이행항변권을 상실시키려면 변제제공이 계속되어야 한다(통설·판례도 같음. 대판 1995. 3. 14, 94다26646 등).

C-236

XI. 변제에 의한 대위(변제자대위·대위변제)

1. 의의 및 법적 성질

(1) 의 의

변제에 의한 대위란 채무의 변제가 제 3 자(연대채무자·보증인 등 외에 일반 제 3 자도 포함)에 의하여 행하여진 경우에, 변제자가 채무자(또는 공동채무자)에 대하여 취득한 구상권을 확보(확실하게 보장)하게 하기 위하여, 종래 채권자가 가지고 있던 채권에 관한 권리가 구상권의 범위 안에서 변제자에게 이전하는 것이다. 변제에 의한 대위는 변제자대위 또는 대위변제라고도 한다.

(2) 법적 성질

1) 변제에 의한 대위의 경우에 채권자의 권리가 변제자에게 이전되는가? 여기에 관하여 통설은 종래 채권자가 가지고 있던 채권에 관한 권리가 법률상 당연히 변제자에게 이전한다고 한다(사견도 같음). 판례도 통설과 같다(대판 1996. 12. 6, 96다35774 등 다수).

2) 변제자대위에 있어서는 그 요건이 갖추어지면 채권자의 채권 등이 법률상 당연히 변제자에게 이전된다. 다만, 임의대위의 경우에는 채무자와 제 3 자를 보호하여야 할 필요가 있어서 채권양도의 대항요건에 관한 규정을 준용하고 있다(480조 2항).

C-237

2. 요 건

(1) 변제 기타로 채권자에게 만족을 줄 것

변제자대위는 변제 등을 한 제 3 자가 가지는 구상권의 실현을 확보하게 하기 위하여 인정된 제도이므로(통설·판례도 같음. 대판 2010. 5. 27, 2009다85861 등), 그러한 제도의 목적에 비추어 볼 때 당연히 변제 기타로 채권자에게 만족을 주었을 것이 필요하다. 만족을 주는 사유는 변제(480조·481조)에 한하지 않으며, 공탁 기타 자기의 출재로 채무자가 채무를 벗어나게 한 것도 포함된다(486조).

(2) 변제자 등이 채무자에 대하여 구상권을 가질 것

변제자대위 제도가 본래 변제자 등의 구상권의 실현을 확보하기 위한 것이므로 구상권이 없으면 대위는 일어나지 않는다(대판 1994. 12. 9, 94다38106).

구상권을 가질 수 있는 자로는 우선 불가분채무자(411조)·연대채무자(425조 이하)·보증인(441조 이하)· 물상보증인(341조·355조·370조)·담보물의 제 3 취득자·후순위 담보권자를 들 수 있다. 그 밖에 제3자가 채무자를 위하여 변제한 경우에는, 채무자의 부탁에 의하여 변제한 때에는 위임사무 처리비용의 상환청구권(688조)에 의하여, 그리고 채무자의 부탁에 의하지 않은 때에는 사정에 따라 사무관리 비용의 상환청구권(739조)에 의하여 구상권을 취득하게 될 수 있다(대판 1994. 12. 9, 94다38106).

(3) **변제할 정당한 이익이 있거나**(법정대위) **채권자의 승낙이 있을 것**(임의대위) C-238

이 요건과 관련하여 변제자대위는 임의대위와 법정대위로 나누어지며, 그 각각의 경우에 일정한 요건을 갖추어야 한다.

1) **법정대위** 변제할 정당한 이익이 있는 자는 변제로 당연히 채권자를 대위한다(481조). 이 경우에는 채권자의 승낙이 없이도 법률상 당연히 대위가 일어나기 때문에 법정대위라고 한다. 여기서 「변제할 정당한 이익이 있는 자」란 변제를 하지 않으면 채권자로부터 집행을 받게 되거나 또는 채무자에 대한 자기의 권리를 잃게 되는 지위에 있기 때문에 변제함으로써 당연히 대위의 보호를 받아야 할 법률상의 이익을 가지는 자를 가리키며, 사실상의 이해관계를 가지는 자는 포함되지 않는다(대결 2009. 5. 28, 2008마109 등). 구체적으로는 불가분채무자·연대채무자·보증인·물상보증인·담보물의 제3취득자(대판 1991. 10. 11, 91다25369 등)·후순위 담보권자·이행인수인(대결 2012. 7. 16, 2009마461) 등이 그에 해당한다.

2) **임의대위** 변제할 정당한 이익이 없는 자는 채권자의 승낙이 있어야 채권자를 대위할 수 있다(480조 1항). 여기의 승낙은 채권자의 권리가 법률상 이전되는 데 대하여 허락하는 것으로서 일종의 의사표시이다. 승낙은 변제할 때에 행하여져야 한다(480조 1항).

임의대위의 경우에 채무자는 대위 여부나 채권자의 승낙 여부를 알기가 어렵다. 그런가 하면 대위하는 변제자와 제3자 즉 대위자와 양립할 수 없는 법률상의 지위를 취득한 자(대판 1996. 2. 23, 94다21160 등) 사이의 우열관계도 문제이다. 여기서 민법은 — 채권이전이라는 점에서 변제자대위와 유사한 — 지명채권 양도의 대항요건에 관한 규정(450조 내지 452조)을 준용하고 있다(480조 2항). 그 결과 채무자에 대하여 대위를 가지고 대항하려면 채권자가 채무자에게 대위통지를 하거나 채무자의 대위승낙이 있어야 하며(대판 1962. 1. 25, 4294민상183), 제3자에게 대항하려면 대위통지나 대위승낙이 확정일자 있는 증서에 의하여 행하여져야 한다(대판 1996. 2. 23, 94다21160)(C-195 이하 참조).

3. 효 과

C-239

(1) **대위자 · 채무자 사이의 효과**

1) 「채권자를 대위한 자는 자기의 권리에 의하여 구상할 수 있는 범위에서 채권 및 그 담보에 관한 권리를 행사할 수 있다」(482조 1항). 여기에서 「권리를 행사할 수 있다」는 것은 법률상 당연히 권리가 이전된다는 의미이다(대판 2021. 2. 25, 2016다232597).

2) **일부대위** 변제자대위는 채권의 일부가 변제된 경우에도 인정된다. 그때에는

대위자는 변제한 가액에 비례하여 채권자와 함께 그의 권리를 행사한다(483조 1항). 이 경우 대위자와 채권자 사이에 우열관계는 없는가? 여기에 관하여 다수설(사견도 같음)은, 일부대위자는 대위한 권리가 비록 가분이더라도 그것을 단독으로 행사하지는 못하며, 채권자가 그 권리를 행사하는 경우에 그 채권자와 함께 그 권리를 행사할 뿐이고, 또한 이 경우에 변제(이는 담보권을 행사하여 변제받는 것을 가리킴)에 관하여는 채권자가 우선한다고 한다. 그리고 판례도 채권자가 대위자에 우선하여 변제받는다고 한다(대판 2004. 6. 25, 2001다2426 등).

3) 계약당사자의 지위에 따른 권리의 이전 여부 변제자대위에 의하여 취소권·해제권·해지권 등과 같이 계약당사자의 지위에 따르는 권리는 이전되지 않는다. 민법은 이러한 법리를 일부대위에 관해서만 규정하나(483조 2항), 그것은 전부대위에서도 인정되어야 한다.

C-240 (2) 법정대위자 상호간의 효과

민법은 법정대위자가 여럿 있는 경우에 혼란을 피하고 공평을 유지하기 위하여 이들 사이의 대위의 순서와 비율을 규정하고 있다(482조 2항).

1) 보증인과 전세물 · 저당물의 제 3 취득자 사이

(가) 보증인이 변제한 경우 보증인은 전세물·저당물의 제 3 취득자에 대하여 전액에 관하여 채권자를 대위한다. 그런데 이 대위를 하려면 「미리」 전세권·저당권등기에 대위의 부기등기를 하여야 한다(482조 2항 1호). 여기서 「미리」라고 함은 보증인의 변제 후 제 3 취득자의 취득 전을 가리킨다(통설도 같음).

(나) 제 3 취득자가 변제한 경우 보증인과 달리 제 3 취득자는 보증인에 대하여 채권자를 대위하지 못한다(482조 2항 2호).

C-241 2) 보증인과 물상보증인 사이 보증인과 물상보증인 사이에서는 그 인원수에 비례하여 채권자를 대위한다(482조 2항 5호 본문). 만약 보증인이 물상보증인을 겸하는 때에는 1인으로 계산한다(판례도 같다. 대판 2010. 6. 10, 2007다61113·61120[핵심판례 266면]). 그리고 물상보증인이 수인인 경우에는 보증인의 부담부분을 공제하고 그 잔액에 대하여 각 재산의 가액에 비례하여 채권자를 대위한다(482조 2항 5호 단서). 가령 90만원의 채무에 관하여 A가 보증인이 되고 B·C가 물상보증인으로서 각각 60만원·30만원의 재산을 담보로 제공하였다면, 먼저 A의 부담부분인 30만원(90만원을 인원수 3으로 나눈 액)을 제하고, 나머지 60만원에 관하여 B에게는 40만원(60만원 $\times \frac{60}{60+30}$), C에게는 20만원(60만원 $\times \frac{30}{60+30}$)을 대위하게 된다.

한편 민법은 이에 덧붙여 「이 경우에 그 재산이 부동산인 때에는 제 1 호의 규정을 준용한다」고 규정한다(482조 2항 5호 단서 후문). 그런데 이 규정의 해석에 관하여는 견해가 나뉘고 있다. i) 다수설은 「보증인」은 대위의 부기등기를 하여야만 변제 후에 물상보증인으로부터 담보부동산을 취득한 제 3 취득자에 대하여 채권자를 대위할 수 있다는 의미로 새기고 있으나

ii) 소수설은 판례와 마찬가지로 물상보증인이 수인일 때 그중 일부의 물상보증인이 다른 물상보증인에 대하여 대위할 경우에 미리 대위의 부기등기를 하지 않으면 그 저당물을 취득한 제3취득자에 대하여 대위를 할 수 없다는 의미로 해석한다(사견도 같음). ii)설은 그 조항을 단서에 한정되는 것으로 이해하고, i)설은 본문에 관한 것으로 이해하고 있다. 그리고 판례는, 물상보증인들이 채무를 변제한 뒤 다른 물상보증인 소유부동산에 설정된 근저당권설정등기에 관하여 대위의 부기등기를 하여 두지 않고 있는 동안에 제3취득자가 그 부동산을 취득하였다면 대위변제한 물상보증인들은 제3취득자에 대하여 채권자를 대위할 수 없다고 하여, ii)설과 같다(대판 1990. 11. 9, 90다카10305).

3) 물상보증인과 제3취득자 사이 　여기에 관하여 대법원은 다음과 같이 판시하고 있다(대판(전원) 2014. 12. 18, 2011다50233). 「물상보증인이 채무를 변제하거나 담보권의 실행으로 소유권을 잃은 때에는 보증채무를 이행한 보증인과 마찬가지로 채무자로부터 담보부동산을 취득한 제3자에 대하여 구상권의 범위 내에서 출재한 전액에 관하여 채권자를 대위할 수 있는 반면, 채무자로부터 담보부동산을 취득한 제3자는 채무를 변제하거나 담보권의 실행으로 소유권을 잃더라도 물상보증인에 대하여 채권자를 대위할 수 없다고 보아야 할 것이다.」 C-242

4) 제3취득자들 사이 　2인 이상의 제3취득자가 있고(예컨대 공동저당의 경우) 그들 중 1인이 변제하거나 담보권이 실행되어 소유권을 잃은 경우에는, 그는 각 부동산의 가액에 비례하여 다른 제3취득자에 대하여 채권자를 대위한다(할당주의)(482조 2항 3호).

5) 물상보증인들 사이 　물상보증인들 사이의 대위는 제3취득자들에 있어서와 같다(482조 2항 4호). 그리하여 물상보증인 중 1인이 변제하거나 담보권이 실행되어 소유권을 잃은 경우에는, 그는 각 부동산의 가액에 비례하여 다른 물상보증인에 대하여 채권자를 대위한다(482조 2항 3호 참조).

6) 연대채무자들 사이 또는 보증인들 사이 　연대채무자 사이(425조)·보증인들 사이(448조)·연대채무자나 불가분채무자와 보증인과의 사이(447조)에서는 특별규정이 구상의 범위를 정하고 있으며, 대위는 그 범위에서 일어난다.

(3) 대위자·채권자 사이의 효과 C-243

1) 채권자의 채권증서·담보물의 교부의무 　제3자로부터 채권의 전부의 변제를 받은 채권자는 그 채권에 관한 증서 및 점유한 담보물을 대위자에게 교부하여야 한다(484조 1항). 그리고 채권의 일부에 대한 제3자의 변제가 있는 때에는 채권자는 채권증서에 그 대위를 기입하고 자기가 점유한 담보물의 보존에 관하여 대위자의 감독을 받아야 한다(484조 2항).

2) 채권자의 담보보존의무 　「법정대위를 할 자가 있는 경우」에 채권자의 고의나 과실로 담보가 상실되거나 감소된 때에는 대위할 자는 그 상실 또는 감소로 인하여 상환을 받을 수 없는 한도에서 그 책임을 면한다(485조). 즉 채권자는 법정대위자를 위하여 담보를

보존할 의무가 있다.

위의 제485조의 규정은 임의규정이며, 따라서 법정대위권자는 채권자와의 특약으로 이 규정에 의한 면책이익을 포기하거나 면책의 사유와 범위를 제한 내지 축소할 수 있다(대판 1987. 4. 14, 86다카520. 동지 대판 1987. 3. 24, 84다카1324).

3) 제 3 자의 일부변제 후에 계약이 해제된 경우 　제 3 자의 일부변제가 있은 후에 채권자가 채무불이행을 이유로 계약을 해제한 경우에는, 채권자가 받은 변제는 비채변제가 된다(742조 참조). 그런데 민법은 이 경우에 악의의 부당이득에 준하여 특별한 반환의무를 인정하고 있다. 즉 그때에 채권자는 대위자에게 그 변제한 가액과 이자를 상환하여야 한다(483조 2항).

제 3 절 대물변제

C-244 **I. 서 설**

1. 의 의

대물변제라 함은 본래의 급부에 갈음하여 다른 급부를 현실적으로 함으로써 채권을 소멸시키는 변제당사자(원칙적으로 채권자와 채무자이나, 그에 한정되지 않음) 사이의 계약을 말한다(대물변제를 변제라고 이해하는 견해에서는 채무자(또는 제 3 자)가 채권자의 승낙을 얻어 현실적으로 다른 급여를 한 경우라고 정의한다). 예컨대 500만원의 금전채무를 부담하고 있는 자가 채권자의 승낙을 얻어 500만원의 금전지급에 갈음하여 특정 토지의 소유권을 이전한 경우가 그에 해당한다. 이러한 대물변제에는 변제와 같은 효력이 인정된다(466조).

C-245 **2. 법적 성질**

(1) 계약인지 여부

대물변제는 변제인가 아니면 하나의 계약인가? 여기에 관하여 학설은 세 가지로 나뉘어 있다. i) 대물변제의 법적 성질은 대물변제계약이라는 특수한 요물·유상계약이라는 견해(사견도 같음), ii) 대물변제의 본질은 변제이지 계약이 아니라는 견해, iii) 대물변제는 채무의 이행행위로서 변제에 준하는 효과를 가진다는 점에서 변칙적 변제방법이라는 견해가 그것이다. 판례는 대물변제를 요물계약이라고 한다(대판 1987. 10. 26, 86다카1755 등).

(2) 경개와의 차이

대물변제는 경개(C-265 이하 참조)와 유사하나, 본래의 급부와 다른 급부를 현실적으로 하여야 하는 점에서 단순히 새로운 채무를 부담하는 데 불과한 경개와 다르다.

⑶ 변제규정의 적용

대물변제는 변제가 아니지만, 민법은 거기에 변제와 같은 효력을 인정하고 있다(466조). 그 결과 변제에 관한 규정은 그 성질이 허용하는 한 대물변제에도 적용된다고 해야 한다.

3. 사회적 작용

C-246

⑴ 본래의 사회적 작용

대물변제는 이행의 대용수단 내지 보조수단으로서 작용한다.

⑵ 대물변제예약

실제 사회에서는 「대물변제」와 「예약」(장차 본계약을 체결할 것을 약속하는 계약)이라는 두 제도를 결합시킨 「대물변제의 예약」이라는 것이 널리 이용되어 중요하게 작용하고 있다. 그리고 그것은 대물변제의 본래의 목적과는 거리가 멀게 채권담보의 목적으로 이용되고 있다. 즉 금전소비대차를 하면서 당사자 사이에서 장차 채무불이행시에는 특정 부동산의 소유권을 이전하기로 한다는 예약을 체결한다. 그리고 그때에는 대체로 장차 취득할 소유권이전청구권 보전의 가등기를 한다. 이것이 바로 가등기담보라고 불리는 것이다.

대물변제예약 내지 가등기담보에 있어서는 채권자의 폭리 취득이 문제된다. 그리하여 민법은 제607조·제608조의 특별규정을 두고 있다. 그러나 이들 규정만으로 불충분하다고 생각되어 「가등기담보 등에 관한 법률」을 제정·시행하고 있다.

Ⅱ. 대물변제의 요건

C-247

⑴ 당 사 자

대물변제에는 변제와 같은 효력이 있으므로(466조), 그 당사자도 변제에 준한다고 할 것이다. 따라서 대물변제의 당사자는 원칙적으로 채권자와 변제자이다.

⑵ 당사자 사이에 합의 내지 계약이 있을 것

대물변제가 성립하려면 당사자 사이에 대물변제에 관한 합의가 있어야 한다. 민법 제466조가 「채무자가 채권자의 승낙을 얻어」라고 규정하고 있는 것은 이를 의미한다.

⑶ 채권이 존재할 것

대물변제가 가능하려면 당연히 채권이 존재하고 있어야 한다. 그런데 만약 채권이 존재하지 않거나 무효 또는 취소된 때에는 대물변제의 목적물의 소유권이전의 효과는 어떻게 되는가? 이는 물권행위의 무인성을 인정하는지에 따라 달라지게 된다. 무인성을 인정하는 경우에는, 그때에도 대물변제의 목적물의 소유권이전은 일어나고 변제자는 단지 부당이득의 반환을 청구할 수 있을 뿐이라고 하게 된다. 그에 비하여 유인성을 인정하는 경우에는, 목적물의 소유권이전이 일어나지 않으며, 따라서 변제자는 소유권에 기한 물권적 청구권을 행사할 수 있다고 하게 된다. 판례는 후자의 견지에 있다(대판 1993. 4. 23, 92다19163 등).

C-248 (4) 본래의 급부와 다른 급부를 할 것

대물변제가 성립하려면 본래의 급부와 다른 급부가 행하여져야 한다. 그런데 그 다른 급부의 내용이나 종류는 묻지 않는다.

대물변제는 요물계약이므로, 그것이 성립하려면 본래의 급부와 다른 급부를 단순히 약속하는 것만으로는 부족하며(이는 경개에 지나지 않음), 그 다른 급부를 현실적으로 하여야 한다(대판 1995. 9. 15, 95다13371 등 다수의 판결). 따라서 다른 급부가 부동산 소유권의 이전인 경우에는 당사자의 의사표시 외에 등기까지도 완료하여야만 대물변제가 성립한다(대판 1995. 9. 15, 95다13371 등 다수의 판결).

본래의 급부와 다른 급부는 가치가 같을 필요는 없다. 대물급부의 가치가 채무액보다 크더라도 초과액이 이자에 충당되지 않으며, 거기에 제607조·제608조가 적용되지도 않는다(대판 1992. 2. 28, 91다25574 등). 그리고 대물급부의 가치가 채무액보다 적더라도, 일부의 대물변제라는 취지가 표시되어 있지 않는 한, 채권 전부가 소멸한다.

(5) 「본래의 채무이행에 갈음하여」 다른 급부가 행하여질 것

대물변제가 성립하려면 「다른 급부」(대물급부)가 「이행(변제)을 위하여」(즉 본래의 채무의 변제의 수단으로서)가 아니고 「이행(변제)에 갈음하여」(즉 본래의 채무를 소멸시키기 위하여) 행하여져야 한다. 단순히 「이행을 위하여」 대물급부가 행하여진 때에는 대물변제로 되지 못하여 채권은 소멸하지 않는다.

이 요건과 관련하여 가장 문제가 되는 것은 채무자가 어음이나 수표를 변제수단으로 교부한 경우이다. 어음·수표의 교부가 「변제를 위하여」 한 것이면 대물변제가 아니어서 채권은 소멸하지 않고 새로운 채무가 추가되는 결과가 되나, 그것이 「변제에 갈음하여」 한 것이면 대물변제로 되어 채권은 소멸하게 된다. 구체적인 경우에 이들 중 어느 것에 해당하는지는 여러 가지 사정을 종합적으로 고려하여 판단하여야 한다. 그러나 특별한 약정이 없으면 「변제를 위하여」 행하여진 것으로 추정하여야 한다. 금전취득이 확실하지 않기 때문이다. 통설·판례도 같은 견지에 있다(어음에 관한 판례: 대판 2001. 7. 13, 2000다57771 등 다수. 수표에 관한 판례: 대판 1976. 6. 22, 75다1600 등 다수).

C-249 Ⅲ. 대물변제의 효과

대물변제에는 변제와 같은 효력이 있다(466조). 따라서 대물변제가 있으면 채권이 소멸한다(대물변제 후 본래의 채무가 변제되었더라도 대물변제의 효력에는 영향이 없다. 대판 1966. 6. 18, 66다640). 그리고 그 채권을 위한 담보권도 소멸한다.

대물변제는 채무의 일부에 관하여도 행하여질 수 있다. 그리하여 예컨대 채무자가 채권자와 대물변제하기로 약정한 급여 중 일부만을 이행한 경우에도 채권자가 이를 수령하면 채무의 일부에 관하여 유효한 대물변제를 한 것으로 보아야 한다(대판 1993. 5. 11, 92누11602).

제4절 공 탁

Ⅰ. 공탁의 의의 및 법적 성질

C-250

(1) 의 의

공탁(供託)은 금전·유가증권 기타의 물건을 공탁소에 임치하는 것이다. 이러한 공탁은 변제를 위하여뿐만 아니라(변제공탁. 487조 이하) 담보(담보공탁. 353조 3항 참조)·집행(집행공탁. 민사집행법 222조 참조)·보관(보관공탁. 상법 70조 참조) 등을 위하여서도 이용된다. 그런가 하면 변제와 아울러 집행을 위하여서도 공탁을 할 수 있다(이른바 혼합공탁. 대판 2018. 10. 12, 2017다221501 등). 그러나 여기서 다루는 것은 변제공탁에 한정된다.

변제공탁제도는 왜 필요한가? 채무의 이행에 채권자의 수령이 필요한 경우에 채무자가 변제의 제공을 하면 채무자는 채무불이행책임을 지지 않게 된다. 그러나 변제제공이 있었다고 하여 채무자가 채무를 면하지는 못한다. 채권자가 수령을 거절하거나 수령할 수 없는 때에도 같다. 그런데 이와 같은 때에 언제까지나 채무자가 채무에 구속당하게 하는 것은 적절하지 않다. 그리하여 민법은 채무자 기타의 변제자가 목적물을 공탁함으로써 채무를 면할 수 있도록 하였는데, 그것이 바로 변제공탁제도이다.

(2) 법적 성질

공탁의 법적 성질에 관하여 학설은 i) 사법관계설, ii) 공법관계설, iii) 양면설로 나뉘어 있다. i) 사법관계설은 공탁은 사법상의 행위이며 제3자를 위한 계약을 겸한 임치계약이라고 한다. 그리고 ii) 공법관계설은 공탁은 기본적으로 공법관계(공법상의 임치관계)라고 한다. 그에 비하여 iii) 양면설은 공탁에는 공법적인 측면과 사법적인 측면이라는 두 측면이 있으며, 민법이 규율하는 사법적인 측면에서 공탁의 성질을 밝힌다면 그것은 제3자를 위한 임치계약이라고 한다(사견도 같음). 한편 판례는 공법관계설의 견지에 있다(대판 1993. 7. 13, 91다39429 등).

Ⅱ. 공탁의 요건

C-251

(1) 일정한 공탁원인의 존재

공탁(변제공탁)은 채무의 존재를 전제로 한다. 그 채무는 현존하는 확정채무이어야 하고, 장래채무나 불확정채무는 원칙적으로 변제공탁의 목적이 되지 못한다.

그리고 공탁에 의하여 채무를 면하려면 다음의 두 공탁원인 가운데 어느 하나가 있어야 하며, 그중에 어느 것도 없는 경우에는 설사 채무자가 공탁을 하였다 하더라도 그는 채무를 면하지 못한다(대판 1962. 4. 12, 4294민상1138).

1) 「채권자가 변제를 받지 아니하거나 받을 수 없는 때」(487조 1문) 제487조 제 1 문은 「채권자가 변제를 받지 아니하거나 받을 수 없는 때」에는 공탁을 인정하고 있다. 그런데 동조의 그 표현은 채권자지체에 관한 제400조와 같다(두 경우의 앞뒤만 바뀌어 있음). 여기서 그것이 채권자지체가 있는 경우를 의미하는지가 문제된다. 그에 관하여 학설은 일치하여 공탁의 요건과 채권자지체의 요건은 다르다고 한다. 그 결과 채권자가 미리 수령을 거절한 경우 또는 거절할 것이 명백한 경우에는, 채무자는 구두의 제공 없이 곧바로 공탁을 할 수 있게 된다(460조 단서를 적용하지 않음). 판례도 학설과 같은 견지에 있다.

위와 같이 새기게 되면 「채권자가 변제를 받을 수 없는 때」도 마찬가지로 채권자지체의 요건이 구비되어야 할 필요가 없다고 해석하여야 한다.

채권자의 수령거절 또는 수령불능이 채권자의 책임있는 사유로 생겼는가는 묻지 않는다. 이는 채권자지체에 관하여 어떤 견해를 취하든 같다.

2) 「변제자가 과실없이 채권자를 알 수 없는 경우」(487조 2문) 이는 객관적으로 채권자 또는 변제수령권자가 존재하고 있으나 채무자가 선량한 관리자의 주의를 다하여도 채권자가 누구인지를 알 수 없는 경우를 말하며(대판 2005. 5. 26, 2003다12311 등 다수)(민법상 채권자를 전혀 알 수 없는 절대 불확지 공탁은 허용되지 않는다. 대판(전원) 1997. 10. 16, 96다11747 참조), 이 경우에도 공탁을 할 수 있다. 예컨대 상속이 개시되었으나 공동상속인들이나 그 상속인들의 상속지분을 구체적으로 알기 어려운 때(대판 1991. 5. 28, 91다3055)에 그렇다.

C-252 (2) 공탁의 당사자

공탁은 제 3 자를 위한 임치계약으로서 그 당사자는 공탁자와 공탁소이다. 그리고 피공탁자인 채권자는 당사자가 아니며, 그는 제 3 자를 위한 계약에 의하여 채권을 취득할 뿐이다.

1) 공 탁 자 공탁자는 변제자이다. 그는 채무자 외에 제 3 자일 수도 있다.

2) 공 탁 소 공탁은 채무이행지의 공탁소에 하여야 한다(488조 1항). 공탁소는 지방법원·지방법원 지원·시 법원·군 법원에 두며, 공탁사무는 지방법원장·지방법원 지원장이 그 소속 공무원 중에서 지정하는 자가 담당한다(공탁법 2조). 공탁의 경우에 실제로 공탁물을 보관하는 자는 공탁물 보관자인데, 공탁물 보관자는 대법원장이 지정하는 은행 또는 창고업자이다(공탁법 3조).

그리고 이들에 의하여 공탁소가 정하여지지 않는 때에는 법원은 변제자의 청구에 의하여 공탁소를 지정하고 공탁물 보관자를 선임하여야 한다(488조 2항).

3) 피공탁자 공탁은 피공탁자를 특정하여 하여야 한다(대판(전원) 1997. 10. 16, 96다11747). 피공탁자(공탁물 수령자)는 채권자가 된다.

C-253 (3) 공탁의 목적물

변제의 목적물이 공탁의 목적물이 된다. 유가증권·금전 기타의 동산이 목적물로 됨은 공탁법 규정상 명백하다(동법 3조 1항). 그러나 부동산이 목적물로 되는지에 관하여는 i) 긍정설(사견도 같음)과 ii) 부정설이 대립하고 있다.

한편 변제의 목적물이 공탁에 적당하지 않거나 멸실 또는 훼손될 염려가 있거나 공탁에 과다한 비용을 요하는 경우에는 변제자는 법원의 허가를 얻어 그 물건을 경매하거나 시가로 방매하여 대금을 공탁할 수 있다(490조).

(4) 공탁의 내용

공탁의 내용은 채무내용에 좇은 것이어야 한다. 이것과 관련하여 특히 문제가 되는 것은 채무액(또는 목적물)의 일부만을 공탁한 경우와 조건을 붙여서 공탁한 경우이다.

1) 일부의 공탁　　채무액(또는 목적물)의 일부의 공탁은 채무를 변제함에 있어서 일부의 제공이 유효한 제공이라고 시인될 수 있는 특별한 사정이 있는 경우를 제외하고는 채권자가 이를 수락하지 않는 한 그에 상응하는 효력을 발생할 수 없다(대판 1998. 10. 13, 98다17046 등 다수. 통설도 같음). 만약 채권자가 공탁금을 채권의 일부에 충당한다는 유보의 의사표시를 하고 이를 수령한 때에는 그 공탁금은 채권의 일부의 변제에 충당된다(대판 1996. 7. 26, 96다14616).

2) 조건부 공탁　　공탁이 채무의 내용에 좇은 것이라 할지라도, 채권자에게 반대급부 또는 기타의 조건의 이행의무가 없음에도 불구하고 채무자가 이를 조건으로 공탁한 때에는, 채권자가 이를 수락하지 않는 한 그 공탁은 효력이 없다(대판 2002. 12. 6, 2001다2846 등 다수). 그러나 무효인 조건부 공탁이 있은 후 공탁자가 조건 표시의 정정청구를 하고 공탁공무원이 이를 인가한 경우에는, 공탁은 인가결정시부터는 조건 없는 공탁으로서 유효하다(대판 1986. 8. 19, 85누280 등).

Ⅲ. 공탁의 절차　　C-254

공탁의 절차는 공탁규칙에 규정되어 있다(동 규칙 20조 이하). 한편 민법은 공탁자가 지체없이 채권자에게 공탁통지를 하도록 규정하고 있으나(488조 3항), 실무에서는 공탁관이 이를 대신하고 있다.

Ⅳ. 공탁의 효과　　C-255

(1) 채권의 소멸

공탁이 있으면 변제가 있었던 것과 마찬가지로 채권이 소멸한다(487조). 채권이 소멸하는 시기는 공탁관의 수탁처분과 공탁물 보관자의 공탁물수령이 있는 때이며, 채권자에 대한 공탁통지나 채권자의 수익의 의사표시가 있는 때가 아니다(이설이 없으며, 판례도 같음. 대결 1972. 5. 15, 72마401).

(2) 채권자의 공탁물 인도(출급)청구권

채권자는 공탁소에 대하여 공탁물 인도(출급)청구권을 취득한다(그 절차에 대하여는 공탁규칙 32조 이하 참조). 민법은 이를 규정하고 있지 않으나, 공탁에 의하여 채무가 소멸하는 것은 채권자가 그 권리를 취득하기 때문이다. 그리고 그런 연유로 공탁을 제3자를 위한 임치계약이라고 한다(이때 수익의 의사표시는 필요하지 않다고 새긴다).

채권자의 공탁물 인도청구권은 본래의 급부청구권에 갈음하는 것이어서 그 권리의 성질·범위는 본래의 급부청구권의 그것과 같아야 한다. 그 결과 본래의 급부청구권에 동시이행의 항변권이 붙어 있는 경우에는, 채권자는 반대급부를 하지 않으면 공탁물을 수령하지 못한다(491조, 공탁법 10조).

(3) 공탁물 소유권의 이전

공탁물의 소유권이 채권자에게 이전하는 시기는 경우에 따라 다르다.

1) 공탁물이 금전인 경우에는, 공탁물의 소유권은 일단 공탁물 보관자에게 귀속하고 채권자가 공탁물 보관자로부터 금전을 수령하는 때에 채권자가 그 소유권을 취득한다.

2) 공탁물이 금전 이외의 소비물인 경우에는, 소비임치(불규칙임치)가 성립하므로(702조 참조), 공탁물의 소유권은 일단 공탁소에 귀속하고 채권자가 공탁소로부터 동종·동질·동량의 물건을 수령하는 때에 채권자가 그 소유권을 취득한다.

3) 공탁물이 특정물인 경우에는 어떤가? 여기에 관하여 통설은 공탁소가 소유권을 취득하지 않고 공탁자로부터 직접 채권자에게 소유권이 이전된다고 한다. 그리고 그 이전시기는 그 특정물이 동산이면 공탁소로부터 채권자가 목적물을 취득하는 때이고, 부동산이면 등기를 갖춘 때라고 한다(사견은 동산에 관하여는 다름. 채권법총론 [253] 참조).

C-256 V. 공탁물의 회수

(1) 민법상의 회수

민법은 변제자의 공탁물의 회수를 인정하고 있다(489조). 본래 공탁은 변제자(공탁자)를 위한 제도이므로 채권자나 제3자에게 불이익하지 않는 한 회수를 인정하는 것이 바람직하기 때문이다. 이 회수의 법적 성질은 임치계약의 해지라고 할 수 있다(이설 있음). 변제자가 공탁물을 회수한 경우에는 공탁하지 않은 것으로 본다(489조 1항 2문).

민법상 다음과 같은 경우에는 회수가 인정되지 않는다.

1) 채권자가 변제자에 대한 의사표시로 공탁을 승인하거나 공탁소에 대하여 공탁물을 받기로 통고한 때(489조 1항 1문).

2) 공탁유효의 판결이 확정된 때(489조 1항 1문).

3) 공탁으로 질권 또는 저당권이 소멸한 때(489조 2항).

4) 공탁자가 회수권을 포기한 때. 이는 명문규정은 없어도 당연한 것이다.

(2) 공탁법상의 회수

공탁법은 민법 제489조의 경우 외에 ① 착오로 공탁을 한 때와 ② 공탁의 원인이 소멸한 때에도 공탁물의 회수를 인정하고 있다(공탁법 9조 2항).

제5절 상 계

Ⅰ. 상계의 의의

C-257

(1) 개 념

상계(相計)란 채권자와 채무자가 서로 같은 종류를 목적으로 하는 채권·채무를 가지고 있는 경우에 그 채무들을 대등액에서 소멸하게 하는 단독행위이다(492조 1항 참조). 가령 A는 B에 대하여 200만원의 금전채권을 가지고 있고 B는 A에 대하여 100만원의 금전채권을 가지고 있는 경우에, A 또는 B는 각각 상대방에 대한 일방적인 의사표시로 100만원의 금액에서 그들의 채권을 소멸시킬 수 있는데, 그것이 곧 상계이다.

(2) 기 능

상계에는 다음 두 가지의 기능이 있다(통설도 같은 취지이며, 판례도 같다. 대판 2003. 4. 11, 2002다59481)

1) 채무결제의 간이화

2) 담보적 기능 상계를 하게 되면 설사 상대방이 무자력이 된 경우에도 상대방에 대한 자신의 채무를 면함으로써 사실상 우선변제를 받는 것과 같은 결과로 된다. 즉 수동채권의 존재가 사실상 자동채권에 대한 담보로서 기능하게 되는 것이다. 이를 상계의 담보적 기능이라고 한다.

(3) 성 질

우리 민법이 정하는 상계는 단독행위의 성질을 가진다. 그리고 그것은 하나의 독립한 채권소멸원인이 된다.

(4) 상계계약

민법이 규정하고 있는 상계는 단독행위이지만(493조 참조), 계약자유의 원칙상 당사자는 계약에 의하여서도 그 목적(즉 채권들을 대등액에서 소멸시키는 것)을 달성할 수 있다. 그러한 계약이 상계계약이다. 상계계약은 당사자 사이의 채권들을 대등액에서 소멸시키는 것을 목적으로 하는 유상계약이다. 상법이 규정하고 있는 「상호계산」은 그 전형적인 예이다(상법 72조 참조).

C-258

Ⅱ. 상계의 요건

1. 상계적상(相計適狀)

상계가 유효하려면 당사자 쌍방의 채권이 다음과 같은 여러 요건을 갖추고 있어야 한다. 그것을 상계적상이라고 한다.

(1) 쌍방이 채권을 가지고 있을 것

상계를 할 수 있으려면 먼저 당사자 쌍방이 채권을 가지고 있어야 한다(492조 1항 본문). 이때 상계를 하려는 자의 채권을 자동채권(능동채권)이라고 하고, 상대방의 채권을 수동채권이라고 한다. 그런데 상계의 대상이 되는 이러한 채권은 상대방과 사이에서 직접 발생한 채권에 한정되지 않으며, 제3자로부터 양수 등을 원인으로 하여 취득한 채권도 포함된다(대판 2003. 4. 11, 2002다59481).

자동채권은 원칙적으로 상계자 자신이 피상계자에 대하여 가지는 채권이어야 한다. 그러나 여기에는 예외가 있다. 연대채무(418조 2항)·보증채무(434조)의 경우에는 상계자 자신의 채권이 아니고 타인의 채권으로 상계할 수 있다. 그리고 연대채무(426조 1항)·보증채무(445조 1항)·채권양도(451조 2항)의 경우에는 피상계자에 대한 채권이 아니고 타인에 대한 채권으로 상계할 수 있다.

수동채권은 피상계자가 상계자에 대하여 가지는 채권이어야 한다. 피상계자가 제3자에 대하여 가지는 채권과는 상계하지 못한다(대판 2011. 4. 28, 2010다101394 등).

C-259

(2) 두 채권이 동종의 목적을 가질 것

상계를 할 수 있으려면 당사자 쌍방의 채권이 같은 종류를 목적으로 한 것이어야 한다(492조 1항 본문). 따라서 우선 종류채권이어야 하고, 그것들이 같은 종류의 것이어야 한다(쌀의 인도청구권과 금전채권은 같은 종류가 아니어서 상계할 수 없다. 대판 1960. 2. 18, 4291민상424). 그런데 보통은 금전채권이 상계에 이용된다.

(3) 두 채권이 변제기(이행기)에 있을 것

민법은 쌍방의 채권이 모두 변제기(이행기)에 있을 것을 요구한다(492조 1항 본문). 그런데 이는 자동채권·수동채권에 있어서 다소 다르다. 자동채권은 반드시 변제기에 있어야 한다. 그러지 않으면 상대방은 부당하게 기한의 이익을 잃게 되기 때문이다. 그러나 수동채권은 반드시 변제기에 있을 필요는 없다. 즉 상계자가 기한의 이익을 포기할 수 있는 경우에는 이를 포기하면서 상계할 수 있다(대판 1979. 6. 12, 79다662).

(4) 채권의 성질이 상계를 허용하는 것일 것(492조 1항 단서)

쌍방의 채권이 현실의 이행이 있어야 목적을 달성할 수 있는 경우에는(하나의 채권이 그러한 경우는 두 채권이 같은 종류의 채권이 아니어서 이미 제외된다), 채권의 성질상 상계가 허용되지 않는다. 부작위채무(예: 서로 소음을 내지 않기로 한 경우)나 「하는 채무」(예: 같은 종류의 노무를 급부하기로 한 경우)가 그에 해당한다. 자동채권에 항변권이 붙어 있는 경우도 마찬가지이다(대판 1969. 10. 28, 69다1084; 대판 1975. 10. 21, 75다48(동시이행의 항변권이 붙어 있는 매매대금채권); 대판 2001. 11. 13, 2001다55222 · 55239(443조의 면책청구권이 항변권으로 붙어 있는 수탁보증인의 사전구상권); 대판 2002. 8. 23, 2002다25242(약정에 의하여 지급거절의 항변권이 붙어 있는 기성공사대금채권); 대판 2004. 5. 28, 2001다81245 및 대판 2019. 2. 14, 2017다274703(443조의 담보제공청구권이 항변권으로 붙어 있는 수탁보증인의 사전구상권)). 이 경우에 상계를 허용하면 상대방은 항변권 행사의 기회를 잃게 되기 때문이다. 그러나 수동채권에 항변권이 붙어 있으면 채무자는 항변권을 포기하면서 상계할 수 있다.

(5) 상계가 금지되어 있지 않을 것 C-260

상계가 금지되어 있는 경우에는 상계를 할 수 없다.

1) 당사자의 의사표시에 의한 금지 채권을 가지고 있는 당사자는 상계를 금지하는 특약을 할 수 있으며, 그때에는 상계를 하지 못한다(492조 2항 본문). 그러나 이 상계금지는 선의의 제 3 자에게 대항하지 못한다(492조 2항 단서).

2) 법률에 의한 금지 법률은 수동채권에 일정한 사정이 있는 경우에는 상계자의 상대방이 현실의 변제를 받게 하기 위하여 상계를 금지한다.

(가) 고의의 불법행위로 인한 손해배상채권 채무가 고의의 불법행위로 인한 것인 때에는, 그 채무자는 상계로 채권자에게 대항하지 못한다(496조). 즉 고의로 불법행위를 한 자는 피해자의 손해배상청구권을 수동채권으로 하여 상계하지 못한다(대판 1990. 12. 21, 90다7586 등). 이는 불법행위의 유발을 방지하고(채무자의 무자력 등으로 변제받지 못하게 된 채권자는 고의의 불법행위를 할 우려가 있다) 불법행위의 피해자에게 현실의 변제를 받게 하려는 취지의 것이다(대판 2017. 2. 15, 2014다19776 등). 상계가 금지되는 것은 고의의 경우만이며 과실의 불법행위의 경우에는 손해배상채권이 수동채권으로 될 수 있다(이설이 없으며, 판례도 같음. 대판 1991. 5. 14, 91다513 등). 불법행위자에게 중과실이 있는 때에도 같다(대판 1994. 8. 12, 93다52808). 그리고 고의의 불법행위채권일지라도 수동채권이 아니고 자동채권으로 하여 상계하는 것(즉 불법행위의 피해자의 상계)은 허용된다(이설이 없으며, 판례도 같음. 대판 1983. 10. 11, 83다카542 등).

(나) 압류가 금지된 채권 채권이 압류하지 못할 것인 때에는, 그 채무자는 상계로 채권자에게 대항하지 못한다(497조). 즉 압류금지채권(민사집행법 246조, 공무원연금법 32조 등)을 수동채권으로 하여 상계하지 못한다. 이는 압류금지의 취지를 관철하여 상대방으로 하여금 현실의 변제를 받게 하려는 취지이다. 압류금지채권을 수동채권으로 하는 상계만 금지되므로 그것을 자동채권으로 하여서는 상계할 수 있다. C-261

(다) 지급이 금지된 채권 지급을 금지하는 명령을 받은 제 3 채무자는 그 후에 취득한 채권에 의한 상계로 그 명령을 신청한 채권자에게 대항하지 못한다(498조). 지급금지명령을 받은 채권은 압류 또는 가압류된 채권을 가리키며, 그러한 채권의 채무자는 그 채권을 수동채권으로 하여 지급금지 후에 취득한 채권과 상계할 수 없다.

(라) 질권이 설정된 채권 질권이 설정된 채권은 질권의 효력에 의하여 지급금지의 효력이 생기므로(B-264 참조), 지급금지명령을 받은 채권과 마찬가지로 취급하여야 한다. 따라서 그 채권의 채무자(제 3 채무자)는 입질채권을 수동채권으로 하여 질권설정의 통지(349조 1항 참조) 후

에 채권자(질권설정자)에 대하여 취득한 채권과 상계하더라도 질권자에게 대항하지 못한다.

(마) **특별법상 상계가 금지되는 채권** 그 밖에 특별법에서 상계를 금지하는 경우도 있다(상법 421조 2항 · 596조, 근로기준법 21조, 신탁법 25조 등).

C-262

2. 상계적상의 현존

위와 같은 상계적상은 원칙적으로 상계의 의사표시를 할 당시에 현존하여야 한다. 따라서 두 채권 가운데 어느 하나가 부존재 또는 무효인 때에는 상계도 무효로 된다. 그리고 일단 상계적상에 있었더라도 상계를 하지 않고 있는 동안에 변제 기타의 사유로 소멸한 때에는, 상계를 할 수 없게 된다(대판 1979. 8. 28, 79다1077). 다만, 민법은 소멸시효가 완성된 채권이 그 완성 전에 상계할 수 있었던 것이면 그 채권자는 상계할 수 있도록 하고 있다(495조).

C-263

Ⅲ. 상계의 방법

상계는 상대방에 대한 의사표시로 한다(493조 1항 1문). 당사자 쌍방의 채무가 상계적상에 있다고 하더라도 다른 특약이 없는 한 그 자체만으로 상계의 효과가 생기지 않으며 상계의 의사표시가 있어야 채무가 소멸한다(대판 2000. 9. 8, 99다6524). 그리고 상계의 의사표시는 재판 외에서뿐만 아니라 재판상으로도 할 수 있다.

상계의 의사표시에는 조건이나 기한을 붙이지 못한다(493조 1항 2문).

C-264

Ⅳ. 상계의 효과

(1) **채권의 소멸**

상계가 있으면 당사자 쌍방의 채권은 대등액에서 소멸한다(492조 1항 본문). 한편 수동채권이 여러 개이고 자동채권이 그 전부를 소멸하기에 부족한 때에는, 변제충당에 관한 규정에 따라 상계충당된다(499조).

(2) **상계의 소급효**

상계가 있으면 각 채무가 상계할 수 있는 때에 대등액에 관하여 소멸한 것으로 본다(493조 2항). 즉 상계에는 소급효가 있다. 따라서 상계적상이 생긴 뒤부터는 이자가 발생하지 않으며, 이행지체도 소멸한다.

(3) **이행지를 달리하는 채권의 상계**

상계는 쌍방의 채무의 이행지가 다른 경우에도 할 수 있다(494조 본문). 그러나 이때 상계를 하는 당사자는 상대방에게 상계로 인한 손해를 배상하여야 한다(494조 단서).

제6절 경 개

Ⅰ. 경개의 의의 및 성질

C-265

⑴ 의 의

경개(更改)는 채무의 중요한 부분(「채무의 중요한 부분」 대신 「채무의 요소」라고 표현하는 문헌도 많이 있다)을 변경함으로써 신채무를 성립시키는 동시에 구채무를 소멸시키는 계약이다(500조). 예컨대 500만원의 금전채무를 소멸시키고 특정 토지의 소유권이전채무를 발생시키는 계약이 그에 해당한다.

⑵ 법적 성질

1) 계 약 경개는 당사자의 합의에 의하여 성립하는 계약이다. 그런데 그것이 유상계약인가에 관하여는 학설이 나뉜다. i) 유상계약이라는 견해가 있는가 하면, ii) 언제나 유상계약인 것은 아니라는 견해(특히 채권자·채무자 변경의 경우)도 있다(사견은 다름. 채권법총론 [263] 참조).

2) 처분행위 경개는 신채권을 성립시키고 구채권을 소멸시키는 처분행위(일종의 준물권행위)이다(대판 2003. 2. 11, 2002다62333 등).

3) 채권소멸원인 경개는 구채권을 소멸시키는 점에서 하나의 채권소멸원인이다. 경개의 경우에 신채권이 성립하기는 하나, 구채권과 신채권 사이에는 동일성이 인정되지 않는다.

4) 대물변제와의 구별 경개 가운데 채권의 목적의 변경에 의한 경개는 대물변제와 비슷하나, 본래의 급부와 다른 급부가 현실적으로 행하여지지 않고 단지 다른 급부를 목적으로 하는 새로운 채무가 성립하는 데 지나지 않는 점에서 대물변제와 다르다.

⑶ 사회적 작용

과거 로마법에서는 채권관계에 있어서 인적 요소를 중요시하여 채권이 동일성을 유지하면서 당사자가 변경되는 것을 인정하지 않았다. 그리하여 경개제도가 중요한 역할을 하였다. 그러나 근대에 와서는 채권양도와 채무인수가 인정되고 목적의 변경도 내용변경계약에 의하여 달성될 수 있어서 경개는 큰 의미가 없게 되었다.

Ⅱ. 경개의 요건

C-266

⑴ 소멸할 채권(구채무)의 존재

경개가 유효하려면 소멸할 채권 즉 구채무가 존재하여야 하며, 구채무가 없으면 경개는 무효로 되고 신채권도 성립하지 않는다.

(2) 신채무의 성립

신채무가 성립하지 않으면 경개는 무효이고, 따라서 구채무도 소멸하지 않는다. 그런데 이 점과 관련하여 민법은 제504조를 두고 있다. 그에 의하면 ① 신채무가 그 원인의 불법(즉 사회질서 위반)으로 성립하지 않은 때, ② 신채무가 그 밖의 사유(예: 급부의 불능)로 성립하지 않았고 당사자가 그 사유를 알지 못한 때, ③ 신채무가 취소된 때에는 구채무는 소멸하지 않는다.

(3) 채무의 중요한 부분의 변경

채무의 중요한 부분(채무의 요소)의 변경이 있어야 한다(500조). 채무의 중요부분은 채무의 동일성을 결정하는 부분을 가리키며, 채권의 발생원인(예: 매매대금채무를 소비대차의 목적으로 하는 경우)·채권자·채무자·채권의 목적이 그에 해당한다. 주의할 것은 채무의 중요부분의 변경이 있다고 하여 언제나 경개로 되지는 않는다는 점이다. 경개가 인정되려면 신·구채무 사이에 동일성이 없어야 한다(이 점에서 채권양도·채무인수 등과 다르다). 그리고 당사자 사이에 신채무를 성립시키고 구채무를 소멸시키려는 의사 즉 경개의사의 합치가 있어야 한다(대판 1974. 7. 9, 74다668).

C-267 (4) 경개계약의 당사자

당사자는 경개계약의 종류에 따라 다르다.

1) 채권자 변경에 의한 경개 이 경개는 구 채권자·신 채권자·채무자의 3면계약에 의한다. 이 경개는 확정일자 있는 증서로 하지 않으면 제 3 자에게 대항하지 못한다(502조).

2) 채무자 변경에 의한 경개 이 경개는 3면계약에 의할 수도 있으나(명문규정은 없어도 계약자유의 원칙상 가능함), 채권자와 신 채무자 사이의 계약에 의하여도 할 수 있다(501조 본문). 그런데 후자의 경우에는 구 채무자의 의사에 반하여서는 하지 못한다(501조 단서).

3) 목적 또는 발생원인의 변경에 의한 경개 이는 채권자와 채무자 사이의 계약에 의한다.

C-268 Ⅲ. 경개의 효과

(1) 구채무의 소멸과 신채무의 성립

경개에 의하여 구채무는 소멸하고 신채무가 성립한다(500조). 그리고 이 두 채무는 동일성이 없기 때문에, 구채무에 관하여 존재하였던 담보권·보증채무·위약금 기타의 종된 권리와 항변권은 모두 소멸한다. 그러나 민법은 여기에 예외를 인정하고 있다. 그에 의하면, 경개의 당사자가 특약으로써 구채무의 담보를 그 목적의 한도에서 신채무의 담보로 할 수 있다(505조 본문). 그러나 그 담보가 제 3 자가 제공한 것일 때에는 그 제 3 자의 승낙을 얻어야 한다(505조 단서). 그리고 채권자 변경에 의한 경개의 경우 채무자가 이의를 보류한 때에는 구채무에 관한 항변권은 존속한다(503조·451조 1항 참조).

⑵ 경개계약의 해제가능성 여부

경개계약에 의하여 성립한 신채무에 관하여 채무자의 불이행이 있는 경우에 경개계약을 해제할 수 있는가? 여기에 관하여 다수설은 경개계약은 신채무가 유효하게 성립하면 그 효과는 완결하고 신채무의 불이행은 경개계약의 불이행으로 볼 것은 아니므로 경개계약을 해제할 수는 없다고 한다(사건은 채권법 총론 [266] 참조). 판례도 다수설과 같다(대판 2003. 2. 11, 2002다62333 등).

제 7 절 면 제

Ⅰ. 면제의 의의 · 요건 · 효과

C-269

⑴ 의 의

면제(免除)는 채권자가 채무자에 대한 그의 채권을 무상으로 소멸시키는 단독행위이다(506조). 채권은 당사자의 계약(면제계약)에 의하여서도 소멸시킬 수 있으나(계약자유의 원칙), 민법은 채무면제를 단독행위로 규정하고 있다.

면제는 채권을 소멸시키는 행위로서 준물권행위이고, 따라서 처분행위이다.

면제는 단독행위이지만 상대방에게 이익이 되는 것이므로 조건을 붙일 수 있다.

⑵ 요 건

면제는 처분행위이므로 채권의 처분권한을 가지고 있는 자만이 할 수 있다.

면제는 채권자가 채무자에 대하여 일방적인 의사표시로 한다(506조 본문). 그 의사표시는 방식의 제한을 받지 않으며, 명시적으로뿐만 아니라 묵시적으로도 할 수 있다(대판 1979. 7. 10, 79다705).

⑶ 효 과

면제가 있으면 채권은 소멸한다. 일부면제도 유효하며, 그 경우에는 면제된 범위에서 채권이 소멸한다.

채권자는 자유롭게 면제할 수 있으나, 그 채권에 관하여 정당한 이익을 가지는 제 3 자에게는 면제를 가지고 대항하지 못한다(506조 단서).

제 8 절 혼 동

Ⅰ. 혼동의 의의 및 효과

C-270

혼동(混同)은 채권과 채무가 동일인에게 귀속하는 사실이다(일반적인 혼동과 물권의 혼동에 관하여는 B-109 참조). 예컨대 채권자가 채무자를 상속하거나 채무자가 채권을 양수한 경우에 혼동이 일어난다. 혼동의 법률적 성질은 사건이다.

혼동이 있으면 채권은 원칙적으로 소멸한다(507조 본문). 그러나 채권의 존속을 인정하여야 할 정당한 이익이 있는 때에는 채권을 존속시켜야 한다(대판 1995. 7. 14, 94다36698 등). 민법은 그러한 경우로 「그 채권이 제 3 자의 권리의 목적인 때」를 들고 있다(507조 단서).

제4편

채권법각론

계약총론

제 1 절 계약의 의의 및 작용

Ⅰ. 계약의 의의

D-1

계약이라는 용어는 넓은 의미와 좁은 의미의 두 가지로 사용된다.

넓은 의미로 계약이라고 하면, 둘 이상의 서로 대립하는 의사표시의 일치에 의하여 성립하는 법률행위를 말한다. 넓은 의미의 계약에는 채권계약(채권의 발생을 목적으로 하는 계약)뿐만 아니라 물권계약(물권변동을 목적으로 하는 계약), 준물권계약(물권 이외의 재산권의 변동을 목적으로 하는 계약), 가족법상의 계약(가족법상의 법률관계의 변동을 목적으로 하는 계약) 등도 포함된다. 좁은 의미로 계약이라고 하면, 넓은 의미의 계약 가운데 채권계약만을 가리킨다. 즉 채권의 발생을 목적으로 하는 계약이 좁은 의미의 계약이다.

민법은 넓은 의미의 계약에 관하여는 일반적으로 적용되는 규정을 두고 있지 않으며, 좁은 의미의 계약에 관하여만 그러한 규정을 두고 있다. 민법 제 3 편(채권) 제 2 장(계약)의 제 1 절 총칙(527조 내지 553조)이 그것이다. 이들 규정은 그것이 채권계약에만 적용되어야 할 특수성이 없는 한 넓은 의미의 계약에 유추적용될 수 있을 것이다.

Ⅱ. 계약의 사회적 작용

자본주의 사회에서 사람은 계약을 맺어 삶을 영위하고 있다. 예컨대, 생존에 필요한 식량이나 의류를 매매계약을 통하여 얻고, 주거를 위한 공간은 매매계약·임대차계약 또는 도급계약으로 마련하며, 생활에 필요한 타인의 노동력을 고용계약이나 도급계약에 의하여 조달한다. 그리고 생존에 필요한 금전은 고용계약이나 물건의 매매계약 등에 의하여 마련하게 된다. 이와 같이 사람의 삶의 거의 대부분이 계약에 의하여 이루어짐을 볼 때, 우리 사회에서 계약이 가지는 의미는 가늠하기 어려울 정도로 크다고 할 것이다.

제 2 절 계약의 자유와 그 한계

D-2

Ⅰ. 계약자유의 의의

계약자유라 함은 계약에 의한 법률관계의 형성은 법의 제한에 부딪히지 않는 한 계약당사자의 자유에 맡겨진다는 원칙을 말한다. 이 계약자유는 사적 자치(A-52 이하 참조)의 발현형식(내지 내용) 가운데 가장 대표적인 것이다.

Ⅱ. 계약자유의 내용

계약자유의 내용에는 체결의 자유, 상대방 선택의 자유, 내용결정의 자유, 방식의 자유의 네 가지가 있다. 그런데 상대방 선택의 자유는 체결의 자유의 한 내용으로 볼 수 있다.

체결의 자유(상대방 선택의 자유 포함)는 계약을 체결할 것인가, 그리고 체결하는 경우에 누구와 체결할 것인가는 당사자의 자유라는 것이다. 그런데 계약은 보통 청약과 승낙에 의하여 성립하기 때문에, 체결의 자유는 청약 여부의 자유와 승낙 여부의 자유를 포함한다. 내용결정의 자유는 계약의 내용은 당사자가 자유롭게 결정할 수 있다는 것이다. 이 내용결정의 자유는 좁은 의미의 계약자유라고도 한다. 방식의 자유는 계약체결에 일정한 방식이 요구되지 않음을 말한다.

D-3

Ⅲ. 계약자유의 한계

1. 계약자유의 한계의 종류

계약자유의 한계에는 외적인 한계와 내적인 한계가 있다.

2. 외적인 한계

외적인 한계는 경제적 지위의 우열관계와 무관한 것으로서 일반적인 한계라고 할 수 있다. 계약자유의 외적인 한계로는 강행규정과 제103조를 들 수 있다.

(1) 강행규정

우리법상 계약은 그것이 강행규정(A-92 이하 참조)에 반하는 경우에는 무효이다(105조 참조). 그러므로 강행규정은 계약자유의 한계를 형성한다. 그런데 계약자유를 제한하는 강행규정 가운데에는 계약자유의 내적인 한계에 관한 것이 많다.

계약자유의 외적인 한계를 이루는 강행규정의 예로는 광업권의 대차(이른바 덕대계약)를 금지하고 있는 광업법 제11조를 들 수 있다. 계약의 체결에 관청의 허가나 일정한 증명을 요구하는 법률규정도 같은 맥락에서 파악할 수 있다. 그러한 규정에 어긋나는 때에는 계약이 무효로 되기 때문이다. 토지거래 허가구역에 있는 토지에 관한 소유권·지상권을 이전하거나 설정하는 계약을 체결하려는 경우에 시장·군수 또는 구청장의 허가를 받도록 하는 「부동산 거래신고 등에 관한 법률」 제11조 제 1 항(대판(전원) 1991. 12. 24, 90다12243 등은 허가 없이 체결한 토지매매계약은 유동적 무효라고 한다) 등이 그러한 규정이다.

⑵ 제103조

제103조도 계약자유의 외적인 한계가 된다. 동조에 의하면, 계약은 강행규정에 반하지 않을지라도 선량한 풍속 기타 사회질서에 반하는 경우에는 무효로 되기 때문이다.

3. 내적인 한계

D-4

계약당사자의 일방이 우월한 지위를 갖고, 그리하여 쌍방의 자기결정 대신에 그 자의 일방적인 결정이 행하여지는 때가 많이 있다. 그러한 때에는 우월한 당사자의 계약자유는 약자의 보호를 위하여 제한되어야 한다. 이것이 계약자유의 내적인 한계의 문제이다.

⑴ 체약(締約)강제

1) 공익적 독점기업의 체약의무 우편·전기통신(유무선 전화 등)·운송(철도·버스·택시 등) 등의 사업을 경영하거나, 전기·수도·가스 등의 생활필수품을 공급하는 공익적 독점기업은 정당한 사유가 없는 한 급부제공을 거절하지 못한다(우편법 50조, 전기통신사업법 3조 등 참조).

2) 공공적·공익적 직무담당자의 체약의무 공증인·집행관·법무사·행정사 등의 공공적 직무담당자(공증인법 4조, 집행관법 14조, 법무사법 20조, 행정사법 22조)와, 의사·치과의사·한의사·조산사·약사·한약사 등 공익적 직무담당자(의료법 15조, 약사법 24조)에 대하여 정당한 사유 없이 직무의 집행을 거절할 수 없다는 공법적 의무가 부과되어 있다.

3) 경제통제법에 의한 체약강제 전쟁이나 경제적 위기가 닥칠 때에 경제에 관하여 통제하는 내용의 법률을 경제통제법이라고 한다. 그러한 경제통제법 중에는 계약체결을 강제하거나 금지하는 내용을 담고 있는 것도 있다. 「물가안정에 관한 법률」(6조·7조), 「농수산물 유통 및 가격안정에 관한 법률」(4조 이하), 비료관리법(7조) 등이 그 예이다.

⑵ 내용에의 간섭

경제적 약자보호를 위하여 법질서가 직접 계약의 내용에 간섭을 가하기도 한다. 제607조, 제608조, 임대차에 관한 규정(652조 참조), 이자제한법 등이 그 예이다.

제 3 절 계약과 보통거래약관

D-5 ## Ⅰ. 서 설

보통의 계약의 경우 계약당사자는 서로 협의하여 계약의 내용을 확정한다. 그런데 어떤 경우에는 계약당사자 일방이 계약내용으로 삼을 사항(계약조건)을 일방적으로 미리 정해 놓고서 계약체결시에 이를 제시하기도 한다. 그때 상대방이 이를 받아들이면 그것은 계약의 내용으로 된다. 이처럼 계약의 내용으로 삼기 위하여 당사자 일방이 미리 준비한 계약조건을 보통거래약관이라고 한다.

보통거래약관은 실제거래에 있어서 특히 대기업에 의하여 널리 사용되고 있다. 예컨대 은행·보험회사·운송기업은 그들(법률고문 또는 이익단체)이 만든 보통거래약관(은행약관·보험약관·운송약관 등)을 계약체결에 사용하고 있다. 그 결과 보통거래약관은 오늘날의 경제생활에서 대단히 중요한 역할을 수행하고 있다.

그런데 보통거래약관은 약관의 사용자 측에서 일방적으로 준비하는 것이므로 그 사용자에게만 유리한 내용으로 이루어질 가능성이 크다. 이와 같이 보통거래약관이 중대한 폐단을 가져올 수 있기 때문에 종래 각국의 판례와 학설은 보통거래약관을 규제하기 위하여 부심해왔다. 그러나 판례·학설에 의한 보통거래약관의 통제는 한계가 있어서 각국은 보통거래약관을 규제하기 위한 특별법을 제정하게 되었다. 우리나라에서도 1986년 「약관의 규제에 관한 법률」(이하에서는 약관규제법이라고 약칭함)을 제정하여 시행하고 있다(1987. 7. 1. 시행). 이 법은 보통거래약관을 — 개별약관별로가 아니고 — 일반적으로 규제하고 있다.

아래에서는 이러한 우리의 약관규제법을 기초로 하여 보통거래약관에 관하여 살펴보기로 한다.

[참고] 용어 문제

우리의 약관규제법은 보통거래약관을 단순히 「약관」이라고 표현하고 있다(동법 2조 1호). 그리고 약관의 사용자와 그 상대방을 각각 「사업자」와 「고객」이라고 표현한다(동법 2조 2호·3호).

D-6 ## Ⅱ. 약관의 의의

약관 즉 보통거래약관은 계약의 한쪽 당사자(약관 사용자 즉 사업자)가 여러 명의 상대방(고객)과 계약을 체결하기 위하여 일정한 형식으로 미리 마련한 계약의 내용을 말한다(약관규제법 2조 1호).

약관과 구별되는 것으로 「서식(書式)」이 있다. 서식은 계약의 내용으로 삼기 위하여 준비한 것이 아니고 모범으로 삼기 위한 것이다. 그런데 이 서식을 계약체결에 이용하게 되면 실질적으로는 약관과 같은 기능을 하게 된다.

Ⅲ. 약관의 구속성

약관은 계약당사자 일방이 일방적으로 준비한 계약조건에 지나지 않는다. 따라서 그것이 당연히 상대방을 구속할 수는 없다. 만약 약관이 상대방을 구속한다면 거기에는 어떤 근거가 있어야 한다. 나아가 약관이 상대방을 구속하기 위하여 갖추어야 할 사항이 있다면 그것도 살펴보아야 한다. 이는 일방적으로 준비·사용된 약관으로부터 상대방 즉 고객을 보호하는 첫 번째 단계의 문제이다. 약관이 이 단계를 통과하면 내용통제라는 두 번째 단계에 이르게 된다.

1. 구속력의 근거

약관규제법이 제정되어 있는 현재 약관이 어떤 근거로 상대방을 구속하게 되는가? 이는 약관규제법의 해석의 문제이다. 이에 관하여 우리의 학설은 i) 계약설, ii) 절충적 계약설, iii) 이원설로 나뉘어 있다(채권법각론 [10] 참조). 그 가운데 계약설은 구속력의 근거를 약관을 계약내용으로 삼고자 하는 당사자의 합의에서 찾는 견해이다(사견도 같음). 한편 판례는 약관이 구속력을 가지는 것은 당사자 사이에서 약관을 계약내용에 포함시키기로 합의하였기 때문이라고 하여 계약설을 취하고 있다(대판 2004. 11. 11, 2003다30807 등).

2. 사업자가 약관을 계약내용으로 주장할 수 있기 위한 요건

D-7

(1) 개 설

우리 문헌들은 이 문제를 독일문헌 등에 따라 약관의 계약에의 편입의 문제로 다루고 있다. 그러나 우리 약관규제법은 독일과 달리(독일민법 305조 2항 참조) 일정한 요건을 갖추지 못한 경우에는 사업자는 「해당 약관을 계약의 내용으로 주장할 수 없다」고 규정하고 있다(약관규제법 3조 4항). 따라서 우리 법상 살펴보아야 할 문제는 사업자가 약관을 계약내용으로 주장할 수 있기 위한 요건이 무엇인가이다.

약관규제법은 그러한 요건으로 ① 사업자가 약관내용을 분명하게 밝힐 것과 ② 사업자가 약관의 중요내용을 설명할 것을 규정하고 있다(동법 3조 2항·3항). 그리고 당연한 전제요건으로 사업자와 고객 사이의 계약체결이 있다. 그 밖에 고객의 동의도 필요한지가 문제된다. 아래에서 당연한 요건을 제외하고 세 가지에 관하여 차례로 살펴보기로 한다.

약관규제법에 의하면, 사업자는 약관을 한글로 작성하고, 표준화된 용어를 사용하며, 중요내용을 명확하게 표시하여 알아보기 쉽게 작성해야 한다(동법 3조 1항). 그러나 이에 위반하더라도 사업자가 약관을 계약의 내용으로 주장할 수 없는 것은 아니다(따라서 그것은 계약내용으로 주장할 수 있는 요건이 아니다(동법 3조 4항 참조)).

D-8 (2) 구체적인 요건

1) 사업자에 의한 명시(明示)(고객의 인식취득의 가능성) 사업자는 예외적인 경우를 제외하고는 계약을 체결할 때에는 고객에게 약관의 내용을 계약의 종류에 따라 일반적으로 예상되는 방법으로 분명하게 밝히고, 고객이 요구할 경우 그 약관의 사본을 고객에게 내주어 고객이 약관의 내용을 알 수 있도록 하여야 한다(약관규제법 3조 2항 본문). 그런데 여객운송업, 전기·가스 및 수도사업, 우편업, 공중전화 서비스 제공 통신업 중 어느 하나에 해당하는 업종의 약관에 대하여는 위에서 설명한 명시의무가 없다(약관규제법 3조 2항 단서).

2) 사업자에 의한 약관의 중요내용의 설명

(가) 원 칙 사업자는 원칙적으로 약관에 정하여져 있는 중요한 내용을 고객이 이해할 수 있도록 설명하여야 한다(약관규제법 3조 3항 본문). 여기서 중요한 내용이라 함은 사회통념에 비추어 고객이 계약체결의 여부나 대가를 결정하는 데에 직접적인 영향을 미칠 수 있는 사항을 말한다(대판 2018. 10. 25, 2014다232784 등). 무엇이 중요한 내용인지는 구체적인 경우에 계약의 해석에 의하여 결정되어야 한다.

(나) 예 외 계약의 성질상 설명하는 것이 현저하게 곤란한 경우에는 중요내용의 설명의무가 없다(약관규제법 3조 3항 단서).

3) 고객의 동의 약관규제법은 계약설에 기초를 두고 있으면서도 독일민법과 달리(동법 305조 2항 참조) 약관을 계약내용으로 주장하기 위한 요건으로 고객의 동의를 명문으로 규정하고 있지 않다. 이러한 상황에서 우리의 학설은 i) 고객의 동의 내지 당사자의 합의가 필요하다는 견해(사견도 같음)와 ii) 고객의 동의가 필요하지 않다는 견해로 나뉘어 있다.

(3) 요건을 갖추지 못한 경우의 효과

사업자가 위의 요건을 갖추지 못한 경우에는 그는 해당 약관을 계약의 내용으로 주장할 수 없다(약관규제법 3조 4항). 그에 비하여 그러한 경우에도 고객은 그 약관을 계약내용으로 주장할 수 있다(이설 없음). 한편 약관을 계약내용으로 주장할 수 없는 경우의 구체적인 효과는 약관의 일부조항이 무효인 경우와 같다(D-12 참조).

D-9

Ⅳ. 약관의 해석

약관을 계약내용으로 주장할 수 있게 된 뒤에는 약관을 해석하여 그 내용을 확정하여야 한다. 이는 약관에 대한 제 2 단계의 규제인 내용통제를 위하여서도 필요하다.

약관은 실질적으로는 계약조항과 같지만 그것이 지니는 특수성이 있기 때문에 특별한 고려가 요청된다. 약관규제법은 그런 취지에서 약관의 해석과 관련하여 별개의 특별규정을 두고 있다.

1. 해석의 방법

약관은 계약의 내용으로 되는 것이다. 따라서 약관의 해석에는 마땅히 법률행위의 해석의 원칙(A-68 이하 참조)이 적용되어야 한다. 그러나 약관은 다른 한편으로 대량계약에 있어서 획일적인 처리를 목적으로 하는 것이므로, 약관을 해석하는 때에는 구체적인 고객이 개별적인 경우에 어떻게 이해하였는가 또는 이해하였어야 하는가에 좌우되지는 않아야 한다(구체적인 상대방의 이해가능성에 의한 해석은 불가하다. A-68 참조). 오히려 평균적인 고객의 이해를 표준으로 하여야 한다. 약관규제법 제 5 조 제 1 항은 이러한 취지를 규정하고 있다.

2. 불명료한 규정의 해석

약관의 어떤 조항이 모든 사정을 고려하여도 분명하지 않고 최소한 두 가지로 해석될 수 있는 경우에는, 그것은 고객에게 유리하게 즉 사업자에게 불리하게 해석되어야 한다(약관규제법 5조 2항).

약관규제법에는 규정되지 않았지만 독일판례에 의하여 형성된 「엄격해석(축소해석)의 원칙」도 적용되어야 한다. 즉 고객에게 불이익하게 임의규정과 다르게 작성된 약관조항은 좁게 해석되어야 한다. 이는 특히 면책조항에서 자주 고려된다(약관규제법 7조 참조). 예컨대 도급계약에서 완성된 일의 손해로부터 면책된다고 하는 경우에는, 불분명한 때에는, 면책되는 책임은 계약책임만이고 불법행위책임은 아니라고 해석되어야 한다.

3. 개별약정의 우선

약관에서 정하고 있는 사항에 관하여 사업자와 고객이 약관의 내용과 다르게 합의한 사정이 있을 때에는 그 합의사항은 약관보다 우선한다(약관규제법 4조). 약관조항이 당사자 사이의 합의에 의하여 개별약정으로 되었다는 사실은 그것을 주장하는 사업자 측에서 증명하여야 한다(대판 2014. 6. 12, 2013다214864 등).

V. 약관의 내용통제

D-10

약관에 대하여 일정한 요건을 갖추어 사업자가 그것을 계약의 내용으로 주장할 수 있는 경우에 그 가운데에는 고객에게 대단히 불리한 조항이 포함되어 있을 수 있다. 그리하여 제2단계로 약관의 조항 중 어떤 것은 무효로 해야 할 필요가 있다. 이를 위하여 약관규제법은 상당수의 규정을 두고 있다(동법 6조 내지 16조).

1. 무효근거

약관규제법은 한편으로 구체적·개별적인 약관조항이 무효로 되는 경우를 규정하고(동법 7조 내지 14조), 다른 한편으로 일반규정의 형태로 무효인 경우를 규정하고 있다(동법 6조).

(1) 개별적인 금지규정

약관규제법이 개별적인 약관조항에 대하여 무효라고 규정하고 있는 경우로는, ① 부당하게 사업자의 책임(예: 손해배상 책임·담보책임)을 배제 또는 제한하는 면책조항(동법 7조), ② 고객에게 부당하게 과중한 손해배상의무를 부담시키는 손해배상액의 예정조항(동법 8조), ③ 계약의 해제·해지에 관한 일정한 조항(동법 9조), ④ 채무의 이행에 관한 일정한 조항(동법 10조), ⑤ 법률이 인정하는 고객의 권익(예: 항변권·기한의 이익)을 부당하게 배제 또는 제한하는 조항(동법 11조), ⑥ 의사표시에 관하여 그 존부(存否)와 도달을 의제하거나 형식이나 요건을 부당하게 제한하는 등의 조항(동법 12조), ⑦ 고객의 대리인에게 부당하게 책임을 부담시키는 조항(동법 13조), ⑧ 고객에 대하여 부당하게 불리한 소송제기의 금지·재판관할의 합의·증명책임의 부담을 정하는 조항(동법 14조)이 있다.

D-11

(2) 일반규정

1) 약관규제법 제6조 제1항 약관규제법은 앞에서 본 약관에 대한 개별적인 금지규정 외에 일반규정도 두고 있다. 그에 의하면 「신의성실의 원칙을 위반하여 공정성을 잃은 약관조항은 무효이다」(약관규제법 6조 1항).

2) 불공정성의 추정 나아가 약관규제법상 다음 세 가지 경우에는 약관조항이 공정성을 잃은 것으로 추정된다(동법 6조 2항).

(가) 「고객에게 부당하게 불리한 조항」(약관규제법 6조 2항 1호)

(나) 「고객이 계약의 거래형태 등 관련된 모든 사정에 비추어 예상하기 어려운 조항」(약관규제법 6조 2항 2호) 이러한 조항을 기습조항 또는 의외조항이라고 한다. 우리 대법원은 상가 임대분양계약서에 기재된 「기부채납에 대한 부가가치세액은 별도」 규정은 기습조항에 해당한다고 한다(대판 1998. 12. 22, 97다15715).

(다) 「계약의 목적을 달성할 수 없을 정도로 계약에 따르는 본질적 권리를 제한하는 조항」(약관규제법 6조 2항 3호) 예컨대 경비용역회사의 약관에서 경비에 흠이 있는 경우에 책임을 배제하는 경우가 이에 해당한다.

(3) 금지규정의 적용 제한

약관규제법은, 국제적으로 통용되는 약관이나 그 밖에 특별한 사정이 있는 약관으로서 대통령령으로 정하는 경우에는 개별적인 금지규정인 약관규제법 제7조부터 제14조까지의 규정을 적용하는 것을 조항별·업종별로 제한할 수 있다고 규정한다(약관규제법 15조). 그리고 약관규제법 시행령은 국제적으로 통용되는 운송업·금융업·보험업, 무역보험법에 따른 무역보험의 약관을 그러한 약관으로 규정한다(동 시행령 3조).

2. 약관조항이 무효인 경우의 법률효과

D-12

약관의 전부 또는 일부의 조항이 약관규제법 제6조부터 제14조까지의 규정에 따라 무효인 경우에는 원칙적으로 계약은 나머지 부분만으로 유효하게 존속한다(약관규제법 16조 본문). 다만, 유효한 부분만으로는 계약의 목적 달성이 불가능하거나 그 유효한 부분이 한쪽 당사자에게 부당하게 불리한 경우에는 그 계약 전체가 무효로 된다(약관규제법 16조 단서). 한편 계약이 무효부분을 제외한 나머지 부분만으로 유효하게 되는 경우에는 계약에 틈이 생길 수 있다. 그때에 틈은 법률행위의 해석에 의하여 보충되어야 한다. 그리하여 우선 관습에 의하여 보충되고(106조), 관습이 없으면 임의규정에 의하며, 임의규정도 없으면 순수한 보충적 해석이 행하여져야 한다(A-72 참조).

한편 위의 내용은 약관이 약관규제법 제3조 제4항에 따라 계약의 내용으로 되지 못하는 경우에도 같다(약관규제법 16조).

Ⅵ. 위반약관의 규제

D-13

사업자는 약관규제법 제6조부터 제14조까지의 규정에 해당하는 불공정한 약관조항을 계약내용으로 하여서는 안 되며(동법 17조), 사업자가 이를 위반한 경우에는 공정거래위원회가 그 약관조항의 삭제·수정 등 시정에 필요한 조치를 권고하고(동법 17조의 2 1항·18조) 때로는 시정조치를 명할 수 있다(동법 17조의 2 2항).

Ⅶ. 약관규제법의 적용범위

약관규제법은 약관의 규제에 관한 일반법이다. 따라서 특정한 거래분야의 약관에 대하여 다른 법률에 특별한 규정이 있는 경우에는 그 규정이 약관규제법에 우선하여 적용된다(동법 30조 2항). 그리고 약관규제법은 약관이 상법 제3편(회사), 근로기준법 또는 그 밖에 대통령령으로 정하는 비영리사업의 분야에 속하는 계약에 관한 것일 때에는 적용되지 않는다(동법 30조 1항).

제4절 계약의 종류

D-14

Ⅰ. 서 설

계약은 여러 가지 표준에 의하여 종류를 나눌 수 있다. 그중에서 중요한 것들을 살펴보기로 한다. 주의할 것은, 여기에서 다루는 계약은 채권계약에 한정된다는 점이다.

Ⅱ. 전형계약 · 비전형계약

민법 제3편 제2장 제2절부터 제15절까지 규정되어 있는 15가지의 계약(현상광고를 단독행위라고 보면 14가지 계약)을 전형계약이라고 하며, 채권계약 가운데 그 외의 계약을 비전형계약이라고 한다. 전형계약은 증여·매매·임대차 등과 같이 민법전상 이름이 붙여져 있다고 하여 유명계약(有名契約)이라고도 하며, 비전형계약은 무명계약(無名契約)이라고도 한다. 비전형계약의 예로는 자동판매기 설치계약·은행계약·연예인 출연전속계약을 들 수 있다.

비전형계약 중 두 가지 이상의 전형계약의 요소가 섞여 있거나 하나의 전형계약의 요소와 기타의 사항이 섞여 있는 것을 특히 혼합계약이라고 한다.

D-15

Ⅲ. 쌍무계약 · 편무계약

(1) 쌍무계약 · 편무계약의 의의

쌍무계약(雙務契約)은 계약의 각 당사자가 서로 대가적인 의미를 가지는 채무를 부담하는 계약이다. 여기서 채무가 「대가적 의미」를 갖는다는 것은 A가 채무를 부담하는 것은 B가 채무를 부담하기 때문이고, B가 채무를 부담하는 것은 A가 채무를 부담하기 때문이라는 것과 같이, 당사자들의 채무부담이 서로 의존적임을 뜻하며, 채무의 경제적 가치가 동등할 필요는 없다. 전형계약 중 매매·교환·임대차·고용·도급·여행계약·조합·화해는 쌍무계약이고, 소비대차·위임·임치도 유상인 때에는 쌍무계약에 해당한다.

채권계약 가운데 쌍무계약 이외의 모든 것이 편무계약(片務契約)이다. 그중에는 당사자 일방만이 채무를 부담하는 경우 외에 당사자 쌍방이 채무를 부담하지만 그 채무들이 서로 대가적인 의미가 없는 경우도 있다. 증여·현상광고는 전자의 예이고, 사용대차는 후자의 예이다(사용대차에서 대주는 목적물의 사용을 허용할 채무가 있고, 차주(借主)는 후에 목적물을 반환할 채무가 있으나, 이 두 채무는 의존관계에 있지 않다). 소비대차·위임·임치도 무상인 때에는 사용대차와 마찬가지로 편무계약에 속한다.

(2) 구별실익

쌍무계약에 있어서는 동시이행의 항변권(536조)·위험부담(537조·538조)의 문제가 생기나, 편무계약에서는 이들이 문제되지 않는다.

Ⅳ. 유상계약·무상계약

D-16

(1) 유상계약·무상계약의 의의

유상계약(有償契約)은 계약의 각 당사자가 서로 대가적인 의미를 가지는 출연(出捐)(출재(出財))을 하는 계약이고, 무상계약(無償契約)은 채권계약 중 그 이외의 것이다. 무상계약에는 당사자 일방만이 출연을 하는 경우(예: 증여)도 있고, 당사자 쌍방이 출연을 하지만 대가적인 의미가 없는 경우도 있다(예: 사용대차·무상 소비대차).

유상계약·무상계약의 구별은 쌍무계약·편무계약의 구별과 어떻게 다른가? 쌍무계약과 편무계약은 계약의 효과로서 생기는 채권관계만을 관찰하여 당사자들이 서로 대가적인 의미의 채무를 부담하는지를 표준으로 하여 구별하는 데 비하여, 유상계약·무상계약은 계약의 성립에서부터 그 계약의 효과로서 생기는 채권관계의 실현에 이르기까지의 모든 과정을 살펴서 그 안에서 당사자들이 서로 대가적인 출연을 하는지를 표준으로 하여 구별하며, 그럼에 있어서 출연이 계약성립시에 행하여지느냐 계약의 효과로서 발생한 채권관계에 기하여 행하여지느냐는 묻지 않는다. 쌍무계약에서는 각 당사자들의 대가적인 재산상의 출연이 반드시 있게 된다. 그러므로 쌍무계약은 모두 유상계약이다. 그리고 편무계약일지라도 후에 채무를 부담하는 당사자의 상대방이 계약성립시에 대가적인 의미의 출연을 하면 역시 유상계약으로 된다. 현상광고를 계약이라고 본다면 현상광고가 그 예이다(이 경우 계약성립 후에는 광고자만이 채무를 부담하나, 계약성립시 응모자가 행한 지정행위의 완료가 대가적인 출연이 된다).

전형계약 가운데 매매·교환·임대차·고용·도급·여행계약·조합·화해·현상광고(계약이라고 할 경우)는 유상계약이고, 증여·사용대차는 무상계약이다. 그리고 소비대차·위임·임치·종신정기금은 대가 지급을 하도록 하느냐에 따라 유상계약 또는 무상계약이 된다.

(2) 구별실익

민법은 가장 대표적인 유상계약인 매매에 관하여 자세한 규정을 두고, 그 규정들을 다른 유상계약에 준용하고 있다(567조 참조).

Ⅴ. 낙성계약·요물계약

낙성계약(諾成契約)은 당사자의 합의만으로 성립하는 계약이고, 요물계약(要物契約)은 당사자의 합의 외에 물건의 인도 기타 급부가 있어야만 성립하는 계약이다. 민법상의 전형계약은 그 대부분이 낙성계약이며, 현상광고(계약이라고 볼 경우)만이 요물계약에 해당한다.

D-17

Ⅵ. 계속적 계약 · 일시적 계약

(1) 의 의

계약에 의하여 발생한 채무 가운데에는 급부가 일정한 시간 동안 계속되어야 하는 것이 있다. 그러한 채무를 발생시키는 계약이 계속적 계약이다. 그에 비하여 급부 실현에 시간적 계속성이 요구되지 않는 채무를 발생시키는 계약은 일시적 계약이다. 이 두 계약의 구별은 계속적 계약에 의하여 생기는 계속적 채권관계가 가지는 특질을 밝히는 데 의미가 있다(그리하여 「계속적 채권관계」라는 용어가 많이 쓰인다).

전형계약 가운데 계속적 채권관계를 발생시키는 계약(즉 계속적 계약)에는 소비대차·사용대차·임대차·고용·위임·임치·조합·종신정기금이 있다.

(2) 계속적 채권관계의 특질

계속적 채권관계에는 다음과 같이 여러 가지 특질이 있다(이는 구체적인 채권관계에 따라 차이가 있음을 유의할 것).

1) 급부의 실현이 시간적 계속성을 가진다.

2) 시간은 급부의 방법을 정하는 것이 아니고(예: 할부매매의 경우) 급부의 범위를 결정한다.

3) 사정변경의 원칙이 고려되며, 당사자의 해지권이 문제된다.

4) 채권관계의 해소는 장래에 향하여만 효력이 생기고 소급하지 않는다.

(3) 계속적 공급계약

일정한 기간 또는 부정기간(不定期間) 동안에 종류로서 정하여진 물건(예: 맥주·석탄)을 일정한 대가를 받고서 계속적으로 공급하기로 하는 계약이 계속적 공급계약이다.

Ⅶ. 예약 · 본계약

예약은 장차 일정한 계약을 체결할 것을 미리 약정하는 계약이며, 이 예약에 기하여 장차 체결될 계약이 본계약이다.

제5절 계약의 성립

I. 서 설

D-18

1. 계약의 성립요건으로서의 합의(合意)

계약은 둘 이상의 계약당사자의 의사표시의 일치에 의하여 성립한다(낙성계약이 그러하며, 요물계약에서는 그 외에 물건의 인도 기타 급부가 있어야 한다. 이런 의미에서 볼 때 당사자의 의사표시의 일치는 모든 계약의 성립에 요구되는 최소한도의 요건 즉 일반적 성립요건이라고 할 수 있다. A-59 참조). 계약을 성립시키는 이러한 의사표시의 일치를 합의라고 한다.

합의는 어떠한 사항에 관하여 행하여져야 하는가? 우선 계약의 본질적인 구성부분(계약의 필수 불가결한, 그리고 종류를 결정하는 구성부분), 예컨대 매매의 경우 매매의 객체와 대금(563조 참조), 임대차의 경우 임차물과 차임(618조 참조)에 관하여 합의가 행하여져야 한다. 그런가 하면 누가 계약당사자가 되어야 하고, 그들이 어떤 역할을 하여야 하는지(가령 매도인 또는 매수인)에 관하여도 합의가 필요하다. 그에 비하여 민법이 각각의 계약유형에 있어서 상세하게 규정하고 있는 사항(예: 580조)이나 모든 계약에 적용되는 일반규정이 규율하는 사항(예: 390조)에 관하여는 당사자가 특별히 합의할 필요가 없다. 다만, 민법이 규정하고 있는 사항일지라도 당사자 일방이 법률규정(임의규정에 한함)과 다른 합의가 필요함을 표시한 때에는 예외이다(동지 대판 2003. 4. 11, 2001다53059).

합의를 계약당사자의 의사표시의 일치라고 할 때 의사표시의 일치가 당사자의 (내적인) 의사의 일치인지 아니면 (외적인) 표시의 일치인지가 문제된다. 후자로 새겨야 한다.

구체적인 경우에 합의가 존재하는지 여부는 의사표시 내지 법률행위의 해석(A-67 이하 참조)의 고려 하에서만 판단될 수 있다. 법률행위의 해석(상대방 있는 경우)은 자연적 해석에서 시작하여야 하며, 그것이 불가능한 경우 규범적 해석을 하게 된다. ① 계약의 당사자 쌍방이 그들의 의사표시를 동일한 의미로 이해한 때에는 — 자연적 해석에 의하여 — 그들이 이해한 의미로 효력이 있다. 예컨대 A가 B에게 자신의 그림을 980만원에 매도하려고 하면서 잘못하여 890만원에 매도하겠다고 표시하였는데, B는 A가 그 그림의 대금으로 980만원을 받으려는 것을 알고 980만원에 매수하겠다고 한 경우에는, 980만원을 대금으로 하는 그림의 매매 합의가 존재한다(이 경우의 합의를 자연적 합의라고 한다). ② 계약의 당사자들이 그들의 의사표시를 동일한 의미로 이해하지 않은 때에는 규범적인 해석이 행하여진다. 그리하여 각각의 의사표시에 관하여 상대방이 적절한 주의를 베푼 경우에 이해했어야 하는 의미가 탐구되어야 하며, 그것들이 일치하게 되면, 그러한 의미로 합의가 인정된다(규범적 합의). 예컨대 A가 B에게 그의 그림을 980만원에 매각하려고 하면서 편지에 890만원에 매각하겠다고 쓰고, B는 A의 착오를 모르고 890만원에 매수한다고 답한 경우에는, 890만원을 대금으로 하는 매매계약이 성립한다(A의 착오 문제는 남음).

D-19

2. 불합의(不合意)

(1) 의의 및 종류

불합의는 의사표시의 불일치, 즉 해석에 의하여 확정된 의사표시들의 의미가 일치하지 않는 것이다. 불합의는 여러 가지 표준에 의하여 종류를 나눌 수 있다. 우선 불합의의 존재를 당사자들이 알고 있느냐의 여부에 따라 크게 의식적인 불합의와 무의식적인 불합의로 나누어진다. 그리고 이들 각각은 다시 본질적 구성부분에 관한 불합의와 부수적인 구성부분에 관한 불합의로 세분된다.

(2) 의식적인 불합의

계약당사자 쌍방(또는 일방)이 계약이 체결되지 않았다는 점 또는 합의를 요하는 사항에 관하여 합의가 없음을 의식하고 있는 경우를 「의식적인 불합의」 또는 「안 불합의」라고 한다(예: 조건을 붙이거나 변경을 가한 승낙. 534조 참조).

계약의 본질적인 구성부분에 관하여 의식적인 불합의가 있는 경우에는 계약은 성립하지 않는다(이는 명문규정이 없어도 당연하다. 예외: 656조 1항). 그에 비하여 계약의 부수적인 구성부분만에 관하여 의식적인 불합의가 있는 경우에 계약이 성립하는지 여부는, 우선 계약의 해석에 의하여 결정하여야 하며, 불분명한 때에는 계약이 성립하지 않는다고 하여야 한다.

D-20

(3) 무의식적인 불합의

1) 의 의 당사자들이 완전히 합의하였다고 믿는 반면에 실제로는 합의가 존재하지 않는 경우를 「무의식적인 불합의」 또는 「숨겨진 불합의」라고 한다.

2) 착오와의 구별 무의식적인 불합의와 착오 사이의 구별이 문제된다. 무의식적인 불합의의 경우 당사자들은 합의가 있다고 믿는 점에서 넓은 의미로 착오가 존재한다. 그러나 그 착오는 계약의 성립에 관한 것이며, 당사자 일방이 자신의 의사표시 내에서 자신이 행한 표시의 내용에 관하여 착오에 빠지는 경우와는 관념상 명백히 구별된다.

그렇지만 실제에 있어서는 구별이 어려운 때가 있다. 그때에는 당사자 쌍방의 의사표시를 해석하여 그 의미를 확정한 뒤 이를 비교하여 판단한다. 그리하여 의사표시들의 의미가 일치하지 않는 경우에는 불합의로 되고, 그럼에도 불구하고 당사자들이 계약의 성립을 믿고 있었다면 무의식적 불합의로 될 것이다. 그때에는 계약은 원칙적으로 성립하지 않으며, 당사자에 의한 취소는 필요하지도 않고 객체가 없어서 가능하지도 않다. 그에 비하여 의사표시들의 의미가 일치하는 경우에는 계약은 유효하게 성립한다. 그 경우에 당사자 일방의 의사가 해석된 의사표시의 의미와 다른 때에는 그 당사자의 착오가 문제된다.

3) 무의식적인 불합의의 법률효과 　계약의 본질적인 구성부분에 관하여 무의식적인 불합의가 존재하는 경우에는 당연히 계약은 성립하지 않는다.

불합의가 부수적인 구성부분에 관하여만 존재하는 경우에는 어떤가? 여기에 관하여 학설은 i) 계약이 성립하지 않는다는 견해와 ii) 합치된 내용만으로 계약이 성립한다는 견해로 나뉘어 있다(사견은 다름. 채권법각론 [21] 참조).

3. 계약성립의 모습

계약은 원칙적으로 계약당사자의 청약과 승낙의 일치에 의하여 성립한다. 그런데 민법은 그 외에도 의사실현과 교차청약에 의하여서도 계약이 성립할 수 있음을 규정하고 있다. 그 밖에 학자들 사이에서는 일정한 사실적인 행위에 의하여서 계약관계가 성립할 수 있는지도 논의되고 있다(이른바 사실적 계약관계의 문제).

Ⅱ. 청약과 승낙에 의한 계약성립 D-21

1. 청 약

(1) 의 의

청약은 그에 대응하는 승낙과 결합하여 계약을 성립시킬 것을 목적으로 하는 일방적·확정적 의사표시이다.

1) 청약은 그에 응하는 승낙이 있으면(단순 동의만으로도) 곧바로 계약을 성립시킬 수 있을 정도로 내용적으로 확정되어 있거나 적어도 확정될 수 있어야 한다(이설이 없으며, 판례도 같음. 대판 2003. 5. 13, 2000다45273 등). 따라서 계약의 내용을 결정할 수 있을 정도의 사항이 포함되어 있어야 한다(대판 2005. 12. 8, 2003다41463 등). 예컨대 매매계약의 체결을 위한 청약은 최소한 매매의 객체와 대금에 관한 사항이 확정되어 있거나 확정될 수 있어야 한다.

2) 청약은 타인으로 하여금 청약을 하게 하려는 행위인 「청약의 유인(誘因)」과 구별된다. 청약의 유인은 청약이 아니어서 상대방이 그에 대하여 계약체결을 원하는 의사표시를 하더라도 그것이 비로소 청약으로 되어 유인을 한 자는 그에 대하여 승낙 여부를 자유롭게 결정할 수 있다. 청약의 유인의 예로는 구인광고·물품판매 광고·상품목록의 배부·기차 등의 시간표의 배부를 들 수 있다.

(2) 효 력 D-22

청약에는 기본적으로 그에 대한 승낙을 받아 계약을 성립하게 하는 효력(이를 실질적 효력이라 한다)이 있다. 그리고 민법은 청약의 구속력을 규정하고 있다(527조).

1) 효력 발생시기 　청약은 상대방 있는 의사표시이다. 따라서 청약은 상대방에게

도달한 때에 효력이 생긴다(111조 1항). 청약이 발송된 뒤 상대방에게 도달하기 전에 「청약자」가 사망하거나 제한능력자가 되어도 청약의 효력에는 영향이 없다(111조 2항).

2) 실질적 효력(승낙적격) 청약은 그에 대한 승낙만 있으면 계약을 성립하게 하는 효력 즉 승낙을 받을 수 있는 효력을 가진다. 이를 문헌들은 청약의 실질적 효력 또는 승낙적격(承諾適格)(승낙능력)이라고 한다(이는 청약의 구속력을 의식한 명칭이다). 위와 같은 청약의 효력은 청약에 당연히 전제된 중심적인 효력이다. 그리고 그러한 효력이 승낙에도 인정됨은 물론이다.

청약의 실질적 효력 내지 승낙적격은 청약이 유효한 동안 인정된다(D-24 참조).

D-23 **3) 청약의 구속력**(비철회성) 청약자가 청약을 한 뒤에는 이를 임의로 철회하지 못한다(527조). 이를 청약의 구속력이라고 한다. 청약에 구속력이 인정됨으로써 상대방은 그에 대하여 승낙 또는 거절을 선택할 수 있는 유리한 법적 지위에 있게 된다.

청약의 구속력은 청약의 효력이 발생한 뒤에 문제된다. 따라서 청약이 상대방에게 도달하기 전에는 청약자가 이를 철회할 수 있다(이설 없음). 다만, 철회의 의사표시는 청약의 의사표시가 도달되기 전에 도달하거나 늦어도 청약의 도달과 동시에 상대방에게 도달하여야 한다.

청약의 구속력도 실질적 효력과 마찬가지로 청약이 유효한 동안 인정되며(D-24 참조), 그 후에는 청약의 효력이 없어서 철회의 문제는 생기지 않는다.

D-24 ⑶ **소멸**(청약의 존속기간)

청약에 대하여 일정한 기간 내에 승낙이 없거나 거절이 있으면 청약은 소멸한다. 그러나 청약자의 사망이나 행위능력 상실은 소멸사유가 아니다(D-22 참조).

1) 일정한 기간 내에 승낙이 없는 경우 청약을 하면서 청약자는 승낙기간을 지정할 수 있다(예: 「10월 20일까지」 또는 「앞으로 1주일」). 그러한 경우, 청약자가 그 기간 내에 승낙의 통지를 받지 못한 때에는(도달이 필요함), 청약은 효력을 잃는다(528조 1항)(대판 1994. 8. 12, 92다23537은 청약의 유효기간을 1990. 8. 8. 18:00까지로 정한 경우에는 18:00가 경과하면 청약이 효력을 상실한다고 한다). 여기에는 약간의 예외가 있으나(528조 2항 · 3항), 그에 관하여는 뒤에 자세히 설명한다(D-26 참조).

청약자가 승낙기간을 정하지 않고 청약을 한 경우에는, 청약자가 상당한 기간 내에 승낙의 통지를 받지 못한 때에는 청약은 효력을 잃는다(529조).

이러한 결과는 대화자 사이의 청약에서도 그대로 인정되어야 한다.

2) 청약이 거절된 경우 청약의 상대방이 청약자에 대하여 승낙하지 않는다는 의사표시 즉 거절을 한 경우에는, 승낙기간 또는 상당한 기간이 경과하기 전이라도 청약은 소멸한다. 그리고 승낙자가 청약에 대하여 조건을 붙이거나 변경을 가하여 승낙을 한 때에는 청약을 거절하고 새로이 청약한 것으로 본다(534조). 따라서 그때에도 청약은 소멸한다(대판 2002. 4. 12, 2000다17834).

2. 승 낙

D-25

(1) 의 의

승낙은 청약에 응하여 계약을 성립시킬 것을 목적으로 청약자에 대하여 행하는 의사표시이다.

1) 승낙은 청약과 마찬가지로 상대방 있는 의사표시이다. 그런데 승낙이 그 상대방인 청약자에게 도달한 때 효력이 생기는지는 제531조의 규정 때문에 다투어지고 있다(D-40 이하 참조).

2) 승낙은 특정한 청약에 대하여 행하여져야 한다(이를 문헌들은 주관적 합치라고 한다). 승낙자는 승낙에 의하여 청약에 대한 동의를 표시하기 때문이다. 따라서 불특정 다수인에 대한 승낙은 있을 수 없다.

3) 해석에 의하여 확정된 승낙의 의미는 청약과 일치하여야 한다(이를 문헌들은 객관적 합치라고 한다). 만약 청약과 승낙이 일치하지 않는 때에는 계약은 성립하지 않는다.

4) 청약의 상대방은 승낙 여부의 자유를 가진다(계약의 자유). 다만, 일정한 경우에 법률에 의하여 계약체결이 강제되는 때가 있고(D-4 참조), 예약에 의하여 승낙의 의무가 생길 수 있다.

(2) 효 력

D-26

1) **계약을 성립시키는 효력** 승낙은 청약과 결합하여 계약을 성립하게 하는 효력이 있다(물론 요물계약의 경우에는 그 외에 물건의 인도 기타 급부가 있어야 한다). 이는 청약의 실질적 효력에 대응하는 것이다. 그런데 계약을 성립시키려면 먼저 승낙의 의미가 청약과 일치하여야 한다. 나아가 승낙이 일정한 기간 내에 즉 청약이 유효한 동안에 행하여져야 한다. 뒤의 문제를 자세히 살펴보기로 한다.

2) **승낙기간이 정하여져 있는 경우의 도달 문제** 청약에 승낙기간이 정하여져 있는 경우에는, 승낙이 그 기간 내에 청약자에게 도달하여야 계약이 성립한다(528조 1항). 그런데 민법은 여기에 하나의 예외를 인정한다. 즉 승낙의 통지가 승낙기간이 경과한 뒤에 도달한 경우에 보통 그 기간 내에 도달할 수 있는 발송인 때에는 청약자는 지체없이 상대방에게 그 연착의 통지(승낙이 기간 경과 후에 도착했다는 통지)를 하여야 하며(528조 2항 본문. 다만 그 도달 전에 지연의 통지, 즉 기간이 경과할 때까지 도착하지 않고 있다는 통지를 발송한 때에는 연착의 통지를 요구하지 않는다(528조 2항 단서)), 청약자가 그 통지를 하지 아니한 때에는 승낙의 통지는 연착되지 않은 것으로 본다(528조 3항). 그 결과 이때에는 계약이 성립한다. 이러한 예외에 해당하지 않는 경우에는, 계약은 성립하지 않으며, 그때에는 청약자가 연착된 승낙을 새 청약으로 볼 수 있다(530조).

3) **승낙기간이 정하여져 있지 않은 경우의 도달 문제** 청약에 승낙기간이 정하여져 있지 않은 경우에는, 승낙이 상당한 기간 내에 청약자에게 도달하여야 계약이 성립한다(529조). 상당한 기간이 지난 뒤에 도달한 승낙은 언제나 계약을 성립시킬 수 없으며, 다만 청약자가 그것을 새 청약으로 볼 수는 있다(530조).

4) 청약의 거절 등 청약자의 상대방이 청약을 거절한 경우에 계약이 성립할 수 없음은 물론이다. 나아가 승낙자가 청약에 대하여 조건을 붙이거나 변경을 가하여(예: 대금을 100만원 대신 80만원으로 해달라는 것) 승낙한 때에는, 그 청약의 거절과 동시에 새로 청약한 것으로 의제되어(534조), 계약은 역시 불성립으로 된다.

D-27 (3) 승낙의 효력발생시기

승낙의 효력발생시기에 관하여 특별규정이 없다면 승낙은 도달주의의 일반원칙(111조 1항)에 따라서 그것이 청약자에게 도달한 때에 효력이 생긴다고 새겨질 것이다. 그런데 민법은 격지자 사이의 계약 성립시기에 관하여 제531조의 특별규정을 두고 있다. 계약은 승낙이 효력을 발생하여야 성립하는 점에서 이 규정은 승낙의 효력발생시기와 관련이 있게 되며, 그 때문에 승낙의 효력발생시기를 특별히 논의하여야 한다. 이 문제는 특별규정이 있는 격지자(隔地者) 사이의 계약의 경우와 그러한 규정이 없는 대화자 사이의 경우로 나누어 검토하여야 한다.

1) 격지자 사이의 경우 민법은 상대방이 있는 의사표시는 상대방에게 도달한 때에 그 효력이 생긴다고 하여 도달주의를 원칙으로 채용하고 있다(111조 1항). 그런데 다른 한편으로 제531조에서 격지자 사이의 계약은 승낙의 통지를 발송한 때에 성립한다고 규정한다. 그런가 하면 민법은 제528조 제 1 항과 제529조에서 승낙의 통지가 승낙기간 또는 상당한 기간 내에 청약자에게 도달할 것을 요구하고 있다. 여기서 제531조와 제528조 제 1 항·제529조 사이에 생기는 충돌을 어떻게 해소할 것인지가 문제된다.

이 문제에 관하여 학설은 i) 승낙의 통지가 기간(승낙기간 또는 상당한 기간) 내에 청약자에게 도달할 것을 정지조건으로 하여 승낙의 통지를 발송한 때에 소급해서 유효한 계약이 성립한다는 견해와 ii) 계약은 승낙이 효력을 발생하는 때에 성립하므로, 제531조는 승낙의 효력발생시기에 관하여 발신주의를 규정한 것이라고 하면서, 승낙은 부도달(不到達)을 해제조건으로 하여 발신으로 효력이 발생한다는 견해(사견도 같음)로 나뉘어 있다. i)설은 결국 승낙은 도달한 때에 효력이 생긴다는 견해이다. 그리고 ii)설은 발신주의의 특칙을 중요시하는 견해로서 i)설은 제531조가 거래의 신속을 위한 것임을 전혀 고려하지 않은 것이어서 취할 수 없다고 한다.

2) 대화자 사이의 경우 대화자 사이의 계약의 성립시기에 관하여는 특별한 규정이 없다. 따라서 거기에는 도달주의의 원칙이 그대로 적용되어, 승낙은 도달한 때에 효력이 발생하고 계약도 그때 성립한다고 해석된다.

3. 계약의 경쟁체결

D-28

(1) 서 설

청약과 승낙에 의한 계약성립의 특수한 것으로서 계약의 경쟁체결이 있다. 계약의 경쟁체결이라 함은 계약의 내용에 관하여 다수인으로 하여금 경쟁하게 하여 그 가운데 가장 유리한 내용을 표시하는 자와 계약을 체결하는 것이다. 계약의 경쟁체결에는 두 가지의 모습이 있다. 하나는 각 경쟁자가 다른 경쟁자의 표시내용을 알 수 있는 경우이고, 나머지 하나는 다른 경쟁자의 표시내용을 알 수 없는 경우이다. 경매는 전자에 속하고, 입찰은 후자에 해당한다.

경쟁체결에 있어서 핵심적인 문제는 경쟁체결에 부치겠다는 표시가 청약인가 청약의 유인인가이다.

(2) 경매(사경매)

경매에는 사인 사이에서 행하여지는 경매인 사경매(私競賣)와 국가기관이 법률에 의하여 행하는 경매인 공경매(公競賣)가 있는데(좀 더 자세한 점은 B-88 참조), 청약·승낙에 의한 계약성립의 특수한 모습으로서의 경매는 사경매만이다. 이러한 사경매에는 값을 올려가는 것과 값을 내려가는 것이 있다.

1) 값을 올려가는 경매 값을 올려가는 경매 중에는 경매자가 스스로 일정한 가격(최저가격)을 제시하지 않는 경우가 있다. 그 경우에는 경매에 응한 자의 일정한 가격의 표시가 청약이고 경매에 부친다는 표시는 청약의 유인이다. 따라서 경매자는 최고가격의 표시에 대하여도 승낙을 거절할 수 있다.

값을 올려가는 경매 중에 경매자가 최저가격을 제시하는 경우가 있다. 그 경우에는 경매자가 그 가격 이상이면 판다는 확정적 의사표시를 한 것으로 보아야 하므로, 경매에 부친다는 표시가 청약이고 최고가격의 제시가 승낙이 된다.

2) 값을 내려가는 경매 값을 내려가는 경매에 있어서는 경매자가 일정한 가격을 제시하면서 수락자를 찾는 것인데, 이 경우의 경매자의 가격 제시는 그 값이면 판다는 확정적 의사표시라고 보아야 한다. 따라서 그것이 청약이고 수락이 승낙이 된다.

(3) 입찰(入札)

입찰은 먼저 입찰에 부치는 자가 입찰에 부친다는 표시를 하고(입찰공고), 이에 따라 경쟁자가 입찰을 하며(입찰), 입찰에 부친 자가 입찰한 것을 개봉하고(개찰(開札)), 이어서 낙찰을 결정하는 과정을 거치게 된다(낙찰). 그리고 계약서를 작성하는 때도 많다.

이러한 입찰에 있어서 입찰공고가 청약인가 청약의 유인인가? 입찰공고가 청약이라고 인정되면 가장 좋은 조건으로 입찰한 자와 반드시 계약을 체결하여야 한다. 그런데 그러한 입찰자가 도저히 계약을 이행할 수 없는 자이거나 대가가 터무니없이 낮은 경우가 있어서 문제이다. 따라서 입찰에 부친다는 표시 즉 입찰공고는 원칙적으로 청약의 유인이라고 새겨야 한다(통설임). 그 결과 입찰이 청약이고 낙찰결정이 승낙이 된다.

D-29

Ⅲ. 의사실현에 의한 계약성립

민법은 제532조에서 「청약자의 의사표시나 관습에 의하여 승낙의 통지가 필요하지 아니한 경우에는 계약은 승낙의 의사표시로 인정되는 사실이 있는 때에 성립한다」고 규정한다. 이를 의사실현에 의한 계약성립이라고 한다.

Ⅳ. 교차청약에 의한 계약성립

교차청약은 당사자들이 우연히 같은 내용을 가지는 청약을 서로 행한 경우이다. 민법은 교차청약의 경우에 계약이 성립함을 인정하고 있다(533조). 교차청약의 경우에는 「양 청약이 상대방에게 도달한 때」에 계약이 성립한다(533조).

D-30

Ⅴ. 사실적 계약관계

(1) 서 설

계약은 청약과 승낙에 의하거나 적어도 두 개의 의사표시의 일치(교차청약의 경우)에 의하여 성립한다. 그런데 독일의 하우프트(Haupt)에 의하여 처음 주장된 사실적 계약관계에 관한 이론(사실적 계약관계론)은 일정한 경우에는 당사자 사이의 합의(의사표시의 일치)가 없이도 단지 순수하게 사실적인 행위(Verhalten)만에 의하여 성립할 수 있다고 한다. 가령 전차의 승차, 전기·수도·가스의 이용, 유료주차장의 이용 등의 경우에는 당사자의 의사표시와 관계없이 구체적인 이용행위만으로 계약관계가 성립한다는 것이다.

아래에서 하우프트의 사실적 계약관계론의 내용과 우리의 학설을 살펴보기로 한다.

(2) 하우프트의 사실적 계약관계론

하우프트는 오늘날의 법적 거래에 있어서는 청약과 승낙에 의하지 않고 사실적 과정에 의하여 성립하는 계약관계가 존재한다고 하면서, 그것을 사실적 계약관계라고 한다. 그리고 사실적 계약관계는 성립에서는 계약과 다르지만 그 존속(내지 내용)에서는 원칙적으로 계약과 같으며, 따라서 거기에는 계약법이 직접 적용될 것이라고 한다.

하우프트는 이러한 사실적 계약관계의 예로서 다음 3가지 유형을 들고 있다.

1) 사회적 접촉에 의한 사실적 계약관계 예컨대 계약체결상의 과실, 호의동승의 경

우의 운전자의 책임배제는 사회적 접촉이라는 사실에 기하여 발생하는 것이라고 한다.

2) **공동체관계에의 가입에 의한 사실적 계약관계**(사실적 조합·사실적 고용관계) 조합계약이 처음부터 무효임에도 불구하고 조합이 성립하고 사실상 활동을 계속한 경우에는 조합은 존재하였다고 보아야 하며(사실적 조합), 무효인 고용계약에 기하여 노무가 사실상 제공된 경우에는 고용관계가 성립한다고 한다(사실상 고용관계).

3) **사회적 급부의무에 의한 사실적 계약관계** 전차·버스 등의 대중교통기관의 이용, 전기·수도·가스의 공급, 유료주차장의 이용과 같은 생활필수적인 생존배려의 영역의 대량적 거래에 있어서는, 그 경우의 급부의 이용관계는 급부제공자인 기업의 사실상의 제공과 급부이용자의 사실상의 이용(예: 전차에의 승차나 전기의 이용)이라는 사실적 과정에 의하여 성립한다고 주장한다.

⑶ **우리 민법에 있어서의 사실적 계약관계론의 인정 여부**(우리의 학설)

사실적 계약관계론을 우리 민법에서도 인정할 것인가에 대하여는 i) 긍정설과 ii) 부정설로 견해가 나뉘어 있다. i) 긍정설은 과거에는 다수설이었으나 근래에는 소수설로 되었으며, ii) 부정설이 현재의 다수설이다(사견도 같음).

Ⅵ. 계약체결상의 과실

D-31

1. 서 설

⑴ 의 의

계약의 준비나 성립과정에서 당사자 일방이 그에게 책임있는 사유로 상대방에게 손해를 준 것을 「계약체결상의 과실」 또는 「체약상의 과실」이라고 한다. 이미 멸실된 가옥에 대하여 매도인이 그 사실을 알면서 매매계약을 체결한 경우가 그 예이다. 체약상의 과실이 인정되는 때에는, 과실있는 당사자는 상대방에 대하여 손해를 배상하여야 한다.

우리 민법은 제535조에서 원시적 불능에 관하여만 체약상의 과실을 규정하고 있다.

⑵ 인정범위

방금 언급한 바와 같이, 민법은 원시적 불능에 관하여서만 체약상의 과실을 명문으로 규정하고 있다. 이러한 상황에서 체약상의 과실을 원시적 불능을 넘어서서 널리 일반적으로 인정할 것인지가 문제된다.

그에 관하여 학설은 i) 일반적 인정설(다수설이며 사견도 같음)과 ii) 한정적 인정설이 대립하고 있다. ii)설은 명문규정이 있는 원시적 불능을 제외하고는 인정할 필요가 없다고 한다.

판례는 체약상의 과실을 문제삼을 수도 있는 경우에 관하여 불법행위책임을 인정한 적이 있으나(계약교섭을 부당하게 중도에 파기한 경우: 대판 2004. 5. 28, 2002다32301 등. 계약교섭과정에서 상대방의 성과물을 무단으로 이용한 경우: 대판 2021. 6. 30, 2019다268061), 그것만으로 한정적 인정설의 견지에 있다고 단정할 수는 없다.

2. 법적 성질(학설)

체약상의 과실책임의 법적 성질에 관하여 학설은 i) 계약책임설, ii) 불법행위책임설, iii) 독자적인 법정책임설로 나뉘어 있다(사견은 채권법각론 [31] 참조).

i)설은, 계약상의 의무에는 신의칙상의 부수적 의무(「기타의 행위의무」)도 있고, 체약상의 과실책임은 그러한 신의칙상의 의무를 위반한 데 대한 책임이므로 계약책임으로 이론구성할 수 있다고 한다. ii)설은 계약체결에 있어서의 주의의무는 누구에게나 요구되는 신의칙상의 의무이므로 그에 위반한 자는 불법행위책임을 진다고 한다.

D-32

3. 체약상의 과실책임의 요건과 효과

체약상의 과실을 일반적으로 인정하는 견지에서 장차 새로이 나타날 수 있는 경우들까지 생각하여 공통적인 요건과 효과를 정리하기로 한다.

(1) 요　　건

1) 계약체결을 위한 사회적 접촉의 개시　　체약상의 과실은 일반인 사이에서 인정되는 것이 아니고, 사회적 접촉이 시작된 자들 사이에 문제된다. 그리고 그 접촉은 계약체결을 목적으로 한 것이어야 한다(가령 비를 피하기 위하여 백화점에 들어간 경우는 아니다. 그러나 정보수집을 목적으로 간 것은 해당한다). 계약체결을 목적으로 한 접촉이 개시되었으면 계약의 상의(相議) 전이라도 무방하다.

2) 「기타의 행위의무」(신의칙상의 의무)의 위반이 있을 것　　체약상의 과실은 일정한 주의의무 즉 「기타의 행위의무」의 존재를 전제로 하며, 그 의무를 위반하는 것이다. 따라서 그러한 의무가 인정되지 않는 경우에는 체약상의 과실책임이 생기지 않는다.

3) 계약의 성립 전에 의무위반이 있을 것　　「기타의 행위의무」의 위반이 있었을지라도 그것이 계약성립 후의 위반이면 채무불이행으로서의 「기타의 행위의무」 위반(이는 통설의 불완전이행에 포함됨. C-83 이하 참조)의 문제로 된다.

4) 가해자의 고의 · 과실이 있을 것

(2) 효　　과

체약상의 과실책임의 요건이 갖추어지면 배상의무자는 배상의무를 생기게 한 사정이 없었다면 있었을 상태를 만들어 주어야 한다. 즉 그의 행위를 신뢰함으로써 생긴 손해(신뢰이익. C-88 참조)를 배상하여야 한다(535조 1항 본문의 유추). 다만, 이행이익도 계산될 수 있는 때에는 이행이익의 한도에서 배상하면 된다고 할 것이다(535조 1항 단서 유추).

4. 개별적인 경우들

D-33

(1) 생명 · 신체 · 재산권 등이 침해된 경우

상점에 들어가다가 통로에 놓인 바나나껍질을 밟고 넘어져 다친 경우(독일의 이른바 바나나껍질 사건), 상점에서 물건을 고르다가 쌓여 있는 물건이 넘어져 다친 경우가 그 예이다.

(2) 계약이 유효한 경우

계약이 유효하지만 체약상의 과실이 문제되는 경우가 있다. 그리고 그러한 경우 중에는 민법이 명문규정으로 규율하는 때도 있으나(예: 559조 · 571조 이하 등), 그렇지 않은 때도 있다. 예컨대 고용계약에 있어서 중요한 사실을 알리지 않아 계약이 체결된 경우에 그렇다.

(3) 계약이 불성립 · 무효 · 취소된 경우

1) 제한능력의 경우 　법률행위자가 제한능력을 이유로 법률행위를 취소한 경우에는 체약상의 과실은 인정되지 않는다. 의사무능력을 이유로 법률행위가 무효로 된 경우에도 마찬가지로 보아야 한다.

2) 착오의 경우 　의사표시에 흠이 있는 경우 가운데에는 착오를 이유로 취소한 때에만 체약상의 과실이 문제된다(나머지의 경우에는 상대방의 보호필요성이 없거나 취소가 불가능하기 때문이다. 107조 · 108조 · 110조 참조). 여기에 관하여 학설은 i) 체약상의 과실을 인정하는 견해(사견도 같음)와 ii) 착오자의 배상책임을 부정하는 견해로 나뉘어 있다. 그리고 판례는, 전문건설공제조합이 계약보증서를 발급하면서 수급공사의 실제 도급금액을 확인하지 않은 과실이 있다고 하더라도 제109조가 중과실이 없는 착오자의 취소를 허용하고 있는 이상 위법하다고 할 수 없어 불법행위책임이 생기지 않는다고 한다(대판 1997. 8. 22, 97다13023).

D-34

3) 계약교섭을 중단한 경우 　계약체결을 위한 교섭을 하다가 이를 중단하여 계약이 불성립으로 된 경우에도 체약상의 과실책임이 발생하는가? 계약체결을 목적으로 교섭을 시작하였다고 하여 일반적으로 교섭을 계속하여야 할 의무 또는 계약체결을 하여야 할 의무가 있는 것은 아니다. 다만, 교섭 중에 당사자 일방이 계약을 체결할 것이라는 확신을 상대방에게 준 뒤에 상당한 이유 없이 교섭을 파기한 경우에는 문제이다. 이에 관하여 학설은 i) 체약상의 과실책임을 인정하는 견해와 ii) 불법행위책임을 인정하는 견해로 나뉘어 있다(사견은 채권법각론 [32] 참조). 그리고 판례는 불법행위책임을 인정한다(대판 2003. 4. 11, 2001다53059[핵심판례 276면]; 대판 2004. 5. 28, 2002다32301 등).

4) 원시적 불능의 경우 　민법은 제535조에서 원시적 불능으로 계약이 무효로 되는 경우에는 일정한 요건 하에 체약상의 과실책임이 생기는 것으로 규정하고 있다.

(가) 요 　건 　(a) 체결된 계약이 원시적 불능(A-91 참조)이어서 그 계약이 무효이어야 한다(예: 소실된 가옥의 매매계약).

(b) 무효인 계약이 유효하였다면 급부를 하였을 자가 그 불능을 알았거나 알 수 있었

어야 한다(535조 1항).

(c) 상대방은 선의·무과실이어야 한다(535조 2항).

(나) 효 과　위의 요건이 갖추어진 때에는 과실있는 당사자는 상대방에게 그가 계약을 유효하다고 믿었음으로 인하여 받은 손해, 즉 신뢰이익을 배상하여야 한다(535조 1항 본문). 그러나 그 배상액은 계약이 유효함으로 인하여 생길 이익액, 즉 이행이익을 넘지는 못한다(535조 1항 단서). 즉 이행이익의 한도 내에서 신뢰이익을 배상하면 된다.

제 6 절　계약의 효력

D-35 Ⅰ. 서　설

계약 특히 채권계약의 효력은 채권계약에 의하여 발생하는 법률효과로서 채권·채무의 발생이다. 그런데 그 구체적 내용은 각각의 전형계약에 따라 다르다. 따라서 그에 대하여는 전형계약별로 논의하여야 한다.

한편 민법전은 제 3 편(채권) 제 2 장(계약) 제 1 절(총칙) 제 2 관의 제목을 「계약의 효력」이라고 붙이고, 그 아래에서 동시이행의 항변권(536조)·위험부담(537조·538조)·제 3 자를 위한 계약(539조 내지 542조)에 관하여 규정하고 있다. 그리고 이들 중 앞의 두 가지는 쌍무계약에 특유한 문제이다. 아래에서는 이 세 가지 제도에 관하여서만 살펴보기로 한다.

Ⅱ. 쌍무계약의 효력

1. 쌍무계약의 특질(견련성)

쌍무계약은 각 당사자가 서로 대가적인 의미를 가지는 채무를 부담하는 계약이다. 이러한 쌍무계약의 경우에는 당사자 쌍방의 채무가 대가적인 의미(상대방의 채무부담을 전제 또는 목적으로 하여 자신이 채무를 부담함)가 있기 때문에 그것들은 서로 운명을 같이 하는 의존관계에 있게 되는데, 쌍무계약에 있어서 채무들 상호간의 의존관계를 채무의 견련성(牽連性)이라고 한다.

쌍무계약상의 채무의 견련성은 채무의 성립·이행·소멸(존속)의 세 방향에서 나타난다.

(1) 성립상의 견련성

이는 당사자 일방의 채무가 불능·불법 기타의 이유로 성립하지 않는 경우에는 상대방의 채무도 성립하지 않는다는 관계이다(예: 이미 불타 버린 건물을 매매한 경우, 불륜관계를 맺고 그 대가를 지급하기로 한 경우).

(2) 이행상의 견련성

이는 당사자 일방의 채무가 이행될 때까지는 상대방의 채무도 이행되지 않아도 무방하다는 것이다. 제536조의 동시이행의 항변권은 이행상의 견련성을 입법화한 제도이다.

(3) 존속상의 견련성

쌍무계약에서는 당사자 일방의 채무가 채무자에게 책임없는 사유로 이행불능이 되어 소멸한 경우에 상대방의 채무는 어떻게 되느냐가 문제된다. 소멸 내지 존속상의 견련성을 인정한다면 상대방의 채무도 소멸한다고 하게 될 것이다. 민법은 제537조·제538조에서 이에 대하여 규정하고 있으며, 그것이 곧 위험부담의 문제이다.

2. 동시이행의 항변권

D-36

(1) 의 의

쌍무계약에 있어서 당사자 일방은 상대방이 채무를 이행하거나 이행의 제공을 할 때까지 자기 채무의 이행을 거절할 수 있는데(536조 1항), 이를 동시이행의 항변권이라고 한다. 예컨대 A가 B에게 그의 시계를 3만원에 팔면서 그 시계를 1월 15일에 대금을 받으면서 넘겨주기로 하였는데, 1월 15일에 B가 시계의 대금은 준비하지 않은 채 A에게 시계를 넘겨달라고 하는 경우에, A는 B가 대금을 준비하여 제공할 때까지 시계의 인도를 거절할 수 있는바, 인도를 거절하는 A의 그 권리가 동시이행의 항변권이다.

쌍무계약의 경우 당사자 쌍방의 채무는 서로 대가적인 의미를 가지고 있다. 따라서 그 계약에서는 어느 일방 당사자가 자기 채무는 이행하지 않으면서 상대방에 대하여 이행을 청구하는 것은 공평의 원칙과 신의칙에 반한다. 여기서 민법은 쌍무계약의 당사자 사이의 공평을 꾀하기 위하여 동시이행의 항변권을 인정하고 있다.

(2) 법적 성질

D-37

1) 학 설

(가) 원 용 설 이 견해는, 동시이행의 항변권은 연기적 항변권으로서 상대방의 청구가 있어야 성립하고, 행사(원용)하지 않으면 효력이 생기지 않으나, 다만 예외적으로 두 경우(이행지체책임의 불발생과 상계금지)에는 그 권리가 존재하는 것만으로 효력이 생긴다고 한다. 이 견해는 과거에는 일치된 학설이었으며, 현재도 다수설이다(사견도 같음. 채권법각론 [36] 참조).

(나) 불원용설 이 견해는, 동시이행의 항변권은 쌍무계약상의 채무의 성질에 해당하는 것으로서 원용을 기다리지 않고 계약의 체결과 동시에 발생한다고 한다.

2) 판 례 판례는, 동시이행의 항변권은 행사하지 않는 한 고려할 필요가 없다고 하며(대판 2006. 2. 23, 2005다53187 등), 다만 이행지체책임은 그 권리를 행사하지 않아도 발생하지 않는다고 한다(대판 2001. 7. 10, 2001다3764 등). 이는 학설 중 원용설과 같은 태도이다.

3) 동시이행의 항변권의 법적 성질에 관하여 어떤 입장을 취하느냐에 따라, 그 권리의 요건과 효과에서 차이가 있다. 아래에서는 다수설인 원용설의 견지에서 적을 것이다.

D-38 (3) 성립요건

1) 동일한 쌍무계약에 의한 대가적 의미 있는 채무의 존재 동일한 쌍무계약에 의하여 당사자 쌍방이 대가적 의미 있는 채무를 부담하고 있어야 한다.

(가) 당사자 쌍방의 채무가 동일한 쌍무계약이 아니고 별개의 계약에 의하여 생긴 경우에는 동시이행의 특약이 없는 한 동시이행의 항변권은 인정되지 않는다(대판 1990. 4. 13, 89다카23794 등).

(나) 쌍무계약에서 발생하는 당사자 일방의 채무가 여럿인 경우에는 어느 채무가 상대방의 채무와 동시이행의 관계에 있는가? 이는 상대방의 채무의 불이행이 있을 때 이행을 거절할 수 있는 채무의 범위의 문제이기도 하여 중요하다. 원칙적으로는 「본래의 급부의무」(급부의무의 개념에 대하여는 C-27 참조) 가운데 「주된 급부의무」만이 동시이행의 관계에 있고 「부수적 급부의무」는 아니라고 할 것이나, 「부수적 급부의무」일지라도 당사자가 그것을 동시이행하기로 특약하였거나 또는 그것이 당사자 일방에게 중요한 것으로 인정되는 경우에는 그 의무도 동시이행관계에 놓이게 된다(동지 대판 1976. 10. 12, 73다584).

(다) 동시이행의 항변권은 쌍무계약을 체결한 본래의 당사자에게만 인정되는 것은 아니다. 쌍무계약에 의한 대가적인 의미의 채무가 동일성을 유지하는 한 다른 자와의 사이에서도 인정된다. 그리하여 채권양도·채무인수·상속의 경우에는 그 항변권이 존속한다. 채권이 전부(轉付)(민사집행법 229조 3항 참조)된 경우에도 같다(대판 1989. 10. 27, 89다카4298: 536조가 유추적용되는 사안임).

D-39 2) 상대방의 채무가 변제기에 있을 것

(가) 이는 제536조 제 1 항 단서가 규정한다(그리하여 증명책임은 상대방에게 전가됨). 여기의 상대방은 「동시이행의 항변권을 가지게 될 자의 상대방」 즉 청구하는 자이다.

이 요건 때문에 상대방의 채무는 변제기에 있지 않고 자기의 채무만이 변제기에 있는 당사자는 동시이행의 항변권을 가지지 못한다. 즉 선이행의무자는 동시이행의 항변권이 없다. 선이행의무는 당사자의 특약(대판 2001. 6. 26, 99다47501 참조)이나 법률규정(예: 633조·665조·686조)에 의하여 생긴다.

(나) 선이행의무자에게 동시이행의 항변권이 없다는 원칙에는 예외가 있다.

첫째는 민법이 규정하는 예외로서, 선이행의무자의 「상대방의 이행이 곤란할 현저한 사유가 있는 때」에는 선이행의무자에게 동시이행의 항변권이 인정된다(536조 2항). 이를 불안의 항변권이라고 한다.

둘째는 학설·판례가 인정하는 예외로서, 선이행의무자가 이행하지 않고 있는 동안에 상대방의 채무의 변제기가 된 때에는 종래 선이행의무자였던 자에게 동시이행의 항변권을 인정한다.

D-40 3) 상대방이 이행 또는 이행의 제공을 하지 않고서 이행을 청구하였을 것

(가) 상대방이 채무의 내용에 좇은 이행을 하면 채무의 대립상태는 소멸하고, 따라서

동시이행의 문제는 생기지 않는다. 상대방이 채무의 내용에 좇은 이행의 제공을 한 때에도 동시이행의 항변권은 인정되지 않는다(536조 1항 본문 참조).

(나) 상대방이 이행의 제공을 하였으나 이를 수령하지 않음으로써 수령지체에 빠진 당사자는 그 후 상대방이 이행의 제공을 하지 않고서 이행을 청구한 경우에 동시이행의 항변권을 행사할 수 있는가? 이를 인정하는 것이 통설이며, 판례도 같다(대판 2014. 4. 30, 2010다11323 등 다수). 이에 의하면 청구자는 무조건의 급부판결이 아니고 상환급부판결만을 받게 된다.

(4) 효 력 D-41

1) 이행거절 권능(본질적 효력) 동시이행의 항변권은 상대방이 채무를 이행하거나 이행의 제공을 할 때까지 자기 채무의 이행을 거절할 수 있는 권리이다. 즉 일시적으로 상대방의 청구권의 작용을 저지하는 연기적 항변권이다(청구권을 소멸시키지는 않음).

동시이행의 항변권은 항변권의 일종으로서 재판상 또는 재판 외에서 행사하여야 그 본질적 효력이 생긴다. 만약 이를 행사하지 않으면 청구권은 온전한 효력을 발휘하며, 법원도 그 존재를 고려하지 않는다(대판 1967. 9. 19, 67다1231). 그리하여 원고승소판결을 하게 된다.

2) 부수적 효과 동시이행관계에 있어서 동시이행의 항변권이 생길 수 있는 동안에는 채무자는 이행지체가 되지 않는다(통설·판례임). 이행지체의 요건 중 위법성이 없기 때문이다. 이때 동시이행의 항변권을 행사할 필요도 없다.

동시이행의 항변권이 생길 수 있는 채권을 자동채권으로 상계하지 못한다(통설·판례임. 대판 1975. 10. 21, 75다48)(동시이행의 항변권뿐만 아니라 다른 항변권이 붙어 있는 경우에도 같다. C-259 참조). 이를 허용하면 상대방은 부당하게 동시이행의 항변권의 기능을 잃게 되기 때문이다.

(5) 제536조의 준용 및 유추적용

민법과 특별법은 일정한 경우에는 제536조를 준용하고 있다(예: 549조·583조·667조·728조, 주택임대차보호법 3조 6항, 가등기담보법 4조 3항·5조 5항). 그뿐만 아니라 판례는 제536조를 준용한다는 규정이 없는 경우에도 때에 따라서는 그 규정을 유추적용하여 동시이행의 항변권을 인정하고 있으며, 학설도 이를 지지하고 있다.

3. 위험부담 D-42

(1) 의 의

위험부담은 쌍무계약의 당사자 일방의 채무가 채무자의 책임없는 사유로 이행불능이 되어 소멸한 경우에 그에 대응하는 상대방의 채무의 운명은 어떻게 되느냐의 문제이다. A와 B 사이에 A의 승용차를 B에게 팔기로 하는 계약을 체결하였는데, 그 계약이 이행되기 전에 승용차가 폭우에 떠내려가 못쓰게 된 경우에, B가 승용차의 대금을 지불하여야 하는가가 그 예이다.

일반적으로 위험이라고 하면 생활이익의 손실을 가리킨다. 그러한 위험 가운데 중요한 것으로는 급부의 위험과 대가(반대급부)의 위험이 있다. 급부의 위험은 급부가 당사자 쌍방의 유책사유 없이 불능으로 된 경우에 채무자가 급부의무를 면할 수 있는가의 문제이고(일부 문헌은 이 문제를 물건의 위험(물건을 상실할 위험)으로 설명하나, 급부의 위험으로 설명하는 것이 더 의미가 있다), 대가(반대급부)의 위험은 당사자 일방의 채무가 채무자에게 책임없는 사유로 이행불능이 되어 소멸한 경우에 대가적인 의미에 있는 채무는 여전히 존재하는지의 문제이다.

1) 위험부담은 쌍무계약에서 생기는 문제이다.

2) 위험부담은 채무의 후발적 불능(이행불능)의 경우에 문제된다. 쌍무계약상의 하나의 채무가 원시적으로 불능인 때에 다른 채무의 존립 여부는 성립상의 견련성으로 해결된다.

3) 위험부담은 후발적 불능이 채무자에게 책임없는 사유로 생긴 때에 문제된다.

D-43

(2) 위험부담에 관한 입법방법

위험부담에 관한 입법방법에는 채무자주의, 채권자주의, 소유자주의가 있다.

1) **채무자주의** 채무자주의는 이행불능으로 소멸한 채무의 채무자에게 위험을 부담하게 하는 방법이다. 이에 의하면 반대급부의무도 소멸한다.

2) **채권자주의** 채권자주의는 소멸한 채무의 채권자에게 위험을 부담하게 하는 방법이다. 여기서는 반대급부의무가 소멸하지 않는다.

3) **소유자주의** 이는 물건의 멸실·훼손 당시의 소유자에게 위험을 부담하게 하는 방법이다(이 방법은 성질상 「하는 채무」에는 쓸 수 없다).

D-44

(3) 채무자 위험부담의 원칙

민법은 제537조에서 채무자주의를 취하고 있다.

1) 제537조에 의하면, 쌍무계약의 당사자 일방의 채무가 당사자 쌍방의 책임없는 사유(자연력이든 제3자의 행위든 불문함)로 이행할 수 없게 된 경우에는, 채무자는 상대방의 이행을 청구하지 못한다. 그리하여 앞의 승용차매매의 예에서(D-42 참조) 매도인은 승용차의 소유권이전 및 인도의무를 면하지만, 아울러 대금지급청구권도 상실한다. 이때 매수인이 계약금이나 대금 일부를 이미 지급하였다면 매도인은 부당이득으로 이를 반환하여야 한다(이설 없음. 대판 2009. 5. 28, 2008다98655·98662[핵심판례 280면] 등). 매수인이 이행이 불능으로 된 것을 모르고 후에 대금을 지급하면, 그것도 비채변제에 의한 부당이득이 된다(742조 참조).

2) 이행불능의 효과로서 대상청구권의 발생을 인정하는 때에는, 제537조가 적용되는 경우 특별한 고려를 하여야 한다(C-76·77 참조). 채권자가 대상청구권은 취득하면서 자신의 반대급부의무를 면하게 되는 것은 부당하기 때문이다. 따라서 채권자가 대상청구권을 행사하면 그는 제537조의 규정에도 불구하고 상응하는 비율로 반대급부의무를 부담한다고 새겨야 한다(동지 대판 1996. 6. 25, 95다6601).

(4) 채권자의 유책사유로 인한 이행불능(채권자주의) D-45

1) 쌍무계약의 당사자 일방의 채무가 채권자의 책임있는 사유로 이행할 수 없게 된 때와 채권자의 수령지체 중에 당사자 쌍방의 책임없는 사유로 이행할 수 없게 된 때(채권자지체 중에는 채무자에게 경과실이 있는 경우에도 채무자가 401조에 의하여 면책되는데, 그 경우도 여기에 포함된다)에는, 채무자는 상대방의 이행을 청구할 수 있다(538조). 즉 이때는 예외적으로 채권자주의가 적용된다.

2) 예외적으로 채권자가 위험을 부담하는 위의 두 경우에 채무자가 자기의 채무를 면함으로써 이익을 얻은 때에는 이를 채권자에게 상환하여야 한다(538조 2항). 채무자의 여행비, 원료·기계가 소모되지 않음으로써 받은 이익, 노동임금(대판 1996. 4. 23, 94다446 등)이 그에 해당한다.

(5) 제537조 · 제538조의 임의규정성

위험부담에 관한 이 두 민법규정은 임의규정이다. 따라서 당사자는 그와 달리 약정할 수 있다(다만 약관규제법상 제한이 있음. 동법 7조 2호 참조).

Ⅲ. 제3자를 위한 계약 D-46

1. 서 론

(1) 의 의

널리 제3자를 위한 계약이라고 하면 제3자에게 급부하여야 하는 계약 모두를 가리킨다. 그리하여 그 가운데에는 제3자가 계약에 기하여 급부청구권을 취득하는 경우가 있는가 하면, 제3자는 권리를 취득하지 않고 단지 채무자가 제3자에게 급부하여야 할 의무가 있거나 또는 그러한 권한이 있는 경우도 있다. 앞의 것을 「진정한 제3자를 위한 계약」이라고 하고, 뒤의 것을 「부진정한 제3자를 위한 계약」이라고 한다. 이들 중 「부진정한 제3자를 위한 계약」은 제539조 이하의 제3자를 위한 계약이 아니다(539조는 제3자가 채권취득을 하는 것을 전제로 하므로). 민법상의 제3자를 위한 계약은 「진정한」 것만을 가리킨다.

(진정한) 제3자를 위한 계약은 계약당사자가 아닌 제3자로 하여금 직접 계약당사자의 일방에 대하여 채권을 취득하게 하는 것을 목적으로 하는 계약이다. A가 B에게 그의 가옥을 파는 계약을 체결하면서 A의 요청으로 B가 C에 대하여 직접 대금지급채무를 부담하기로 하는 경우(즉 C가 B에 대하여 대금지급을 청구할 수 있다고 약정한 경우)가 그 예이다. 이때 A를 요약자(要約者), B를 낙약자(諾約者)(민법전에는 채무자라고 표현함), C를 수익자(민법전에는 제3자라고 표현함)라고 한다.

(2) 유효근거

제3자를 위한 계약이 유효한 근거에 관하여 우리의 통설은 계약당사자의 의사에 기하여 효력이 생긴다고 설명하는 것으로 충분하다고 한다(사견은 539조 1항이 근거라고 함. 채권법각론 [46] 참조).

D-47 ⑶ 법적 성질

1) 제3자를 위한 계약은 하나의 계약이며, 그 당사자는 요약자와 낙약자이고 수익자는 아니다. 다만, 수익자는 수익의 의사표시를 함으로써 채권을 취득하게 된다.

2) 우리 민법상 제3자를 위한 계약의 경우 제3자는 수익의 의사표시를 하여야만 채권을 취득하게 되지만(539조 2항), 그러한 한 그는 제3자를 위한 계약 자체로부터 직접 채권을 취득한다. 제3자가 요약자로부터 채권을 양도받는 것이 아니다.

3) 제3자를 위한 계약은 독립적인 계약의 한 종류(내지 전형계약)가 아니다. 보통의 계약(예: 매매·운송·보험·임대차·증여)이 모두 제3자를 위한 계약으로 체결될 수 있다.

D-48 ⑷ 3자 사이의 법률관계 개관

1) 낙약자·요약자 사이의 관계 이 관계는 기본관계라고 할 수 있다(문헌들은 보상관계라고 하나, 부적절하다. 판례도 최근에는 기본관계라는 표현을 사용한다. 대판 2003. 12. 11, 2003다49771). 이 기본관계는 제3자를 위한 계약의 법적 성질을 결정하고, 그럼으로써 제3자의 채권취득의 유효요건도 결정한다.

2) 낙약자·제3자 사이의 관계 이 관계는 실행관계라고 할 수 있다(급부관계, 제3자 수익관계라고도 함). 이 실행관계는 독립한 것이기는 하지만 계약관계는 아니다. 그 주된 내용은 제3자의 낙약자에 대한 채권이다.

3) 요약자·제3자 사이의 관계 이 관계는 보통 대가관계라고 하나, 제3자 수익의 원인관계라고도 한다. 그런데 후자의 표현이 더 낫다. 이 제3자 수익의 원인관계는 일반적으로 제3자를 위한 계약을 체결한 원인이 된다.

제3자 수익의 원인관계는 제3자를 위한 계약 자체와는 무관하다. 따라서 그 관계는 기본관계에 아무런 영향을 미치지 못한다. 그 결과 그것이 존재하지 않더라도 낙약자는 의무를 부담한다. 다만, 그 관계는 제3자에의 급부의 법적 근거를 형성하는 것이므로, 그러한 관계가 유효하게 존재하지 않는 경우에는, 요약자는 제3자에 대하여 부당이득을 이유로 반환을 청구할 수 있다.

D-49 2. 제3자를 위한 계약의 성립

⑴ 성립요건

1) 제3자를 위한 계약이 성립하려면 요약자와 낙약자 사이에 채권계약을 성립시키는 합의가 있어야 한다(성립을 위하여 제3자의 의사표시가 필요하지는 않다). 그리고 기본관계에 관하여 요구되는 성립요건과 유효요건을 모두 갖추어야 효력이 발생할 수 있다.

2) 제3자를 위한 계약으로 되려면 제3자로 하여금 직접 권리를 취득하게 하는 의사표시가 있어야 한다. 그러한 의사표시를 제3자조항(제3자약관)이라고 한다.

(2) 구체적인 경우

타인을 위한 보험계약(상법 639조 1항), 제3자를 수익자로 하는 신탁계약(신탁법 56조), 변제를 위한 공탁(C-250 참조), 가족의 의료행위에 관한 계약은 모두 제3자를 위한 계약이라고 하여야 한다. 이행인수(C-338 참조)의 경우에는 인수인이 채무자에 대하여 변제의무를 부담할 뿐 채권자가 인수인에 대하여 채권을 취득하지 않으므로, 그것은 — 부진정한 제3자를 위한 계약에 해당하며 — 진정한 제3자를 위한 계약은 아니다(이설 없음).

3. 제3자의 지위

D-50

(1) 제3자의 채권취득

1) 제539조의 의미 　우리 민법에서는 제3자를 위한 계약의 경우 제3자는 수익의 의사표시를 해야만 채권을 취득하게 된다(539조 2항). 그런데 그가 수익의 의사표시를 하면 그는 요약자에 의하여 매개됨이 없이 계약으로부터 곧바로 채권을 취득하게 된다(539조 1항)(통설의 설명은 이와 다름. 채권법각론 [49] 참조).

2) 수익의 의사표시의 법적 성질 　수익의 의사표시가 없더라도 제3자를 위한 계약은 성립하고 당사자 사이에 효력을 발생한다. 따라서 그것은 제3자를 위한 계약의 성립요건이나 유효요건이 아니고 제3자가 채권을 취득하기 위한 요건이라고 하여야 한다. 우리의 통설도 제3자의 권리의 발생요건이라고 하여 같은 태도를 취하고 있다.

3) 제539조 제2항의 강행규정성 　수익의 의사표시가 제3자의 채권취득의 절대적 요건인가, 즉 당사자가 제3자는 수익의 의사표시에 관계없이 당연히 채권을 취득한다고 약정한 경우에 그것이 유효한가가 문제된다. 여기에 관하여는 i) 강행규정설(절대적 요건설)(사견도 같음)과 ii) 임의규정설(상대적 요건설)이 대립하고 있다.

4) 수익의 의사표시의 방법 　수익의 의사표시는 제3자(수익자)가 채무자 즉 낙약자에 대하여 하여야 한다(539조 2항). 그 의사표시는 명시적으로뿐만 아니라 묵시적으로도 행하여질 수 있다. 그리하여 예컨대 제3자가 낙약자에게 이행청구를 하거나 이행의 소를 제기한 때(대판 1972. 8. 29, 72다1208)에는 수익의 의사표시가 있는 것으로 볼 수 있다.

(2) 수익의 의사표시 이전의 제3자의 지위

D-51

1) 제3자는 수익의 의사표시가 있기 이전에도 일방적인 의사표시에 의하여 권리를 취득할 수 있는 지위에 있게 되며, 그것은 일종의 형성권이라 할 수 있다. 제3자의 이 권리는 당사자의 계약으로 변경·소멸될 수 있다(541조의 반대해석).

2) 제3자가 수익의 의사표시를 할 수 있는 기간은, ① 당사자가 존속기간을 정하고 있는 경우에는 그 기간이고, ② 존속기간을 정하고 있지 않은 경우에는 10년의 제척기간에 걸린다(통설. 요약자의 낙약자에 대한 채권이 10년의 시효에 걸리는데, 수익자의 이 권리는 형성권이므로).

위 ②의 경우에 낙약자는 상당한 기간을 정하여 계약의 이익의 향수 여부의 확답을 제3자에게 최고할 수 있고 낙약자가 그 기간 내에 확답을 받지 못한 때에는 제3자가 계약의 이익을 받을 것을 거절한 것으로 의제하고 있다(540조).

D-52 (3) 수익의 의사표시 후의 제3자의 지위

1) 수익의 의사표시가 있으면 제3자는 채권을 — 요약자로부터 양도받는 것이 아니고 — 계약으로부터 직접 취득하게 된다. 그리고 수익의 의사표시가 있은 뒤에 낙약자의 채무불이행이 있으면 제3자는 손해배상을 청구할 수 있다.

한편 제3자의 수익표시가 있으면 계약당사자는 제3자의 권리를 변경 또는 소멸시키지 못한다(541조).

2) 제3자는 계약의 당사자가 아니다. 따라서 그는 해제권(낙약자의 채무불이행을 이유로)이나 해제를 원인으로 한 원상회복청구권을 가지지 못하고(대판 1994. 8. 12, 92다41559), 취소권(요약자의 제한능력이나 착오, 낙약자의 사기·강박 등을 이유로)도 없다. 그리고 법률행위의 상대방의 선의·악의·과실·무과실 등이 문제될 때(126조·129조·135조·570조-580조 등)에는 오직 요약자에 관하여만 그것을 문제삼아야 한다(통설). 또한 의사와 표시의 불일치나 사기·강박의 유무에 관하여도 요약자와 낙약자를 표준으로 하여야 한다.

3) 수익자는 계약의 당사자는 아니지만 계약으로부터 「직접」 채권을 취득하므로 제3자 보호규정(107조 2항·108조 2항·109조 2항·110조 3항·548조 1항 단서)에 있어서의 제3자는 아니다.

D-53 4. 요약자의 지위

(1) 요약자의 이행청구권·손해배상청구권 문제

제3자를 위한 계약의 경우에 제3자가 채권을 취득하는 것과는 별도로 요약자도 낙약자에 대하여 제3자에 대한 채무를 이행할 것을 청구할 수 있는가? 이에 대하여 우리의 통설은 긍정한다.

제3자의 수익표시 후 낙약자의 채무불이행이 있으면 제3자는 물론 손해배상을 청구할 수 있다. 그런데 이 경우에 요약자도 「자기에 대하여」 손해배상을 청구할 수 있는지가 문제된다. 여기에 대하여는 i) 긍정설과 ii) 부정설(사견도 같음)이 대립하고 있다.

(2) 요약자의 계약상의 지위

제3자를 위한 계약에 의하여 요약자가 채무를 부담한 경우에는 물론 그는 이를 이행하여야 한다(예: 쌍무계약에서의 반대급부의무). 그리고 제3자를 위한 계약이 쌍무계약인 때에는 동시이행의 항변권에 관한 규정(536조)과 위험부담에 관한 규정(537조·538조)이 그대로 적용된다.

쌍무계약에 있어서 요약자의 채무불이행이 있으면 낙약자는 제3자의 동의 없이 해제할 수 있는가, 그리고 해제가 있으면 수익자는 원상회복의무나 부당이득 반환의무가 있는가가 문제된다(이에 대한 사견은 채권법각론 [51] 참조). 이에 대하여 판례(대판 2005. 7. 22, 2005다7566·7573[핵심판례 282면])는 해제가 가능하다는 전제에서 제3자에게는 원상회복이나 부당이득 반환의무가 없다고 한다. 그리고 이러한 법리를 계약이 무효인 경우에도 그대로 인정한다(대판 2010. 8. 19, 2010다31860 · 31877). 그런데 타인을 위한 생명보험이나 상해보험의 경우(제3자를 위한 계약임)에는, 보험자가 보험계약이 무효이거나 해제되었다는 것을 이유로 보험수익자를 상대로 하여 그가 이미 보험수익자에게 급부한 것의 반환을 구할 수 있다고 한다(대판 2018. 9. 13, 2016다255125).

낙약자의 채무불이행이 있는 경우에 계약의 해제권은 요약자만이 가진다(제3자는 계약의 당사자가 아니므로 해제권을 가지지 못한다). 그런데 요약자가 그 권리를 단독으로 행사할 수 있는지가 문제된다. 제3자가 수익의 의사표시를 하기 전에는 단독으로 해제할 수 있음은 이론의 여지가 없다. 그런데 수익의 의사표시를 한 경우에 대하여는 학설이 나뉜다. i) 단독으로 해제할 수 있다는 견해, ii) 제3자의 동의를 얻은 때에만 해제할 수 있다는 견해(사견도 같음)가 그것이다. 판례는 i)설과 같다(대판 1970. 2. 24, 69다1410 · 1411).

5. 낙약자의 지위

D-54

낙약자는 계약으로부터 직접 제3자에 대하여 급부하여야 할 채무를 부담하며, 그러한 채무는 특별한 사정이 없는 한 요약자에 대하여도 부담한다. 그러나 낙약자가 부담하는 채무는 모두 기본관계(보상관계)에 근거한 것이므로, 낙약자는 「그 관계에 기하는 항변」으로 제3자에게 대항할 수 있다(542조). 여기의 항변은 고유한 의미에 있어서의 항변권 외에 권리불발생의 항변이나 권리소멸의 항변 등도 포함한다.

제7절 계약의 해제 · 해지

Ⅰ. 계약해제 서설

D-55

1. 해제의 의의

(1) 계약의 해제란 유효하게 성립하고 있는 계약의 효력을 당사자 일방의 의사표시에 의하여 처음부터 없었던 것과 같은 상태로 되돌아가게 하는 것을 말한다.

> 계약해제의 의의는 해제의 효과를 어떻게 파악하는지, 특히 해제의 소급효를 인정하는지에 따라 차이를 보인다. 그런데 사견은 해제의 소급효를 인정하는 직접효과설을 따르므로(D-73 참조), 그러한 견지에서 해제의 의의를 기술하였다. 그리고 다른 문제에 관한 앞으로의 설명에서도 그리 할 것이다.

해제는 상대방 있는 단독행위이다. 해제는 해제권이 있을 때에만 행하여질 수 있다.

(2) 우리 민법상 해제권은 당사자 사이의 계약이나 법률규정에 의하여 발생한다(543조 1항).

이 가운데 당사자 사이의 계약에 의하여 발생하는 해제권을 약정해제권이라고 하고, 법률규정에 의하여 발생하는 해제권을 법정해제권이라고 한다. 그리고 약정해제권 중에는 당사자가 명백히 해제권의 발생을 보류(약정)하지 않았는데도 법률이 해제권을 보류한 것으로 다루는 경우가 있다. 매매 기타의 유상계약에서 계약금의 수수가 있는 때가 그렇다(565조 참조). 한편 법정해제권을 발생시키는 법률규정 중에는 모든 계약에 공통한 것이 있는가 하면(544조 내지 546조. 이들은 채무불이행을 원인으로 하는 것임), 개별적인 계약에 특수한 것(예: 556조 · 557조(증여), 570조 내지 578조 · 580조 · 581조(매매), 668조 · 673조 · 674조(도급))도 있다. 이렇게 해제권 발생의 경우가 여러 가지로 나누어지는데, 그 가운데 여기서는 일반적인 약정해제와 일반적인 법정해제에 관하여만 살펴보고, 특수한 경우들은 개별적인 계약에서 다루기로 한다.

해제권은 일방적인 의사표시에 의하여 법률관계를 변동시키므로 일종의 형성권이다(이설이 없으며, 판례도 같음. 대판 2005. 7. 14, 2004다67011 등).

D-56

2. 해제와 구별되는 제도

(1) 해제계약(합의해제)

해제계약은 계약의 당사자가 이전에 체결한 계약을 체결하지 않았던 것과 같은 상태로 되돌리려는 내용의 새로운 계약을 말하며, 이는 합의해제(合意解除)라고도 한다. 이러한 해제계약은 계약자유의 원칙상 유효성이 인정된다. 해제계약의 효력은 그 내용에 의하여 결정되고 해제에 관한 제543조 이하의 규정은 적용되지 않는다(대판 1997. 11. 14, 97다6193 등).

(2) 해 지

해지는 계속적 계약의 효력을 장래에 향하여 소멸하게 하는 단독행위이다(D-82 이하 참조). 해지는 계약의 효력을 소멸시키는 점에서 해제와 같으나, 계속적 계약에서만 문제되고, 또 소급효가 없다는 점에서 해제와 다르다.

(3) 취 소

취소는 일단 유효하게 성립한 법률행위의 효력을 제한능력 등을 이유로 소급하여 소멸하게 하는 단독행위이다(A-184 이하 참조). 취소는 권리자의 일방적인 의사표시(단독행위)만으로 법률행위의 효력을 소급해서 소멸시키는 점에서 해제와 같다. 그러나 ① 해제는 계약에 특유한 제도인 데 비하여, 취소는 모든 법률행위에 관하여 인정되며, ② 해제권은 법률규정(법정해제) 외에 당사자의 계약(약정해제)에 의하여서도 발생할 수 있으나, 취소권은 법률규정(원인: 제한능력 · 착오 · 사기 · 강박)에 의하여서만 발생한다는 점에서 차이가 있다.

D-57

(4) 해제조건과 실권약관

1) 계약에 해제조건이 붙어 있는 경우에 그 조건이 성취되면 계약의 효력은 소멸하는데, 이는 약정해제와 유사하다. 그러나 해제조건의 경우에는 조건의 성취라는 사실에 의

하여 법률행위가 당연히 효력을 잃게 되는 데 비하여, 약정해제의 경우에는 약정에 기하여 해제권이 발생하여도 그것이 행사되어야 해제의 효과가 발생하는 점에서 차이가 있다.

2) 계약을 체결하면서, 채무불이행이 있으면 채권자의 특별한 의사표시가 없더라도 당연히 계약이 효력을 잃는다고 약정하는 수가 있다. 예컨대 월부판매에 있어서 1회라도 대금지급을 지체하면, 계약은 당연히 효력을 잃고 매수인은 목적물을 매도인에게 반환하여야 한다고 약정하는 경우에 그렇다. 이러한 경우의 계약 실효조항을 실권약관(정확하게는 실효조항이라고 하여야 함. 그리고 보통거래약관이 아님을 주의)이라고 한다. 실권약관이 붙은 계약에 있어서는 해제권이 유보되어 있는 것이 아니며, 채무자의 채무불이행을 해제조건으로 하는 조건부 계약이 있는 것으로 해석된다. 그리하여 채무불이행이 발생하면 계약은 당연히 효력을 잃는다.

(5) 철 회

철회는 법률행위의 효과가 발생하지 않은 법률행위나 의사표시의 효력을 장차 발생하지 않도록 막는 것으로서, 이미 효력이 발생하고 있는 계약의 효력을 소급해서 소멸하게 하는 해제와 구별된다.

3. 해제의 사회적 작용

D-58

해제의 사회적 작용은 약정해제와 법정해제에 있어서 다르다. 그런데 해제가 가장 의미있게 작용하는 것은 법정해제, 그중에서도 이행지체의 경우이다. 당사자 일방이 이행을 지체한 경우에 해제는 상대방으로 하여금 계약의 구속으로부터 벗어나게 하기 때문이다.

약정해제를 하는 이유에는 여러 가지가 있겠지만, 특히 장차 계약의 구속으로부터 벗어날 수 있도록 하는 여지를 남겨놓기 위한 것과 채무불이행에 대비한 수단을 강구해 놓기 위한 것을 생각해 볼 수 있다.

4. 해제할 수 있는 계약의 범위

(1) 법정해제의 경우

법정해제가 채권계약에 인정됨은 의문의 여지가 없다. 그리고 우리 민법에서는 법정해제를 쌍무계약에 한정하지 않고 있기 때문에 편무계약도 법정해제의 대상이 된다(통설임).

그에 비하여 물권계약·준물권계약에 대하여는 법정해제가 인정되지 않는다(통설도 같음). 그런데 판례는 — 일종의 준물권계약인 — 상계에 관하여는 법정해제를 부정하나(대판 2003. 2. 11, 2002다62333), 채권양도에 대하여는 이를 인정한다(대판 1961. 10. 26, 4293민상125).

(2) 약정해제의 경우

채권계약에 대하여 약정해제가 인정된다는 점은 명백하다. 그런데 물권계약이나 준물권계약에 대하여는 학설이 대립하고 있다(사견은 부정함).

D-59

Ⅱ. 해제권의 발생

1. 약정해제권의 발생

계약의 당사자가 당사자 일방 또는 쌍방을 위하여 해제권의 보류(유보라고도 함)에 관하여 특약을 한 경우에는 계약에 의하여 해제권이 발생한다(543조 1항). 이러한 해제권 보류의 특약은 처음의 계약(즉 해제될 계약)에서 할 수도 있지만 그 후에 별개의 계약으로 할 수도 있다. 한편 매매 기타의 유상계약에서 계약금이 교부된 경우에는 해제권 보류의 특약이 있는 것으로 다루어진다(565조 참조).

D-60

2. 법정해제권의 발생

(1) 서 설

민법이 일반적 법정해제권의 발생원인으로 규정하고 있는 것은 이행지체(544조·545조)와 이행불능(546조)의 두 가지이다. 그럼에도 불구하고 문헌들은 일반적 법정해제권의 발생원인은 넓은 의미의 채무불이행이라고 하면서 채무불이행의 모든 유형 — 그리하여 보통 이행지체·이행불능·불완전이행·채권자지체 — 에 대하여 해제권의 발생을 논의하고 있다. 그런가 하면 사정변경의 원칙에 의한 해제권의 발생과 부수적 채무의 불이행의 문제도 다루고 있다.

그런데 사견은 채무불이행의 유형으로 이행지체·이행불능·불완전급부·「기타의 행위의무」 위반의 네 가지를 인정하므로, 그 각각에 대하여 해제권 발생을 기술하게 될 것이다.

D-61

(2) 이행지체의 경우

민법은 제544조에서 이행지체 일반에 관하여 해제권의 발생을 규정하고 있다. 그런데 다른 한편으로 계약이 정기행위인 경우에 대하여는 제545조의 특별규정을 두고 있다. 따라서 이행지체는 보통의 이행지체와 정기행위로 나누어 살펴보는 것이 좋다.

1) 보통의 이행지체의 경우(계약이 정기행위가 아닌 경우)

(가) 채무자의 유책사유에 의한 이행지체가 있을 것 이 요건과 관련하여 문제되는 것을 살펴보기로 한다.

(a) 제544조는 채무자가 이행하지 않을 것만 요구할 뿐 그것이 채무자의 유책사유에 의한 것이어야 하는지에 관하여는 명시하지 않고 있다(546조와 비교해 볼 것). 그러한 상황에서 학설은 i) 유책사유가 필요하다는 견해(사견도 같음), ii) 유책사유가 필요하지 않다는 견해로 나뉘어 있다.

(b) 이행지체가 되려면 지체를 정당화하는 사유가 없어야 한다. 따라서 쌍무계약의 경우 동시이행의 항변권이 생길 수 있는 때에는, 채권자가 자신의 채무에 관하여 이행의 제

공을 하여야만 해제권을 취득할 수 있다(D-41 참조)(이설이 없으며, 판례도 같다. 대판 2004. 12. 9, 2004다49525 등). 주의할 것은, 채권자로서는 채무자를 이행지체에 빠지게 하기 위하여 자신이 이행의 제공을 하여야 할 뿐만 아니라, 더 나아가 상당한 기간을 정하여 이행을 최고하는 동안에도 제공을 하여야 한다는 점이다(D-64 참조).

(나) **상당한 기간을 정하여 이행을 최고할 것**　(a) 여기의 「이행의 최고」는 채무자에게 급부를 실현할 것을 요구하는 행위이며, 제387조 제 2 항의 「이행청구」와 같은 성질의 것이다(의사의 통지임). 따라서 기한이 정하여져 있지 않은 채무에 있어서 채무자를 지체에 빠뜨리기 위하여 이행청구를 한 경우에 해제를 위하여 다시 최고를 할 필요는 없다(이설 없음). D-62

(b) 최고의 방법에 대하여는 제한이 없다. 그렇지만 대체로는 이행하여야 할 채무를 지시하여 일정한 기일 또는 일정한 기간 내에 이행할 것을 요구하면 된다. 한편 판례는, 정해진 기간 내에 이행하지 않으면 계약이 당연히 해제된 것으로 한다는 이행청구(이는 실권약관과 비슷하나, 약관은 합의에 의하여 약정한 것인 데 비하여 여기의 것은 일방적으로 최고를 하면서 덧붙인 것인 점에서 차이가 있다. 실권약관의 경우의 효과에 관하여는 D-57 참조)는 그 이행청구와 동시에 그 기간 내에 이행이 없을 것을 정지조건으로 하여 미리 해제의 의사표시를 한 것으로 보며(대판 1981. 4. 14, 80다2381[핵심판례 288면]; 대판 1992. 12. 22, 92다28549), 그 결과 채무이행 없이 그 기간이 경과하면 곧바로(즉 해제의 의사표시 없이) 해제의 효과가 발생하게 된다(대판 1970. 9. 29, 70다1508).

(c) 이행의 최고는 「상당한 기간」을 정하여서 하여야 한다. 상당한 기간은 채무자가 이행을 준비하고 이행을 하는 데 필요한 기간이며, 그것은 구체적인 경우에 채무의 성질 기타 객관적 사정을 고려하여 결정한다. 그에 비하여 채무자의 여행·질병 등의 주관적인 사정은 고려되지 않는다(이설 있음). D-63

채권자가 정한 기간이 「상당한 기간」보다 짧은 경우(예컨대 7일이 상당한데 2일이라고 한 경우)에 최고는 무효인가? 그러한 경우에도 최고는 유효하며, 다만 「상당한 기간」이 경과한 뒤에 해제권이 생긴다고 새겨야 한다(통설이며, 판례도 같음. 대판 1979. 9. 25, 79다1135·1136). 그리고 이러한 견지에 선다면, 유예기간을 전혀 정하지 않고 행한 최고도 유효하고, 다만 최고 후 상당한 기간이 경과한 때에 해제권이 생긴다고 해석할 수 있다(통설·판례임. 대판 1994. 11. 25, 94다35930 등).

(d) 채무자가 미리 이행하지 않을 의사를 표시한 경우(즉 이행거절의 경우)에는 최고 없이 계약을 해제할 수 있다(544조 단서). 이때 채권자는 자기 채무의 이행의 제공(이행을 준비하였다는 통지도 포함)을 할 필요도 없고, 또 해제하기 위하여 채무의 이행기를 기다릴 필요도 없다(대판 2005. 8. 19, 2004다53173 등). 그리고 판례는, 매수인이 계약상의 의무 없는 과다한 채무의 이행을 요구하고 있는 경우에는 자신의 채무를 이행할 의사가 없음을 표시한 것으로 보고 매도인은 자기 채무의 이행제공이나 최고 없이도 계약을 해제할 수 있다고 한다(대판 1992. 9. 14, 92다9463 등).

그 외에 판례는, 당사자의 일방이 이행을 제공하더라도 상대방이 상당한 기간 내에 그 채무를 이행할 수 없음이 객관적으로 명백한 경우에도, 그 일방은 자신의 채무의 이행을 제공함이 없이 상대방의 이행지체를 이유로 계약을 해제할 수 있다고 한다. 그리고 이 경우 당사자의 일방이 이행을 제공하더라도 상대방이 채무를 이행할 수 없음이 명백한지의 여부는 계약해제시를 기준으로 하여 판단할 것이라고 한다(대판 1993. 8. 24, 93다7204).

D-64 (다) **최고기간 내에 이행 또는 이행의 제공이 없을 것** (a) 최고기간 내에 채무자의 이행이나 이행의 제공이 없어야 해제권이 생긴다.

(b) 쌍무계약에 있어서 당사자 쌍방의 채무가 동시이행의 관계에 있는 때에는, 채권자는 채무자를 이행지체에 빠지게 하기 위하여 자기 채무의 이행의 제공을 하는 것 외에 최고기간에도 이행의 제공을 하여야 한다(이설이 없으며, 판례도 같음. 대판 1993. 4. 13, 92다56438 등 다수).

D-65 (라) **해제권의 발생요건을 경감하는 특약** 이행지체에 의한 법정해제권의 발생요건을 경감하는 특약은 유효하다. 최고 없이 해제할 수 있다는 특약이 그 예이다. 그러한 특약이 있는 경우에는 최고 없이 해제할 수 있게 된다.

(마) **이행지체에 의한 해제권의 발생과 소멸** (a) 해제권 발생의 요건이 갖추어지면 해제권이 발생하는데, 그 시기는 원칙적으로는 최고기간이 만료하는 때이다. 그러나 여기에는 많은 예외가 있다. 즉 채무자가 채무를 이행하지 않을 의사표시(이행거절)를 한 경우(이때는 최고가 필요하지 않다)에는 이행기 전이든 후이든 묻지 않고 그러한 — 확고한 — 의사표시가 있는 때에 발생한다고 하여야 하며(동지 대판 2005. 8. 19, 2004다53173 등), 상당하지 않은 기간을 정하여 또는 유예기간을 정함이 없이 최고할 경우에는 최고 후 상당한 기간이 경과한 때에 해제권이 발생하게 되고 당사자 사이에 최고 없이 해제할 수 있다는 특약이 있는 경우에는 이행지체가 있으면 곧바로 해제권이 발생한다. 계약상의 의무 없는 과다한 채무이행을 요구하는 경우에는 이행거절을 한 때와 같고, 당사자의 일방이 이행을 제공하더라도 상대방이 상당한 기간 내에 그 채무를 이행할 수 없음이 객관적으로 명백한 경우에는 그 사실이 명백하게 된 때 해제권이 발생한다고 할 것이다.

(b) 해제권이 발생한 후에도 채권자가 해제권을 행사하기 전에는 채무자는 채무 내용에 좇은 이행의 제공(지연배상 포함)을 하여 해제권을 소멸시킬 수 있다(이설 없음).

(c) 해제권이 발생한 경우 채권자가 이를 반드시 행사하여야 하는 것은 아니다.

D-66 **2) 계약이 정기행위(定期行爲)인 경우**

(가) **정기행위의 의의** 정기행위란 계약 가운데 계약의 성질 또는 당사자의 의사표시에 의하여 일정한 시일 또는 일정한 기간 내에 이행하지 않으면 계약의 목적을 달성할 수 없는 것을 말한다(545조 참조). 정기행위에는 계약의 성질에 의한 정기행위(예: 초대장의 주문) 즉 절대적 정기행위와 당사자의 의사표시에 의한 정기행위(예: 결혼식에 입을 양복의 주문) 즉 상대적 정기행위의 두 가지가 있다.

(나) **정기행위의 이행지체에 의한 해제권의 발생** (a) 정기행위에 있어서는 — 그것이 절

대적 정기행위이든 상대적 정기행위이든 — 이행지체가 있으면 곧바로 해제권이 발생하고, 보통의 계약에서와 달리 최고는 요구되지 않는다(545조). 여기의 이행지체가 채무자의 유책사유 있는 위법한 것이어야 함은 보통의 계약에서와 같다(이설 있음).

(b) 정기행위의 경우에는 이행기에 이행이 없으면 계약의 목적을 달성할 수 없다. 그렇지만 민법은 이행지체가 되었다고 하여 곧바로 해제의 효과를 발생시키지는 않는다. 계약은 채권자가 해제의 의사표시를 한 때에 무효로 되는 것이다(상법 68조는 상인간의 확정기매매의 경우에는 즉시 이행을 청구하지 않으면 계약이 해제된 것으로 본다).

(3) 이행불능의 경우 D-67

1) 채무자에게 책임있는 사유로 이행이 불능하게 된 때에는 채권자는 계약을 해제할 수 있다(546조). 해제권 발생의 요건은 채무불이행으로서의 이행불능의 성립으로 충분하고(C-73 이하 참조), 보통의 이행지체에서와 달리 최고는 필요하지 않다. 그리고 채무자의 채무가 상대방의 채무와 동시이행관계에 있다고 하더라도 그 이행의 제공을 할 필요도 없다(대판 2003. 1. 24, 2000다22850 등).

2) 채무자에게 책임없는 사유로 이행이 불능하게 된 경우에는, 채권자에게 유책사유가 있든 없든 위험부담의 문제(537조·538조 참조)로 되며, 이행불능을 이유로 한 해제는 인정되지 않는다(대판 1977. 12. 27, 76다1472(쌍방에게 유책사유 없는 경우); 대판 2002. 4. 26, 2000다50497(채권자에게 유책사유 있는 경우)).

3) 이행불능에 의하여 해제권이 발생하는 시기는 이행불능이 생긴 때이다. 이행기가 되지 않은 경우에도 이행기를 기다릴 필요가 없다.

(4) 불완전급부의 경우 D-68

1) 종래 우리의 통설은 채무의 이행으로서 급부는 있었으나 그 급부가 불완전한 경우를 불완전이행이라고 하면서 그 경우에도 해제권이 발생한다고 한다. 그런데 불완전이행 외에 어떤 요건을 더 갖추는 때에 해제권이 발생하는가에 관하여 다수설은 완전이행이 가능한 경우에는 — 이행지체의 규정을 유추하여 — 채권자가 상당한 기간을 정하여 완전이행을 최고하였으나 채무자가 완전이행을 않은 때에 해제권이 발생하고, 완전이행이 불가능한 경우에는 — 이행불능의 규정을 유추하여 — 최고 없이 곧 해제할 수 있다고 한다.

그런데 — 채권법총론에서 설명한 바와 같이(C-57 참조) — 통설의 불완전이행은 「불완전급부」와 「기타의 행위의무의 위반」의 두 가지로 나누어 다루는 것이 바람직하다. 이 두 가지는 성질이 전혀 다르고 요건 등에서도 차이가 있기 때문이다. 그리하여 여기서는 이 둘의 각각에 대하여 해제권의 발생을 살펴볼 것이다.

2) 불완전급부는 채무자가 급부의무의 이행행위를 하였으나 그 이행에 하자가 있는 것이다(C-79 이하 참조). 불완전급부의 경우의 해제권의 발생에 관하여는 민법에 규정이 없으나, 그것도 채무불이행의 하나인 만큼 해제권이 발생한다고 하여야 하며 그 경우의 해제권은

— 그와 가장 유사한 제580조를 유추적용하여 — 불완전급부로 인하여 계약의 목적을 달성할 수 없는 때에 한하여 인정된다고 새기는 것이 좋다.

D-69

(5) 「기타의 행위의무」 위반의 경우

급부의무 이외의 행위의무, 즉 「기타의 행위의무」(이를 신의칙상의 부수의무라고도 함)를 위반한 경우(C-83 참조. 통설은 이 경우도 불완전이행으로 다룬다)에도 해제권이 발생한다고 하여야 한다. 그리고 이 경우에도 불완전급부에서처럼 계약의 목적을 달성할 수 없는 때에만 해제할 수 있다고 새길 것이다.

(6) 채권자지체(수령지체)의 경우

채권자지체의 경우에 해제권이 발생하는지 여부는 채권자지체의 법적 성질(C-112 참조)을 어떻게 파악하느냐에 달려 있다. 채권자에게 일반적으로 수령의무를 인정하거나 매매·도급·임치관계에서 예외적으로 수취의무를 인정하거나 또는 채권자에게 유책사유가 있는 때에는 채무불이행이라고 하는 견해는 그 범위에서 해제권이 생긴다고 하게 된다. 그리고 그때에는 채무자가 상당한 기간을 정하여 수령을 최고하고 그 기간 내에 채권자의 수령이 없는 경우에 해제할 수 있다고 새긴다(사견은 채권법각론 [63] 참조).

D-70

(7) 사정변경의 원칙에 의한 해제권의 발생

1) 사정변경의 원칙은 법률행위의 기초가 된 사정이 후에 당사자가 예견하지도 못했고 또 예견할 수도 없는 중대한 변경을 받게 되어, 처음의 효과를 그대로 유지하는 것이 부당한 경우에, 법률행위의 내용을 개조하거나 계약을 해제·해지할 수 있다는 원칙이다.

2) 민법에는 사정변경의 원칙에 입각한 규정은 많이 있으나, 이를 일반적으로 인정하는 규정은 두어져 있지 않다. 그렇지만 학설은 대체로 신의칙의 파생적 원칙으로 이 원칙을 인정하고 있다. 그리고 판례는 과거에는 이를 인정하지 않았으나, 근래에는 사정변경으로 인한 계약의 해제뿐만 아니라(대판 2007. 3. 29, 2004다31302[핵심판례 290면]), 계속적 계약관계에서 사정변경을 이유로 한 계약의 해지도 인정하며(대판(전원) 2013. 9. 26, 2012다13637; 대판(전원) 2013. 9. 26, 2013다26746), 최근에는 그 법리를, 「계약 성립의 기초가 된 사정이 현저히 변경되고 당사자가 계약의 성립 당시 이를 예견할 수 없었으며, 그로 인하여 계약을 그대로 유지하는 것이 당사자의 이해에 중대한 불균형을 초래하거나 계약을 체결한 목적을 달성할 수 없는 경우에는 계약준수 원칙의 예외로서 사정변경을 이유로 계약을 해제하거나 해지할 수 있다」고 정리하였다(대판 2017. 6. 8, 2016다249557 등).

3) 사정변경의 원칙에 의하여 해제권이 발생하기 위한 요건은 ① 계약의 기초가 된 사정이 당사자가 예견하지 못했고 또 예견할 수도 없이 중대하게 변경되었을 것, ② 사정의 변경이 해제권을 취득하는 당사자에게 책임없는 사유로 생겼을 것, ③ 계약의 내용을 유지하는 것이 신의칙에 반할 것 등이다. 그리고 최고는 요건이 아니다. 이에 의한 해제의 효과는 보통의 법정해제에서와 같다. 다만, 이 경우는 채무불이행을 이유로 해제하는 것이 아니므로 손해배상의무는 생기지 않는다.

⑻ **부수적 채무**(정확하게는 부수적 급부의무)**의 불이행의 경우** D-71

하나의 계약에서 여러 가지 의무가 생기는 때가 많다. 그러한 경우에 어느 하나의 의무에 관하여 채무불이행이 있어도 해제권이 발생하는지가 문제된다.

여기에 대하여 판례는, 채무불이행을 이유로 계약을 해제하려면 당해 채무가 계약의 목적달성에 있어 필요불가결하고 이를 이행하지 않으면 계약의 목적이 달성되지 않아 채권자가 그 계약을 체결하지 않았을 것이라고 여겨질 정도의 주된 채무이어야 하고 그렇지 않은 부수적 채무를 불이행한 데에 지나지 않은 경우에는 계약을 해제할 수 없다고 한다(대결 1997. 4. 7, 97마575[핵심판례 292면]; 대판 2005. 11. 25, 2005다53705·53712 등 다수. 그런데 이전의 판례인 대판 1992. 6. 23, 92다7795 등은 원칙적으로 해제할 수 없다고 한다).

그리고 학설도 부수적 채무의 불이행의 경우에 해제를 인정하지 않는다(사건은 다름. 채권법각론 [64] 참조).

Ⅲ. 해제권의 행사 D-72

⑴ **해제권의 행사방법**

해제권의 행사는 상대방에 대한 의사표시로 한다(543조 1항). 여기의 상대방은 해제되는 계약의 당사자인 상대방 — 또는 그의 법률상의 지위를 승계하고 있는 자 — 이다.

해제의 의사표시의 방식에는 제한이 없다. 따라서 서면에 의할 수도 있고, 구두로 할 수도 있다. 그리고 재판 외에서도 할 수 있고, 재판상 공격·방어의 방법으로 할 수도 있다.

해제의 의사표시에는 조건이나 기한은 붙이지 못한다. 해제권이 형성권이어서 이를 허용하면 불확정한 법률상태가 생겨 상대방이 불안한 지위에 놓이기 때문이다.

해제의 의사표시는 철회하지 못한다(543조 2항). 그러나 당사자의 합의로 철회하는 것은 허용된다고 할 것이다.

⑵ **해제권의 불가분성**

당사자의 일방 또는 쌍방이 수인인 경우에는 계약의 해제는 그 전원으로부터 또는 전원에 대하여 하여야 한다(547조 1항). 이는 복수의 당사자 각각에 대하여 법률관계가 달라지지 않게 하기 위한 것이다. 그런데 이 규정은 강행규정이 아니라고 해석되므로 당사자가 특약으로 이를 배제할 수 있다. 해제의 의사표시를 공동으로 동시에 하여야 할 필요는 없다.

당사자의 일방 또는 쌍방이 수인 있는 경우에 그중의 1인에 관하여 해제권이 소멸한 때에는 다른 당사자에 대하여도 해제권이 소멸한다(547조 2항).

D-73

Ⅳ. 해제의 효과

1. 서 설

아래에서는 먼저 해제의 효과에 관한 이론을 정리하고, 그것을 바탕으로 하여 개별적인 효과들을 살펴보기로 한다. 그럼에 있어서 법정해제를 중심으로 할 것이다.

2. 해제의 효과에 관한 이론과 그에 따른 효과의 개관

(1) 이 론

1) 학 설 해제의 효과에 관한 우리의 학설로는 i) 직접효과설과 ii) 청산관계설이 있다.

i) 직접효과설(사견도 같음)은 해제에 의하여 계약은 처음부터 존재하지 않았던 것으로 되고, 계약에 의한 채권관계는 소급적으로 소멸한다고 한다. 따라서 아직 이행되지 않은 채무는 당연히 소멸하고, 이미 이행한 채무의 경우에는 급부가 법률상 원인을 잃게 되어 목적소멸에 의한 부당이득의 반환이 문제된다고 한다.

ii) 청산관계설은 계약이 해제되면 기존의 계약관계는 청산관계로 변경된다고 한다. 그리하여 아직 이행되지 않은 채무는 소멸되고, 이미 이행된 채무의 경우에는 이를 반환해야 할 의무가 발생한다고 한다.

2) 판 례 판례는 해제가 있으면 그 소급효로 인하여 계약의 효력이 소급하여 상실한다고 하여 직접효과설의 견지에 있다(대판 1977. 5. 24, 75다1394[핵심판례 294면]; 대판 2002. 9. 27, 2001두5989 등).

(2) 해제의 효과 개관

사견인 직접효과설에 의할 때, 해제의 효과는 크게 ① 계약의 소급적 실효, ② 원상회복의무, ③ 손해배상, ④ 반환의무·손해배상의무의 동시이행 문제의 넷으로 나눌 수 있다.

D-74

3. 계약의 소급적 실효

계약이 해제되면 해제된 계약은 소급하여 무효로 되고, 따라서 계약에 의한 법률효과도 생기지 않았던 것이 된다.

(1) 소급적 실효의 구체적인 결과

1) 채권 · 채무의 소멸 해제가 있으면 계약에 기하여 발생한 채권·채무가 모두 소급적으로 소멸하게 된다. 따라서 아직 이행하지 않은 채무가 있어도 이행할 필요가 없게 된다(계약의 법적 구속으로부터의 해방).

2) 물권 등의 권리가 이전(설정)된 경우 계약의 이행으로서 권리의 이전(또는 설정)을 목적으로 하는 물권행위나 준물권행위가 행하여지고, 등기나 인도와 같은 권리의 이전(또는 설정)

에 필요한 요건이 모두 갖추어져 권리의 이전(또는 설정)이 일어난 경우에, 계약이 해제되면 이전(또는 설정)된 권리가 당연 복귀(또는 소멸)하는가? 예컨대 A가 B에게 토지를 매도하고 약정에 따라 소유권이전등기까지 해주었는데, B가 대금을 지급하지 않아 A에 의하여 계약이 해제된 경우에, B에게 이전되었던 토지의 소유권이 해제로 당연히 되돌아오는지가 문제된다.

여기에 관하여 학설은 i) 채권적 효과설과 ii) 물권적 효과설(사견도 같음)로 나뉘어 있다. i) 채권적 효과설은 해제에 의하여 당사자 사이에 원상회복의무가 생기지만 이로 인하여 당연히(즉 물권적으로) 원상회복이 되고 이행행위도 당연히 효력을 잃는 것은 아니라고 한다. 해제가 있더라도 이행행위(물권행위나 준물권행위) 자체는 그대로 효력을 보유하며 이를 전제로 하여 새로이 그 급부를 반환하여 원상회복을 시킬 채권관계가 발생한다고 한다. 그에 비하여 ii) 물권적 효과설은 해제된 계약에 기하여 물권(또는 재산권)의 변동이 있었더라도 원인행위인 채권계약이 해제되면 일단 이전(또는 설정)하였던 권리는 당연히 복귀한다고 한다.

판례는, 계약이 해제되면 그 계약의 이행으로 변동이 생겼던 물권은 당연히 그 계약이 없었던 원상태로 복귀한다고 하여, 물권적 효과설을 취하고 있다(대판 1977. 5. 24, 75다1394[핵심판례 294면]; 대판 2002. 9. 10, 2002다29411(주권 발행 전에 주식이 양도되었으나 해제된 경우) 등).

(2) 제 3 자의 보호 D-75

1) 서 설 민법은 제548조 제 1 항 단서에서 해제에 의하여 「제 3 자의 권리를 해하지 못한다」고 규정하고 있다. 이 규정은, 해제의 소급효를 인정하지 않고 기존의 채권관계가 새로운 반환채무관계로 변경된다는 청산관계설이나 해제의 소급효를 인정하더라도 해제의 효과가 채권적으로만 생긴다는 채권적 효과설에서는 무의미한 것이 된다. 왜냐하면 그러한 견해에 의하면, 해제가 있더라도 이미 일어난 권리변동이 무효로 되지 않아서 제 3 자가 해쳐질 경우가 생길 수 없기 때문이다. 그에 비하여 직접효과설과 함께 물권적 효과설을 취하게 되면, 위의 규정은 대단히 중요한 의미를 가진다. 그 견해에 의하면, 해제에 의하여 권리변동은 무효로 되고, 따라서 제 3 자는 그 규정에 의하여서만 보호될 수 있기 때문이다(민법이 불필요한 규정을 두지 않았을 것이므로, 이 규정은 물권적 효과설의 근거로 되는 것이다). 물권적 효과설에서 볼 때 제548조 제 1 항 단서는 제 3 자 내지 거래의 안전을 보호하기 위하여 해제의 소급효를 제한하는 특별규정이다.

2) 제 3 자의 범위

(가) 제548조 제 1 항 단서는 「해제가 있기 전에」 해제된 계약을 기초로 새로이 이해관계를 맺은 자를 「제 3 자」라고 규정한 것으로 보인다. 무엇보다도 선의·악의를 묻지 않기 때문이다.

그러나 제 3 자의 범위는 이에 한정하지 않아야 한다. 만약 그러한 자만을 제 3 자라고 하면 「해제 후에 해제가 있었음을 모르고」 이해관계를 맺은 자를 보호하지 못하는 문제가 생긴다. 따라서 제3자의 범위는 확장되어야 한다. 그런데 제3자 범위의 확장은 예외의 인정이기 때문에 타당한 범위에 한정하여야 한다. 그리하여 공시방법의 제거가 있기 전에 해제가 있었음을 모르고(선의) 이해관계를 맺은 자만을 제3자에 포함시켜야 한다. 즉 부동산의 경우에는 계약의 해제에 의한 말소등기가 있을 때까지, 동산의 경우에는 인도가 있을 때까지 해제가 있었음을 모르고 새로이 이해관계를 맺은 자는 제548조 제1항 단서의 제3자라고 하여야 한다(권리 거래의 경우에도 마찬가지로 다루어야 한다).

판례는 해제 이전에 새로이 이해관계를 맺은 자를 제3자로서 보호하는 외에(대판 2005. 1. 14, 2003다33004 등), 「계약해제로 인한 원상회복등기 등이 이루어지기 이전에 계약의 해제를 주장하는 자와 양립되지 아니하는 법률관계를 가지게 되었고 계약해제 사실을 몰랐던 제3자」에 대하여 계약해제를 주장할 수 없다고 함으로써(대판 2005. 6. 9, 2005다6341 등), 위의 사견과 같은 태도를 취하고 있다.

D-76 (나) 제548조 제1항 단서의 「제3자」는 완전한 권리를 취득한 자이어야 한다. 따라서 권리취득에 등기나 인도가 요구되는 때에는 그 요건도 갖추어야 한다(이설이 없으며, 판례도 같음. 대판 2014. 12. 11, 2013다14569[핵심판례 296면] 등 다수의 판결). 일반적으로, 법률이 제108조 제2항에서처럼 「선의의 제3자에 대항하지 못한다」고 규정하고 있으면 제3자가 계약만 맺고 있어도 보호되도록 해석하나, 여기에서처럼 「제3자의 권리를 해하지 못한다」고 규정하고 있는 경우에는 계약만 맺고 있으면 보호되지 못하고 완전한 권리를 취득하고 있어야 보호되는 것으로 해석한다.

(다) 여기의 제3자의 예로는 해제된 매매계약의 매수인(또는 교환계약의 당사자)으로부터 목적물을 매수하여 소유권을 취득한 자(대판 1999. 9. 7, 99다14877 등), 그 목적물에 저당권이나 질권을 취득한 자, 매수인과 매매예약을 체결한 후 그에 기한 소유권이전청구권 보전을 위한 가등기를 마친 사람(대판 2014. 12. 11, 2013다14569[핵심판례 296면] 등)을 들 수 있다. 그에 비하여 계약상의 채권을 양도받은 양수인(대판 2000. 8. 22, 2000다23433(양수한 채권을 피보전권리로 하여 처분금지 가처분 결정을 받았어도 같음); 대판 2003. 1. 24, 2000다22850 등), 건축주 허가명의만을 양수한 자(대판 2007. 4. 26, 2005다19156), 계약상의 채권 자체를 압류 또는 전부한 자(대판 2000. 4. 11, 99다51685)는 여기의 「제3자」가 아니다. 새로운 권리를 완전하게 취득하지 않았기 때문이다.

D-77 4. 원상회복의무

계약이 해제되면 각 당사자는 원상회복의무가 있다(548조 1항 본문).

(1) 성 질

계약해제의 효과에 관하여 직접효과설을 취하게 되면, 원상회복의무는 부당이득 반환의무의 성질을 가진다고 하게 된다. 계약이 해제되면 채무가 성립하지 않았던 것이 되고, 그 결과 이미 급부한 것은 법률상 원인 없는 이익이 되기 때문이다. 그리고 그러한 견지에서 보면, 원상회복의무를 규정한 제548조 제1항 본문은 부당이득에 관한 제741조의 특칙으로 이해된다(대판 2014. 3. 13, 2013다34143 등 다수). 이는 모두 타당하다.

(2) 내 용

1) 원상회복의무는 계약의 모든 당사자가 부담한다. 즉 해제의 상대방은 물론이고 해제한 자도 원상회복의무가 있다(대판 1995. 3. 24, 94다10061). 계약상의 채권이 양도된 경우의 양수인도 마찬가지이다(대판 2003. 1. 24, 2000다22850).

2) 원상회복의무의 범위는 제548조의 특칙과 부당이득 반환의무 규정에 의하여 결정된다. 그리하여 우선 제548조에 따라 이익의 현존 여부나 선의·악의를 불문하고 이익 전부를 반환하여야 한다(대판 2014. 3. 13, 2013다34143 등).

(가) 급부된 물건이 남아 있으면 그 물건을 반환하여야 한다(원물반환의 원칙).

(나) 수령한 물건이 멸실·훼손·소비되어 원물반환이 불가능한 때에는 가액반환을 하여야 한다. 이때의 가액은 해제 당시의 것이다(통설도 같다. 판례는 이행불능으로 해제된 경우에 관하여 이행불능 당시의 가액이라고 한다. 대판 1998. 5. 12, 96다47913 등).

D-78

(다) 원물반환이 처음부터 불가능한 급부, 예컨대 노무 기타의 무형의 것을 급부한 경우에는 그 급부의 가액을 반환하여야 한다.

(라) 채무자가 목적물을 이용한 경우에는 그 사용에 의한 이익을 반환하여야 하나, 사용으로 인하여 감가 요인이 생겼다고 하여도 감가비는 반환할 필요가 없다(대판 1991. 8. 9, 91다13267).

(마) 채무의 이행으로 금전이 급부된 경우에는 받은 날로부터 이자를 붙여서 반환하여야 한다(548조 2항). 판례는 이자반환의무는 부당이득 반환의 성질을 가지는 것이고 이행지체로 인한 지연손해금이 아니므로(대판 2013. 4. 26, 2011다50509[핵심판례 298면]; 대판 2016. 6. 9, 2015다222722), 당사자 쌍방의 의무가 동시이행관계에 있는지 여부와 관계없이 그 받은 날로부터 연 5푼의 비율에 의한 법정이자를 부가하여 지급하여야 할 것이라고 한다(대판 2000. 6. 9, 2000다9123(약정한 해제권을 행사하는 경우); 대판 2000. 6. 23, 2000다16275·16282(이 이자에 「소송촉진 등에 관한 특례법」 3조 1항에 의한 이율적용을 부정함); 대판 2003. 7. 22, 2001다76298(2000. 6. 23의 것과 같은 취지임) 등). 다만, 당사자 사이에 그 이자에 관하여 특별한 약정이 있으면 그 약정이율이 적용되고 법정이율이 적용되지 않는다(대판 2013. 4. 26, 2011다50509[핵심판례 298면]).

(3) 소멸시효

해제의 결과 발생하는 원상회복청구권도 소멸시효에 걸린다(대판 1993. 9. 14, 93다21569는 상행위인 계약의 해제로 인한 원상회복청구권은 상사시효의 대상이라고 한다). 그 기간은 민사상의 계약이 해제된 경우에는 10년이라고 할 것이다. 그리고 소멸시효의 기산점은 해제권 발생시가 아니고, 해제시 즉 원상회복청구권이 발생한 때이다(대판 2009. 12. 24, 2009다63267).

5. 해제와 손해배상청구

D-79

민법은 해제를 하면서 동시에 손해배상도 청구할 수 있도록 규정하고 있다(551조). 그런데 이때 손해배상청구권의 성질과 손해배상의 범위가 문제된다.

⑴ 손해배상청구권의 성질

민법이 인정하는 손해배상청구는 해제 전에 채무불이행으로 인하여 발생하여 해제 후에도 남아 있는 손해, 그리하여 결국 채무불이행으로 인한 손해에 대한 청구이다. 판례도 같은 태도이다(대판 2016. 4. 15, 2015다59115 등). 그리고 판례는 여기의 손해배상책임이 채무불이행으로 인한 손해배상책임과 다를 것이 없으므로 상대방에게 고의 또는 과실이 없을 때에는 배상책임을 지지 않는다고 한다(대판 2016. 4. 15, 2015다59115).

⑵ 손해배상의 범위

1) 손해배상의 범위에 관하여 학설은 i) 이행이익설과 ii) 신뢰이익설로 나뉘어 있다(사견은 채권법각론 [71] 참조). 그리고 판례는 초기에는 이행이익만을 청구할 수 있고 신뢰이익은 청구할 수 없다고 하였으나(대판 1983. 5. 24, 82다카1667), 근래에는 이행이익의 배상을 구하는 것이 원칙이지만 그에 갈음하여 신뢰이익의 배상을 구할 수도 있다고 한다(대판 2002. 6. 11, 2002다2539[핵심판례 210면]; 대판 2003. 10. 23, 2001다75295).

2) 해제의 경우에는 당사자 쌍방의 채무가 모두 소멸한다. 따라서 배상의 범위를 정할 때에는 이 점이 고려되어야 한다.

3) 목적물의 가격이 이행시·해제시·손해배상시에 차이가 있는 경우에는 해제시를 기준으로 하자는 것이 통설이다. 그러나 이행지체를 이유로 해제한 때에는 해제시에 급부청구권이 전보배상청구권으로 변하기 때문에 해제시가 적당하나, 이행불능을 이유로 해제한 때에는 불능시를 기준으로 하여야 한다(대판 1980. 3. 11, 80다78은 타인의 권리매매에 관하여 같은 태도를 취한다. C-98도 참조).

4) 손해배상액의 예정이 되어 있는 경우에 관하여 학설은 일치하여 계약이 해제되어도 그것이 유효하다고 한다. 그러나 이것은 배상액예정 특약의 해석의 문제이다.

D-80

6. 해제와 동시이행

계약해제시에 부담하는 당사자 쌍방의 원상회복의무에 대하여는 동시이행의 항변권 규정(536조)이 준용된다(549조). 그런데 원상회복의무뿐만 아니라 손해배상의무도 동시이행관계에 있다고 새겨야 한다(대판 1996. 7. 26, 95다25138·25145).

D-81

Ⅴ. 해제권의 소멸

해제권은 하나의 권리(형성권)로서 권리 일반의 소멸원인 또는 해제권에 특유한 소멸원인에 의하여 소멸한다.

⑴ 권리 일반에 공통하는 소멸원인(특기사항)

1) 해제권은 형성권이므로 10년의 제척기간에 걸린다고 할 것이다. 그런데 통설은 본래의 계약상의 채권이 시효로 소멸한 후에는 해제권을 행사할 수 없다고 한다.

2) 해제권은 포기할 수 있다. 그리고 포기의 의사표시는 묵시적으로도 할 수 있다.

3) 해제권의 행사가 실효의 원칙(A-34 참조)상 인정되지 못할 수도 있다(이설 없음). 판례도 같은 태도를 취한다(대판 1994. 11. 25, 94다12234 등).

(2) 해제권에 특유한 소멸원인

1) 해제권 행사의 기간이 정해져 있지 않은 경우에는, 상대방은 상당한 기간을 정하여 해제권 행사 여부의 확답을 해제권자에게 최고할 수 있고(552조 1항), 그 기간 내에 해제의 통지를 받지 못한 때에는 해제권은 소멸한다(552조 2항).

2) 해제권자의 고의나 과실로 인하여 계약의 목적물이 현저히 훼손되거나 반환할 수 없게 된 때 또는 가공이나 개조로 인하여 다른 종류의 물건으로 변경된 때에는 해제권은 소멸한다(553조).

3) 당사자의 일방 또는 쌍방이 수인인 경우에 당사자 1인에 관하여 해제권이 소멸하면 다른 당사자에 대하여도 소멸한다(547조 2항. 해제권의 불가분성).

Ⅵ. 계약의 해지

D-82

1. 해지의 의의

해지(解止)는 계속적 계약의 효력을 장래에 향하여 소멸하게 하는 단독행위이다.

(1) 해지는 계속적 채권관계를 발생시키는 계약인 계속적 계약(소비대차·사용대차·임대차·고용·위임·임치·조합·종신정기금 등)에서만 문제된다. 계속적 계약이 일단 실행이 된 경우에는 해제는 할 수 없고 해지나 기타의 것만 가능하다고 하여야 한다(동지 대판 1994. 5. 13, 94다7157(조합); 대판 1994. 11. 22, 93다61321(임대차) 등).

(2) 해지는 「장래에 향하여」 효력을 발생한다. 이 점에서 해지는 계약의 효력을 소급적으로 소멸시키는 해제와 구별된다(직접효과설의 입장).

(3) 해지는 상대방 있는 단독행위이다. 따라서 그것은 상대방에게 도달한 때에 효력이 생긴다(111조 1항. 그러나 해지기간이 있는 때에는 다르다).

2. 해지권의 발생

D-83

(1) 해지할 수 있는 권리가 해지권이다. 해지권은 형성권이다(대판 2000. 1. 28, 99다50712).

(2) 해지권도 해제권처럼 법률의 규정 또는 당사자의 계약에 의하여 발생한다(543조 1항). 법률의 규정에 의하여 발생한 해지권을 법정해지권이라 하고, 계약에 의하여 발생한 해지권을 약정해지권이라 한다.

1) **법정해지권** 민법은 각각의 전형계약에 관하여 개별적으로 해지권을 규정하고 있다(610조 3항·613조 2항 등). 그 원인은 존속기간의 약정이 없는 것, 채무불이행, 신의칙 위반 등이다.

민법은 해제와 달리 일반적인 법정해지권 규정을 두고 있지 않다. 여기서 일반적으로 해지권의 발생을 인정할 수 없는지가 문제된다. 문헌에서는 이를 일반적 법정해제권의 발생규정인 제544조 내지 제546조를 계속적 계약에도 적용(유추적용)할 것인가의 문제로 논의하고 있다. 학설은 i) 부정설, ii) 긍정설, iii) 제한적 긍정설로 나뉘어 있다(사견은 다름. 채권법각론 [73] 참조). 그리고 판례는 계속적 「계약의 존속 중에 당사자의 일방이 그 계약상의 의무를 위반함으로써 그로 인하여 계약의 기초가 되는 신뢰관계가 파괴되어 계약관계를 그대로 유지하기 어려운 정도에 이르게 된 경우」에는 곧바로 해지할 수 있다고 하고(대판 1995. 3. 24, 94다17826 등), 계속적 보증계약에 관하여 신뢰파괴·현저한 사정변경 등을 이유로 한 해지를 인정하며(특히 대판 2003. 1. 24, 2000다37937 등 참조), 근래에는 계속적 계약관계에서 사정변경을 이유로 계약의 해지를 주장하는 경우에도 사정변경을 이유로 한 계약해제의 법리가 적용된다고 한다(대판(전원) 2013. 9. 26, 2012다13637; 대판(전원) 2013. 9. 26, 2013다26746).

2) 약정해지권 계속적 계약을 체결하면서 당사자 일방이나 쌍방을 위하여 해지권을 보류하는 특약을 할 수도 있다(민법은 636조에서 임대차에 관하여 이를 규정하고 있으나, 그러한 규정이 없더라도 특약은 가능하다)(위와 같은 해지가 인정되는 것은 계속적 채권관계를 발생시키는 계약에 한한다. 대판 2015. 5. 29, 2012다87751). 그때에는 그 특약에 의하여 해지권(약정해지권)이 발생한다.

3. 해지권의 행사

해지권의 행사는 상대방에 대한 일방적 의사표시로써 한다(543조 1항). 그것은 재판 외에서도 할 수 있고 재판상으로도 할 수 있다. 해지의 의사표시는 철회하지 못하고(543조 2항), 해지권도 해제권처럼 불가분성이 있다(547조).

D-84

4. 해지의 효과

(1) 해지의 비소급효

해지가 있으면 계약은 장래에 대하여 그 효력을 잃으며(550조), 소급하여 무효로 되지 않는다.

(2) 해지기간

민법은 계약의 존속기간을 정하지 않거나 기타 일정한 경우에는 해지를 하더라도 일정한 유예기간이 경과한 뒤에 비로소 해지의 효력이 발생하도록 하고 있다(예: 635조·637조·660조·662조). 이러한 경우에 해지가 있은 후 해지의 효력이 생길 때까지 사이의 기간을 해지기간이라고 한다(해지기간이 해지할 수 있는 기간이 아님을 주의하라). 해지기간이 붙어 있는 경우에는 민법은 「해지할 수 있다」고 하지 않고 「해지의 통고를 할 수 있다」고 규정한다(가령 640조와 비교해 보라).

(3) 이미 성립한 채무의 효력

해지가 있기 이전에 성립한 채무(예: 연체된 차임채무나 이자채무)는 해지가 있더라도 소멸하지 않고 그대로 존속한다. 따라서 그 채무는 이행하여야 한다(동지 대판 1996. 9. 6, 94다54641(연체 차임채무)).

(4) 청산의무

계속적 계약이 해지되면 계약관계의 청산의무가 존재한다. 임대차에 있어서 임차인의 목적물반환의무가 그 예이다. 민법은 이를 원상회복이라고 표현하고 있으나(615조·654조 참조), 여기의 원상회복은 해제의 경우와는 전혀 다르다.

(5) 손해배상의 청구

손해가 있으면 계약을 해지하면서 동시에 손해배상도 청구할 수 있다(551조).

계약각론

제1절 증 여

D-85

Ⅰ. 증여의 의의 및 성질

(1) 의 의

증여는 당사자 일방(증여자)이 무상으로 재산을 상대방(수증자)에게 수여하는 의사를 표시하고 상대방이 이를 승낙함으로써 성립하는 계약이다(554조). 보통 사회에서 증여라고 하면 증여하는 행위를 가리키나 민법에서는 증여계약을 의미한다.

(2) 법적 성질

증여는 낙성·편무·무상·불요식의 계약이다(554조).

1) 증여는 증여자의 단독행위가 아니고 증여자와 수증자 사이의 계약이다. 따라서 증여가 성립하려면 이들 두 당사자의 의사표시의 일치가 있어야 한다.

2) 증여는 증여자만이 채무를 부담하는 편무계약이다.

3) 증여는 대가(반대급부) 없이 재산출연을 하는 대표적인 무상계약이다. 수증자가 부담을 지더라도 그것이 급부의 대가로 인정되지 않으면 증여로 된다.

증여자의 출연은 권리(물권·채권·지식재산권 등)의 양도, 용익물권(지상권·지역권 등)의 설정, 무상으로 하는 노무의 제공일 수도 있다.

4) 증여는 낙성계약이다. 따라서 목적물의 인도 기타 출연행위가 없더라도 당사자의 합의만으로 증여는 성립한다. 그런데 실제에 있어서는 동산의 증여의 경우 계약과 동시에 목적물이 인도되는 때가 많다. 부의금(대판 1992. 8. 18, 92다2998은 증여라고 한다), 결혼축의금, 교회헌금을 주는 경우가 그 예이다. 이러한 증여를 「현실증여」라고 한다. 현실증여가 채권계약인지 물권계

약인지 문제되나, 그 경우에는 채권행위·물권행위가 합해져서 행하여진 것으로 이해된다.

5) 증여는 불요식계약이다. 다만, 증여의사가 서면으로 표시되지 않은 경우에는 증여를 해제할 수 있으나(555조), 그렇다고 하여 증여가 요식계약으로 되는 것은 아니다.

Ⅱ. 증여의 효력

D-86

1. 증여자의 의무

증여자는 증여계약에 의하여 발생한 채무를 이행하여야 한다.

2. 증여자의 담보책임

(1) 증여자는 증여의 목적인 물건 또는 권리에 하자나 흠결이 있어도 원칙적으로 담보책임을 지지 않는다(559조 1항 본문). 그러나 증여자가 그 하자나 흠결을 알고 수증자에게 고지하지 않은 때에는 예외적으로 담보책임을 진다(559조 1항 단서). 민법에 명문의 규정은 없지만 이 담보책임은 수증자가 악의인 때에는 생기지 않는다고 하여야 한다(이설 없음).

(2) 증여가 부담부인 경우에는 증여자는 그 부담의 한도에서 매도인과 같은 담보책임을 진다(559조 2항).

(3) 제559조는 강행규정이 아니다. 따라서 당사자가 특약으로 담보책임을 지기로 할 수도 있다.

3. 증여의 해제

D-87

민법은 다음 세 가지 경우에는 증여계약을 해제할 수 있도록 하고 있다.

(1) 증여의 의사가 서면으로 표시되지 않은 경우

1) 증여의사가 서면으로 표시되지 않은 경우(구두의 증여계약이 있다고 하여 증여자가 이를 서면으로 작성할 의무는 없다. 대판 1963. 5. 30, 63다123)에는 각 당사자는 증여계약을 해제할 수 있다(555조).

증여의사가 서면으로 표시되지 않은 경우에 해제할 수 있는 자는 증여자와 수증자 모두이다(555조). 해제의 상대방은 증여계약의 상대 당사자이며, 증여목적물의 전득자는 상대방이 될 수 없다(대판 1977. 2. 8, 76다2423). 그리고 판례는, 여기의 해제는 일종의 특수한 철회이고 본래의 의미의 해제와는 다르므로 형성권의 제척기간(10년의 제척기간)의 적용을 받지 않는다고 한다(대판 2003. 4. 11, 2003다1755).

2) 이 경우의 해제는 이미 이행한 부분에 대하여는 영향을 미치지 않는다(558조).

(2) 망은행위(忘恩行爲)가 있는 경우

D-88

민법은 수증자의 일정한 망은행위가 있는 때에는 증여자가 증여계약을 해제할 수 있다고 한다(556조). ① 증여자 또는 그 배우자나 직계혈족에 대하여 범죄행위가 있는 때(556조 1항 1호)와 ② 증여자에 대하여 부양의무가 있는 경우에 이를 이행하지 않은 때(556조 1항 2호)에 그렇다.

망은행위에 의한 해제권은 망은행위가 있었음을 안 날로부터 6개월이 경과하거나 증여자가 수증자에 대하여 용서의 의사를 표시한 때에는 소멸한다(556조 2항). 그리고 망은행위를 이유로 해제하더라도 이미 이행한 부분에 대하여는 영향이 없다(558조).

(3) 증여자의 재산상태가 악화된 경우

증여계약 후 증여자의 재산상태가 현저히 변경되고 그 이행으로 인하여 생계에 중대한 영향을 미칠 경우에는, 증여자는 증여계약을 해제할 수 있다(557조). 이는 사정변경의 원칙을 입법화한 것이다. 그리고 이 경우의 해제도 이미 이행한 부분에 대하여는 영향이 없다(558조).

D-89 Ⅲ. 특수한 증여

(1) 부담부 증여

부담부 증여(민법은 「상대부담 있는 증여」라고 함)는 수증자가 증여를 받으면서 일정한 급부를 하기로 하는 증여이다. 가령 토지소유자가 토지를 증여하면서 후에 나이가 들어 자신의 거동이 불편하면 수증자가 증여자 부부를 부양하고 그의 선조의 제사를 지내주기로 약속한 경우(대판 1996. 1. 26, 95다43358 참조)가 그에 해당한다. 부담부 증여의 경우에는 수증자가 급부의무를 지기는 하나 그것이 증여자의 의무와 대가관계에 있지는 않으므로 그것은 편무·무상계약이다(이설 있음).

부담부 증여의 경우에는 증여자는 그의 부담의 한도에서 매도인과 같은 담보책임이 있다(559조 2항). 그리고 부담부 증여에 대하여는 증여의 규정 외에 쌍무계약에 관한 규정(특히 536조·537조)이 준용된다(561조. 동조는 「적용」이라고 하나 「준용」이라고 해야 한다).

(2) 정기증여

정기증여는 정기적으로 무상으로 재산을 주는 증여이며(예: 매월 말에 50만원씩 주기로 한 경우), 계속적 채권관계로서의 성질을 가진다. 정기증여는 증여자 또는 수증자가 사망한 때에는 효력을 잃는다(560조).

(3) 사인증여(死因贈與)

사인증여는 증여자의 사망으로 인하여 효력이 생기는 증여이다. 사인증여에는 유증에 관한 규정을 준용한다(562조).

제2절 매 매

제1관 서 설

I. 매매의 의의

D-90

(1) 매매는 당사자 일방(매도인)이 재산권을 상대방(매수인)에게 이전할 것을 약정하고, 상대방이 그 대금을 지급할 것을 약정함으로써 성립하는 계약이다(563조). 그 당사자는 매도인과 매수인이다.

(2) 매매는 자본주의 경제조직에서 유통과 거래의 중심을 이루는 대동맥으로서 기능하고 있다. 매매는 또한 법적으로도 대단히 중요한 제도이다.

II. 매매의 법적 성질

(1) 매매는 낙성·쌍무·유상·불요식의 전형계약이다. 민법은 매매가 가장 대표적인 유상계약이어서 그에 관하여 자세한 규정을 두고, 그 규정들을 — 성질이 허용하는 한 — 다른 유상계약에 준용하고 있다(567조).

(2) 물건을 매매하면서 계약체결과 동시에 당사자 쌍방이 이행을 하는 경우가 있다. 이러한 경우를 현실매매라고 한다. 학자들은 일치하여 현실매매도 매매에 해당하고, 단지 채권행위와 물권행위가 하나로 합체되어 행하여지는 것으로 이해한다.

제2관 매매의 성립

I. 서 설

D-91

매매의 성립의 문제로는 우선 매매의 성립요건을 살펴보아야 한다. 그 밖에 민법이 매매계약의 성립과 관련하여 제564조 내지 제566조의 특별규정을 두고 있으므로 그것들에 대하여도 여기서 설명할 필요가 있다(이 규정들은 567조에 의하여 다른 유상계약에도 준용된다).

Ⅱ. 매매의 성립요건

매매는 낙성계약이므로 당사자 쌍방의 의사표시의 일치 즉 합의만 있으면 성립한다(D-18 참조). 그 합의는 구두의 것이어도 무방하므로, 반드시 서면으로 행할 필요는 없다.

매매를 성립시키기 위한 합의는 우선 매매의 본질적 구성부분인 목적재산권과 대금에 대하여 이루어져야 한다(563조 참조. 대판 1986. 2. 11, 84다카2454 및 그 후속판결도 같은 취지임). 그에 비하여 매매계약 비용·채무의 이행시기 및 이행장소 등 부수적인 구성부분에 대하여는 합의가 없어도 상관없다(합의가 필요하다고 표시한 때는 예외임). 그것들에 대하여 합의가 없는 때에는 법률규정이나 해석에 의하여 보충된다.

매매의 목적인 재산권은 보통 매도인에게 속하고 있을 것이나, 타인에게 속하고 있어도 매매는 유효하다(569조가 이러한 매매도 유효함을 전제로 함. 대판 1982. 10. 26, 80다557은 매각되지 않은 귀속재산의 매매를 무효라고 할 수 없다고 한다). 그리고 그 재산권은 물권에 한하지 않고 채권·지식재산권 등도 포함하며, 장래에 성립할 재산권(예: 제작중인 물건)도 매매의 목적이 될 수 있다.

D-92

Ⅲ. 매매의 예약

매매계약을 체결할 것인지는 당사자의 자유이다. 그러나 여기에는 예외가 있다. 법률이 체약의무를 부과하는 경우(283조·285조·316조·644조·646조·647조 등)와 매매의 예약이 있는 경우에 그렇다.

1. 매매예약의 종류

(1) 예약은 장차 본계약을 체결할 것을 약속하는 계약이다. 예약의 종류는 크게 두 그룹으로 나누어지고, 그 각각의 그룹이 또 둘로 나누어진다.

1) 편무예약·쌍무예약 이들은 예약상의 권리자가 본계약 체결을 원하여 청약을 하면 상대방이 승낙하여야 할 채무를 부담하기로 약정하는 계약이며, 그중에 당사자 일방만이 예약상의 권리를 가지고 상대방이 승낙의무를 부담하는 경우가 편무예약이고, 당사자 쌍방이 예약상의 권리를 가지는 경우가 쌍무예약이다.

2) 일방예약·쌍방예약 이들은 예약상의 권리자가 상대방에 대하여 본계약을 성립시킨다는 의사표시(예약완결의 의사표시)를 하면 상대방의 승낙을 기다리지 않고 본계약이 성립하는 경우의 예약이며, 그중에 예약완결의 의사표시를 할 수 있는 권리를 당사자 일방만이 가지는 것이 일방예약이고, 당사자 쌍방이 그러한 권리를 가지는 것이 쌍방예약이다.

(2) 본계약이 요물계약인 때에는 예약이 편무예약·쌍무예약일 수밖에 없다. 왜냐하면 예약상의 권리자의 의사표시만으로 요물계약인 본계약이 성립할 수는 없기 때문이다. 그에 비하여 낙성계약의 예약으로는 위의 네 가지가 모두 가능하다. 그러나 상대방에의 계

약체결 강제라는 예약의 목적에 비추어 볼 때 편무예약·쌍무예약보다는 일방예약·쌍방예약이 더 합리적이다(전자의 경우는 어차피 본계약 체결이 가능한데 번거로운 우회절차를 거치게 된다). 그 가운데서도 당사자 일방만이 권리를 가지는 것이 보통일 것이다(체약강제는 일방이 더욱 원하는 경우가 일반적이다). 결국 합리적으로 생각한다면 낙성계약의 예약은 일방예약이어야 한다.

(3) 민법은 매매의 일방예약에 관하여만 규정하고 있다(564조). 그렇지만 계약자유의 원칙상 위의 네 가지 예약이 모두 인정된다. 당사자가 예약을 한 경우에 네 가지 중 어느 것에 해당하느냐는 당해 예약의 해석에 의하여 결정된다. 그런데 불분명한 때에는 일방예약으로 해석하여야 한다(이설 없음. 564조는 추정규정은 아니나, 낙성계약인 매매의 예약으로는 일방예약이 합리적이므로 그와 같이 새긴다).

2. 매매예약의 작용

D-93

매매예약은 본래에는 장래에 상대방이 계약체결을 거절하지 않도록 묶어두는 제도이다. 그런데 근래에는 매매예약이 그러한 목적으로는 거의 이용되지 않으며, 주로 채권담보의 수단으로 이용되고 있다. 즉 금전을 빌려주면서 그 채권을 담보하기 위하여 채무자의 부동산을 장차 일정한 금액으로 매수하기로 하는 예약(매매예약)을 체결하고 그 예약에 기하여 장차 가질 수 있는 소유권이전청구권을 보전하기 위한 가등기를 해 둔다(이 경우는 가등기담보에 속한다). 이러한 경우에는 채권자가 폭리를 취할 가능성이 있다. 그리하여 그에 대하여는 「가등기담보 등에 관한 법률」이 규제하고 있다(B-316 이하 참조).

3. 매매의 일방예약

D-94

(1) 일방예약의 추정

앞에서 언급한 바와 같이, 매매의 예약은 일방예약으로 추정된다.

(2) 성립요건

매매의 일방예약도 보통의 낙성계약처럼 당사자의 합의만 있으면 성립한다.

(3) 법적 성질

매매의 일방예약(쌍방예약도 같다)의 법적 성질에 관하여는 i) 예약권리자의 완결의 의사표시를 조건으로 하는 정지조건부 매매라는 견해와 ii) 예약의 일종이며, 다만 정지조건부 매매에 있어서와 같은 효과가 생기는 특수한 예약에 지나지 않는다는 견해(사견도 같음)가 대립하고 있다.

(4) 예약완결권

D-95

1) 예약완결권이란 매매의 일방예약(또는 쌍방예약)에 기하여 예약상의 권리자가 예약의무자(564조는 이를 「예약자」라 함)에 대하여 매매완결의 의사표시를 할 수 있는 권리이다. 이 권리는 일방적인 의사표시에 의하여 본계약인 매매를 성립하게 하는 것이므로 일종의 형성권이다(통설·판례도 같음. 대판 2018. 11. 29, 2017다247190 등)(편무예약·쌍무예약상의 권리는 채권이다). 부동산물권을 이전하여야 할 본계약의 예약완결권은 가등

기할 수 있으며(부등법 88조), 그때에는 그 예약완결권을 가지고 제 3 자에게 대항할 수 있다.

2) 예약완결권은 양도할 수 있으며, 그때에는 예약의무자의 승낙은 필요하지 않으나, 채권양도처럼 양도인의 통지 또는 의무자의 승낙이 있어야 대항할 수 있다(이설 없음. 450조 참조).

3) 예약완결권은 권리자가 예약의무자에 대하여 행사하여야 한다. 완결권이 양도된 경우에는 양수인이 행사한다.

4) 매매완결의 의사표시를 하면 그때 본계약인 매매가 성립하고, 효력이 발생한다(564조 1항).

5) 예약완결권은 ① 당사자 사이에 그 행사기간을 정한 때에는 그 기간 내에 행사하여야 하고(판례는 당사자 사이에 약정하는 예약완결권의 행사기간에 특별한 제한은 없다고 한다. 대판 2017. 1. 25, 2016다42077: 예약 후 30년 가까이 행사하기로 한 경우에 예약완결권이 10년의 제척기간의 경과로 소멸했다고 한 원심을 파기함), ② 당사자가 행사기간을 정하지 않은 때에는 예약이 성립한 때로부터 10년의 기간(제척기간) 내에 행사하여야 한다(대판 2018. 11. 29, 2017다247190 등). 한편 당사자가 권리행사기간을 정하지 않은 때에는, 10년이 경과되기 전이라도, 예약의무자는 상당한 기간을 정하여 매매완결 여부의 확답을 상대방에게 최고할 수 있고(564조 2항), 만약 예약의무자가 그 기간 내에 확답을 받지 못한 경우에는 예약은 효력을 잃는다(564조 3항).

D-96

Ⅳ. 계 약 금

1. 계약금의 의의

계약금은 계약의 체결시에(계약성립 후에 주고받아도 무방함) 당사자 일방이 상대방에 대하여 교부하는 금전 기타의 유가물이다. 계약금은 매매(부동산 매매는 거의 예외가 없음)·임대차·도급 등 많은 계약에서 교부되며, 민법은 매매에 관하여 규정(565조)을 두고 이를 다른 유상계약에 준용하고 있다(567조). 매매의 경우 계약금은 보통 매수인이 매도인에게 교부한다.

계약금의 교부도 하나의 계약이며(양 당사자의 합의에 의하여 수수되므로), 그것은 금전 기타 유가물의 교부를 요건으로 하므로 요물계약이고(실제로 교부되지 않았어도 형식상 매도인이 계약금을 받아서 이를 다시 매수인에게 보관한 것으로 하여 매수인이 현금보관증을 작성 교부하였으면 계약금계약은 유효하게 성립한다. 대판 1999. 10. 26, 99다48160 등), 매매 기타의 계약에 부수하여 행하여지므로 「종된 계약」이다(통설도 같음). 이와 같이 계약금계약이 종된 계약이므로, 주된 계약이 무효·취소되거나 채무불이행을 이유로 해제된 때에는, 계약금계약도 무효로 되고 계약금은 부당이득으로서 반환하여야 한다.

계약금계약은 종된 계약이기는 하지만 주된 계약과 동시에 성립할 필요는 없으며(통설도 같음), 주된 계약이 성립한 후의 계약금의 수수도 유효하다(대판 1955. 3. 10, 4287민상388).

2. 계약금의 종류

D-97

⑴ 증약금(증약계약금)

이는 계약체결의 증거로서의 의미를 가지는 계약금이다. 모든 계약금은 증약금으로서의 성질을 가진다.

⑵ 위약계약금(398조 4항의 위약금과 구별해야 하기 때문에 이를 「위약금」이라고 하지는 못함)

이는 위약 즉 채무불이행이 있는 경우에 의미를 가지는 계약금이다. 위약계약금에는 위약벌의 성질을 가지는 것과 손해배상액의 예정의 성질을 가지는 것이 있다.

전자는 교부자의 채무불이행이 있을 때 벌로서 몰수하는 계약금이다. 계약금이 위약벌인 경우에 교부자의 상대방에게 손해가 발생하면 그는 계약금과 별도로 손해배상도 청구할 수 있다(대판 1979. 9. 11, 79다1270은 채무불이행으로 인한 계약금의 귀속에 손해발생은 필요하지 않다고 한다). 그리고 위약벌은 손해배상액의 예정과 다르므로 부당하다는 이유로 감액할 수도 없다(398조 2항 참조)(대판 1968. 6. 4, 68다491).

후자 즉 손해배상액의 예정의 성질을 가지는 것은 채무불이행의 경우 계약금의 교부자는 그것을 몰수당하고 교부받은 자는 그 배액을 상환하여야 하는 계약금이다. 이 계약금은 손해배상액의 예정으로서 부당히 과다한 경우에는 법원이 적당히 감액할 수 있다(대판 1996. 10. 25, 95다33726 등).

계약금이 위약계약금으로 되려면 반드시 특약이 있어야 한다(판례도 손해배상액의 예정의 성질을 가지는 계약금에 관하여 같은 입장이다. 대판 1992. 11. 27, 92다23209 등).

⑶ 해약금(해약계약금)

이는 계약의 해제권을 보류하는 작용을 하는 계약금이다. 그리하여 이 해약금이 교부된 경우에는 계약금의 교부자는 그것을 포기하면서 계약을 해제할 수 있고, 교부받은 자는 그 배액을 상환하면서 계약을 해제할 수 있다. 계약금이 해약금인 경우에는 양 당사자가 채무불이행에 관계없이 계약을 해제할 수 있어 계약의 효력은 약해진다.

3. 해약금의 추정

D-98

계약금이 어떤 성질의 것인지는 계약금계약의 해석에 의하여 결정된다. 그런데 불분명한 때에는 해약금으로 추정된다(565조 1항). 그리고 판례는 손해배상액의 예정의 성질을 가지는 위약계약금의 특약이 있는 경우에는 특별한 사정이 없는 한 그 성질 외에 해약금의 성질도 가진다고 한다(대판 1992. 5. 12, 91다2151[핵심판례 304면]).

4. 해약금의 효력

D-99

⑴ 해약금에 기한 해제

계약금이 해약금인 경우에는 당사자의 일방이 이행에 착수할 때까지 계약금 교부자는 이를 포기하면서, 수령자는 그 배액을 상환하면서 매매계약을 해제할 수 있다(565조 1항).

1) 계약금의 교부자는 계약금을 포기하면서 계약을 해제할 수 있는데, 그가 해제와 별도로 계약금 포기의 의사표시를 할 필요는 없다.

2) 계약금의 수령자는 계약금의 배액을 상환하면서 계약을 해제할 수 있다. 이때에는 해제의 의사표시만으로는 부족하고 그 배액의 제공이 있어야 해제의 효과가 생긴다(대판 1992. 7. 28, 91다33612 등).

3) 해약금에 기하여 해제할 수 있는 시기는 「당사자의 일방이 이행에 착수할 때까지」이다. 여기서 「이행에 착수」한다는 것은 객관적으로 외부에서 인식할 수 있는 정도로 채무의 이행행위의 일부를 하거나(예: 중도금 지급) 또는 이행을 하기 위하여 필요한 전제행위를 하는 경우를 말하며, 단순히 이행의 준비를 하는 것만으로는 부족하다(대판 2002. 11. 26, 2002다46492 등).

「당사자 일방이 이행에 착수」한 경우에는 이행에 착수한 자의 상대방뿐만 아니라 이행에 착수한 자 자신도 해제할 수 없다(통설·판례도 같음. 대판 2000. 2. 11, 99다62074 등). 제565조 제 1 항이 착수한 자의 상대방에 한정하지 않고 있고, 또 스스로 이행에 착수하는 것은 해제권의 포기를 전제로 하는 것으로 해석할 수 있기 때문이다.

D-100 (2) 해제의 효과

해약금에 기한 해제가 있으면 계약(주된 계약)은 소급하여 무효로 된다. 그러나 원상회복의무는 생기지 않는다. 이행의 착수가 있기 전에만 해제될 수 있기 때문이다. 그리고 여기의 해제는 채무불이행을 원인으로 한 것이 아니어서 손해배상청구권도 생기지 않는다(565조 2항이 이를 규정하나, 그것은 당연한 사항을 규정한 것이다).

계약금이 교부되어 있어도 채무불이행이 발생하면 채무불이행을 이유로 해제할 수도 있다. 그 경우에는 원상회복청구나 손해배상청구도 인정된다.

5. 기타의 문제

(1) 계약이 이행된 경우의 계약금의 반환

계약이 이행되면 계약금은 교부자에게 반환되어야 한다. 그러나 교부된 것이 금전이고, 매매계약이 이행된 때에는, 매매대금의 일부에 충당되는 것이 보통이다.

(2) 선 급 금

계약금과 비슷하면서도 다른 것으로 선급금이 있다. 선급금(전도금)이란 금전채무(예: 매매대금채무·도급인의 보수지급의무)에 있어서 일부의 변제로서 지급하는 것을 말한다. 이는 본질적으로 대금채무 등의 일부변제에 지나지 않으며, 그것은 증약금으로서 기능할 수는 있겠으나, 해약금으로 작용하지는 못한다.

Ⅴ. 매매계약 비용의 부담

D-101

(1) 매매계약에 관한 비용이란 매매계약을 체결함에 있어서 일반적으로 필요로 하는 비용이며, 이행비용(473조: 특약이 없는 한 채무자가 부담)이나 이행의 수령에 필요한 비용(원칙적으로 채권자 부담)은 그에 해당하지 않는다. 그리하여 목적물의 측량비·평가비·계약서 작성비 등이 그에 해당한다. 그러나 부동산 매매에 있어서의 등기비용은 매매계약 비용이 아니다.

(2) 매매계약에 관한 비용은 당사자 쌍방이 균분하여 부담한다(566조). 그러나 당사자가 다른 특약을 한 때에는 그에 의한다(566조는 임의규정임).

제3관 매매의 효력

Ⅰ. 개 관

D-102

매매계약이 성립하면 그로부터 매도인의 재산권 이전의무와 매수인의 대금지급의무가 생긴다(568조 1항). 그 외에 민법은 매매의 목적인 재산권이나 목적물에 흠이 있는 경우에 매도인에게 일정한 담보책임을 지우고 있다(570조 이하). 매매의 효력의 문제로 살펴보아야 할 것은 이 세 가지이다.

Ⅱ. 매도인의 재산권 이전의무

1. 재산권 이전의무

매도인은 매수인에게 매매의 목적이 된 재산권을 이전하여야 할 의무가 있다(568조 1항).

매도인은 목적재산권 자체를 이전하여야 한다. 따라서 권리 이전에 필요한 요건을 모두 갖추어 주어야 한다(부동산-등기, 동산-인도, 채권-대항요건). 그리고 재산권은 다른 특약이나 특별한 사정이 없는 한 아무런 부담이 없는 완전한 것이어야 한다. 그러므로 가령 목적부동산에 근저당권등기·지상권등기·가압류등기·가처분등기가 있는 경우에는 그러한 등기를 말소하고 이전등기를 해주어야 한다.

목적재산권이 부동산의 점유를 내용으로 하는 경우(예: 토지소유권·지상권·전세권)에는 등기 외에 그 부동산의 점유도 이전(인도)하여야 한다. 이 매도인의 인도의무가 민법에 따로 규정되어 있지 않으나, 그 의무는 당연히 인정되어야 하므로 「재산권 이전의무」에 포함되어 있다고 새길 것이다.

매도인의 재산권 이전의무 및 인도의무와 매수인의 대금지급의무는 원칙적으로 동시이행관계에 있다(다수설임). 판례도 같다(대판 2000. 11. 28, 2000다8533 등).

D-103 2. 과실의 귀속

물건으로부터 생기는 과실은 그것을 수취할 권리자에게 귀속하는 것이 원칙이다(102조). 그런데 민법은 매매의 경우에는 과실과 이자의 복잡한 법률관계를 정리하기 위하여 목적물을 인도하기 전에는 그것으로부터 생긴 과실이 매도인에게 속한다고 규정한다(587조). 그러나 매매목적물이 인도되기 전이라도 매수인이 매매대금을 모두 지급한 때에는 그 이후의 과실은 매수인에게 속한다고 새겨야 한다(통설 · 판례도 같음. 대판 2021. 6. 24, 2021다220666 등).

D-104 Ⅲ. 매도인의 담보책임

1. 매도인의 담보책임의 의의와 법적 성질

(1) 의 의

매도인의 담보책임이란 매매의 목적인 「재산권」 또는 그 재산권의 객체인 「물건」에 하자(흠)가 있는 경우에 매도인이 매수인에 대하여 지는 책임을 통틀어서 일컫는 말이다. 민법은 제570조 내지 제584조에서 매도인의 담보책임을 규정하고 있다.

(2) 법적 성질

1) 매도인의 담보책임의 법적 성질에 관하여는 우선 과거의 전통적인 학설인 i) 매매계약의 유상성에 기하여 법률에 의하여 인정된 무과실책임이라는 견해가 있다. 그런가 하면 ii) 결과에서는 i)설과 같으나 본질을 다르게 이해하는 견해, 즉 본질에 있어서는 채무불이행 내지 불완전이행에 대한 책임이며 연혁적 이유로 법정책임으로 된 것이라는 견해도 있다(사견도 같음). 이 견해도 담보책임은 무과실책임이라고 한다. 그에 비하여 근래에 iii) 담보책임을 채무불이행책임이라고 하는 견해가 주장되어 세력을 많이 얻고 있다. 이 견해는 대체로 매도인의 담보책임은 무과실책임이 아니고 과실책임이라고 한다(그 외에 채권법각론 [89] 도 참조).

2) 사견의 견지에서 매도인의 담보책임의 법적 성질을 정리해 본다.

㈎ 매도인의 담보책임은 본질에 있어서는 채무불이행책임이나 연혁적인 이유로 법정책임으로 된 것이며, 결국 법정책임이다.

㈏ 매도인의 담보책임은 매도인의 고의·과실을 문제삼지 않는 무과실책임이다.

㈐ 매도인에게 유책사유(고의·과실)가 있는 경우에 채무불이행책임을 묻는 것이 배제되지 않는다. 따라서 매수인은 담보책임의 요건이 구비되어 있는 때에는 담보책임을 물을 수도 있고, 채무불이행책임의 요건이 갖추어져 있는 때에는 그 요건을 증명하여 채무불이

행책임을 물을 수도 있다. 판례도 같은 태도이다(대판 1993. 11. 23, 93다37328(권리의 하자의 경우); 대판 2004. 7. 22, 2002다51586(물건의 하자의 경우)).

2. 매도인의 담보책임의 내용 개관

D-105

(1) 담보책임의 발생원인

우리 민법상 매도인이 담보책임을 지는 경우를 정리하면 다음과 같다.

1) 권리(매매의 목적인 재산권)에 하자가 있는 경우

(가) 권리의 전부가 타인에게 속하는 경우(569조-571조)

(나) 권리의 일부가 타인에게 속하는 경우(572조·573조)

(다) 권리의 일부가 전혀 존재하지 않는 경우(574조)

(라) 권리가 타인의 권리에 의하여 제한받고 있는 경우(575조-577조)

2) 물건(매매의 목적물)에 하자가 있는 경우

(가) 특정물매매의 경우(580조·582조)

(나) 불특정물매매의 경우(581조·582조)

3) 채권매매의 경우(579조)

4) 경매의 경우(578조)

(2) 담보책임의 개괄적 내용

매도인이 지는 담보책임의 내용은 개별적인 경우에 따라 다르나, 매수인은 일정한 요건 하에 계약해제권·대금감액청구권(대금감액은 실질적으로는 계약의 일부해제에 해당함)·손해배상청구권·완전물급부청구권 가운데 일부를 행사할 수 있다.

매도인이 담보책임으로서 손해배상책임을 지는 경우에 그 범위가 어떤지가 문제된다. 학설은 i) 신뢰이익설(사견도 같음), ii) 이행이익설, iii) 매도인에게 과실이 있는 경우에는 이행이익을 배상하여야 하고, 과실이 없는 경우에는 신뢰이익을 배상하면 된다는 견해로 나뉘어 있다. 그리고 판례는 타인의 권리매매에 관하여 과거 신뢰이익설을 취하다가 이행이익설로 변경되었다(대판(전원) 1967. 5. 18, 66다2618; 대판 1979. 4. 24, 77다2290).

3. 권리의 하자에 대한 담보책임

D-106

(1) 권리의 전부가 타인에게 속하는 경우

1) 요 건 매매의 목적이 된 권리의 전부가 타인에게 속하는 경우 즉 타인의 권리를 매매한 경우에도 계약은 유효하다(대판 1993. 8. 24, 93다24445; 대판 1993. 9. 10, 93다20283(원시적 불능으로 무효가 아니라고 함)). 그리고 그때에는 매도인이 그 권리를 취득하여 매수인에게 이전하여야 한다(569조). 만약 매도인이 그 권리를 취득하여 매수인에게 이전할 수 없는 때에는 일정한 담보책임을 지게 된다(570조).

(가) 여기의 담보책임이 생기려면 매매의 목적물은 현존하고 있어야 하며, 목적물이 처

음부터 존재하지 않았거나 존재하였으나 멸실된 때에는 담보책임이 문제되지 않는다.

(나) 여기서 「이전할 수 없다는 것」 즉 이전불능은 채무불이행에 있어서와 같은 정도로 엄격하게 해석할 필요는 없고, 사회통념상 매수인에게 해제권을 행사하게 하는 것이 타당하다고 할 정도의 이행장애가 있으면 족하고, 반드시 객관적 불능에 한하는 엄격한 개념은 아니라고 해야 한다(통설 · 판례도 같음. 대판 1982. 12. 28, 80다2750).

(다) 이전불능이 이행기 전에 생겼는가 그 후에 생겼는가는 묻지 않는다. 그리고 소유권이전등기 후 등기가 말소된 때에도 담보책임이 생긴다.

(라) 매도인이 부동산을 매수한 뒤 자신의 명의로 등기하지 않은 채 이를 다시 제3자에게 매도한 경우(미등기 전매)도 타인의 권리매매라고 보아야 한다(통설도 같음). 그런데 판례는 타인의 권리매매가 아니라고 한다(대판 1972. 11. 28, 72다982; 대판 1996. 4. 12, 95다55245). 판례는 그 이유로, 매도인이 부동산을 사실상 처분할 수 있을 뿐 아니라 법률상으로도 처분할 수 있는 권원에 의하여 매도한 것이라는 점을 든다.

(마) 매도인의 이전불능이 오직 매수인의 유책사유로 인한 것인 때에는 매도인은 담보책임을 지지 않는다고 새겨야 한다(이설이 없으며, 판례도 같다. 대판 1979. 6. 26, 79다564).

D-107 2) 책임의 내용

(가) 매수인은 계약을 해제할 수 있다(570조 본문). 매도인의 유책사유는 묻지 않는다. 그리고 악의의 매수인도 해제할 수 있다.

(나) 매수인이 선의인 때에는 해제를 하면서 동시에 손해배상도 청구할 수 있다(570조 단서). 이 경우 손해배상의 범위는 신뢰이익이다(매도인에게 유책사유가 있는 경우에 채무불이행책임을 물을 때에만 이행이익 배상이다). 그런데 판례는 이행이익을 배상할 것이라고 한다(대판(전원) 1967. 5. 18, 66다2618; 대판 1979. 4. 24, 77다2290).

악의의 매수인은 제570조에 의하여 담보책임으로서 손해배상청구를 할 수는 없다. 그러나 매도인에게 유책사유가 있는 경우에 채무불이행책임을 물을 수는 있다(대판 1993. 11. 23, 93다37328). 그리고 이는 매수인이 선의인 때에도 마찬가지라고 하여야 한다.

(다) 제570조의 해제권과 손해배상청구권의 행사기간에 대하여는 제한을 두지 않고 있다. 따라서 그 권리는 10년간 존속한다고 할 것이다.

3) 선의의 매도인의 해제권 민법은 선의의 매도인을 보호하기 위하여 제571조의 특칙을 두고 있다(이는 매도인의 담보책임이 아님). 그에 의하면, 매도인이 계약 당시에 매매의 목적이 된 권리가 자기에게 속하지 않음을 알지 못한 경우에, 그 권리를 취득하여 매수인에게 이전할 수 없는 때에는, 매도인은 손해를 배상하고 계약을 해제할 수 있다(571조 1항). 그런데 만약 매수인이 계약 당시 그 권리가 매도인에게 속하지 않음을 안 때(즉 악의인 때)에는, 매도인은 매수인에 대하여 손해배상을 하지 않고 단지 그 권리를 이전할 수 없음을 통지하고 계약을 해제할 수 있다(571조 2항).

⑵ **권리의 일부가 타인에게 속하는 경우** D-108

1) 요 건 매매의 목적이 된 권리의 일부가 타인에게 속함으로 인하여 매도인이 그 권리를 취득하여 매수인에게 이전할 수 없는 경우이다(572조). 여기의 「이전불능」 개념도 — 타인의 권리매매의 경우처럼 — 채무불이행에서와 같은 정도의 엄격한 개념이 아니며 사회관념상 매수인에게 해제권을 행사하게 하는 것이 타당하다고 인정될 정도의 이행장애가 있는 경우를 의미한다(대판 1981. 5. 26, 80다2508 등).

2) 책임의 내용

㈎ **대금감액청구권** 매수인은, 그가 선의이든 악의이든, 이전받을 수 없는 부분의 비율로 대금의 감액을 청구할 수 있다(572조 1항). 이 대금감액청구권은 형성권이고, 대금감액청구는 계약의 일부해제에 해당한다.

㈏ **해 제 권** 선의의 매수인은 잔존부분만이면 매수하지 않았을 때에는 계약 전부를 해제할 수 있다(572조 2항).

㈐ **손해배상청구권** 선의의 매수인은 감액청구 또는 계약해제 외에 손해배상도 청구할 수 있다(572조 3항). 여기의 배상범위도 신뢰이익이라고 해야 하는데, 판례는 이행이익(이전불능으로 된 때의 시가)이라고 한다(대판 1993. 1. 19, 92다37727).

㈑ **제척기간** 매수인의 위의 세 권리는 매수인이 선의인 경우에는 사실을 안 날로부터, 악의인 경우에는 계약한 날로부터 1년 내에 행사하여야 한다(573조).

⑶ **권리의 일부가 존재하지 않는 경우**(목적물의 수량부족 · 일부멸실) D-109

1) 요 건 당사자가 수량을 지정해서 매매한 경우에 그 목적물의 수량이 부족한 때이거나 매매목적물의 일부가 계약 당시에 이미 멸실된 경우이어야 한다(574조).

㈎ 「수량을 지정한 매매」란 매매의 목적물인 「특정물」이 일정한 수량을 가지고 있다는 데 중점을 두고 대금도 그 수량을 기준으로 하여 정한 경우를 말한다(대판 1991. 4. 9, 90다15433 이래의 많은 판결). 토지를 매매함에 있어서는 등기부에 기재된 바에 따라 토지의 면적을 계약서 등에 표시하는 때가 많으나, 그것만으로 수량 지정 매매라고 할 수는 없다.

「수량 지정 매매」는 특정물매매에서만 인정되며(통설도 같음), 불특정물매매에서 급부된 물건이 부족한 때에는 채무불이행으로 될 뿐이다.

㈏ 매매의 목적물의 일부가 「계약 당시」에 이미 멸실된 경우에도 담보책임이 생긴다(대판 2001. 6. 12, 99다34673은 경매절차 진행 중에 자수기의 중요부품이 분리 · 반출된 경우에 여기의 책임을 인정하였다). 즉 원시적 일부불능의 경우이다. 원시적 불능에 대하여는 제535조가 두어져 있다. 그러나 동조는 일반규정이고 제574조는 특별규정이므로, 제574조가 적용되는 범위에서는 제535조는 적용되지 않는다고 할 것이다(동지 대판 2002. 4. 9, 99다47396).

2) 책임의 내용 제574조는 권리의 일부가 타인에게 속하는 경우에 관한 규정

(572조·573조)을 「매수인이 그 부족 또는 멸실을 알지 못한 때」 즉 선의인 때에 한하여 준용한다. 그 결과 악의의 매수인은 담보책임을 묻지 못하며, 선의의 매수인은 대금감액청구권·계약해제권(일정한 경우)·손해배상청구권을 가진다(574조·572조). 그리고 매수인의 이 권리들은 1년의 제척기간에 걸린다(574조·573조).

D-110 (4) 재산권이 타인의 권리에 의하여 제한받고 있는 경우

1) 용익적 권리에 의하여 제한받고 있는 경우

(가) 요 건 (a) 먼저 다음 세 경우 중 하나이어야 한다. ① 매매의 목적물이 지상권·지역권·전세권·질권·유치권 또는 주택임대차보호법이나 상가건물임대차보호법에 의하여 대항력을 가지는 임차권이나 채권적 전세의 목적이 되어 있는 경우(575조 1항, 주택임대차보호법 3조 5항, 상가건물 임대차보호법 3조 3항), ② 매매목적 부동산을 위하여 존재할 지역권이 없는 경우(575조 2항), ③ 매매목적 부동산에 등기된 임대차계약이 있는 경우(575조 2항). 그런데 ③의 「등기된 임대차계약」은 「제 3 자에 대항할 수 있는 임차권」의 의미이므로, 거기에는 건물의 소유를 목적으로 하는 토지임대차에 있어서 임차인이 그 지상건물만을 등기한 경우(622조 참조)도 포함시켜야 한다.

(b) 매수인은 선의이어야 한다(575조 1항·2항).

(나) 책임의 내용 매수인(선의)이 용익적 권리로 인하여 계약의 목적을 달성할 수 없는 때에는 계약해제와 함께 손해배상을 청구할 수 있고, 그렇지 않은 때에는 손해배상만을 청구할 수 있다(575조 1항). 여기의 손해배상범위도 신뢰이익인데, 해제를 할 수 없는 때에는 가치감소분에 대한 배상도 포함되어야 한다(대금감액이 인정되지 않기 때문이다).

매수인의 위의 권리는 매수인이 용익권의 존재 또는 지역권의 부존재를 안 날로부터 1년(제척기간) 내에 행사하여야 한다(575조 3항).

D-111 2) 저당권·전세권에 의하여 제한받고 있는 경우

(가) 요 건 ① 매매의 목적이 된 부동산에 설정된 저당권 또는 전세권의 행사로 인하여 매수인이 그 소유권을 취득할 수 없거나(매매계약 후 소유권 취득 전에 경매된 경우), ② 취득한 소유권을 잃거나(소유권 취득 후에 경매된 경우) 또는 ③ 매수인이 출재하여 소유권을 보존한 때이어야 한다(576조 1항·2항).

위 ③과 관련하여 언급할 점이 있다. 매수인이 피담보채무를 변제하면 제576조에 의하지 않아도 출재한 것의 상환청구를 할 수 있다(변제에 의한 대위. 481조). 그런데 제576조에 의하면 손해배상도 청구할 수 있는 점에서 차이가 있다.

매매 당사자 사이에 매수인의 출재 특약이 있는 경우에는 여기의 담보책임이 생기지 않는다. 그리고 가령 저당권으로 담보된 채무를 매매대금에서 공제하고 대금을 정한 때에는 채무인수 내지 이행인수의 특약이 있다고 새길 것이다(판례는 이 경우에는 특별한 사정이 없는 한 채무인수가 아니고 이행인수가 인정된다고 한다).

(나) 담보책임의 내용 매수인은, 선의이든 악의이든(즉 저당권·전세권의 존재를 몰랐든 알았든), 위 ①②의 경우

에는 계약을 해제하면서 동시에 손해배상을 청구할 수 있고(576조 1항·3항), ③의 경우에는 출재한 것의 상환을 청구할 수 있고 아울러 손해배상도 청구할 수 있다(576조 2항·3항).

매수인의 이들 권리에 대하여는 행사기간 제한 규정이 없다.

3) 저당권의 목적인 지상권·전세권의 매매의 경우 민법은 저당권의 목적으로 되어 있는 지상권이나 전세권이 매매의 목적인 경우에 제576조를 준용하고 있다(577조).

4. 물건의 하자에 대한 담보책임(하자담보책임)

D-112

(1) 의 의

민법은 매매의 목적이 된 재산권에 하자가 있는 경우뿐만 아니라 매매의 목적물에 하자가 있는 경우에도 매도인에게 담보책임을 지우고 있다. 이와 같이 매매의 목적물(물건)에 하자가 있는 경우에 대한 매도인의 담보책임을 보통 하자담보책임이라고 한다(그에 비하여 권리에 하자가 있는 경우는 추탈담보책임이라고도 하나, 근래에는 그 용어는 별로 사용하지 않는다). 매도인의 하자담보책임은 특정물매매에서뿐만 아니라(580조) 불특정물매매에서도(581조) 인정되는데, 두 경우를 함께 살펴보기로 한다.

(2) 요 건

1) 매매의 목적물에 하자가 있을 것

(가) 하자 개념 무엇이 하자인가에 관하여 학설은 i) 객관설, ii) 주관설, iii) 병존설로 나뉘어 있다(사견은 채권법각론 [97] 참조). i) 객관설은 일반적으로 그 종류의 물건이 보통 가지고 있는 성질이 없는 경우가 하자라고 한다. ii) 주관설은 당사자 사이에 합의된 성질이 없으면 하자가 존재하나, 당사자의 의사가 불분명한 때에는 객관설처럼 판단할 것이라고 한다. iii) 병존설은 물건이 본래 가지고 있어야 할 객관적 성질이 없는 경우와 매매 당사자가 합의한 성질이 없는 경우가 모두 하자라고 한다. 그리고 문헌들은 모두 견본이나 광고에 의하여 목적물이 특수한 품질이나 성능을 가지고 있음을 표시한 때에는, 그 품질과 성능을 표준으로 하여 결정할 것이라고 한다. 판례는 「매매의 목적물이 거래통념상 기대되는 객관적 성질·성능을 결여하거나, 당사자가 예정 또는 보증한 성질을 결여한 경우」에 매도인이 하자담보책임을 진다고 하여(대판 2000. 1. 18, 98다18506 등) iii)설과 유사한 것처럼 보인다. 그러나 다른 한편으로 물건이 통상의 품질이나 성능을 갖추고 있는 경우에도 당사자의 다른 합의가 있으면 예외가 인정된다고 하고 있어서(대판 2002. 4. 12, 2000다17834 등), 오히려 주관적 표준을 우선시키는 ii)설에 가깝다고 할 것이나(다만 주관설을 원칙으로 하지 않고 객관설에 대한 예외인정의 형식으로 하는 점에서 ii)설과는 차이가 있다).

(나) 법률적 장애 매매의 목적물에 물질적인 흠은 없으나 법률적인 장애로 인하여 원하는 목적으로 사용할 수 없는 경우도 물건의 하자인지가 문제된다. 건축을 목적으로 토지를 매수하였는데 건축허가가 나오지 않는 지역인 경우(대판 2000. 1. 18, 98다18506)가 그 예이다. 여기에 관하여는 i) 하나의 견해는 권리의 하자라고 하나, ii) 물건의 하자라고 하는 견해도 있

D-113

다(사견도 같음). 그리고 판례는 ii)설처럼 물건의 하자로 본다(위의 판결).

(다) **하자결정의 기준시기** 하자담보책임은 특정물매매에서뿐만 아니라 불특정물매매에서도 인정된다(민법이 의용민법과 달리 581조를 신설하여 이 문제는 논란의 대상이 아니다). 문제는 하자를 어느 시점을 기준으로 하여 판단하여야 하는가이다. 여기에 관하여 학설은 i) 특정물매매에 있어서는 계약체결시, 종류매매에 있어서는 특정시라고 보는 견해(사견도 같음)와 ii) 위험이 이전하는 목적물 인도시라는 견해가 대립하고 있다. 그리고 판례는 특정물매매에 관하여 계약성립시가 기준이 된다고 한다(대판 2000. 1. 18, 98다18506).

D-114 2) **매수인의 선의·무과실** 매수인이 하자 있는 것을 알았거나 과실(대판 1979. 4. 24, 79다827은 대지의 매매에 있어서 30평의 대지 중 10평이나 도로로 사용되고 있는 사실을 간과하였다면 과실이 있다고 한다)로 인하여 알지 못한 때에는, 매도인은 담보책임을 지지 않는다(580조 1항 단서·581조 1항). 그러므로 담보책임을 물으려면 매수인이 선의이고 선의인 데 과실이 없어야 한다.

이 요건은 매수인이 그의 선의·무과실을 증명할 필요가 없고, 담보책임을 면하려는 매도인이 매수인의 악의 또는 과실있음을 증명하여야 한다(이설 없음).

D-115 (3) **책임의 내용**

담보책임의 내용을 특정물매매와 불특정물매매를 같이 기술하고, 어느 하나에 특별한 사항은 따로 언급하기로 한다.

1) 목적물의 하자로 인하여 계약의 목적을 달성할 수 없는 때에는, 매수인은 계약을 해제함과 동시에 손해배상을 청구할 수 있다(580조 1항 본문·581조 1항·575조 1항 1문).

계약이 해제되면 이행하지 않은 채무는 소멸하고 이미 이행한 급부는 서로 반환하여 원상으로 회복하여야 한다. 그리고 매수인은 손해배상을 청구할 수 있는데, 손해배상의 범위는 신뢰이익이다.

2) 목적물의 하자가 계약의 목적을 달성할 수 없을 정도로 중대하지 않는 때에는, 매수인은 계약을 해제하지는 못하고 손해배상만 청구할 수 있다(580조 1항 본문·581조 1항·575조 1항 2문). 이때의 손해배상도 신뢰이익의 배상인데, 거기에는 하자로 인한 가치감소분도 포함되어야 한다(대금감액청구가 인정되지 않으므로).

3) 불특정물매매(종류매매)에 있어서는 매수인은 계약의 해제 또는(및) 손해배상을 청구하지 않고서 하자 없는 물건 즉 완전물의 급부를 청구할 수 있다(581조 2항). 이 완전물급부청구권을 행사하면서는 손해배상은 청구하지 못한다(다만 매도인에게 유책사유가 있는 때에는 채무불이행을 이유로 손해배상을 청구할 수 있다고 할 것이다).

4) 경매의 경우에는 매도인의 하자담보책임이 생기지 않는다(580조 2항).

D-116 5) 매수인이 매도인에 대하여 가지는 계약해제권·손해배상청구권·완전물급부청구권은 매수인이 목적물에 하자가 있다는 사실을 안 날로부터 6개월 내에 행사하여야 한다(582조). 판례는 이 기간은 재판상 또는 재판 외의 권리행사기간이고 재판상 청구를 위한 출

소기간은 아니라고 한다(대판 2003. 6. 27, 2003다20190 등).

6) 목적물에 하자가 있는 경우에는 매도인은 하자담보책임만 지는가? 여기에 관하여는 불완전급부(이는 통설의 불완전이행에 속한다)책임이 보충적인 성격이 있다는 견지에서 확대손해에 대하여만 불완전급부책임이 인정된다는 견해가 있을 수 있다. 그러나 하자담보책임이 무과실책임이고 거기에서의 손해배상범위가 신뢰이익이므로, 매도인에게 유책사유가 있는 때에는 확대손해가 없는 때에도 그 요건을 증명하여 불완전급부책임을 물을 수 있다고 하여야 한다(채무 일반에 대하여 설명한 C-80도 참조). 판례도 최근에, 매매의 목적물에 하자가 있는 경우 매도인의 하자담보책임과 채무불이행책임은 별개의 권원에 의하여 경합적으로 인정되고, 따라서 매매 목적물인 토지에 폐기물이 매립되어 있고 매수인이 폐기물을 처리하기 위해 비용이 발생한다면 매수인은 그 비용을 제390조에 따라 채무불이행으로 인한 손해배상으로 청구할 수도 있고, 제580조 제 1 항에 따라 하자담보책임으로 인한 손해배상으로 청구할 수도 있다고 하였다(대판 2021. 4. 8, 2017다202050).

7) 상사매매에 관하여는 상법에 특칙이 두어져 있다(상법 69조). 그에 의하면, 매수인은 목적물을 수령한 때에는 지체없이 이를 검사하여야 하고, 하자 또는 수량의 부족을 발견한 경우에는 즉시 매도인에게 그 통지를 발송하여야 하며, 그러지 않으면 이로 인한 계약해제·대금감액·손해배상을 청구할 수 없다.

5. 채권의 매도인의 담보책임

D-117

(1) 서 설

채권의 매매에 있어서 그 채권에 권리의 하자가 있는 때에는 제570조 내지 제576조의 규정에 의하여 매도인은 담보책임을 진다(유추적용).

(2) 채무자의 자력에 대한 담보책임

채무자에게 변제자력이 없는 것은 채권의 물질적인 하자라고 할 수 있다. 그러나 채무자에게 변제자력이 없는 경우에는 제580조는 유추적용되지 않는다고 하여야 한다. 제579조가 채권의 매도인이 채무자의 자력을 담보한 때에 한하여 그에게 책임을 지우고 있기 때문이다(579조의 반대해석).

(3) 채무자의 자력을 담보하는 특약이 있는 경우

위에서 본 바와 같이, 채권매도인은 채권의 존재나 채권액에 대하여는 책임을 지나, 채무자의 변제자력에 대하여는 책임이 없다. 다만, 매도인이 매수인에 대하여 채무자의 자력을 담보한다는 특약(무자력으로 변제받지 못하면 배상한다는 특약)을 한 경우에는 책임을 져야 한다. 문제는 그러한 특약이 있는 경우에는 어느 시기를 표준으로 하여 매도인이 채무자의 자력을 담보한 것인지이다. 이는 특약의 해석의 문제인데, 불분명한 때를 위한 해석규정으로 제579조를 두고 있다.

1) 제579조에 의하면, 「변제기가 이미 도래한 채권」(변제기의 약정이 없는 채권을 포함한다)의 매도인이 채무자의 자력을 담보한 때에는 매매계약 당시의 자력을 담보한 것으로 추정한다(579조 1항). 제579조 제 1 항은 단순히 「채권의 매도인이」라고 하고 있으나, 동조 제 2 항이 「변제기가 도래하지 않은 채권」에 대하여 따로 규정하고 있기 때문에 그 경우를 제외하고 위와 같이 해석하여야 한다.

2) 「변제기가 도래하지 않은 채권」의 매도인이 채무자의 자력을 담보한 때에는 변제기의 자력을 담보한 것으로 추정한다(579조 2항).

3) 담보책임의 내용은 채무자가 변제자력이 없는 경우에 매도인이 그 손해를 배상하는 것이다. 손해배상의 범위는 담보한 시기의 채권액·그 시기 이후의 이자·효과 없는 소송비용 등이다.

D-118

6. 경매에 있어서의 담보책임

(1) 서 설

민법은 경매에 있어서의 담보책임에 관하여 특별규정(578조·580조 2항)을 두고 있다. 그런데 여기의 경매는 공경매(통상의 강제경매·담보권 실행경매·국세징수법에 의한 공매)만을 가리킨다(대판 2016. 8. 24, 2014다80839도 같은 입장임)(578조 3항 참조). 공경매의 경우에는 여러 가지의 특수성이 있기 때문이다. 이들 특별규정에 의하면, 권리의 하자에 대한 책임만 인정하고(578조) 물건의 하자에 대한 책임은 인정하지 않는다(580조 2항. 다만 물건의 흠결을 안 경우에는 578조 3항에 의하여 손해배상의무가 발생한다).

(2) 권리에 하자가 있는 경우

경매에 있어서 권리에 하자가 있는 경우에는 제570조 내지 제577조에 의하여 제 1 차적으로는 「채무자」가, 제 2 차적으로는 「대금의 배당을 받은 채권자」가 경락인에 대하여 담보책임을 진다(578조).

1) **제 1 차의 책임자** 경락인은 제 1 차적으로 「채무자」에 대하여 계약을 해제하거나 대금감액을 청구할 수 있다(578조 1항). 채무자는 매매에서는 매도인에 해당하는 자이다.

2) **제 2 차의 책임자** 채무자가 무자력인 때에는 「대금의 배당을 받은 채권자」가 제 2 차적으로 책임을 진다. 그리하여 경락인은 그 채권자에 대하여 그 받은 대금의 전부나 일부의 반환을 청구할 수 있다(578조 2항).

3) **손해배상의무** 경매의 경우에는 권리의 하자가 있더라도 손해배상책임은 원칙적으로 생기지 않는다. 본래 경매가 채무자의 의사에 의하지 않은 매매이기 때문이다. 그러나 「채무자가 물건 또는 권리의 흠결을 알고 고지하지 않은 때」와 「채권자가 이를 알고 경매를 청구한 때」에는 예외적으로 채무자나 채권자가 손해배상책임을 진다(578조 3항).

7. 담보책임과 동시이행

D-119

민법은 제572조 내지 제575조 · 제580조 · 제581조의 경우에 동시이행의 항변권에 관한 규정을 준용한다(583조).

8. 담보책임에 관한 특약

매도인의 담보책임에 관한 규정은 임의규정이다. 따라서 담보책임을 배제하거나 경감 또는 가중(예: 채권매매에 있어서 채무자의 자력 담보 특약)하는 특약은 원칙적으로 유효하다. 그러나 책임면제의 특약은 일정한 경우에는 효력이 없다. 즉 담보책임 발생의 요건이 되는 사실을 매도인이 알고 고지하지 않은 데 대하여 또는 담보책임 발생의 요건이 되는 권리를 매도인이 제3자에게 설정해 주거나 양도한 행위에 대하여 책임을 지지 않는다는 특약은 무효이다(584조).

9. 담보책임과 착오의 관계

매매계약에 있어서 권리 또는 물건의 하자의 존재가 담보책임의 요건과 착오취소의 요건을 모두 충족할 수 있는가? 이는 동기의 착오에 대하여 어떤 태도를 취하느냐에 따라 차이가 있다. 동기의 착오에 대하여 — 일반적으로나 제한적으로 — 취소를 인정하면 그 범위에서 양자의 요건이 충족되는 경우가 생길 수 있다. 그리고 경합이 문제되는 담보책임은 물건의 하자에 대한 것에 한하지 않고 권리의 하자에 대한 것도 포함된다(가령 권리의 일부가 타인에게 속하지 않는다고 믿었기 때문에 매수한 경우). 즉 동기의 착오(성질의 착오에 한하지 않음)와 매도인의 모든 담보책임 사이에 경합이 문제될 수 있는 것이다.

이 문제에 관하여 우리의 학설은 i) 담보책임 규정만이 적용된다는 견해와 ii) 양자의 경합을 인정하는 견해로 나뉘어 있다. 그리고 판례는 양자의 경합을 인정하고 있다(대판 2018. 9. 13, 2015다78703).

Ⅳ. 매수인의 의무

D-120

1. 대금지급의무

매수인은 대금지급의무를 부담한다(568조 1항). 대금의 지급시기나 장소 등은 당사자의 특약에 의하여 정하여지는 것이 보통인데, 특약이 없는 경우를 위하여 민법은 보충규정을 두고 있다(그 결과 다른 특약이 있으면 그것이 우선한다).

(1) 대금지급시기

매매의 당사자 일방에 대한 의무이행의 기한이 있는 때에는 상대방의 의무이행에 대하여도 동일한 기한이 있는 것으로 추정한다(585조).

⑵ 대금지급장소

특정물채무가 아닌 채무는 채권자의 주소지에서 변제하는 것이 원칙이다(467조 2항: 지참채무의 원칙). 그런데 민법은 매매의 목적물의 인도와 동시에 대금을 지급할 경우에는 그 인도장소에서 이를 지급하여야 한다는 특별규정을 두고 있다(586조).

⑶ 대금의 이자

제587조는 매매의 경우에 관하여 특별히 과실의 취득과 대금이자의 지급을 연계하여 규정하고 있다. 그에 의하면 매수인은 목적물의 인도가 없는 한 이자를 지급할 필요가 없고(이는 매도인과 매수인의 의무가 동시이행관계에 있음을 전제로 한다. 587조 단서 참조), 목적물의 인도를 받은 날로부터 이자를 지급하면 된다(587조 2문). 이는 목적물의 인도시까지 매도인이 목적물로부터 생긴 과실을 취득하게 한 것(587조 1문)에 대응하는 것이다(과실취득에 관하여는 D-103 참조). 그러나 대금의 지급에 관하여 기한이 정해져 있고 그 기한이 인도를 받은 때보다 후인 경우에는 그 기한이 될 때까지는 이자를 지급할 필요가 없다(587조 단서). 대금지급의무가 목적물 인도의무보다 선이행의무로 되어 있는 경우에는 인도 전이라도 기한이 된 때부터 이자를 지급하여야 한다.

D-121 ⑷ 대금지급거절권

매수인은 일정한 요건이 갖추어진 때에는 제588조에 의하여 대금지급을 거절할 수 있다.

1) 요 건

㈎ 매매의 목적물에 관하여 권리를 주장하는 자가 있어야 한다.

㈏ 매수한 권리의 전부나 일부를 잃을 염려가 있어야 한다.

2) 효 과 위의 요건이 갖추어지면 매수인은 「그 위험의 한도에서」 대금의 지급을 거절할 수 있다(588조 본문). 대금은 잔금에 한하지 않으며 선이행하기로 되어 있는 중도금일 수도 있다(대판 1974. 6. 11, 73다1632 등).

그러나 매도인이 상당한 담보(이는 담보물권의 설정 또는 보증계약의 체결을 말하며, 이들의 청약만으로는 부족하다. 대판 1963. 2. 7, 62다826)를 제공한 때에는, 매수인은 대금지급을 거절하지 못한다(588조 단서). 그리고 매수인에게 대금지급거절권이 있는 경우에 매도인은 매수인에 대하여 대금의 공탁을 청구할 수 있다(589조).

2. 매수인의 목적물 수령의무의 존재 여부

매수인에게 목적물 수령의무가 있는가? i) 채권자지체를 채무불이행책임이라고 하는 견해는 수령의무를 인정하나, ii) 채권자지체를 법정책임이라고 하는 견해는 수령의무를 부정하고 단지 매수인이 일정한 불이익을 받게 되는 간접의무만 있다고 한다(사견도 같음). iii) 그 밖에 매매에서는 도급·임치에서처럼 매수인의 수취의무가 있다는 견해도 주장된다.

V. 환 매

D-122

1. 환매의 의의 및 작용

(1) 의 의

환매(還買)란 매도인이 매매계약과 동시에 매수인과의 특약에 의하여 환매하는 권리(즉 환매권)를 보류한 경우에 그 환매권을 행사하여 매매의 목적물을 다시 사오는 것을 말한다(590조). 이러한 환매는 매매계약과 동시에 환매권 보류의 특약이 있는 때에만 행하여질 수 있는데(원래의 매도인이 우연히 다시 사오는 경우는 단순한 매매이며, 민법상의 환매가 아니다), 그러한 매매를 환매특약부 매매라고 한다. 그리고 이 매매(원매매)를 한 뒤 환매권을 행사하여 다시 사오는 매매가 환매이다.

환매의 법적 성질에 대하여는 i) 매매계약의 해제라는 견해, ii) 재매매의 예약이라는 견해(사견도 같음), iii) 환매권의 행사를 정지조건으로 하는 정지조건부 환매라는 견해가 대립하고 있다.

환매를 할 수 있는 권리가 환매권이다. 환매권의 법적 성질에 대하여 학설은 i) 해제권설과 ii) 예약완결권설(사견도 같음)로 나뉘며, 어느 입장을 취하든 그 권리는 형성권이라고 한다.

(2) 작 용

D-123

환매특약부 매매를 하는 경우는 크게 두 가지이다. ① 하나는 장차 다시 매수하여야 할 필요성이 생길 가능성이 있어서 그에 대비하기 위한 경우이고(예: 공장용지로 분양받은 것을 매수인이 다른 목적으로 전용하는 것을 막기 위해서), ② 다른 하나는 금전대차를 하면서 채권담보를 위한 경우이다.

채권담보의 목적으로 환매특약부 매매를 하는 경우를 좀더 부연한다. 예컨대 1,000만원이 필요한 A가 B로부터 금전을 빌리는 경우에, A는 그 담보제공의 방법으로 자신의 토지를 1,000만원에 B에게 파는 것으로 하고 5년 이내에 그 금액으로 다시 사올 수 있도록 약정을 하면(1,000만원의 이자는 B가 토지를 이용하는 것으로 대신하도록 한다. 그러나 이용을 A가 하면서 이자를 지급하는 것으로 할 수도 있다), 채무자인 A가 변제하지 못하는 때에 B가 토지의 소유권을 취득하는 방법으로 우선변제를 받게 된다. 그리하여 채권담보의 기능을 하는 것이다(이때 담보기능을 하는 것은 매매에 의한 소유권이전등기이고 환매권의 등기가 아님을 유의하여야 한다. 환매권의 등기는 원 매도인 즉 채무자 보호를 위한 것이다). 이는 후술하는 재매매의 예약(D-126 참조)도 마찬가지이다. 그리고 이 두 제도가 담보목적으로 행하여진 경우를 매도담보라고 한다.

(3) 법적 규율

환매특약부 매매에는 본래 의미의 것과 채권담보를 위한 것의 두 가지가 있으나, 그 둘의 법적 규율은 다르다. 본래의 것에 대하여는 제590조 이하의 규정만이 적용된다. 그런데 채권담보를 위한 것에 대하여는 매도담보(이는 넓은 의미의 양도담보에 포함된다. B-325 이하 참조)에 대하여 적용되는 법률규정 및 이론이 적용된다. 그 결과 당해 환매특약부 매매(재매매의 예약도 같음)의 경우에 당사자 사이에 어떤 담보권이 설정되었는가, 그리고 채무자(매도인)가 채무를 변제하지 못하여 환매권(또는 재매매의 예약완결권)을 행사할 수 없을 때에 당사자 사이에 어떻게 청산되는가는 「가등기담보 등에 관한 법률」(이하 「가등기담보법」이라 한다)에 의하여 규율되고(그런데 부동산 가액이 차용액 및 이자의 합산액에 미달하는 경우에는 매도담보 이론에 의한다. B-327 참조), 채무자(매도인)가 매매대금을 제공하여 환매권(또는 재매매의 예약완결권)을 행사하는 문제에 관하여는(요건과 행사) 제590조 이하의 규정이 적용된다.

D-124

2. 환매의 요건

매매계약과 동시에 환매권을 보류하는 특약을 하면 환매권이 성립한다.

(1) 목적물은 제한이 없다.

(2) 환매의 특약은 매매계약과 동시에 하여야 한다(590조 1항). 매매계약 후에 행한 특약은 환매로서는 효력이 없다(그러나 재매매의 예약으로서는 효력이 있을 수 있다).

부동산의 매매에 있어서 환매의 특약을 한 경우에는 매매등기와 동시에 환매권의 보류를 등기할 수 있으며, 그 등기를 한 때에는 제3자에 대하여도 효력이 있다(592조).

(3) 환매대금은 당사자 사이의 특약으로 정할 수 있으나(590조 2항), 특약이 없으면 처음의 매매대금과 매수인이 부담한 매매비용이 환매대금으로 된다(590조 1항).

환매할 때까지의 목적물의 과실과 대금의 이자는 상계한 것으로 본다(590조 3항).

(4) 환매기간은 부동산은 5년, 동산은 3년을 넘지 못한다(591조 1항 1문). 약정한 환매기간이 이를 넘는 때에는 부동산은 5년, 동산은 3년으로 단축된다(591조 1항 2문). 그리고 환매기간을 정한 때에는 다시 이를 연장하지 못한다(591조 2항). 한편 환매기간을 정하지 않은 때에는 그 기간은 부동산은 5년, 동산은 3년으로 되며(591조 3항), 당사자가 후에 다시 정하지 못한다.

D-125

3. 환매의 실행

(1) 환매권의 행사방법

1) 환매는 환매기간 내에 하여야 한다(594조 1항).

2) 환매의 의사표시는 환매권자가 환매의무자에 대하여 하여야 한다. 환매권이 양도된 때에는 양수인이 환매권을 행사한다.

3) 환매권자는 환매대금을 상대방에게 제공하여야 한다(594조 1항).

(2) 환매권의 대위행사의 경우의 매수인 보호

매도인의 채권자가 매도인을 대위하여 환매하고자 하는 때에는, 매수인은 법원이 선정한 감정인의 평가액에서 매도인이 반환할 금액을 공제한 잔액으로 매도인의 채무를 변제하고 잉여액이 있으면 이를 매도인에게 지급하여 환매권을 소멸시킬 수 있다(593조).

(3) 환매의 효과

이는 환매 내지 환매권의 성질을 어떻게 이해하느냐에 따라 차이가 있다. 사견은 환매를 재매매의 예약의 일종으로 본다. 그에 의하면, 환매권(재매매예약의 예약완결권)이 행사되면 두 번째의 매매 즉 환매가 성립한다. 그리하여 두 번째의 매매에 의한 권리·의무가 발생하고, 그것이 이행되면 환매권자는 소유권을 취득한다.

매수인이나 전득자가 목적물에 대하여 비용을 지출한 때에는 매도인은 제203조의 규정에 의하여 이를 상환하여야 한다(594조 2항 본문). 그러나 유익비에 대하여는 법원은 매도인의 청구에 의하여 상당한 상환기간을 허여할 수 있다(594조 2항 단서).

⑷ 공유지분의 환매

공유자의 1인이 환매할 권리를 보류하고 그 지분을 매도한 후 그 목적물의 분할이나 경매가 있는 때에는, 매도인은 매수인이 받은 또는 받을 부분(현물분할의 경우) 또는 대금(대금분할의 경우)에 대하여 환매권을 행사할 수 있다(595조 본문). 그러나 매도인에게 통지하지 않은 매수인은 그 분할이나 경매로써 매도인에게 대항하지 못한다(595조 단서).

4. 재매매(再賣買)의 예약

D-126

재매매의 예약은 어떤 물건 또는 권리를 타인에게 매각하면서(또는 매각한 후에) 장차 그 물건이나 권리를 다시 매수하기로 하는 예약이다. 민법은 이에 대하여 명문의 규정을 두고 있지 않다. 그렇지만 계약자유의 원칙상 그러한 계약도 유효하다.

재매매의 예약은 일종의 매매예약이며, 따라서 거기에는 일방예약에 관한 규정(564조)이 적용된다. 그 결과 재매매의 예약은 일방예약(예약완결권을 최초의 매도인이 가지는)으로 추정된다.

재매매의 예약의 작용은 환매의 경우와 같다. 그리하여 재매매예약부 매매가 채권담보의 목적으로 행하여진 경우에는 매도담보가 되어 그에 대한 규정과 이론이 적용된다.

Ⅵ. 특수한 매매

D-127

⑴ 할부매매

일반적으로 할부매매라 하면 매매대금을 분할하여 일정기간마다 계속해서 지급하기로 하는 특약이 붙은 매매를 말한다. 이와 관련하여 우리나라에서는 경제적 약자인 매수인을 보호하고 합리적인 거래질서를 확립하기 위하여 「할부거래에 관한 법률」(이하 「할부거래법」이라 함)이 제성·시행되고 있다.

[참고] 소유권유보부 매매

매매계약을 체결하면서 매도인이 목적물을 매수인에게 인도하지만 대금을 모두 받을 때까지는 소유권이 매도인에게 보류된다는 특약을 하는 때가 있다. 그러한 특약은 할부매매에 있어서는 거의 언제나 있으며, 그 외의 경우도 있을 수 있다. 이러한 특약이 붙어 있는 매매계약을 소유권유보부 매매라고 한다. 소유권유보부 매매(동산의 경우)의 성질에 관하여 학설은 i) 대금의 완급을 정지조건으로 하는 소유권 양도라고 하는 견해(사견도 같음)와 ii) 매도인은 소유권이 아니고 담보물권(일종의 양도담보권)을 갖는다는 견해로 나뉘어 있다. 그리고 판례는 i)설과 같다(대판 2010. 2. 11, 2009다93671 등).

위 i)설에 의하면, 매매계약만으로는 소유권이 이전하지 않으므로 목적물이 인도되었다고 하더라도 특별한 사정이 없는 한 매도인은 대금이 모두 지급될 때까지 매수인뿐만 아니라 제 3 자에 대하여도 유보된 목적물의 소유권을 주장할 수 있고, 대금이 모두 지급되었을 때에는 정지조건이 완성되어 별도의 의사표시 없이 목적물의 소유권이 매수인에게 이전된다(대판 2010. 2. 11, 2009다93671 등). 그리고 이러한 법리는 소유권유보의 특약을 한 매매계약이 매수인의 목적물 판매를 예정하고 있고, 그 매매계약에서 소유권유보의 특약을 제 3 자에 대하여 공시한 바 없고, 또한 그 매매계약이 종류물을 목적물로 하고 있더라도 다를 바 없다(대판 1999. 9. 7, 99다30534).

D-128 (2) **방문판매 · 전화권유판매 · 다단계판매 · 통신판매**

오늘날 물건 등을 영업소에서의 대면거래가 아닌 특수한 방법으로 판매하는 경우들이 자주 있다. 방문판매 · 전화권유판매 · 다단계판매 · 통신판매 등이 그 예이다. 이들 중 앞의 셋은 「방문판매 등에 관한 법률」(이하 「방문판매법」이라 함)이, 통신판매는 「전자상거래 등에서의 소비자 보호에 관한 법률」(이하 「전자상거래법」이라 함)이 규제하고 있다.

(3) **견본매매 · 시험매매**(시미(試味)매매)

(1) 견본매매는 견본에 의하여 목적물의 품질 · 속성을 미리 정해 두는 매매이다. 견본매매의 경우에 견본과 같은 물건이 급부되지 않은 때에는 하자담보책임이 생긴다. 그리고 때에 따라서는 불완전급부(불완전이행에 포함됨)가 문제될 수도 있다.

(2) 시험매매(시미매매)는 매수인이 실제로 물건을 시험해 본 뒤에 마음에 들면 사겠다는 정지조건부 매매이다(경우에 따라서는 일방예약일 수도 있다). 시험매매에 있어서는 매도인은 매수인으로 하여금 시험해 볼 수 있도록 하여야 하며, 그 결과 매수인이 매수하지 않아도 특약이 없는 한 시험한 대가를 청구하지는 못한다.

제 3 절 교 환

D-129 Ⅰ. 의의 및 성질

교환은 당사자 쌍방이 금전 이외의 재산권을 서로 이전할 것을 약정함으로써 성립하는 계약이다(596조). 교환은 낙성 · 쌍무 · 유상 · 불요식의 계약이다. 교환에는 매매에 관한 규정이 준용된다(567조).

Ⅱ. 성립 및 효력

⑴ 성 립

교환은 낙성계약이므로 당사자 사이에 교환의 합의만 있으면 성립하고, 서면의 작성을 필요로 하지도 않는다.

당사자 쌍방이 금전 이외의 재산권을 서로 이전할 것을 약정하면서 재산권들의 가치가 같지 않아서 일방 당사자가 일정금액을 보충하여 지급하기로 하는 경우가 있다(보충금의 지급). 민법은 그러한 경우도 교환으로 보고 특별규정을 두고 있다(597조).

⑵ 효 력

교환은 유상계약이므로 매매에 관한 규정이 준용된다(567조). 그럼에 있어서 매도인의 담보책임 규정은 교환의 각 당사자를 매도인으로 보고 이를 준용하여야 한다. 한편 보충금 지급의 특약이 있는 교환의 경우, 보충금에 관하여는 매매대금에 관한 규정을 준용한다(597조).

제 4 절 소비대차

Ⅰ. 서 설

D-130

1. 소비대차의 의의 및 사회적 작용

⑴ 의 의

소비대차는 당사자 일방(대주(貸主))이 금전 기타의 대체물의 소유권을 상대방(차주(借主))에게 이전할 것을 약정하고, 상대방은 그와 같은 종류(동종)·품질(동질)·수량(동량)으로 반환할 것을 약정함으로써 성립하는 계약이다(598조). 소비대차에서는 차주가 빌린 물건 자체를 반환하지 않고 동종·동질·동량의 다른 물건을 반환하는 점에서 다른 대차인 임대차·사용대차와 차이가 있다.

⑵ 사회적 작용

소비대차는 생활에 궁핍한 자가 궁핍을 면하기 위하여 이용하기도 하나, 기업 등이 생산자금을 마련하기 위하여 금전소비대차를 하기도 한다(이때 자본가는 대여금의 이자로 소득을 올린다).

소비대차 가운데 궁핍을 면하기 위한 소비대차에 있어서는 차주를 보호하고 대수의 폭리취득을 막아야 할 필요가 있다. 이를 위한 법으로 이자제한법과 「대부업 등의 등록 및 금융이용자 보호에 관한 법률」이 있다(C-49·50 참조).

2. 소비대차의 법적 성질

(1) 소비대차는 당사자의 합의만 있으면 성립하는 낙성계약이다(598조. 프랑스민법에서는 요물계약임).

(2) 제598조의 규정상(이자 지급의 언급이 없으므로) 소비대차는 무상계약을 원칙으로 하나(무이자 소비대차의 경우), 유상계약으로 될 수도 있다(이자부 소비대차의 경우)(상인간의 금전소비대차는 이자부가 원칙이다. 상법 55조). 소비대차가 유상계약인 경우에는 매매에 관한 규정이 준용된다(567조).

(3) 소비대차는 편무계약인가 쌍무계약인가? 이자부 소비대차가 쌍무계약이라는 데 대하여는 학설·판례(대판 1966. 1. 25, 65다2337)가 일치한다. 그런데 무이자 소비대차에 대하여는 학설이 나뉘어 있으나, 편무계약이라고 할 것이다(자세한 내용은 채권법각론 [115] 참조).

(4) 소비대차는 불요식계약이다.

D-131 Ⅱ. 소비대차의 성립

1. 소비대차의 성립요건

(1) 소비대차는 낙성계약이므로 당사자의 일정한 합의만 있으면 성립한다. 그 합의는 적어도 ① 대주가 금전 기타 대체물을 차주에게 이전하여 일정기간 동안 이용하게 할 것과 ② 반환하여야 할 시기에 차주가 그가 빌려 쓴 것과 동종·동질·동량의 물건을 반환할 것에 대하여 이루어져야 한다. 그 밖의 사항(예: 채무이행의 시기·장소·방법)은 약정을 하지 않아도 무방하다(그때는 민법 규정에 의한다).

(2) 소비대차의 목적물은 「금전 기타의 대체물」이다(비대체물에 관하여는 소비대차가 성립하지 않는다). 그런데 오늘날 소비대차는 대부분 금전에 관하여 행하여진다.

금전대차의 경우에 대주가 금전에 갈음하여 약속어음·국채·예금통장과 인장 등의 유가증권 기타의 물건을 인도하는 경우가 있다. 그러한 경우는 「대물대차(代物貸借)」라고 하는데, 이러한 대물대차의 경우에는 그 물건의 인도시의 가액을 차용액으로 한다(606조). 이 규정(606조)은 강행규정이며, 그에 위반한 당사자의 약정으로서 차주에게 불리한 것은 어떠한 명목이라도 효력이 없다(608조).

2. 소비대차의 실효와 해제에 관한 특칙

(1) 대주가 목적물을 차주에게 인도하기 전에 당사자 일방이 파산선고를 받은 때에는 소비대차는 그 효력을 잃는다(599조).

(2) 이자 없는 소비대차의 당사자는 목적물의 인도 전에는 언제든지 계약을 해제할 수 있다(601조 본문). 다만, 무이자 소비대차라고 할지라도 대주의 해제에 의하여 차주가 손해를 입어서는 안 되므로, 민법은 차주에게 손해가 생긴 때에는 대주가 손해를 배상하여야 한

다고 규정한다(601조 단서).

Ⅲ. 소비대차의 효력

D-132

1. 대주의 의무

(1) 목적물의 소유권을 이전하여 이용하게 할 채무

대주는 차주에게 목적물의 소유권을 이전하여 소비의 방법으로 그것을 이용할 수 있게 할 채무를 부담한다(598조는 소유권이전의무만 규정하나, 소비대차가 대차형 계약이므로 이와 같이 설명하여야 한다).

(2) 담보책임

1) 이자부 소비대차의 경우 이자 있는 소비대차의 목적물에 하자가 있는 때에는 제580조 내지 제582조의 규정을 준용한다(602조 1항).

2) 무이자 소비대차의 경우 이 경우에는 대주가 목적물에 하자가 있음을 알면서 차주에게 고지하지 않은 때에만 대주의 담보책임이 생긴다(602조 2항 단서). 담보책임의 내용은 이자부 소비대차에 있어서와 같다.

2. 차주의 의무

D-133

(1) 목적물반환의무

차주는 그가 빌려 쓴 금전 기타의 대체물을 반환시기가 도래하면 반환하여야 할 의무가 있다. 이 반환의무는 대주로부터 목적물의 인도를 받은 때에 성립한다고 할 것이다.

1) 반환할 물건 차주는 원칙적으로 대주로부터 받은 것과 동종·동질·동량의 물건으로 반환하여야 하나(598조), 여기에는 예외가 있다.

(가) 대물대차의 경우 이 경우에는 금전에 갈음하여 인도되는 물건의 인도시의 가액을 차용액으로 하는데(606조), 반환도 그 차용액만큼 하면 된다(이설 없음).

(나) 대물변제예약의 경우

D-134

(a) 개 설 채권의 당사자 사이에 본래의 급부에 갈음하여 다른 급부를 하기로 예약하는 경우가 있다. 이를 대물변제예약이라고 한다. 이 대물변제예약은 채무이행의 대용이라는 본래의 목적으로보다는, 특히 금전소비대차에 있어서 채권담보의 목적으로 많이 이용되어 왔다. 즉 금전소비대차를 하면서 차주의 채무불이행이 있으면 특정한 물건(부동산 등)의 소유권을 이전하기로 하는 예약을 체결하는 것이다. 그때 장차 대주가 취득할 소유권이전청구권 보전의 가등기를 해 두는 것이 일반적이다.

이러한 대물변제예약이 행하여지는 경우에는 대주가 폭리를 취하는 수가 많다. 그 때문에 민법은 제607조에서 대물변제예약의 경우에는 「그 재산의 예약 당시의 가액이 차용액 및 이에 붙인 이자의 합산액을 넘지 못한다」고 하고, 제608조에서 그에 「위반한 당사자의 약정으로서 차주에 불리한 것은 환매 기타 여하한 명목이라도 그 효력이 없다」고 규정한다. 그런가 하면 이들 규정만으로 불충분하다고 하여 대물변제예약과 함께 가등기(또는 가등록)를 한 때(그 외에 양도담보도 규율함)에 엄격한 청산절차를 거치도록 하는 내용의 「가등기담보 등에 관한 법률」(이하 가등기담보법이라 함)을 제정·시행하고 있다.

(b) **법적 규제** 대물변제예약은 여러 가지 모습의 것이 있다. 우선 채권담보의 목적에 의한 것이 있는가 하면, 채무이행을 대신하기 위한 것도 있다. 그리고 대물변제예약과 함께 소유권 등의 이전청구권 보전의 가등기(또는 가등록)를 한 경우가 있는가 하면(이는 부동산·일부 동산·일부 권리가 목적인 때에 할 수 있다), 그렇지 않은 경우도 있다. 또한 목적물의 예약 당시의 가액이 차용액 및 이에 붙인 이자의 합산액을 넘는 때가 있는가 하면, 그에 미달하는 때도 있다.

이들 가운데 대물변제예약이 채권담보의 목적으로 행하여지고, 가등기(또는 가등록)가 되어 있으며, 예약 당시의 가액이 차용액 및 이에 붙인 이자의 합산액을 넘는 때에는, 제607조·제608조에 의하여 그 예약은 무효로 되고(판례) 거기에는 가등기담보법이 적용된다. 그에 비하여 대물변제예약이 채권담보의 목적으로 행하여지지 않았거나, 설사 목적물이 부동산일지라도 소유권이전청구권 보전의 가등기(또는 가등록)를 하지 않은 경우(대판 1999. 2. 9, 98다51220), 또는 예약 당시의 가액이 차용액 및 그 이자의 합산액에 미달하는 경우에는(B-317 참조), 가등기담보법이 적용되지 않으며, 오직 제607조·제608조에 의하여서만 법률관계가 결정된다.

D-135 (c) **제607조·제608조의 내용** 대물변제예약이 있는 경우의 법률관계 가운데 가등기담보법이 적용되는 때에 있어서의 구체적인 내용은 물권법 부분에서 자세히 살펴보았다(B-315 이하). 그리하여 여기서는 그 외의 내용 가운데 주요한 것만을 정리하기로 한다.

판례는, 제607조·제608조는 소비대차계약 또는 준소비대차계약에 의하여 차주가 반환할 차용물에 관하여 대물변제의 예약이 있는 경우에만 적용되고(대판 1997. 3. 11, 96다50797 등 다수), 널리 유상행위에 수반하여 예약이 있는 경우에 적용되는 것이 아니라고 한다(대판 1965. 9. 21, 65다1302).

제607조에 있어서 목적물의 가액이 차용액과 그 이자의 합산액을 넘는지 여부는 예약 당시를 기준으로 하여야 하며, 소유권이전 당시를 기준으로 할 것이 아니다(대판 1996. 4. 26, 95다34781). 그리고 여기의 이자는 변제기까지의 것이고 그 후의 지연손해금은 포함되지 않는다(대판 1966. 5. 31, 66다638).

대물변제예약이 제607조에 위반하는 때에는 효력이 없게 된다(608조). 그런데 그 자세한 의미가 무엇인지 문제된다. 여기에 관하여 현재의 판례는, 예약이 효력이 없는 경우라도 특별한 사정이 없으면 당사자 사이에 정산절차를 밟아야 하는 약한 의미의 양도담보계약(소유권이 대외적으로만 이전하는 양도담보)을 함께 맺은 취지로 보아야 할 것이라고 한다(B-283 참조). 생각건대 여기서 효력이 없다는 것은 전면적인 무효가 아니고 초과부분을 채무자에게 반환하여 청산하여야 한다는 의미라고 새겨야 한다(학설과 사건의 자세한 점은 B-283 참조).

청산 내지 정산을 하는 경우에 그 방법에는 귀속(취득)정산(채권자가 재산권을 취득하고 초과가치를 반환하는 방법)과 처분정산(채권자가 제 3 자에게 매각하여 잉여가치를 반환하는 방법)의 두 가지가 있는데, 당사자 사이에 특별한 약정이 없으면 — 가등기담보법의 적용이 없는 양도담보에서처럼(B-334 참조) — 채권자는 어느 방법이든 자유롭게 선택할 수 있다고 할 것이다.

(다) **하자 있는 물건을 받은 경우** 민법은 무이자 소비대차의 경우에 관하여, 차주가 하자 있는 물건을 받은 때에는 같은 품질의 물건을 반환하여도 좋지만 하자 있는 물건의 가액(이행지 및 이행기의 가액)으로 반환할 수 있다고 규정한다(602조 2항 본문. 하자 있는 물건을 구하기 어려울 것을 염려하여 일종의 임의채권(C-55 참조)을 인정한 것이다). 그러나 이는 이자부 소비대차의 경우에도 — 차주가 완전물급부청구권을 행사하지 않는 한 — 인정되어야 한다(이설 없음).

(라) **반환불능의 경우** 차주가 대주로부터 받은 물건과 동종·동질·동량의 물건을 반환할 수 없는 때에는, 그는 불능으로 된 때의 시가(市價)로 반환하여야 한다(604조 본문). 그러나 특정한 종류의 통화 또는 외화로 반환하여야 하는 경우에 그 종류의 통화가 강제통용력을 잃은 때에는 차주는 다른 통화로 반환하여야 하며, 그 종류의 통화의 시가로 반환할 수 없다(604조 단서·376조·377조 2항).

2) **반환시기** D-136

(가) **반환시기의 약정이 있는 경우** 당사자가 반환시기를 약정하고 있는 경우에는, 차주는 약정시기에 반환하여야 한다(603조 1항). 반환시기가 정하여져 있는 경우에도 일정한 사유가 있는 때에는 차주는 기한의 이익을 상실하며, 대주는 즉시 이행을 청구할 수 있다(388조). 그리고 기한의 이익은 상대방의 이익을 해하지 않는 범위 안에서 포기할 수 있다(153조 2항).

(나) **반환시기의 약정이 없는 경우** 이 경우에는 대주는 상당한 기간을 정하여 반환을 최고(이는 소장의 송달로도 할 수 있다. 대판 1969. 1. 28, 68다2313 등)하여야 한다(603조 2항 본문). 그리고 그 기간이 경과하여야 지체책임을 물을 수 있다(C-62 참조). 그러나 차주는 언제든지 반환할 수 있다(603조 2항 단서). 그리하여 이자부 소비대차의 차주도 언제라도 그때까지의 이자를 붙여 반환할 수 있다.

(2) **이자지급의무**(이자부 소비대차의 경우)

소비대차를 하면서 이자를 지급하기로 약정한 경우(이자부 소비대차)에는 차주는 이자를 지급하여야 한다. 이율은 이자제한법(및 대부업법)의 세한을 넘지 않는 범위 내에서 자유롭게 정할 수 있으며(이자의 제한에 대하여는 C-49 이하 참조), 이자지급 약정만 하고 이율을 정하지 않은 때에는 법정이율에 의한다(민사상 연 5푼(379조), 상사상 연 6푼(상법 54조)).

이자는 차주가 목적물의 인도를 받은 때(자기앞수표는 현금과 같이 취급되므로, 그것이 교부된 때부터 이자가 발생한다. 대판 2003. 5. 16, 2002다65745)로부터 계산하여야 하나, 차주가 그의 책임있는 사유로 수령을 지체할 때에는 대주가 이행을 제공한 때로부터 이자를 계산하여야 한다(600조).

(3) 담보제공의무

소비대차를 하면서 대주가 그의 반환채권(원본 및 이자)을 확보하기 위하여 차주에게 담보(물적 담보·인적 담보)를 제공하도록 하는 경우가 있다. 그러한 경우에는 차주는 담보제공의무를 이행하여야 한다.

D-137 Ⅳ. 준소비대차

계약당사자 쌍방이 소비대차에 의하지 않고 금전 기타의 대체물을 지급할 의무가 있는 경우에 당사자가 그 목적물을 소비대차의 목적으로 할 것을 약정한 때에는 소비대차의 효력이 있다(605조). 이를 준소비대차라고 한다. 매매계약의 당사자가 매매대금채무를 소비대차로 하기로 합의한 때가 그 예이다.

제 5 절 사용대차

D-138 Ⅰ. 사용대차의 의의 및 법적 성질

(1) 의 의

사용대차는 당사자 일방(대주)이 상대방(차주)에게 무상으로 사용·수익하게 하기 위하여 목적물을 인도할 것을 약정하고, 상대방은 이를 사용·수익한 후 그 물건을 반환할 것을 약정함으로써 성립하는 계약이다(609조).

사용대차는 무상이라는 점에서 임대차와 다르고, 차용물 자체를 그대로 반환하는 점에서 임대차와 같고 소비대차와 다르다. 오늘날 사용대차의 의미는 별로 없다.

(2) 법적 성질

사용대차는 낙성·편무·무상계약이다.

Ⅱ. 사용대차의 성립

사용대차는 낙성계약이어서 대주와 차주가 — 위 의의에서 언급한 사항에 관하여 — 합의하면 곧바로 성립한다.

사용대차의 당사자는 대주가 목적물을 인도하기 전에는 언제든지 계약을 해제할 수 있다. 그러나 상대방에게 손해가 생긴 때에는 이를 배상하여야 한다(612조·601조).

Ⅲ. 사용대차의 효력

D-139

(1) 대주의 의무

1) 사용 · 수익 허용의무 대주는 차주에게 목적물을 인도하여 사용·수익을 하게 할 의무가 있다. 대주의 이 의무(용익 허용의무)는 임대차에서처럼 사용·수익에 적합한 상태를 마련해 주어야 할 적극적 의무가 아니고 정당한 용익을 방해하지 않을 소극적 의무에 지나지 않는다(611조 1항 참조. 이는 무상이기 때문이다).

2) 담보책임 대주의 담보책임에 관하여는 제559조(증여자의 담보책임)가 준용된다(612조. D-86 참조).

(2) 차주의 권리 · 의무

1) 목적물의 사용 · 수익권 차주는 계약 또는 차용물의 성질에 의하여 정하여진 용법으로 그 물건을 사용·수익할 권리(그 성질은 채권임)가 있다(610조 1항). 그리고 차주는 대주의 승낙이 없으면 제 3 자에게 차용물을 사용·수익하게 하지 못한다(610조 2항). 만약 차주가 이들을 위반한 때에는 대주는 계약을 해지할 수 있고(610조 3항), 손해가 있으면 그 배상을 청구할 수 있다(617조). 이 손해배상청구권은 대주가 목적물을 반환받은 날로부터 6개월 내에 행사하여야 한다(617조).

2) 차용물보관의무 차주는 선량한 관리자의 주의로 차용물을 보관하여야 한다(374조). 그리고 차주는 차용물의 통상의 필요비를 부담한다(611조 1항). 그 밖의 비용에 대하여는 제594조 제 2 항(환매의 경우의 비용상환)이 준용된다(611조 2항)(D-125 참조).

3) 차용물반환의무 사용대차가 종료하면 차주는 차용물 자체를 반환하여야 한다. 그때 차주는 원상에 회복하여야 하는데, 부속시킨 물건은 철거할 수 있다(615조).

4) 공동차주의 연대의무 수인이 공동으로 물건을 차용한 때에는 연대하여 그 의무를 부담한다(616조).

Ⅳ. 사용대차의 종료

D-140

(1) 존속기간의 만료

당사자가 계약의 존속기간을 정한 경우에는, 그 기간이 만료된 때에 사용대차는 종료하고, 차주는 그때 차용물을 반환하여야 한다(613조 1항). 당사자가 존속기간을 정하지 않은 경우에는, 계약 또는 차용물의 성질에 의한 사용·수익이 종료한 때에 사용대차는 종료하고, 차주는 그때 반환하여야 한다(613조 2항 본문).

(2) 대주 또는 차주의 해지

차주가 차용물을 정하여진 용법으로 사용·수익하지 않거나 대주의 승낙 없이 제 3 자에게 사용·수익하게 한 때에는 대주는 계약을 해지할 수 있다(610조 3항). 그리고 존속기간을 정하지 않은 사용대차에 있어서 사용·수익에 충분한 기간이 경과한 때에는 대주는 언제든지 계약을 해지할 수 있다(613조 2항 단서). 한편 차주가 사망하거나 파산선고를 받은 때에는 대주는 계약을 해지할 수 있다(614조).

차주는 다른 특약이 없으면 언제든지 계약을 해지할 수 있다(153조 참조).

(3) 계약의 해제

앞에서 언급한 바와 같이, 목적물이 인도되기 전에는 당사자 모두 계약을 해제할 수 있다(D-138 참조).

제6절 임 대 차

D-141 Ⅰ. 서 설

(1) 임대차의 의의 및 성질

1) 의의 및 사회적 작용 임대차는 당사자 일방(임대인)이 상대방(임차인)에게 목적물(임대물)을 사용·수익하게 할 것을 약정하고, 상대방이 이에 대하여 차임을 지급할 것을 약정함으로써 성립하는 계약이다(618조). 임대차는 임차물 자체를 반환하여야 하는 점에서 소비대차와 다르고 사용대차와 같으며, 사용·수익의 대가를 지급하는 점에서 사용대차와 다르다.

임대차는 오늘날 물건을 소유하고 있지 않은 자가 타인의 물건(부동산·동산)을 이용하는 가장 대표적인 수단이 되고 있으며, 따라서 그것은 매매와 함께 가장 중요한 전형계약이다.

2) 법적 성질 임대차는 낙성·쌍무·유상·불요식의 계약이다.

(2) 부동산임차권의 강화(물권화)

1) 토지·건물과 같은 부동산은 공급이 무한할 수 없다. 그 결과 필요한 부동산을 소유하지 못한 자는 타인의 부동산을 사용하는 수밖에 없다. 이때 쓸 수 있는 방법에는 용익물권과 임대차의 두 가지가 있다. 이 가운데 용익물권의 경우에는 이용자의 권리(물권)가 강하여 큰 걱정이 없다. 그에 비하여 임대차의 경우에는 그의 지위가 약하여(채권) 문제이다. 여기서 많은 나라들이 부동산임차인을 보호하는 규정을 민법이나 특별법에 두게 되었다. 그 내용은 — 모두는 아니지만 — 대부분이 물권에 대하여 인정되는 것들이다. 그리하여 학자들은 이를 가리켜 「부동산임차권의 물권화」 또는 「부동산임차권의 강화」라고 한다.

부동산임차권 강화의 내용에는 여러 가지가 있으나, 보통 ① 대항력 강화(임차권을 가지고 제 3 자에게 대항할 수 있도록 하는 것), ② 침해배제(제 3 자의 침해 시 침해배제 인정), ③ 임차권의 자유처분 허용, ④ 존속기간의 보장을 든다.

2) 민법은 의용민법에는 없던 규정들을 신설하면서까지 부동산임차인의 보호를 강화하였다(예: 622조). 그러나 민법상의 부동산임차인 보호는 충분하지 않다(대항력 강화만이 다소의 의미가 있을 뿐이다. 621조·622조 참조). 그 때문에 우리나라에서는 특별법으로 「주택임대차보호법」을 제정하여, 주택임차인을 보호하고 있다. 그런가 하면 상가건물의 임차인을 보호하기 위하여 「상가건물 임대차보호법」을 제정·시행하고 있다. 이 두 법의 내용에 대하여는 뒤에 자세히 설명한다(D-173 이하와 D-184 이하 참조).

Ⅱ. 임대차의 성립

D-142

(1) 성립요건

임대차는 낙성계약이므로 임대인과 임차인 사이에 일정한 합의만 있으면 성립한다. 그 합의는 적어도 본질적인 구성부분인 목적물과 차임에 관하여는 반드시 있어야 한다.

(2) 목 적 물

임대차의 목적물은 물건이며, 권리는 포함되지 않는다(권리가 객체인 경우에는 임대차와 유사한 무명계약이 성립한다고 할 것이다). 그리고 임대차에 있어서는 목적물 자체를 반환하여야 하기 때문에 물건 중 「관리할 수 있는 자연력」(98조 참조)은 임대차의 목적물이 되지 못한다. 그러나 물건 자체를 반환할 수 있는 한 대체물·소비물이라도 목적물이 될 수 있다(예: 전시의 목적으로 금전을 유상으로 빌린 경우).

부동산도 임대차의 목적물이 되나, 농지에 관하여는 특별법상 제한이 있다. 즉 농지법은 농지의 임대차를 원칙적으로 금지하고 일정한 경우에만 예외를 인정한다(동법 23조).

Ⅲ. 임대차의 존속기간

D-143

1. 계약으로 기간을 정한 경우

(1) 계약으로 정한 기간

임대차의 당사자가 그 존속기간을 계약으로 정한 경우에는 그 기간이 존속기간이 된다. 그 기간에 대하여는 제한이 없다(개정 전 651조 1항은 일정한 경우를 제외하고는 임대차의 최장기간을 20년으로 제한하였음). 그러나 그 기간을 「영구무한」으로 정할 수는 없다고 하여야 한다.

(2) 임대차의 갱신(기간의 연장)

민법은 존속기간을 계약으로 정한 임대차에 대하여 갱신(更新)을 인정하고 있는데, 민법이 정하는 갱신에는 계약에 의한 것과 법률에 의한 것(묵시의 갱신 또는 법정갱신)의 두 가지가 있다.

1) 계약에 의한 갱신

(가) 보통의 경우 당사자가 계약으로 정한 임대차의 존속기간은 갱신할 수 있다. 여

기에 관하여는 명문규정이 없으나(개정 전 651조 2항 1문 참조), 계약자유의 원칙상 당연하다. 그리고 갱신된 임대차의 존속기간은 제한이 없으며(개정 전 651조 2항 2문은 10년을 넘지 못한다고 하였음), 갱신 횟수에도 제한이 없다.

(나) 일정한 목적의 토지임대차에 있어서의 계약갱신청구권과 지상시설의 매수청구권

(a) 건물 기타 공작물의 소유 또는 식목·채염·목축을 목적으로 한 토지임대차의 기간이 만료한 경우에, 건물·수목 기타 지상시설이 현존한 때에는, 임차인은 계약의 갱신을 청구할 수 있다(643조·283조 1항).

여기의 갱신청구권은 형성권이 아니고 청구권이다. 따라서 갱신청구에 의하여 갱신의 효과가 생기지는 않으며, 임대인이 그에 응하여 갱신계약을 체결하여야 갱신의 효과가 생긴다. 그리고 민법규정상 임차인이 그 권리를 행사하여도 임대인은 이를 거절할 수 있다(643조·283조 2항 참조). 다만, 임대인이 거절하면 임차인은 다음에 설명하는 지상시설의 매수청구권을 행사할 수 있다(그 권리는 형성권이다).

D-144 (b) 임대인이 계약의 갱신을 원하지 않는 때에는 위 (a)의 토지임차인은 상당한 가액으로 건물·수목 기타 지상시설의 매수를 청구할 수 있다(643조·283조 2항).

민법규정상 이 매수청구권(지상시설 매수청구권 내지 지상물 매수청구권)을 행사할 수 있는 것은 당사자가 정한 임대차의 기간이 만료되고 지상시설이 현존하는 경우에 한한다.

건물 등의 지상시설이 객관적으로 경제적 가치가 있는지 또는 임대인에게 소용이 있는지는 묻지 않는다(대판 2002. 5. 31, 2001다42080). 그리고 행정관청의 허가를 받은 적법한 건물이 아니라도 무방하다(대판 2013. 11. 28, 2013다48364 등).

지상시설이 건물 기타 공작물인 경우에는 토지임대차가 그것들의 소유를 목적으로 하였어야 한다.

D-145 이 매수청구권은 지상시설의 소유자만이 행사할 수 있고, 따라서 건물을 신축한 토지임차인이 그 건물을 타인에게 양도한 경우에는 그 임차인은 매수청구권을 행사할 수 없다(대판 1993. 7. 27, 93다6386). 그리고 매수청구권의 상대방은 원칙적으로 기간만료(또는 해지통고)로 인하여 임차권이 소멸할 당시의 토지소유자인 임대인이지만, 임대인이 제 3 자에게 토지를 양도하는 등으로 토지 소유권이 이전된 경우에는 임대인의 지위가 승계되거나 임차인이 토지소유자에게 임차권을 대항할 수 있다면(건물에 관하여 보존등기가 되어 있는 경우. 622조 참조) 새로운 토지소유자를 상대로 위 매수청구권을 행사할 수 있다(대판 2017. 4. 26, 2014다72449·72456[핵심판례 314면] 등).

지상시설 매수청구권은 형성권이어서 그 권리가 행사되면 임대인과 임차인 사이에 지상시설에 관한 매매가 성립하며, 임대인은 매수를 거절하지 못한다(통설·판례도 같음. 대판(전원) 1995. 7. 11, 94다34265[핵심판례 312면]).

(c) 계약의 갱신청구권과 지상시설의 매수청구권을 규정한 제643조는 강행규정이며, 그에 위반하는 약정으로서 임차인에게 불리한 것은 효력이 없다(즉 편면적 강행규정이다)(652조).

2) 묵시의 갱신(법정갱신)

D-146

(가) 임대차기간이 만료한 후 임차인이 임차물의 사용·수익을 계속하는 경우에, 임대인이 상당한 기간 내에 이의를 하지 않는 때에는, 전(前) 임대차와 동일한 조건으로 다시 임대차한 것으로 본다(639조 1항 본문). 다만, 존속기간은 약정이 없는 것으로 다루어져서 당사자는 언제든지 계약해지의 통고를 할 수 있고, 일정한 기간이 경과하면 해지의 효력이 생긴다(639조 1항 단서·635조). 이를 묵시의 갱신 또는 법정갱신이라고 한다.

(나) 묵시의 갱신이 되는 경우에는, 전 임대차에 대하여 제3자가 제공한 담보는 전 임대차기간이 만료된 때에 법률상 당연히 소멸한다(639조 2항). 이때 소멸하는 담보는 제3자가 제공한 것만이며, 당사자가 제공한 것은 소멸하지 않는다.

(다) 제639조는 제652조에 강행규정으로 열거되어 있지 않으나, 강행규정이라고 새겨야 한다(동지 대판 1964. 12. 8, 64누62).

2. 계약으로 기간을 정하지 않은 경우

D-147

(1) 임대차의 당사자가 그 존속기간을 계약으로 정하지 않은 때는, 당사자(임대인·임차인 모두)는 언제든지 계약해지의 통고를 할 수 있고(635조 1항), 그 경우 해지의 효력은 상대방이 해지통고를 받은 날로부터 일정한 기간이 경과한 후에 생긴다(635조 2항). 그 기간을 해지기간이라고 하는데(D-84 참조), 해지기간은 토지·건물 기타 공작물에 대하여는 임대인이 해지를 통고한 경우에는 6개월이고, 임차인이 해지를 통고한 경우에는 1개월이며, 동산에 대하여는 누가 해지통고를 하든 5일이다(635조 2항 1호·2호).

(2) 당사자가 존속기간을 정하였을지라도 당사자 일방 또는 쌍방이 그 기간 내에 해지할 권리를 보류한 때에는 제635조가 준용된다(636조).

(3) 제635조는 편면적 강행규정이다(652조).

(4) 임대차계약이 해지의 통고로 종료된 경우에, 이전에 그 임대물이 적법하게 전대되었을 때에는, 임대인은 전차인에 대하여 그 사유를 통지하지 않으면 해지로써 전차인에게 대항하지 못한다(638조 1항). 전차인이 임대인의 통지를 받은 때에는 제635조 제2항이 준용되어 통지를 받은 날로부터 일정기간이 경과한 후에 해지의 효력이 생긴다(638조 2항). 이 규정도 강행규정이다(652조).

3. 단기임대차의 존속기간

D-148

(1) 민법은 처분의 능력 또는 권한 없는 자에 대하여는 일정한 기간을 넘는 임대차를 금지하고 있다. 즉 그러한 자가 행한 임대차는, 식목·채염 또는 석조·석회조·연와조 및 이와 유사한 건축을 목적으로 한 토지의 임대차의 경우에는 10년(619조 1호), 기타의 토지의 임

대차의 경우에는 5년(619조 2호), 건물 기타 공작물의 임대차의 경우에는 3년(619조 3호), 동산의 임대차의 경우에는 6개월(619조 4호)을 넘지 못한다. 이를 보통 「단기임대차」라고 한다.

(2) 「처분의 능력 또는 권한 없는 자」는 「관리능력은 있어도 처분능력은 없는 자」와 「관리권한은 있어도 처분권한은 없는 자」를 가리키는데, 민법상 전자에 해당하는 자는 없으며(입법상의 잘못이다), 후자에 해당하는 자에는 부재자의 재산관리인(25조)·권한이 정해져 있지 않은 대리인(118조)·후견인(950조·946조)·상속재산관리인(1023조 2항·1047조 2항·1053조 2항) 등이 있다.

(3) 단기임대차의 기간은 계약으로 갱신할 수 있으나(620조 본문), 그러려면 존속기간이 만료될 때까지의 기간이 토지에 대하여는 1년, 건물 기타 공작물에 대하여는 3개월, 동산에 대하여는 1개월 이내에 있어야 하며, 그 이전에 갱신하지 못한다(620조 단서). 그리고 갱신되는 기간은 제619조가 정하는 것을 넘지 못한다.

(4) 처분권한 없는 자가 제619조가 정한 기간을 넘는 임대차를 한 경우의 효과는 권한을 정하는 법률규정에 따라 해석되어야 하나, 보통은 무권대리가 될 것이다.

D-149

Ⅳ. 임대차의 효력

1. 서 설

아래에서는 임대차의 효력을 주로 의무의 측면에서 살펴보려고 하며, 필요한 때에만 권리에 대하여 설명할 것이다. 그리고 임차권의 양도와 임차물의 전대는 임차인의 권리·의무에 포함시켜 논할 수도 있으나, 특수한 점도 있어서 따로 떼어서 기술하려고 한다.

2. 임대인의 의무

(1) 목적물을 사용 · 수익하게 할 의무

임대인은 임대차계약이 존속하는 동안 임차인이 목적물을 사용·수익할 수 있게 할 「적극적 의무」를 부담한다. 그리고 이 의무에 의하여, 임대인은 우선 목적물을 임차인에게 인도하여야 하고, 계약이 존속하는 동안 그 사용·수익에 필요한 상태를 유지하여야 한다(623조). 구체적으로 다음과 같은 의무가 있다.

1) 목적물인도의무 임대인은 임차인이 사용할 수 있도록 목적물을 임차인에게 인도하여야 한다(623조). 그리하여 만약 임대인이 임차인에게 인도하기 전에 목적물을 제3자에게 양도하거나 임대하였다면, 임대인의 사용·수익하게 할 의무는 이행불능으로 된다.

2) 방해제거의무 임대인은 제3자가 점유침탈 등의 방법으로 임차인의 사용·수익을 방해하는 경우에는 그 방해를 제거할 의무가 있다. 임차인이 점유보호청구권이나 방해배제청구권을 가지고 있어도 같다.

3) **수선의무**(修繕義務) 임대인이 임차인에 대하여 「사용·수익에 필요한 상태를 유지하게 할 의무」를 부담하는 결과로(623조 참조), 임대인은 사용·수익에 필요한 수선의무를 진다. D-150

(가) 수선의무는 목적물이 인도된 뒤에 목적물에 파손이나 장해가 생긴 경우뿐만 아니라 임대인이 목적물을 인도할 당시에 목적물에 하자가 있었던 경우에도 인정된다. 후자의 경우에는 사후에라도 그 하자를 제거하여 임차인이 목적물을 사용·수익하는 데 아무런 장해가 없도록 해야만 한다(대판 2021. 4. 29, 2021다202309).

(나) 목적물에 파손 또는 장해가 생겼더라도 임차인이 큰 비용을 들이지 않고도 손쉽게 고칠 수 있을 정도의 사소한 것이어서 임차인의 사용·수익을 방해할 정도의 것이 아니라면 임대인은 수선의무를 부담하지 않으며, 그것을 수선하지 않으면 임차인이 계약에 의하여 정해진 목적에 따라 사용·수익할 수 없는 상태로 될 정도의 것인 때에 수선의무를 부담한다(대판 2012. 6. 14, 2010다89876·89883 등 다수).

(다) 수선의무는 수선이 가능한 때에만 인정되며, 수선이 불가능한 때에는 임대물의 전부 또는 일부의 멸실에 의한 이행불능이 문제된다.

(라) 수선의무는 임대물이 천재 기타 불가항력으로 인하여 파손된 경우에도 인정된다(이설 없음).

임차인의 유책사유로 임대물이 파손된 경우에도 임대인에게 수선의무가 있는가? 여기에 관하여 학설은 i) 긍정설(사견도 같음)과 ii) 부정설로 나뉘어 있다. i)설은 그 경우에는 수선은 임대인이 하고 수선한 임대인은 임차인에 대하여 임대물의 보관의무 위반 또는 불법행위를 이유로 손해배상을 청구할 수 있다고 한다.

(마) 임대인의 수선의무가 특약으로 면제될 수 있는가에 관하여 학설은 i) 긍정설, ii) 부정설, iii) 긍정하되 대수선을 임차인에게 부담시키는 것은 허용하지 않는 견해로 나뉘어 있다(사견은 채권법각론 [131] 참조). 판례는, 특약에 의하여 수선의무를 면제하거나 임차인의 부담으로 돌릴 수 있으나, 그러한 특약에서 수선의무의 범위를 명시하고 있는 등의 특별한 사정이 없는 한, 그것은 통상 생길 수 있는 파손의 수선 등 소규모의 수선에 한하고, 대파손의 수리, 건물의 주요 구성부분에 대한 대수선, 기본적 설비부분의 교체 등과 같은 대규모의 수선은 이에 포함되지 않고 여전히 임대인이 그 수선의무를 부담한다고 한다(대판 1994. 12. 9, 94다34692·34708[핵심판례 316면]).

(바) 임대인의 수선의무 불이행이 있으면 임차인은 손해배상청구권(390조)과 계약해지권(544조 참조)뿐만 아니라 차임지급거절권 또는 감액청구권도 가지게 된다.

(사) 임대인이 임대물의 보존에 필요한 수선을 하려고 하는 때에는, 임차인은 이를 거절하지 못한다(624조). 그런데 임대인이 임차인의 의사에 반하여 보존행위를 하고, 임차인이

이로 인하여 임차의 목적을 달성할 수 없는 때에는, 임차인은 계약을 해지할 수 있다(625조).

D-151 (2) 비용상환의무

1) 임차인이 임차물에 필요비·유익비 등의 비용을 지출한 경우에는, 임대인은 이를 상환하여야 한다.

(개) 필 요 비 　임차인이 임차물의 보존에 관한 필요비를 지출한 때에는, 임차인은 임대인에 대하여 그 상환을 청구할 수 있다(626조 1항). 임차인이 필요비를 지출한 경우에는 유익비와 달리 지출 후 즉시 상환청구를 할 수 있다.

(나) 유 익 비 　임차인이 유익비를 지출한 경우에는, 임대인은 임대차 종료시에 그 가액의 증가가 현존한 때에 한하여, 임차인이 지출한 금액이나 그 증가액을 상환하여야 한다(626조 2항 1문)(상환액에 대하여는 임대인(채무자)에게 선택권이 주어지는 일종의 선택채권이다. C-51 이하 참조). 이 경우에 법원은 임대인의 청구에 의하여 상당한 상환기간을 허여할 수 있다(626조 2항 2문). 주의할 것은, 유익비 상환청구권은 임차인이 그의 비용으로 부가한 물건이 독립한 존재를 가지지 않는 경우에만 인정된다는 점이다. 부가한 것이 독립한 존재로 되는 때에는, 임차인이 그것의 소유권을 취득하게 되어(256조 단서) 그의 철거권과 부속물 매수청구권이 문제될 뿐이다(D-155·156 참조).

2) 임차인의 비용상환청구권에 관한 규정은 임의규정이다. 따라서 이를 포기하는 당사자의 약정도 유효하다(대판 1996. 8. 20, 94다44705·44712 등 참조)(다만 필요비의 경우에는 제한된 범위에서 포기가 인정된다고 할 것이다).

3) 임차인의 필요비·유익비의 상환청구권은 임대인이 목적물을 반환받은 날로부터 6개월 내에 행사하여야 한다(654조·617조). 즉 6개월의 제척기간에 걸린다(이설 있음). 그 기간의 기산점은 임대인이 목적물을 반환받은 때이나, 유익비에 관하여 법원이 기간을 허여한 때에는 그 기간이 된 때부터이다. 그리고 필요비의 경우에는 이 제척기간과 별도로 지출시부터 보통의 소멸시효가 진행한다.

임차인은 비용상환청구권에 관하여 유치권을 가진다.

D-152 (3) 임대인의 담보책임

임대차는 유상계약이어서 매매에 관한 규정이 준용된다(567조). 그 결과 임대인은 매도인과 같은 담보책임을 진다.

(4) 「기타의 행위의무」

임대인은 임대차에 있어서 급부의무 이외의 행위의무 즉 「기타의 행위의무」(C-27 참조)도 부담하며, 구체적인 의무내용은 경우에 따라 다르다.

(5) 임대인의 지위의 양도

임대인의 지위의 양도는 계약인수에 해당하므로 그 방법에 의하여야 한다(C-214 참조)(주택임대차보호법 3조 4항은 이에 대한 특별규정이다). 그런데 판례는 임대인의 지위의 양도를 보다 완화하여 인정한다(대결 1998. 9. 2, 98마100).

3. 임차인의 권리 · 의무

D-153

(1) 임 차 권

1) 의의 및 성질 임대차에 기하여 임차인은 임대인에게 임차물을 사용·수익하게 할 것을 요구할 수 있는 권리가 있다. 이것이 임차인의 임차권이다. 임차권은 하나의 채권이며, 다만 부동산임차권은 물권의 특성도 어느 정도 지니고 있는 점에서 특수할 뿐이다.

2) 임차권(사용·수익)의 범위 임차인은 계약 또는 그 목적물의 성질에 의하여 정하여진 용법으로 이를 사용·수익(사용과 수익 중 어느 하나라도 무방하다)하여야 한다(654조·610조 1항). 그리고 임차인은 임대인의 승낙 없이 임차물을 타인에게 사용·수익하게 하지 못한다(629조. 자세한 사항은 D-161 참조). 만약 임차인이 이들을 위반한 경우에는, 임대인은 계약을 해지할 수 있고(임차인이 정해진 용법에 위반하여 사용·수익한 경우에 관하여는 명문의 규정은 없으나 채무불이행을 이유로 해지를 인정하는 데 다툼이 없으며, 임차인이 임대인의 승낙 없이 임차물을 타인에게 사용·수익하게 한 경우에는 629조 2항에 의하여 해지할 수 있다), 손해배상을 청구할 수도 있다(654조·617조).

3) 임차권의 대항력

D-154

(가) 임차권이 채권으로 규율되고 있는 법제에서는, 임차인이 임차권을 가지고 목적물의 양수인 기타의 제3자에게 대항하지 못한다. 즉 「매매는 임대차를 깨뜨린다」. 그런데 이를 끝까지 관철하게 되면 특히 부동산임차인에게 매우 불리하게 된다. 여기서 우리 민법은 부동산임차권에 관하여 일정한 경우에 예외적으로 대항력을 인정하고 있다(621조·622조).

(나) 부동산임차인은 당사자간에 반대약정이 없으면 임대인에 대하여 그의 임대차등기절차에 협력할 것을 청구할 수 있고(621조 1항), 부동산임대차를 등기한 때에는 그때부터 제3자에 대하여 효력이 생긴다(621조 2항).

(다) 건물의 소유를 목적으로 하는 토지임대차는 이를 등기하지 않은 경우에도, 임차인이 그 지상건물을 등기한 때에는, 제3자에 대하여 임대차의 효력이 생긴다(622조 1항). 예컨대 건축을 목적으로 토지를 임차한 자가 토지임차권 등기는 안 한 채 건물을 지은 뒤에 건물에 관하여 보존등기를 하는 경우에 그렇다.

건물 등기 있는 경우의 토지임대차의 대항력은 임대차가 존속하고 또 건물이 존재하는 동안에만 인정된다. 따라서 건물이 임대차기간 만료 전에 멸실 또는 후폐(朽廢: 썩어서 소용없게 됨)한 때에는, 토지임대차는 대항력을 잃는다(622조 2항).

(라) 제621조·제622조에 의하여 대항력을 갖게 된 부동산임대차·토지임대차의 경우에, 부동산·토지의 양수인(경락인도 같음)과 임차인이 어떠한 관계에 있게 되는가? 민법은 「제3자에 대하여 효력이 생긴다」(621조 2항), 「제3자에 대하여 임대차의 효력이 있다」(622조 1항)고만 하고 있다. 그런데 이는 임대차가 임차인과 부동산의 양수인(경락인을 포함하는 새로운 소유자의 의미임) 사이에 그대로 존속한다는 의미이다(통설도 같음). 주택임대차보호법은 이 점을 명백히 하기 위하여 「임차주택의 양수인(그 밖에 임대할 권리를 승계한 자를 포함한다)은 임대인의 지위를 승계한 것으로 본다」(동법 3조 4항)고 규정하고 있으

나, 그러한 규정이 없어도 같은 결과를 인정하여야 한다.

D-155 (2) 철 거 권

임차인이 임차물에 부가한 물건이 독립한 존재로 인정되는 경우에는, 그 부분은 임대인의 소유권에 흡수되지 않고 임차인의 소유에 속한다(256조 단서). 그러한 경우 임차인은 그 물건을 철거할 수 있다(654조·615조). 경우에 따라서는 임차인이 철거권과 함께 지상시설(지상물) 매수청구권(643조·283조)이나 부속물 매수청구권(646조)을 가질 수도 있으며, 그때 철거권을 행사하지 않고서 매수청구권을 행사할 수도 있다.

D-156 (3) 부속물 매수청구권

1) 건물 기타 공작물의 임차인이 그 사용의 편익을 위하여 임대인의 동의를 얻어 이에 부속시킨 물건이 있거나 또는 임대인으로부터 매수한 부속물이 있는 때에는, 임차인은 임대차의 종료시에 임대인에 대하여 그 부속물의 매수를 청구할 수 있다(646조). 이것이 임차인의 부속물 매수청구권이다.

(가) 여기서 매수청구의 대상이 되는 부속물은 건물 기타의 공작물에 부속된 물건으로서 임차인의 소유에 속하고 건물의 구성부분이 되지 않은 것(건물의 구성부분이 된 때에는 비용상환청구의 문제가 된다)으로서 건물의 사용에 객관적인 편익을 가져오는 물건이다. 부속물의 예로는 차양·출입문·샤시·전기 수도시설을 들 수 있다.

(나) 부속물은 임대인의 동의를 얻어 부속시켰거나(646조 1항) 또는 임대인으로부터 매수하였어야 한다(646조 2항).

(다) 청구권자는 「건물 기타 공작물」의 임차인이며, 임차인의 지위가 승계된 때에는 현 임차인이 권리자이다(대판 1995. 6. 30, 95다12927). 상대방은 원칙적으로 임대인이나, 임차권을 가지고 제 3 자에게 대항할 수 있는 경우 또는 임대인의 지위가 승계된 경우에는 제 3 자(예: 임대물의 양수인)나 새로운 임대인이 상대방이 된다.

(라) 부속물 매수청구권이 생기는 것은 임대차가 종료한 때이며, 종료의 원인은 묻지 않는다(646조 1항 참조). 부속물 매수청구권의 행사기간은 — 필요비·유익비의 상환청구권(654조·617조)과 달리 — 제한이 없다.

(마) 제646조는 편면적 강행규정이다(652조). 한편 제646조는 일시사용을 위한 임대차에는 적용되지 않는다(653조).

2) 임차인의 부속물 매수청구권은 형성권이다. 따라서 그 권리가 행사되면 임대인과 임차인 사이에 매매가 성립하게 된다.

D-157 (4) 차임지급의무

1) 서 설 임대차에 기하여 임차인은 차임을 지급할 의무가 있다(618조). 임차인의 차임지급의무는 임대인의 사용·수익하게 하는 의무에 대응하는 것이며, 임차인의 의

무 가운데 핵심적인 것이다. 그리고 차임은 금전에 한정되지 않는다는 것이 통설이다.

2) 차임의 증감청구 민법은 일정한 경우에 차임의 감액 또는 증감을 청구할 수 있도록 하고 있다.

(가) 제627조의 차임감액청구권 임차물의 일부가 임차인의 과실없이 멸실 기타 사유로 인하여 사용·수익할 수 없는 때에는, 임차인은 그 부분의 비율에 의한 차임의 감액을 청구할 수 있다(627조 1항). 그 경우에 잔존부분으로 임차의 목적을 달성할 수 없는 때에는 임차인은 계약을 해지할 수 있다(627조 2항). 임차인의 이 권리는 형성권이다. 그리고 제627조는 편면적 강행규정이다(652조).

(나) 제628조의 차임증감청구권 임대물에 대한 공과부담의 증감 기타 경제사정의 변동(예: 부동산 가격의 등락)으로 인하여 약정한 차임이 상당하지 않게 된 때에는, 당사자는 장래에 대한 차임의 증감을 청구할 수 있다(628조). 이는 사정변경의 원칙을 구체화한 규정이다. 한편 이 규정은 일시사용을 위한 임대차에는 적용되지 않는다(653조).

이 차임증감청구권은 형성권이며(통설·판례도 같음), 그 권리는 재판상뿐만 아니라 재판 외에서도 행사할 수 있다(대판 1974. 8. 30, 74다1124).

D-158

3) 차임의 지급시기 차임의 지급시기는 당사자가 계약으로 자유롭게 정할 수 있다. 그러한 특약이 없고, 또한 다른 관습이 없으면(106조 참조), 동산·건물·대지에 관하여는 매월 말에, 대지가 아닌 토지에 대하여는 매년 말에 지급하여야 한다(633조 본문). 그러나 수확기 있는 임차물에 대하여는 그 수확 후 지체없이 지급하여야 한다(633조 단서).

4) 부동산임대인의 법정 담보물권 민법은 임대인의 차임채권 기타의 채권을 보호하기 위하여 일정한 경우에 법률상 당연히 질권 또는 저당권이 성립하도록 하고 있다. ①「토지임대인이」 임대차에 관한 채권에 의하여 임차지에 부속 또는 그 사용의 편익에 공용(供用)한 임차인의 소유동산 및 그 토지의 과실(果實)을 압류한 때에는, 질권과 동일한 효력이 있다(648조). ②「토지임대인이」 변제기를 경과한 후 최후 2년의 차임채권에 의하여 그 지상에 있는 임차인 소유의 건물을 압류한 때에는, 저당권과 동일한 효력이 있다(649조). ③「건물 기타 공작물의 임대인이」 임대차에 관한 채권에 의하여 그 건물 기타 공작물에 부속한 임차인 소유의 동산을 압류한 때에는, 질권과 동일한 효력이 있다(650조). ④ 위 ①③은 일시사용을 위한 임대차에는 적용되지 않는다(653조).

5) 공동임차인의 연대의무 수인이 공동으로 임차한 때에는, 그들은 연대하여 의무를 부담한다(654조·616조).

6) 차임지급의 연체와 해지

(가)「건물 기타 공작물의 임대차」에 있어서는 임차인의 차임연체액이 2기(期)의 차임액에 달하는 때에는, 임대인은 계약을 해지할 수 있다(640조). 여기의 2기(期)는 연속할 필요

가 없으며 연체한 차임의 합산액이 2기분에 달하면 된다(띄엄띄엄 차임의 일부씩 연체한 것이 모두 2기분이어도 그에 해당한다).

제640조는 주택임대차보호법의 적용을 받는 주택임대차에도 적용된다. 「상가건물 임대차보호법」에는 특별규정이 있으나, 주임법에는 특별규정이 없기 때문이다(주임법 6조 3항은 640조에 대한 특례가 아님).

(나) 건물 기타 공작물의 소유 또는 식목·채염·목축을 목적으로 한 「토지임대차」의 경우에도 위와 같다(641조). 다만, 그 경우에 그 지상에 있는 건물 기타 공작물이 담보물권의 목적으로 되어 있는 때에는, 그 저당권자에게 통지한 후 상당한 기간이 경과하여야 해지의 효력이 생긴다(642조·288조).

(다) 제640조·제641조는 강행규정이다(652조).

D-159 (5) 임차물보관의무

1) 임차인은 임차물을 임대인에게 반환할 때까지(임대차가 종료할 때까지가 아님) 선량한 관리자의 주의를 가지고 보관할 의무가 있다(374조). 임차인이 이 의무를 위반하여 목적물이 멸실·훼손되면 채무불이행책임을 진다(해지(544조·546조)와 손해배상(390조)).

2) 임차물이 수리를 요하거나 임차물에 대하여 권리를 주장하는 자가 있는 때에는, 임차인은 지체없이 임대인에게 이를 통지하여야 한다(634조 본문). 그러나 임대인이 이미 이를 안 때에는 통지의무가 없다(634조 단서).

D-160 (6) 임차물반환의무

임차인은 임대차가 종료한 때에 임차물을 반환할 의무가 있다(임대인이 소유자인 때에는 그는 계약에 기한 이 반환청구권 외에 소유물반환청구권도 가진다). 반환의 상대방은 임대인이고, 다만 임차권이 제3자에게도 효력을 가지거나 임대인의 지위가 승계된 때에는 임차물의 양수인이 상대방이 된다. 임차인의 임차물반환의무가 이행불능이 된 경우에 임차인이 그 이행불능으로 인한 손해배상책임을 면하려면 그 이행불능이 임차인의 유책사유에 의하지 않은 것임을 증명하여야 하며, 임차물이 화재로 소실된 경우에 그 화재발생원인이 불명인 때에도 임차인이 그 책임을 면하려면 그 임차건물의 보존에 관하여 선량한 관리자의 주의의무를 다하였음을 증명하여야 한다(대판(전원) 2017. 5. 18, 2012다86895·86901[핵심판례 318면] 등 다수의 판결).

임차인이 임차물을 반환할 때에는 이를 원상에 회복하여야 한다(654조·615조 1문). 원상회복은 임차인이 임차물을 인도받았을 때의 상태로 회복시키면 된다.

D-161 4. 임차권의 양도와 임차물의 전대

(1) 의의 및 성질

1) 의 의

(가) 임차권의 양도 임차권 양도의 의의와 성질에 관하여는 견해가 나뉘고 있다. i)

종래의 통설은, 「임차권을 그 동일성을 유지하면서 이전하는 계약」이 임차권의 양도이고, 그것은 지명채권의 양도, 그리하여 준물권계약의 성질을 가진다고 한다(사견도 같음). 그에 비하여 ii) 근래 새롭게 주장되는 견해에 의하면, 임차권의 양도는 단순한 채권양도가 아니고 임차인의 임대차계약상의 권리·의무를 양수인에게 승계이전시키는 일종의 계약양도(계약인수)라고 한다.

(나) **임차물의 전대(轉貸)** 이는 임차인이 자신이 임대인(또는 사용대주)이 되어서 그의 임차물을 다시 제3자에게 사용·수익하게 하는 계약이다. 전대에서는 임차인이 종전의 계약상의 지위를 유지한다. 임차인(전대인)과 전차인 사이의 관계는 보통 임대차이나 사용대차라도 무방하다(그러나 대부분 임대차이므로 그 관점에서 설명한다). 그리고 임차물의 일부만의 전대도 가능하다.

2) 임차권의 양도 · 임차물의 전대에 대한 민법의 태도

(가) 민법은 원칙적으로 임차권의 양도와 임차물의 전대를 금지하고, 임대인의 동의가 있을 때에만 양도·전대를 허용한다(629조 1항). 임차인이 임대인의 동의 없이 임차권을 양도하거나 임차물을 전대한 때에는, 임대인은 계약을 해지할 수 있다(629조 2항). 다만, 건물의 임차인이 그 건물의 소부분을 타인에게 사용하게 한 경우에는 예외이다(632조).

(나) 제629조는 강행규정이 아니므로, 임대인의 동의를 요하지 않는다는 특약도 유효하다.

3) 임차권 양도와 임차물 전대의 법적 성질 D-162

(가) 임차권의 양도는 양도인(임차인)과 양수인 사이의 낙성·불요식의 계약이며, 임대인은 당사자가 아니다. 따라서 임차권의 양도는 양도인과 양수인 사이의 양도계약만으로 언제나 유효하게 성립한다. 다만, 양수인이 임대인 기타 제3자에 대한 관계에서 임차권을 유효하게 취득하려면 임대인의 동의가 필요하다(대판 1986. 2. 25, 85다카1812 등도 같음).

(나) 임차물의 전대는 전대인과 전차인 사이의 낙성·불요식의 계약이며, 이 경우에도 임대인은 당사자가 아니다. 따라서 전대인과 전차인 사이의 계약으로 전대차는 유효하게 성립하고, 다만 임대인 기타 제3자에 대한 관계에서도 임차권을 취득하려면 임대인의 동의가 필요하다(대판 1959. 9. 24, 4291민상788도 같음).

(다) 임차권의 양도인과 임차물의 전대인은 임대인의 동의를 받아주어야 할 의무가 있다(대판 1986. 2. 25, 85다카1812(양도의 경우)). 그리고 임대인의 동의가 없는 경우 양도인 또는 전대인은 타인의 물건을 양도하거나 임대(또는 사용대차)한 경우에서와 같은 담보책임을 진다.

(2) 임대인의 동의

임대인의 동의의 성질은 임차권의 승계적 이전(양도의 경우) 또는 설정적 이전(전대의 경우)을 가능하게 하는 권능을 임차인(양도인·전대인)에게 주는 의사표시이다.

동의는 양도·전대가 있기 전에는 물론 사후에도 할 수 있다.

D-163 (3) 임대인의 동의 없는 양도 · 전대의 법률관계

1) 양도의 경우

(가) 양도인 · 양수인 사이 동의가 없어도 양도계약은 양도인·양수인 사이에서는 유효하여 양수인은 임차권을 취득하고, 임차인은 임대인의 동의를 얻을 의무를 부담한다(판례도 같음. 대판 1986. 2. 25, 85다카1812). 임대인의 동의가 없는 경우 임차인은 담보책임을 진다(매매규정 준용. 567조 참조).

(나) 임대인 · 양수인 사이 양수인의 점유는 임대인에게는 불법점유이고, 따라서 양수인은 임대인에게 방해하지 않을 의무를 부담한다. 그런데 임대인은 임대차를 해지하지 않는 한 직접 자기에게 반환할 것을 청구하지는 못하고 임차인에게 반환하라고 청구할 수 있을 뿐이다(물론 임차인이 반환받지 않으면 자기에게 반환할 것을 청구할 수 있다. 207조 2항 후단 참조).

(다) 임대인 · 임차인 사이 임대인은 해지권을 가진다(629조 2항). 그러나 해지를 하지 않는 한 계약은 그대로 존속한다. 그리고 양수인은 임대인에 대한 관계에서는 임차인의 이행보조자이므로 양수인의 행위로 임대인에게 손해가 생기면 임차인은 제391조에 의하여 책임을 진다. 이때 양수인은 임대인에 대하여 채무불이행책임은 지지 않는다(불법행위책임은 별개임).

2) 전대의 경우

(가) 전대인(임차인) · 전차인 사이 전대차계약은 전대인·전차인 사이에서는 유효하다(대판 1959. 9. 24, 4291민상788도 같음). 그리하여 전차인은 전대인에 대한 관계에서는 임차권을 취득하고, 전대인의 차임청구권도 인정된다. 그리고 전대인은 임대인의 동의를 얻을 의무를 부담한다.

(나) 임대인 · 전차인 사이 전차인은 그의 임차권을 가지고 임대인에게는 대항하지 못한다. 임대인은 소유물반환청구권을 행사하여 전차인에게 목적물의 반환을 청구할 수 있다(통설도 같음). 그러나 임대차를 해지하지 않는 한 원칙적으로 전대인에게 반환하라고 하여야 한다.

(다) 임대인 · 임차인(전대인) 사이 전대가 있더라도 임대차관계에는 영향이 없다. 따라서 임대인은 임차인에 대하여 여전히 차임청구권도 가진다. 그런데 임대인은 임대차를 해지할 수 있다(629조 2항).

전차인의 과실로 임대인에게 손해가 생긴 경우에 임차인이 책임을 지는가? 이에 대하여는 논란이 있으나, 전차인은 일종의 이행대행자로 보아야 하고, 무단전대의 경우에는 전대 자체가 의무위반이므로 임차인은 전차인의 과실을 불문하고 책임을 져야 한다.

D-164 (4) 임대인의 동의 있는 양도 · 전대의 법률관계

1) 양도의 경우 이때에는 임차권은 동일성을 유지하면서 양수인에게 이전된다. 그리고 양도인은 임대차관계에서 벗어난다. 장래의 차임지급의무는 양수인에게 이전된다고 할 것이다(계약해석에 의하여). 그러나 연체된 차임지급의무나 손해배상의무, 임대차 보증금반환채권은 특약이 없는 한 이전되지 않는다(판례도 같음. 대판 1998. 7. 14, 96다17202(보증금반환채권은 양도 승낙시에 이행기가 된다고 한다)).

2) 전대의 경우

(가) **전대인(임차인) · 전차인 사이** 이들 사이의 관계는 전대차계약의 내용에 의하여 정해진다(임대차 또는 사용대차). 그리고 전차인은 임대인에게 직접 의무를 부담하게 되지만, 그렇더라도 전차인과 전대인의 관계는 유지된다. 다만, 전차인이 임대인에게 차임을 지급하면 그 한도에서 전대인에 대하여는 의무를 면하고, 임대차·전대차가 동시에 종료하여 전차인이 목적물을 임대인에게 반환하면 전대인에 대한 반환의무를 면한다(대판 1995. 12. 12, 95다23996).

(나) **임대인 · 임차인(전대인) 사이** 전대차가 성립하여도 이들의 관계에는 영향이 없다(대판 2018. 7. 11, 2018다200518 등. 630조 2항도 참조). 따라서 전대차에 의하여 임대인이 전차인에게 권리를 행사할 수는 있지만, 임대인은 임차인에게도 권리를 행사할 수 있다(630조 2항).

전차인의 과실로 목적물이 손상된 경우에 임차인이 책임을 지는지 문제된다. 여기에 관하여 학설은 i) 임차인은 선임·감독에 과실이 있는 때에만 책임을 진다는 견해와 ii) 전차인은 임차인의 이행보조자이므로 임차인의 과실과 같이 다루어져서 임차인도 그에 대하여 채무불이행책임을 진다는 견해(391조 적용)로 나뉘어 있다(사견은 채권법각론 [141] 참조).

(다) **임대인 · 전차인 사이** 전차인의 임차권(또는 사용차권)은 임대인에 대하여도 적법한 것이다. 그러나 임대인과 전차인 사이에 임대차관계가 성립하지는 않으므로(동지 대판 2018. 7. 11, 2018다200518 등. 이설 있음), 그 결과 전차인은 임대인에게는 권리(가령 전차물에 대한 수선청구권, 비용상환청구권)를 갖지 않게 된다(이설 있음). D-165

전차인은 임대인에 대하여 직접 의무를 부담한다(630조 1항 1문). 그리고 전대인에 대한 차임의 지급으로 임대인에게 대항하지 못한다(630조 1항 2문).

전차인의 전차권은 전대인의 임차권을 기초로 한 것이다. 따라서 전대인의 임차권이 기간만료, 채무불이행을 이유로 한 해지 등으로 소멸하면 전차권도 소멸한다. 여기서 민법은 전차인 보호를 위하여 특별규정을 두고 있다. 그에 의하면, 임대인과 임차인이 합의로 계약을 종료하게 한 때에도 전차인의 권리는 소멸하지 않는다(631조). 이는 강행규정이다(652조).

(라) **전차인 보호를 위한 특별규정** 민법은 적법하게 전대된 경우의 전차인 보호를 위하여 몇 개의 특별규정을 두고 있다. ① 임대차계약이 해지의 통고로 인하여 종료된 경우에는 임대인은 전차인에 대하여 그 사유를 통지하지 않으면 해지로써 전차인에게 대항하지 못하며(638조 1항), 전차인이 전항의 통지를 받은 때에는 전차인에 대하여는 일정기간이 경과한 후에 해지의 효력이 생긴다(638조 2항·635조 2항). ② 건물 기타 공작물의 소유 또는 식목·채염·목축을 목적으로 한 토지임차인이 적법하게 그 토지를 전대한 경우에, 임대차 및 전대차의 기간이 동시에 만료되고 건물·수목 기타 지상시설이 현존한 때에는, 전차인은 임대인에 대하여 전(前) 전대차(轉貸借)와 동일한 조건으로 임대할 것을 청구할 수 있고(644조 1항), 이때 임대인이 임대할 것을 원하지 않는 때에는, 전차인(지상시설의 소유자에 한함. 대판 1993. 7. 27, 93다6386)은 임 D-166

대인에 대하여 상당한 가액으로 지상시설을 매수할 것을 청구할 수 있다(644조 2항·283조 2항). 그리고 이 규정은 지상권자가 그 토지를 임대한 경우에 준용한다(645조). ③ 건물 기타 공작물의 임차인이 적법하게 전대한 경우에, 전차인이 그 사용의 편익을 위하여 임대인의 동의를 얻어 이에 부속한 물건이 있는 때에는, 전대차의 종료시에 임대인에 대하여 그 부속물의 매수를 청구할 수 있으며(647조 1항), 임대인으로부터 매수하였거나 그 동의를 얻어 임차인으로부터 매수한 부속물에 대하여도 같다(647조 2항). ④ 제638조·제644조·제645조·제647조는 모두 편면적 강행규정이고(652조), 제638조·제647조는 일시사용을 위한 전대차에는 적용되지 않는다(653조).

(5) 전대에 관한 제629조·제630조·제631조는 건물의 임차인이 건물의 소부분을 타인에게 사용하게 하는 경우에는 적용되지 않는다(632조).

D-167

V. 보증금 및 권리금

1. 서 설

부동산의 임대차 특히 건물의 임대차에 있어서는 임대인의 차임채권과 장차 생길지도 모를 건물의 손상에 따른 손해배상채권을 담보하는 것이 필요하게 된다. 그리하여 실제에 있어서 많은 경우에 그러한 목적으로 이른바 보증금이 수수되고 있다. 그런가 하면 임차물의 가치 외에 장소적 이익(교통관계·고객관계 등에 따른 이익)도 존재한다고 생각하여 그 대가로서 권리금을 수수하는 일도 자주 있다. 그런데 이들 문제에 관하여 민법은 전혀 규율한 바가 없으며, 특별법(주택임대차보호법, 「상가건물 임대차보호법」)에 약간의 규정이 두어져 있을 뿐이다.

2. 보 증 금

(1) 의의 및 성질

보증금은 부동산임대차 특히 건물임대차에 있어서 임대인의 채권(차임채권·손해배상채권 등)을 담보하기 위하여 임차인이나 제3자가 임대인에게 교부하는 금전 기타의 유가물이다.

보증금의 성질에 관하여는 논란이 있다. 이 문제는 보증금반환채무의 발생시기, 증명책임 등과도 관련된다. 학설은 i) 임대차 종료 후 임차인이 목적물을 인도한 때에 임차인의 채무불이행이 없었을 것을 정지조건으로 하는 정지조건부 반환채무를 수반하는 금전소유권의 이전이라는 견해와 ii) 임대차보증금은 임대차 종료시에 임대인의 반대채권의 존재를 해제조건으로 하여 반환된다고 하는 견해로 나뉘어 있다(사견은 채권법각론 [142] 참조). 그리고 판례는 보증금반환청구권의 발생시기에 관하여 건물 인도시라고 한다(대판 2005. 9. 28, 2005다8323·8330 등). 그리고 보증금에서 채무 등을 공제하려면 임대인이 공제 주장을 하여야 하고, 다만 그 발생한 채권이 소멸하였는지는 임차인이 주장·증명할 것이라고 한다(대판 2005. 9. 28, 2005다8323·8330 등).

⑵ 보증금계약

보증금은 보증금계약에 의하여 수수된다. 보증금계약은 임대차에 종된 계약인데, 보통 임대차계약시에 함께 행하여진다. 그러나 반드시 그래야 하는 것은 아니다. 그리고 보증금계약은 계약금계약과 달리 낙성계약이다(문헌들은 보통 요물계약으로 행하여진다고 하나, 그렇지 않다). 보증금계약의 당사자는 보통 임대인과 임차인이나, 임차인 대신 제3자가 당사자로 될 수도 있다.

⑶ 보증금의 효력 D-168

보증금은 차임채권(임대차 종료시까지뿐만 아니라 그 후 임차물 반환시까지의 차임 상당액을 포함한다), 임차물의 멸실·훼손 기타의 원인에 의한 손해배상채권 등 임대인의 모든 채권을 담보한다(판례도 같음. 대판 2017. 3. 15, 2015다252501 등). 따라서 임대차가 종료되어 목적물을 반환받을 때, 명백하고도 명시적인 반대약정이 없는 한, 임대인의 모든 채권액이 별도의 의사표시 없이 보증금으로부터 당연히 공제된다(대판 2016. 7. 27, 2015다230020 등 다수). 그러나 임대차보증금이 임대인에게 교부되어 있더라도 임대인은 임대차관계가 계속되고 있는 동안에는 그 임대차보증금에서 연체차임을 충당할 것인지 여부를 자유로이 선택할 수 있으므로, 임대차계약 종료 전에는 연체차임이 공제 등의 별도의 의사표시 없이 임대차보증금에서 당연히 공제되는 것은 아니고(대판 2016. 11. 25, 2016다211309 등), 임차인도 임대차보증금의 존재를 이유로 차임의 지급을 거절할 수 없다(대판 2016. 11. 25, 2016다211309 등).

보증금이 공제되어야 할 채무액에 부족한 때에는, 일단 보증금으로 법정충당의 규정에 의하여 충당되고(대판 2007. 8. 23, 2007다21856·21863), 나머지의 채무는 존속한다.

임대차의 묵시의 갱신이 있는 경우에 보증금은 제3자가 제공한 것도 소멸하지 않고 존속한다. 보증금은 제639조 제2항의 「담보」에 포함되지 않기 때문이다(대판 1977. 6. 7, 76다951).

⑷ 부동산소유권의 이전과 보증금의 승계 D-169

부동산임대차가 등기되어 있거나(621조) 건물소유를 목적으로 한 토지임차인이 그 지상건물을 등기한 때(622조)에는, 임차인은 임차한 부동산 또는 토지의 양수인에 대하여도 임차권을 가지고 대항할 수 있다. 그 경우에 보증금에 대한 권리·의무도 신 소유자에게 당연히 이전된다(3면계약으로 다른 특약을 한 때에는 예외이다).

⑸ 보증금반환청구권

판례에 의하면 임차인의 보증금반환청구권이 임차물 반환시에 채무를 공제한 잔액에 관하여 발생한다(D-167 참조). 그리고 임대인의 보증금반환의무는 임차인의 임차물반환의무와 동시이행관계에 있다(보증금의 개념상 후자가 선이행의무이나, 임차인 보호를 위하여 그렇게 새긴다)(통설·판례도 같은 견지에 있다. 대판(전원) 1977. 9. 28, 77다1241·1242[핵심판례 320면]; 대판 2002. 2. 26, 2001다77697 등 다수의 판결).

D-170

3. 권 리 금

권리금은 주로 도시에서 토지 또는 건물(특히 점포)의 임대차에 부수하여 임차물이 가지는 장소적 이익의 대가로서 임차인이 임대인에게(또는 임차권의 양수인이 양도인에게) 지급하는 금전이다. 임대차가 종료하더라도 임차인은 임대인에게 권리금의 반환을 청구하지 못하나, 임대인의 사정으로 임대차계약이 중도에 해지되는 것과 같은 특별한 사정이 있는 때에는 권리금 중 잔존기간에 대응하는 금액은 반환청구를 할 수 있다(대판 2008. 4. 10, 2007다76986·75993 등 다수).

「상가건물 임대차보호법」은 상가건물에 관하여 권리금을 인정하고 보호하는 규정을 신설하였다(동법 10조의 3 이하)(D-187 참조).

D-171

Ⅵ. 임대차의 종료

(1) 임대차의 종료원인

1) 존속기간의 만료 임대차에 존속기간이 정해져 있는 경우에는, 기간이 만료되면 사전 최고나 해지를 할 필요 없이 임대차는 종료한다(대판 1969. 1. 28, 68다1537).

2) 해지의 통고 ① 임대차의 존속기간을 약정하지 않은 때에는 당사자는 언제든지 계약해지의 통고를 할 수 있고, 상대방이 그 통고를 받은 날로부터 일정한 기간이 경과하면 임대차는 종료한다(635조). ② 임대차의 존속기간이 약정된 경우에도, 당사자 일방 또는 쌍방에게 해지권이 보류된 때에는, 제635조가 준용된다(636조). ③ 임차인이 파산선고를 받은 경우에는 임대차의 존속기간에 관한 약정이 있는 때에도 임대인 또는 파산관재인은 제635조의 규정에 의하여 계약해지의 통고를 할 수 있고(일정기간이 경과하면 임대차는 종료함), 그 경우에 각 당사자는 상대방에 대하여 계약해지로 인하여 생긴 손해의 배상을 청구하지 못한다(637조).

3) 해 지 일정한 경우에는 존속기간의 약정 유무를 묻지 않고 해지할 수 있도록 하고 있으며, 그때에는 즉시 해지의 효력이 생긴다. ① 임대인이 임차인의 의사에 반하여 보존행위를 하고 그로 인하여 임차의 목적을 달성할 수 없을 때(625조), ② 임차물의 일부가 임차인의 과실없이 멸실 기타의 사유로 사용·수익할 수 없는 경우에 잔존부분만으로 임차의 목적을 달성할 수 없는 때(627조 2항), ③ 임차인이 임대인의 동의 없이 임차권을 양도하거나 임차물을 전대한 경우(629조 2항), ④ 임차인의 차임연체액이 2기의 차임액에 달하는 때(640조·641조), ⑤ 그 밖에 당사자 일방의 채무불이행이 있는 때(544조·546조)에 그렇다.

(2) 임대차 종료의 효과

존속기간 만료의 경우에는 물론이고 해지통고나 해지에 의하여 임대차가 소멸하는 때에도, 임대차는 장래에 향하여 소멸한다. 즉 소급효가 없다(550조 참조). 그리고 해지의 경우 당사자 일방에 과실이 있으면 손해배상도 청구할 수 있다(551조 참조). 한편 임대차가 종료하면 임차인은 원상회복의무·임차물의 반환의무를 지고, 그 반면에 일정한 경우 비용상환청구권·지상시설 또는 부속물 매수청구권·철거권 등을 가지는데, 그에 관하여는 앞에서 모두 살펴보았다.

Ⅶ. 특수한 임대차

D-172

1. 전 세

전세는 빌리는 자가 일시에 고액(건물 시가의 반 정도)의 금전(전세금)을 건물소유자(대주)에게 지급하고 이를 전세계약이 종료하는 때에 돌려받기로 하며, 건물을 빌려쓰는 대가(차임)는 따로 지급하지 않고 전세금의 이자로 그것을 대신하는 방법이다. 채권적 전세에는 주택임대차보호법이 준용되므로(동법 12조), 그에 대하여는 주택임대차의 내용을 참고하면 될 것이다.

2. 주택임대차

D-173

주택의 임차인(및 채권적 전세권자)을 보호하기 위한 특별법으로 주택임대차보호법(이하에서는 「주임법」이라 함)이 있다. 이 법은 주거용 건물의 임대차에 관하여 민법에 대한 특례를 규정한 것이다(동법 1조). 주임법의 주요내용을 살펴본다.

(1) 적용범위

1) 주임법은 주거용 건물(이하에서는 「주택」이라 함)의 전부 또는 일부의 임대차에 적용되며, 그 임차주택의 일부가 주거 외의 목적으로 사용되는 경우에도 같다(동법 2조).

2) 주임법은 일시사용하기 위한 임대차임이 명백한 경우에는 적용되지 않는다(동법 11조).

3) 주임법은 「주택의 등기를 하지 아니한 전세계약」 즉 채권적 전세(미등기 전세)에 준용된다. 이 경우 「전세금」은 「임대차의 보증금」으로 본다(동법 12조).

4) 주임법에 의한 임차인의 보호는 법인인 임차인에게는 인정되지 않는데(대판 1997. 7. 11, 96다7236), 주임법을 두 차례 개정하여(2007. 8. 3, 2013. 8. 13) ① 주택도시기금을 재원으로 하여 저소득층 무주택자에게 주거생활 안정을 목적으로 전세임대주택을 지원하는 법인이 주택을 임차한 경우(동법 3조 2항)와 ② 중소기업기본법 제 2 조에 따른 중소기업에 해당하는 법인이 소속 직원의 주거용으로 주택을 임차한 경우(동법 3조 3항)에 대항력과 우선변제권을 부여하였으며, 그 결과 그러한 법인들은 보증금을 회복할 수 있게 되었다.

[참고] 주택임대차계약의 신고제도

임대차계약 당사자는, 대통령령으로 정하는 지역에서는, 주택(주임법 2조에 따른 주택을 말하며, 주택을 취득할 수 있는 권리를 포함함)에 대하여 대통령령으로 정하는 금액을 초과하는 임대차계약을 체결한 경우 그 보증금 또는 차임 등을 임대차계약의 체결일부터 30일 이내에 주택 소재지를 관할하는 신고관청에 공동으로 신고

하여야 한다(「부동산거래 신고 등에 관한 법률」 6조의 2 1항 본문). 그 제도의 상세한 내용에 대해서는 동법 제6조의 2~제6조의 5, 동법 시행령 제4조의 3 참조.

D-174 (2) 대 항 력

1) 요 건 주택임대차는 그 등기가 없는 경우에도 임차인이 주택을 인도받고 주민등록을 마친 때에는 그 다음 날부터 제3자에 대하여 효력이 생긴다(동법 3조 1항 1문). 이 경우 전입신고를 한 때 주민등록이 된 것으로 본다(동법 3조 1항 2문). 특기할 사항은 다음과 같다.

(가) 주택임차인이 임차권을 가지고 제3자에게 대항할 수 있으려면 그 당연한 전제로서 주임법에 의하여 보호되는 임차권을 유효하게 취득하여야 한다. 따라서 임대차가 주임법의 적용을 받지 않는 경우(D-173 참조)에는 대항력을 가질 수 없다.

(나) 주택의 인도와 더불어 대항력의 요건으로 규정되어 있는 「주민등록」은 거래의 안전을 위하여 임차권의 존재를 제3자가 명백하게 인식할 수 있게 하는 공시방법으로서 마련된 것이라고 볼 것이므로, 주민등록이 어떤 임대차를 공시하는 효력이 있는지 여부는 일반 사회통념상 그 주민등록으로 당해 임대차 건물에 임차인이 주소 또는 거소를 가진 자로 등록되어 있다고 인식할 수 있는지 여부에 따라 결정되어야 한다(대판 1987. 11. 10, 87다카1573 이래 무수한 판결).

「주민등록」은 언제 행하여진 것으로 보아야 하는가? 여기에 관하여 판례는 전입신고가 수리된 때라고 한다(대판 2009. 1. 30, 2006다17850).

여기의 「주민등록」은 임차인 본인뿐만 아니라 그 배우자나 자녀 등 가족의 주민등록을 포함한다(대판 2016. 10. 13, 2014다218030·218047 등 다수). 따라서 임차인 자신의 주민등록을 하지 않았어도 가족의 주민등록을 하였으면 이 요건을 갖추는 것이 된다. 그리고 임차인이 그 가족과 함께 그 주택에 대한 점유를 계속하고 있으면서 그 가족의 주민등록은 그대로 둔 채 임차인만 주민등록을 다른 곳으로 옮긴 경우에는, 전체적으로나 종국적으로 주민등록의 이탈이라고 볼 수 없어서 임차인은 대항력을 잃지 않는다(대판 1996. 1. 26, 95다30338 등).

주택의 인도 및 주민등록이라는 대항요건은 대항력 취득시에만 구비하면 족한 것이 아니고 그 대항력을 유지하기 위하여서도 계속 존속하고 있어야 한다(대판 2003. 7. 25, 2003다25461 등 다수의 판결).

D-175 2) 대항력의 내용

(가) 주택의 임차인이 주택의 인도와 주민등록을 마친 때에는, 그 다음 날부터(즉 다음 날 오전 영시부터. 대판 1999. 5. 25, 99다9981) 제3자에 대하여 효력이 생긴다(동법 3조 1항 본문). 그리하여 대항력이 생긴 이후에 이해관계를 맺은 자가 인도를 요구하여도 임차인은 그것을 거절하고 사용·수익을 계속할 수 있다. 그에 비하여 대항력이 생기기 전에 이해관계를 맺은 자에 대하여는 대항하지 못한다. 즉 임차주택에 저당권설정등기(대판 2000. 2. 11, 99다59306) 또는 가압류등기(대판 1983. 4. 26, 83다카116)가 행하여진 뒤

에 그 주택을 임차한 자는 저당권 실행 또는 가압류사건의 본안판결의 집행으로 그 부동산을 취득한 경락인에게 임대차의 효력을 주장할 수 없다. 저당권이 여러 개 존재하는 경우에는 최우선순위의 저당권과 임차권을 비교하여 판단한다.

(나) 임차인이 대항력을 가지는 경우, 임차주택이 양도된 때에는, 임차주택의 양수인(그 밖에 임대할 권리를 승계한 자를 포함한다)은 임대인의 지위를 승계한 것으로 본다(동법 3조 4항). 이는 주택이 양도되는 경우에 임차인을 보호하기 위하여 법률이 임대인의 지위승계를 의제한 것이다.

임차주택의 양수인이 임대인의 지위를 승계하는 경우에는, 임대차 보증금반환채무도 부동산의 소유권과 함께 일체로서 이전하며, 양도인의 임대인으로서의 지위나 보증금반환채무는 소멸한다(대판(전원) 2013. 1. 17, 2011다49523 등 다수).

3) 일정한 법인이 임차인인 경우 D-176

(가) 주택도시기금을 재원으로 하여 저소득층 무주택자에게 주거생활 안정을 목적으로 전세임대주택을 지원하는 법인이 주택을 임차한 후 지방자치단체의 장 또는 그 법인이 선정한 입주자가 그 주택을 인도받고 주민등록을 마친 때에는, 그 다음 날부터 제3자에 대하여 효력이 생기며, 이 경우 전입신고를 한 때에 주민등록이 된 것으로 본다(동법 3조 2항).

(나) 중소기업기본법 제2조에 따른 중소기업에 해당하는 법인이 소속 직원의 주거용으로 주택을 임차한 후 그 법인이 선정한 직원이 해당 주택을 인도받고 주민등록을 마쳤을 때에도, 그 다음 날부터 제3자에 대하여 효력이 생기며, 이 경우 전입신고를 한 때에 주민등록이 된 것으로 본다(동법 3조 3항 1문). 그런데 임대차가 끝나기 전에 그 직원이 변경된 경우에는, 그 법인이 선정한 새로운 직원이 주택을 인도받고 주민등록을 마친 다음 날부터 제3자에 대하여 효력이 생긴다(동법 3조 3항 2문).

(3) 존속의 보호 D-177

1) 주택임대차에 있어서 당사자가 그 존속기간을 정하지 않았거나 2년 미만으로 정한 때에는, 존속기간은 2년으로 의제된다(동법 4조 1항 본문). 다만, 임차인은 2년 미만으로 정한 기간이 유효함을 주장할 수 있다(동법 4조 1항 단서).

2) 임대차기간이 끝난 경우에도 임차인이 보증금을 반환받을 때까지는 임대차관계가 존속되는 것으로 본다(동법 4조 2항). 임차인의 보증금반환채권을 보호하기 위하여 둔 특칙이다.

3) 주임법은 묵시의 갱신에 관한 특별규정을 두고 있다. 그에 의하면, 임대인이 임대차기간이 끝나기 6개월 전부터 2개월 전까지의 기간에 임차인에게 갱신거절의 통지를 하지 않거나 계약조건을 변경하지 않으면 갱신하지 않는다는 뜻의 통지를 하지 않은 경우에는, 그 기간이 끝난 때에 전(前) 임대차와 동일한 조건으로 다시 임대차한 것으로 본다(동법 6조 1항 1문). 임차인이 임대차기간이 끝나기 2개월 전까지 통지하지 않은 경우에도 또한 같다(동법 6조 1항 2문). 이 경우 임대차의 존속기간은 2년으로 본다(동법 6조 2항). 그러나 임차인은 언제든지 임

대인에 대하여 계약해지를 통지(이는 통고라 고 해야 함)할 수 있고(동법 6조의 2 1항), 이 해지는 임대인이 그 통지를 받은 날부터 3개월이 지나면 그 효력이 발생한다(동법 6조의 2 2항).

묵시의 갱신은 임차인이 2기(期)의 차임액에 달하도록 차임을 연체하거나 그 밖에 임차인으로서의 의무를 현저히 위반한 때에는 인정되지 않는다(동법 6조 3항).

4) 주임법에는 최근(2020. 7. 31)에 임차인의 갱신요구권 제도가 신설되었다.

그에 따르면, 주임법 제6조에도 불구하고 임대인은 임차인이 동법 제6조 제1항 전단의 기간 이내에 계약갱신을 요구할 경우 정당한 사유 없이 거절하지 못한다(동법 6조의 3 1항 본문). 그런데 여기에는 예외가 있다(동법 6조의 3 1항 단서). 임차인이 2기의 차임액에 해당하는 금액에 이르도록 차임을 연체한 사실이 있는 경우 등이 그렇다(동항 1호-9호 참조).

D-178 (4) 차임 등의 증감청구권

약정한 차임이나 보증금이 임차주택에 관한 조세, 공과금, 그 밖의 부담의 증감이나 경제사정의 변동으로 인하여 적절하지 않게 된 때에는, 당사자는 장래에 대하여 그 증감을 청구할 수 있다(동법 7조 1항 1문). 이 경우 증액청구는 임대차계약 또는 약정한 차임이나 보증금의 증액이 있은 후 1년 이내에는 하지 못한다(동법 7조 1항 2문). 그리고 제1항에 따른 증액청구는 약정한 차임이나 보증금의 20분의 1의 금액을 초과하지 못한다(동법 7조 2항 본문). 다만, 특별시·광역시·특별자치시·도 및 특별자치도는 관할 구역 내의 지역별 임대차 시장 여건 등을 고려하여 본문의 범위에서 증액청구의 상한을 조례로 달리 정할 수 있다(동법 7조 2항 단서). 한편 임차인이 증액비율을 초과하여 차임 또는 보증금을 지급한 경우에는, 초과 지급된 차임 또는 보증금 상당금액의 반환을 청구할 수 있다(동법 10조의 2).

주임법 제7조는 임대차계약의 존속 중 당사자 일방이 약정한 차임 등의 증감을 청구한 때에 한하여 적용되고, 임대차계약이 종료된 후 재계약을 하거나 또는 임대차계약 종료 전이라도 당사자의 합의로 차임 등이 증액된 경우에는 적용되지 않는다(대판 2002. 6. 28, 2002다23482 등).

D-179 (5) 보증금의 효력

1) 보증금의 우선변제 주택임차인(동법 3조 2항·3항의 법인을 포함한다. 이하 같음)이 대항력을 위한 요건(동법 3조 1항의 요건인 주택인도와 주민등록 또는 동법 3조 2항·3항의 요건)을 갖추고 임대차계약증서(동법 3조 2항·3항의 경우에는 법인과 임대인 사이의 임대차계약증서)에 확정일자를 받은 경우에는, 민사집행법에 따른 경매 또는 국세징수법에 따른 공매를 할 때에 임차주택(대지를 포함한다)의 환가대금에서 후순위권리자나 그 밖의 채권자보다 우선하여 보증금을 변제받을 권리가 있다(동법 3조의 2 2항).

확정일자는 주택 소재지의 읍·면사무소, 동 주민센터 또는 시(특별시·광역시·특별자치시는 제외하고, 특별자치도는 포함한다)·군·구(자치구를 말한다)의 출장소, 지방법원 및 그 지원과 등기소 또는 공증인법에 따른 공증인(이하 이 조에서는 「확정일자부여기관」이라 한다)이 부여한다(동법 3조의 6 1항). 그리고 주택의 임대차에 이해관계가 있는 자는 확정일자 부여기관에 해당 주택의 확정일자 부여일, 차임 및 보증금 등 정보의 제공을 요청할 수 있고, 이 경우 요청을 받은 확정일자 부여기관은 정당한 사유 없이 이를 거부할 수 없다(동법 3조의 6 3항).

임차인이 임대인에게 임차보증금의 일부만을 지급하고 주임법 제3조 제1항에서 정한 대항요건과 임대차계약증서상의 확정일자를 갖춘 다음 나머지 보증금을 나중에 지급하였다고 하더라도, 특별한 사정이 없는 한, 대항요건과 확정일자를 갖춘 때를 기준으로 임차보증금 전액에 대해서 후순위권리자나 그 밖의 채권자보다 우선하여 변제를 받을 권리를 갖는다(대판 2017. 8. 29, 2017다212194).

판례(대판(전원) 2007. 6. 21, 2004다26133[핵심판례 326면]; 대판 2012. 7. 26, 2012다45689)에 따르면, 대항요건 및 확정일자를 갖춘 임차인(이 점 등에서는 소액임차인의 경우에도 같다)은 임차주택과 그 대지가 함께 경매될 경우뿐만 아니라 임차주택과 별도로 그 대지만이 경매될 경우에도 그 대지의 환가대금에 대하여 우선변제권을 행사할 수 있고, 이와 같은 우선변제권은 이른바 법정담보물권의 성격을 갖는 것으로서 임대차 성립시의 임차 목적물인 임차주택 및 대지의 가액을 기초로 임차인을 보호하고자 인정되는 것이므로, 임대차 성립 당시 임대인의 소유였던 대지가 타인에게 양도되어 임차주택과 대지의 소유자가 서로 달라지게 된 경우에도 마찬가지이다. 그리고 이러한 법리는 임차주택이 미등기인 경우에도 그대로 적용된다(대판(전원) 2007. 6. 21, 2004다26133[핵심판례 326면]).

D-180

확정일자를 갖춘 임차인에게 우선변제적 효력이 생기는 정확한 시기는, 확정일자를 입주 및 주민등록일과 같은 날 또는 그 이전에 갖춘 경우에는, 대항력과 마찬가지로 인도와 주민등록을 마친 다음 날부터이고(대판 1999. 3. 23, 98다46938 등), 대항력의 요건이 구비된 뒤에 확정일자를 받은 경우에는, 확정일자를 받은 즉시라고 할 것이다(대판 1992. 10. 13, 92다30597도 참조).

임차인이 대항력과 확정일자를 갖춘 후에 임대차계약이 갱신되더라도 대항력과 확정일자를 갖춘 때를 기준으로 종전 임대차의 내용에 따른 우선변제권을 행사할 수 있다(대판 2012. 7. 26, 2012다45689 등).

임차주택에 대하여 민사집행법에 따른 경매가 행하여진 경우에는, 임차권은 임차주택의 경락에 따라 소멸한다(동법 3조의 5 본문). 다만, 보증금이 전부 변제되지 않은, 대항력이 있는 임차권은 소멸하지 않는다(동법 3조의 5 단서). 그 결과 임대차기간이 끝난 경우에도 임차인이 보증금 전액을 반환받을 때까지 임대차관계는 존속하고(동법 4조 2항), 경락인이 임대인의 지위를 승계하게 된다(동법 3조 4항).

주임법에 의하여 우선변제의 효력이 인정되는 임대차 보증금반환채권은 당연히 배당을 받을 수 있는 채권(가압류채권자 · 저당권자 · 전세권자 등의 채권)이 아니고 배당요구가 필요한 배당요구채권이어서(민사집행법 148조 참조), 임차인이 경락기일까지 배당요구를 한 경우에 한하여 비로소 배당을 받을 수 있다.

D-181

2) 임차권등기명령 임대차가 종료되더라도 보증금을 반환받지 못하면 임차인은

대항력과 우선변제권을 잃을 염려 때문에 이사를 해야 할 사정이 있어도 하지 못하게 된다. 주임법은 이러한 임차인을 보호하기 위하여 임차권등기명령 제도를 마련하고 있다.

(가) 임대차가 끝난 후 보증금이 반환되지 않은 경우 임차인은 신청서에 일정사항(동법 3조의 3 2항 참조)을 적어 임차주택의 소재지를 관할하는 법원에 임차권등기명령을 신청할 수 있다(동법 3조의 3 1항)(임차인은 명령신청과 등기 관련 비용을 임대인에게 청구할 수 있다(동법 3조의 3 8항)). 그리고 임차권등기명령이 집행되어 임차권등기가 있게 되면, 임차인은 대항력 및 우선변제권을 취득한다(동법 3조의 3 5항 본문). 다만, 임차인이 임차권등기 이전에 이미 대항력이나 우선변제권을 취득한 경우에는 그 대항력이나 우선변제권은 그대로 유지되며, 임차권등기 이후에는 대항요건(동법 3조 1항의 대항요건인 주택인도와 주민등록 또는 동법 3조 2항·3항의 대항요건)을 상실하더라도 이미 취득한 대항력이나 우선변제권을 상실하지 않는다(동법 3조의 3 5항 단서). 한편 이와 같이 임차권등기가 된 주택(임대차의 목적이 주택의 일부분인 경우에는 해당부분으로 한정한다)을 그 이후에 임차한 임차인은 소액보증금의 우선변제권을 가질 수 없다(동법 3조의 3 6항).

(나) 임차권등기명령에 의한 등기의 경우의 효력은 제621조에 의한 임차권등기가 있는 때에도 그대로 인정된다(동법 3조의 4 1항). 따라서 임차인은 임차권등기명령에 의하지 않고 임대인의 협력을 얻어 제621조에 의한 등기를 할 수도 있다.

(다) 임대인의 임차보증금 반환의무는 임차권등기명령에 의한 임차권등기의 말소의무보다 먼저 이행되어야 할 의무이다(대판 2005. 6. 9, 2005다4529).

D-182 **3) 보증금 중 일정액의 보호** 임차인은 보증금 중 일정액을 다른 담보물권자보다 우선하여 변제받을 권리가 있다(동법 8조 1항 1문). 이 경우 임차인 즉 소액임차인은 주택에 대한 경매신청의 등기 전에 주임법 제3조 제1항의 요건(주택의 인도와 주민등록)을 갖추어야 한다(동법 8조 1항 2문). 임대차계약서에 확정일자까지 받을 필요는 없다. 그리고 이에 따라 우선변제를 받을 임차인 및 보증금 중 일정액의 범위와 기준은 주임법 제8조의 2에 따른 주택임대차위원회(우선변제를 받을 임차인 및 보증금 중 일정액의 범위와 기준을 심의하기 위하여 법무부에 법무부차관을 위원장으로 하는 주택임대차위원회를 둔다)의 심의를 거쳐 대통령령으로 정한다(동법 8조 3항 본문). 다만, 보증금 중 일정액의 범위와 기준은 주택가액(대지의 가액을 포함한다)의 2분의 1을 넘지 못한다(동법 8조 3항 단서).

소액임차인이 동시에 확정일자를 갖춘 경우에는, 소액임차인으로서의 권리와 확정일자를 갖춘 임차인으로서의 권리를 모두 가진다. 따라서 먼저 소액임차인으로서 소액보증금의 우선변제를 받고, 소액보증금을 초과하는 보증금에 대하여는 확정일자를 갖춘 임차인으로서 그 순위에 따라 환가대금에서 후순위권리자나 그 밖의 채권자보다 우선하여 보증금을 변제받을 수 있다(대판 2007. 11. 15, 2007다45562).

주임법 시행령에 의하면, 우선변제를 받을 수 있는 보증금 중 일정액의 범위는, 서울특별시에서는 보증금 1억 5,000만원 이하인 경우에 한하여 5,000만원까지이고, 수도권정비계획법에 따른 과밀억제권역(서울특별시는 제외한다)·세종특별자치시·용인시·화성시·김포시에서는 보증금 1억 3,000만원 이하인 경우에 한하여 4,300만원까지이고, 광역시(수도권정비계획법에 따른 과밀억제권역에 포함된 지역과 군지역은 제외한다)·안산시·광주시·파주시·이천시·평택시에서는 보증금 7,000만원 이하인 경우에 한하여 2,300만원까지이고, 그 밖의 지역에서는 보증금 6,000만원 이하인 경우에 한하여 2,000만원까지이다(동법 시행령 10조·11조). 그리고 하나의 주택에 임차인이 2명 이상이고, 그 각 보증금 중 일정액을 모두 합한 금액이 주택 가액의 2분의 1을 초과하는 경우에는, 그 각 보증금 중 일정액을 모두 합한 금액에 대한 각 임차인의 보증금 중 일정액의 비율로 그 주택가액의 2분의 1에 해당하는 금액을 분할한 금액을 각 임차인의 보증금 중 일정액으로 본다(동법 시행령 10조 3항). 또, 하나의 주택에 임차인이 2명 이상이고 이들이 그 주택에서 가정공동생활을 하는 경우에는, 이들을 1명의 임차인으로 보아 이들의 각 보증금을 합산한다(동법 시행령 10조 4항).

(6) 임차인의 사망과 주택임차권의 승계

D-183

임차인이 상속인 없이 사망한 경우에는, 그 주택에서 가정공동생활을 하던 사실상의 혼인관계에 있는 자가 임차인의 권리와 의무를 승계한다(동법 9조 1항). 이때 임대차관계에서 이미 생긴 채권·채무는 임차인의 권리의무를 승계한 자에게 귀속된다(동법 9조 4항). 그러나 임차인이 사망한 후 1개월 이내에 임대인에게 승계대상자가 반대의사를 표시한 경우에는, 임차인의 권리의무가 승계되지 않는다(동법 9조 3항).

임차인이 사망한 때에 사망 당시 상속인이 그 주택에서 가정공동생활을 하고 있지 않은 경우에는, 그 주택에서 가정공동생활을 하던 사실상의 혼인관계에 있는 자와 2촌 이내의 친족이 공동으로 임차인의 권리와 의무를 승계한다(동법 9조 2항). 그리고 이때에도 임대차관계에서 이미 생긴 채권·채무는 임차인의 권리의무를 승계한 자에게 귀속된다(동법 9조 4항). 또 임차인이 사망한 후 1개월 이내에 임대인에게 승계대상자가 반대의사를 표시하면 승계가 되지 않는다(동법 9조 3항).

(7) 월차임 전환시 산정률의 제한

보증금의 전부 또는 일부를 월 단위의 차임으로 전환하는 경우에는, 그 전환되는 금액에 다음 둘 중 낮은 비율을 곱한 월차임의 범위를 초과할 수 없다(동법 7조의 2). ① 은행법에 따른 은행에서 적용하는 대출금리와 해당 지역의 경제여건 등을 고려하여 대통령령으로 정하는 비율(연 1할임. 동법 시행령 9조 1항)(동법 7조의 2 1호), ② 한국은행에서 공시한 기준금리에 대통령령으로 정하는 비율(연 2퍼센트임. 동법 시행령 9조 2항)을 더한 비율(동법 7조의 2 2호).

임차인이 주임법 제 7 조의 2에 따른 월차임 산정률을 초과하여 차임을 지급한 경우에는, 초과 지급된 차임 또는 보증금 상당금액의 반환을 청구할 수 있다(동법 10조의 2).

(8) 강행규정

주임법에 위반된 약정으로서 임차인에게 불리한 것은 그 효력이 없다(동법 10조).

D-184

3. 상가건물임대차

상가건물 임차인을 보호하기 위한 특별법으로 「상가건물 임대차보호법」이 있다. 이 법은 상가건물임대차에 관하여 민법에 대한 특례를 규정한 것이다(동법 1조). 이 법의 주요내용은 다음과 같다.

(1) 적용범위

「상가건물 임대차보호법」(이하 여기에서는 동법이라 함)은 상가건물(3조 1항에 따른 사업자등록의 대상이 되는 건물을 말한다)의 임대차(임대차 목적물의 주된 부분을 영업용으로 사용하는 경우를 포함한다)에 대하여 적용된다(동법 2조 1항 본문). 다만, 동법 제14조의 2에 따른 상가건물임대차 위원회(우선변제를 받을 임차인 및 보증금 중 일정액의 범위와 기준 등을 심의하기 위하여 법무부에 법무부차관을 위원장으로 하는 상가건물임대차 위원회를 둔다. 동법 14조의 2)의 심의를 거쳐 대통령령으로 정하는 보증금액(동법 시행령 2조 1항에 따르면, 차임이 있을 경우에는 월 단위 차임에 100을 곱한 액을 보증금과 합하여(동법 시행령 2조 2항·3항), 서울특별시에서는 9억원, 수도권정비계획법에 따른 과밀억제권역(서울특별시는 제외한다) 및 부산광역시에서는 6억 9천만원, 광역시(수도권정비계획법에 따른 과밀억제권역에 포함된 지역과 군지역, 부산광역시는 제외한다)·세종특별자치시·파주시·화성시·안산시·용인시·김포시·광주시에서는 5억 4천만원, 그 밖의 지역에서는 3억 7천만원임)을 초과하는 임대차에 대하여는 적용되지 않는다(동법 2조 1항 단서). 그런데 동법 제 2 조 제 1 항 단서에도 불구하고 동법 제 3 조, 제10조 제 1 항· 제 2 항·제 3 항 본문, 제10조의 2부터 제10조의 9, 제19조는 제 2 조 제 1 항 단서에 따른 보증금액을 초과하는 임대차에 대하여도 적용한다(동법 2조 3항). 그리고 동법은 일시사용을 위한 임대차임이 명백한 경우에는 적용되지 않는다(동법 16조).

(2) 대 항 력

상가건물임대차(이하 여기서는 임대차라 함)는 그 등기가 없는 경우에도, 임차인이 건물의 인도와 부가가치세법 제 8 조, 소득세법 제168조 또는 법인세법 제111조에 따른 사업자등록을 신청하면 그 다음 날부터 제 3 자에 대하여 효력이 생긴다(동법 3조 1항). 그리고 임차인이 대항력을 가지는 경우, 임차건물의 양수인(그 밖에 임대할 권리를 승계한 자를 포함한다)은 임대인의 지위를 승계한 것으로 본다(동법 3조 2항).

D-185

(3) 보증금의 효력

1) 보증금의 우선변제 제 3 조 제 1 항의 대항요건을 갖추고, 관할 세무서장으로부터 임대차계약서상의 확정일자를 받은 임차인은 민사집행법에 따른 경매 또는 국세징수법에 따른 공매시 임차건물(임대인 소유의 대지를 포함한다)의 환가대금에서 후순위권리자나 그 밖의 채권자보다 우선하여 보증금을 변제받을 권리가 있다(동법 5조 2항).

임차권은 임차건물에 대하여 민사집행법에 따른 경매가 실시된 경우에는 그 임차건물이 매각되면 소멸한다(동법 8조 본문). 다만, 보증금이 전액 변제되지 않은, 대항력이 있는 임차권은 소멸하지 않는다(동법 8조 단서).

2) 임차권등기명령 임대차가 종료된 후 보증금이 반환되지 않은 경우 임차인은 신청서에 일정사항(동법 6조 2항)을 적어 임차건물의 소재지를 관할하는 법원에 임차권등기명령을 신청할 수 있다(동법 6조 1항). 임차권등기명령의 집행에 따른 임차권등기를 마치면, 임차인은

대항력과 우선변제권을 취득한다(동법 6조 5항 본문). 다만, 임차인이 임차권등기 이전에 이미 대항력 또는 우선변제권을 취득한 경우에는 그 대항력 또는 우선변제권이 그대로 유지되며, 임차권등기 이후에는 대항요건을 상실하더라도 이미 취득한 대항력 또는 우선변제권을 상실하지 않는다(동법 6조 5항 단서). 한편 임차권등기명령의 집행에 따른 임차권등기를 마친 건물(임대차의 목적이 건물의 일부분인 경우에는 그 부분으로 한정한다)을 그 이후에 임차한 임차인은 우선변제를 받을 권리가 없다(동법 6조 6항).

3) 보증금 중 일정액의 보호 임차인은 보증금 중 일정액을 다른 담보물권자보다 우선하여 변제받을 권리가 있다(동법 14조 1항 1문). 이 경우 임차인은 건물에 대한 경매신청의 등기 전에 동법 제3조 제1항의 요건을 갖추어야 한다(동법 14조 1항 2문). 그리고 이에 따라 우선변제를 받을 임차인 및 보증금 중 일정액의 범위와 기준은 임대건물 가액(임대인 소유의 대지가액을 포함한다)의 2분의 1 범위에서 해당 지역의 경제여건, 보증금 및 차임 등을 고려하여 동법 제14조의 2에 따른 상가건물임대차 위원회의 심의를 거쳐 대통령령으로 정한다(동법 14조 3항). 그리고 대통령령에 의하면 상가건물 가액의 2분의 1에 해당하는 금액까지만 우선변제권이 있다(동법 시행령 7조 2항·3항).

동법 시행령에 의하면, 우선변제를 받을 보증금의 범위는 서울특별시에서는 보증금(보증금과 차임이 있는 경우에는 동법 2조 2항에 의하여 환산한 금액의 합계. 환산금액은 현재는 월 단위 차임에 100을 곱한 액임(동법 시행령 2조 2항·3항))이 6,500만원 이하인 경우에 한하여 2,200만원까지이고, 수도권정비계획법에 따른 과밀억제권역(서울특별시는 제외한다)에서는 5,500만원 이하인 경우에 한하여 1,900만원까지이고, 광역시(수도권정비계획법에 따른 과밀억제권역에 포함된 지역과 군지역은 제외한다)·안산시·용인시·김포시·광주시에서는 3,800만원 이하인 경우에 한하여 1,300만원까지이고, 그 밖의 지역에서는 3,000만원 이하인 경우에 한하여 1,000만원까지이다(동법 시행령 6조·7조).

(4) 존속의 보호 D-186

당사자가 임대차의 존속기간을 정하지 않았거나 기간을 1년 미만으로 정한 경우에는, 그 기간을 1년으로 본다(동법 9조 1항 본문). 다만, 임차인은 1년 미만으로 정한 기간이 유효함을 주장할 수 있다(동법 9조 1항 단서).

임대차가 종료한 경우에도 임차인이 보증금을 돌려받을 때까지는 임대차관계는 존속하는 것으로 본다(동법 9조 2항).

동법은 임차인의 계약갱신요구권과 묵시의 갱신을 규정하고 있다. ① 임대인은 임차인이 임대차기간이 만료되기 6개월 전부터 1개월 전까지 사이에 계약갱신을 요구할 경우 정당한 사유 없이 거절하지 못한다(동법 10조 1항 본문. 동항 단서에 8가지의 예외사유가 규정됨). 그런데 임차인의 계약갱신요구권은 최초의 임대차기간을 포함한 전체 임대차기간이 10년을 초과하지 않는 범위에서만 행사할 수 있다(동법 10조 2항). 이 경우 갱신되는 임대차는 전 임대차와 동일한 조건으로 다시 계약된 것으로 본다. 다만, 차임과 보증금은 동법 제11조의 규정에 따른 범위에서 증감할 수 있다(동법 10조 3항). ② 임대인이 동법 제10조 제1항의 기간 이내에 임차인에게 갱신거절의 통지 또는 조건변경의 통지를 하지 않은 경우에는, 그 기간이 만료된 때에 전 임대차와 동일한 조건으로 다시 임대차한 것으로 본다(동법 10조 4항 1문). 이 경우에 임대차의 존속기간은 1년으로 본다(동법 10조 4항 2문). 이것이 묵시의 갱신이다. 그런데 이 경우 임차인은 언제든지 임대인에게 계약해지의 통고를 할 수 있고, 임대인이 통고를 받은 날부터 3개월이 지나면 효력이 발생한다(동법 10조 5항).

동법 제2조 제1항 단서에 따른 보증금액을 초과하는 임대차의 계약갱신의 경우에는, 당사자는 상가건물에 관한 조세, 공과금, 주변 상가건물의 차임 및 보증금, 그 밖의 부담이나 경제사정의 변동 등을 고려하여 차임과 보증금의 증감을 청구할 수 있다(동법 10조의 2).

D-187 (5) 권리금의 인정과 보호

동법은 종래 법적으로 인정받지 못하고 있었던 권리금을 인정하고 그것의 회수를 돕는 규정을 신설하였다. 동법의 규정내용은 다음과 같다.

권리금이란 임대차 목적물인 상가건물(동법의 적용을 받는 상가건물이어야 하나, 그중에서도 일정한 상가건물의 경우는 적용되지 않음. 동법 10조의 5)에서 영업을 하는 자 또는 영업을 하려는 자가 영업시설·비품, 거래처, 신용, 영업상의 노하우, 상가건물의 위치에 따른 영업상의 이점 등 유형·무형의 재산적 가치의 양도 또는 이용대가로서 임대인, 임차인에게 보증금과 차임 이외에 지급하는 금전 등의 대가를 말한다(동법 10조의 3 1항). 그리고 권리금 계약이란 신규임차인이 되려는 자가 임차인에게 권리금을 지급하기로 하는 계약을 말한다(동법 10조의 3 2항).

임대인은 임대차기간이 끝나기 6개월 전부터 임대차 종료 시까지 일정한 행위(신규임차인에게 권리금을 요구하는 등 동법 10조의 4 1항 1호-4호가 정하는 행위. 그리고 동조 1항 4호와 관련된 동조 2항의 1호-4호도 참조)를 함으로써 권리금 계약에 따라 임차인이 주선한 신규임차인이 되려는 자로부터 권리금을 지급받는 것을 방해하여서는 안 된다(동법 10조의 4 1항 본문). 다만, 동법 제10조 제1항 각 호의 어느 하나에 해당하는 사유가 있는 경우에는 그렇지 않다(동법 10조의 4 1항 단서). 그리고 임대인이 동조 제1항을 위반하여 임차인에게 손해를 발생하게 한 때에는 그 손해를 배상할 책임이 있으며, 이 경우 그 손해배상액은 신규임차인이 임차인에게 지급하기로 한 권리금과 임대차 종료 당시의 권리금 중 낮은 금액을 넘지 못한다(동법 10조의 4 3항). 또한 동조 제3항에 따라 임대인에게 손해배상을 청구할 권리는 임대차가 종료한 날부터 3년 이내에 행사하지 않으면 시효의 완성으로 소멸한다(동법 10조의 4 4항).

(6) 차임지급의 연체와 해제

임차인의 차임연체액이 3기의 차임액에 달하는 때에는 임대인은 계약을 해지할 수 있다(동법 10조의 8). 이는 민법 제640조와 유사한 규정을 신설한 것이다.

[참고] 계약 갱신요구 등에 관한 임시 특례규정

동법은 임시 특례규정으로, 2020. 9. 29. 개정법률의 시행일(2020. 9. 29)부터 6개월까지의 기간 동안 연체한 차임액은 동법 제10조 제1항 제1호, 제10조의 4 제1항 단서 및 제10조의 8의 적용에 있어서는 차임연체액으로 보지 않으며, 이 경우 연체한 차임액에 대한 임대인의 그 밖의 권리는 영향을 받지 않는다는 규정을 두었다(동법 10조의 9).

(7) 차임 등의 증감청구권 D-188

약정한 차임 또는 보증금이 임차건물에 관한 조세, 공과금, 그 밖의 부담의 증감이나 「감염병의 예방 및 관리에 관한 법률」 제 2 조 제 2 호에 따른 제 1 급감염병 등에 의한 경제사정의 변동으로 인하여 상당하지 않게 된 때에는 당사자는 장래의 차임 또는 보증금에 대하여 증감을 청구할 수 있다(동법 11조 1항 본문). 그러나 차임 또는 보증금의 증액청구는 청구 당시의 차임 또는 보증금의 100분의 5의 금액을 초과하지 못하고(동법 11조 1항 단서, 동법 시행령 4조), 임대차계약 또는 약정한 차임 등의 증액이 있은 후 1년 이내에는 하지 못한다(동법 11조 2항). 그리고 「감염병의 예방 및 관리에 관한 법률」 제 2 조 제 2 호에 따른 제 1 급감염병에 의한 경제사정의 변동으로 차임 등이 감액된 후 임대인이 제 1 항에 따라 증액을 청구하는 경우에는 증액된 차임 등이 감액 전 차임 등의 금액에 달할 때까지는 같은 항 단서를 적용하지 않는다(동법 11조 3항).

제 7 절 고 용

I. 서 설 D-189

(1) 의의 · 법적 성질

1) 의 의 고용은 당사자 일방(노무자)이 상대방(사용자)에 대하여 노무를 제공할 것을 약정하고, 상대방이 이에 대하여 보수를 지급할 것을 약정함으로써 성립하는 계약이다(655조).

2) 사회적 작용 오늘날에는 노동법의 등장으로 민법의 고용에 관한 규정은 그 적용범위가 한정되어 있어서 의미가 크지 않다.

3) 법적 성질 고용은 낙성·쌍무·유상·불요식의 계약이다(655조).

(2) 고용과 근로계약

1) 근대민법에서의 고용 근대민법은 노무제공관계를 하나의 채권관계로 규율하면서 그 내용을 각자가 자유롭게 정할 수 있도록 하였다. 그것이 바로 고용계약이다. 이러한 점은 우리 민법에서도 같다.

2) 근로계약 노동법에서 노동법 원리에 의하여 규율하는 노무이용계약을 근로계약이라고 한다. 이 근로계약은 민법상의 고용계약의 특수한 것이다.

3) 고용과 근로계약의 관계 근로계약은 본질상 고용계약과 같으나, 노동법에 의하

여 규율되고 있는 것이다. 이러한 근로계약에 대하여는 근로기준법과 같은 노동법이 우선적으로 적용된다. 따라서 민법의 고용에 관한 규정은 노동법에 규정이 없는 사항에 대하여만 보충적으로 적용될 뿐이다.

D-190

Ⅱ. 고용의 성립

(1) 성립요건

고용은 낙성계약이므로 당사자의 합의만 있으면 성립한다. 그 합의는 적어도 노무자의 노무제공과 사용자의 보수지급에 관하여 행하여져야 한다. 다만, 보수지급(고용의 본질적 구성부분임)에 관하여는 약정이 없어도 민법이 이를 보충하여 준다(656조). 이 점은 다른 전형계약과 다른 점이다.

(2) 고용이 무효 · 취소된 경우 소급효 제한

고용계약에 있어서 노무가 제공된 후에 계약이 무효임이 드러나거나 취소된 경우에는, 계약관계는 장래에 향하여서만 효력을 잃는다고 하여야 한다.

D-191

Ⅲ. 고용의 효력

1. 노무자의 의무

(1) 노무제공의무

노무자는 계약에서 정한 대로(약정하지 않은 때에는 관습에 의하여 정해짐. 106조 참조) 노무를 제공하여야 한다. 노무자는 약정된 노무를 제공하면 되므로, 사용자가 노무자에 대하여 약정하지 않은 노무의 제공을 요구한 때에는, 노무자는 계약을 해지할 수 있다(658조 1항). 한편 약정한 노무가 특수한 기능을 요하는 경우에, 노무자가 그 기능이 없는 때에는, 사용자는 계약을 해지할 수 있다(658조 2항).

노무자는 원칙적으로 자신이 노무를 급부하여야 한다(노무제공의무의 일신전속성). 따라서 노무자는 사용자의 동의 없이 제 3 자로 하여금 자기에 갈음하여 노무를 제공하게 하지 못하며(657조 2항), 노무자가 이를 위반한 때에는 사용자는 계약을 해지할 수 있다(657조 3항). 그리고 사용자도 노무자의 동의 없이 그의 노무청구권을 제 3 자에게 양도하지 못하며(657조 1항), 사용자가 이를 위반한 때에는 노무자는 계약을 해지할 수 있다(657조 3항).

(2) 성실의무(충실의무)

신의칙에 기하여 노무자는 노무제공의무를 비롯하여 그가 부담하는 여러 의무를 성실하게 이행하여야 하며, 그 결과로 사용자에게 불이익을 주지 않아야 할 의무(예: 업무상 비밀준수, 각종 물자나

(전기 등의 절약, 기계·기구의 주의 깊은 관리)가 있다(통설도 같음). 이는 「기타의 행위의무」(C-27 참조)에 해당하는 것이다.

2. 사용자의 의무

D-192

(1) 보수지급의무

사용자는 보수지급의무가 있다. 보수의 종류와 액수는 당사자의 계약으로 정하여지나, 약정이 없으면 관습으로 정하여진다(656조 1항).

보수는 약정한 시기에 지급하여야 하며, 약정이 없으면 관습에 의하고, 관습이 없으면 약정한 노무를 종료한 후 지체없이 지급하여야 한다(656조 2항).

(2) 안전배려의무

신의칙에 기하여 노무자가 사용자에 대하여 성실의무를 부담하는 데 대응하여, 사용자는 노무자가 노무를 제공하는 과정에서 노무자의 생명·신체·건강의 안전을 배려할 의무가 있다. 통설·판례(대판 2001. 7. 27, 99다56734 등 다수. 판례는 보호의무라고 한다)도 같다. 이 의무 역시 「기타의 행위의무」이다.

Ⅳ. 고용의 종료

D-193

고용은 계약기간의 만료, 당사자의 합의, 계약종료의 일반적인 원인 등으로 종료되나, 민법은 그 밖에 일정한 경우에 해지통고나 해지를 할 수 있도록 하고 있다. 몇 가지 종료원인을 살펴보기로 한다.

(1) 고용기간의 만료

당사자가 고용기간을 정한 경우에는, 그 기간의 만료로 고용은 종료한다. 그러나 고용기간이 만료한 후 노무자가 계속하여 그 노무를 제공하는 경우에, 사용자가 상당한 기간 내에 이의를 하지 않은 때에는, 전(前) 고용(雇傭)과 동일한 조건으로 다시 고용한 것으로 본다(662조 1항 본문). 다만, 고용기간은 정하지 않은 것으로 되며, 당사자는 제660조에 의하여 해지의 통고를 할 수 있다(662조 1항 단서). 이러한 묵시의 갱신이 있는 경우에는 전 고용에 대하여 제3자가 제공한 담보는 기간의 만료로 인하여 소멸한다(662조 2항).

(2) 해지의 통고

고용기간의 약정이 없는 때에는, 당사자는 언제든지 계약해지의 통고를 할 수 있다(660조 1항). 이 해지통고가 있으면 상대방이 해지의 통고를 받은 날로부터 1개월이 경과한 때에 해지의 효력이 생긴다(660조 2항). 그러나 기간으로 보수를 정한 경우에는 상대방이 해지의 통고를 받은 당기(當期) 후의 1기(期)를 경과한 때에 해지의 효력이 생긴다(660조 3항).

고용의 약정기간이 3년을 넘거나 당사자의 일방 또는 제3자의 종신까지로 된 때에는, 각 당사자는 3년을 경과한 후 언제든지 계약해지의 통고를 할 수 있다(659조 1항). 이 경우에는 상대방이 해지의 통고를 받은 날로부터 3개월이 경과한 때에 해지의 효력이 생긴다(659조 2항).

(3) 해 지

고용기간의 약정이 있는 경우에도 부득이한 사유가 있는 때에는, 각 당사자는 계약을 해지할 수 있다(661조 본문). 그러나 그 사유가 당사자 일방의 과실로 인하여 생긴 때에는, 상대방에 대하여 손해를 배상하여야 한다(661조 단서).

사용자가 파산선고를 받은 경우에는, 고용기간의 약정이 있는 때에도, 노무자 또는 파산관재인은 계약을 해지할 수 있다(663조 1항). 이 경우에는 각 당사자는 계약해지로 인한 손해의 배상을 청구하지 못한다(663조 2항).

(4) 제657조·제658조에 의하여 사용자나 노무자가 계약을 해지할 수 있는데, 그에 관하여는 앞에서 설명하였다(D-191 참조).

(5) 노무자가 사망하면 고용은 종료한다. 그러나 사용자가 사망하면 원칙적으로 고용은 종료하지 않는다. 다만, 사용자의 개성에 중점이 두어져 있는 경우(예: 사용자를 간호하는 내용의 고용)에는 예외이다.

제 8 절 도 급

D-194

Ⅰ. 서 설

1. 도급의 의의 및 사회적 작용

도급은 당사자 일방(수급인)이 어떤 일을 완성할 것을 약정하고, 상대방(도급인)이 그 일의 결과에 대하여 보수를 지급할 것을 약정함으로써 성립하는 계약이다(664조). 도급도 고용처럼 노무공급계약에 해당하나 「일의 완성」을 목적으로 하는 데에 특색이 있다.

오늘날 도급은 각종의 건설공사나 선박의 건조 등에 많이 이용될 뿐만 아니라 운송·출판·연구의뢰 등에도 이용되고 있다.

2. 도급의 법적 성질

(1) 일반적인 도급의 경우

도급은 낙성·쌍무·유상·불요식의 계약이다.

(2) 제작물 공급계약

제작물 공급계약은 당사자 일방(제작자)이 상대방(주문자)의 주문에 따라서 전적으로 또는 주로 자기의 재료를 사용하여 제작한 물건을 공급하기로 하고, 이에 대하여 상대방이 보수를 지급하기로 하는 계약이다(예: 가구, 특정인에 맞는 양복, 특별한 설계에 의한 기계의 제작). 제작물 공급계약에는 「물건의 제작」(도급에서의 일의 완성에 해당함)과 「제작된 물건의 공급」(매매의 성질)의 요소가 있기 때문에 그 성질에 관하여 논란이 되고 있다. 학설은 i) 제작물이 대체물인 때에는 매매이고, 부대체물인 때에는 도급이라는 견해(사견도 같음), ii) 언제나 도급이라는 견해(소유권은 주문자에게 귀속한다고 함) 등으로 나뉘어 있다. 그리고 판례는 i)설과 같다(대판 2010. 11. 25, 2010다56685 등 다수).

Ⅱ. 도급의 성립

D-195

도급은 낙성계약이므로 당사자의 합의만 있으면 성립한다(664조). 그 합의는 적어도 「일의 완성」과 「보수의 지급」에 대하여 이루어져야 한다.

여기서 「일」이란 노무에 의하는 결과인데, 거기에는 건물의 건축·선박의 건조·가옥의 수리와 같은 유형적 결과뿐만 아니라 사람의 운송·병의 치료·소송사건의 처리·음악의 연주·강연과 같은 무형적인 결과도 포함된다. 일의 「완성」은 노무에 의하여 일정한 결과가 발생하게 하는 것이다.

도급이 무형적인 결과의 완성을 목적으로 하는 때에는 특히 위임과의 구별이 문제되나, 구체적인 결과의 발생을 목적으로 하는지 아니면 단순히 사무처리를 맡긴 것인지에 따라, 전자인 때에는 도급이 되고 후자인 때에는 위임이 된다. 예컨대 병의 치료나 소송사건의 처리를 목적으로 하는 계약의 경우, 병의 완치나 승소를 목적으로 한 것이면 도급계약이고, 단순히 병의 치료나 소송사건의 수행이라는 사무의 처리를 맡긴 것이면 위임으로 된다.

Ⅲ. 도급의 효력

D-196

1. 수급인의 의무

(1) 일을 완성할 의무

수급인은 적당한 시기에 일에 착수하여 이를 완성할 의무가 있다. 수급인이 이 의무를 게을리하는 경우에는 제544조·제545조에 의하여 계약을 해제할 수 있다.

수급인은 도급인으로부터 독립한 지위에서 일을 하게 되나, 도급인은 수급인에게 큰 부담을 주지 않는 범위 내에서 적당한 지시나 감독을 할 수 있다(669조 참조). 그리고 일의 완성은, 일의 성질상 또는 당사자의 특약에 의하여 수급인이 직접 하여야 하는 경우가 아니면, 제 3 자로 하여금 하게 하여도 무방하다(통설·판례도 같음. 대판 2002. 4. 12, 2001다82545·82552). 한편 수급인이 제 3 자를 이행대행자로 사용하는 경우는 하도급(下都給)이라고 한다(하도급 관련 특별법으로 「하도급거래 공정화에 관한 법률」, 건설산업기본법(22조 이하) 등이 있다).

(2) 목적물인도의무

도급의 목적이 가옥지붕의 수리·병의 치료와 같은 경우에는 수급인은 수리나 치료의 완료로 그의 의무를 다한 것이 된다. 그런데 제작물 공급계약 등의 경우에는 완성한 목적물을 도급인에게 인도할 의무가 있다.

여기의 인도는 단순한 직접점유의 이전에 그치지 않으며, 도급인에 의하여 일의 완성 여부가 검사되면서 직접점유를 받는 것 즉 검수(檢收)를 의미한다(이설이 없으며, 판례도 같다. 대판 2006. 10. 13, 2004다21862).

D-197 (3) 완성물의 소유권귀속 문제

도급인 또는 수급인이 재료를 공급하여 완성된 것이 독립한 존재를 가지게 되면 그 물건의 소유권의 귀속이 문제된다.

1) 도급인이 재료의 전부 또는 주요부분을 공급하는 경우에는, 완성된 물건의 소유권은 그것이 동산이든 부동산이든 모두 원시적으로 도급인에게 귀속하며, 여기에는 가공에 관한 제259조가 적용되지 않는다(그것이 당사자의 의사에 부합하기 때문에). 학설·판례(대판 1962. 7. 6, 4292민상876)도 같다.

2) 수급인이 재료의 전부 또는 주요부분을 제공한 경우에 대하여는 다툼이 있다. 우선 당사자 사이에 명시적 또는 묵시적 특약이 있는 때에는 그 특약에 의하여 정하여지며, 이에 대하여는 학설·판례(대판 1985. 5. 28, 84다카2234[핵심판례 328면])가 일치한다. 당사자 사이에 특약이 없는 때에 관하여 학설은 i) 완성물이 동산이든 부동산이든 수급인에게 귀속한다는 견해와 ii) 완성물이 동산인 경우에는 수급인에게 속하나, 부동산인 경우에는 원시적으로 도급인에게 속한다는 견해(사견도 같음)로 나뉜다. 한편 판례는 i)설과 같이 — 특약이 없는 한 — 수급인에게 귀속된다고 한다(대판 2011. 8. 25, 2009다67443·67450 등 다수의 판결). 그리고 — 원시적으로 수급인에게 귀속한다고 하는 — i)설과 판례는 목적물을 인도할 때에 소유권이 도급인에게 이전한다고 한다(대판 1985. 5. 28, 84다카2234[핵심판례 328면]; 대판 1988. 12. 27, 87다카1138·1139 등).

D-198 (4) 담보책임

1) 법적 성질 수급인이 「완성된 일」의 하자에 대하여 지는 책임이 수급인의 담보책임이다(하자담보책임). 도급은 유상계약이기 때문에 거기에는 매도인의 담보책임에 관한 규정이 준용된다(567조 참조). 그런데 민법은 수급인의 담보책임에 관하여 특별규정을 두고 있다(667조 – 672조).

제667조가 정하고 있는 수급인의 하자담보책임은 무과실책임이다(통설·판례도 같다. 대판 1990. 3. 9, 88다카31866 등). 따라서 수급인의 담보책임이 발생하기 위하여 하자가 수급인의 유책사유로 생겼을 필요는 없다.

하자가 수급인의 유책사유로 생긴 경우에 수급인은 불완전이행 내지 불완전급부

(C-114 이하 참조. 이는 통설의 불완전이행에 속함)의 책임을 지는가? 여기에 관하여 학설은 i) 불완전이행이 배제된다는 견해와 ii) 수급인의 하자담보책임에 의하여 도급인의 손해가 충분히 전보되지 않는 범위에서 수급인의 불완전이행책임을 인정하여야 한다는 견해(사견도 같음)로 나뉘어 있다. 그리고 판례는 도급계약에 따라 완성된 목적물에 하자가 있는 경우에 수급인의 하자담보책임과 채무불이행책임은 별개의 권원에 의하여 경합적으로 인정된다고 하고(대판 2020. 1. 30, 2019다268252), 또 완성물의 하자에 의해 확대손해가 발생한 경우에 수급인의 손해배상책임을 인정하여(대판 2005. 11. 10, 2004다37676 등) ii)설의 견지에 있다.

2) 요 건 수급인의 담보책임이 생기려면 「완성된 목적물 또는 완성 전의 성취된 부분에 하자」가 있어야 한다(667조·668조). 여기서 「완성 전의 성취된 부분」이라 함은 도급계약에 따른 일이 전부 완성되지는 않았지만 하자가 발생한 부분의 작업이 완료된 상태를 말한다(대판 2001. 9. 18, 2001다9304).

3) 책임의 내용 수급인의 담보책임의 요건이 갖추어진 경우에는 도급인은 하자보수청구권·손해배상청구권·계약해제권을 가진다. D-199

(가) 하자보수청구권 도급인은 수급인에 대하여 상당한 기간을 정하여 그 하자의 보수(補修)를 청구할 수 있다(667조 1항 본문). 그러나 하자가 중요하지 않은 경우에 그 보수에 과다한 비용을 요할 때에는 보수를 청구하지 못한다(667조 1항 단서). 이때에는 ― 하자보수에 갈음하는 손해배상도 청구할 수 없고(667조 2항 참조) ― 그 하자로 인하여 입은 손해의 배상만을 청구할 수 있을 뿐이다(동지 대판 1998. 3. 13, 97다54376 등). 그에 비하여 하자가 중요한 경우에는 비록 보수에 과다한 비용이 필요하더라도 그 보수에 갈음하는 비용, 즉 실제로 보수에 필요한 비용이 모두 손해배상에 포함된다(대판 2016. 8. 18, 2014다31691).

(a) 도급인이 상당한 기간을 정하여 하자보수를 청구한 경우에는, 그 기간이 경과할 때까지는 도급인은 하자보수에 갈음하는 손해배상을 청구하지 못한다(통설). 민법이 보수청구권(補修請求權)과 보수(補修)에 갈음하는 손해배상청구권을 선택적으로 행사할 수 있도록 규정하고 있기 때문이다(667조 1항·2항 참조).

(b) 수급인의 하자보수의무 및 손해배상의무는 도급인의 보수지급의무(報酬支給義務)와 동시이행의 관계에 있다(이설이 없으며, 판례도 같음. 대판 2007. 10. 11, 2007다31914 등 다수). 따라서 도급인이 하자보수청구권을 행사하는 경우에는, 도급인의 보수지급의무는 이행지체에 빠지지 않는다.

(나) 손해배상청구권 도급인은 하자보수가 가능하더라도 하자보수를 청구하지 않고 그것에 갈음하여 손해배상을 청구할 수 있고 또 하자보수와 함께 손해배상을 청구할 수 있다(667조 2항). 또한 하자가 중요하지 않은 경우에 보수에 과다한 비용을 요할 때에도 손해배상을 청구하게 된다(667조 1항 단서). D-200

(a) 여기의 손해배상의 범위에 관하여 학설은 i) 신뢰이익이며, 수급인에게 유책사유가

있는 때에는 불완전이행을 이유로 이행이익의 배상을 청구할 수 있다는 견해(사견도 같음), ii) 이행이익이라는 견해 등으로 나뉘어 있다.

(b) 수급인의 손해배상의무와 도급인의 보수지급의무는 동시이행관계에 있다(667조 3항).

(다) **계약해제권** 도급인이 완성된 목적물의 하자로 인하여 계약의 목적을 달성할 수 없는 때에는, 계약을 해제할 수 있다(668조 본문). 이 경우 해제를 하면서 손해배상도 청구할 수 있다고 하여야 한다(통설도 같음).

건물 기타 토지의 공작물에 관하여는 그것이 완성된 경우 하자가 중대하여도 계약을 해제할 수는 없다(668조 단서. 이것은 강행규정이다). 따라서 도급인은 손해배상만을 청구할 수 있을 뿐이다.

D-201 **4) 책임의 감면에 관한 특칙**

(가) 목적물의 하자가 도급인이 제공한 재료의 성질 또는 도급인의 지시에 기인한 때에는, 수급인의 담보책임은 생기지 않는다(669조 본문). 그러나 수급인이 그 재료 또는 지시의 부적당함을 알고 도급인에게 고지하지 않은 때에는 담보책임이 생긴다(669조 단서)(대판 2016. 8. 18, 2014다31691 등).

(나) 당사자가 수급인의 담보책임을 면제 또는 경감하는 특약을 한 경우에 그 특약은 원칙적으로 유효하다. 그러나 책임을 면제하는 특약이 있어도 수급인이 알고 고지하지 않은 사실에 대하여는 면책되지 않는다(672조).

5) 책임의 존속기간

(가) 도급인은 원칙적으로 목적물의 인도를 받은 날로부터 1년 내에 권리(하자보수청구권·손해배상청구권·계약해제권)를 행사하여야 하며, 목적물의 인도를 요하지 않는 경우에는 일이 종료한 날로부터 1년 내에 행사하여야 한다(670조).

(나) 토지, 건물 기타 공작물의 수급인은 목적물 또는 지반공사의 하자에 대하여 인도 후 5년간 담보책임이 있다(671조 1항 본문). 그러나 목적물이 석조·석회조·연와조·금속 기타 이와 유사한 재료로 조성된 것인 때에는, 그 기간은 10년으로 한다(671조 1항 단서). 그리고 하자로 인하여 목적물이 멸실 또는 훼손된 때에는, 도급인은 멸실 또는 훼손된 날로부터 1년 내에 담보책임을 물어야 한다(671조 2항).

(다) 위의 각 기간은 모두 제척기간이다(통설·판례도 같음)(그리고 출소기간이 아니다. 대판(전원) 2012. 3. 22, 2010다28840 등 다수).

D-202 **2. 도급인의 의무**(보수지급의무)

도급인은 수급인에게 보수를 지급할 의무가 있다.

(1) 보수의 종류 및 결정방법

보수의 종류에는 제한이 없으나, 보통은 금전으로 지급한다. 보수를 금전으로 지급하는 경우에 그 결정방법으로는 정액도급(일의 완성에 필요한 비용에 적당한 이윤을 붙여 보수를 산출하는 방법), 개산도급(槪算都給)(개괄적인 금액만을 정해두고 작업 진행에 따라 또는 종료 후에 확정하기로 하는 방법), 처음에는 정하지 않고 후에 결정하기로 하는 방법 등이 있다.

⑵ 보수의 지급시기

보수의 지급시기는 당사자 사이에 특약이 있으면 그에 의하고, 특약이 없으면 관습에 의하며, 관습도 없으면 목적물의 인도와 동시에 지급하여야 한다(665조 1항·2항, 656조 2항). 그러나 목적물의 인도를 요하지 않는 경우에는 그 일을 완성한 후 지체없이 지급하여야 한다(665조 1항 단서). 그리하여 특약·관습이 없으면 후급(後給)으로 된다. 그런데 실제에서는 분할급(分割給)으로 약정하는 때도 많다.

⑶ 부동산수급인의 저당권설정청구권

부동산공사의 수급인은 그의 보수에 관한 채권을 담보하기 위하여 목적부동산에 저당권을 설정할 것을 도급인에게 청구할 수 있다(666조). 이 저당권설정청구권은 순수한 청구권이어서, 저당권은 도급인과의 저당권설정의 합의와 등기가 있어야 성립한다(이설 없음).

Ⅳ. 도급의 종료

D-203

민법은 도급에 특유한 종료원인으로 도급인에 의한 해제와 도급인이 파산한 경우의 수급인 또는 파산관재인에 의한 해제를 규정하고 있다.

⑴ 도급인의 해제

수급인이 일을 완성하기 전에는 도급인은 손해를 배상하고 계약을 해제할 수 있다(673조).

⑵ 도급인의 파산

도급인이 파산선고를 받은 때에는, 수급인 또는 파산관재인은 계약을 해제할 수 있다(674조 1항 1문). 이때에는 수급인은 일의 완성된 부분에 대한 보수 및 보수에 포함되지 않은 비용에 대하여 파산재단의 배당에 가입할 수 있다(674조 1항 2문). 그리고 이에 의한 해제의 경우에는 각 당사자는 상대방에 대하여 계약해제로 인한 손해의 배상을 청구하지 못한다(674조 2항).

제 9 절 여행계약

Ⅰ. 서 설

D-204

⑴ 여행계약의 의의

여행계약은 당사자 한쪽(여행주최자)이 상대방(여행자)에게 운송, 숙박, 관광 또는 그 밖의 여행 관련 용역을 결합하여 제공하기로 약정하고 상대방이 그 대금을 지급하기로 약정함으로써 성립하는 계약이다(674조의 2). 여행계약의 당사자는 여행주최자와 여행자이다.

⑵ 여행계약의 법적 성질

여행계약은 낙성·쌍무·유상·불요식계약이다.

D-205

Ⅱ. 여행계약의 성립

⑴ 당 사 자

전술한 바와 같이, 여행계약의 당사자는 여행주최자와 여행자이다.

1) 여행주최자　　여행주최자는 운송·숙박 등 여행 관련 용역을 결합하여 제공하기로 약정한 자이다. 여행주최자는 여행 관련 용역을 「자신의 급부」로서 제공하여야 하는 자이며 타인의 급부로서 하는 자는 그에 해당하지 않는다.

2) 여 행 자　　여행자는 여행주최자와 계약을 체결한 자이다.

⑵ 여행계약의 성립요건

1) 여행계약은 낙성계약이므로 여행주최자와 여행자 사이의 합의만 있으면 성립한다.

그 합의는 우선 여행계약의 본질적 구성부분인 「운송, 숙박, 관광 또는 그 밖의 여행 관련 용역을 결합하여 제공하는 것」에 관하여 존재해야 한다.

다음에 합의는 여행대금에 관하여도 이루어져야 한다.

2) 여행계약을 체결할 때 여행주최자는 거의 언제나 보통거래약관(여행약관)을 사용한다. 그러한 경우에 약관에 약관규제법이 적용됨은 물론이다.

D-206

Ⅲ. 여행계약의 효력

1. 여행주최자의 의무

⑴ 여행 관련 용역 제공의무

여행주최자는 계약에 의하여 약정된 내용대로 여행을 실행할 의무가 있다.

⑵ 「기타의 행위의무」

여행주최자는 여행 관련 용역 제공의무 외에 「기타의 행위의무」도 부담한다. 구체적으로는 여행지에 관하여 사전에 충분히 조사하여 여권·입국사증(비자)·건강정책(가령 예방접종 필요 유무) 등 여행에 관련된 정보를 제공해야 한다. 그리고 여행자의 생명·신체·재산 등에 침해가 없도록 주의해야 할 의무도 진다.

D-207

⑶ 담보책임

1) 법적 성질　　여행주최자는 여행(여기의 여행은 여행주최자가 제공하기로 한 여행 관련 용역 전체를 가리킴)에 하자가 있는 경우에는 일정한 내용의 담보책임을 진다(674조의 6·674조의 7). 여행계약은 유상계약이기 때문에 매도인

의 담보책임에 관한 규정이 여행계약에도 준용된다(567조 참조). 그런데 민법은 그것과 별도로 여행주최자의 담보책임에 관하여 특별규정을 두고 있는 것이다.

여행주최자의 담보책임은 무과실책임이다. 따라서 여행의 하자가 여행주최자의 유책사유로 발생했는지를 묻지 않는다.

하자가 여행주최자의 유책사유로 발생한 경우에 여행자가 담보책임과 별도로 채무불이행책임 특히 불완전급부(내지 불완전이행)책임을 물을 수 있는지 문제된다. 특별규정이 없는 한 채무불이행책임도 물을 수 있다고 해야 한다(물론 채무불이행의 요건은 갖추어야 함).

2) 요 건 여행주최자의 담보책임이 생기려면 여행에 하자가 있어야 한다(674조의 6 1항 본문).

3) 책임의 내용 여행주최자의 담보책임의 요건이 갖추어진 경우에는 여행자는 시정청구권·대금감액청구권·손해배상청구권·계약해지권을 가진다. D-208

(가) 시정청구권 여행에 하자가 있는 경우에는 여행자는 여행주최자에게 하자의 시정을 청구할 수 있다(674조의 6 1항 본문). 그런데 일정한 경우에는 예외적으로 시정청구권을 행사할 수 없다. 시정에 지나치게 많은 비용이 들거나 그 밖에 시정을 합리적으로 기대할 수 없는 경우에 그렇다(674조의 6 1항 단서).

여행자가 시정청구를 할 때에는 상당한 기간을 정해서 해야 한다(674조의 6 2항 본문). 다만, 즉시 시정할 필요가 있는 경우에는 상당한 기간을 정해서 할 필요가 없다(674조의 6 2항 단서).

(나) 대금감액청구권 여행에 하자가 있는 경우에는 여행자는 여행주최자에게 대금의 감액을 청구할 수 있다(674조의 6 1항 본문). 이 대금감액청구권은 시정청구권과 경합하여 인정된다. 따라서 여행자는 두 권리 가운데 선택적으로 행사할 수 있다.

대금감액청구권은 계약의 일부해제에 해당하는 것으로서 형성권에 속한다. 따라서 감액청구의 의사표시가 여행주최자에게 도달하면 감액의 효과가 생긴다.

(다) 손해배상청구권 여행에 하자가 있는 경우에 여행자는 시정청구·대금감액청구를 갈음하여 손해배상을 청구할 수도 있고, 시정청구·대금감액청구와 함께 손해배상을 청구할 수도 있다(674조의 6 3항).

(라) 계약해지권 여행에 「중대한 하자」가 있는 경우에 그 시정이 이루어지지 않거나 계약의 내용에 따른 이행을 기대할 수 없는 경우에는, 여행자는 계약을 해지할 수 있다(674조의 7 1항). D-209

계약이 해지된 경우에는 여행주최자는 대금청구권을 상실한다(674조의 7 2항 본문). 따라서 대금을 이미 받은 경우에는 그것을 여행자에게 반환해야 한다. 다만, 여행자가 실행된 계약으로 이익을 얻은 경우에는, 그 이익을 여행주최자에게 상환해야 한다(674조의 7 2항 단서).

계약이 해지되면 계약관계를 청산해야 한다. 여기에 관하여 민법은 여행주최자는 계약의 해지로 인하여 필요하게 된 조치를 할 의무를 지며, 계약상 귀환운송의무가 있으면 여행자를 귀환운송하여야 한다고 규정한다(674조의 7 3항 1문).

여행자의 귀환운송비용(여기의 비용에는 운송 자체의 비용 외에 증가된 숙식비용도 포함시켜야 한다. 674조의 4 3항 참조)은 여행주최자가 부담한다(674조의 7 3항 본문이 귀환운송의무를 여행주최자에게 부담시키고 있기 때문임). 그런데 상당한 이유가 있는 때에는 여행주최자는 여행자에게 그 비용의 일부를 청구할 수 있다(674조의 7 3항 2문).

D-210 4) 책임의 존속기간 여행자의 시정청구권·대금감액청구권·손해배상청구권·계약해지권은 여행기간 중에도 행사할 수 있으며, 계약에서 정한 여행종료일부터 6개월 내에 행사해야 한다(674조의 8). 여기의 6개월의 기간은 제척기간이다(출소기간은 아니라고 해야 함).

5) 강행규정 제674조의 6·제674조의 7·제674조의 8을 위반하는 약정으로서 여행자에게 불리한 것은 효력이 없다(674조의 9). 즉 그 규정들은 편면적 강행규정이다.

2. 여행자의 의무(대금지급의무)

여행자는 계약에서 정한 여행대금을 지급할 의무가 있다(674조의 2 후단). 여행자가 대금을 지급할 시기에 관하여는 민법이 명문으로 규정하고 있다. 그에 따르면, 여행자는 1차적으로 약정한 시기에 대금을 지급해야 하며, 대금지급시기의 약정이 없으면 관습에 따라 지급해야 하고, 관습이 없으면 여행의 종료 후에 지체없이 지급해야 한다(674조의 5).

D-211 Ⅳ. 여행계약의 종료

여행계약은 여행이 계약대로 완전하게 실행이 된 경우, 당사자 사이에 계약을 종료시키기로 합의한 경우 등에도 종료한다. 그런데 민법은 여행개시 전의 해제와 부득이한 사유로 인한 해지를 규정하고 있다. 이 둘을 살펴본다.

(1) 여행개시 전의 해제

여행자는 여행이 개시되기 전에는 언제든지 계약을 해제할 수 있다(674조의 3 본문). 다만, 해제를 한 경우에 여행자는 상대방에게 발생한 손해를 배상해야 한다(674조의 3 단서).

제674조의 3을 위반하는 약정으로서 여행자에게 불리한 것은 효력이 없다(674조의 9).

(2) 부득이한 사유로 인한 해지

부득이한 사유가 있는 경우에는 각 당사자는 계약을 해지할 수 있다(674조의 4 1항 본문). 이 계약해지는 여행이 시작된 후에 하는 것이며, 부득이한 사유가 있는 한 당사자 쌍방 모두 할 수 있다. 부득이한 사유는 당사자의 유책사유에 의한 것일 수도 있다.

부득이한 사유로 계약을 해지한 경우에 그 사유가 당사자 한쪽의 과실로 인하여 생긴 때에는, 그 당사자는 상대방에게 손해를 배상해야 한다(674조의 4 1항 단서).

부득이한 사유로 계약이 해지된 경우에도 계약을 청산해야 한다. 그중에 여행자의 귀환운송이 특히 문제이다. 그에 관하여 민법은 그 경우에도 계약상 귀환운송의무가 여행주최자에게 있으면 그가 여행자를 귀환운송할 의무가 있다고 규정한다(674조의 4 2항).

부득이한 사유로 계약을 해지한 경우에는 대체로 해지로 인하여 추가비용이 발생하게 된다. 민법은 이러한 추가비용은 해지사유가 어느 당사자의 사정에 속하는 경우에는 그 당사자가 부담하고, 누구의 사정에도 속하지 않는 경우에는 각 당사자가 절반씩 부담하도록 하고 있다(674조의 4 3항).

제674조의 4를 위반하는 약정으로서 여행자에게 불리한 것은 효력이 없다(674조의 9).

제10절 현상광고

Ⅰ. 서 설

D-212

(1) 의 의

현상광고(675조)의 의의는 그것의 법적 성질을 어떻게 이해하느냐에 따라 다르다. i) 현상광고를 계약이라고 하는 견해에 의하면, 「현상광고는 광고자가 어느 행위를 한 자에게 일정한 보수를 지급할 의사를 표시하고, 이에 응한 자가 그 광고에 정한 행위를 완료함으로써 효력이 생기는(또는 성립하는) 계약」이라고 하나, ii) 단독행위라고 하는 견해에 의하면, 「지정행위를 완료한 자에게 보수를 지급한다는 불특정 다수인에 대한 광고자의 일방적 의사표시」라고 한다(사견도 같음).

(2) 법적 성질

현상광고의 법적 성질에 관하여 학설은 i) 계약설과 ii) 단독행위설(사견도 같음)로 나뉘어 있다. 계약설에 의하면 현상광고는 편무·유상·요물계약이다.

Ⅱ. 성립과 효력

D-213

(1) 광 고

현상광고는 단독행위이므로 일정한 광고만 있으면 성립한다(계약설에서는 지정행위의 완료까지 있어야 성립함). 여기의 광고는 어떤 지정된 행위를 한 자에게 일정한 보수를 지급한다는 내용의 불특정 다수인에 대한 의사표시이다.

(2) 지정행위의 완료

상대방은 지정행위를 완료하여야 보수를 청구할 수 있다(675조 참조). 지정행위의 완료는 광고가 있음을 알지 못하고 하여도 상관없다(677조).

(3) 현상광고의 철회

민법은 현상광고의 철회에 관하여 규정하고 있다. 그에 의하면, 광고에서 그 지정행위의 완료기간을 정한 때에는, 그 기간만료 전에는 광고를 철회하지 못한다(679조 1항). 그러나 광고에서 지정행위의 완료기간을 정하지 않은 때에는, 그 행위를 완료한 자가 있기 전에는, 그 광고와 동일한 방법으로 광고를 철회할 수 있다(679조 2항). 그리고 전(前) 광고(廣告)와 동일한 방법으로 철회할 수 없는 때에는, 그와 유사한 방법으로 철회할 수 있되, 그 철회는 철회한 것을 안 자에 대하여만 효력이 있다(679조 3항).

(4) 광고자의 보수지급의무

지정행위를 완료한 자는 광고에서 정한 보수를 청구할 수 있다(675조 참조). 광고가 있기 전에 지정행위를 하였거나 광고를 모르고 하였어도 무방하다(677조 참조). 보수청구권은 지정행위의 완료시에 생기며, 광고자가 지정행위 완료사실을 알았을 필요는 없다(이설 있음).

지정행위를 완료한 자가 수인(數人)인 경우에는, 먼저 그 행위를 완료한 자가 보수청구권을 취득한다(676조 1항). 그리고 수인이 동시에 지정행위를 완료한 경우에는, 각각 균등한 비율로 보수를 받을 권리가 있다(676조 2항 본문). 그러나 보수가 그 성질상 분할할 수 없거나 광고에 1인만이 보수를 받을 것으로 정한 때에는 추첨에 의하여 보수청구권자를 결정한다(676조 2항 단서).

D-214 Ⅲ. 우수현상광고

(1) 의　　의

우수현상광고란 광고에서 정한 행위를 완료한 자 가운데 우수한 자에게만 보수를 지급하기로 한 현상광고이다(678조 1항 참조). 우수현상광고는 응모기간을 정한 경우에만 유효하다(678조 1항). 따라서 이 광고는 기간만료 전에는 철회하지 못한다(679조 1항 참조).

(2) 응　　모

우수현상광고에서는 응모가 있게 된다.

(3) 판　　정

판정은 응모자가 행한 지정행위의 결과의 우열을 판단하는 행위이다. 판정은 광고에서 정한 자가 하고, 광고 중에 판정자를 정하지 않은 때에는 광고자가 한다(678조 2항). 그런데 광고 중에 다른 의사표시가 있거나 광고의 성질상 판정의 표준이 정해져 있는 경우를 제외하고는, 우수한 자가 없다는 판정을 할 수 없다(678조 3항). 또한 응모자는 판정에 이의를 제기하지 못한다(678조 4항). 한편 수인의 행위가 동등하다고 판정된 때에는, 보수가 가분이면 균등한 비율로 나누어진 분할채권으로 되고, 불가분이면 추첨으로 보수청구권자를 결정한다(678조 5항·676조 2항).

제11절 위 임

Ⅰ. 서 설

D-215

(1) 의 의

1) 위임은 당사자 일방(위임인)이 상대방(수임인)에 대하여 사무의 처리를 위탁하고, 상대방이 이를 승낙함으로써 성립하는 계약이다(680조). 위임도 노무공급계약에 해당하나, 위임인이 신뢰를 바탕으로 맡긴 사무를 수임인이 자주적으로 처리하는 점에 특색이 있다.

2) 위임의 경우에는 보통 대리권이 수여된다. 그렇지만 대리권 수여행위(수권행위)와 위임과 같이 기초적 내부관계를 발생시키는 행위는 별개의 것이다(통설·판례도 같다. 대판 1962. 5. 24, 4294민상251·252).

3) 민법은 타인의 사무처리에 관한 법률관계가 위임에 의하지 않고 생긴 많은 경우에 관하여 위임에 관한 규정을 준용하고 있다(701조·707조 등).

(2) 사회적 작용

위임은 친구·친족·이웃 사이에 사소한 업무처리를 위하여 행하여지기도 하나, 각 분야의 전문가에게 복잡하고 전문적인 사무처리를 위탁하기 위하여 행하여지는 일이 많다(예: 부동산의 매매알선, 의사에의 치료위탁, 변호사에의 소송위탁, 법무사에의 등기절차 위탁).

(3) 법적 성질

위임은 원칙적으로 편무·무상계약이다(686조 1항 참조). 그러나 보수지급의 특약을 하는 경우에는 쌍무·유상계약이 된다. 그리고 위임은 유상이든 무상이든 언제나 낙성·불요식의 계약이다.

Ⅱ. 위임의 성립

D-216

위임은 낙성계약이므로 당사자의 합의만 있으면 성립한다. 그 합의는 적어도 「사무처리의 위탁」에 관하여 이루어져야 한다(680조 참조). 보수의 지급에 관하여 합의하는 때도 많으나, 그것은 요건이 아니며, 특약이 없으면 무상으로 된다.

여기의 「사무」는 법률상 또는 사실상의 모든 행위로서 법률행위·준법률행위·사실행위를 포함한다. 그러나 성질상 본인 스스로 의사결정을 하는 행위는 위임의 목적이 되지 못한다(예: 혼인·입양·이혼). 그리고 「사무」는 위임인이나 제3자의 것이어야 하며 수임인 자신의 것이어서는 안 된다.

Ⅲ. 위임의 효력

D-217

1. 수임인의 의무

(1) 위임사무 처리의무

수임인은 「위임의 본지에 따라 선량한 관리자의 주의로써」 위임사무를 처리할 의무가 있다(681조). 여기서 위임의 본지에 따른다는 것은 위임계약의 목적과 그 사무의 성질에 따른다는 의미이다.

1) 수임인은 「선량한 관리자의 주의」, 즉 선관주의를 가지고 사무를 처리하여야 한다. 그리고 이 주의의무는 위임이 무상인 경우에도 동일하다(동지 대판 2002. 2. 5, 2001다71484(무상의 중개행위의 경우)).

수임인이 위임의 본지에 좇아 선관주의로 사무처리를 하지 않은 경우에는, 그는 위임인에게 채무불이행을 이유로 손해배상을 하여야 한다.

2) 위임은 당사자의 신임관계를 기초로 하므로 수임인은 원칙적으로 스스로 위임사무를 처리하여야 한다(자기(자신)복무의 원칙). 그런데 민법은 제682조에서 일정한 범위에서 복위임(復委任)을 인정하고 있다.

D-218

(2) 그 밖의 의무

1) 보고의무 수임인은 위임인의 청구가 있는 때에는 위임사무의 처리상황을 보고하고, 위임이 종료한 때에는 지체없이 그 전말을 보고하여야 한다(683조).

2) 취득물 인도의무 수임인은 위임사무의 처리로 인하여 받은 금전 기타의 물건 및 그 수취한 과실을 위임인에게 인도하여야 한다(684조 1항).

3) 취득권리 이전의무 수임인은 위임인을 위하여 자기의 명의로 취득한 권리를 위임인에게 이전하여야 한다(684조 2항). 수임인이 대리권을 가지는 경우에는, 권리가 처음부터 위임인(본인)에게 귀속되므로 이 규정은 적용되지 않는다.

4) 금전소비의 책임 수임인이 위임인에게 인도할 금전 또는 위임인의 이익을 위하여 사용할 금전을 자기를 위하여 소비한 때에는, 소비한 날 이후의 이자를 지급하여야 하며, 그 외에 손해가 있다면 배상하여야 한다(685조).

5) 「기타의 행위의무」(신의칙상의 의무) 수임인은 신의칙에 기하여 「기타의 행위의무」도 부담한다. 그러한 의무로는 보호의무, 통지의무, 설명·조언의무, 정보제공의무, 비밀유지의무 등 여러 가지가 있다.

2. 위임인의 의무

D-219

(1) 비용선급의무

위임사무의 처리에 비용이 필요한 경우에는 수임인의 청구가 있으면 위임인은 이를 선급하여야 한다(687조).

(2) 필요비상환의무

수임인이 위임사무의 처리에 관하여 필요비를 지출한 때에는, 위임인은 그 비용과 지출한 날 이후의 이자를 상환하여야 할 의무가 있다(688조 1항).

(3) 채무대변제의무(債務代辨濟義務)

수임인이 위임사무의 처리에 필요한 채무를 부담한 때(예: 주식회사의 이사가 회사의 공장매수대금의 일부를 마련하기 위하여 금융기관으로부터 대출금채무를 부담하는 경우(대판 2002. 1. 25, 2001다52506))에는, 그는 위임인에게 자기에 갈음하여 이를 변제하게 할 수 있고(대변제 청구권), 그 채무가 변제기에 있지 않은 때에는 상당한 담보를 제공하게 할 수 있다(688조 2항).

(4) 손해배상의무

수임인이 위임사무의 처리를 위하여 과실없이 손해를 받은 때에는, 위임인은 그 배상책임이 있다(688조 3항). 그런데 위임인의 손해배상책임은 무상위임의 경우에만 인정되어야 한다.

(5) 보수지급의무

1) 민법상 위임은 무상이 원칙이어서 위임인의 보수지급의무는 보수지급에 관한 특약이 있는 때에만 인정된다(686조 1항). 그런데 실제에 있어서는 명시적 또는 묵시적으로 보수지급을 약정하는 것이 보통이다.

2) 보수의 종류(금전 기타)나 보수액에 대하여는 제한이 없다. 따라서 당사자가 자유롭게 정할 수 있다.

보수의 지급시기는 당사자가 특약으로 자유롭게 정할 수 있으나, 특약이 없으면 후급이 된다. 즉 수임인은 위임사무를 완료한 후에 보수를 청구할 수 있고(686조 2항 본문), 기간으로 보수를 정한 때에는 그 기간이 경과한 후에 청구할 수 있다(686조 2항 단서).

3) 수임인이 위임사무를 처리하는 중에 수임인의 책임없는 사유로 위임이 종료된 때(689조·690조 참조)에는 수임인은 이미 처리한 사무의 비율에 따른 보수를 청구할 수 있다(686조 3항).

Ⅳ. 위임의 종료

D-220

(1) 종료원인

위임은 위임사무의 종료, 채무불이행으로 인한 해제, 종기의 도래 등에 의하여 종료된다. 그런데 민법은 위임의 특별한 종료원인으로 아래의 사유들을 규정하고 있다.

1) 해 지 위임계약은 각 당사자가 언제든지 해지할 수 있다(689조 1항). 민법은 위임이 신뢰관계를 기초로 하기 때문에 그것이 유상이든 무상이든 정당한 이유 없이도 각 당사자로 하여금 언제든지 해지할 수 있도록 한 것이다(통설·판례(대판 2005. 11. 24, 2005다39136 등)도 같다). 그리고 해지로 말미암아 상대방이 손해를 입어도 원칙적으로 손해배상책임도 생기지 않는다. 그러나 상대방이 불리한 시기(예: 위임인의 질병 중)에 해지한 때에는 손해를 배상하여야 한다(689조 2항). 다만, 부득이한 사유(예: 수임인의 질병)로 그 시기에 해지한 경우에는 배상책임은 생기지 않는다(689조 2항).

2) 기타의 종료원인

(가) 당사자 일방의 사망(690조)

(나) 당사자 일방의 파산(690조)

(다) 수임인이 성년후견개시의 심판을 받은 경우(690조)

(2) 위임종료시의 특별조치

1) 수임인 측의 긴급처리의무 위임종료의 경우에 급박한 사정이 있는 때에는 수임인·그의 상속인(수임인의 사망으로 종료된 때) 또는 법정대리인(수임인이 성년후견개시의 심판을 받아 종료된 때)은 위임인·그의 상속인(위임인의 사망으로 종료된 때) 또는 법정대리인이 위임사무를 처리할 수 있을 때까지 그 사무의 처리를 계속하여야 한다(691조 1문). 그 경우에는 위임의 존속과 동일한 효력이 있다(691조 2문).

2) 위임종료의 대항요건 위임종료의 사유는 이를 상대방에게 통지하거나 상대방이 이를 안 때가 아니면 이로써 상대방에게 대항하지 못한다(692조).

제12절 임 치

D-221

I. 서 설

(1) 의 의

임치(任置)는 당사자 일방(임치인)이 상대방(수치인)에 대하여 금전이나 유가증권 기타 물건의 보관을 위탁하고, 상대방이 이를 승낙함으로써 성립하는 계약이다(693조). 임치도 노무공급계약에 해당하나, 타인의 물건 등을 보관한다는 특수한 노무를 목적으로 하는 점에서 특색이 있다.

(2) 법적 성질

민법은 보수가 없는 임치를 원칙적인 것으로 정하고 있다(701조·686조)(상법상의 임치는 유상이 원칙이다. 동법 61조 참조). 그러한 임치는 무상·편무계약이다. 그러나 특약으로 보수를 지급하는 것으로 약정할 수 있으며, 그때에는 유상·쌍무계약이 된다. 그리고 임치는 그것이 무상이든 유상이든 낙성·불요식의 계약이다(693조 참조).

Ⅱ. 임치의 성립

⑴ 임치는 낙성계약이므로 당사자의 합의만으로 성립한다. 그 합의는 적어도 금전·유가증권 기타 물건의 보관에 관하여 이루어져야 한다. 그 외에 목적물의 수령과 보수의 지급은 임치의 성립요건이 아니다.

⑵ 임치의 목적물은 금전이나 유가증권 기타의 물건이다. 그러나 금전은 그것이 특정물로서 임치되지 않는 한 소비임치가 된다.

Ⅲ. 임치의 효력

D-222

1. 수치인의 의무

⑴ 임치물보관의무

1) 이 의무는 수치인이 목적물을 인도받은 때부터 생기고 반환할 때까지 존속한다.

2) 수치인이 목적물을 보관하는 데 베풀어야 하는 주의의 정도는 임치가 유상인가 무상인가에 따라 다르다. 무상의 수치인은 임치물을 「자기 재산과 동일한 주의」로 보관하면 된다(695조. 상법 62조는 무상수치인의 선관주의의무를 규정한다)(구체적 경과실에 대하여 책임짐). 그러나 유상의 수치인은 선량한 관리자의 주의로 보관하여야 한다(374조 참조).

3) 수치인은 임치인의 동의 없이 임치물을 사용하지 못한다(694조).

4) 수치인은 원칙적으로 자신이 보관하여야 하나, 임치인의 승낙이나 부득이한 사유가 있는 때에는 제 3 자(복수치인(復受置人)·제 3 보관자)에게 보관하게 할 수 있다(701조·682조 1항).

⑵ 보관에 따르는 부수적 의무

1) 임치물에 대한 권리를 주장하는 제 3 자가 수치인에 대하여 소를 제기하거나 압류한 때에는, 수치인은 지체없이 임치인에게 이를 통지하여야 한다(696조).

2) 수치인은 수치물의 보관으로 인하여 받은 금전 기타의 물건 및 그 수취한 과실을 임치인에게 인도하여야 하고, 자기 명의로 취득한 권리가 있으면 이를 임치인에게 이전하여야 한다(701조·684조). 그리고 수치인이 임치인의 금전을 자기를 위하여 소비한 때에는, 소비한 날 이후의 이자를 지급하여야 하며, 그 외에 손해가 있으면 배상하여야 한다(701조·685조).

⑶ 임치물반환의무

임치가 종료한 때에는 수치인은 임치물을 반환하여야 한다. ① 반환할 상대방은 임치인 또는 그가 지정한 자이다. ② 반환의 목적물은 수치인이 받은 물건이나 금전 또는 유가증권 그 자체이다. ③ 반환의 장소는 특약이 있으면 그에 의하나, 특약이 없으면 보관한 장소에서 반환하여야 한다(700조 본문). 그러나 수치인이 정당한 사유로 인하여 임치물을 전치

(轉置)(옮겨서 놓음)한 때에는 현존(現存)하는 장소에서 반환할 수 있다(700조 단서). ④ 유상임치의 경우 수치인의 반환의무는 임치인의 보수지급의무와 동시이행관계에 있다.

D-223 2. 임치인의 의무

(1) 임치물인도의무

임치인에게 임치물인도의무가 있는지가 문제된다. 여기에 관하여 학설은 i) 유상임치이든 무상임치이든 임치인에게 인도의무가 없다는 견해(사견도 같음)와 ii) 무상임치의 경우에는 인도의무가 없으나, 유상임치의 경우에는 인도의무가 있다는 견해로 나뉘어 있다.

(2) 비용선급의무 · 필요비상환의무 · 채무대변제 및 담보제공의 의무(701조 · 687조 · 688조. D-219 참조)

(3) 손해배상의무

임치인은 임치물의 성질 또는 하자로 인하여 생긴 손해를 수치인에게 배상하여야 한다(697조 본문). 임치인에게 과실이 있는지는 묻지 않는다. 그러나 수치인이 그 성질 또는 하자를 안 때에는 배상책임이 없다(697조 단서).

(4) 보수지급의무

임치인의 보수지급의무는 특약이 있는 경우에만 인정되며(대판 1968. 4. 16, 68다285), 보수의 지급시기는 특약이 없으면 원칙적으로 후급(後給)으로 되고, 수치인의 책임없는 사유로 임치가 종료된 때에는 이미 행한 보관의 비율에 따른 보수를 지급하여야 한다(701조 · 686조).

D-224 Ⅳ. 임치의 종료

(1) 종료원인

임치는 기간만료·목적물의 멸실 등에 의하여 종료하나, 민법은 그 밖에 임치에 특유한 종료원인으로 당사자에 의한 해지를 규정하고 있다.

(2) 당사자의 해지

임치인은 임치기간의 약정이 있든 없든 언제든지 임치를 해지할 수 있다(698조 단서 · 699조). 그리고 수치인은 기간의 약정이 없는 때에는 언제든지 해지할 수 있으나(699조), 기간의 약정이 있는 때에는 부득이한 사유가 없이는 기간만료 전에 계약을 해지하지 못한다(698조 본문).

D-225 Ⅴ. 특수한 임치

(1) 혼장임치(混藏任置)

대체물(예: 곡물 · 기름 · 술)의 임치에 있어서 수치인이 임치된 물건을 동종·동질의 다른 임치물과 혼합하여 보관하다가 반환할 때에는 임치된 것과 동량을 반환하기로 하는 임치를 혼장임치라고 한다. 혼장임치의 경우에는 수치인이 목적물의 소유권을 취득하지 않고, 따라서 소비할 수도 없으며, 이 점에서 소비임치와 다르다(임치물의 소유권은 임치인이 지분을 가지고 공유하는 것으로 해석된다). 혼장임치에서는 임치인이 재고채권(제한종류채권)을 가지게 된다.

(2) 소비임치

소비임치는 임치를 함에 있어서 목적물(대체물에 한함)의 소유권을 수치인에게 이전하기로 하고 수치인은 그것과 동종·동질·동량의 것을 반환하기로 약정하는 경우를 가리킨다. 민법은 소비임치의 경우에는 소비대차에 관한 규정을 준용한다(702조 본문). 그러나 반환시기는 특약이 있으면 그에 의하되, 특약이 없으면 임치인은 언제든지 그 반환을 청구할 수 있다(702조 단서).

제13절 조 합

Ⅰ. 서 설

D-226

1. 조합의 의의

조합은 2인 이상의 특정인이 서로 출자하여 공동사업을 경영할 목적으로 결합한 단체이다.

사람의 결합체인 단체에는 사단(社團)과 조합(組合)의 두 가지가 있다. 그중 사단의 경우에는 그 구성원(사원)이 단체에 매몰되어 그 개성이 표면에 나타나지 않는 데 비하여, 조합의 경우에는 그 구성원(조합원)의 개성이 강하게 나타난다.

민법상 조합의 대표적인 경우는 몇 사람이 출자하여 공동으로 영업 또는 기업을 경영하기로 하는 동업관계이다. 그리고 사단법인 또는 사단인 회사(주식회사 등)의 설립을 목적으로 하는 설립자 또는 발기인 조합도 민법상의 조합이다(A-273도 참조).

2. 조합계약의 의의 및 법적 성질

D-227

(1) 조합계약의 의의

조합계약은 2인 이상이 상호 출자하여 공동사업을 경영할 것을 약정함으로써 성립하는 계약이다(703조 1항). 이는 조합이라는 단체를 성립·발생시키는 원인이 되는 것이다.

(2) 조합계약의 법적 성질

1) 조합의 창설을 목적으로 하는 합의(여기서는 편의상 이를 조합계약이라고 표현하기로 함)가 계약인지에 관하여 학설은 i) 계약설과 ii) 합동행위로서의 성질과 계약으로서의 성질을 모두 가지는 특수한 법률

행위라는 견해(사견도 같음)로 나뉘어 있다.

2) 조합계약이 쌍무계약인가에 관하여 학설은 i) 본래의 쌍무계약이 아니라는 견해(사견도 같음)와 ii) 쌍무계약이라는 견해로 나뉜다.

3) 조합계약에 대하여는 계약의 해제·해지에 관한 규정(543조-553조)이 적용되지 않으며, 제명·탈퇴·해산 등으로 처리하는 것이 적당하다. 통설·판례(대판 2007. 4. 26, 2005다62006 등 다수: 모두 해제에 관한 것임)도 같다.

4) 조합계약이 유상계약인가는 조합계약에 매매에 관한 규정(특히 매도인의 담보책임에 관한 규정)이 준용되는가의 문제로 논의되고 있다. 학설은 i) 인정설(사견도 같음)과 ii) 부정설로 나뉘어 있다.

5) 조합계약이 낙성·불요식의 계약이라는 데 대하여는 다툼이 없다.

D-228

Ⅱ. 조합의 성립

(1) 조합의 성립요건

조합은 2인 이상이 서로 출자하여 공동사업을 경영할 것을 약정함으로써 성립한다(703조 1항).

1) 조합이 성립하려면 2인 이상의 당사자가 있어야 한다.

2) 「공동사업의 경영」을 약정하여야 한다(대판 2007. 6. 14, 2005다5140). 사업의 종류나 성질에는 제한이 없다.

3) 모든 당사자가 출자의무를 부담하여야 한다. 당사자 중 일부가 출자의무를 부담하지 않으면 조합이 아니다. 출자의 종류나 성질에는 제한이 없다. 따라서 금전뿐만 아니라 물건, 물권·지식재산권·채권 등의 재산권, 노무·상호·신용도 출자의 목적물이 된다(703조 2항).

(2) 조합계약의 하자와 소급효 제한

1) 조합이 활동을 시작하기 전에는 제한능력 또는 의사표시의 흠을 이유로 계약이 무효 또는 취소되어도 문제가 없다.

2) 조합이 이미 활동을 시작한 뒤에 제한능력 또는 의사표시의 흠으로 인하여 무효임이 드러나거나 취소된 때에는, 계약관계는 장래에 향하여서만 효력을 잃는다고 하여야 한다(동지 대판 1972. 4. 25, 71다1833).

D-229

Ⅲ. 조합의 업무집행

조합의 업무집행에는 대내적인 것(이것이 본래의 업무집행임)과 대외적인 것이 있다. 이 중에 대외적인 것은 조합대표 또는 조합대리(대리의 방식에 의한다는 의미에서)라고도 한다.

1. 조합의 대내관계(협의의 업무집행)

민법에 명문의 규정은 없지만 조합의 경우에는 사단과 달리 각 조합원이 업무집행에 참여할 권리(업무집행권)를 갖는다. 그렇지만 모든 조합원이 업무집행을 하지 않고 일부 조합원이나 제 3 자에게 업무집행을 맡길 수도 있다.

(1) 모든 조합원이 업무를 집행하는 경우

1) 모든 조합원이 업무를 집행하는 경우에 의견이 일치되지 않는 때에는 조합원의 과반수로써 결정한다(706조 2항 1문). 여기의 과반수는 조합원의 모든 인원수이고 출석인원수나 출자액수가 아니다(다만 출자액에 의한다는 특약이 있으면 그에 의한다).

2) 이 다수결의 원칙에는 예외가 있다. 즉 조합의 통상사무는 각 조합원이 전행(專行)할 수 있다(706조 3항 본문). 그러나 그 사무의 완료 전에 다른 조합원의 이의가 있는 때에는 즉시 중지하여야 한다(706조 3항 단서).

3) 어떤 조합원이 조합업무를 집행하는 경우에는 위임에 관한 제681조 내지 제688조를 준용한다(707조). 그런데 민법은 그것과 별도로 조합원이 언제든지 조합의 업무 및 재산상태를 검사할 수 있다는 규정도 두었다(710조).

(2) 일부의 조합원을 업무집행자로 한 경우

D-230

1) 조합원들은 조합계약에서 일부의 조합원을 업무집행자로 정할 수 있다. 그렇지 않았더라도 언제든지 조합원의 3분의 2 이상의 찬성으로 업무집행자를 선임할 수 있다(706조 1항).

2) 업무집행자가 수인인 때에는 업무집행은 그 과반수로써 결정한다(706조 2항 2문). 다만, 조합의 통상사무는 각 업무집행자가 전행(專行)할 수 있되(706조 3항 본문), 그 사무의 완료 전에 다른 업무집행자의 이의가 있는 경우에는 즉시 중지하여야 한다(706조 3항 단서). 그리고 업무집행자인 조합원에 대하여는 위임에 관한 일부규정(681조-688조)이 준용된다(707조). 한편 업무집행자가 있으면 다른 조합원은 통상사무도 집행할 수 없다. 그러나 언제든지 조합의 업무 및 재산상태를 검사할 수는 있다(710조).

3) 위 1)과 2)에서 설명한 제706조 제 1 항 · 제 2 항의 「조합원」은 조합원의 출자가액이나 지분이 아닌 조합원의 인원수를 뜻한다(대판 2009. 4. 23, 2008다4247).

4) 업무집행자인 조합원은 정당한 이유 없이 사임하지 못하고, 해임당하지도 않으며, 정당한 이유가 있어 해임하려면 다른 조합원의 의견이 일치되어야 한다(708조).

(3) 제 3 자에게 업무집행을 위임한 경우

이때에는 조합과 그 제 3 자 사이에 순수한 위임계약이 있게 되므로 위임의 규정에 의하게 된다(다만 제 3 자인 업무집행자가 수인 있는 경우에는 학설은 706조 2항 · 3항을 유추적용한다).

D-231 **2. 조합의 대외관계**(조합대표 또는 조합대리)

(1) 조합대리

1) 조합은 법인격이 없음은 물론 단체성도 약해서(대표기관도 없음) 대외관계에서 조합 자신의 명의로 행위를 할 수 없으며, 조합원 전원의 이름으로 하여야 한다. 그런데 이는 매우 번잡하여 실제에서는 대리의 방법을 이용하고 있다. 즉 어느 조합원이 한편으로는 다른 조합원을 대리하고 다른 한편으로는 자기 자신의 자격으로 제3자와 법률행위를 하는 것이다. 그렇기 때문에 조합의 대외관계를 「조합대리」라고도 한다(그러나 조합원 전원이 할 수도 있고 또 대리의 경우에도 한편으로는 자신의 자격으로 하는 점에서 둘이 동의어일 수는 없다).

2) 이 대리권은 내부적인 업무집행권한과는 관념상 별개의 것으로서 대리권 수여행위(수권행위)에 의하여 발생한다. 그러나 실제에 있어서는 조합계약 속에 합해져서 행하여지는 것이 보통이다.

민법은 조합의 업무를 집행하는 조합원은 그 업무집행의 대리권이 있는 것으로 추정한다(709조). 따라서 업무집행자가 정해지지 않은 때에는 각 조합원이, 업무집행자가 정해진 때에는 업무집행자로 된 조합원이 이 추정을 받는다.

3) 대리에는 「현명(顯名)」이 필요하므로(114조 참조), 대리행위자는 모든 조합원의 명의로 법률행위를 하여야 한다(조합은 법인격이 없어서 「본인」이 될 수 없음).

D-232 (2) 조합의 당사자능력과 소송대리

1) 조합의 당사자능력 조합은 소송당사자능력이 없다. 통설·판례(대판 1991. 6. 25, 88다카6358)도 같은 입장이다. 그 결과 조합은 조합원 전원이 공동소송인으로 당사자가 되어야 한다(필수적 공동소송). 이것이 번거로우면 선정당사자제도(민소 53조)를 이용할 수 있을 것이다.

2) 조합원에 의한 소송대리 업무집행조합원이 정해지지 않은 경우에 각 조합원이 재판상의 행위(소송행위)에 대하여도 대리권이 있는지가 문제된다. 여기에 관하여 학설이 나뉘나, 통설은 부정한다(사견도 같음). 그에 비하여 업무집행조합원으로 정해진 자는 소송대리권도 가진다는 것이 통설이다.

D-233 **Ⅳ. 조합의 재산관계**

1. 조합재산

(1) 조합재산의 특수성

조합은 조합 자신의 재산, 즉 조합재산을 가진다. 그런데 조합에는 법인격(권리능력)이 인정되지 않아서 조합재산이 조합 자체에 귀속될 수는 없으며, 그것은 모든 조합원에게 속할 수밖에 없다. 그러면 조합재산이 모든 조합원에게 어떤 모습으로 귀속하는가? 민법은 이를 조합원의 「합유」로 규정하고 있다(704조, 271조-274조).

⑵ 조합재산의 내용

조합재산은 조합원이 출자한 재산(동산·부동산·특허권 등), 출자청구권(출자를 약속한 조합원에 대하여 다른 조합원이 그 이행을 청구할 수 있는 권리), 조합의 업무집행으로 취득한 재산(인도받은 물건 외에 채권도 포함), 조합재산에서 생긴 재산(조합재산의 과실(果實), 수용의 대가, 제 3 자에 대한 손해배상청구권 등), 조합의 채무(소극재산) 등으로 구성된다(704조 참조). 한편 금전을 출자하기로 한 조합원이 출자를 게을리한 때에는 지연이자 외에 손해를 배상하여야 한다(705조).

2. 조합재산의 합유관계

D-234

민법은 제271조 제 1 항에서 「법률의 규정 또는 계약에 의하여 수인이 조합체로서 물건을 소유하는 때에는 합유로 한다」고 하여, 조합체가 물건을 소유하는 경우에는 그 조합체의 성립원인을 묻지 않고 언제나 합유라고 규정하고 있다. 그리고 제272조 내지 제274조에서 합유의 구체적인 법률관계를 정하고 있다. 이들 규정이 조합계약에 의한 조합이 물건을 소유하는 경우에도 적용됨은 물론이다. 그런데 민법은 다른 한편으로 제704조에서 조합재산은 조합원의 합유라고 규정하고, 별개의 특별규정(706조·714조·715조)도 두고 있다. 이들 중 제704조는 없어도 무방하지만 있다고 하여 문제가 생기지는 않는다. 그러나 일부의 특별규정(706조)은 합유관계규정(272조)과 내용상 충돌이 되어 문제이다. 합유관계와 충돌의 해결문제, 기타 특별규정들을 살펴보기로 한다.

⑴ 합유관계

1) 물건의 합유 조합재산을 이루는 물건(동산·부동산)은 모든 조합원의 합유로 된다. 그 결과 지분의 처분이 제한되고 분할이 금지된다(273조).

2) 소유권 이외의 재산권의 준합유 조합재산에 속하는 소유권 이외의 재산권(예: 지상권·지역권·전세권·저당권 등의 물권, 주식·광업권·어업권·특허권, 채권)은 모든 조합원의 준합유로 된다(278조 참조). 조합이 부담하는 채무도 모든 조합원이 준합유하게 된다.

⑵ 합유물의 처분·변경에 적용되는 규정

D-235

제272조에 의하면, 합유물의 보존행위는 합유자(조합원) 각자가 단독으로 할 수 있으나(단서), 합유물의 처분·변경에는 합유자(조합원) 전원의 동의가 있어야 한다(본문). 그런데 다른 한편으로 조합의 업무집행방법을 규정하는 제706조에 의하면, 업무집행자가 따로 없는 경우에는 조합업무의 집행은 조합원의 과반수로써 결정하고(2항 1문), 업무집행자가 있고 그 수가 2인 이상인 때에는 그들의 과반수로써 결정하고(2항 2문), 조합의 통상사무는 각 조합원 또는 각 업무집행자가 단독으로 할 수 있다(3항 본문). 여기서 합유물의 처분·변경이 조합의 통상사무가 아니고 특별사무라면 거기에는 서로 충돌하는 두 규정(전원의 동의를 요하는 272조 본문과 과반수로 결정하는 706조 2항)이 적용되게 되어 문제이다.

이에 대하여 학설은 i) 업무집행조합원이 선임되어 있든 선임되어 있지 않든 조합원 전원의 동의가 있어야 한다는 견해, ii) 제272조는 합유 일반에 관한 일반규정이고 제706조는 조합에만 국한된 특별규정이어서 제706조가 우선 적용되어야 하고, 그 결과 조합업무의 내용이 조합재산을 구성하는 물건의 처분 또는 변경인 때에는 조합원의 과반수로 결정하게 된다는 견해(사견도 같음), iii) 제272조는 업무집행조합원이 없는 경우에 관한 특별규정으로 보아야 하므로, 업무집행조합원이 따로 없는 경우에 합유물의 처분·변경은 제272조 본문에 의하여 조합원 전원의 합의를 필요로 하나, 업무집행조합원이 있는 경우에는 제706조 제 2 항 후단에 따라서 과반수로써 결정할 수 있다는 견해 등으로 나뉘어 있다.

그리고 판례는 조합재산의 처분·변경에 관한 행위는 다른 특별한 사정이 없는 한 조합의 특별사무에 해당하며, 이에 대하여는 특별한 사정이 없는 한 제706조 제 2 항이 제272조에 우선하여 적용된다고 할 것이므로, 업무집행자가 없는 경우에는 원칙적으로 조합원의 과반수로써 결정하고(대판 1998. 3. 13, 95다30345(공사대금 증액)), 업무집행조합원이 수인 있는 경우에는 업무집행조합원의 과반수로써 결정하며(대판 2000. 10. 10, 2000다28506·28513(채권양도)[핵심판례 334면]), 업무집행자가 1인만 있는 경우에는 그 업무집행자가 단독으로 결정한다고 한다(대판 2010. 4. 29, 2007다18911(분양승계계약의 체결)).

(3) 조합재산과 관련된 특별규정

조합원의 지분에 대한 압류는 그 조합원의 장래의 이익배당 및 지분의 반환을 받을 권리에 대하여 효력이 있다(714조). 그리고 조합의 채무자는 그가 부담하는 채무와 조합원에 대한 채권을 상계하지 못한다(715조).

D-236

3. 조합채무에 대한 책임

조합의 채무도 각 조합원의 채무와는 구별되어 모든 조합원에게 합유적으로 귀속된다(준합유). 그리고 그에 대하여 조합재산이 책임을 지게 된다(통설도 같음). 그런가 하면 각 조합원도 그에 대하여 책임을 져야 한다. 학설은 이 두 책임은 어느 하나가 우선하지 않고 병존적이라고 한다. 따라서 채권자는 처음부터 각 조합원에게 청구할 수 있다고 한다.

(1) 조합재산에 의한 공동책임

조합의 채권자는 채권 전액에 관하여 「조합재산」으로부터 변제를 청구할 권리가 있다.

(2) 조합원의 개인재산에 의한 책임

「각 조합원」은 조합채무에 관하여 분할채무를 부담한다. 즉 손실부담의 비율이 미리 조합계약에서 정해져 있었으면 그에 따라서 채무를 부담하고, 그 비율이 정해지지 않은 때에는 같은 비율로 채무를 부담한다(대판 1996. 10. 25, 96다32201 등). 비율 특약이 있었더라도 채권 발생 당시에 조합채권자가 그 비율을 알지 못한 때에는, 그는 각 조합원에게 균분하여 이행을 청구할 수 있다(712조). 그리고 조합원 중에 변제자력이 없는 자가 있는 때에는, 그 변제할 수 없는 부분은 다른 조합원이 균분하여 변제할 책임이 있다(713조).

4. 손익분배

D-237

조합의 사업으로 생긴 이익과 손실은 각 조합원에게 귀속한다. 그런데 어떤 비율로 언제 분배할 것인지가 문제이다.

(1) 손익분배의 비율

손익분배의 비율은 조합계약에서 자유롭게 정할 수 있다.

민법은 손익분배비율을 약정하지 않은 경우를 위하여 특별규정을 두고 있다. 우선 이익분배와 손실부담 중 어느 하나에 관하여 비율을 정한 때에는, 그 비율은 둘 모두에 공통하는 것으로 추정한다(711조 2항). 그리고 둘 모두에 대하여 비율을 정하지 않은 때에는, 각 조합원의 출자가액에 비례하여 이를 정한다(711조 1항).

(2) 손익분배의 시기

이는 조합계약에서 정하는 것이 보통이나, 정해진 바가 없으면, ① 영리목적의 조합의 경우에는 업무집행규정에 따라서 분배하여야 하고, ② 비영리를 목적으로 하는 경우에는 전 조합원의 합의에 의하여 또는 청산할 때에 분배하여야 한다.

V. 조합원의 변동(탈퇴 및 가입)

D-238

조합의 구성원의 탈퇴 또는 가입으로 조합원이 변동된 경우에 조합의 동일성을 인정할 것인가 해산하게 할 것인가는 입법정책의 문제이다. 민법은 조합원의 가입에 관하여는 규정한 바가 없고 탈퇴에 관하여만 규정하면서, 그 경우에 조합의 동일성이 유지된다는 견지에 서 있다(이는 조합이 어느 정도 단체성을 가지고 있음을 전제로 한 것이다).

1. 조합원의 탈퇴

(1) 임의탈퇴(자신의 의사에 의한 탈퇴)

1) 민법은 조합원의 임의탈퇴를 인정한다. 그런데 언제 탈퇴할 수 있는가는 조합의 존속기간이 정해져 있는 경우와 그렇지 않은 경우가 다르다.

조합계약으로 조합의 존속기간을 정하고 있지 않거나 조합원의 종신까지 존속하는 것으로 정하고 있는 때에는 각 조합원은 언제든지 탈퇴할 수 있다(716조 1항 본문). 그러나 부득이한 사유 없이 조합에 불리한 시기에 탈퇴하지 못한다(716조 1항 단서).

조합의 존속기간을 정하고 있는 때에는, 부득이한 사유가 있는 때에만 탈퇴할 수 있다(716조 2항).

2) 임의탈퇴는 다른 조합원 전원에 대한 의사표시로 하여야 한다(이설이 없으며, 판례도 같음. 대판 1997. 9. 9, 96다16896).

(2) 비임의탈퇴(자신의 의사에 의하지 않은 탈퇴)

그 사유는 사망·파산·성년후견의 개시·제명의 네 가지이다(717조). 이 가운데 제명은 정당한 사유가 있는 때에 한하여 다른 조합원의 일치로써 결정한다(718조 1항). 그리고 이 제명 결정은 제명된 조합원에게 통지하지 않으면 그 조합원에게 대항하지 못한다(718조 2항).

(3) 탈퇴의 효과

탈퇴 조합원은 탈퇴에 의하여 조합원으로서의 지위를 상실한다(그 결과 탈퇴 후의 조합채무에 대하여는 책임을 지지 않으나, 탈퇴 전의 조합채무에 대하여는 여전히 책임을 진다). 그런데 조합 자체는 그대로 존속하기 때문에, 조합은 탈퇴 조합원과의 사이에 재산관계를 청산하여야 한다. 민법에 의하면, 탈퇴한 조합원과 다른 조합원 사이의 지분의 계산은 탈퇴 당시의 조합재산상태에 의하여 하여야 한다(719조 1항). 그러나 탈퇴 당시에 완결되지 않은 사항에 대하여는 완결 후에 계산할 수 있다(719조 3항). 그리고 탈퇴한 조합원의 지분은 그 출자의 종류가 무엇이든 금전으로 반환할 수 있다(719조 2항).

탈퇴의 경우 조합의 재산은 다른 조합원의 합유로 된다. 그러나 부동산의 경우에는 잔존 조합원의 명의로 합유의 등기를 하여야 지분이 확대된다(186조 참조).

D-239

2. 새 조합원의 가입

민법은 이에 대하여 규정하고 있지 않으나, 학설은 새로 가입하려는 자와 조합원 전원과의 가입계약에 의하여 가입할 수 있다고 한다(업무집행자가 할 수는 없다).

3. 조합원의 지위의 양도

민법은 이에 관하여도 규정을 두고 있지 않으나, 학설은 조합계약에서 그 양도를 인정하는 때 또는 조합원 전원의 동의가 있는 때에는 조합원으로서의 지위를 양도할 수 있다고 한다. 그리고 판례는, 조합원 지분의 양도는 원칙적으로 다른 조합원 전원의 동의가 있어야 하지만, 다른 조합원의 동의 없이 각자 지분을 자유로이 양도할 수 있도록 조합원 상호 간에 약정하거나 사후적으로 지분 양도를 인정하는 합의를 하는 것은 유효하다고 한다(대판 2016. 8. 30, 2014다19790).

D-240

Ⅵ. 조합의 해산 및 청산

(1) 해 산

1) 서 설 　민법은 조합에 대하여도 법인에 있어서처럼 해산제도를 두고 있다.

그리고 민법에 명문의 규정(81조 참조)은 없으나, 조합은 해산된 후에도 청산이 종료할 때까지 존속한다고 하여야 하며, 조합재산은 그것이 청산절차를 거쳐 조합원에게 분배되지 않는 한 계속하여 조합원의 합유에 속한다고 할 것이다.

2) **해산사유** 조합은 존속기간의 만료 기타 조합계약에서 정한 사유의 발생, 조합원 전원의 합의, 조합의 목적인 사업의 성공 또는 성공불능 등으로 해산하게 된다(대판 1998. 12. 8, 97다31472 등 참조).

3) **해산청구** 민법은 부득이한 사유가 있는 때에는 각 조합원이 조합의 해산을 청구할 수 있다고 한다(720조). 해산청구권은 신뢰관계의 파괴에 책임이 있는 당사자에게도 인정된다(대판 1993. 2. 9, 92다21098 등).

(2) **청 산** D-241

1) **의 의** 청산은 해산한 조합의 재산관계를 정리하는 것이다. 이는 조합채권자의 보호를 위한 것이 아니고(조합원은 청산이 끝난 뒤에도 조합채무에 대하여 그의 개인재산으로 책임을 지기 때문이다), 오직 조합원 사이의 재산관계의 공평한 처리를 목적으로 하는 것이다. 따라서 가령 조합재산이 없거나 처리되어야 할 조합의 잔무(殘務)가 없는 경우에는 청산절차를 밟을 필요가 없다(대판 2000. 4. 21, 99다35713 등 다수).

2) **청산절차** 청산사무는 모든 조합원이 청산인이 되어 공동으로 집행하거나 조합원의 과반수로 선임한(721조 2항) 청산인(이는 조합원이 아니어도 무방함)이 집행한다(721조 1항). 청산인이 수인인 경우의 사무집행은 그 과반수로써 결정한다(722조·706조 2항 2문). 그리고 조합원 중에서 청산인으로 선임된 자는 정당한 사유 없이 사임하지 못하며, 다른 조합원 전원의 합의가 없는 한 해임당하지도 않는다(723조·708조).

청산인의 직무는 현존사무의 종결·채권의 추심·채무의 변제·잔여재산의 인도 등이고(724조 1항·87조 1항), 그는 그러한 직무를 행하기 위하여 필요한 모든 행위를 할 수 있다(724조 1항·87조 2항). 그리고 잔여재산(조합재산으로 조합채무를 변제한 나머지)은 각 조합원의 출자가액에 비례하여 분배한다(724조 2항).

제14절 종신정기금

Ⅰ. 종신정기금의 의의 및 법적 성질 D-242

(1) **의 의**

종신정기금계약은 당사자 일방(정기금채무자)이 자기·상대방 또는 제 3 자의 종신(사망시)까지 정기로 금전 기타의 물건을 상대방 또는 제 3 자에게 지급할 것을 약정함으로써 성립하는 계약이다(725조).

⑵ 법적 성질

① 종신정기금계약은 낙성·불요식의 계약이다. ② 정기금채무자가 대가를 받기로 하였는지에 따라 유상계약 또는 무상계약이 된다. ③ 종신정기금계약은 증여·매매·소비대차 등의 원인행위의 효력에 직접 영향을 받는 유인행위이다. ④ 정기금채무자는 계약의 일방 당사자이나, 채권자는 상대방에 한정되지 않으며 제 3 자라도 무방하다(이때는 제 3 자를 위한 계약이 성립한다). ⑤ 종신정기금채권은 계약 외에 유증에 의하여서도 발생할 수 있다. 그 경우에는 유언의 방식에 따라야 하며, 발생한 채권에는 종신정기금에 관한 규정이 준용된다(730조).

D-243

Ⅱ. 종신정기금의 효력

⑴ 종신정기금계약이 성립하면 종신정기금채권이 발생한다. 이 채권의 발생시기는 특약이 있으면 그에 의하여 정하여지나, 특약이 없는 때에는 제726조를 고려할 때 매 기간의 경과 후라고 하여야 한다(이설 있음). 즉 후급이 된다. 그리고 종신이 문제되는 자가 기간의 도중에 사망한 때에는 종신정기금은 일수(日數)로 계산한다(726조).

⑵ 정기금채무자의 불이행이 있는 때에는 채무불이행의 일반규정이 적용된다. 그 밖에 민법은 일정한 경우에 관하여 특별규정을 두고 있다. 즉 정기금채무자가 정기금채무의 원본을 받은 경우에 그 정기금채무의 지급을 해태하거나 기타 의무를 이행하지 않은 때에는, 정기금채권자는 원본의 반환을 청구할 수 있다(727조 1항 본문). 그러나 이미 지급받은 채무액에서 그 원본의 이자를 공제한 잔액을 정기금채무자에게 반환하여야 한다(727조 1항 단서). 그리고 채권자가 손해를 입은 경우에는 그 배상도 청구할 수 있다(727조 2항). 한편 당사자 쌍방의 반환의무는 동시이행관계에 있다(728조·536조).

⑶ 종신정기금채권은 계약에서 정해진 특정인(자기·상대방 또는 제 3 자)이 사망하면 발생하지 않는다. 그러나 사망이 정기금채무자의 책임있는 사유로 생긴 때에는, 법원은 정기금채권자 또는 그 상속인의 청구에 의하여 상당한 기간 채권의 존속을 선고할 수 있다(729조 1항). 그리고 이 경우(즉 729조 1항의 경우)에 제727조가 적용될 수 있는 때(정기금채무자가 원본을 받고 채무불이행을 한 경우)에는 그 규정에 의하여 해제도 할 수 있다(729조 2항).

제15절 화 해

Ⅰ. 화해의 의의 및 법적 성질

D-244

(1) 의의 및 사회적 작용

화해(和解)는 당사자가 서로 양보하여 그들 사이의 분쟁을 종지할 것을 약정함으로써 성립하는 계약이다(731조). A가 B에게 800만원의 채권이 있다고 주장하고 B는 600만원의 채무만 있다고 주장하는 경우에, A와 B가 서로 양보하여 700만원의 채권이 있는 것으로 약정하는 것이 그 예이다.

화해는 재판과 달리 다툼을 원만하게 해결하는 장점이 있어서 많이 이용되고 있다. 그런가 하면 오늘날의 재판제도에서도 그러한 방법을 사용하기도 한다(재판상 화해, 조정 등).

(2) 법적 성질

화해의 법적 성질에 관하여 학설은 i) 유상(서로 양보함으로써 결국 손실을 입는다는 이유로)·쌍무(서로 양보하여 합의한 것을 실현할 채무를 부담한다는 이유로)·낙성·불요식의 계약이라는 견해, ii) 쌍무·유상계약일 수도 있고 편무·무상계약(증여계약의 내용에 대한 분쟁의 화해)일 수도 있다는 견해, iii) 기존의 다툼이 있는 법률관계를 확정적으로 변경시키는 계약이라는 견해(사견도 같음)로 나뉘어 있다.

Ⅱ. 화해의 성립

화해가 성립하려면 ① 당사자 사이에 분쟁이 있어야 하고, ② 당사자가 서로 양보하여야 하며, ③ 분쟁을 끝내는 합의가 있어야 한다.

Ⅲ. 화해의 효력

D-245

(1) 법률관계를 확정하는 효력

화해계약이 성립하면 당사자 사이에 다투어졌던 법률관계는 화해계약의 내용에 따라서 확정된다. 그러나 확정되는 것은 다툼의 대상이 되어 합의한 사항에 한하며, 당사자가 다투지 않았던 사항이나 화해의 전제로서 서로 양해하고 있던 사항은 그렇지 않다.

(2) 화해의 창설적 효력

화해에 의하여 법률관계를 확정하는 것은 창설적이다(통설·판례도 같음. 대판 2018. 5. 30, 2017다21411 등). 즉 종래의 법률관계가 어떠했는가를 묻지 않고 화해에 의하여 새로운 권리의 취득·상실이 있게 된다. 민법도 화해의 창설적 효력을 규정하고 있다(732조).

⑶ 화해와 착오취소의 관계

화해계약은 착오를 이유로 취소하지 못한다(733조 본문). 그러나 「화해 당사자의 자격」 또는 「화해의 목적인 분쟁 이외의 사항」에 착오가 있는 때에는 취소할 수 있다(733조 단서).

D-246 ⑷ 화해와 후발손해의 관계

1) 교통사고의 피해자가 후유증이 없는 것으로 생각하고 일정금액을 받으면서 나머지의 손해배상청구권을 포기하는 합의를 하였는데 그 후에 후유증이 생겨서 오래 치료를 받고 그래도 완치되지 않아 불구자가 된 경우, 즉 후발손해가 생긴 경우에 피해자는 더 이상 손해배상청구를 할 수 없는지가 문제된다.

2) 이에 대하여 판례는 엇갈리고 있고 학설도 대립한다.

㈎ 판례는 적은 예외가 있기는 하나, 많은 판결에서 합의의 해석에 의하여 피해자를 구제하고 있다. 그 가운데에는 손해배상청구를 포기하는 합의는 합의 당시에 예상할 수 없었던 적극적 치료비나 후유증으로 인한 손해배상청구권까지 포기하는 취지로 볼 수 없다고 한 경우가 많다(한정적 해석)(대판 1988. 4. 27, 87다카74 등 다수의 판결). 1980년대 후반에는 「모든 손해가 확실하게 파악되지 않는 상황 아래에서 조급하게 적은 금액을 받고 위와 같은 합의가 이루어진 경우」에만 위와 같은 결과를 인정하는 판결도 나왔다(대판 1997. 8. 29, 96다46903 등). 그런가 하면 다른 한편으로 「그 합의가 손해발생의 원인인 사고 후 얼마 지나지 아니하여 손해의 범위를 정확히 확인하기 어려운 상황에서 이루어진 것이고 후발손해가 합의 당시의 사정으로 보아 예상이 불가능한 것으로서 당사자가 후발손해를 예상하였더라면 사회통념상 그 합의금액으로는 화해하지 않았을 것이라고 보는 것이 상당할 만큼 그 손해가 중대한 것일 때에는 당사자의 의사가 이러한 손해에 대해서까지 그 배상청구권을 포기한 것이라고 볼 수 없」다고 하는 기준을 제시하기도 한다(대판 2000. 3. 23, 99다63176[핵심판례 338면]; 대판 2001. 9. 14, 99다42797 등 다수). 그리고 마지막의 것이 현재의 주류의 판례이다.

판례는 합의서의 권리포기 문구가 단순한 예문에 불과하다고 한 적이 있고(대판 1999. 3. 23, 98다64301), 권리포기에 관한 합의의 성립을 부정한 적도 있다(대판 1982. 4. 27, 80다2961 등).

그 밖에 신체침해가 발생한 경우에 있어서 피해자가 장래에 들 치료기간·치료비·후유증 등을 예상하지 못하고 합의한 경우에 관하여 여러번 착오를 이유로 합의의 취소를 인정하였다(대판 1981. 4. 14, 80다2452 등).

㈏ 학설은 후발손해에 대하여 추가청구를 하지 못함이 원칙이라는 데 대하여는 다툼이 없다(이는 근래의 판례도 같음). 그러나 후발손해의 배상청구를 인정하여야 하는 경우의 이론구성에 대하여는 견해가 대립한다. 학설 가운데에는 i) 합의의 한정적 해석으로 해결하는 견해가 있는가 하면, ii) 신의칙에 의하여 해결하여야 한다는 견해 등도 있다(사견은 채권법각론 [214] 참조).

사무관리

Ⅰ. 사무관리의 의의 및 성질

D-247

(1) 의　　의

사무관리는 의무(계약 또는 법률에 의한 의무) 없이 타인을 위하여 그의 사무를 처리하는 행위이다(734조 1항). 폭풍우로 파손된 이웃집의 지붕을 수선해 주는 행위가 그 예이다. 사무관리가 있으면 민법상 비용상환청구권·손해배상청구권·관리계속의무 기타의 의무가 발생한다(보수청구권은 생기지 않음. 그러나 유실물법 4조, 「수상에서의 수색·구조 등에 관한 법률」 39조, 상법 883조 등은 보수청구권을 인정한다). 따라서 이는 법정 채권발생원인의 하나이다.

사무관리는 실제 사회에서 어느 정도 행하여지고 있으나, 법적인 의의는 크지 않다.

(2) 법적 성질

1) 사무관리는 적법행위이다. 그러나 의사표시를 요소로 하는 법률행위가 아니고 준법률행위, 그중에서도 사실행위(혼합 사실행위)이다.

2) 사무관리의 내용이 되는 행위는 사실행위일 수도 있고(예: 사무관리자가 이웃집 지붕을 직접 수선하는 경우) 법률행위일 수도 있다(예: 사무관리자가 제3자에게 지붕수선을 맡긴 경우). 그러나 후자의 경우에도 법률행위 자체가 사무관리가 아니고 그 법률행위는 전체적인 사무관리의 수단일 뿐이다.

3) 사무관리는 법률행위가 아니므로 의사표시 내지 법률행위에 관한 총칙편의 규정은 사무관리에 적용되지 않는다. 그러나 사무관리에서는 사무관리자에게 본인을 위하여 하는 의사, 즉 관리의사가 필요하므로 그는 의사능력을 가져야 한다. 그 외에 행위능력도 필요한가에 관하여는 다툼이 있다(학설과 사견은 채권법각론 [215] 참조).

D-248

Ⅱ. 사무관리의 성립요건

(1) 타인의 사무의 관리가 있을 것

1) 「사무」는 사람의 생활상의 이익에 영향을 미치는 모든 일을 가리키며, 사실적 행위인지 법률적 행위인지, 계속적인 것인지 일시적인 것인지 등은 묻지 않는다.

2) 사무는 「타인의 것」이어야 한다.

3) 여기의 「관리」는 보존·개량을 내용으로 하는 관리행위뿐만 아니라 처분행위도 포함된다.

(2) 타인을 위하여 하는 의사(관리의사)가 있을 것

사무관리가 성립하려면 관리자에게 타인을 위하여 하는 의사 즉 관리의사가 있어야 한다. 통설·판례(대판 2010. 2. 11, 2009다71558 등)도 같다. 민법은 이를 「타인을 위하여」라고 표현하고 있다(734조 1항). 이 관리의사는 관리의 사실상의 이익(법률상의 이익이 아님)을 타인에게 귀속시키려는 의사이다. 판례도 동일하게 해석한다(대판 2013. 8. 22, 2013다30882).

D-249

(3) 법률상의 의무가 없을 것

1) 관리자가 계약(위임·고용·도급 등) 또는 법률규정(친권이나 후견)에 의하여 본인에 대하여 그 사무를 관리할 의무를 부담하는 경우에는 사무관리가 성립하지 않는다.

2) 관리자가 계약상의 의무를 이행하는 급부를 하였으나 그 계약이 무효·취소·해제된 경우에는 사무관리가 되지 않고 부당이득만이 문제된다고 하여야 한다.

3) 관리자가 본인에 대하여는 의무가 없지만 제3자에 대한 관계에서는 사무를 관리할 의무가 있는 경우에는, 그 의무의 내용이 본인의 사무를 처리하는 것이더라도 사무관리는 성립하지 않는다(동지 대판 2013. 9. 26, 2012다43539). 가령 A가 B의 위임에 의하여 C의 집을 수리한 경우에 그렇다. 그러나 이때 B가 C와의 사이에 아무런 의무 없이 A에게 그러한 사무를 위임하였다면 B와 C 사이에 사무관리가 성립한다.

(4) 본인에게 불이익한 것 또는 본인의 의사에 반한다는 것이 명백하지 않을 것(737조 단서 참조)

이것이 사무관리의 요건인가에 대하여는 긍정설이 다수설 및 판례이다(대판 2013. 8. 22, 2013다30882 등).

D-250

Ⅲ. 사무관리의 효과

(1) 일반적 효과

1) 위법성의 조각　사무관리는 적법행위로서 위법성을 조각한다.

2) 사무관리를 추인하는 경우　사무관리자가 사무처리를 시작한 후에 본인이 사무관리를 추인한 경우에는 사무관리에 하자가 있더라도(예: 본인의 의사에 반한 사무관리) 하자가 치유된다.

3) 사무관리와 대리관계 사무관리자가 사무관리를 위하여 제 3 자와 행한 법률행위의 효과는 관리자에게 생기고 본인에게는 생기지 않는다.

(2) 사무관리자의 의무

1) 관리계속의무 사무관리자가 일단 사무관리를 시작한 때에는 본인·그의 상속인 또는 법정대리인이 그 사무를 관리할 수 있을 때까지 관리를 계속하여야 한다(737조 본문). 마음대로 중단하면 본인에게 손해가 생길 수 있기 때문이다. 그러나 관리의 계속이 본인의 의사에 반하거나 본인에게 불리함이 명백한 때에는 관리를 중지하여야 한다(737조 단서).

2) 관리의 방법 사무관리는 그 사무의 성질에 좇아 가장 본인에게 이익이 되는 방법으로 하여야 하나(734조 1항), 만약 관리자가 본인의 의사를 알거나 알 수 있는 때에는 그 의사에 적합하도록 하여야 한다(734조 2항).

관리자가 위와 같은 관리방법에 위반하여 사무를 관리한 결과 본인에게 손해가 발생하면, 관리자는 그에게 과실이 없는 때에도 손해를 배상하여야 한다(734조 3항 본문). 그러나 관리방법에 위반하여 관리를 하였더라도 그 관리행위가 공공의 이익에 적합한 때에는 중대한 과실이 있는 경우에만 책임을 진다(734조 3항 단서).

한편 관리자가 타인의 생명·신체·명예 또는 재산에 대한 급박한 위해를 면하게 하기 위하여 그 사무를 관리한 때에는(긴급 사무관리), 고의나 중대한 과실이 없으면 이로 인한 손해를 배상할 책임이 없다(735조).

3) 관리자의 통지의무 관리자가 관리를 개시한 때에는 지체없이 본인에게 통지하여야 한다(736조 본문). 그러나 본인이 이미 이를 알고 있는 때에는 통지의무가 없다(736조 단서).

4) 보고의무 등 사무관리에 위임에 관한 제683조 내지 제685조의 규정이 준용되는 결과(738조), 관리자는 보고의무(683조)·취득물 인도의무(684조 1항)·취득권리 이전의무(684조 2항)·소비한 금전의 이자지급 및 손해배상의무(685조)가 있다(D-218 참조).

(3) 본인의 의무 D-251

1) 비용상환의무 민법은 관리자가 비용을 지출한 경우에 관하여 관리자의 보호를 위하여 특별규정을 두고 있다.

(가) 관리자가 본인을 위하여 필요비 또는 유익비를 지출한 때에는, 본인에 대하여 그 상환을 청구할 수 있다(739조 1항). 그리고 관리자가 본인을 위하여 필요 또는 유익한 채무를 부담한 때에는, 관리자는 본인에게 자기에 갈음하여 그 채무를 변제하게 할 수 있고(대변제청구권(代辨濟請求權)) 그 채무가 변제기에 있지 않은 때에는 상당한 담보를 제공하게 할 수 있다(739조 2항·688조 2항).

(나) 관리자가 본인의 의사에 반하여 관리한 때에는 관리자는 본인의 현존이익의 한도에서 위의 권리들을 행사할 수 있을 뿐이다(739조 3항).

2) 손해배상의무 관리자가 사무관리를 함에 있어서 과실없이 손해를 받은 때에는, 본인의 현존이익의 한도에서 그 손해의 보상(배상)을 청구할 수 있다(740조).

D-252

Ⅳ. 준사무관리

(1) 타인의 사무를 그 타인을 위하여가 아니고(즉 관리의 사가 없이) 자신을 위하여 행하는 경우가 있다. 타인의 물건을 자기 물건인 양 타인에게 비싸게 매각한 경우가 그 예이다. 그 가운데에는 그 사무를 자신의 사무라고 잘못 알고 행하는 때(오신 사무관리(誤信 事務管理))가 있는가 하면, 타인의 사무임을 알면서 자기의 사무로서 행하는 때(불법관리(不法管理) 내지 무단 사무관리)도 있다. 이들 중 전자의 경우에는 사무관리가 되지 않고 부당이득의 문제로 되나(이설 있음), 그에 비하여 후자에 대하여는 종래부터 「준사무관리」 내지 「부진정 사무관리」라는 개념을 사용하여 특별한 효과를 인정할 것인지에 관하여 논의가 되고 있다.

(2) 불법관리가 특별히 문제되는 이유는 관리자가 불법관리에 의하여 통상의 수익을 넘는 이득을 얻은 경우에 초과이익이 관리자에게 돌아가게 하는 것이 부적당하다는 점 때문이다.

(3) 여기에 관하여 학설은 i) 준사무관리 부정설(사견도 같음), ii) 준사무관리 인정설, iii) 사무관리설로 나뉘어 있다.

제 4 장 부당이득

I. 서 설

1. 부당이득의 의의 및 성질

D-253

(1) 의 의

부당이득이란 법률상 원인 없이 타인의 재산 또는 노무로 인하여 얻은 이익을 가리킨다(741조 참조). 예컨대 채무자가 그의 채무를 변제하였는데 그 사실을 잊어버리고 다시 변제한 경우에 두 번째의 급부가 그에 해당한다. 민법은 부당이득이 생긴 때에는 이득자가 손실자에게 그 이득을 반환하여야 하는 것으로 규정하고 있다(741조). 그 결과 부당이득은 사무관리·불법행위와 더불어 법정 채권발생원인의 하나가 되고 있다.

(2) 부당이득제도의 기초(존재이유)

민법은 부당이득을 일반적·통일적인 제도로 규율하고 있다. 이와 같이 민법이 부당이득을 일반적인 제도로 규율하는 이유는 어디에 있는가?

이에 관하여 종래의 문헌은 부당이득이 통일적인 제도로 되어 있음을 중시하여 그 이유를 하나로 설명하여 왔다. 이것이 통일설이다. i) 통일설은 현재에도 우리의 다수설이며, 그 견해는 모두 공평설을 취하고 있다. 그에 의하면, 특정의 당사자 사이에 재산적 가치의 변동이 생긴 경우에, 그것은 제 3 자에 대한 관계에서 고찰하면 거래의 안전을 위하여 그대로 인정되어야 하지만 당사자 사이에서만 고찰한다면 공평의 요구에 반하여 부인되어야 하는 모순이 있는 때에, 재산적 가치의 반환을 명함으로써 위의 모순을 해결하려는 것이 부당이득제도라고 한다(사견도 통일설이나, 내용은 다름. 채권법각론 [220] 참조).

그런데 근래에는 ii) 모든 부당이득에 대하여 통일적으로 설명하는 것이 부적당하다는 견지에서 부당이득을 여러 유형으로 나누고 그 각각에 대하여 인정이유나 요건을 살펴보아야 한다는 견해가 주장되어 세력을 얻어가고 있다. 이것이 비통일설(유형론)이다. 비통일설은 부당이득의 유형을 급부 부당이득·침해 부당이득·비용 부당이득의 셋으로 나누기도 하고, 거기에 구상 부당이득을 추가하여 넷으로 나누기도 한다.

한편 판례는 대체로 i)설과 같으나(대판 2017. 6. 29, 2017다213838 등), 근래에는 침해 부당이득·급부 부당이득 등의 표현을 쓰기도 한다(대판 2018. 1. 24, 2017다37324 등 참조).

(3) 부당이득의 법적 성질

부당이득이 있으면 부당이득 반환청구권이라는 채권이 발생한다. 따라서 부당이득은 하나의 법률사실이면서 동시에 법률요건이다. 부당이득은 법률사실 중에서 사건이라고 이해된다.

D-254

2. 부당이득 반환청구권과 다른 청구권의 관계

정당한 이유 없이 이득을 얻고 있는 자가 있는 경우에 손실자에게 계약에 기한 청구권, 물권적 청구권 또는 불법행위로 인한 손해배상청구권이 인정되는 때가 있다. 그때 그러한 청구권 외에 부당이득 반환청구권도 성립하는지가 문제된다. 이는 개별적인 경우에 대하여 따로따로 판단하여야 하나, 원칙적으로는 다른 제도에 의하여 완전하게 규율되어 있는 때에는 부당이득 반환청구권이 인정되지 않는다고 할 수 있다(통설도 같음). 이것이 부당이득 반환청구권의 보충성이다.

(1) 계약상의 채무이행청구권과의 관계

채무자가 이행기에 채무를 이행하지 않고 있는 때에는, 형식적으로는 채무자가 부당하게 이득을 얻고 있는 것처럼 보이지만 법상 급부의무가 면제되는 것은 아니기 때문에, 부당이득은 문제되지 않고 채무불이행이 문제될 뿐이다. 통설·판례(대판 2018. 2. 28, 2016다45779 등)도 같다.

(2) 계약종료 후의 목적물반환청구권과의 관계

임대차나 사용대차가 종료한 후에는 임대인 또는 사용대주는 목적물반환청구권을 가진다. 그 경우 임차인이나 사용차주가 반환을 하지 않고 계속 사용·수익을 하는 때에는, 임차인 등이 반환을 하지 않는 것 자체는 부당이득이 아니나(그들은 목적물반환의무가 있고 그것의 채무불이행책임을 지므로), 목적물을 계속 사용·수익하여 이득을 얻은 것은 부당이득이 된다. 그런데 이때 임차인 등은 채무불이행책임을 지게 되고, 그 손해배상의 내용은 부당이득 반환범위와 같게 된다. 그리고 이 두 권리는 경합을 인정하여도 무방하다(통설도 같음).

D-255

(3) 물권적 청구권과의 관계

1) 손실자가 이득자에 대하여 물권적 청구권(소유권 기타 본권에 기한 반환청구권)을 가지는 경우에 부당이득 반환청구권과의 관계가 문제된다.

2) 이 두 권리의 경합이 문제되는 범위는 물권행위의 무인성을 인정하는지 여부에 따

라 다르다. 무인론에서는 채권행위가 실효되어도 물권행위에 영향이 없으므로 원칙적으로는 물권적 청구권이 생기지 않고, 예외적으로만(무효·취소의 원인이 채권행위·물권행위에 공통한 경우, 유인으로 특약한 경우 등) 물권적 청구권이 발생하여 경합이 문제된다. 그러나 유인론에서는 원인행위인 채권행위가 실효되면 물권행위도 효력을 잃게 되므로 물권적 청구권과의 경합이 원칙적으로 문제되게 된다. 그리고 가령 도둑이 물건을 훔쳐서 점유하는 때에는 유인·무인에 관계없이 경합이 문제된다.

다른 한편으로 이득자가 소유권 기타의 본권을 취득할 때에 비로소 이득이 성립한다고 새기면, 손실자에게 물권적 청구권이 있는 한 부당이득 반환청구권은 인정되지 않게 된다. 그러나 우리나라에서 이러한 견해를 취하는 학자는 없으며, 모두가 본권을 취득하지 않았다 하더라도 점유를 갖는 이상 이득이 있는 것으로 해석한다(점유권과 그에 의한 법률효과를 받으므로).

3) 부당이득 반환청구권과 물권적 청구권의 경합이 문제될 수 있는 경우에 두 권리의 경합을 인정할 것인가?

여기에 관하여 통설은 이득자가 단순히 점유만을 취득하고, 따라서 손실자가 물권적 청구권을 가지는 경우에도 그들 사이의 관계는 부당이득 반환의 관계라고 보고, 민법이 규정하는 점유자와 본권자 사이의 관계에 관한 규정(201조 내지 203조)은 바로 이러한 특수한 부당이득 반환의 내용을 규정한 것이라고 새긴다(사견도 같음). 물권적 청구권을 부당이득과는 별개의 관계라고 한다면 이득자가 소유권 기타의 본권을 취득하는 경우(이때에는 손실자는 부당이득 반환청구권만 가지게 되고, 그 반환범위는 748조 1항에 의하여 정해짐)보다도 소유권을 취득하지 않는 경우(이때에는 손실자는 부당이득 반환청구권뿐만 아니라 물권적 청구권도 가지게 되고, 물권적 청구권을 행사할 경우 그 반환범위는 201조 내지 203조에 의하여 정해짐)의 반환의무의 범위가 더 가볍게 되어(특히 소유권을 취득하지 않는 경우에는 선의의 점유자가 과실을 수취할 수 있기 때문이다) 균형을 잃게 된다는 이유에서이다. 이 견해는 이득자와 손실자 사이의 가치의 이동을 조절하는 것이 부당이득제도이지만, 그 조절이 현물의 반환의 형식으로 행하여지는 한도에서는 — 소유권이 이전되었든 안 되었든 — 물권적 청구권이라는 특수한 제도에 의하고(201조 내지 203조), 그 조절이 가격반환의 형식으로 행하여지는 경우에는 부당이득의 일반원칙(747조·748조)에 따를 것이라고 한다.

판례는 선의의 점유자에 대하여 제748조 제 1 항에 우선하여 제201조 제 1 항을 적용하고 있어서 통설에 가까우나(대판 1978. 5. 23, 77다2169 등), 통설을 취하는지는 분명치 않다.

⑷ 불법행위에 의한 손해배상청구권과의 관계

불법행위와 부당이득은 지접적인 목적이 다르고(전자: 손해전보, 후자: 재산적 가치 귀속의 조정), 따라서 그 요건과 효과에 있어서도 차이가 있으므로, 두 청구권의 경합을 인정함이 옳다. 통설·판례(대판 1993. 4. 27, 92다56087)도 같다.

D-256

Ⅱ. 부당이득의 일반적 성립요건

부당이득의 일반적 성립요건은 제741조에 규정되어 있다. 그에 의하면 부당이득이 성립하기 위하여서는 ① 타인의 재산 또는 노무에 의하여 이익을 얻었을 것(수익(受益)), ② 그러한 이익을 얻음으로 인하여 타인에게 손해를 가했을 것(손실(損失)), ③ 수익과 손실 사이에 인과관계가 있을 것, ④ 법률상의 원인이 없을 것이라는 네 가지 요건이 필요하다.

1. 수 익

(1) 부당이득은 수익이 존재하는 때에 비로소 문제된다.

(2) 수익에는 여러 가지 모습이 있다. 소유권·제한물권과 같은 물권의 취득뿐만 아니라 채권의 취득(대판 1996. 11. 22, 96다34009 등), 특허권과 같은 지식재산권의 취득(대판 2004. 1. 16, 2003다47218), 점유의 취득, 무효인 등기의 취득도 수익에 해당한다. 또한 자기의 재산으로부터 지출하였어야 할 비용의 지출을 면하게 된 것도 수익이다.

(3) 판례는 부당이득에 있어서 이득이란 실질적인 이득을 가리키는 것이므로 법률상 원인 없이 건물을 점유하고 있다고 하여도 이를 사용·수익하지 못하였다면 실질적인 이득을 얻었다고 볼 수 없다고 한다(대판 1990. 12. 21, 90다카24076[핵심판례 342면]; 대판 1992. 11. 24, 92다25830·25847 등 다수).

(4) 수익의 방법에는 제한이 없다. 그리하여 수익이 손실자와 수익자 사이의 행위에 의하든 이들 중 하나와 제3자 사이의 행위에 의하든 묻지 않으며, 그 행위가 법률행위인가 사실행위인가, 자연적 사실(예: 홍수로 다른 양어장의 물고기가 들어온 경우)에 의한 것인가도 중요하지 않다.

D-257

2. 손 실

(1) 부당이득이 성립하려면 손실을 입은 자가 있어야 한다. 가령 어떤 토지의 부근이 개발되어 그 토지의 가치가 증가하였더라도 손실을 입은 자가 없어서 부당이득은 존재하지 않는다.

(2) 손실과 이득은 서로 대응하나, 그 둘이 범위에 있어서 같아야 하는 것은 아니며, 둘 사이에 인과관계만 있으면 충분하다.

D-258

3. 수익과 손실 사이의 인과관계

수익과 손실 사이에 인과관계가 있어야 한다. 여기의 인과관계는 동일한 사실이 한편으로는 손실을 발생시키고 다른 한편으로는 이득을 생기게 할 필요는 없으며(즉 직접적 인과관계일 필요가 없음), 사회관념상 그 연락을 인정할 수 있는 것이면 충분하다(이설 있음). 판례도 채무자가 피해자로부터 횡령한 금전을 그대로 채권자에 대한 채무변제에 사용하거나(대판 2012. 1. 12, 2011다74246 등)

제3자에게 증여한 경우(대판 2012. 1. 12, 2011다74246)와 자신의 채권자의 다른 채권자에 대한 채무를 대신 변제한 경우(대판 2008. 3. 13, 2006다53733·53740[핵심판례 344면]; 대판 2016. 6. 28, 2012다44358·44365)에 피해자의 손실과 채권자의 이득 사이에 인과관계가 있다고 함으로써 위와 같은 견지에 있다(대판 1966. 10. 4, 66다1441도 참조). 주의할 것은, 위의 판례는, 그 각각의 경우에 인과관계는 인정하면서도, 다른 한편으로 금전을 수령한 채권자(또는 수증자)가 변제를 수령하면서 그 금전이 횡령한 것이라는 사실에 대하여 악의 또는 중대한 과실이 없는 한 채권자(또는 수증자)의 금전취득은 피해자에 대한 관계에서 법률상 원인이 있는 것이어서 부당이득이 아니라고 한다는 점이다(위의 판결들 참조). 생각건대 판례와 같이 악의·중과실 유무로 따질 것이 아니고, 오히려 채무관계의 존재 유무에 따라 결정해야 한다.

[참고] 전용물소권(轉用物訴權) 문제 D-259

계약에 의한 급부가 제3자의 이득으로 된 경우에 급부한 계약당사자의 그 제3자에 대한 부당이득 반환청구권을 인정하는 것을 전용물소권이라고 한다. 예컨대 수급인 A가 도급인 B로부터 제3자 C 소유의 건물을 인도받아 수리한 결과 그 물건의 가치가 증가한 경우에, A가 B에 대하여 도급계약상의 보수를 청구하는 외에 C에 대하여 부당이득 반환청구를 할 수 있는지의 문제이다. 프랑스와 일본에서는 판례가 이를 인정하고 있으나, 독일민법은 원칙적으로 이를 부정한다(독일민법 822조는 제3자가 무상으로 그 이득물을 취득한 경우에만 예외적으로 부당이득 반환의무를 인정한다). 우리나라에서도 부정설이 주장되며, 판례도 같다(대판 2002. 8. 23, 99다66564·66571[핵심판례 346면]; 대판 2011. 11. 10, 2011다48568 등 다수). 생각건대 급부자는 계약상의 채권으로 충분히 보호되므로 전용물소권까지 인정하여 과대 보호할 필요가 없고, 또한 그는 상대방이 제3자에 대하여 가지는 비용상환청구권(203조 참조)을 대위행사할 수도 있기 때문에, 전용물소권은 허용하지 않아야 한다.

4. 법률상의 원인이 없을 것 D-260

(1) 부당이득이 인정되려면 수익이 「법률상 원인 없이」 생겼어야 한다. 이는 수익을 보유하는 것이 손실자와의 관계에서 재산적 정의에 반한다는 의미이다. 수익의 보유가 정당하지 않으면 비록 수익의 전제가 되는 법률상의 권리(예: 유치권·동시이행의 항변권)가 있더라도 이 요건은 구비하는 것이 된다.

(2) 위와 같은 표준은 대단히 막연하다. 따라서 부당이득을 좀더 세분하여 법률상의 원인의 유무를 살펴보는 것이 좋다.

우선 급부행위에 의하여 수익이 생긴 경우(급부 부당이득)에는 급부의 근거가 되는 「채권의 존재」가 법률상의 원인이다. 따라서 채권이 존재하지 않음에도 불구하고 급부한 경우에는 부당이득으로 된다. 급부 당시에는 채권이 존재하였지만 후에 소급하여 소멸한 때에도 마찬가지이다. 채권이 존재하지 않는 예로는 ① 채권행위가 무효(746조의 제한이 있음)·취소·해제된 경우, ② 채무자 아닌 자가 잘못하여 변제로서 급부한 경우(742조 내지 744조의 제한이 있음), ③ 채무자 아닌 자가 타인의 채무를 제3자의 변제로서 변제하였으나 제3자의 변제로서의 효과가 생기지 않은 경우(469조 참조), ④ 채무자가 진정한 채권자가 아닌 자를 채권자로 잘못 생각하고 변제하였으나 유효한 변제로서 인정되지 못한 경우(470조·471조·514조·518조·524조·525조 참조) 등을 들 수 있다.

무권리자가 타인의 물건을 사용·수익·처분함으로써 이득을 얻은 경우(침해 부당이득)에는 「해당하는 권한의 존재」가 법률상의 원인이다. 예컨대 타인의 토지를 사용하는 자가 임차권 등의 사용권을 가지고 있지 않으면 그것의 사용에 따른 이득은 부당이득이 된다.

기타의 부당이득에 대하여는 구체적인 경우에 있어서 이득의 귀속이 손실자와의 관계에서 볼 때 정의관념에 합치하는지 여부를 검토하여야 하며, 그 결과 정의관념에 반하면 법률상 원인이 없는 것이 된다.

D-261

Ⅲ. 부당이득의 특례

민법은 부당이득 가운데 일정한 경우에 관하여 특칙을 두고 있다. 그 특칙은 크게 비채변제에 관한 것(742조 내지 745조)과 불법원인급여에 관한 것(746조)으로 나눌 수 있다.

1. 비채변제

(1) 의 의

널리 비채변제(非債辨濟)라고 하면 채무가 없음에도 불구하고 변제로서 급부하는 것을 말한다. 이러한 비채변제는 부당이득이 되어 반환청구를 할 수 있음이 원칙이다. 그런데 민법은 여기에 관하여 특칙을 두어 일정한 경우에는 반환청구를 허용하지 않고 있다. 그 결과 그와 같은 때에는 부당이득의 일반적인 성립요건이 갖추어진 것만으로는 부족하고 그 외에 민법이 정하는 반환금지사유가 없어야만 반환청구를 할 수 있게 된다. 민법이 특칙을 두고 있는 경우로는 ① 채무가 없음에도 불구하고 채무자로서 변제하는 경우 즉 좁은 의미의 비채변제(742조·744조), ② 채무자가 기한 전에 변제하는 경우(743조)(이 경우는 엄격하게 말하면 비채변제가 아니다), ③ 타인의 채무의 변제(745조)의 셋이 있다.

D-262

(2) 좁은 의미의 비채변제

변제자가 자기 채무의 변제로서 급부를 하였으나 채무가 존재하지 않는 경우는 부당이득의 전형적인 예이며, 따라서 마땅히 반환청구가 인정되어야 한다. 그런데 민법은 그 경우에 관하여 제742조와 제744조를 두어 일정한 경우에는 반환청구를 인정하지 않는다. 이들 규정을 고려하여 좁은 의미의 비채변제로서 반환청구가 인정되기 위한 추가적인 요건을 기술하기로 한다.

1) 채무가 존재하지 않을 것　비채변제가 되려면 당연히 변제 당시에 채무가 존재하지 않아야 한다. 채무가 처음부터 존재하지 않은 경우(예: 법률행위의 무효·취소의 경우)뿐만 아니라, 채권이

유효하게 성립하였다가 변제·면제 기타의 사유로 소멸한 경우도 포함한다. 채권의 소멸시효가 완성된 경우에는 — 사견인 절대적 소멸설에 의하면(A-231 참조) — 이 요건은 갖추는 것이 되나, 도의관념에 적합한 비채변제이어서 반환청구를 하지 못한다(상대적 소멸설에 의하면 소멸시효의 완성만으로 채권이 소멸하는 것은 아니므로, 소멸시효의 완성을 모르고 변제하더라도 비채변제로 되지 않는다).

2) 변제로서 급부하였을 것 변제자가 변제할 의사로 급부를 하였어야 한다.

3) 변제자가 채무없음을 알지 못하였을 것 변제자가 채무없음을 알고 변제한 때에는 그 반환을 청구하지 못한다(742조). 반환청구를 할 수 있으려면 변제자가 채무없음을 알지 못하였어야 한다. 즉 선의이어야 한다. 선의인지 악의인지는 변제 당시를 표준으로 판단하여야 한다. 변제자가 선의이기만 하면 되고, 선의에 과실이 없을 것은 요구되지 않는다(이설이 없으며, 판례도 같음. 대판 2010. 5. 13, 2009다96847 등). D-263

4) 변제가 도의관념에 적합한 것이 아닐 것 채무없는 자가 착오로 인하여(즉 채무없음을 모르고) 변제한 경우에 그 변제가 도의관념에 적합한 때에는 그 반환을 청구하지 못한다(744조). 변제자가 채무없음을 알면서 도의상 변제해야겠다고 생각하여 변제한 경우는 제744조가 아니고 제742조에 의하여 반환이 금지된다. 제744조는 채무가 없는데도 착오로 있다고 믿고 변제한 경우라도 그것이 도의관념에 적합한 때에는 반환을 금지하는 규정이다. 예컨대 법률상 부양의무 없는 자가 그 의무가 있다고 잘못 생각하고 부양을 한 때에 그렇다.

5) 변제가 자유로운 의사에 반하여 이루어진 경우의 고려 제742조는 변제자가 채무없음을 알면서도 임의로 변제한 경우에만 반환을 금지하는 의미로 새겨야 한다. 그리하여 변제자가 변제를 강제당하였거나 변제거절로 인한 불이익을 피하기 위하여 부득이 변제한 경우처럼 변제가 변제자의 자유로운 의사에 반하여 이루어진 경우에는 반환청구권을 허용하여야 한다. 통설·판례(대판 2010. 7. 15, 2008다39786 등 다수)도 같다.

(3) 변제기 전의 변제 D-264

채무가 존재하는 한 그것을 변제기 전에 변제하였다고 하여 부당이득이 되지는 않는다. 따라서 채무자가 변제기 전에 채무를 변제한 경우에는 그 반환을 청구할 수 없다(743조 본문이 이 취지를 규정하나, 이는 당연한 것이다). 그러나 채권자가 급부받은 것을 변제기까지 이용함으로써 얻게 되는 이익 즉 중간이자는 부당이득이라고 할 수 있다. 그런데 민법은 채무자가 「착오로 인하여 변제한 때」, 다시 말하면 변제기가 되지 않았음을 모르고 변제한 때(대판 1991. 8. 13, 91다6856)에만 그 이익의 반환을 청구할 수 있도록 하였다(743조 단서).

(4) 타인의 채무의 변제 D-265

타인의 채무의 변제에는 크게 ① 채무자 아닌 자가 「타인의 채무로서」 변제한 경우와 ② 채무자 아닌 자가 「자기의 채무로서」 변제한 경우의 둘이 있다. 이 가운데 ①에 있어서는 원칙적으로 변제가 유효하게 되어(변제가 제 3 자의 변제로 됨) 채권이 소멸하게 된다(469조 1항 본문). 따라서 이때는 변제자와 채권자 사이의 부당이득은 문제되지 않고, 변제자와 채무자 사이에서 위임(부탁받은 경우)·사무관리 또는 부당이득이 문제된다. 한편 ②에 있어서는 변제가 유효할 수 없다. 따라서 변제자는 좁은 의미의 비채변제로서 채권자에 대하여 반환을 청구할 수 있게 된다. 그런데 이를 끝까지 관철하게 되면 변제가 유효한 것으로 믿고 채권증서를 없애 버리는 등의 행위를 한 채권자에게 예측하지 못한 손해가 생길 가능성이 있다. 그리하여 민법은 제745조에서 ②의 경우에 일정한 요건이 갖추어진 때에는 채권자 보호를 위하여 변제자의 반환청구권을 제한하고 있다(대판 1992. 2. 14, 91다17917).

제745조에 의하여 반환청구권이 제한되기 위한 요건은, ① 채무자 아닌 자가 착오로 인하여 타인의 채무를 자기의 채무라고 믿고 변제하였을 것, ② 채권자가 선의 즉 유효하게 변제를 받았다고 믿었을 것, ③ 그 믿음의 결과로 채권자가 증서를 훼멸하거나(증서를 변제자에게 교부하는 것도 포함함) 담보를 포기하거나 시효로 인하여 그 채권을 잃었을 것의 세 가지이다.

이들 요건이 갖추어지면 변제자는 채권자에 대한 반환청구권을 상실하게 된다(745조 1항). 그 대신에 변제자는 채무자에 대하여 구상권(이 구상권의 성질은 부당이득 반환청구권이다)을 행사할 수 있다(745조 2항).

D-266

2. 불법원인급여

(1) 의의 및 입법취지

민법은 제746조에서 불법원인급여에 대하여 원칙적으로 그 반환청구를 부인한다. 이러한 불법원인급여 제도는 로마법 이래 모든 나라에서 인정하고 있다.

불법원인급여 제도의 취지에 관하여 학설은 i) 비도덕적 행위자의 심정에 대한 비난이라는 견해(비난설), ii) 사회적 타당성이 없는 행위를 한 자가 행위의 결과를 복구하려고 꾀하는 데 대하여 협력을 거절하려는 것이라는 견해(법적 보호 거절설) 등으로 나뉘어 있다(i), ii)설은 모두 746조가 103조와 표리관계를 이루고 있다고 한다)(사견은 채권법각론 [236] 참조). 그리고 판례는 제746조는 제103조와 함께 사법의 기본이념으로 사회적 타당성이 없는 행위를 한 사람은 그 형식 여하를 불문하고 스스로 한 불법행위의 무효를 주장하여 그 복구를 소구할 수 없다는 법의 이상을 표현한 것이라고 하여(대판(전원) 1979. 11. 13, 79다483; 대판 1992. 12. 11, 92다33169 등), ii)설과 같다.

D-267

(2) 요 건

불법원인급여가 되려면 불법의 원인으로 인하여 재산을 급여하거나 노무를 제공하였어야 한다(746조).

1) 불 법

(가) 제746조의 불법의 의미에 관하여는 학설이 대립하고 있다. 그런데 다수설은 불법은 선량한 풍속 기타 사회질서에 위반하는 것을 의미하고, 강행법규의 위반은 포함되지 않는다고 한다(사견은 채권법각론 [237] 참조). 그리고 판례는 다수설과 같다(대판 2010. 12. 9, 2010다57626·57633 등 다수)(대판 2017. 3. 15, 2013다79887·79894

는 '불법'이 있다고 하려면, 급부의 원인이 된 행위가 그 내용이나 성격 또는 목적이나 연유 등으로 볼 때 선량한 풍속 기타 사회질서에 위반될 뿐 아니라 반사회성·반윤리성·반도덕성이 현저하거나, 급부가 강행법규를 위반하여 이루어졌지만 이를 반환하게 하는 것이 오히려 규범 목적에 부합하지 아니하는 경우 등에 해당하여야 한다고 한다). 그 결과 판례에 의하면 강행법규에 위반하는 행위가 모두 불법원인에 해당하지는 않게 되며, 그 가운데에서 사회질서에 위반한 경우에만 불법원인의 행위로 된다.

(나) 불법원인급여가 되기 위하여 급부자가 급부 당시에 불법을 인식하고 있었어야 하는가? 통설은 불법의 인식은 필요하지 않다고 한다(사견도 같음).

2) 「급부원인」의 불법　　불법원인급여가 되려면 급부가 불법의 원인으로 행하여졌어야 한다. 즉 급부의 원인이 불법이어야 한다. 급부원인이 무엇인가에 대하여는 일반적으로 급부가 선행하는 법률행위에 기하여 행하여지는 경우에는 그 법률행위가 급부원인이고, 선행하는 법률행위 없이 행하여지는 경우에는 그 급부에 의하여 달성하려고 하는 사회적 목적이 급부원인이라고 한다.

급부원인이 불법인가 여부를 판단하는 표준은 법률행위의 목적이 사회질서에 위반하는가 여부를 판단할 때와 마찬가지이다. 따라서 급부의 내용 자체가 불법한 때(예: 도박에 건 금전의 급부)는 물론이고, 급부 자체는 불법성이 없더라도 불법한 급부의 대가로 행한 급부(예: 불륜관계를 맺는 대가로 금전을 급부한 경우)이거나 불법행위를 조건으로 하는 급부인 경우(예: 살인할 것을 조건으로 한 금전급부)에도 모두 불법원인급여가 된다. 동기의 불법도 당사자가 이를 알고 있는 때에는 급부원인에 불법성을 준다고 새겨야 한다. 판례도, 쌀을 도박에 쓰이는 줄 알면서 빌려준 경우에는 그 법률행위는 무효라고 하여, 같은 입장에 있다(대판 1962. 4. 4, 4294민상1296).

3) 급　　부

D-268

(가) 불법원인급여가 성립하려면 불법의 원인으로 「재산을 급여하거나 노무를 제공」하였어야 한다. 즉 급부를 하였어야 한다. 여기의 급부는 재산적 이익을 주는 것이지만, 그 이익의 종류는 묻지 않는다. 그리하여 물권·채권 등의 재산권을 주는 것일 수도 있고 단순히 사실상의 이익(예: 동서(同棲)의 이익)일 수도 있다(대판 1994. 12. 22, 93다55234).

(나) 예컨대 불법한 계약에 의한 무효의 채권을 담보하기 위하여 저당권이나 질권을 설정한 경우에도 급부가 있다고 할 것인지가 문제된다. 여기에 관하여 다수설은 그러한 경우와 같이 급부가 종국적인 것이 아니고 종속적인 것이어서 그 급부의 본래의 목적을 달성하려면 다시 수령자 쪽의 법률적 주장을 기다려야 하는 것은 제746조의 급부는 아니라고 해석하여야 하며, 따라서 반환청구를 인정할 것이라고 한다(사견도 같음). 그리고 판례는, 제746조에서 불법의 원인으로 인하여 급여함으로써 그 반환을 청구하지 못하는 이익은 종국적인 것을 말한다고 하면서, 도박자금으로 금원을 대여함으로 인하여 발생한 채권을 담보하기 위한 근저당권설정등기가 경료되었을 뿐인 경우와 같이 수령자가 그 이익을 향수하려면 경매신청을 하는 등 별도의 조치를 취하여야 하는 경우에는, 그 불법원인급여

로 인한 이익이 종국적인 것이 아니므로 등기설정자는 무효인 근저당권설정등기의 말소를 구할 수 있다고 하여, 다수설과 같다(대판 1995. 8. 11, 94다54108 등).

(다) 부동산소유권이 급부대상인 경우에는 그 부동산에 관하여 소유권이전등기가 행하여져야만 급부가 인정된다. 그리고 동산의 경우에는 인도시에 급부가 행하여졌다고 새겨야 한다.

D-269 (3) 효 과

1) 원 칙 어떤 급부가 불법원인급여인 경우에는 급부자는 원칙적으로 그 이익의 반환을 청구하지 못한다(746조 본문). 반환청구를 하지 못하는 것은 급부자 자신은 물론이고 그의 상속인과 같은 권리승계인도 마찬가지이다.

불법한 계약에 기하여 물건의 소유권을 이전한 경우에 그 소유권은 누구에게 귀속되는가? 물권행위의 무인성을 인정하게 되면, 원칙적으로 소유권이전은 유효하고 급부자는 불법원인급여로서 반환청구를 할 수 없게 되므로, 소유권은 확정적으로 수령자에게 귀속한다(다만 무인론에 의하더라도 예외적으로 물권행위까지 무효로 되는 때에는 유인론에서와 같은 결과로 된다). 그에 비하여 물권행위의 유인성을 인정하는 경우에는 소유권이전은 무효로 된다. 이때 소유권을 근거로 한 반환청구도 부정한다면(D-271 참조), 그 소유권이 누구에게 귀속하느냐가 문제된다. 그런데 반환청구를 못한다면 소유권이 수령자에게 귀속한다고 새겨야 할 것이다(통설도 같음). 그러지 않으면 소유자는 소유권이 있어도 소유권을 행사할 수 없고, 점유자인 수령자는 소유자처럼 이용할 수 있어도 소유권은 없는 것으로 되기 때문이다. 판례도 같은 입장에 있다(대판(전원) 1979. 11. 13, 79다483; 대판 1988. 9. 20, 86도628).

D-270 2) 예 외 불법원인급여라 할지라도 「불법원인이 수익자에게만 있는 때」에는 예외적으로 급부한 것의 반환을 청구할 수 있다(746조 단서). 범죄를 단념시키기 위하여 금전을 급부한 경우가 그 예이다.

근래에 급부자와 수령자의 불법성을 비교하여 수령자 측의 불법성이 급부자 측의 불법성보다 큰 때에는 반환청구를 인정하여야 한다는 이른바 불법성 비교론이 주장되고 있고, 판례도 그 이론을 채용하였다. 불법성 비교론의 모습에는 i) 양자의 불법성을 비교하여 수령자의 불법성이 급부자의 불법성에 비하여 현저히 커야 한다고 하는 견해, ii) 수령자의 불법성이 급부자의 것보다 조금이라도 크기만 하면 된다고 하는 견해 등이 있으며(사견은 다름. 채권법각론 [239] 참조), 판례는 i)설과 같다(대판 1993. 12. 10, 93다12947[핵심판례 352면]; 대판(전원) 2007. 2. 15, 2004다50426 등).

D-271 (4) 제746조의 적용범위

1) 물권적 청구권 불법한 원인으로 소유권을 이전한 경우에 급부자는 부당이득을 이유로 급부의 반환을 청구할 수는 없다(불법원인급여이기 때문이다). 그런데 그가 소유권에 기하여 반환을 청구할 수 있는가? 이 문제가 생기는 범위는 유인론·무인론에 따라 다르다. 무인론에 의하면 원칙적으로 급부자에게 소유권이 없어서 물권적 청구권을 행사할 수 없게 되고, 따

라서 여기의 문제가 생기지 않으나, 유인론에 의하면 급부자에게 소유권이 있으므로 원칙적으로 여기의 문제가 생긴다. 이에 대하여 학설은 일치하여 제746조가 물권적 청구권에도 적용되어 소유권을 이유로 하여서도 반환청구를 할 수 없다고 한다. 판례도 마찬가지로 소유권에 기한 반환청구도 할 수 없다고 한다(대판(전원) 1979. 11. 13, 79다483[핵심판례 354면]; 대판 1989. 9. 29, 89다카5994 등).

2) 불법행위로 인한 손해배상청구권 불법한 원인으로 급부한 경우에 불법행위를 이유로 손해배상을 청구할 수도 없다. 여기에 관하여는 학설이 일치한다. 그런데 판례는 특별한 사정이 없는 한 그렇다고 하여 예외를 인정하고 있다(대판 2013. 8. 22, 2013다35412).

3) 선이행(先履行)의 경우 불법한 쌍무계약에 있어서 당사자 일방이 선이행한 경우에도 제746조가 적용되어야 한다.

4) 2중매매의 경우 판례는 매도인의 배임행위에 적극 가담하여 부동산을 2중으로 매수한 행위는 사회질서에 반하여 무효라고 한다(대판 1969. 11. 25, 66다1565 등). 그리고 제 1 매수인이 매도인을 대위하여 제 2 매수인 앞으로 행하여진 등기의 말소를 청구할 수 있다고 한다(대판 1980. 5. 27, 80다565 등).

5) 제742조와의 관계 계약이 불법하여 무효이고, 그리하여 채무가 존재하지 않는다는 사실을 알면서 급부한 경우에는 제746조의 불법원인급여인 동시에 제742조의 비채변제이다. 이 경우에 제746조와 제742조 가운데 어느 규정을 적용할 것인지가 문제된다. 여기에 관하여는 i) 제746조 적용설(사견도 같음)과 ii) 제742조 적용설이 대립하고 있다.

Ⅳ. 부당이득의 효과

D-272

1. 부당이득 반환의무

부당이득의 요건이 갖추어지면 수익자는 손실자에 대하여 그가 받은 이득의 반환의무를 진다(741조).

(1) 반환할 이득

수익자가 반환하여야 하는 것은 받은 이득이다. 우선은 수익자가 받은 목적물을 반환하여야 한다(747조 1항 참조). 그러나 수익자가 받은 물건을 소비 또는 처분하였거나 노무에 의하여 수익한 경우처럼 원물을 반환할 수 없는 때에는 그 가액을 반환하여야 한다(747조 1항).

만약 수익자가 반환을 할 수 없으면 그 불이익은 손실자가 입는 수밖에 없다. 그런데 민법은 그 경우에 손실자의 보호를 위하여 하나의 예외를 규정하였다. 즉 수익자가 그 이익을 반환할 수 없는 경우에는 수익자로부터 무상으로 그 이익의 목적물을 양수한 악의의 제 3 자는 원물을 반환하여야 하고, 그것이 불가능하면 가액을 반환하여야 한다(747조 2항).

D-273 (2) 반환범위

수익자가 받은 이익이 손실자의 손실보다 큰 경우에 손실의 범위에서 반환하면 되는가? 여기에 관하여 학설은 i) 손실한도설과 ii) 이득전부 반환설(사견도 같음)로 나뉘어 있다. 그리고 판례는 i)설의 견지에 있다(대판 2008. 1. 18, 2005다34711 등).

원물로부터 생긴 천연과실·법정과실과 그 사용이익을 반환하여야 하는가에 관하여는 제201조 내지 제203조와의 관계에서 검토되어야 하며, 뒤에서 설명하기로 한다(D-275 참조).

운용이익 즉 수익자가 이득을 운용하여 얻은 이익도 그 전부를 반환하여야 하는가? 예컨대 임대차 종료 후에 임차인이 임차물을 활용하여 임대료보다 큰 이익을 얻은 경우에는 그 이익에 수익자의 뛰어난 능력에 따른 결과가 포함되어 있는데, 그 추가이익까지도 반환하여야 하는지가 문제이다. 여기에 관하여 학설은 i) 전부 반환설(사견도 같음), ii) 선의의 수익자는 증대된 가액을 반환하지 않아도 되나 악의의 수익자는 증대된 가액도 반환하여야 한다는 견해, iii) 수익자의 운용이 없었더라도 손실자의 운용에 의하여 얻었으리라고 추정되는 통상적 운용이익의 범위에서 반환의무를 진다는 견해로 나뉘어 있다. 그리고 판례는 iii)설과 같다(대판 2008. 1. 18, 2005다34711[핵심판례 356면] 등).

(3) 수익자의 선의·악의

부당이득의 반환의무의 범위는 수익자가 선의인지 악의인지에 따라 차이가 있다. 여기서 선의란 수익이 법률상 원인 없는 이득임을 알지 못하는 것이고, 악의는 그 사실을 아는 것이다. 선의인 데 과실이 있는지는 묻지 않는다. 수익자의 선의·악의는 원칙적으로 수익 당시를 기준으로 하나, 수익 당시에 선의였다가 그 후에 법률상 원인이 없음을 알게 되면 그때부터는 악의의 수익자로 책임을 진다(749조 1항). 그리고 선의의 수익자가 패소한 때에는 그 소를 제기한 때로부터 악의의 수익자로 본다(749조 2항).

D-274 2. 선의의 수익자의 반환의무의 범위

(1) 현존이익의 반환의무

선의의 수익자는 「그 받은 이익이 현존하는 한도에서」 반환의무가 있다(748조 1항). 따라서 그는 받은 이익 가운데 원물 또는 그 모습을 바꾸어서 남아 있는 것만을 반환하면 된다.

(2) 현존이익의 결정시기

어느 시기를 표준으로 하여 현존이익을 결정할 것인가에 관하여 통설은 반환할 때가 기준시기이지만 소가 제기된 경우에는 그 소가 제기된 때부터 악의의 수익자로서 책임을 진다(749조 2항 참조)고 한다.

⑶ 현존이익의 내용

D-275

1) 원물반환의 경우

㈎ 앞에서 설명한 바와 같이(D-255 참조), 부당이득으로 현물(원물)을 반환하는 때에는 소유권이 수익자에게 이전하였든 이전하지 않았든 언제나 반환범위를 제201조 내지 제203조에 의하여 정하여야 한다. 즉 제201조 내지 제203조 가운데 선의의 점유자에 관한 규정이 적용된다.

㈏ 구체적인 반환범위는 다음과 같다. ① 원물이 남아 있으면 물론이고, 원물이 손상되어 있더라도 동일성을 인정할 수 있으면 그대로 반환하여야 한다(202조 1문). 그러나 원물이 멸실된 때에는 반환의무가 없다. ② 원물로부터 수취한 천연과실은 반환할 필요가 없다(201조 1항. 사견은 통설과 달리 그 규정의 과실을 천연과실에 한정한다. B-127 참조). 그에 비하여 법정과실이나 사용이익은 반환하여야 한다(통설·판례는 반대임). ③ 수익자가 원물에 대하여 비용을 지출한 때에는 제203조에 의하여 그 상환을 청구할 수 있다(부당이득 반환 규정에 의하면 모든 비용(사치비 포함)의 상환을 청구할 수 있어서, 과실에서와 달리 이 점에서는 물권적 청구권 규정에 의할 때보다 부당이득 규정에 의할 때에 반환범위가 적게 된다).

D-276

2) 가액반환의 경우 수익자가 원물을 반환할 수 없을 때에는 그 가액을 반환하여야 하며(747조 1항), 선의의 수익자의 반환범위는 현존이익이다(748조 1항). 그리고 이때의 반환의무의 범위는 제748조 제 1 항에 의하여서만 결정되며, 제201조 내지 제203조는 적용될 여지가 없다.

가액반환에 있어서는 이익이 현존하는지가 중요한데, 이득을 얻음으로써 재산이 증가한 경우뿐만 아니라 재산의 지출을 면한 경우에도 이익은 현존하는 것으로 인정된다. 이익이 현존하는 경우의 예로는, 수익자가 원물을 매각하여 대금을 가지고 있는 경우, 금전을 이득하여 타인에게 빌려주거나 예금을 하거나 생활비로 쓴 경우를 들 수 있다. 그에 비하여 이득한 금전 또는 원물의 매각대금을 도박이나 음주에 써버린 경우에는 이익은 현존하지 않는다.

원물로부터 과실이 생긴 경우에는 그것도 현존하는 한 반환하여야 하며, 수익자가 비용을 지출한 때에는 반환해야 할 현존이익에서 그 비용을 공제하여야 한다.

⑷ 이득현존의 추정

D-277

수익자의 이득은 현존하는 것으로 추정하여야 하는지가 문제된다. 여기에 관하여 학설은 i) 언제나 추정을 인정하는 견해(사견도 같음)와 ii) 언제나 추정을 인정하지 않는 견해가 대립하고 있다. 그리고 판례는, 취득한 것이 금전상의 이득인 때에는 금전은 이를 취득한 자가 소비하였는가의 여부를 불문하고 현존하는 것으로 추정된다고 한다(대판 2005. 4. 15, 2003다60297·60303·60310·60327 등). 그리고 그 취득한 것이 성질상 계속적으로 반복하여 거래되는 물품으로서 곧바로 판매되어 환가될 수 있는 금전과 유사한 대체물인 경우에도 이득이 현존하는 것으로 추정한다(대판 2009. 5. 28, 2007다20440·20457: 비디오폰을 비롯한 각종 통신제품이 문제된 사안).

D-278

3. 악의의 수익자의 반환의무의 범위

(1) 받은 이익 · 이자의 반환의무

악의의 수익자는 그 받은 이익에 이자를 붙여 반환하고 손해가 있으면 이를 배상하여야 한다(748조 2항).

(2) 반환하여야 할 내용

1) 원물반환의 경우 이 경우에는 언제나 제201조 내지 제203조에 의하여 반환범위가 결정된다. 구체적으로는 다음과 같이 된다. ① 원물이 그대로 남아 있으면 그것을 반환하여야 한다. 그런데 원물이 수익자에게 책임없는 사유로 멸실·훼손된 경우에는 수익자는 그에 대하여 책임이 없다(202조 참조). ② 원물로부터 수취한 천연과실은 반환하여야 하며 소비하였거나 과실(過失)로 인하여 훼손 또는 수취하지 못한 경우에는 그 대가를 반환하여야 한다(201조 2항). 물론 원물로부터 생긴 법정과실과 사용이익도 반환하여야 한다. 문제는 법정과실·사용이익에 이자를 붙여야 하는지이다. 판례는 악의의 점유자는 과실을 반환하여야 한다고만 규정한 제201조 제2항이 제748조 제2항에 의한 악의 수익자의 이자지급의무까지 배제하는 취지는 아니기 때문에, 제748조 제2항에 의하여 받은 이익에 이자를 붙여 반환하여야 한다고 한다(대판 2003. 11. 14, 2001다61869). ③ 수익자가 비용을 지출한 때에는 제203조에 의하여 그 상환을 청구할 수 있다. ④ 손실자에게 손해가 생긴 때에는 손해도 배상하여야 한다(748조 2항).

2) 가액반환의 경우 이 경우에는 제748조 제2항에 의하여 반환범위가 정해진다. 그리하여 원물의 가액을 반환하여야 하고, 그 가액에 이자를 붙여야 한다. 그 이율은 연 5푼이다(379조). 한편 원물로부터 수취한 천연과실·법정과실·사용이익과 손해배상에 대하여는 원물반환의 경우와 같다.

제 5 장 불법행위

제1절 서　　설

Ⅰ. 불법행위의 의의 및 성질

D-279

(1) 의　　의

불법행위는 고의 또는 과실로 위법하게 타인에게 손해를 가하는 행위이다. 타인을 때려서 다치게 하거나 타인의 재산을 훼손하는 것이 그 예이다. 불법행위가 있으면 민법규정에 의하여 가해자는 피해자에 대하여 손해배상책임을 부담하게 된다(750조). 따라서 불법행위는 사무관리·부당이득 등과 같이 법정 채권발생원인이다.

(2) 성　　질

불법행위는 법률사실로서 그 성질은 위법행위이다. 즉 채무불이행과 더불어 대표적인 위법행위이다. 그리고 불법행위는 법률요건이다. 그리하여 채권발생이라는 법률효과를 발생시킨다.

[참고] 채무불이행과 불법행위의 비교

채무불이행과 불법행위는 모두 위법행위인데, 채무불이행은 적법한 채권관계를 전제로 하여 그 당사자 사이에서 채무를 이행하지 않는 데 대한 책임을 문제삼는 위법행위이고, 불법행위는 아무런 특별한 관계가 없는 자들 사이에서 가해행위의 책임을 문제삼는 위법행위이다.

(3) 법적 규제의 특색

실제 사회에서 불법행위는 자주 발생한다(오늘날에는 환경오염이나 건축소음과 같이 집단적으로 피해를 주는 일이 생기기도 한다). 그리하여 소송사건에서도 불법행위에 관한 것이 대단히 많다. 그런데 불법행위를 규율하는 민법규정은 그 수가 적고(750조 내지 766조의 17개조) 그것들은 매우 일반화·추상화되어 있다(특히 750조가 그렇다).

불법행위에 있어서는 기존의 민법규정만으로 규율하는 것이 부적절한 경우가 있으며(가령 고속 교통기관의 발달, 위험한 공장설비, 원자력의 개발 등으로), 그러한 경우를 위하여 특별법이 제정되고 있다. 자동차손해배상보장법, 원자력손해배상법, 환경정책기본법, 제조물책임법이 그 예이다.

D-280

Ⅱ. 민사책임과 형사책임

⑴ 두 책임의 분화

민사책임은 불법행위에 의한 손해배상책임이고(넓게는 채무불이행책임도 포함하나, 보통은 불법행위책임만을 가리킨다), 형사책임은 형사상의 형벌에 의한 제재이다. 이들 두 책임은 근대 이전에는 결합되어 있었으나, 근대 이후에는 완전히 나누어져 있다.

⑵ 두 책임의 차이

민사책임과 형사책임은 근거법·목적·요건·효과 등에서 차이가 있다(채권법각론 [248] 참조).

⑶ 두 책임의 관계

민사책임과 형사책임이 완전히 별개의 것이고 발생요건이 다르기 때문에, 동일한 가해행위에 의하여 두 책임이 모두 생기는 때가 있는가 하면(예: 살인·상해·사기의 경우), 어느 하나의 책임만 생길 수도 있다(예: 과실로 재물을 멸실시킨 경우, 고의로 재물을 깨뜨리려 했으나 미수에 그친 경우). 즉 제도상 구분되어 있는 민사재판·형사재판에 있어서 그 결과가 달라질 수도 있는 것이다(무죄판결이 선고되었지만 손해배상은 인정될 수도 있고(대판 2008. 2. 1, 2006다6713도 동지), 유죄판결이 선고되었지만 손해배상은 인정되지 않을 수도 있다). 또한 두 책임이 모두 발생하는 경우에는 어느 하나의 책임을 졌다고 하여 다른 책임을 면하는 것도 아니다. 그런데 현행 제도상 두 책임이 관련되어 있는 때가 있다. 배상명령제도(「소송촉진 등에 관한 특례법」 25조 이하)와 보험 등에 가입된 차의 교통사고의 경우의 형사면책제도(교통사고처리특례법 4조·3조 2항)가 그 예이다.

D-281

Ⅲ. 과실책임과 무과실책임

⑴ 과실책임의 원칙

과실책임의 원칙은 개인이 타인에게 준 손해에 대하여는 그 행위가 위법할 뿐만 아니라 동시에 고의 또는 과실에 기한 경우에만 책임을 진다는 원칙이다. 이 원칙은 근대민법의 기본원리 가운데 하나이며, 우리 민법도 제750조에서 불법행위에 관하여 이를 규정하고 있다(채무불이행에 관한 390조도 같음).

⑵ 무과실책임론과 그 입법

1) 근대 이후 과학기술이 발달하면서 철도·자동차·항공기 등의 고속 교통기관이 등장하였고 광업·전기사업·원자력산업과 같은 위험한 설비를 갖춘 기업이 나타났다. 이들

경우와 같이 손해발생의 가능성이 매우 크고 그러면서 많은 수익을 올리는 때에는, 그에 의하여 생긴 손해를 배상하게 하는 것이 적절하다. 여기서 과실이 없어도 책임을 져야 한다는 무과실책임론이 주장되었다.

2) 무과실책임론은 무과실책임의 근거를 어떻게 주장하느냐에 따라 여러 가지로 나누어지는데, 그 대표적인 것으로는 이익을 얻는 과정에서 타인에게 손해를 주었다면 그 이익에서 배상하게 하는 것이 공평하다는 보상책임설과 위험한 시설의 관리자는 그것으로부터 생긴 손해에 대하여 책임을 져야 한다는 위험책임설이 있다.

3) 무과실책임의 실현은 이론만으로는 한계가 있다. 그리하여 필요한 분야에서는 무과실책임을 인정하는 입법을 하고 있다. 구체적인 예로는, 환경오염 또는 환경훼손으로 인한 피해에 대하여 해당 환경오염 또는 환경훼손의 원인자가 지는 무과실책임(환경정책기본법 44조), 원자력손해에 대한 원자력사업자의 무과실책임(원자력손해배상법 3조), 광해(鑛害)에 대한 광업권자 또는 조광권자의 무과실책임(광업법 75조)을 들 수 있다.

Ⅳ. 불법행위책임과 계약책임의 관계

D-282

(1) 서 설

동일한 당사자 사이에서 하나의 사실이 계약책임(정확하게는 채무불이행에 의한 손해배상책임)의 요건과 불법행위의 요건을 모두 충족시키는 경우가 있다. 예컨대 임차인이 과실로 임차물을 멸실시킨 때에 그렇다. 원래 계약책임은 계약관계가 있는 자들 사이의 문제이고 불법행위책임은 일반인 사이의 문제이므로, 계약관계에 있는 자 사이에서 불법행위책임도 문제될 수 있는 것이다. 이와 같은 경우에 피해자(위의 예에서는 임대인)는 어떠한 청구권을 가지는지가 문제된다.

(2) 학설 · 판례

1) 학 설 학설은 i) 청구권경합설, ii) 법조경합설, iii) 청구권규범경합설로 나뉘어 있다.

i) 청구권경합설은 피해자인 채권자는 그의 선택에 따라서 가해자인 채무자에 대하여 계약책임을 묻거나 불법행위책임을 물을 수 있다고 한다(사견도 같음). 이 견해는 두 청구권의 경합을 인정한다고 하여 청구권경합설이라고 불린다. ii) 법조경합설은 불법행위책임과 계약책임은 일반법과 특별법과 같은 관계에 있는 것이므로, 먼저 특수한 관계인 계약책임을 적용하여야 할 것이고, 일반법인 불법행위책임은 배제된다고 한다. iii) 청구권규범경합설은 동일 급부(손해배상)에 대한 청구권이 경합하는 것으로 보이는 경우에도 청구권의 개수 사실은 1개이고, 단지 청구권규범이 동일 급부에 대한 청구를 기초짓기 위하여 복합하고 있는 것에 불과하다고 한다.

2) 판 례 판례는 청구권경합설의 입장에 있다(대판(전원) 1983. 3. 22, 82다카1533; 대판 2021. 6. 24, 2016다210474 등 다수)

[참고] 불법행위책임과 계약책임의 구체적 차이

불법행위책임과 계약책임은 과실책임의 원칙(750조/390조), 책임능력(753조·754조/해석상), 손해배상의 범위(763조/393조), 과실상계(763조/396조)에 있어서는 차이가 없다. 그러나 ① 유책사유의 증명책임에 있어서는 전자(불법행위책임)에서는 피해자가 가해자의 유책사유를 증명하여야 하는 데 비하여(750조), 후자(계약책임)에서는 가해자인 채무자가 자기에게 유책사유가 없었음을 증명하여야 하고(390조), ② 전자에서는 피용자의 고의·과실로 사용자가 책임을 지는 경우에 사용자가 면책될 수 있으나(756조 1항 단서), 후자에서는 채무이행을 보조하는 자의 고의·과실로 채무자가 책임을 지는 경우에 채무자는 면책될 여지가 없고(391조), ③ 전자의 청구권은 3년 또는 10년의 시효기간(10년은 제척기간이라는 견해도 있음)에 걸리는 데 비하여(766조), 후자의 청구권은 10년(보통의 채권의 경우)의 시효에 걸리는(162조 1항) 등의 차이가 있다.

제 2 절 일반 불법행위의 성립요건

D-283 Ⅰ. 개 관

민법상의 불법행위는 크게 두 가지로 나누어진다. 하나는 제750조에 의한 불법행위이고, 다른 하나는 제755조 내지 제760조의 불법행위이다. 이들 가운데 전자를 일반 불법행위라고 하고, 후자를 특수 불법행위라고 한다. 특수 불법행위는 일반 불법행위의 요건 외에 다시 추가적인 요건이 더 갖추어진 경우에 인정된다(755조의 경우는 일반 불법행위 요건의 일부가 없을 것을 전제로 추가적인 요건을 요구한다). 특수 불법행위의 추가적인 요건에 관하여는 뒤에서 따로 살펴보고, 여기서는 일반 불법행위의 성립요건만을 기술하기로 한다.

일반 불법행위의 성립요건을 정리하면, ① 가해자의 고의 또는 과실에 의한 행위가 있을 것(가해자의 고의·과실), ② 가해자에게 책임능력이 있을 것(가해자의 책임능력), ③ 가해행위가 위법할 것(가해행위의 위법성), ④ 가해행위에 의하여 손해가 발생할 것(가해행위에 의한 손해발생)의 네 가지이다. ①②는 가해자를 표준으로 판단하는 주관적 요건이고, ③④는 객관적 요건이다.

D-284 Ⅱ. 가해자의 고의·과실에 의한 행위

불법행위가 성립하려면 가해자의 고의 또는 과실에 의한 행위가 있어야 한다(750조). 따라서 우선 가해자 자신의 행위이어야 하고, 또 가해자에게 고의·과실이 있어야 한다.

1. 가해자 자신의 행위

(1) 자기책임의 원칙

민법이 기본원리의 하나로 삼고 있는 과실책임의 원칙은 가해자 자신의 고의·과실에 의한 행위에 대하여만 책임을 지고 타인의 행위에 대하여는 책임을 지지 않는다는 의미도 가지고 있다. 그런 의미에서 과실책임의 원칙은 자기책임의 원칙이라고도 한다. 이러한 원칙의 결과 가해자의 불법행위가 성립하려면 가해자 자신의 행위가 있어야 한다.

(2) 행위의 의미

불법행위가 되려면 행위 즉 의식 있는 거동이 있어야 하므로, 의식이 없는 상태에서 행한 행동이나 저항할 수 없는 힘(절대적 폭력)에 의하여 강제된 행동은 여기의 「행위」가 아니다.

(3) 자기의 행위인지가 문제되는 경우

타인을 자기의 도구로 이용한 경우(예: A가 B에게 C의 물건을 자신의 것이라고 속여 이를 파괴하게 한 경우)에는 이용한 자의 불법행위가 성립한다.

(4) 가해자의 행위(가해행위)의 증명

가해행위가 있었음은 피해자인 원고가 증명해야 한다(대판 2019. 11. 28, 2016다233538·233545 등).

2. 가해자의 고의 · 과실

D-285

불법행위가 성립하려면 가해자에게 고의 또는 과실이 있어야 한다.

(1) 고 의

고의는 자기의 행위로부터 일정한 결과가 발생할 것을 인식하면서도 그 행위를 하는 심리상태이다. 고의가 인정되기 위하여 결과의 발생을 의욕했을 것까지는 요구되지 않으며, 결과발생을 인식한 것으로 충분하다. 그런가 하면 결과발생을 구체적으로 인식했을 필요는 없으며, 일정한 결과가 발생할지도 모른다고 인식하면서 행위를 하는 것도 고의로 인정된다(이설이 없으며, 판례도 같음. 대판 1991. 3. 8, 90다16771). 이를 미필적 고의라고 한다.

(2) 과 실

1) 과실의 의의 과실은 자기의 행위로부터 일정한 결과가 발생할 것을 인식했어야 함에도 불구하고 부주의로 말미암아 인식하지 못하고 그 행위를 하는 심리상태이다.

2) 과실의 분류 과실은 전제가 되는 부주의의 종류에 따라 추상적 과실과 구체적 과실로 나누어진다. 추상적 과실은 그 사람이 속하는 사회적 지위, 종사하는 직업 등에서 보통 일반적으로 요구되는 주의 즉 구체적인 사람에 의한 개인의 능력 차이가 인정되지 않고 일반적으로 평균인에게 요구되는 주의를 게을리한 것이다. 이 경우의 주의를 「선량한 관리자의 주의」(374조·681조 참조)라고 한다. 그에 비하여 구체적 과실은 행위자 자신의 평상시의 주의를 게을리한 것이다(695조·922조·1022조 등). 따라서 구체적 과실에서는 개인의 능력 차이가

인정된다.

과실은 부주의의 정도에 의하여 경과실과 중과실로 나누어진다. 경과실은 다소라도 주의를 게을리한 경우이고, 중과실은 현저하게 주의를 게을리한 경우이다.

D-286 3) 불법행위에 있어서의 과실 불법행위의 경우 과실은 본래는 행위자의 주의력을 문제삼는 구체적 과실이어야 할 것이나, 그렇게 새기면 피해자 보호에 불충분하게 되므로 보통·평균인의 주의력을 기준으로 하는 추상적 과실이라고 해석하여야 한다(통설·판례도 같음. 대판 2001. 1. 19, 2000다12532). 그 결과 과실에 있어서 기준이 되는 주의는 보통·평균인이 베푸는 정도의 주의이다. 그런데 이때 「보통·평균인」은 추상적인 보통·평균인이나 전체 사회에서의 보통·평균인이 아니고, 구체적인 경우에 있어서의 보통·평균인이다(이설이 없으며, 판례도 같음. 대판 2001. 1. 19, 2000다12532 등). 그리하여 행위자의 직업, 사회적 지위 등에 있어서의 보통·평균인을 상정하여야 한다(가령 수술·운전에 관하여는 의사·운전자 중 보통·평균인을 기준으로 과실 여부를 판단하여야 하며, 70세의 노인이 도로를 횡단하면서 사고를 당한 때에는 70세의 보통·평균인의 주의를 결하였는지를 판단하여야 한다).

(3) 고의 · 과실의 관계

민법에서는 고의가 있는 경우뿐만 아니라 과실이 있는 경우에도 책임을 지고 또 책임의 범위에서도 원칙적으로 차이가 없기 때문에, 고의가 있는지 과실이 있는지의 구별은 중요하지 않고(다만 496조·765조·위자료 등에서는 구별이 의미가 있다), 과실이 있는지 과실이 없는지의 구별이 중요하다.

(4) 고의 · 과실의 증명책임

고의·과실은 불법행위의 성립을 주장하는 피해자(원고)가 증명하여야 한다(이설 없음). 그러나 민법(755조-759조 참조)이나 특별법에서 가해자(피고)가 고의·과실이 없었음을 증명하지 못하면 책임을 지도록 증명책임을 전환한 경우가 있다. 그런가 하면 해석에 의하여 과실을 추정하여 증명책임을 사실상 전환하는 때도 있다.

D-287 Ⅲ. 가해자의 책임능력

불법행위가 성립하려면 가해자에게 책임능력이 있어야 한다(753조·754조 참조).

(1) 책임능력의 의의

책임능력은 자기의 행위에 대한 책임을 인식할 수 있는 지능이다. 이는 자기의 행위에 의하여 일정한 결과가 발생하는 것을 인식하는 능력이 아니고, 그 결과가 위법한 것이어서 법률상 비난받는 것임을 인식하는 정신능력이다.

민법은 책임능력을 불법행위의 성립요건으로 적극적으로 규정하고 있지 않다. 그러나 통설은 고의·과실이 있다고 하려면 이론상 당연히 일정한 판단능력이 있어야 하고, 또 제753조·제754조가 책임능력 없는 자의 행위에 대하여 불법행위책임을 인정하지 않고 있음을 근거로, 책임능력도 불법행위 요건의 하나로 인정한다.

책임능력은 불법행위능력이라고도 한다. 이 능력이 없으면 불법행위의 성립이 인정되지 않기 때문이다. 책임능력이 있는지 여부는 행위 당시를 기준으로 하여 구체적으로 판단되며, 연령 등에 의하여 획일적으로 결정되지 않는다.

(2) 미성년자의 책임능력 D-288

1) 「미성년자가 타인에게 손해를 가한 경우에 그 행위의 책임을 변식(辨識)할 지능(知能)이 없는 때에는 배상의 책임이 없다」(753조). 즉 책임능력 없는 미성년자는 불법행위책임을 지지 않는다. 그러나 미성년자라도 책임능력이 있으면 책임을 지게 된다.

2) 미성년자에게 책임능력이 있는지는, 일반적으로 책임능력 유무를 판정하는 때와 마찬가지로, 구체적인 행위에 관하여 행위 당시에 행위자에게 책임을 변식(인식)할 지능이 있었는지 여부에 의하여 결정되며, 실제로 그 책임을 변식하였는가는 묻지 않는다.

미성년자가 어느 정도의 연령에서 책임능력을 갖추는가에 관한 기준은 없다. 그렇지만 대체로 12세를 전후하여 책임능력을 갖추는 것으로 보아야 할 것이다.

(3) 심신상실자의 책임능력

1) 「심신상실(心神喪失) 중에 타인에게 손해를 가한 자는 배상의 책임이 없다」(754조 본문). 여기서 심신상실이란 판단능력이 없는 상태를 가리킨다.

2) 심신상실의 상태를 가해자가 고의 또는 과실로 초래한 때에는 면책되지 않는다(754조 단서). 그러한 경우의 가해행위를 「원인에 있어서 자유로운 행위」라고 한다.

Ⅳ. 가해행위의 위법성 D-289

불법행위가 성립하려면 가해행위가 위법하여야 한다(750조).

1. 위법성의 본질

(1) 평가의 대상

위법성 판단의 대상을 어떻게 이해할 것인가에 관하여는, i) 사람의 주관적인 의식에 바탕을 둔 용태만이 판단대상이라고 하는 주관적 위법론(책임능력자의 행위만이 판단의 대상으로 됨)과 ii) 판단대상을 객관적으로 결정하여야 한다는 객관적 위법론(의사에 기한 것뿐만 아니라 의사에 기하지 않은 용태나 자연현상도 대상이 됨)이 있으나, 우리의 통설은 ii)설의 견지에 있다.

(2) 평가기준

위법성의 판단을 어떤 기준에 의하여 할 것인가에 관하여는, i) 실정법을 기준으로 하는 형식적 위법론과 ii) 실정법과 선량한 풍속 기타 사회질서를 기준으로 하는 실질적 위법론이 있으나, 우리의 통설은 ii)설의 입장이다.

(3) 결과위법론과 행위위법론

i) 종래의 일반적인 견해에 의하면 침해결과(예: 신체침해·소유물의 멸실)가 발생하면 그 결과를 야기한 행위는 위법성 조각사유가 없는 한 위법하다고 이해하며, 이를 결과위법론이라고 한다(사견도 같음). 그에 대하여 근래 ii) 위법성의 본질을 가해행위에서 찾아야 한다는 행위위법론이 주장되고 있다. 이 이론을 취하게 되면 과실 개념과 위법성 개념은 「주의의무 위반」이라는 요건으로 통합된다.

D-290

2. 위법행위의 구체적인 예

침해된 이익의 측면에서 위법성이 있는 경우의 예를 보기로 한다.

(1) 재산적 이익의 침해

1) 소유권 침해 타인의 소유물을 멸실·훼손·처분·사용·수익하는 행위.

2) 점유권 침해 타인의 점유를 침탈하거나 방해하는 경우는 위법하며, 그러한 경우에 대하여는 점유보호청구권의 규정에서 손해배상청구를 인정하고 있다(204조-206조 참조).

3) 용익물권의 침해 지상권·지역권·전세권 등의 용익물권을 잃게 하거나 사용·수익을 침해하는 행위.

4) 담보물권의 침해 담보목적물을 멸실시키거나 그 가치를 감소하게 한 때.

5) 광업권(광업법 10조)·어업권(수산업법 18조)의 침해

6) 용수권(231조 이하)의 침해

7) 지식재산권(저작권·특허권·실용신안권·상표권·디자인권)의 침해

8) 채권의 침해 채권침해는 채무자에 의한 것과 제 3 자에 의한 것의 두 가지가 있다. 그 가운데 전자는 채무불이행이라고 하며, 경우에 따라서 불법행위책임과의 경합이 문제된다(D-282 참조). 그에 비하여 후자의 경우에는 때에 따라서 불법행위가 되기도 하는데, 그에 대하여는 앞에서 이미 살펴보았다(C-16 이하 참조).

D-291

(2) 인격적 이익의 침해

제751조는 타인의 신체·자유·명예의 침해와 기타 정신상 고통을 가하는 행위가 불법행위가 된다는 전제에서 비재산적 손해의 배상을 규정하고 있다. 그리고 제752조는 생명침해의 경우의 손해배상을 규정하고 있다. 이들 규정에 의하여 널리 인격적 이익의 침해가 모두 위법하게 됨을 알 수 있다.

(3) 가족권(친족권)의 침해

1) 배우자의 권리 침해 예컨대 처에 대한 강간은 그 처 자신에 대한 불법행위이기도 하나(정조침해), 남편에 대하여도 불법행위가 된다. 한편 판례는 제 3 자가 부부의 일방과 부정행위를 함으로써 혼인의 본질에 해당하는 부부공동생활을 침해하거나 그 유지를 방해

하고 그에 대한 배우자로서의 권리를 침해하여 배우자에게 정신적 고통을 가하는 행위는 원칙적으로 불법행위를 구성한다고 한다(대판(전원) 2014. 11. 20, 2011므2997(비록 부부가 아직 이혼하지 아니하였지만 실질적으로 부부공동생활이 파탄되어 회복할 수 없을 정도의 상태에 이르렀다면 예외임); 대판 2015. 5. 29, 2013므2441 등).

2) **친권 침해** 자녀의 유괴가 그 예이다.

3) **부양청구권 침해** 생명침해는 부양청구권자에 대한 불법행위라고 하여야 한다.

3. 위법성의 조각

D-292

타인에게 손해를 발생시키는 행위라고 하더라도 일정한 사유가 있는 때에는 위법성이 없는 것이 된다. 그러한 사유를 위법성 조각사유라고 한다. 민법은 위법성 조각사유로 정당방위(761조 1항)와 긴급피난(761조 2항)을 규정하고 있다. 그러나 그 외에 자력구제·피해자의 승낙·정당행위에 대하여도 위법성 조각이 논의되고 있다.

(1) **정당방위**

정당방위란 타인의 불법행위에 대하여 자기 또는 제3자의 이익을 방위하기 위하여 부득이 타인에게 손해를 가하는 행위이다(761조 1항).

정당방위가 성립하기 위한 요건은 ① 타인의 불법행위(고의·과실이나 책임능력은 필요하지 않음)가 있을 것, ② 자기 또는 제3자의 이익을 방위하기 위한 행위일 것(방위는 침해가 임박하거나 침해 중에만 할 수 있으며, 침해가 끝난 뒤에는 할 수 없다), ③ 방위행위가 부득이한 행위일 것 등이다.

정당방위가 성립하면 방위행위의 위법성이 조각되어 방위행위자는 손해배상책임이 없다(761조 1항 본문). 제3자에게 손해를 가한 때에도 같으나, 이때에 제3자는 방위행위의 원인이 된 불법행위자에 대하여 손해배상을 청구할 수 있다(761조 1항 단서).

(2) **긴급피난**

D-293

긴급피난이란 급박한 위난을 피하기 위하여 부득이 타인에게 손해를 가한 경우를 말한다(761조 2항). 정당방위는 위법한 침해에 대한 반격인 데 대하여 긴급피난은 위법하지 않은 침해에 대한 피난인 점에서 둘은 차이가 있다.

긴급피난의 성립요건은 ① 현재의 급박한 위난(위난의 원인은 타인의 행위뿐만 아니라 자연력일 수도 있다)을 피하려는 행위일 것, ② 자기 또는 제3자의 이익을 보호하기 위한 행위일 것, ③ 부득이할 것 등이다. 그리고 급박한 위난이 가해자의 고의·과실에 의하여 발생한 것이 아니어야 한다.

긴급피난이 성립하면 긴급피난행위의 위법성이 조각되어 행위자는 손해배상책임이 없다(761조 2항·761조 1항 본문). 그리고 긴급피난이 제3자에 대하여 행하여진 경우에, 위난의 원인을 발생시킨 자가 불법행위의 요건을 갖추는 때에는, 그 제3자는 불법행위자에게 손해배상을 청구할 수 있다(761조 2항·761조 1항 단서).

(3) 자력구제

자력구제는 청구권을 보전하기 위하여 국가기관의 구제를 기다릴 여유가 없는 경우에 권리자가 스스로 구제하는 행위이다. 민법은 점유의 침탈 또는 방해가 있는 때에 관하여서만 명문규정을 두고 있으나(209조. B-137 참조), 통설은 일반적으로 자력구제를 인정하고 있다. 그에 의하면 정당한 자력구제행위는 위법성이 조각되어 불법행위로 되지 않는다.

D-294 (4) 피해자의 승낙

통설은 피해자의 승낙이 있는 경우에도 위법성이 조각된다고 한다.

(5) 정당행위

가해행위 가운데 위에 열거되지 않았지만 법률에 의하여 허용되거나 사회적 타당성이 있어서 정당행위로서 위법성이 조각되는 것이 있다.

1) 권리남용에 이르지 않는 권리행사

2) 정당한 사무관리(734조)

3) 정당한 업무행위 학교의 장(초·중등교육법 18조, 고등교육법 13조)의 징계행위 등은 그것이 정당한 때에는 위법성이 조각된다.

D-295 V. 가해행위에 의한 손해발생

불법행위가 성립하려면 가해행위에 의하여 손해가 발생하였어야 한다(750조). 이 요건은 ① 손해의 발생과 ② 가해행위와 손해 사이의 인과관계의 둘로 나누어진다.

1. 손해의 발생

어떤 가해행위가 불법행위로 되려면 현실적으로 손해가 생겼어야 한다. 불법행위로 인한 손해배상책임은 원칙적으로 위법행위시에 성립하지만 위법행위 시점과 손해발생 시점 사이에 시간적 간격이 있는 경우에는 손해가 발생한 때에 성립한다(대판 2018. 9. 28, 2015다69853 등). 그리고 그 손해의 발생에 대한 증명책임은 피해자인 원고가 부담한다(대판 2019. 11. 28, 2016다233538·233545 등).

2. 가해행위와 손해발생 사이의 인과관계

(1) 불법행위로 인한 손해배상책임이 인정되려면 손해가 가해행위에 의하여 발생하였어야 한다. 즉 가해행위와 손해발생 사이에 인과관계가 있어야 한다. 이와 관련하여 종래 우리의 학설은 손해배상책임의 성립의 문제와 손해배상의 범위의 결정의 문제를 구별하지 않고 상당인과관계이론으로 한꺼번에 해결해 왔다. 판례도 같다(예: 대판 2007. 7. 13, 2005다21821).

그런데 근래에는 i) 이 두 문제를 구별하여 다루어야 한다는 견해(사견도 같음)가 주장되는가

하면, ii) 이에 비판적인 견해도 있다. 사견처럼 손해배상책임의 성립의 문제와 손해배상범위의 결정의 문제를 구별할 경우에는, 여기의 인과관계는 전자에 한하는 것이 된다. 그리고 그 인과관계는 조건적 인과관계로 충분하다. 즉 불법행위가 없었으면 손해가 발생하지 않았을 것이라는 관계에 있으면 된다.

인과관계가 인정되는 손해라고 해도 배상이 인정되지 않을 수 있음을 주의해야 한다. 배상범위의 확정은 다음 단계에서 결정되어야 할 별개의 문제이기 때문이다.

(2) 인과관계의 증명책임은 피해자인 원고가 부담하는 것이 원칙이다(대판 2019. 11. 28, 2016다233538·233545 등). 그러나 일정한 경우에는 법률이 그 증명책임을 상대방에게 전환하거나 완화하기도 한다(예: 756조 1항 단서 후단·760조 2항).

제3절 특수 불법행위

I. 서 설

D-296

(1) 일반 불법행위의 성립요건과 다른 특수한 요건이 정하여져 있는 불법행위를 통틀어서 특수 불법행위라고 한다. 특수 불법행위는 민법이나 특별법에 정해져 있기도 하고 학설·판례에 의하여 이론상 인정되기도 한다.

(2) 민법이 규정하는 특수 불법행위에는 책임무능력자의 감독자책임(755조), 사용자책임(756조. 757조도 사용자 책임과 관련된 규정임), 공작물 등의 점유자·소유자의 책임(758조), 동물점유자의 책임(759조), 공동불법행위자의 책임(760조)이 있다. 이 가운데 제760조는 공동행위자 모두에게 연대책임을 지우는 점에서 보통의 불법행위와 다르며, 나머지들은 타인의 가해행위 또는 물건에 의한 손해에 대하여 배상책임을 지우는 점에서 자기의 가해행위에 의한 손해에 대하여 책임을 지는 일반 불법행위와 다르다. 그리고 제758조의 공작물 등의 소유자책임(소유자는 무과실 책임을 짐)과 제760조의 공동불법행위자의 책임(이때는 피해자가 공동불법행위자의 고의·과실을 증명해야 함)을 제외하고는 고의·과실의 증명책임을 피해자로부터 가해자에게 전환한 이른바 중간적 책임이다.

(3) 특별법으로서 일반 불법행위의 성립요건과 다른 요건을 규정하고 있는 예는 대단히 많다. 우선 국가배상법이 있고, 또한 무과실책임을 규정하거나 증명책임을 전환하여 사실상 무과실책임으로 하고 있는 특별법도 많다.

(4) 학설·판례에 의한 특수 불법행위의 대표적인 경우로는 의료과오책임이 있다.

(5) 아래에서는 민법상의 특수 불법행위 전부와 특별법상의 특수 불법행위 중 자동차운행자의 책임, 제조물책임을 차례로 기술하기로 한다.

D-297

Ⅱ. 책임무능력자의 감독자의 책임

1. 의의 및 성질

(1) 책임무능력자가 책임능력이 없어서(753조·754조 참조) 불법행위책임을 지지 않는 경우에 「책임무능력자를 감독할 법정의무가 있는 자」(예: 친권자·후견인)와 「감독의무자를 갈음하여 책임무능력자를 감독하는 자」(예: 유치원장·정신병원장·학교장)는 그가 감독의무를 게을리하지 않았음을 증명하지 못하면 배상책임을 지게 되는데(755조), 이를 책임무능력자의 감독자의 책임(또는 감독자책임)이라고 한다.

(2) 책임무능력자의 감독자책임은 일종의 타인의 행위에 대한 책임에 해당한다. 그러나 그 책임이 성립하기 위해서는 감독의무자의 과실이 필요하므로 순수한 의미의 타인행위에 대한 책임은 아니다. 그리고 감독의무자의 과실에 대한 증명책임은 피해자로부터 감독의무자에게로 전환되어 있다(755조 1항 단서 참조). 그리하여 감독자책임을 과실책임과 무과실책임의 중간적 책임이라고 부른다.

2. 요 건

(1) 책임무능력자의 불법행위

책임무능력자의 가해행위가 불법행위의 다른 요건을 모두 갖추었으나, 책임능력이 없어서 면책되는 경우이어야 한다. 따라서 타인의 감독을 받는 자라도 책임능력이 있는 자는 그가 스스로 책임을 지며, 제755조의 감독자책임은 생기지 않는다.

(2) 감독의무자(또는 대리감독자)의 감독의무의 해태

감독의무자 또는 이를 갈음하여 감독하는 자(대리감독자)가 감독의무를 게을리하였어야 한다. 그런데 이 요건은 피해자가 증명할 필요가 없으며, 감독자가 책임을 면하려면 의무위반이 없었음을 증명하여야 한다.

D-298

3. 배상책임자

(1) 배상책임자는 책임무능력자를 감독할 법정 의무자(755조 1항 본문)와 그를 갈음하여 책임무능력자를 감독하는 자(755조 2항)이다. 이들은 각각 법정 감독의무자, 대리감독자(임의감독자)라고 한다.

법정 감독의무자는 미성년자의 경우에는 친권자(부모가 공동으로 친권을 행사하는 때에는 부진정연대채무를 짐)·미성년후견인, 피성년후견인의 경우에는 성년후견인이다.

대리감독자는 법정 감독의무 없이 계약 또는 법률 등에 기초하여 감독의무를 부담하는 자이며, 탁아소의 보모, 유치원(대판 1996. 8. 23, 96다19833도 참조) 또는 초등학교의 교원, 사교육을 담당하는 학원의 설립·운영자나 교습자, 정신병원의 의사 등이 그 예이다.

(2) 법정 감독의무자와 대리감독자의 책임은 서로 배척하는 것이 아니며 병존할 수 있다(이설이 없으며, 판례도 같음. 대판 2007. 4. 26, 2005다24318 등). 그 때에는 두 책임은 부진정연대채무로 된다.

4. 책임능력 있는 피감독자(특히 미성년자)의 행위에 대한 책임

D-299

제755조의 법문상 피감독자에게 책임능력이 있어서 그가 스스로 불법행위책임을 지는 경우에는 감독의무자는 책임을 지지 않게 된다. 그런데 책임능력은 있지만 변제자력이 없는 경우가 많아서 문제이다. 그 때문에 피감독자에게 책임능력이 있는 때에도 감독의무자에게 책임을 인정할 필요가 있다. 여기에 관하여 다수설은 감독상의 부주의와 손해의 발생 사이에 인과관계가 있으면 일반 불법행위의 원칙에 따라서 감독의무자가 책임을 진다고 한다. 그러나 이때 제755조에 의한 증명책임의 전환은 인정되지 않으므로, 감독상의 부주의의 증명은 피해자가 해야 할 것이라고 한다. 그리고 판례는 과거에는 위의 다수설과 같은 판결(대판 1975. 1. 14, 74다1795 등 다수의 판결)과 제755조를 확대적용하는 판결(대판 1984. 7. 10, 84다카474)로 나뉘어 있었으나, 그 후 전원합의체 판결(대판(전원) 1994. 2. 8, 93다13605[핵심판례 358면])에 의하여 후자가 폐기되고 전자로 통일되었다.

Ⅲ. 사용자의 책임

D-300

1. 서 설

(1) 의 의

사용자책임은 피용자가 사무집행에 관하여 제 3 자에게 손해를 가한 경우에 사용자 또는 사용자에 갈음하여 그 사무를 감독하는 자가 그에 대하여 지는 배상책임을 말한다(756조). 회사 직원이 회사의 짐을 옮기다가 떨어뜨려 행인을 다치게 한 경우에 회사가 그에 대하여 손해배상을 하는 것이 그 예이다.

사용자책임에 관한 제756조는 가사(家事) 사용관계뿐만 아니라 기업의 사용관계에도 적용된다.

(2) 성 질

1) 중간적 책임 사용자책임은 책임무능력자의 감독자책임과 마찬가지로 과실책임과 무과실책임의 중간적 책임이다.

2) 대위책임 사용자책임이 사용자의 고유한 책임인가에 관하여는 학설이 대립한다. i) 사용자 고유의 책임이 아니고 피용자의 불법행위책임에 대한 대위책임이라는 견해(대위책임설)(사견도 같음), ii) 사용자가 피용자의 선임·감독을 제대로 다하지 못한 데 따른 사용자 자신이 부담하여야 할 책임이라는 견해(고유책임설) 등이 그것이다. 그리고 판례는 i)설과 같다(대판(전

원) 1992. 6. 23, 91다33070).

⑶ 다른 책임과의 관계

1) 제35조에 의한 법인의 책임과의 관계 법인의 불법행위책임(A-282 이하 참조)에 관한 제35조는 제756조와 유사하다(특히 사용자가 법인인 경우에). 그러나 제35조는 법인의 대표기관의 불법행위에만 적용되고, 그때의 책임은 법인 자신의 것으로서 면책이 인정되지 않는다. 그에 비하여 대표기관이 아닌 법인의 피용자가 가해행위를 한 경우에는 제756조가 적용되며, 거기에서는 면책이 인정된다(756조 1항 단서 참조).

2) 이행보조자와 불법행위책임의 관계 이행보조자의 고의·과실에 의한 행위가 동시에 불법행위가 되는 경우(예: 수치인의 이행보조자가 과실로 임치물을 멸실시킨 경우)에는, 채무자는 채무자로서의 계약책임(391조 참조)과 제756조에 의한 사용자책임을 지게 된다(청구권경합설의 입장).

D-301

2. 요 건

⑴ 타인을 사용하여 어느 사무에 종사하게 하였을 것(사용관계)

1) 여기서 「사무」란 일반적으로 말하는 「일」이며, 매우 넓은 의미이다. 그것은 법률적·계속적인 것뿐만 아니라 사실적·일시적인 것이어도 무방하고(대판 1989. 10. 10, 89다카2278), 영리적이냐 비영리적이냐도 묻지 않는다.

「타인을 사용한다」는 것은 사용자가 불법행위자(피용자)를 실질적으로 지휘·감독하는 관계(사용관계)에 있음을 가리킨다(대판 2001. 9. 4, 2000다26128 등). 그러한 관계는 고용계약에 의하여 성립하는 것이 보통이지만, 위임(대판 1998. 4. 28, 96다25500 등)·조합의 경우에도 있을 수 있다. 그리고 이 관계는 반드시 법적으로 유효한 것이어야 할 필요가 없으며, 사실상 지휘·감독을 하는 것으로 충분하다(대판 2010. 10. 28, 2010다48387 등).

2) 도급인의 경우 도급인은 수급인의 사용자가 아니기 때문에 수급인이 그 일에 관하여 제3자에게 가한 손해를 배상할 책임이 없다(757조 본문. 이는 주의적 규정임: 대판 2006. 4. 27, 2006다4564). 그러나 도급 또는 지시에 관하여 도급인에게 중대한 과실이 있는 때에는 배상책임이 있다(757조 단서).

한편 도급인과 수급인 사이에 사용관계가 인정되는 때에는 도급인은 제756조에 의하여 사용자책임을 진다. 통설·판례(대판 1993. 5. 27, 92다48109 등 다수)도 같다. 원수급인과 하수급인 사이에서도 마찬가지이다(대판 1975. 7. 30, 74다2256).

3) 명의대여자의 책임 어떤 사업에 관하여 자기의 명의의 사용을 허용한 자는 명의를 빌린 자의 가해행위에 대하여 사용자책임을 질 뿐만 아니라(대판 1994. 10. 25, 94다24176[핵심판례 360면]; 대판 2005. 2. 25, 2003다36133 등), 명의를 빌린 자의 피용자의 가해행위에 대하여도 사용자책임을 진다(대판 1959. 5. 21, 4291민상58; 대판 1964. 4. 7, 63다638). 그리고 이러한 법리는 이른바 차량지입제(車輛持込制)의 경우에도 그대로 인정된다.

(2) 피용자가 「그 사무집행에 관하여」 손해를 가했을 것 D-302

여기서 어떤 행위가 사무집행에 관한 행위인지가 문제된다. 그에 대하여 판례는, 원칙적으로 피용자의 직무범위에 속하는 행위이어야 할 것이지만 직무집행행위 자체는 아닐지라도 그 행위의 외형으로 관찰하여 마치 직무범위 내에 속하는 것과 같이 보이는 행위도 포함된다고 한다(대판 1985. 8. 13, 84다카979 등). 그리고 그러한 행위이면 피용자가 사리(私利)를 꾀하기 위하여 그 권한을 남용하여 한 경우(대판 1984. 2. 28, 82다카1875 등), 사용자 또는 사용자에 갈음하여 그 사무를 감독하는 자의 구체적인 명령 또는 위임에 따르지 않은 경우(대판 1992. 7. 28, 92다10531)도 사무집행에 관한 행위로 된다. 그런데 근래 판례는 「외형상 객관적으로 사용자의 사무집행에 관련된 것인지의 여부는 피용자의 본래 직무와 불법행위와의 관련 정도 및 사용자에게 손해발생에 대한 위험창출과 방지조치 결여의 책임이 어느 정도 있는지를 고려하여 판단하여야 할 것」이라고 한다(대판 1988. 11. 22, 86다카1923 이래 동지의 많은 판결이 있음). 이것이 이른바 판례의 외형이론이다. 그리고 판례는 이러한 외형이론을 거래행위적인 불법행위뿐만 아니라 사실행위적인 불법행위에도 적용한다(예: 대판 1991. 1. 11, 90다8954(택시운전수가 택시운행 중 승객인 부녀를 강간한 경우 외형이론에 의하여 회사의 사용자책임을 인정함)). 한편 판례는 피용자의 불법행위가 사무집행행위에 해당하지 않음을 피해자 자신이 알았거나 중대한 과실로 알지 못한 경우에는, 피해자는 사용자책임을 물을 수 없다고 한다(대판 1999. 1. 26, 98다39930[핵심판례 362면]; 대판 2016. 6. 28, 2012다44358·44365 등 다수).

(3) 「제 3 자」에게 손해를 가했을 것 D-303

여기의 「제 3 자」는 사용자와 가해행위를 한 피용자 이외의 자를 가리킨다(대판 1966. 10. 21, 65다825). 따라서 근로자가 그 업무집행 중 다른 근로자에게 손해를 가한 경우에도 사용자책임이 생긴다(대판 1964. 11. 30, 64다1232. 그 밖에 사용자에 대한 근로기준법상의 재해보상청구권도 생김).

(4) 피용자의 가해행위가 불법행위의 요건을 갖출 것

사용자책임이 성립하기 위하여 피용자의 가해행위가 고의·과실과 책임능력 등의 불법행위의 성립요건을 갖추어야 하는가에 관하여는 논란이 있다. 학설은 i) 긍정설(사견도 같음), ii) 피용자의 과실 및 책임능력은 필요하지 않다는 견해 등으로 나뉘어 있다. 그리고 판례는 i)설과 같다(대판 1981. 8. 11, 81다298: 대리감독자의 과실에 대하여 그의 사용자의 책임을 인정하기 위하여 불법행위의 일반요건을 요구함).

(5) 사용자가 면책사유 있음을 증명하지 못할 것

사용자는 피용자의 선임 및 그 사무감독에 상당한 주의를 한 때 또는 상당한 주의를 하여도 손해가 있을 경우에는 사용자책임을 지지 않는다(756조 1항 단서). 그것의 증명은 사용자가 하여야 하나(대판 1998. 5. 15, 97다58538 등), 사용자는 두 면책사유 중 어느 하나만 증명하면 면책된다. 그런데 종래 우리의 법원실무에서는 사용자의 면책을 인정한 예가 극히 적어(대판 1978. 3. 14, 77다491; 대판 1979. 4. 24, 79다185에서 면책을 인정하였음), 사실상 무과실책임처럼 운용되고 있다.

D-304

3. 배상책임

(1) 배상책임자

第756조에 의하여 책임을 지는 자는 사용자(동조 1항)와 「사용자에 갈음하여 그 사무를 감독하는 자」 즉 대리감독자(동조 2항)이다.

대리감독자가 책임을 진다고 하여 사용자가 면책되는 것은 아니다.

(2) 피용자 자신의 책임

사용자책임이 성립하는 경우에 피용자는 이와 별도로 제750조에 의한 불법행위책임을 진다(대판 1994. 2. 22, 93다53696 등). 그리고 이 두 책임은 부진정연대채무의 관계에 있다.

(3) 피용자 또는 대리감독자에 대한 구상권

사용자 또는 대리감독자가 피해자에게 배상한 때에는 피용자에 대하여 구상권을 행사할 수 있다(756조 3항). 구상은 전액에 대하여 할 수 있다(이설 있음). 그런데 판례는 신의칙상 상당하다고 인정되는 한도 내에서만 구상할 수 있다고 하며(대판 2017. 4. 27, 2016다271226 등 다수), 구체적인 사안에서 신의칙상 구상권의 행사가 부당하다고 한 적도 있다(대판 1994. 12. 13, 94다17246 등).

D-305

Ⅳ. 공작물 등의 점유자·소유자의 책임

1. 서 설

(1) 의의 및 성질

공작물 등의 점유자·소유자의 책임(공작물 책임)은 공작물 또는 수목의 하자로 인하여 타인에게 손해가 발생한 때에 제 1 차로 점유자가, 제 2 차로 소유자가 지는 책임을 가리킨다(758조).

공작물책임은 점유자의 경우에는 중간적 책임이나, 소유자의 경우에는 무과실책임이다.

(2) 영조물의 하자의 경우

도로·하천 기타 공공의 영조물의 설치 또는 관리에 하자가 있는 경우의 국가 또는 지방자치단체의 배상책임에 관하여는 국가배상법에 따로 명문규정을 두고 있어서(동법 5조. 758조와 달리 면책이 인정되지 않음), 제758조 대신 그 규정이 적용된다.

D-306

2. 공작물책임의 요건

(1) 공 작 물

공작물책임이 발생하려면 먼저 손해를 발생시킨 것이 공작물에 해당하여야 한다. 공작물이란 인공적(人工的) 작업에 의하여 만들어진 물건이며, 이에는 토지의 공작물(예: 건물·교량·도로·전신주·광고탑), 건물 내외의 설비(예: 천정·승강기·광고판), 동적(動的)인 기업설비(예: 자동차·항공기) 등이 있다.

(2) 설치·보존의 하자

공작물의 설치 또는 보존의 하자가 있어야 한다. 여기의 「하자」란 공작물이 그 용도에 따라 통상 갖추어야 할 안전성을 갖추지 못한 상태에 있는 것을 가리킨다(대판 2006. 1. 26, 2004다21053 등).

(3) 공작물의 하자로 인하여 손해가 발생하였을 것(인과관계)

공작물의 하자로 인하여 타인에게 손해가 발생하였어야 하며, 둘 사이에 인과관계가 있어야 한다. 그런데 하자가 손해발생의 유일한 원인이었을 필요는 없고, 하자가 다른 자연적 사실·제3자의 행위 또는 피해자의 행위 등과 함께 공동원인의 하나인 것으로 충분하다(대판 2015. 2. 12, 2013다61602 등 다수의 판결).

(4) 면책사유가 없을 것

점유자는 손해의 방지에 필요한 주의를 해태하지 않은 때에는 면책된다(758조 1항 단서). 그러나 소유자는 면책이 인정되지 않는다. 점유자의 이 면책사유는 책임을 면하려는 점유자가 증명하여야 한다(대판 2008. 3. 13, 2007다29287·29294).

3. 배상책임자

D-307

(1) 공작물의 점유자·소유자의 책임

공작물책임은 제1차적으로 공작물의 점유자(공작물을 사실상 지배하면서 그 설치 또는 보존상의 하자로 인하여 발생할 수 있는 각종 사고를 방지하기 위하여 공작물을 보수·관리할 권한 및 책임이 있는 자. 대판 2000. 4. 21, 2000다386)가 지고 점유자가 면책되는 경우에 제2차적으로 공작물의 소유자가 지며, 점유자 중에 간접점유자가 있는 경우에는 직접점유자가 먼저 책임을 지고 직접점유자에게 책임을 지울 수 없는 때에 비로소 간접점유자가 책임을 진다(대판 1993. 3. 26, 92다10081 등 다수).

(2) 공작물의 점유자·소유자의 구상권

공작물의 점유자 또는 소유자가 피해자에 배상한 때에는, 그 손해의 원인에 대하여 책임있는 자가 있는 경우 그 자에게 구상권을 행사할 수 있다(758조 3항). 가령 공작물을 만든 수급인의 과실로 하자가 생긴 경우에 그렇다.

4. 수목에 관한 책임

수목의 재식(栽植) 또는 보존에 하자가 있는 경우에도 수목의 점유자와 소유자는 공작물에서와 같은 책임을 진다(758조 2항). 구상권도 같다(758조 3항).

D-308
Ⅴ. 동물점유자의 책임

(1) 의의 · 성질

동물점유자의 책임은 동물이 타인에게 손해를 가한 경우에 동물의 점유자 또는 보관자가 지는 책임을 말한다(759조). 이 책임도 중간적 책임이다.

(2) 요 건

1) 동물이 손해를 가하였을 것 동물의 종류는 묻지 않는다(보통은 소·말·개 등의 가축이 문제된다).

2) 타인에게 손해를 가하였을 것 손해는 인체에 대한 것뿐만 아니라 물건에 대한 것도 포함한다. 동물 자신의 동작에 의하지 않고 다른 자가 동물을 시켜 가해한 경우에는 일반 불법행위만이 문제된다.

3) 면책사유가 없을 것 동물의 점유자가 동물의 종류와 성질에 따라 그 보관에 상당한 주의를 해태하지 않은 때에는 면책된다(759조 1항 단서). 위의 면책사유는 책임을 면하려는 동물점유자가 증명하여야 한다.

(3) 배상책임자

배상책임을 지는 자는 「동물의 점유자」(759조 1항)와 「점유자에 갈음하여 동물을 보관한 자」(759조 2항)이다.

D-309
Ⅵ. 공동불법행위

1. 의의 및 성질

(1) 의 의

공동불법행위는 여러 사람이 공동으로 불법행위를 하여 타인에게 손해를 가하는 경우를 가리킨다. 민법은 제760조에서 공동불법행위로 세 가지를 규정하고 있다. ① 「수인이 공동불법행위로 타인에게 손해를 가한 때」(760조 1항) 즉 협의의 공동불법행위, ② 「공동 아닌 수인의 행위 중 어느 자의 행위가 그 손해를 가한 것인지를 알 수 없는 때」(760조 2항) 즉 가해자 불명의 공동불법행위, ③ 교사·방조의 경우(760조 3항)가 그것이다. 민법은 이들 세 경우에 공동행위자에 대하여 연대하여 손해를 배상하도록 하고 있다.

(2) 성 질

제760조는 공동불법행위의 경우에는 행위자들이 「연대하여 배상할 책임이 있다」고 규정한다(그 결과 공동불법행위의 경우에는 분할채권관계에 관한 408조가 적용되지 않는다). 법률에서 「연대하여」 채무를 부담한다거나 책임을 진다고 하면 그것은 당연히 민법상의 연대채무가 성립한다는 것이 된다. 그럼에도 불구하고 우리의 통설(사견은 다름. 채권법각론 [281] 참조)과 판례(대판 1982. 4. 27, 80다2555 등)는 부진정연대채무로 해석한다.

2. 공동불법행위의 모습과 요건

D-310

(1) 협의의 공동불법행위

협의의 공동불법행위는 「수인이 공동의 불법행위로 타인에게 손해를 가한」 경우이다(760조 1항). 여러 사람이 공동으로 다른 사람을 때려서 다치게 한 경우가 그 예이다. 그 요건은 다음과 같다.

1) 각자의 행위에 관한 요건 　협의의 공동불법행위가 성립하기 위하여 각자의 행위가 각각 독립해서 불법행위의 요건을 갖추어야 하는지가 문제된다. 여기에 관하여 학설은 i) 긍정설과 ii) 경우에 따라 다르다는 견해로 나뉘어 있다. 그리고 판례는 i)설과 같다(대판 1998. 2. 13, 96다7854 등. 그러나 뒤에 보는 것처럼 인과관계 인정 등에서는 유연한 태도를 보인다). 생각건대 원칙적으로 긍정하되, 공동불법행위의 특수성을 고려하여 적절하게 해석하여야 한다. 특히 손해발생 및 인과관계에 있어서 그렇다.

(가) 행위의 독립성 　독립한 행위로 인정되는 행위이어야 한다.

(나) 고의 · 과실 　행위자에게는 고의나 과실이 있어야 한다. 그런데, 뒤에 보는 바와 같이, 공동불법행위가 성립하기 위하여 공모 또는 공동의 인식이 필요하지 않으므로, 각 행위자에게 고의나 과실 어느 하나만 있으면 된다.

(다) 책임능력 　각자에게 책임능력이 있어야 하며, 책임능력이 없는 자는 제외된다.

(라) 인과관계 　여기의 인과관계는 공동행위자의 가해행위와 손해 사이에 존재하면 되고, 각자의 행위와 손해 사이에 인과관계가 있어야 할 필요는 없다(이설 있음).

2) 행위의 관련 · 공동성 　협의의 공동불법행위가 성립하려면 각 행위자의 가해행위 사이에 관련·공동성이 있어야 한다. 제760조 제1항이 수인의 「공동의 불법행위」를 요구하기 때문이다. 그런데 이 관련·공동성의 의미에 대하여는 다투어지고 있다. 학설은 i) 행위자들 사이에 공모 내지 공동의 인식이 필요하다는 주관적 공동설, ii) 행위자들의 공모 내지 공동의 인식은 필요하지 않으며 객관적으로 관련·공동하고 있으면 된다고 하는 객관적 공동설(사견도 같음) 등으로 나뉘어 있다. 그리고 판례는, 행위자 상호간의 공모는 물론 공동의 인식을 필요로 하지 않고 다만 객관적으로 그 공동행위가 관련 공동되어 있으면 족하다고 하여, ii)설과 같다(대판 2009. 8. 20, 2008다51120 · 51137 · 51144 · 51151 등 다수).

(2) 가해자 불명의 공동불법행위

D-311

이는 「공동 아닌 수인의 행위 중 어느 자의 행위가 그 손해를 가한 것인지를 알 수 없는」 경우이다(760조 2항). 우연히 여러 사람이 돌을 던져 피해자가 그중 하나의 돌에 의하여 다친 경우가 그 예이다. 가해자 불명의 공동불법행위는 가해행위 자체에는 객관적 공동성이 없는 점에서 협의의 공동불법행위와 다르다.

이 공동불법행위가 성립하려면 ① 각 행위자에게 고의·과실과 책임능력이 있어야 한다. 그리고 ② 수인이 가해할 위험성이 있는 행위(예: 돌을 던지는 행위)를 하였어야 한다. 다음에 ③ 공동행위자 중 1인이 가해행위를 한 것이 확실하나 그가 누구인지가 불분명해야 한다. 가해자가 누구인지 알 경우에는 일반 불법행위가 성립하고 공동불법행위가 되지 않는다. 그리고 어느 1인이 자기의 행위와 손해발생 사이에 인과관계가 없음을 증명하면 그는 책임을 면한다고 할 것이다(통설·판례도 같음. 대판 2008. 4. 10, 2007다76306[핵심판례 364면]).

민법이 가해자 불명의 공동불법행위를 규정한 것은 피해자를 증명의 곤란으로부터 구제해 주기 위해서이다.

(3) 교사·방조의 경우

교사자나 방조자는 공동행위자로 본다(760조 3항). 교사는 타인으로 하여금 불법행위의 의사를 결정하게 하는 것이다. 그리고 방조는 불법행위의 보조적 행위이다(예: 망을 보는 것·조언·격려·흉기 제공). 즉 불법행위를 용이하게 하는 직접·간접의 모든 행위이다(대판 2001. 5. 8, 2001다2181 등). 한편 판례는 과실에 의한 방조도 가능하다고 한다(대판 2016. 5. 12, 2015다234985 등 다수).

교사자와 방조자는 직접 가해행위를 한 자와 공동불법행위책임을 진다.

D-312

3. 공동불법행위자의 책임

(1) 책임의 연대성

공동불법행위자는 피해자에 대하여 연대채무를 부담한다(통설·판례는 부진정연대채무를 부담한다고 함). 즉 모든 행위자가 전부급부의무를 지며, 그것은 불법행위에 가담한 정도가 경미한 자라도 마찬가지이다(대판 2005. 11. 10, 2003다66066 등 다수).

(2) 배상의 범위

공동불법행위에 의한 직접적 손해와 통상손해·특별손해를 배상하여야 한다(D-330 참조)(통설은 통상손해·특별손해로만 구분한다). 그런데 특별손해에 대하여는 논란이 있다. 학설은 i) 특별손해에 관하여는 예견가능성이 없는 자는 연대의 책임이 생기지 않는다는 견해, ii) 예견가능성이 없는 자도 면책되지 않는다는 견해 등으로 나뉘어 있다(사견은 채권법각론 [286] 참조).

(3) 구상관계

공동불법행위자는 채권자에 대한 관계에서는 연대채무를 부담하되, 내부관계에서는 일정한 부담부분이 있고, 이 부담부분은 공동불법행위자의 과실의 정도에 따라 정해진다. 그리하여 공동불법행위자 중 1인이 자기의 부담부분 이상을 변제하여 공동의 면책을 얻었을 경우에는 다른 공동불법행위자에게 그 부담부분의 비율에 따라 구상권을 행사할 수 있다(425조 참조). 이는 공동불법행위자가 연대채무를 부담한다고 파악하는 사견에서는 당연한 것이다. 그런데 통설·판례는 부진정연대채무라고 하면서도 구상을 인정하고 있다(대판 2005. 7. 8, 2005다8125 등 다수). 그리고 판례는 일정한 경우에는 신의칙상 상당하다고 인정되는 한도 내에서만 구상권을 행사하도록 제한할 수도 있다고 한다(대판 2001. 1. 19, 2000다33607).

Ⅶ. 자동차운행자의 책임

D-313

1. 의의 및 성질

(1) 자동차운행자의 책임은 자기를 위하여 자동차를 운행하는 자가 자동차손해배상보장법(이하 「자배법」이라 함) 제 3 조에 의하여 그 자동차의 운행으로 인하여 다른 사람을 사망 또는 부상하게 한 때에 지는 책임을 말한다. 자배법은 자동차운행으로 인하여 사망하거나 상해를 입은 자를 보호하기 위하여 자동차운행자의 배상책임을 강화하고 강제적 책임보험제도를 마련하여 일정한 범위까지 배상을 보장하고 있다.

(2) 자배법 제 3 조는 자동차운행자에게 가중된 무과실의 증명책임을 부과하고 있다. 그 결과 자동차운행자의 책임은 사실상 무과실책임으로 되고 있다.

2. 요 건

자동차운행자의 책임이 성립하려면 다음과 같은 요건을 갖추어야 한다(자배법 3조).

(1) 「자기를 위하여 자동차를 운행하는 자」일 것

자배법상의 책임을 지는 자는 「자기를 위하여 자동차를 운행하는 자」 즉 자동차운행자이다. 자동차운행자는 자동차에 대한 운행을 지배하여 그 이익을 향수하는 책임주체자로서의 지위에 있는 자를 가리키며(대판 1987. 7. 21, 87다카51 등 다수의 판결), 따라서 운행자이려면 운행지배와 운행이익의 두 가지를 가지고 있어야 한다(동지 위의 판결).

운행자는 운전자나 자동차보유자(소유자 또는 자동차를 사용할 권리가 있는 자로서 자기를 위하여 자동차를 운행하는 자. 자배법 2조 3호)와는 개념상 구별된다. 그리하여 보유자가 아닌 고용된 운전자는 운행지배·운행이익이 없어서 운행자가 아니며, 소유자나 그 밖의 보유자(임차인 등)는 보통은 운행자일 것이지만 운행지배와 운행이익을 상실한 경우에는 운행자가 아니게 된다.

(2) 자동차의 운행에 의할 것

D-314

자배법에서 「자동차」라 함은 자동차관리법의 적용을 받는 자동차와 건설기계관리법의 적용을 받는 건설기계 중 대통령령이 정하는 것을 말한다(자배법 2조 1호). 「운행」은 사람 또는 물건의 운송 여부에 관계없이 자동차를 그 용법에 따라 사용 또는 관리하는 것이다(자배법 2조 2호).

(3) 다른 사람을 사망하게 하거나 부상하게 하였을 것

여기의 「다른 사람」은 자동차운행자·운전자·운전보조자 이외의 자이나(대판 2010. 5. 27, 2010다5175), 당해 자동차의 운전자나 운전보조자라도 사고 당시에 현실적으로 자동차 운전에 관여하지 않고 있었으면 타인으로 보호된다(대판 1999. 9. 17, 99다22328). 그리하여 예컨대 조수석에서 수면휴식 중이던 교대운전자(대판 1983. 2. 22, 82다128), 자신이 배정받은 택시를 같은 회사의 다른 운전자에게 맡기고 옆좌석에 앉아 있던 자(대판 1989. 4. 24, 89다카2070)도 「다른 사람」에 해당한다.

자배법 제3조는 다른 사람을 사망하게 하거나 부상하게 한 때에만 운행자책임을 인정한다.

(4) 면책사유가 없을 것

운행자는 승객이 아닌 자가 사망·부상한 경우에는 ① 자기와 운전자가 자동차의 운행에 관하여 주의를 게을리하지 않았고, ② 피해자 또는 자기 및 운전자 외의 제3자에게 고의 또는 과실이 있으며, ③ 자동차의 구조상의 결함 또는 기능에 장해가 없었다는 것을 증명하면 책임을 면하고(자배법 3조 1호), 승객이 사망·부상한 경우에는 그 사망 또는 부상이 그 승객의 고의나 자살행위로 인한 것임을 증명하면 책임을 면하고(자배법 3조 2호), 이러한 증명을 하지 못하면 책임을 지게 된다.

3. 민법 등과의 관계

자배법은 민법 불법행위 규정의 특별법이므로 자동차사고로 손해를 입은 자가 자배법에 의하여 손해배상을 주장하지 않았더라도 법원은 민법에 우선하여 자배법을 적용하여야 한다(대판 1997. 11. 28, 95다29390 등).

D-315

Ⅷ. 제조물책임

(1) 서 설

1) 제조물책임은 제조물의 결함으로 인하여 발생한 손해에 대하여 제조업자 등이 지는 책임을 말한다. 닭의 사료에 결함이 있어서 산란율이 떨어진 경우에 사료제조자가 지는 책임이 그 예이다.

2) 제조물에 결함이 있는 때에 피해자를 구제하는 법적 구성으로는 우선 매도인의 하자담보책임과 불완전급부를 생각해 볼 수 있다. 그러나 피해자와 제조자 사이에 계약관계가 없기 때문에 그러한 방법은 사용할 수가 없다. 결국 피해자는 일반 불법행위책임을 물을 수밖에 없다. 그런데 그 방법에 있어서는 쉽지 않은 결함 증명, 과실 증명, 결함과 손해 사이의 인과관계 증명 등을 모두 피해자가 하여야 하는 문제가 있다. 그리하여 제조물책임법이라는 특별법을 제정하였다(2000. 1. 12. 제정, 2002. 7. 1. 시행). 이 법은 제조업자의 무과실책임, 징벌적 손해배상 등을 규정하고 있다(동법 3조). 아래에서 제조물책임법의 내용을 살펴보기로 한다.

D-316

(2) 제조물의 결함

1) **제 조 물** 제조물책임법에서 「제조물」이라 함은 제조되거나 가공된 동산을 말하며(가공되지 않은 농림수산물은 제외된다), 그러한 동산이면 다른 동산이나 부동산의 일부를 구성하는 경우도 포함된다(그러나 부동산 자체는 제조물이 아니다)(동법 2조 1호).

2) 결함의 의의 「결함」이란 해당 제조물에 제조상의 결함(제조업자가 제조물에 대하여 제조상·가공상의 주의의무를 이행하였는지에 관계없이 제조물이 원래 의도한 설계와 다르게 제조·가공됨으로써 안전하지 못하게 된 경우)·설계상의 결함(제조업자가 합리적인 대체설계를 채용하였더라면 피해나 위험을 줄이거나 피할 수 있었음에도 대체설계를 채용하지 않아 해당 제조물이 안전하지 못하게 된 경우)·표시상의 결함(제조업자가 합리적인 설명·지시·경고 또는 그 밖의 표시를 하였더라면 해당 제조물에 의하여 발생될 수 있는 피해나 위험을 줄이거나 피할 수 있었음에도 이를 하지 않은 경우)이 있거나 그 밖에 통상적으로 기대할 수 있는 안전성이 결여되어 있는 것을 말한다(동법 2조 2호)(따라서 매매목적물의 하자와는 구별되는 개념이다).

3) 결함의 증명과 인과관계 결함의 존재, 결함과 손해 사이의 인과관계는 피해자가 증명하여야 한다. 그런데 그 증명이 대단히 어려우므로, 제조물이 정상적으로 사용되는 상태에서 손해가 발생한 경우에는 사회통념상 개연성이 인정되면 이들을 사실상 추정함이 바람직하다. 판례(제조물책임법이 적용되기 전의 사안)도 그러한 견지에 있다(대판 2017. 11. 9, 2013다 26708·26715·26722·26739 등).

위와 같은 학설·판례의 영향으로 제조물책임법에 추정규정이 신설되었다(동법 3조의 2).

(3) 책임의 주체

D-317

1) 책임을 지는 자는 원칙적으로 동법상의 「제조업자」(① 제조물의 제조·가공 또는 수입을 업(業)으로 하는 자와 ② 제조물에 성명·상호·상표 또는 그 밖에 식별 가능한 기호 등을 사용하여 자신을 제조·가공 또는 수입을 업으로 하는 자로 표시한 자, 또는 자신을 제조·가공 또는 수입을 업으로 하는 자로 오인하게 할 수 있는 표시를 한 자. 동법 2조 3호)이다(동법 3조 1항). 그런데 제조물의 제조업자를 알 수 없는 경우에는 제조물을 영리목적으로 판매·대여 등의 방법으로 공급한 자 즉 제조물공급자가 배상책임을 진다(동법 3조 3항). 다만, 그 공급자가 상당한 기간 내에 제조업자나 제조물을 자신에게 공급한 자를 피해자 또는 그 법정대리인에게 고지한 때에는 책임을 지지 않는다(동법 3조 3항).

2) 동일한 손해에 대하여 배상할 책임이 있는 자가 2인 이상인 경우에는 연대하여 배상책임을 진다(동법 5조).

(4) 책임의 내용과 면책사유

D-318

1) 제조업자·제조물공급자는 제조물의 결함으로 생명·신체 또는 재산에 손해를 입은 자에게 그 손해를 배상하여야 한다(동법 3조 1항·3항). 이때 제조업자 등에게 과실이 있는지는 묻지 않는다. 즉 무과실책임을 진다(통설도 같다).

제조물책임법은 최근에 개정을 통하여 제조업자의 악의적인 불법행위를 막고 중대한 피해자의 실질적 보상을 위하여 징벌적 손해배상제도를 도입하였다. 그에 따르면, 그 법 제3조 제1항에도 불구하고 제조업자가 제조물의 결함을 알면서도 그 결함에 대하여 필요한 조치를 취하지 않은 결과로 생명 또는 신체에 중대한 손해를 입은 자가 있는 경우에는 그 자에게 발생한 손해의 3배를 넘지 않는 범위에서 배상책임을 진다(동법 3조 2항 1문). 이 경우 법원은 배상액을 정할 때 고의성의 정도, 해당 제조물의 결함으로 인하여 발생한 손해의 정도 등 일정사항(동법 3조 2항 1호-7호 참조)을 고려하여야 한다(동법 3조 2항 2문).

2) 제조물책임을 지게 되는 제조업자 등은 일정한 사실을 입증(증명)하면 면책된다(동법 4조 1항). 그러나 제조업자 등이 제조물을 공급한 후에 그 제조물에 결함이 존재한다는 사

실을 알거나 알 수 있었음에도 그 결함으로 인한 손해의 발생을 방지하기 위한 적절한 조치를 하지 않은 경우에는, 몇 가지의 증명에 따른 면책을 주장할 수 없다(동법 4조 2항).

3) 제조물책임법은 손해배상청구권의 행사기간과 관련하여 특별규정을 두고 있다(동법 7조).

제 4 절 불법행위의 효과

D-319

Ⅰ. 서 설

(1) 손해배상청구권의 발생

불법행위의 성립요건이 갖추어지면 민법규정상 피해자는 가해자에 대하여 손해배상청구권을 취득하게 된다(750조). 그리하여 불법행위는 법정 채권발생원인에 해당한다.

(2) 침해행위의 정지 · 예방청구의 문제

불법행위의 경우에 손해배상청구권 외에 침해행위의 정지 또는 예방을 청구할 수 있는지가 문제된다. 여기에 관하여 학설은 i) 이는 입법정책의 문제이고, 우리 법제도 일정한 경우에는 방해배제도 인정하고 있다는 견해, ii) 피침해이익의 보호방법으로서 유익할 때에는 이를 인정함이 타당하다는 견해로 나뉘어 있다(사견은 다름. 채권법각론 [307] 참조).

D-320

Ⅱ. 손해배상청구권

1. 손해 및 손해배상의 의의

여기에 관하여는 채무불이행과 관련하여 이미 설명하였으므로 생략한다(C-87~89 참조).

2. 손해배상청구권자

(1) 원 칙

1) 손해배상청구권자 일반 불법행위에 의하여 손해를 입은 자 즉 직접적 피해자(C-90 참조)가 손해배상청구권을 가지게 된다(750조 참조). 그에 비하여 다른 자에 대한 침해의 결과로 피해를 입는 데 불과한 간접적 피해자는 법률에 명문규정(예: 752조)이 있는 경우에만 예외적으로 손해배상청구권을 갖는다고 하여야 한다(이설 있음). 그리하여 예컨대 타인에 의하여 상해를 입거나 재산을 멸실당한 자는 손해배상청구권을 가지나, 살해당한 자의 친구는 배상청구권이 없다. 그리고 여기의 손해에는 재산적 손해뿐만 아니라 비재산적 손해 즉 정신적 손해(이 두 용어는 엄격하게는 동의어가 아니나, 일반적으로 동의어로 사용한다)도 포함되므로, 정신적 손해를 입은 자는 그것의 배상

청구권 즉 위자료청구권을 가진다.

2) 위자료청구권자 제751조는 신체·자유·명예를 침해당하거나 기타 정신상 고통을 입은 자는 위자료청구권을 가지는 것으로 규정하고 있다. 그리고 제752조는 생명침해의 경우에 일정한 유족의 위자료청구권을 인정한다. 이들 규정 중 제752조는 뒤에 보는 바와 같이(D-323 참조) 생명침해의 경우의 간접적 피해자인 일정한 유족에게 위자료청구권을 부여하는 특별규정이나(이설 있음), 제751조는 정신적 손해를 입은 직접적 피해자가 제750조에 의하여 위자료청구권을 행사할 수 있음을 주의적으로 규정한 데 지나지 않는다(통설·판례도 동지임. 대판 2004. 4. 28, 2001다36733 등). 따라서 제751조에 열거된 신체·자유·명예침해 이외의 불법행위의 경우에도 정신적 손해를 입은 자는 위자료청구권을 가지게 되며, 그 근거는 제750조이다.

재산권이 침해된 경우에도 위자료청구권이 발생하는가? 제750조의 「손해」에는 정신적 손해도 포함되므로 재산권 침해로 정신적 손해가 생긴 경우에는 위자료청구권이 인정될 것이다. 다만, 재산권이 침해된 경우에는 재산적 손해의 배상에 의하여 정신적 손해도 회복된다고 보아야 할 것이므로, 그 밖의 정신적 손해는 특별손해일 것이다. 그러므로 그 특별손해는 침해자에게 예견가능성이 있는 경우에만 배상이 인정되어야 한다. 통설·판례(대판(전원) 2004. 3. 18, 2001다82507[핵심판례 370면] 등 다수)도 같다.

3) 기 타 자연인뿐만 아니라 법인이나 권리능력 없는(법인 아닌) 사단·재단도 손해배상청구권을 가질 수 있다. 다만, 법인 등은 자연인에서와 같은 정신적 고통을 생각할 수 없으므로 위자료청구권은 가지지 못한다(이설 있음). 그런데 판례는 「불법행위로 인하여 법인의 명예와 신용이 침해되어 그 법인의 목적사업 수행이 영향을 입은 경우와 같이 법인의 사회적 평가가 침해된 경우에는 불법행위를 이유로 침해를 한 자에게 재산상 손해는 물론 위자료의 청구도 할 수 있다」고 한다(대판 1980. 2. 26, 79다2138). D-321

태아는 손해배상청구권에 관하여는 이미 출생한 것으로 본다(762조). 그 결과 태아는 태아인 동안에도 고유한 손해배상청구권을 가진다. 그리고 그 청구권에는 위자료청구권도 포함된다(동지 대판 1962. 3. 15, 4294민상903). 또한 태아 자신에 대한 불법행위도 성립할 수 있다고 할 것이다. 한편 태아의 부가 불법행위에 의한 손해배상청구권을 취득한 뒤 사망하면 태아가 이를 상속할 수도 있으나, 그것은 상속법(1000조 3항)에 의한 결과이고 제762조에 의한 것이 아니다.

(2) 특수한 경우 D-322

불법행위에 의하여 직접 피해를 입지 않은 자에게 손해배상청구권이 귀속되는지 문제되는 때가 있다. 그 대표적인 것은 생명침해의 경우이나, 신체침해에서도 문제된다.

1) 생명침해의 경우 생명침해는 타인을 사망하게 하는 불법행위이다. 생명침해의 경우에는 다른 불법행위와 달리 불법행위 성립시에 직접 법익침해를 당한 자(피살자)가 권리능력을 잃게 된다. 그리하여 직접적인 피해자는 「생명침해」를 이유로 한 손해배상청구권

을 취득할 수가 없게 된다. 그리하여 생명침해의 경우에는 누구에게 어떠한 내용의 배상청구권이 발생하는지가 문제된다.

㈎ 재산적 손해에 대한 배상청구권자 생명침해의 경우에 재산적 손해에 대한 배상청구권자가 누구인가에 관하여는 학설이 나뉜다. i) 다수설은 피살자가 치명상을 입은 때에 그에게 신체침해를 이유로 한 배상청구권이 발생하였다가 피살자가 사망하면 그 청구권이 상속인에게 상속된다고 한다. 이 견해는 그 근거로 즉사의 경우에도 피살자가 치명상을 입은 때와 사망한 때와의 사이에는 이론상 또는 실제상 시간적 간격이 있는 것이며, 피살자는 치명상을 입었을 때에 곧 손해배상청구권을 취득하고 그의 사망으로 그 청구권이 상속인에게 승계된다고 설명한다(시간적 간격설). 또한 이것 외에 유족 고유의 손해(부양청구권을 상실하는 것과 장례비)에 대한 배상청구권도 인정한다. ii) 소수설은 상속을 인정하는 다수설보다는 비상속적인 구성이 우수하다고 하면서, 생명침해의 경우의 재산상의 손해는 부양청구권의 침해와 같은 것을 의미하므로 피해자에 대하여 부양청구권을 가지고 있던 사람은 누구나 손해배상청구를 할 수 있다고 한다(장례비의 배상도 인정함)(사견도 이와 유사함. 채권법각론 [312] 참조). 한편 판례는 이 문제를 정면으로 다루고 있지는 않으나, 생명침해로 인한 손해배상사건에서 일실이익의 배상과 관련하여 i)설의 입장을 전제로 하여 판단을 하고 있다. 그리고 장례비의 배상도 인정한다.

D-323 ㈏ 정신적 손해에 대한 배상청구권자 (a) 민법은 제752조에서 「타인의 생명을 해한 자는 피해자의 직계존속, 직계비속 및 배우자에 대하여는 재산상의 손해없는 경우에도 손해배상의 책임이 있다」고 규정한다. 이 규정상 유족에게 위자료청구권이 발생함은 분명하다. 그런데 어떤 범위의 유족이 그 청구권을 가질 수 있는가에 대하여는 논란이 있다.

(b) 생명침해의 경우에 피살자에게도 생명침해로 인한 위자료청구권이 인정되는가? 여기에 관하여 판례는 — 즉사의 경우에도 — 생명침해에 의하여 피살자에게도 정신적 손해가 발생한다고 하면서, 그 근거로 치명상과 사망과의 사이에는 시간적 간격이 인정될 수 있다고 한다(대판 1969. 4. 15, 69다268). 그리고 이 위자료청구권은 피살자가 이를 포기했거나 면제했다고 볼 수 있는 특별한 사정이 없는 한 생전에 청구의 의사를 표시할 필요 없이 원칙적으로 상속된다고 하고(대판 1967. 5. 23, 66다1025 등), 이는 피살자가 즉사한 경우에도 같다고 한다(대판 1969. 4. 15, 69다268). 한편 학설은 i) 판례를 지지하는 견해와 ii) 피살자에게 위자료청구권이 생기지 않고, 따라서 상속되지도 않는다는 견해로 나뉘어 있다(사견은 채권법각론 [313] 참조).

(c) 사견에 따르면 「생명침해」로 인한 위자료청구권은 피살자의 유족에게만 발생할 수 있는데, 그 범위가 문제된다. 판례는, 제752조는 제한적 규정이 아니고 다만 열거된 친족에 대하여 정신적 고통에 관한 거증책임을 경감한 취지의 것이므로, 그 이외의 친족도 정신적 고통을 증명하면 일반원칙인 제750조·제751조에 의하여 위자료를 청구할 수 있다고 한다(대판 1967. 9. 5, 67다1307 등). 통설도 판례와 같다(사견은 다름. 채권법각론 [313] 참조).

2) 신체침해의 경우 신체침해의 경우에는 직접적인 피해자가 존재하고 있고, 그가 손해배상청구권을 취득하게 됨은 물론이다. 그런데 그 이외의 자가 손해배상청구권을 가질 수 있는지가 문제된다. D-324

(가) 재산적 손해에 대하여 신체침해의 경우에 피해자 이외의 자에게는 원칙적으로 재산적 손해배상청구권이 생기지 않는다. 다만, 피해자에 대한 부양의무자가 의료비를 지출하거나 간호를 위하여 휴업으로 수입을 잃은 때와 같이 특별한 사정이 있는 때에는 배상을 인정하여야 한다(동지 대판 1988. 2. 23, 87다카57 등)(독립한 불법행위가 인정됨).

(나) 정신적 손해에 대하여 신체침해에 있어서 피해자의 근친자가 자신의 고유한 위자료청구권을 가지는가? 여기에 관하여 학설(사견은 다름)·판례(대판 1967. 9. 19, 67다1445 등)는 긍정하고 있다.

3. 손해배상청구권의 성질 D-325

(1) 상계의 금지

고의의 불법행위자는 피해자의 손해배상청구권을 수동채권으로 하여 상계하지 못한다(496조. C-260 참조).

(2) 양 도 성

불법행위에 의한 손해배상청구권도 양도성이 있다(449조). 그 점은 재산적 손해에 대한 배상청구권 외에 정신적 손해의 배상청구권도 마찬가지이다(이설 있음).

(3) 상 속 성

불법행위에 의한 손해배상청구권은 상속성이 있다(1005조 참조). 다만, 생명침해의 경우에 관하여는 논란이 있으나, 앞에서 이미 설명하였다(D-322·323 참조).

4. 손해배상자의 대위

불법행위자가 훼손되거나 소재불명으로 된 물건에 관하여 피해자에게 그 가액 전부를 배상한 때에는 그 물건에 대한 권리는 손해배상을 한 불법행위자에게 이전한다(763조·399조. C-108 참조).

5. 손해배상청구권의 소멸시효 D-326

(1) 서 설

불법행위로 인한 손해배상청구권은 「피해자나 그 법정대리인이 그 손해 및 가해자를 안 날로부터」 3년간 이를 행사하지 않으면 시효로 인하여 소멸한다(766조 1항). 그리고 「불법행위를 한 날로부터」 10년이 경과한 때에도 같다(766조 2항). 이 두 기간 중 어느 하나가 만료하면 다른 기간의 경과를 기다리지 않고 권리는 소멸한다. 이 두 기간 가운데 앞의 것이 시효기간이라는 데 대하여는 다툼이 없다. 그런데 뒤의 것에 대하여는 논란이 있다. 학설은 i) 제척기간이라는 견해와 ii) 시효기간이라는 견해(사견도 같음)로 나뉘어 있으며, 판례는 ii)설과 같다(대판 2005. 5. 13, 2004다71881 등).

D-327 (2) 3년의 시효기간의 기산점

3년의 시효기간은 피해자나 그 법정대리인이 그 손해 및 가해자를 안 날로부터 기산한다(766조 1항). 여기서 「손해를 안다」 함은 손해의 발생뿐만 아니라 가해행위가 불법행위인 것(그리하여 소구할 수 있다는 것)까지도 안 것을 말한다(대판 2010. 12. 9, 2010다71592 등 다수의 판결).

불법행위의 피해자가 미성년자·피성년후견인·피한정후견인과 같은 제한능력자인 경우에는 그 법정대리인이 손해 및 가해자를 알아야 제766조 제 1 항의 소멸시효가 진행한다.

후유증 등으로 인하여 불법행위 당시에는 전혀 예견할 수 없었던 새로운 손해가 발생하였거나 예상 외로 손해가 확대된 경우에는, 그러한 사유가 판명되었을 때 비로소 새로이 발생 또는 확대된 손해를 알았다고 보아야 하므로, 그때부터 시효가 진행한다(대판 2010. 4. 29, 2009다99105 등 다수).

(3) 10년의 시효기간의 기산점

10년의 시효기간은 「불법행위를 한 날」로부터 진행한다(766조 2항).

(4) 미성년자가 성적(性的) 침해를 당한 경우

미성년자가 성폭력, 성추행, 성희롱, 그 밖의 성적 침해를 당한 경우에 이로 인한 손해배상청구권의 소멸시효는 그가 성년이 될 때까지는 진행되지 않는다(766조 3항. 2020. 10. 20. 신설·시행).

D-328 Ⅲ. 손해배상의 방법

1. 금전배상의 원칙

(1) 불법행위에 의한 손해배상의 방법에는 원상회복주의와 금전배상주의가 있는데, 우리 민법은 금전배상주의를 원칙으로 하고 있다(763조·394조). 즉 민법상 손해배상은 금전으로 하여야 하며, 다만 법률에 특별규정(예: 764조)이 있거나 당사자의 다른 의사표시가 있는 때에는 예외이다.

(2) 손해배상금을 지급하는 방법에는 일시금지급과 정기금지급의 두 가지가 있다. 그런데 민법은 이 중에 일시금지급을 원칙으로 하고, 예외적으로 정기금지급을 인정하고 있다. 즉 타인의 신체·자유·명예를 해하거나 기타 정신상 고통을 가한 자의 위자료에 관하여 법원이 정기금채무로 명할 수 있다고 하고, 그 이행을 확보하기 위하여 상당한 담보의 제공을 명할 수 있다고 한다(751조 2항).

2. 원상회복

D-329

금전배상의 원칙에 대한 예외로서 원상회복이 인정되는 때는 법률에 특별규정이 있는 경우와 당사자의 특약이 있는 경우이다. 이 중에 앞의 것에 대하여만 좀더 설명한다.

(1) 민법은 명예훼손에 있어서 피해자의 청구에 의하여 법원이 손해배상에 갈음하거나 손해배상과 함께 「명예회복에 적당한 처분」을 명할 수 있다고 규정한다(764조). 이와 유사한 규정은 특별법에도 두어져 있다(「부정경쟁 방지 및 영업비밀 보호에 관한 법률」 6조, 특허법 131조 등).

명예회복에 적당한 처분으로 과거에는 사죄광고가 주로 이용되었다. 그런데 이제는 사죄광고는 이용할 수가 없게 되었다. 헌법재판소가 사죄광고를 제764조의 「적당한 처분」에 포함시키는 것은 헌법에 위반된다고 하기 때문이다(헌재 1991. 4. 1, 89헌마160).

(2) 광업법은 광해(鑛害)에 관하여 금전배상을 원칙으로 하면서, 예외적으로 배상금액에 비하여 과다한 비용을 요하지 않고 원상을 회복할 수 있는 경우에는 원상회복을 청구할 수 있다고 규정한다(동법 77조).

Ⅳ. 손해배상의 범위와 금액

D-330

1. 손해배상의 범위

민법은 손해배상의 범위를 채무불이행에 관하여 규정한 뒤(393조) 이를 불법행위에 준용하고 있다(763조). 그 결과 손해배상범위에 관한 이론은 채무불이행과 불법행위에 있어서 동일하게 된다. 그런데 채무불이행의 경우의 손해배상범위에 관하여 앞에서 자세히 설명하였으므로(C-92 이하 참조), 여기서는 결론만을 요약하여 적기로 한다.

불법행위에 의한 손해 가운데에는 불법행위가 성립하면서 발생하는 것과 그 밖의 것이 있다. 전자가 직접적 손해이고, 후자가 후속손해이다(C-89·94 참조). 이 중에 직접적 손해는 가해행위에 의하여 야기된 한 상당인과관계가 없어도 배상되어야 한다(인과관계는 조건관계로 충분함). 그 근거는 제750조이다. 그에 비하여 후속손해는 그 배상범위를 합리적으로 제한하여야 한다. 바로 이에 관하여 규정하고 있는 것이 제393조이다. 그중 제 1 항은 「통상의 손해」를 한도로 한다고 규정한 것으로 보아 상당인과관계의 원칙을 선언한 것으로 보인다. 그리고 제 2 항은 상당인과관계설과는 별도로 민법이 일정한 요건 하에 「특별한 사정으로 인한 손해」 즉 특별손해의 배상을 인정하기 위한 규정이라고 이해된다. 특별손해는 배상하지 않음을 원칙으로 하되, 가해자가 특별한 사정을 알았거나 알 수 있었을 경우에는 예외적으로 배상을 인정한 것이다.

이러한 사견에 의하면 손해배상의 범위 문제는 직접적 손해·통상손해·특별손해의 세 경우로 나누어지게 될 것이다. 그러나 통설·판례는 직접적 손해를 따로 구별하지 않고 있다.

D-331

2. 손해액의 산정의 기준

(1) 일반적 기준시기

손해액 산정의 기준시기가 주로 문제되는 것은 소유물이 멸실된 경우이다. 그 경우에는 원칙적으로 불법행위시를 기준으로 하여 그때의 교환가격으로 손해액을 산정하여야 하고, 그 후의 목적물의 가격 등귀와 같은 특별사정에 의한 손해는 예견가능성이 있었던 경우에 한하여 배상액에 포함시켜야 한다(동지 대판 1994. 3. 22, 92다52726 등).

(2) 지연이자(지연배상)의 발생시기

불법행위에 의한 손해배상채무는 금전채무이므로, 그 이행이 지체된 때에는 연 5푼의 지연이자(379조)를 붙여야 한다(397조 1항). 그런데 언제부터 이행지체가 되는지가 문제이다. 여기에 관하여 통설·판례(대판 2010. 7. 22, 2010다18829 등)는 일치하여 불법행위에 의한 손해배상채무는 손해 발생과 동시에 이행기에 있고, 따라서 손해가 발생한 때 즉 불법행위가 있었던 때부터 지연이자를 붙일 것이라고 한다.

D-332

3. 재산적 손해의 산정

재산적 손해의 산정에 관하여 판례를 중심으로 하여 주요사항을 살펴본다.

(1) 소유물의 멸실 · 훼손

1) 소유물이 멸실된 경우에는 위에서 설명한 바와 같이 원칙적으로 불법행위 당시 즉 멸실 당시의 교환가격이 통상손해이고(「사견에 의하면 직접적 손해」임), 그 교환가격 속에는 현재 및 장래에 있어서 그 물건을 통상의 방법으로 사용하여 얻을 수 있는 이익이 포함되어 있으므로 그 이익을 따로 청구하지는 못한다(대판 1966. 12. 6, 66다1684 등).

2) 소유권이 상실된 경우는 소유물이 멸실된 경우에 준한다.

3) 소유물이 훼손된 경우에는 수선이 가능한지에 따라 다르다. 그 경우 가운데 수선이 가능한 때에는 그 수선비와 수선기간 중 통상의 방법으로 사용하지 못함으로 인한 손해가 통상의 손해이다(대판 1972. 12. 12, 72다18020 등). 그에 비하여 수선이 불가능한 때에는 그 훼손 당시의 교환가치(시가)가 통상손해이다(훼손 당시에 물건의 가치가 남아 있으면 그 대금을 공제함)(대판 1995. 7. 28, 94다19129 등).

(2) 부동산의 불법점유

타인이 자신의 부동산을 불법점유함으로 인하여 입은 손해는 특별한 사정이 없는 한 그 부동산의 임료 상당액이다(대판 1994. 6. 28, 93다51539 등).

(3) 변호사비용

우리나라는 변호사 강제주의를 채용하지 않고 있으므로 변호사비용은 원칙적으로 배상하여야 할 손해가 아니나(대판 2010. 6. 10, 2010다15363 · 15370 등), 불법행위자의 부당한 항쟁에 대하여 피해자가 소송을 제기하는 경우(대판 1972. 5. 9, 71다1297 등)에는 배상하여야 할 손해이다.

(4) 생명침해 D-333

판례는 생명침해의 경우 재산적 손해배상과 관련하여 치료비·장례비 등과 함께 피살자의 일실이익의 배상청구권이 유족에게 상속된다는 견지에 있다(대판 1993. 3. 9, 92다48413). 판례의 내용을 정리하기로 한다.

1) 일실이익(逸失利益) 이때의 일실이익은 생명침해가 없었다면 피살자가 장래 얻을 수 있었던 이익이다(일실이익의 의의에 관하여 소득상실설과 가동능력상실설이 대립되나, 어느 견해에 의하든 생명침해에서는 차이가 없을 것이다). 그 이익은, 생명침해가 없었으면 얼마 동안 일할 수 있었는지(이때 평균 여명기간(餘命期間)을 기초로 소득을 올릴 수 있는 기간인 가동연한(稼動年限)이 계산되어야 한다), 그리고 그 기간 동안에 어떤 노무로 모두 얼마의 수입을 올렸을 것인가를 가정하여(본봉 외에 수당·상여금·퇴직금도 포함된다), 생활비 등을 공제하고(현재 판례상 세금은 공제하지 않는다), 또 중간이자를 공제하여 계산한다.

우리의 대법원은, 일반육체노동을 하는 사람 또는 육체노동을 주로 생계활동으로 하는 사람의 가동연한을 경험칙상 65세로 보고 있다(대판(전원) 2019. 2. 21, 2018다248909).

중간이자의 공제방법으로는 호프만(Hoffmann)식·가르프초(Garpzow)식·라이프니츠(Leibniz)식의 세 가지가 있다. 명의액을 A, 연수를 n, 이율을 r, 실제로 받을 금액을 X라 하면, 호프만식은 단리계산방식(單利計算方式)으로서 $X=\frac{A}{1+nr}$가 되고, 가르프초식은 $X=A(1-nr)$이며, 라이프니츠식은 복리계산으로서 $X=\frac{A}{(1+r)^n}$가 된다. 우리 법원은 종래 호프만식을 사용하였으나(대판 1966. 11. 29, 66다1871), 대법원이 당사자의 주장에 관계없이 라이프니츠식을 사용하여도 무방하다고 한 뒤에는(대판 1983. 6. 28, 83다191), 두 방법이 모두 이용되고 있다.

2) 장 례 비 사람은 누구나 언젠가 사망하기는 하지만 장례비 부담의무자가 언제나 그 의무를 진다는 보장이 없다. 따라서 장례비도 배상되어야 한다(동지 대판 1966. 10. 11, 66다1456 등).

3) 치 료 비 피살자가 즉사하지 않고 중상당한 후 사망한 때에는 치료비도 배상하여야 한다.

(5) 신체침해 D-334

1) 치료비 · 개호비 신체침해의 경우 치료비는 마땅히 배상하여야 한다. 또한 신체침해의 피해자가 장애자가 되어 다른 사람의 도움 없이 일상생활을 할 수 없어 개호인(介護人)(환자 등을 보살펴주는 사람)이 필요한 때에는 그 비용도 배상하여야 한다(대판 1989. 10. 10, 88다카20545 등).

2) 일실이익 우선 피해자가 치료를 받는 동안 수입을 얻지 못한 것에 대하여 배상하여야 한다. 그리고 피해자가 노동능력을 완전히 또는 부분적으로 상실한 때에는 그로 인하여 얻지 못할 이익(일실이익)을 배상하여야 한다. 그런데 여기의 일실이익의 산정방법에는 두 가지가 있다. 하나는 일실이익의 본질을 사고가 없었으면 피해자가 얻을 수 있었던 소득의 상실이라고 보아 사고 전후의 수입을 비교하여 차액을 산출하는 방법(소득상실설

(또는 차액설)이고, 다른 하나는 일실이익의 본질을 소득산출의 근거가 되는 노동능력의 상실 자체로 보고 상실된 노동능력의 가치를 사고 당시의 소득이나 추정소득에 의하여 평가하는 방법(가동능력(노동능력) 상실설 또는 평가설)이다(노동능력의 일부를 상실하였으나 수입은 감소되지 않은 경우에는 처음 견해에 의하면 손해가 없게 된다). 판례는 피해자가 종전과 다름없는 수입을 얻고 있더라도 손해를 입는 것으로 판단하는 점으로 보아(대판 1992. 9. 25, 91다45929 등 다수의 판결) 가동능력상실설을 주로 채택하는 것으로 생각된다.

D-335

4. 정신적 손해의 산정

위자료액의 산정에 관하여는 명백한 기준이 없다. 판례에 의하면, 불법행위로 입은 비재산적 손해에 대한 위자료 액수는 사실심법원이 여러 사정을 참작하여 그 직권에 속하는 재량에 의하여 이를 확정할 수 있다고 한다(대판(전원) 2019. 2. 21, 2018다248909; 대판 2020. 12. 24, 2017다51603 등 다수).

5. 손익상계

불법행위로 인하여 피해자가 손해를 입음과 동시에 이익을 얻는 경우에는 배상액에서 그 이익을 공제하여야 한다. 이를 손익상계라고 한다. 민법은 이에 대하여 명문의 규정(예: 국가배상법 3조의 2, 국가배상법 시행령 6조)을 두고 있지 않으나, 학설·판례는 채무불이행에 있어서와 마찬가지로 불법행위에서도 일치하여 손익상계를 인정하고 있다.

손익상계가 되려면 피해자가 불법행위로 인하여 새로운 이익을 얻었어야 하고, 또 그 이익과 불법행위 사이에 상당인과관계가 있어야 한다(대판 2002. 10. 11, 2002다33502 등. 이설 있음).

6. 과실상계

불법행위의 경우에 피해자에게도 과실이 있는 때에는 법원은 손해배상의 책임 및 그 금액을 정함에 있어서 이를 참작하여야 한다(763조·396조). 이를 과실상계라고 한다(C-100 이하 참조).

D-336

7. 배상액의 경감

불법행위손해의 배상의무자는 그 손해가 고의 또는 중대한 과실에 의한 것이 아니고 또 그 배상으로 인하여 배상자의 생계에 중대한 영향을 미치게 될 경우에는 법원에 배상액의 경감을 청구할 수 있고(765조 1항), 법원은 그 청구가 있는 때에는 채권자 및 채무자의 경제상태와 손해의 원인 등을 참작하여 배상액을 경감할 수 있다(765조 2항).

[참고] 실화의 경우

개정된 실화책임법은 실화의 특수성을 고려하여 실화자에게 중대한 과실이 없는 경우 그 손해배상액의 경감에 관한 「민법」 제765조의 특례를 정하고 있다.

판례색인

(오른쪽의 숫자는 옆번호임)

사항색인

(오른쪽의 숫자는 옆번호임)

[ㅇ]

[ㅊ]

[ㅌ]

[ㅍ]

[ㅎ]

스마트폰으로 QR코드를 스캔하시면 민법규정 색인을 이용할 수 있습니다.

저자약력
서울대학교 법과대학, 동 대학원 졸업
법학박사(서울대)
경찰대학교 전임강사, 조교수
이화여자대학교 법과대학/법학전문대학원 조교수, 부교수, 교수
Santa Clara University, School of Law의 Visiting Scholar
사법시험·행정고시·외무고시·입법고시·감정평가사시험·변리사시험 위원
현재: 이화여자대학교 법학전문대학원 명예교수

주요 저서
착오론
민법주해[Ⅱ], [Ⅷ], [Ⅸ], [ⅩⅢ](각권 공저)
주석민법 채권각칙(7)(공저)
법학입문(공저)
법률행위와 계약에 관한 기본문제 연구
대상청구권에 관한 이론 및 판례연구
부동산 점유취득시효와 자주점유
법률행위에 있어서의 착오에 관한 판례연구
계약체결에 있어서 타인 명의를 사용한 경우의 법률효과
흠있는 의사표시 연구
민법개정안의견서(공저)
제 3 자를 위한 계약 연구
민법사례연습
민법강의(상)(하)
채권의 목적 연구
불법원인급여에 관한 이론 및 판례 연구
법관의 직무상 잘못에 대한 법적 책임 연구
신민법강의
기본민법
신민법사례연습
신민법입문
민법 핵심판례220선(공저)
민법총칙
물권법
채권법총론
채권법각론
친족상속법
민법전의 용어와 문장구조
시민생활과 법(공저)

제 4 판
기본민법

초판발행 2018년 3월 30일
제 4 판발행 2022년 1월 5일

지은이 송덕수
펴낸이 안종만 · 안상준

편 집 김선민
기획/마케팅 조성호
표지디자인 박현정
제 작 고철민 · 조영환

펴낸곳 (주) 박영사
서울시 금천구 가산디지털2로 53, 210호(가산동, 한라시그마밸리)
등록 1959. 3. 11. 제300-1959-1호(倫)
전 화 02)733-6771
f a x 02)736-4818
e-mail pys@pybook.co.kr
homepage www.pybook.co.kr
ISBN 979-11-303-4032-6 93360

정 가 39,000원